THE MEDIAEVAL ACADEMY OF AMERICA
PUBLICATION NO. I

A CONCORDANCE OF BOETHIUS

A CONCORDANCE OF
BOETHIUS

THE FIVE THEOLOGICAL TRACTATES AND
THE CONSOLATION OF PHILOSOPHY

COMPILED BY

LANE COOPER

PROFESSOR OF THE ENGLISH LANGUAGE AND LITERATURE
IN CORNELL UNIVERSITY

PUBLISHED BY
THE MEDIAEVAL ACADEMY OF AMERICA
CAMBRIDGE · MASSACHUSETTS
1928

The expense of publishing this volume was borne by a grant from the Heckscher Foundation for the Advancement of Research, established by August Heckscher at Cornell University.

TO

JAMES HOUSTON BAXTER

PROFESSOR OF ECCLESIASTICAL HISTORY
IN THE UNIVERSITY OF SAINT ANDREWS

PREFACE

The friend to whom this book is dedicated induced me to undertake it, at a time when my eyes warned me against making another concordance. We both thought I could manage the work almost wholly through the hands and eyes of others. In the latter stages of it I have indeed been much dependent upon the eyesight of volunteer helpers, while nevertheless myself devoting innumerable hours to the examination of proofs; the helpers were mostly students in Cornell University, and previously unfamiliar with the details of printing. I can only hope that, in spite of my impaired eyesight, the volume may yet be found reasonably accurate because of the method employed in its production.

The method was one I described in *A Concordance to the Works of Horace*, published by the Carnegie Institution of Washington in 1916, and was likewise employed in *A Concordance of the Latin, Greek, and Italian Poems of John Milton*, published by Max Niemeyer at Halle in 1923. The basic text is that of Rand in the volume by Stewart and Rand in the Loeb Classical Library: *Boethius; the Theological Tractates; . . . the Consolation of Philosophy. . . .* London and New York, 1918. By agreement with Professor Rand, I made in the Concordance a few textual rectifications, chiefly touching misprints and capital letters; the essential changes are now embodied also in the latest impression (1926) of their volume by Stewart and Rand. The Concordance includes, besides, variant readings and conjectures noted by Rand in that edition; by Weinberger in his review of it in the *Philologische Wochenschrift* 42 (1922). 1205-6; by Engelbrecht in *Sitzungsberichte der kaiserlichen Akademie der Wissenschaften in Wien, philosophisch-historische Classe*, 144 (1901), No. 3; by Peiper in his edition of 1871; and by Fortescue-Smith in Fortescue's posthumous edition of the *Consolation*, London, 1925.

Contrary to expectations, then, single-handed I began the listing of words in October, 1924; finished this and the record of variants and conjectures—save those in the edition of Fortescue—during week-ends and at other odd times in October and November; and had the slips, with catch-titles and numerical references, ready for the quotations on November 23. I then sought help, from a number of students, in cutting and pasting the printed lines from copies of the basic text. When the lines were all on the slips, I mended the quotations by adding or subtracting words, so that the quotations as they afterwards went to the printer consisted mainly of the actual text and partly of typewriting. This process of mending lines consumed a good deal of my leisure time up to February, 1925. Again with the help of my young friends, the alphabetical arrangement of slips was virtually completed in that month, after which I was helped in the separation of homonyms by Dr. Cora Rolfe Laubscher, then a graduate student of Latin; the separation has been carried farther in some cases than in others, but for that I am responsible; since it partly seems to be a work of supererogation, I have not tampered with it much in the proofs. At intervals I also spent a little time with cases of inconsistent orthography in the text. Here, so far as my experience goes, absolute uniformity in a concordance is impossible. Similarly, with respect to particles and the like, I never have been able to foresee which presumably common words would not often occur in a given author, and what others of no great interest would be common with him. Accordingly, more words of Boethius might have been supplied with numerical references only, without quotations; but, having collected ampler information than might be expected, I have in the main been content to let all of it stand in the slips, as later in the proofs.

Thus the Concordance was ready for printing in the Summer of 1925. It seemed to be a contribution of the sort I could make—as a person, not a trained Latinist, but altogether desirous of promoting a vital scholarly cause— to the progress of Mediaeval studies. The present renaissance of Mediaeval Latin strikes me as the outstanding scholarly movement of our time; I have wished to take such part in it as I could. The Concordance is at least fairly well-done; it aims to include every word of the texts excerpted; and, after checking thousands of quotations myself, as well as having all of them, and all references, checked and rechecked by willing, if sometimes amateur helpers, I believe it to be tolerably free from misprints. It should be of service to various branches of scholarship—not least among them, to the study of Scholastic philosophy, for in a sense the entire Scholastic movement proceeds from Boethius. Again, the influence of the *Consolation* has been felt by poets of every age, from the times of Aldhelm and Bede down to Dante and Chaucer, and almost, or even, down to our own time; it will now be possible to make that influence more definitely apparent. And again, so far as internal evidence may determine a question of authorship, the Concordance should enable some expert to decide anew the authenticity of the five Theological Tractates.

But now came a long search for the means of publication. At length I applied to the Heckscher Foundation, and in January, 1927, received formal notice that my application was successful; since then, on April 7, 1928, I have received an additional grant from the same source, to assure the publication of an adequate number of copies of the book, and relief to me through fresh assistance in the proof-reading. To Mr. August Heckscher, whose beneficence has brought this volume to see the light, I never can fully express my obligation; nor can he ever fully know the value of his gift to humane scholarship. The Concordance of Boethius will in its fashion give life to humanity long after this generation shall have passed away.

The means of publication once assured, I offered the work to the Mediaeval Academy of America, and was honored by their acceptance of it as the first of their special monographs. Once more it is pleasant to record my satisfaction in promoting ends which I have very much at heart. It only remains for me to thank the Academy for acting as publisher of the Concordance, and to thank all others who at various times have helped me to bring a considerable task to a prompt enough conclusion; in particular the following persons:

Miss Frances M. Bourne; Professor Ruby Davis, of Earlham College; Professor Roy J. Deferrari, of the Catholic University of America; Professor Putnam F. Jones, of the University of Pittsburgh; Dr. Cora Rolfe Laubscher; Miss Laura M. Russell; Miss Edna V. Silliman; Mr. Leon G. Telsey. All of those named but my friend Professor Deferrari have been pupils of mine at Cornell University.

I take it that any one who begins to use the Concordance will quickly understand the system of it, and that it is barely necessary to give even the list of abbreviations facing page 1.

LANE COOPER

ITHACA, NEW YORK
    May 31, 1928

SIGNS AND EXPLANATIONS

Trin. = the first Theological Tractate

Trin., Prf. = Preface to *Trin.*

Pat. = the second Theological Tractate

Quo. = the third Theological Tractate

Fid. = the fourth Theological Tractate

Eut. = the fifth Theological Tractate

Eut., Prf. = Preface to *Eut.*

C. = the *Consolation of Philosophy*

M. = *Metrum*

P. = *Prosa*

coni. = conjectural reading

uar. = variant reading

The abbreviation *? coni.* indicates a reading which more probably is conjectural rather than a manuscript variant; *? uar.* a reading which more probably is a variant rather than a conjecture. There is some doubt of this sort about a number of readings in the early printed editions, and occasionally some doubt as to the actual reading of an extant manuscript.

Greek head-words commonly should be looked for at the points in the alphabetical order where they would be found if spelled in Latin letters. An exception to this rule will be found by a glance at the beginning and the end of the letter **O**; in a few other places Greek head-words have been brought together when otherwise they would be separated by one or two Latin head-words.

A

a. *Trin.,Prf.*12; 22; *Trin.*2.7; 3.1; 5.28; 5.52; *Quo.*10; 53; 89; 98; 109; 120; 132; 134; 139;
    *Fid.*24; 100; 116; 190; 222; 272; *Eut.,Prf.*52; 55; *Eut.*1.28; 2.8; 3.10; 3.12(*bis*); 3.30;
    *Eut.*3.88; 4.19; 4.100; 5.2; 5.29; 5.33; 5.38; 5.59; 5.67; 5.68; 6.31; 6.34; 6.41; 6.44;
    *Eut.*6.48; 6.61; 6.74; 7.56; 7.64; 7.78; 8.37; 8.64; 8.92; *C.*1,*P.*4.26; 1,*P.*4.95;
    *C.*1,*P.*5.6; *uar.*1,*P.*6.18; 2,*P.*1.18; 2,*P.*2.16; 2,*P.*2.37; 2,*P.*2.43; 2,*P.*5.40;
    *C.*2,*P.*5.58; *uar.*2,*P.*7.16; 2,*P.*8.17; 3,*P.*3.32; 3,*P.*4.23; 3,*P.*6.29; 3,*P.*9.12;
    *C.*3,*P.*9.90; 3,*P.*10.54; 3,*P.*10.55; 3,*P.*10.56; 3,*P.*10.69; 3,*P.*10.112; *coni.*3,*P.*11.9;
    *C.*3,*P.*11.10; 3,*P.*11.84; 3,*P.*11.98; *coni.*3,*P.*12.11; *uar.*3,*P.*12.86; 4,*P.*2.114;
    *C.*4,*P.*3.11; 4,*P.*3.47; 4,*P.*4.136; 4,*P.*5.22; 4,*P.*6.30; 4,*P.*6.70; 4,*P.*6.74; 4,*P.*6.101;
    *C.*4,*P.*6.181; 4,*P.*6.186; *coni.*4,*P.*6.192; 4,*P.*7.22; *uar.*4,*P.*7.48; 5,*P.*1.10; 5,*P.*2.22;
    C. 5,*P.*6.12

Aaron. suum transduxit exercitum auctore Moyse et Aaron. *Fid.*163

ab. *Trin.*1.27; 2.13; 5.51; *Pat.*5; *Quo.*136; 140; 146(*bis*); *Fid.*5; 61; 88; 117; 181; *Eut.,Prf.*22;
    *Eut.,Prf.*46; *Eut.*3.14; 4.65; 5.31; 5.45; 5.50; 5.66; 5.92; 6.35; 6.52; 8.2; 8.42;
    *C.*1,*P.*1.21; 1,*M.*2.17; 1,*M.*3.7; 1,*P.*3.5; 1,*P.*3.26; 1,*P.*4.36; 1,*P.*4.40; 1,*P.*4.50;
    *C.*1,*P.*4.148; 1,*P.*6.11; 2,*P.*5.76; 2,*P.*6.33; 2,*P.*6.35; 2,*M.*6.10; *coni.*2,*P.*7.16;
    *C.*3,*P.*3.5; 3,*P.*4.33; 3,*M.*6.1; 3,*M.*9.2; 3,*M.*9.7; 3,*P.*10.16; 3,*P.*10.17; 3,*P.*10.49;
    *coni.C.*3,*P.*10.67; *uar.*3,*P.*10.79; 3,*P.*10.135; 3,*P.*11.112; 3,*P.*11.122; 3,*P.*12.94;
    *C.*4,*P.*2.31; 4,*P.*2.111; 4,*P.*2.115; 4,*P.*3.53; *coni.*4,*P.*3.65;* 4,*P.*4.135; 4,*P.*6.21;
    *C.*4,*P.*6.88; 4,*P.*6.98; 4,*P.*6.125; 4,*P.*6.163; *uar.*4,*P.*6.192; 4,*P.*7.16; 5,*P.*2.27;
    *C.*5,*P.*3.8; 5,*P.*3.44; 5,*P.*3.57; 5,*P.*3.62; 5,*P.*4.4; 5,*P.*4.55; 5,*P.*4.71; 5,*P.*6.71(*bis*);
    *C.*5,*P.*6.119

abdita. Intus est hominum uigor Arce conditus abdita. *C.*4,*M.*3.34

abditis. Non altis laqueos montibus abditis Vt pisce ditetis dapes *C.*3,*M.*8.5

abditos. Ipsos quin etiam fluctibus abditos Norunt recessus aequoris, . . . *C.*3,*M.*8.9

abducit. sed ad falsa deuius error abducit. *C.*3,*P.*2.15
    et ab eodem multiplex error abducit. *C.*3,*P.*3.6
    Eheu quae miseros tramite deuios Abducit ignorantia! *C.*3,*M.*8.2

abeat. Iam spinis abeat decus. *C.*2,*M.*3.8
    tamen quo minus cum uelit abeat retineri non possit. *C.*2,*P.*4.69

Abel. primusque mortem in Abel filio suo meruit experiri, ... *Fid.*106

aberat. in quo, tametsi ab eo mors aberat *Eut.*8.42
    in quo praesentia quidem mortis uel peccati aberat, ... *Eut.*8.60
    "Nonne quia uel aberat quod abesse non uelles *C.*3,*P.*3.20

aberit. ne illud quidem longius aberit quin recorderis *C.*3,*P.*12.6

aberrasti. Sed tu quam procul a patria non quidem pulsus es sed aberrasti; . *C.*1,*P.*5.7

abesse. in contrarium cucurrit errorem asserens tantum abesse, ... *Eut.*5.3
    Verum altius perscrutemur; nescio quid abesse coniecto. *C.*1,*P.*6.17
    "Num me," inquit, "fefellit abesse aliquid, ... *C.*1,*P.*6.22
    ancorae quae nec praesentis solamen nec futuri spem temporis abesse
      patiantur." *C.*2,*P.*4.34
    qui abesse aliquid tuae beatitudini...conquereris. *C.*2,*P.*4.40
    cui nihil bonorum abesse uideatur. *C.*3,*P.*3.10
    "Nonne quia uel aberat quod abesse non uelles *C.*3,*P.*3.20

abesset. cumque alteri abesset alterum, plenum...bonum afferre non posse? *C.*3,*P.*11.11

abest. abest pluralitas; ubi abest pluralitas, adest unitas. *Trin.*5.53

abeundi. Quod si manendi abeundique scribere legem uelis ei *C.*2,*P.*1.52

abeunte. Dominam famulae cognoscunt; mecum ueniunt, me abeunte
    discedunt. *C.*2,*P.*2.19

abice. Si perfidiam perhorrescis, sperne atque abice perniciosa ludentem. . *C.*2,*P.*1.36

abiciant. nihil inuenio quod nullis extra cogentibus abiciant *C.*3,*P.*11.47

abiciat. Sed quis non spernat atque abiciat uilissimae fragilissimaeque rei
    corporis seruum? *C.*3,*P.*8.12

abicit. quem molestia pungit, quem uilitas abicit, quem recondit obscuritas. *C.*3,*P.*9.56

abiere. abreptisque ab ea panniculis totam me sibi cessisse credentes abiere. *C.*1,*P.*3.27

abierunt. quoniam quae tunc laeta uidebantur abierunt, ... *C.*2,*P.*3.42

abiit. Et quod stelliferum trans abiit polum, ... *C.*3,*M.*8.17

abite. Sed abite potius Sirenes usque in exitium dulces *C.*1,*P.*1.39

abituram. An uero tu pretiosam aestimas abituram felicitatem? *C.*2,*P.*1.41

abiecerint. ut quotiens abiecerint ueras falsis opinionibus induantur . . . *C.*1,*P.*6.57

abutatur. Cur simili nomine diuersissimis abutatur naturis, ...   *Eut.*4.52

abutimur. ceteras quae in corporibus sunt abutimur formas uocantes, dum
imagines sint.   *Trin.*2.54

ac. *Trin.,Prf.*33; *Trin.*1.2; 2.12; 3.5; 3.8; 3.29; 3.44; 3.46; 4.32; 4.35; 4.71; 4.76; 5.6;
     *Trin.*5.27; 5.33; 5.45; *Pat.*1; 21; 29; 44; 45(*bis*); 53; *Quo.*10; 42; 78; 81; 107; 109(*bis*);
     *Fid.*1; 11; 29; 38; 64; 109; 118; 155; 222; *Eut.*1.26; 2.33; 2.35; 2.43(*bis*); 4.29; 4.36;
     *Eut.*4.41; 4.87; 4.106; 5.91; 6.19; 6.61; 6.70; 6.97; 7.40; 7.51; 8.5; 8.73; *C.*1,*P.*1.28;
     *C.*1,*M.*3.5; 1,*M.*3.9; 1,*P.*3.22; 1,*P.*3.42; 1,*P.*4.25; *coni.*1,*P.*4.147; 1,*P.*5.7;
     *C.*1,*P.*5.18; 1,*P.*5.22; 2,*P.*1.9; 2,*P.*1.19; 2,*M.*1.9; 2,*P.*2.26; 2,*P.*3.5; 2,*P.*4.23;
     *uar.C.*2,*P.*5.7; 2,*P.*5.71; 2,*P.*6.2; 2,*P.*6.14; 2,*P.*6.17; 2,*P.*6.41(*bis*); 2,*P.*7.35;
     *C.*2,*M.*8.14; 3,*P.*2.33; 3,*P.*2.64; 3,*P.*9.105; 3,*P.*10.102; 3,*P.*10.105; 3,*P.*11.32;
     *C.*3,*P.*11.63; 3,*P.*11.105; 3,*P.*12.92; 4,*P.*2.13; 4,*P.*2.33; 4,*P.*2.77; 4,*P.*2.78; 4,*P.*3.26;
     *C.*4,*P.*3.62; 4,*P.*3.63; 4,*P.*4.55; 4,*P.*4.145; 4,*P.*6.12; 4,*P.*6.38; 4,*P.*6.50; 4,*P.*6.73;
     *C.*4,*P.*6.75; 4,*P.*6.82; 4,*P.*6.121; 4,*P.*6.141; 4,*P.*6.161; 4,*P.*6.175; 4,*M.*6.30; 4,*M.*6.39;
     *C.*5,*P.*3.4; 5,*P.*3.27; 5,*P.*3.59; 5,*P.*3.87; 5,*P.*3.102; 5,*P.*4.5; 5,*P.*4.44; 5,*P.*4.70;
     *C.*5,*M.*4.31; 5,*P.*5.11; 5,*P.*5.29; 5,*P.*5.41; 5,*P.*5.55; 5,*P.*6.26; 5,*P.*6.45; 5,*P.*6.62;
     *C.*5,*P.*6.65; 5,*P.*6.107; 5,*P.*6.152

Academicis. Hunc uero Eleaticis atque Academicis studiis innutritum? . .   *C.*1,*P.*1.38

accedam. Ei igitur si accedam dexter, erit ille sinister ad me comparatus, .   *Trin.*5.23

     quibusque in hoc rationibus accedam breuiter exponam. *C.*3,*P.*12.14

accedamus. Hisne accedamus quos beluis similes esse monstrauimus? . . .   *C.*4,*P.*4.109

     "Visne igitur," inquit, "paulisper uulgi sermonibus accedamus,   *C.*4,*P.*7.15

accedat. ut non uirtutibus ex dignitate sed ex uirtute dignitatibus honor
accedat.   *C.*2,*P.*6.13

accedendo. quibus accedendo consentiendoque quam inuexere sibi adiuuant
seruitutem *C.*5,*P.*2.24

accedens. Tum illa propius accedens in extrema lectuli mei parte consedit   *C.*1,*P.*1.48

accedente. non . . . uelut albus ac longus, sed quod me accedente fit dexter .   *Trin.*5.27

accedere. artibus . . . finis est constitutus, quousque potest uia rationis
accedere.   *Trin.,Prf.*26

     "Quis," inquit, "has scenicas meretriculas ad hunc aegrum permisit
accedere   *C.*1,*P.*1.30

     quae in boni praemio uidemus accedere *C.*4,*P.*3.35

     Sed qui conclusioni accedere durum putat, ...   *C.*4,*P.*4.35

     Quae quam . . . disposite et ex eorum bono quibus accedere uidentur fiant,   *C.*4,*P.*6.158

accedit. At uero hic etiam nostris malis cumulus accedit, ...   *C.*1,*P.*4.155

     Huc accedit quod omnem potentiam inter expetenda numerandam . .   *C.*4,*P.*2.131

     qui est intimus ad simplicitatem medietatis accedit *C.*4,*P.*6.67

accedo. Rursus ego sinister accedo, item ille fit dexter, ...   *Trin.*5.25

     "Accedo," inquam, "sed uti hoc infortunio cito careant *C.*4,*P.*4.16

acceperam. nec deglutiebam quod acceperam, sed frequentis consilii iteratione ruminabam.   *Eut.,Prf.*35

acceperit. praestantius id quod dederit ab eo quod acceperit existimare possis.   *C.*3,*P.*10.49

accepisse. uel extrinsecus accepisse uel ita naturaliter habere praesumas, .   *C.*3,*P.*10.45

accepisti. Omnem terrae ambitum, sicuti astrologicis demonstrationibus
accepisti,   *C.*2,*P.*7.11

     "Accepisti," inquit, "in fabulis lacessentes caelum Gigantas; *C.*3,*P.*12.69

accepta. at uero quod est accepta essendi forma est atque consistit. . . .   *Quo.*29

     ille patientiam paulisper adsumpsit acceptaque contumelia uelut
insultans: *C.*2,*P.*7.73

accepta. Adam talis fuit . . . ut accepta digereret, ut laberetur in somnum . .   *Eut.*8.73

acceptas. sicuti est quod acceptas escas sine cogitatione transigimus, . . .   *C.*3,*P.*11.88

accepto. Quod si extrinsecus accepto laetaretur, ...   *C.*4,*P.*3.17

acceptor. "Miserior igitur tibi iniuriae inlator quam acceptor esse uideretur."   *C.*4,*P.*4.127

acceptum. Nam si extrinsecus acceptum putes, ...   *C.*3,*P.*10.48

accesserim. sed quod ego dexter accesserim. Rursus ego sinister accedo, . .   *Trin.*5.25

accesserit. sed quid ei secundum tempus accesserit praedicatur. *Trin.*4.63

     sed cui uix aliquis nisi diuini speculator accesserit. *C.*5,*P.*6.100

accessisse. Neque accessisse dici potest aliquid deo, ut pater fieret; . . .   *Trin.*5.42

accessum. sed per seruorum quodam modo extrinsecus accessum. *Trin.*5.16

accidens. duo enim corpora unum locum non obtinebunt, qui est accidens.   *Trin.*1.30

     illic enim accidens hic substantia significatur. *Quo.*39

accidens. dum enim materia subiecta humanitati suscipit quodlibet accidens,   *Trin.*2.47

     "natura est motus principium per se non per accidens." *Eut.*1.42

     "per se principium motus" . . . et non "per accidens," tale est, ...   *Eut.*1.46

     sed non deorsum per accidens fertur. *Eut.*1.48

accidentem. cum uero "iustus," qualitatem quidem sed non accidentem, . .   *Trin.*4.17

adacturum. Cum liberum quendam uirum suppliciis se tyrannus adacturum
    putaret, ...   *C*.2,*P*.6.27
Adae. si tale corpus hominis adsumpsit quale Adae ante peccatum fuit, . .   *Eut*.8.28
    cur senserit mortem, si Adae corpus ante quam peccaret adsumpsit. . .   *Eut*.8.32
    si talem statum suscepit hominis qualis Adae post peccatum fuit, . . .   *Eut*.8.34
    tres intellegi hominum posse status: unum quidem Adae ante delictum   *Eut*.8.41
    in eo statu ponendum est quod post Adae praeuaricationem poenaliter
    inflictum est. *Eut*.8.65
    sicut Adae praeter praeuaricationis uinculum mutari potuisset. *Eut*.8.88
Adam. sin uero talem hominem adsumpsit qualis Adam fuit ante peccatum,   *Eut*.8.18
    ut talem adsumpserit hominem qualis Adam fuit, ...   *Eut*.8.22
    non debuerit esse mortalis, quoniam Adam, si non peccasset, ...   *Eut*.8.29
    quoniam has omnes poenas Adam delicti praeuaricatione suscepit. . . .   *Eut*.8.38
    is status qui praemium esset, si in praeceptis dei Adam manere uoluisset   *Eut*.8.52
    In hoc igitur Adam talis fuit ut manducaret ac biberet, ...   *Eut*.8.72
Adam. cum in Adam potuerit esse peccandi uoluntas atque affectio, ...   *Eut*.8.23
    Neque enim tanta indigentia in Adam fuisse credenda est *Eut*.8.79
addamus. "Addamus igitur sufficientiae potentiaeque reuerentiam, ...   *C*.3,*P*.9.22
    "Addamus, si quidem uera uolumus confiteri." *C*.3,*P*.9.24
addas. "Ac summum quidem," inquam. "Addas," inquit, "hoc omnibus licet.   *C*.3,*P*.10.103
addatur. "Si...miseriae cuiuspiam bonum aliquid addatur, ...   *C*.4,*P*.4.54
adde. Adde quod felicissimi cuiusque delicatissimus sensus est *C*.2,*P*.4.54
    Adde quod hoc ipsum...saeptum plures incolunt nationes *C*.2,*P*.7.24
addendum. sin uero uel minuendum aliquid uel addendum uel aliqua
    mutatione uariandum est, ...   *Eut*.,*Prf*.50
    tunc enim id addendum foret ut non modo non peccaret *Eut*.8.46
addere. Non...dici potest praedicationem relatiuam quidquam rei de qua
    dicitur secundum se uel addere *Trin*.5.18
    Vt seruatis queat oblitas Addere partes." *C*.5,*M*.3.31
addicta. in breuitate annorum humana aetas addicta est. *Fid*.143
addidisti. tu te ipse excellentioribus addidisti. *C*.4,*P*.4.103
addit. Num enim quae praesentia cernis, aliquam eis necessitatem tuus addit
    intuitus?" *C*.5,*P*.6.76
additum. Additum uero est "quoquo modo," *Eut*.1.12
additur. nec quaternitatem trinitati adstrui, dum homo additur supra
    perfectum deum, ...   *Eut*.7.52
    Heu grauem sortem, quotiens iniquus Additur saeuo gladius ueneno!" .   *C*.2,*M*.6.17
additus. Hic lupis nuper additus, Flere dum parat, ululat. *C*.4,*M*.3.13
adduci. num tandem tot periculis adduci potuisti ut cum Decorato gerere .   *C*.3,*P*.4.11
adducitur. quotiens in fortunae certamen adducitur, ...   *C*.4,*P*.7.40
adeo. Adsederam ego ab eo...atque adeo, si situm sedentium recorderis, .   *Eut*.,*Prf*.23
    non...uere ex homine sed extra atque adeo in caelo formatum, . . .   *Eut*.5.100
    adeo perexigua sunt quae fortunatissimis beatitudinis summam detrahunt.   *C*.2,*P*.4.57
    adeo nihil est miserum nisi cum putes . . . . : .   *C*.2,*P*.4.62
    Adeo ut iam me post haec inparem fortunae ictibus esse non arbitrer. .   *C*.3,*P*.1.6
    Adeo haec sui caritas non ex animali motione...procedit. *C*.3,*P*.11.96
    adeo ut ne corporeis quidem morbis agitari sinat. *C*.4,*P*.6.143
adeptione. nos quoque fateamur fieri aliquos horum adeptione felices. . . .   *C*.3,*P*.3.11
    Nam quoniam beatitudinis adeptione fiunt homines beati, ...   *C*.3,*P*.10.84
    beatitudo uero est ipsa diuinitas, diuinitatis adeptione beatos fieri
    manifestum est: *C*.3,*P*.10.85
    sed uti iustitiae adeptione iusti, sapientiae sapientes fiunt, ...   *C*.3,*P*.10.86
    nonne haec ut bona sint, unitatis fieri adeptione contingit?" *C*.3,*P*.11.21
    "Sed certum est adeptione boni bonos fieri." *C*.4,*P*.2.36
    qui uel sunt uel in possessione uel in prouectu uel in adeptione uirtutis,   *C*.4,*P*.7.35
adeptis. adeptis honoribus reuerendi ciuibus suis esse nituntur. *C*.3,*P*.2.18
adepto. Id autem est bonum quo quis adepto nihil ulterius desiderare queat.   *C*.3,*P*.2.6
adeptos. ita diuinitatem adeptos deos fieri simili ratione necesse est. . . .   *C*.3,*P*.10.88
adepturos. an per ea quibus se homines adepturos beatitudinem putant .   *C*.3,*P*.3.7
    dum per ea quibus delectantur id bonum quod desiderant se adepturos
    putant; *C*.4,*P*.2.145
adeptus. quorum post Saulem primatum Dauid de tribu Iuda legitur adep-
    tus fuisse. *Fid*.180
    O praeclara...beatitudo quam cum adeptus fueris securus esse desistis!   *C*.2,*P*.5.103
aderat. cum nec mors aderat et adesse poterat delinquendi uoluntas. . . .   *Eut*.8.71
    "Nonne quia uel aberat quod abesse non uelles uel aderat quod adesse
    noluisses?" *C*.3,*P*.3.20

adesse. cum nec mors aderat et adesse poterat delinquendi uoluntas. . . .   *Eut.*8.71
  "Nonne quia uel aberat quod abesse non uelles uel aderat quod adesse
    noluisses?"   *C.*3,*P.*3.21
  "bonis semper adesse potentiam, malos cunctis uiribus esse desertos . .   *C.*4,*P.*2.4
adesset. ut. . .qui uero male, miser post munus resurrectionis adesset. . . *Fid.*253
adest. abest pluralitas; ubi abest pluralitas, adest unitas. *Trin.*5.53
  et cuicumque uelocitas adest manifestum est esse uelocem. *C.*2,*P.*6.52
  Sed adest, inquies, opulentis quo famem satient, ...   *C.*3,*P.*3.48
adfigam, adfirmem, *u.* aff-. . . . .
adhaerent. quae dura sunt ut lapides, adhaerent tenacissime partibus suis .   *C.*3,*P.*11.81
adhaerere. hi uel regnare ipsi uolunt uel regnantibus adhaerere conantur. .   *C.*3,*P.*2.22
  quid erit quo summo illi rerum principi conecti atque adhaerere
    possimus? *C.*5,*P.*3.110
adhibere. utrisque. . .non possit unam definitionis adhibere substantiam? .   *Eut.*4.54
adhiberi. Huic quaestioni talis poterit adhiberi solutio. *Quo.*86
adhibita. auctor inuidiae. . .temptatione adhibita fecit etiam ipsum eiusque
    comparem, ...   *Fid.*81
adhuc. una natura duaeque personae, cumque [personae, quod nullus
    haereticus adhuc attigit, cumque] *uar.Eut.*7.85
  nec adhuc ullo se delicto polluerat, ...   *Eut.*8.43
  "Anne adhuc eget admonitione nec per se satis eminet fortunae. . .
    asperitas? *C.*1,*P.*4.8
  Quae sese adhuc uelat aliis, tota tibi prorsus innotuit. *C.*2,*P.*1.34
  sed adhuc contumacis aduersum curationem doloris fomenta quaedam
    sunt. *C.*2,*P.*3.11
  adhuc te felicem negare non possis. *C.*2,*P.*3.40
  id tibi diuinitus inlaesum adhuc inuiolatumque seruatur, ...   *C.*2,*P.*4.12
  me. . .arrectis adhuc auribus carminis mulcedo defixerat. *C.*3,*P.*1.2
  intentionem dicere adhuc aliquid parantis abrupi. *C.*4,*P.*1.4
  quae usque adhuc tua fudit oratio, ...   *C.*4,*P.*1.6
  sed fuisse homines adhuc ipsa humani corporis reliqua species ostentat.   *C.*4,*P.*3.49
adiciant. Videsne quantum malis dedecus adiciant dignitates? *C.*3,*P.*4.8
adicias. cui nomini si adicias "semper," facies eius quod est nunc *Trin.*4.75
adicit. Si igitur praenotio nullam futuris rebus adicit necessitatem, . . . *C.*5,*P.*4.19
adiit. Inmites superos querens Infernas adiit domos. *C.*3,*M.*12.19
adipiscantur. "Cum igitur utrique bonum petant, sed hi quidem adipiscantur, *C.*4,*P.*2.40
adipiscatur. si quem uideas adipisci uelle quod minime adipiscatur, ... *C.*4,*P.*2.18
adipiscendae. compensatione adipiscendae probitatis, nec hos cruciatus esse
    ducerent *C.*4,*P.*4.144
adipiscendi. per cupiditatem, quod adipiscendi boni naturale officium non est, *C.*4,*P.*2.65
adipiscerentur. "Mali uero si adipiscerentur quod appetunt bonum, mali esse
    non possent." *C.*4,*P.*2.38
adipisci. Hunc, uti diximus, diuerso tramite mortales omnes conantur adipisci. *C.*3,*P.*2.13
  Neque enim uile quiddam. . .est quod adipisci omnium fere mortalium
    laborat intentio. *C.*3,*P.*2.61
  Atqui haec sunt quae adipisci homines uolunt *C.*3,*P.*2.72
  et dum rei quae partibus caret partem conatur adipisci, ...   *C.*3,*P.*9.47
  "Si qui cuncta simul cupiat adipisci, summam quidem ille beatitudinis
    uelit. *C.*3,*P.*9.68
  Quo fit ut si quem uideas adipisci uelle quod minime adipiscatur, . . .   *C.*4,*P.*2.17
  per cupiditatem,. . .idem ipsum conantur adipisci.. . . . .   *C.*4,*P.*2.66
adipiscuntur. "Adipiscuntur igitur boni quod appetunt?" "Sic uidetur." .   *C.*4,*P.*2.36
  sed minime adipiscuntur, quoniam ad beatitudinem probra non ueniunt.   *C.*4,*P.*2.146
aditum. uel aegritudinis tuae rationem uel aditum reconciliandae sospi-
    tatis inueni. *C.*1,*P.*6.41
adieceris. "O te alumne hac opinione felicem, si quidem hoc," inquit,
    "adieceris. . . ." *C.*3,*P.*9.87
adiecerit. quid tamen sapientis adiecerit conscientiae *C.*3,*P.*6.9
adiecisset. adiecissetque iam se sciturum, an ille philosophus esset, . . . *C.*2,*P.*7.70
adiectio. Hanc enim necessitatem non propria facit natura sed condicionis
    adiectio; *C.*5,*P.*6.110
adiumenta. Quod si . . . opitulante gratia diuina idonea argumentorum
    adiumenta praestitimus, ...   *Trin.*6.32
adiuncta. et bonos quibus fuerit adiuncta non efficit. *C.*2,*P.*6.70
  dignitas. . .quam protinus in eos quibus fuerit adiuncta transfundit. .   *C.*3,*P.*4.19
adiungit. quae nec se bonis semper adiungit *C.*2,*P.*6.69

adiungitur. At huic aliud maius adiungitur. *C.4,P.1.14*
adiunximus. Idcirco uero adiunximus "quae cum sint," *Eut.1.16*
adiuuant. quibus accedendo consentiendoque quam inuexere sibi adiuuant
   seruitutem *C.5,P.2.25*
adiuuante. post uero adiuuante deo, christianae medietatem fidei temperabo. *Eut.,Prf.57*
adiuuantur. cur . . . illis uero amara conueniant, cur aegri etiam quidam
   lenibus quidam uero acribus adiuuentur? [adiuuantur.] *uar.C.4,P.6.115*
adiuuentur. cur aegri etiam quidam lenibus quidam uero acribus adiuuentur? *C.4,P.6.115*
adlatura. fortuna praesens nec manendi fida et cum discesserit adlatura
   maerorem. *C.2,P.1.42*
adminiculis. Pluribus quippe adminiculis opus est ad tuendam *C.2,P.5.65*
   ad mundum . . . "regendum nullis extrinsecus adminiculis indigebit; . . *C.3,P.12.33*
administrare. alter uero naturale illud officium minime administrare queat, *C.4,P.2.48*
administrat. fato uero haec ipsa quae disposuit multipliciter ac temporaliter
   administrat. *C.4,P.6.50*
administrationis. quod a te . . . didiceram transferre in actum publicae
   administrationis optaui. *C.1,P.4.27*
admirari. Vnde mihi maxime subiit admirari, quaenam haec indoctorum
   hominum esset audacia *Eut.,Prf.39*
   Quae fieri in regno scientis . . . dei nemo satis potest nec admirari nec
   conqueri." *C.4,P.1.19*
admiratione. quod solum quanta dignum sit admiratione profecto consideras. *C.4,P.1.12*
admirationem. infra uestram tamen excellentiam conlocatae admirationem
   uestram nullo modo merebantur. *C.2,P.5.30*
admirere. Itaque nihil est quod admirere, si . . . agitemur procellis, ... *C.1,P.3.37*
   nihil est quod admirere, cum Platone sanciente didiceris *C.3,P.12.110*
admiror. sed quae sperauerint effecisse uehementer admiror. *C.1,P.4.101*
   Vehementer admiror cur in tam salubri sententia locatus aegrotes. . *C.1,P.6.15*
   gemmarum . . . quas quidem mirari homines uehementer admiror. . . . *C.2,P.5.25*
   Cur . . . praemia uirtutum mali rapiant, uehementer admiror, ... *C.4,P.5.15*
admittens. praeuaricationis malum, . . . quidam Pelagius non admittens . . *Fid.115*
admittentibus. cum magis admittentibus iustior miseratio debeatur; . . . *C.4,P.4.134*
admittere. ex uirgine generationem filii non uult admittere, ... *Fid.50*
admixtione. dignitatem . . . quam uti alicuius sceleris admixtione fuscarent, *C.1,P.4.136*
   eo cuius pura ac solitaria sine cuiusquam boni admixtione miseria est?" *C.4,P.4.55*
admixtum. ipsum uero esse nihil aliud praeter se habet admixtum. *Quo.37*
admodum. mulier reuerendi admodum uultus, oculis ardentibus *C.1,P.1.4*
admonere. neque alias expertum te neque nunc anxium necesse est admonere. *C.3,P.7.16*
admonet. Haec nisi terrenus male desipis, admonet figura, ... *C.5,M.5.12*
admonitione. "Anne adhuc eget admonitione nec per se satis eminet fortunae
   . . . asperitas? *C.1,P.4.8*
admonitionem. per quorum admonitionem ipse certe populus a tumore
   peruicaciae reuocaretur. *Fid.190*
admonuit. uictricem quidem causam dis, . . . placuisse . . . noster Lucanus
   admonuit. *C.4,P.6.131*
admouebo. quae in profundum sese penetrent, cum tempestiuum fuerit
   admouebo. *C.2,P.3.13*
admoueri. motus ad diuinae praescientiae simplicitatem non potest admoueri, *C.5,P.4.8*
admouit. Cumque me . . . elinguem prorsus mutumque uidisset, admouit
   pectori meo leniter manum *C.1,P.2.10*
adnectit. id eis non propria uis sed hominum fallax adnectit opinio, ... *C.3,P.4.36*
adnexum. si eidem misero . . . praeter ea quibus miser est malum aliud fuerit
   adnexum, ... *C.4,P.4.59*
adnexum. "Habent . . . quidem boni aliquid adnexum poenam ipsam scilicet *C.4,P.4.67*
adnumerare. sed quoniam pretiosa uidebantur, tuis ea diuitiis adnumerare
   maluisti. *C.2,P.5.62*
adortus. Nam cum quidam adortus esset hominem contumeliis, ... *C.2,P.7.67*
adprehendit, *u.* apprehendit.
adquiescent. Nam ne illud quidem adquiescent quod aeque ualidis rationum
   nititur firmamentis: *C.4,P.4.114*
adscribere. et adscribere mendacii notam summae diuinitati inlusus ipse
   uidebitur. *Eut.5.61*
adsederam. Adsederam ego ab eo quem maxime intueri cupiebam longius . *Eut.,Prf.22*
adsignata. cum naturam descripsimus substantiae quoque est assignata
   descriptio. *Eut.1.34*
adsignata. Ordo enim quidam cuncta complectitur, ut quod adsignata ordinis
   ratione decesserit, ... *C.4,P.6.192*

8

adsimulantur. Adsimulantur enim formis his quae non sunt in materia
    constitutae. *Trin*.2.55
adsistentes. Quae ubi poeticas Musas uidit nostro adsistentes toro *C*.1,*P*.1.26
adsistere. idque necesse est et sui compos praesens sibi semper adsistere . . *C*.5,*P*.6.29
adsit. sed quod omnis ei locus adsit ad eum capiendum, ... *Trin*.4.56
    nisi illis adsit potestas in se et a se faciendi ac patiendi, ... *Eut*.6.61
    Gaudia pelle, Pelle timorem Spemque fugato Nec dolor adsit. *C*.1,*M*.7.28
    Adsit igitur Rhetoricae suadela dulcedinis *C*.2,*P*.1.21
    "neque enim fuerit ulla rationalis natura quin eidem libertas adsit arbitrii. *C*.5,*P*.2.6
adspectu. sanctus et aeque ac tu ipsa [ac tu adspectu ipso] reuerendus   *coni.C*.1,*P*.4.147
adspirare. eoque uallo muniti quo grassanti stultitiae adspirare fas non sit. . *C*.1,*P*.3.49
    ad beatitudinem percipiendam fortunae instabilitas adspirare non possit. *C*.2,*P*.4.84
    illa uero ad uniuersitatis cognitionem adspirare non posse, ... *C*.5,*P*.5.33
adstante. praeceptor eius Socrates iniustae uictoriam mortis me adstante
    promeruit? *C*.1,*P*.3.21
adstitisse. adstitisse mihi supra uerticem uisa est mulier *C*.1,*P*.1.2
adstrictum. quem uitiosae libidines insolubilibus adstrictum retinent catenis, *C*.2,*P*.6.60
adstrictus. ut etiam praetergressis diuinis praeceptis inoboedientiae delictis
    teneretur adstrictus? *Eut*.8.25
adstringas. meque ad hoc nomen necessitatis adstringas, fatebor rem quidem
    solidissimae ueritatis *C*.5,*P*.6.98
adstrui. nec quaternitatem trinitati adstrui, dum homo additur supra
    perfectum deum, ... *Eut*.7.52
    Quid huic seueritati posse astrui uidetur? *C*.1,*P*.4.66
adsumente. genito Christo et non adsumente de Maria corpus aut adsumente
    ab eadem carnem, ... *Eut*.5.45
adsumi. Igitur qui adsumi manente persona non potuit, ... *Eut*.4.121
adsumitur. reliquum uero uel potentiae causa uel delectationis assumitur. . *C*.3,*P*.2.37
adsumpserit. Quomodo . . . fieri potest, ut talem adsumpserit hominem qualis
    Adam fuit, ... *Eut*.8.22
adsumpsisse. Eundem quippe saluum fecit quem creditur adsumpsisse; . . *Eut*.4.119
    integram quidem uidetur humanam adsumpsisse naturam, ... *Eut*.8.19
adsumpsit. Eum quippe saluauit quem etiam adsumpsit; *Eut*.8.17
    sin uero talem hominem adsumpsit qualis Adam fuit ante peccatum, . *Eut*.8.18
    si tale corpus hominis adsumpsit quale Adae ante peccatum fuit, . . . *Eut*.8.28
    quaerendum est cur senserit mortem, si Adae corpus ante quam peccaret
    adsumpsit. *Eut*.8.33
    quod mortale corpus adsumpsit ut mortem a genere humano fugaret, . *Eut*.8.64
    ille patientiam paulisper adsumpsit acceptaque contumelia uelut
    insultans: *C*.2,*P*.7.72
adsumpta. ut personis manentibus nullo modo a diuinitate humanitas credatur
    adsumpta. *Eut*.4.101
    non est igitur humana anima in diuinitatem a qua adsumpta est
    permutata. *Eut*.6.74
    non quo ipsa deitas humanitas facta sit, sed quod a deitate fuerit
    adsumpta. *Eut*.7.56
    quaenam caro haec quae adsumpta sit esse uideatur. *Eut*.8.16
adsumptio. ita ut in eo . . . humanae fragilitatis appareret assumptio. . . . *Fid*.207
    nulla uero intellegi adsumptio potest, si manet aeque naturae personaeque
    discretio. *Eut*.4.120
adsumptione. si in adsumptione humanitatis non est una ex coniunctione
    persona. *Eut*.4.90
    si hominem intellegas, idem . . . quoniam homo ex natura, deus adsumptione *Eut*.7.70
    Si uero deum intellegas, idem . . . quoniam natura deus est, homo ad-
    sumptione. *Eut*.7.72
adsumptum. Si uero adsumptum est ex Maria neque permansit perfecta . . .
    natura, ... *Eut*.6.3
    aut ad sumptum [adsumptum] quidem ex Maria per resurrectionem fieret
    adunatio, ... *uar.Eut*.7.99
    Si enim ex carne humana Christi corpus adsumptum est, dubitari potest, *Eut*.8.15
adsumptum. ut assumptum hominem, . . . caelesti habitationi sustolleret. . *Fid*.226
    ita quippe esse adsumptum hominem, ut ea sit adunatio facta cum deo, *Eut*.5.6
    si corpus quod Christus excepit ex Maria non credatur adsumptum. . *Eut*.6.2
adsumptus. si homo qui periit generatione ac passione Christi saluatus non
    est, quoniam negatur adsumptus? *Eut*.5.92
    non is qui aeger esset et saluatione curaque egeret, adsumptus est. . . *Eut*.5.97
    Itemque qui homo, deus eo quod a deo fuerit adsumptus, ... *Eut*.7.64

adsurgere. nec quicquam in se opis habentia, ut post lapsum posset
    adsurgere. *Eut.*8.58
adulescentia. respicio nutricem meam cuius ab adulescentia laribus obuersatus
    fueram Philosophiam. *C.*1,*P.*3.5
    Praetereo,. . .sumptas in adulescentia negatas senibus dignitates; . . .   *C.*2,*P.*3.23
adulescentulus. Nonne adulescentulus δοιοὺς πίθους. . .iacere didicisti? . . .   *C.*2,*P.*2.40
adulta. et erat tunc adulta Parthis etiam ceterisque id locorum gentibus
    formidolosa. *C.*2,*P.*7.33
adunantur. Diffunditur . . . illa doctrina, adunantur populi, instituuntur
    ecclesiae, ...   *Fid.*244
adunata. Nulla quippe in hoc adunata persona est ex dei atque hominis
    copulatione *Eut.*4.96
    ut haec temporalis ordinis explicatio in diuinae mentis adunata
    prospectum prouidentia sit, ...   *C.*4,*P.*6.40
adunatio. ut ea sit adunatio facta cum deo, ut natura humana non manserit.   *Eut.*5.6
    adunatio haec aut tempore generationis facta est aut tempore resurrec-
    tionis. *Eut.*5.25
    duas ante adunationem, unam post adunationem, si adunatio
    generatione perfecta est, ...   *Eut.*5.37
    duplicem. . .sententiam, ut haec adunatio aut generatione fieret, . . .   *Eut.*7.97
    aut ad sumptum quidem ex Maria per resurrectionem fieret adunatio, .   *Eut.*7.100
    eadem uero adunatio digesta atque explicata temporibus fatum uocetur.   *C.*4,*P.*6.41
adunatione. ex utrisque uero, quia utrarumque adunatione manentium una
    persona fit Christi. *Eut.*7.30
    sequestratum praeparatumque quod in adunatione ex Mariae utero gigni   *Eut.*8.4
adunationem. duas. . .in Christo naturas ante adunationem, unam uero post
    adunationem. *Eut.*5.23
    poterit dicentis duas ante adunationem, unam post adunationem, . . .   *Eut.*5.37
    Quod si hanc adunationem non putat generatione sed resurrectione
    factam, ...   *Eut.*5.42
    Eutychen confiteri duas quidem in Christo ante adunationem naturas,
    unam uero post adunationem, ...   *Eut.*7.95
adunatum. cum ex uirgine natus est, adunatum esse deo, ut una uideretur
    facta esse natura. *Eut.*5.34
aduenerit. quo homine indutus aduenerit, utrumne eo qui deciderat
    praeuaricatione *Eut.*5.52
adueniat. et ut adueniat eius regnum et nos liberet a malo. *Eut.*8.91
aduentu. non. . .facere praedicationem quae perspicue ex alieno aduentu
    constare perspiciuntur. *Trin.*5.4
    tamen in orbem terrarum ab ipsius nostri saluatoris mirabili manasse
    probatur aduentu. *Fid.*6
aduentum. Quid uero noui per aduentum saluatoris effectum est? *Eut.*4.60
aduentus. non quasi esse aliquid dicitur illud ipsum de quo hesternus dicitur
    aduentus, ...   *Trin.*4.62
    corpora, quae mortis aduentus resoluerat, in statum pristinum *Fid.*256
aduersa. aduersa plerumque ad uera bona reduces unco retrahit. *C.*2,*P.*8.17
aduersa. cum bonum malumque item poenae atque praemium aduersa fronte
    dissideant, ...   *C.*4,*P.*3.34
    Vide autem ex aduersa parte bonorum, quae improbos poena comitetur.   *C.*4,*P.*3.43
aduersa. Neque enim sibi solent aduersa sociari; natura respuit *C.*2,*P.*6.43
    et ultro quae sunt auersa [aduersa] depellit. *uar.C.*2,*P.*6.57
    quam ut bonis tum aduersa tum prospera,. . .contingant? *C.*4,*P.*6.103
aduersa. humaniter atque ut ita dicam carnaliter sentientes aduersa locuti
    sunt, ...   *Fid.*32
    Manichaei quoque qui duo principia sibi coaeterna et aduersa profitentur,   *Fid.*42
aduersae. Hoc tantum dixerim ultimam esse aduersae fortunae sarcinam, .   *C.*1,*P.*4.161
aduersam. Etenim plus hominibus reor aduersam quam prosperam prodesse
    fortunam. *C.*2,*P.*8.7
aduersamini. Auersamini [Aduersamini] igitur uitia, colite uirtutes, . . . *uar.C.*5,*P.*6.172
aduersari. "Nimium," inquam, "aduersari ac repugnare uidetur *C.*5,*P.*3.4
aduersi. cui si quid eueniat aduersi, desinet colere forsitan innocentiam . .   *C.*4,*P.*3.136
aduersis. hunc contingi quibuslibet aduersis nefas prouidentia iudicat . . .   *C.*4,*P.*6.142
    uirtus uocatur quod suis uiribus nitens non superetur aduersis. . . .   *C.*4,*P.*7.45
aduersitas. Parcit. . .sapiens dispensatio ei quem deteriorem facere possit
    aduersitas, ...   *C.*4,*P.*6.139
aduersitate. Nam in omni aduersitate fortunae infelicissimum est genus
    infortunii fuisse felicem." *C.*2,*P.*4.5

aduersitatis. omnis aduersitatis insolens minimis quibusque prosternitur; . *C.2,P.*4.56
    hanc sobriam succinctamque et ipsius aduersitatis exercitatione
    prudentem. *C.2,P.*8.16
aduersum. certamen aduersum praefectum praetorii communis commodi
    ratione suscepi, ... *C.*1,*P.*4.46
    Deflecte nunc in aduersum mentis intuitum; *C.*3,*P.*9.76
aduersum. Postremus aduersum fortunam dolor incanduit *C.*1,*P.*5.34
    sed adhuc contumacis aduersum curationem doloris fomenta quaedam
    sunt. *C.2,P.*3.11
    ut aduersum se factae coniurationis conscios proderet, ... *C.2,P.*6.28
    ultimus autem cortex aduersum caeli intemperiem *C.*3,*P.*11.67
aduersus. Prohinc tu ne sis obscuritatibus breuitatis aduersus, ... *Quo.*12
aduersus. "num tandem proficiet quidquam aduersus eum *C.*3,*P.*12.58
aduertamus. si aduertamus ad res numerabiles ac non ad ipsum numerum. . *Trin.*3.8
aduertas. ut quid consequatur aduertas, statuamus nullam esse praescientiam. *C.*5,*P.*4.22
aduertis. quibus etiam gubernaculis regatur aduertis?" *C.*1,*P.*6.19
adyto. eamque de nostro adyto prolatis insectabare sententiis. *C.2,P.*1.14
aedes. Si inflammare sacras aedes uoluisse,. . . diceremur, ... *C.*1,*P.*4.127
aedium. cumque illi parere nolentes sacrarum sese aedium defensione
    tuerentur *C.*1,*P.*4.63
aeger. quoniam non is qui aeger esset et saluatione curaque egeret,
    adsumptus est. *Eut.*5.96
aegerrime. ne si aegerrime quidem cuperem, uultum. . . eius aspicere poteram *Eut.,Prf.*24
    Tuli aegerrime, fateor, compressusque indoctorum grege *Eut.,Prf.*31
aegri. cur aegri etiam quidam lenibus quidam uero acribus adiuuentur? . . *C.*4,*P.*6.114
aegris. Neque enim medicina aegris semper affert salutem; *Trin.,Prf.*27
aegritudinis. uel aegritudinis tuae rationem uel aditum reconciliandae
    sospitatis inueni. *C.*1,*P.*6.41
    "Si penitus aegritudinis tuae causas habitumque cognoui, ... *C.2,P.*1.3
    qui sanitatis ipsius atque aegritudinis modum temperamentumque
    dinoscit, ... *C.*4,*P.*6.116
aegritudo. Quid aegritudo quam uitia? *C.*4,*P.*6.119
aegros. quos. . . ad iudicium ueluti aegros ad medicum duci oportebat, . . *C.*4,*P.*4.137
    cum aegros corpore minime dignos odio. . . iudicemus, ... *C.*4,*P.*4.151
aegrotes. Vehementer admiror cur in tam salubri sententia locatus aegrotes. *C.*1,*P.*6.16
aegrum. "Quis," inquit, "has scenicas meretriculas ad hunc aegrum permisit
    accedere *C.*1,*P.*1.29
Aegyptiacis. coeperunt suspicioni esse Aegyptiacis imperiis *Fid.*158
Aegyptii. Tandem deus Aegyptii regis dominationem despiciens diuiso mari
    rubro, ... *Fid.*160
Aegyptum. Hic ergo Iacob. . .Aegyptum uoluit habitare *Fid.*156
Aegyptus. Postea igitur pro eorum egressione altis Aegyptus plagis uastata est, *Fid.*164
aemulari. illud quod implere atque exprimere non potest, aliquatenus uidetur
    aemulari *C.*5,*P.*6.49
aequa. conquestusque non aequa meritis praemia pensari. *C.*1,*P.*5.35
aequale. Nam omne aequale aequali aequale est et simile simili simile est . *Trin.*6.18
aequales. Si uero sint mediocres sibique aequales uel paulo inaequales
    naturae *Eut.*6.44
aequali. Nam omne aequale aequali aequale est et simile simili simile est . . *Trin.*6.18
aequalia. "Si duobus aequalibus aequalia auferas, quae relinquantur aequalia
    esse," nullus id intellegens neget. *Quo.*22
aequalibus. "Si duobus aequalibus aequalia auferas, quae relinquantur
    aequalia esse," *Quo.*21
aequaliter. et ex duabus. . .et in duabus apud uerae fidei sectatores aequaliter
    credi. *Eut.,Prf.*11
aequam. Sed hanc non in omnibus aequam esse constituo. *C.*5,*P.*2.13
aequanimitate. contraque beata sors omnis est aequanimitate tolerantis. . *C.2,P.*4.63
aequanimos. quae nec apud aequanimos perpetua perdurat nec anxios tota
    delectat. *C.2,P.*4.71
aequare. motus imitatur cumque eum effingere atque aequare non possit, . *C.*5,*P.*6.43
aequat. Mors spernit altam gloriam,. . .Aequatque summis infima. . . . *C.2,M.*7.14
aequatur. aut si non aequatur persona naturae, ... *Eut.*2.5
aeque. Nam de re proposita aeque nihil ceteris sentiebam; *Eut.,Prf.*28
    disiuncta sunt quae aeque personis naturisque separantur, ... *Eut.*4.102
    nulla uero intellegi adsumptio potest, si manet aeque naturae personaeque
    discretio. *Eut.*4.120
    socer etiam sanctus et aeque ac tu ipsa reuerendus *C.*1,*P.*4.147

aestiment. "Carebunt," inquit, "ocius quam ... illi sese aestiment esse
    carituros. *C.*4,*P.*4.20
aestiuos. An uernis floribus ipse distingueris aut tua in aestiuos fructus in-
    tumescit ubertas? *C.*2,*P.*5.37
aestu. Quos Notus sicco uiolentus aestu Torret *C.*2,*M.*6.12
    Nec niuis duram frigore molem Feruente Phoebi soluier aestu. *C.*4,*M.*5.16
aestuantis. Et aestuantis more fertur Euripi, ...   *C.*2,*M.*1.2
aestum. Non illum rabies minaeque ponti Versum funditus exagitantis aestum   *C.*1,*M.*4.6
    Si mare uoluens Turbidus Auster Misceat aestum, ...   *C.*1,*M.*7.7
aetas. Et quasi prima quaedam mundi aetas diluuio ultore transacta est. .   *Fid.*137
    in breuitate annorum humana aetas addicta est. *Fid.*143
    Felix nimium prior aetas Contenta fidelibus aruis *C.*2,*M.*5.1
    exemplorum ... plena etiam praesens aetas, qui reges *C.*3,*P.*5.4
    Cuncta quae rara prouehit aetas *C.*4,*M.*5.19
aetate. Abraham, qui cum esset aetate confectus eiusque uxor decrepita, . .   *Fid.*149
    Aetate denique Marci Tullii, sicut ipse ... significat, ...   *C.*2,*P.*7.30
aetatem. Et dolor aetatem iussit inesse suam. *C.*1,*M.*1.10
    ante nostri Platonis aetatem magnum saepe certamen *C.*1,*P.*3.18
aetatis. quamuis ita aeui plena foret ut nullo modo nostrae crederetur aetatis,   *C.*1,*P.*1.7
    quorum iam, ut in id aetatis pueris, uel paterni uel auiti specimen elucet
    ingenii? *C.*2,*P.*4.26
aeterna. licentiam ... infelicissimam uero, si esset aeterna; *C.*4,*P.*4.86
    Vide autem quid aeterna lex sanciat. *C.*4,*P.*4.101
aeterna. Constat aeterna positumque lege est Vt constet genitum nihil." .   *C.*2,*M.*3.17
aeternae. quoniam humanum genus ... aeternae poenae iaculis fuerat
    uulneratum   *Fid.*234
    quam praeposterum est ut aeternae praescientiae temporalium rerum
    euentus causa esse dicatur! *C.*5,*P.*3.47
aeternam. infinitam liquet esse miseriam quam esse constat aeternam." .   *C.*4,*P.*4.31
aeternitas. Quid sit igitur aeternitas consideremus; *C.*5,*P.*6.7
    Aeternitas igitur est interminabilis uitae tota simul et perfecta possessio,   *C.*5,*P.*6.9
    uisionisque eius ... aeternitas cum nostrorum actuum futura qualitate
    concurrit *C.*5,*P.*6.168
aeternitate. si cum inexhausta aeternitate cogitetur, non parua sed plane nulla
    esse uideatur. *C.*2,*P.*7.61
aeternitatem. diuinum uero "nunc" permanens neque mouens sese atque
    consistens aeternitatem facit; cui *Trin.*4.74
    uti est ... ad id quod est id quod gignitur, ad aeternitatem tempus, . .   *C.*4,*P.*6.80
aeternitatis. Quod si aeternitatis infinita spatia pertractes, quid habes quod
    de nominis *C.*2,*P.*7.50
aeterno. ex aeterno, id est ante mundi constitutionem, ...   *Fid.*9
    Ergo diuina ex aeterno natura et in aeternum *Fid.*54
    Quae tamen ille ab aeterno cuncta prospiciens prouidentiae cernit intuitus   *C.*5,*P.*2.27
    si ab aeterno non facta hominum modo sed etiam consilia uoluntatesque
    praenoscit, ...   *C.*5,*P.*3.8
    ita ille omnia suo cernit aeterno. *C.*5,*P.*6.80
aeternos. Sic aeternos reficit cursus Alternus amor, ...   *C.*4,*M.*6.16
aeternum. nondum tamen tale est ut aeternum esse iure credatur. *C.*5,*P.*6.22
    cui neque futuri quidquam absit nec praeteriti fluxerit, id aeternum esse
    iure perhibetur, ...   *C.*5,*P.*6.28
aeternum. Deum igitur aeternum esse cunctorum ratione degentium commune
    iudicium est. *C.*5,*P.*6.6
    Platonem sequentes deum quidem aeternum, mundum uero dicamus esse
    perpetuum. *C.*5,*P.*6.58
aeternum. et in aeternum sine aliqua mutabilitate perdurans *Fid.*54
    qua credimus ... in perpetuum atque in aeternum debitis finibus per-
    mansuros; *Fid.*270
aeternus. est autem deo semper aeternus ac praesentarius status; *C.*5,*P.*6.62
aetherios. caelo liber aperto Suetus in aetherios ire meatus *C.*1,*M.*2.7
aetheris. Duces serenus aeuum Ridens aetheris iras. *C.*2,*M.*4.22
    Late patentes aetheris cernat plagas *C.*2,*M.*7.3
    Quique agili motu calet aetheris, ...   *C.*4,*M.*1.7
    Dorsaque uelocis premat aetheris Compos uerendi luminis. *C.*4,*M.*1.17
    Legem stupebit aetheris alti. *C.*4,*M.*5.6
    Et liquido longi spatia aetheris enatet uolatu, ...   *C.*5,*M.*5.5
Aetna. quae flammis Aetnae [Aetna] eructuantibus, quod diluuium tantas
    strages dederint? . . . .   *?coni.C.*2,*P.*6.4

aforet. cui si quid aforet summum esse non posset, ... *C.3,P.2.8*
agat. "quod in quantum naturaliter agat relicta subsistendi appetentia . . *C.3,P.11.43*
    eorumque unus naturali officio id ipsum agat atque perficiat, ... *C.4,P.2.47*
age. Age igitur ingrediamur et unumquodque ut intellegi *Trin.2.1*
    Age nunc de relatiuis speculemur *Trin.5.1*
    Age enim, quoniam dominus ac seruus relatiua sunt, ... *Trin.5.5*
    Age enim stet quisquam. *Trin.5.22*
    Age enim si iam caduca et momentaria fortunae dona non essent, . . . *C.2,P.5.2*
agentis. animique agentis uigorem passio corporis antecedat *C.5,P.5.3*
agere. Idem autem est in eo esse quod agere; *Quo.167*
    Nobis uero non est idem esse quod agere; non enim simplices sumus. . *Quo.168*
aggredi. ita aggredi etiam intellectu oportet. *Trin.6.26*
aggrediamur. si quonam te ducere aggrediamur agnosceres!" *C.3,P.1.16*
aggreditur. Deficiente...uoluntate ne aggreditur quidem quisque quod non
    uult; *C.4,P.2.15*
agi. cuius agi frenis atque obtemperare iustitiae summa libertas est. . . . *C.1,P.5.14*
    "Huncine," inquit, "mundum temerariis agi fortuitisque casibus putas, *C.1,P.6.6*
agiles. Tu, cum feruida uenerit aestas, Agiles nocti diuidis horas. *C.1,M.5.17*
agili. Quique agili motu calet aetheris, ... *C.4,M.1.7*
agis. 'Quid tu homo ream me cotidianis agis querelis? *C.2,P.2.3*
agit. Et qui primae tempore noctis Agit algentes Hesperos ortus, ... *C.1,M.5.11*
    Numquam diues agit qui trepidus gemens Sese credit egentem.' . . . *C.2,M.2.19*
    Agit enim cuiusque rei natura quod proprium est *C.2,P.6.54*
    Lucifer ut tenebras pepulerit Pulchra dies roseos agit equos. *C.3,M.1.10*
    Habet hoc uoluptas omnis, Stimulis agit fruentes *C.3,M.7.2*
agitant. Quae sontes agitant metu Vltrices scelerum deae *C.3,M.12.31*
agitantis. minaeque ponti Versum funditus exagitantis [agitantis] aestum *coni.C.1,M.4.6*
agitantur. Hoc quidquid est quo condita manent atque agitantur,...deum
    nomino." *C.3,P.12.25*
agitare. Vellem autem pauca tecum fortunae ipsius uerbis agitare. *C.2,P.2.2*
agitari. adeo ut ne corporeis quidem morbis agitari sinat. *C.4,P.6.143*
    duris agitari ut uirtutes animi patientiae usu...confirment. *C.4,P.6.150*
agitata. Marcoque Tullio, cum diuinationem distribuit, uehementer agitata *C.5,P.4.3*
agitata. in rebus quae a Graecis agitata Latina interpretatione translata sunt: *Eut.3.30*
agitauimus. si rationes...intra rei quam tractabamus ambitum collocatas
    agitauimus, ... *C.3,P.12.110*
agitemur. nihil est quod admirere, si in hoc uitae salo circumflantibus
    agitemur procellis, ... *C.1,P.3.38*
agiteris. An ut tu quoque mecum rea falsis criminationibus agiteris? . . . *C.1,P.3.9*
agitis. cum ante oculos agitis iudicis cuncta cernentis." *C.5,P.6.176*
agitur. intentionem...uoluntatis humanae quae diuersis studiis agitur . . *C.4,P.2.27*
agnitio. quorum certa pro sui forma esset agnitio, et Latini personam et
    Graeci πρόσωπα *Eut.3.22*
agnoscas. Atque ut agnoscas in his fortuitis rebus beatitudinem constare non
    posse, ... *C.2,P.4.78*
    Atque ut agnoscas ueram illam reuerentiam per has...non posse
    contingere, ... *C.3,P.4.28*
    nunc superest ut unde ueram hanc petere possis agnoscas." *C.3,P.9.97*
    malos cunctis uiribus esse desertos agnoscas licebit, ... *C.4,P.2.5*
agnoscenda. hominum monstris non agnoscenda haec potius quam pro-
    culcanda proiecerit. *Trin.,Prf.15*
agnoscere. ut dimotis fallacium affectionum tenebris splendorem uerae lucis
    possis agnoscere. *C.1,P.6.62*
    ut...uerae beatitudinis speciem possis agnoscere. *C.3,P.1.26*
    "si quidem mihi pariter deum quoque qui bonum est continget agnoscere." *C.3,P.11.5*
    Nam quietis mihi loco fuerit ea quibus maxime delector agnoscere, . . . *C.5,P.1.15*
    ut quaenam etiam scientia eius sit, possimus agnoscere. *C.5,P.6.5*
agnosceres. si quonam te ducere aggrediamur agnosceres!" *C.3,P.1.16*
agnosceret. ut quid sibi iure deberetur contemptor agnosceret *Fid.111*
    tribuit sacramenta, ut agnosceret aliud sibi deberi per naturae meritum, *Fid.237*
agnosci. Potest enim unus tot uocabulis gladius agnosci; *Trin.3.23*
agnoscis. Agnoscisne me? Quid taces? *C.1,P.2.7*
agnoscit. quid unicuique conueniat agnoscit et quod conuenire nouit ac-
    commodat. *C.4,P.6.123*
    rotunditatem aliter uisus aliter tactus agnoscit. *C.5,P.4.79*
agnoscitur. Nonne in sanctis hominibus ac pietate conspicuis apertus di-
    uinitatis actus agnoscitur? *Eut.4.88*

agnoueris. Tum illa, "Quanti," inquit, "aestimabis, si bonum ipsum quid sit
    agnoueris?" *C.*3,*P.*11.3
agnouisti. "Quoniam igitur agnouisti quae uera illa sit, ... *C.*3,*P.*9.95
    quoniam uerae formam beatitudinis. . .quo etiam sita sit agnouisti, . . . *C.*4,*P.*1.33
ἀγορεύειν. Ἀργαλέον δέ με ταῦτα θεὸν ὡς πάντ' ἀγορεύειν. *C.*4,*P.*6.196
agri. ut si quis colendi agri causa fodiens humum defossi auri pondus inueniat. *C.*5,*P.*1.41
    Nam nisi cultor agri humum foderet, ... *C.*5,*P.*1.45
agrorum. An uos agrorum pulchritudo delectat? Quidni? *C.*2,*P.*5.31
agrum. Qui serere ingenuum uolet agrum, Liberat arua prius fruticibus, . . *C.*3,*M.*1.1
    Neque. . .uel qui agrum exercuit ut ea pecunia reperiretur intendit; . . *C.*5,*P.*1.51
ai. *Eut.*3.31
αἰθέρες. Ἀνδρὸς δὴ ἱεροῦ δέμας αἰθέρες ᾠκοδόμησαν. *C.*4,*P.*6.145
αἰθήρ. Ἀνδρὸς δὴ ἱεροῦ δέμας αἰθέρες ᾠκοδόμησαν [δ' ἱροῦ σῶμ' αἴθηρ ἐξοικο-
    δόμησεν]. *coni.C.*4,*P.*6.145
αἱρέσεων. Quoniam uero in tota quaestione contrariarum sibimet αἱρέσεων . *Eut.,Prf.*59
ait. Eutyches. . .ait duas se confiteri in Christo naturas ante adunationem, . *Eut.*5.22
    secundum hunc modum Eutyches ait ex utrisque *Eut.*7.10
    aut duae naturae sint duaeque personae ut Nestorius ait, ... *Eut.*7.82
    aut una persona unaque natura ut Eutyches ait, ... *Eut.*7.83
    "Tune ille es," ait, "qui nostro quondam lacte *C.*1,*P.*2.3
    Quod si, ut Aristoteles ait, Lynceis oculis homines uterentur, . . . *C.*3,*P.*8.23
    "Quibus," ait illa, "gubernaculis mundus regatur." *C.*3,*P.*12.7
    "Quod si conetur," ait, ... *C.*3,*P.*12.58
    sed, sicut de ea Parmenides ait: *C.*3,*P.*12.105
    Tandem, 'Vincimur,' arbiter Vmbrarum miserans ait, ... *C.*3,*M.*12.41
    "Sed ne illud quidem," ait, "quisquam negabit *C.*4,*P.*4.63
    "Si igitur cognitor," ait, "resideres, cui supplicium inferendum putares, *C.*4,*P.*4.122
    "Atqui nunc," ait, "contra faciunt oratores. *C.*4,*P.*4.132
    Nam ut quidam me quoque excellentior [quoque excellentior ait]: . *?uar.C.*4,*P.*6.144
    "Ex his enim," ait, "quae concessa sunt, euenit eorum *C.*4,*P.*7.33
    "Quotiens," ait, "aliquid cuiuspiam rei gratia geritur *C.*5,*P.*1.38
aiunt. At hi ita aiunt ex duabus quidem naturis Christum consistere, . *Eut.*6.83
    Aiunt enim: si ex homine sumptum est corpus, ... *Eut.*8.5
    Aiunt enim non ideo quid esse euenturum, ... *C.*5,*P.*3.18
alacritate. consules liberos tuos domo prouehi. . .sub plebis alacritate uidisti, *C.*2,*P.*3.30
alarum. Sunt quibus alarum leuitas uaga uerberetque uentos . . . *C.*5,*M.*5.4
alba. Ponatur enim una eademque substantia bona esse alba, grauis, rotunda. *Quo.*101
alba. esse oportebit ea quae alba sunt, ... *Quo.*152
    quoniam ex uoluntate dei fluxerunt ut essent, alba minime. . . . *Quo.*153
    sunt alba tantum; *Quo.*161
alba. At non etiam alba in eo quod sunt alba esse oportebit . . . *Quo.*151
    Itaque quia uoluit esse ea alba qui erat non albus, ... *Quo.*160
albedinem. at non etiam si auferas albedinem, abstuleris quoque album, . *Trin.*5.9
albedinis. (quis enim dicat ullam albedinis uel nigredinis. . .esse personam?) . *Eut.*2.16
albedo. sed interest, quod albedo accidit albo, qua sublata perit nimirum
    album. *Trin.*5.10
    non accidit seruus domino ut albedo albo, sed potestas quaedam qua
    seruus coercetur. *Trin.*5.13
albentes. Pallet albentes hebetata uultus Flammis stella prementibus. . . *C.*2,*M.*3.3
albi. uoluntatem uero non albi non est comitata talis eius *Quo.*157
    neque enim ex albi uoluntate defluxerunt. *Quo.*159
Albinum. Ne Albinum consularem uirum praeiudicatae accusationis poena
    corriperet, ... *C.*1,*P.*4.51
    maiestatis crimen in Albinum delatae ad cunctum senatus ordinem
    transferre moliretur, ... *C.*1,*P.*4.114
albis. ut essent, alba minime. Aliud est enim esse, aliud albis esse; . . *Quo.*154
albo. sed interest, quod albedo accidit albo, qua sublata perit nimirum album. *Trin.*5.10
    non accidit seruus domino ut albedo albo, sed potestas quaedam qua
    seruus coercetur. *Trin.*5.13
album. sed interest, quod albedo accidit albo, qua sublata perit nimirum
    album. *Trin.*5.11
    nam quod participatione album est, per se in eo quod ipsum est album
    non est. *Quo.*63
    nam quod participatione album est, per se in eo quod ipsum est album
    non est. *Quo.*64

non est comitata talis eius quod est proprietas ut esset album in eo quod
  est; *Quo*.158
album. at non etiam si auferas albedinem, abstuleris quoque album, ... *Trin*.5.9
albus. esse albus uel longus nec quasi circumfusus et determinatus   . . . *Trin*.4.50
  non . . . uelut albus ac longus, sed quod me accedente fit dexter *Trin*.5.27
  hoc ideo, quoniam qui ea ut essent effecit bonus quidem est, minime uero
  albus. *Quo*.155
  Itaque quia uoluit esse ea alba qui erat non albus, sunt alba tantum; . *Quo*.160
Alcibiadis. introspectis uisceribus illud Alcibiadis superficie pulcherrimum
  corpus turpissimum *C*.3,*P*.8.25
alerent. nullis remediis fouerent, uerum dulcibus insuper alerent uenenis? . *C*.1,*P*.1.31
ales. Quae canit altis garrula ramis Ales caueae clauditur antro; *C*.3,*M*.2.18
algentes. Et qui primae tempore noctis Agit algentes Hesperos ortus, . . . *C*.1,*M*.5.11
alia. Alia uero est doctorum tantum, ... *Quo*.23
  Est etiam alia significatio naturae *Eut*.1.53
  rationalium uero alia est inmutabilis *Eut*.2.24
  alia per creationem mutabilis atque passibilis, ... *Eut*.2.25
  sed cum alia res materiae fundamento nititur ut corpus, ... *Eut*.6.63
  alia omnino materiae subiecto non egeat ut incorporeum. *Eut*.6.64
  Verumtamen est etiam nunc et alia quaestio quae ab his inferri potest . *Eut*.8.1
alia. Idcirco alia quidem iusta alia aliud omnia bona. *Quo*.174
  Et alia quidem suis contenta sunt; uos autem *C*.2,*P*.5.75
  quaeque alia saxis haerentia nutriuntur, ... *C*.5,*P*.5.15
  Namque alia extento sunt corpore pulueremque uerrunt *C*.5,*M*.5.2
alia. et alia quae ei non defuerunt humana quidem *Eut*.8.74
  quas si in alia quispiam loca transferre conetur, arescant. *C*.3,*P*.11.59
  "Et magna quidem, . . . quorum alia poenali acerbitate, . . . exerceri puto. *C*.4,*P*.4.77
  alia uero purgatoria clementia exerceri puto. *C*.4,*P*.4.78
  orationisque cursum ad alia quaedam tractanda atque expedienda
  uertebat. *C*.5,*P*.1.1
aliae. Quod aliae quidem quasi rem monstrant aliae uero quasi circumstantias *Trin*.4.100
  quoniamque naturae aliae sint substantiae, aliae accidentes *Eut*.2.14
  Sed substantiarum aliae sunt corporeae, aliae incorporeae. *Eut*.2.19
  Corporearum uero aliae sunt uiuentes, aliae minime; *Eut*.2.20
  uiuentium aliae sunt sensibiles, aliae minime; *Eut*.2.21
  sensibilium aliae rationales, aliae inrationales. *Eut*.2.22
  Item incorporearum aliae sunt rationales, aliae minime, ... *Eut*.2.23
  Rursus substantiarum aliae sunt uniuersales, aliae particulares. . . . *Eut*.2.38
  Nam cum substantiarum aliae sint corporeae, ... *Eut*.6.20
  aliae incorporeae, neque corporea in incorpoream *Eut*.6.21
  Nam aliae quidem campis aliae montibus oriuntur, ... *C*.3,*P*.11.57
  alias ferunt paludes, aliae saxis haerent, ... *C*.3,*P*.11.58
  innumerabiles aliae uelut Hydrae capita succrescant, ... *C*.4,*P*.6.9
aliam. hic non potest aliam nisi materiae similem sperare sententiam. . . . *Trin*.,*Prf*.11
  quandoquidem manifestum est aliam naturam esse hominis *Eut*.5.21
  aliam dei, ait duas se confiteri in Christo naturas *Eut*.5.22
  "Iam scio," inquit, "morbi tui aliam uel maximam causam; *C*.1,*P*.6.39
aliarum. aliarum fecundae sunt steriles harenae, ... *C*.3,*P*.11.59
alias. qui corpus humanum ex Maria sumptum esse non credunt, sed alias
  fuisse sequestratum *Eut*.8.3
  neque alias expertum te neque nunc anxium necesse est admonere. . . *C*.3,*P*.7.15
alias. alias ferunt paludes, aliae saxis haerent, ... *C*.3,*P*.11.58
alicuius. Quare quae secundum rei alicuius in eo quod ipsa *Trin*.5.30
  ad aliquid dici manifestum est; nam et pater alicuius pater est . . . *Pat*.49
  et filius alicuius filius est, spiritus alicuius spiritus. *Pat*.50
  dignitatem . . . quam uti alicuius sceleris admixtione fuscarent, ... *C*.1,*P*.4.136
  Num audes alicuius talium splendore gloriari? *C*.2,*P*.5.35
  quod est forsitan alicuius tam praeceps atque inportuna natura . . . *C*.4,*P*.6.168
  cum eis competenter utendo alicuius boni elicit effectum. *C*.4,*P*.6.191
aliena. quonam modo in tuis opibus aliena probitas numerabitur? *C*.2,*P*.5.53
  Quae si ad claritudinem refertur, aliena est. *C*.3,*P*.6.22
  Quare splendidum te, si tuam non habes, aliena claritudo non efficit. . *C*.3,*P*.6.26
  Neque enim probis animis proprium decus aliena decerpit improbitas. . *C*.4,*P*.3.16
aliena. ut suam quisque operam non ex aliena sed ex propria potestate
  perficiat. *C*.5,*P*.4.120
aliena. Numquam tua faciet esse fortuna quae a te natura rerum fecit aliena. *C*.2,*P*.5.40

alienam. Nos ad constantiam nostris moribus alienam inexpleta hominum
    cupiditas alligabit? *C.*2,*P.*2.28
alienarum. Auaritia feruet alienarum opum uiolentus ereptor? *C.*4,*P.*3.57
alieni. in delationem nostri nominis alieni aeris necessitate compulsus est. . . *C.*1,*P.*4.59
    cum pessimus quisque eoque alieni magis auidus *C.*2,*P.*5.98
    quam copiosus bonorum omnium status nec alieni egens *C.*3,*P.*2.57
    "Quod igitur nullius egeat alieni, ... *C.*3,*P.*9.36
alienis. Habes gratiam uelut usus alienis, non habes ius querelae *C.*2,*P.*2.15
    uester hic error qui ornari posse aliquid ornamentis existimatis alienis? *C.*2,*P.*5.91
    de alienis praemia sermunculis postulatis. *C.*2,*P.*7.65
alieno. ille nuptiis felix orbus liberis alieno censum nutrit heredi. *C.*2,*P.*4.50
alieno. non . . . facere praedicationem quae perspicue ex alieno aduentu
    constare perspiciuntur. *Trin.*5.4
    alieno potius praesidio faciunt indigentes. *C.*3,*P.*3.43
    in hac praesidio necesse est egeat alieno." *C.*3,*P.*9.17
alii. sed eo modo quo formam ipsam, quae nulli alii nota esse poterat,
    comprehendit. *C.*5,*P.*4.100
alii. ibique missi prophetae sunt et alii sancti uiri *Fid.*189
    Quorum quidem alii summum bonum esse nihilo indigere credentes . . *C.*3,*P.*2.16
    alii uero bonum quod sit dignissimum ueneratione iudicantes *C.*3,*P.*2.17
    et quos alii praemio alii supplicio dignos arbitrantur. *C.*4,*P.*6.108
    Alii plus aequo metuunt quod ferre possunt, ... *C.*4,*P.*6.151
    alii plus aequo despiciunt quod ferre non possunt; *C.*4,*P.*6.152
aliis. quod enim est, aliis debet quae non sunt homo. *Trin.*4.33
    Substat autem id quod aliis accidentibus subiectum quoddam, ... *Eut.*3.47
    quod Abrahae atque Dauid promittitur. . . aliis distribuit, ... *Eut.*5.65
    quod in se expetendae pulchritudinis habeant, nedum aliis praestent? . *C.*3,*P.*4.51
    Aliis mixta quaedam pro animorum qualitate distribuit; *C.*4,*P.*6.147
aliis. tantum quo sit illud aliis informatum rebus per hanc praedicationem
    ostenditur. *Trin.*4.52
    Quod si id in cunctis aliis rebus non potest inueniri, ... *Trin.*6.22
    filius. . . nomen neque cum aliis iungit sicut in deo, sicut in ueritate, . . *Pat.*42
    Particularia uero sunt quae de aliis minime praedicantur *Eut.*2.44
    Quae sese adhuc uelat aliis, tota tibi prorsus innotuit. *C.*2,*P.*1.34
    "Hinc igitur aliis de causis ea radice nitentibus, ... *C.*4,*P.*4.128
    quaestionem pluribus aliis implicitam esse dixisti, ... *C.*5,*P.*1.5
    Sensus enim solus cunctis aliis cognitionibus destitutus *C.*5,*P.*5.13
alimenta. trahunt alimenta radicibus ac per medullas robur corticemque
    diffundunt? *C.*3,*P.*11.63
alimentis. Terrarum quidem fructus animantium procul dubio debentur
    alimentis. *C.*2,*P.*5.41
alimentis. nostris educatus alimentis in uirilis animi robur euaseras? *C.*1,*P.*2.4
alio. Quaero an. . . substantialiter praedicentur an alio quolibet modo; . . . *Pat.*2
    non substantialiter praedicari sed alio modo; *Pat.*34
    non de ipsa diuinitate dici sed alio quodam modo; *Pat.*46
    Omne quod est participat eo quod est esse ut sit; alio uero participat ut
    aliquid sit. *Quo.*42
    id quod est participat eo quod est esse ut sit; est uero ut participet alio
    quolibet. *Quo.*44
    nec ullo alio saeculo possit euenire, ut eius qui solus est deus *Eut.*4.64
    humanam carnem. . . aliquo modo alio praeparatam, ... *Eut.*5.30
    utrumne eo qui deciderat praeuaricatione peccati an alio? *Eut.*5.53
    si humana caro sumpta est, non ab alio sumi potuerit *Eut.*5.66
    Si igitur a Maria non est sumptum corpus humanum sed a quolibet
    alio, ... *Eut.*5.68
    alio modo significans ita ex utrisque coniunctum, ut utraque permaneant. *Eut.*7.44
    quod in alium facere quisquam possit, quod sustinere ab alio ipse non
    possit? *C.*2,*P.*6.33
    qui quod ipse in alio potest, ne id in se alter ualeat efficere non possit? . *C.*2,*P.*6.39
    dei quoque in ipso bono nec usquam alio sitam esse substantiam. . . . *C.*3,*P.*10.144
    alio uero modo quam naturae conuenit *C.*4,*P.*2.48
    sed alio quodam modo infeliciores esse improbos arbitror impunitos, . . *C.*4,*P.*4.47
    Tunc uelut ab alio orsa principio ita disseruit: *C.*4,*P.*6.21
alioquin. Alioquin ex uno membro beatitudo uidebitur esse coniuncta . . *C.*3,*P.*10.116
    alioquin si quo egeat, plenam sufficientiam non habebit." *C.*3,*P.*12.34
    alioquin concessis praecedentibus nihil prorsus est *C.*4,*P.*4.38
    Hic uero ordo res mutabiles et alioquin temere fluituras. . . coerceat. . . *C.*4,*P.*6.92

Alioquin si haec nulla est, ne illa quidem eius rei signum poterit esse quae
non est. *C.5,P.4.*36
aliorsum. Nam si aliorsum quam prouisae sunt detorqueri ualent, ... *C.5,P.3.*13
Postremo si quid aliquis aliorsum atque sese res habet existimet, . . . *C.5,P.3.*56
alios. non prophetas neque alios sibi placitos sed ipsum unigenitum suum . *Fid.*194
et praeter alios Nestorius et Eutyches repertores haereseos exstiterunt, . *Fid.*209
Sed quaesita uorans saeua rapacitas Altos [alios] pandit hiatus. . . *uar.C.2,M.2.*14
pretiosa pecunia cum translata in alios largiendi usu desinit possideri. . *C.2,P.5.*12
ut quod apud alios laude apud alios supplicio dignum iudicetur. . . *C.2,P.7.*39
alios duris agitari ut uirtutes animi. . . confirment. *C.4,P.6.*149
Alios in cladem meritam praecipitauit indigne acta felicitas; . . . *C.4,P.6.*176
aliqua. eligere uiros per quorum seriem aliqua generatio commearet, . . . *Fid.*146
aliqua. circumfusus et determinatus proprietate aliqua *Trin.4.*51
aut si aliqua re forte diuersus es, diligentius intuere *Pat.*69
sine aliqua mutabilitate perdurans *Fid.*55
minuendum aliquid uel addendum uel aliqua mutatione uariandum . *Eut.,Prf.*50
quoniam nomen hoc melioribus applicatum est, ut aliqua id quod est
excellentius, ... *Eut.3.*75
nec. . . fieri potest, ut incorporalia in sese commixtione aliqua permutentur. *Eut.6.*68
tam conpositae felicitatis ut non aliqua ex parte cum status sui qualitate
rixetur? *C.2,P.4.*42
ob id aliqua ex parte uideatur abiectius." *C.3,P.9.*31
improbi, si eis aliqua rimula uirtutem relictam fas esset aspicere . . *C.4,P.4.*141
aliqua. ex quo mihi aliqua eius darentur signa iudicii. *Eut.,Prf.*26
aliquam. minimam, licet, habet tamen aliquam portionem. *C.2,P.7.*55
esse aliquam solidam perfectamque non potest dubitari." *C.3,P.10.*20
quae habent aliquam uolendi nolendique naturam, ... *C.3,P.11.*46
Sed uideo te. . . aliquam carminis exspectare dulcedinem. *C.4,P.6.*208
Num enim quae praesentia cernis, aliquam eis necessitatem tuus addit
intuitus?" *C.5,P.6.*76
aliquando. neque patrem aliquando fuisse filium, ... *Fid.*17
neque filium in eadem natura qua patri coaeternus est aliquando fieri
patrem, ... *Fid.*20
est aliquando cum de hominibus illa,. . .bene mereatur, ... *C.2,P.8.*2
et aliquando desinite uilia mirari. *C.3,P.8.*18
Fit enim ut aliquando necessariis egeat, ... *C.3,P.9.*60
ut tandem aliquando stultitiam magna lacerantem sui pudeat." . . *C.3,P.12.*68
aliquantulum. "Promouimus," inquit, "aliquantum [aliquantulum], . . *coni.C.2,P.4.*38
aliquantum. "Promouimus," inquit, "aliquantum, si te nondum totius tuae
sortis piget. *C.2,P.4.*38
aliquatenus. illud quod implere atque exprimere non potest, aliquatenus
uidetur aemulari *C.5,P.6.*49
aliquem. Qui enim dicit esse aliquem in foro uel ubique, refert quidem . . *Trin.4.*90
Nunc si inter mures uideres unum aliquem *C.2,P.6.*16
altera condicionis, ut si aliquem ambulare scias, eum ambulare necesse est; *C.5,P.6.*105
aliquibus. Talia ergo ex aliquibus constantia et in his constare dicimus . . *Eut.7.*19
seu aliquibus horum seu omnibus fatalis series texitur, ... *C.4,P.6.*55
aliquid. qui homo est uel deus refertur ad substantiam qua est aliquid, *Trin.4.*85
refertur ad qualitatem qua scilicet est aliquid, id est iustus, ... *Trin.4.*87
qui magnus ad quantitatem qua est aliquid, id est magnus. . . . *Trin.4.*88
sed non quo aliquid est uelut iustitia iustus. *Trin.4.*91
sed non quo aliquid est uelut magnitudine magnum. *Trin.4.*96
Fit enim participatio cum aliquid iam est; est autem aliquid, cum esse
susceperit. *Quo.*33
eo quod est esse ut sit; alio uero participat ut aliquid sit. *Quo.*42
sin uero uel minuendum aliquid. . .est, ... *Eut.,Prf.*50
Neque enim quod sit aliquid sed potius non esse significat; . . . *Eut.1.*18
et quasi nouum aliquid acciderit, perhorrescerem? *C.1,P.3.*15
Estne aliquid tibi te ipso pretiosius? Nihil inquies. *C.2,P.4.*75
sic caelum sidera lunam solemque miramur. Num te horum aliquid
attingit? *C.2,P.5.*35
ac potestatibus inesset aliquid naturalis ac proprii boni, ... *C.2,P.6.*41
Erit enim eo praestantius aliquid perfectum possidens bonum, ... *C.3,P.10.*31
an sit eorum aliquid quod beatitudinis substantiam compleat, ... *C.3,P.10.*98
"Non est igitur aliquid quod summo huic bono uel uelit uel possit
obsistere." *C.3,P.12.*61
Neque enim est aliquid in tam breuibus uitae metis ita serum *C.4,P.4.*21

alteri. cumque alteri abesset alterum, plenum...bonum afferre non posse? . . *C*.3,*P*.11.10

alteritas. Principium enim pluralitatis alteritas est; praeter alteritatem . . *Trin*.1.14
Quod si id in cunctis aliis rebus non potest inueniri, facit hoc cognata
caducis rebus alteritas: *Trin*.6.24

alteritatem. praeter alteritatem enim nec pluralitas quid sit intellegi potest. *Trin*.1.14
non faciet alteritatem rerum de qua dicitur, ... *Trin*.5.37

alterius. et nihil in alterum ex alterius qualitate perueniat? *Eut*.4.26
quid amplius in Iesu generatione contingit quam in cuiuslibet alterius, *Eut*.4.73
non dicuntur inmixta, sed alterum alterius qualitate corrumpitur. . . . *Eut*.6.37
neutrum manet, sed alterum alterius copulatione corruptum quiddam
tertium fecit, ... *Eut*.6.88

alterna. Ea series...elementa in se inuicem temperat et alterna commutatione
transformat; *C*.4,*P*.6.84

alternare. nihil alternare uel mutare queunt *Trin*.5.32
ut cum ego nunc hoc nunc aliud uelim, illa quoque noscendi uices alternare
uideatur? *C*.5,*P*.6.150

alternat. nec alternat, ut aestimas, nunc hoc nunc illud praenoscendi uice, . *C*.5,*P*.6.153

alterni. Confluat alterni quod trahit unda uadi; *C*.5,*M*.1.6

alternis. Alternisque uolunt perire telis? *C*.4,*M*.4.9

alternum. Alternumque legens iter Nunc summis caput inserit, ... *C*.5,*M*.4.21

alternus. Sic aeternos reficit cursus Alternus amor, ... *C*.4,*M*.6.17

altero. sed ideo expertus in altero est, ... *Fid*.110
sed ex altero altero fidem trahente insitis...probationibus *C*.3,*P*.12.98
sed ex altero altero [sed altero ex altero] fidem trahente *uar.C*.3,*P*.12.98
quorum quidem alterum demonstratur ex altero. *C*.4,*P*.2.6
Quae licet diuersa sint, alterum tamen pendet ex altero. *C*.4,*P*.6.43
necessitas inest, in hoc quidem sedendi, at uero in altero ueritatis. . . *C*.5,*P*.3.36

alterum. non dicuntur inmixta, sed alterum alterius qualitate corrumpitur. . *Eut*.6.37
neutrum manet, sed alterum alterius copulatione corruptum quiddam
tertium fecit, ... *Eut*.6.88
Etenim quae discrepant bona, non ... quod sit alterum liquet; *C*.3,*P*.10.71
quare neutrum poterit esse perfectum, cum alterutri alterum deest. . . *C*.3,*P*.10.73
cumque alteri abesset alterum, plenum absolutumque bonum afferre non
posse? *C*.3,*P*.11.11
quorum quidem alterum demonstratur ex altero. *C*.4,*P*.2.5
Quae licet diuersa sint, alterum tamen pendet ex altero. *C*.4,*P*.6.43
unum prius quoque quam fieret, necesse erat exsistere, alterum uero
minime. *C*.5,*P*.6.131

alterum. ut tantum locis iuncta sint et nihil in alterum ex alterius qualitate
perueniat? *Eut*.4.25
Quod si manere apud quemque non potest quod transfertur in alterum, *C*.2,*P*.5.11
Etenim quae discrepant bona, non esse alterum ... liquet; *C*.3,*P*.10.71

alterutra. licet ea ex quibus coniungitur alterutra qualitate corrupta sint; . *Eut*.6.94

alterutra. ut illa tamen ex quibus iunctum esse dicitur maneant nec in
alterutra uertantur, ... *Eut*.7.14

alterutram. materia subiecta...quae susceptis qualitatibus in alterutram
permutetur. *Eut*.6.55

alterutri. quare neutrum poterit esse perfectum, cum alterutri alterum deest. *C*.3,*P*.10.72

alterutris. nulla his materia...quae alterutris substantiarum qualitatibus
permutetur. *Eut*.6.82

alterutro. eademque in alterutro mutabilitas nec formidandas...minas nec
exoptandas facit esse blanditias. *C*.2,*P*.1.47
Sunt etiam qui horum fines causasque alterutro permutent, ... *C*.3,*P*.2.27
alterutro calle procedam nunc hinc nunc inde proposita confirmans. . . *C*.4,*P*.2.10

alterutrum. quorum si alterutrum desit, nihil est quod explicari queat. . . *C*.4,*P*.2.13

alterutrum. quos ad alterutrum non propria mittit uoluntas, ... *C*.5,*P*.3.90

alti. Montis cacumen alti, Bibulas uitet harenas. *C*.2,*M*.4.7
Legem stupebit aetheris alti. *C*.4,*M*.5.6

altior. Sed miseris malorum altior sensus est. *C*.2,*P*.3.7

altis. Postea igitur pro eorum egressione altis Aegyptus plagis uastata est, . *Fid*.164
Quique uagatur Montibus altis Defluus amnis, ... *C*.1,*M*.7.15
Quae canit altis garrula ramis *C*.3,*M*.2.17
Non altis laqueos montibus abditis Vt pisce ditetis dapes *C*.3,*M*.8.5

altissima. Somnos dabat herba salubres, ... Vmbras altissima pinus. . . . *C*.2,*M*.5.12

altius. quae cum altius caput extulisset, ipsum etiam caelum penetrabat . *C*.1,*P*.1.11
Verum altius perscrutemur; nescio quid abesse coniecto. *C*.1,*P*.6.17
Vnica gens hominum celsum leuat altius cacumen *C*.5,*M*.5.10

amplius. Amplius bonum quidem generale est, iustum uero speciale *Quo.*172
    in hodierna quoque uita non amplius uiuitis quam in illo mobili
    transitorioque momento. *C.*5,*P.*6.17
amplum. Aut quid habeat amplum magnificumque gloria tam angustis. . .
    limitibus artata? *C.*2,*P.*7.23
an. *Trin.,Prf.*31; *Pat.*1; 6; 7; *Eut.*4.84; *C.*1,*P.*3.8; 1,*P.*3.10; 1,*P.*4.7; 1,*P.*4.69; 1,*P.*4.79;
    *C.*1,*P.*5.15; 1,*P.*6.7; 1,*P.*6.36; 2,*P.*1.40; 2,*P.*2.2; 2,*P.*2.21; 2,*P.*2.33; 2,*P.*3.44;
    *C.*2,*P.*3.51; 2,*P.*4.89; 2,*P.*5.21; 2,*P.*5.31; 2,*P.*5.36; 2,*P.*5.49; 2,*P.*7.36; 2,*P.*7.70;
    *C.*2,*P.*8.18; 3,*P.*2.62; 3,*P.*2.65; 3,*P.*3.6; 3,*P.*5.1; 3,*P.*5.21; 3,*P.*5.38; 3,*P.*9.7; 3,*P.*9.13;
    *C.*3,*P.*10.4; 3,*P.*10.68; 4,*P.*2.66; 4,*P.*2.95; 4,*P.*2.97; 4,*M.*4.7; 5,*P.*1.6; 5,*P.*1.34;
    *C.*5,*M.*3.6; 5,*M.*3.20; 5,*P.*4.63
an. *Trin.*5.7; 6.29; *Pat.*2; *Quo.*61; *Eut.*5.53; *C.*1,*P.*2.7; 1,*P.*4.2; 2,*P.*3.14; 2,*P.*5.7; 3,*P.*9.20;
    *C.*3,*P.*9.27; 3,*P.*10.97; 3,*P.*10.108; 3,*P.*11.23; 3,*P.*12.85; 4,*P.*4.124; 5,*P.*2.3; 5,*P.*3.26;
    *C.*5,*P.*6.143
Anaxagorae. Quod si nec Anaxagorae fugam nec Socratis uenenum. . .nouisti, *C.*1,*P.*3.31
ancorae. nec tibi nimium ualida tempestas incubuit, quando tenaces haerent
    ancorae *C.*2,*P.*4.32
ἀνδρός. Ἀνδρὸς δὴ ἱεροῦ δέμας αἰθέρες ᾠκοδόμησαν. *C.*4,*P.*6.145
angeli. at hominis dicimus esse personam, dicimus dei, dicimus angeli. . . . *Eut.*2.37
angeli. angelorum numerum, id est supernae illius ciuitatis cuius ciues angeli
    sunt, ... *Fid.*71
angelica. De caelestibus autem naturis, quae uniuersaliter uocatur angelica, *Fid.*66
angelica. seu angelica uirtute seu daemonum uaria sollertia. . .fatalis series
    texitur, ... *C.*4,*P.*6.54
angelicis. si sine peccato manere uellet, tam ipsum quam eius progeniem
    angelicis coetibus sociaret, ... *Fid.*76
angelico. —ut ex eis reparato angelico numero superna illa ciuitas impleatur, *Fid.*273
angelorum. et quoniam angelorum numerum, id est supernae illius ciuitatis
    cuius ciues angeli sunt, ... *Fid.*69
    ad inpassibilitatis firmitudinem permutetur ut angelorum atque animae. *Eut.*2.28
angerer. quin aliquid semper angerer reminisci non queo." *C.*3,*P.*3.19
angeret. "libero me fuisse animo quin aliquid semper angerer [angeret]
    reminisci non queo [nequeo]." *coni.C.*3,*P.*3.19
angusta. Videsne igitur quam sit angusta, quam compressa gloria *C.*2,*P.*7.34
angustam. uelut in augustam [angustam] suae mentis sedem recepta *uar.C.*3,*P.*2.1
angustas. O igitur angustas inopesque diuitias *C.*2,*P.*5.19
angustia. hunc nobilitas notum facit, sed angustia rei familiaris inclusus esse
    mallet ignotus. *C.*2,*P.*4.48
angustis. quid habeat. . .gloria tam angustis exiguisque limitibus artata?. . *C.*2,*P.*7.24
angustissima. si . . . cogitatione subtraxeris, uix angustissima inhabitandi
    hominibus area relinquetur. *C.*2,*P.*7.19
angusto. quamquam angusto limite temporis saepti tamen *C.*4,*P.*6.16
anhelos. Ore toruo comminantes rabie cordis anhelos, ... *C.*4,*M.*2.3
anima. corpus et anima est, non uel corpus uel anima in partem; *Trin.*2.36
    "Pati" quidem ac "facere," ut omnia corporea atque corporeorum
    anima; *Eut.*1.27
    Sed anima et deus incorporeae substantiae recte creduntur; *Eut.*6.72
    non est igitur humana anima in diuinitatem a qua adsumpta est
    permutata. *Eut.*6.74
    Quod si neque corpus neque anima in diuinitatem potuit uerti, ... *Eut.*6.75
    "Vt in animalibus," inquit, "cum in unum coeunt ac permanent anima
    corpusque, ... *C.*3,*P.*11.32
anima. ut cum homo terrenus constet ex anima corporeque, ... *Trin.*2.35
    seu anima seu tota inseruiente natura. . .fatalis series texitur, ... *C.*4,*P.*6.52
animaduerte. Tu igitur an ius postulet, animaduerte. *C.*2,*P.*2.2
animaduertendam. habet animaduertendam dubitationem talis quaestio. . *Eut.*8.13
animaduertendum. In quo illud est animaduertendum magis. *C.*3,*P.*4.22
animaduertisse. Atque ut me interius animaduertisse cognoscas, ... *C.*3,*P.*9.83
animaduerto. "Animaduerto," inquam, "idque, uti tu dicis, ita esse consentio. *C.*5,*P.*2.1
animae. ad inpassibilitatis firmitudinem permutetur ut angelorum atque
    animae. *Eut.*2.28
    Quid est enim carens animae motu atque compage *C.*2,*P.*5.25
    Splendor. . .Vitat obscuras animae ruinas. *C.*3,*M.*10.16
    Neque nunc nos de uoluntariis animae cognoscentis motibus,. . .
    tractamus, ... *C.*3,*P.*11.86

ne in animalibus quidem manendi amor ex animae uoluntatibus, . . . uenit. *C.3,P.11.*90
animal. aut genere ut idem homo quod equus, quia his idem genus ut animal; *Trin.1.*20
    Vniuersales sunt quae de singulis praedicantur ut homo, animal, lapis,
      lignum *Eut.2.*40
    nam et homo de singulis hominibus et animal de singulis animalibus . . .
      dicuntur. *Eut.2.*42
    ut diuinum merito rationis animal non aliter sibi splendere . . . uideatur? *C.2,P.5.*73
    "cum in unum coeunt ac permanent anima corpusque, id animal uocatur; *C.3,P.11.*32
    Omne namque animal tueri salutem laborat, mortem . . . deuitat. . . . *C.3,P.11.*49
    ita definiuit: homo est animal bipes rationale. *C.5,P.4.*108
animal. "Hocine interrogas an esse me sciam rationale animal atque mortale? *C.1,P.6.*36
    cum . . . unitas utriusque separatione dissoluitur, interire nec iam esse
      animal liquet. *C.3,P.11.*34
animali. Adeo haec sui caritas non ex animali motione . . . procedit. *C.3,P.11.*96
animalia. Quam uariis terras animalia permeant figuris! *C.5,M.5.*1
animalia. "Si animalia," inquam, "considerem *C.3,P.11.*45
animalia. Nonne, o terrena animalia, consideratis quibus qui praesidere
    uideamini? *C.2,P.6.*15
    Vos quoque, o terrena animalia, tenui licet imagine *C.3,P.3.*1
animalibus. nam et homo de singulis hominibus et animal de singulis
    animalibus . . . dicuntur. *Eut.2.*42
    Quare autem de inrationabilibus animalibus Graecus ὑπόστασιν non dicat, *Eut.3.*72
    quae nobis cognitis animantibus [quae nobis cognitis ab animalibus]
    incolatur. *coni.C.2,P.7.*16
    "Vt in animalibus," inquit, "cum in unum coeunt ac permanent anima
    corpusque, ... *C.3,P.11.*31
    nam ne in animalibus quidem manendi amor ex animae uoluntatibus, . . .
    uenit. *C.3,P.11.*90
animalis. Statua . . . secundum formam qua in eo insignita est effigies animalis
    dicitur, ... *Trin.2.*24
    animalis enim uel generalis hominis nulla persona est, ... *Eut.2.*49
    Homines quippe ac boues una animalis communitate iunguntur; . . . *Eut.4.*106
animalium. (nulla est enim persona equi uel bouis ceterorumque animalium *Eut.2.*35
animam. si diuinitas in generatione Christi et humanam animam suscepit et
    corpus? *Eut.6.*18
    Conectens animam per consona membra resoluis. *C.3,M.9.*14
animantibus. Nam ceteris animantibus sese ignorare naturae est; hominibus
    uitio uenit. *C.2,P.5.*88
    immobilibus animantibus cessit quales sunt conchae maris *C.5,P.5.*14
animantibus. quarta fere portio est, . . . quae nobis cognitis animantibus
    incolatur. *C.2,P.7.*16
animantium. Terrarum quidem fructus animantium . . . debentur alimentis. *C.2,P.5.*41
animarum. ut et corporum atque animarum corruptio et mortis proueniret
    interitus *Fid.*105
    Sed quaeso," inquam, "te, nullane animarum supplicia *C.4,P.4.*75
animas. ut credat non solum animas non perire, sed ipsa quoque corpora, . *Fid.*255
    Tu causis animas paribus uitasque minores Prouehis *C.3,M.9.*18
    Humanas uero animas liberiores quidem esse necesse est. *C.5,P.2.*16
animatae. quod animatae rationabilique naturae pulchrum esse iure uideatur? *C.2,P.5.*26
animauit. formauit ex terra hominem atque spiritu uitae animauit, ... *Fid.*72
animi. quid mihi sit animi quotiens stilo cogitata commendo, ... *Trin.,Prf.*6
    Communis animi conceptio est enuntiatio quam quisque probat auditam. *Quo.*18
    quae tamen ex talibus communis animi conceptionibus uenit, ut est: . . *Quo.*24
    nostris educatus alimentis in uirilis animi robur euaseras? *C.1,P.2.*4
    omnem rerum mortalium cupidinem de nostri animi sede pellebas . . *C.1,P.4.*140
    Ea tantum animi tui sicuti tu tibi fingis mutata peruertit. *C.2,P.1.*5
    da luce reperta In te conspicuos animi defigere uisus. *C.3,M.9.*24
    sed est animi uiribus infirmus; *C.4,P.6.*135
    duris agitari ut uirtutes animi patientiae usu atque exercitatione con-
    firment. *C.4,P.6.*150
    Ac uires animi mouens Viuo in corpore passio. *C.5,M.4.*31
    animique agentis uigorem passio corporis antecedat *C.5,P.5.*3
animi. Resides olim redeunt animi Fremituque graui meminere sui; *C.3,M.2.*12
animis. Neque enim probis animis proprium decus aliena decerpit
    improbitas. *C.4,P.3.*16
    Proelium cum omni fortuna nimis [fortuna animis] acre conseritis, . *uar.C.4,P.7.*48
    Vnde haec sic animis uiget Cernens omnia notio? *C.5,M.4.*16

animo. Tandem igitur patuere pulsanti animo fores *Eut.,Prf.*36
    Sentisne," inquit, "haec atque animo inlabuntur tuo, ... *C.*1,*P.*4.1
    Tamen ne animo contabescas *C.*2,*P.*2.45
    Num quidquam libero imperabis animo? *C.*2,*P.*6.25
    quod cetera omnia iucunditatem animo uideantur afferre. *C.*3,*P.*2.51
animo. nam uel si animo cuncta ab his accidentia separemus, ... *Trin.*1.27
    Multa sunt quae cum separari actu non possunt, animo tamen et
       cogitatione separantur; *Quo.*88
    Amoueamus igitur primi boni praesentiam paulisper ex animo, ... *Quo.*93
    Meditabar igitur dehinc omnes animo quaestiones *Eut.,Prf.*34
    Tum ego collecto in uires animo: *C.*1,*P.*4.7
    Postremo aequo animo toleres oportet *C.*2,*P.*1.50
    Sic quoque perexile bonum est quod aequo animo feratur amissum. . . *C.*2,*P.*4.91
    "libero me fuisse animo quin aliquid semper angerer reminisci non queo." *C.*3,*P.*3.18
animorum. omnis subita mutatio rerum non sine quodam quasi fluctu con-
       tingit animorum; *C.*2,*P.*1.17
    "O," inquam, "summum lassorum solamen animorum *C.*3,*P.*1.4
    Deum rerum omnium principem bonum esse communis humanorum
       conceptio probat animorum. *C.*3,*P.*10.25
    uitiosos,...in beluas tamen animorum qualitate mutari; *C.*4,*P.*4.3
    Nam si,...uitiositas quidam est quasi morbus animorum, ... *C.*4,*P.*4.151
    intueri illam intimam temperiem, uelut in corporibus dici solet, animo-
       rum? *C.*4,*P.*6.112
    Quid uero aliud animorum salus uidetur esse quam probitas? *C.*4,*P.*6.118
    Aliis mixta quaedam pro animorum qualitate distribuit; *C.*4,*P.*6.148
    an ipsos quoque humanorum motus animorum fatalis catena con-
       stringit?" *C.*5,*P.*2.4
    quae nullus meruit liber ac uoluntarius motus animorum. *C.*5,*P.*3.87
animos. Si uestros animos amor Quo caelum regitur regat." *C.*2,*M.*8.29
    Qui se uolet esse potentem Animos domet ille feroces *C.*3,*M.*5.2
    Hic clausit membris animos celsa sede petitos. *C.*3,*M.*6.5
    Inlustret aciem magisque caecos In suas condunt animos tenebras. . . *C.*3,*M.*10.12
animum. per quod,...in animum tuum perturbationum morbus inrepserit? *C.*1,*P.*6.23
    cum haec auribus insonare desierint, insitus animum maeror prae-
       grauat." *C.*2,*P.*3.9
    Vera dehinc animum subierint." *C.*3,*M.*1.13
    Inter...opes numquamne animum tuum concepta ex qualibet iniuria
       confudit anxietas?" *C.*3,*P.*3.16
    Animumque doceat quidquid extra molitur Suis retrusum possidere
       thesauris. *C.*3,*M.*11.5
    Irae intemperans fremit? Leonis animum gestare credatur. *C.*4,*P.*3.61
    Melioribus animum conformaueris, nihil opus est iudice praemium
       deferente; *C.*4,*P.*4.101
    In sublime feras animum quoque, ne grauata pessum *C.*5,*M.*5.14
    ad rectas spes animum subleuate, ... *C.*5,*P.*6.173
animus. ne rursus in infinitum humanus animus diuinam progeniem
       cogitaret, ... *Fid.*18
    quemadmodum generationem filii ... non potest humanus animus
       aestimare. *Fid.*28
    "Ad ueram," inquit, "felicitatem, quam tuus quoque somniat animus, . *C.*3,*P.*1.19
    quorum animus etsi caligante memoria tamen bonum suum repetit, . . *C.*3,*P.*2.52
    quod exspectare longum immortalis praesertim animus putet: *C.*4,*P.*4.22
    si in sentiendis, inquam, corporibus animus non passione insignitur, . . *C.*5,*P.*5.6
anne. "Anne adhuc eget admonitione nec per se satis eminet *C.*1,*P.*4.7
annectendum. "Atqui hoc quoque pulchrius nihil est, quod his annectendum
       esse ratio persuadet." *C.*3,*P.*10.93
annis. Et cum multis annis multas quoque gentes per uiam debellassent, . . *Fid.*171
    Mors hominum felix quae se nec dulcibus annis Inserit *C.*1,*M.*1.13
    Vnius etenim mora momenti, si decem milibus conferatur annis,. . . . *C.*2,*P.*7.53
    Bella bis quinis operatus annis Vltor Atrides *C.*4,*M.*7.1
anno. Licet anno terrae uultum nunc floribus frugibusque redimire, . . . *C.*2,*P.*2.23
anno. Quis dedit ut pleno fertilis anno Autumnus grauidis influat uuis . . *C.*1,*M.*2.20
annonam. si quis populi quondam curasset annonam, magnus habebatur, . . *C.*3,*P.*4.43
annorum. et qui numerosam annorum seriem permissus fuerat uiuere, . . . *Fid.*142
    in breuitate annorum humana aetas addicta est, ... *Fid.*143
    atque illic per annorum seriem multitudo concrescens *Fid.*156
    At hic ipse numerus annorum eiusque quamlibet multiplex *C.*2,*P.*7.56

annos. si aruis semina crederes, feraces inter se annos sterilesque pensares. . *C.2,P.1.57*
annum. Tua uis uarium temperat annum *C.1,M.5.18*
annus. Isdem causis uere tepenti Spirat florifer annus odores, ... *C.4,M.6.26*
Antaeum. Strauit Antaeum Libycis harenis, ... *C.4,M.7.25*
ante. *Quo.*7; *Fid.*9; 10; 97; 223; *Eut.*3.15; 5.23; 5.28; 5.36; 7.94; 8.18; 8.28; 8.32; 8.41; 8.85;
  *C.*1,*P.*3.18; 2,*P.*1.46; 3,*P.*2.46; 5,*P.*6.175
ante. *Eut.*7.93; *C.*1,*P.*2.14; 1,*P.*6.12; 2,*P.*2.34; 3,*P.*3.15; 3,*P.*4.45; 3,*P.*6.14; 3,*P.*9.79;
  *C.*3,*P.*10.5; 3,*P.*10.19; 3,*P.*11.7; 3,*P.*11.119; 3,*P.*12.12; 3,*P.*12.43; 3,*P.*12.86;
  *C.*4,*P.*1.24; 4,*P.*2.118; 4,*P.*2.123; 4,*P.*3.26; 4,*P.*3.45; 4,*P.*4.74; 4,*P.*7.9; 4,*P.*7.12;
  *C.*5,*P.*1.32; 5,*P.*3,111; 5,*P.*4.19; 5,*P.*6.1; 5,*P.*6.128; 5,*P.*6.159
antea. quod numquam antea natura ulla cognouerat, suum transduxit
  exercitum *Fid.*162
  illam uero carnem quae antea fuerit esse *Eut.*5.32
antecedat. animique agentis uigorem passio corporis antecedat *C.*5,*P.*5.3
anteferre. ut ea quae semel effuderim meliori sententiae anteferre contendam. *Eut.*8.97
antehac. non tamen antehac prorsus ignorata dixisti. *C.*4,*P.*1.8
antepaenultima. Quod si acuatur antepaenultima, apertissime a sono dicta
  uidebitur; *Eut.*3.11
antequam. antequam sumeret, diuersam deitatis humanitatisque fuisse
  naturam; *Eut.*5.39
antiqua. Nihil antiqua lege solutum Linquit propriae stationis opus. . . . *C.*1,*M.*5.23
antiquior. Neque deus conditis rebus antiquior uideri debet temporis
  quantitate *C.*5,*P.*6.39
antiquissimam. An ignoras illam tuae ciuitatis antiquissimam legem, . . . *C.*1,*P.*5.15
antiquius. quod hoc prius atque antiquius esse uideatur; *C.*3,*P.*10.32
Antoninus. Papinianum diu inter aulicos potentem militum gladiis Antoninus obiecit. *C.*3,*P.*5.31
antro. si Threicio Boreas emissus ab antro Verberet *C.*1,*M.*3.7
  Quae canit altis garrula ramis Ales caueae clauditur antro; . . . *C.*3,*M.*2.18
  Quos ferus uasto recubans in antro Mersit inmani Polyphemus aluo; . . *C.*4,*M.*7.9
ἀνυπεξαίρετος. *naturalis*, in motu inabstracta ἀνυπεξαίρετος *Trin.*2.6
anxia. Anxia enim res est humanorum condicio bonorum *C.*2,*P.*4.43
anxia. Scitne quod appetit anxia nosse? *C.*5,*M.*3.13
anxiam. Nam non esse anxiam tristemque beatitudinem...quid attinet
  dicere, ... *C.*3,*P.*2.68
anxie. Anxie te quidem diuque sustinui, ut de ea quae *Eut.,Prf.*1
anxietas. numquamne animum tuum concepta ex qualibet iniuria confudit
  anxietas?" *C.*3,*P.*3.17
anxietatibus. Fit enim ut aliquando necessariis egeat, ut anxietatibus mordeatur *C.*3,*P.*9.61
anxietatis. quarum appetentia quidem plena est anxietatis, ... *C.*3,*P.*7.2
anxios. quae nec apud aequanimos perpetua perdurat nec anxios tota delectat. *C.*2,*P.*4.71
anxium. neque alias expertum te neque nunc anxium necesse est admonere. . *C.*3,*P.*7.16
anxius. qui abesse aliquid...tam luctuosus atque anxius conqueraris. . *C.*2,*P.*4.41
aper. Quos serpens leo tigris ursus aper Dente petunt, ... *C.*4,*M.*4.5
aperire. dum falsae causas aperire conaris. *C.*3,*P.*9.80
  "Festino," ... "debitum promissionis absoluere uiamque tibi qua
  patriam reueharis aperire. *C.*5,*P.*1.9
aperit. fallax illa nihil, bene mereatur, tum scilicet cum se aperit, . . . *C.*2,*P.*8.4
aperta. Quarum fraus aperta patuisset, si nobis ipsorum confessione
  delatorum, ... *C.*1,*P.*4.91
apertam. Hic omnes apertam esse differentiam...strepere *Eut.,Prf.*17
aperte. Quae sententia non aperte quod uult eloquitur. *Eut.*5.24
  Si uerum hominis corpus non fuit, aperte arguitur mentita diuinitas, . *Eut.*5.82
apertissime. Quod si acuatur antepaenultima, apertissime a sono dicta
  uidebitur; *Eut.*3.11
apertius. sed ex te apertius cognoscere malim." *C.*3,*P.*9.9
aperto. Hic quondam caelo liber aperto Suetus in aetherios ire meatus . . *C.*1,*M.*2.6
apertus. Nonne in sanctis hominibus ac pietate conspicuis apertus diuinitatis
  actus agnoscitur? *Eut.*4.87
apium. Dulcior est apium mage labor, Si malus ora prius sapor edat. . . . *C.*3,*M.*1.5
  Apiumque par uolantum Vbi grata mella fudit, Fugit *C.*3,*M.*7.3
ἄποιον. Terra quoque ipsa non secundum ἄποιον ὕλην dicitur, . . . *Trin.*2.26
appareat. ut praenotionem signum esse huius necessitatis appareat. *C.*5,*P.*4.36
appareret. ita ut in eo...humanae fragilitatis appareret assumptio. . . . *Fid.*207

apparet. Vnde apparet ea quae cum in singulis separatim dici conuenit . . . *Pat.*32
   Ex quo liquido apparet ipsius boni et beatitudinis unam . . . esse
    substantiam." *C.*3,*P.*10.138
   malorum uero minime dubitabilis apparet infirmitas *C.*4,*P.*2.139
   apparet inlatam cuilibet iniuriam. . .inferentis esse miseriam." *C.*4,*P.*4.130
appellamus. id nos subsistentiam uel subsistere appellamus; *Eut.*3.43
appellans. subsistentiam uero οὐσίωσιν, substantiam ὑπόστασιν, personam
   πρόσωπον appellans. *Eut.*3.62
appellare. Cur uero non elementa quoque ipsa simili audeat appellare
   uocabulo *Eut.*4.82
   simpliciter uero hominem appellare non possis, ... *C.*4,*P.*2.108
appellari. Quo uero nomine unumquodque oporteat appellari, ecclesiasticae
   sit locutionis arbitrium. *Eut.*4.4
   nec illa potentia nec haec dignitas iure appellari potest. *C.*2,*P.*6.66
   "nihilne est quod uel casus uel fortuitum iure appellari queat? *C.*5,*P.*1.34
appellat. unde Catullus licet in curuli Nonium sedentem strumam tamen
   appellat. *C.*3,*P.*4.7
appellati. propter quod etiam ipsi quoque appellati sunt Christi. *Eut.*4.99
appellatione. cur non sanctos quoque uiros eadem appellatione dignetur, . *Eut.*4.89
   Deum uero ipsum Christi appellatione cur uocet? *Eut.*4.81
appellatum. cum uero ad ea quae mouet atque disponit refertur, fatum a
   ueteribus appellatum est. *C.*4,*P.*6.30
appellatur. Item qui homo est, dei filius appellatur non substantia diuinitatis
   sed humanitatis, ... *Eut.*7.57
appellaturus. si eum quoque qui homo est Christum est appellaturus, . . . *Eut.*4.50
appellauerunt. iure subsistentias particulariter substantes ὑποστάσεις appellauerunt. *Eut.*3.39
appetatur. cum omne praemium idcirco appetatur quoniam bonum esse
   creditur, ... *C.*4,*P.*3.22
appetenda. Omnis diuersitas discors, similitudo uero appetenda est; *Quo.*50
appetendae. Quibus si nihil inest appetendae pulchritudinis, quid est quod
   uel amissis *C.*2,*P.*5.56
appetendi. beluis quibus iam inesse fugiendi appetendiue aliquis uidetur
   affectus, ... *C.*5,*P.*5.16
appetens. pars tamen quaedam plus appetens quam ei natura atque ipsius
   auctor naturae tribuerat *Fid.*67
appetentia. quarum appetentia quidem plena est anxietatis, ... *C.*3,*P.*7.2
appetentia. relicta subsistendi appetentia uenire ad interitum corruptionemque desideret?" *C.*3,*P.*11.44
appetere. cuncta quae sunt appetere naturaliter constantiam permanendi, . *C.*3,*P.*11.101
appetit. et quod appetit aliud, tale ipsum esse naturaliter ostenditur . . . *Quo.*50
   quale est illud hoc ipsum quod appetit. *Quo.*52
   gignendi opus, quod natura semper appetit, interdum coercet uoluntas. *C.*3,*P.*11.95
   Scitne quod appetit anxia nosse? *C.*5,*M.*3.13
appetitur. in minimis. . .rebus id appetitur quod habere fruique delectet? . *C.*3,*P.*2.71
appetunt. uel qui potentiam seu pecuniae causa seu proferendi nominis
   appetunt. *C.*3,*P.*2.30
   "Adipiscuntur igitur boni quod appetunt?" "Sic uidetur." *C.*4,*P.*2.37
   "Mali uero si adipiscerentur quod appetunt bonum, mali esse non
   possent." *C.*4,*P.*2.38
appetuntur. tamen si esse uideantur, quasi uere bona sint appetuntur. . . *C.*3,*P.*10.128
   ea quae appetuntur pluribus idcirco uera perfectaque bona non esse . . *C.*3,*P.*11.8
applicare. illic quoque indignum esse intellectum huiusmodi applicare; . . . *Fid.*47
applicasset. ex eo sumptum est statu qui esse potuisset, nisi uoluntatem
   insidiantis fraudibus applicasset. *Eut.*8.69
applicat. Ad motus similes uocans Notis applicat exteris *C.*5,*M.*4.38
applicatum. quoniam nomen hoc melioribus applicatum est, ... *Eut.*3.75
applicatur. significationis naturae quae tantum substantiis applicatur. . . . *Eut.*1.31
apponuntur. Num ita quasi cum duo corpora sibimet apponuntur, ... *Eut.*4.24
apportaret. esset haec secunda mulier quae uitae causam humanis uisceribus
   apportaret. *Fid.*200
apposita. si quid ex appositis luceat, ipsa quidem quae sunt apposita
   laudantur; *C.*2,*P.*5.93
appositam. Mariam uero uirginem appositam ex qua caro nasceretur quae ab
   ea sumpta non esset, ... *Eut.*5.31
appositis. Nam si quid ex appositis luceat, ipsa quidem quae sunt apposita
   laudantur; *C.*2,*P.*5.92

arbitremur. Quasi ... non esse euentura credamus ac non illud potius
    arbitremur, ... *C.5,P.4.44*
arbitrentur. Quam multos esse coniectas qui sese caelo proximos arbitrentur, *C.2,P.4.60*
arbitrer. Adeo ut iam me post haec inparem fortunae ictibus esse non arbitrer. *C.3,P.1.7*
arbitrere. Quaero enim an esse aliquid omnino et quidnam esse casum
    arbitrere." *C.5,P.1.7*
arbitrii. hominem...ratione composuit, arbitrii libertate decorauit *Fid.73*
    de cognitione ac praedestinatione diuina, de arbitrii libertate quaeri solet, *C.4,P.6.13*
    in hac haerentium sibi serie causarum estne ulla nostri arbitrii libertas . *C.5,P.2.3*
    "neque enim fuerit ulla rationalis natura quin eidem libertas adsit
    arbitrii. *C.5,P.2.6*
    si ab aeterno...praenoscit, nulla erit arbitrii libertas; *C.5,P.3.10*
    quod ad perimendam arbitrii libertatem solum satis est. *C.5,P.3.46*
    nihil impediri praescientia arbitrii libertatem putat. *C.5,P.4.15*
    Atqui deus ea futura quae ex arbitrii libertate proueniunt praesentia
    contuetur. *C.5,P.6.116*
    manet intemerata mortalibus arbitrii libertas *C.5,P.6.164*
arbitrio. Quod si nec ex arbitrio retineri potest *C.2,P.1.43*
    quae ex arbitrio eueniunt ad necessitatem cogantur?" *C.5,P.4.24*
    sed eorum quaedam de libero proficiscuntur arbitrio; *C.5,P.6.122*
arbitrium. Quo uero nomine...oporteat appellari, ecclesiasticae sit locutionis
    arbitrium. *Eut.4.4*
    Nero Senecam...ad eligendae mortis coegit arbitrium. *C.3,P.5.30*
    repugnare uidetur praenoscere uniuersa deum et esse ullum libertatis
    arbitrium. *C.5,P.3.6*
arbitror. uiamque indaginis hinc arbitror esse sumendam, ... *Pat.3*
    de utrisque quidem partibus idonee ut arbitror disputatum est. *Eut.7.101*
    nec mihi Socratico decreto fas esse arbitror *C.1,P.4.83*
    sed ut arbitror haud multum tibi haec in memoriam reuocare laborauerim. *C.2,P.1.11*
    Certe, uti meminisse te arbitror, consulare imperium, ... *C.2,P.6.6*
    Quod si quid est in nobilitate bonum, id esse arbitror solum, ... *C.3,P.6.28*
    In quo illud primum arbitror inquirendum, an aliquod *C.3,P.10.4*
    minime dubitandum putabas." "Ne nunc quidem arbitror," *C.3,P.12.13*
    "iam enim ut arbitror uigilantius ad cernenda uera oculos deducis. . . . *C.3,P.12.45*
    quod summo huic bono uel uelit uel possit obsistere." "Non," inquam,
    "arbitror." *C.3,P.12.62*
    alio quodam modo infeliciores esse improbos arbitror impunitos, . . . *C.4,P.4.48*
    Nam illud quidem nullum arbitror esse dicturum, ... *C.5,P.4.57*
arbore. Non aurum in uiridi quaeritis arbore *C.3,M.8.3*
arbores. Elusus Cereris fide Quernas pergat ad arbores. *C.1,M.6.6*
    cum herbas atque arbores intuearis primum...innasci locis, ... *C.3,P.11.54*
arboribus. Sed quid de herbis arboribusque,...consentiam...dubito." . . *C.3,P.11.51*
arboris. (neque enim ulla persona est arboris) *Eut.2.33*
Arcadis. Numen Arcadis alitis Obsitum miserans ducem *C.4,M.3.18*
arcae. Cur autem per arcae lignum uoluerit iustos eripere, ... *Fid.134*
arcam. excepto Noe ... cum suis liberis atque his quae secum in arcam
    introduxerat *Fid.133*
arcani. quae cum sint arcani fida custodia tum id habent commodi, . . . *Quo.13*
arce. De qua uelut arce religionis nostrae multi diuersa...locuti sunt, . . *Fid.30*
    Intus est hominum uigor Arce conditus abdita. *C.4,M.3.34*
    Haec in suae simplicitatis arce composita multiplicem...modum statuit. *C.4,P.6.25*
arcem. nostra quidem dux copias suas in arcem contrahit, ... *C.1,P.3.45*
Arcturi. Si quis Arcturi sidera nescit...labi, ... *C.4,M.5.1*
Arcturus. Quaeque Arcturus semina uidit Sirius altas urat segetes. . . . *C.1,M.5.21*
ardentes. Quos Notus...Torret ardentes recoquens harenas. *C.2,M.6.13*
ardentibus. mulier reuerendi admodum uultus, oculis ardentibus *C.1,P.1.4*
ardentis. Aut celsas soliti ferire turres Ardentis uia fulminis mouebit. . . . *C.1,M.4.10*
ardescit. Largis cum potius muneribus fluens Sitis ardescit habendi? . . . *C.2,M.2.18*
ardet. Sed saeuior ignibus Aetnae Feruens amor ardet habendi. *C.2,M.5.26*
ardore. quanto ardore flagrares,si quonam te ducere aggrediamur agnosceres!" *C.3,P.1.15*
area. uix angustissima inhabitandi hominibus area relinquetur. *C.2,P.7.20*
aream. toleres oportet quidquid intra fortunae aream geritur, ... *C.2,P.1.50*
arescant. quas si in alia quispiam loca transferre conetur, arescant. . . . *C.3,P.11.60*
arescet. sapienti tamen corona non decidet, non arescet. *C.4,P.3.15*
ἀργαλέον. Ἀργαλέον δέ με ταῦτα θεὸν ὣς πάντ᾽ ἀγορεύειν. *C.4,P.6.196*
argenti. per quam dicimus diuersam esse naturam auri atque argenti . . . *Eut.1.55*
arguimur. At cuius criminis arguimur summam quaeris? *C.1,P.4.72*

arguitur. Si uerum hominis corpus non fuit, aperte arguitur mentita diuinitas, *Eut.*5.82
argumentatio. tum haec argumentatio euidenter eius declarabit errorem. . . *Eut.*4.15
argumentatione. nullum horum modum fieri potuisse superius dicta argu-
    mentatione declaratur. *Eut.*6.109
argumentis. a prudente uero rationis interprete suis unumquodque aptabi-
    tur argumentis. *Quo.*55
    non ex signis neque petitis extrinsecus argumentis *C.*5,*P.*4.39
argumento. superius dicto repellitur argumento. *Eut.*5.71
argumentorum. Quod si...opitulante gratia diuina idonea argumentorum
    adiumenta praestitimus, ... *Trin.*6.32
    de argumentorum copia tamen haec interim libasse sufficiat. . . . *Eut.*4,127
argumentum. laeta uero magnum bonis argumentum loquuntur, . . *C.*4,*P.*6.165
    Num enim tu aliunde argumentum futurorum necessitatis trahis, . . *C.*5,*P.*4.16
arguor. compositis falso litteris quibus libertatem arguor sperasse Romanam *C.*1,*P.*4.90
arguto. placet arguto Fidibus lentis promere cantu. *C.*3,*M.*2.5
arida. Tu numeris elementa ligas ut frigora flammis Arida conueniant liquidis, *C.*3,*M.*9.11
Aristoteles. ut corporeae tantum substantiae naturam habere uideantur, sicut
    Aristoteles ceterique...putant, ... *Eut.*1.37
    Quod si, ut Aristoteles ait, Lynceis oculis homines uterentur, . . . *C.*3,*P.*8.23
    "Aristoteles meus id," inquit, "in Physicis et breui et ueri propinqua
    ratione definiuit." *C.*5,*P.*1.35
    licet illud, sicuti de mundo censuit Aristoteles, nec coeperit umquam esse
    nec desinat *C.*5,*P.*6.20
arma. Atqui talia contuleramus arma quae nisi prior abiecisses, . . . *C.*1,*P.*2.5
    Cruor horrida tinxerat arua [arma]. *coni.C.*2,*M.*5.18
    Quid enim furor hosticus ulla Vellet prior arma mouere, . . . *C.*2,*M.*5.20
armis. Purpura claros nitente saeptos tristibus armis *C.*4,*M.*2.2
arrectis. me ... arrectis adhuc auribus carminis mulcedo defixerat. . *C.*3,*P.*1.2
Arriani. ut Arriani qui gradibus meritorum trinitatem uariantes distrahunt *Trin.*1.12
arridens. Tum illa paulisper arridens: *C.*4,*P.*6.5
arripiunt. uel a uitiis declinantes uirtutis iter arripiunt." . . . *C.*4,*P.*7.23
arripuit. Quoniam uero manere non potuit, infinitum temporis iter arripuit . *C.*5,*P.*6.54
Arrius. ut Arrius qui licet deum dicat filium, minorem tamen patre
    multipliciter...confitetur. *Fid.*32
arroganter. quam sibi dum arroganter usurpat elisus est. . . . *Fid.*85
arrogantiae. Accipe in huiusmodi arrogantiae leuitate quam festiue aliquis
    inluserit. *C.*2,*P.*7.66
artas. Iam uidebit intus artas dominos ferre catenas. *C.*4,*M.*2.5
artata. quid habeat...gloria tam angustis exiguisque limitibus artata? . . *C.*2,*P.*7.24
artes. Quid igitur? Nostraene artes ita meruerunt? *C.*1,*P.*4.68
artibus. Nam ceteris quoque artibus idem quasi quidam finis est constitutus, *Trin.,Prf.*25
artibus. hi uel belli uel pacis artibus gloriosum nomen propagare festinant. . *C.*3,*P.*2.23
artifex. Sicut enim artifex faciendae rei formam mente praecipiens mouet
    operis effectum, ... *C.*4,*P.*6.45
artificialiter. unde fit ut lignum naturaliter esse dicamus, lectum uero
    artificialiter. *Eut.*1.53
artificio. Vestes erant tenuissimis filis subtili artificio, indissolubili materia
    perfectae *C.*1,*P.*1.14
artificis. si grata intuitu species est, aut materiae naturam aut ingenium
    mirabor artificis. *C.*2,*P.*5.49
artis. Frustra enim esset artis effectus, si omnia coacta mouerentur." . . *C.*5,*P.*4.52
arto. Si tamen arto saliens texto *C.*3,*M.*2.22
artubus. minusque etiam, cum terrenis artubus colligantur. . . . *C.*5,*P.*2.19
artum. Late patentes aetheris cernat plagas Artumque terrarum situm. . *C.*2,*M.*7.4
arua. Odiis neque fusus acerbis Cruor horrida tinxerat arua. . . . *C.*2,*M.*5.18
    Qui serere ingenuum uolet agrum, Liberat arua prius fruticibus, . . *C.*3,*M.*1.2
aruis. si aruis semina crederes, feraces inter se annos sterilesque pensares. . *C.*2,*P.*1.57
aruis. Felix nimium prior aetas Contenta fidelibus aruis *C.*2,*M.*5.2
ascende. Ascende si placet, sed ea lege ne...descendere iniuriam putes. . *C.*2,*P.*2.31
ascendere. Quod si ultra se humanitas nequiuit ascendere, . . . *Trin.*6.35
    Sed ille auctor inuidiae non ferens hominem illuc ascendere . . . *Fid.*80
ascendisse. in caelo formatum, quoniam cum eo in caelum creditur ascendisse. *Eut.*5.101
ascendit. ascendit in caelos ubi, in eo quod dei filius est, numquam defuisse *Fid.*224
    cuius caput Christus ascendit in caelos, ut necessario ... membra
    sequerentur. *Fid.*246
    "non ascendit in caelum, nisi qui de caelo descendit." *Eut.*5.102

ascensus. quibus ab inferiore ad superius elementum esset ascensus.   . . .   *C.*1,*P.*1.22
asinum. Segnis ac stupidus torpit? Asinum uiuit. *C.*4,*P.*3.63
aspera. tibi fidelium mentes haec aspera, haec horribilis fortuna detexit, . .   *C.*2,*P.*8.20
   "Cum omnis fortuna uel iucunda uel aspera tum remunerandi *C.*4,*P.*7.5
   quae cum sit aspera, iusto supplicio malos coercet, num bonam populus
   putat?" *C.*4,*P.*7.28
   omnis enim quae uidetur aspera nisi aut exercet aut corrigit punit.   .   *C.*4,*P.*7.54
aspera. Gloriam petas? Sed per aspera quaeque distractus securus esse
   desistis. *C.*3,*P.*8.10
   Qui cum. . .malis aspera contraque bonis dura tribuat, ...   *C.*4,*P.*5.20
   qui uel in uirtute positi contra aspera bellum gerunt, ...   *C.*4,*P.*7.22
asperis. Nec non quae tenero pisce uel asperis Praestent echinis litora.   .   *C.*3,*M.*8.13
asperitas. nec per se satis eminet fortunae in nos saeuientis asperitas?   . . .   *C.*1,*P.*4.9
aspice. Si uis celsi iura tonantis. . .cernere. . .Aspice summi culmina caeli.   .   *C.*4,*M.*6.3
aspicere. ne si. . .cuperem, uultum nutumque eius aspicere poteram   . . .   *Eut.,Prf.*25
   improbi, si eis aliqua rimula uirtutem relictam fas esset aspicere   . .   *C.*4,*P.*4.142
assentior. perfectum bonum conferre non possunt." "Assentior," inquam. .   *C.*3,*P.*9.94
   "Assentior," inquam, "cuncta enim firmissimis nexa rationibus con-
   stant." *C.*3,*P.*11.1
   Tum ego: "Platoni," inquam, "uehementer assentior, ...   *C.*3,*P.*12.1
   stabilis atque incorrupta seruatur." "Vehementer assentior," *C.*3,*P.*12.43
assequitur. nec portionem quae nulla est nec ipsam quam minime affectat
   assequitur." *C.*3,*P.*9.49
asserens. religio nostra,. . .his fundamentis principaliter nititur asserens: .   *Fid.*9
   Eutychen qui . . . in contrarium cucurrit errorem asserens tantum abesse, ...   *Eut.*5.3
asserere. quorum unus hominem solum, alter deum solum putauit asserere .   *Fid.*212
assignata, *u.* adsignata.
assuefaciunt. hominumque mentes assuefaciunt morbo, non liberant.   . . .   *C.*1,*P.*1.34
assuetos. "Nequeunt enim oculos tenebris assuetos ad lucem perspicuae
   ueritatis attollere, ...   *C.*4,*P.*4.95
assumitur, assumptio, assumptum, *u.* ads-.
astra. Gratius astra nitent ubi Notus Desinit imbriferos dare sonos.   . . .   *C.*3,*M.*1.7
   Quaeque fulgenti texerat ore Confusa Phoebe detegat astra, ...   *C.*4,*M.*5.10
astri. Vel quocumque micans nox pingitur, Recurrat astri circulum *C.*4,*M.*1.14
astriferas. Donec in astriferas surgat domos *C.*4,*M.*1.9
astrigeris. sic astrigeris Bellum discors exulat oris. *C.*4,*M.*6.17
astris. Sol latet ac nondum caelo uenientibus astris, Desuper in terram nox
   funditur; *C.*1,*M.*3.5
astrologicis. Omnem terrae ambitum, sicuti astrologicis demonstrationibus
   accepisti, ...   *C.*2,*P.*7.10
astrui, *u.* adstrui.
asylum. Hoc patens unum miseris asylum. *C.*3,*M.*10.6
at. *Trin.,Prf.*29; *Trin.*4,7; 4.68; 5.8; 5.11; *Pat.*60; *Quo.*29; 150; *Fid.*98; *Eut.*2.36; 3.77;
   *Eut.*4.31; 5.85; 6.83; *C.*1,*P.*1.35; 1,*P.*1.44; 1,*P.*3.33(*ter*); 1,*M.*4.15;
   *C.*1,*P.*4.71(*bis*); 1,*P.*4.77; 1,*P.*4.154; 1,*M.*5.31; 1,*P.*5.19; *uar.*1,*P.*6.27; 2,*P.*1.60;
   *C.*2,*P.*5.13; 2,*P.*5.91; 2,*P.*6.9; *uar.*2,*P.*7.23; 2,*P.*7.55; 3,*P.*2.22; 3,*P.*4.15;
   *C.*3,*P.*9.21; 3,*P.*11.36; 4,*P.*1.13; 4,*P.*2.8; 4,*P.*2.16; 4,*P.*3.24; 4,*P.*4.92; 4,*P.*4.108;
   *C.*4,*P.*6.115; 5,*P.*1.29; *coni.*5,*P.*3.27; 5,*P.*3.36; 5,*P.*3.70; 5,*M.*3.15
Atheniensium. non uti Atheniensium quondam multitudinis imperio regitur,   *C.*1,*P.*5.10
ἀτόμοις. ἐν δὲ τοῖς ἀτόμοις καὶ κατὰ μέρος μόνοις ὑφίστανται, ...   *Eut.*3.32
atque. *Trin.*1.13; 1.30; 2.2; 2.15; 2.30; 2.33; 2.58; 3.11; 3.38; 3.39; 4.28; 4.42; 4.58; 4.74;
   *Trin.*5.28; 6.9(*bis*); *Quo.*30; 97; *Fid.*8; 23; 31; 37; 61; 68; 72; 88; 100; 102; 105; 127;
   *Fid.*133; 138; 152; 156; 174; 177; 193; 205; 208; 230; 269; *Eut.,Prf.*23; 41; 56; 60;
   *Eut.*1.2; 1.27; 1.55; 1.62; 2.25; 2.26; 2.28; 2.49; 3.1; 3.15; 3.29; 3.56(*bis*); 3.65; 3.77;
   *Eut.*3.82; 3.83; 3.84; 3.86; 4.2(*bis*); 4.18; 4.38; 4.55; 4.66; 4.93; 4.96; 4.109; 4.127;
   *Eut.*5.10; 5.33; 5.41; 5.55; 5.63; 5.99; 6.7; 6.11; 6.13; 6.32; 6.36; 6.46; 6.49; 6.90; 7.6;
   *Eut.*7.22; 7.23; 7.46; 7.50; 7.68; 7.69; 7.71; 7.74; 8.23; 8.51; 8.102; *C.*1,*P.*1.6;
   *C.*1,*P.*1.19; 1,*P.*1.38; 1,*P.*1.50; 1,*M.*2.22; 1,*P.*4.1; 1,*P.*4.44; 1,*P.*4.50; 1,*P.*4.60;
   *C.*1,*P.*4.86; 1,*P.*4.94; 1,*P.*4.131; 1,*P.*4.150; 1,*P.*5.14; 1,*P.*6.2; *uar.C.*1,*P.*6.27;
   *C.*1,*P.*6.36; 1,*P.*6.45; 2,*P.*1.1; 2,*P.*1.19; 2,*P.*1.36; 2,*P.*4.41; 2,*P.*4.78; 2,*P.*4.92;
   *C.*2,*P.*5.25; 2,*P.*5.70; 2,*P.*5.93; 2,*P.*6.29; 2,*P.*7.21; 2,*P.*7.38; 2,*P.*7.48; 2,*P.*7.59;
   *C.*3,*P.*1.24; 3,*P.*2.39; 3,*P.*3.51; 3,*P.*4.28; 3,*P.*8.12; 3,*P.*9.12; 3,*P.*9.26; 3,*P.*9.30;
   *C.*3,*P.*9.37; 3,*P.*9.82; 3,*P.*9.93; 3,*M.*9.26; 3,*P.*10.18; 3,*P.*10.32; 3,*P.*10.40; 3,*P.*10.91;
   *C.*3,*P.*10.124; 3,*P.*10.129; 3,*P.*10.139; 3,*P.*10.141; 3,*P.*11.13; 3,*P.*11.15(*bis*);
   *C.*3,*P.*11.24; 3,*P.*11.28; 3,*P.*11.29; 3,*P.*11.30; 3,*P.*11.54; 3,*P.*11.56; 3,*P.*11.83;

    C.3,*P*.12.19; 3,*P*.12.25; 3,*P*.12.41; 3,*P*.12.42; 3,*P*.12.97; 4,*P*.1.27; 4,*M*.1.15; 4,*P*.2.47;
    C.4,*P*.2.82; 4,*P*.2.105; 4,*P*.2.121; 4,*P*.3.33; 4,*P*.3.58; 4,*P*.3.64; 4,*P*.4.24; 4,*P*.5.2;
    C.4,*P*.6.29; 4,*P*.6.41; 4,*P*.6.59; 4,*P*.6.116; 4,*P*.6.150; 4,*P*.6.157; 4,*P*.6.169; 4,*P*.6.179;
    C.5,*P*.1.2; 5,*P*.1.53; 5,*P*.1.56; 5,*P*.3.33; 5,*P*.3.56; 5,*P*.3.62; 5,*P*.3.93; 5,*P*.3.109;
    C.5,*P*.3.111; 5,*P*.4.10; 5,*P*.4.27; 5,*P*.4.48; 5,*P*.4.49; 5,*P*.4.73; 5,*P*.4.80; 5,*M*.5.11;
    C.5,*P*.6.24; 5,*P*.6.43; 5,*P*.6.48; 5,*P*.6.102; 5,*P*.6.155

atqui. *Trin*.5.7; *Eut*.,*Prf*.26; *C*.1,*P*.2.5; 1,*P*.3.12; 1,*P*.4.18; 1,*P*.4.66; 1,*P*.4.138; 1,*P*.6.7;
    C.1,*P*.6.27; 2,*P*.4.15; 2,*P*.5.8; 2,*P*.5.64; 2,*P*.5.96; 2,*P*.6.57; 2,*P*.7.4; 3,*P*.2.55;
    C.3,*P*.2.71; 3,*P*.3.18; 3,*P*.3.30; 3,*P*.3.39; 3,*P*.4.4; 3,*P*.4.9; 3,*P*.4.32; 3,*P*.4.41; 3,*P*.5.3;
    C.3,*P*.5.19; 3,*P*.5.32; 3,*P*.9.3; 3,*P*.9.10; 3,*P*.9.41; 3,*P*.9.78; 3,*P*.10.76; 3,*P*.10.92;
    C.3,*P*.10.114; 3,*P*.11.5; 3,*P*.11.53; 3,*P*.12.37; 4,*P*.2.126; 4,*P*.2.136; 4,*P*.3.11;
    C.4,*P*.4.131; 4,*P*.6.107; 5,*P*.6.77; 5,*P*.6.115

atra. Dudum quod atra texit erroris nubes Lucebit *C*.3,*M*.11.7
atras. Tamen atras pellere curas *C*.3,*M*.5.8
Atrides. Vltor Atrides Phrygiae ruinis Fratris amissos thalamos piauit; . . *C*.4,*M*.7.2
atris. Nubibus atris Condita nullum Fundere possunt Sidera lumen. *C*.1,*M*.7.1
    Non nox atris nubibus obstat. *C*.5,*M*.2.10
atrocior. quorum mentes omni languore atrocior urget improbitas. *C*.4,*P*.4.154
atrox. sed quorum atrox scelerataque mens bonorum pernicie saeuit, . . . *C*.4,*P*.4.4
attende. "Et qui id," inquam, "fieri potest?" "Attende," inquit. *C*.4,*P*.7.4
attendere. At ubi aurem praebuit suasori et conditoris praeceptum neglexit
    attendere, ... *Fid*.99
attentionem. atque ubi attentionem meam modesta taciturnitate collegit, . *C*.2,*P*.1.1
attentus. "Sensi," inquit, "cum uerba nostra tacitus attentusque rapiebas, *C*.3,*P*.1.11
attenuare. hanc paulisper lenibus mediocribusque fomentis attenuare
    temptabo, ... *C*.1,*P*.6.60
attigit. una natura duaeque personae, cumque [personae, quod nullus
    haereticus adhuc attigit, cumque] *uar.Eut*.7.85
attineat. quid, inquam, est quod ad hos de fama post resolutum morte
    suprema corpus attineat? *C*.2,*P*.7.79
attinet. de. . .litteris quibus libertatem arguor sperasse Romanam quid attinet
    dicere? *C*.1,*P*.4.90
    non esse anxiam tristemque beatitudinem. . .quid attinet dicere, . . *C*.3,*P*.2.70
    Num igitur quantum ad hoc attinet, ... *C*.5,*P*.4.23
attingendum. recte tu quidem strictim attingendum putasti, ... *C*.1,*P*.5.30
attingere. paterisne me. . .statum tuae mentis attingere atque temptare, . *C*.1,*P*.6.2
attingeret. nec ullus in tanto tumultu qui leuiter attingeret quaestionem, . *Eut*.,*Prf*.20
attingit. sic caelum sidera lunam solemque miramur. Num te horum aliquid
    attingit? *C*.2,*P*.5.35
attollere. "Nequeunt enim oculos tenebris assuetos ad lucem perspicuae
    ueritatis attollere, ... *C*.4,*P*.4.96
attributa. gratia uero, quae nullis meritis attributa est, ... *Fid*.240
attulit. Quondam porticus attulit Obscuros nimium senes *C*.5,*M*.4.1
aucta. Terrenis quotiens flatibus aucta Crescit in inmensum noxia cura. . . *C*.1,*M*.2.4
    Alios in cladem meritam praecipitauit indigne acta [aucta] felicitas; *?uar.C*.4,*P*.6.177
aucti. Breuem replere non ualentis ambitum Pudebit aucti nominis. . . . *C*.2,*M*.7.6
auctor. pars. . .plus appetens quam ei natura atque ipsius auctor naturae
    tribuerat *Fid*.68
    Sed ille auctor inuidiae non ferens hominem illuc ascendere *Fid*.79
    quod praeuaricationis primus auctor infuderat, amplecti non destitit. *Fid*.139
    Quod si haec regnorum potestas beatitudinis auctor est, ... *C*.3,*P*.5.8
auctore. suum transduxit exercitum auctore Moyse et Aaron. *Fid*.163
    ipso. . .auctore cognosces semper quidem potentes esse bonos, . . . *C*.4,*P*.1.26
auctorem. Si primordia uestra Auctoremque deum spectes, nullus degener
    exstat, ... *C*.3,*M*.6.8
    fit ut uitia quoque nostra ad bonorum omnium referantur auctorem. . *C*.5,*P*.3.97
auctori. Sed sospitatis auctori grates, quod te nondum totum natura
    destituit. *C*.1,*P*.6.50
auctoribus. scripta . . . quae cum suis auctoribus premit longior atque
    obscura uetustas? *C*.2,*P*.7.47
auctoritas. quibus eiusdem religionis intellegatur auctoritas, ... *Trin*.1.4
    uestrae statuet pronuntiationis auctoritas. *Trin*.6.30
    Christianam fidem noui ac ueteris testamenti pandit auctoritas; . . . *Fid*.2
    Omnis enim diuina auctoritas his modis constare uidetur. *Fid*.89
    aut auctoritas. . .scripturarum aut traditio uniuersalis aut certe propria
    et particularis instructio. *Fid*.259
    omnis ueteris testamenti spernatur auctoritas *Eut*.4.115

auctoritate. Sed auctoritate tota constringitur, ... *Fid.*261
  miseros quos. . .barbarorum semper auaritia uexabat, obiecta periculis
  auctoritate protexi! *C.*1,*P.*4.39
  "Recta quidem," inquam, "exhortatio tuaque prorsus auctoritate
  dignissima, ... *C.*5,*P.*1.3
auctoritatem. Hanc igitur auctoritatem secutus quod a te inter secreta otia
  didiceram *C.*1,*P.*4.26
auctoritatis. nec dinoscere possem, quaenam haec esset mulier tam imperiosae
  auctoritatis, ... *C.*1,*P.*1.46
audacia. mihi maxime subiit admirari, quaenam haec indoctorum hominum
  esset audacia *Eut.*,*Prf.*40
audacter. Audacter adfirmem, si tua forent. . .nullo modo perdidisses. . . *C.*2,*P.*2.19
audeat. Cur enim omnino duos audeat Christos uocare, unum hominem
  alium deum? *Eut.*4.47
  Cur uero non elementa quoque ipsa simili audeat appellare uocabulo . . *Eut.*4.82
  "Hoc," inquam, "uerum est, tametsi nemo audeat confiteri." *C.*4,*P.*7.38
audendum. flagitiosum quemque ad audendum quidem facinus impunitate, *C.*1,*P.*4.171
audes. Num audes alicuius talium splendore gloriari? *C.*2,*P.*5.35
audienda. quis ille est cui haec non credenda modo sed saltem audienda
  uideantur?" *C.*4,*P.*4.94
audiendi. Iam cantum illa finiuerat, cum me audiendi auidum. . .carminis
  mulcedo defixerat. *C.*3,*P.*1.1
  sed audiendi auidus uehementer efflagito." *C.*3,*P.*1.9
  Sed quod tu te audiendi cupidum dicis, ... *C.*3,*P.*1.15
audieram. "Audieram," inquam, "sed memoriam maeror hebetauit." . . . *C.*1,*P.*6.26
audire. "Intellego," inquam, "quid inuestigandum proponas, sed quid
  constituas audire desidero." *C.*3,*P.*10.111
  quid afferas, licet iam prospiciam, planius tamen ex te audire desidero." *C.*3,*P.*12.11
  "Etsi coniecto," inquam, "quid uelis, planius tamen audire desidero." . *C.*4,*P.*2.52
  "Vellem," inquam, "has ipsas audire rationes." *C.*4,*P.*4.117
audit. Non illa miseros audit aut curat fletus *C.*2,*M.*1.5
auditam. Communis animi conceptio est enuntiatio quam quisque probat
  auditam. *Quo.*19
auditum. Et uox quidem tota pariter multorum replet auditum; *C.*2,*P.*5.16
audiunt. Vnde non recte quidam, qui cum audiunt uisum Platoni *C.*5,*P.*6.31
audiuntur. tum tantum, cum audiuntur, oblectant. *C.*2,*P.*3.6
auferas. Atqui si auferas seruum, abstuleris et dominum; *Trin.*5.8
  at non etiam si auferas albedinem, abstuleris quoque album, ... *Trin.*5.9
  At in domino, si seruum auferas, perit uocabulum quo dominus uocabatur; *Trin.*5.11
  "Si duobus aequalibus aequalia auferas, quae relinquantur aequalia esse," *Quo.*22
auferatur. Sed tamen si id ipsum quod eis licere creditur auferatur, . . . *C.*4,*P.*4.7
auferetur. Auferetur igitur unicum illud inter homines deumque commercium *C.*5,*P.*3.101
auferre. quod nec tu amittere umquam uelis nec fortuna possit auferre. . *C.*2,*P.*4.77
  dubitari nequit, si haec afferre [auferre] beatitudinem potest, ... *?uar.C.*2,*P.*4.95
  poterat hoc uel alius quispiam uel ipse etiam qui contulisset auferre; . *C.*4,*P.*3.19
auferri. quoniam praecellit id quod nequeat auferri, ... *C.*2,*P.*4.82
  ut his a quibus possidetur inuitis nequeat auferri." *C.*3,*P.*3.33
  hoc modo consolari quidem diuitiis indigentia potest, auferri penitus non
  potest. *C.*3,*P.*3.50
aufert. Vt quas Boreae spiritus aufert Reuehat mites Zephyrus frondes . . *C.*1,*M.*5.19
  Eadem rapiens condit et aufert Obitu mergens orta supremo. *C.*4,*M.*6.32
augent. Eos enim differentia comitatur qui uel augent uel minuunt, . . . *Trin.*1.11
augustam. et uelut in augustam suae mentis sedem recepta *C.*3,*P.*2.1
  Da pater augustam menti conscendere sedem, ... *C.*3,*M.*9.22
Augustini. an ex beati Augustini scriptis semina rationum aliquos. . .fructus
  extulerint. *Trin.*,*Prf.*32
aulicos. qui. . .nihil apud aulicos quo magis essem tutior reseruaui. . . . *C.*1,*P.*4.56
  Papinianum diu inter aulicos potentem militum gladiis Antoninus obiecit. *C.*3,*P.*5.31
aura. Quod si putatis longius uitam trahi Mortalis aura nominis, ... *C.*2,*M.*7.24
auras. Vos autem nisi ad populares auras inanesque rumores recte facere
  nescitis *C.*2,*P.*7.63
aure. Eheu quam surda miseros auertitur aure *C.*1,*M.*1.15
aureis. Non quidquid Tagus aureis harenis Donat *C.*3,*M.*10.7
aurem. At ubi aurem praebuit suasori *Fid.*98
aureo. Quod Phoebus roseum diem Curru prouehit aureo, ... *C.*2,*M.*8.6
  Poma cernenti rapuit draconi Aureo laeuam grauior metallo, ... *C.*4,*M.*7.18

auri. per quam dicimus diuersam esse naturam auri atque argenti *Eut.*1.55
Quamuis uota libens excipiat deus Multi prodigus auri *C.*2,*M.*2.10
quidquid usquam auri gemmarumque est se solum qui habeat dignissimum
putat. *C.*2,*P.*5.99
Heu primus quis fuit ille Auri qui pondera tecti. . .fodit? *C.*2,*M.*5.28
Quamuis fluente diues auri gurgite. . .cogat auarus opes *C.*3,*M.*3.1
ut si quis colendi agri causa fodiens humum defossi auri pondus inueniat. *C.*5,*P.*1.41
auribus. Instillabas enim auribus cogitationibusque cotidie meis *C.*1,*P.*4.141
Itaque cum haec auribus insonare desierint, ... *C.*2,*P.*3.8
me. . .stupentemque arrectis adhuc auribus carminis mulcedo defixerat. *C.*3,*P.*1.2
Cum uel lux oculos ferit Vel uox auribus instrepit, ... *C.*5,*M.*4.34
aurigae. quae in quadrigis moderandis atque flectendis facere spectantur
aurigae *C.*5,*P.*4.49
auro. ut cum dicimus coronam ex auro gemmisque compositam. *Eut.*7.15
Tunc enim possumus dicere coronam gemmis auroque consistere; . . . *Eut.*7.21
aurum. Hic neque aurum in gemmas translatum est *Eut.*7.16
sunt enim gemmae atque aurum in quibus corona consistat. *Eut.*7.22
Quid earum potius, aurumne an uis congesta pecuniae? *C.*2,*P.*5.7
nisi. . .pecuniam suam depositor obruisset, aurum non esset inuentum. . *C.*5,*P.*1.47
aurum. neque in aurum gemma conuersa, sed utraque permanent *Eut.*7.17
Non aurum in uiridi quaeritis arbore *C.*3,*M.*8.3
Neque enim uel qui aurum obruit. . .intendit; *C.*5,*P.*1.50
ausi. Sabelliani quoque non tres exsistentes personas sed unam ausi sunt
affirmare, ... *Fid.*35
Auster. Si mare uoluens Turbidus Auster Misceat aestum, ... *C.*1,*M.*7.6
Spiret insanum nebulosus Auster: *C.*2,*M.*3.7
Illud proteruus Auster Totis uiribus urget, ... *C.*2,*M.*4.9
aut. *Trin.*1.19; *Pat.*12; 69; *Fid.*90; 91; 92; 259; 260(*bis*); *Eut.*1.1; 1.2; 1.3; 1.23(*bis*); 2.4;
*Eut.*5.26(*bis*); 5.44; 5.45; 5.49; 5.50; 5.76; 5.79; 6.5; 6.6(*bis*); 6.106(*bis*); 6.107; 7.81;
*Eut.*7.82; 7.83; 7.84; 7.97; 7.98; 8.47(*bis*); 8.48; *C.*1,*M.*4.9; 2,*M.*1.5; 2,*M.*2.3; 2,*P.*3.2;
*C.*2,*P.*5.4; 2,*P.*5.5; 2,*P.*5.36; 2,*P.*5.45; 2,*P.*5.46; 2,*P.*5.48(*bis*); 2,*P.*7.23; 2,*M.*7.16;
*C.*3,*M.*9.12; 3,*M.*10.8; 3,*M.*10.9; 3,*P.*11.115; 4,*M.*1.11; 4,*P.*2.81; 4,*M.*2.8(*bis*);
*C.*4,*P.*7.19(*bis*); 4,*P.*7.48; 4,*P.*7.49; 4,*P.*7.50; 4,*P.*7.54; 4,*P.*7.55; 5,*M.*2.5;
*C.*5,*P.*3.73; 5,*P.*3.75(*bis*); 5,*M.*3.17; 5,*M.*4.19; 5,*P.*5.25; 5,*P.*5.26
autem. *Trin.*3.10; 5.54; *Quo.*33; 58; 70; 136; 166; *Fid.*7; 28; 65; 86; 94; 113; 134; 186;
*Eut.*1.41; 3.12; 3.47; 3.62; 3.72; 4.59; 4.117; 5.97; 6.70; 7.7; 7.31; 8.21; *C.*1,*P.*4.57;
*C.*1,*P.*4.167; 1,*P.*4.172; 1,*P.*6.15; 1,*P.*6.32; 2,*P.*2.1; 2,*P.*5.62; 2,*P.*5.70; 2,*P.*5.76;
*C.*2,*P.*6.1; 2,*P.*6.32; 2,*P.*7.62; 2,*P.*7.76; 3,*P.*1.14; 3,*P.*2.5; 3,*P.*3.44; 3,*P.*5.28;
*C.*3,*P.*7.1; 3,*P.*9.93; 3,*P.*9.96; 3,*P.*11.12; 3,*P.*11.67; 3,*P.*11.78; 3,*P.*11.104; 4,*P.*3.43;
*C.*4,*P.*4.100; 4,*P.*6.119; 4,*P.*6.146; 5,*P.*1.9; 5,*P.*3.49; 5,*P.*5.53; 5,*P.*6.61; 5,*P.*6.96
autumno. Autumno potius sua Bacchus munera contulit. *C.*1,*M.*6.14
autumnus. Quis dedit ut pleno fertilis anno Autumnus grauidis influat uuis *C.*1,*M.*2.21
Remeat pomis grauis autumnus, ... *C.*4,*M.*6.28
auxilio. Et quid si hoc tam magno ac paene inuicto praeeuntis naturae
desererentur auxilio? *C.*4,*P.*2.79
auaritia. miseros quos infinitis calumniis inpunita barbarorum semper
auaritia uexabat, ... *C.*1,*P.*4.39
si quidem auaritia semper odiosos, claros largitas facit. *C.*2,*P.*5.9
auaritia. Auaritia feruet alienarum opum uiolentus ereptor? *C.*4,*P.*3.56
auaritiae. Taceo quod naturae minimum, quod auaritiae nihil satis est. . . . *C.*3,*P.*3.54
auaritiam. Atqui nec opes inexpletam restinguere auaritiam queunt *C.*2,*P.*6.58
auarus. Non expleturas cogat auarus opes *C.*3,*M.*3.2
auersa. et ultro quae sunt auersa depellit. *C.*2,*P.*6.57
tamen a propositi nostri tramite paulisper auersa sunt, ... *C.*5,*P.*1.11
auersamini. Auersamini igitur uitia, colite uirtutes, ... *C.*5,*P.*6.172
auersus. adeo, si situm sedentium recorderis, auersus pluribusque oppositis, *Eut.*,*Prf.*24
auertit. quos, ut uberrime demonstratum est, bonum quaerentes prauus error
auertit, ... *C.*4,*P.*6.100
auertitur. Eheu quam surda miseros auertitur aure *C.*1,*M.*1.15
auibus. Leuis atque inconstans studia permutat? Nihil auibus differt. . . . *C.*4,*P.*3.65
auibus. similesque auibus sunt quarum intuitum nox inluminat dies caecat. *C.*4,*P.*4.97
auida. Nec quaeras auida manu Vernos stringere palmites, ... *C.*1,*M.*6.11
auidis. Hinc enim libido uersat auidis corda uenenis, ... *C.*4,*M.*2.6
auidos. Et claris auidos ornet honoribus, ... *C.*2,*M.*2.11
auidum. Vt fluctus auidum mare Certo fine coerceat, ... *C.*2,*M.*8.9
Iam cantum illa finiuerat, cum me audiendi auidum. . .carminis mulcedo
defixerat. *C.*3,*P.*1.1

B

"Nonne," inquit, "beatitudinem bonum esse censemus?" *C*.3,*P*.10.101
Sed propter quod cetera optantur, beatitudinem esse concessimus; . . *C*.3,*P*.10.136
"Sed deum ueramque beatitudinem unum atque idem esse monstra-
uimus." *C*.3,*P*.10.141
deumque beatitudinem ipsam esse consensimus?" *C*.3,*P*.12.31
deum summum esse bonum plenamque beatitudinem disserebas; . . . *C*.3,*P*.12.89
esse collectum intentionem omnem uoluntatis humanae . . . ad beatitudinem festinare?" *C*.4,*P*.2.27
"Num recordaris beatitudinem ipsum esse bonum *C*.4,*P*.2.29
sed minime adipiscuntur, quoniam ad beatitudinem probra non ueniunt. *C*.4,*P*.2.146
Sed beatitudinem esse idem ipsum bonum propter quod omnia geruntur *C*.4,*P*.3.8
beatitudini. qui abesse aliquid tuae beatitudini tam luctuosus atque anxius
conquereris. *C*.2,*P*.4.40
beatitudinis. solumque est praemium beatitudinis contemplatio conditoris . *Fid*.271
Si quis rerum mortalium fructus ullum beatitudinis pondus habet, . . *C*.2,*P*.3.26
adeo perexigua sunt quae fortunatissimis beatitudinis summam detrahunt. *C*.2,*P*.4.58
beatitudinis fructum non morte solum . . . quaesisse, ... *C*.2,*P*.4.98
cum in contrariam partem flexeris oculos, uerae beatitudinis speciem
possis agnoscere. *C*.3,*P*.1.25
diuerso quidem calle procedit, sed ad unum tamen beatitudinis finem
nititur peruenire. *C*.3,*P*.2.5
uerumque illum beatitudinis finem licet minime perspicaci . . . cogitatione
prospicitis *C*.3,*P*.3.3
nonne liquido falsa in eis beatitudinis species deprehenditur? *C*.3,*P*.3.14
Quod si haec regnorum potestas beatitudinis auctor est, ... *C*.3,*P*.5.8
"Si qui cuncta simul cupiat adipisci, summam quidem ille beatitudinis
uelit. *C*.3,*P*.9.68
quasi habentis dei habitaeque beatitudinis diuersam cogites esse
substantiam. *C*.3,*P*.10.46
Nam quoniam beatitudinis adeptione fiunt homines beati, ... *C*.3,*P*.10.84
utrumne haec omnia unum ueluti corpus beatitudinis *C*.3,*P*.10.96
an sit eorum aliquid quod beatitudinis substantiam compleat, ... *C*.3,*P*.10.98
Haecine omnia bonum . . . ueluti quaedam beatitudinis membra sunt . *C*.3,*P*.10.108
Si haec omnia beatitudinis membra forent, a se quoque inuicem discreparent. *C*.3,*P*.10.112
Ex quo liquido apparet ipsius boni et beatitudinis unam atque eandem
esse substantiam." *C*.3,*P*.10.138
aduersus eum quem iure beatitudinis potentissimum esse concessimus?" *C*.3,*P*.12.59
ipsam boni formam dei ac beatitudinis loquebaris esse substantiam . . *C*.3,*P*.12.92
Et quoniam uerae formam beatitudinis me dudum monstrante uidisti, . *C*.4,*P*.1.32
beatitudo. Liquet igitur quam sit mortalium rerum misera beatitudo . . . *C*.2,*P*.4.70
Si beatitudo est summum naturae bonum ratione degentis *C*.2,*P*.4.79
"In his . . . quae singula quaedam expetendorum praestare creduntur,
beatitudo nullo modo uestiganda est." *C*.3,*P*.9.72
beatitudo uero est ipsa diuinitas, ... *C*.3,*P*.10.85
"Cum multa," inquit, "beatitudo continere uideatur, ... *C*.3,*P*.10.95
reuerentia quoque, claritas ac uoluptas beatitudo esse iudicatur. . . *C*.3,*P*.10.105
Alioquin ex uno membro beatitudo uidebitur esse coniuncta— *C*.3,*P*.10.116
quare sic quoque sola quaeritur beatitudo. *C*.3,*P*.10.137
eoque modo, cum beatitudo petitur, ab omnibus desiderari bonum?" *C*.4,*P*.2.30
cum ipsum bonum beatitudo sit, bonos omnes eo ipso quod boni sint fieri
beatos liquet. *C*.4,*P*.3.27
cum in contingentes populos regentium quodam modo beatitudo transfunditur, ... *C*.4,*P*.5.10
beatitudo. O praeclara opum mortalium beatitudo quam cum adeptus fueris securus esse desistis! *C*.2,*P*.5.103
beatos. quonam modo praesens facere beatos potest quae miseros transacta
non efficit? *C*.2,*P*.4.100
Quis illos igitur putet beatos Quos miseri tribuunt honores? *C*.3,*M*.4.7
Qua uero parte beatos faciens desinit potestas, ... *C*.3,*P*.5.12
Quae si beatos explicare possunt, nihil causae est quin pecudes . . . *C*.3,*P*.7.9
nec ad beatitudinem quasi quidam calles ferunt nec beatos ipsa perficiunt. *C*.3,*P*.8.35
diuinitatis adeptione beatos fieri manifestum est: *C*.3,*P*.10.86
bonos omnes eo ipso quod boni sint fieri beatos liquet. *C*.4,*P*.3.28

beatum. quare beatum esse iudicat statum quem prae ceteris quisque desiderat. *C.3,P.2.*44
    nec beatum regimen esse uideretur, si quidem detrectantium iugum foret, *C.3,P.*12.54
    ex quo neminem beatum fore nisi qui *C.3,P.*12.90
beatus. Omnis igitur beatus deus, sed natura quidem unus; *C.3,P.*10.89
bella. humanum genus...commouit bella, occupauit terrenam miseriam . . *Fid.*120
    An distant quia dissidentque mores, Iniustas acies et fera bella mouent *C.4,M.4.*8
    Bella bis quinis operatus annis Vltor Atrides *C.4,M.7.*1
    Quis tanta deus Veris statuit bella duobus, ... *C.5,M.3.*3
belli. hi uel belli uel pacis artibus gloriosum nomen propagare festinant. . . *C.3,P.2.*23
bellicus. ut uirum fortem non decet indignari, quotiens increpuit bellicus
    tumultus; *C.4,P.7.*42
bello. Regulus plures Poenorum bello captos in uincla coniecerat, ... *C.2,P.6.*36
bellum. Sed ne me inexorabile contra fortunam gerere bellum putes, . . . *C.2,P.8.*2
    Quidquid nunc amat inuicem Bellum continuo geret *C.2,M.8.*18
    sic astrigeris Bellum discors exulat oris. *C.4,M.6.*18
    qui uel in uirtute positi contra aspera bellum gerunt, ... *C.4,P.7.*22
beluam. Ita fit ut...uertatur in beluam. *C.4,P.3.*69
beluas. uitiosos,...in beluas tamen animorum qualitate mutari; *C.4,P.4.*3
beluis. Hisne accedamus quos beluis similes esse monstrauimus? *C.4,P.4.*109
    mobilibus beluis quibus iam inesse fugiendi appetendiue aliquis uidetur
    affectus, ... *C.5,P.5.*16
bene. pollicetur, ita ut qui hic bene ipso donante uixerit, ... *Fid.*251
    unaquaeque...uel prout cuique bene uisum est subsistit et regitur. . . *Fid.*265
    Sin uero bene sibi mens conscia...caelum libera petit, ... *C.2,P.7.*82
    est aliquando cum de hominibus illa, fallax illa nihil, bene mereatur, . *C.2,P.8.*3
    ita bene moratus ut de eo diuinum iudicium pariter et humanum
    consentiat, ... *C.4,P.6.*134
beneficium. existimatione foedatus ob beneficium supplicium tuli. *C.1,P.4.*165
benigna. quas lege benigna Ad te conuersas reduci facis igne reuerti. . . *C.3,M.9.*20
benigna. illos quoque, uti condignum fuit, benigna fortitudo disposuit. . . *C.3,P.12.*71
bestias. eadem tamen infra bestias redigatur, si se nosse desierit. *C.2,P.5.*87
biberet. In hoc...Adam talis fuit ut manducaret ac biberet, ut accepta
    digereret, ... *Eut.8.*73
bibit. nam et manducauit et bibit et humani corporis officio functus est. . . *Eut.8.*78
bibliotheca. Haecine est bibliotheca, quam certissimam tibi sedem nostris in
    laribus ipsa delegeras? *C.1,P.4.*10
bibliothecae. nec bibliothecae potius comptos ebore ac uitro parietes quam
    tuae mentis sedem requiro, ... *C.1,P.5.*21
bibulas. Montis cacumen alti, Bibulas uitet harenas. *C.2,M.4.*8
βίοτον. οὐδὲν γεγῶσι βίοτον ὤγκωσας μέγαν· *C.3,P.6.*4
bipes. ita definiuit: homo est animal bipes rationale. *C.5,P.4.*108
bis. Bella bis quinis operatus annis Vltor Atrides *C.4,M.7.*1
blanda. Illa enim semper specie felicitatis cum uidetur blanda, mentitur; . . *C.2,P.8.*9
blanda. Illic blanda sonantibus Chordis carmina temperans *C.3,M.12.*20
blandiebatur. Talis erat cum blandiebatur, cum tibi falsae inlecebris felicitatis
    alluderet. *C.2,P.1.*32
blandientem. Solebas enim praesentem quoque blandientemque uirilibus
    incessere uerbis *C.2,P.1.*13
blandiore. ad acrioris uim medicaminis recipiendum tactu blandiore mol-
    lescant. *C.1,P.5.*44
blandiri. Ius est mari nunc strato aequore blandiri, ... *C.2,P.2.*26
blandissimam. et eo usque cum his quos eludere nititur blandissimam
    familiaritatem, ... *C.2,P.1.*7
blanditiae. At si quem profanum, uti uulgo solitum uobis, blanditiae uestrae
    detraherent, ... *C.1,P.1.*35
blanditias. nec formidandas fortunae minas nec exoptandas facit esse
    blanditias. *C.2,P.1.*49
blanditiis. Postremo felix a uero bono deuios blanditiis trahit, ... *C.2,P.8.*17
bona. Quorum uero substantia bona est, id quod sunt bona sunt; *Quo.*69
    Ponatur...una eademque substantia bona esse alba, grauis, rotunda. *Quo.*100
    Quo fit ut existimatio bona prima omnium deserat infelices. *C.1,P.4.*158
    poenam ipsam scilicet quae ratione iustitiae bona est, ... *C.4,P.4.*68
    fortuna...omnis bona quam uel iustam constat esse uel utilem." . . . *C.4,P.7.*7
    "Fateor," inquam. "Bona igitur?" "Quidni?" *C.4,P.7.*20
bona. modum quo substantiae in eo quod sint bonae sint, cum non sint
    substantialia bona, ... *Quo.*4
    Quaestio uero huiusmodi est. Ea quae sunt bona sunt; *Quo.*56

bonae. quaestionis obscuritatem quae continet modum quo substantiae in eo
    quod sint bonae sint, ...   *Quo.*3
bonam. "Omnem," inquit, "bonam prorsus esse fortunam." *C.*4,*P.*7.3
  "Quid reliqua, quae cum sit aspera, iusto supplicio malos coercet, num
    bonam populus putat?" *C.*4,*P.*7.28
  omnem quaecumque sit bonam, in improbitate uero manentibus omnem
    pessimam esse fortunam." *C.*4,*P.*7.36
boni. Sed sĭ esse bonum est, ea quae sunt in eo quod sunt bona sunt idemque
    illis est esse quod boni esse; *Quo.*74
  Amoueamus igitur primi boni praesentiam paulisper ex animo, ...   *Quo.*92
  Idcirco quoniam esse eorum a boni uoluntate defluxit, bona esse dicuntur. *Quo.*120
  Voluntatem igitur boni comitatum est ut essent bona in eo quod sunt; .   *Quo.*156
  Si enim nihil est ex nobis boni, ...   *Eut.*8.98
  inesset aliquid naturalis ac proprii boni, numquam pessimis prouenirent. *C.*2,*P.*6.42
  Est enim mentibus hominum ueri boni naturaliter inserta cupiditas, .   *C.*3,*P.*2.14
  Plurimi uero boni fructum gaudio laetitiaque metiuntur; *C.*3,*P.*2.24
  cum licet uariae dissidentesque sententiae tamen in diligendo boni fine
    consentiunt. *C.*3,*P.*2.79
  uel imagines ueri boni uel inperfecta quaedam bona dare mortalibus
    uidentur, ...   *C.*3,*P.*9.92
  quid nunc faciendum censes, ut illius summi boni sedem reperire
    mereamur?" *C.*3,*P.*9.102
  uerum insita summi Forma boni liuore carens, ...   *C.*3,*M.*9.6
  Da fontem lustrare boni, da luce reperta *C.*3,*M.*9.23
  Quoniam . . . quae sit imperfecti, quae etiam perfecti boni forma uidisti, .   *C.*3,*P.*10.2
  Quod si, . . . est quaedam boni fragilis inperfecta felicitas, ...   *C.*3,*P.*10.20
  summum deum summi perfectique boni esse plenissimum. *C.*3,*P.*10.35
  probes quod boni summi summum deum diximus esse plenissimum." . .   *C.*3,*P.*10.41
  Cum igitur omnia boni gratia petantur, ...   *C.*3,*P.*10.134
  Ex quo liquido apparet ipsius boni et beatitudinis unam atque eandem
    esse substantiam." *C.*3,*P.*10.138
  "Sed omne quod bonum est boni participatione bonum esse concedis . .   *C.*3,*P.*11.22
  ipsam boni formam dei ac beatitudinis loquebaris esse substantiam . .   *C.*3,*P.*12.92
  Felix qui potuit boni Fontem uisere lucidum, ...   *C.*3,*M.*12.1
  at si fragilitas clarescat mali, boni firmitas nota est. *C.*4,*P.*2.8
  "Sed certum est adeptione boni bonos fieri." *C.*4,*P.*2.36
  quod adipiscendi boni naturale officium non est, ...   *C.*4,*P.*2.65
  quis boni compotem praemii iudicet expertem? *C.*4,*P.*3.23
  quae in boni praemio uidemus accedere *C.*4,*P.*3.34
  pura ac solitaria sine cuiusquam boni admixtione miseria *C.*4,*P.*4.55
  cuius infortunium boni participatione releuatur?" *C.*4,*P.*4.60
  "Habent . . . quidem boni aliquid adnexum poenam ipsam scilicet . . .   *C.*4,*P.*4.67
  Sed in hac ipsa fortuna populari non nihil boni maliue inesse per-
    pendo. *C.*4,*P.*5.4
  nedum ordo de summi boni cardine proficiscens *C.*4,*P.*6.100
  cum eis competenter utendo alicuius boni elicit effectum. *C.*4,*P.*6.191
  Repetuntque boni fine teneri, ...   *C.*4,*M.*6.45
boni. "Omnes igitur homines boni pariter ac mali . . . ad bonum peruenire
    nituntur?" *C.*4,*P.*2.33
  "Adipiscuntur igitur boni quod appetunt?" "Sic uidetur." *C.*4,*P.*2.37
  summum bonum, . . . boni quidem naturali officio uirtutum petunt, . .   *C.*4,*P.*2.63
  bonos omnes eo ipso quod boni sint fieri beatos liquet. *C.*4,*P.*3.27
bonis. ne improbis . . . relicta gubernacula pestem bonis ac perniciem ferrent. *C.*1,*P.*4.25
  nos etiam quos propugnare bonis senatuique uiderant, perditum ire
    uoluisse. *C.*1,*P.*4.109
  si bonis omnibus necem struxisse diceremur, ...   *C.*1,*P.*4.128
  Crede fortunis hominum caducis, Bonis crede fugacibus. *C.*2,*M.*3.16
  quae nec se bonis semper adiungit *C.*2,*P.*6.69
  bonis felicia, malis semper infortunata contingere *C.*4,*P.*1.29
  "Primum igitur," inquit, "bonis semper adesse potentiam, . . . agnoscas
    licebit, ...   *C.*4,*P.*2.3
  "Sed summum bonum, quod aeque malis bonisque propositum, . . .   *C.*4,*P.*2.63
  Qui cum saepe bonis iucunda, . . . tribuat, ...   *C.*4,*P.*5.19
  Qui cum . . . malis aspera contraque bonis dura tribuat, ...   *C.*4,*P.*5.20
  quam ut bonis tum aduersa tum prospera, . . . contingant? *C.*4,*P.*6.103
  Fit autem saepe, uti bonis summa rerum regenda deferatur, ...   *C.*4,*P.*6.146
  laeta uero magnum bonis argumentum loquuntur, ...   *C.*4,*P.*6.165

Amplius bonum quidem generale est, iustum uero speciale *Quo.*172
Si beatitudo est summum naturae bonum ratione degentis *C.*2,*P.*4.80
nec est summum bonum quod eripi ullo modo potest, ... *C.*2,*P.*4.81
Sic quoque perexile bonum est quod aequo animo feratur amissum. . . *C.*2,*P.*4.90
Itane autem nullum est proprium uobis atque insitum bonum . . . *C.*2,*P.*5.71
Id autem est bonum quo quis adepto nihil ulterius desiderare queat. . *C.*3,*P.*2.6
Bonum est igitur quod tam diuersis studiis homines petunt; *C.*3,*P.*2.76
Quod si quid est in nobilitate bonum, id esse arbitror solum, ... *C.*3,*P.*6.28
Sed quonam lateat quod cupiunt bonum, Nescire caeci sustinent, . . . *C.*3,*M.*8.15
an aliquod huiusmodi bonum...in rerum natura possit exsistere, . . *C.*3,*P.*10.5
quod a summo bono diuersum est sui natura, id summum bonum non est *C.*3,*P.*10.57
Haecine omnia bonum—sufficientia potentia ceteraque— *C.*3,*P.*10.106
Idcirco enim sufficientia petitur quoniam bonum esse iudicatur, . . . *C.*3,*P.*10.121
idcirco potentia quoniam id quoque esse creditur bonum; *C.*3,*P.*10.122
igitur expetendorum summa atque causa bonum est. *C.*3,*P.*10.124
non illa potius quam bonum ipsum desideratur ab omnibus. *C.*3,*P.*10.135
"si quidem mihi pariter deum quoque qui bonum est continget agnoscere." *C.*3,*P.*11.5
Tum autem uerum bonum fieri cum in unam ueluti formam atque
  efficientiam colliguntur, ... *C.*3,*P.*11.12
"Sed omne quod bonum est boni participatione bonum esse concedis an
  minime?" *C.*3,*P.*11.22
quod quidem ita describas licet: ipsum bonum esse quod desideretur ab
  omnibus." *C.*3,*P.*11.111
"Atqui deus ipsum bonum esse monstratus est." *C.*3,*P.*12.37
"Est igitur summum,"..."bonum quod regit cuncta fortiter suauiterque
  disponit." *C.*3,*P.*12.63
Nam cum bonum malumque contraria sint, si bonum potens esse . . . *C.*4,*P.*2.6
Est igitur humanis actibus ipsum bonum ueluti praemium commune
  propositum. *C.*4,*P.*3.10
cum omne praemium idcirco appetatur quoniam bonum esse creditur, . *C.*4,*P.*3.22
cum ipsum bonum beatitudo sit, bonos omnes eo ipso quod boni sint fieri
  beatos liquet. *C.*4,*P.*3.27
Nam cum bonum malumque item poenae atque praemium...dissideant, *C.*4,*P.*3.33
cui consequens est ut omne quod sit id etiam bonum esse uideatur. . *C.*4,*P.*3.46
"Si...miseriae cuiuspiam bonum aliquid addatur, ... *C.*4,*P.*4.54
bonum. sententia doctorum omne quod est ad bonum tendere, omne autem
  tendit ad simile. *Quo.*58
Quae igitur ad bonum tendunt bona ipsa sunt. *Quo.*59
Si igitur participatione sunt bona, ipsa per se nullo modo bona sunt: non
  igitur ad bonum tendunt. *Quo.*67
Sed nec participant bonitatem; nullo enim modo ad bonum tenderent. . *Quo.*84
ac tunc bona quidem essent, esse tamen ipsum minime haberent bonum. *Quo.*108
non enim aliud est praeterquam bonum. *Quo.*136
ipsum uero esse quod non haberent a bono, bonum habere non possent. *Quo.*140
quoniam et praeter bonum et non ex bono essent, ... *Quo.*148
idem igitur bonum esse quod iustum. *Quo.*167
inferior substantia per humilitatis bonum ad superna conscenderet. . . *Fid.*78
ut...bonum a malo non sincera integritate discerneret, ... *Eut.*8.37
illud potius bonum esse credendum est quod illa incommutabilis bonitas
  ...perscribit. *Eut.*8.100
Et tu quidem de tuis in commune bonum meritis uera quidem,...dixisti. *C.*1,*P.*5.26
nihil horum...tuum esse bonum liquido monstratur. *C.*2,*P.*5.55
Nam si omne cuiusque bonum eo cuius est constat esse pretiosius, . *C.*2,*P.*5.81
Ego uero nego ullum esse bonum quod noceat habenti. *C.*2,*P.*5.95
Quorum quidem alii summum bonum esse nihilo indigere credentes . . *C.*3,*P.*2.16
alii uero bonum quod sit dignissimum ueneratione iudicantes *C.*3,*P.*2.17
Sunt qui summum bonum in summa potentia esse constituant; . . . *C.*3,*P.*2.20
Nam quod quisque prae ceteris petit, id summum esse iudicat bonum. . *C.*3,*P.*2.43
Sed summum bonum beatitudinem esse definiuimus; *C.*3,*P.*2.43
Epicurus consequenter sibi summum bonum uoluptatem esse constituit, *C.*3,*P.*2.49
quorum animus etsi caligante memoria tamen bonum suum repetit, . . *C.*3,*P.*2.53
uos et ad uerum bonum naturalis ducit intentio *C.*3,*P.*3.5
qui bonum suum non populari rumore,...metitur? *C.*3,*P.*6.10
uerum autem atque perfectum bonum conferre non possunt." *C.*3,*P.*9.94
Deum rerum omnium principem bonum esse communis humanorum
  conceptio probat animorum. *C.*3,*P.*10.24
id quo melius nihil est bonum esse quis dubitet? *C.*3,*P.*10.26

bouis. nulla est enim persona equi uel bouis *Eut*.2.34
breuem. Breuem replere non ualentis ambitum Pudebit aucti nominis. . . . *C*.2,*M*.7.5
breui. "Aristoteles meus id," inquit, "in Physicis et breui et ueri propinqua
    ratione definiuit." *C*.5,*P*.1.36
    Nam ut hoc breui liqueat exemplo, ... *C*.5,*P*.4.77
breuibus. Neque enim est aliquid in tam breuibus uitae metis ita serum . . *C*.4,*P*.4.21
breuiore. Tu frondifluae frigore brumae Stringis lucem breuiore mora: . . . *C*.1,*M*.5.15
breuis. Adde quod hoc ipsum breuis habitaculi saeptum plures incolunt
    nationes *C*.2,*P*.7.25
breuissime. Quantis uero implicitae malis sint, breuissime monstrabo. . . . *C*.3,*P*.8.4
breuitate. Idcirco stilum breuitate contraho *Trin.,Prf*.16
    in breuitate annorum humana aetas addicta est. *Fid*.143
breuitatis. Prohinc tu ne sis obscuritatibus breuitatis aduersus, ... *Quo*.12
breuiter. De qua re breuiter considerabimus, ... *Trin*.3.53
    uxor. . .ut omnes eius dotes breuiter includam, patri *C*.2,*P*.4.20
    Ostendam breuiter tibi summae cardinem felicitatis. *C*.2,*P*.4.74
    quibusque in hoc rationibus accedam breuiter exponam. *C*.3,*P*.12.15
βροτῶν. Ὦ δόξα δόξα μυρίοισι δὴ βροτῶν *C*.3,*P*.6.3
brumae. Tu frondifluae frigore brumae Stringis lucem breuiore mora: . . . *C*.1,*M*.5.14
Brutus. Vbi nunc fidelis ossa Fabricii manent, Quid Brutus aut rigidus Cato? *C*.2,*M*.7.16
Busiridem. Busiridem accipimus necare hospites solitum ab Hercule hospite
    fuisse mactatum. *C*.2,*P*.6.34

C

cachinno. si inter mures uideres unum aliquem. . .uindicantem, quanto mo-
    uereris cachinno! *C*.2,*P*.6.18
cacumen. Montis cacumen alti, Bibulas uitet harenas. *C*.2,*M*.4.7
    Validis quondam uiribus acta Pronum flectit uirga cacumen; *C*.3,*M*.2.28
    referri ad bonum uelut ad quoddam naturae suae cacumen *C*.4,*P*.2.134
    Quare in illius summae intellegentiae cacumen, si possumus, erigamur; . *C*.5,*P*.5.51
    Vnica gens hominum celsum leuat altius cacumen *C*.5,*M*.5.10
cacumine. nunc uero pulsare caelum summi uerticis cacumine uidebatur; . . *C*.1,*P*.1.10
    quasi ab excelso rerum cacumine cuncta prospiciat. *C*.5,*P*.6.72
Cacus. Cacus Euandri satiauit iras *C*.4,*M*.7.26
cadauer. Nam uti cadauer hominem mortuum dixeris, ... *C*.4,*P*.2.107
cadit. Non enim quia lectus est, deorsum cadit, sed quia terra est, ... *Eut*.1.50
    quod quidem haud inmerito cadit. *C*.2,*P*.5.84
    Cadit Hesperias Phoebus in undas, ... *C*.3,*M*.2.31
caduca. Ad haec quem caduca ista felicitas uehit uel scit eam uel nescit esse
    mutabilem. *C*.2,*P*.4.84
caduca. Age enim si iam caduca et momentaria fortunae dona non essent, . *C*.2,*P*.5.3
caducis. Quod si id in cunctis aliis rebus non potest inueniri, facit hoc cognata
    caducis rebus alteritas. *Trin*.6.23
    Crede fortunis hominum caducis, Bonis crede fugacibus. . . . « . . . *C*.2,*M*.3.15
caducis. "Essene aliquid in his mortalibus caducisque rebus putas *C*.3,*P*.9.88
caeca. At si nescit, quid caeca petit? *C*.5,*M*.3.15
caecat. similesque auibus sunt quarum intuitum nox inluminat dies caecat. *C*.4,*P*.4.98
caeci. Deprehendisti caeci numinis ambiguos uultus. *C*.2,*P*.1.33
caeci. Sed quonam lateat quod cupiunt bonum, Nescire caeci sustinent, . . *C*.3,*M*.8.16
caecis. Sed mens caecis obruta membris *C*.5,*M*.3.8
caecitate. Si nescit, quaenam beata sors esse potest ignorantiae caecitate? . *C*.2,*P*.4.87
    Sed quid eneruatius ignorantiae caecitate? *C*.4,*P*.2.95
caecitati. quaenam beata sors esse potest ignorantiae caecitate [caecitati]? . *coni.C*.2,*P*.4.87
caeco. "Atqui haec," inquam, "uel caeco perspicua est *C*.3,*P*.9.78
    num uidentes eadem caecos [caeco] putaremus? *coni.C*.4*P*.4.113
caeco. Sed tamen caeco furibundus ore Gaudium maestis lacrimis rependit. *C*.4,*M*.7.11
caecos. Inlustrent aciem magisque caecos In suas condunt animos tenebras. *C*.3,*M*.10.11
    num uidentes eadem caecos putaremus? *C*.4,*P*.4.113
caelesti. terram creauit, ita ut caelesti habitatione dignas caelo naturas
    efficeret *Fid*.63
    pars. . .plus appetens. . .de caelesti sede proiecta est; *Fid*.69
    assumptum hominem,. . .secum dei filius caelesti habitationi sustolleret. *Fid*.227

caelestia. resurrectura corpora nostra praeter corruptionem ad regna caelestia
    pollicetur, ... *Fid.*250
caelestibus. De caelestibus autem naturis, quae uniuersaliter uocatur angelica,   *Fid.*65
    seu tota inseruiente natura seu caelestibus siderum motibus...fatalis
    series texitur, ... *C.*4,*P.*6.53
caelestis. Diffunditur ergo per mundum caelestis illa doctrina, ... *Fid.*243
caelestis. cum mores nostros totiusque uitae rationem ad caelestis ordinis
    exempla formares? *C.*1,*P.*4.17
    id est ut, si ad caelestis globi magnitudinem conferatur, ... *C.*2,*P.*7.12
caeli. Omnem terrae ambitum,...ad caeli spatium puncti constat obtinere
    rationem, ... *C.*2,*P.*7.11
    Respicite caeli spatium, firmitudinem, celeritatem *C.*3,*P.*8.17
    Terrarum caelique sator qui tempus ab aeuo Ire iubes *C.*3,*M.*9.2
    ultimus autem cortex aduersum caeli intemperiem *C.*3,*P.*11.67
    Aspice summi culmina caeli. *C.*4,*M.*6.3
caelibem. Ille utroque circumfluus uitam caelibem deflet; *C.*2,*P.*4.49
caelitus. Croesum...rogi flammis traditum misso caelitus imbre defensum? *C.*2,*P.*2.36
caelo. Licet caelo proferre lucidos dies eosdemque...condere. *C.*2,*P.*2.22
    Quam multos esse coniectas qui sese caelo proximos arbitrentur, . . . *C.*2,*P.*4.59
    quae uos uerae dignitatis ac potestatis inscii caelo exaequatis? *C.*2,*P.*6.2
    Ille homines etiam terris dedit ut sidera caelo, ... *C.*3,*M.*6.4
    Terras ac pelagus regens Et caelo imperitans amor. *C.*2,*M.*8.15
caelo. Quod de caelo et de ceteris inmortalibus corporibus secundum
    philosophos dici potest, ... *Trin.*4.67
    terram creauit, ita ut caelesti habitatione dignas caelo naturas efficeret . *Fid.*63
    non...uere ex homine sed extra atque adeo in caelo formatum, . . . *Eut.*5.100
    "non ascendit in caelum, nisi qui de caelo descendit." *Eut.*5.102
    ut fiat uoluntas eius sicut in caelo et in terra *Eut.*8.90
    Hic quondam caelo liber aperto Suetus in aetherios ire meatus *C.*1,*M.*2.6
    Sol latet ac nondum caelo uenientibus astris, Desuper in terram nox
    funditur; *C.*1,*M.*3.5
    Aut quot stelliferis edita noctibus Caelo sidera fulgent *C.*2,*M.*2.4
    quae se caelo fruens terrenis gaudet exemptam? *C.*2,*P.*7.85
    Vltimus caelum [caelo] labor inreflexo Sustulit collo *uar.C.*4,*M.*7.29
    cum pariter ambulare in terra hominem et oriri in caelo solem uidetis, . *C.*5,*P.*6.86
caelos. sed uerbo produxit caelos, terram creauit, ... *Fid.*62
    ascendit in caelos ubi, in eo quod dei filius est, numquam defuisse . . *Fid.*224
    cuius caput Christus ascendit in caelos, ... *Fid.*246
    Vltimus caelum [caelos] labor inreflexo Sustulit collo *coni.C.*4,*M.*7.29
caelum. O felix hominum genus, Si uestros animos amor Quo caelum regitur
    regat." *C.*2,*M.*8.30
    Quod quidem caelum non his potius est...mirandum. *C.*3,*P.*8.19
    Splendor quo regitur uigetque caelum, ... *C.*3,*M.*10.15
caelum. adeo in caelo formatum, quoniam cum eo in caelum creditur as-
    cendisse. *Eut.*5.100
    "non ascendit in caelum, nisi qui de caelo descendit." *Eut.*5.102
    nunc uero pulsare caelum summi uerticis cacumine uidebatur; *C.*1,*P.*1.10
    ipsum etiam caelum penetrabat respicientiumque hominum frustrabatur
    intuitum. *C.*1,*P.*1.12
    Haud aliter tristitiae nebulis dissolutis hausi caelum *C.*1,*P.*3.2
    Qui perpetuo nixus solio Rapido caelum turbine uersas *C.*1,*M.*5.3
    Et quo caelum regis immensum Firma stabiles foedere terras." *C.*1,*M.*5.47
    uti quae caelum terras quoque pax regeret, uota posuisti. *C.*1,*P.*5.37
    Sic quondam sereni maris facie gaudemus; sic caelum sidera lunam
    solemque miramur. *C.*2,*P.*5.33
    Sin uero bene sibi mens conscia terreno carcere resoluta caelum libera
    petit, ... *C.*2,*P.*7.83
    Hanc si curuans dextra remisit, Recto spectat uertice caelum. *C.*3,*M.*2.30
    mentemque profundam Circuit et simili conuertit imagine caelum. . . *C.*3,*M.*9.17
    In caelum terramque seris quas lege benigna *C.*3,*M.*9.20
    "Accepisti," inquit, "in fabulis lacessentes caelum Gigantas; *C.*3,*P.*12.69
    ueluti si uicibus sordidam humum caelumque respicias, ... *C.*4,*P.*4.106
    Ea series caelum ac sidera mouet, ... *C.*4,*P.*6.82
    Vltimus caelum labor inreflexo Sustulit collo *C.*4,*M.*7.29
    pretiumque rursus Vltimi caelum meruit laboris. *C.*4,*M.*7.31
    Qui recto caelum uultu petis exserisque frontem, ... *C.*5,*M.*5.13

caeno. Mox resoluto Sordida caeno Visibus obstat. *C.*1,*M.*7.12
   Videsne igitur quanto in caeno probra uoluantur, ... *C.*4,*P.*3.1
caeno. nunc caeno nunc sideribus interesse uidearis. *C.*4,*P.*4.107
Caesare. Respondissem Canii uerbo, qui cum a Gaio Caesare Germanici filio *C.*1,*P.*4.95
caesis. Nouimus quantas dederit ruinas Vrbe flammata patribusque caesis . *C.*2,*M.*6.2
calamitate. qui reges felicitatem calamitate mutauerint. *C.*3,*P.*5.5
calamitatibus. Num te praeterit Paulum Persi regis a se capti calamitatibus
   pias inpendisse lacrimas? *C.*2,*P.*2.37
calamitatis. quid est aliud fugax quam futurae quoddam calamitatis indicium? *C.*2,*P.*1.45
calamitosos. Quod si nec ex arbitrio retineri potest et calamitosos fugiens
   facit, ... *C.*2,*P.*1.44
calcant. sanctaque calcant Iniusta uice colla nocentes. *C.*1,*M.*5.32
calcatur. imperante florenteque nequitia uirtus . . . sceleratorum pedibus
   subiecta calcatur *C.*4,*P.*1.16
calcem. Quae ubi ad calcem ducta constiterint, tum demum . . . transmittam. *Eut.,Prf.*53
calculum. Visne igitur cum fortuna calculum ponere? *C.*2,*P.*3.38
calere. sicut ignis ubique terrarum numquam tamen calere desistit, ... *C.*3,*P.*4.35
calet. Quique agili motu calet aetheris, Transcendit ignis uerticem, ... *C.*4,*M.*1.7
calido. Aut Indus calido propinquus orbi Candidis miscens uirides lapillos, . *C.*3,*M.*10.9
caligant. ubi oculos . . . deiecerint, mox inscitiae nube caligant, . . . *C.*5,*P.*2.23
caligante. quorum animus etsi caligante memoria tamen bonum suum repetit, *C.*3,*P.*2.52
caligantia. paulisper lumina eius mortalium rerum nube caligantia tergamus." *C.*1,*P.*2.16
caligarat. cuius acies lacrimis mersa caligaret [caligarat] nec dinoscere
   possem, ... *uar.C.*1,*P.*1.44
caligaret. At ego cuius acies lacrimis mersa caligaret *C.*1,*P.*1.44
caligauerat. cuius acies lacrimis mersa caligeret nec [caligauerat ne] dinoscere
   possem, ... *uar.C.*1,*P.*1.44
caligine. latentium rerum causas euoluere uelatasque caligine explicare
   rationes, ... *C.*4,*P.*6.2
caliginem. opinionis id esse caliginem non scientiae ueritatem. *C.*5,*P.*4.69
caliginis. nec quicquam in eo esse caliginis inconditum confusumque strepere *Eut.,Prf.*18
   Cuius caliginis causa est, quod humanae ratiocinationis motus . . . *C.*5,*P.*4.6
caligo. Quarum speciem, . . . caligo quaedam neglectae uetustatis obduxerat. *C.*1,*P.*1.17
   ex quibus orta perturbationum caligo uerum illum confundit intuitum, *C.*1,*P.*6.59
calle. Rhetoricae suadela dulcedinis quae tum tantum recto calle procedit, *C.*2,*P.*1.22
   "Omnis mortalium cura . . . diuerso quidem calle procedit, ... *C.*3,*P.*2.4
   alterutro calle procedam nunc hinc nunc inde proposita confirmans. . . *C.*4,*P.*2.10
callem. Tu quoque si uis . . . Tramite recto Carpere callem, ... *C.*1,*M.*7.24
   si uitae huius callem uacuus uiator intrasses, coram latrone cantares. . *C.*2,*P.*5.101
calles. ea nec ad beatitudinem quasi quidam calles ferunt nec beatos ipsa
   perficiunt. *C.*3,*P.*8.35
callidus. partim ignaua segnities partim callidus liuor occurrit, ut contumeliam *Trin.,Prf.*13
calor. iam tibi ex hac minima scintillula uitalis calor inluxerit. *C.*1,*P.*6.55
calumniis. miseros quos infinitis calumniis inpunita barbarorum semper
   auaritia uexabat, ... *C.*1,*P.*4.38
Camenae. Ecce mihi lacerae dictant scribenda Camenae *C.*1,*M.*1.3
caminis. Nec ruptis quotiens uagus caminis Torquet fumificos Vesaeuus ignes *C.*1,*M.*4.7
Campaniam. indicta coemptio profligatura inopia Campaniam prouinciam
   uideretur, ... *C.*1,*P.*4.45
campis. Nam aliae quidem campis aliae montibus oriuntur, ... *C.*3,*P.*11.57
campos. Vel uirides campos transmittere uel subire siluas. *C.*5,*M.*5.7
campus. Cum saeuis aquilonibus Stridens campus inhorruit, ... *C.*1,*M.*6.10
Cancri. Cum Phoebi radiis graue Cancri sidus inaestuat, ... *C.*1,*M.*6.2
candidis. Aut Indus calido propinquus orbi Candidis miscens uirides lapillos, *C.*3,*M.*10.10
candidos. Hanc quisquis poterit notare lucem, Candidos Phoebi radios
   negabit." *C.*3,*M.*10.18
canem. Nec uisum timuit lepus Iam cantu placidum canem, ... *C.*3,*M.*12.13
canendi. quam tu me uel sententiarum pondere uel canendi etiam iucunditate refouisti! *C.*3,*P.*1.5
canes. cuius opes Palatinae canes iam spe atque ambitione deuorassent, . . *C.*1,*P.*4.50
cani. Ferox atque inquies linguam litigiis exercet? Cani comparabis. *C.*4,*P.*3.59
cani. Intempestiui funduntur uertice cani *C.*1,*M.*1.11
Canii. Respondissem Canii uerbo, qui cum a Gaio Caesare Germanici filio . *C.*1,*P.*4.95
Canios. at Canios, at Senecas, at Soranos . . . scire potuisti. *C.*1,*P.*3.33
canit. Quae canit altis garrula ramis Ales caueae clauditur antro; *C.*3,*M.*2.17
   Puro clarum lumine Phoebum Melliflui canit oris Homerus; *C.*5,*M.*2.3

cantabas. humanum genus, uti paulo ante cantabas, dissaeptum atque
    disiunctum suo fonte fatiscere. *C*.5,*P*.3.111
cantares. si uitae huius callem uacuus uiator intrasses, coram latrone cantares. *C*.2,*P*.5.102
cantu. placet arguto Fidibus lentis promere cantu. *C*.3,*M*.2.6
    Nec uisum timuit lepus Iam cantu placidum canem, ... *C*.3,*M*.12.13
cantum. Iam cantum illa finiuerat, cum me audiendi auidum *C*.3,*P*.1.1
capere. qui capere intellectu nequiuerint ad ea etiam legenda *Trin.,Prf.*21
    ut ipsum est ita de eo fidem capere temptare. *Trin.*2.4
capessendae. hanc sapientibus capessendae rei publicae necessariam causam
    esse monuisti, ... *C*.1,*P*.4.22
capi. unumquodque ut intellegi atque capi potest dispiciamus; *Trin.*2.2
    quae, cum sint, quoquo modo intellectu capi possunt." *Eut.*1.9
    haec enim omnia intellectu capi possunt. *Eut.*1.12
capiant. in uniuersalibus quidem sint, in particularibus uero capiant sub-
    stantiam, ... *Eut.*3.38
capiendum. omnis ei locus adsit ad eum capiendum, cum ipse non suscipiatur
    in loco; *Trin.*4.57
capit. quod uocabulum ex personis originem capit id ad substantiam non
    pertinere; *Pat.*60
    Neque. . .ratio capit simplicem formam, ... *C*.5,*P*.4.96
capita. una dubitatione succisa innumerabiles aliae uelut Hydrae capita
    succrescant, ... *C*.4,*P*.6.9
capiunt. Sed, o nefas, illi uero de te tanti criminis fidem capiunt *C*.1,*P*.4.150
capiuntur. deus et materia. . .ceterarum rerum priuatione capiuntur. . . . *Eut.*1.15
capreas. Nec uobis capreas si libeat sequi, Tyrrhena captatis uada. *C*.3,*M*.8.7
captare. Nec conueniebat uilissimorum me spirituum praesidia captare . . . *C*.1,*P*.4.144
captatis. ab rebus infimis excellentis naturae ornamenta captatis *C*.2,*P*.5.77
    Nec uobis capreas si libeat sequi, Tyrrhena captatis uada. *C*.3,*M*.8.8
captent. Vincula gestent manibusque datas Captent escas *C*.3,*M*.2.9
capti. Num te praeterit Paulum Persi regis a se capti calamitatibus pias
    inpendisse lacrimas? *C*.2,*P*.2.37
capti. Huc omnes pariter uenite capti *C*.3,*M*.10.1
captiuae. et sunt quodam modo propria libertate captiuae. *C*.5,*P*.2.27
captos. Regulus plures Poenorum bello captos in uincla coniecerat, ... *C*.2,*P*.6.36
    Maeror aut captos fatigat aut spes lubrica torquet. *C*.4,*M*.2.8
captus. Stupet tergeminus nouo Captus carmine ianitor, ... *C*.3,*M*.12.30
captus. Maeror aut captos [captus] fatigat aut spes lubrica torquet. . . . *uar.C*.4,*M*.2.8
caput. cuius caput Christus ascendit in caelos, ... *Fid.*246
caput. ut necessario caput suum membra sequerentur. *Fid.*247
    Paene caput tristis merserat hora meum. *C*.1,*M*.1.18
    quae cum altius caput extulisset, ipsum etiam caelum penetrabat . . *C*.1,*P*.1.11
    Inuoluit humile pariter et celsum caput Aequatque summis infima. . . *C*.2,*M*.7.13
    Non Ixionium caput Velox praecipitat rota *C*.3,*M*.12.34
    Ergo cum caput tot unam cernas ferre tyrannos, ... *C*.4,*M*.2.9
    Nunc summis caput inserit, Nunc decedit in infima, ... *C*.5,*M*.4.22
cara. Et cara tibi est fortuna praesens *C*.2,*P*.1.41
carcer. carcer, nex ceteraque legalium tormenta poenarum *C*.4,*P*.5.11
carcere. Sin uero bene sibi mens conscia terreno carcere resoluta caelum libera
    petit, ... *C*.2,*P*.7.83
cardine. "Et quid," inquam, "tu. . .supero cardine delapsa uenisti? *C*.1,*P*.3.8
    Si quis Arcturi sidera nescit Propinqua summo cardine labi, ... *C*.4,*M*.5.2
    nedum ordo de summi boni cardine proficiscens *C*.4,*P*.6.100
cardinem. Ostendam breuiter tibi summae cardinem felicitatis. *C*.2,*P*.4.74
    Nam ut orbium circa eundem cardinem sese uertentium *C*.4,*P*.6.66
    tanto. . .fato liberum est quanto illum rerum cardinem uicinius petit. . *C*.4,*P*.6.76
cardo. Quo fit uti summa, cardo atque causa expetendorum omnium bonitas
    esse iure credatur. *C*.3,*P*.10.129
    ceterorumque extra locatorum ueluti cardo quidam circa quem uer-
    sentur exsistit, ... *C*.4,*P*.6.68
careant. "sed uti hoc infortunio cito careant. . .uehementer exopto." . . . *C*.4,*P*.4.17
careat. neque enim bonus ultra iure uocabitur qui careat bono; *C*.4,*P*.3.13
    "Quid si eidem misero qui cunctis careat bonis, ... *C*.4,*P*.4.57
    Ea namque causa est cur mendacio scientia careat, ... *C*.5,*P*.3.64
carebit. tum suo praemio carebit, cum probus esse desierit. *C*.4,*P*.3.20
carebunt. "Carebunt," inquit, "ocius quam uel tu forsitan uelis *C*.4,*P*.4.19
carens. Quid est enim carens animae motu atque compage *C*.2,*P*.5.25
    uerum insita summi Forma boni liuore carens, ... *C*.3,*M*.9.6

motu carens fati quoque supergreditur necessitatem. *C.4,P.6.77*
carent. neque rursus eorum uiuentium quae sensu carent *Eut.2.32*
   Quod si neque id ualent efficere quod promittunt bonisque pluribus carent, *C.3,P.3.13*
   cum supplicio carent, inest eis aliquid ulterius mali ipsa impunitas . . . *C.4,P.4.69*
   "Quae igitur cum fiunt carent exsistendi necessitate, ... *C.5,P.4.53*
carentem. Euripidis . . . qui carentem liberis infortunio dixit esse felicem. . . *C.3,P.7.17*
   honoremque potentia carentem gloriam quoque nihili pendit. *C.3,P.9.58*
carere. quosque impunitos querebare, uideres numquam improbitatis suae
   carere suppliciis, ... *C.4,P.4.83*
   quod idem exsistendi necessitate carere non nesciat. *C.5,P.6.94*
caret. (nam dei substantia et materia et motu caret), ... *Trin.2.16*
   idcirco quod ea secundum se ipsum est praedicatio quae relatione caret, *Trin.6.3*
   et dum rei quae partibus caret partem conatur adipisci, ... *C.3,P.9.47*
   Nam imperante florenteque nequitia uirtus non solum praemiis caret, . *C.4,P.1.15*
   Malos uero odisse ratione caret. *C.4,P.4.149*
cariora. cui suppetunt etiam nunc quae uita nemo dubitat esse cariora! . . *C.2,P.4.30*
caritas. Adeo haec sui caritas non ex animali motione . . . procedit. *C.3,P.11.96*
carituros. "Carebunt," inquit, "ocius quam . . . illi sese aestiment esse carituros. *C.4,P.4.20*
carmina. Carmina qui quondam studio florente peregi, ... *C.1,M.1.1*
   Illic blanda sonantibus Chordis carmina temperans *C.3,M.12.21*
carmine. Stupet tergeminus nouo Captus carmine ianitor, ... *C.3,M.12.30*
   'Donamus comitem uiro Emptam carmine coniugem. *C.3,M.12.43*
   Miscet hospitibus nouis Tacta carmine pocula. *C.4,M.3.7*
carminis. me . . . arrectis adhuc auribus carminis mulcedo defixerat. . . . *C.3,P.1.2*
   Quod si te musici carminis oblectamenta delectant, ... *C.4,P.6.18*
   rationis prolixitate fatigatum aliquam carminis exspectare dulcedinem. . *C.4,P.6.208*
carnaliter. humaniter atque ut ita dicam carnaliter sentientes aduersa locuti *Fid.31*
   nihil aliud cogitantes nisi carnaliter, ... *Fid.44*
carne. ostendat ex cuius hominis sit carne deriuatus, ... *Eut.5.57*
   quoniam post primum hominem caro omnis humana ex humana carne
     deducitur. *Eut.5.58*
   Si enim ex carne humana Christi corpus adsumptum est, . . . quaenam caro *Eut.8.14*
carnem. Creuit itaque secundum carnem Christus, baptizatus est, ... *Fid.215.*
   humanam carnem non a Maria sumptam sed aliquo modo alio prae-
     paratam, ... *Eut.5.29*
   illam uero carnem quae antea fuerit esse *Eut.5.32*
   aut . . . non adsumente de Maria corpus aut adsumente ab eadem carnem, *Eut.5.46*
   aut ab ea carnem humanam traxit aut minime. *Eut.5.50*
caro. uirginem appositam ex qua caro nasceretur quae ab ea sumpta non esset, *Eut.5.31*
   si ex semine Abrahae . . . non fuit caro illa qua natus est, ... *Eut.5.56*
   quoniam post primum hominem caro omnis humana ex humana carne
     deducitur. *Eut.5.58*
   cum praesertim, si humana caro sumpta est, non ab alio sumi potuerit . *Eut.5.66*
   Ex nullo igitur talis sumpta est caro; *Eut.5.75*
   At si noua ueraque . . . caro formata est, quo tanta tragoedia generationis? *Eut.5.86*
   dubitari potest, quaenam caro haec quae adsumpta sit esse uideatur. . *Eut.8.15*
carpere. Tu quoque si uis . . . Tramite recto Carpere callem, ... *C.1,M.7.24*
carpitis. Nec uite gemmas carpitis, ... *C.3,M.8.4*
carptim. Vt quae carptim singula constent Eadem nolint mixta iugari? . . *C.5,M.3.4*
carus. prius carus quam proximus esse coepisti. *C.2,P.3.19*
casibus. "Huncine," inquit, "mundum temerariis agi fortuitisque casibus
   putas, ... *C.1,P.6.6*
   Minus etenim mirarer, si misceri omnia fortuitis casibus crederem. . . *C.4,P.5.18*
   quid est quod a fortuitis casibus differre uideatur?" *C.4,P.5.22*
   de repentinis casibus, de cognitione ac praedestinatione . . . quaeri solet, *C.4,P.6.12*
cassa. ne nos praeter rei subiectae ueritatem cassa cogitationis imago decipiat. *C.3,P.10.7*
cassas. Cassasque in speculi uicem Rerum reddit imagines, ... *C.5,M.4.14*
castis. Hic et coniugii sacrum Castis nectit amoribus, ... *C.2,M.8.25*
casum. Quaero enim an esse aliquid omnino et quidnam esse casum arbitrere." *C.5,P.1.7*
   "Si quidem," . . . "aliquis euentum temerario motu nullaque causarum
     conexione productum casum esse definiat, ... *C.5,P.1.20*
   "Si . . . definiat, nihil omnino casum esse confirmo *C.5,P.1.21*
   ne casum quidem huiusmodi esse possibile est *C.5,P.1.31*
   proprias causas habet quarum inprouisus inopinatusque concursus casum
     uidetur operatus. *C.5,P.1.45*
   definire casum esse inopinatum ex confluentibus causis in his quae ob
     aliquid geruntur euentum; *C.5,P.1.54*

casurum. Vel cur Hesperias sidus in undas Casurum rutilo surgat ab ortu, . *C.*1,*M.*2.17

casus. "nihilne est quod uel casus uel fortuitum iure appellari queat? . . *C.*5,*P.*1.33

aliudque quibusdam de causis quam quod intendebatur obtingit, casus uocatur, ... *C.*5,*P.*1.40

Quos tamen ipsa uagos terrae decliuia casus Gurgitis et lapsi defluus ordo regit. *C.*5,*M.*1.9

casuum. quod eam non casuum temeritati sed diuinae rationi subditam credis. *C.*1,*P.*6.53

catena. an ipsos quoque humanorum motus animorum fatalis catena constringit?" *C.*5,*P.*2.4

catena. Cerberum traxit triplici catena. *C.*4,*M.*7.19

catenam. Nectit qua ualeat trahi catenam. *C.*1,*M.*4.18

catenas. Iam uidebit intus artas dominos ferre catenas. *C.*4,*M.*2.5

catenis. sed mox ipse uictorum catenis manus praebuit. *C.*2,*P.*6.37

catenis. Et pressus grauibus colla catenis *C.*1,*M.*2.25

quem uitiosae libidines insolubilibus adstrictum retinent catenis, . . *C.*2,*P.*6.60

Quos fallax ligat improbis catenis...libido *C.*3,*M.*10.2

catholica. per omnes paene mundi terminos emanauit, catholica uel uniuersalis uocatur. *Trin.*1.6

Haec autem religio nostra, quae uocatur christiana atque catholica, . . *Fid.*8

haeresim...quam catholica fides a consortio sui mox reppulisse probatur. *Fid.*116

Haec ergo ecclesia catholica per orbem diffusa tribus modis probatur exsistere: *Fid.*258

Restat ut, quemadmodum catholica fides dicat,...doceamus. *Eut.*7.1

Cum igitur utrasque manere naturas in Christo fides catholica confiteatur *Eut.*7.26

Non autem secundum eam significationem ... fides catholica tenet, secundum quam Eutyches *Eut.*7.33

quin id sit quod firma ueraque fides catholica continet; *Eut.*7.48

aut duae naturae sed una persona ut catholica fides credit, ... *Eut.*7.84

quam fides catholica pronuntiat geminam substantiam sed unam esse personam. *Eut.*7.92

catholicae. id est ab ipsis catholicae fidei fundamentis. *Pat.*5

catholici. tam catholici quam Nestorius secundum ultimam definitionem... constituunt; *Eut.*1.59

Catholici uero utrumque rationabiliter confitentur, ... *Eut.*6.100

catholicis. Catholicis uero nihil in differentia constituentibus *Trin.*3.33

Nam catholicis et fidei ueritas et raritas miraculi constat. *Eut.*4.61

catholicos. catholicos uero utrique dicto fidem praebere, ... *Eut.,Prf.*9

catholicus. catholicus uero eam significationem ex utrisque consistendi sumit *Eut.*7.37

Cato. uel specie ut idem Cato quod Cicero, quia eadem species ut homo; . *Trin.*1.21

Vbi nunc fidelis ossa Fabricii manent, Quid Brutus aut rigidus Cato? . *C.*2,*M.*7.16

Catoni. uictricem...causam dis, uictam uero Catoni placuisse familiaris noster Lucanus admonuit. *C.*4,*P.*6.130

Catullus. unde Catullus licet in curuli Nonium sedentem strumam tamen appellat. *C.*3,*P.*4.6

Caucasum. nondum Caucasum montem Romanae rei publicae fama transcenderat, ... *C.*2,*P.*7.31

causa. quasi non deterior fiat inscientiae causa, dum tegitur. *Eut.,Prf.*45

quod illa incommutabilis bonitas atque omnium bonorum causa perscribit. *Eut.*8.102

Nam quae nunc tibi est tanti causa maeroris, haec eadem tranquillitatis esse debuisset. *C.*2,*P.*1.37

Quid si haec ipsa mei mutabilitas iusta tibi causa est sperandi meliora? . *C.*2,*P.*2.44

Sed quae tibi causa notior est, eam prius designare uerbis...conabor . . *C.*3,*P.*1.23

Omnium igitur expetendorum summa atque causa bonum est. *C.*3,*P.*10.124

Quo fit uti summa, cardo atque causa expetendorum omnium bonitas esse iure credatur. *C.*3,*P.*10.129

Sed ea ipsa est uel maxima nostri causa maeroris, ... *C.*4,*P.*1.10

nisi causa deprehenditur, quid est quod a fortuitis casibus differre uideatur?" *C.*4,*P.*5.21

ut exercitii bonis et malis esset causa supplicii. *C.*4,*P.*6.179

Haec sunt igitur fortuiti causa compendii, ... *C.*5,*P.*1.48

—quasi uero quae cuius rei causa sit praescientiane *C.*5,*P.*3.25

Ita cum causa ueritatis ex altera parte procedat, ... *C.*5,*P.*3.39

ut aeternae praescientiae temporalium rerum euentus causa esse dicatur! *C.*5,*P.*3.48

Ea namque causa est cur mendacio scientia careat, ... *C.*5,*P.*3.63

Quaenam discors foedera rerum Causa resoluit? *C.*5,*M.*3.2

aliudque quibusdam de causis quam quod intendebatur obtingit, . . . *C.5,P.1.39*
ex obuiis sibi et confluentibus causis, non ex gerentis intentione *C.5,P.1.49*
casum esse inopinatum ex confluentibus causis in his quae ob aliquid
 geruntur euentum; *C.5,P.1.54*
sed ex conuenientibus necessariisque causis esse ducendam. *C.5,P.4.40*
cautus. Quisquis uolet perennem Cautus ponere sedem *C.2,M.4.2*
caueae. Quae canit altis garrula ramis Ales caueae clauditur antro; *C.3,M.2.18*
cauernis. Hoc quidquid placet excitatque mentes, Infimis tellus aluit cauernis; *C.3,M.10.14*
ceciderunt. Quae si in improbissimum quemque ceciderunt, ... *C.2,P.6.4*
 cum uitiis deditae rationis propriae possessione ceciderunt. *C.5,P.2.21*
cecidit. Qui cecidit, stabili non erat ille gradu. *C.1,M.1.22*
cecinisset. Haec cum Philosophia…leniter suauiterque cecinisset, ... *C.4,P.1.2*
cecinisti. "Ita est," inquit. "Nam id etiam paulo ante cecinisti, ... *C.1,P.6.12*
cedant. ut pugnantia Vicibus cedant umida siccis *C.4,M.6.21*
cedat. Cedat inscitiae nubilus error, Cessent profecto mira uideri." . . . *C.4,M.5.21*
cedere. sicut imaginationem sensumque rationi cedere oportere iudicauimus, *C.5,P.5.48*
cedit. Atqui hoc uobis in contrarium cedit. *C.2,P.5.64*
cedunt. liquentia ut aer atque aqua, facile quidem diuidentibus cedunt, . . *C.3,P.11.83*
celare. cumque hunc errorem duplicem interpretaremur celare sententiam, *Eut.7.96*
celeberrimum. "Non possum," inquam, "quin hoc uti est ita etiam celeberrimum esse confitear." *C.3,P.9.32*
celebrant. Herculem duri celebrant labores. *C.4,M.7.13*
celebrem. quae sufficientem, potentem, reuerendum, celebrem laetumque
 perficiat. *C.3,P.9.82*
celebrentur. quod ea melius uberiusque recognoscentis omnia uulgi ore
 celebrentur. *C.1,P.5.31*
celebritate. ignobile censes esse an omni celebritate clarissimum? *C.3,P.9.27*
celebritatem. uidetur praestare … pulchritudo atque uelocitas celebritatem, *C.3,P.2.40*
 per haec sibi sufficientiam, reuerentiam, potentiam, celebritatem, laetitiam
 credunt esse uenturam. *C.3,P.2.75*
 nec reuerentiam dignitatibus nec celebritatem gloria … posse contingere." *C.3,P.9.5*
celeres. Cum nimis celeres explicet ortus, ... *C.4,M.5.5*
celeri. Vt quondam celeri stilo Mos est…Pressas figere litteras. *C.5,M.4.6*
celeritatem. Respicite caeli spatium, firmitudinem, celeritatem *C.3,P.8.18*
celsa. Celsa num tandem ualuit potestas Vertere praui rabiem Neronis? . . *C.2,M.6.14*
 Ite nunc fortes ubi celsa magni Ducit exempli uia! *C.4,M.7.32*
celsa. Hic clausit membris animos celsa sede petitos. *C.3,M.6.5*
celsa. quantum humanae rationis intuitus ad diuinitatis ualet celsa conscendere. *Trin.,Prf.24*
 Sunt etenim pennae uolucres mihi Quae celsa conscendant poli. . . . *C.4,M.1.2*
celsas. Aut celsas soliti ferire turres Ardentis uia fulminis mouebit. *C.1,M.4.9*
celsi. Si uis celsi iura tonantis Pura sollers cernere mente, ... *C.4,M.6.1*
celsior. Intellegentiae uero celsior oculus exsistit; *C.5,P.4.89*
celsius. ne grauata pessum Inferior sidat mens corpore celsius leuato. . . . *C.5,M.5.15*
celso. At peruersi resident celso Mores solio *C.1,M.5.31*
celsos. Quos uides sedere celsos solii culmine reges *C.4,M.2.1*
celsum. Inuoluit humile pariter et celsum caput Aequatque summis infima. . *C.2,M.7.13*
 Vnica gens hominum celsum leuat altius cacumen *C.5,M.5.10*
censebat. quoniam in Christo duplicem naturam esse censebat, ... *Eut.4.13*
censemus. "Nonne," inquit, "beatitudinem bonum esse censemus?" . . . *C.3,P.10.102*
censenda. tum demum eius cuius soleo iudicio censenda transmittam. . . *Eut.,Prf.54*
censendus. quod uero non potest, in hoc imbecillis esse censendus est." . . *C.4,P.2.24*
 nonne multo infelicior eo censendus est *C.4,P.4.59*
censeremus. sic diuinae sese menti humanam submittere rationem iustissimum censeremus. *C.5,P.5.50*
censeres. Sicut enim eum qui pedibus incedens…ambulandi potentissimum
 esse censeres, ... *C.4,P.2.89*
censes. Nunc enim primum censes apud inprobos mores lacessitam…esse
 sapientiam? *C.1,P.3.16*
 Quid igitur o magistra censes? Infitiabimur crimen, ... *C.1,P.4.76*
 An tu potentem censes quem uideas uelle quod non possit efficere? . . *C.3,P.5.21*
 Potentem censes qui satellite latus ambit, ... *C.3,P.5.22*
 "Quod uero huiusmodi sit, spernendumne esse censes *C.3,P.9.20*
 ignobile censes esse an omni celebritate clarissimum? *C.3,P.9.27*
 quid nunc faciendum censes, ... *C.3,P.9.101*
 "Nonne igitur bonum censes esse quod prodest?" "Ita est," inquam. . *C.4,P.7.18*

aut certe propria et particularis instructio. *Fid.*260
at certe ὑποστάσεως uel substantiae uocabulis discerneretur. *Eut.*3.77
Certe, . . . consulare imperium, . . . uestri ueteres abolere cupiuerunt, . . *C.*2,*P.*6.5
seu omnibus fatalis series texitur, illud certe manifestum est *C.*4,*P.*6.56
certent. Et quam nunc socia fide Pulchris motibus incitant, Certent soluere
machinam. *C.*2,*M.*8.21
certis. Fixit et certis uolucres sagittis, ... *C.*4,*M.*7.16
certissimam. Haecine est bibliotheca, quam certissimam tibi sedem nostris in
laribus ipsa delegeras? *C.*1,*P.*4.11
certissimum. Quod si apud illum rerum omnium certissimum fontem nihil
incerti esse potest, ... *C.*5,*P.*3.79
certo. ea certo euentura praesciri nequeunt. *C.*5,*P.*5.42
certo. Omnia certo fine gubernans Hominum solos respuis actus *C.*1,*M.*5.25
Quae iam praecipitem frena cupidinem Certo fine retentent, ... *C.*2,*M.*2.16
Vt fluctus auidum mare Certo fine coerceat, ... *C.*2,*M.*8.10
certos. haec tibi certos sodalium uultus ambiguosque secreuit, ... *C.*2,*P.*8.21
Si qua certos ac necessarios habere non uideantur euentus, ... *C.*5,*P.*5.41
quonam modo etiam quae certos exitus non habent, certa tamen uideat
. . . praenotio *C.*5,*P.*5.54
certum. "Sed certum est adeptione boni bonos fieri." *C.*4,*P.*2.35
adeptione boni bonos fieri." "Certum." *C.*4,*P.*2.36
nihilque scientia comprehendi posse nisi certum; *C.*5,*P.*4.68
certum. Sic quod praecipiti uia Certum deserit ordinem *C.*1,*M.*6.21
quae est haec praescientia quae nihil certum nihil stabile comprehendit? *C.*5,*P.*3.72
quid est quod uoluntarii exitus rerum ad certum cogantur euentum? . *C.*5,*P.*4.20
certus. Humili domum memento Certus figere saxo. *C.*2,*M.*4.16
Non tam uero certus naturae ordo procederet *C.*3,*P.*12.20
si quid ita futurum est ut eius certus ac necessarius non sit euentus, . *C.*5,*P.*3.59
certus eorum est euentus quae futura firmiter ille praescierit. *C.*5,*P.*3.80
cerua. Iunxitque intrepidum latus Saeuis cerua leonibus, ... *C.*3,*M.*12.11
ceruis. Pauidus ac fugax non metuenda formidat? Ceruis similis habeatur. . *C.*4,*P.*3.62
cessabit. Sed impediendi delatoris opera cessauit [cessabit]. *uar.C.*1,*P.*4.79
cessantibus. si uicibus sordidam humum caelumque respicias, cunctis extra
cessantibus *C.*4,*P.*4.106
cessarent. ab officio suo quoquo gentium nullo modo cessarent, ... *C.*3,*P.*4.34
cessat. in simplicitatem cogitur diffundique ac diffluere cessat, ... *C.*4,*P.*6.73
cessauit. Fatebimur? Sed impediendi delatoris opera cessauit. *C.*1,*P.*4.79
cessent. Cedat inscitiae nubilus error, Cessent profecto mira uideri." . . . *C.*4,*M.*5.22
cessere. Hac itaque ratione multiplices cognitiones diuersis ac differentibus
cessere substantiis. *C.*5,*P.*5.12
cesset. Humanum miseras haud ideo genus Cesset flere querellas. *C.*2,*M.*2.8
cessisse. sumptam uero unam factam atque in diuinitatis cessisse substantiam. *Eut.*5.41
abreptisque ab ea panniculis totam me sibi cessisse credentes abiere. . . *C.*1,*P.*3.27
cessit. immobilibus animantibus cessit quales sunt conchae maris *C.*5,*P.*5.14
cetera. item qualitas et cetera quae uenire queunt. *Trin.*4.12
"Quae incorporalia sunt, in loco non esse," et cetera; *Quo.*26
"Facere" uero tantum ut deus ceteraque diuina. *Eut.*1.29
Vniuersales . . . ut homo, animal, lapis, lignum ceteraque huiusmodi . . *Eut.*2.40
Opes honores ceteraque talium mei sunt iuris. *C.*2,*P.*2.17
quod cetera omnia iucunditatem animo uideantur afferre. *C.*3,*P.*2.50
Si enim uel pecuniae uel honores ceteraque tale quid afferunt *C.*3,*P.*3.9
Nam cum unumquodque horum idem quod cetera sit, ... *C.*3,*P.*9.65
quod beatitudinis substantiam compleat, ad hoc uero cetera referantur?" *C.*3,*P.*10.99
Haecine omnia bonum—sufficientia potentia ceteraque— *C.*3,*P.*10.107
"Ad bonum uero cetera referri palam est. *C.*3,*P.*10.119
Sed propter quod cetera optantur, beatitudinem esse concessimus; . . *C.*3,*P.*10.136
carcer, nex ceteraque legalium tormenta poenarum *C.*4,*P.*5.11
cetera. ut cum triangulum uel cetera a subiecta materia nullus actu separat, *Quo.*89
Eoque modo percurrenti cetera procul dubio patebit *C.*3,*P.*11.39
"Contexe," inquam, "cetera; *C.*4,*P.*2.60
Numquam . . . Cetera cernens sidera mergi Cupit oceano tingere flammas. *C.*4,*M.*6.11
facere spectantur aurigae atque ad hunc modum cetera. *C.*5,*P.*4.50
ceterae. Nam quod ceterae formae subiectae accidentibus sunt *Trin.*2.44
ceterarum. deus et materia . . . aliquo tamen modo ceterarum rerum
priuatione capiuntur *Eut.*1.15
non modo proprium sed ceterarum quoque notitiarum subiecta cognoscit. *C.*5,*P.*5.20
ceteras. Nam ceteras quae in corporibus sunt abutimur formas uocantes, . . *Trin.*2.53

ceteri. nihil ceteris sentiebam; minus uero quam ceteri ipse afferebam, . . . *Eut.,Prf.*29
    sicut Aristoteles ceterique et eiusmodi et multimodae philosophiae
       sectatores putant, ... *Eut.*1.38
    hereditatem cum deinceps Epicureum uulgus ac Stoicum ceterique...
       raptum ire molirentur *C.*1,*P.*3.22
ceteris. Nam ceteris quoque artibus idem quasi quidam finis est constitutus, *Trin.,Prf.*24
    ut qui baptizandi formam erat ceteris tributurus, ... *Fid.*216
    quoniam ceteris subsunt et quibusdam quasi accidentibus subpositae . . *Eut.*3.64
    quoniam subest ceteris quae subsistentiae non sunt, id est οὐσιώσεις; *Eut.*3.85
    non quod ipse ceteris rebus quasi subiectum supponeretur, ... *Eut.*3.98
    ut tum tantum ceteris rebus cum se cognoscit excellat, ... *C.*2,*P.*5.86
    Nam ceteris animantibus sese ignorare naturae est; *C.*2,*P.*5.88
    adulta Parthis etiam ceterisque id locorum gentibus formidolosa. . . . *C.*2,*P.*7.33
    ceteris quoque exemplum esse culpanda fugiendi, ... *C.*4,*P.*4.46
    quidam suppliciis inexpugnabiles exemplum ceteris praetulerunt . . . *C.*4,*P.*6.156
    Quo fit ut ea notitia ceteris praestet *C.*5,*P.*5.19
ceteris. Idemque in ceteris. At quantum haec difficilior *Trin.,Prf.*29
    uel duo lapides fiunt. Et in ceteris eodem modo. *Trin.*3.18
    diuise quidem in ceteris, in deo uero coniuncte atque copulate hoc modo: *Trin.*4.28
    Reliqua uero neque de deo neque de ceteris praedicantur. *Trin.*4.45
    Quod de caelo et de ceteris inmortalibus corporibus *Trin.*4.67
    Nam in ceteris praedicationibus nihil tale est. *Trin.*4.89
    ac de ceteris omnibus quae tam de singulis quam de omnibus singulariter
       praedicamus *Pat.*29
    ut deus ut ueritas ut iustitia ut ipsa quoque substantia, de ceteris
       diceretur. *Pat.*40
    sicut in ceteris quae superius dixi. *Pat.*43
    Vt igitur in mathematica fieri solet ceterisque etiam disciplinis, . . . *Quo.*15
    per se in eo quod ipsum est album non est. Et de ceteris qualitatibus
       eodem modo. *Quo.*64
    Atqui ego quidem nihil ceteris amplius afferebam, ... *Eut.,Prf.*27
    Nam de re proposita aeque nihil ceteris sentiebam; *Eut.,Prf.*29
    Nam de ceteris quin ratione regerentur, nihil mouebare. *C.*1,*P.*6.14
    ius sibi ac potestatem prae ceteris uindicantem, ... *C.*2,*P.*6.17
    In his igitur ceterisque talibus humanorum actuum...uersatur intentio, *C.*3,*P.*2.30
    Nam quod quisque prae ceteris petit, id summum esse iudicat bonum. . *C.*3,*P.*2.42
    quare beatum esse iudicat statum quem prae ceteris quisque desiderat. *C.*3,*P.*2.45
    quisquis horum aliquid sine ceteris petit, ... *C.*3,*P.*9.66
ceterorum. et ad quemlibet sine ceterorum paupertate non ueniunt! . . . *C.*2,*P.*5.21
    ceterorumque extra locatorum ueluti cardo quidam circa quem uersentur
       exsistit, ... *C.*4,*P.*6.67
ceterorum. nulla est enim persona equi...ceterorumque animalium quae
    muta *Eut.*2.35
ceteros. ceteros uero ita submouimus, ut *Trin.,Prf.*20
    Medeam uel Simonem uel Chremetem, idcirco ceteros quoque homines, *Eut.*3.20
    Sed esse apud ceteros tutior debui *C.*1,*P.*4.55
    si apud unum quanta est ubique gentium congeratur, ceteros sui inopes
       fecerit. *C.*2,*P.*5.14
    et qui praeire ceteros honore cupis, poscendi humilitate uilesces. . . *C.*3,*P.*8.7
    Quorum quidem supplicia tum ceteros ab sceleribus deterrent, ... *C.*4,*P.*6.163
chartis. peto ut mei nominis hoc quoque inseras chartis; *Eut.,Prf.*49
chordis. Illic blanda sonantibus Chordis carmina temperans *C.*3,*M.*12.21
chorus. quae ex pluribus coniunguntur ut aceruus, chorus, unum tamen sunt. *Eut.*4.40
    His ille chorus increpitus deiecit humi maestior uultum *C.*1,*P.*1.42
Chremetem. repraesentabant, id est Hecubam uel Medeam uel Simonem uel
    Chremetem. *Eut.*3.20
Christi. et quamuis nomen ipsum Christi uetus intra semet continuerit
    instrumentum *Fid.*2
    Si enim non est Christi una persona duasque naturas esse manifestum est, *Eut.*4.17
    unam quoque Christi sine dubitatione personam esse necesse est. . . *Eut.*4.43
    Si...diuersa substantia est unumque in utrisque Christi nomen . . *Eut.*4.56
    aequiuocum nomen est Christi et nulla potest definitione concludi. . . *Eut.*4.58
    Quibus autem umquam scripturis nomen Christi geminatur? *Eut.*4.60
    Deum uero ipsum Christi appellatione cur uocet? *Eut.*4.81
    non possunt habere personam qua Christi uocabulum excipere possint? *Eut.*4.85
    dicat forsitan, "Illos quoque Christos uocari fateor, sed ad imaginem ueri
    Christi." *Eut.*4.92

ciuitatis. angelorum numerum, id est supernae illius ciuitatis cuius ciues
    angeli sunt, ... *Fid.*70
    An ignoras illam tuae ciuitatis antiquissimam legem, ... *C.*1,*P.*5.15
    delectusque in affinitatem principum ciuitatis, ... *C.*2,*P.*3.18
ciuium. qui frequentia ciuium non depulsione laetetur; *C.*1,*P.*5.13
cladem. Quos nihil aliud in cladem detraxit nisi quod nostris *C.*1,*P.*3.35
    Alios in cladem meritam praecipitauit indigne acta felicitas; *C.*4,*P.*6.176
clamor. Quid tragoediarum clamor aliud deflet nisi indiscreto ictu . . . *C.*2,*P.*2.38
clamoribus. Neque enim famae iactatione et inanibus uulgi clamoribus
    excitamur; *Trin.,Prf.*9
clara. Latet obscuris condita uirtus Clara tenebris *C.*1,*M.*5.35
clarescat. at si fragilitas clarescat mali, boni firmitas nota est. . . . *C.*4,*P.*2.8
clarescerent. electa est una gens in qua dei mandata clarescerent, ... *Fid.*188
clari. illi sint clari necesse est qui praedicantur. *C.*3,*P.*6.25
claris. Et claris auidos ornet honoribus, ... *C.*2,*M.*2.11
    Et magna titulis fulgeat claris domus, ... *C.*2,*M.*7.11
clarissimos. Sed quam multos clarissimos suis temporibus uiros scriptorum
    inops deleuit obliuio! *C.*2,*P.*7.45
clarissimum. quin omne quod excellentissimum sit id etiam uideatur esse
    clarissimum. *C.*3,*P.*2.68
clarissimum. ignobile censes esse an omni celebritate clarissimum? *C.*3,*P.*9.27
claritas. At quibus optimum quiddam claritas uidetur, ... *C.*3,*P.*2.23
    reuerentia quoque, claritas ac uoluptas beatitudo esse iudicatur. . . . *C.*3,*P.*10.105
    ut quae sufficientia est, eadem sit potentia, reuerentia, claritas atque
    iucunditas, ... *C.*3,*P.*11.15
claritudine. egere claritudine quam sibi praestare non possit *C.*3,*P.*9.30
    idem de reuerentia, claritudine, iucunditate coniectare licet. *C.*3,*P.*10.123
claritudinem. ueluti nobilitas fauorque popularis quae uidentur quandam
    claritudinem comparare, ... *C.*3,*P.*2.32
    Quae si ad claritudinem refertur, aliena est. *C.*3,*P.*6.22
    Quod si claritudinem praedicatio facit, ... *C.*3,*P.*6.24
    ut claritudinem superioribus tribus nihil differre fateamur." *C.*3,*P.*9.34
claritudinis. sufficientiae, potentiae, claritudinis, reuerentiae, iucunditatis
    nomina quidem esse diuersa, ... *C.*3,*P.*9.42
claritudo. An claritudo nihili pendenda est? *C.*3,*P.*2.65
    Quare splendidum te, si tuam non habes, aliena claritudo non efficit. . . *C.*3,*P.*6.27
clarius. Sic enim clarius testatiusque sapientiae tractatur officium, . . . *C.*4,*P.*5.8
    quod ex collatione temporalium clarius liquet. *C.*5,*P.*6.11
claro. Tu quoque si uis Lumine claro Cernere uerum, ... *C.*1,*M.*7.21
claros. si quidem auaritia semper odiosos, claros largitas facit. *C.*2,*P.*5.10
    Purpura claros nitente saeptos tristibus armis *C.*4,*M.*2.2
claruerunt. omnia namque perfecta minus integris priora esse claruerunt. . . *C.*3,*P.*10.33
clarum. cumque clarum sit fortuitam felicitatem corporis morte finiri, . . . *C.*2,*P.*4.94
    quod sit clarum atque reuerendum, ... *C.*3,*P.*9.37
clarum. Puro clarum lumine Phoebum Melliflui canit oris Homerus; . . . *C.*5,*M.*2.2
classi. Ille dum Graiae dare uela classi Optat *C.*4,*M.*7.4
classica. Tunc classica saeua tacebant, ... *C.*2,*M.*5.16
claudere. Et flentes oculos claudere saeua negat. *C.*1,*M.*1.16
clauditur. Quae canit altis garrula ramis Ales caueae clauditur antro; . . . *C.*3,*M.*2.18
clausam. Hanc si Threicio Boreas emissus ab antro Verberet et clausam reseret
    diem, ... *C.*1,*M.*3.8
clausit. Hic clausit membris animos celsa sede petitos. *C.*3,*M.*6.5
clauo. "Cum deus," inquit, "omnia bonitatis clauo gubernare iure credatur *C.*3,*P.*12.48
clauus. et hic est ueluti quidam clauus atque gubernaculum *C.*3,*P.*12.41
clementia. "quorum alia poenali acerbitate, alia uero purgatoria clementia
    exerceri puto. *C.*4,*P.*4.78
clipeum. At quisquis trepidus pauet uel optat,. . .Abiecit clipeum locoque
    motus *C.*1,*M.*4.17
coaceruabo. quoniam te. . .promptissimum esse conspicio, crebras coacer-
    uabo rationes. *C.*4,*P.*2.74
coaceruando. Atqui haec effundendo magis quam coaceruando melius nitent, *C.*2,*P.*5.9
coacta. Frustra enim esset artis effectus, si omnia coacta mouerentur." . . *C.*5,*P.*4.52
coaeterna. Manichaei quoque qui duo principia sibi coaeterna et aduersa
    profitentur, ... *Fid.*41
coaeternum. patrem itaque habere filium ex sua substantia genitum et sibi
    nota ratione coaeternum, ... *Fid.*16
    hoc modo conditori conditum mundum fieri coaeternum putant. *C.*5,*P.*6.34

coaeternus. neque filium in eadem natura qua patri coaeternus est aliquando
fieri patrem, ... *Fid.*20
coartabitur. intra unius gentis terminos praeclara illa famae inmortalitas
coartabitur. *C.*2,*P.*7.44
coeant. Si coeant cursumque iterum reuocentur in unum, ... *C.*5,*M.*1.5
coegerat. Postquam flebilibus modis. . .Amnes stare coegerat, ... *C.*3,*M.*12.9
coegit. Nero Senecam. . .ad eligendae mortis coegit arbitrium. *C.*3,*P.*5.30
coemptio. inexplicabilis indicta coemptio profligatura inopia Campaniam
prouinciam uideretur, ... *C.*1,*P.*4.45
rege cognoscente contendi et ne coemptio exigeretur, euici. *C.*1,*P.*4.48
coeperint. "Quae igitur cum discrepant minime bona sunt, cum uero unum
esse coeperint, bona fiunt; *C.*3,*P.*11.19
coeperit. Cum polo Phoebus roseis quadrigis Lucem spargere coeperit, . . . *C.*2,*M.*3.2
nec coeperit umquam esse nec desinat *C.*5,*P.*6.20
coeperunt. multitudo concrescens coeperunt suspicioni esse Aegyptiacis
imperiis *Fid.*157
coepi. quidnam deinceps esset actura, exspectare tacitus coepi. *C.*1,*P.*1.48
coepisti. prius carus quam proximus esse coepisti. *C.*2,*P.*3.19
coepit. non enim coepit esse umquam pater *Trin.*5.43
uelut in augustam suae mentis sedem recepta sic coepit: *C.*3,*P.*2.2
Neque enim ab deminutis inconsummatisque natura rerum coepit
exordium, ... *C.*3,*P.*10.17
coerceat. Vt fluctus auidum mare Certo fine coerceat, ... *C.*2,*M.*8.10
Sed lex dona coerceat, Ne, dum Tartara liquerit, Fas sit lumina flectere.' *C.*3,*M.*12.44
"Feliciores," inquit, "esse. . .quam si eos nulla iustitiae poena coerceat, *C.*4,*P.*4.44
nec ullus fuerit modus, nisi quis eas uiuacissimo mentis igne coerceat. *C.*4,*P.*6.10
Hic uero ordo res . . . alioquin temere fluituras propria incommutabilitate
coerceat. *C.*4,*P.*6.93
coercente. Quis enim coercente in ordinem cuncta deo locus . . . temeritati
reliquus *C.*5,*P.*1.23
coercet. gignendi opus, quod natura semper appetit, interdum coercet uoluntas. *C.*3,*P.*11.95
iusto supplicio malos coercet, num bonam populus putat?" . . . *C.*4,*P.*7.28
coercetur. sed non accidit seruus domino ut albedo albo, sed potestas quaedam qua seruus coercetur. *Trin.*5.14
coercuit. Nec quas ipse coercuit Misceri patitur uices. *C.*1,*M.*6.18
coetibus. tam ipsum quam eius progeniem angelicis coetibus sociaret, . . . *Fid.*76
coetus. penetral innocens domus, honestissimorum coetus amicorum, . . .
defendunt. *C.*1,*P.*4.146
coeunt. "Vt in animalibus," inquit, "cum in unum coeunt *C.*3,*P.*11.31
cogantur. quid est quod uoluntarii exitus rerum ad certum cogantur
euentum? *C.*5,*P.*4.21
quae ex arbitrio eueniunt ad necessitatem cogantur?" *C.*5,*P.*4.24
cogat. Quamuis fluente diues auri gurgite Non expleturas cogat auarus opes *C.*3,*M.*3.2
Longosque in orbem cogat inflectens motus *C.*3,*M.*11.4
Nam nisi rectos reuocans itus Flexos iterum cogat in orbes, ... *C.*4,*M.*6.41
cogentibus. nihil inuenio quod nullis extra cogentibus abiciant manendi
intentionem *C.*3,*P.*11.47
saepe mortem cogentibus causis quam natura reformidat uoluntas
amplectitur, ... *C.*3,*P.*11.92
cogis. Qui . . . Rapido caelum turbine uersas Legemque pati sidera cogis, . . *C.*1,*M.*5.4
cogit. quos ad alterutrum non propria mittit uoluntas, sed futuri cogit certa
necessitas. *C.*5,*P.*3.91
nulla enim necessitas cogit incedere uoluntate gradientem, ... *C.*5,*P.*6.111
cogitantes. nihil aliud cogitantes nisi carnaliter, ... *Fid.*44
cogitare. unde huic," . . . "tali maeror ullus obrepat ne cogitare quidem
possum; *C.*3,*P.*9.39
—quod nefas est de eo cogitare quo nihil constat esse praestantius. . . *C.*3,*P.*10.58
cogitaret. ne rursus in infinitum humanus animus diuinam progeniem cogitaret, ... *Fid.*19
cogitari. quae si ullo modo cogitari queat, nihil prorsus relinquetur ambigui. *C.*5,*P.*4.9
cogitata. Qua in re quid mihi sit animi quotiens stilo cogitata commendo, *Trin.,Prf.*6
cogitatione. Multa sunt quae cum separari actu non possunt, animo tamen
et cogitatione separantur; *Quo.*88
Igitur sublato ab his bono primo mente et cogitatione, ... *Quo.*141
si . . . cogitatione subtraxeris, uix angustissima inhabitandi hominibus
area relinquetur. *C.*2,*P.*7.19

minime perspicaci qualicumque tamen cogitatione prospicitis *C*.3,*P*.3.4
sicuti est quod acceptas escas sine cogitatione transigimus, ...   *C*.3,*P*.11.88
cogitationibus. Instillabas enim auribus cogitationibusque cotidie meis
    Pythagoricum illud *C*.1,*P*.4.141
cogitationis. ne nos praeter rei subiectae ueritatem cassa cogitationis imago
    decipiat. *C*.3,*P*.10.7
cogitatis. In hoc . . . de peruulganda fama, de proferendo nomine cogitatis?   *C*.2,*P*.7.22
    inmortalitatem uobis propagare uidemini, cum futuri famam temporis
    cogitatis. *C*.2,*P*.7.50
cogitemus. ita cogitemus processisse quidem ex deo patre filium deum *Trin*.5.46
cogites. quasi habentis dei habitaeque beatitudinis diuersam cogites esse
    substantiam. *C*.3,*P*.10.47
cogitetur. si cum inexhausta aeternitate cogitetur, non parua sed plane nulla
    esse uideatur. *C*.2,*P*.7.61
cogitur. abutatur naturis, cum, si Christum definire cogitur, ...   *Eut*.4.53
    Decliuemque gerens pondere uultum Cogitur, heu, stolidam cernere
    terram. *C*.1,*M*.2.27
    si quid uero illi se medio conectat et societ, in simplicitatem cogitur   .   *C*.4,*P*.6.72
cognata. Quod si id in cunctis aliis rebus non potest inueniri, facit hoc
    cognata caducis rebus alteritas. *Trin*.6.23
cognatos. Platone sanciente didiceris cognatos de quibus loquuntur rebus
    oportere esse sermones. *C*.3,*P*.12.111
cognita. Quae uis singula perspicit Aut quae cognita diuidit? *C*.5,*M*.4.19
cognitio. Quo fit ut hoc non sit opinio sed ueritate potius nixa cognitio, . .   *C*.5,*P*.6.93
cognitione. haec cognitione fragilis felicitatis absoluit. *C*.2,*P*.8.13
    de repentinis casibus, de cognitione ac praedestinatione diuina, . . .
    quaeri solet, ...   *C*.4,*P*.6.12
    de rerum uero cognitione firmiori potius perfectiorique iudicio esse
    credendum, ...   *C*.5,*P*.5.35
    omnia quasi iam gerantur in sua simplici cognitione considerat. . . .   *C*.5,*P*.6.66
cognitionem. illa uero ad uniuersitatis cognitionem adspirare non posse, .   *C*.5,*P*.5.33
cognitiones. Hac itaque ratione multiplices cognitiones diuersis ac diffe-
    rentibus cessere substantiis.   *C*.5,*P*.5.11
cognitionibus. Sensus enim solus cunctis aliis cognitionibus destitutus . .   *C*.5,*P*.5.13
cognitionis. et ad praesentiam propriae cognitionis retorquet *C*.5,*P*.6.152
cognitis. quarta fere portio est, . . . quae nobis cognitis animantibus inco-
    latur. *C*.2,*P*.7.16
cognito. "Et qui fieri potest, ut principio cognito quis sit rerum finis ignores?   *C*.1,*P*.6.29
cognitor. "Si igitur cognitor," ait, "resideres, cui supplicium inferendum
    putares, ...   *C*.4,*P*.4.122
cognitu. Haec autem etsi perutilia cognitu tamen a propositi nostri tramite
    . . . auersa sunt, ...   *C*.5,*P*,1.10
cognoscant. cum falsa graui mole parauerint, Tum uera cognoscant bona. .   *C*.3,*M*.8.22
cognoscas. o te si tua bona cognoscas felicem, ...   *C*.2,*P*.4.28
    Atque ut me interius animaduertisse cognoscas, ...   *C*.3,*P*.9.83
cognoscat. ut aeque uel fieri ea uel non fieri posse cognoscat, quae est haec
    praescientia *C*.5,*P*.3.71
cognoscendam. hausi caelum et ad cognoscendam medicantis faciem men-
    tem recepi. *C*.1,*P*.3.2
cognoscendo. ut in cognoscendo cuncta sua potius facultate quam eorum
    quae cognoscuntur utantur? *C*.5,*P*.4.116
cognoscente. rege cognoscente contendi et ne coemptio exigeretur, euici. .   *C*.1,*P*.4.48
cognoscentis. Neque nunc nos de uoluntariis animae cognoscentis motibus,
    . . . tractamus, ...   *C*.3,*P*.11.86
cognoscentium. sed secundum cognoscentium potius comprehenditur facul-
    tatem. *C*.5,*P*.4.76
cognoscere. sed ex te apertius cognoscere malim." *C*.3,*P*.9.9
cognosceres. uidebatur malorum potestas eam nullam esse cognosceres . .   *C*.4,*P*.4.81
cognosces. ipso . . . auctore cognosces semper quidem potentes esse bonos,   *C*.4,*P*.1.26
    si naturam . . . reminiscare, nec habuisse te in ea pulchrum aliquid nec
    amisisse cognosces, ...   *C*.2,*P*.1.11
cognosci. ex . . . doctorum . . . sententia barbararumque gentium religioni-
    bus cognosci potest. *Quo*.95
    ex ipsorum tantum ui atque natura cognosci aestimat quae sciuntur; .   *C*.5,*P*.4.73
cognoscit. ut tum tantum ceteris rebus cum se cognoscit excellat, ...   *C*.2,*P*.5.86
    Nam et rationis uniuersum et imaginationis figuram et materiale sensibile
    cognoscit *C*.5,*P*.4.102

non modo proprium sed ceterarum quoque notitiarum subiecta cognoscit. *C*.5,*P*.5.21
humana ratio . . . futura, nisi ut ipsa cognoscit, non putat intueri. *C*.5,*P*.5.40
cum exstaturum quid esse cognoscit quod idem exsistendi necessitate
 carere non nesciat. *C*.5,*P*.6.93
cognoscitur. ubi, in eo quod dei filius est, numquam defuisse cognoscitur, . *Fid*.225
 Omne enim quod cognoscitur non secundum sui uim . . . comprehenditur *C*.5,*P*.4.75
 Quoniam . . . omne quod scitur non ex sua sed ex conprehendentium
  natura cognoscitur, ... *C*.5,*P*.6.3
cognosco. hanc esse plenam beatitudinem sine ambiguitate cognosco." . . *C*.3,*P*.9.86
 sed his eam quae prius concessa sunt nimium conuenire cognosco." *C*.4,*P*.4.33
cognoscunt. Dominam famulae cognoscunt; mecum ueniunt, me abeunte
 discedunt. *C*.2,*P*.2.18
cognoscuntur. ut in cognoscendo cuncta sua potius facultate quam eorum
 quae cognoscuntur utantur? *C*.5,*P*.4.117
cognouerat. quod numquam antea natura ulla cognouerat, ... *Fid*.162
cognouerit. recordabitur facile, si quidem nos ante cognouerit. *C*.1,*P*.2.14
cognoui. uti post eadem prodente cognoui, suis manibus ipsa texuerat. . . *C*.1,*P*.1.15
 ilico miserum exsulemque cognoui. *C*.1,*P*.5.4
 "Si penitus aegritudinis tuae causas habitumque cognoui, ... *C*.2,*P*.1.4
cogor. Flebilis heu maestos cogor inire modos. *C*.1,*M*.1.2
cohaerens. hic uero cohaerens orbi atque coniunctus circa ipsum motus
 ambitum *C*.5,*P*.4.80
cohaerent. An nulla est discordia ueris Semperque sibi certa cohaerent? . . *C*.5,*M*.3.7
cohaerentem. Num mentem firma sibi ratione cohaerentem de statu . . .
 amouebis? *C*.2,*P*.6.25
cohibebat. Nam nunc quidem ad communem sese hominum mensuram
 cohibebat, ... *C*.1,*P*.1.9
cohibere. Hominum solos respuis actus Merito rector cohibere modo. . . . *C*.1,*M*.5.27
colendi. ut si quis colendi agri causa fodiens humum defossi auri pondus
 inueniat. *C*.5,*P*.1.41
colere. cui si quid eueniat aduersi, desinet colere forsitan innocentiam *C*.4,*P*.6.136
colerentur. si, . . . uilia uasa colerentur, pretiosa sordescerent. *C*.4,*P*.1.23
colite. Auersamini igitur uitia, colite uirtutes, ... *C*.5,*P*.6.172
colla. Et pressus grauibus colla catenis *C*.1,*M*.2.25
 sanctaque calcant Iniusta uice colla nocentes. *C*.1,*M*.5.33
 cum semel iugo eius colla submiseris. *C*.2,*P*.1.51
 Quid o superbi colla mortali iugo Frustra leuare gestiunt? *C*.2,*M*.7.7
 Tu quoque falsa tuens bona prius Incipe colla iugo retrahere. *C*.3,*M*.1.12
 Laxant nodis colla solutis *C*.3,*M*.2.14
 ·Oneretque bacis colla rubri litoris *C*.3,*M*.3.3
 Nec uicta libidine colla Foedis submittat habenis. *C*.3,*M*.5.3
collata. et collata improbis dignitas non modo non efficit dignos, ... *C*.2,*P*.6.60
collatae. huius morbo prouidentia collatae pecuniae remedio medetur. . . . *C*.4,*P*.6.171
collatio. infiniti uero atque finiti nulla umquam poterit esse collatio. *C*.2,*P*.7.60
 "Atqui si est diuini humanique praesentis digna collatio, ... *C*.5,*P*.6.78
collatione. quod ex collatione temporalium clarius liquet. *C*.5,*P*.6.11
collectione. communis substantia eademque in uniuersalitatis collectione
 natura. *Eut*.4.109
collectis. quaecumque hoc modo dicuntur, de singulis in unum collectis
 tribus singulariter praedicabuntur. *Pat*.18
collecto. Tum ego collecto in uires animo: *C*.1,*P*.4.7
collectum. "Meministine . . . esse collectum intentionem omnem uoluntatis
 humanae . . . festinare?" *C*.4,*P*.2.26
collegimus. Atqui et beatitudinem et deum summum bonum esse collegimus; *C*.3,*P*.10.77
 quod desideratur ab omnibus, quod quia bonum esse collegimus, . . . *C*.3,*P*.11.122
 Nam si, uti paulo ante collegimus, malum nihil est, ... *C*.4,*P*.2.119
collegit. atque ubi attentionem meam modesta taciturnitate collegit, . . . *C*.2,*P*.1.2
collidamus. Sed uisne rationes ipsas inuicem collidamus? *C*.3,*P*.12.72
colligantur. minusque etiam, cum terrenis artubus colligantur. *C*.5,*P*.2.20
collige. ut agnoscas in his . . . beatitudinem constare non posse, sic collige. . *C*.2,*P*.4.79
 non posse contingere, si qui [non posse contingere, sic collige: si qui] *uar*.*C*.3,*P*.4.30
 Memento etenim corollarii illius . . . ac sic collige: *C*.4,*P*.3.26
colligo. Sed cum rursus colligo patrem filium spiritum sanctum, non plures
 sed una occurrit esse substantia.. . . . . *Pat*.10
colliguntur. cum in unam ueluti formam atque efficientiam colliguntur, . *C*.3,*P*.11.13
collo. Vltimus caelum labor inreflexo Sustulit collo *C*.4,*M*.7.30
collocatas. rationes . . . intra rei quam tractabamus ambitum collocatas . *C*.3,*P*.12.110

Et tu quidem de tuis in commune bonum meritis uera quidem,...dixisti.   *C.*1,*P.*5.25
et intra commune omnibus regnum locatus proprio uiuere iure desideres.   *C.*2,*P.*2.46
communem. Omne enim corpus...communem uidetur habere materiam, .   *Eut.*6.51
  cumque ne ea quidem quae communem materiam naturaliter habent in se
    transeant, ...   *Eut.*6.59
  oculis ardentibus et ultra communem hominum ualentiam perspicacibus   *C.*1,*P.*1.5
  Nam nunc quidem ad communem sese hominum mensuram cohibebat, .   *C.*1,*P.*1.9
  lethargum patitur communem inlusarum mentium morbum. *C.*1,*P.*2.12
  Nam qui communem omnium quae sunt finem relinquunt, pariter quoque
    esse desistunt. *C.*4,*P.*2.100
communi. et facere et pati possunt communi atque eadem materia subiecta.   *Eut.*6.49
  nulla ratione poterunt permutari, quoniam nulla communi materia
    subiecta participant *Eut.*6.54
communia. Quaecumque...de diuina substantia praedicantur, ea tribus
    oportet esse communia; *Pat.*15
  Praetereo, libet enim praeterire communia, ...   *C.*2,*P.*3.23
communicandam. quaestionem, . . . offerendam uobis communicandamque
    curaui *Trin.,Prf.*4
communicato. "te alumne desererem nec sarcinam...communicato tecum
    labore partirer? *C.*1,*P.*3.11
communicent. utraque sunt talia quae actum sibi passionemque communicent.   *Eut.*6.33
communis. Communis animi conceptio est enuntiatio quam quisque probat
    auditam. *Quo.*18
  Harum duplex modus est. Nam una ita communis est, ut omnium sit
    hominum, ...   *Quo.*20
  tenet enim communis sententia doctorum omne quod est ad bonum
    tendere, ... : *Quo.*57
  est enim illis secundum genus communis substantia *Eut.*4.108
  multo magis in se non permutabuntur quibus non modo communis
    materia non est, ...   *Eut.*6.63
  Quorum enim communis nulla materia est, ...   *Eut.*6.69
  quando quidem nulla his materia subiecta communis est *Eut.*6.81
  Deum rerum omnium principem bonum esse communis humanorum
    conceptio probat animorum. *C.*3,*P.*10.24
  Hic est cunctis communis amor *C.*4,*M.*6.44
  "Quia id hominum sermo communis usurpat *C.*4,*P.*7.13
  inest tamen communis in utraque necessitas. *C.*5,*P.*3.40
communis. quae tamen ex talibus communis animi conceptionibus uenit, ut
    est: *Quo.*24
  certamen aduersum praefectum praetorii communis commodi ratione
    suscepi, ...   *C.*1,*P.*4.47
  meministi, inquam, Veronae cum rex auidus exitii communis *C.*1,*P.*4.113
communitate. Homines quippe ac boues una animalis communitate iunguntur;   *Eut.*4.106
commutatione. Ea series...elementa in se inuicem temperat et alterna
    commutatione transformat; *C.*4,*P.*6.84
commutauit. sed potius in se ipsam uini qualitatem propria multitudine
    commutauit. *Eut.*6.43
comoedia. indiuiduos homines quorum intererat in tragoedia uel in comoedia   *Eut.*3.18
comoediis. Nomen...aliunde traductum, ex his scilicet personis quae in
    comoediis tragoediisque *Eut.*3.8
compage. Quid est enim carens animae motu atque compage *C.*2,*P.*5.26
comparabis. Ferox atque inquies linguam litigiis exercet? Cani comparabis.   *C.*4,*P.*3.59
comparans. et se cum fortuna sua comparans, forsitan pertimescit . . .   *C.*4,*P.*6.173
comparare. ueluti nobilitas fauorque popularis quae uidentur quandam
    claritudinem comparare, ...   *C.*3,*P.*2.33
comparari. ad interminabilem diuturnitatem ne comparari quidem potest. .   *C.*2,*P.*7.57
comparatione. sed in eo quod est in comparatione aliquo modo se habere, .   *Trin.*5.20
comparatus. erit ille sinister ad me comparatus, non quod ille ipse sinister sit,   *Trin.*5.24
comparem. auctor inuidiae...temptatione adhibita fecit etiam ipsum eiusque
    comparem,...subiacere, ...   *Fid.*82
compellare. Gaudetis enim res sese aliter habentes falsis compellare
    nominibus *C.*2,*P.*6.63
compellit. ad quod eos naturalis ducit ac paene compellit intentio. *C.*4,*P.*2.77
  Num igitur quidquam illorum ita fieri necessitas ulla compellit?" . . .   *C.*5,*P.*4.51
compendii. Haec sunt igitur fortuiti causa compendii, ...   *C.*5,*P.*1.48
compensatione. uitiorumque sordes poenarum cruciatibus se deposituros
    uiderent compensatione adipiscendae probitatis, ...   *C.*4,*P.*4.143

comperta. Haec autem reuelante deo Moysi famulo suo comperta sunt, . .   *Fid.*87
compertum. cumque...aedium defensione tuerentur compertumque id regi
    foret, edixit: *C.*1,*P.*4.63
competenter. cum eis competenter utendo alicuius boni elicit effectum. . .   *C.*4,*P.*6.190
compleat. an sit eorum aliquid quod beatitudinis substantiam compleat, . .   *C.*3,*P.*10.98
complectens. infinitaque praeteriti ac futuri spatia complectens *C.*5,*P.*6.65
    Haec enim scientiae uis praesentaria notione cuncta complectens *C.*5,*P.*6.162
complecti. ut continuaret eundo uitam cuius plenitudinem complecti non
    ualuit permanendo. *C.*5,*P.*6.56
complectitur. Prouidentia namque cuncta pariter quamuis diuersa quamuis
    infinita complectitur; *C.*4,*P.*6.37
    Ordo enim quidam cuncta complectitur, ...   *C.*4,*P.*6.192
    Non enim totum simul infinitae licet uitae spatium comprehendit atque
        complectitur, ...   *C.*5,*P.*6.24
    sed uno ictu mutationes tuas manens praeuenit atque complectitur. . .   *C.*5,*P.*6.155
complexum. aliud interminabilis uitae totam pariter complexum esse
    praesentiam, ...   *C.*5,*P.*6.37
complexus. Tuus uero testis ipse sum quam haec uiuaciter fueris ante
    complexus. *Quo.*7
complicas. an mirabilem quendam diuinae simplicitatis orbem complicas? .   *C.*3,*P.*12.86
componant. Haec est enim partium natura ut unum corpus diuersa
    componant. *C.*3,*P.*10.114
componebas. me...quem tu in hanc excellentiam componebas ut consimilem
    deo faceres. *C.*1,*P.*4.144
componeret. ita ut caelesti habitatione dignas caelo naturas efficeret ac terrae
    terrena componeret. *Fid.*64
compos. Igitur si tui compos fueris, possidebis quod nec tu amittere...uelis   *C.*2,*P.*4.76
    ut felicitatis compos patriam sospes reuisas. *C.*3,*P.*12.29
    Dorsaque uelocis premat aetheris Compos uerendi luminis. *C.*4,*M.*1.18
    idque necesse est et sui compos praesens sibi semper adsistere *C.*5,*P.*6.29
composita. lapis hic unde haec Achillis statua facta est, lignum hoc unde haec
    mensa composita est. *Eut.*2.47
    Haec in suae simplicitatis arce composita *C.*4,*P.*6.26
compositae. Quis est enim tam conpositae felicitatis ut non aliqua ex parte .   *C.*2,*P.*4.42
compositam. ut cum dicimus coronam ex auro gemmisque compositam. . .   *Eut.*7.16
compositis. Nam de compositis falso litteris...quid attinet dicere? *C.*1,*P.*4.89
composito. Omni composito aliud est esse, aliud ipsum est. *Quo.*47
composito. Quisquis composito serenus aeuo *C.*1,*M.*4.1
compositus. aut certe ex utrisque compositus, ...   *Fid.*93
composuit. hominem...ratione composuit, arbitrii libertate decorauit . . .   *Fid.*73
compotem. nec potestas sui compotem fecerit quem uitiosae libidines...
    retinent catenis, ...   *C.*2,*P.*6.58
    quis boni compotem praemii iudicet expertem? *C.*4,*P.*3.23
comprehendendi. nam superior comprehendendi uis amplectitur inferiorem,   *C.*5,*P.*4.93
    Quam comprehendendi omnia uisendique praesentiam *C.*5,*P.*6.155
comprehendentium. Quoniam ... omne quod scitur non ex sua sed ex
    conprehendentium natura cognoscitur, ...   *C.*5,*P.*6.2
comprehendere. machinas uel ingenio comprehendere uel explicare sermone.   *C.*4,*P.*6.198
comprehendi. nihilque scientia comprehendi posse nisi certum; *C.*5,*P.*4.67
comprehendit. se ita...habere necesse est uti eam sese habere scientia
    comprehendit. *C.*5,*P.*3.65
    quae est haec praescientia quae nihil certum nihil stabile comprehendit?   *C.*5,*P.*3.73
    circa ipsum motus ambitum rotunditatem partibus comprehendit. . . .   *C.*5,*P.*4.82
    sed eo modo quo formam ipsam, quae nulli alii nota esse poterat,
        comprehendit. *C.*5,*P.*4.100
    Ratio...nec imaginatione nec sensibus utens imaginabilia uel sensibilia
        comprehendit. *C.*5,*P.*4.106
    Non enim totum simul infinitae licet uitae spatium comprehendit atque
        complectitur, ...   *C.*5,*P.*6.23
    Quod igitur interminabilis uitae plenitudinem totam pariter comprehendit
        ac possidet, ...   *C.*5,*P.*6.26
    Quoniam igitur omne iudicium secundum sui naturam quae sibi subiecta
        sunt comprehendit, ...   *C.*5,*P.*6.61
comprehenditur. secundum cognoscentium potius comprehenditur facultatem.   *C.*5,*P.*4.76
comprensam. Comprensam numeris uictor habebat. *C.*1,*M.*2.12
compressa. Videsne...quam sit angusta, quam compressa gloria *C.*2,*P.*7.35
compressus. Tuli aegerrime, fateor, compressusque indoctorum grege conticui   *Eut.,*Prf.*31

comprime. Rapidos rector comprime fluctus . . . . $C.1,M.5.46$
comprobant. "Quae incorporalia sunt, in loco non esse," et cetera; quae non
    uulgus sed docti comprobant. . . . . $Quo.27$
compta. Nil periuria, nil nocet ipsis Fraus mendaci compta colore. . . . . $C.1,M.5.38$
comptos. nec bibliothecae potius comptos ebore ac uitro parietes...requiro, $C.1,P.5.22$
compulsus. Basilius...in delationem nostri nominis alieni aeris necessitate
    compulsus est. . . . . $C.1,P.4.59$
computas. nihil horum quae tu in tuis conputas bonis tuum esse bonum liquido
    monstratur. . . . . $C.2,P.5.54$
conabaris. Pecuniamne congregare conaberis [conabaris]? . . . . $uar.C.3,P.8.5$
    paulo ante monstrasti, dum falsae causas aperire conaris [conabaris]. $?uar.C.3,P.9.80$
conaberis. Quid enim? Pecuniamne congregare conaberis? . . . . . . $C.3,P.8.5$
conabimur. quamquam angusto limite temporis saepti tamen aliquid delibare
    conabimur. . . . . $C.4,P.6.17$
conabor. quae tibi causa notior est, eam prius designare uerbis atque informare
    conabor . . . . $C.3,P.1.24$
conantur. Hunc, uti diximus, diuerso tramite mortales omnes conantur
    adipisci. . . . . $C.3,P.2.13$
    hi uel regnare ipsi uolunt uel regnantibus adhaerere conantur. . . . . $C.3,P.2.22$
    per cupiditatem,...idem ipsum conantur adipisci. . . . . $C.4,P.2.66$
    Pro his enim...miserationem iudicum excitare conantur, ... $C.4,P.4.134$
conaris. Tu uero uoluentis rotae impetum retinere conaris? . . . . . . $C.2,P.1.60$
    Pecuniamne congregare conaberis [conaris]?...Potentiamne desideras? $coni.C.3,P.8.5$
    eamque tu paulo ante monstrasti, dum falsae causas aperire conaris. . . $C.3,P.9.80$
conatur. et dum rei quae partibus caret partem conatur adipisci, ... $C.3,P.9.47$
conatus. Seneca opes...tradere Neroni seque in otium conferre conatus est; $C.3,P.5.34$
concauitate. quia concauitate ipsa maior necesse est uoluatur sonus. . . . $Eut.3.13$
concedam. si ... monstraueris, ego iam tua fuisse quae repetis, sponte
    concedam. . . . . $C.2,P.2.8$
concedamus. Sed concedamus ut aliquis possit bonos malosque discernere; . $C.4,P.6.109$
concedas. "Oportet igitur idem esse unum atque bonum simili ratione
    concedas; . . . . $C.3,P.11.25$
concedat. Qui cum...bonis dura tribuat, malis optata concedat, ... $C.4,P.5.21$
concederet. ex qua nobis filium proprium...mundi in fine concederet. . . . $Fid.148$
concedis. boni participatione bonum esse concedis an minime?" . . . . $C.3,P.11.23$
concensimus. deumque beatitudinem ipsam esse consensimus [concensi-
    mus]?" . . . . $coni.C.3,P.12.31$
    si quidem per se regit omnia quem bonum esse consensimus [concensi-
    mus] . . . . $coni.C.3,P.12.40$
conceperit. quae sceleratus quisque conceperit inspectante deo, ... $C.1,P.4.103$
concepit. Virgo...dei filium concepit, uirgo peperit, post eius editionem uirgo
    permansit; . . . . $Fid.204$
concepta. numquamne...concepta ex qualibet iniuria confudit anxietas?" . $C.3,P.3.17$
    sed intellegentia quasi desuper spectans concepta forma . . . . $C.5,P.4.98$
conceptio. Communis animi conceptio est enuntiatio quam quisque probat
    auditam. . . . . $Quo.18$
    Deum rerum omnium principem bonum esse communis humanorum
    concepcio probat animorum. . . . . $C.3,P.10.24$
conceptione. quod illa non imaginatione uel sensu sed in rationali conceptione
    considerat. . . . . $C.5,P.4.111$
conceptionem. inanem conceptionem esse rationis quae quod sensibile sit ac
    singulare . . . . $C.5,P.5.28$
conceptionibus. quae tamen ex talibus communis animi conceptionibus
    uenit, ... $Quo.25$
conceptionis. Haec est enim quae conceptionis suae uniuersale ita definiuit: $C.5,P.4.107$
conceptus. quoniam praeter naturae modum conceptus et editus est. , . . $Fid.202$
concessa. humana quidem sed concessa et quae nullam poenam mortis
    inferrent. . . . . $Eut.8.75$
    sed his eam quae prius concessa sunt nimium conuenire cognosco." . . $C.4,P.4.33$
    "Ex his enim," ait, "quae concessa sunt, euenit eorum . . . . $C.4,P.7.33$
concessa. "Si priora," inquit, "concessa respicias, ... $C.3,P.12.5$
concesserim. quoque uno felicitatem minui tuam uel ipsa concesserim, . . . $C.2,P.4.23$
    Ex his enim quae concesserim, bonos quidem potentes,...esse necesse est $C.4,P.2.69$
    ita uitiosos malos quidem esse concesserim, ... $C.4,P.2.109$
concessimus. Sed propter quod cetera optantur, beatitudinem esse con-
    cessimus; . . . . $C.3,P.10.137$

aduersus eum quem iure beatitudinis potentissimum esse concessimus?" *C.3,P.*12.59
"Bonos," inquit, "esse felices, malos uero miseros nonne concessimus?" *C.4,P.*4.52
concessis. alioquin concessis praecedentibus nihil prorsus est quod de inlatione
    causetur. *C.4,P.*4.38
concessisse. uel occuluisse ueritatem uel concessisse mendacium. *C.1,P.*4.84
concessu. Tum ego: "Mira quidem," inquam, "et concessu difficilis inlatio, *C.4,P.*4.32
concessum. Sed concessum est. Non igitur participatione sunt bona sed
    substantia. *Quo.*67
    quod potentissimum, quod honore dignissimum esse concessum est, . . *C.3,P.*9.29
    "Sed summum bonum beatitudinem esse concessum est." *C.3,P.*10.63
conchae. immobilibus animantibus cessit quales sunt conchae maris *C.5,P.*5.14
conciliat. An praesidio sunt amici quos non uirtus sed fortuna conciliat? . . *C.3,P.*5.40
concilio. Meministi enim, cum in concilio legeretur epistola, ... *Eut.,Prf.*6
concipitur. ita id quod ab ea concipitur esse aliter atque concipitur nequit. . *C.5,P.*3.62
concitat. Saepe feruentes Aquilo procellas Verso concitat aequore. *C.2,M.*3.12
    Et quae motu concitat ire, Sistit retrahens *C.4,M.*6.38
concitus. Non sol rutilo concitus igne Gelidum Phoebes impedit axem . . . *C.4,M.*6.6
concludere. Postremo idem de tota concludere fortuna licet in qua *C.2,P.*6.67
    "Securo igitur concludere licet dei quoque in ipso bono . . . sitam esse
    substantiam. *C.3,P.*10.143
concludi. aequiuocum nomen est Christi et nulla potest definitione con-
    cludi. *Eut.*4.59
    "Nihil, . . . nec reapse uerius . . . nec deo dignius concludi potest." . . . *C.3,P.*10.80
conclusa. non modo ea quae conclusa est summa rationum, ... *C.3,P.*12.66
conclusa. maneant modo quae paulo ante conclusa sunt." *C.3,P.*11.7
    Nam si ea quae paulo ante conclusa sunt inconuulsa seruantur, . . . *C.4,P.*1.24
    "Ista quidem consequentia sunt eis quae paulo ante conclusa sunt. . . . *C.4,P.*4.74
concluserim. id etiam sui substantia summum esse bonum uerissima ratione
    concluserim." *C.3,P.*10.62
conclusi. In hoc . . . minimo puncti quodam puncto circumsaepti atque
    conclusi *C.2,P.*7.21
conclusimus. Etenim si de prauitatis infortunio uera conclusimus, ... *C.4,P.*4.30
conclusioni. Sed qui conclusioni accedere durum putat, ... *C.4,P.*4.34
conclusionis. uel collocationem propositionum non esse efficacem necessariae
    conclusionis ostendat; *C.4,P.*4.37
conclusum. "Firmissime," inquam, "uerissimeque conclusum est." *C.3,P.*10.22
concordat. Idcirco nemo facile cum fortunae suae condicione concordat; . . *C.2,P.*4.53
concordes. cuius . . . manifesta confessio ita iudices habuit in seueritate
    concordes ut *C.1,P.*4.124
    Quod mundus stabili fide Concordes uariat uices, ... *C.2,M.*8.2
concordia. Haec concordia temperat aequis Elementa modis, ... *C.4,M.*6.19
concrescens. per annorum seriem multitudo concrescens coeperunt suspicioni *Fid.*157
concurrere. concurrere uero atque confluere causas facit ordo ille *C.5,P.*1.55
concurrit. quo ille obruit hunc fodisse conuenit atque concurrit. *C.5,P.*1.53
    uisionisque eius praesens semper aeternitas cum nostrorum actuum futura
    qualitate concurrit *C.5,P.*6.169
concursus. proprias causas habet quarum inprouisus inopinatusque concursus
    casum uidetur operatus. *C.5,P.*1.44
condat. Totis fratris obuia flammis Condat stellas luna minores, ... *C.1,M.*5.7
condens. Quos uidet condens radios sub undas Phoebus *C.2,M.*6.9
condere. Licet caelo proferre lucidos dies eosdemque tenebrosis noctibus
    condere. *C.2,P.*2.23
condicio. uel fortunae condicio cunctis mortalibus incerta submitteret? . . . *C.1,P.*4.126
    Anxia enim res est humanorum condicio bonorum *C.2,P.*4.44
    Sic rerum uersa condicio est *C.2,P.*5.72
    Humanae quippe naturae ista condicio est ut tum . . . excellat, ... *C.2,P.*5.85
    quorum quam sit mordax quaecumque condicio, ... *C.3,P.*7.15
    sed haec condicio minime secum illam simplicem trahit. *C.5,P.*6.108
condicione. Idcirco nemo facile cum fortunae suae condicione concordat; . . *C.2,P.*4.53
    necesse est ut quos ab humana condicione deiecit, ... *C.4,P.*3.53
condicionem. cum in diuinam condicionem transire non possit, ... *C.4,P.*3.68
    Quod igitur temporis patitur condicionem, licet illud, ... *C.5,P.*6.19
    apud se quidem praesentium, ad condicionem uero temporis futurarum. *C.5,P.*6.91
    ad intuitum relata diuinum necessaria fiant per condicionem diuinae
    notionis; *C.5,P.*6.118
    cum propter diuinae scientiae condicionem modis omnibus necessitatis
    instar eueniet? *C.5,P.*6.126

condicionis. altera condicionis, ut si aliquem ambulare scias, eum ambulare
  necesse est; *C.5,P.*6.105
  Hanc enim necessitatem non propria facit natura sed condicionis adiectio; *C.5,P.*6.110
condignum. illos quoque, uti condignum fuit, benigna fortitudo disposuit. . *C.3,P.*12.70
condit. Eadem rapiens condit et aufert Obitu mergens orta supremo. . . . *C.4,M.*6.32
condita. Latet obscuris condita uirtus Clara tenebris *C.1,M.*5.34
condita. Nunc membrorum condita nube Non in totum est oblita sui . . . *C.5,M.*3.22
condita. Nubibus atris Condita nullum Fundere possunt Sidera lumen. . . *C.1,M.*7.2
  Hoc quidquid est quo condita manent atque agitantur, . . . deum nomino." *C.3,P.*12.25
conditionem. cui etiam humani generis conditionem atque originem uoluit
  innotescere, ... *Fid.*87
conditis. Neque deus conditis rebus antiquior uideri debet temporis
  quantitate *C.5,P.*6.39
conditor. angelorum numerum, . . . imminutum noluit conditor permanere, *Fid.*71
  Nec tamen ex his defuerunt quos sibi conditor gratiae sequestraret . . *Fid.*122
  uniuersorum conditor deus uolens sacramenti futuri gratia populos erudire . . . constituit, ... *Fid.*168
  O stelliferi conditor orbis *C.1,M.*5.1
  Sedet interea conditor altus *C.4,M.*6.34
  Haud sic magni conditor orbis; *C.5,M.*2.7
conditorem. homo . . . qui malitia propriae contumaciae despexerat conditorem. *Fid.*129
  beata uirgo Maria . . . quae humani generis genuit conditorem. *Fid.*186
  uerum operi suo conditorem praesidere deum scio *C.1,P.*6.10
conditori. nec intellegitis quantam conditori uestro faciatis iniuriam. . . . *C.2,P.*5.78
  hoc modo conditori conditum mundum fieri coaeternum putant. . . . *C.5,P.*6.34
conditoris. At ubi aurem praebuit suasori et conditoris praeceptum neglexit
  attendere, ... *Fid.*99
  solumque est praemium beatitudinis contemplatio conditoris *Fid.*271
  Quae tametsi conditoris opera suique distinctione postremae aliquid
  pulchritudinis trahunt, ... *C.2,P.*5.27
conditum. hoc modo conditori conditum mundum fieri coaeternum putant. . *C.5,P.*6.34
conditus. Tu conditus quieti Felix robore ualli *C.2,M.*4.19
  Intus est hominum uigor Arce conditus abdita. *C.4,M.*3.34
conducat. huic in plurimos populos nomen proferre nullo modo conducat. . *C.2,P.*7.42
condunt. Inlustrent aciem magisque caecos In suas condunt animos tenebras. *C.3,M.*10.12
conectat. si quid uero illi se medio conectat et societ, in simplicitatem cogitur *C.4,P.*6.72
conectens. Tu triplicis mediam naturae cuncta mouentem Conectens animam
  per consona membra resoluis. *C.3,M.*9.14
conecti. quid erit quo summo illi rerum principi conecti atque adhaerere
  possimus? *C.5,P.*3.109
conectit. quando optanda omnia series indeflexa conectit? *C.5,P.*3.100
conentur. qui inscientiae uitium praesumptionis atque inpudentiae nube
  conentur obducere, ... *Eut.,Prf.*41
conetur. quas si in alia quispiam loca transferre conetur, arescant. *C.3,P.*11.60
  "Nihil est igitur quod naturam seruans deo contraire conetur." *C.3,P.*12.57
  "Quod si conetur," ait, ... *C.3,P.*12.57
  aliusque . . . manibus nitens ambulare conetur, ... *C.4,P.*2.59
conexione. Haec actus etiam fortunasque hominum indissolubili causarum
  conexione constringit, ... *C.4,P.*6.87
  nullaque causarum conexione productum casum esse definiat, ... *C.5,P.*1.20
  facit ordo ille ineuitabili conexione procedens, ... *C.5,P.*1.57
confecerimus. ne opinionem populi sequentes quiddam ualde inopinabile
  confecerimus." *C.4,P.*7.32
confectum. nihil horum ex utrisque confectum est ac per hoc nihil est Christus. *Eut.*4.29
confectus. Abraham, qui cum esset aetate confectus eiusque uxor decrepita, *Fid.*149
conferatur. id est ut, si ad caelestis globi magnitudinem conferatur, . . . *C.2,P.*7.13
  Vnius etenim mora momenti, si decem milibus conferatur annis, . . . *C.2,P.*7.53
conferre. opes . . . tradere Neroni seque in otium conferre conatus est; . . . *C.3,P.*5.34
  Sed num in his eam reperiet, quae demonstrauimus id quod pollicentur
  non posse conferre?" *C.3,P.*9.70
  uerum autem atque perfectum bonum conferre non possunt." *C.3,P.*9.94
confert. sed quoniam id sua cuique probitas confert, ... *C.4,P.*3.20
confessio. cuius umquam facinoris manifesta confessio ita iudices habuit in
  seueritate concordes *C.1,P.*4.124
confessione. fraus aperta patuisset, si nobis ipsorum confessione delatorum, . . .
  uti licuisset. *C.1,P.*4.91

confessum. praesentem tamen sententia, confessum tamen conuictumue
    punisset. *C.*1,*P.*4.129
    "Memini," inquam, "me inscitiam meam fuisse confessum, ... *C.*3,*P.*12.9
confessus. duplicem quoque personam esse confessus est. *Eut.*4.13
    confessusque rubore uerecundiam limen tristis excessit. *C.*1,*P.*1.43
    ne illud quidem longius aberit quin recorderis quod te dudum nescire
    confessus es." *C.*3,*P.*12.7
    ipsa impunitas quam iniquitatis merito malum esse confessus es." . . . *C.*4,*P.*4.70
confici. numerus quem ex subiectorum diuersitate confici superius explanatum
    est. *Trin.*3.53
confirmandae. huic quidem gloriae propagandae illi uero conformandae
    [confirmandae] sapientiae, ... *coni.C.*4,*P.*7.43
confirmans. alterutro calle procedam nunc hinc nunc inde proposita con-
    firmans. *C.*4,*P.*2.11
confirment. ut uirtutes animi patientiae usu atque exercitatione confirment. *C.*4,*P.*6.151
confirmo. "Si...definiat, nihil omnino casum esse confirmo *C.*5,*P.*1.21
confitear. "quin hoc uti est ita etiam celeberrimum esse confitear." *C.*3,*P.*9.33
confiteatur. Cum igitur utrasque manere naturas in Christo fides catholica
    confiteatur *Eut.*7.26
    ut non confiteatur in utrisque consistere, neque enim utrasque manere; . *Eut.*7.35
confitemur. Sed esse Christum manifeste ac ueraciter confitemur; *Eut.*4.41
    Sed hunc esse rerum omnium praecellentissimum dignissime confitemur. *C.*3,*P.*10.51
confitendum. confitendum est summum deum summi perfectique boni esse
    plenissimum. *C.*3,*P.*10.34
confitentur. Catholici uero utrumque rationabiliter confitentur, ... *Eut.*6.100
confiteor. an esse me sciam rationale animal atque mortale? Scio et id me esse
    confiteor." *C.*1,*P.*6.37
    "Illius igitur praesentiam huius absentiam desiderabas?" "Confiteor,"
    inquam. *C.*3,*P.*3.23
    "Confiteor," inquam, "nunc me indubitato cernere *C.*3,*P.*11.103
confiteretur. cum in Christo naturam duplicem confiteretur, ... *Eut.*5.11
    et cum non confiteretur duplicem esse personam, ... *Eut.*5.14
confiteri. ex duabus naturis Christum consistere confiteri, in duabus negare: *Eut.,Prf.*8
    ut ne naturam quidem in eo duplicem oporteat confiteri; *Eut.*5.5
    ait duas se confiteri in Christo naturas ante adunationem, ... *Eut.*5.22
    diximus Eutychen confiteri duas quidem in Christo ante adunationem
    naturas. *Eut.*7.94
    "Addamus, si quidem uera uolumus confiteri." *C.*3,*P.*9.25
    quare plenum esse laetitiae,...necesse est confiteri." *C.*3,*P.*9.41
    "Igitur," inquit, "deum esse ipsam beatitudinem necesse est confiteri." . *C.*3,*P.*10.65
    sed esse absolute nequeam confiteri. *C.*4,*P.*2.110
    "Hoc," inquam, "uerum est, tametsi nemo audeat confiteri." *C.*4,*P.*7.38
confitetur. quem filium eatenus confitetur, ut non sit idem qui pater est: . . *Fid.*16
    Arrius uel licet deum dicat filium,...extra patris substantiam confitetur. *Fid.*34
    Nestorius...sacrilege confitetur duas esse personas; *Eut.*5.17
    Si non confitetur ex ea traxisse, dicat quo homine indutus aduenerit, . . *Eut.*5.51
    eamque conseruet quae in utrisque consistere confitetur. *Eut.*7.39
conflictatione. Forsitan ex huiusmodi conflictatione pulchra ... scintilla
    dissiliat." *C.*3,*P.*12.73
confluat. Confluat alterni quod trahit unda uadi; *C.*5,*M.*1.6
confluentibus. ex obuiis sibi et confluentibus causis, non ex gerentis
    intentione *C.*5,*P.*1.49
    casum esse inopinatum ex confluentibus causis...euentum; *C.*5,*P.*1.54
confluere. concurrere uero atque confluere causas facit ordo ille *C.*5,*P.*1.56
conformandae. illi uero conformandae sapientiae, difficultas ipsa materia est. *C.*4,*P.*7.43
conformaueris. Melioribus animum conformaueris, nihil opus est iudice
    praemium deferente; *C.*4,*P.*4.101
confudit. numquamne animum tuum concepta ex qualibet iniuria confudit
    anxietas?" *C.*3,*P.*3.17
confundat. dum intolerabili dolore confundat quos insperata reliquerit. . . *C.*2,*P.*1.8
confundere. Licet anno terrae uultum...nimbis frigoribusque confundere. . *C.*2,*P.*2.25
    Non Bacchica munera norant Liquido confundere melle *C.*2,*M.*5.7
confunderentur. Multo minus uero credi potest, ut utraque in sese con-
    funderentur, ... *Eut.*6.78
confunderetur. ut et delictis subiceretur et passionibus confunderetur . . . *Eut.*8.36
confunderis. Nam quoniam tui obliuione confunderis, ... *C.*1,*P.*6.43

coniunctionis. Cuius coniunctionis ratio est indifferentia. *Trin.*I.10

Quem coniunctionis Graeci modum κατὰ παράθεσιν uocant. *Eut.*4.26

    Nam ille talem significationem coniunctionis ex utraque natura sumit, . *Eut.*7.34

coniunctionum. Cuius dicti nouitate percussus harum coniunctionum . . . *Eut.,Prf.*12

coniunctum. quorum lasciuia ac petulantia nihil a ioco risuque patitur esse

    seiunctum [coniunctum].   *uar.Quo.*11

    cum nihil simile, nihil habeant ex copulatione coniunctum? *Eut.*4.51

    substantias ex quibus illud quod copulatum est dicatur esse coniunctum, *Eut.*7.44

    alio modo significans ita ex utrisque coniunctum, ut utraque permaneant. *Eut.*7.45

coniunctus. hic uero cohaerens orbi atque coniunctus circa ipsum motus

    ambitum   *C.*5,*P.*4.81

coniungant. utrumne haec omnia...quadam partium uarietate coniungant *C.*3,*P.*10.97

coniungat. Donec in astriferas surgat domos Phoeboque coniungat uias . *C.*4,*M.*1.10

coniunge. et fidem si poterit rationemque coniunge. *Pat.*71

coniungeret. in unam formam minime conuenisset, nisi unus esset qui tam

    diuersa coniungeret.   *C.*3,*P.*12.17

coniungi. illique inaccessae luci prius quoque quam impetrent ipsa supplicandi

    ratione coniungi.   *C.*5,*P.*3.107

coniungitur. licet ea ex quibus coniungitur alterutra qualitate corrupta sint; *Eut.*6.94

coniunguntur. Etiam ea quae ex pluribus coniunguntur ut aceruus, chorus,

    unum tamen sunt.   *Eut.*4.39

coniunxerit. fingat qui potest: quis haec diuersa coniunxerit? *C.*3,*P.*10.53

coniurationis. qui cum a Gaio Caesare Germanici filio conscius contra se

    factae coniurationis fuisse diceretur: *C.*1,*P.*4.96

    ut aduersum se factae coniurationis conscios proderet, ... *C.*2,*P.*6.28

conlocatae. infra uestram...excellentiam conlocatae admirationem uestram

    nullo modo merebantur.   *C.*2,*P.*5.30

conlocatus. inter utrumque statum est conlocatus. *Eut.*8.61

conlocutione. Sed quoniam semel res a conlocutione transfertur ad stilum, . *Eut.,Prf.*55

conloquantur. ut haec...si quando ad ea conuertitis oculos, conloquantur; . *Trin.,Prf.*20

conloquor. ex eo quod raris id est uobis tantum conloquor, intellegi potest. . *Trin.,Prf.*8

conloquuntur. quod cum his solis qui digni sunt conloquuntur. *Quo.*14

conlustrat. Imaginatio...sensu tamen absente sensibilia quaeque conlustrat *C.*5,*P.*4.114

conpositae, conprehendentium, conputas, *u.* comp-.

conqueraris. qui abesse aliquid...tam luctuosus atque anxius conqueraris. *C.*2,*P.*4.41

conquereris. si tua forent quae amissa conquereris nullo modo perdidisses. *C.*2,*P.*2.20

conqueri. Quae fieri in regno scientis...dei nemo satis potest nec admirari nec

    conqueri."   *C.*4,*P.*1.19

conquesta. his uersibus de nostrae mentis perturbatione conquesta est. . . *C.*1,*P.*1.51

conquestus. conquestusque non aequa meritis praemia pensari. *C.*1,*P.*5.35

conquisita. Quae si etiam meritis conquisita sit, quid tamen sapientis adiecerit *C.*3,*P.*6.9

conscendant. Sunt etenim pennae uolucres mihi Quae celsa conscendant poli. *C.*4,*M.*1.2

conscendere. quantum humanae rationis intuitus ad diuinitatis ualet celsa

    conscendere.   *Trin.,Prf.*24

    assumptum hominem, quem diabolus non permiserat ad superna con-

    scendere;   *Fid.*227

    Da pater augustam menti conscendere sedem, ... *C.*3,*M.*9.22

conscenderet. inferior substantia per humilitatis bonum ad superna con-

    scenderet.   *Fid.*78

conscia. Sin uero bene sibi mens conscia terreno carcere resoluta caelum

    libera petit,   *C.*2,*P.*7.83

conscia. sine aliqua mutabilitate perdurans sibi tantum conscia uoluntate . *Fid.*55

conscientiae. et quod conscientiae libertas habet, ... *C.*1,*P.*4.32

    Minuit enim quodam modo se probantis conscientiae secretum, . . . *C.*1,*P.*4.119

    et relicta conscientiae uirtutisque praestantia *C.*2,*P.*7.64

    qui bonum suum non populari rumore,sed conscientiae ueritate metitur? *C.*3,*P.*6.11

conscientiae. si . . . meritis conquisita sit, quid tamen sapientis adiecerit

    conscientiae   *C.*3,*P.*6.10

conscientiam. ob ambitum dignitatis sacrilegio me conscientiam polluisse

    mentiti sunt.   *C.*1,*P.*4.137

    Hic foedatam probris conscientiam exspectans   *C.*4,*P.*6.172

    cum a semet ipsis discerpentibus conscientiam uitiis quisque dissentiat *C.*4,*P.*6.182

conscii. Tu mihi et qui te sapientium mentibus inseruit deus conscii . . . *C.*1,*P.*4.29

conscios. ut aduersum se factae coniurationis conscios proderet, ... *C.*2,*P.*6.28

conscius. qui cum a Gaio Caesare Germanici filio conscius contra se factae

    coniurationis fuisse diceretur: *C.*1,*P.*4.96

consedit. in extrema lectuli mei parte consedit meumque intuens uultum . *C.*1,*P.*1.49

consenesceret. Sed materiam gerendis rebus optauimus quo ne uirtus tacita
    consenesceret." *C*.2,*P*.7.4
consensi. "Omnia igitur," inquit, "unum desiderant." Consensi. *C*.3,*P*.11.108
consensimus. deumque beatitudinem ipsam esse consensimus?" "Ita qui-
    dem." *C*.3,*P*.12.31
    si quidem per se regit omnia quem bonum esse consensimus *C*.3,*P*.12.40
consentaneum. Porro autem quod cuique consentaneum est, id unumquod-
    que conseruat, ... *C*.3,*P*.11.78
consentiam. quid de inanimatis omnino consentiam rebus prorsus dubito." . *C*.3,*P*.11.51
consentiat. ut de eo diuinum iudicium pariter et humanum consentiat, . . *C*.4,*P*.6.135
consentiendo. quibus accedendo consentiendoque quam inuexere sibi adiu-
    uant seruitutem *C*.5,*P*.2.25
consentio. "idque, uti tu dicis, ita esse consentio. *C*.5,*P*.2.2
consentiunt. cum licet uariae dissidentesque sententiae tamen in diligendo
    boni fine consentiunt. *C*.3,*P*.2.79
consequatur. Iamne igitur uides quid haec omnia quae diximus consequatur?" *C*.4,*P*.7.2
    Quo semel recepto quantus occasus humanarum rerum consequatur
    liquet. *C*.5,*P*.3.85
    ut quid consequatur aduertas, statuamus nullam esse praescientiam. . *C*.5,*P*.4.22
consequens. consequens est ut foedum non extendisse iudicetur. *C*.3,*P*.6.12
    "Consequens igitur est ut claritudinem superioribus tribus nihil differre
    fateamur." *C*.3,*P*.9.33
    indiscreta intentione ad bonum peruenire nituntur?" "Ita," inquam,
    "consequens est." *C*.4,*P*.2.35
    "Minime," inquam, "nam etiam quod est consequens patet. *C*.4,*P*.2.68
    cui consequens est ut omne quod sit id etiam bonum esse uideatur. . . *C*. 4,*P*.3.46
    Cui sententiae consequens est *C*.4,*P*.4.88
consequens. Eutyches . . . arbitratus est consequens, ut una uideretur esse
    natura. *Eut*.5.15
    et illis hoc inlatum consequens esse perspicio." *C*.3,*P*.10.67
consequenter. Epicurus consequenter sibi summum bonum uoluptatem esse
    constituit, ... *C*.3,*P*.2.49
consequentia. "Ista quidem consequentia sunt eis quae paulo ante conclusa
    sunt. *C*.4,*P*.4.73
consequentiam. nec rerum naturam nec consequentiam potest considerare
    rationum." *C*.4,*P*.2.44
consequi. Neque . . . praemia petunt, quae consequi atque obtinere non
    possunt, ... *C*.4,*P*.2.82
    Dissonare etenim uidentur putasque si praeuideantur consequi necessi-
    tatem, ... *C*.5,*P*.4.66
consequitur. "Consequens igitur est ut . . . "Consequitur," inquam. . . . *C*.3,*P*.9.35
    "Miserior . . . iniuriae inlator quam acceptor esse uideretur." "Conse-
    quitur," inquam. *C*.4,*P*.4.127
conseritis. Proelium cum omni fortuna nimis acre conseritis, ... *C*.4,*P*.7.48
conseruant. liberiores . . . cum se in mentis diuinae speculatione conseruant, *C*.5,*P*.2.18
conseruat. quod cuique consentaneum est, id unumquodque conseruat, . . *C*.3,*P*.11.79
    rerum orbem mobilem rotat, dum se immobilem ipsa conseruat. . . . *C*.3,*P*.12.108
conseruationem. O praeclara potentia quae ne ad conseruationem quidem sui
    satis efficax inuenitur! *C*.3,*P*.5.6
conseruet. quae illi sit proxima eamque conseruet quae in utrisque consistere
    confitetur. *Eut*.7.38
conseruo. potiusque ad memoriam meam speculata conseruo *Quo*.9
considera. quae quam sit exilis et totius uacua ponderis, sic considera. . . . *C*.2,*P*.7.9
    Considera namque an per ea quibus se homines adepturos . . . putant . . *C*.3,*P*.3.6
    Considera uero, ne quod nihilo indigere, ... *C*.3,*P*.9.28
    "Quo uero," inquit, "habitet, ita considera. *C*.3,*P*.10.23
    quod solum quanta dignum sit admiratione profecto consideras [perfecte
    considera]. *coni*.*C*.4,*P*.1.13
    Considera uero quanta sceleratos homines habeat impotentia. *C*.4,*P*.2.80
considerabimus. De qua re breuiter considerabimus, si prius illud, ... *Trin*.3.54
considerandum. In qua re paulisper considerandum est. Requirentibus enim: *Trin*.3.48
    In quo illud maxime considerandum est: *C*.5,*P*.4.92
considerandum. De quibus illud etiam considerandum puto, ... *C*.2,*P*.6.50
    maxime considerandum puto quod nihil habeat suapte natura pecunia . *C*.3,*P*.3.31
considerans. Quae quidem sola considerans Epicurus *C*.3,*P*.2.48
consideranti. "Consideranti," inquam, "mihi plura minime aliud uidetur." *C*.3,*P*.11.41

considerare. nec rerum naturam nec consequentiam potest considerare
    rationum." *C.4,P.2.44*
    uobis hunc ordinem minime considerare ualentibus *C.4,P.6.94*
consideras. quod solum quanta dignum sit admiratione profecto consideras. *C.4,P.1.13*
considerat. considerat enim corporum formas cum materia, ... *Trin.2.6*
    quod illa non imaginatione uel sensu sed in rationali conceptione
    considerat. *C.5,P.4.112*
    omnia quasi iam gerantur in sua simplici cognitione considerat. . . . *C.5,P.6.66*
considerata. per se uero considerata ab absoluta naturae suae libertate non
    desinunt. *C.5,P.6.119*
consideratione. speciemque ipsam quae singularibus inest uniuersali con-
    sideratione perpendit. *C.5,P.4.88*
consideratis. Nonne, o terrena animalia, consideratis quibus qui praesidere
    uideamini? *C.2,P.6.15*
consideratum. quid in eis est quod . . . non perspectum consideratumque
    uilescat? *C.2,P.5.5*
considerem. "Si animalia," inquam, "considerem *C.3,P.11.45*
    si quam paulo ante docuisti prouidentiam fatumue considerem, firmis
    uiribus nixa sententia. *C.4,P.7.10*
consideremus. atque ea consideremus quemadmodum bona esse possent, . . *Quo.97*
    Quid sit igitur aeternitas consideremus; *C.5,P.6.8*
considerentur. si per se considerentur necessitatis esse nexibus absoluta; . . *C.5,P.6.136*
consideres. Si numerum modumque laetorum tristiumue consideres, adhuc te
    felicem *C.2,P.3.40*
consideret. quae quod sensibile sit ac singulare quasi quiddam uniuersale
    consideret. *C.5,P.5.30*
considero. "Cum tuas," inquam, "rationes considero, nihil dici uerius puto. *C.4,P.4.91*
consilia. si ab aeterno non facta hominum modo sed etiam consilia
    uoluntatesque praenoscit, ... *C.5,P.3.9*
consilii. sed frequentis consilii iteratione ruminabam. *Eut.,Prf.35*
consiliis. Quare nulla est humanis consiliis actionibusque libertas . . . *C.5,P.3.81*
    cum ex prouidentia. . .ordo ducatur nihilque consiliis liceat humanis, . *C.5,P.3.96*
consilium. Sed nunc de his disserere consilium non est. *C.4,P.4.79*
consimilem. me. . .quem tu in hanc excellentiam componebas ut consimilem
    deo faceres. *C.1,P.4.145*
consimiles. Et alia quidem suis contenta sunt; uos autem deo mente
    consimiles *C.2,P.5.76*
consistat. sunt enim gemmae atque aurum in quibus corona consistat. . . . *Eut.7.23*
    "Qui quidem," inquam, "mente consistat, nullus prorsus ambigat." . *C.3,P.12.76*
consistendi. Alter uero modus est ex utrisque consistendi *Eut.7.12*
    catholicus uero eam significationem ex utrisque consistendi sumit . . *Eut.7.37*
consistens. neque mouens sese atque consistens aeternitatem facit; . . . *Trin.4.74*
consistere. aut allegoricus, ut non illic possit historiae ordo consistere, . . *Fid.92*
    ex duabus Christum consistere confiteri, in duabus negare: . . . *Eut.,Prf.8*
    nam et ex duabus eum naturis consistere et in duabus. . .aequaliter credi. *Eut.,Prf.10*
    aiunt ex duabus. . .naturis Christum consistere, in duabus uero minime, *Eut.6.84*
    nam et ex utrisque naturis Christum et in utrisque consistere. *Eut.6.102*
    et in utrisque naturis Christum et ex utrisque consistere doceamus. . . *Eut.7.2*
    Ex utrisque naturis aliquid consistere duo significat: *Eut.7.4*
    secundum hunc modum Eutyches ait ex utrisque naturis Christum
    consistere. *Eut.7.11*
    et in his constare dicimus ex quibus consistere praedicantur. *Eut.7.20*
    Tunc enim possumus dicere coronam gemmis auroque consistere; . . *Eut.7.21*
    iure dicit et in utrisque naturis Christum et ex utrisque consistere: . . . *Eut.7.28*
    ut non confiteatur in utrisque consistere, neque enim utrasque manere; . *Eut.7.36*
    eamque conseruet quae in utrisque consistere confitetur. *Eut.7.39*
    Aequiuocum igitur est "ex utrisque consistere" *Eut.7.40*
consisterent. quae ex duabus naturis uel in duabus consisterent differentias
    inquirebam, ... *Eut.,Prf.13*
consistit. Quae tota non in eo quod est esse consistit, sed in eo quod est in
    comparatione. *Trin.5.20*
    trinitas. . .in personarum pluralitate consistit, ... *Pat.56*
    at uero quod est accepta essendi forma est atque consistit. *Quo.30*
    quoniam quod ex duabus consistit ita unum fieri potest, ... *Eut.6.85*
    Omnis enim uirtus in medio rerum decore locata consistit. *Eut.7.77*
consolari. Sed hoc modo consolari quidem diuitiis indigentia potest, ... *C.3,P.3.49*
consona. Conectens animam per consona membra resoluis. *C.3,M.9.14*

consortio. haeresim...quam catholica fides a consortio sui mox reppulisse
    probatur. *Fid.*117
conspectum. quamquam simul utrumque conspectum tamen discernitis . . *C.*5,*P.*6.87
conspexerit. quod nemo dubitat esse fortem, cui fortitudinem inesse
    conspexerit, ... *C.*2,*P.*6.51
    Quae diuersa esse facile liquebit, si quis utriusque uim mente conspexerit. *C.*4,*P.*6.31
conspicere. et quod sensibile et quod imaginabile sit in uniuersitatis ratione
    conspicere, ... *C.*5,*P.*5.32
conspicio. quoniam te ad intellegendum promptissimum esse conspicio, . . *C.*4,*P.*2.74
conspicitur. Qui modus cum in ipsa diuinae intellegentiae puritate conspicitur,
    prouidentia nominatur; *C.*4,*P.*6.28
conspicuis. Nonne in sanctis hominibus ac pietate conspicuis apertus di-
    uinitatis actus agnoscitur? *Eut.*4.87
conspicuos. da luce reperta In te conspicuos animi defigere uisus. *C.*3,*M.*9.24
constabat. medius status in quo...potestas uero utriusque constabat, . . *Eut.*8.60
constant. "Assentior," inquam, "cuncta enim firmissimis nexa rationibus
    constant." *C.*3,*P.*11.2
constantia. Talia ergo ex aliquibus constantia et in his constare dicimus . . *Eut.*7.19
constantiam. Seruauit circa te propriam potius in ipsa sui mutabilitate
    constantiam. *C.*2,*P.*1.31
    Nos ad constantiam nostris moribus alienam...cupiditas alligabit? . . *C.*2,*P.*2.27
    Vllamne humanis rebus inesse constantiam reris, ... *C.*2,*P.*3.46
    cuncta ... appetere naturaliter constantiam permanendi, deuitare
    perniciem." *C.*3,*P.*11.101
constare. non...facere praedicationem quae perspicue ex alieno aduentu
    constare perspiciuntur. *Trin.*5.5
    Omnis enim diuina auctoritas his modis constare uidetur, ... *Fid.*90
    ita unum fieri potest, ut illa ex quibus dicitur constare non maneant; . . *Eut.*6.86
    quod ex melle atque aqua tertium fit constare ex utrisque dicitur, . . . *Eut.*6.90
    Non enim poterit in utrisque constare, quando utrorumque natura non
    permanet. *Eut.*6.92
    Ex utrisque enim constare potest, licet *Eut.*6.93
    in utrisque uero huiusmodi constare non poterit, ... *Eut.*6.95
    ac non sunt utraque in quibus constare uideatur, ... *Eut.*6.97
    et in his constare dicimus ex quibus consistere praedicantur. *Eut.*7.19
    ut agnoscas in his fortuitis rebus beatitudinem constare non posse, . . *C.*2,*P.*4.79
constaret. necessarios futurorum exitus esse constaret. *C.*5,*P.*4.31
constat. Trium...rerum uel quotlibet tum genere tum specie tum numero
    diuersitas constat; *Trin.*1.17
    In eo autem numero qui in rebus numerabilibus constat, ... *Trin.*3.11
    alter uero qui in rebus numerabilibus constat. *Trin.*3.14
    Quae quoniam sublato deperit seruo, constat non eam per se domino
    accidere *Trin.*5.15
    unde rerum omnium manifestum constat exordium, ... *Pat.*4
    quod esse quidem constat idque ex omnium *Quo.*93
    nec in uniuersalibus sed in indiuiduis constat, ... *Eut.*3.3
    Nam catholicis et fidei ueritas et raritas miraculi constat. *Eut.*4.62
    et eam mentium constat esse naturam, ut quotiens abiecerint ueras . . *C.*1,*P.*6.57
    Rara si constat sua forma mundo, Si tantas uariat uices, ... *C.*2,*M.*3.13
    Constat aeterna positumque lege est Vt constet genitum nihil." . . . *C.*2,*M.*3.17
    Nam uero cuiusque bonum eo cuius est constat esse pretiosius, . . *C.*2,*P.*5.81
    ad caeli spatium puncti constat obtinere rationem. *C.*2,*P.*7.11
    quod omnibus rebus constat esse praestantius? *C.*3,*P.*2.65
    nonne hoc etiam constat esse laetissimum?" *C.*3,*P.*9.37
    —quod nefas est de eo cogitare quo nihil constat esse praestantius. . *C.*3,*P.*10.58
    Duo sunt quibus omnis humanorum actuum constat effectus, ... *C.*4,*P.*2.12
    infinitam liquet esse miseriam quam esse constat aeternam." *C.*4,*P.*4.31
    fortuna...omnis bona quam uel iustam constat esse uel utilem." . . . *C.*4,*P.*7.8
    Iam uero probationem firma ratione subnixam constat *C.*5,*P.*4.38
    opinionis id [opinionis constat id] esse caliginem *coni.C.*5,*P.*4.69
constent. Vt quae carptim singula consent Eadem nolint mixta iugari? . . *C.*5,*M.*3.4
constet. ut cum homo terrenus constet ex anima corporeque, ... *Trin.*2.35
    Hoc interim constet quod inter naturam personamque differre *Eut.*4.5
    cum ex utrisque constet in se inuicem qualitatum mutatione transfusis. *Eut.*6.98
    non est mel atque aqua in quibus illud quod ex utrisque iungitur constet. *Eut.*7.24
    Constat aeterna positumque lege est Vt constet genitum nihil." *C.*2,*M.*3.18

constiterint. Quae ubi ad calcem ducta constiterint, tum demum...trans-
    mittam. *Eut.,Prf.*53
constiterit. si bonum potens esse constiterit, liquet inbecillitas mali; *C.4,P.*2.7
    simul cum omne disputationis tuae latus indubitata fide constiterit, *C.5,P.*1.16
constituant. Sunt qui summum bonum in summa potentia esse constituant; . *C.3,P.*2.20
constituas. "Intellego," inquam, "quid inuestigandum proponas, sed quid
    constituas audire desidero." *C.3,P.*10.110
constituentibus. Catholicis uero nihil in differentia constituentibus *Trin.*3.33
constitui. et uidemus personam in accidentibus non posse constitui *Eut.*2.16
constituimus. Sed perfectum bonum ueram esse beatitudinem constituimus; *C.3,P.*10.37
constituit. eumque praefixa lege paradisi deliciis constituit, ... *Fid.*74
    deus uolens...populos erudire per Moysen data lege constituit, . . . *Fid.*169
    ipsum unigenitum suum deus per uirginem nasci constituit, ... *Fid.*195
    Nestorius duplicem esse constituit eo scilicet traductus errore, ... *Eut.*4.10
    Epicurus consequenter sibi summum bonum uoluptatem esse constituit, *C.3,P.*2.50
    Haec enim scientiae uis...rebus modum omnibus ipsa constituit, . . . *C.5,P.*6.162
constituo. Sed hanc non in omnibus aequam esse constituo. *C.5,P.*2.13
constituta. Trium igitur idonee constituta est unitas. *Trin.*5.57
    quonam haec felicitatis perfectio constituta sit. *C.3,P.*10.3
    "quae sit uel felicitas uel miseria in ipsis proborum atque improborum
    meritis constituta. *C.4,P.*5.3
    illa diuina ratio in summo omnium principe constituta *C.4,P.*6.33
    quod porro ab rebus infimis constituta...cuncta prospiciat. *C.5,P.*6.71
constituta. perniciosis potius ciuibus propter quos etiam constituta sunt
    debeantur. *C.4,P.*5.12
constitutae. Adsimulantur enim formis his quae non sunt in materia con-
    stitutae. *Trin.*2.56
    tormenta poenarum ... propter quos etiam constituta [constitutae]
    sunt *uar.C.4,P.*5.12
constitutam. Sensus enim figuram in subiecta materia constitutam, ... *C.5,P.*4.85
constitutionem. ex aeterno, id est ante mundi constitutionem, ... *Fid.*9
    resurgit a mortuis, sicut ante constitutionem mundi ipse cum patre
    decreuerat, ... *Fid.*223
constitutionibus. priuatis uero constitutionibus et propriis informationibus
    unaquaeque...subsistit *Fid.*263
constitutis. quoniam...ego in crastinum constitutis negotiis implicabor, . . *Eut.,Prf.*4
constitutum. nihilque est in tempore constitutum quod totum uitae suae
    spatium *C.5,P.*6.14
constitutus. Nam ceteris quoque artibus idem quasi quidam finis est
    constitutus, ... *Trin.,Prf.*25
constituunt. tam catholici quam Nestorius...duas in Christo naturas esse
    constituunt; *Eut.*1.61
constringit. Haec actus etiam fortunasque hominum indissolubili causarum
    conexione constringit, ... *C.4,P.*6.87
    an ipsos quoque humanorum motus animorum fatalis catena constringit?" *C.5,P.*2.5
    quas diuina mens...cuncta prospiciens ad unum alligat et constringit . *C.5,P.*3.83
constringitur. Sed auctoritate tota constringitur, ... *Fid.*262
consulare. consulare imperium,...ob superbiam consulum uestri ueteres
    abolere cupiuerunt, ... *C.2,P.*6.6
consularem. Paulinum consularem uirum cuius opes Palatinae canes iam spe
    ...deuorassent, ... *C.1,P.*4.49
    Ne Albinum consularem uirum praeiudicatae accusationis poena cor-
    riperet, ... *C.1,P.*4.51
consulares. Quid dicam liberos consulares quorum iam, ut in id aetatis
    pueris, ... *C.2,P.*4.25
consulatu. si qui multiplici consulatu functus in barbaras nationes forte
    deuenerit, ... *C.3,P.*4.30
consules. cum duos pariter consules liberos tuos domo prouehi *C.2,P.*3.28
consulit. Sed quam retinens meminit summam Consulit alte uisa retractans, *C.5,M.*3.29
consulum. cum in circo duorum medius consulum circumfusae multitudinis
    expectationem...satiasti? *C.2,P.*3.33
    consulare imperium,...ob superbiam consulum uestri ueteres abolere
    cupiuerunt, ... *C.2,P.*6.7
consummationem. et post consummationem saeculi resurrectura corpora
    nostra *Fid.*249
consumptos. Sed quod decora nouimus uocabula, Num scire consumptos
    datur? *C.2,M.*7.20

consurgit. inferior uero ad superiorem nullo modo consurgit. *C*.5,*P*.4.94
contabescas. Tamen ne animo contabescas *C*.2,*P*.2.45
contagione. reddunt . . . improbi parem dignitatibus uicem quas sua contagione
   commaculant. *C*.3,*P*.4.27
   si ultro improborum contagione sordescunt, ... *C*.3,*P*.4.48
   primum quod memoriam corporea contagione, . . . amisi." *C*.3,*P*.12.3
contemnendum. Minime. Neque enim uile quiddam contemnendumque est
   quod adipisci omnium *C*.3,*P*.2.61
contemnitur. Nam si eo abiectior est quo magis a pluribus quisque
   contemnitur, ... *C*.3,*P*.4.23
contemperata. ueluti conuenientia contemperataque rectori sponte conuertant?" *C*.3,*P*.12.52
contemplatio. solumque est praemium beatitudinis contemplatio conditoris *Fid*.271
contemptor. ut quid sibi iure deberetur contemptor agnosceret *Fid*.111
contemptum. habet contemptum felicitatis, non habet praemium laboris. . *C*.4,*P*.7.51
contendam. ut ea quae semel effuderim meliori sententiae anteferre contendam. *Eut*.8.97
contendas. Accipe igitur haustum quo refectus firmior in ulteriora contendas. *C*.4,*P*.6.210
contende. Quouis iudice de opum dignitatumque mecum possessione con-
   tende. *C*.2,*P*.2.6
contenderem. ne iure iuderer insanus, si sanus inter furiosos haberi contenderem. *Eut.,Prf*.33
contendi. rege cognoscente contendi et ne coemptio exigeretur, euici. . . . *C*.1,*P*.4.48
contenta. Paucis enim minimisque natura contenta est, ... *C*.2,*P*.5.44
   Felix nimium prior aetas Contenta fidelibus aruis *C*.2,*M*.5.2
contenta. Et alia quidem suis contenta sunt; uos autem *C*.2,*P*.5.75
contentionibus. uerum in huiusmodi contentionibus ne id quidem quod ipsi
   loquantur intellegant, ... *Eut.,Prf*.43
contentus. Erit igitur peruagata inter suos gloria quisque contentus *C*.2,*P*.7.43
contexe. "Contexe," inquam, "cetera; *C*.4,*P*.2.60
contexo. oportet . . . differas uoluptatem, dum nexas sibi ordine contexo
   rationes." *C*.4,*P*.6.20
conticui. compressusque indoctorum grege conticui metuens ne iure uiderer
   insanus, ... *Eut.,Prf*.32
contigerit. quibuscumque contigerit id praestat ut esse uideantur. *C*.5,*P*.6.52
contigisse. quo fit ut indignemur eas saepe nequissimis hominibus contigisse, *C*.3,*P*.4.6
contigisset. uel earum rectores studere sapientiae contigisset. *C*.1,*P*.4.21
contigit. sed quia terra est, id est quia terrae contigit, ut lectus esset; . . . *Eut*.1.51
continens. Quod quidem est omnium summum bonorum cunctaque intra se
   bona continens, ... *C*.3,*P*.2.8
continere. "Cum multa," inquit, "beatitudo continere uideatur, ... *C*.3,*P*.10.95
contineret. discors dissociaret . . . nisi unus esset qui quod nexuit contineret. *C*.3,*P*.12.20
continet. Ita igitur substantia continet unitatem, relatio multiplicat
   trinitatem; *Trin*.6.8
   quaestionis obscuritatem quae continet modum quo substantiae in eo
   quod sint bonae sint, ... *Quo*.2
   Quod exemplum continet tale: *Eut*.5.101
   quin id sit quod firma ueraque fides catholica continet; *Eut*.7.48
   Hic sancto populos quoque Iunctos foedere continet, ... *C*.2,*M*.8.23
   Quae nunc stabilis continet ordo Dissaepta suo fonte fatiscant. *C*.4,*M*.6.42
continetur. Nam qui uallo eius ac munimine continetur, ... *C*.1,*P*.5.18
contingant. quam ut . . . malis etiam tum optata tum odiosa contingant? . . *C*.4,*P*.6.104
contingat. si de fortunae tuae reliquiis pars eis minima contingat? *C*.2,*P*.4.61
contingentes. cum in contingentes populos regentium . . . beatitudo transfunditur, ... *C*.4,*P*.5.9
contingere. reuerentiam per has umbratiles dignitates non posse contingere, *C*.3,*P*.4.29
   nec laetitiam uoluptatibus posse contingere." *C*.3,*P*.9.6
   bonis felicia, malis semper infortunata contingere *C*.4,*P*.1.29
   neque enim necesse esse contingere quae prouidentur, ... *C*.5,*P*.3.23
   Quare demonstrandum prius est nihil non ex necessitate contingere, . . *C*.5,*P*.4.35
   quod autem non potest non euenire id ex necessitate contingere, . . . *C*.5,*P*.6.97
continget. "si quidem mihi pariter deum quoque qui bonum est continget
   agnoscere." *C*.3,*P*.11.5
contingi. hunc contingi quibuslibet aduersis nefas prouidentia iudicat . . . *C*.4,*P*.6.141
contingit. Secundum Nestorii uero sententiam quid contingit noui? *Eut*.4.68
   Vel quid amplius in Iesu generatione contingit quam in cuiuslibet alterius, *Eut*.4.72
   Hoc igitur fieri nulla ratione contingit. *Eut*.6.15

omnis subita mutatio rerum non sine quodam quasi fluctu contingit
animorum; *C.2,P.*1.16
Sed hoc modo ne sufficientia quidem contingit ei quem ualentia deserit, *C.3,P.*9.54
nonne haec ut bona sint, unitatis fieri adeptione contingit?" *C.3,P.*11.21
nec in eo miseris contingit effectus quod solum. . .moliuntur; *C.4,P.*2.84
contingunt. neque enim accidentia generibus speciebusue contingunt. . . . *Eut.*3.51
uti nunc mentis es, nondum te ualidiora remedia contingunt. *C.1,P.*5.40
continuaret. ut continuaret eundo uitam cuius plenitudinem complecti non
ualuit permanendo. *C.5,P.*6.55
continuato. Haec ubi continuato dolore delatraui, illa uultu placido *C.1,P.*5.1
continuerit. quamuis nomen ipsum Christi uetus intra semet continuerit
instrumentum *Fid.*3
continuo. Quidquid nunc amat inuicem Bellum continuo geret *C.2,M.*8.18
continuum. Haec nostra uis est, hunc continuum ludum ludimus; *C.2,P.*2.29
Continuumque trahunt ui pectoris incitata sulcum, ... *C.5,M.*5.3
continuus. quare continuus timor non sinit esse felicem. *C.2,P.*4.88
contra. duasque personas in ea quae contra Nestorium dicta est responsione
conuicerimus *Eut.*7.86
Contra quos respondendum est tres intellegi hominum posse status: . . *Eut.*8.40
Qui si quando contra nos aciem struens ualentior incubuerit, ... *C.1,P.*3.43
a Gaio Caesare Germanici filio conscius contra se factae coniurationis
fuisse *C.1,P.*4.96
ut impios scelerata contra uirtutem querar molitos, ... *C.1,P.*4.99
posse contra innocentiam, quae sceleratus quisque conceperit *C.1,P.*4.102
quid profecto contra hisceres non haberes, ... *C.2,P.*3.2
contraque beata sors omnis est aequanimitate tolerantis. *C.2,P.*4.63
contraque minimum qui abundantiam suam naturae necessitate. . .
metiantur. *C.2,P.*5.68
inexorabile contra fortunam gerere bellum *C.2,P.*8.1
an contra rerum omnium ueneratione dignissimum?" *C.3,P.*9.20
Contraque etiam quae natura bona non sunt, ... *C.3,P.*10.127
contraque illud. . .gignendi opus,. . .interdum coercet uoluntas. . . . *C.3,P.*11.93
bonum esse omne quod iustum est contraque quod iniustum est malum." *C.4,P.*4.65
"Atqui nunc," ait, "contra faciunt oratores. *C.4,P.*4.132
Qui cum. . .malis aspera contraque bonis dura tribuat, ... *C.4,P.*5.20
qui uel in uirtute positi contra aspera bellum gerunt, ... *C.4,P.*7.22
ex ipsorum tantum ui. . .cognosci aestimat quae sciuntur; quod totum
contra est. *C.5,P.*4.74
Ad haec, si ratio contra respondeat *C.5,P.*5.30
contracta. oculosque meos fletibus undantes contracta in rugam ueste
siccauit. *C.1,P.*2.17
contradici. "Accipio," inquam, "nec est quod contradici ullo modo queat." . *C.3,P.*10.39
contrahit. nostra quidem dux copias suas in arcem contrahit, ... *C.1,P.*3.45
contrahitur. Quod si naturae nomen. . .ad corporales usque contrahitur, . . *Eut.*1.36
contraho. Idcirco stilum breuitate contraho *Trin.,Prf.*16
contraire. "Nihil est igitur quod naturam seruans deo contraire conetur." . *C.3,P.*12.56
contraria. natura respuit ut contraria quaeque iungantur. *C.2,P.*6.44
Nam cum bonum malumque contraria sint, si bonum potens esse
constiterit, ... *C.4,P.*2.7
eadem necesse est in mali poena contraria parte respondeant. *C.4,P.*3.36
contrariam. cum in contrariam partem flexeris oculos, uerae beatitudinis
speciem *C.3,P.*1.25
eoque modo necessarium hoc in contrariam relabi partem, ... *C.5,P.*3.22
contrariarum. Quoniam uero in tota quaestione contrariarum sibimet αἱρέσεων *Eut.,Prf.*59
nec contrariarum rerum miscetur effectibus *C.2,P.*6.56
contrarii. prius extremi sibique contrarii Nestorii atque Eutychis sum-
moueantur errores; *Eut.,Prf.*56
contrariis. Mundus hic ex tam diuersis contrariisque partibus *C.3,P.*12.16
contrario. sed e contrario potius, quoniam quid futurum est, ... *C.5,P.*3.20
contrariorum. Quorum summitatum atque contrariorum haec loca sunt: . . *Eut.*8.51
contrarium. ad Eutychen qui. . .in contrarium cucurrit errorem *Eut.*5.2
Fugare. . .indigentiam copia quaeritis. Atqui hoc uobis in contrarium
cedit. *C.2,P.*5.64
"Dubitari," inquam, "nequit." "In contrarium igitur relapsa res est; . . *C.3,P.*3.41
contraxerat. naturae merito, quam ex primo praeuaricatore contraxerat, . *Fid.*234
contuendum. Sed quod dicam non minus ad contuendum patet." "Quid?"
inquam. *C.3,P.*12.47

contuetur. Ipsum quoque hominem aliter sensus, aliter imaginatio, aliter
    ratio, aliter intellegentia contuetur. *C.*5,*P.*4.84
    ipsam illam simplicem formam pura mentis acie contuetur. *C.*5,*P.*4.91
    Neque . . . uniuersales species imaginatio contuetur *C.*5,*P.*4.96
    Atqui deus ea futura quae ex arbitrii libertate proueniunt praesentia
    contuetur. *C.*5,*P.*6.116
contuleramus. Atqui talia contuleramus arma quae nisi prior abiecisses, . . *C.*1,*P.*2.5
contulisset. poterat hoc uel alius quispiam uel ipse etiam qui contulisset
    auferre; *C.*4,*P.*3.19
contulit. Autumno potius sua Bacchus munera contulit. *C.*1,*M.*6.15
contum. Tu igitur qui nunc contum gladiumque sollicitus pertimescis, . . . *C.*2,*P.*5.100
contumacia. Creuitque contumacia quam dudum diluuii unda puniuerat . . *Fid.*140
contumaciae. qui malitia propriae contumaciae despexerat conditorem. . *Fid.*128
contumacis. sed adhuc contumacis aduersum curationem doloris fomenta
    quaedam sunt. *C.*2,*P.*3.11
contumelia. ille patientiam paulisper adsumpsit acceptaque contumelia uelut
    insultans: *C.*2,*P.*7.73
contumeliam. ut contumeliam uideatur diuinis tractatibus inrogare . . . *Trin*,*Prf.*13
contumeliis. Nam cum quidam adortus esset hominem contumeliis, ... *C.*2,*P.*7.68
conuellere. conuellere autem sibique totum exstirpare non possint. *C.*1,*P.*6.31
conueniant. elementa ligas ut frigora flammis Arida conueniant liquidis, . . *C.*3,*M.*9.11
    nescienti cur sanis corporibus his quidem dulcia illis uero amara con-
    ueniant, ... *C.*4,*P.*6.114
    An est aliquid, tametsi uulgus lateat, cui uocabula ista conueniant?" . . *C.*5,*P.*1.35
    Conuenient [Conueniant] puppes et uulsi flumine trunci *uar.C.*5,*M.*1.7
conueniat. id est quas naturas conueniat habere personam, ... *Eut.*2.8
    relinquitur ergo ut personam in substantiis dici conueniat. *Eut.*2.18
    quid unicuique conueniat agnoscit et quod conuenire nouit accommodat. *C.*4,*P.*6.122
conueniebat. Nec conueniebat uilissimorum me spirituum praesidia captare *C.*1,*P.*4.143
conuenient. Conuenient puppes et uulsi flumine trunci *C.*5,*M.*1.7
conuenienti. "Nec licet," inquit, "uti conuenienti monstrabitur loco. . . . *C.*4,*P.*4.6
conuenientia. ueluti conuenientia contemperataque rectori sponte con-
    uertant?" *C.*3,*P.*12.52
conuenientibus. herbas atque arbores . . . sibi conuenientibus innasci locis, . *C.*3,*P.*11.55
    sed ex conuenientibus necessariisque causis esse ducendam. *C.*5,*P.*4.40
conuenire. neque enim easdem in deum atque hominem differentias conuenire. *Eut.*1.63
    sed his eam quae prius concessa sunt nimium conuenire cognosco." . . *C.*4,*P.*4.33
    quid unicuique conueniat agnoscit et quod conuenire nouit accommodat. *C.*4,*P.*6.123
    Nam ut probis atque improbis nullum foedus est, ita ipsi inter se
    improbi nequeunt conuenire. *C.*4,*P.*6.181
conueniret. ut eius qui solus est deus natura cum humana . . . conueniret . . *Eut.*4.66
conuenisset. Mundus hic . . . in unam formam minime conuenisset, nisi . . . *C.*3,*P.*12.16
conuenit. Vnde apparet ea quae cum in singulis separatim dici conuenit . . *Pat.*33
    Sed dat cuique natura quod conuenit *C.*3,*P.*11.61
    alio uero modo quam naturae conuenit *C.*4,*P.*2.49
    Sed qui beati sint deos esse conuenit. *C.*4,*P.*3.29
    "Qui igitur supplicio digni sunt miseros esse non dubitas?" "Conuenit,"
    inquam. *C.*4,*P.*4.122
    Parcit itaque sapiens dispensatio ei . . . ne cui non conuenit laborare
    patiatur. *C.*4,*P.*6.139
    quo ille obruit hunc fodisse conuenit atque concurrit. *C.*5,*P.*1.53
conueniunt. nisi quod haec singulis loca motionesque conueniunt? *C.*3,*P.*11.78
    Conuenient [Conueniunt] puppes et uulsi flumine trunci *uar.C.*5,*M.*1.7
conuentu. ut de ea quae in conuentu mota est quaestione loqueremur. . . . *Eut.,Prf.*2
conuersa. Sed humana forsitan natura in deitatem uideatur esse conuersa. . *Eut.*6.16
    neque in aurum gemma conuersa, sed utraque permanent *Eut.*7.17
conuersas. quas lege benigna Ad te conuersas reduci facis igne reuerti. . . . *C.*3,*M.*9.21
conuerso. neque rursus e conuerso corpus ad incorporalitatem, ... *Eut.*6.80
    Nisi conuerso rursus amore Refluant causae quae dedit esse. *C.*4,*M.*6.47
    atque e conuerso rursus, si de quopiam uera sit opinio quoniam sedet, . *C.*5,*P.*3.33
conuertant. seque ad disponentis nutum uelut conuenientia contemperataque
    rectori sponte conuertant?" *C.*3,*P.*12.53
conuertas. quoniam et id te posse et an facias quoque conuertas praesens
    prouidentiae ueritas intuetur, ... *C.*5,*P.*6.143
conuerteretur. nullo modo fieri potuit, ut humanitas conuerteretur in deum. *Eut.*6.77
conuerteris. quamuis te in uarias actiones libera uoluntate conuerteris. . . . *C.*5,*P.*6.147
conuertit. mentemque profundam Circuit et simili conuertit imagine caelum. *C.*3,*M.*9.17

conuertitis. si quando ad ea conuertitis oculos, ... *Trin.,Prf.*19
conuertitur. esse enim atque unum conuertitur et quodcumque unum est est. *Eut.*4.38
conuicerimus. in ea quae contra Nestorium dicta est responsione conuicerimus *Eut.*7.87
conuictam. manifestum conuictam esse Eutychis sententiam eo nomine, . . *Eut.*6.103
conuictum. praesentem tamen sententia, confessum tamen conuictumue
    punisset. *C.*1,*P.*4.130
conuictus. Qui conuictus euidentia rerum, ... *Eut.*5.20
conuincat. cum definitio superius dicta conuincat, tum haec argumentatio . *Eut.*4.15
    ut perfectum quoque in eo bonum esse conuincat. *C.*3,*P.*10.29
conuinci. O meritos de simili crimine neminem posse conuinci! *C.*1,*P.*4.134
copia. Tantas fundat opes nec retrahat manum Pleno copia cornu, ... *C.*2,*M.*2.6
copia. de argumentorum copia tamen haec interim libasse sufficiat. . . . *Eut.*4.128
    Fugare credo indigentiam copia quaeritis. *C.*2,*P.*5.64
copias. nostra quidem dux copias suas in arcem contrahit, ... *C.*1,*P.*3.44
copiosae. Quis est enim tam conpositae [copiosae] felicitatis ut *coni.C.*2,*P.*4.42
copiosus. quam copiosus bonorum omnium status nec alieni egens *C.*3,*P.*2.57
copulate. diuise quidem in ceteris, in deo uero coniuncte atque copulate hoc
    modo: *Trin.*4.28
copulatione. cum nihil simile, nihil habeant ex copulatione coniunctum? . . *Eut.*4.51
    ex distantibus naturis una fieret copulatione persona! *Eut.*4.67
    Nulla quippe in hoc adunata persona est ex dei atque hominis copulatione *Eut.*4.97
    neutrum manet, sed alterum alterius copulatione corruptum quiddam
    tertium fecit, ... *Eut.*6.88
copulatum. substantias ex quibus illud quod copulatum est dicatur esse
    coniunctum, ... *Eut.*7.43
coquit. Sed hoc est quod recolentem uehementius coquit. *C.*2,*P.*4.4
coram. mando litteris quae coram loquenda seruaueram. *Eut.,Prf.*5
    si uitae huius callem uacuus uiator intrasses, coram latrone cantares. *C.*2,*P.*5.102
corda. Fugit et nimis tenaci Ferit icta corda morsu. *C.*3,*M.*7.6
    Hinc enim libido uersat auidis corda uenenis, ... *C.*4,*M.*2.6
    Membra quae ualeant licet, Corda uertere non ualent! *C.*4,*M.*3.32
corde. Haec autem pie intellegentibus et ueraci corde tenentibus satis
    abundeque relucent. *Fid.*95
    Ni mersus alto uiueret fomes corde? *C.*3,*M.*11.14
cordis. Ore toruo comminantes rabie cordis anhelos, ... *C.*4,*M.*2.3
Cori. Nemo miratur flamina Cori Litus frementi tundere fluctu *C.*4,*M.*5.13
cornu. Vt nunc pleno lucida cornu...Condat stellas luna minores, ... *C.*1,*M.*5.5
    Nunc obscuro pallida cornu Phoebo propior lumina perdat, ... *C.*1,*M.*5.8
    Tantas fundat opes nec retrahat manum Pleno copia cornu, ... *C.*2,*M.*2.6
cornua. Palleant plenae cornua lunae *C.*4,*M.*5.7
cornua. Ille dedit Phoebo radios dedit et cornua lunae, ... *C.*3,*M.*6.3
Coro. Vt, cum praecipiti glomerantur sidera Coro *C.*1,*M.*3.3
corollarii. Memento etenim corollarii illius *C.*4,*P.*3.25
corollarium. ita ego quoque tibi ueluti corollarium dabo. *C.*3,*P.*10.83
    "Et pulchrum," inquam, "hoc atque pretiosum, siue porisma siue
    corollarium uocari mauis." *C.*3,*P.*10.92
corona. sunt enim gemmae atque aurum in quibus corona consistat. *Eut.*7.22
    uti currendi in stadio propter quam curritur iacet praemium corona. *C.*4,*P.*3.8
    sapienti tamen corona non decidet, non arescet. *C.*4,*P.*3.15
coronam. ut cum dicimus coronam ex auro gemmisque compositam. *Eut.*7.15
    Tunc enim possumus dicere coronam gemmis auroque consistere; . . . *Eut.*7.21
corpora. duo enim corpora unum locum non obtinebunt, qui est accidens. . . *Trin.*1.29
    quae corpora in motu sunt *Trin.*2.8
    Num ita quasi cum duo corpora sibimet apponuntur, ... *Eut.*4.24
    Corpora uero in incorporea nulla ratione poterunt permutari, ... *Eut.*6.53
corpora. resurrectura corpora nostra praeter corruptionem ad regna
    caelestia pollicetur, ... *Fid.*249
    ut credat non solum animas non perire, sed ipsa quoque corpora, . . . *Fid.*255
    minus uero cum dilabuntur ad corpora, minusque etiam, cum terrenis
    artubus colligantur. *C.*5,*P.*2.19
corporalem. quarum omnis ad explendam corporalem lacunam festinat
    intentio. *C.*3,*P.*7.11
corporales. Quod si naturae nomen relictis incorporeis substantiis ad cor-
    porales usque contrahitur, ... *Eut.*1.35
    quoniam eorum notio corporales figuras non possit excedere, ... *C.*5,*P.*5.34
corpore. ut cum homo terrenus constet ex anima corporeaque, ... *Trin.*2.35
    ne humano corpore polluta uideatur dei fuisse natura. *Fid.*51

ex qua nobis filium proprium uestitum humano corpore...concederet.   *Fid.*147

haec enim in corpore et a corpore et facit et patitur. *Eut.*1.28

Et tremit effeto corpore laxa cutis. *C.*1,*M.*1.12

Et nihil manet integrum Voce corpore perditis. *C.*4,*M.*3.26

cum aegros corpore minime dignos odio...iudicemus, ...   *C.*4,*P.*4.151

Ac uires animi mouens Viuo in corpore passio. *C.*5,*M.*4.32

Namque alia extento sunt corpore pulueremque uerrunt *C.*5,*M.*5.2

Atque leuis recto stat corpore despicitque terras. *C.*5,*M.*5.11

ne grauata pessum Inferior sidat mens corpore celsius leuato. *C.*5,*M.*5.15

corporea. primum quod memoriam corporea contagione,...amisi." *C.*3,*P.*12.3

corporea. "Pati" quidem ac "facere," ut omnia corporea atque corporeorum
anima; *Eut.*1.27

corporea. aliae incorporeae, neque corporea in incorpoream...mutari potest,   *Eut.*6.21

corporeae. quoniam substantiae omnes aut corporeae sunt aut incorporeae,   *Eut.*1.23

Sed substantiarum aliae sunt corporeae, aliae incorporeae. *Eut.*2.19

Nam cum substantiarum aliae sint corporeae, aliae incorporeae,   . .   *Eut.*6.20

corporeae. usque contrahitur, ut corporeae tantum substantiae naturam
habere uideantur, ...   *Eut.*1.36

Ex his...tribus statibus Christus corporeae naturae singulas...indidit
causas; *Eut.*8.62

corporearum. Corporearum uero aliae sunt uiuentes, aliae minime; *Eut.*2.20

corporeis. aut de solis corporibus...aut de solis substantiis, id est corporeis
atque incorporeis, ...   *Eut.*1.2

adeo ut ne corporeis quidem morbis agitari sinat. *C.*4,*P.*6.143

corporeorum. "Pati" quidem ac "facere," ut omnia corporea atque corporeorum anima; *Eut.*1.27

corpori. Nec nocentia corpori Mentis uulnere saeuiunt." . . . . . . : .   *C.*4,*M.*3.38

sed ex sua ui subiectam corpori iudicat passionem, ...   *C.*5,*P.*5.7

corporibus. quasi quendam fructum nequitiae fruentium solent referre
corporibus! *C.*3,*P.*7.5

cur sanis corporibus his quidem dulcia illis uero amara conueniant, . . .   *C.*4,*P.*6.113

corporibus. formas...quae a corporibus actu separari non possunt,   . . .   *Trin.*2.7

Nam ceteras quae in corporibus sunt abutimur formas uocantes, . . .   *Trin.*2.53

Quod de caelo et de ceteris inmortalibus corporibus secundum philosophos dici potest, ...   *Trin.*4.67

Natura igitur aut de solis corporibus dici potest aut de solis substantiis,   *Eut.*1.1

definiemus eam, ut hi etiam qui naturam non nisi in corporibus esse
posuerunt. *Eut.*1.40

Ex quibus omnibus neque in non uiuentibus corporibus personam posse
dici *Eut.*2.29

Atque haec quidem in corporibus neque his omnibus, sed tantum . . .   *Eut.*6.47

intueri illam intimam temperiem,uelut in corporibus dici solet,animorum?   *C.*4,*P.*6.111

Qui sensus et imagines E corporibus extimis Credant mentibus imprimi,   *C.*5,*M.*4.4

Quod si in corporibus sentiendis, quamuis afficiant instrumenta sensuum...qualitates *C.*5,*P.*5.1

si in sentiendis, inquam, corporibus animus non passione insignitur, . .   *C.*5,*P.*5.6

corporis. quoniam qualitas aquae multitudine sui corporis nihil passa est . .   *Eut.*6.41

nam et manducauit et bibit et humani corporis officio functus est. . .   *Eut.*8.78

cumque clarum sit fortuitam felicitatem corporis morte finiri, ...   *C.*2,*P.*4.95

Iam uero corporis bona promptum est ut ad superiora referantur.   . .   *C.*3,*P.*2.37

Quid autem de corporis uoluptatibus loquar, ...   *C.*3,*P.*7.1

Sed quis non spernat atque abiciat uilissimae fragilissimaeque rei
corporis seruum? *C.*3,*P.*8.13

Iam uero qui bona prae se corporis ferunt, quam exigua, ...   *C.*3,*P.*8.14

Sed aestimate quam uultis nimio corporis bona, ...   *C.*3,*P.*8.29

at si distributae segregataeque partes corporis distraxerint unitatem,   *C.*3,*P.*11.37

sed fuisse homines adhuc ipsa humani corporis reliqua species ostentat. .   *C.*4,*P.*3.50

uitiosos, tametsi humani corporis speciem seruent, ...   *C.*4,*P.*4.2

eandem corporis rotunditatem aliter uisus aliter tactus agnoscit. . . .   *C.*5,*P.*4.78

animique agentis uigorem passio corporis antecedat *C.*5,*P.*5.3

corporum. considerat enim corporum formas cum materia, ...   *Trin.*2.7

formas corporum speculatur sine materia ac per hoc sine motu, ...   *Trin.*2.12

ut quia haec generatio duorum corporum commixtione procedit,   . . .   *Fid.*45

ut et corporum atque animarum corruptio et mortis proueniret interitus   *Fid.*104

Nam si, uti corporum languor, ita uitiositas quidam est quasi morbus
animorum, ...   *C.*4,*P.*4.150

corruptio. ut et corporum atque animarum corruptio et mortis proueniret
    interitus *Fid.*105
corruptione. Omne enim corpus quod in generatione et corruptione subsistit   *Eut.*6.50
corruptionem. resurrectura corpora nostra praeter corruptionem ad regna
    caelestia pollicetur, ...   *Fid.*250
    uenire ad interitum corruptionemque desideret?" *C.*3,*P.*11.44
corruptum. per Mariam tamen est procreatum quod fuerat praeuaricatione
    corruptum, ...   *Eut.*5.70
    non mixtum est mari uinum sed in mare corruptum, ...   *Eut.*6.40
    neutrum manet, sed alterum alterius copulatione corruptum quiddam
    tertium fecit, ...   *Eut.*6.88
cortex. ultimus autem cortex aduersum caeli intemperiem. . .opponitur? . .   *C.*3,*P.*11.67
corticem. Quid quod omnes. . .per medullas robur corticemque diffundunt?   *C.*3,*P.*11.64
corusci. Aut comitetur iter gelidi senis Miles corusci sideris, ...   *C.*4,*M.*1.12
coruscus. Et uolucrem currum stabilis regit Rerum coruscus arbiter. . . .   *C.*4,*M.*1.22
cotidianis. elementa. . .per quae deus mira quaedam cotidianis motibus
    operatur? *Eut.*4.83
    'Quid tu homo ream me cotidianis agis querelis? *C.*2,*P.*2.3
cotidie. Instillabas enim auribus cogitationibusque cotidie meis Pythagoricum
    illud *C.*1,*P.*4.142
    cum eam cotidie ualentior aliquis eripiat inuito? *C.*3,*P.*3.34
crastinum. quoniam. . .ego in crastinum constitutis negotiis implicabor, . .   *Eut.,Prf.*4
    Sed crastinum quidem nondum adprehendit, hesternum uero iam
    perdidit; *C.*5,*P.*6.15
creationem. alia per creationem mutabilis atque passibilis, nisi inpassibilis   *Eut.*2.26
creatis. Dedit enim prouidentia creatis a se rebus hanc uel maximam manendi
    causam *C.*3,*P.*11.98
creatorem. —tanta dumtaxat, quanta a creatura ad creatorem fieri potest,—   *Fid.*272
creatoris. eritque gaudium sempiternum, delectatio, cibus, opus, laus perpetua
    creatoris. *Fid.*276
creatura. —tanta dumtaxat, quanta a creatura ad creatorem fieri potest,—   *Fid.*272
creauit. sed uerbo produxit caelos, terram creauit, ...   *Fid.*63
crebras. quoniam te. . .promptissimum esse conspicio, crebras coaceruabo
    rationes. *C.*4,*P.*2.74
crebris. Commouet gentes publicus error Lassantque crebris pulsibus aera. .   *C.*4,*M.*5.12
crebro. et quidem crebro quorundam malam esse fortunam." *C.*4,*P.*7.14
credamus. Quasi uero nos ea quae prouidentia futura esse praenoscit non esse
    euentura credamus *C.*5,*P.*4.44
    Harum igitur rerum nulla est praescientia, quam si etiam in his esse
    credamus, ...   *C.*5,*P.*5.45
credant. Qui sensus et imagines E corporibus extimis Credant mentibus
    imprimi, ...   *C.*5,*M.*4.5
credantur. Haec autem ut credantur uetus ac noua informat instructio. . .   *Fid.*29
    Quae si recepta futurorum necessitate nihil uirium habere credantur, . .   *C.*5,*P.*3.108
credat. Et hoc est principale religionis nostrae, ut credat non solum animas
    non perire, ...   *Fid.*254
credatis. quid est quod eas sufficientiam praestare credatis? *C.*3,*P.*3.56
credatur. ut personis manentibus nullo modo a diuinitate humanitas credatur
    adsumpta. *Eut.*4.101
    si sub diuersitate naturae personarum quoque credatur mansisse dis-
    cretio? *Eut.*4.111
    asserens tantum abesse, ut in Christo gemina persona credatur, ...   *Eut.*5.4
    si corpus quod Christus excepit ex Maria non credatur adsumptum. . .   *Eut.*6.2
    uti summa, cardo atque causa expetendorum omnium bonitas esse iure
    credatur. *C.*3,*P.*10.130
    "Cum deus," inquit, "omnia bonitatis clauo gubernare iure credatur .   *C.*3,*P.*12.49
    Irae intemperans fremit? Leonis animum gestare credatur. *C.*4,*P.*3.61
    "si quid ordinis ignorata ratione temerarium confusumque credatur. .   *C.*4,*P.*5.24
    nondum tamen tale est ut aeternum esse iure credatur. *C.*5,*P.*6.22
crede. Crede fortunis hominum caducis, ...   *C.*2,*M.*3.15
    Bonis crede fugacibus.   *C.*2,*M.*3.16
credenda. Neque enim tanta indigentia in Adam fuisse credenda est . . .   *Eut.*8.80
credenda. quis ille est cui haec non credenda modo sed saltem audienda
    uideantur?" *C.*4,*P.*4.93
credendum. illud potius bonum esse credendum est quod illa incommutabilis
    bonitas. . .perscribit.   *Eut.*8.101

credendum. de rerum uero cognitione firmiori potius perfectiorique iudicio
    esse credendum, ... *C*.5,*P*.5.36
credens. Eutyches uero recte credens unam esse personam impie credit . . *Eut*.5.18
credentem. tot prophetarum scripturae populum inlusere credentem, . . . *Eut*.4.114
credentes. abreptisque ab ea panniculis totam me sibi cessisse credentes abiere. *C*.1,*P*.3.27
    Quorum quidem alii summum bonum esse nihilo indigere credentes . . *C*.3,*P*.2.16
credentium. Haec . . . omnia illa beatissima humani generis fideliter credentium
    inmutatio deprecatur. *Eut*.8.93
credere. sed opinio potius incerta, quod de deo credere nefas iudico. *C*.5,*P*.3.16
crederem. Minus etenim mirarer, si misceri omnia fortuitis casibus crederem. *C*.4,*P*.5.18
crederes. si aruis semina crederes, feraces inter se annos sterilesque pensares. *C*.2,*P*.1.57
crederet. ut crederet non fuisse corpus Christi uere ex homine sed extra . . *Eut*.5.98
    tam amens . . . ut unam in eo naturam crederet sed geminas esse
    personas) *Eut*.7.90
crederetur. nec ex sua substantia protulit, ne diuinus natura crederetur, . . *Fid*.58
    quamuis ita aeui plena foret ut nullo modo nostrae crederetur aetatis, . *C*.1,*P*.1.7
credi. et ex duabus . . . et in duabus apud uerae fidei sectatores aequaliter
    credi. *Eut*.,*Prf*.12
    —quod credi nefas est. *Eut*.4.125
    si diuinitas in humanitatem translata est, factum est, quod credi nefas est, *Eut*.6.9
    Multo minus uero credi potest, ut utraque in sese *Eut*.6.77
    Nam si, quod nostrae rationes credi uetant, toti moriuntur *C*.2,*P*.7.80
credidit. atque ideo, . . . duplicem credidit esse personam, ... *Eut*.5.12
    Tum qui larga negantibus Sulcis semina credidit, ... *C*.1,*M*.6.4
credimus. eumque semper signauerit affuturum quem credimus per partum
    uirginis iam uenisse, ... *Fid*.4
    Sola . . . est fidelium exspectatio qua credimus affuturum finem mundi, . *Fid*.266
credis. an ullum credis ei regimen inesse rationis?" *C*.1,*P*.6.7
    quod eam non casuum temeritati sed diuinae rationi subditam credis. . *C*.1,*P*.6.54
    Aliter . . . arbitrari ab integritate scientiae credis esse diuersum. . . . *C*.5,*P*.4.71
credit. Eutyches . . . impie credit unam quoque esse naturam. *Eut*.5.19
    aut duae naturae sed una persona ut catholica fides credit, ... *Eut*.7.84
    Numquam diues agit qui trepidus gemens Sese credit egentem.' *C*.2,*M*.2.20
    Quicumque solam mente praecipiti petit Summumque credit gloriam, . *C*.2,*M*.7.2
creditur. nec diuersarum coniunctio substantiarum unam creditur fecisse
    personam, ... *Eut*.4.57
    ut hunc qui ex uirgine genitus creditur. *Eut*.4.95
    Eundem quippe saluum fecit quem creditur adsumpsisse; *Eut*.4.119
    in caelo formatum, quoniam cum eo in caelum creditur ascendisse. . . *Eut*.5.101
    quod uero inmutabile . . . naturaliter creditur, id in rem mutabilem
    uerteretur. *Eut*.6.14
    In Christo uero ne uoluntas quidem ulla creditur fuisse peccandi, . . . *Eut*.8.26
    idcirco potentia quoniam id quoque esse creditur bonum; *C*.3,*P*.10.122
    cum omne praemium idcirco appetatur quoniam bonum esse creditur, . *C*.4,*P*.3.23
    Sed tamen si id ipsum quod eis licere creditur auferatur, ... *C*.4,*P*.4.7
    Hoc igitur fortuito quidem creditur accidisse, ... *C*.5,*P*.1.42
credo. Nouum, credo, aliquid inusitatumque uidisti. *C*.2,*P*.1.27
    Fugare credo indigentiam copia quaeritis. *C*.2,*P*.5.63
    te . . . dicturam tenui licet suspicione prospexi." "Credo;" inquit, . . . *C*.3,*P*.12.44
    In qua re illud etiam dispensari credo, ... *C*.4,*P*.6.168
credulitate. Haec sunt quae ad te de fidei meae credulitate scripsi. *Eut*.8.94
credunt. Manichaei . . . unigenitum dei esse non credunt. *Fid*.43
    qui corpus humanum ex Maria sumptum esse non credunt, ... *Eut*.8.3
    per haec sibi sufficientiam, reuerentiam, potentiam, celebritatem, laeti-
    tiam credunt esse uenturam. *C*.3,*P*.2.75
    rationem qua se quidam credunt hunc quaestionis nodum posse dissoluere. *C*.5,*P*.3.17
creduntur. Sed anima et deus incorporeae substantiae recte creduntur; . . *Eut*.6.73
    quod dum miseris aliquod crimen affingitur, quae perferunt meruisse
    creduntur. *C*.1,*P*.4.163
    non est quod te miserum putes, quoniam quae nunc creduntur maesta
    praetereunt. *C*.2,*P*.3.44
    "In his igitur quae singula quaedam expetendorum praestare creduntur, *C*.3,*P*.9.72
    Ea etiam quae inanimata esse creduntur nonne quod suum est quaeque
    . . . desiderant? *C*.3,*P*.11.74
    ut tum demum grauioribus suppliciis urgeantur, cum impuniti esse
    creduntur." *C*.4,*P*.4.90
    Quo fit ut quae in terris abundare creduntur, ... *C*.4,*P*.6.205

crescit. Terrenis quotiens flatibus aucta Crescit in inmensum noxia cura.   .   .   *C.1,M.2.5*
    Ille Marmaricus leo Dente crescit et unguibus. *C.4,M.3.12*
creuit. Creuitque contumacia quam dudum diluuii unda puniuerat *Fid.140*
    Creuit itaque secundum carnem Christus, baptizatus est, ...   *Fid.215*
crimen. ultimam…sarcinam, quod dum miseris aliquod crimen affingitur, .   *C.1,P.4.163*
crimen. Quid igitur o magistra censes? Infitiabimur crimen, ne tibi pudor
    simus? *C.1,P.4.77*
    cum rex…maiestatis crimen in Albinum delatae…transferre moliretur,   *C.1,P.4.114*
    Latet obscuris condita uirtus Clara tenebris iustusque tulit Crimen iniqui.   *C.1,M.5.36*
criminamur. Delatorem ne documenta deferret…impedisse criminamur.   .   *C.1,P.4.75*
criminatione. De nostra etiam criminatione doluisti, ...   *C.1,P.5.33*
criminationem. meam scilicet criminationem uererer et quasi nouum aliquid
    acciderit, perhorrescerem? *C.1,P.3.14*
criminationibus. An ut tu quoque mecum rea falsis criminationibus agiteris?   *C.1,P.3.9*
crimine. O meritos de simili crimine neminem posse conuinci! *C.1,P.4.133*
criminibus. quia multis infectus criminibus mundus iacebat in morte,   .   .   .   *Fid.187*
criminis. At cuius criminis arguimur summam quaeris? *C.1,P.4.72*
    ab omni nos huius criminis suspitione defendunt. *C.1,P.4.148*
    Sed, o nefas, illi uero de te tanti criminis fidem capiunt *C.1,P.4.149*
Croesum. Nesciebas Croesum regem Lydorum Cyro paulo ante formidabilem   *C.2,P.2.34*
cruciatibus. uitiorumque sordes poenarum cruciatibus se deposituros uiderent   *C.4,P.4.143*
cruciatus. ita cruciatus, quos putabat tyrannus materiam crudelitatis, uir
    sapiens fecit esse uirtutis. *C.2,P.6.30*
    compensatione adipiscendae probitatis, nec hos cruciatus esse ducerent   *C.4,P.4.144*
crucis. eum inlata manu crucis supplicio peremerunt. *Fid.220*
crudelitatis. ita cruciatus, quos putabat tyrannus materiam crudelitatis,   .   .   *C.2,P.6.31*
cruento. Primusque lacer dente cruento Domitor rabidas imbuit iras.   .   .   .   *C.3,M.2.15*
cruor. Odiis neque fusus acerbis Cruor horrida tinxerat arua. *C.2,M.5.18*
    Si cruor horrida tinxerit ora, Resides olim redeunt animi *C.3,M.2.11*
cruore. Matris effuso maduit cruore Corpus *C.2,M.6.4*
    dum Graiae dare uela classi Optat et uentos redimit cruore, ...   *C.4,M.7.5*
cucurrit. ad Eutychen qui ʃ . . in contrarium cucurrit errorem *Eut.5.3*
cui. *Fid.87; Eut.,Prf.46; C.2,P.4.29; 2,P.4.92; 2,P.6.51; 3,P.4.1; 4,P.2.57; 4,P.4.93;*
    C.4,P.4.123; 4,P.6.136; 4,P.6.139
cui. *C.4,P.4.88; 4,P.6.7; 4,P.6.61; 4,P.6.190; 5,P.1.25; 5,P.6.27; 5,P.6.99*
cui. *Trin.4.74; Eut.6.58; C.3,P.2.8; 3,P.3.10; 4,P.3.46; 5,P.1.35*
cuicumque. et cuicumque uelocitas adest manifestum est esse uelocem.   .   .   *C.2,P.6.52*
cuilibet. apparet inlatam cuilibet iniuriam non accipientis sed inferentis esse
    miseriam.” *C.4,P.4.130*
cuipiam. Quod quidem cuipiam mirum forte uideatur, ...   *C.4,P.2.102*
cuiquam. potiusque…conseruo quam cuiquam participo *Quo.9*
    Nam id quidem de te numquam cuiquam fas fuisset. *C.1,P.5.9*
    hoc enim sublato ne esse quidem cuiquam permanebit.” *C.3,P.11.106*
    quod incredibile cuiquam forte uideatur, ...   *C.4,P.4.9*
cuique. uel prout cuique bene uisum est subsistit *Fid.265*
    Sed dat cuique natura quod conuenit *C.3,P.11.61*
    Porro autem quod cuique consentaneum est, ...   *C.3,P.11.78*
    sed quoniam id sua cuique probitas confert, ...   *C.4,P.3.20*
cuius. *Eut.,Prf.54; Eut.4.76; 5.53; 5.56; C.1,P.1.44; 1,P.3.21; 1,P.4.49; 2,P.7.81; 4,P.1.25;*
    C.4,P.3.24; 4,P.4.55; 4,P.4.60; 5,P.4.72
cuius. *Trin.1.7; 1.10; 4.83; Fid.70; C.1,P.3.4; 1,P.4.86; 1,P.5.9; 1,P.5.13; 2,P.1.9; 2,P.5.44;*
    C.3,P.10.111; 5,P.3.25; 5,P.4.6; 5,P.6.55
cuius. *Quo.123; Fid.246; Eut.,Prf.12; C.1,P.4.72; 1,P.4.123; 1,P.4.135; 2,P.5.81;*
    C.3,P.10.130; 4,P.6.174
cuiuslibet. quoniam natura est cuiuslibet substantiae specificata proprietas,   *Eut.4.7*
    quid amplius in Iesu generatione contingit quam in cuiuslibet alterius,   *Eut.4.72*
cuiuspiam. “Si…”miseriae cuiuspiam bonum aliquid addatur, ...   *C.4,P.4.54*
    “Quotiens,” ait, “aliquid cuiuspiam rei gratia geritur *C.5,P.1.38*
cuiusquam. Et si cuiusquam mortalium proprium quid horum esse mon-
    straueris, ...   *C.2,P.2.6*
    pura ac solitaria sine cuiusquam boni admixtione miseria *C.4,P.4.55*
cuiusque. Conigastum in inbecilli cuiusque fortunas impetum facientem   .   .   *C.1,P.4.34*
    Adde quod felicissimi cuiusque delicatissimus sensus est *C.2,P.4.55*
    Nam si omne cuiusque bonum eo cuius est constat esse pretiosius,   .   .   *C.2,P.5.81*
    Agit enim cuiusque rei natura quod proprium est *C.2,P.6.55*
cuiuis. Neque id nunc molior quod cuiuis ueniat in mentem, ...   *C.4,P.4.44*

culmina. Aspice summi culmina caeli. . . . . $C.4,M.6.3$
culmine. Quos uides sedere celsos solii culmine reges . . . . $C.4,M.2.1$
culpa. sed nulla erit culpa medentis, si nihil. . .omiserit. . . . . $Trin.,Prf.27$
culpae. ut culpae morbos supplicio resecarent. . . . . $C.4,P.4.138$
culpanda. ceteris quoque exemplum esse culpanda fugiendi, ... $C.4,P.4.47$
cultor. Nam nisi cultor agri humum foderet, ... $C.5,P.1.45$
cultu. Num uero labuntur hi qui quod sit optimum, id etiam reuerentiae cultu
  dignissimum putent? . . . . $C.3,P.2.59$
cultus. quod eius cultus per omnes paene mundi terminos emanauit, . . . $Trin.1.5$
cultus. Detrahat si quis superbis uani tegmina cultus, ... $C.4,M.2.4$
cum. $Trin.2.7$; $Pat.41$; $Quo.14$; $Fid.97$; 133; 155; 223; 227; $Eut.4.65$; 5.7; 5.100; $C.1,P.1.1$;
  $C.1,P.3.8$;$1,P.3.12$; $1,P.3.19$;$1,P.4.12$; $1,P.4.14$; $1,P.4.31$;$2,P.1.7$;$2,P.1.23$; $2,P.2.1$;
  $C.2,P.2.6$; $2,P.2.19$; $2,P.3.1$; $2,P.3.20$; $2,P.3.21(bis)$; $2,P.3.37$; $2,P.4.10$;$2,P.4.43$;
  $C.2,P.4.52$; $2,P.7.47$; $2,P.7.61$; $3,P.4.11$; $4,P.6.173$; $4,P.7.48$; $5,P.3.105$; $5,P.6.21$;
  $C.5,P.6.108$; $5,P.6.168$
cum. $Trin.1.3$; $2,5$; 2.9; 2.13; $2,35$; 3.5; 3.37; 4.7; 4.14; 4.16; 4.20; 4.29; 4.57; 4.92; 4.105;
  $Trin.4.107$; $Pat.9$; 32; $Quo.3$; 12; $33(bis)$; 77; 87; 88; 149; $Fid.57$; 149; 165; 171;
  $Eut.,Prf.6$; 41; $Eut.1.4$; 1.9; 1.16; 1.33; 1.58; 3.36; 3.67; 4.14; 4.24; 4.50; 4.52; 4.76;
  $Eut.5.1$; 5.11; 5.14; 5.34; 5.65; 5.83; 6.20; 6.32; $6.59(bis)$; 6.63; 6.87; 6.98; 6.104;
  $Eut.7.5$; 7.15; 7.25; 7.54; 7.59; 7.66; 7.85; 7.96; 7.98; 8.10; 8.22; 8.27; 8.30; 8.71;
  $C.1,P.1.11$; $1,P.2.9$; $1,M.3.3$; $1,P.3.22$; $1,P.4.14$; $1,P.4.15$; $1,P.4.16$; $1,P.4.44$;
  $C.1,P.4.60$; $1,P.4.62$; $1,P.4.95$; $1,P.4.113$; $1,M.5.16$; $1,M.5.39$; $1,P.5.2$; $1,M.6.1$;
  $C.1,M.6.9$; $2,P.1.22$; $2,P.1.31$; $2,P.1.32$; $2,P.1.42$; $2,P.1.51$; $2,M.1.1$; $2,P.2.9$;
  $C.2,P.2.32$; $2,M.2.17$; $2,P.3.6$; $2,P.3.8$; $2,P.3.13$; $2,P.3.28$; $2,P.3.30$; $2,P.3.32$;
  $C.2,P.3.47$; $2,M.3.1$; $2,M.3.5$; $2,P.4.27$; $2,P.4.63$; $2,P.4.64$; $2,P.4.68$; $2,P.4.94$;
  $C.2,P.5.12$; $2,P.5.18$; $2,P.5.82$; $2,P.5.86$; $2,P.5.97$; $2,P.5.103$; $2,M.5.21$; $2,P.6.26$;
  $C.2,P.6.44$; $2,P.7.49$; $2,P.7.67$; $2,P.7.81$; $2,M.7.25$; $2,P.8.2$; $2,P.8.3$; $2,P.8.4$;
  $C.2,P.8.9$; $2,P.8.10$; $3,P.1.1$; $3,P.1.10$; $3,P.1.24$; $3,P.2.78$; $3,P.3.33$; $3,P.4.12$;
  $C.3,P.4.24$; $3,P.4.37$; $3,P.5.26$; $3,P.5.37$; $3,P.5.38$; $3,P.6.14$; $3,M.8.21$; $3,P.9.61$;
  $C.3,P.9.64$; $3,P.9.99$; $3,M.9.15$; $3,P.10.25$; $3,P.10.52$; $3,P.10.72$; $3,P.10.95$;
  $C.3,P.10.134$; $3,P.11.10$; $3,P.11.12$; $3,P.11.18$; $3,P.11.19$; $3,P.11.31$; $3,P.11.33$;
  $C.3,P.11.35$; $3,P.11.40$; $3,P.11.54$; $3,P.12.4$; $3,P.12.24$; $3,P.12.27$; $3,P.12.47$; $3,P.12.81$;
  $C.3,P.12.110$; $3,M.12.14$; $4,P.1.1$; $4,P.1.6$; $4,P.1.10$; $4,M.1.3$; $4,P.2.6$; $4,P.2.30$;
  $C.4,P.2.39$;$4,P.2.119$;$4,P.2.128$; $4,M.2.9$;$4,P.3.21(bis)$; $4,P.3.26$;$4,P.3.31$;$4,P.3.33$;
  $C.4,P.3.52$; $4,P.3.68$; $4,P.4.10$; $4,P.4.14$; $4,P.4.66$; $4,P.4.68$; $4,P.4.89$; $4,P.4.91$;
  $C.4,P.4.134$; $4,P.4.151$; $4,P.5.9$; $4,P.5.10$; $4,P.5.19$; $4,M.5.5$; $4,P.6.1$; $4,P.6.27$;
  $C.4,P.6.28$; $4,P.6.88$; $4,P.6.121$; $4,P.6.125$; $4,P.6.181$; $4,P.6.183$; $4,P.6.190$;
  $C.4,P.7.4$; $4,P.7.27$; $5,P.1.15$; $5,P.2.17$; $5,P.2.18$; $5,P.2.19$; $5,P.2.20$; $5,P.3.39$;
  $C.5,P.3.52$; $5,P.3.53$; $5,P.3.95$; $5,M.3.20$; $5,P.4.2$; $5,P.4.53$; $5,P.4.104$; $5,P.4.109$;
  $C.5,P.4.118$; $5,M.4.33$; $5,P.6.31$; $5,P.6.42$; $5,P.6.46$; $5,P.6.74$; $5,P.6.85$; $5,P.6.93$;
  $C.5,P.6.100$; $5,P.6.101$; $5,P.6.112$; $5,P.6.125$; $5,P.6.140$; $5,P.6.149$; $5,P.6.163$;
  $C.5,P.6.171$; $5,P.6.175$
cumulum. ad singularem felicitatis tuae cumulum uenire delectat. . . . . . $C.2,P.3.25$
cumulus. At uero hic etiam nostris malis cumulus accedit, ... $C.1,P.4.155$
cuncta. At haec cum quis in diuinam uerterit praedicationem, cuncta mutantur . . . . $Trin.4.8$
  Quod si ex illo cuncta sunt bona qui solus est bonus, ... $Eut.8.99$
  "Atqui scis unde cuncta processerint?" . . . . $C.1,P.6.27$
  et nisi ad nutum cuncta suppetant, omnis aduersitatis insolens . . . . $C.2,P.4.56$
  quae unum horum, quoniam idem cuncta sunt, ueraciter praestare potest $C.3,P.9.84$
  an ad bonum ueluti ad uerticem cuncta referuntur?" . . . . $C.3,P.10.109$
  "Assentior," inquam, "cuncta enim firmissimis nexa rationibus constant." $C.3,P.11.1$
  quanta est naturae diligentia, ut cuncta semine multiplicato propagentur! . . . . $C.3,P.11.69$
  "Cuncta igitur bonum petunt, quod quidem ita describas licet: . . . . $C.3,P.11.110$
  Nam uel ad nihil unum cuncta referuntur . . . . $C.3,P.11.113$
  Cuncta quae rara prouehit aetas. . .Cessent profecto mira uideri." . . $C.4,M.5.19$
  Fient igitur procul dubio cuncta quae futura deus esse praenoscit, . . $C.5,P.6.120$
cuncta. nam uel si animo cuncta ab his accidentia separemus, ... $Trin.1.27$
  dicimus enim "uestitus currit" de homine, de deo "cuncta possidens
  regit." . . . . $Trin.4.79$
  praeposui terminos regulasque quibus cuncta quae sequuntur efficiam. . $Quo.16$
  Secundum hanc igitur rationem cuncta oportet esse iusta, ... $Quo.163$
  Quod quidem est omnium summum bonorum cunctaque intra se bona
  continens, ... $C.3,P.2.8$
  Vnus enim rerum pater est, unus cuncta ministrat. . . . . $C.3,M.6.2$

cupiditas. Nos ad constantiam . . . alienam inexpleta hominum cupiditas
  alligabit? *C*.2,*P*.2.28
  Est enim mentibus hominum ueri boni naturaliter inserta cupiditas, . . *C*.3,*P*.2.14
cupiditatem. boni . . . naturali officio uirtutum petunt, mali uero uariam per
  cupiditatem, ...   *C*.4,*P*.2.65
cupido. quod praestantes . . . mentes . . . allicere possit, gloriae scilicet cupido *C*.2,*P*.7.7
cupidum. Sed quod tu te audiendi cupidum dicis, ...   *C*.3,*P*.1.15
cupidus. curaui tam uestri cupidus iudicii quam nostri studiosus inuenti. . . *Trin.,Prf.*4
cupiebam. Adsederam ego ab eo quem maxime intueri cupiebam longius . . *Eut.,Prf.*22
cupientes. in hoc proprietatem rerum monstrare cupientes, ...   *Eut.*1.56
cupis. et qui praeire ceteros honore cupis, poscendi humilitate uilesces. .   *C*.3,*P*.8.8
cupit. Quisquis profunda mente uestigat uerum Cupitque nullis ille deuiis falli, *C*.3,*M*.11.2
  Numquam . . . Cetera cernens sidera mergi Cupit oceano tingere flammas. *C*.4,*M*.6.12
cupita. infeliciores esse necesse est malos, cum cupita perfecerint, ...   *C*.4,*P*.4.11
cupiunt. Sed quonam lateat quod cupiunt bonum, Nescire caeci sustinent, . *C*.3,*M*.8.15
  infeliciores . . . quam si ea quae cupiunt implere non possint. . . .   *C*.4,*P*.4.11
cupiuerunt. consulare imperium, . . . uestri ueteres abolere cupiuerunt, . . . *C*.2,*P*.6.8
cur. *Fid.*134; *Eut.*4.46; 4.48; 4.51; 4.81(*bis*); 4.88; 8.11; 8.31; *C*.1,*M*.2.16; 1,*M*.5.28;
  C.1,*P*.6.16; 2,*P*.6.62; 3,*P*.9.7; 3,*P*.10.140; 3,*P*.11.75; 3,*M*.11.13; 4,*P*.2.93; 4,*P*.5.13;
  C.4,*M*.5.3; 4,*P*.6.113; 4,*P*.6.114; 4,*M*.7.33; 5,*P*.3.63; 5,*M*.3.11; 5,*P*.4.12
cura. Terrenis quotiens flatibus aucta Crescit in inmensum noxia cura. . .   *C*.1,*M*.2.5
  Taceo quod desolatum parente summorum te uirorum cura suscepit . . *C*.2,*P*.3.17
  Cum igitur praecipua sit mortalibus uitae cura retinendae, ... *C*.2,*P*.4.28
  "Omnis mortalium cura . . . ad unum . . . finem nititur peruenire. *C*.3,*P*.2.3
  Huic licet inlita pocula melle . . . Ludens hominum cura ministret, . . *C*.3,*M*.2.21
  Nec cura mordax deseret superstitem, ... *C*.3,*M*.3.5
cura. quoniam non is qui aeger esset et saluatione curaque egeret, adsumptus
  est. *Eut.*5.96
curae. hominesque tantum diuinae exortes curae esse deplorasti. *C*.1,*P*.6.13
curandum. meisque eum Musis curandum sanandumque relinquite." . . . *C*.1,*P*.1.40
curas. Tamen atras pellere curas . . . Non posse potentia non est. *C*.3,*M*.5.8
curasset. si quis populi quondam curasset annonam, magnus habebatur, . *C*.3,*P*.4.43
curat. Non illa miseros audit aut curat fletus *C*.2,*M*.1.5
  Et fluctibus minantem Curat spernere pontum, ... *C*.2,*M*.4.6
curationem. sed adhuc contumacis aduersum curationem doloris fomenta
  quaedam sunt. *C*.2,*P*.3.11
curationis. attingere atque temptare, ut qui modus sit tuae curationis
  intellegam?" *C*.1,*P*.6.3
curaui. quaestionem, . . . offerendam uobis communicandamque curaui . . . *Trin.,Prf.*4
curia. cum eisdem in curia curules insidentibus . . . gloriam . . . meruisti, . *C*.2,*P*.3.30
currendi. uti currendi in stadio propter quam curritur iacet praemium corona. *C*.4,*P*.3.6
currens. nostrum "nunc" quasi currens tempus facit et sempiternitatem, . . *Trin.*4.72
currere. Postquam flebilibus modis Siluas currere mobiles, . . . coegerat, . . *C*.3,*M*.12.8
curribus. et leuibus sublimes curribus aptans In caelum terramque seris . . *C*.3,*M*.9.19
currit. dicimus enim "uestitus currit" de homine, ... *Trin.*4.79
  Item cum dico "currit" *Trin.*4.92
curritur. uti currendi in stadio propter quam curritur iacet praemium corona. *C*.4,*P*.3.7
curru. Quod Phoebus roseum diem Curru prouehit aureo, ... *C*.2,*M*.8.6
currum. Sed secreto tramite rursus Currum solitos uertit ad ortus. *C*.3,*M*.2.33
  Et uolucrem currum stabilis regit *C*.4,*M*.1.21
cursum. iugem indefessumque ac per hoc perpetuum cursum quod est
  sempiternitas. *Trin.*4.76
  nec infitiari possum prosperitatis meae uelocissimum cursum. *C*.2,*P*.4.3
  orationisque cursum ad alia quaedam tractanda . . . uertebat. *C*.5,*P*.1.1
  Si coeant cursumque iterum reuocentur in unum, ... *C*.5,*M*.1.5
cursus. Sic aeternos reficit cursus Alternus amor, ... *C*.4,*M*.6.16
curules. cum eisdem in curia curules insidentibus . . . gloriam . . . meruisti, . . *C*.2,*P*.3.30
  dabat improbus uerendis Patribus indecores curules. *C*.3,*M*.4.6
curuli. unde Catullus licet in [curuli Nonium sedentem strumam tamen
  appellat. *C*.3,*P*.4.7
curuans. Hanc si curuans dextra remisit, Recto spectat uertice caelum. . . *C*.3,*M*.2.29
custodia. quae cum sint arcani fida custodia tum id habent commodi, . . *Quo.*13
cutis. Et tremit effeto corpore laxa cutis. *C*.1,*M*.1.12
Cypriani. Ne Albinum . . . poena corriperet, odiis me Cypriani delatoris
  opposui. *C*.1,*P*.4.53
Cyro. Nesciebas Croesum regem Lydorum Cyro paulo ante formidabilem *C*.2,*P*.2.34

D

da. Da pater augustam menti conscendere sedem, ... *C.3,M*.9.22
Da fontem lustrare boni, da luce reperta In te conspicuos animi defigere
uisus. *C.3,M*.9.23
dabas. neminem beatum fore nisi qui pariter deus esset quasi munusculum
dabas. *C.3,P*.12.91
dabat. Somnos dabat herba salubres, ... *C.2,M*.5.10
Sed quondam dabat improbus uerendis Patribus indecores curules. . . *C.3,M*.4.5
Quod luctus dabat impotens, Quod luctum geminans amor, ... *C.3,M*.12.24
dabimus. dabimus definitionem naturae substantias significanti huiusmodi: *Eut*.1.23
Dabimus dicendi locum." Tum ego: "Speciosa *C.2,P*.3.4
dabitur. talis definitio dabitur quae res omnes quae sunt possit includere. . *Eut*.1.7
dabo. ita ego quoque tibi ueluti corollarium dabo. *C.3,P*.10.83
daemonum. seu angelica uirtute seu daemonum uaria sollertia . . . fatalis
series texitur, ... *C.4,P*.6.54
damna. laesae quoque opinionis damna fleuisti. *C.1,P*.5.34
damnamur. ob studium propensius in senatum morti proscriptionique
damnamur. *C.1,P*.4.133
damnaret. quos licet meritum naturae damnaret, futuri tamen sacramenti . *Fid*.124
damnatio. An illos accusatores iustos fecit praemissa damnatio? *C.1,P*.4.70
danti. Dignitatibus fulgere uelis? Danti supplicabis *C.3,P*.8.7
dapes. Huic licet inlita pocula melle Largasque dapes dulci studio . . . cura
ministret, ... *C.3,M*.2.20
Non altis laqueos montibus abditis Vt pisce ditetis dapes *C.3,M*.8.6
dare. ubi Notus Desinit imbriferos dare sonos. *C.3,M*.1.8
uel imagines ueri boni uel inperfecta quaedam bona dare mortalibus
uidentur, ... *C.3,P*.9.92
Ille dum Graiae dare uela classi Optat *C.4,M*.7.4
darentur. ex quo mihi aliqua eius darentur signa iudicii. *Eut.,Prf*.26
das. stabilisque manens das cuncta moueri, ... *C.3,M*.9.3
dat. Dat ergo formam discipulis suis baptizandi, ... *Fid*.228
Sed dat cuique natura quod conuenit *C.3,P*.11.60
data. deus uolens . . . populos erudire per Moysen data lege constituit, . . . *Fid*.169
datas. Vincula gestent manibusque datas Captent escas *C.3,M*.2.8
datur. haec omnis praedicatio exterioribus datur *Trin*.4.82
Sed quod decora nouimus uocabula, Num scire consumptos datur? . . *C.2,M*.7.20
Dauid. quorum post Saulem primatum Dauid de tribu Iuda legitur adeptus
fuisse. *Fid*.179
Dauid. Nam si ex semine Abrahae atque Dauid et postremo Mariae non
fuit caro *Eut*.5.55
Dauid. quando quod Abrahae atque Dauid promittitur in sanctis diuination-
ibus, ... *Eut*.5.63
Dauidica. Sub quo exstitit beata uirgo Maria quae de Dauidica stirpe
prouenerat, ... *Fid*.185
δέ. *Eut*.3.32; *C*.2,*P*.2.41; ?*coni.C*.4,*P*.6.145; *C*.4,*P*.6.196
δή. Ὦ δόξα δόξα μυρίοισι δὴ βροτῶν *C.3,P*.6.3
Ἀνδρὸς δὴ ἱεροῦ δέμας αἰθέρες ᾠκοδόμησαν. *C.4,P*.6.145
de. *Trin.,Prf*.33; *Trin*.2.4; 3.21; 3.28; 3.29; 3.36; 3.53; 3.54; 4.1; 4.24; 4.30; 4.37; 4.44;
Trin.4.45(*bis*); 4.46(*bis*); 4.47; 4.48; 4.54; 4.60(*bis*); 4.62; 4.64; 4.67(*bis*); 4.68;
Trin.4.79(*bis*); 4.80; 4.81; 4.106; 4.107; 5.1; 5.18; 5.36; 5.37(*bis*); 5.46; 6.27; *Pat*.1;
Pat.14; 16; 18; 23; 28(*bis*); 29(*ter*); 30(*bis*); 40; 45; 47; 48; 52; 64; 68; *Quo*.64; *Fid*.29;
Fid.52; 64; 68; 82; 179; 185; 203; 213; 257; *Eut.,Prf*.1; 28; 60; *Eut*.1.1; 1.2; 1.3; 1.6;
Eut.1.19; 1.21; 2.1; 2.39; 2.41; 2.42; 2.43; 2.44; 3.72; 3.73; 3.97; 4.98; 4.127; 5.45;
Eut.5.47; 5.53; 5.102; 6.1; 7.100; 8.94; *C*.1,*P*.1.51; 1,*P*.4.12; 1,*P*.4.80; 1,*P*.4.89;
C.1,*P*.4.110; 1,*P*.4.133; 1,*P*.4.139; 1,*P*.4.149; 1,*P*.5.8; 1,*P*.5.25; 1,*P*.5.27; 1,*P*.5.28;
C.1,*P*.5.33; 1,*P*.6.14; 1,*P*.6.52; 2,*P*.1.14; 2,*P*.2.5; 2,*P*.2.42; 2,*P*.4.13; 2,*P*.4.60;
C.2,*P*.6.1; 2,*P*.6.9; 2,*P*.6.26; 2,*P*.6.47; 2,*P*.6.49; 2,*P*.6.67; 2,*P*.7.21; 2,*P*.7.22;
C.2,*P*.7.51; 2,*P*.7.65; 2,*P*.7.77; 2,*P*.7.78; 2,*P*.8.2; 3,*P*.2.72; 3,*P*.5.20; 3,*P*.5.25;
C.3,*P*.6.23; 3,*P*.7.1; 3,*P*.9.50; 3,*P*.9.63; 3,*P*.10.52; 3,*P*.10.57; 3,*P*.10.122; 3,*P*.11.50;
C.3,*P*.11.51; 3,*P*.11.53; 3,*P*.11.86; 3,*P*.11.87; 3,*P*.12.104; 3,*P*.12.111; 4,*P*.1.25;
C.4,*P*.3.31; 4,*P*.4.29; 4,*P*.4.39; 4,*P*.4.79; 4,*P*.4.128; 4,*P*.6.11(*bis*); 4,*P*.6.12(*bis*);
C.4,*P*.6.13; 4,*P*.6.100; 4,*P*.6.126; 4,*P*.6.127; 4,*P*.6.134; 4,*P*.6.161; 4,*P*.6.165;
C.4,*P*.6.202; *uar*.4,*M*.6.25; 5,*P*.1.4; 5,*P*.1.16; 5,*P*.1.26; 5,*P*.1.27; 5,*P*.1.28;
C.5,*P*.1.30; 5,*P*.1.39; 5,*P*.1.43; 5,*P*.1.57; 5,*P*.3.15; 5,*P*.3.33; 5,*P*.3.41; 5,*P*.4.1;
C.5,*P*.5.34; 5,*P*.6.19; 5,*P*.6.121; 5,*P*.6.133; 5,*P*.6.134

dea. Pulchra qua residens dea Solis edita semine Miscet...pocula. *C.4,M.*3.4

deae. Quidquid praecipuis deae Matris fontibus hauserat, ...   *C.3,M.*12.22

deae. Vltrices scelerum deae Iam maestae lacrimis madent. *C.3,M.*12.32

debeamus. Si enim nihil est ex nobis boni, nihil est quod in nostris sententiis
amare debeamus.   *Eut.*8.99

debeant. quid de huiusmodi felicitate debeant iudicare *C.4,P.*6.166

debeantur. perniciosis potius ciuibus propter quos etiam constituta sunt
debeantur. *C.4,P.*5.13

debeat. in minimis quoque rebus diuinum praesidium debeat implorari, . .   *C.3,P.*9.101

debeatur. cum magis admittentibus iustior miseratio debeatur; *C.4,P.*4.135

debellassent. cum multis annis multas quoque gentes per uiam debellassent,   *Fid.*172

debentur. Terrarum quidem fructus animantium procul dubio debentur
alimentis.   *C.2,P.*5.41

deberetur. ut quid sibi iure deberetur contemptor agnosceret *Fid.*111

deberi. ut agnosceret aliud sibi deberi per naturae meritum, aliud per
gratiae donum,   *Fid.*238

debet. quantum haec difficilior quaestio est,tam facilior esse debet ad ueniam.   *Trin.,Prf.*30

quod enim est, aliis debet quae non sunt homo. *Trin.*4.33

"ita uir sapiens moleste ferre non debet, ...   *C.4,P.*7.39

Neque deus conditis rebus antiquior uideri debet temporis quantitate .   *C.5,P.*6.39

Haec enim scientiae uis...nihil uero posterioribus debet. *C.5,P.*6.163

debita. Premit insontes Debita sceleri noxia poena,   *C.1,M.*5.30

debitis. qua credimus...in aeternum debitis finibus permansuros;   *Fid.*270

debitum. "Festino," inquit, "debitum promissionis absoluere *C.5,P.*1.8

deblacterauì. Haec ubi continuato dolore delatraui [deblateraui], ...   *coni.C.1,P.*5.1

debuerit. non debuerit esse mortalis, quoniam Adam, si non peccasset, . .   *Eut.*8.29

debui. Sed esse apud ceteros tutior debui qui mihi amore iustitiae nihil   *C.1,P*4.55

debuisset. Nam quae nunc tibi est tanti causa maeroris, haec eadem
tranquillitatis esse debuisset. *C.2,P.*1.38

decederent. uti ni intra praescriptum diem Rauenna urbe decederent, . . .   *C.1,P.*4.65

decedit. Nunc summis caput inserit, Nunc decedit in infima, ...   *C.5,M.*4.23

decem. Decem omnino praedicamenta traduntur quae de rebus omnibus
uniuersaliter praedicantur,   *Trin.*4.1

Vnius etenim mora momenti, si decem milibus conferatur annis, . .   *C.2,P.*7.53

decernant. faciantque saepe, quae cum gesserint non fuisse gerenda decernant? *C.4,P.*6.184

decernas. quaeso uti quae hinc decernas,...edisseras."   *C.4,P.*6.3

decernis. quemnam horum ualentiorem esse decernis?"   *C.4,P.*2.51

decernit. quae in praemium tribuitur bonis, num uulgus malam esse
decernit?"   *C.4,P.*7.26

At si ita uti sunt, ita ea futura esse decernit, ...   *C.5,P.*3.70

decerno. praeter subiectae rei significationem inanem prorsus uocem esse
decerno.   *C.5,P.*1.22

decerpit. Neque enim probis animis proprium decus aliena decerpit
improbitas.   *C.4,P.*3.17

decesserit. Sed quantum ornamentis nostris decesserit, uides." *C.2,P.*4.37

ut quod adsignata ordinis ratione decesserit, ...   *C.4,P.*6.193

decet. ut uirum fortem non decet indignari, quotiens increpuit bellicus
tumultus;   *C.4,P.*7.41

deciderat. utrumne eo qui deciderat praeuaricatione peccati an alio? . . .   *Eut.*5.52

decidit. sapienti tamen corona non decidet, non arescet. *C.4,P.*3.15

decipiat. ne nos praeter rei subiectae ueritatem cassa cogitationis imago
decipiat.   *C.3,P.*10.7

declarabit. tum haec argumentatio euidenter eius declarabit errorem. . . .   *Eut.*4.16

declaratur. nullum horum modum fieri potuisse superius dicta argumentatione declaratur.   *Eut.*6.109

declaraui. Haec ubi continuato dolore delatraui [declaraui], ...   *coni.C.1,P.*5.1

declinantes. uel a uitiis declinantes uirtutis iter arripiunt." *C.4,P.*7.23

decliuem. Decliuemque gerens pondere uultum *C.1,M.*2.26

decliuia. Quos tamen ipsa uagos terrae decliuia casus Gurgitis et lapsi defluus
ordo regit.   *C.5,M.*1.9

decora. Sed quod decora nouimus uocabula, Num scire consumptos datur? .   *C.2,M.*7.19

Decorato. num tandem tot periculis adduci potuisti ut cum Decorato gerere
magistratum   *C.3,P.*4.11

decorauit. hominem...ratione composuit, arbitrii libertate decorauit . . .   *Fid.*73

decore. Omnis enim uirtus in medio rerum decore locata consistit. *Eut.*7.77

decoris. sed esse Censor extincti potuit decoris. *C.*2,*M.*6.7
    quod nihil habet proprii decoris, ... *C.*3,*P.*4.46
decrepita. Abraham, qui cum esset aetate confectus eiusque uxor decrepita, *Fid.*150
decrescit. ex simplicitate praesentiae decrescit in infinitam futuri ac praeteriti
    quantitatem; *C.*5,*P.*6.44
decretis. Ille quidem suis de me decretis, uti hoc nefas esset, effecerat. . . . *C.*1,*P.*4.80
decreto. nec mihi Socratico decreto fas esse arbitror *C.*1,*P.*4.83
decreuerat. eosque Pharao magna ponderum mole premi decreuerat et
    grauibus oneribus affligebat. *Fid.*159
    sicut ante constitutionem mundi ipse cum patre decreuerat, ... *Fid.*224
decreuisset. cum. . .ire in exilium regia censura decreuisset *C.*1,*P.*4.62
decursa. quae utrum recte decursa sit an minime, ... *Trin.*6.29
decursis. decursis omnibus quae praemittere necessarium puto, ... *C.*4,*P.*1.33
decus. Iam spinis abeat decus. *C.*2,*M.*3.8
    uiget incolumis illud pretiosissimum generis humani decus Symmachus
    socer *C.*2,*P.*4.16
    Sed quantum ornamentis [quantum decus ornamentis] nostris de-
    cesserit, ... *coni.C.*2,*P.*4.37
decus. Neque enim probis animis proprium decus aliena decerpit improbitas. *C.*4,*P.*3.16
dedecus. Videsne quantum malis dedecus adiciant dignitates? *C.*3,*P.*4.8
dederint. quae flammis Aetnae eructuantibus, quod diluuium tantas strages
    dederint? *C.*2,*P.*6.5
dederit. Quis est ille tam felix qui cum dederit inpatientiae manus, ... *C.*2,*P.*4.65
    Nouimus quantas dederit ruinas Vrbe flammata *C.*2,*M.*6.1
    praestantius id quod dederit ab eo quod acceperit existimare possis. . . *C.*3,*P.*10.48
dedi. Memento etenim corollarii illius quod paulo ante praecipuum dedi . . *C.*4,*P.*3.26
dedicauit. Pelagius non admittens proprii nominis haeresim dedicauit, . . *Fid.*116
dedisti. Fortunae te regendum dedisti; dominae moribus oportet obtemperes. *C.*2,*P.*1.58
    Dedisti ut opinor uerba fortunae, dum te illa demulcet, ... *C.*2,*P.*3.34
dedit. Quis dedit ut pleno fertilis anno Autumnus. . .influat *C.*1,*M.*2.20
    Quisquis. . .Fatum sub pedibus egit [dedit] superbum *coni.C.*1,*M.*4.2
    Ille dedit Phoebo radios dedit et cornua lunae, ... *C.*3,*M.*6.3
    Ille homines etiam terris dedit ut sidera caelo, ... *C.*3,*M.*6.4
    Dedit enim prouidentia creatis a se rebus hanc uel maximam manendi
    causam *C.*3,*P.*11.97
    Nisi conuerso rursus amore Refluant causae quae dedit esse. *C.*4,*M.*6.48
deditae. cum uitiis deditae rationis propriae possessione ceciderunt. . . . *C.*5,*P.*2.21
deducant. ne purior ignis Euolet aut mersas deducant pondera terras. . . . *C.*3,*M.*9.12
deduci. ad rectum supplicii terrore deduci, ... *C.*4,*P.*4.46
deducis. "iam enim. . .uigilantius ad cernenda uera oculos deducis. . . . *C.*3,*P.*12.46
deducitur. Idcirco enim quia lignum est, quod est terra, pondere et grauitate
    deducitur. *Eut.*1.50
    quoniam post primum hominem caro omnis humana ex humana carne
    deducitur. *Eut.*5.59
deduxi. Itaque ubi in eam deduxi oculos intuitumque defixi, ... *C.*1,*P.*3.3
deesse. numquam bonis praemia numquam sua sceleribus deesse supplicia. . *C.*4,*P.*3.4
    nihilque sibi ad humanam perfectionem deesse arbitraretur, ... *C.*4,*P.*4.112
deest. quare neutrum poterit esse perfectum, cum alterutri alterum deest. . *C.*3,*P.*10.73
defectum. mundum hunc nec habuisse initium temporis nec habiturum esse
    defectum, ... *C.*5,*P.*6.33
defectus. Nam deteriora uelle nostri fuerit fortasse defectus, ... *C.*1,*P.*4.102
defenderim. uniuersi innocentiam senatus quanta mei periculi securitate
    defenderim. *C.*1,*P.*4.116
defendunt. coetus amicorum, socer. . .ab omni nos huius criminis suspitione
    defendunt. *C.*1,*P.*4.148
defensione. cumque illi parere nolentes sacrarum sese aedium defensione
    tuerentur *C.*1,*P.*4.63
    insontes. . .non modo securitate, uerum ipsa etiam defensione priuatos. *C.*1,*P.*4.173
defensor. cortex aduersum caeli intemperiem quasi mali patiens defensor
    opponitur? *C.*3,*P.*11.68
defensorum. Quo pacto defensorum opera uel tota frigeret, ... *C.*4,*P.*4.139
    nec hos cruciatus esse ducerent defensorumque operam repudiarent . *C.*4,*P.*4.145
defensum. Nesciebas Croesum. . .rogi flammis traditum misso caelitus imbre
    defensum? *C.*2,*P.*2.36
deferantur. At si quando, quod perrarum est, probis deferantur, ... *C.*2,*P.*6.10

deferatur. Fit autem saepe, uti bonis summa rerum regenda deferatur, . . *C.4,P.6.147*
"Cum omnis fortuna . . . tum puniendi corrigendiue improbos causa
   deferatur, ... *C.4,P.7.7*
deferente. Melioribus animum conformaueris, nihil opus est iudice praemium
   deferente; *C.4,P.4.102*
deferentibus. Quibus autem deferentibus perculsi sumus? *C.1,P.4.57*
   Atqui in eo die deferentibus eisdem nominis nostri delatio suscepta est. *C.1,P.4.67*
deferret. Delatorem ne documenta deferret quibus senatum maiestatis reum
   faceret *C.1,P.4.74*
deficiant. Sed hunc quoque quam multa deficiant uides. *C.3,P.9.59*
deficiente. Deficiente etenim uoluntate ne aggreditur quidem quisque quod
   non uult; *C.4,P.2.14*
deficientis. sed scientiam numquam deficientis instantiae rectius aestimabis; *C.5,P.6.69*
deficit. Est enim quod ordinem retinet seruatque naturam; quod uero ab hac
   deficit, ... *C.4,P.2.111*
   Hoc igitur modo quidquid a bono deficit esse desistit; *C.4,P.3.48*
   cumque eum. . aequare non possit, ex immobilitate deficit in motum, . *C.5,P.6.44*
deficiunt. sed circa ipsam rerum summam uerticemque deficiunt *C.4,P.2.83*
defigere. da luce reperta In te conspicuos animi defigere uisus. *C.3,M.9.24*
definiat. "Si quidem," . . . "aliquis euentum temerario motu nullaque
   causarum conexione productum casum esse definiat, ... *C.5,P.1.20*
definiatur. Cum igitur tot modis uel dicatur uel definiatur natura, ... *Eut.1.59*
definiemus. definiemus eam, ut hi etiam qui naturam non nisi in corporibus
   esse posuerunt. *Eut.1.39*
definienda. Cum. . .tribus modis natura dici possit, tribus modis sine dubio
   definienda est. *Eut.1.5*
definienda. haec primitus definienda sunt et propriis differentiis segreganda. *Eut.,Prf.61*
definietur. quae significatio naturae definietur hoc modo: *Eut.1.57*
definire. abutatur naturis, cum, si Christum definire cogitur, ... *Eut.4.52*
   Licet igitur definire casum esse inopinatum ex confluentibus causis. . .
   euentum; *C.5,P.1.53*
definisti. huiusmodi bonum quale paulo ante definisti *C.3,P.10.5*
definit. Haec est enim quae conceptionis suae uniuersale ita definiuit
   [definit]: *uar.C.5,P.4.108*
definita. certa tamen uideat ac definita praenotio *C.5,P.5.55*
definitio. talis definitio dabitur quae res omnes quae sunt possit includere. . *Eut.1.6*
   haec sit naturae definitio quam superius proposuimus. *Eut.1.21*
   Qua in re substantiae quoque est reddita definitio. *Eut.1.32*
   Est autem eius definitio hoc modo: "natura est motus principium per se
   de persona. .dubitari potest, quaenam ei definitio possit aptari. . . *Eut.2.2*
   reperta personae est definitio: "naturae rationabilis indiuidua substantia." *Eut.3.4*
   Qua in re eum falsum esse cum definitio superius dicta conuincat, *Eut.4.14*
definitione. In hac igitur definitione et accidentia et substantiae definiuntur; *Eut.1.10*
   Sed nos hac definitione eam quam Graeci ὑπόστασιν dicunt terminauimus. *Eut.3.5*
   aequiuocum nomen est Christi et nulla potest definitione concludi. . . *Eut.4.58*
definitionem. dabimus definitionem naturae substantias significanti huiusmodi: *Eut.1.24*
   Habes igitur definitionem eius quoque significationis naturae quae tantum
   substantiis applicatur. *Eut.1.30*
   tam catholici quam Nestorius secundum ultimam definitionem *Eut.1.60*
definitionis. utrisque . . . Christis non possit unam definitionis adhibere
   substantiam? *Eut.4.54*
definitum. quoniam utrumque spatium definitum est, ... *C.2,P.7.54*
definiuntur. In hac igitur definitione et accidentia et substantiae definiuntur; *Eut.1.11*
definiuimus. Sed summum bonum beatitudinem esse definiuimus; *C.3,P.2.44*
   summo bono nihil potentius esse paulo ante definiuimus." *C.4,P.2.123*
   casum . . . huiusmodi . . . qualem paulo ante definiuimus." *C.5,P.1.32*
definiuit. "Aristoteles . . . "in Physicis et breui et ueri propinqua ratione
   definiuit." *C.5,P.1.37*
   Haec est enim quae conceptionis suae uniuersale ita definiuit: *C.5,P.4.108*
defixerat. cum me audiendi auidum stupentemque arrectis adhuc auribus
   carminis mulcedo defixerat. *C.3,P.1.3*
defixi. ubi in eam deduxi oculos intuitumque defixi, respicio nutricem meam *C.1,P.3.4*
defixo. uisuque in terram defixo quidnam deinceps esset actura, exspectare
   tacitus coepi. *C.1,P.1.47*
   Tum defixo paululum uisu et uelut in augustam *C.3,P.2.1*

deflectat. nedum ordo de summi boni cardine proficiscens a suo quoquam
deflectat exordio. *C.4,P.6.*101
deflecte. Deflecte nunc in aduersum mentis intuitum; *C.3,P.9.*76
deflectere. Respondebo: propositum te quidem tuum posse deflectere, . . . *C.5,P.6.*142
deflectunt. An scientes uolentesque bonum deserunt, ad uitia deflectunt? . *C.4,P.2.*98
deflectuntur. An scientes uolentesque bonum deserunt, ad uitia deflectunt
[deflectuntur]? *coni.C.4,P.2.*98
deflet. Quid tragoediarum clamor aliud deflet nisi indiscreto ictu fortunam . *C.2,P.2.*39
Ille utroque circumfluus uitam caelibem deflet; *C.2,P.4.*49
Quod luctus dabat impotens,. . .Deflet Taenara commouens *C.3,M.12.*26
deflexeris. Studium ad peiora deflexeris, extra ne quaesieris ultorem. . . . *C.4,P.4.*104
defluus. Quique uagatur Montibus altis Defluus amnis, ... *C.1,M.7.*16
Hiemem defluus inrigat imber. *C.4,M.6.*29
uagos terrae decliuia casus Gurgitis et lapsi defluus ordo regit. *C.5,M.1.*10
defluxerit. sed quoniam non potest esse ipsum esse rerum, nisi a primo esse
defluxerit, id est bono; *Quo.*133
defluxerunt. neque enim ex albi uoluntate defluxerunt. *Quo.*159
defluxissent. quemadmodum bona esse possent, si a primo bono minime
defluxissent. *Quo.*98
defluxit. Idcirco quoniam esse eorum a boni uoluntate defluxit, bona esse
dicuntur. *Quo.*120
defossi. ut si quis colendi agri causa fodiens humum defossi auri pondus
inueniat, ... *C.5,P.1.*41
defuerit. nonne si qua parte defuerit, felicitatem minuat, miseriam inportet? *C.3,P.5.*8
defuerunt. Nec tamen ex his defuerunt quos sibi conditor gratiae sequestraret *Fid.*122
et alia quae ei non defuerunt humana quidem *Eut.8.*74
defuisse. ubi, in eo quod dei filius est, numquam defuisse cognoscitur, . . . *Fid.*225
si talem statum suscepit . . . uidetur etiam Christo non defuisse necessitas, *Eut.8.*35
huic obtinendi quod uoluerit defuisse ualentiam dubitare non possis." . *C.4,P.2.*18
defunctum. Defunctumque leues non comitantur opes. *C.3,M.3.*6
nullane animarum supplicia post defunctum morte corpus relinquis?" . *C.4,P.4.*76
degas. Voluptariam uitam degas? Sed quis non spernat. . .seruum? . . . *C.3,P.8.*12
degener. Huic census exuberat, sed est pudori degener sanguis; *C.2,P.4.*47
Si primordia uestra Auctoremque deum spectes, nullus degener exstat, . *C.3,M.6.*8
degenerent. si quid est in nobilitate bonum, . . . ut inposita nobilibus
necessitudo uideatur ne a maiorum uirtute degeneret [degenerent]. *uar.C.3,P.6.*29
degeneret. ut inposita nobilibus necessitudo uideatur ne a maiorum uirtute
degeneret. *C.3,P.6.*29
degentis. Si beatitudo est summum naturae bonum ratione degentis . . . *C.2,P.4.*80
degentium. Deum igitur aeternum esse cunctorum ratione degentium
commune iudicium est. *C.5,P.6.*6
deglutiebam. Meditabar. . .omnes animo quaestiones nec deglutiebam quod
acceperam, ... *Eut.,Prf.*34
degunt. animalium quae. . .sine ratione uitam solis sensibus degunt) *Eut.2.*36
Num igitur ea mentis integritate homines degunt, ... *C.4,P.6.*105
degustare. Sed tempus est haurire te aliquid ac degustare molle atque
iucundum *C.2,P.1.*19
degustata. Talia sunt quippe quae restant, ut degustata quidem mordeant, *C.3,P.1.*13
dehinc. Meditabar igitur dehinc omnes animo quaestiones *Eut.,Prf.*34
Vera dehinc animum subierint." *C.3,M.1.*13
uellent ipsi uixisse securi, sed nequeunt; dehinc de potestate gloriantur. *C.3,P.5.*20
memoriam. . .dehinc cum maeroris mole pressus amisi." *C.3,P.12.*3
dei. (nam dei substantia et materia et motu caret), ... *Trin.2.*15
Si igitur eorum una deitas una substantia est, licet dei nomen de
diuinitate substantialiter praedicari. *Pat.*22
quoniam ex uoluntate dei fluxerunt ut essent, alba minime. *Quo.*152
Manichaei. . .unigenitum dei esse non credunt. *Fid.*42
ne humano corpore polluta uideatur dei fuisse natura. *Fid.*51
Atque dum ibi dei populus moraretur, ... *Fid.*177
electa est una gens in qua dei mandata clarescerent, ... *Fid.*188
Nec uile uideatur quod dei filius ex uirgine natus est, ... *Fid.*201
Virgo itaque de spiritu sancto incarnatum dei filium concepit, ... *Fid.*203
atque hominis factus est idemque dei filius, ... *Fid.*205
in caelos ubi, in eo quod dei filius est, numquam defuisse cognoscitur, . *Fid.*225
assumptum hominem,. . .secum dei filius caelesti habitationi sustolleret. *Fid.*227
at hominis dicimus esse personam, dicimus dei, dicimus angeli. *Eut.2.*37
una persona duasque naturas. . .hominis scilicet atque dei *Eut.4.*18

delectationis. reliquum uero uel potentiae causa uel delectationis assumitur. $C.3,P.2.36$

delectet. quando in minimis quoque rebus id appetitur quod habere fruique
    delectet? . . . . $C.3,P.2.71$

delector. Nam quietis mihi loco fuerit ea quibus maxime delector agnoscere, $C.5,P.1.14$

delectus. summorum te uirorum cura suscepit delectusque in affinitatem
    principum ciuitatis, ... $C.2,P.3.17$

delegeras. quam certissimam tibi sedem nostris in laribus ipsa delegeras? . $C.1,P.4.12$

deleri. poteritne illius memoria lucis quantalibet ingruentium malorum mole
    deleri, ... $C.2,P.3.28$

deleuit. quam multos clarissimos . . . uiros scriptorum inops deleuit obliuio! . $C.2,P.7.46$

delibare. quamquam angusto limite temporis saepti tamen aliquid delibare
    conabimur. . . . . $coni.C.4,P.6.17$

deliberare. quamquam angusto limite temporis saepti tamen aliquid delibare
    [deliberare] conabimur. . . . . $uar.C.4,P.6.17$

delicatissimus. Adde quod felicissimi cuiusque delicatissimus sensus est . . $C.2,P.4.55$

delicias. Dedisti ut opinor uerba fortunae, . . . dum te ut delicias suas
    fouet. . . . . $C.2,P.3.36$

    Sed delicias tuas ferre non possum qui abesse aliquid . . . conquereris. . $C.2,P.4.39$

deliciis. eumque praefixa lege paradisi deliciis constituit, ... $Fid.74$

    Neque enim . . . diffluere deliciis et emarcescere uoluptate uenistis. . . . $C.4,P.7.47$

delicti. quoniam has omnes poenas Adam delicti praeuaricatione suscepit. . $Eut.8.38$

delictis. inoboedientiae delictis teneretur adstrictus? . . . . $Eut.8.25$

    uidetur . . . Christo non defuisse necessitas, ut et delictis subiceretur . . $Eut.8.35$

    Alius prole laetatus filii filiaeue delictis maestus inlacrimat. . . . . $C.2,P.4.51$

delicto. nec adhuc ullo se delicto polluerat, poterat tamen in eo . . . . . . $Eut.8.43$

delictum. unum quidem Adae ante delictum in quo, tametsi ab eo mors
    aberat . . . . : . . . . $Eut.8.42$

    Tertius status est post delictum . . . . $Eut.8.48$

delinquendi. in hoc uero et mors et peccatum et delinquendi omnis affectio $Eut.8.56$

    cum nec mors aderat et adesse poterat delinquendi uoluntas. . . . . . . $Eut.8.71$

delinquere. sed ne posset quidem aut peccare aut uelle delinquere. . . . . . $Eut.8.48$

δέμας. Ἀνδρὸς δὴ ἱεροῦ δέμας αἰθέρες ᾠκοδόμησαν· . . . . $C.4,P.6.145$

dementiam. Vt tamen eius dementiam perscrutemur, adunatio haec . . . . $Eut.5.25$

demersi. Et quod stelliferum trans abiit polum, Tellure demersi petunt. . . $C.3,M.8.18$

demersit. Fronte turpatus Achelous amnis Ora demersit pudibunda ripis. . $C.4,M.7.24$

demerso. uelut in terras ore demerso trahunt alimenta radicibus . . . . . $C.3,P.11.63$

deminutis. Neque enim ab deminutis inconsummatisque natura rerum coepit
    exordium, ... $C.3,P.10.16$

demonstra. Tum ego: "Fac obsecro et quae illa uera sit, sine cunctatione
    demonstra." . . . . $C.3,P.1.21$

demonstrandum. Quare demonstrandum prius est nihil non ex necessitate
    contingere, ... $C.5,P.4.34$

demonstrandum. nunc demonstrandum reor quonam haec felicitatis perfectio
    constituta sit. . . . . $C.3,P.10.2$

demonstrare. ac non illud demonstrare nitamur, quoquo modo sese habeat
    ordo causarum, ... $C.5,P.3.27$

demonstrat. sic suas probat uires Magnumque suis demonstrat ostentum, $coni.C.2,M.1.8$

    mentitur; haec semper uera est, cum se instabilem mutatione demonstrat. $C.2,P.8.11$

    Ita uero bonum esse deum ratio demonstrat, ... $C.3,P.10.28$

    Quae possibilitas eos euidentius nihil posse demonstrat. . . . . $C.4,P.2.118$

demonstrationem. Sed hoc interim ad eam dictum sit significationem de-
    monstrationemque . . . . $Trin.3.42$

demonstrationibus. tu idem es cui persuasum atque insitum permultis
    demonstrationibus scio . . . . $C.2,P.4.93$

    Omnem terrae ambitum, sicuti astrologicis demonstrationibus accepisti, $C.2,P.7.10$

demonstratis. ueluti geometrae solent demonstratis propositis aliquid inferre $C.3,P.10.81$

demonstratum. "Demonstratum," inquam, "nec dubitari ullo modo potest." $C.3,P.11.17$

    quos, ut uberrime demonstratum est, bonum quaerentes prauus error
    auertit, ... $C.4,P.6.99$

demonstratum. "Memini," inquam, "illud quoque esse demonstratum." . . $C.4,P.2.29$

demonstratur. quorum quidem alterum demonstratur ex altero. . . . . . . $C.4,P.2.6$

demonstrauimus. Sed num in his eam reperiet, quae demonstrauimus id quod
    pollicentur non posse conferre?" . . . . $C.3,P.9.69$

demonstrem. cum regna ipsa tantae inbecillitatis plena demonstrem? . . . $C.3,P.5.27$

demonstret. aequum est uel falsum aliquid praecessisse demonstret . . . . $C.4,P.4.36$

demta. Premit insontes Debita [Demta] sceleri noxia poena, ... $coni.C.1,M.5.30$

demulcet. Dedisti ut opinor uerba fortunae, dum te illa demulcet, ... $C.2,P.3.35$

demum. Quae ubi ad calcem ducta constiterint,tum demum...transmittam. *Eut.,Prf.*53
    ut tum demum grauioribus suppliciis urgeantur, cum impuniti esse
      creduntur." *C.*4,*P.*4.89
    Quod ita demum patefacere atque expedire temptabo, ... *C.*5,*P.*4.10
denegeret. ut...uideatur ne a maiorum uirtute degeneret [denegeret]. . *uar.C.*3,*P.*6.29
denique. Aetate denique Marci Tullii, sicut ipse...significat, ... *C.*2,*P.*7.30
dente. Primusque lacer dente cruento Domitor rabidas imbuit iras. . . . *C.*3,*M.*2.15
    Ille Marmaricus leo Dente crescit et unguibus. *C.*4,*M.*3.12
    Quos serpens leo tigris ursus aper Dente petunt, idem...ense petunt. *C.*4,*M.*4.6
deo. aliud est quod iustus est, sed idem est esse deo quod iusto. *Trin.*4.19
    idem est enim esse deo quod magno. *Trin.*4.23
    Neque accessisse dici potest aliquid deo, ut pater fieret; *Trin.*5.42
    Haec autem reuelante deo Moysi famulo suo comperta sunt, ... *Fid.*86
    Deo uero atque homini quid non erit diuersa ratione disiunctum, . . *Eut.*4.109
    cum ex uirgine natus est, adunatum esse deo, ut una uideretur facta esse
      natura. *Eut.*5.34
    me...quem tu in hanc excellentiam componebas ut consimilem deo faceres. *C.*1,*P.*4.145
    Sed dic mihi, quoniam deo mundum regi non ambigis, ... *C.*1,*P.*6.18
    alia...suis contenta sunt; uos autem deo mente consimiles *C.*2,*P.*5.76
    "Mundum,...hunc deo regi paulo ante minime dubitandum putabas." *C.*3,*P.*12.11
    "Nihil est igitur quod naturam seruans deo contraire conetur." . . . *C.*3,*P.*12.56
    Est alius cunctis uirtutibus absolutus sanctusque ac deo proximus; . . *C.*4,*P.*6.141
    est autem deo semper aeternus ac praesentarius status; *C.*5,*P.*6.61
deo. Deus uero a deo nullo differt, ne uel accidentibus *Trin.*3.1
    quem ad modum de deo unumquodque praedicatur, praemiserimus. . *Trin.*3.55
    diuise quidem in ceteris,in deo uero coniuncte atque copulate hoc modo: *Trin.*4.28
    Reliqua uero neque de deo neque de ceteris praedicantur. *Trin.*4.45
    Nam ubi uel de homine uel de deo praedicari potest, ... *Trin.*4.46
    ubi...praedicari potest, de homine ut in foro, de deo ut ubique, . . *Trin.*4.47
    De deo uero non ita, nam quod ubique est ita dici uidetur *Trin.*4.54
    ut de homine heri uenit, de deo semper est. *Trin.*4.61
    Quod uero de deo dicitur "semper est," unum quidem significat, . . *Trin.*4.64
    Quod de caelo...secundum philosophos dici potest, at de deo non ita. . *Trin.*4.68
    dicimus..."uestitus currit" de homine, de deo "cuncta possidens regit." *Trin.*4.79
    Nam situm passionemque requiri in deo non oportet, neque enim sunt. . *Trin.*4.97
    cum uero de deo subiectus non est, secundum substantiam rei
      praedicatio nuncupatur. *Trin.*4.107
    Ac si meminimus omnium in prioribus de deo sententiarum, ... *Trin.*5 46
    ita cogitemus processisse quidem ex deo patre filium deum *Trin.*5.47
    deus uero nullas habet differentias quibus differat ab deo, ... *Trin.*5.51
    Nihil autem aliud gigni potuit ex deo nisi deus; *Trin.*5.54
    filius...nomen neque cum aliis iungit sicut in deo, sicut in ueritate, . . *Pat.*42
    Quo fit, ut ne trinitas quidem substantialiter de deo praedicetur; . . *Pat.*52
    neque trinitas de deo substantialiter praedicetur, ... *Pat.*64
    duodecim patriarchas non reputante deo in eorum numero *Fid.*153
    post uero adiuuante deo, christianae medietatem fidei temperabo. . . . *Eut.,Prf.*57
    Nisi enim tres in deo substantias ecclesiasticus loquendi usus excluderet,
    uideretur idcirco de deo dici substantia, ... *Eut.*3.96
    Quod si nulla ex homine atque deo una persona coniuncta est, . . . *Eut.*3.97
    ut ea sit adunatio facta cum deo, ut natura humana non manserit. . . *Eut.*4.93
    Itemque qui homo, deus eo quod a deo fuerit adsumptus, ... *Eut.*5.7
    posse contra innocentiam,...inspectante deo, monstri simile est. . . . *Eut.*7.64
    Nam cum nihil deo melius excogitari queat, ... *C.*1,*P.*4.103
    ueram igitur beatitudinem in summo deo sitam esse necesse est." . . *C.*3,*P.*10.25
    cum de rerum principe loquamur deo, ... *C.*3,*P.*10.38
    "nec reapse uerius nec ratiocinatione firmius nec deo dignius concludi *C.*3,*P.*10.53
      potest." *C.*3,*P.*10.80
    quam in summo deo sitam loquebare. *C.*3,*P.*12.88
    Quis enim coercente in ordinem cuncta deo locus esse ullus temeritati
      reliquus potest? *C.*5,*P.*1.23
    sed opinio potius incerta, quod de deo credere nefas iudico. *C.*5,*P.*3.15
    nihilo minus tamen ab deo uel uentura prouideri...necesse est . . . *C.*5,*P.*3.44
    qui solus modus est quo cum deo colloqui homines posse uideantur . . *C.*5,*P.*3.105
    Nec frustra sunt in deo positae spes precesque; *C.*5,*P.*6.170
deorsum. ut cum terra deorsum ignis sursum fertur, ... *Trin.*2.9
    proprium motum, ut ignis sursum, terra deorsum. *Eut.*1.44
    quoniam lectum quoque ligneum deorsum ferri necesse est, ... *Eut.*1.47

sed non deorsum per accidens fertur. *Eut*.1.48
Non enim quia lectus est, deorsum cadit, sed quia terra est, ... *Eut*.1.50
flammas. . .sursum leuitas uehit, terras uero deorsum pondus deprimit, *C*.3,*P*.11.76
deos. ita ut deum dicat patrem, deum filium, deum spiritum sanctum, nec
 tamen tres deos sed unum: *Fid*.14
ita diuinitatem adeptos deos fieri simili ratione necesse est. *C*.3,*P*.10.88
Sed qui beati sint deos esse conuenit. *C*.4,*P*.3.28
Est igitur praemium bonorum. . .deos fieri. *C*.4,*P*.3.31
depellant. adest, inquies, opulentis. . .quo sitim frigusque depellant. . . . *C*.3,*P*.3.49
ut utentium mentibus uirtutes inserant uitia depellant? *C*.3,*P*.4.3
depellat. nec umquam fuerit dies qui me ab hac sententiae ueritate depellat." *C*.1,*P*.6.11
depellere. ut anxietatibus mordeatur cumque haec depellere nequeat, . . . *C*.3,*P*.9.61
depellit. et ultro quae sunt auersa depellit. *C*.2,*P*.6.57
deperierat. ut humana salus quae per primi hominis inoboedientiam deperierat *Fid*.196
deperit. Quae quoniam sublato deperit seruo, constat non eam per se domino
 accidere *Trin*.5.15
deplorasti. hominesque tantum diuinae exortes curae esse deplorasti. . . . *C*.1,*P*.6.14
deponere. ista potentia quam. . .cum deponere cupias uitare non possis? . *C*.3,*P*.5.38
depositor. nisi eo loci pecuniam suam depositor obruisset, ... *C*.5,*P*.1.46
deposituros. uitiorumque sordes poenarum cruciatibus se deposituros uiderent *C*.4,*P*.4.143
deposuit. illos quoque,. . .benigna fortitudo disposuit [deposuit]. *coni.C*.3,*P*.12.71
deprecabamur. remque omnium maximam dei munere quem dudum de-
 precabamur exegimus. *C*.3,*P*.12.101
deprecandi. Igitur nec sperandi aliquid nec deprecandi ulla ratio est. . . . *C*.5,*P*.3.98
Auferetur. . .commercium sperandi scilicet ac deprecandi. *C*.5,*P*.3.102
deprecatur. Haec enim omnia illa beatissima humani generis fideliter
 credentium inmutatio deprecatur. *Eut*.8.93
deprecetur. Quid enim uel speret quisque uel etiam deprecetur, ... *C*.5,*P*.3.99
deprehendatur. malis optata concedat, nisi causa deprehenditur [depre-
 hendatur], ... *coni.C*.4,*P*.5.21
deprehendisti. Deprehendisti caeci numinis ambiguos uultus. *C*.2,*P*.1.33
"An etiam causas, cur id ita sit, deprehendisti?" *C*.3,*P*.9.7
deprehenditur. nonne liquido falsa in eis beatitudinis species deprehenditur? *C*.3,*P*.3.14
nisi causa deprehenditur, quid est quod a fortuitis casibus differre
 uideatur?" *C*.4,*P*.5.21
deprimit. Cur. . .terras uero deorsum pondus deprimit, ... *C*.3,*P*.11.77
depugnant. Atqui in hoc hominum iudicia depugnant, ... *C*.4,*P*.6.108
depulit. Non omne namque mente depulit lumen. . .corpus *C*.3,*M*.11.9
depulsa. ut perturbatione depulsa sospes in patriam meo ductu,. . .reuertaris. *C*.4,*P*.1.36
depulsione. qui frequentia ciuium non depulsione laetetur; *C*.1,*P*.5.13
depulsor. uel seruator bonorum uel malorum depulsor *C*.4,*P*.6.120
depulsus. Quorum Basilius olim regio ministerio depulsus *C*.1,*P*.4.58
derelinquit. esse etiam quod in sua natura situm est derelinquit. *C*.4,*P*.2.112
ac dum fortunam metuit amittere, nequitiam derelinquit. *C*.4,*P*.6.176
derelinquunt. sed utraque permanent nec formam propriam derelinquunt. . *Eut*.7.18
deriuatus. ostendat ex cuius hominis sit carne deriuatus, ... *Eut*.5.57
descendens. qui de prouidentiae fonte descendens cuncta suis locis temporibusque disponit. *C*.5,*P*.1.58
descendere. ne utique cum ludicri mei ratio poscet, descendere iniuriam putes. *C*.2,*P*.2.32
descendit. Amplius bonum quidem generale est, iustum uero speciale nec
 species descendit in omnia. *Quo*.173
Descendit itaque ab eo per singulas successiones regium stemma . . . *Fid*.180
"non ascendit in caelum, nisi qui de caelo descendit." *Eut*.5.102
sed haec eorum potentia non a uiribus sed ab imbecillitate descendit. . *C*.4,*P*.2.115
sed eorum hoc quidem de rerum necessitate descendit, ... *C*.5,*P*.6.133
descendunt. Sed quoniam rationum iam in te mearum fomenta descendunt, *C*.2,*P*.5.2
descisceres. sic factum est ut tu quoque paulisper a tua tranquillitate
 descisceres. *C*.2,*P*.1.18
describas. "Cuncta igitur bonum petunt, quod quidem ita describas licet: *C*.3,*P*.11.111
describeres. cum mihi siderum uias radio describeres, ... *C*.1,*P*.4.15
descripsimus. cum naturam descripsimus substantiae quoque est assignata
 descriptio. *Eut*.1.33
descriptio. cum naturam descripsimus substantiae quoque est assignata
 descriptio. *Eut*.1.34
descriptione. tametsi non descriptione naturae secundum id quod ὑφίστασθαι *Eut*.3.76
deseras. Quid igitur referre putas, tune illam moriendo deseras an te illa
 fugiendo? *C*.2,*P*.3.51

deserat. Quo fit ut existimatio bona prima omnium deserat infelices. . . . *C*.1,*P*.4.159
    Ni uitiis peiora fouens proprium deserat ortum. *C*.3,*M*.6.9
desererem. "An," inquit illa, "te alumne desererem *C*.1,*P*.3.10
desererentur. quid si hoc...paene inuicto praeeuntis naturae desererentur
    auxilio? *C*.4,*P*.2.79
deseret. Nec cura mordax deseret superstitem, ... *C*.3,*M*.3.5
deserit. Sic quod praecipiti uia Certum deserit ordinem *C*.1,*M*.6.21
    recto calle procedit, cum nostra instituta non deserit *C*.2,*P*.1.23
    Nec cura mordax deseret [deserit] superstitem, ... *uar.C*.3,*M*.3.5
    ne sufficientia quidem contingit ei quem ualentia deserit, ... *C*.3,*P*.9.55
deseritur. nec uero eius quae intellectu ac ratione deseritur *Eut*.2.34
deserta. ut qui probitate deserta homo esse desierit, ... uertatur in beluam. *C*.4,*P*.3.67
deserta. Transmisso itaque ut dictum est mari rubro uenit per deserta eremi *Fid*.166
deserti. ut idem scelesti, idem uiribus omnibus uideantur esse deserti. . . . *C*.4,*P*.2.93
    patrandi sceleris possibilitate deserti uehementer exopto." *C*.4,*P*.4.18
desertos. malos cunctis uiribus esse desertos agnoscas licebit, ... *C*.4,*P*.2.5
deserunt. An scientes uolentesque bonum deserunt, ad uitia deflectunt? . . *C*.4,*P*.2.98
desiderabas. "Illius igitur praesentiam huius absentiam desiderabas?" . . . *C*.3,*P*.3.22
desiderant. causasque alterutro permutent, ut qui diuitias ob potentiam
    uoluptatesque desiderant *C*.3,*P*.2.28
    eaque de causa diuitias, dignitates, regna, gloriam uoluptatesque
    desiderant *C*.3,*P*.2.74
    quae inanimata esse creduntur nonne quod suum est quaeque simili
    ratione desiderant? *C*.3,*P*.11.75
    "Omnia igitur," inquit, "unum desiderant." Consensi. *C*.3,*P*.11.108
    dum per ea quibus delectantur id bonum quod desiderant se adepturos
    putant; *C*.4,*P*.2.145
desiderare. Id autem est bonum quo quis adepto nihil ulterius desiderare
    queat. *C*.3,*P*.2.6
desiderari. quibus omnibus solam beatitudinem desiderari liquet. *C*.3,*P*.2.41
    eoque modo, cum beatitudo petitur, ab omnibus desiderari bonum?" . . *C*.4,*P*.2.31
desideras. Senatum dicimur saluum esse uoluisse. Modum desideras? . . *C*.1,*P*.4.73
    Potentiamne desideras? Subiectorum insidiis obnoxius periculis sub-
    iacebis. *C*.3,*P*.8.9
desiderat. quare beatum esse iudicat statum quem prae ceteris quisque
    desiderat. *C*.3,*P*.2.45
    "Eget uero," inquit, "eo quod quisque desiderat?" "Eget," inquam. . . *C*.3,*P*.3.24
    Qui uero solum posse desiderat, profligat opes, ... *C*.3,*P*.9.57
    quisquis horum aliquid sine ceteris petit, ne illud quidem quod desiderat
    apprehendit." *C*.3,*P*.9.66
    non tam equitandi motum desiderat quam salutis effectum. *C*.3,*P*.10.133
    "Quod autem,"..."subsistere ac permanere petit,id unum esse desiderat; *C*.3,*P*.11.106
desideratis. Quid autem tanto fortunae strepitu desideratis? *C*.2,*P*.5.63
desideratur. non illa potius quam bonum ipsum desideratur ab omnibus. . *C*.3,*P*.10.135
    Is est enim profecto, quod desideratur ab omnibus, ... *C*.3,*P*.11.121
desiderent. manendi causam ut quoad possunt ... manere desiderent; . . *C*.3,*P*.11.100
    liquet solos quod desiderent facere posse sapientes, ... *C*.4,*P*.2.141
    improbos...quod uero desiderent explere non posse. *C*.4,*P*.2.143
desideres. intra commune omnibus regnum locatus proprio uiuere iure
    desideres. *C*.2,*P*.2.47
desideret. relicta subsistendi appetentia uenire ad interitum corruptionemque
    desideret?" *C*.3,*P*.11.45
desideretur. idque a te, nihil ut amplius desideretur, ostensum est." *C*.3,*P*.9.91
    ita describas licet: ipsum bonum esse quod desideretur ab omnibus." . *C*.3,*P*.11.112.
desiderio. fortunae prioris affectu desiderioque tabescis. *C*.2,*P*.1.4
    tui desiderio lacrimis ac dolore tabescit. *C*.2,*P*.4.23
desidero. "Intellego," inquam, "quid inuestigandum proponas, sed quid
    constituas audire desidero." *C*.3,*P*.10.111
    sed quid afferas,licet iam prospiciam,planius tamen ex te audire desidero." *C*.3,*P*.12.11
    "Etsi coniecto," inquam, "quid uelis, planius tamen audire desidero." . *C*.4,*P*.2.52
    quaeque tam iniustae confusionis ratio uideatur ex te scire desidero. . *C*.4,*P*.5.17
desidit. Nunc decedit [desidit] in infima, ... *coni.C*.5,*M*.4.23
desierint. Itaque cum haec auribus insonare desierint, ... *C*.2,*P*.3.8
desierit. At quisquis eam inhabitare uelle desierit, pariter desinit etiam mereri. *C*.1,*P*.5.20
    eadem tamen infra bestias redigatur, si se nosse desierit. *C*.2,*P*.5.88
    tum suo praemio carebit, cum probus esse desierit. *C*.4,*P*.3.21
    ut qui probitate deserta homo esse desierit,...uertatur in beluam. . . . *C*.4,*P*.3.67

designans. ac potius amphibolum et gemina significatione diuersa designans: *Eut*.7.42
designant. Illa igitur, quae aliquid esse designant, ... ·. *Trin*.4.104
designare. Sed quae tibi causa notior est, eam prius designare uerbis atque
 informare conabor *C*.3,*P*.1.23
designarem. dum...reputarem querimoniamque...signarem [designarem], *uar.C*.1,*P*.1.2
designari. proprietate aliqua qua designari secundum se possit, ... *Trin*.4.51
designat. Omne etenim signum...non uero efficit quod designat. *C*.5,*P*.4.33
designata. ut quod adsignata [quod a designata] ordinis ratione decesserit, *coni.C*.4,*P*.6.192
desinant. quo fit ut mali desinant esse quod fuerant, ... *C*.4,*P*.3.48
desinat. nec coeperit umquam esse nec desinat *C*.5,*P*.6.20
desine. Nunc et amissas [Desine amissas] opes querere [quaerere]; . . . *uar.C*.2,*P*.8.24
 Nunc et amissas [Desine nunc et amissas] opes querere [quaerere]; . . *uar.C*.2,*P*.8.24
desinet. cui si quid eueniat aduersi, desinet colere forsitan innocentiam . . *C*.4,*P*.6.136
desinit. At quisquis eam inhabitare uelle desierit, pariter desinit etiam mereri. *C*.1,*P*.5.20
 cum translata in alios largiendi usu desinit possideri. *C*.2,*P*.5.13
 Gratius astra nitent ubi Notus Desinit imbriferos dare sonos. *C*.3,*M*.1.8
 Qua uero parte beatos faciens desinit potestas, ... *C*.3,*P*.5.12
 si distributae...partes corporis distraxerint unitatem, desinit esse quod
 fuerat. *C*.3,*P*.11.38
 subsistere...dum unum est, cum uero unum esse desinit, interire." . . *C*.3,*P*.11.41
 hoc ipso quod aliquo modo numquam esse desinit, ... · . . *C*.5,*P*.6.48
desinite. Respicite caeli spatium,...et aliquando desinite·uilia mirari. . . . *C*.3,*P*.8.19
desinunt. si mutatione temporum splendere desinunt, ... *C*.3,*P*.4.49
 Sed hoc modo non solum potentes esse sed omnino esse desinunt. . . . *C*.4,*P*.2.100
 per se uero considerata ab absoluta naturae suae libertate non desinunt. *C*.5,*P*.6.120
desipis. Haec nisi terrenus male desipis, admonet figura, ... *C*.5,*M*.5.12
desistam. At uolui nec umquam uelle desistam. *C*.1,*P*.4.78
desistat. cumque haec depellere nequeat, etiam id quod maxime petebat
 potens esse desistat. *C*.3,*P*.9.63
desisti. "morbi tui aliam uel maximam causam; quid ipse sis, nosse desisti. . *C*.1,*P*.6.40
desistis. O praeclara...beatitudo quam cum adeptus fueris securus esse
 desistis! *C*.2,*P*.5.104
 Sed per aspera quaeque distractus securus esse desistis. *C*.3,*P*.8.11
desistit. si manere incipit, fors esse desistit. *C*.2,*P*.1.62
 sicut ignis ubique terrarum numquam tamen calere desistit, ... *C*.3,*P*.4.35
 Hoc igitur modo quidquid a bono deficit esse desistit; *C*.4,*P*.3.48
desistunt. Nam qui communem omnium quae sunt finem relinquunt, pariter
 quoque esse desistunt. *C*.4,*P*.2.101
desit. uoluntas scilicet ac potestas, quorum si alterutrum desit, ... *C*.4,*P*.2.14
 aliusque cui hoc naturale pedum desit officium, ... *C*.4,*P*.2.58
 putasque...si necessitas desit minime praesciri *C*.5,*P*.4.66
desolatum. Taceo quod desolatum parente summorum te uirorum cura
 suscepit *C*.2,*P*.3.16
despectiores. despectiores potius improbos dignitas facit. *C*.3,*P*.4.25
despexerat. homo...qui malitia propriae contumaciae despexerat conditorem. *Fid*.129
despiciens. Tandem deus Aegyptii regis dominationem despiciens diuiso mari
 rubro, ... *Fid*.161
 ita igitur cuncta despiciens diuinus intuitus *C*.5,*P*.6.89
despicit. Qui uero solum posse desiderat, profligat opes, despicit uoluptates . *C*.3,*P*.9.57
 Quas sibi cum uelox mens induit, Terras perosa despicit, ... *C*.4,*M*.1.4
 Atque leuis recto stat corpore despicitque terras. *C*.5,*M*.5.11
despiciunt. alii plus aequo despiciunt quod ferre non possunt; *C*.4,*P*.6.152
destinatum. Considera namque an per ea...ad destinatum finem ualeant
 peruenire. *C*.3,*P*.3.8
destiterit. sed interire atque dissolui pariter atque unum destiterit?" . . . *C*.3,*P*.11.30
destitit. quod praeuaricationis primus auctor infuderat, amplecti non destitit. *Fid*.140
destituit. Sed sospitatis auctori grates, quod te nondum totum natura destituit. *C*.1,*P*.6.51
destituta. et uno ueluti uertice destituta sine rectore fluitabunt, ... *C*.3,*P*.11.114
destitutus. Sensus enim solus cunctis aliis cognitionibus destitutus *C*.5,*P*.5.13
destruitur. quorum ... machina repentino atque insperato saepe fine destruitur, ... *C*.4,*P*.4.24
desuper. Desuper in terram nox funditur; *C*.1,*M*.3.6
 At nos desuper inridemus...securi totius furiosi tumultus *C*.1,*P*.3.46
 sed intellegentia quasi desuper spectans concepta forma . . . . . ·. *C*.5,*P*.4.97
 Manet etiam spectator desuper cunctorum praescius deus *C*.5,*P*.6.167
det. Quis legem det amantibus? *C*.3,*M*.12.47
detegas. Si operam medicantis exspectas, oportet uulnus detegas." *C*.1,*P*.4.6

detegat. Quaeque fulgenti texerat ore Confusa Phoebe detegat astra, . . .   *C.4,M.5.10*
detegit. cum frontem detegit moresque profitetur. *C.2,P.8.4*
deterat. Est igitur praemium bonorum quod nullus deterat dies,. . . deos fieri.   *C.4,P.3.30*
deterior. quasi non deterior fiat inscientiae causa, dum tegitur. *Eut.,Prf.44*
deteriora. Nam deteriora uelle nostri fuerit fortasse defectus, ...   *C.1,P.4.101*
    Tu te ipse in deteriora trusisti, ...   *C.4,P.4.105*
deteriorem. Parcit. . . sapiens dispensatio ei quem deteriorem facere possit
    aduersitas, ...   *C.4,P.6.139*
determinatus. esse albus uel longus nec quasi circumfusus et determinatus .   *Trin.4.50*
deterrent. Quorum quidem supplicia tum ceteros ab sceleribus deterrent, . .   *C.4,P.6.163*
detexit. tibi fidelium mentes haec aspera, haec horribilis fortuna detexit, . .   *C.2,P.8.21*
detinetur. Foedis inmundisque libidinibus immergitur? Sordidae suis
    uoluptate detinetur.   *C.4,P.3.66*
detorqueri. Nam si aliorsum quam prouisae sunt detorqueri ualent, ...   *C.5,P.3.14*
detrahat. Detrahat si quis superbis uani tegmina cultus, ...   *C.4,M.2.4*
detraherent. si quem profanum, . . . blanditiae uestrae detraherent, minus
    moleste ferendum *C.1,P.1.36*
    uelut in partem praedae traherent [detraherent], ...   *uar.C.1,P.3.25*
detrahunt. adeo perexigua sunt quae fortunatissimis beatitudinis summam
    detrahunt. *C.2,P.4.58*
    uenena potentius Detrahunt hominem sibi Dira quae penitus meant . .   *C.4,M.3.36*
detraximus. Quam tibi fecimus iniuriam? Quae tua tibi detraximus bona? . .   *C.2,P.2.4*
detraxit. Quos nihil aliud in cladem detraxit nisi quod nostris *C.1,P.3.35*
    Numquam me ab iure ad iniuriam quisquam detraxit. *C.1,P.4.41*
detrectantium. nec beatum regimen esse uideretur, si quidem detrectantium
    iugum foret, ...   *C.3,P.12.54*
detrudat. necesse est ut. . . infra hominis meritum detrudat improbitas. . .   *C.4,P.3.54*
detruditis. uos dignitatem uestram infra infima quaeque detruditis. *C.2,P.5.80*
detulere. Cuius dignitatem reatus ipsi etiam qui detulere uiderunt, ...   *C.1,P.4.135*
detulisse. nullum me ad magistratum nisi commune bonorum omnium
    studium detulisse. *C.1,P.4.31*
deum. ipsum hominem uel deum iustos esse proponimus; *Trin.4.39*
    ita cogitemus processisse quidem ex deo patre filium deum *Trin.5.47*
    ita ut deum dicat patrem, deum filium, deum spiritum sanctum, . . .   *Fid.12*
    ita ut deum dicat patrem, deum filium, deum spiritum sanctum, . . .   *Fid.13*
    ut Arrius qui licet deum dicat filium, minorem tamen patre *Fid.32*
    ut humana salus. . . per hominem deum rursus repararetur *Fid.197*
    quorum unus hominem solum, alter deum solum putauit asserere . . .   *Fid.211*
    neque enim easdem in deum atque hominem differentias conuenire. . .   *Eut.1.62*
    Cur enim omnino duos audeat Christos uocare, unum hominem alium
    deum? *Eut.4.48*
    Deum uero ipsum Christi appellatione cur uocet? *Eut.4.80*
    nullo modo fieri potuit, ut humanitas conuerteretur in deum. *Eut.6.77*
    eundem Christum hominem esse perfectum, eundem deum *Eut.7.49*
    eundemque qui homo sit perfectus atque deus unum esse deum ac dei
    filium, ...   *Eut.7.51*
    nec quaternitatem trinitati adstrui, dum homo additur supra perfectum
    deum, ...   *Eut.7.52*
    Si uero deum intellegas, idem . . . quoniam natura deus est, homo
    adsumptione. *Eut.7.70*
    uerum operi suo conditorem praesidere deum scio *C.1,P.6.10*
    scis unde cuncta processerint?" "Noui," inquam, deumque esse respondi.   *C.1,P.6.28*
    Si primordia uestra Auctoremque deum spectes, nullus degener exstat,   *C.3,M.6.8*
    Deum rerum omnium principem bonum esse communis humanorum
    conceptio probat animorum. *C.3,P.10.23*
    Ita uero bonum esse deum ratio demonstrat, ut perfectum quoque in eo
    bonum esse conuincat. *C.3,P.10.27*
    summum deum summi perfectique boni esse plenissimum. *C.3,P.10.35*
    probes quod boni summi summum deum diximus esse plenissimum."   *C.3,P.10.41*
    "Igitur," inquit, "deum esse ipsam beatitudinem necesse est confiteri.".   *C.3,P.10.64*
    Atqui et beatitudinem et deum summum bonum esse collegimus; . . .   *C.3,P.10.76*
    "Sed deum ueramque beatitudinem unum atque idem esse monstrauimus."   *C.3,P.10.141*
    "si quidem mihi pariter deum quoque qui bonum est continget agnos-
    cere." *C.3,P.11.4*
    Hoc quidquid est. . . usitato cunctis uocabulo deum nomino." *C.3,P.12.26*
    Nonne in beatitudine sufficientiam numerauimus deumque beatitudinem
    ipsam esse consensimus?". *C.3,P.12.31*

deus quidem, quod ipse sit ex patris substantia genitus, ...   *Eut.*7.61
Itemque qui homo, deus eo quod a deo fuerit adsumptus, ...   *Eut.*7.64
et qui deus, homo, quoniam uestitus homine sit. *Eut.*7.65
idem tamen deus atque homo est. *Eut.*7.68
Nam si hominem intellegas, idem homo est atque deus, ...   *Eut.*7.69
si hominem intellegas, idem . . . quoniam homo ex natura, deus adsumptione. *Eut.*7.70
Si uero deum intellegas, idem deus est atque homo, quoniam natura deus
   est, homo adsumptione. *Eut.*7.71
quoniam homo-deus unaque persona, quoniam idem homo atque deus. .   *Eut.*7.74
Tu mihi et . . . deus conscii nullum me ad magistratum nisi . . . studium . *C.*1,*P.*4.29
quaesiuit: 'Si quidem deus,' inquit, 'est, unde mala? *C.*1,*P.*4.105
Signat tempora propriis Aptans officiis deus *C.*1,*M.*6.17
Quamuis uota libens excipiat deus . . . . ; . .   *C.*2,*M.*2.9
Omnis igitur beatus deus, sed natura quidem unus; *C.*3,*P.*10.89
"Atqui deus ipsum bonum esse monstratus est." *C.*3,*P.*12.37
"Cum deus," inquit, "omnia bonitatis clauo gubernare iure credatur .   *C.*3,*P.*12.48
"Num igitur deus facere malum potest?" *C.*3,*P.*12.79
neminem beatum fore nisi qui pariter deus esset quasi munusculum dabas.   *C.*3,*P.*12.91
Nunc stuporem meum deus rector exaggerat. *C.*4,*P.*5.19
ita deus prouidentia quidem singulariter stabiliterque facienda disponit,   *C.*4,*P.*6.48
Quis autem alius uel seruator uel malorum depulsor quam rector
   ac medicator mentium deus? *C.*4,*P.*6.121
quod naturarum omnium proditor deus idem ad bonum dirigens cuncta
   disponat, ...   *C.*4,*P.*6.200
Nam si cuncta prospicit deus neque falli ullo modo potest, ...   *C.*5,*P.*3.6
Quonam modo deus haec incerta futura praenoscit? *C.*5,*P.*3.66
Quis tanta deus Veris statuit bella duobus, ...   *C.*5,*M.*3.2
Neque deus conditis rebus antiquior uideri debet temporis quantitate .   *C.*5,*P.*6.38
Hic si dicas quod euenturum deus uidet id non euenire non posse, . . .   *C.*5,*P.*6.95
Atqui deus ea futura quae ex arbitrii libertate proueniunt praesentia
   contuetur. *C.*5,*P.*6.115
Fient igitur procul dubio cuncta quae futura deus esse praenoscit, . . .   *C.*5,*P.*6.121
Ita etiam quae praesentia deus habet, dubio procul exsistent, ...   *C.*5,*P.*6.132
non ex futurarum prouentu rerum, sed ex propria deus simplicitate
   sortitus est. *C.*5,*P.*6.157
Manet etiam spectator desuper cunctorum praescius deus *C.*5,*P.*6.167
deuenerit. si qui multiplici consulatu functus in barbaras nationes forte
   deuenerit, ...   *C.*3,*P.*4.31
deuia. quin hae ad beatitudinem uiae deuia quaedam sint *C.*3,*P.*8.2
deuiae. quin hae ad beatitudinem uiae deuia [deuiae] quaedam sint . .   *coni.C.*3,*P.*8.2
deuiis. Cupitque nullis ille deuiis falli, ... *C.*3,*M.*11.2
uerendumque est ne deuiis fatigatus *C.*5,*P.*1.11
deuio. Eheu quae miseros tramite deuios [deuio] Abducit ignorantia! .   *uar.C.*3,*M.*8.1
deuios. Postremo felix a uero bono deuios blanditiis trahit, ... *C.*2,*P.*8.17
Eheu quae miseros tramite deuios Abducit ignorantia! *C.*3,*M.*8.1
deuitare. cuncta quae sunt appetere naturaliter constantiam permanendi,
   deuitare perniciem." *C.*3,*P.*11.102
deuitat. Omne namque animal . . . mortem uero perniciemque deuitat. . . *C.*3,*P.*11.50
deuius. boni naturaliter inserta cupiditas, sed ad falsa deuius error abducit. *C.*3,*P.*2.15
deuorassent. cuius opes Palatinae canes iam spe atque ambitione deuorassent, *C.*1,*P.*4.50
dexter. Ei igitur si accedam dexter, erit ille sinister ad me comparatus, . . *Trin.*5.23
sed quod ego dexter accesserim. Rursus ego sinister accedo, ...   *Trin.*5.25
item ille fit dexter, non quod ita sit per se dexter uelut albus ac longus, *Trin.*5.26
non . . . uelut albus ac longus, sed quod me accedente fit dexter *Trin.*5.28
dextera. Et dextera quidem eius libellos, . . . gestabat. *C.*1,*P.*1.24
dextra. Hanc si curuans dextra remisit, Recto spectat uertice caelum. . . *C.*3,*M.*2.29
dextra. Haec cum superba uerterit uices dextra *C.*2,*M.*1.1
diabolus. assumptum hominem, quem diabolus non permiserat . . . conscendere, *Fid.*226
dic. Sed dic mihi, quoniam deo mundum regi non ambigis, ...   *C.*1,*P.*6.18
Sed dic mihi, meministine, quis sit rerum finis, ...   *C.*1,*P.*6.24
dicam. uel si de eodem dicam "gladius unus mucro unus ensis unus." . .   *Trin.*3.22
uelut si dicam "sol sol sol," non tres soles effecerim, ...   *Trin.*3.27
humaniter atque ut ita dicam carnaliter *Fid.*31
Quid dicam liberos consulares quorum iam, ut in id aetatis pueris, . .   *C.*2,*P.*4.25
Quid [Quid dicam,] quod omnes uelut in terras ore demerso . . .   *coni.C.*3,*P.*11.62
Sed quod dicam non minus ad contuendum patet." *C.*3,*P.*12.46

Nam hoc quoque quod dicam non minus mirum uideatur, ... *C*.4,*P*.4.40
Quidquid dicam, aut erit aut non. *C*.5,*P*.3.75
sed illo uno ictu mentis formaliter, ut ita dicam, cuncta prospiciens. . . *C*.5,*P*.4.104
dicamus. uelut si ita dicamus "ensis mucro gladius," *Trin*.3.25
id est si dicamus "homo iustus uel deus iustus," *Trin*.4.38
unde fit ut lignum naturaliter esse dicamus, lectum uero artificialiter. . *Eut*.1.53
ut malos, qui plures hominum sunt, eosdem non esse dicamus; *C*.4,*P*.2.103
Platonem sequentes deum quidem aeternum, mundum uero dicamus esse
perpetuum. *C*.5,*P*.6.59
dicantur. quin pecudes quoque beatae esse dicantur *C*.3,*P*.7.10
si scientiae dei causam futura nostra praestare dicantur. *C*.5,*P*.6.160
dicas. Hic si dicas quod euenturum deus uidet id non euenire non posse, . . *C*.5,*P*.6.95
dicat. exstitisse substantiam, ita ut deum dicat patrem, ... *Fid*.12
ut Arrius qui licet deum dicat filium, minorem tamen *Fid*.32
(quis enim dicat ullam albedinis uel nigredinis. . .esse personam?) . . . *Eut*.2.16
de inrationabilibus animalibus Graecus ὑπόστασιν non dicat, ... *Eut*.3.73
Sed dicat forsitan, "Illos quoque *Eut*.4.91
Si non confitetur ex ea traxisse, dicat quo homine indutus aduenerit, . *Eut*.5.51
Restat ut, quemadmodum catholica fides dicat,. . .doceamus. *Eut*.7.1
dicatur. et quod bonum tale est ut recte dicatur in eo quod est esse bonum. *Quo*.126
Cum igitur tot modis uel dicatur uel definiatur natura, ... *Eut*.1.59
Sed id qua ratione dicatur, paulo posterius explicabo *Eut*.6.102
substantiam ex quibus illud quod copulatum est dicatur esse coniunctum, *Eut*.7.43
deus tamen passus esse dicatur, non quo ipsa deitas humanitas facta sit, *Eut*.7.55
temporalium rerum euentus causa esse dicatur! *C*.5,*P*.3.48
dicebas. Itaque remedia quae paulo acriora esse dicebas, non modo non perhorresco, ... *C*.3,*P*.1.8
Sed in hoc patuit tibi quod ignorare te paulo ante dicebas." *C*.3,*P*.11.119
beatitudine incipiens eam summum bonum esse dicebas *C*.3,*P*.12.87
dicendi. Dabimus dicendi locum." Tum ego: "Speciosa *C*.2,*P*.3.4
dicentes. Sabelliani. . .eundem patrem esse qui filius est *Fid*.36
nihil esse illud uniuersale dicentes quod sese intueri ratio putet? . . . *C*.5,*P*.5.23
dicentis. illa esse poterit dicentis duas ante adunationem, ... *Eut*.5.36
dicere. qui sit tamen processionis istius modus ita non possumus euidenter
dicere, ... *Fid*.26
duos uero esse dicere Christos nihil est aliud nisi. . .insania. *Eut*.4.45
Tunc enim possumus dicere coronam gemmis auroque consistere; . . . *Eut*.7.21
de. . .litteris quibus libertatem arguor sperasse Romanam quid attinet
dicere? *C*.1,*P*.4.90
Mirum est quod dicere gestio, ... *C*.2,*P*.8.6
non esse anxiam tristemque beatitudinem. . .quid attinet dicere, . . . *C*.3,*P*.2.70
intentionem dicere adhuc aliquid parantis abrupi. *C*.4,*P*.1.4
Quem, quia respicit omnia solus, Verum possis dicere solem." *C*.5,*M*.2.14
dicemur. si bonis omnibus necem struxisse diceremur, ... *C*.1,*P*.4.129
diceretur. ut deus ut ueritas ut iustitia ut ipsa quoque substantia, de ceteris
diceretur. *Pat*.40
et de singulis et de omnibus singulariter diceretur. *Pat*.48
quia nec gratia diceretur si meritis tribueretur, ... *Fid*.241
cum a Gaio Caesare Germanici filio conscius contra se factae coniurationis fuisse diceretur: *C*.1,*P*.4.97
dices. 'Haec,' dices, 'memini, patria rest mihi, ... *C*.4,*M*.1.25
dici. nam quod ubique est ita dici uidetur non quod in omni sit loco . . . *Trin*.4.54
Quod de caelo. . .secundum philosophos dici potest, at de deo non ita. . *Trin*.4.68
— si tamen interim diuinum illud semper tempus dici potest— *Trin*.4.95
Non igitur dici potest praedicationem relatiuam. . .uel addere *Trin*.5.17
sed, si dici potest, quo quidem modo id quod uix intellegi potuit interpretatum est, ... *Trin*.5.38
Neque accessisse dici potest aliquid deo, ut pater fieret; *Trin*.5.42
quae. . .singulariter praedicamus manifestum est substantialiter dici. . *Pat*.32
Vnde apparet ea quae cum in singulis separatim dici conuenit *Pat*.33
nec tamen in omnibus dici queunt, ... *Pat*.33
non de ipsa diuinitate substantialiter dici sed alio quodam modo; . . . *Pat*.46
ad aliquid dici manifestum est; nam et pater alicuius pater est *Pat*.49
nesciret quodam modo ac, si dici fas est, nec sentiret *Fid*.109
Natura igitur aut de solis corporibus dici potest *Eut*.1.1
Cum igitur tribus modis natura dici possit, ... *Eut*.1.4
si de omnibus rebus naturam dici placet, ... *Eut*.1.6

cum is cuius ea esse dicitur non exstet omnino. *C.2,P.7.*82
Omne enim quod inperfectum esse dicitur, id inminutione perfecti . . *C.3,P.*10.10
unde non praeuidentia sed prouidentia potius dicitur, ... *C.5,P.6.*70
dico. Item cum dico "currit" uel "regit" uel "nunc est" *Trin.4.*92
dicta. Persona uero dicta est a personando circumflexa paenultima. . . . *Eut.3.*10
apertissime a sono dicta uidebitur; *Eut.3.*12
cum definitio superius dicta conuincat, tum haec argumentatio *Eut.4.*15
in ea quae contra Nestorium dicta est responsione *Eut.7.*86
dicta. nullum horum modum fieri potuisse superius dicta argumentatione
declaratur. *Eut.6.*108
dicta. diligentius intuere quae dicta sunt *Pat.*70
Sed haec omnia idcirco sint dicta, ut differentiam *Eut.4.*1
dictant. Ecce mihi lacerae dictant scribenda Camenae *C.1,M.1.*3
dictantes. ubi. . .Musas uidit nostro adsistentes toro fletibusque meis uerba
dictantes, ... *C.1,P.1.*27
dictat. Hic fidis etiam sua Dictat iura sodalibus. *C.2,M.8.*27
dicti. Cuius dicti nouitate percussus harum coniunctionum *Eut.,Prf.*12
dicto. catholicos uero utrique dicto fidem praebere, ... *Eut.,Prf.*9
dicto. superius dicto repellitur argumento. *Eut.5.*70
dictu. Ex quo fit ut omnia quae sunt deus sint, quod dictu nefas est. . . . *Quo.*80
difficile dictu est ad quas usque naturas persona perueniat, ... *Eut.2.*6
dictum. optime dictum uidetur, eruditi est hominis unumquodque *Trin.2.*3
Hoc enim illis ut dictum est imminet *Trin.3.*31
Sed hoc interim ad eam dictum sit significationem *Trin.3.*41
de eo nihil quod est esse de utrisque dictum est, ... *Trin.4.*81
pro quibus omne quod dictum est sumpsimus ad disputationem; . . . *Trin.5.*2
nihilque aliud ut dictum est differunt *Trin.5.*34
Sed de proposita quaestione satis dictum est. *Trin.6.*27
sed ut dictum est ad aliquid. *Pat.*64
Transmisso itaque ut dictum est mari rubro uenit *Fid.*166
quorum intererat in tragoedia uel in comoedia ut dictum est *Eut.3.*19
est enim persona ut dictum est naturae rationabilis indiuidua substantia. *Eut.4.*21
Sed satis de ea parte dictum uidetur. *Eut.6.*1
quae a se, ut dictum est, et facere et pati possunt *Eut.6.*48
Qua in re si quid perperam dictum est, ... *Eut.8.*95
sed nimis e natura dictum est nescio quem filios inuenisse tortorem; . . *C.3,P.7.*13
dicturam. "et id te paulo ante dicturam tenui licet suspicione prospexi." . . *C.3,P.*12.44
dicturum. Meministi, ut opinor, quoniam me dicturum quid facturumue . *C.1,P.4.*111
nullum arbitror esse dicturum, quod quae nunc fiunt, . . . euentura non
fuerint. *C.5,P.4.*57
dicunt. Sabelliani. . .per hoc dicunt esse unam personam sub uocabulorum
diuersitate signatam. *Fid.*39
eam quam Graeci ὑπόστασιν dicunt terminauimus. *Eut.3.*6
eam quam illi ὑπόστασιν dicunt personam uocantes; *Eut.3.*27
Nam quod Graeci οὐσίωσιν uel οὐσιῶσθαι dicunt, ... *Eut.3.*42
dicuntur. Quae cum de rebus subiectis dicuntur, uocantur accidentia secundum rem; *Trin.4.*106
Quocirca si pater ac filius ad aliquid dicuntur *Trin.5.*34
quaecumque hoc modo dicuntur, de singulis in unum collectis tribus
singulariter praedicabuntur. *Pat.*18
substantialiter de diuinitate dicuntur. *Pat.*68
quoniam esse eorum a boni uoluntate defluxit, bona esse dicuntur. . . *Quo.*121
de omnibus rebus quae quocumque modo esse dicuntur. *Eut.1.*4
lapisque ac lignum de singulis lapidibus ac lignis dicuntur. *Eut.2.*44
non dicuntur inmixta, sed alterum alterius qualitate corrumpitur. . . . *Eut.6.*37
didiceram. quod a te inter secreta otia didiceram transferre. . .optaui. . *C.1,P.4.*27
didiceris. nihil est quod admirere, cum Platone sanciente didiceris . . *C.3,P.*12.111
didicisti. Nonne adulescentulus δοιοὺς πίθους . . . in Iouis limine iacere
didicisti? *C.2,P.2.*42
quarta fere portio est, sicut Ptolomaeo probante didicisti, ... *C.2,P.7.*16
Omne namque quod sit unum esse ipsumque unum bonum esse paulo
ante didicisti, ... *C.4,P.3.*45
diduci. in diuinis intellectualiter uersari oportebit neque diduci ad imaginationes, ... *Trin.2.*18
nulla imaginatione diduci sed simplici intellectu erigi. . .oportet. . . . *Trin.6.*24
diducunt. Arriani qui. . .trinitatem uariantes distrahunt atque in pluralitatem diducunt. *Trin.1.*13

diffundunt. Quid quod omnes...per medullas robur corticemque diffundunt? *C.3,P.*11.64
diffusa. Haec ergo ecclesia catholica per orbem diffusa tribus modis probatur
    exsistere: *Fid.*258
    Licet remotos fama per populos means Diffusa linguas explicet *C.2,M.*7.10
digeram. ut...quaestionis obscuritatem...digeram et paulo euidentius
    monstrem; *Quo.*4
digereret. Adam talis fuit...ut accepta digereret, ut laberetur *Eut.*8.73
digerit. fatum uero singula digerit in motum locis formis ac temporibus
    distributa, ... *C.4,P.*6.38
digesta. eadem uero adunatio digesta atque explicata temporibus fatum
    uocetur. *C.4,P.*6.41
digna. "Atqui si est diuini humanique praesentis digna collatio, ... *C.5,P.*6.78
digna. Itaque si digna rebus nomina uelimus imponere, ... *C.5,P.*6.57
dignam. popularem gratiam ne commemoratione quidem dignam puto, . . *C.3,P.*6.19
dignas. ita ut caelesti habitatione dignas caelo naturas efficeret *Fid.*63
dignata. quantum nostrae mentis igniculum lux diuina dignata est, ... *Trin.,Prf.*2
dignetur. cur non sanctos quoque uiros eadem appellatione dignetur, . . . *Eut.*4.89
digni. quod cum his solis qui digni sunt conloquuntur. *Quo.*14
    "Qui igitur supplicio digni sunt miseros esse non dubitas?" *C.4,P.*4.121
dignissima. "Recta..."exhortatio tuaque prorsus auctoritate dignissima, . *C.5,P.*1.4
dignissime. Sed hunc esse rerum omnium praecellentissimum dignissime
    confitemur. *C.3,P.*10.50
dignissimum. alii uero bonum quod sit dignissimum ueneratione iudicantes *C.3,P.*2.18
    quod honore dignissimum esse concessum est, ... *C.3,P.*9.29
dignissimum. se solum qui habeat dignissimum putat. *C.2,P.*5.99
    Num uero labuntur hi qui quod sit optimum, id etiam reuerentiae cultu
    dignissimum putent? *C.3,P.*2.60
    spernendumne esse censes an contra rerum omnium ueneratione
    dignissimum?" *C.3,P.*9.21
dignitas. et collata improbis dignitas non modo non efficit dignos, sed prodit *C.2,P.*6.61
    nec illa potentia nec haec dignitas iure appellari potest. *C.2,P.*6.66
    Inest enim dignitas propria uirtuti, ... *C.3,P.*4.18
    despectiores potius improbos dignitas facit. *C.3,P.*4.26
dignitate. ut non uirtutibus ex dignitate sed ex uirtute dignitatibus honor
    accedat. *C.2,P.*6.12
    Haec cum Philosophia dignitate uultus et oris grauitate seruata *C.4,P.*1.1
dignitatem. Cuius dignitatem reatus ipsi etiam qui detulere uiderunt, . . . *C.1,P.*4.135
    uos dignitatem uestram infra infima quaeque detruditis. *C.2,P.*5.80
dignitates. Videsne quantum malis dedecus adiciant dignitates? *C.3,P.*4.8
    Si igitur reuerendos facere nequeunt dignitates, ... *C.3,P.*4.48
dignitates. Praetereo,...sumptas in adulescentia negatas senibus dignitates; *C.2,P.*3.24
    eaque de causa diuitias, dignitates, regna, gloriam uoluptatesque
    desiderant *C.3,P.*2.73
    Sed dignitates honorabilem reuerendumque cui prouenerint reddunt. . *C.3,P.*4.1
    reuerentiam per has umbratiles dignitates non posse contingere, . . . *C.3,P.*4.29
    uanescunt ilico, cum ad eos uenerint qui dignitates eas esse non aestimant. *C.3,P.*4.37
dignitatibus. ut non uirtutibus ex dignitate sed ex uirtute dignitatibus honor
    accedat. *C.2,P.*6.12
    Ad haec si ipsis dignitatibus ac potestatibus inesset aliquid naturalis ac
    proprii boni, ... *C.2,P.*6.40
    reddunt namque improbi parem dignitatibus uicem *C.3,P.*4.27
    Atqui si hoc naturale munus dignitatibus foret, ... *C.3,P.*4.32
dignitatibus. Et ego quidem bonis omnibus pulsus, dignitatibus exutus, . . *C.1,P.*4.164
    Quid autem de dignitatibus potentiaque disseram *C.2,P.*6.1
    Ita cum pessimos plerumque dignitatibus fungi dubium non sit, . . . *C.2,P.*6.45
    Dignitatibus fulgere uelis? Danti supplicabis *C.3,P.*8.6
    nec reuerentiam dignitatibus nec celebritatem gloria...posse contingere." *C.3,P.*9.5
dignitatis. ob ambitum dignitatis sacrilegio me conscientiam polluisse
    mentiti sunt. *C.1,P.*4.137
    quae uos uerae dignitatis ac potestatis inscii caelo exaequatis? *C.2,P.*6.2
    liquet eos propriam dignitatis pulchritudinem non habere. *C.3,P.*4.21
dignitatum. Quouis iudice de opum dignitatumque mecum possessione
    contende. *C.2,P.*2.5
dignius. Quod quidem de cunctis fortunae muneribus dignius existimari potest, *C.2,P.*6.48
    "Nihil,"..."nec reapse uerius...nec deo dignius concludi potest." . . *C.3,P.*10.80

dignos. et collata improbis dignitas non modo non efficit dignos, sed prodit . *C*.2,*P*.6.61

Non enim possumus ob honores reuerentia dignos iudicare *C*.3,*P*.4.14

cum aegros corpore minime dignos odio sed potius miseratione iudicemus, *C*.4,*P*.4.151

et quos alii praemio alii supplicio dignos arbitrantur. . . . . , . . . *C*.4,*P*.6.108

dignum. ut quod apud alios laude apud alios supplicio dignum iudicetur. . . *C*.2,*P*.7.39

quod solum quanta dignum sit admiratione profecto consideras. . . . *C*.4,*P*.1.12

dignum. uel ea qua est praeditus sapientia non dignum putare? *C*.3,*P*.4.17

"Omnem," inquit, "improbum num supplicio dignum negas?" *C*.4,*P*.4.118

dignum. Quid dignum stolidis mentibus inprecer? *C*.3,*M*.8.19

dii. Igitur pater filius spiritus sanctus unus non tres dii. *Trin*.1.9

diiudicat. intellegentia . . . concepta forma quae subsunt etiam cuncta

diiudicat, ... *C*.5,*P*.4.99

dilabatur. Ea est . . . diuinae forma substantiae ut neque in externa dilabatur *C*.3,*P*.12.103

dilabitur. sed ab integris absolutisque procedens in haec extrema atque effeta

dilabitur. *C*.3,*P*.10.18

dilabuntur, liberiores . . . minus uero cum dilabuntur ad corpora, ... *C*.5,*P*.2.18

dilatare. quam compressa gloria quam dilatare ac propagare laboratis? . . . *C*.2,*P*.7.35

dilige. Dilige iure bonos et miseresce malis." *C*.4,*M*.4.12

diligendo. cum licet uariae dissidentesque sententiae tamen in diligendo boni

fine consentiunt. *C*.3,*P*.2.79

diligenter. ab ullo uestrum hactenus satis diligenter ac firmiter expedita. . . *C*.5,*P*.4.5

diligentia. quanta est naturae diligentia, ut cuncta semine multiplicato

propagentur! *C*.3,*P*.11.69

diligentius. si aliqua re forte diuersus es, diligentius intuere quae dicta sunt *Pat*.70

diluuii. poenalem multitudinem effusa diluuii inundatione excepto Noe . . .

interire permisit. *Fid*.132

Creuitque contumacia quam dudum diluuii unda puniuerat *Fid*.141

diluuio. Et quasi prima quaedam mundi aetas diluuio ultore transacta est. . *Fid*.137

Maluitque deus non iam diluuio punire genus humanum, ... *Fid*.144

diluuium. quae flammis Aetnae eructuantibus, quod diluuium tantas strages

dederint? *C*.2,*P*.6.5

dimensione. neque grauia neque colorata neque spatii dimensione distenta . *Quo*.112

dimissos. miseriores esse improbos iniusta impunitate dimissos *C*.4,*P*.4.87

dimittere. altis Aegyptus plagis uastata est, cum nollet dimittere populum. *Fid*.165

dimotis. ut dimotis fallacium affectionum tenebris *C*.1,*P*.6.61

dinoscere. nec dinoscere possem, quaenam haec esset mulier *C*.1,*P*.1.45

dinoscit. qui sanitatis ipsius atque aegritudinis modum temperamentumque

dinoscit, ... *C*.4,*P*.6.117

per se igitur fugienda optandaue dinoscit. *C*.5,*P*.2.9

Itaque si praesentiam pensare uelis qua cuncta dinoscit, ... *C*.5,*P*.6.67

tam necessarie quam non necessarie uentura dinoscit; *C*.5,*P*.6.85

dira. uenena . . . Dira quae penitus meant *C*.4,*M*.3.37

dirigebas. quoniam me dicturum quid facturumue praesens semper ipsa

dirigebas, ... *C*.1,*P*.4.112

dirigens. nihilo minus tamen suus modus ad bonum dirigens cuncta disponat. *C*.4,*P*.6.97

quod . . . deus idem ad bonum dirigens cuncta disponat, ... *C*.4,*P*.6.201

diripiendas. illi uero circa diripiendas inutiles sarcinulas occupantur. . . . *C*.1,*P*.3.45

dis. et uictricem quidem causam dis, uictam uero Catoni placuisse *C*.4,*P*.6.130

discedens. haec tibi certos . . . uultus ambiguosque secreuit, discedens suos

abstulit, ... *C*.2,*P*.8.22

discedit. extimus . . . quanto a puncti media indiuiduitate discedit *C*.4,*P*.6.70

quod longius a prima mente discedit maioribus fati nexibus implicatur . *C*.4,*P*.6.74

disceditur. Si quid enim uel ultra uel infra quam oportuerit fiat, a uirtute

disceditur. *Eut*.7.78

discedunt. Dominam famulae cognoscunt; mecum ueniunt, me abeunte

discedunt. *C*.2,*P*.2.19

disceres. licentiam quam cito finiri precabaris nec longam esse disceres . . *C*.4,*P*.4.84

discernantur. Et cum haec ita intellegentia discernantur permisceanturque,

tamen *Eut*.7.60

discernat. id habet iudicium quo quidque discernat; *C*.5,*P*.2.8

discernendo. quanto magis ea . . . in discernendo non obiecta extrinsecus

sequuntur, ... *C*.5,*P*.5.9

discernere. Sed concedamus ut aliquis possit bonos malosque discernere; . . *C*.4,*P*.6.110

discerneret. ut . . . bonum a malo non sincera integritate discerneret, ... *Eut*.8.37

discerneretur. at certe ὑποστάσεως uel substantiae uocabulis discerneretur. . *Eut*.3.78

discernitis. quamquam simul utrumque conspectum tamen discernitis . . .   *C*.5,*P*.6.87
discerpentibus. cum a semet ipsis discerpentibus conscientiam uitiis quisque
   dissentiat *C*.4,*P*.6.182
discesserit. Et cara tibi est fortuna praesens nec manendi fida et cum
   discesserit adlatura maerorem. *C*.2,*P*.1.42
   ut quod adsignata [quod ab assignata] ordinis ratione decesserit
   [discesserit], ...   *coni.C*.4,*P*.6.193
discessi. Quid si a te non tota discessi? *C*.2,*P*.2.43
disciderunt. uestem quam meis texueram manibus, disciderunt *C*.1,*P*.3.26
disciplinaliter. in mathematicis disciplinaliter, in diuinis intellectualiter
   uersari oportebit *Trin*.2.17
disciplinis. et ex intimis sumpta philosophiae disciplinis . . . uelo, ...   *Trin.,Prf*.17
   Vt igitur in mathematica fieri solet ceterisque etiam disciplinis, ...   *Quo*.15
   quod tuis inbuti disciplinis, tuis instituti moribus sumus. *C*.1,*P*.4.151
discipulis. Dat ergo formam discipulis suis baptizandi, ...   *Fid*.228
discipulos. Post baptismum uero elegit duodecim discipulos, ...   *Fid*.218
discit. Quod si Platonis Musa personat uerum, Quod quisque discit immemor
   recordatur." *C*.3,*M*.11.16
discordant. Quid quod diuersarum gentium mores inter se atque instituta
   discordant, ...   *C*.2,*P*.7.38
discordia. An nulla est discordia ueris Semperque sibi certa cohaerent? . . .   *C*.5,*M*.3.6
   An nulla est discordia [discordia nulla est] ueris *coni.C*.5,*M*.3.6
discordiae. Inde cum inprobis graues inexorabilesque discordiae *C*.1,*P*.4.32
discordias. Satisne in me magnas uideor exaceruasse discordias? *C*.1,*P*.4.54
discors. Omnis diuersitas discors, similitudo uero appetenda est; *Quo*.49
   diuersitas inuicem discors dissociaret atque diuelleret, ...   *C*.3,*P*.12.19
   sic astrigeris Bellum discors exulat oris. *C*.4,*M*.6.18
   Quaenam discors foedera rerum Causa resoluit? *C*.5,*M*.3.1
discrepant. Etenim quae discrepant bona, non esse alterum quod sit alterum
   liquet; *C*.3,*P*.10.70
   "Quae igitur cum discrepant minime bona sunt, ...   *C*.3,*P*.11.18
discrepare. nomina . . . diuersa, nullo modo uero discrepare substantiam." . .   *C*.3,*P*.9.44
   Quae uariis uideas licet omnia discrepare formis, ...   *C*.5,*M*.5.8
discreparent. Si haec omnia beatitudinis membra forent, a se quoque inuicem
   discreparent. *C*.3,*P*.10.113
   uera . . . bona non esse quoniam a se inuicem discreparent *C*.3,*P*.11.10
discreta. quam diuinitas in Christo humanitasque discreta est, si mansere
   personae. *Eut*.4.105
discretae. si discretis utrisque personis discretae etiam fuere naturae? . . .   *Eut*.4.73
discretio. quaenam inter naturam personamque possit esse discretio; . . .   *Eut*.2.4
   si sub diuersitate naturae personarum quoque credatur mansisse discretio?   *Eut*.4.111
   si manet aeque naturae personaeque discretio. *Eut*.4.121
discretionem. "Cuius discretionem rei sic accipe. *C*.3,*P*.10.111
discretionis. mulier reuerendi admodum uultus, . . . statura discretionis
   ambiguae. *C*.1,*P*.1.8
discretis. si discretis utrisque personis discretae etiam fuere naturae? . . .   *Eut*.4.73
discriminis. iacere bonos nostri discriminis terrore prostratos, ...   *C*.1,*P*.4.170
discussa. Tunc me discussa liquerunt nocte tenebrae *C*.1,*M*.3.1
disiuncta. Omnino enim disiuncta sunt quae aeque personis naturisque
   separantur, ...   *Eut*.4.101
   prorsus inquam disiuncta sunt nec magis inter se homines bouesque . .   *Eut*.4.103
disiuncti. nec magis inter se homines bouesque disiuncti *Eut*.4.104
disiunctum. quorum lasciuia ac petulantia nihil a ioco risuque patitur esse
   seiunctum [disiunctum]. *uar.Quo*.11
   Deo uero atque homini quid non erit diuersa ratione disiunctum, . . .   *Eut*.4.110
   De quibus illud disiunctum nascitur, quod interrogabimus *Eut*.5.48
disiunctum. humanum genus, uti paulo ante cantabas, dissaeptum atque
   disiunctum suo fonte fatiscere. *C*.5,*P*.3.112
disiungi. Vna igitur substantia trium nec separari ullo modo aut disiungi
   potest *Pat*.12
dispensans. bonis praemia malis supplicia dispensans. *C*.5,*P*.6.170
dispensari. In qua re illud etiam dispensari credo, quod est forsitan alicuius
   tam praeceps *C*.4,*P*.6.167
dispensatio. Parcit itaque sapiens dispensatio ei quem deteriorem facere possit
   aduersitas, ...   *C*.4,*P*.6.138
dispertit. quod est unum simplexque natura, prauitas humana dispertit . .   *C*.3,*P*.9.46

dispiciamus. unumquodque ut intellegi atque capi potest dispiciamus;   . .   *Trin.*2.2
displicere. quibus hoc maxime propositum est pessimis displicere. *C.*1,*P.*3.39
disponat. nihilo minus tamen suus modus ad bonum dirigens cuncta disponat.   *C.*4,*P.*6.97
    quod . . . deus idem ad bonum dirigens cuncta disponat, ...   *C.*4,*P.*6.201
disponentem. si disponentem prouidentiam spectes, nihil usquam mali esse
    perpendas. *C.*4,*P.*6.205
disponentis. seque ad disponentis nutum ueluti conuenientia contemperataque
    rectori sponte conuertant?" *C.*3,*P.*12.51
disponeret. qui has mutationum uarietates manens ipse disponeret. *C.*3,*P.*12.24
disponit. "Per se igitur solum cuncta disponit."   · *C.*3,*P.*12.36
    "Per bonum igitur cuncta disponit, si quidem per se regit omnia   . . .   *C.*3,*P.*12.39
    quod regit cuncta fortiter suauiterque disponit." *C.*3,*P.*12.64
    cum uero ad ea quae mouet atque disponit refertur, fatum a ueteribus
    appellatum est.   . . . .   ·   . . .   · *C.*4,*P.*6.29
    prouidentia est ipsa illa diuina ratio . . . quae cuncta disponit;   . . .   *C.*4,*P.*6.33
    ita deus prouidentia quidem singulariter stabiliterque facienda disponit,   *C.*4,*P.*6.49
    qui de prouidentiae fonte descendens cuncta suis locis temporibusque
    disponit. *C.*5,*P.*1.58
    et suis quaeque meritis praedestinata disponit. *C.*5,*P.*2.29
disposite. Quae quam recte atque disposite . . . fiant, nulla dubitatio est. . .   *C.*4,*P.*6.157
dispositio. fatum uero inhaerens rebus mobilibus dispositio *C.*4,*P.*6.34
dispositione. Ex meane dispositione scientia diuina mutabitur, ...   *C.*5,*P.*6.148
dispositionis. Sed tu quamuis causam tantae dispositionis ignores,   . . .   *C.*4,*P.*5.25
dispositissima. in tanti uelut patrisfamilias dispositissima domo   . . . .   ·   *C.*4,*P.*1.22
dispositos. nec tam dispositos motus locis, . . . explicarent, ...   *C.*3,*P.*12.21
disposuit. illos quoque, uti condignum fuit, benigna fortitudo disposuit. . .   *C.*3,*P.*12.71
    fato uero haec ipsa quae disposuit multipliciter ac temporaliter ad-
    ministrat. *C.*4,*P.*6.50
    eorum quae diuina simplicitas gerenda disposuit mobilem nexum   . . .   *C.*4,*P.*6.59
disputabas. Deum . . . regere disputabas uolentiaque cuncta parere *C.*3,*P.*12.96
disputationem. de relatiuis speculemur pro quibus omne quod dictum est
    sumpsimus ad disputationem; *Trin.*5.2
disputationis. simul cum omne disputationis tuae latus indubitata fide
    constiterit, ...   *C.*5,*P.*1.15
disputatum. de utrisque quidem partibus idonee ut arbitror disputatum est.   *Eut.*7.101
dissaepta. Dissaepta suo fonte fatiscant. *C.*4,*M.*6.43
dissaeptum. humanum genus, . . . dissaeptum atque disiunctum suo fonte
    fatiscere. *C.*5,*P.*3.111
dissentiant. cum a semet ipsis discerpentibus conscientiam uitiis quisque
    dissentiat [quique dissentiant] faciantque *coni.C.*4,*P.*6.182
dissentiat. cum a semet ipsis discerpentibus conscientiam uitiis quisque
    dissentiat *C.*4,*P.*6.182
dissentire. "Nihil uideo cur dissentire quispiam possit." *C.*3,*P.*10.140
disseram. Quid autem de dignitatibus potentiaque disseram *C.*2,*P.*6.1
    Nam quid ego de regum familiaribus disseram, ...   *C.*3,*P.*5.26
disserebas. In qua . . . de humanarum diuinarumque rerum scientia disse-
    rebas? *C.*1,*P.*4.13
    deum summum esse bonum plenamque beatitudinem disserebas;   . . .   *C.*3,*P.*12.90
disserere. Sed nunc de his disserere consilium non est. *C.*4,*P.*4.79
disseris. Nam ita disseris: Si qua certos . . . habere non uideantur euentus,   .   *C.*5,*P.*5.41
disserui. Sed cum, uti paulo ante disserui, plures gentes esse· *C.*3,*P.*6.14
disseruit. Tunc uelut ab alio orsa principio ita disseruit: *C.*4,*P.*6.21
dissice. Dissice terrenae nebulas et pondera molis *C.*3,*M.*9.25
dissideant. cum bonum malumque item poenae atque praemium aduersa
    fronte dissideant, ...   *C.*4,*P.*3.34
dissident. An distant quia dissidentque mores, ...   *C.*4,*M.*4.7
dissidentes. cum licet uariae dissidentesque sententiae *C.*3,*P.*2.78
dissiliat. Forsitan . . . pulchra quaedam ueritatis scintilla dissiliat?" *C.*3,*P.*12.74
dissimile. Non enim dissimile est miraculum nescienti *C.*4,*P.*6.112
dissimiles. ad uirtutis frugem rediere, dum se eis dissimiles student esse quos
    oderant. *C.*4,*P.*6.188
dissimillimi. quod nostris moribus instituti studiis improborum dissimillimi
    uidebantur. *C.*1,*P.*3.36
dissimulare. Magna uobis est, si dissimulare non uultis, necessitas indicta
    probitatis, ...   *C.*5,*P.*6.174
dissociantur. Et mox abiunctis dissociantur aquis. *C.*5,*M.*1.4

dissociaret. diuersitas inuicem discors dissociaret atque diuelleret, ...   *C*.3,*P*.12.19
dissolutis. Haud aliter tristitiae nebulis dissolutis hausi caelum *C*.1,*P*.3.1
dissoluantur. adhaerent tenacissime partibus suis et ne facile dissoluantur
    resistunt. *C*.3,*P*.11.82
dissoluat. cum ipsum saepe hominem uelox hora dissoluat? *C*.2,*P*.3.47
dissoluere. rationem qua se quidam credunt hunc quaestionis nodum posse
    dissoluere. *C*.5,*P*.3.18
dissolui. dum sciatis hoc quodcumque miramini triduanae febris igniculo
    posse dissolui! *C*.3,*P*.8.31
    sed interire atque dissolui pariter atque unum destiterit?" *C*.3,*P*.11.29
dissoluitur. cum uero haec unitas utriusque separatione dissoluitur, . . .   *C*.3,*P*.11.33
dissonae. quam dissonae multiplicesque sententiae, piget reminisci. .   *C*.1,*P*.4.160
dissonare. Dissonare etenim uidentur putasque si praeuideantur consequi
    necessitatem, ...   *C*.5,*P*.4.64
distant. tres homines neque genere neque specie sed suis accidentibus distant;   *Trin*.1.26
    An distant quia dissidentque mores, ...   *C*.4,*M*.4.7
distantes. nationes lingua, moribus, totius uitae ratione distantes, . . .   *C*.2,*P*.7.26
distantiam. Hoc enim illis … imminet qui inter eos distantiam faciunt
    meritorum. *Trin*.3.32
distantias. in rebus incorporalibus distantias effici differentiis non locis. . .   *Trin*.5.41
distantibus. atque ita ex distantibus naturis una fieret copulatio persona!   *Eut*.4.66
distare. hos, quoniam incorporales sint, minime locis distare. *Trin*.5.49
distat. Sed distat, quoniam homo non integre ipsum homo est *Trin*.4.32
distenditur. quantumque siti uasta regio distenditur *C*.2,*P*.7.18
distent. ne uel accidentibus uel substantialibus differentiis in subiecto
    positis distent. *Trin*.3.2
distenta. neque colorata neque spatii dimensione distenta nec ulla in eis
    qualitas esset, ...   *Quo*.113
distinctione. Quae tametsi conditoris opera suique distinctione postremae
    aliquid pulchritudinis trahunt, ...   *C*.2,*P*.5.28
distinctis. quamuis illic distinctis ordinibus pulchra sint omnia, . . .   *Fid*.66
distingueris. An uernis floribus ipse distingueris *C*.2,*P*.5.36
distractus. quoniam et tu quominus uenires occupatione distractus es . .   *Eut*.,*Prf*.3
    Gloriam petas? Sed per aspera quaeque distractus securus esse desistis.   *C*.3,*P*.8.11
distrahunt. Arriani qui … trinitatem uariantes distrahunt atque in plurali-
    tatem diducunt. *Trin*.1.13
    diuersumque te dolor, ira, maeror distrahunt, ...   *C*.1,*P*.5.39
distraxerint. at si distributae segregataeque partes corporis distraxerint
    unitatem, ...   *C*.3,*P*.11.37
distribuit. quod Abrahae atque Dauid promittitur … aliis distribuit, . .   *Eut*.5.65
    Aliis mixta quaedam pro animorum qualitate distribuit; . . .   *C*.4,*P*.6.148
    Marcoque Tullio, cum diuinationem distribuit, uehementer agitata .   *C*.5,*P*.4.3
distributa. fatum uero singula digerit in motum locis formis ac temporibus
    distributa, ...   *C*.4,*P*.6.38
distributae. at si distributae segregataeque partes corporis distraxerint
    unitatem, ...   *C*.3,*P*.11.37
ditetis. Non altis laqueos montibus abditis Vt pisce ditetis dapes . . .   *C*.3,*M*.8.6
diu. Anxie te quidem diuque sustinui, ut de ea quae *Eut*.,*Prf*.1
    Papinianum diu inter aulicos potentem militum gladiis Antoninus obiecit.   *C*.3,*P*.5.30
    "omne quod est tam diu manere atque subsistere *C*.3,*P*.11.28
    manere atque subsistere quam diu sit unum, ...   *C*.3,*P*.11.29
    tibique ipsi res diu prorsus multumque quaesita, ...   *C*.5,*P*.4.3
diutissime. Inuestigatam diutissime quaestionem, quantum nostrae mentis   *Trin*.,*Prf*.1
diuturnior. Nam si nequitia miseros facit, miserior sit necesse est diuturnior
    nequam; *C*.4,*P*.4.27
    licentiam … infelicioremque fore, si diuturnior, ...   *C*.4,*P*.4.85
diuturnitas. illud quo solo mortalium rerum durat diuturnitas gignendi opus,   *C*.3,*P*.11.94
diuturnitate. si aeternitatis infinita spatia pertractes, quid habes quod de
    nominis tui diuturnitate laeteris? *C*.2,*P*.7.52
diuturnitatem. ad interminabilem diuturnitatem ne comparari quidem potest.   *C*.2,*P*.7.57
diuelleret. diuersitas inuicem discors dissociaret atque diuelleret, . . .   *C*.3,*P*.12.19
diuersa. Si enim dei atque hominis diuersa substantia *Eut*.4.55
    Prouidentia namque cuncta pariter quamuis diuersa quamuis infinita
    complectitur; *C*.4,*P*.6.36
    sed est opinio fallax ab scientiae ueritate longe diuersa. . . .   *C*.5,*P*.3.58
diuersa. Deo uero atque homini quid non erit diuersa ratione disiunctum, .   *Eut*.4.110

diximus. talis qualem esse diximus ultra substantiam; . . . . 　*Trin.*4 22
　　ea coniunctio qualem superius diximus . . . . 　*Eut.*4.32
　　Quia uero paulo ante diximus Eutychen confiteri . . . . 　*Eut.*7.93
　　Hunc, uti diximus, diuerso tramite mortales omnes conantur adipisci. . 　*C.*3,*P.*2.12
　　Vt enim paulo ante diximus, quod nihil habet proprii decoris, ... 　*C.*3,*P.*4.45
　　quod boni summi summum deum diximus esse plenissimum." . . . . . 　*C.*3,*P.*10.42
　　Iamne igitur uides quid haec omnia quae diximus consequatur?" . . . 　*C.*4,*P.*7.1
　　Haud igitur iniuria diximus haec . . . necessaria, ... 　*C.*5,*P.*6.134
dixisti. Et tu quidem de tuis . . . meritis uera quidem, sed pro multitudine
　　gestorum tibi pauca dixisti. . . . . 　*C.*1,*P.*5.27
　　non tamen antehac prorsus ignorata dixisti. . . . . 　*C.*4,*P.*1.9
　　quod tu dudum de prouidentia quaestionem pluribus aliis implicitam esse
　　dixisti, ... 　*C.*5,*P.*1.5
dixit. Haec dixit oculosque meos . . . siccauit. . . . . 　*C.*1,*P.*2.16
　　qui carentem liberis infortunio dixit esse felicem. . . . . 　*C.*3,*P.*7.18
doceamus. Restat ut, . . . et in utrisque naturis Christum et ex utrisque con-
　　sistere doceamus. . . . . 　*Eut.*7.3
doceat. Animumque doceat quidquid extra molitur Suis retrusum possidere
　　thesauris. . . . . 　*C.*3,*M.*11.5
docebas. ipsumque unum id ipsum esse bonum docebas quod ab omni rerum
　　natura peteretur. . . . . 　*C.*3,*P.*12.94
docebat. ut . . . ipse primus quod docebat exciperet. . . . . 　*Fid.*217
docendi. Dat ergo formam discipulis suis baptizandi, docendi salutaria,
　　efficientiam quoque . . . . 　*Fid.*229
docti. "Quae incorporalia sunt, in loco non esse," et cetera; quae non uulgus
　　sed docti comprobant. . . . . 　*Quo.*27
doctorum. Alia uero est doctorum tantum, quae tamen ex talibus communis
　　animi conceptionibus uenit, ... 　*Quo.*23
　　tenet enim communis sententia doctorum omne quod est ad bonum
　　tendere, ... 　*Quo.*57
　　quod esse quidem constat idque ex omnium doctorum indoctorumque
　　sententia barbararumque . . . . 　*Quo.*94
doctrina. Diffunditur ergo per mundum caelestis illa doctrina, adunantur
　　populi, ... 　*Fid.*244
　　Haec itaque doctrina et praesentem uitam bonis informat operibus . . 　*Fid.*248
doctrina. semen . . . ueri Quod excitatur uentilante doctrina. . . . . . . 　*C.*3,*M.*11.12
doctrinam. Et quia sanam doctrinam Iudaeorum populus non ferebat, . . . 　*Fid.*219
docui. eademque omnia sicuti docui ad bonum . . . festinent, ... 　*C.*3,*P.*12.49
docuisti. et si quam paulo ante docuisti prouidentiam fatumue considerem, . 　*C.*4,*P.*7.9
docuit. Christus uotis docuit optare, ut fiat uoluntas eius sicut in caelo . . 　*Eut.*8.90
documenta. Delatorem ne documenta deferret quibus senatum maiestatis
　　reum faceret . . . . 　*C.*1,*P.*4.74
δοιούς. Nonne adulescentulus δοιούς πίθους . . . in Iouis limine iacere didicisti? 　*C.*2,*P.*2.40
doleas. si nihil inest appetendae pulchritudinis, quid est quod uel amissis
　　doleas . . . . 　*C.*2,*P.*5.57
dolor. Et dolor aetatem iussit inesse suam. . . . . 　*C.*1,*M.*1.10
　　Postremus aduersum fortunam dolor incanduit . . . . 　*C.*1,*P.*5.35
　　diuersumque te dolor, ira, maeror distrahunt, ... 　*C.*1,*P.*5.39
　　Gaudia pelle, Pelle timorem Spemque fugato Nec dolor adsit. . . . . 　*C.*1,*M.*7.28
dolore. Haec ubi continuato dolore delatraui, illa uultu placido . . . . . . 　*C.*1,*P.*5.1
　　dum intolerabili dolore confundat quos insperata reliquerit. . . . . . 　*C.*2,*P.*1.8
　　tui desiderio lacrimis ac dolore tabescit. . . . . 　*C.*2,*P.*4.24
　　"Nec ambigo," inquam, "quin perpesso satisfacerem dolore facientis." . 　*C.*4,*P.*4.125
dolorem. eaque mihi etsi ob iniuriae dolorem nuper oblita . . . . 　*C.*4,*P.*1.8
dolores. quae dolores eius non modo nullis remediis fouerent, ... 　*C.*1,*P.*1.30
　　quam intolerabiles dolores . . . solent referre corporibus! . . . . . 　*C.*3,*P.*7.4
doloribus. beatitudinem nec doloribus molestiisque subiectam . . . . . . 　*C.*3,*P.*2.69
doloribus. beatitudinis fructum non morte solum uerum etiam doloribus
　　suppliciisque quaesisse, ... 　*C.*2,*P.*4.99
doloris. sed adhuc contumacis aduersum curationem doloris fomenta quaedam
　　sunt. . . . . 　*C.*2,*P.*3.11
doluisti. De nostra etiam criminatione doluisti, ... 　*C.*1,*P.*5.33
　　Nam quoniam tui obliuione confunderis, et exsulem te et exspoliatum
　　propriis bonis esse doluisti. . . . . 　*C.*1,*P.*6.44
domesticis. Atque haec . . . insitis domesticisque probationibus explicabas." 　*C.*3,*P.*12.99
domet. Qui se uolet esse potentem Animos domet ille feroces . . . . . . 　*C.*3,*M.*5.2
dominae. Fortunae te regendum dedisti; dominae moribus oportet obtemperes. 　*C.*2,*P.*1.59

dominam. scribere legem...ei quam tu tibi dominam sponte legisti, ... *C.2,P.*1.53
    Dominam famulae cognoscunt; mecum ueniunt, me abeunte discedunt. *C.2,P.*2.18
dominatam. minimum nobis ambitionem mortalium rerum fuisse dominatam. *C.2,P.*7.2
dominationem. Tandem deus Aegyptii regis dominationem despiciens diuiso
    mari rubro, ... *Fid.*160
dominis. Non facit quod optat ipse dominis pressus iniquis. *C.4,M.*2.10
domino. non accidit seruus domino ut albedo albo, sed potestas quaedam qua
    seruus coercetur. *Trin.*5.13
    Quae quoniam sublato deperit seruo, constat non eam per se domino
    accidere *Trin.*5.15
    Qui si uitiosi moribus sint, perniciosa domus sarcina et ipsi domino
    uehementer inimica; *C.2,P.*5.51
domino. At in domino, si seruum auferas, perit uocabulum quo dominus
    uocabatur; *Trin.*5.11
dominos. Et dulci ueniam prece Vmbrarum dominos rogat. *C.3,M.*12.28
    Iam uidebit intus artas dominos ferre catenas. *C.4,M.*2.5
dominum. Atqui si auferas seruum, abstuleris et dominum; *Trin.*5.8
    ut semper ad differens praedicetur, ut est seruus ad dominum; . . . *Trin.*6.17
    Nec qui cuncta subegerant Mulcerent dominum modi, ... *C.3,M.*12.17
    Victor immitem posuisse fertur Pabulum saeuis dominum quadrigis. . . *C.4,M.*7.21
dominus. Age enim, quoniam dominus ac seruus relatiua sunt, ... *Trin.*5.5
    At in domino,si seruum auferas, perit uocabulum quo dominus uocabatur; *Trin.*5.12
    Quodque nos ipse dominus Iesus Christus uotis docuit optare, ... *Eut.*8.89
    Hic regum sceptrum dominus tenet *C.4,M.*1.19
    Rex et dominus fons et origo Lex et sapiens arbiter aequi *C.4,M.*6.36
domitor. Primusque lacer dente cruento Domitor rabidas imbuit iras. . . *C.3,M.*2.16
domo. Hic ergo Iacob cum filiis ac domo sua transigendi causa *Fid.*155
    pariter consules liberos tuos domo prouehi sub frequentia patrum, . . *C.2,P.*3.29
    in tanti uelut patrisfamilias dispositissima domo *C.4,P.*1.22
domos. Inmites superos querens Infernas adiit domos. *C.3,M.*12.19
    Donec in astriferas surgat domos *C.4,M.*1.9
domuit. Ille Centauros domuit superbos, ... *C.4,M.*7.14
domum. Humili domum memento Certus figere saxo. *C.2,M.*4.15
    bonum suum repetit, sed uelut ebrius domum quo tramite reuertatur
    ignorat. *C.3,P.*2.53
    uiam tibi quae te domum reuehat ostendam. *C.4,P.*1.34
domus. quotiens Trigguillam regiae praepositum domus...deieci, ... *C.1,P.*4.36
    Praeterea penetral innocens domus,...coetus amicorum,...defendunt. *C.1,P.*4.146
    Qui si uitiosi moribus sint, perniciosa domus sarcina *C.2,P.*5.51
    Et magna titulis fulgeat claris domus, ... *C.2,M.*7.11
dona. Age enim si iam caduca et momentaria fortunae dona non essent, . . *C.2,P.*5.3
dona. Sed lex dona coerceat, Ne, dum Tartara liquerit, ... *C.3,M.*12.44
donamus. 'Donamus comitem uiro Emptam carmine coniugem. *C.3,M.*12.42
donante. pollicetur, ita ut qui hic bene ipso donante uixerit, ... *Fid.*251
donat. Non quidquid Tagus aureis harenis Donat *C.3,M.*10.8
    Superata tellus Sidera donat." *C.4,M.*7.35
donati. "Multo igitur infeliciores improbi sunt iniusta impunitate donati . . *C.4,P.*4.72
donec. Donec in astriferas surgat domos *C.4,M.*1.9
donum. aliud sibi deberi per naturae meritum, aliud per gratiae donum, . . *Fid.*239
dorsa. Dorsaque uelocis premat aetheris Compos uerendi luminis. *C.4,M.*1.17
dotes. uxor...ut omnes eius dotes breuiter includam, patri similis. . . . *C.2,P.*4.20
δόξα. Ὦ δόξα δόξα μυρίοισι δὴ βροτῶν *C.3,P.*6.3
draconi. Poma cernenti rapuit draconi *C.4,M.*7.17
duabus. recitatum Eutychianos ex duabus naturis Christum consistere
    confiteri, ... *Eut.,Prf.*7
    in duabus negare: *Eut.,Prf.*8
    nam et ex duabus eum naturis consistere *Eut.,Prf.*10
    et in duabus apud uerae fidei sectatores aequaliter credi. *Eut.,Prf.*11
    quae ex duabus naturis uel in duabus consisterent differentias inquirebam, *Eut.,Prf.*13
    At si duabus personis manentibus ea coniunctio...facta est naturarum, *Eut.*4.31
    omnino enim ex duabus personis nihil umquam fieri potest. *Eut.*4.34
    At hi ita aiunt ex duabus quidem naturis Christum consistere, . . . *Eut.*6.83
    in duabus uero minime, hoc scilicet intendentes, ... *Eut.*6.84
    quoniam quod ex duabus consistit ita unum fieri potest, ... *Eut.*6.85
    quod cum tribus modis fieri possit, ut ex duabus naturis una subsistat, *Eut.*6.105
    ex duabus naturis iungi sicut ex melle atque aqua, ... *Eut.*7.6
    quod ita ex duabus iunctum est, ut illa tamen ex *Eut.*7.13

duae. sequitur ut duae uideantur esse personae; *Eut.*4.20
    Nam si duae personae essent, unus esse non posset; *Eut.*4.44
    ut in Christo aut duae naturae sint...ut Nestorius ait, ... *Eut.*7.81
    ut in Christo...duaeque personae ut Nestorius ait, ... *Eut.*7.82
    aut duae naturae sed una persona ut catholica fides credit, ... *Eut.*7.83
    aut una natura duaeque personae, ... *Eut.*7.85
    quomodo fieri potuerit ut duae naturae in unam substantiam miscerentur. *Eut.*7.102
    Duae sunt etenim necessitates, simplex una, ... *C.*5,*P.*6.103
dualitas. dualitas nihil, sed tantum dualitas qua duo homines uel duo lapides
    fiunt. *Trin.*3.17
duas. tam catholici quam Nestorius ... duas in Christo naturas esse con-
    stituunt; *Eut.*1.61
    Si enim non est Christi una persona duasque naturas esse manifestum est, *Eut.*4.17
    recte tenens duplicem in Christo esse naturam sacrilege confitetur duas
    esse personas; *Eut.*5.17
    ait duas se confiteri in Christo naturas ante adunationem, ... *Eut.*5.22
    poterit dicentis duas ante adunationem, unam post adunationem, . . . *Eut.*5.36
    usque dum resurgeret quidem, duas fuisse naturas, ... *Eut.*5.46
    Mediaque est haec inter duas haereses uia sicut uirtutes quoque medium
    tenent. *Eut.*7.75
    cumque duas quidem naturas *Eut.*7.85
    duasque personas in ea quae contra Nestorium dicta est responsione
    conuicerimus *Eut.*7.86
    Eutychen confiteri duas quidem in Christo ante adunationem naturas, . *Eut.*7.94
dubio. tribus modis sine dubio definienda est. *Eut.*1.5
    Terrarum quidem fructus animantium procul dubio debentur alimentis. *C.*2,*P.*5.41
    Eoque modo percurrenti cetera procul dubio patebit *C.*3,*P.*11.39
    Fient igitur procul dubio cuncta quae futura deus esse praenoscit, . . . *C.*5,*P.*6.120
    quae praesentia deus habet, dubio procul exsistent, ... *C.*5,*P.*6.132
dubitabilis. malorum uero minime dubitabilis apparet infirmitas *C.*4,*P.*2.139
dubitabis. num etiam potuisse dubitabis?" *C.*4,*P.*2.22
dubitandum. "Mundum," inquit, "hunc deo regi paulo ante minime dubitan-
    dum putabas." *C.*3,*P.*12.12
    "nec umquam dubitandum putabo *C.*3,*P.*12.13
dubitare. quare nihil est quod ullo modo queas dubitare *C.*3,*P.*11.101
    huic obtinendi quod uoluerit defuisse ualentiam dubitare non possis." . *C.*4,*P.*2.19
    Quae cum ita sint, de malorum quoque inseparabili poena dubitare sapiens
    nequeat. *C.*4,*P.*3.32
dubitari. Sed de persona maxime dubitari potest, quaenam ei definitio possit
    aptari. *Eut.*2.1
    dubitari potest, quaenam caro haec quae adsumpta sit esse uideatur. . . *Eut.*8.15
    dubitari nequit, si haec afferre beatitudinem potest, ... *C.*2,*P.*4.95
    pecuniam quam posset amittere?" "Dubitari," inquam, "nequit." . . *C.*3,*P.*3.41
    "At hoc," inquam, "ne dubitari quidem potest." *C.*3,*P.*9.21
    esse aliquam solidam perfectamque non potest dubitari." *C.*3,*P.*10.21
    "Demonstratum," inquam, "nec dubitari ullo modo potest." *C.*3,*P.*11.17
    num dubitari potest quin uoluntaria regantur *C.*3,*P.*12.50
dubitas. "Eiusque rei pedum officium esse naturale num dubitas?" *C.*4,*P.*2.56
    "Qui igitur supplicio digni sunt miseros esse non dubitas?" *C.*4,*P.*4.121
dubitat. cui suppetunt etiam nunc quae uita nemo dubitat esse cariora! . *C.*2,*P.*4.29
    Si scit, metuat necesse est, ne amittat quod amitti posse non dubitat; . *C.*2,*P.*4.88
    quod nemo dubitat esse fortem, cui fortitudinem inesse conspexerit, . . *C.*2,*P.*6.51
    "Quisquis," inquam, "dubitat, nec rerum naturam *C.*4,*P.*2.43
    quisquis afficitur poena, malo se affectum esse non dubitat. *C.*4,*P.*3.39
dubitatio. Quae quam recte atque disposite...fiant, nulla dubitatio est. . . *C.*4,*P.*6.159
dubitatione. unam quoque Christi sine dubitatione personam esse *Eut.*4.43
    Talis namque materia est ut una dubitatione succisa innumerabiles . . *C.*4,*P.*6.8
dubitationem. Et omnino habet animaduertendam dubitationem talis
    quaestio. *Eut.*8.13
dubitatur. Quoniam uero in tota quaestione ... de personis dubitatur atque
    naturis, ... *Eut.,Prf.*60
    Sed hoc, inquis, ipsum dubitatur, an earum rerum *C.*5,*P.*4.63
dubitauerit. Spiritum quoque sanctum substantiam esse nemo dubitauerit. . *Pat.*9
    "Deum," inquit, "esse omnium potentem nemo dubitauerit." *C.*3,*P.*12.75
dubites. quoniam bonus mundum rector temperat, recte fieri cuncta ne
    dubites. *C.*4,*P.*5.27

dubitet. id quo melius nihil est bonum esse quis dubitet? *C.3,P.*10.27
dubito. quid de inanimatis omnino consentiam rebus prorsus dubito." . . . *C.3,P.*11.52
  "ut magna promittis! Nec dubito quin possis efficere; *C.4,P.*2.2
dubium. Quod si ipsum esse in eis bonum est, non est dubium quin substantialia cum sint bona, ... *Quo.*76
  Quae omnia habuisse Christum dubium non est; *Eut.*8.77
  Ita cum pessimos plerumque dignitatibus fungi dubium non sit, ... *C.2,P.*6.45
  Nihil igitur dubium est quin hae ad beatitudinem uiae deuia *C.3,P.*8.1
  "Id quidem," inquam, "dubium non est, sed id quod restat exspecto." . *C.3,P.*10.118
  num dubium est bonos quidem potentes esse, ... *C.4,P.*2.41
ducatur. cum ex prouidentia rerum omnis ordo ducatur *C.5,P.*3.95
duce. uenerunt tandem ad fluuium qui uocatur Iordanis duce iam Iesu Naue
  filio *Fid.*173
  spernendus tamen est, quoniam nullo duce regitur, ... *C.1,P.*3.41
ducem. Obsitum miserans ducem Peste soluerit hospitis, ... *C.4,M.*3.19
ducendam. sed ex conuenientibus necessariisque causis esse ducendam. . . *C.5,P.*4.41
ducere. si quonam te ducere aggrediamur agnosceres!" *C.3,P.*1.16
  Quicumque in superum diem Mentem ducere quaeritis. *C.3,M.*12.54
ducerent. nec hos cruciatus esse ducerent defensorumque operam repudiarent *C.4,P.*4.145
duces. Duces serenus aeuum Ridens aetheris iras. *C.2,M.*4.21
duci. quos...ad iudicium ueluti aegros ad medicum duci oportebat, . . . *C.4,P.*4.137
  Aliud est enim per interminabilem duci uitam, quod mundo Plato tribuit, *C.5,P.*6.35
ducimus. quod in somno spiritum ducimus nescientes; *C.3,P.*11.89
ducis. tu cuncta superno Ducis ab exemplo, pulchrum pulcherrimus ipse
  Mundum mente gerens *C.3,M.*9.7
  Vela Neritii ducis Et uagas pelago rates *C.4,M.*3.1
ducit. ad uerum bonum naturalis ducit intentio *C.3,P.*3.5
  ad quod eos naturalis ducit ac paene compellit intentio. *C.4,P.*2.77
  quod simpliciter praesentarieque prospexerat, per temporales ordines
  ducit, ... *C.4,P.*6.48
  hos in experimentum sui tristibus ducit. *C.4,P.*6.154
  Ite nunc fortes ubi celsa magni Ducit exempli uia! *C.4,M.*7.33
ducitur. quod improbis nunc tristia nunc optata proueniunt, ex eisdem ducitur
  causis; *C.4,P.*6.161
ducta. Quae ubi ad calcem ducta constiterint, tum demum...transmittam. . *Eut.,Prf.*53
ductu. sospes in patriam meo ductu, mea semita,...reuertaris. *C.4,P.*1.37
ductus. Si eo de cuius semine ductus est homo, quem uestita diuinitas est? . *Eut.*5.53
dudum. Creuitque contumacia quam dudum diluuii unda puniuerat *Fid.*141
  Vitrea dudum Parque serenis Vnda diebus *C.1,M.*7.8
  Dudum tremendos saeua proterit reges *C.2,M.*1.3
  "Id quidem," inquam, "iam dudum uehementer exspecto." *C.3,P.*9.98
  "nunc me indubitato cernere quae dudum incerta uidebantur." *C.3,P.*11.104
  Dudum quod atra texit erroris nubes Lucebit *C.3,M.*11.7
  quin recorderis quod te dudum nescire confessus es." *C.3,P.*12.6
  remque omnium maximam dei munere quem dudum deprecabamur
  exegimus. *C.3,P.*12.101
  quoniam uerae formam beatitudinis me dudum monstrante uidisti, . . *C.4,P.*1.32
  iam dudum et pondere quaestionis oneratum *C.4,P.*6.207
  sed quod tu dudum de prouidentia quaestionem...implicitam esse dixisti, *C.5,P.*1.4
dulcedinem. rationis prolixitate fatigatum aliquam carminis exspectare
  dulcedinem. *C.4,P.*6.209
dulcedinis. Adsit igitur Rhetoricae suadela dulcedinis *C.2,P.*1.21
  "oblitaque Rhetoricae ac Musicae melle dulcedinis; *C.2,P.*3.6
dulcedo. Quam multis amaritudinibus humanae felicitatis dulcedo respersa
  est! *C.2,P.*4.67
dulces. Sed abite potius Sirenes usque in exitium dulces *C.1,P.*1.40
dulcescant. ut degustata quidem mordeant,interius autem recepta dulcescant. *C.3,P.*1.14
dulci. Largasque dapes dulci studio Ludens hominum cura ministret, . . . *C.3,M.*2.20
  Siluas tantum maesta requirit, Siluas dulci uoce susurrat. *C.3,M.*2.26
  Et dulci ueniam prece Vmbrarum dominos rogat. *C.3,M.*12.27
dulcia. nescienti cur sanis corporibus his quidem dulcia illis uero amara
  conueniant, ... *C.4,P.*6.113
dulcibus. Mors hominum felix quae se nec dulcibus annis Inserit *C.1,M.*1.13
dulcibus. nullis remediis fouerent, uerum dulcibus insuper alerent uenenis? . *C.1,P.*1.31
dulcior. Dulcior est apium mage labor, Si malus ora prius sapor edat. . . . *C.3,M.*1.5

dum. *Trin.*2.46; 2.54; *Fid.*85; 112; 177; *Eut.,Prf.*45; *Eut.*3.48; 3.55; 3,100; 5.46; 7.52;
     *C.*1,*M.*1.17; 1,*P.*1.1; 1,*P.*4.162; 1,*P.*6.21; 2,*P.*1.8; 2,*P.*3.35(*bis*); 3,*P.*4.51; 3,*P.*5.35;
     *C.*3,*P.*8.29; 3,*P.*9.46; 3,*P.*9.79; 3,*P.*11.40; 3,*P.*11.61; 3,*P.*12.107; 3,*M.*12.38;
     *C.*3,*M.*12.45; 3,*M.*12.58; 4,*P.*2.144; 4,*M.*3.14; 4,*P.*4.98; 4,*P.*6.19; 4,*P.*6.175;
     *C.*4,*P.*6.186; 4,*P.*6.188; 4,*P.*6.201; 4,*M.*7.4; 5,*P.*4.47; 5,*P.*6.129
dumtaxat. —tanta dumtaxat, quanta a creatura ad creatorem fieri potest,—   *Fid.*272
δυνάμεις. Ἀνδρὸς δὴ ἱεροῦ δέμας αἰθέρες ᾠκοδόμησαν [Ἀνδρὸς ἱεροῦ σῶμα δυνάμεις
     οἰκοδομοῦσι]. *coni.C.*4,*P.*6.145
δύνανται. αἱ οὐσίαι ἐν μὲν τοῖς καθόλου εἶναι δύνανται· *Eut.*3.32
duo. dualitas nihil, sed tantum dualitas qua duo homines *Trin.*3.17
     uel duo lapides fiunt. *Trin.*3.18
     "si duo sint quibus idem secundum naturam propositum sit *C.*4,*P.*2.45
duo. duo enim corpora unum locum non obtinebunt, ...   *Trin.*1.29
     Duo rursus in rebus sunt ut homines uel lapides; *Trin.*3.16
     Num ita quasi cum duo corpora sibimet apponuntur, ...   *Eut.*4.24
     quod duo summa bona quae a se diuersa sint esse non possunt. *C.*3,*P.*10.69
     Duo sunt quibus omnis humanorum actuum constat effectus, ...   *C.*4,*P.*2.12
duo. Manichaei quoque qui duo principia sibi coaeterna et aduersa profitentur,   *Fid.*41
     Ex utrisque naturis aliquid consistere duo significat: *Eut.*7.4
duobus. Quis tanta deus Veris statuit bella duobus, ...   *C.*5,*M.*3.3
duobus. ueluti si hanc proponas: "Si duobus aequalibus aequalia auferas,   *Quo.*21
     si...ea coniunctio...facta est naturarum, unum ex duobus effici nihil
     potuit; *Eut.*4.33
     rursus id duobus fieri arbitrabitur modis; *Eut.*5.43
duodecim. Idem quoque duodecim patriarchas non reputante deo...pro-
     duxerat. *Fid.*153
     Post baptismum uero elegit duodecim discipulos, ...   *Fid.*218
duorum. ut quia haec generatio duorum corporum commixtione procedit, .   *Fid.*45
     cum in circo duorum medius consulum...multitudinis expectationem...
     satiasti? *C.*2,*P.*3.32
duos. duos uero esse dicere Christos nihil est aliud nisi...insania. *Eut.*4.45
     Cur enim omnino duos audeat Christos uocare, unum hominem alium
     deum? *Eut.*4.47
     cum duos pariter consules liberos tuos domo prouehi *C.*2,*P.*3.28
     Quae cum secta duos motum glomerauit in orbes, ...   *C.*3,*M.*9.15
duplex. Numerus enim duplex est, unus quidem quo numeramus, ...   *Trin.*3.13
     Harum duplex modus est. *Quo.*19
duplex. arbitratur non posse esse naturam duplicem quin persona fieret
     duplex, ...   *Eut.*5.10
duplicatione. Eutyches non putauit naturam duplicem esse sine duplicatione
     personae *Eut.*5.13
duplicem. Hanc in Christo Nestorius duplicem esse constituit...traductus
     errore, ...   *Eut.*4.9
     quoniam in Christo duplicem naturam esse censebat, ...   *Eut.*4.12
     duplicem quoque personam esse confessus est. *Eut.*4.13
     ut ne naturam quidem in eo duplicem oporteat confiteri; *Eut.*5.5
     arbitratur non posse esse naturam duplicem quin persona fieret duplex,   *Eut.*5.10
     cum in Christo naturam duplicem confiteretur, ...   *Eut.*5.11
     atque ideo,...duplicem credidit esse personam, ...   *Eut.*5.12
     Eutyches non putauit naturam duplicem esse sine duplicatione personae   *Eut.*5.13
     et cum non confiteretur duplicem esse personam, ...   *Eut.*5.14
     Nestorius recte tenens duplicem...esse naturam sacrilege confitetur duas
     esse personas; *Eut.*5.16
     cumque hunc errorem duplicem interpretaremur celare sententiam, . . .   *Eut.*7.96
dura. Vltroque gemitus dura quos fecit ridet. *C.*2,*M.*1.6
dura. Iam uero quae dura sunt ut lapides, adhaerent *C.*3,*P.*11.80
dura. Qui cum...malis aspera contraque bonis dura tribuat, ...   *C.*4,*P.*5.20
duram. Nec niuis duram frigore molem Feruente Phoebi soluier aestu. . . .   *C.*4,*M.*5.15
durare. Quia non aliter durare queant, ...   *C.*4,*M.*6.46
durat. illud quo solo mortalium rerum durat diuturnitas gignendi opus, . . . *C.*3,*P.*11.94
duri. Herculem duri celebrant labores. *C.*4,*M.*7.13
duris. alios duris agitari ut uirtutes animi patientiae usu atque exercitatione
     confirment. *C.*4,*P.*6.150
durum. Sed qui conclusioni accedere durum putat, ...   *C.*4,*P.*4.35
dux. nostra quidem dux copias suas in arcem contrahit, ...   *C.*1,*P.*3.44
     Principium, uector, dux, semita, terminus idem. *C.*3,*M.*9.28
duxerit. Vt quas duxerit Hesperos Phoebe noctibus imperet, ...   *C.*2,*M.*8.7

E

e. *Eut*.6.80; *C*.3,*P*.7.13; 5,*P*.3.20; 5,*P*.3.33; 5,*M*.4.4

ea. *Trin*.1.2; 6.2; *Eut*.4.32; 5.6; 7.91; 8.9; *C*.1,*P*.6.30; 2,*P*.1.5; 2,*P*.7.81; 3,*P*.4.2; 3,*P*.9.80; *C*.3,*P*.12.102; 4,*P*.1.9; 4,*P*.6.82; 5,*P*.1.51; 5,*P*.3.63; 5,*P*.5.19

ea. *Fid*.259; *Eut*.,*Prf*.1; *Eut*.5.31; 5.50; 5.51; 6.1; 7.86; *C*.1,*P*.3.26; 1,*P*.5.17; 2,*P*.1.10; *C*.2,*P*.2.31; 3,*P*.1.24; 3,*P*.2.72; 3,*P*.4.17; 3,*P*.4.44; 3,*P*.12.104; 4,*P*.4.128; 4,*P*.6.105; *C*.5,*P*.3.62

ea. *Quo*.56; 72; *Eut*.4.39; 6.26; 6.59; 6.94; 6.96; *C*.1,*P*.5.30; 3,*P*.8.34; 3,*P*.10.75; 3,*P*.11.79; *C*.3,*P*.12.65; 4,*P*.1.24; 4,*P*.6.63; 5,*P*.4.17; 5,*P*.4.41; 5,*P*.4.68; 5,*P*.5.8; 5,*P*.5.42; *C*.5,*P*.6.127

ea. *Trin*.,*Prf*.19; 21; *Pat*.15; 32; *Quo*.97; 118; 143; 152; 154; 160; 161; 164; *Eut*.8.96; *C*.1,*P*.4.156; 2,*P*.5.61; 3,*P*.3.7; 3,*P*.11.8; 3,*P*.11.73; 3,*P*.11.84; 4,*P*.1.7; 4,*P*.2.144; *C*.4,*P*.4.11; *uar*.*C*.4,*P*.4.32; *C*.4,*P*.4.58; 4,*P*.6.29; 4,*P*.6.201; 5,*P*.1.14; 5,*P*.3.70; *C*.5,*P*.3.71; 5,*P*.4.11; 5,*P*.4.29; 5,*P*.4.42; 5,*P*.4.48; 5,*P*.6.115

eadem. uel specie ut idem Cato quod Cicero, quia eadem species ut homo; .   *Trin*.1.21
    Ponatur enim una eademque substantia bona *Quo*.100
    communis substantia eademque in uniuersalitatis collectione natura. .   *Eut*.4.108
    Non autem prouenisse manifestum est, si eadem in *Eut*.4.117
    nisi et eadem sit materia rerum in se transeuntium *Eut*.6.30
    haec eadem tranquillitatis esse debuisset. *C*.2,*P*.1.38
    eademque in alterutro mutabilitas *C*.2,*P*.1.47
    At eadem si apud unum quanta est. . .congeratur, ...   *C*.2,*P*.5.13
    eadem tamen infra bestias redigatur, ...   *C*.2,*P*.5.87
    "Igitur sufficientiae potentiaeque una est eademque natura." *C*.3,*P*.9.18
    Nam eadem sufficientia summa est, ...   *C*.3,*P*.10.103
    eadem summa potentia, reuerentia quoque, ...   *C*.3,*P*.10.104
    ut quae sufficientia est, eadem sit potentia, reuerentia, ...   *C*.3,*P*.11.14
    eadem namque substantia est eorum quorum naturaliter non est diuersus
        effectus." *C*.3,*P*.11.25
    eadem uero adunatio digesta atque explicata *C*.4,*P*.6.41
    eadem nascentia occidentiaque omnia. . .renouat *C*.4,*P*.6.84
    Eadem rapiens condit et aufert Obitu mergens orta supremo. . .   *C*.4,*M*.6.32
    manebit ut opinor eadem uoluntatis. . .libertas. *C*.5,*P*.4.26

eadem. neque filium in eadem natura qua patri coaeternus *Fid*.19
    cur non sanctos quoque uiros eadem appellatione dignetur, ...   *Eut*.4.89
    aut. . .non adsumente de Maria corpus aut adsumente ab eadem carnem,   *Eut*.5.45
    et facere et pati possunt communi atque eadem materia subiecta. . . .   *Eut*.6.49
    Cumque in eadem persona aliud sit diuinitas quae suscepit, ...   *Eut*.7.66
    uti post eadem prodente cognoui, suis manibus ipsa texuerat. *C*.1,*P*.1.15

eadem. eademque omnia sicuti docui ad bonum. . .festinent, ...   *C*.3,*P*.12.49
    eadem necesse est in mali poena contraria parte respondeant. *C*.4,*P*.3.35
    Eadem nolint mixta iugari? *C*.5,*M*.3.5
    eadem prius quam fiant sine necessitate futura sunt. *C*.5,*P*.4.54

eadem. "Atqui illud quoque per eadem necessarium est *C*.3,*P*.9.42
    num uidentes eadem caecos putaremus? *C*.4,*P*.4.113

eam. *Trin*.3.41; 4.15; 4.17; 4.21; 5.15; *Fid*.176; 236; *Eut*.1.39; 3.6; 3.26; 4.79; 6.22; 7.31; *Eut*.7.37; 7.38; *C*.1,*P*.3.3; 1,*P*.5.19; 1,*P*.6.52; 1,*P*.6.56; 2,*P*.1.14; 2,*P*.4.85; 3,*P*.1.23; *C*.3,*P*.3.34; 3,*P*.9.69; 3,*P*.9.79; 3,*P*.12.87; 4,*P*.4.32; 4,*P*.4.81; 4,*P*.7.11; 5,*P*.3.65

eandem. sed unam eandemque personam numerum trinitatis explere, . . .   *Eut*.7.53
    Eandem tamen uestem uiolentorum quorundam sciderant manus . .   *C*.1,*P*.1.22
    qui ob eandem superbiam prius regium. . .nomen abstulerant. *C*.2,*P*.6.8
    boni et beatitudinis unam atque eandem esse substantiam." *C*.3,*P*.10.139
    eandem corporis rotunditatem *C*.5,*P*.4.78

ἐάων. δοιοὺς πίθους τὸν μὲν ἔνα κακῶν τὸν δ' ἕτερον ἐάων *C*.2,*P*.2.41

earum. *Quo*.131; *Eut*.1.8; 4.19; *C*.1,*P*.4.21; 2,*P*.5.7; 3,*P*.11.55; 5,*P*.4.63

eas. *Eut*.3.66; *C*.1,*P*.4.20; 3,*P*.3.56; 3,*P*.4.5; 3,*P*.4.37; 4,*P*.6.10; 4,*P*.7.11

easdem. neque enim easdem in deum atque hominem differentias conuenire.   *Eut*.1.62
    ὑποστάσεις, cumque etiam πρόσωπα nuncupent easdem substantias, . . .   *Eut*.3.67
    fides catholica confiteatur perfectasque easdem persistere · *Eut*.7.26

eat. Falce rubos. . .resecat, Vt noua fruge grauis Ceres eat. *C*.3,*M*.1.4

eatenus. quem filium eatenus confitetur, ut non sit idem qui pater est: . .   *Fid*.16

ebore. nec bibliothecae potius comptos ebore ac uitro parietes *C*.1,*P*.5.22

ebrius. bonum suum repetit, sed uelut ebrius domum quo tramite reuertatur
    ignorat. *C*.3,*P*.2.53

ecce. Ecce mihi lacerae dictant scribenda Camenae *C*.1,*M*.1.3

ecclesia. Haec ergo ecclesia catholica...tribus modis probatur exsistere: .   *Fid.*257
ecclesiae. Diffunditur ... illa doctrina, adunantur populi, instituuntur
    ecclesiae,   *Fid.*244
ecclesiasticae. Quo uero nomine ... oporteat appellari, ecclesiasticae sit
    locutionis arbitrium. *Eut.*4.4
ecclesiasticus. deo substantias ecclesiasticus loquendi usus excluderet, . . .   *Eut.*3.96
echinis. Nec non quae tenero pisce uel asperis Praestent echinis litora.   *C.*3,*M.*8.14
edat. Dulcior est apium mage labor, Si malus ora prius sapor edat. *C.*3,*M.*1.6
edisseras. quaeso uti quae hinc decernas,...edisseras."   *C.*4,*P.*6.5
edit. Mortales igitur cunctos edit nobile germen. *C.*3,*M.*6.6
edita. Pulchra qua residens dea Solis edita semine   *C.*4,*M.*3.5
edita. Aut quot stelliferis edita noctibus Caelo sidera fulgent   *C.*2,*M.*2.3
editionem. Virgo...dei filium concepit, uirgo peperit, post eius editionem
    uirgo permansit; *Fid.*204
editus. quoniam praeter naturae modum conceptus et editus est.   *Fid.*202
edixit. compertumque id regi foret, edixit: uti ni...Rauenna urbe decederent,   *C.*1,*P.*4.64
educatus. nostris educatus alimentis in uirilis animi robur euaseras? *C.*1,*P.*2.4
educaui. fauore prona indulgentius educaui, ...   *C.*2,*P.*2.12
effecerat. Ille quidem suis de me decretis, uti hoc nefas esset, effecerat.   *C.*1,*P.*4.81
effecerim. non tres soles effecerim, sed de uno totiens praedicauerim. . . .   *Trin.*3.28
effecisse. sed quae sperauerint effecisse uehementer admiror. *C.*1,*P.*4.100
    "Quem uero effecisse quod uoluerit uideas, ...   *C.*4,*P.*2.21
effecit. hoc ideo, quoniam qui ea ut essent effecit bonus quidem est,   *Quo.*154
    sed dum ruituros moles ipsa trahit, neuter quod uoluit effecit. *C.*3,*P.*5.36
effectibus. nec contrariarum rerum miscetur effectibus   *C.*2,*P.*6.56
effectu. quae facile ipsarum rerum redarguuntur effectu; *C.*2,*P.*6.65
effectum. Quid uero noui per aduentum saluatoris effectum est? *Eut.*4.61
effectum. non tam equitandi motum desiderat quam salutis effectum. . . .   *C.*3,*P.*10.133
    Sicut enim artifex...mouet operis effectum,   *C.*4,*P.*6.46
    cum eis competenter utendo alicuius boni elicit effectum. *C.*4,*P.*6.191
effectus. exul effectus, terram iussus excolere atque a paradisi sinu seclusus   *Fid.*100
effectus. illuc perfecti operis laetitia remeabit unde uenit effectus.   *Trin.*6.34
    eadem namque substantia est eorum quorum naturaliter non est diuersus
    effectus." *C.*3,*P.*11.26
    nec in eo miseris contingit effectus quod solum dies noctesque moliuntur;   *C.*4,*P.*2.84
    potuisse miserius est, quo uoluntatis miserae langueret effectus. . .   *C.*4,*P.*4.14
    Frustra enim esset artis effectus, si omnia coacta mouerentur." *C.*5,*P.*4.52
effectus. Duo sunt quibus omnis humanorum actuum constat effectus, . .   *C.*4,*P.*2.13
effeta. sed ab integris absolutisque procedens in haec extrema atque effeta
    dilabitur. *C.*3,*P.*10.18
effeto. Et tremit effeto corpore laxa cutis. *C.*1,*M.*1.12
    Nunc iacet effeto lumine mentis *C.*1,*M.*2.24
efficacem. uel collocationem propositionum non esse efficacem necessariae
    conclusionis ostendat; *C.*4,*P.*4.37
    Quaero enim, cur illam soluentium rationem minus efficacem putes, . .   *C.*5,*P.*4.12
efficacior. Quae uero pestis efficacior ad nocendum quam familiaris inimicus?   *C.*3,*P.*5.41
efficax. O praeclara potentia quae ne ad conseruationem quidem sui satis
    efficax inuenitur! *C.*3,*P.*5.7
    et incorrupta uoluntas et efficax optatorum praesto est potestas. . . .   *C.*5,*P.*2.15
efficere. ne id in se alter ualeat efficere non possit? *C.*2,*P.*6.40
    Quod si neque id ualent efficere quod promittunt *C.*3,*P.*3.12
    An uero regna regumque familiaritas efficere potentem ualet? *C.*3,*P.*5.1
    potentem censes quem uideas uelle quod non possit efficere? *C.*3,*P.*5.22
    "ut magna promittis! Nec dubito quin possis efficere; *C.*4,*P.*2.2
efficeret. ut...dignas caelo naturas efficeret ac terrae terrena componeret. .   *Fid.*64
effici. in rebus incorporalibus distantias effici differentiis non locis. *Trin.*5.41
    si...ea coniunctio...facta est naturarum, unum ex duobus effici nihil
    potuit; *Eut.*4.33
    id tribus effici potuit modis: *Eut.*6.4
efficiam. praeposui terminos regulasque quibus cuncta quae sequuntur
    efficiam. *Quo.*17
efficiendum. ad efficiendum uero praemiis incitari, ...   *C.*1,*P.*4.172
efficiens. Haec est efficiens magis Longe causa potentior *C.*5,*M.*4.26
efficientia. motus locis, temporibus, efficientia, spatiis, qualitatibus expli-
    carent, ...   *C.*3,*P.*12.22
    si in bonorum efficientia manere potuissent. *C.*4,*P.*2.116

efficientiam. Dat ergo formam discipulis suis baptizandi, ... efficientiam
    quoque miraculorum *Fid.*229
    cum in unam ueluti formam atque efficientiam colliguntur, ...   *C*.3,*P*.11.13
efficit. quonam modo praesens facere beatos potest quae miseros transacta
    non efficit? *C*.2,*P*.4.101
    et collata improbis dignitas non modo non efficit dignos, sed prodit . .   *C*.2,*P*.6.61
    et bonos quibus fuerit adiuncta non efficit. *C*.2,*P*.6.70
    Iacetis ergo prorsus ignorabiles Nec fama notos efficit. *C*.2,*M*.7.22
    Quare splendidum te, si tuam non habes, aliena claritudo non efficit.   .   *C*.3,*P*.6.27
    Omne etenim signum...non uero efficit quod designat. *C*.5,*P*.4.33
efficiunt. istae formae uenerunt quae sunt in materia et corpus efficiunt.   .   *Trin*.2.53
effigies. Statua...secundum formam qua in eo insignita est effigies animalis
    dicitur, ...   *Trin*.2.23
effingere. motus imitatur cumque eum effingere atque aequare non possit,   *C*.5,*P*.6.43
efflagito. remedia ... acriora ... non modo non perhorresco, sed audiendi
    auidus uehementer efflagito." *C*.3,*P*.1.9
effuderim. non ita sum amator mei, ut ea quae semel effuderim *Eut*.8.96
effugere. sicuti praesentis oculi effugere non possis intuitum, ...   *C*.5,*P*.6.146
effundendo. Atqui haec effundendo magis quam coaceruando melius nitent,   *C*.2,*P*.5.8
effusa. poenalem multitudinem effusa diluuii inundatione excepto Noe...
    interire permisit. *Fid*.132
effuso. Matris effuso maduit cruore Corpus *C*.2,*M*.6.4
egeat. alia omnino materiae subiecto non egeat ut incorporeum. *Eut*.6.65
    in hac praesidio necesse est egeat alieno." *C*.3,*P*.9.16
    "Quod igitur nullius egeat alieni, quod suis cuncta uiribus possit, . . .   *C*.3,*P*.9.36
    Fit enim ut aliquando necessariis egeat, ...   *C*.3,*P*.9.60
    alioquin si quo egeat, plenam sufficientiam non habebit." *C*.3,*P*.12.34
egebat. sed tamen quae medicina penitus non egebat. *Eut*.8.21
egebit. "Egebit igitur," inquit, "extrinsecus petito praesidio *C*.3,*P*.3.37
egens. quam copiosus bonorum omnium status nec alieni egens *C*.3,*P*.2.58
egentem. Numquam diues agit qui trepidus gemens Sese credit egentem.'   .   *C*.2,*M*.2.20
egere. An tu arbitraris quod nihilo indigeat egere potentia?" *C*.3,*P*.9.14
    egere claritudine quam sibi praestare non possit *C*.3,*P*.9.30
egeret. non is qui aeger esset et saluatione curaque egeret, adsumptus est.   *Eut*.5.96
    "Atqui non egeret eo, nisi possideret pecuniam quam posset amittere?"   *C*.3,*P*.3.39
eget. "Anne adhuc eget admonitione nec per se satis eminet fortunae...
    asperitas? *C*.1,*P*.4.8
    "Eget uero," inquit, "eo quod quisque desiderat?" *C*.3,*P*.3.23
    "Eget," inquam. *C*.3,*P*.3.24
    "Qui uero eget aliquo, non est usquequaque sibi.ipse sufficiens?" . . .   *C*.3,*P*.3.25
egimus. Id uero hactenus egimus, ut...eam nullam esse cognosceres *C*.4,*P*.4.80
egit. Quisquis composito serenus aeuo Fatum sub pedibus egit superbum   .   *C*.1,*M*.4.2
ego. *Trin*.5.25;(*bis*) *Quo*.8; *Eut*.,*Prf*.4; 22; 27; *Eut*.5.87; *C*.1,*P*.1.44; 1,*P*.4.7; 1,*P*.4.34;
    C.1,*P*.4.97; 1,*P*.4.164; 2,*P*.3.4; 2,*P*.4.1; 2,*P*.7.1; 3,*P*.1.20; 3,*P*.12.1; 3,*P*.12.65;
    C.4,*P*.1.3; 4,*P*.2.1; 4,*P*.4.1; 4,*P*.4.31; 4,*P*.4.73; 4,*P*.4.91; 4,*P*.5.1; 5.*P*.1.2; 5,*P*.3.1
ego. *C*.2,*P*.2.8; 2,*P*.2.21; 2,*P*.5.94; 3,*P*.5.25; 3,*P*.10.83; 4,*P*.2.113; 5,*P*.6.149
egrediare. qua egrediaris introeas, nunc uero quo introieris egrediare, . . .   *C*.3,*P*.12.85
egrediaris. qua egrediaris introeas, nunc uero quo introieris egrediare, . . .   *C*.3,*P*.12.84
egressione. Postea igitur pro eorum egressione altis Aegyptus plagis uastata
    est, ...   *Fid*.164
eheu. Eheu quam surda miseros auertitur aure *C*.1,*M*.1.15
    Eheu quae miseros tramite deuios Abducit ignorantia! *C*.3,*M*.8.1
ei. *Trin*.4.56; 5.22; 5.44; *Fid*.84; *Eut*.8.74; *C*.1,*P*.5.16; 1,*P*.6.7; 3,*P*.9.54; 4,*P*.4.123;
    C.4,*P*.6.138; 4,*P*.6.174
ei. *Trin*.2.46; *Fid*.68; *Eut*.2.2. 4.77; *C*.2,*P*.1.52
ei. *Trin*.4.63; 6.19; *Quo*.134
eidem. "Quid si eidem misero qui cunctis careat bonis, ...   *C*.4,*P*.4.57
eidem. "neque enim fuerit ulla rationalis natura quin eidem libertas adsit
    arbitrii. *C*.5,*P*.2.6
εἶναι. αἱ οὐσίαι ἐν μὲν τοῖς καθόλου εἶναι δύνανται· *Eut*.3.31
    Quocirca εἶναι atque οὐσιῶσθαι esse atque subsistere,... intellegitur. . . .   *Eut*.3.56
εἷς. εἷς κοίρανός ἐστιν, εἷς βασιλεύς *C*.1,*P*.5.12
eis. *Eut*.3.100; *C*.2,*P*.4.60; 3,*P*.4.35; 4,*P*.4.5; 4,*P*.4.7; 4,*P*.4.69; 4,*P*.4.141; 4,*P*.6.188
eis. *Quo*.110; *C*.5,*P*.6.76
eis. *Quo*.113; *Fid*.273; *Eut*.4.97; *C*.2,*P*.6.11
eis. *Quo*.76; 99; 106; *C*.2,*P*.5.4; 3,*P*.3.13; 4,*P*.4.74; 4,*P*.6.190

eisdem. eisdem uosmet ipsos uestra existimatione submittitis, ...   *C.2,P.5.*83
eisdem. in eo die deferentibus eisdem nominis nostri delatio suscepta est.   *C.1,P.4.*67
    eisdem in curia curules insidentibus *C.2,P.3.*30
eisdem. quod improbis nunc tristia nunc optata proueniunt, ex eisdem
    ducitur causis;   *C.4,P.6.*160
eisdem. non dicat, sicut nos de eisdem nomen substantiae *Eut.3.*73
eius. *Trin.4.*24; *Quo.*91; *Fid.*60; 75; 82(*bis*); 123; 149; 204; 219; *Eut.,Prf.*25; 26; 54;
    *Eut.4.*16; 4.64; 5.25; 5.35; 8.90; 8.91; *C.1,P.1.*30; 1,*P.2.*15; 1,*P.3.*20; 2,*P.6.*38;
    *C.2,P.7.*56; 5,*P.6.*5; 5,*P.6.*63; 5,*P.6.*168
eius. *Quo.*1; 102; *Eut.1.*30; 1.41; *C.1,P.1.*24; 1,*P.5.*18; 2,*P.1.*29; 2,*P.1.*51; 2,*P.4.*20;
    *C.4,P.2.*55; 5,*P.4.*37
eius. *Trin.1.*5; 2.25; 4.75; 6.6; 6.21; *Quo.*158; *Eut.2.*33; *C.5,P.3.*59; 5,*P.6.*21
eiusdem. Tu eiusdem uiri ore hanc sapientibus capessendae rei publicae . .   *C.1,P.4.*22
eiusdem. quibus eiusdem religionis intellegatur auctoritas, ...   *Trin.1.*4
    repetitio quaedam est eiusdem non numeratio diuersorum,   *Trin.3.*26
    eiusdem rei praemium esse. . .uideri potest, ...   *C.4,P.3.*5
eiusmodi. Aristoteles ceterique et eiusmodi et multimodae philosophiae
    sectatores   *Eut.1.*38
elabi. impunitos uero elabi iniquum esse manifestum est." *C.4,P.4.*62
elaborant. ut diuitiis affluant elaborant; *C.3,P.2.*17
elaborat. dat. . .natura quod conuenit et ne, dum manere possunt, intereant,
    elaborat. *C.3,P.*11.62
Eleaticis. Hunc uero Eleaticis atque Academicis studiis innutritum? *C.1,P.1.*38
electa. Hoc autem ideo. . .electa est una gens   *Fid.*187
elegi. Et ueris elegi fletibus ora rigant.   *C.1,M.1.*4
elegit. Post baptismum uero elegit duodecim discipulos,   *Fid.*218
elementa. Cur uero non elementa quoque ipsa simili audeat appellare uocabulo   *Eut.4.*82
    Tu numeris elementa ligas ut frigora flammis *C.3,M.*9.10
    Ea series caelum ac sidera mouet, elementa in se inuicem temperat . .   *C.4,P.6.*83
    Haec concordia temperat aequis Elementa modis,   *C.4,M.6.*20
elementum. quibus ab inferiore ad superius elementum esset ascensus. . .   *C.1,P.1.*21
elephantos. Num enim elephantos mole, tauros robore superare poteritis, .   *C.3,P.8.*16
elicit. cum eis competenter utendo alicuius boni elicit effectum. *C.4,P.6.*191
eligendae. Nero Senecam. . .ad eligendae mortis coegit arbitrium. *C.3,P.5.*30
eligere. Maluitque. . .eodem permanente eligere uiros per quorum seriem   *Fid.*145
eliminat. malum omne de reipublicae suae terminis. . .eliminet [eliminat]. *uar.C.4,P.6.*204
eliminet. malum omne de reipublicae suae terminis per fatalis seriem
    necessitatis eliminet.   *C.4,P.6.*204
elinguem. Cumque me non modo tacitum sed elinguem prorsus mutumque
    uidisset,   *C.1,P.2.*10
elisus. quam sibi dum arroganter usurpat elisus est. *Fid.*85
eloquitur. Quae sententia non aperte quod uult eloquitur. *Eut.5.*24
elucet. ut in id aetatis pueris, uel paterni uel auiti specimen elucet ingenii?   *C.2,P.4.*26
eludere. eo usque cum his quos eludere nititur blandissimam familiaritatem,   *C.2,P.1.*7
elusus. Elusus Cereris fide Quernas pergat ad arbores. *C.1,M.6.*5
emanauit. quod eius cultus per omnes paene mundi terminos emanauit, . .   *Trin.1.*6
emarcescere. Neque enim . . . diffluere deliciis et emarcescere uoluptate
    uenistis.   *C.4,P.7.*47
emendant. tum ipsos quibus inuehuntur emendant; *C.4,P.6.*164
emeres. quod uitae pretio non segnis emeres, ...   *C.2,P.4.*17
emerunt. Nonnulli uenerandum saeculi nomen gloriosae pretio mortis
    emerunt: *C.4,P.6.*155
emetiendum. ne deuiis fatigatus ad emetiendum rectum iter sufficere non
    possis."   *C.5,P.1.*12
emicat. Emicat ac subito uibratus lumine Phoebus *C.1,M.3.*9
eminent. in qua re bonorum uires eminent.   *C.4,P.2.*86
eminet. eget admonitione nec per se satis eminet fortunae in nos saeuientis
    asperitas? *C.1,P.4.*8
eminus. Ille eminus manens totum simul iactis radiis intuetur; *C.5,P.4.*79
emisses. Quanti hoc integer, ut uidebaris tibi fortunatus, emisses! . . .   *C.2,P.8.*24
emissus. si Threicio Boreas emissus ab antro Verberet *C.1,M.3.*7
emptam. 'Donamus comitem uiro Emptam carmine coniugem. *C.3,M.*12.43
en. "En," inquam, "difficiliore rursus ambiguitate confundor." *C.5,P.3.*1
ἐν. *Eut.*3.31; 3.32

ἕνα. δοιοὺς πίθους τὸν μὲν ἕνα κακῶν τὸν δ' ἕτερον ἐάων *C.2,P.2.*41

ἐναλίγκιον. Πάντοθεν εὐκύκλου σφαίρης ἐναλίγκιον ὄγκῳ, ...   *C.3,P.*12.106

enatabimus. illis namque manentibus, utcumque se res habeant, enatabimus.   *C*.2,*P*.4.36
enatet. Et liquido longi spatia aetheris enatet uolatu, ...   *C*.5,*M*.5.5
eneruatius. Sed quid eneruatius ignorantiae caecitate? *C*.4,*P*.2.94
enim. *Trin.,Prf.*9; 26; *Trin.*1.10; 1.14; 1.15; 1.17; 1.29; 2.6; 2.11; 2.22; 2.31; 2.32; 2.42; 2.43;
   *Trin.*2.46; 2.50; 2.51; 2.55; 3.9; 3.13; 3.23; 3.24; 3.31; 3.48; 4.18; 4.23; 4.24; 4.33; 4.35;
   *Trin.*4.49; 4.55; 4.69; 4.79; 4.89; 4.98; 5.3; 5.5; 5.22; 5.40; 5.43; 6.17; *Pat.*47; 52; 53;
   *Quo.*28; 32; 39; 57; 78; 83; 100; 116; 121; 127; 128; 134; 135; 138; 153; 159; 168;
   *Fid.*43; 52; 89; *Eut.,Prf.*6; *Eut.*1.11; 1.18; 1.27; 1.48; 1.50; 1.62; 2.2; 2.16; 2.30;
   *Eut.*2.32; 2.34; 2.49; 3.7; 3.35; 3.40; 3.45; 3.48; 3.50; 3.53; 3.57; 3.88; 3.90(*bis*);
   *Eut.*3.95; 4.11; 4.16; 4.20; 4.34; 4.36; 4.37; 4.46; 4.54; 4.62; 4.70; 4.74; 4.88; 4.101;
   *Eut.*4.107; 5.44; 6.5; 6.19; 6.24; 6.28; 6.34; 6.38; 6.49; 6.56; 6.69; 6.91; 6.93; 7.20;
   *Eut.*7.22; 7.36; 7.76; 7.77; 8.6; 8.14; 8.46; 8.54; 8.79; 8.92; 8.97; *C*.1,*M*.1.9; 1,*P*.1.32;
   C.1,*P*.3.15; 1,*P*.4.118; 1,*P*.4.141; 1,*P*.5.9; 2,*P*.1.13; 2,*P*.1.39; 2,*P*.1.46; 2,*P*.3.10;
   C.2,*P*.3.23; 2,*P*.4.42; 2,*P*.4.43; 2,*P*.4.53; 2,*P*.5.3; 2,*P*.5.25; 2,*P*.5.32; 2,*P*.5.44;
   C.2,*P*.5.59; 2,*M*.5.19; 2,*P*.6.43; 2,*P*.6.55; 2,*P*.6.63; 2,*P*.7.77; 2,*P*.8.8; 3,*P*.2.13;
   C.3,*P*.2.38; 3,*P*.2.54; 3,*P*.2.60; 3,*P*.3.8; 3,*P*.3.35; 3,*P*.3.45; 3,*P*.4.13; 3,*P*.4.18;
   C.3,*P*.4.45; 3,*P*.6.5; 3,*M*.6.2; 3,*P*.8.5; 3,*P*.8.15; 3,*P*.9.10; 3,*P*.9.60; 3,*P*.9.77; 3,*P*.10.9;
   C.3,*P*.10.16; 3,*P*.10.30; 3,*P*.10.59; 3,*P*.10.113; 3,*P*.10.120; 3,*P*.10.125; 3,*P*.11.1;
   C.3,*P*.11.75; 3,*P*.11.98; 3,*P*.11.106; 3,*P*.11.117; 3,*P*.11.121; 3,*P*.12.45; 3,*P*.12.102;
   C.4,*P*.2.68; 4,*P*.2.75; 4,*P*.2.81; 4,*P*.2.86; 4,*P*.2.93; 4,*P*.2.110; 4,*P*.2.115; 4,*P*.2.143;
   C.4,*M*.2.6; 4,*P*.3.12; 4,*P*.3.16; 4,*P*.4.20; 4,*P*.4.95; 4,*P*.4.98; 4,*P*.4.132; 4,*P*.5.4;
   C.4,*P*.5.8; 4,*M*.5.17; 4,*P*.6.11; 4,*P*.6.45; 4,*P*.6.90; 4,*P*.6.97; 4,*P*.6.112; 4,*P*.6.189;
   C.4,*P*.6.191; 4,*P*.6.197; 4,*P*.7.33; 4,*P*.7.42; 4,*P*.7.46; 4,*P*.7.53; 4,*P*.7.54; 5,*P*.1.6;
   C.5,*P*.1.23; 5,*P*.1.50; 5,*P*.2.5; 5,*P*.3.3; 5,*P*.3.11; 5,*P*.3.16; 5,*P*.3.18; 5,*P*.3.23;
   C.5,*P*.3.61; 5,*P*.3.85; 5,*P*.3.99; 5,*M*.3.16; 5,*P*.4.11; 5,*P*.4.15; 5,*P*.4.52; 5,*P*.4.70;
   C.5,*P*.4.75; 5,*P*.4.84; 5,*P*.4.95; 5,*P*.4.107; 5,*P*.5.12; 5,*P*.5.24; 5,*P*.5.52; 5,*P*.6.8;
   C.5,*P*.6.23; 5,*P*.6.35; *coni.*5,*P*.6.38; 5,*P*.6.41; 5,*P*.6.75; 5,*P*.6.107; 5,*P*.6.109;
   C.5,*P*.6.110; 5,*P*.6.161

ense. Quos serpens leo. . .Dente petunt, idem se tamen ense petunt. . . .   *C*.4,*M*.4.6
ensis. si de eodem dicam "gladius unus mucro unus ensis unus." *Trin.*3.22
  uelut si ita dicamus "ensis mucro gladius," *Trin.*3.25
  haec trinitas unus deus," uelut "ensis atque mucro unus gladius," . . .   *Trin.*3.38
  mucro et ensis et ipse est et idem, pater uero ac filius et spiritus sanctus   *Trin.*3.46
enumeratio. recte repetitio de eodem quam enumeratio diuersi uidetur . .   *Trin.*3.36
enuntiatio. Communis animi conceptio est enuntiatio quam quisque probat
  auditam. *Quo.*18
enuntiet. ut aut historialis modus sit, qui nihil aliud nisi res gestas enuntiet, .   *Fid.*91
eo. *Trin.*2.56; 3.10; 4.70; *Quo.*127; *Fid.*88; 181; 206; 224; *Eut.,Prf.*22; *Eut.*4.10; 4.65; 5.5;
   *Eut.*5.52; 5.71; 7.72; 7.90; 8.42; 8.43; 8.65; 8.67(*bis*); 8.86; *C*.1,*P*.1.37; 1,*P*.4.67;
   C.3,*P*.4.12; 3,*P*.10.28; 3,*P*.10.30; 3,*P*.10.49; 3,*P*.10.57; 3,*P*.11.38; 4,*P*.2.30; 4,*P*.2.61;
   C.4,*P*.4.55; 4,*P*.4.59; 4,*P*.6.134; 5,*P*.1.46; 5,*P*.3.22; 5,*P*.4.99; 5,*P*.6.54
eo. *Trin.,Prf.*7; *Trin.*2.4; 2.23; 2.41; 2.45; 2.46; 3.7; 4.80; 5.19; 5.20; 5.30; 5.44; 6.4; 6.5;
   *Quo.*3; 5; 39; 41; 43; 63; 70; 73; 82; 121; 123; 124; 126; 129; 135; 137; 142; 146(*bis*);
   *Quo.*147; 151; 156; 158; 162; 166; 171; *Eut.,Prf.*18; *Eut.*3.14; 5.53; 5.100; 6.104;
   *Eut.*7.64; 8.70; *C*.1,*P*.3.48; 2,*P*.1.7; 2,*P*.5.81; 2,*P*.5.98; 2,*P*.8.6; 3,*P*.3.4; 3,*P*.3.23;
   C.3,*P*.3.40; 3,*P*.4.23; 3,*P*.8.3; 3,*P*.10.13; 4,*P*.2.23; 4,*P*.2.84; 4,*P*.3.27
eodem. uel duo lapides fiunt. Et in ceteris eodem modo. *Trin.*3.18
  "Quando" uero eodem praedicatur modo, ...   *Trin.*4.59
  Rursus habere uel facere eodem modo; *Trin.*4.78
  Et de ceteris qualitatibus eodem modo. *Quo.*65
  Huius error ex eodem quo Nestorii fonte prolabitur. *Eut.*5.8
  sicut ab eodem Nestorii fonte Eutychis error principium sumpsit, . . .   *Eut.*5.92
  eodemque superstite praeceptor eius Socrates iniustae uictoriam mortis
  . . .promeruit? *C*.1,*P*.3.19
  in eo [eodem] die. . .delatio suscepta est. *uar.C*.1,*P*.4.67
  Eodem igitur modo, si quid prouidentia praesens uidet, id esse necesse est,   *C*.5,*P*.6.113
eodem. non facit pluralitatem unitatum repetitio, uel si de eodem dicam . .   *Trin.*3.21
  recte repetitio de eodem quam enumeratio diuersi uidetur *Trin.*3.36
  sed eodem permanente eligere uiros *Fid.*145
  ad uerum bonum naturalis ducit intentio et ab eodem multiplex error
  abducit. *C*.3,*P*.3.5
eorum. *Trin.*5.52; *Pat.*22; *Fid.*49; 153; 164; 174; *Eut.*5.64; *C*.1,*P*.3.29; 3,*P*.4.9; 3,*P*.8.24;
   C.4,*P*.2.46; 4,*P*.2.114; 4,*P*.4.28; 4,*P*.6.158; 4,*P*.7.21; 4,*P*.7.33
eorum. *Trin.,Prf.*28; *Trin.*4.5; *Quo.*120; 127; 145; *Eut.*2.31; *C*.3,*P*.5.2; 3,*P*.10.98; 3,*P*.11.26;
   C.4,*P*.6.58; 5,*P*.3.80; 5,*P*.4.117; 5,*P*.5.34; 5,*P*.6.121; 5,*P*.6.129; 5,*P*.6.132

eos. *Trin.*1.10; 3.32; 3.51; *Fid.*47; 158; *Eut.*3.9; *C.*2,*P.*5.67; 3,*P.*4.19; 3,*P.*4.21; 3,*P.*4.37; *C.*3,*P.*4.39; 4,*P.*2.77; 4,*P.*2.96; 4,*P.*2.104; 4,*P.*2.117; 4,*P.*4.43; 4,*P.*4.115; 4,*P.*6.106; *C.*4,*P.*6.162

eosdem. Illi uero eosdem occidentes in suae nequitiae peruersitate manere
    uoluerunt. *Fid.*191
    Licet caelo proferre lucidos dies eosdemque tenebrosis noctibus condere.   *C.*2,*P.*2.22
    ut malos, qui plures hominum sunt, eosdem non esse dicamus; *C.*4,*P.*2.103
    malos esse non abnuo; sed eosdem esse pure atque simpliciter nego. . .   *C.*4,*P.*2.105
    eosdem qui mala possunt minus posse manifestum est. *C.*4,*P.*2.130

ἐπακούειν. Πάντ᾽ ἐφορᾶν καὶ πάντ᾽ ἐπακούειν *C.*5,*M.*2.1

Epicureum. Cuius hereditatem cum deinceps Epicureum uulgus ac Stoicum
    ceterique...raptum ire molirentur *C.*1,*P.*3.22

Epicurus. Epicurus consequenter sibi summum bonum uoluptatem esse
    constituit, ...   *C.*3,*P.*2.49

episcopus. quod episcopus scriptor epistolae tamquam ualde necessarium
    praeterire noluisset. *Eut.,Prf.*16

epistola. Meministi enim, cum in concilio legeretur epistola, ...   *Eut.,Prf.*7

epistolae. quod episcopus scriptor epistolae tamquam ualde necessarium
    praeterire noluisset. *Eut.,Prf.*16

ἔπου. Instillabas enim...Pythagoricum illud ἕπου θεῷ. *C.*1,*P.*4.142

ἐφορᾶν. Πάντ᾽ ἐφορᾶν καὶ πάντ᾽ ἐπακούειν *C.*5,*M.*2.1

equi. (nulla est enim persona equi uel bouis *Eut.*2.34

equidem. pater uero ac filius et spiritus sanctus idem equidem est, non uero
    ipse. *Trin.*3.47

equitandi. non tam equitandi motum desiderat quam salutis effectum. . . .   *C.*3,*P.*10.133

equitare. ueluti si salutis causa quispiam uelit equitare, ...   *C.*3,*P.*10.132

equos. Lucifer ut tenebras pepulerit Pulchra dies roseos agit equos. *C.*3,*M.*1.10
    propinquat ipsa Sponte sua uolucres nec remoratur equos. *C.*4,*M.*4.4

equus. aut genere ut idem homo quod equus, quia his idem genus ut animal;   *Trin.*1.20

erant. Vestes erant tenuissimis filis subtili artificio, ...   *C.*1,*P.*1.13

erat. *Quo.*160; 162; *Fid.*216; 235; *Eut.*4.65; 8.9; *C.*1,*M.*1.22; 1,*P.*3.13; 1,*P.*4.14; 1,*P.*4.141; *C.*2,*P.*1.31; 2,*P.*7.32; 3,*P.*3.29; 5,*P.*6.130

erectae. indicium est erectae iam resistentisque naturae. *C.*4,*P.*2.72

eremi. ut dictum est mari rubro uenit per deserta eremi *Fid.*166

ereptae. nisi quod uel ui uel fraude nolentibus pecuniae repetuntur ereptae?"   *C.*3,*P.*3.36

ereptor. Auaritia feruet alienarum opum uiolentus ereptor? *C.*4,*P.*3.57

erga. Tu fortunam putas erga te esse mutatam; erras. *C.*2,*P.*1.28

ergo. Ergo in numero quo numeramus repetitio unitatum *Trin.*3.19
    Ergo diuina ex aeterno natura et in aeternum *Fid.*54
    Impletus est ergo mundus humano genere *Fid.*127
    Hic ergo Iacob...Aegyptum uoluit habitare *Fid.*154
    Occiditur ergo Christus, ...   *Fid.*221
    Dat ergo formam discipulis *Fid.*228
    Diffunditur ergo per mundum caelestis illa doctrina, ...   *Fid.*243
    Haec ergo ecclesia...tribus modis probatur exsistere: *Fid.*257
    Sola ergo nunc est fidelium exspectatio qua credimus *Fid.*266
    Erit ergo huiusmodi: *Eut.*1.8
    relinquitur ergo ut personam in substantiis dici conueniat, ...   *Eut.*2.18
    Talia ergo ex aliquibus constantia et in his constare dicimus *Eut.*7.19
    Iacetis ergo prorsus ignorabiles *C.*2,*M.*7.21
    Ergo cum caput tot unum cernas ferre tyrannos, ...   *C.*4,*M.*2.9

erigamur. Quare in illius summae intellegentiae cacumen, si possumus,
    erigamur; *C.*5,*P.*5.52

erigi. Nos uero nulla imaginatione diduci sed simplici intellectu erigi...
    oportet. *Trin.*6.25

eripere. Cur autem per arcae lignum uoluerit iustos eripere, ...   *Fid.*135

eripi. nec est summum bonum quod eripi ullo modo potest, ...   *C.*2,*P.*4.81

eripiat. cum eam cotidie ualentior aliquis eripiat inuito? *C.*3,*P.*3.34

eripies. Pecuniamne congregare conaberis? Sed eripies habenti. *C.*3,*P.*8.6

erit. sed nulla erit culpa medentis, ...   *Trin.,Prf.*27
    omni futuro erit. *Trin.*4.66
    Ei igitur si accedam dexter, erit ille sinister ad me comparatus, . . .   *Trin.*5.23
    idque signi erit quae sint quae de diuinitatis substantia praedicentur, .   *Pat.*16
    ubi rex est uirginis filius eritque gaudium sempiternum, ...   *Fid.*275
    talis definitio...Erit ergo huiusmodi: *Eut.*1.8
    (nec tam erit insipiens quisquam, utqui *Eut.*4.18

Quando enim non fuit diuinitatis propria humanitatisque persona?
Quando uero non erit? *Eut.*4.71
Deo uero atque homini quid non erit diuersa ratione disiunctum, . . . *Eut.*4.110
Numquam diues agit [erit] qui trepidus gemens *coni.C.*2,*M.*2.19
Erit igitur peruagata inter suos gloria quisque contentus *C.*2,*P.*7.42
Erit enim eo praestantius aliquid perfectum possidens bonum, ... *C.*3,*P.*10.30
Haec erit uobis requies laborum, ... *C.*3,*M.*10.4
id erit omnium summum bonorum." *C.*3,*P.*11.116
"Et quis erit," inquam, "praeter hos alius modus?" *C.*4,*P.*4.50
si ab aeterno...praenoscit, nulla erit arbitrii libertas; *C.*5,*P.*3.10
non iam erit futuri firma praescientia, ... *C.*5,*P.*3.14
Quidquid dicam, aut erit aut non. *C.*5,*P.*3.75
quid erit quo summo illi rerum principi conecti...possimus? *C.*5,*P.*3.109
Quare necesse erit humanum genus,...fatiscere. *C.*5,*P.*3.110
nihil erit quod non ex necessitate proueniat. *C.*5,*P.*5.45
errare. Num enim uidentur errare hi qui nihilo indigere nituntur? . . *C.*3,*P.*2.55
erras. Tu fortunam putas erga te esse mutatam; erras. *C.*2,*P.*1.29
error. Nam sicut illud omnino error eorum non recipit *Fid.*49
Huius error ex eodem quo Nestorii fonte prolabitur. *Eut.*5.8
sicut ab eodem Nestorii fonte Eutychis error principium sumpsit, . . *Eut.*5.93
uel ipse ingenii error humani uel fortunae condicio...incerta submitteret? *C.*1,*P.*4.125
Error uos inscitiaque confundit. *C.*2,*P.*4.73
Quam uero late patet uester hic error *C.*2,*P.*5.90
boni naturaliter inserta cupiditas, sed ad falsa deuius error abducit. . *C.*3,*P.*2.15
et ab eodem multiplex error abducit. *C.*3,*P.*3.6
Quod enim simplex est indiuisumque natura, id error humanus separat *C.*3,*P.*9.11
Commouet gentes publicus error Lassantque crebris pulsibus aera. . . *C.*4,*M.*5.11
Cedat inscitiae nubilus error, Cessent profecto mira uideri." *C.*4,*M.*5.21
quos, ut uberrime demonstratum est, bonum quaerentes prauus error
auertit, ... *C.*4,*P.*6.100
errore. Nestorius...eo scilicet traductus errore, quod putauerit . . . *Eut.*4.10
et ipse errore confundetur et adscribere mendacii notam...uidebitur, . *Eut.*5.61
meos esse familiares inprudentia rata nonnullos eorum profanae multitudinis errore peruertit. *C.*1,*P.*3.30
sed errore tantum temere ac passim lymphante raptatur. *C.*1,*P.*3.42
quas diuina mens sine falsitatis errore cuncta prospiciens *C.*5,*P.*3.82
errorem. tum haec argumentatio euidenter eius declarabit errorem. . . *Eut.*4.16
Eutychen qui...in contrarium cucurrit errorem asserens tantum abesse,
cumque hunc errorem duplicem interpretaremur celare sententiam, . *Eut.*7.96
errores. prius extremi sibique contrarii Nestorii atque Eutychis summo-
ueantur errores; *Eut.,Prf.*57
erroris. et ueritas inuenta quaerenti omnes nebulas Eutychiani reclusit erroris. *Eut.,Prf.*38
si tamen huius erroris fuit ut crederet non *Eut.*5.98
Dudum quod atra texit erroris nubes Lucebit ipso perspicacius Phoebo. *C.*3,*M.*11.7
Cuius erroris causa est, quod omnia quae quisque nouit *C.*5,*P.*4.72
erubescant. qui falso praedicantur, suis ipsi necesse est laudibus erubescant. *C.*3,*P.*6.8
eructuantibus. quae flammis Aetnae eructuantibus, quod diluuium tantas
strages dederint? *C.*2,*P.*6.4
erudire. deus uolens sacramenti futuri gratia populos erudire *Fid.*169
eruditi. optime dictum uidetur, eruditi est hominis unumquodque . . . *Trin.*2.3
eruditis. notum est diuinarum scripturarum mentibus eruditis. *Fid.*136
erunt. primo sint bono similia ac per hoc hoc ipsum bonum erunt; . . *Quo.*78
erupit. humanum genus...multiplici numerositate succrescens erupit in lites, *Fid.*119
es. *Pat.*70; *Eut.,Prf.*4; *C.*1,*P.*2.3; 1,*P.*5.7; 1,*P.*5.40; 1,*P.*6.47; 2,*P.*3.15; 2,*P.*4.92; 3,*P.*12.7;
3,*P.*4.70
escam. sed, si ex omni quidem ligno escam sumeret, semper uiuere . . . *Eut.*8.81
escas. Vincula gestent manibusque datas Captent escas *C.*3,*M.*2.9
Sparsas pedibus proterit escas, Siluas...requirit, ... *C.*3,*M.*2.24
sicuti est quod acceptas escas sine cogitatione transigimus, ... *C.*3,*P.*11.88
esse. *Trin.,Prf.*30; *Trin.*2.20; 2.21 (*bis*); 2.28; 2.32; 2.43; 2.49; 3.34; 3.35; 3.37; 4.4; 4.19; 4.22;
*Trin.*4.23; 4.27; 4.39; 4.49; 4.50; 4.56; 4.58; 4.61; 4.80; 4.90; 4.102; 4.103; 4.104;
*Trin.*5.20; 5.43; 6.15; *Pat.*3; 7; 9; 11; 15; *Quo.*5; 11; 22; 26; 28; 29; 32; 34; 36; 38 (*bis*);
*Quo.*41; 43; 45; 47; 50; 70; 71; 72 (*bis*); 74 (*bis*); 76; 82; 93; 96; 97; 99; 101; 106; 107 (*bis*);
*Quo.*110; 111; 114; 118; 119; 120 (*bis*); 123; 124; 126; 127; 131; 132 (*ter*); 133; 137;
*Quo.*138; 139; 142; 144; 147; 150 (*bis*); 151; 153; 154; 160; 161; 163; 164; 165; 166 (*bis*);
*Quo.*167; 168; 170 (*bis*); *Fid.*23; 36; 38; 39; 42; 46; 158; *uar.Fid.*271; *Eut.,Prf.*18 (*bis*);

*Eut.*1.4; 1.18; 1.40; 1.45; 1.52; 1.54; 1.61; 2.4; 2.10; 2.13; 2.17; 2.31; 2.36; 3.34;
*Eut.*3.41; 3.46; 3.48; 3.55; 3.56; 3.69; 3.88; 3.91; 4.9; 4.13(*bis*); 4.14; 4.17; 4.20;
*Eut.*4.37(*bis*); 4.40; 4.42; 4.43; 4.45(*bis*); 4.75; 5.6; 5.9; 5.12; 5.13; 5.14; 5.16; 5.17;
*Eut.*5.18; 5.19(*bis*); 5.21; 5.32; 5.34; 5.35; 5.36; 5.76; 5.84; 6.16; 6.104; 7.14; 7.33; 7.44;
*Eut.*7.49; 7.51; 7.55; 7.81; 7.88; 7.91; 7.93; 8.3; 8.16; 8.23; 8.29; 8.44; 8.68; 8.101;
*C.*1,*P.*3.17; 1,*P.*3.29; 1,*P.*4.23; 1,*P.*4.54; 1,*P.*4.73; 1,*P.*4.83; 1,*P.*4.141; 1,*P.*4.157;
*C.*1,*P.*4.161; 1,*P.*5.16; 1,*P.*5.19; 1,*P.*6.13; 1,*P.*6.28; 1,*P.*6.34; 1,*P.*6.36; 1,*P.*6.37;
*C.*1,*P.*6.38; 1,*P.*6.44; 1,*P.*6.57; 2,*P.*1.28; 2,*P.*1.38; 2,*P.*1.40; 2,*P.*1.49; 2,*P.*1.62;
*C.*2,*P.*2.7; 2,*P.*3.19; 2,*P.*3.41; 2,*P.*4.30; 2,*P.*4.48; 2,*P.*4.59; 2,*P.*4.68; 2,*P.*4.85;
*C.*2,*P.*4.86; 2,*P.*4.89; 2,*P.*4.94; 2,*P.*5.27; 2,*P.*5.39; 2,*P.*5.50; 2,*P.*5.54; 2,*P.*5.82(*bis*);
*C.*2,*P.*5.95; 2,*P.*5.104; 2,*P.*6.32; 2,*P.*6.46; 2,*P.*6.51; 2,*P.*6.53; 2,*M.*6.6; 2,*P.*7.59;
*C.*2,*P.*7.62; 2,*P.*7.74; 2,*P.*7.82; 3,*P.*1.7; 3,*P.*1.8; 3,*P.*2.9; 3,*P.*2.10; 3,*P.*2.16; 3,*P.*2.19;
*C.*3,*P.*2.20; 3,*P.*2.42; 3,*P.*2.44(*bis*); 3,*P.*2.50; 3,*P.*2.65; 3,*P.*2.67; 3,*P.*2.68; 3,*P.*2.75;
*C.*3,*P.*4.37; 3,*P.*5.24; 3,*M.*5.1; 3,*P.*6.14; 3,*P.*6.16; 3,*P.*6.23; 3,*P.*6.28; 3,*P.*7.7;
*C.*3,*P.*7.10; 3,*P.*7.18; 3,*P.*8.3; 3,*P.*8.11; 3,*P.*9.20; 3,*P.*9.23; 3,*P.*9.27; 3,*P.*9.29;
*C.*3,*P.*9.33; 3,*P.*9.38; 3,*P.*9.40; 3,*P.*9.43; 3,*P.*9.51; 3,*P.*9.62; 3,*P.*9.85; 3,*P.*9.88;
*C.*3,*P.*10.10; 3,*P.*10.11; 3,*P.*10.12; 3,*P.*10.13; 3,*P.*10.20; 3,*P.*10.24; 3,*P.*10.26;
*C.*3,*P.*10.27; 3,*P.*10.29; 3,*P.*10.30; 3,*P.*10.32; 3,*P.*10.33; 3,*P.*10.35; 3,*P.*10.36;
*C.*3,*P.*10.38; 3,*P.*10.42; 3,*P.*10.44; 3,*P.*10.47; 3,*P.*10.50; 3,*P.*10.55; 3,*P.*10.58;
*C.*3,*P.*10.61; 3,*P.*10.63; 3,*P.*10.64; 3,*P.*10.67; 3,*P.*10.70; 3,*P.*10.71; 3,*P.*10.72;
*C.*3,*P.*10.74; 3,*P.*10.75; 3,*P.*10.76; 3,*P.*10.77; 3,*P.*10.90; 3,*P.*10.94; 3,*P.*10.102;
*C.*3,*P.*10.105; 3,*P.*10.115; 3,*P.*10.117; 3,*P.*10.121; 3,*P.*10.122; 3,*P.*10.128;
*C.*3,*P.*10.130; 3,*P.*10.136; 3,*P.*10.139; 3,*P.*10.141; 3,*P.*10.144; 3,*P.*11.9; 3,*P.*11.19;
*C.*3,*P.*11.23; 3,*P.*11.24; 3,*P.*11.34; 3,*P.*11.38; 3,*P.*11.40; 3,*P.*11.73; 3,*P.*11.74;
*C.*3,*P.*11.105; 3,*P.*11.106; 3,*P.*11.109; 3,*P.*11.111; 3,*P.*11.122; 3,*P.*11.123; 3,*P.*12.31;
*C.*3,*P.*12.37; 3,*P.*12.40; 3,*P.*12.54; 3,*P.*12.59; 3,*P.*12.75; 3,*P.*12.87; 3,*P.*12.89;
*C.*3,*P.*12.93(*bis*); 3,*P.*12.97; 3,*P.*12.112; 4,*P.*1.11; 4,*P.*1.26; 4,*P.*1.28; 4,*P.*2.4;
*C.*4,*P.*2.7; 4,*P.*2.24; 4,*P.*2.26; 4,*P.*2.29; 4,*P.*2.30; 4,*P.*2.39; 4,*P.*2.42; 4,*P.*2.51;
*C.*4,*P.*2.54; 4,*P.*2.55; 4,*P.*2.69; 4,*P.*2.74; 4,*P.*2.89; 4,*P.*2.93; 4,*P.*2.99; 4,*P.*2.100;
*C.*4,*P.*2.101; 4,*P.*2.103; 4,*P.*2.105(*bis*); 4,*P.*2.109(*bis*); 4,*P.*2.112; 4,*P.*2.122;
*C.*4,*P.*2.137; 4,*P.*2.140; 4,*P.*3.6; 4,*P.*3.8; 4,*P.*3.21; 4,*P.*3.22; 4,*P.*3.28; 4,*P.*3.39;
*C.*4,*P.*3.45(*bis*); 4,*P.*3.47; 4,*P.*3.48(*bis*); 4,*P.*3.67; 4,*P.*4.10; 4,*P.*4.20; 4,*P.*4.27;
*C.*4,*P.*4.30; 4,*P.*4.31; 4,*P.*4.37; 4,*P.*4.42; 4,*P.*4.47; 4,*P.*4.48; 4,*P.*4.51; 4,*P.*4.62;
*C.*4,*P.*4.64; *uar.C.*4,*P.*4.65; 4,*P.*4.70; 4,*P.*4.81; 4,*P.*4.84; 4,*P.*4.86; 4,*P.*4.90;
*C.*4,*P.*4.100; 4,*P.*4.110; 4,*P.*4.115; 4,*P.*4.119; 4,*P.*4.121; 4,*P.*4.127; 4,*P.*4.131;
*C.*4,*P.*4.145; 4,*P.*5.5; 4,*P.*6.30; 4,*P.*6.57; 4,*P.*6.89; 4,*P.*6.102; 4,*P.*6.107; 4,*P.*6.118;
*C.*4,*P.*6.157; 4,*P.*6.189; 4,*P.*6.206; 4,*M.*6.48; 4,*P.*7.3; 4,*P.*7.8; 4,*P.*7.14; 4,*P.*7.18;
*C.*4,*P.*7.25; 4,*P.*7.27; 4,*P.*7.30; 4,*P.*7.37; 5,*P.*1.5; 5,*P.*1.6; 5,*P.*1.7; 5,*P.*1.20; 5,*P.*1.21;
*C.*5,*P.*1.22; 5,*P.*1.24; 5,*P.*1.30; 5,*P.*1.31; 5,*P.*1.54; 5,*P.*2.2; 5,*P.*2.10; 5,*P.*2.11;
*C.*5,*P.*2.13; 5,*P.*2.17; 5,*P.*3.5; 5,*P.*3.8; 5,*P.*3.19; 5,*P.*3.20; 5,*P.*3.23; 5,*P.*3.24;
*C.*5,*P.*3.29; 5,*P.*3.32; 5,*P.*3.48; 5,*P.*3.51; 5,*P.*3.52(*bis*); 5,*P.*3.54; 5,*P.*3.60; 5,*P.*3.62;
*C.*5,*P.*3.70; 5,*P.*3.79; 5,*P.*4.13; 5,*P.*4.22; 5,*P.*4.25; 5,*P.*4.30; 5,*P.*4.31; 5,*P.*4.35;
*C.*5,*P.*4.37; 5,*P.*4.40; 5,*P.*4.42; 5,*P.*4.43(*bis*); 5,*P.*4.57; 5,*P.*4.64; 5,*P.*4.69; 5,*P.*4.71;
*C.*5,*P.*4.100; 5,*P.*4.110; 5,*P.*5.22; 5,*P.*5.25; 5,*P.*5.26(*bis*); 5,*P.*5.28(*bis*); 5,*P.*5.36;
*C.*5,*P.*5.44; 5,*P.*6.6; 5,*P.*6.20; 5,*P.*6.22; 5,*P.*6.28; 5,*P.*6.33; 5,*P.*6.37; 5,*P.*6.38;
*C.*5,*P.*6.47; 5,*P.*6.53; 5,*P.*6.59; 5,*P.*6.67; 5,*P.*6.75; 5,*P.*6.88; 5,*P.*6.93; 5,*P.*6.105;
*C.*5,*P.*6.107; 5,*P.*6.114; 5,*P.*6.121; 5,*P.*6.125; 5,*P.*6.136; 5,*P.*6.159; 5,*P.*6.171

essem. qui…nihil apud aulicos quo magis essem tutior reseruaui. *C.*1,*P.*4.56
essendi. quod est accepta essendi forma est atque consistit. *Quo.*29
essent. *Quo.*103; 107; 109(*bis*); 110; 111; 114; 141; 142; 147; 149; 153; 154; 156; *Eut.*4.44;
   *C.*2,*P.*5.4
essentia. Est igitur et hominis quidem essentia, id est οὐσία, ... *Eut.*3.79
  . οὐσία quidem atque essentia quoniam est, ... *Eut.*3.82
  Deus quoque et οὐσία est et essentia, ... *Eut.*3.87
essentiae. essentiae in uniuersalibus quidem esse possunt, in…particularibus
  substant. *Eut.*3.33
essentiam. nullamque omnino uariare essentiam. Quocirca si pater ac filius . *Trin.*5.33
  Nam bonum esse essentiam, iustum uero esse actum respicit. *Quo.*165
  sed essentiam, subsistentiam, substantiam, personam totidem nominibus
  reddit, ... *Eut.*3.59
  totidem nominibus reddit, essentiam quidem οὐσίαν, ... *Eut.*3.60
  Idem est igitur οὐσίαν esse quod essentiam, ... *Eut.*3.69
  id est essentiam uel subsistentiam deitatis, sed tres ὑποστάσεις, id est tres
  substantias. *Eut.*3.92
  secundum hunc modum dixere unam trinitatis essentiam, ... *Eut.*3.94
esset. *Trin.*2.50; *Pat.*38; *Quo.*101; 104; 106; 110; 113; 136; 158; *Fid.*57(*bis*); 61(*bis*); 62;
  *Fid.*107; 149; 199; 252; *Eut.,Prf.*40; *Eut.*1.52; 3.22; 5.2; 5.32; 5.78; 5.84; 5.96; 8.10;

Eut.8.52; 8.54; *C*.1,*P*.1.22; 1,*P*.1.45; 1,*P*.1.47; 1,*P*.4.81; 1,*P*.5.5; 2,*P*.7.67; 2,*P*.7.71; *C*.3,*P*.11.120; 3,*P*.12.17; 3,*P*.12.19; 3,*P*.12.23; 3,*P*.12.91; 4,*P*.1.20; 4,*P*.4.86; *C*.4,*P*.4.142; 4,*P*.6.179; 5,*P*.1.47; 5,*P*.4.52

est. *Trin.,Prf*.2; 7; 10; 25; 30; 31; *Trin*.1.7; 1.10; 1.14; 1.23; 1.28; 1.30; 2.3; 2.4; 2.20(*bis*); *Trin*.2.21(*bis*); 2.22; 2.23; 2.25; 2.30; 2.31(*bis*); 2.33(*quater*); 2.36; 2.37(*bis*); *Trin*.2.38(*bis*); 2.39(*ter*); 2.42; 2.43; 2.46(*bis*); 2.49; 3.3(*bis*); 3.13; 3.15; 3.24; 3.26; *Trin*.3.31; 3.34; 3.35(*bis*); 3.46; 3.47; 3.48; 3.49; 3.51; 3.53; 4.2; 4.6; 4.7; 4.10; *Trin*.4.18(*bis*); 4.19(*ter*); 4.23; 4.25; 4.32; 4.33; 4.34; 4.35(*bis*); 4.36(*bis*); 4.37; *Trin*.4.41(*bis*); 4.54; 4.59; 4.61; 4.64; 4.66; 4.69(*bis*); 4.71; 4.75; 4.77; 4.80; 4.81; *Trin*.4.84; 4.85(*bis*); 4.86; 4.87(*bis*); 4.88(*bis*); 4.89; 4.91; 4.92; 4.93(*bis*); 4.96; *Trin*.4.107; 5.2; 5.20(*bis*); 5.28(*bis*); 5.31; 5.34; 5.39; 5.40; 5.44; 5.57; 6.2; 6.3; 6.4; *Trin*.6.5; 6.11; 6.12; 6.15; 6.16; 6.18; 6.19(*ter*); 6.20; 6.21; 6.22; 6.27; *Pat*.4; 13; *Pat*.14; 20(*ter*); 22; 24(*bis*); 25; 26; 27(*bis*); 31; 36; 43; 49; 50; 53; 54; 59; 64; *Quo*.18; *Quo*.19; 20; 23; 25; 28(*bis*); 29(*bis*); 30; 31; 33(*bis*); 35; 36; 38; 39; 41(*bis*); 43(*bis*); *Quo*.44; 45; 47; 48; 50; 51; 56; 58; 61; 63; 64(*bis*); 67; 69; 70; 71; 72(*bis*); 74; 76(*bis*); *Quo*.79; 80; 82; 116; 119; 121; 122(*bis*); 123; 124; 125(*bis*); 126; 127; 128; 131; 133; *Quo*.134(*bis*); 135(*ter*); 138; 144; 145(*bis*); 149; 153; 155; 156; 157; 158; 159; 164; *Quo*.166; 168; 169; 170; 172; *Fid*.9; 17; 20; 36; 37; 38; 59; 69; 70; 86; 104; 109; *Fid*.110; 126; 127; 135; 137; 143; 148; 152; 164; 166; 176; 182; 188; 201; 202; 205; 216; *Fid*.225; 241; 242; 253; 259; 265; 266; *coni.Fid*.271; *Fid*.274; *Eut.,Prf*.2; 21; 47; 51; *Eut*.1.2; 1.5; 1.8; 1.12; 1.19; 1.25; 1.32; 1.34; 1.40; 1.41; 1.43; 1.46; 1.47; 1.49(*bis*); 1.50; *Eut*.1.51(*bis*); 1.53; 1.57; 2.3; 2.7(*bis*); 2.10; 2.24; 2.30; 2.32; 2.34; 2.46; 2.47; 2.50; *Eut*.3.1; 3.2; 3.4; 3.10; 3.13; 3.19(*bis*); 3.33; 3.36; 3.49; 3.58; 3.69; 3.74; 3.75(*bis*); 3.77; *Eut*.3.79(*bis*); 3.80; 3.81(*bis*); 3.82; 3.83; 3.85; 3.86(*bis*); 3.87; 3.88(*bis*); 3.89(*bis*); 3.92; *Eut*.3.93; 4.2; 4.7; 4.14; 4.16; 4.18; 4.20; 4.21; 4.23; 4.28; 4.29(*bis*); 4.33; 4.36; *Eut*.4.37; 4.39(*bis*); 4.42; 4.44; 4.46; 4.48; 4.49(*bis*); 4.55; 4.58; 4.61; 4.63; 4.65; *Eut*.4.77; 4.78; 4.90; 4.94; 4.96; 4.105; 4.107; 4.112; 4.117; 4.118; 4.123; 4.125; 5.1; *Eut*.5.15; 5.21; 5.26; 5.28; 5.34; 5.36; 5.38; 5.53; 5.54; 5.56; 5.66; 5.68; 5.69; 5.72; *Eut*.5.75; 5.77; 5.81; 5.86; 5.89; 5.91; 5.97; 6.3; 6.6; 6.9(*bis*); 6.10; 6.22; 6.39; 6.41; *Eut*.6.48; 6.58; 6.63; 6.69; 6.70; 6.73; 6.74; 6.81; 6.103; 7.7; 7.12; 7.13; 7.17; 7.23; *Eut*.7.40; 7.43; 7.47; 7.57; 7.59; 7.68; 7.69; 7.71; 7.72; 7.75; 7.87; 7.101(*bis*); 8.1; *Eut*.8.6; 8.15; 8.24; 8.31; 8.40; 8.48; 8.49; 8.61; 8.65; 8.66; 8.68; 8.70; 8.77; 8.79; *Eut*.8.80; 8.95; 8.98(*bis*); 8.100; 8.101; *C*.1,*P*.1.3; 1,*P*.1.52; 1,*P*.2.1; 1,*P*.2.12; *C*.1,*P*.2.13; 1,*P*.3.34; 1,*P*.3.37; 1,*P*.3.39; 1,*P*.3.40; 1,*P*.3.41; 1,*P*.4.10; 1,*P*.4.59; *C*.1,*P*.4.68; 1,*P*.4.104; 1,*P*.4.105; 1,*P*.4.106; 1,*P*.4.152; 1,*P*.5.15; 1,*P*.5.16; 1,*P*.5.18; *C*.1,*P*.6.12; 1,*P*.6.31; 1,*P*.6.56; 1,*M*.7.29; 2,*P*.1.2; 2,*P*.1.17; 2,*P*.1.18; 2,*P*.1.26; *C*.2,*P*.1.37; 2,*P*.1.41; 2,*P*.1.44; 2,*P*.1.46; 2,*P*.2.17; 2,*P*.2.25; 2,*P*.2.29; 2,*P*.2.44; *C*.2,*P*.3.3; 2,*P*.3.8; 2,*P*.3.10; 2,*P*.3.19; 2,*P*.3.43; 2,*P*.3.48; 2,*P*.3.49; 2,*M*.3.17; *C*.2,*P*.4.3; 2,*P*.4.5; 2,*P*.4.30; 2,*P*.4.42; 2,*P*.4.44; 2,*P*.4.46; 2,*P*.4.55; 2,*P*.4.62(*bis*); *C*.2,*P*.4.63; 2,*P*.4.64; 2,*P*.4.67; 2,*P*.4.75; 2,*P*.4.79; 2,*P*.4.80; 2,*P*.4.82; 2,*P*.4.87; *C*.2,*P*.4.91; 2,*P*.5.4; 2,*P*.5.12; 2,*P*.5.14; 2,*P*.5.18(*bis*); 2,*P*.5.22; 2,*P*.5.23; 2,*P*.5.25; *C*.2,*P*.5.32; 2,*P*.5.42; 2,*P*.5.43; 2,*P*.5.44; 2,*P*.5.48; 2,*P*.5.56; 2,*P*.5.65; 2,*P*.5.67; *C*.2,*P*.5.70; 2,*P*.5.72; 2,*P*.5.81; 2,*P*.5.85; 2,*P*.5.89; 2,*P*.5.99; 2,*P*.6.10; 2,*P*.6.13; *C*.2,*P*.6.23; 2,*P*.6.32; 2,*P*.6.55; 2,*P*.6.69; 2,*P*.7.5; 2,*P*.7.12; 2,*P*.7.15; *C*.2,*P*.7.54; 2,*P*.7.76; 2,*P*.7.77; 2,*P*.7.78; 2,*P*.7.81; 2,*P*.8.2; 2,*P*.8.5; 2,*P*.8.10; *C*.2,*P*.8.25; 3,*P*.1.12; 3,*P*.1.23; 3,*M*.1.5; 3,*P*.2.6; 3,*P*.2.7; 3,*P*.2.13; 3,*P*.2.35; *C*.3,*P*.2.37; 3,*P*.2.56; 3,*P*.2.61; 3,*P*.2.62; 3,*P*.2.64; 3,*P*.2.66; *uar*.3,*P*.2.67; 3,*P*.2.76; *C*.3,*P*.3.21; 3,*P*.3.25; 3,*P*.3.37; 3,*P*.3.42; 3,*P*.3.44; 3,*P*.3.52; 3,*P*.3.54; 3,*P*.3.56; *C*.3,*P*.4.2; 3,*P*.4.17; 3,*P*.4.22; 3,*P*.4.23; 3,*P*.4.50; 3,*P*.5.3; 3,*P*.5.8; 3,*P*.5.10; 3,*P*.5.14; *C*.3,*P*.5.17; 3,*P*.5.25; 3,*P*.5.34; 3,*P*.5.36; 3,*M*.5.10; 3,*P*.6.1; 3,*P*.6.8; 3,*P*.6.13; *C*.3,*P*.6.22; 3,*P*.6.25; 3,*P*.6.27; 3,*M*.6.2; 3,*P*.7.2; 3,*P*.7.9; 3,*P*.7.13; 3,*P*.7.16; 3,*P*.8.1; *C*.3,*P*.8.20; 3,*P*.8.21; 3,*P*.9.2; 3,*P*.9.10; 3,*P*.9.11; 3,*P*.9.15; 3,*P*.9.16; 3,*P*.9.17; *C*.3,*P*.9.18; 3,*P*.9.29; 3,*P*.9.32; 3,*P*.9.33; 3,*P*.9.41; 3,*P*.9.42; 3,*P*.9.45(*bis*); 3,*P*.9.48; *C*.3,*P*.9.73; 3,*P*.9.78; 3,*P*.9.80; 3,*P*.9.91; 3,*P*.9.105; 3,*P*.10.19; 3,*P*.10.22; 3,*P*.10.26; *C*.3,*P*.10.34; 3,*P*.10.38; 3,*P*.10.39; 3,*P*.10.51; 3,*P*.10.54; 3,*P*.10.55; 3,*P*.10.56; *C*.3,*P*.10.57(*bis*); 3,*P*.10.63; 3,*P*.10.64; 3,*P*.10.65; 3,*P*.10.74; 3,*P*.10.77; 3,*P*.10.85; *C*.3,*P*.10.86; 3,*P*.10.88; 3,*P*.10.93; 3,*P*.10.104; 3,*P*.10.113; 3,*P*.10.118; 3,*P*.10.120; *C*.3,*P*.10.125; 3,*P*.11.5; 3,*P*.11.14; 3,*P*.11.22; 3,*P*.11.23; 3,*P*.11.25; 3,*P*.11.26; *C*.3,*P*.11.28; 3,*P*.11.40; 3,*P*.11.42; 3,*P*.11.53; 3,*P*.11.65; 3,*P*.11.69; 3,*P*.11.74; *C*.3,*P*.11.79; 3,*P*.11.87; 3,*P*.11.100; 3,*P*.11.107; 3,*P*.11.115; 3,*P*.11.121; 3,*P*.12.25; *C*.3,*P*.12.35; 3,*P*.12.38; 3,*P*.12.40; 3,*P*.12.53; 3,*P*.12.56; 3,*P*.12.61; 3,*P*.12.63; *C*.3,*P*.12.66; 3,*P*.12.77; 3,*P*.12.78; 3,*P*.12.81; 3,*P*.12.102; 3,*P*.12.110; 3,*M*.12.38; *C*.3,*M*.12.48; 4,*P*.1.9; 4,*P*.1.24; 4,*M*.1.25; 4,*P*.2.9; 4,*P*.2.14; 4,*P*.2.19; 4,*P*.2.24; *C*.4,*P*.2.35(*bis*); *uar*.4,*P*.2.36; 4,*P*.2.39; 4,*P*.2.41; *uar*.4,*P*.2.63; 4,*P*.2.66; *C*.4,*P*.2.68; 4,*P*.2.70; 4,*P*.2.72; 4,*P*.2.90; 4,*P*.2.91; 4,*P*.2.110; 4,*P*.2.112; 4,*P*.2.119; *C*.4,*P*.2.121; 4,*P*.2.123; 4,*P*.2.124; 4,*P*.2.131; 4,*P*.2.136; 4,*P*.2.137; 4,*P*.3.3; 4,*P*.3.9; *C*.4,*P*.3.29; 4,*P*.3.35; 4,*P*.3.38; 4,*P*.3.46; 4,*P*.3.53; 4,*M*.3.33; 4,*P*.4.10; 4,*P*.4.12;

C.4,*P*.4.13; 4,*P*.4.15; 4,*P*.4.21; 4,*P*.4.27; 4,*P*.4.35; 4,*P*.4.39; 4,*P*.4.41; 4,*P*.4.53;
C.4,*P*.4.54; 4,*P*.4.56; 4,*P*.4.58; 4,*P*.4.59; 4,*P*.4.62; 4,*P*.4.65(*bis*); 4,*P*.4.68; 4,*P*.4.79;
C.4,*P*.4.88; 4,*P*.4.93; 4,*P*.4.94; 4,*P*.4.102; 4,*P*.4.150; 4,*M*.4.10; 4,*P*.5.21; 4,*M*.5.17;
C.4,*P*.6.1; 4,*P*.6.8; 4,*P*.6.16; 4,*P*.6.30; 4,*P*.6.32; *uar*.4,*P*.6.53; 4,*P*.6.56; 4,*P*.6.66;
C.4,*P*.6.75; 4,*P*.6.78; 4,*P*.6.79; 4,*P*.6.81; 4,*P*.6.89; 4,*P*.6.97; 4,*P*.6.99; 4,*P*.6.112;
C.4,*P*.6.132; 4,*P*.6.135; 4,*P*.6.140; 4,*P*.6.159; 4,*P*.6.168; 4,*P*.6.174; 4,*P*.6.180;
*C*4,*P*.6.189; 4,*P*.6.197; 4,*M*.6.44; *uar*.4,*P*.7.9; 4,*P*.7.18; 4,*P*.7.21; 4,*P*.7.26;
C.4,*P*.7.38; 4,*P*.7.44; 5,*P*.1.11; 5,*P*.1.18; 5,*P*.1.25; 5,*P*.1.26; *uar*.5,*P*.1.27;
C.5,*P*.1.32; 5,*P*.1.33; 5,*P*.1.34; 5,*P*.1.43; 5,*P*.2.3; 5,*P*.2.5; 5,*P*.2.16; 5,*P*.2.17;
C.5,*P*.2.20; 5,*P*.3.3; 5,*P*.3.7; 5,*P*.3.21; 5,*P*.3.33; 5,*P*.3.35; 5,*P*.3.37; 5,*P*.3.38;
C.5,*P*.3.45; 5,*P*.3.46; 5,*P*.3.47; 5,*P*.3.49; 5,*P*.3.53; 5,*P*.3.54; 5,*P*.3.57(*bis*); 5,*P*.3.59;
C.5,*P*.3.61; 5,*P*.3.63; 5,*P*.3.64; 5,*P*.3.68; 5,*P*.3.69; 5,*P*.3.72; 5,*P*.3.78; 5,*P*.3.80;
C.5,*P*.3.81; 5,*P*.3.98; 5,*P*.3.105; 5,*M*.3.6; 5,*M*.3.23; 5,*M*.3.26; 5,*P*.4.1; 5,*P*.4.6;
C.5,*P*.4.20; 5,*P*.4.29(*bis*); 5,*P*.4.34; 5,*P*.4.36; 5,*P*.4.37; 5,*P*.4.72; 5,*P*.4.74; 5,*P*.4.92;
C.5,*P*.4.107; 5,*P*.4.108; 5,*P*.4.119; 5,*M*.4.7; 5,*M*.4.26; 5,*P*.5.18; 5,*P*.5.24; 5,*P*.5.39;
C.5,*P*.5.44; 5,*P*.5.53; 5,*P*.6.1; 5,*P*.6.4; 5,*P*.6.7; 5,*P*.6.10; 5,*P*.6.13; 5,*P*.6.22;
C.5,*P*.6.29; 5,*P*.6.35; 5,*P*.6.38; 5,*P*.6.55; 5,*P*.6.61; 5,*P*.6.77; 5,*P*.6.104; 5,*P*.6.106;
C.5,*P*.6.107; 5,*P*.6.114; 5,*P*.6.138; 5,*P*.6.140; 5,*P*.6.158; 5,*P*.6.174

ἐστίν. εἶς κοίρανός ἐστιν, εἶς βασιλεύς *C*.1,*P*.5.12
esto. fortasse...quoniam per eam mira quaedam sit operata diuinitas. Esto.   *Eut*.4.80
esurire. Num enim diuites esurire nequeunt? Num sitire non possunt? . .   *C*.3,*P*.3.46

et. *Trin*.,*Prf*.9; 17; *Trin*.1.22; 2.1; 2.15(*bis*); 2.20(*bis*); 2.30; 2.33; 2.36; 2.39; 2.52; 3.6;
       Trin.3.18; 3.29; 3.44; 3.45; 3.46(*ter*); 4.12; 4.25; 4.50; 4.67; 4.72; 5.8; 5.28; 5.36;
       Trin.5.48; 5.50(*bis*); 5.54; 6.12(*bis*); 6.18; 6.19(*bis*); 6.20; 6.25; *Pat*.1; 25; 47; 48;
       Pat.49; 50; 66; 68; 70; *Quo*.4; 26; 28; 38; 45; 50; 64; 88; 105; 125; 141; 143;1 44;
       Quo.145; 146; 148(*bis*); 149; 150(*bis*);*Fid*.2; 11; 15; 30; 33; 38; 42; 54; 62; 69; 93 *bis*);
       Fid.95; 99; 104; 105; 111; 125; 136; 141; 159; 163; 170(*bis*); 171; 178; 189; 197;(202;
       Fid.206; 207; 209; 210; 219; 233; 248; 249; 253; 261; 263; 265; 269; *Eut*.,*Prf*.3; 4;
       Eut.,*Prf*.10; 11; 37; 61; *Eut*.1.10(*bis*); 1.13; 1.19; 1.28(*ter*); 1.38(*bis*); 1.46;
       Eut.1.49; 2.15; 2.41; 2.42; 3.22(*bis*); 3.34; 3.54(*bis*); 3.64; 3.79; 380(*bis*); 3.81;
       Eut.3.87(*bis*); 3.88; 3.90; 3.93; 4.25; 4.38; 4.58; 4.61; 4.62; 5.14; 5.28; 5.33; 5.44;
       Eut.5.55; 5.61(*bis*); 5.96; 6.11; 6.18(*bis*); 6.26; 6.27; 6.30; 6.31(*ter*); 6.45(*bis*);
       Eut.6.48(*bis*); 6.50; 6.61; 6.72; 6.101(*bis*); 7.1; 7.2; 7.19; 7.27; 7.28; 7.41; 7.59;
       Eut.7.61(*bis*); 7.65; 8.1; 8.8; 8.12; 8.35(*bis*); 8.49; 8.53; 8.55*bi.8*); 8.56; 8.71;
       Eut.8.74; 8.75; 8.78(*ter*); 8.85; 8.91(*ter*); *C*.1,*M*.1.4; 1,*M*.1.10; 1,*M*.1.12; 1,*M*.1.14;
       C.1,*M*.1.16; 1,*P*.1.4; 1,*P*.1.23; 1,*P*.1.24; 1,*M*.2.2; 1,*M*.2.10; 1,*M*.2.25; 1,*P*.2.11;
       C.1,*M*.3.8; *uar*.1,*M*.3.9; 1,*P*.3.2; 1,*P*.3.6; 1,*P*.3.14; 1,*P*.4.28; 1,*P*.4.32; 1,*P*.4.48;
       C.1,*P*.4.117(*bis*); 1,*P*.4.123; 1,*P*.4.138; 1,*P*.4.140; 1,*P*.4.147; 1,*P*.4.164; 1,*M*.5.10;
       C.1,*M*.5.47; 1,*P*.5.25; 1,*P*.6.28; 1,*P*.6.37(*bis*); 1,*P*.6.43(*bis*); 1,*P*.6.56; 2,*P*.1.6;
       C.2,*P*.1.41; 2,*P*.1.42; 2,*P*.1.44; 2,*P*.1.54; 2,*M*.1.2; 2,*P*.2.6; 2,*P*.2.10; *uar*.2,*P*.2.12;
       C.2,*P*.2.13; 2,*P*.2.45; 2,*M*.2.11; 2,*P*.3.9; 2,*P*.4.16; 2,*P*.4.20; 2,*P*.4.35; 2,*P*.4.38;
       C.2,*P*.4.44; *uar*.2,*P*.4.54; 2,*P*.4.55; 2,*P*.4.91; 2,*M*.4.5; 2,*P*.5.3; 2,*P*.5.15;
       C.2,*P*.5.20; 2,*P*.5.51; 2,*P*.5.75; 2,*P*.6.23; 2,*P*.6.29; 2,*P*.6.52; 2,*P*.6.56; 2,*P*.6.60;
       C.2,*P*.6.62; 2,*P*.6.70; 2,*M*.6.5; 2,*P*.7.4; 2,*P*.7.7; 2,*P*.7.9; 2,*P*.7.32; 2,*P*.7.43; 2,*P*.7.64;
       C.2,*M*.7.11; 2,*M*.7.13; 2,*P*.8.15; 2,*P*.8.24; 2,*M*.8.15; 2,*M*.8.19; 2,*M*.8.24; 3,*P*.1.20;
       C.3,*P*.2.1; 3,*P*.3.4; 3,*P*.3.5; 3,*P*.3.29; 3,*P*.3.55; 3,*P*.3.42; 3,*M*.4.2; 3,*P*.5.38; 3,*M*.5.7;
       C.3,*M*.6.3; 3,*M*.6.7; 3,*M*.7.5; 3,*P*.8.7; 3,*P*.8.18; 3,*P*.8.21; 3,*M*.8.17; 3,*M*.8.21;
       C.3,*P*.9.12; 3,*P*.9.46; 3,*P*.9.74; 3,*P*.9.75(*bis*); 3,*P*.9.80; 3,*M*.9.17; 3,*M*.9.19; 3,*M*.9.25;
       C.3,*P*.10.66; 3,*P*.10.76(*bis*); 3,*P*.10.90; 3,*P*.10.138; 3,*P*.11.48; 3,*P*.11.61; 3,*P*.11.81;
       C.3,*P*.11.114; 3,*P*.11.116; 3,*P*.12.32; 3,*P*.12.40; 3,*P*.12.43; 3,*M*.12.27; 3,*M*.12.36;
       C.4,*P*.1.1; 4,*P*.1.4; 4,*P*.1.16; 4,*P*.1.20; 4,*P*.1.31; 4,*M*.1.21; 4,*P*.2.78; 4,*M*.3.2;
       C.4,*M*.3.12; 4,*M*.3.25; 4,*P*.4.23; 4,*P*.4.32; 4,*P*.4.45; 4,*P*.4.50; 4,*P*.4.51; 4,*P*.4.77;
       C.4,*M*.4.2; 4,*M*.4.8; 4,*M*.4.12; 4,*P*.6.23; 4,*P*.6.46; 4,*P*.6.72; 4,*P*.6.83; 4,*P*.6.92;
       C.4,*P*.6.108; 4,*P*.6.123; 4,*P*.6.128; 4,*P*.6.129; 4,*P*.6.135; 4,*P*.6.157; 4,*P*.6.172;
       C.4,*P*.6.178; 4,*P*.6.207(*bis*); 4,*M*.6.32; 4,*M*.6.36(*bis*); 4,*M*.6.37; 4,*M*.6.38; 4,*P*.7.3;
       C.4,*P*.7.9; 4,*P*.7.13; 4,*P*.7.47; 4,*M*.7.5; 4,*M*.7.16; 5,*P*.1.6; 5,*P*.1.21; 5,*P*.1.36(*bis*);
       C.5,*P*.1.49; 5,*M*.1.3; 5,*M*.1.4; 5,*M*.1.7; 5,*M*.1.10; 5,*P*.2.14; 5,*P*.2.15(*bis*); 5,*P*.2.23;
       C.5,*P*.2.26; 5,*P*.2.28; 5,*P*.3.5; 5,*P*.3.83; 5,*M*.3.21; 5,*P*.4.100; 5,*P*.4.101(*bis*); 5,*M*.4.3;
       C.5,*P*.5.27; 5,*P*.5.31(*bis*); 5,*M*.5.5; 5,*P*.6.10; 5,*P*.6.29; 5,*P*.6.30; 5,*P*.6.45; 5,*P*.6.86;
       C.5,*P*.6.88; 5,*P*.6.128; 5,*P*.6.143(*bis*); 5,*P*.6.152

etenim. Etenim unum res est; unitas, quo unum dicimus. *Trin*.3.15
Vnius etenim mora momenti, ...   *C*.2,*P*.7.52
Etenim finitis ad se inuicem fuerit quaedam,...collatio. *C*.2,*P*.7.58
Etenim plus hominibus reor aduersam *C*.2,*P*.8.7
Etenim licet Indica longe Tellus...tremescat *C*.3,*M*.5.5
Etenim perfectione sublata,...ne fingi quidem potest. *C*.3,*P*.10.14

ita quoque Eutyches non putauit naturam duplicem esse sine duplicatione
personae *Eut*.5.12
Eutyches uero recte credens unam esse personam impie credit unam
quoque esse naturam. *Eut*.5.18
secundum hunc modum Eutyches ait ex utrisque naturis Christum
consistere. *Eut*.7.10
Non...eam significationem...secundum quam Eutyches pronuntiat. .   *Eut*.7.33
aut una persona unaque natura ut Eutyches ait, ...   *Eut*.7.83
Eutychiani. et ueritas inuenta quaerenti omnes nebulas Eutychiani reclusit
erroris. *Eut*.,*Prf*.38
Eutychianos. recitatum Eutychianos ex duabus naturis Christum consistere
confiteri, in duabus negare: *Eut*.,*Prf*.7
Eutychis. prius extremi sibique contrarii Nestorii atque Eutychis summo-
ueantur errores; *Eut*.,*Prf*.56
sicut ab eodem Nestorii fonte Eutychis error principium sumpsit, . . .   *Eut*.5.93
conuictam esse Eutychis sententiam eo nomine, quod cum tribus . .   *Eut*.6.104
euacuabo. euacuabo prouidentiam, cum quae illa praenoscit forte mutauero.'   *C*.5,*P*.6.140
euagatus. ad Eutychen qui cum a ueterum orbitis esset euagatus, ...   *Eut*.5.2
Euandri. Cacus Euandri satiauit iras *C*.4,*M*.7.26
euaseras. nostris educatus alimentis in uirilis animi robur euaseras? . . .   *C*.1,*P*.2.5
eueniant. licet eueniant, nihil tamen ut euenirent sui natura necessitatis
habuisse; *C*.5,*P*.4.45
quae quamuis eueniant, exsistendo tamen naturam propriam non
amittunt, ...   *C*.5,*P*.6.122
eueniat. cui si quid eueniat aduersi, desinet colere forsitan innocentiam . .   *C*.4,*P*.6.136
eueniendi. etiam si praescientia futuris rebus eueniendi necessitatem non
uideatur inferre. *C*.5,*P*.3.30
Sed praescientia, inquies, tametsi futuris eueniendi necessitas non est,   *C*.5,*P*.4.28
eueniet. illud eueniet ex nullius hominis semine talem potuisse nasci *Eut*.5.73
cum propter diuinae scientiae condicionem modis omnibus necessitatis
instar eueniet? *C*.5,*P*.6.127
euenire. nec ullo alio saeculo possit euenire, ...   *Eut*.4.64
euenire necesse est quod prouidentia futurum esse praeuiderit. *C*.5,*P*.3.7
uel prouisa necesse est euenire, ...   *C*.5,*P*.3.45
si ineuitabiliter euentura censet quae etiam non euenire possibile est,
fallitur; *C*.5,*P*.3.68
nisi quod ea quae praesciuntur non euenire non possunt? *C*.5,*P*.4.17
Hic si dicas quod euenturum deus uidet id non euenire non posse, . . .   *C*.5,*P*.6.95
quod autem non potest non euenire id ex necessitate contingere, . . .   *C*.5,*P*.6.96
qua priusquam fierent etiam non euenire potuissent. *C*.5,*P*.6.124
euenirent. nihil tamen ut euenirent sui natura necessitatis habuisse; . . .   *C*.5,*P*.4.45
euenit. Euenit igitur, ut quem transformatum uitiis uideas *C*.4,*P*.3.55
euenit eorum...omnem quaecumque sit bonam,...esse fortunam." .   *C*.4,*P*.7.33
eueniunt. non uero ideo quoniam prouidentur eueniunt, ...   *C*.5,*P*.3.43
quae ex arbitrio eueniunt ad necessitatem cogantur?" *C*.5,*P*.4.24
euentum. existimatio plurimorum non rerum merita sed fortunae spectat
euentum *C*.1,*P*.4.156
euentum temerario motu nullaque causarum conexione productum casum
esse *C*.5,*P*.1.19
casum esse inopinatum ex confluentibus causis...euentum; *C*.5,*P*.1.55
necessarium esse euentum praescitarum rerum, ...   *C*.5,*P*.3.29
quas diuina mens...cuncta prospiciens ad unum alligat et constringit
euentum. *C*.5,*P*.3.84
quid est quod uoluntarii exitus rerum ad certum cogantur euentum? .   *C*.5,*P*.4.21
euentura. arbitrari ideo deum futura quoniam sunt euentura prouidere,   *C*.5,*P*.3.50
Quare sunt quaedam euentura quorum exitus ab omni necessitate sit
absolutus. *C*.5,*P*.4.55
quod quae nunc fiunt, prius quam fierent, euentura non fuerint. . . .   *C*.5,*P*.4.58
euentura. Nam si ineuitabiliter euentura censet...fallitur; *C*.5,*P*.3.67
Quasi uero nos ea quae prouidentia futura esse praenoscit non esse
euentura credamus *C*.5,*P*.4.44
Si qua certos...habere non uideantur euentus, ea certo euentura
praesciri nequeunt. *C*.5,*P*.5.43
euenturum. non ideo quid esse euenturum, quoniam id prouidentia futurum
esse prospexerit, ...   *C*.5,*P*.3.19
necessarius non sit euentus, id euenturum esse praesciri qui poterit? . .   *C*.5,*P*.3.60
Hic si dicas quod euenturum deus uidet id non euenire non posse, . .   *C*.5,*P*.6.95

excellentissimum. quin omne quod excellentissimum sit id etiam uideatur
     esse clarissimum.   *C.3,P.2.67*
excellentius. quoniam nomen hoc melioribus applicatum est, ut aliqua id quod
     est excellentius, ...   *Eut.3.76*
excelsa. quorum magna spes et excelsa facinorum machina repentino...
     destruitur, ...   *C.4,P.4.23*
excelsa. humiles preces in excelsa porrigite. *C.5,P.6.174*
excelso. quasi ab excelso rerum cacumine cuncta prospiciat. *C.5,P.6.71*
exceperat. poenam quam ipse primus homo praeuaricationis reus exceperat   *Fid.103*
exceperit. ut quanta esset poena quam ipse exceperit probaret in subole. . .   *Fid.107*
     Sed innocentiam nostram quis exceperit euentus uides; *C.1,P.4.121*
excepi. Quotiens ego Conigastum...impetum facientem obuius excepi, . .   *C.1,P.4.35*
excepit. si corpus quod Christus excepit ex Maria non credatur adsumptum.   *Eut.6.2*
excepto. effusa diluuii inundatione excepto Noe iusto homine cum suis liberis   *Fid.132*
excessit. chorus increpitus deiecit...uultum confessusque rubore uerecundiam
     limen tristis excessit. *C.1,P.1.44*
excipere. non possunt habere personam qua Christi uocabulum excipere
     possint? *Eut.4.86*
exciperet. ut qui baptizandi formam erat ceteris tributurus, ipse primus quod
     docebat exciperet. *Fid.217*
excipiat. Quamuis uota libens excipiat deus *C.2,M.2.9*
excitamur. Neque enim famae iactatione et inanibus uulgi clamoribus
     excitamur; *Trin.,Prf.10*
excitans. Praecedit tamen excitans Ac uires animi mouens *C.5,M.4.30*
excitantis. minaeque ponti Versum funditus exagitantis [excitantis] aestum   *coni.C.1,M.4.6*
excitare. Pro his enim...miserationem iudicum excitare conantur,. *C.4,P.4.134*
     Quod tantos iuuat excitare motus *C.4,M.4.1*
excitat. Hoc quidquid placet excitatque mentes, Infimis tellus aluit cauernis;   *C.3,M.10.13*
excitatur. semen introrsum ueri Quod excitatur uentilante doctrina. . . .   *C.3,M.11.12*
excitaueris. tu modo quem excitaueris ne moreris." *C.4,P.2.2*
excitet. excitetque interim quiescentes intrinsecus formas, ...   *C.5,P.5.4*
excitus. Tum mentis uigor excitus Quas intus species tenet...applicat . . .   *C.5,M.4.35*
exclamare. Itaque libet exclamare: O stelliferi conditor orbis *C.1,P.4.174*
exclamat. Vnde non iniuria tragicus exclamat: *C.3,P.6.2*
excluderet. Nisi enim tres in deo substantias ecclesiasticus loquendi usus
     excluderet, ...   *Eut.3.96*
excogitari. quicquid huiusmodi excogitari potest substantialiter *Pat.67*
     quo quid turpius excogitari potest? *C.3,P.6.6*
     Nam cum nihil deo melius excogitari queat, ...   *C.3,P.10.26*
     "Nihil," inquam, "uerius excogitari potest. *C.3,P.11.113*
     "Immo omnium," inquam, "quae excogitari possunt, iudicat esse miserri-
     mam." *C.4,P.7.30*
     Quoque nihil sceleratius excogitari potest, ...   *C.5,P.3.94*
excolere. exul effectus, terram iussus excolere *Fid.100*
exegimus. remque omnium maximam dei munere quem dudum depreca-
     bamur exegimus. *C.3,P.12.102*
exempla. Quorum ut amplior fiat intellectus exempla subdenda sunt. *Trin.4.13*
exempla. cum mores nostros...ad caelestis ordinis exempla formares? . . .   *C.1,P.4.17*
exemplaribus. meis exemplaribus ita ut a te reuertitur transcribendum. . .   *Eut.,Prf.52*
exempli. tametsi nulla ratio correctionis, nullus respectus habeatur exempli."   *C.4,P.4.50*
     Ite nunc fortes ubi celsa magni Ducit exempli uia! *C.4,M.7.33*
exemplo. tu cuncta superno Ducis ab exemplo, pulchrum pulcherrimus ipse
     Mundum mente gerens *C.3,M.9.7*
     Nam ut hoc breui liqueat exemplo, ...   *C.5,P.4.77*
exemplorum. Atqui plena est exemplorum uetustas, ...   *C.3,P.5.3*
exemplum. Quod exemplum continet tale: *Eut.5.101*
     ceteris quoque exemplum esse culpanda fugiendi, ...   *C.4,P.4.47*
     quidam suppliciis inexpugnabiles exemplum ceteris praetulerunt . . .   *C.4,P.6.156*
exemptam. quae se caelo fruens terrenis gaudet exemptam? *C.2,P.7.85*
exercendi. exercendiue bonos tum puniendi corrigendiue improbos causa
     deferatur, ...   *C.4,P.7.6*
exercere. An ego sola meum ius exercere prohibebor? *C.2,P.2.21*
     nisi in solum corpus et quod infra corpus est, fortunam loquor, possit
     exserere [exercere]? *uar.C.2,P.6.24*
     improbos uero exercere quidem quod libeat, ...   *C.4,P.2.142*
exerceri. "quorum alia poenali acerbitate, alia uero purgatoria clementia
     exerceri puto. *C.4,P.4.78*

etiam si praecognitio non fuisset, necessarios futurorum exitus esse
    constaret. *C*.5,*P*.4.31
an earum rerum quae necessarios exitus non habent ulla possit esse
    praenotio. *C*.5,*P*.4.64
quonam modo etiam quae certos exitus non habent, certa tamen uideat. . .
    praenotio *C*.5,*P*.5.54
ἐξοικοδόμησεν. Ἀνδρὸς δὴ ἱεροῦ δέμας αἰθέρες ᾠκοδόμησαν [δ' ἱροῦ σῶμ' αἴθηρ
    ἐξοικοδόμησεν]. *coni.C*.4,*P*.6.145
exoptandas. nec formidandas fortunae minas nec exoptandas facit esse
    blanditias. *C*.2,*P*.1.49
exopto. uti hoc infortunio cito careant. . .uehementer exopto." *C*.4,*P*.4.18
exordiis. quae cum ab immobilis prouidentiae proficiscatur exordiis, . . . *C*.4,*P*.6.89
exordio. nedum ordo de summi boni cardine proficiscens a suo quoquam
    deflectat exordio. *C*.4,*P*.6.101
exordium. unde rerum omnium manifestum constat exordium, ... *Pat*.4
quo praetermisso nullum rite fundatur exordium." *C*.3,*P*.9.104
Neque enim ab deminutis inconsummatisque natura rerum coepit
    exordium, ... *C*.3,*P*.10.17
Imaginatio quoque tametsi ex sensibus uisendi formandique figuras
    sumpsit exordium, ... *C*.5,*P*.4.113
exorsa. ubi attentionem meam. . .collegit, sic exorsa est: *C*.2,*P*.1.2
exortes. hominesque tantum diuinae exortes curae esse deplorasti. *C*.1,*P*.6.13
exosa. Viuit inquam tibique tantum uitae huius exosa spiritum seruat . . *C*.2,*P*.4.22
Nondum est ad unum omnes exosa fortuna *C*.2,*P*.4.31
expectationem, *u.* **exspectationem.**
expedienda. orationisque cursum ad alia quaedam tractanda atque expedi-
    enda uertebat. *C*.5,*P*.1.2
expedire. Quod ita demum patefacere atque expedire temptabo, ... *C*.5,*P*.4.10
expediret. nedum qui expediret inuentus est. *Eut*.,*Prf*.21
expedita. sed haud quaquam ab ullo uestrum hactenus satis diligenter ac
    firmiter expedita. *C*.5,*P*.4.6
expedito. Hoc igitur expedito aequiuocationis atque ambiguitatis nodo . *Eut*.7.46
expediunt. in discernendo non obiecta extrinsecus sequuntur, sed actum suae
    mentis expediunt? *C*.5,*P*.5.10
expellere. potestas quae sollicitudinum morsus expellere, . . .nequit? *C*.3,*P*.5.18
expendero. si prius ea quibus moueris expendero. *C*.5,*P*.4.11
experimentum. hos in experimentum sui tristibus ducit. *C*.4,*P*.6.153
experior. quod tu dudum de prouidentia quaestionem pluribus aliis implici-
    tam esse dixisti, re experior. *C*.5,*P*.1.6
experiri. primusque mortem in Abel filio suo meruit experiri, ... *Fid*.107
expertem. quis boni compotem praemii iudicet expertem? *C*.4,*P*.3.23
expertes. Si igitur sese ipsi aestimare uelint,possuntne sibi supplicii expertes
    uideri *C*.4,*P*.3.40
expertum. neque alias expertum te neque nunc anxium necesse est admonere. *C*.3,*P*.7.15
expertus. nec sentiret poenam suam, sed ideo expertus in altero est, ... *Fid*.110
inest enim singulis quod inexpertus ignoret, expertus exhorreat. *C*.2,*P*.4.54
Expertus sortis suae periculorum tyrannus *C*.3,*P*.5.15
expetenda. Sed patrandi sceleris possibilitas referri ad bonum non potest;
    expetenda igitur non est. *C*.4,*P*.2.135
Atqui omnis potentia expetenda est; *C*.4,*P*.2.136
expetenda. nihil habere quo inter expetenda numerentur?" *C*.3,*P*.11.16
Huc accedit quod omnem potentiam inter expetenda numerandam . . *C*.4,*P*.2.132
omniaque expetenda referri ad bonum. . .ostendimus. *C*.4,*P*.2.132
expetendae. quid est quod in se expetendae pulchritudinis habeant, . . . *C*.3,*P*.4.50
expetendorum. "In his igitur quae singula quaedam expetendorum praestare
    creduntur, ... *C*.3,*P*.9.72
Omnium igitur expetendorum summa atque causa bonum est. *C*.3,*P*.10.124
Quo fit uti summa, cardo atque causa expetendorum omnium bonitas esse
    iure credatur. *C*.3,*P*.10.129
ita eum qui expetendorum finem quo nihil ultra est apprehendit, . . . *C*.4,*P*.2.89
expetendum. in qua nihil expetendum, nihil natiuae bonitatis inesse mani-
    festum est, ... *C*.2,*P*.6.68
expeti. Quod enim neque re neque similitudine ullum in se retinet bonum, id
    expeti nullo modo potest. *C*.3,*P*.10.126
expetibilis. Quae uero est ista uestra expetibilis ac praeclara potentia? . . *C*.2,*P*.6.14
expetitur. Cuius uero causa quid expetitur, id maxime uidetur optari, . . . *C*.3,*P*.10.131

extrema. quos omnium malorum extrema nequitia non affecit modo *C.4,P.3*.41
   si non eorum malitiam saltem mors extrema finiret. *C.4,P.4*.29
   Extrema uero est seruitus, cum uitiis deditae   *C.5,P.2*.20
extrema. Harum in extrema margine ·II· Graecum, in supremo uero ·Θ·,
   legebatur intextum.   *C.1,P.1*.18
   Tum illa propius accedens in extrema lectuli mei parte consedit . . . *C.1,P.1*.48
extrema. sed ab integris absolutisque procedens in haec extrema atque
   effeta dilabitur. *C.3,P.10*.18
extremam. sed nondum ad extremam manum uirtutum perfectione perductas *C.2,P.7*.6
extremi. prius extremi sibique contrarii Nestorii atque Eutychis summoue-
   antur errores; *Eut.,Prf.*56
extremo. In extremo Musae saeuientis, uti quae caelum terras quoque pax
   regeret, uota posuisti. *C.1,P.5*.36
   Quos uidet condens radios sub undas Phoebus extremo ueniens ab ortu, *C.2,M.6*.10
extrinsecus. sed potius extrinsecus aliquid quodam modo affigant. . . . *Trin.4*.103
   sed per seruorum quodam modo extrinsecus accessum.   *Trin.5*.16
   summum esse non posset, quoniam relinqueretur extrinsecus quod posset
   optari. *C.3,P.2*.10
   "Egebit igitur," inquit, "extrinsecus petito praesidio *C.3,P.3*.37
   uel extrinsecus accepisse uel ita naturaliter habere praesumas, . . . *C.3,P.10*.45
   Nam ut extrinsecus acceptum putes, ... *C.3,P.10*.47
   ad mundum . . . "regendum nullis extrinsecus adminiculis indigebit; . . *C.3,P.12*.33
   Atque haec nullis extrinsecus sumptis . . . probationibus explicabas." . . *C.3,P.12*.97
   Quod si extrinsecus accepto laetaretur, ... *C.4,P.3*.17
   non ex signis neque petitis extrinsecus argumentis *C.5,P.4*.39
   in discernendo non obiecta extrinsecus sequuntur, sed actum suae
   mentis expediunt? *C.5,P.5*.9
extulerint. an ex beati Augustini scriptis semina rationum aliquos in nos
   uenientia fructus extulerint.   *Trin.,Prf.*33
extulisset. uidebatur; quae cum altius caput extulisset, ipsum etiam caelum
   penetrabat *C.1,P.1*.11
exuberans. uti bonis summa rerum regenda deferatur, ut exuberans
   retundatur improbitas. *C.4,P.6*.147
exuberat. Huic census exuberat, sed est pudori degener sanguis; *C.2,P.4*.46
exuit. Exuit patrem miserumque tristis Foederat natae iugulum sacerdos. . *C.4,M.7*.6
exul. exul effectus, terram iussus excolere atque a paradisi sinu seclusus . *Fid.*100
   qui uallo eius . . . continetur, nullus metus est ne exul esse mereatur. . . *C.1,P.5*.19
   Neque enim sapientum quisquam exul inops ignominiosusque esse malit, *C.4,P.5*.5
exulare. legem, qua sanctum est ei ius exulare non esse *C.1,P.5*.16
exulat. sic astrigeris Bellum discors exulat oris. *C.4,M.6*.18
exulem. ilico miserum exsulemque cognoui. *C.1,P.5*.4
   et exsulem te et exspoliatum propriis bonis esse doluisti. *C.1,P.6*.43
exules. Quos miseri toruos populi timent Cernes tyrannos exules." . . . *C.4,M.1*.30
exutus. Et ego quidem bonis omnibus pulsus, dignitatibus exutus, ... *C.1,P.4*.165

F

fabricare. sibi tantum conscia uoluntate sponte mundum uoluit fabricare . *Fid.*56
Fabricii. Vbi nunc fidelis ossa Fabricii manent, ... *C.2,M.7*.15
fabula. Vos haec fabula respicit Quicumque in superum diem Mentem
   ducere quaeritis. *C.3,M.12*.52
fabulis. "Accepisti," inquit, "in fabulis lacessentes caelum Gigantas; . . . *C.3,P.12*.69
fac. Tum ego: "Fac obsecro et quae illa uera sit, sine cunctatione demonstra." *C.3,P.1*.20
facere. substantia, qualitas, quantitas, ad aliquid, ubi, quando, habere, situm
   esse, facere, pati. *Trin.4*.4
   Rursus habere uel facere eodem modo; *Trin.4*.78
   refertur quidem uel ad facere uel ad tempus— *Trin.4*.94
   maxime enim haec non uidentur secundum se facere praedicationem . . *Trin.5*.3
   "natura est uel quod facere uel quod pati possit." *Eut.1*.25
   "Pati" quidem ac "facere," ut omnia corporea atque corporeorum anima; *Eut.1*.26
   "Facere" uero tantum ut deus ceteraque diuina. *Eut.1*.28
   nec haec omnia, sed ea quae in se et facere et pati possunt. *Eut.6*.26
   nisi et eadem sit materia rerum in se transeuntium et a se et facere et
   pati possint, ... *Eut.6*.31

Si uero sint mediocres sibique aequales uel paulo inaequales naturae quae
a se facere et pati possunt, ... *Eut.*6.45
quae a se, . . . et facere et pati possunt communi atque eadem materia
subiecta. *Eut.*6.48
sed non omne ab omni uel in omni uel facere aliquid uel pati potest. . . *Eut.*6.52
quonam modo praesens facere beatos potest quae miseros transacta non
efficit? *C.*2,*P.*4.100
Quid autem est quod in alium facere quisquam possit, ... *C.*2,*P.*6.33
Vos autem nisi ad populares auras inanesque rumores recte facere
nescitis *C.*2,*P.*7.63
"Opes igitur nihilo indigentem sufficientemque sibi facere nequeunt . . *C.*3,*P.*3.29
quae sufficientes sibi facere putabantur opes, alieno potius praesidio . . *C.*3,*P.*3.43
Quod quia populares facere nequeunt honores, ... *C.*3,*P.*4.20
cum reuerendos facere nequeat quos pluribus ostentat, ... *C.*3,*P.*4.24
Si igitur reuerendos facere nequeunt dignitates, ... *C.*3,*P.*4.47
"Num igitur deus facere malum potest?" *C.*3,*P.*12.79
"Malum . . . nihil est, cum id facere ille non possit, qui nihil *C.*3,*P.*12.81
"Sed idem," inquit, "facere malum nequit." *C.*4,*P.*2.124
liquet solos quod desiderent facere posse sapientes, ... *C.*4,*P.*2.141
quem deteriorem facere possit aduersitas, ... *C.*4,*P.*6.139
quae in quadrigis moderandis atque flectendis facere spectantur aurigae *C.*5,*P.*4.49
facerent. insigne miraculum, ut malos mali bonos facerent. *C.*4,*P.*6.186
faceres. quem tu . . . componebas ut consimilem deo faceres. *C.*1,*P.*4.145
faceret. ne documenta deferret quibus senatum maiestatis reum faceret . . *C.*1,*P.*4.75
faciam. "Faciam," inquit illa, "tui causa libenter. *C.*3,*P.*1.22
faciant. Sed haec praedicamenta talia sunt, ut in quo sint ipsum esse faciant
quod dicitur, ... *Trin.*4.27
pauperes necesse est faciant quos relinquunt. *C.*2,*P.*5.18
infeliciores eos esse qui faciant quam qui patiantur iniuriam." *C.*4,*P.*4.116
faciantque saepe, quae cum gesserint non fuisse gerenda decernant? . . *C.*4,*P.*6.183
cum ne homines quidem necessaria faciant esse quae uideant? *C.*5,*P.*6.74
facias. quoniam et id te posse et an facias quouue conuertas praesens
prouidentiae ueritas intuetur, ... *C.*5,*P.*6.143
faciat. quod turpitudo suapte natura miseros faciat, ... *C.*4,*P.*4.130
faciatis. nec intellegitis quantam conditori uestro faciatis iniuriam. *C.*2,*P.*5.78
facie. uocant ab eo quod humanitatem in facie atque ante oculos obtegant uultum: *Eut.*3.15
Sic quondam sereni maris facie gaudemus; *C.*2,*P.*5.33
faciem. hausi caelum et ad cognoscendam medicantis faciem mentem recepi. *C.*1,*P.*3.2
facienda. ita deus prouidentia quidem singulariter stabiliterque facienda
disponit, ... *C.*4,*P.*6.49
faciendae. artifex faciendae rei formam mente praecipiens *C.*4,*P.*6.45
faciendi. nisi illis adsit potestas in se et a se faciendi ac patiendi, ... *Eut.*6.61
faciendo. et longe postmodum proferendi faciendo participes perditam uoluit
reparare naturam. *Fid.*125
faciendum. idque eo dicis esse faciendum, quod non sit omnibus notum iter *Quo.*5
quid nunc faciendum censes, ... *C.*3,*P.*9.101
faciens. Qua uero parte beatos faciens desinit potestas, ... *C.*3,*P.*5.12
facientem. Quotiens ego Conigastum . . . impetum facientem obuius excepi, *C.*1,*P.*4.35
facientis. "Nec ambigo," inquam, "quin perpesso satisfacerem dolore facientis." *C.*4,*P.*4.126
facientium. hoc quidem de rerum necessitate descendit, illud uero de po
testate facientium. *C.*5,*P.*6.134
facies. Nihilne te ipsa loci facies mouet? *C.*1,*P.*4.10
Itaque non tam me loci huius quam tua facies mouet *C.*1,*P.*5.21
Hunc apri facies tegit, ... *C.*4,*M.*3.10
Prona tamen facies hebetes ualet ingrauare sensus. *C.*5,*M.*5.9
facies. cui nomini si adicias "semper," facies eius quod est nunc *Trin.*4.75
faciet. non faciet alteritatem rerum de qua dicitur, ... *Trin.*5.37
Numquam tua faciet esse fortuna quae a te natura rerum fecit aliena. . *C.*2,*P.*5.39
uenerandumne barbaris honor faciet? *C.*3,*P.*4.32
Sed quem felicitas amicum fecit, infortunium faciet inimicum. *C.*3,*P.*5.41
facile. recordabitur facile, si quidem nos ante cognouerit. *C.*1,*P.*2.14
Idcirco nemo facile cum fortunae suae condicione concordat; *C.*2,*P.*4.52
quae facile ipsarum rerum redarguuntur effectu; *C.*2,*P.*6.64
in quo quanta sit naturae uis facile monstratur, ... *C.*3,*P.*2.78
adhaerent tenacissime partibus suis et ne facile dissoluantur resistunt. . *C.*3,*P.*11.82
liquentia ut aer atque aqua, facile quidem diuidentibus cedunt, . . . *C.*3,*P.*11.83

Quae diuersa esse facile liquebit, si quis utriusque uim mente conspexerit.   *C*.4,*P*.6.30
quod hinc facile perpendas licebit. *C*.5,*P*.4.46
facili. Facili quae sera solebat Ieiunia soluere glande. *C*.2,*M*.5.4
facilior. quantum haec difficilior quaestio est, tam facilior esse debet ad
    ueniam. *Trin.,Prf.*30
facilius. Cuius praedicationis differentiam sic facilius internoscimus: .   .   .   *Trin.*4.84
facinoris. Et cuius umquam facinoris manifesta confessio *C*.1,*P*.4.123
facinorum. florenteque nequitia uirtus . . . in locum facinorum supplicia luit.   *C*.4,*P*.1.17
    quorum magna spes et excelsa facinorum machina repentino . . . destruitur,   *C*.4,*P*.4.23
facinus. flagitiosum quemque ad audendum quidem facinus impunitate,   .   .   *C*.1,*P*.4.171
facis. quas lege benigna Ad te conuersas reduci facis igne reuerti. *C*.3,*M*.9.21
facit. Sed numero differentiam accidentium uarietas facit. *Trin.*1.25
    Illic enim unitatum repetitio numerum facit.   .   .   .   , ...   *Trin.*3.10
    minime facit numerabilium rerum numerosam diuersitatem. *Trin.*3.12
    Ergo in numero quo numeramus repetitio unitatum facit pluralitatem; .   *Trin.*3.20
    in rerum uero numero non facit pluralitatem unitatum repetitio,   .   .   *Trin.*3.20
    Non igitur si . . . tertio praedicatur deus, idcirco trina praedicatio numerum
        facit. *Trin.*3.31
    nostrum "nunc" quasi currens tempus facit et sempiternitatem,   .   .   .   *Trin.*4.72
    neque mouens sese atque consistens aeternitatem facit; *Trin.*4.74
    et in rebus numerabilibus repetitio unitatum non facit modis omnibus
        pluralitatem. *Trin.*5.55
    facit hoc cognata caducis rebus alteritas. *Trin.*6.23
    quae res eos nec uetus facit recipere testamentum neque in integro
        nouum. *Fid.*47
    haec enim in corpore et a corpore et facit et patitur. *Eut.*1.28
    in qua nobis sed id quod libris pretium facit, ...   *C*.1,*P*.5.24
    Quod si nec ex arbitrio retineri potest et calamitosos fugiens facit,   .   .   *C*.2,*P*.1.44
    nec formidandas fortunae minas nec exoptandas facit esse blanditias.   .   *C*.2,*P*.1.49
    quod te nunc inpatientem nostri facit, fauore prona *C*.2,*P*.2.11
    hunc nobilitas notum facit, ...   *C*.2,*P*.4.47
    si quidem auaritia semper odiosos, claros largitas facit. *C*.2,*P*.5.10
    An uero te longus ordo famulorum facit esse felicem? *C*.2,*P*.5.50
    Sic musica quidem musicos medicina medicos rhetorice rhetores facit.   .   *C*.2,*P*.6.54
    despectiores potius improbos dignitas facit. *C*.3,*P*.4.26
    hac inpotentia subintrat quae miseros facit; *C*.3,*P*.5.13
    Quod si claritudinem praedicatio facit, ...   *C*.3,*P*.6.25
    Non facit quod optat ipse dominis pressus iniquis. *C*.4,*M*.2.10
    Nam si nequitia miseros facit, miserior sit necesse est diuturnior nequam;   *C*.4,*P*.4.26
    concurrere uero atque confluere causas facit ordo ille *C*.5,*P*.1.56
    Hanc enim necessitatem non propria facit natura sed condicionis adiectio;   *C*.5,*P*.6.110
faciunt. tres unitates non faciunt pluralitatem numeri in eo quod ipsae sunt,   *Trin.*3.7
    Hoc enim illis . . . imminet qui inter eos distantiam faciunt meritorum.   .   *Trin.*3.32
    quae secundum rei alicuius in eo quod ipsa est proprietatem non faciunt
        praedicationem, ...   *Trin.*5.31
    alieno potius praesidio faciunt indigentes. *C*.3,*P*.3.44
    Quare si opes nec submouere possunt indigentiam et ipsae suam faciunt,   *C*.3,*P*.3.55
    Faciunt enim quaelibet, dum per ea quibus delectantur *C*.4,*P*.2.143
    infeliciores eos esse qui faciant [faciunt] quam qui patiantur [patiuntur]
        iniuriam." *coni.C*.4,*P*.4.116
    "Atqui nunc," ait, "contra faciunt oratores. *C*.4,*P*.4.132
facta. facta quidem est trinitatis numerositas in eo quod est praedicatio
    relationis, ...   *Trin.*6.3
    lapis hic unde haec Achillis statua facta est, ...   *Eut.*2.46
    Quae est igitur facta hominis deique coniunctio? *Eut.*4.23
    si . . . ea coniunctio qualem superius diximus facta est naturarum,   .   .   .   *Eut.*4.32
    ut ea sit adunatio facta cum deo, ut natura humana non manserit.   .   .   *Eut.*5.6
    adunatio haec aut tempore generationis facta est aut tempore resur-
        rectionis. *Eut.*5.26
    Sed si tempore generationis facta est, ...   *Eut.*5.27
    adunatum esse deo, ut una uideretur facta esse natura. *Eut.*5.35
    Ad quam uero utilitatem facta probabitur tanta humilitas diuinitatis,   .   *Eut.*5.89
    non quo ipsa deitas humanitas facta sit, sed quod a deitate fuerit
        adsumpta. *Eut.*7.56
facta. si ab aeterno non facta hominum modo sed etiam consilia uoluntatesque
    praenoscit, ...   *C*.5,*P*.3.9

falso. Nam de compositis falso litteris quibus libertatem arguor sperasse   *C.1,P.4.89*
    Nam qui falso praedicantur, suis ipsi necesse est laudibus erubescant. .   *C.3,P.6.7*
falsum. Qua in re eum falsum esse cum definitio superius dicta conuincat, .   *Eut.4.14*
    sed ad superbam gloriam falsum sibi philosophi nomen induerat,   *C.2,P.7.69*
    et a uero atque perfecto ad falsum imperfectumque traducit. *C.3,P.9.12*
    aequum est uel falsum aliquid praecessisse demonstret *C.4,P.4.35*
fama. gloriae scilicet cupido et optimorum in rem publicam fama meritorum;   *C.2,P.7.8*
    non modo fama hominum singulorum sed ne urbium quidem peruenire
    queat. *C.2,P.7.28*
    nondum Caucasum montem Romanae rei publicae fama transcenderat,   *C.2,P.7.32*
    An ubi Romani nominis transire fama nequit,   *C.2,P.7.36*
    Ita fit ut quamlibet prolixi temporis fama,   *C.2,P.7.60*
    Licet remotos fama per populos means Diffusa linguas explicet *C.2,M.7.9*
    Signat superstes fama tenuis pauculis Inane nomen litteris. *C.2,M.7.17*
    Iac tis ergo prorsus ignorabiles Nec fama notos efficit. *C.2,M.7.22*
    ad quas unius fama hominis nequeat peruenire,   *C.3,P.6.15*
fama. In hoc . . . de peruulganda fama, de proferendo nomine cogitatis? . . .   *C.2,P.7.22*
    quid, inquam, est quod ad hos de fama post resolutum morte suprema
    corpus attineat? *C.2,P.7.78*
famae. Neque enim famae iactatione et inanibus uulgi clamoribus excitamur;   *Trin.,Prf.9*
    quotiens ostentando quis factum recipit famae pretium. *C.1,P.4.120*
    Quo fit ut si quem famae praedicatio delectat, ...   *C.2,P.7.40*
    intra unius gentis terminos praeclara illa famae inmortalitas coartabitur.   *C.2,P.7.44*
famam. inmortalitatem uobis propagare uidemini, cum futuri famam temporis
    cogitatis. *C.2,P.7.50*
famem. Sed adest, inquies, opulentis quo famem satient, ...   *C.3,P.3.48*
familiarem. Nero Senecam familiarem praeceptoremque suum *C.3,P.5.29*
familiares. meos esse familiares inprudentia rata nonnullos eorum profanae
    multitudinis errore peruertit. *C.1,P.3.29*
familiaribus. Nam quid ego de regum familiaribus disseram, ...   *C.3,P.5.25*
familiaris. Quae uero pestis efficacior ad nocendum quam familiaris inimicus?   *C.3,P.5.42*
    uictam uero Catoni placuisse familiaris noster Lucanus admonuit. . .   *C.4,P.6.130*
familiaris. angustia rei familiaris inclusus esse mallet ignotus. *C.2,P.4.48*
    ut eum in scelera potius exacerbare possit rei familiaris inopia; . . .   *C.4,P.6.170*
familiaritas. An uero regna regumque familiaritas efficere potentem ualet? .   *C.3,P.5.1*
familiaritatem. cum his quos eludere nititur blandissimam familiaritatem,   *C.2,P.1.8*
familiarium. Vnde haud iniuria tuorum quidam familiarium quaesiuit: . . .   *C.1,P.4.104*
famis. Cum acerbae famis tempore grauis atque inexplicabilis indicta
    coemptio *C.1,P.4.44*
famulae. Dominam famulae cognoscunt; mecum ueniunt, me abeunte
    discedunt. *C.2,P.2.18*
famulantibus. famulantibus quibusdam prouidentiae diuinis spiritibus . . .   *C.4,P.6.51*
famulari. quid de huiusmodi felicitate debeant iudicare quam famulari saepe
    improbis cernant. *C.4,P.6.166*
famulo. Haec autem reuelante deo Moysi famulo suo comperta sunt, ...   *Fid.86*
famulorum. An uero te longus ordo famulorum facit esse felicem? *C.2,P.5.49*
fas. nesciret quodam modo ac, si dici fas est, nec sentiret poenam suam, . .   *Fid.109*
    Atqui Philosophiae fas non erat incomitatum relinquere iter innocentis;   *C.1,P.3.13*
    eoque uallo muniti quo grassanti stultitiae adspirare fas non sit. *C.1,P.3.49*
    nec mihi Socratico decreto fas esse arbitror *C.1,P.4.83*
    Sed fas fuerit nefarios homines . . . perditum ire uoluisse. *C.1,P.4.106*
    et sub tuis oculis sacrilegio locum esse fas non erat. *C.1,P.4.141*
    Nam id quidem de te numquam cuiquam fas fuisset. *C.1,P.5.9*
    Ne, dum Tartara liquerit, Fas sit lumina flectere.' *C.3,M.12.46*
    si eis aliqua rimula uirtutem relictam fas esset aspicere *C.4,P.4.142*
    Neque enim fas est homini cunctas diuinae operae machinas . . . com-
    prehendere *C.4,P.6.197*
    intueamur nunc quantum fas est, quis sit diuinae substantiae status, . .   *C.5,P.6.4*
fata. Solantur maesti nunc mea fata senis. *C.1,M.1.8*
fatalis. Ordo namque fatalis ex prouidentiae simplicitate procedit. *C.4,P.6.44*
    seu aliquibus horum seu omnibus fatalis series texitur, ...   *C.4,P.6.55*
    an ipsos quoque humanorum motus animorum fatalis catena constringit?"   *C.5,P.2.4*
fatalis. quae primae propinqua diuinitati stabiliter fixa fatalis ordinem
    mobilitatis excedunt. *C.4,P.6.64*
    Hic iam fit illud fatalis ordinis insigne miraculum, ...   *C.4,P.6.124*
    malum omne de reipublicae suae terminis per fatalis seriem necessitatis
    eliminet. *C.4,P.6.203*

fecisse. nec diuersarum coniunctio substantiarum unam creditur fecisse
    personam, ... *Eut*.4.57
fecisset. cui supplicium inferendum putares, eine qui fecisset an qui pertulisset
    iniuriam?" *C*,4,*P*.4.124
fecit. at trinitatem personarum diuersitas fecit, trinitas igitur non pertinet ad
    substantiam. *Pat*.61
    mundum uoluit fabricare eumque cum omnino non esset fecit ut
    esset, ... *Fid*.57
    auctor inuidiae . . . temptatione adhibita fecit etiam ipsum eiusque
    comparem, . . . subiacere, ... *Fid*.81
    Eundem quippe saluum fecit quem creditur adsumpsisse; *Eut*.4.119
    alterum alterius copulatione corruptum quiddam tertium fecit, ... *Eut*.6.89
    An illos accusatores iustos fecit praemissa damnatio? *C*.1,*P*.4.69
    Vltroque gemitus dura quos fecit ridet. *C*.2,*M*.1.6
    Numquam tua faciet esse fortuna quae a te natura rerum fecit aliena. . *C*.2,*P*.5.40
    ita cruciatus, . . . uir sapiens fecit esse uirtutis. *C*.2,*P*.6.32
    Sed quem felicitas amicum fecit, infortunium faciet inimicum. *C*.3,*P*.5.40
fecundae. aliarum fecundae sunt steriles harenae, ... *C*.3,*P*.11.59
fefellit. "Num me," inquit, "fefellit abesse aliquid, ... *C*.1,*P*.6.22
felicem. Quid me felicem totiens iactastis amici? *C*.1,*M*.1.21
    Si numerum modumque laetorum tristiumue consideres, adhuc te felicem
    negare non possis. *C*.2,*P*.3.40
    Nam in omni aduersitate fortunae infelicissimum est genus infortunii
    fuisse felicem." *C*.2,*P*.4.6
    o te si tua bona cognoscas felicem, ... *C*.2,*P*.4.28
    quare continuus timor non sinit esse felicem. *C*.2,*P*.4.89
    An uero te longus ordo famulorum facit esse felicem? *C*.2,*P*.5.50
    Euripidis mei sententiam probo, qui carentem liberis infortunio dixit esse
    felicem. *C*.3,*P*.7.18
    "O te alumne hac opinione felicem, si quidem hoc," inquit, "adieceris. . . ." *C*.3,*P*.9.86
felicem. uel licentiam uel impunitatem scelerum putant esse felicem. . . . *C*,4,*P*.4.100
felices. nequam homines atque nefarios potentes felicesque arbitraris. . . *C*.1,*P*.6.46
    nos quoque fateamur fieri aliquos horum adeptione felices. *C*.3,*P*.3.11
    "Bonos," inquit, "esse felices, malos uero miseros nonne concessi-
    mus?" *C*,4,*P*.4.52
felicia. nisi indiscreto ictu fortunam felicia regna uertentem? *C*.2,*P*.2.39
    bonis felicia, malis semper infortunata contingere *C*,4,*P*.1.29
felicior. nonne felicior est eo cuius pura . . . sine cuiusquam boni admixtione
    miseria est?" *C*,4,*P*.4.54
feliciores. "Feliciores," inquit, "esse improbos supplicia luentes *C*,4,*P*.4.42
felicis. Gloria felicis olim uiridisque iuuentae Solantur . . . mea fata *C*.1,*M*.1.7
felicissimi. Adde quod felicissimi cuiusque delicatissimus sensus est *C*.2,*P*.4.55
felicissimum. Quis non te felicissimum cum tanto splendore socerorum, . . .
    praedicauit? *C*.2,*P*.3.20
felicissimum. boni fructum gaudio laetitiaque metiuntur; hi felicissimum
    putant uoluptate diffluere. *C*.3,*P*.2.25
felicitas. eaque tantum iudicat esse prouisa quae felicitas commendauerit. . *C*.1,*P*.4.157
    Ad haec quem caduca ista felicitas uehit uel scit eam uel nescit esse
    mutabilem. *C*.2,*P*.4.85
    Quidni, quando eorum felicitas perpetuo perdurat? *C*.3,*P*.5.2
    Sed quem felicitas amicum fecit, infortunium faciet inimicum. *C*.3,*P*.5.40
    Nam nisi fallor ea uera est et perfecta felicitas *C*.3,*P*.9.81
    Quod si, . . est quaedam boni fragilis inperfecta felicitas, ... *C*.3,*P*.10.20
    "quae sit uel felicitas uel miseria in ipsis proborum atque improborum
    meritis constituta. *C*,4,*P*.5.1
    Alios in cladem meritam praecipitauit indigne acta felicitas; *C*,4,*P*.6.177
felicitate. quosdam remordet ne longa felicitate luxurient, ... *C*,4,*P*.6.149
    quid de huiusmodi felicitate debeant iudicare *C*,4,*P*.6.166
felicitatem. occupauit terrenam miseriam quia felicitatem paradisi in primo
    patre perdiderat. *Fid*.121
    An uero tu pretiosam aestimas abituram felicitatem? *C*.2,*P*.1.41
    quoque uno felicitatem minui tuam uel ipsa concesserim, ... *C*.2,*P*.4.22
    Quid igitur o mortales extra petitis intra uos positam felicitatem? . . *C*.2,*P*.4.73
    cumque clarum sit fortuitam felicitatem corporis morte finiri, ... *C*.2,*P*.4.94
    "Ad ueram," inquit, "felicitatem, quam tuus quoque somniat animus, . *C*.3,*P*.1.18
    qui reges felicitatem calamitate mutauerint. *C*.3,*P*.5.5
    nonne si qua parte defuerit, felicitatem minuat, miseriam inportet? . . *C*.3,*P*.5.9

ferus. Fratre qui quondam ferus interempto Matris effuso maduit cruore . . *C.2,M.6.*3
Quos ferus uasto recubans in antro Mersit inmani Polyphemus aluo; . *C.4,M.7.*9
feruens. Sed saeuior ignibus Aetnae Feruens amor ardet habendi. *C.2,M.5.*26
feruente. Nec niuis duram frigore molem Feruente Phoebi soluier aestu. . . *C.4,M.5.*16
feruentes. Saepe feruentes Aquilo procellas Verso concitat aequore. *C.2,M.3.*11
feruet. Auaritia feruet alienarum opum uiolentus ereptor? *C.4,P.3.*56
feruida. Tu, cum feruida uenerit aestas, Agiles nocti diuidis horas. *C.1,M.5.*16
Aestas Cererem feruida siccat, ... *C.4,M.6.*27
feruor. Cum flagrantior intima Feruor pectoris ureret, ... *C.3,M.12.*15
festinant. hi uel belli uel pacis artibus gloriosum nomen propagare festinant. *C.3,P.2.*24
si quid est ad quod uniuersa festinent [festinant], id erit *uar.C.3,P.11.*115
festinare. esse collectum intentionem omnem uoluntatis humanae . . . ad
beatitudinem festinare?" *C.4,P.2.*28
festinat. quarum omnis ad explendam corporalem lacunam festinat intentio. *C.3,P.7.*11
dumque ea quae protulit in sui similitudinem retinere festinat, ... *C.4,P.6.*202
festinent. nihil inuenio quod . . . ad interitum sponte festinent. *C.3,P.11.*48
aut si quid est ad quod uniuersa festinent, ... *C.3,P.11.*115
"Cum . . . omnia . . . ad bonum naturali intentione festinent, ... *C.3,P.12.*50
festino. Tum illa: "Festino," inquit, "debitum promissionis absoluere . . *C.5,P.1.*7
festiue. Accipe in huiusmodi arrogantiae leuitate quam festiue aliquis
inluserit. *C.2,P.7.*66
fetuum. nascentia occidentiaque omnia per similes fetuum seminumque
renouat progressus. *C.4,P.6.*85
fiant. Quae quam . . . disposite et ex eorum bono quibus accedere uidentur fiant, *C.4,P.6.*158
eadem prius quam fiant sine necessitate futura sunt. *C.5,P.4.*54
Quid igitur postulas ut necessaria fiant *C.5,P.6.*73
Haec igitur ad intuitum relata diuinum necessaria fiant *C.5,P.6.*118
fiat. Quorum ut amplior fiat intellectus exempla subdenda sunt. . . . *Trin.*4.13
quasi non deterior fiat inscientiae causa, dum tegitur. *Eut.,Prf.*44
Si quid enim uel ultra uel infra quam oportuerit fiat, a uirtute disceditur. *Eut.*7.78
uotis docuit optare, ut fiat uoluntas eius sicut in caelo et in terra . . . *Eut.*8.90
Nihil est enim quod mali causa ne ab ipsis quidem improbis fiat; . *C.4,P.6.*98
fida. quae cum sint arcani fida custodia tum id habent commodi, . . . *Quo.*13
Dum leuibus male fida bonis fortuna faueret, ... *C.1,M.1.*17
Et cara tibi est fortuna praesens nec manendi fida et cum discesserit
adlatura maerorem. *C.2,P.1.*42
fide. Haec si se recte et ex fide habent, ut me instruas peto; *Pat.*68
Elusus Cereris fide Quernas pergat ad arbores. *C.1,M.6.*5
Quod mundus stabili fide Concordes uariat uices, ... *C.2,M.8.*1
Et quam nunc socia fide Pulchris motibus incitant, ... *C.2,M.8.*19
simul cum omne disputationis tuae latus indubitata fide constiterit, . . *C.5,P.1.*16
fidei. Quod si sententiae fidei fundamentis sponte firmissimae opitulante . . *Trin.*6.31
id est ab ipsis catholicae fidei fundamentis. *Pat.*5
et ex duabus . . . et in duabus apud uerae fidei sectatores aequaliter credi. *Eut.,Prf.*11
post uero adiuuante deo, christianae medietatem fidei temperabo. . . . *Eut.,Prf.*58
Nam catholicis et fidei ueritas et raritas miraculi constat. *Eut.*4.61
Haec sunt quae ad te de fidei meae credulitate scripsi. *Eut.*8.94
fidei. Sed huic tam sanae atque ueracissimae fidei exstiterant multi qui
diuersa garrirent *Fid.*208
fidelibus. Felix nimium prior aetas Contenta fidelibus aruis *C.2,M.5.*2
fidelis. Vbi nunc fidelis ossa Fabricii manent, ... *C.2,M.7.*15
fideliter. Haec . . . omnia illa beatissima humani generis fideliter credentium
inmutatio deprecatur. *Eut.*8.93
fidelium. Sola ergo nunc est fidelium exspectatio qua credimus *Fid.*266
quod amicorum tibi fidelium mentes haec aspera, haec horribilis fortuna
detexit, ... *C.2,P.8.*20
fidem. ut ipsum est ita de eo fidem capere temptare. *Trin.*2.4
et fidem si poterit rationemque coniunge. *Pat.*71
Christianam fidem noui ac ueteris testamenti pandit auctoritas; . . . *Fid.*1
catholicos uero utrique dicto fidem praebere, ... *Eut.,Prf.*9
Sed, o nefas, illi uero de te tanti criminis fidem capiunt *C.1,P.4.*150
sed ex altero altero fidem trahente insitis . . . probationibus *C.3,P.12.*98
Iungantque fidem frigora flammis, ... *C.4,M.6.*22
fides. sed ea fides pollet maxime ac solitarie *Trin.*1.2
haeresim . . . quam catholica fides a consortio sui mox reppulisse probatur. *Fid.*116
Restat ut, quemadmodum catholica fides dicat, . . . doceamus. *Eut.*7.1
Cum igitur utrasque manere naturas in Christo fides catholica confiteatur *Eut.*7.25

Non . . . secundum eam significationem ex utrisque naturis Christum
iunctum esse fides catholica tenet, ... *Eut.*7.33
quin id sit quod firma ueraque fides catholica continet; *Eut.*7.48
aut duae naturae sed una persona ut catholica fides credit, ... *Eut.*7.84
restat ut ea sit uera quam fides catholica pronuntiat *Eut.*7.91
Nam etsi rara est fortuitis manendi fides, ultimus tamen uitae dies . . *C.*2,*P.*3.48
Sed uti nostrae sententiae fides abundantior sit, ... *C.*4,*P.*2.9
fidibus. placet arguto Fidibus lentis promere cantu. *C.*3,*M.*2.6
fidis. Hic fidis etiam sua Dictat iura sodalibus. *C.*2,*M.*8.26
fient. Fient igitur procul dubio cuncta quae futura deus esse praenoscit, . . *C.*5,*P.*6.120
fierent. quod quae nunc fiunt, prius quam fierent, euentura non fuerint. . . *C.*5,*P.*4.58
qua priusquam fierent etiam non euenire potuissent. *C.*5,*P.*6.124
fieret. Neque accessisse dici potest aliquid deo, ut pater fieret; *Trin.*5.43
ex distantibus naturis una fieret copulatione persona! *Eut.*4.67
non posse esse naturam duplicem quin persona fieret duplex, ... *Eut.*5.10
duplicem . . . sententiam, ut haec adunatio aut generatione fieret, . . . *Eut.*7.97
aut ad sumptum quidem ex Maria per resurrectionem fieret adunatio, . *Eut.*7.100
unum prius quoque quam fieret, necesse erat exsistere, ... *C.*5,*P.*6.130
fieri. medentis, si nihil eorum quae fieri oportebat omiserit. *Trin.,Prf.*28
Neque enim subiectum fieri potest; *Trin.*2.42
Vt igitur in mathematica fieri solet ceterisque etiam disciplinis, . . . *Quo.*15
idem esset grauitas quod color, . . . et bonum quod grauitas—quod fieri
natura non sinit. *Quo.*105
neque filium in eadem natura qua patri coaeternus est aliquando fieri
patrem, ... *Fid.*20
—tanta dumtaxat, quanta a creatura ad creatorem fieri potest,— . . . *Fid.*273
omnino enim ex duabus personis nihil umquam fieri potest. *Eut.*4.34
rursus id duobus fieri arbitrabitur modis; *Eut.*5.43
ne in homine quidem non stulte fieri puto quod inutiliter factum est. . . *Eut.*5.88
Hoc igitur fieri nulla ratione contingit. *Eut.*6.15
Hoc uero qui fieri potest, si diuinitas in generatione Christi *Eut.*6.17
Non igitur fieri potest, ut corpus in incorporalem speciem *Eut.*6.66
nec uero fieri potest, ut incorporalia in sese *Eut.*6.67
nullo modo fieri potuit, ut humanitas conuerteretur in deum. *Eut.*6.76
ita unum fieri potest, ut illa ex quibus dicitur constare *Eut.*6.86
cum tribus modis fieri possit, ut ex duabus naturis una subsistat, . . . *Eut.*6.105
nullum horum modum fieri potuisse superius dicta argumentatione
declaratur. *Eut.*6.108
quomodo fieri potuerit ut duae naturae in unam substantiam miscerentur. *Eut.*7.102
Quomodo autem fieri potest, ut talem *Eut.*8.21
"Et qui fieri potest, ut principio cognito quis sit rerum finis ignores? . *C.*1,*P.*6.29
quid in eis est quod aut uestrum umquam fieri queat *C.*2,*P.*5.5
ornari posse aliquid ornamentis . . . alienis? At id fieri nequit. . . . *C.*2,*P.*5.91
nos quoque fateamur fieri aliquos horum adeptione felices. *C.*3,*P.*3.11
diuinitatis adeptione beatos fieri manifestum est: *C.*3,*P.*10.86
ita diuinitatem adeptos deos fieri simili ratione necesse est. *C.*3,*P.*10.88
Alioquin ex uno membro beatitudo uidebitur esse coniuncta—quod fieri
nequit." *C.*3,*P.*10.117
Tum autem uerum bonum fieri cum in unam ueluti formam atque
efficientiam colliguntur, ... *C.*3,*P.*11.12
nonne haec ut bona sint, unitatis fieri adeptione contingit?" *C.*3,*P.*11.20
Quae fieri in regno scientis . . . dei nemo satis potest . . . admirari *C.*4,*P.*1.17
"Sed certum est adeptione boni bonos fieri." *C.*4,*P.*2.36
bonos omnes eo ipso quod boni sint fieri beatos liquet. *C.*4,*P.*3.28
Est igitur praemium bonorum . . . deos fieri. *C.*4,*P.*3.31
recte fieri cuncta ne dubites. *C.*4,*P.*5.26
"Et qui id," inquam, "fieri potest?" "Attende," inquit. *C.*4,*P.*7.4
id de nihilo ortum esse uidebitur. Quod si hoc fieri nequit, ... *C.*5,*P.*1.30
ut aeque uel fieri ea uel non fieri posse cognoscat, quae est haec praescientia *C.*5,*P.*3.71
Sed qui fieri potest ut ea non proueniant quae futura esse prouidentur? *C.*5,*P.*4.41
Num igitur quidquam illorum ita fieri necessitas ulla compellit?" . . . *C.*5,*P.*4.51
hoc modo conditori conditum mundum fieri coaeternum putant. . . . *C.*5,*P.*6.34
Quae dum fiunt, non fieri non possunt; *C.*5,*P.*6.129
fiet. aut iniucundum quod infuderis fiet aut noxium. *C.*2,*P.*5.46
figere. Humili domum memento Certus figere saxo. *C.*2,*M.*4.16
Mos est aequore paginae, . . . Pressas figere litteras. *C.*5,*M.*4.9
figit. ubi uersa sequentum Pectoribus figit spicula pugna fugax, ... *C.*5,*M.*1.2

Idem tamen deus est pater et filius et spiritus sanctus, idem iustus idem
bonus *Trin.*6.12
Quaero an pater et filius ac spiritus sanctus de diuinitate substantialiter
praedicentur *Pat.*1
Quod si quaeram, an filius substantia sit, idem dicitur. *Pat.*7
Hoc modo si dicimus: "Pater deus est, filius deus est, spiritus sanctus
deus est," *Pat.*20
pater filius ac spiritus sanctus unus deus. *Pat.*21
Ita pater ueritas est, filius ueritas est, spiritus sanctus ueritas est; . . .   *Pat.*24
pater filius et spiritus sanctus non tres ueritates sed una ueritas est. . .   *Pat.*25
Item filius solus hoc recipit nomen *Pat.*41
Spiritus quoque non est idem qui pater ac filius. *Pat.*44
nam et pater alicuius pater est et filius alicuius filius est, spiritus alicuius   *Pat.*50
(qui enim pater est, filius ac spiritus sanctus non est) *Pat.*53
nec trinitas filius nec trinitas spiritus sanctus secundum eundem modum,   *Pat.*54
neque pater neque filius neque spiritus sanctus neque trinitas de deo
substantialiter praedicetur, ...   *Pat.*63
Sabelliani...eundem dicentes patrem esse qui filius est *Fid.*36
Sabelliani...dicentes...spiritum sanctum eundem esse qui pater et filius
est; *Fid.*38
Nec uile uideatur quod dei filius ex uirgine natus est, ...   *Fid.*201
hominis factus est idemque dei filius, ita ut in eo et diuinae naturae
radiaret splendor *Fid.*206
ubi, in eo quod dei filius est, numquam defuisse cognoscitur, ...   *Fid.*225
assumptum hominem,...secum dei filius caelesti habitationi sustolleret.   *Fid.*227
ubi rex est uirginis filius eritque gaudium sempiternum, ...   *Fid.*275
Item qui homo est, dei filius appellatur non substantia diuinitatis sed
humanitatis, ...   *Eut.*7.57
fine. ex qua nobis filium proprium...mundi in fine concederet. *Fid.*148
Omnia certo fine gubernans Hominum solos respuis actus *C.*1,*M.*5.25
Quae iam praecipitem frena cupidinem Certo fine retentent, ...   *C.*2,*M.*2.16
quin omne mortalium genus in miseriam mortis fine labatur. *C.*2,*P.*4.97
Vt fluctus auidum mare Certo fine coerceat, ...   *C.*2,*M.*8.10
tamen in diligendo boni fine consentiunt. *C.*3,*P.*2.79
quorum...machina repentino atque insperato saepe fine destruitur, . .   *C.*4,*P.*4.24
Repetuntque boni fine teneri, ...   *C.*4,*M.*6.45
finem. qua credimus affuturum finem mundi, omnia corruptibilia transitura,   *Fid.*267
ita ad eundem finem relabitur, ut secundum Eutychen *Eut.*5.94
"Omnis mortalium cura...ad unum tamen beatitudinis finem nititur
peruenire. *C.*3,*P.*2.5
uerumque illum beatitudinis finem licet minime perspicaci...cogitatione
prospicitis *C.*3,*P.*3.3
Considera namque an per ea...ad destinatum finem ualeant peruenire.   *C.*3,*P.*3.8
oportet rerum omnium finem bonum esse fateamur. *C.*3,*P.*11.123
ita eum qui expetendorum finem quo nihil ultra est apprehendit, . . .   *C.*4,*P.*2.90
Nam qui communem omnium quae sunt finem relinquunt, pariter quoque
esse desistunt. *C.*4,*P.*2.101
fines. Sunt etiam qui horum fines causasque alterutro permutent, ...   *C.*3,*P.*2.27
fingat. fingat qui potest: quis haec diuersa coniunxerit? *C.*3,*P.*10.53
fingere. tamen locus cunctis diuersus est quem unum fingere nullo modo
possumus; *Trin.*1.28
Quem non externae pepulerunt fingere causae *C.*3,*M.*9.4
fingi. unde illud quod inperfectum perhibetur exstiterit ne fingi quidem
potest. *C.*3,*P.*10.15
fingis. Ea tantum animi tui sicuti tu tibi fingis mutata peruertit. *C.*2,*P.*1.5
fini. Nec manet ulli traditus ordo Nisi quod fini iunxerit ortum *C.*3,*M.*2.37
finibus. qua credimus...in aeternum debitis finibus permansuros; *Fid.*270
finiret. si non eorum malitiam saltem mors extrema finiret. *C.*4,*P.*4.29
finiri. cumque clarum sit fortuitam felicitatem corporis morte finiri, . . .   *C.*2,*P.*4.95
licentiam quam cito finiri precabaris nec longam esse disceres *C.*4,*P.*4.84
finis. Nam ceteris quoque artibus idem quasi quidam finis est constitutus, .   *Trin.,Prf.*25
Sed dic mihi, meministine, quis sit rerum finis, ...   *C.*1,*P.*6.25
"Et qui fieri potest, ut principio cognito quis sit rerum finis ignores? .   *C.*1,*P.*6.29
Quoniam uero quis sit rerum finis ignoras, ...   *C.*1,*P.*6.44
Tu requies tranquilla piis, te cernere finis, ...   *C.*3,*M.*9.27
"Quis esset," inquit, "rerum omnium finis. *C.*3,*P.*11.121
finiti. infiniti uero atque finiti nulla umquam poterit esse collatio. *C.*2,*P.*7.59

finitis. Etenim finitis ad se inuicem fuerit quaedam,...collatio. *C.2,P.7.58*
finiuerat. Iam cantum illa finiuerat, cum me audiendi auidum *C.3,P.1.1*
firma. quin id sit quod firma ueraque fides catholica continet; *Eut.7.48*
    quae nec iudicio prouenit nec umquam firma perdurat. *C.3,P.6.20*
    non iam erit futuri firma praescientia, ... *C.5,P.3.14*
firma. Et quo caelum regis immensum Firma stabiles foedere terras." . . *C.1,M.5.48*
    Num mentem firma sibi ratione cohaerentem de statu...amouebis? . . *C.2,P.6.25*
    multaque id genus quae sopitis querelis firma te soliditate corroborent. *C.4,P.1.30*
    Iam uero probationem firma ratione subnixam constat *C.5,P.4.38*
firmamentis. Nam ne illud quidem adquiescent quod aeque ualidis rationum
    nititur firmamentis: *C.4,P.4.115*
firmat. Et quae motu concitat ire, Sistit retrahens ac uaga firmat. *C.4,M.6.39*
firmior. Accipe igitur haustum quo refectus firmior in ulteriora contendas. . *C.4,P.6.210*
firmiori. de rerum uero cognitione firmiori potius perfectiorique iudicio esse
    credendum, ... *C.5,P.5.35*
firmioribus. Sed quoniam firmioribus remediis nondum tempus est *C.1,P.6.56*
firmis. si...prouidentiam fatumue considerem, firmis uiribus nixa sententia. *C.4,P.7.10*
    Firmis medium uiribus occupate! *C.4,P.7.49*
firmissimae. Quod si sententiae fidei fundamentis sponte firmissimae opi-
    tulante *Trin.6.31*
firmissime. "Firmissime," inquam, "uerissimeque conclusum est." *C.3,P.10.21*
firmissimis. "Assentior," inquam, "cuncta enim firmissimis nexa rationibus
    constant." *C.3,P.11.1*
firmitas. at si fragilitas clarescat mali, boni firmitas nota est. *C.4,P.2.9*
firmitate. arma quae nisi prior abiecisses, inuicta te firmitate tuerentur. . . *C.1,P.2.6*
    mollissimum quidque,...interiore semper sede reconditur, extra uero
    quadam ligni firmitate, ... *C.3,P.11.67*
firmitati. Quod si supernae mentis haeserit firmitati, motu carens fati . . . *C.4,P.6.77*
firmiter. si firmiter in dei praeceptis manere uoluisset, ... *Eut.8.45*
    certus eorum est euentus quae futura firmiter ille praescierit. *C.5,P.3.80*
    sed haud quaquam ab ullo uestrum hactenus satis diligenter ac firmiter
    expedita. *C.5,P.4.5*
firmitudinem. nisi inpassibilis gratia substantiae ad inpassibilitatis fir-
    mitudinem permutetur *Eut.2.27*
    Respicite caeli spatium, firmitudinem, celeritatem *C.3,P.8.18*
firmius. "Respice," inquit, "an hinc quoque idem firmius approbetur, ... *C.3,P.10.68*
    "Nihil," inquam, "nec reapse uerius nec ratiocinatione firmius *C.3,P.10.79*
fit. item ille fit dexter, non quod ita sit per se dexter *Trin.5.26*
    non...uelut albus ac longus, sed quod me accedente fit dexter *Trin.5.27*
    Quo fit ut non sit substantiale nomen hoc inditum; *Pat.37*
    Quo fit, ut ne trinitas quidem substantialiter de deo praedicetur; . . . *Pat.51*
    Quo fit ut neque pater neque filius neque spiritus sanctus neque trinitas
    de deo substantialiter praedicetur, ... *Pat.62*
    Fit enim participatio cum aliquid iam est; *Quo.32*
    Ex quo fit ut omnia quae sunt deus sint, quod dictu nefas est. *Quo.79*
    fit unum corpus quod mundi latitudinem occuparet, ... *Fid.245*
    unde fit ut lignum naturaliter esse dicamus, ... *Eut.1.52*
    nullo igitur talis sumpta est caro; unde fit ut nouiter *Eut.5.75*
    quod ex melle atque aqua tertium fit constare ex utrisque dicitur, . . . *Eut.6.90*
    quia utrarumque adunatione manentium una persona fit Christi. . . . *Eut.7.31*
    Fitque in eo gemina natura geminaque substantia, ... *Eut.7.72*
    Quo fit ut existimatio bona prima omnium deserat infelices. *C.1,P.4.158*
    Ita fit ut non uirtutibus ex dignitate...honor accedat. *C.2,P.6.11*
    Quo fit ut si quem famae praedicatio delectat, ... *C.2,P.7.40*
    Ita fit ut quamlibet prolixi temporis fama, ... *C.2,P.7.60*
    quo fit ut indignemur eas saepe nequissimis hominibus contigisse, . . . *C.3,P.4.5*
    fit ut quem tu aestimas esse gloriosum, ... *C.3,P.6.16*
    Fit enim ut aliquando necessariis egeat, ... *C.3,P.9.60*
    Quo fit, ut...in eo perfectum quoque aliquid esse necesse sit. *C.3,P.10.11*
    Quo uti summa,...bonitas esse iure credatur. *C.3,P.10.129*
    Quo fit ut si quem uideas adipisci uelle quod minime *C.4,P.2.17*
    Ex quo fit quod huic obiacet, ... *C.4,P.2.91*
    Sicut igitur probis probitas ipsa fit praemium, ... *C.4,P.3.37*
    quo fit ut mali desinant esse quod fuerant, ... *C.4,P.3.48*
    Ita fit ut...uertatur in beluam. *C.4,P.3.67*
    Quo fit ut apud sapientes nullus prorsus odio locus relinquatur. . . . *C.4,P.4.147*
    Quo fit ut omnia quae fato subsunt *C.4,P.6.60*

fletus. Non illa miseros audit aut curat fletus *C.2,M.1.5*
fleuisti. De nostra etiam criminatione doluisti, laesae quoque opinionis
    damna fleuisti. *C.1,P.5.34*
fleuit. Fleuit amissos Ithacus sodales *C.4,M.7.8*
flexa. Et quaecumque uagos stella recursus Exercet uarios flexa per orbes, *C.1,M.2.11*
flexeris. cum in contrariam partem flexeris oculos, uerae beatitudinis speciem
    possis agnoscere. *C.3,P.1.25*
flexerit. Nam qui Tartareum in specus Victus lumina flexerit, ... *C.3,M.12.56*
flexos. Nam nisi rectos reuocans itus Flexos iterum cogat in orbes, . . . *C.4,M.6.41*
florente. Carmina qui quondam studio florente peregi, ... *C.1,M.1.1*
    Nam imperante florenteque nequitia uirtus...pedibus subiecta calcatur *C.4,P.1.14*
florere. potius quam...potentia ualidus, in sua permanens urbe florere. . *C.4,P.5.7*
floribus. Vt terram roseis floribus ornet, ... *C.1,M.2.19*
    Licet anno terrae uultum nunc floribus frugibusque redimire, . . . *C.2,P.2.24*
    An uernis floribus ipse distingueris *C.2,P.5.36*
florifer. Isdem causis uere tepenti Spirat florifer annus odores, ... *C.4,M.6.26*
florum. ut uelox et uernalium florum mutabilitate fugacior! *C.3,P.8.22*
fluctibus. nunc strato aequore blandiri,nunc procellis ac fluctibus inhorrescere. *C.2,P.2.26*
    Saepe tranquillo radiat sereno Immotis mare fluctibus, ... *C.2,M.3.10*
    Et fluctibus minantem Curat spernere pontum, ... *C.2,M.4.5*
    Ipsos quin etiam fluctibus abditos Norunt recessus aequoris, ... *C.3,M.8.9*
fluctu. omnis subita mutatio rerum non sine quodam quasi fluctu contingit
    animorum; *C.2,P.1.16*
    Nemo miratur flamina Cori Litus frementi tundere fluctu *C.4,M.5.14*
fluctus. Rapidos rector comprime fluctus *C.1,M.5.46*
    Vt fluctus auidum mare Certo fine coerceat, ... *C.2,M.8.9*
    Hinc flagellat ira mentem fluctus turbida tollens *C.4,M.2.7*
fluens. Largis cum potius muneribus fluens Sitis ardescit habendi? . . . *C.2,M.2.17*
fluenta. quemadmodum aquae maris rubri ita quoque Iordanis fluenta siccata
    sunt; *Fid.175*
fluente. Quamuis fluente diues auri gurgite...cogat auarus opes *C.3,M.3.1*
fluentem. Itaque illam uideas uentosam, fluentem suique semper ignaram, . *C.2,P.8.14*
fluitabunt. et uno ueluti uertice destituta sine rectore fluitabunt, ... *C.3,P.11.115*
fluitantes. Videre autem uideor nefarias sceleratorum officinas gaudio
    laetitiaque fluitantes, ... *C.1,P.4.168*
fluitantis. Quem non externae pepulerunt fingere causae Materiae fluitantis
    opus, ... *C.3,M.9.5*
fluitare. has fortunarum uices aestimas sine rectore fluitare *C.1,P.6.48*
    Sic quae permissis fluitare uidetur habenis *C.5,M.1.11*
fluituras. res...alioquin temere fluituras propria incommutabilitate coerceat. *C.4,P.6.93*
flumina. Et longa site perditus Spernit flumina Tantalus. *C.3,M.12.37*
flumine. Conuenient puppes et uulsi flumine trunci *C.5,M.1.7*
fluuium. uenerunt tandem ad fluuium qui uocatur Iordanis duce iam Iesu
    Naue filio *Fid.173*
fluxerit. cui neque futuri quidquam absit nec praeteriti fluxerit, ... *C.5,P.6.28*
fluxerunt. quoniam ex uoluntate dei fluxerunt ut essent, alba minime. . . . *Quo.152*
fluxissent. et nisi ab eo fluxissent, licet essent bona, tamen *Quo.146*
fluxit. secundum uero bonum,quoniam ex eo fluxit cuius ipsum esse bonum est, *Quo.123*
    Sed ipsum esse omnium rerum ex eo fluxit quod est primum bonum . *Quo.125*
    idcirco et esse eorum bonum est et non est simile substantiali bono id quod
    ab eo fluxit; *Quo.146*
foderet. Nam nisi cultor agri humum foderet, ... *C.5,P.1.46*
fodiens. ut si quis colendi agri causa fodiens humum defossi auri pondus
    inueniat. *C.5,P.1.41*
fodisse. quo ille obruit hunc fodisse conuenit atque concurrit. *C.5,P.1.52*
fodit. Gemmasque latere uolentes Pretiosa pericula fodit? *C.2,M.5.30*
foedatam. Hic foedatam probris conscientiam exspectans *C.4,P.6.172*
foedatus. existimatione foedatus ob beneficium supplicium tuli. *C.1,P.4.165*
foedera. O iam miseras respice terras Quisquis rerum foedera nectis. . . . *C.1,M.5.43*
    Quaenam discors foedera rerum Causa resoluit? *C.5,M.3.1*
foederat. miserumque tristis Foederat natae iugulum sacerdos. *C.4,M.7.7*
foedere. Et quo caelum regis immensum Firma stabiles foedere terras." . . *C.1,M.5.48*
    Hic sancto populos quoque Iunctos foedere continet, ... *C.2,M.8.23*
    Illic iusto foedere rerum Veterem seruant sidera pacem. *C.4,M.6.4*
foedis. Nec uicta libidine colla Foedis submittat habenis. *C.3,M.5.4*
foedis. Foedis inmundisque libidinibus immergitur? Sordidae suis uoluptate
    detinetur. *C.4,P.3.65*

foeditate. illud uero his tectum atque uelatum in sua nihilo minus foeditate
    perdurat. *C.2,P.*5.94
foedum. consequens est ut foedum non extendisse iudicetur. *C.3,P.*6.13
foedus. Nam ut probis atque improbis nullum foedus est, ita ipsi inter se
    improbi nequeunt conuenire. *C.4,P.*6.180
foedus. Quod pugnantia semina Foedus perpetuum tenent, ...   *C.2,M.*8.4
fomenta. adhuc contumacis aduersum curationem doloris fomenta quaedam
    sunt. *C.2,P.*3.12
    Sed quoniam rationum iam in te mearum fomenta descendunt, ...   *C.2,P.*5.1
fomentis. hanc paulisper lenibus mediocribusque fomentis attenuare temp-
    tabo, ...   *C.1,P.*6.60
fomes. Ni mersus alto uiueret fomes corde? *C.3,M.*11.14
fomitem. Habemus maximum tuae fomitem salutis ueram de mundi
    gubernatione sententiam, ...   *C.1,P.*6.51
fons. sitque hoc ueluti quidam omnium fons bonorum negari nequit. *C.3,P.*10.9
    Rex et dominus fons et origo Lex et sapiens arbiter aequi *C.4,M.*6.36
fonte. Huius error ex eodem quo Nestorii fonte prolabitur. *Eut.*5.8
    sicut ab eodem Nestorii fonte Eutychis error principium sumpsit, . . .   *Eut.*5.93
    Quae nunc stabilis continet ordo Dissaepta suo fonte fatiscant. . . .   *C.4,M.*6.43
    ineuitabili conexione procedens, qui de prouidentiae fonte descendens .   *C.5,P.*1.57
    Tigris et Euphrates uno se fonte resoluunt *C.5,M.*1.3
    humanum genus,. . .dissaeptum atque disiunctum suo fonte fatiscere. .   *C.5,P.*3.112
fontem. Da fontem lustrare boni, da luce reperta *C.3,M.*9.23
    Felix qui po̊tuit boni Fontem uisere lucidum, ...   *C.3,M.*12.2
    Quod si apud illum rerum omnium certissimum fontem nihil incerti esse
    potest, ...   *C.5,P.*3.79
fontibus. Quidquid praecipuis deae Matris fontibus hauserat, ...   *C.3,M.*12.23
fore. beatas fore res publicas, ...   *C.1,P.*4.19
    ex quo neminem beatum fore nisi qui *C.3,P.*12.90
    licentiam. . .infelicioremque fore, si diuturnior, ...   *C.4,P.*4.85
forenses. Vnde enim forenses querimoniae nisi quod uel ui uel fraude *C.3,P.*3.35
forent. si tua forent quae amissa conquereris *C.2,P.*2.20
    Si haec omnia beatitudinis membra forent, a se quoque inuicem dis-
    creparent. *C.3,P.*10.112
fores. Tandem igitur patuere pulsanti animo fores *Eut.,Prf.*37
foret. tunc enim id addendum foret ut non modo non peccaret *Eut.*8.46
    quamuis ita aeui plena foret ut nullo modo nostrae crederetur aetatis, .   *C.1,P.*1.7
    compertumque id regi foret, edixit: *C.1,P.*4.64
    Atqui si hoc naturale munus dignitatibus foret, ...   *C.3,P.*4.33
    Honestissima quidem coniugis foret liberorumque iucunditas, ...   *C.3,P.*7.12
    si quidem detrectantium iugum foret, ...   *C.3,P.*12.55
    Quosque pressurus foret altus orbis *C.4,M.*7.27
forinsecus. quamuis afficiant instrumenta sensuum forinsecus obiectae
    qualitates *C.5,P.*5.2
forma. potius ipsam inspicere formam quae uere forma neque imago est . .   *Trin.*2.19
    Sed diuina substantia sine materia forma est atque ideo unum *Trin.*2.30
    Neque enim subiectum fieri potest; forma enim est, ...   *Trin.*2.42
    Forma uero quae est sine materia non poterit esse subiectum *Trin.*2.48
    nec uero inesse materiae, neque enim esset forma sed imago. *Trin.*2.50
    quoniam is sit forma et unum uere nec ulla pluralitas. *Trin.*4.25
    at uero quod est accepta essendi forma est atque consistit. *Quo.*30
    ceteros quoque homines, quorum certa pro sui forma esset agnitio, . . .   *Eut.*3.21
    Rara si constat sua forma mundo, Si tantas uariat uices, ...   *C.2,M.*3.13
    uerum insita summi Forma boni liuore carens, ...   *C.3,M.*9.6
    Quoniam. . .quae sit imperfecti, quae etiam perfecti boni forma uidisti,   *C.3,P.*10.2
    Ea est enim diuinae forma substantiae ut neque in externa dilabatur . .   *C.3,P.*12.102
forma. habetque motum forma materiae coniuncta) *Trin.*2.10
    Omne namque esse ex forma est. *Trin.*2.21
    De forma enim eius superius monstratum *Trin.*4.24
    Ipsum quoque corpus cum in una forma membrorum coniunctione
    permanet, ...   *C.3,P.*11.35
    sed intellegentia quasi desuper spectans concepta forma *C.5,P.*4.98
formae. Formae uero nitor ut rapidus est, ut uelox *C.3,P.*8.21
formae. quae formae cum in materia sint, ab his separari non possunt), . .   *Trin.*2.13
    Terra. . .dicitur,. . .secundum siccitatem grauitatemque quae sunt formae.   *Trin.*2.28
    forma enim est, formae uero subiectae esse non possunt. *Trin.*2.43

Nam quod ceterae formae subiectae accidentibus sunt ut humanitas, . .   *Trin.*2.44
istae formae uenerunt quae sunt in materia et corpus efficiunt. *Trin.*2.52
formaliter. sed illo uno ictu mentis formaliter, ut ita dicam, cuncta prospiciens.   *C.*5,*P.*4.103
formam. potius ipsam inspicere formam quae uere forma neque imago est .   *Trin.*2.19
    Statua...secundum formam qua in eo insignita est effigies animalis
       dicitur,   *Trin.*2.23
    Nihil igitur secundum materiam esse dicitur sed secundum propriam
       formam. *Trin.*2.29
    Catholicis...ipsamque formam ut est esse ponentibus neque aliud . . .   *Trin.*3.34
    ut qui baptizandi formam erat ceteris tributurus, ipse primus quod
       docebat exciperet. *Fid.*216
    Dat ergo formam discipulis suis baptizandi, docendi salutaria, : . . .   *Fid.*228
    ita temperatae sunt atque commixtae, ut neutra substantia propriam
       formam teneret. *Eut.*6.8
    sed utraque permanent nec formam propriam derelinquunt. *Eut.*7.18
    Habes igitur ante oculos propositam fere formam felicitatis humanae .   *C.*3,*P.*2.46
    Hactenus mendacis formam felicitatis ostendisse suffecerit, ...   *C.*3,*P.*9.1
    "Habes igitur," inquit, "et formam falsae felicitatis et causas. . . .   *C.*3,*P.*9.75
    cum in unam ueluti formam atque efficientiam colliguntur, ...   *C.*3,*P.*11.13
    Mundus hic...in unam formam minime conuenisset, nisi *C.*3,*P.*12.16
    ipsam boni formam dei ac beatitudinis loquebaris esse substantiam . .   *C.*3,*P.*12.92
    Et quoniam uerae formam beatitudinis me dudum monstrante uidisti, .   *C.*4,*P.*1.31
    Sicut enim artifex faciendae rei formam mente praecipiens mouet operis
       effectum, ...   *C.*4,*P.*6.45
    immobilem simplicemque gerendarum formam rerum esse prouidentiam,   *C.*4,*P.*6.57
    quisque repertam Queat ignarus noscere formam? *C.*5,*M.*3.19
    supergressa namque uniuersitatis ambitum ipsam illam simplicem
       formam pura mentis acie contuetur. *C.*5,*P.*4.91
    Neque...ratio capit simplicem formam, ...   *C.*5,*P.*4.97
    sed eo modo quo formam ipsam, quae nulli alii nota esse poterat,
       comprehendit. *C.*5,*P.*4.99
formandi. Imaginatio quoque tametsi ex sensibus uisendi formandique figuras
    sumpsit exordium, ...   *C.*5,*P.*4.113
formans. Mundum mente gerens similique in imagine formans *C.*3,*M.*9.8
formare. In uestra enim situm manu qualem uobis fortunam formare malitis;   *C.*4,*P.*7.53
formares. cum mores nostros totiusque uitae rationem ad caelestis ordinis
    exempla formares? *C.*1,*P.*4.17
formas. considerat enim corporum formas cum materia, ...   *Trin.*2.7
    haec enim formas corporum speculatur sine materia *Trin.*2.11
    ceteras quae in corporibus sunt abutimur formas uocantes, dum imagines
       sint. *Trin.*2.54
    nec uero incorporea in se inuicem formas proprias mutant; *Eut.*6.23
    causas, ordinem, formas ex diuinae mentis stabilitate sortitur. *C.*4,*P.*6.24
    excitetque interim quiescentes intrinsecus formas, ...   *C.*5,*P.*5.5
formata. unde fit ut nouiter uideatur esse formata.   *Eut.*5.76
    aut noua quaedam uera...ad tempus hominis natura formata est? . .   *Eut.*5.81
    At si noua ueraque...caro formata est, quo tanta tragoedia generationis?   *Eut.*5.86
formatam. quaestionem, quantum nostrae mentis igniculum lux diuina
    dignata est, formatam *Trin.,Prf.*2
formator. quam de eius latere generandi causa formator produxerat, ...   *Fid.*83
formatum. ut crederet non fuisse corpus Christi uere ex homine sed extra
    atque adeo in caelo formatum, ...   *Eut.*5.100
formauit. formauit ex terra hominem atque spiritu uitae animauit, ...   *Fid.*72
formidabilem. Croesum ... Cyro paulo ante formidabilem mox deinde
    miserandum *C.*2,*P.*2.35
formidandas. nec formidandas fortunae minas nec exoptandas facit esse
    blanditias. *C.*2,*P.*1.48
formidat. Pauidus ac fugax non metuenda formidat? *C.*4,*P.*3.62
formidinum. Quae est...haec potestas quae ...formidinum aculeos uitare
    nequit? *C.*3,*P.*5.18
formidolosa. adulta Parthis etiam ceterisque id locorum gentibus formidolosa.   *C.*2,*P.*7.34
formis. Adsimulantur enim formis his quae non sunt in materia constitutae.   *Trin.*2.55
formis. Ex his enim formis quae praeter materiam sunt, ...   *Trin.*2.51
    fatum uero singula digerit in motum locis formis ac temporibus dis-
       tributa, ...   *C.*4,*P.*6.38
    Introrsumque reconditis Formis miscet imagines. *C.*5,*M.*4.40
    Quae uariis uideas licet omnia discrepare formis, ...   *C.*5,*M.*5.8

foro. ubi…praedicari potest, de homine ut in foro, de deo ut ubique, . . .   *Trin.*4.47
    Non enim ita homo dicitur esse in foro quem ad modum esse albus   . .   *Trin.*4.49
    Qui enim dicit esse aliquem in foro uel ubique, refert quidem *Trin.*4.90
fors. At, omnium mortalium stolidissime, si manere incipit, fors esse desistit.   *C.2,P.*1.62
    Fors patitur frenos ipsaque lege meat." *C.5,M.*1.12
forsitan. Tunc enim participaret forsitan bono; *Quo.*138
    Sed dicat forsitan, "Illos quoque Christos uocari fateor, ...   *Eut.*4.91
    Sed humana forsitan natura in deitatem uideatur esse conuersa. . .   *Eut.*6.16
    Forsitan ex huiusmodi conflictatione pulchra…scintilla dissiliat." . . .   *C.3,P.*12.72
    "Carebunt," inquit, "ocius quam uel tu forsitan uelis *C.4,P.*4.19
    desinet colere forsitan innocentiam per quam non potuit retinere . .   *C.4,P.*6.137
    quod est forsitan alicuius tam praeceps atque inportuna natura *C.4,P.*6.168
    et se cum fortuna sua comparans, forsitan pertimescit *C.4,P.*6.173
fortasse. Hoc autem nisi ab illo esset, bonum fortasse esse posset, ...   *Quo.*137
    Sed fortasse Iesum, id est personam hominis, idcirco Christum uocet,   *Eut.*4.78
    Nam deteriora uelle nostri fuerit fortasse defectus, ...   *C.1,P.*4.101
forte. aut si aliqua re forte diuersus es, diligentius intuere *Pat.*69
    Nondum forte quid loquar intellegis. *C.2,P.*8.5
    si qui multiplici consulatu functus in barbaras nationes forte deuenerit,   *C.3,P.*4.31
    Honestissima quidem coniugis foret [forte] liberorumque iucunditas, *?coni.C.*3,*P.*7.12
    Quod quidem cuipiam mirum forte uideatur. *C.4,P.*2.102
    quod incredibile cuiquam forte uideatur, ...   *C.4,P.*4.9
    cum quae illa praenoscit forte mutauero.' *C.5,P.*6.141
fortem. quod nemo dubitat esse fortem, cui fortitudinem inesse conspexerit,   *C.2,P.*6.51
    ut uirum fortem non decet indignari, quotiens increpuit bellicus
        tumultus; *C.4,P.*7.41
fortes. Ite nunc fortes ubi celsa magni Ducit exempli uia! *C.4,M.*7.32
fortissimum. et est pulcherrimum fortissimumque quia nullo nititur. . . .   *Trin.*2.39
fortiter. quod regit cuncta fortiter suauiterque disponit." *C.3,P.*12.64
fortitudinem. quod nemo dubitat esse fortem, cui fortitudinem inesse con-
    spexerit, ...   *C.2,P.*6.51
fortitudo. illos quoque, uti condignum fuit, benigna fortitudo disposuit. .   *C.3,P.*12.71
fortius. dum poenam mortis sustinet, ipsa exspectatione fortius torqueretur.   *Fid.*113
fortuita. "nullo existimauerim modo ut fortuita temeritate tam certa
    moueantur, ...   *C.1,P.*6.8
fortuitae. Nam si te hoc inane nomen fortuitae felicitatis mouet, . . .   *C.2,P.*4.9
fortuitam. cumque clarum sit fortuitam felicitatem corporis morte finiri, . .   *C.2,P.*4.94
fortuiti. Haec sunt igitur fortuiti causa compendii, ...   *C.5,P.*1.48
fortuitis. Nam etsi rara est fortuitis manendi fides, ultimus tamen uitae dies   *C.2,P.*3.48
fortuitis. "Huncine," inquit, "mundum temerariis agi fortuitisque casibus
    putas, ...   *C.1,P.*6.6
    Atque ut agnoscas in his fortuitis rebus beatitudinem constare non posse,   *C.2,P.*4.78
    Minus etenim mirarer, si misceri omnia fortuitis casibus crederem. . .   *C.4,P.*5.18
    quid est quod a fortuitis casibus differre uideatur?" *C.4,P.*5.22
fortuito. Hoc igitur fortuito quidem creditur accidisse, ...   *C.5,P.*1.42
fortuitos. Mixtaque fortuitos implicet unda modos, ...   *C.5,M.*1.8
fortuitu. Hoc igitur fortuito [fortuitu] quidem creditur accidisse, . . . *uar.C.*5,*P.*1.42
fortuitum. "nihilne est quod uel casus uel fortuitum iure appellari queat?   *C.5,P.*1.33
fortuna. Dum leuibus male fida bonis fortuna faueret, ...   *C.1,M.*1.17
    Nam cur tantas lubrica uersat Fortuna uices? *C.1,M.*5.29
    Et cara tibi est fortuna praesens nec manendi fida et cum discesserit
        adlatura maerorem. *C.2,P.*1.41
    His igitur si pro se tecum fortuna loqueretur, ...   *C.2,P.*3.1
    Nondum est ad unum omnes exosa fortuna *C.2,P.*4.31
    possidebis quod nec tu amittere umquam uelis nec fortuna possit auferre.   *C.2,P.*4.77
    Numquam tua faciet esse fortuna quae a te natura rerum fecit aliena. .   *C.2,P.*5.39
    tibi fidelium mentes haec aspera, haec horribilis fortuna detexit, . . .   *C.2,P.*8.21
    An praesidio sunt amici quos non uirtus sed fortuna conciliat? . .   *C.3,P.*5.39
    "Cum omnis fortuna uel iucunda uel aspera tum remunerandi … causa
        deferatur, ...   *C.4,P.*7.5
fortuna. Visne igitur cum fortuna calculum ponere? *C.2,P.*3.38
    idem de tota concludere fortuna licet in qua nihil expetendum, ...   *C.2,P.*6.67
    non in fortuna sed in uirtute numeratur, ...   *C.3,P.*2.35
    Sed in hac ipsa fortuna populari non nihil boni maliue inesse perpendo.   *C.4,P.*5.3
    et se cum fortuna sua comparans, forsitan pertimescit *C.4,P.*6.173
    Proelium cum omni fortuna nimis acre conseritis, ...   *C.4,P.*7.48

frui. Vuis si libeat frui; *C*.1,*M*.6.13
     in minimis...rebus id appetitur quod habere fruique delectet? *C*.3,*P*.2.71
frustra. at si potestas absit, uoluntas frustra sit. *C*.4,*P*.2.16
frustra. Frustra enim bonis malisque praemia poenaeue proponuntur *C*.5,*P*.3.85
frustra. Quid o superbi colla mortali iugo Frustra leuare gestiunt? *C*.2,*M*.7.8
     Frustra enim esset artis effectus, si omnia coacta mouerentur." *C*.5,*P*.4.51
     Nec frustra sunt in deo positae spes precesque; *C*.5,*P*.6.170
frustrabatur. ipsum etiam caelum penetrabat respicientiumque hominum
     frustrabatur intuitum. *C*.1,*P*.1.13
fruticibus. Qui serere ingenuum uolet agrum, Liberat arua prius fruticibus, .   *C*.3,*M*.1.2
fucos. Intellego multiformes illius prodigii fucos *C*.2,*P*.1.6
fudit. Apiumque par uolantum Vbi grata mella fudit, Fugit *C*.3,*M*.7.4
     "O," inquam, "ueri praeuia luminis quae usque adhuc tua fudit oratio,   *C*.4,*P*.1.6
fueram. nutricem meam cuius ab adulescentia laribus obuersatus fueram
     Philosophiam. *C*.1,*P*.3.5
fuerant. quo fit ut mali desinant esse quod fuerant, ...   *C*.4,*P*.3.49
fuerat. qui numerosam annorum seriem permissus fuerat uiuere, ...   *Fid*.142
     quoniam humanum genus ... aeternae poenae iaculis fuerat uulneratum   *Fid*.235
     per Mariam tamen est procreatum quod fuerat praeuaricatione cor-
     ruptum, ...   *Eut*.5.69
     consulare imperium, quod libertatis principium fuerat, ...   *C*.2,*P*.6.7
     desinit esse quod fuerat.   *C*.3,*P*.11.38
fuere. si discretis utrisque personis discretae etiam fuere naturae? *Eut*.4.74
fuerint. Quae sint, quae fuerint ueniantque Vno mentis cernit in ictu; . . .   *C*.5,*M*.2.11
     Nec uitia igitur nec uirtutes quidquam fuerint, ...   *C*.5,*P*.3.92
     quod...prius quam fierent, euentura non fuerint. *C*.5,*P*.4.58
fueris. Tuus uero testis sum quam haec uiuaciter fueris ante complexus.   *Quo*.7
     nonne iniurius fueris *C*.2,*P*.1.53
     Igitur si tui compos fueris, possidebis *C*.2,*P*.4.76
     beatitudo quam cum adeptus fueris securus esse desistis! *C*.2,*P*.5.103
fuerit. quasi omni praeterito fuerit, ...   *Trin*.4.65
     illam uero carnem quae antea fuerit esse *Eut*.5.32
     ex nullius hominis semine...nasci qui fuerit sine originalis poena peccati.   *Eut*.5.74
     Atque idcirco si multum quidem fuerit aquae, ...   *Eut*.6.36
     sed quod a deitate fuerit adsumpta. *Eut*.7.56
     Itemque qui homo, deus eo quod a deo fuerit adsumptus, ...   *Eut*.7.64
     Nam deteriora uelle nostri fuerit fortasse defectus, ...   *C*.1,*P*.4.101
     Sed fas fuerit nefarios homines...perditum ire uoluisse. *C*.1,*P*.4.106
     nec umquam fuerit dies qui me ab hac sententiae ueritate depellat." .   *C*.1,*P*.6.10
     cum tempestiuum fuerit admouebo. *C*.2,*P*.3.13
     et bonos quibus fuerit adiuncta non efficit. *C*.2,*P*.6.70
     Etenim finitis ad se inuicem fuerit quaedam,...collatio. *C*.2,*P*.7.58
     protinus in eos quibus fuerit adiuncta transfundit. *C*.3,*P*.4.19
     Atque ubi iam exhausti fuerit satis, ...   *C*.4,*M*.1.15
     si eidem misero...malum aliud fuerit adnexum, ...   *C*.4,*P*.4.58
     nec ullus fuerit modus, nisi quis eas uiuacissimo mentis igne coerceat. .   *C*.4,*P*.6.9
     Nam quietis mihi loco fuerit *C*.5,*P*.1.14
     "neque enim fuerit ulla rationalis natura quin *C*.5,*P*.2.5
fuga. "Qui diuitias," inquit, "petit penuriae fuga, ...   *C*.3,*P*.9.50
fugacibus. Crede fortunis hominum caducis, Bonis crede fugacibus. *C*.2,*M*.3.16
fugacior. ut uelox et uernalium florum mutabilitate fugacior! *C*.3,*P*.8.22
fugam. Quod si nec Anaxagorae fugam nec Socratis uenenum...nouisti, .   *C*.1,*P*.3.31
fugare. Fugare credo indigentiam copia quaeritis. *C*.2,*P*.5.63
     Atqui non fugare sed illustrare potius nequitiam solent; *C*.3,*P*.4.4
     Miserasque fugare querelas Non posse potentia non est. *C*.3,*M*.5.9
fugaret. quod mortale corpus adsumpsit ut mortem a genere humano fuga-
     ret, ...   *Eut*.8.65
fugato. Gaudia pelle, Pelle timorem Spemque fugato Nec dolor adsit. . . .   *C*.1,*M*.7.27
fugax. Pauidus ac fugax non metuenda formidat? Ceruis similis habeatur. .   *C*.4,*P*.3.62
     ubi uersa sequentum Pectoribus figit spicula pugna fugax, ...   *C*.5,*M*.1.2
fugax. quid est aliud fugax quam futurae quoddam calamitatis indicium? .   *C*.2,*P*.1.44
fugienda. per se igitur fugienda optandaue dinoscit. *C*.5,*P*.2.9
fugiendi. ceteris quoque exemplum esse culpanda fugiendi, ...   *C*.4,*P*.4.47
     beluis quibus iam inesse fugiendi appetendiue aliquis uidetur affectus, .   *C*.5,*P*.5.16
fugiendo. Quid igitur referre putas, tune illam moriendo deseras an te illa
     fugiendo? *C*.2,*P*.3.51
fugiendum. refugit uero quod aestimat esse fugiendum. *C*.5,*P*.2.11

fugiens. Fugiens periculosam Sortem sedis amoenae *C.2,M.4.13*
fugiens. Quod si nec ex arbitrio retineri potest et calamitosos fugiens facit, . *C.2,P.1.44*
fugit. Fugit et nimis tenaci Ferit icta corda morsu. *C.3,M.7.5*
fuisse. neque patrem aliquando fuisse filium, ... *Fid.18*
   ne humano corpore polluta uideatur dei fuisse natura. *Fid.51*
   Dauid de tribu Iuda legitur adeptus fuisse. *Fid.180*
   uidetur putare et ante generationem fuisse humanam carnem *Eut.5.28*
   diuersam deitatis humanitatisque fuisse naturam; *Eut.5.40*
   usque dum resurgeret quidem, duas fuisse naturas, ... *Eut.5.46*
   ut crederet non fuisse corpus Christi uere ex homine *Eut.5.99*
   corpus humanum ex Maria sumptum esse non credunt, sed alias fuisse
      sequestratum *Eut.8.3*
   In Christo uero ne uoluntas quidem ulla creditur fuisse peccandi, . . . *Eut.8.27*
   Neque enim tanta indigentia in Adam fuisse credenda est *Eut.8.80*
   Quam indigentiam fuisse in Christo nullus ignorat, ... *Eut.8.84*
   cum . . . conscius contra se factae coniurationis fuisse diceretur: *C.1,P.4.97*
   atque hoc ipso uidebimur affines fuisse maleficio, ... *C.1,P.4.150*
   ego iam tua fuisse quae repetis, sponte concedam. *C.2,P.2.8*
   infelicissimum est genus infortunii fuisse felicem." *C.2,P.4.6*
   Busiridem accipimus . . . ab Hercule hospite fuisse mactatum. *C.2,P.6.35*
   "Scis," . . . minimum nobis ambitionem . . . fuisse dominatam. *C.2,P.7.2*
   "libero me fuisse animo quin aliquid semper angerer reminisci non queo." *C.3,P.3.18*
   "Memini," inquam, "me inscitiam meam fuisse confessum, ... *C.3,P.12.9*
   sed fuisse homines . . . reliqua species ostentat. *C.4,P.3.49*
   quae cum gesserint non fuisse gerenda decernant? *C.4,P.6.183*
fuisset. Nam id quidem de te numquam cuiquam fas fuisset. *C.1,P.5.9*
   Hoc igitur modo, etiam si praecognitio non fuisset, ... *C.5,P.4.31*
fuit. Primus itaque homo ante peccatum cum sua coniuge incola paradisi
    fuit. *Fid.98*
   duodecim discipulos, quorum unus traditor eius fuit. *Fid.219*
   Quando enim non fuit diuinitatis propria humanitatisque persona? . . *Eut.4.70*
   si ex semine Abrahae . . . non fuit caro illa qua natus est, ... *Eut.5.56*
   Si uerum hominis corpus non fuit, aperte arguitur mentita diuinitas, . *Eut.5.82*
   si tamen huius erroris fuit ut crederet non *Eut.5.98*
   eaque illi fuit poena peccati, ... *Eut.8.9*
   cur in Christo neque peccatum fuit neque uoluntas ulla peccandi? . . . *Eut.8.12*
   qualis Adam fuit ante peccatum, ... *Eut.8.18*
   ut talem adsumpserit hominem qualis Adam fuit, ... *Eut.8.22*
   si tale corpus hominis adsumpsit quale Adae ante peccatum fuit, . . . *Eut.8.28*
   talem statum . . . qualis Adae post peccatum fuit, ... *Eut.8.34*
   et is qui poenae fuit, ... *Eut.8.53*
   Quod uero non fuit in eo uoluntas ulla peccati, ... *Eut.8.67*
   tertius status id est medius, ille scilicet qui eo tempore fuit, ... *Eut.8.70*
   In hoc igitur Adam talis fuit ut *Eut.8.72*
   et ipsa indigentia ante resurrectionem in eo fuit, ... *Eut.8.86*
   Heu primus quis fuit ille *C.2,M.5.27*
   sed illos quoque, uti condignum fuit, ... *C.3,P.12.70*
fulgeat. Et magna titulis fulgeat claris domus, Mors spernit altam gloriam, *C.2,M.7.11*
fulgent. Aut quot stelliferis edita noctibus Caelo sidera fulgent *C.2,M.2.4*
fulgenti. Quaeque fulgenti texerat ore Confusa Phoebe detegat astra, . . *C.4,M.5.9*
fulgere. Iam uero pulchrum uariis fulgere uestibus putas, ... *C.2,P.5.47*
   Dignitatibus fulgere uelis? Danti supplicabis *C.3,P.8.6*
fulgor. An gemmarum fulgor oculos trahit? *C.2,P.5.22*
fulminis. Aut celsas soliti ferire turres Ardentis uia fulminis mouebit. . . *C.1,M.4.10*
fumificos. Nec ruptis quotiens uagus caminis Torquet fumificos Vesaeuus ignes *C.1,M.4.8*
fumosas. Quarum speciem, ueluti fumosas imagines solet, caligo quaedam
   . . . obduxerat. *C.1,P.1.16*
functus. nam et manducauit et bibit et humani corporis officio functus est. *Eut.8.79*
   si qui multiplici consulatu functus in barbaras nationes forte deuenerit, *C.3,P.4.30*
fundamentis. Quod si sententiae fidei fundamentis sponte firmissimae
    opitulante *Trin.6.31*
   id est ab ipsis catholicae fidei fundamentis. *Pat.5*
   religio nostra, quae uocatur christiana . . . his fundamentis principaliter
    nititur asserens: *Fid.8*
fundamento. Omnis enim natura incorporeae substantiae nullo materiae
   nititur fundamento; *Eut.6.57*
   sed cum alia res materiae fundamento nititur ut corpus, ... *Eut.6.64*

fundamentum. quamquam...hoc omnium de natura rationum quasi quoddam
 iecerint fundamentum. *C.5,P.1.29*
fundare. ius exulare non esse quisquis in ea sedem fundare maluerit? . . . *C.1,P.5.17*
fundat. Si quis enim uinum fundat in mare, ... *Eut.6.38*
 Tantas fundat opes nec retrahat manum Pleno copia cornu, ... *C.2,M.2.5*
fundatur. quo praetermisso nullum rite fundatur exordium." *C.3,P.9.104*
fundere. Nubibus atris Condita nullum Fundere possunt Sidera lumen. . . *C.1,M.7.3*
funditur. Desuper in terram nox funditur; *C.1,M.3.6*
funditus. Non illum rabies minaeque ponti Versum funditus exagitantis aestum *C.1,M.4.6*
funduntur. Intempestiui funduntur uertice cani *C.1,M.1.11*
funera. Quondam funera coniugis Vates Threicius gemens *C.3,M.12.5*
fungi. Ita cum pessimos plerumque dignitatibus fungi dubium non sit, . . . *C.2,P.6.45*
furentes. Quid tantum miseri saeuos tyrannos Mirantur sine uiribus
 furentes? *C.1,M.4.12*
furibundus. Sed tamen caeco furibundus ore Gaudium maestis lacrimis
 rependit. *C.4,M.7.11*
furiosi. desuper inridemus uilissima rerum quaeque rapientes securi totius
 furiosi tumultus *C.1,P.3.47*
furiosos. ne iure uiderer insanus, si sanus inter furiosos haberi contenderem. *Eut.,Prf.33*
furor. Quid enim furor hosticus ulla Vellet prior arma mouere, ... *C.2,M.5.19*
fuscarent. dignitatem...quam uti alicuius sceleris admixtione fuscarent, . . *C.1,P.4.137*
fuscet. quod...nullius minuat potestas, nullius fuscet improbitas, deos fieri. *C.4,P.3.30*
fusus. Odiis neque fusus acerbis Cruor horrida tinxerat arua. *C.2,M.5.17*
futtile. quam futtile nobilitatis nomen, quis non uideat? *C.3,P.6.21*
futura. corpora,...in statum pristinum futura de beatitudine reparari. . . *Fid.257*
 uisionisque eius... aeternitas cum nostrorum actuum futura qualitate
 concurrit *C.5,P.6.169*
futura. sed necesse esse quae futura sunt prouideri— *C.5,P.3.24*
 Nam etiam si idcirco quoniam futura sunt, prouidentur, ... *C.5,P.3.42*
 qui fieri potest ut ea non proueniant quae futura esse prouidentur? . . *C.5,P.4.42*
 eadem prius quam fiant sine necessitate futura sunt. *C.5,P.4.54*
 taliaque apud se praesentia spectat qualia in tempore olim futura prouenient. *C.5,P.6.82*
 indignum esse, si scientiae dei causam futura nostra praestare dicantur. *C.5,P.6.160*
futura. arbitrari ideo deum futura quoniam sunt euentura prouidere, . . . *C.5,P.3.49*
 Quonam modo deus haec incerta futura praenoscit? *C.5,P.3.66*
 At si ita uti sunt, ita ea futura esse decernit, ... *C.5,P.3.70*
 certus eorum est euentus quae futura firmiter ille praescierit. *C.5,P.3.80*
 Quasi uero nos ea quae prouidentia futura esse praenoscit non esse
 euentura credamus *C.5,P.4.43*
 quod humana ratio diuinam intellegentiam futura, nisi ut ipsa cognoscit,
 non putat intueri. *C.5,P.5.40*
 Nam quidquid uiuit in tempore id praesens a praeteritis in futura procedit *C.5,P.6.13*
 sed futura nondum transacta iam non habet. *C.5,P.6.24*
 Atqui deus ea futura quae ex arbitrii libertate proueniunt praesentia
 contuetur. *C.5,P.6.115*
 Fient igitur procul dubio cuncta quae futura deus esse praenoscit, . . . *C.5,P.6.121*
futurae. quid est aliud fugax quam futurae quoddam calamitatis indicium? . *C.2,P.1.45*
futurarum. rerum ... apud se quidem praesentium, ad condicionem uero
 temporis futurarum. *C.5,P.6.91*
 non ex futurarum prouentu rerum, sed ex propria deus simplicitate
 sortitus est. *C.5,P.6.157*
futuri. quos licet meritum naturae damnaret, futuri tamen sacramenti . . . *Fid.124*
 deus uolens sacramenti futuri gratia populos erudire *Fid.168*
 qua credimus...resurrecturos homines ad examen futuri iudicii, . . . *Fid.268*
 ancorae quae nec praesentis solamen nec futuri spem temporis abesse
 patiantur." *C.2,P.4.33*
 inmortalitatem uobis propagare uidemini, cum futuri famam temporis
 cogitatis. *C.2,P.7.49*
 si...detorqueri ualent, non iam erit futuri firma praescientia, ... *C.5,P.3.14*
 quos ad alterutrum non propria mittit uoluntas, sed futuri cogit certa
 necessitas. *C.5,P.3.91*
 cui neque futuri quidquam absit nec praeteriti fluxerit, ... *C.5,P.6.27*
 ex simplicitate praesentiae decrescit in infinitam futuri ac praeteriti
 quantitatem; *C.5,P.6.45*
 infinitaque praeteriti ac futuri spatia complectens *C.5,P.6.65*
 non esse praescientiam quasi futuri...rectius aestimabis; *C.5,P.6.68*

G

gloriam. cum . . . tu regiae laudis orator ingenii gloriam facundiaeque meruisti, *C.*2,*P.*3.31
 sed ad superbam gloriam falsum sibi philosophi nomen induerat, . . . *C.*2,*P.*7.69
 Quid autem est quod ad praecipuos uiros, . . . qui uirtute gloriam petunt, *C.*2,*P.*7.77
 Quicumque solam mente praecipiti petit Summumque credit gloriam, . *C.*2,*M.*7.2
 Mors spernit altam gloriam, ... *C.*2,*M.*7.12
 formam felicitatis humanae—opes, honores, potentiam, gloriam, uoluptates. *C.*3,*P.*2.48
 eaque de causa diuitias, dignitates, regna, gloriam uoluptatesque desiderant *C.*3,*P.*2.73
 Gloriam petas? Sed per aspera quaeque distractus *C.*3,*P.*8.10
 honoremque potentia carentem gloriam quoque nihili pendit. *C.*3,*P.*9.58
gloriantur. uellent ipsi uixisse securi, sed nequeunt; dehinc de potestate
 gloriantur. *C.*3,*P.*5.21
gloriari. Num audes alicuius talium splendore gloriari? *C.*2,*P.*5.36
gloriosae. Nonnulli uenerandum saeculi nomen gloriosae pretio mortis
 emerunt: *C.*4,*P.*6.154
gloriosum. hi uel belli uel pacis artibus gloriosum nomen propagare festinant. *C.*3,*P.*2.23
 fit ut quem tu aestimas esse gloriosum, ... *C.*3,*P.*6.16
gradibus. Arriani qui gradibus meritorum trinitatem uariantes distrahunt . *Trin.*1.12
gradiens. ea quae paulo ante proposui, sol oriens et gradiens homo. *C.*5,*P.*6.128
gradientem. nulla enim necessitas cogit incedere uoluntate gradientem, . . *C.*5,*P.*6.111
graditur. quamuis eum tum cum graditur incedere necessarium sit. *C.*5,*P.*6.112
gradu. Qui cecidit, stabili non erat ille gradu. *C.*1,*M.*1.22
gradum. Hinc ortus, hic sistam gradum.' *C.*4,*M.*1.26
gradus. inter utrasque litteras in scalarum modum gradus quidam insigniti
 uidebantur *C.*1,*P.*1.20
Graeca. uti Graeca utar oratione in rebus quae a Graecis agitata *Eut.*3.29
Graeci. Sed nos hac definitione eam quam Graeci ὑπόστασιν dicunt terminauimus. *Eut.*3.6
 Graeci quoque has personas πρόσωπα uocant ab eo *Eut.*3.14
 quorum . . . esset agnitio, et Latini personam et Graeci πρόσωπα nuncu-
  pauerunt. *Eut.*3.22
 Nam quod Graeci οὐσίωσιν uel οὐσιῶσθαι dicunt, ... *Eut.*3.42
 ὑποστάσεις Graeci indiuiduas substantias uocauerunt, ... *Eut.*3.63
 Quem coniunctionis Graeci modum κατὰ παράθεσιν uocant. *Eut.*4.27
Graecia. sed peritior Graecia sermonum ὑπόστασιν uocat indiuiduam sub-
 sistentiam. *Eut.*3.28
 Neque enim uerborum inops Graecia est, ut Marcus Tullius alludit, . . *Eut.*3.58
Graecis. Atque, uti Graeca utar oratione in rebus quae a Graecis agitata . *Eut.*3.30
Graecum. Harum in extrema margine ·Π· Graecum, in supremo uero ·Θ·,
 legebatur intextum. *C.*1,*P.*1.18
Graecus. Quare autem de inrationabilibus animalibus Graecus ὑπόστασιν
 non dicat, ... *Eut.*3.72
Graiae. Ille dum Graiae dare uela classi Optat *C.*4,*M.*7.4
gramina. O leuem nimium manum Nec potentia gramina, ... *C.*4,*M.*3.30
grassanti. eoque uallo muniti quo grassanti stultitiae adspirare fas non sit. *C.*1,*P.*3.48
grata. pulchrum uariis fulgere uestibus putas, quarum si grata intuitu species
 est, ... *C.*2,*P.*5.47
 Apiumque par uolantum Vbi grata mella fudit, Fugit *C.*3,*M.*7.4
gratas. Si tamen arto saliens texto Nemorum gratas uiderit umbras, . . . *C.*3,*M.*2.23
grates. Sed sospitatis auctori grates, quod te nondum totum natura destituit. *C.*1,*P.*6.50
gratia. gratia uero, . . . totum quod est salutis afferret. *Fid.*240
 quia nec gratia diceretur si meritis tribueretur, ... *Fid.*241
 nisi inpassibilis gratia substantiae ad inpassibilitatis firmitudinem permutetur *Eut.*2.27
gratia. Quod si . . . opitulante gratia diuina idonea argumentorum adiumenta
 praestitimus, ... *Trin.*6.32
 deus uolens sacramenti futuri gratia populos erudire *Fid.*168
 uxor ac liberi quae iucunditatis gratia petuntur; *C.*3,*P.*2.33
 Cum igitur omnia boni gratia petantur, ... *C.*3,*P.*10.134
 "Quotiens," ait, "aliquid cuiuspiam rei gratia geritur *C.*5,*P.*1.39
 Etenim positionis gratia, . . . statuamus nullam esse praescientiam. . . *C.*5,*P.*4.21
gratiae. Nec tamen ex his defuerunt quos sibi conditor gratiae sequestraret *Fid.*122
 aliud sibi deberi per naturae meritum, aliud per gratiae donum, ... *Fid.*239
 Si quidem . . . inaestimabilem uicem diuinae gratiae promeremur, . . . *C.*5,*P.*3.104
gratiam. retrahere manum libet. Habes gratiam uelut usus alienis, ... *C.*2,*P.*2.14
 popularem gratiam ne commemoratione quidem dignam puto, ... *C.*3,*P.*6.18

gratius. Gratius astra nitent ubi Notus Desinit imbriferos dare sonos. . . . *C*.3,*M*.1.7
grauata. ne grauata pessum Inferior sidat mens corpore celsius leuato. . . . *C*.5,*M*.5.14
graue. Cum Phoebi radiis graue Cancri sidus inaestuat, ... *C*.1,*M*.6.1
    Pro his enim qui graue quid acerbumque perpessi sunt *C*.4,*P*.4.133
grauem. meumque intuens uultum luctu grauem atque in humum maerore
    deiectum *C*.1,*P*.1.50
    Heu grauem sortem, quotiens iniquus *C*.2,*M*.6.16
graues. Inde cum inprobis graues inexorabilesque discordiae *C*.1,*P*.4.31
    Terraeque graues pondere sidant. *C*.4,*M*.6.24
graui. Fremituque graui meminere sui; *C*.3,*M*.2.13
    Et cum falsa graui mole parauerint, ... *C*.3,*M*.8.21
grauia. Quod si nihil omnino aliud essent nisi bona neque grauia neque
    colorata *Quo*.112
grauibus. eosque Pharao magna ponderum mole premi decreuerat et grauibus
    oneribus affligebat. *Fid*.159
    Et pressus grauibus colla catenis *C*.1,*M*.2.25
grauidis. Quis dedit ut pleno fertilis anno Autumnus grauidis influat uuis . *C*.1,*M*.2.21
grauior. Poma cernenti rapuit draconi Aureo laeuam grauior metallo, . . . *C*.4,*M*.7.18
grauiores. nunc leuiores nunc grauiores modos succinat. *C*.2,*P*.1.24
grauioribus. ut tum demum grauioribus suppliciis urgeantur, cum impuniti
    esse creduntur." *C*.4,*P*.4.89
grauis. Remeat pomis grauis autumnus, ... *C*.4,*M*.6.28
grauis. Ponatur enim una eademque substantia bona esse alba, grauis,
    rotunda. *Quo*.101
    Cum acerbae famis tempore grauis atque inexplicabilis indicta coemptio *C*.1,*P*.4.44
    Vt noua fruge grauis Ceres eat. *C*.3,*M*.1.4
    Vt noua fruge grauis Ceres [Ceres grauis] eat. *coni*.*C*.3,*M*.1.4
    inane nomen et senatorii census grauis sarcina; *C*.3,*P*.4.42
grauis. Felix qui potuit grauis Terrae soluere uincula. *C*.3,*M*.12.3
grauitas. si haec singula idem essent quod ipsa substantia, idem esset grauitas
    quod color, ... *Quo*.104
    idem esset . . . quod bonum et bonum quod grauitas *Quo*.105
grauitate. quia lignum est, quod est terra, pondere et grauitate deducitur. . *Eut*.1.49
    cum Philosophia dignitate uultus et oris grauitate seruata *C*.4,*P*.1.2
grauitatem. Terra . . . dicitur, . . . secundum siccitatem grauitatemque quae
    sunt formae. *Trin*.2.27
grege. compressusque indoctorum grege conticui metuens ne iure uiderer
    insanus, ... *Eut*.,*Prf*.32
gressibus. Haec pressisse solo uestigia gressibusque gaudent *C*.5,*M*.5.6
gubernacula. ne improbis flagitiosisque ciuibus urbium relicta gubernacula
    pestem bonis ac perniciem ferrent. *C*.1,*P*.4.24
gubernaculis. quibus etiam gubernaculis regatur aduertis?" *C*.1,*P*.6.19
    Quoniam uero quibus gubernaculis mundus regatur oblitus es, ... *C*.1,*P*.6.46
    "Quibus," ait illa, "gubernaculis mundus regatur." *C*.3,*P*.12.8
    Deūm quoque bonitatis gubernaculis uniuersitatem regere disputabas . *C*.3,*P*.12.95
gubernaculum. et hic est ueluti quidam clauus atque gubernaculum . . . *C*.3,*P*.12.41
gubernans. Omnia certo fine gubernans Hominum solos respuis actus . . . *C*.1,*M*.5.25
gubernare. "Cum deus," inquit, "omnia bonitatis clauo gubernare iure
    credatur . . . . · *C*.3,*P*.12.48
gubernas. "O qui perpetua mundum ratione gubernas *C*.3,*M*.9.1
gubernatione. tuae fomitem salutis ueram de mundi gubernatione sen-
    tentiam, ... *C*.1,*P*.6.52
gurgite. Quamuis fluente diues auri gurgite . . . cogat auarus opes *C*.3,*M*.3.1
gurgitis. uagos terrae decliuia casus Gurgitis et lapsi defluus ordo regit. . . *C*.5,*M*.1.10

H

habe. Habes [Habe] gratiam uelut usus alienis, ... *coni*.*C*.2,*P*.2.14
habeant. cum nihil simile, nihil habeant ex copulatione coniunctum? . . . *Eut*.4.50
    illis namque manentibus, utcumque se res habeant, enatabimus. . . . *C*.2,*P*.4.36
    quid est quod in se expetendae pulchritudinis habeant, ... *C*.3,*P*.4.51
habeat. se solum qui habeat dignissimum putat. *C*.2,*P*.5.99
    Aut quid habeat amplum magnificumque gloria *C*.2,*P*.7.23
    quod nihil habeat suapte natura pecunia ut his *C*.3,*P*.3.31
    Quarum motus quid habeat iucunditatis, ignoro. *C*.3,*P*.7.6

Considera uero quanta sceleratos homines habeat impotentia. *C.4,P.2.*80
quoquo modo sese habeat ordo causarum, ... *C.5,P.3.*28
Aliter enim ac sese res habeat arbitrari *C.5,P.4.*70
Quae nullas habeat notas, ... *C.5,M.4.*8
tametsi nullam naturae habeat necessitatem. *C.5,P.6.*115
habeatur. non metuenda formidat? Ceruis similis habeatur. *C.4,P.3.*63
    tametsi nulla ratio correctionis, nullus respectus habeatur exempli." *C.4,P.4.*50
habebat. Comprensam numeris uictor habebat. *C.1,M.2.*12
habebatur. si quis populi quondam curasset annonam, magnus habebatur, . *C.3,P.4.*43
habebit. alioquin si quo egeat, plenam sufficientiam non habebit." *C.3,P.12.*35
habemus. Habemus maximum tuae fomitem salutis *C.1,P.6.*51
habenas. Solitas iterum mutet habenas Phoebi pallens Lucifer ortu. *C.1,M.5.*12
    Quantas rerum flectat habenas Natura potens, ... *C.3,M.2.*1
    Hic regum sceptrum dominus tenet Orbisque habenas temperat *C.4,M.1.*20
    Rerumque regens flectit habenas *C.4,M.6.*35
habendi. Largis cum potius muneribus fluens Sitis ardescit habendi? *C.2,M.2.*18
    Sed saeuior ignibus Aetnae Feruens amor ardet habendi. *C.2,M.5.*26
habenis. Nec uicta libidine colla Foedis submittat habenis. *C.3,M.5.*4
habenis. Sic quae permissis fluitare uidetur habenis *C.5,M.1.*11
habent. Haec si se recte et ex fide habent, ut me instruas peto; *Pat.*69
    quae cum sint arcani fida custodia tum id habent commodi, ... *Quo.*13
    id quod sunt autem habent ex eo quod est esse. *Quo.*70
    transformarique in se possunt quae habent unius materiae commune
        subiectum, ... *Eut.6.*25
    quae communem materiam naturaliter habent *Eut.6.*60
    quae habent aliquam uolendi nolendique naturam, ... *C.3,P.11.*46
    "Habent igitur improbi, cum puniuntur, quidem boni aliquid adnexum . *C.4,P.4.*66
    Haec igitur etiam praecognita liberos habent euentus. *C.5,P.4.*59
    earum rerum quae necessarios exitus non habent *C.5,P.4.*64
    quonam modo etiam quae certos exitus non habent, ... *C.5,P.5.*54
habentes. Quae est igitur ista potentia quam pertimescunt habentes, . . . *C.3,P.5.*37
habentes. Gaudetis enim res sese aliter habentes *C.2,P.6.*63
habenti. Ego uero nego ullum esse bonum quod noceat habenti. *C.2,P.5.*95
    Pecuniamne congregare conaberis? Sed eripies habenti. *C.3,P.8.*6
habentia. omniaque in perniciem prona nec quicquam in se opis habentia, . *Eut.8.*57
habentis. quasi habentis dei habitaeque beatitudinis diuersam cogites esse
    substantiam. *C.3,P.10.*46
habere. substantia, qualitas, quantitas, ad aliquid, ubi, quando, habere, situm
    esse, facere, pati. *Trin.4.*4
    Rursus habere uel facere eodem modo; *Trin.4.*78
    in eo quod est in comparatione aliquo modo se habere, ... *Trin.5.*21
    Id quod est habere aliquid praeterquam quod ipsum est potest; . . . *Quo.*35
    ipsum uero esse quod non haberent a bono, bonum habere non possent. *Quo.*140
    patrem itaque habere filium ex sua substantia genitum *Fid.*14
    Indignum enim iudicant, si deus habere filium uideatur. *Fid.*43
    in senectute sua repromissionis largitione habere filium meruerunt. . . *Fid.*151
    Quod si recte se habere pronuntiaueris, peto ut mei *Eut.,Prf.*48
    ut corporeae tantum substantiae naturam habere uideantur, ... *Eut.1.*37
    id est quas naturas conueniat habere personam, ... *Eut.2.*8
    non possunt habere personam qua Christi uocabulum excipere possint? *Eut.4.*85
    Omne enim corpus...communem uidetur habere materiam, ... *Eut.6.*51
    diuitias quas nec habere totas pluribus licet . . . . , . *C.2,P.5.*20
    nihil spatii prorsus habere iudicetur. *C.2,P.7.*13
    in minimis...rebus id appetitur quod habere fruique delectet? *C.3,P.2.*71
    propriam dignitatis pulchritudinem non habere. *C.3,P.4.*21
    ista potentia...quam nec cum habere uelis tutus sis *C.3,P.5.*37
    uel extrinsecus accepisse uel ita naturaliter habere praesumas, . . . *C.3,P.10.*45
    nihil habere quo inter expetenda numerentur?" *C.3,P.11.*16
    quod se ita rem quamque habere necesse est *C.5,P.3.*64
    uti eam sese habere scientia comprehendit. *C.5,P.3.*65
    Quae si recepta futurorum necessitate nihil uirium habere credantur, . *C.5,P.3.*108
    Si qua certos ac necessarios habere non uideantur euentus, ... *C.5,P.5.*42
    ita diuinae iudicium mentis habere possemus, ... *C.5,P.5.*47
    et infinitatem mobilis temporis habere praesentem. *C.5,P.6.*30
haberent. ac tunc bona quidem essent, esse tamen ipsum minime haberent
    bonum. *Quo.*108
    ipsum uero esse quod non haberent a bono, bonum habere non possent. *Quo.*139

haberes. quid profecto contra hisceres non haberes, ... *C.2,P.3.2*
haberi. ne iure uideret insanus, si sanus inter furiosos haberi contenderem. . *Eut.,Prf.33*
habes. Habes igitur definitionem eius quoque significationis naturae *Eut.1.29*
    retrahere manum libet. Habes gratiam uelut usus alienis, ... *C.2,P.2.14*
    non habes ius querelae tamquam prorsus tua perdideris. *C.2,P.2.15*
    quid habes quod de nominis tui diuturnitate laeteris? *C.2,P.7.51*
    Habes igitur ante oculos propositam fere formam felicitatis *C.3,P.2.46*
    Quare splendidum te, si tuam non habes, aliena claritudo non efficit. . *C.3,P.6.26*
    "Habes igitur," inquit, "et formam falsae felicitatis et causas. *C.3,P.9.74*
habet. habetque motum forma materiae coniuncta), ... *Trin.2.10*
    Vnumquodque enim habet esse suum ex his ex quibus *Trin.2.32*
    deus uero nullas habet differentias quibus differat ab deo, ... *Trin.5.51*
    ipsum uero esse nihil aliud praeter se habet admixtum. *Quo.37*
    Omne simplex esse suum et id quod est unum habet. *Quo.46*
    quoniam corpus omne habet proprium motum, ... *Eut.1.43*
    Si enim omnis habet natura personam, indissolubilis nodus est, . . . *Eut.2.2*
    Et omnino habet animaduertendam dubitationem talis quaestio. . . . *Eut.8.13*
    et quod conscientiae libertas habet, ... *C.1,P.4.32*
    quod in omnibus negotiis maximas uires habet, ... *C.1,P.4.93*
    Laetos non habet exitus. *C.1,M.6.22*
    Si quis rerum mortalium fructus ullum beatitudinis pondus habet, . . . *C.2,P.3.26*
    minimam, licet, habet tamen aliquam portionem. *C.2,P.7.55*
    quod nihil habet proprii decoris, ... *C.3,P.4.45*
    Habet hoc uoluptas omnis, Stimulis agit fruentes *C.3,M.7.1*
    mirum forte uideatur,. . . sed ita sese res habet. *C.4,P.2.104*
    Quidquid aut infra subsistit aut ultra progreditur, habet contemptum
      felicitatis, ... *C.4,P.7.51*
    non habet praemium laboris. *C.4,P.7.52*
    nam proprias causas habet *C.5,P.1.44*
    quod ratione uti naturaliter potest id habet iudicium quo quidque
      discernat; *C.5,P.2.7*
    si quid aliquis aliorsum atque sese res habet existimet, ... *C.5,P.3.56*
    sed futura nondum transacta iam non habet. *C.5,P.6.25*
    Ita etiam quae praesentia deus habet, ... *C.5,P.6.132*
habitaculi. Adde quod hoc ipsum breuis habitaculi saeptum plures incolunt
    nationes *C.2,P.7.25*
habitae. quasi habentis dei habitaeque beatitudinis diuersam cogites esse
    substantiam. *C.3,P.10.46*
habitans. Terrenas habitans libido mentes, ... *C.3,M.10.3*
habitare. Hic ergo Iacob. . .Aegyptum uoluit habitare atque illic *Fid.156*
habitatione. ita ut caelesti habitatione dignas caelo naturas efficeret . . . *Fid.63*
habitationi. assumptum hominem, . . . secum dei filius caelesti habitationi
    sustolleret. *Fid.228*
habitet. "Quo uero," inquit, "habitet, ita considera. *C.3,P.10.23*
habitu. Igitur quisquis uera requirit, Neutro est habitu; *C.5,M.3.26*
habitum. "Si penitus aegritudinis tuae causas habitumque cognoui, . . . *C.2,P.1.3*
    eumque tuae mentis habitum uel exspectaui uel,. . .ipsa perfeci. . . . *C.3,P.1.11*
    uel si prodesse hominibus mallet, in accusationis habitum uerteretur. . *C.4,P.4.140*
habiturum. mundum hunc nec habuisse initium temporis nec habiturum esse
    defectum. *C.5,P.6.33*
habitus. In quibus quoniam quaedam nostri habitus uestigia uidebantur, . . *C.1,P.3.28*
    Talis habitus talisque uultus erat, cum tecum naturae secreta rimarer, . *C.1,P.4.14*
habuisse. Quae omnia habuisse Christum dubium non est; *Eut.8.77*
    nec habuisse te in ea pulchrum aliquid nec amisisse cognosces, ... *C.2,P.1.10*
    Quid si quis amisso penitus uisu ipsum etiam se habuisse obliuisceretur
      intuitum *C.4,P.4.111*
    nihil tamen ut euenirent sui natura necessitatis habuisse; *C.5,P.4.46*
    mundum hunc nec habuisse initium temporis nec habiturum esse
      defectum, ... *C.5,P.6.32*
habuit. cuius. . .manifesta confessio ita iudices habuit in seueritate concordes
    ut *C.1,P.4.124*
hac. *Eut.1.10; 3.5; C.1,P.6.11; 1,P.6.54; 2,P.1.23; 3,P.5.12; 3,P.9.16; 3,P.9.86; 4,P.2.111;*
    uar.C.4,P.4.128; 4,P.5.3; 4,P.6.11; 5,P.2.2; 5,P.5.10
hactenus. Sed de his hactenus; suo enim loco ponentur *Fid.52*
    Sed haec hactenus. *Fid.214*
    Hactenus mendacis formam felicitatis ostendisse suffecerit, ... *C.3,P.9.1*

Id uero hactenus egimus, ut quae indignissima tibi uidebatur *C*.4,*P*.4.80
sed haud quaquam ab ullo uestrum hactenus satis diligenter ac firmiter
    expedita. *C*.5,*P*.4.5
hae. *C*.1,*P*.1.32; 2,*M*.4.11; 3,*P*.8.1; *uar*.5,*P*.1.47
haec. *Trin*.,*Prf*.29; *Trin*.1.7; 2.11; 3.24; 3.38; 4.81; *Fid*.7; 45; 199; 247; 257; *Eut*.,*Prf*.39;
    Eut.1.20; 1.27; 2.45; 2.46; 3.74; 4.15; 5.25; 5.35; 5.76; 6.46; 7.75; 7.97; 8.15;
    C.1,*P*.1.45; 2,*P*.1.38; 2,*M*.1.1; 2,*P*.2.28; 2,*P*.2.44; 2,*P*.4.95; 2,*P*.6.66; 2,*P*.8.10;
    C.2,*P*.8.20(*bis*); 2,*P*.8.21; 3,*P*.3.51; 3,*P*.5.7; 3,*P*.5.17; 3,*P*.9.78; 3,*P*.10.3; 3,*P*.10.113;
    C.3,*M*.10.4; 3,*P*.11.33; 3,*P*.11.96; 3,*M*.12.52; 4,*P*.2.114; 4,*P*.6.25; 4,*P*.6.39; 4,*M*.6.30;
    C.4,*P*.7.21; 5,*P*.3.37; 4,*P*.6.86; 4,*M*.6.19; 5,*P*.3.72; 5,*P*.4.1; 5,*P*.4.36; 5,*P*.4.107;
    C.5,*M*.4.16; 5,*M*.4.26; 5,*P*.6.8; 5,*P*.6.80; 5,*P*.6.108; 5,*P*.6.161
haec. *Trin*.,*Prf*.18; *Trin*.4.4; 4.26; 4.82; 5.3; *Pat*.68; *Quo*.103; *Fid*.28; 86; 94; 214;
    Eut.,*Prf*.60; *Eut*.1.11; 2.12; 4.1; 6.26; 7.59; 7.80; 8.51; 8.94; *C*.1,*P*.4.1; 1,*M*.7.31;
    C.2,*P*.3.8; 2,*P*.3.10; 2,*P*.5.8; 2,*P*.5.58; 3,*P*.2.72; 3,*P*.8.32; 3,*P*.9.91; 3,*P*.10.96;
    C.3,*P*.10.112; 3,*P*.10.115; 3,*P*.11.20; 3,*P*.11.77; 3,*P*.12.67; 4,*M*.3.35; 4,*P*.4.93;
    C.4,*P*.5.13; 5,*P*.1.9; 5,*P*.1.47; 5,*P*.4.58; 5,*M*.5.6; 5,*P*.6.117
haec. *Trin*.,*Prf*.15; *Trin*.4.7; *Pat*.48; *Quo*.7; *Eut*.4.128; 8.92; *C*.1,*P*.1.1; 1,*P*.2.16; 1,*P*..4117;
    C.1,*P*.5.1; 2,*P*.1.1; 2,*P*.1.12; 2,*P*.4.84; 2,*P*.6.40; 2,*P*.8.11; 2,*P*.8.13; 3,*P*.1.6; 3,*P*.2.74;
    C.3,*P*.6.18; 3,*P*.9.23; 3,*P*.9.61; 3,*P*.10.18; 3,*P*.10.53; 3,*P*.10.80; 3,*P*.12.27; 3,*P*.12.97;
    C.4,*P*.1.1; 4,*M*.1.25; 4,*P*.4.86; 4,*P*.6.15; 4,*P*.6.49; 4,*P*.7.1; 5,*P*.3.52; 5,*P*.3.66;
    C.5,*P*.5.30; 5,*M*.5.12; 5,*P*.6.135
haeci. Haecine est bibliotheca, ...   *C*.1,*P*.4.10
    Haecine praemia referimus tibi obsequentes? *C*.1,*P*.4.17
    Haecine omnia bonum *C*.3,*P*.10.106
haecine. Haecine est bibliotheca, ...   *C*.1,*P*.4.10
    Haecine praemia referimus tibi obsequentes? *C*.1,*P*.4.17
    Haecine omnia bonum . . . ueluti quaedam beatitudinis membra sunt .   *C*.3,*P*.10.106
haereant. "Et haereant," inquam, "precor; illis namque manentibus, . . .
    enatabimus. *C*.2,*P*.4.35
haerent. nec tibi nimium ualida tempestas incubuit, quando tenaces haerent
    ancorae *C*.2,*P*.4.32
    alias ferunt paludes, aliae saxis haerent, ...   *C*.3,*P*.11.58
haerentia. quaeque alia saxis haerentia nutriuntur,   *C*.5,*P*.5.15
haerentium. Sed in hac haerentium sibi serie causarum estne ulla nostri
    arbitrii libertas *C*.5,*P*.2.2
haerere. bona non esse quae se pessimis haerere patiantur. *C*.2,*P*.6.47
haereseos. et praeter alios Nestorius et Eutyches repertores haereseos ex-
    stiterunt, ...   *Fid*.210
haereses. Mediaque est haec inter duas haereses uia sicut uirtutes quoque
    medium tenent. *Eut*.7.75
haeresim. praeuaricationis malum, . . . quidam Pelagius non admittens pro-
    prii nominis haeresim dedicauit, ...   *Fid*.116
haeret. Haeret profecto semen introrsum ueri *C*.3,*M*.11.11
haereticus. una natura duaeque personae, cumque [personae, quod nullus
    haereticus adhuc attigit, cumque] *uar*.*Eut*.7.85
haeserit. Quod si supernae mentis haeserit firmitati, motu carens fati . . .   *C*.4,*P*.6.77
hanc. *Trin*.4.53; *Quo*.21; 163; *Eut*.4.9; 5.42; 5.97; 1,*M*.3.7; *C*.1,*P*.4.18; 1,*P*.4.22; 1,*P*.4.26;
    C.1,*P*.4.144; 1,*P*.6.60; 2,*P*.3.44; 2,*P*.8.15; 2,*M*.8.13; 3,*M*.2.29; 3,*P*.3.26; 3,*P*.9.85;
    C.3,*P*.9.97; 3,*M*.10.17; 3,*P*.11.98; 4,*P*.6.18; 5,*P*.2.13; 5,*P*.4.86; 5,*P*.6.109
harenae. aliarum fecundae sunt steriles harenae, ...   *C*.3,*P*.11.59
harenas. Si quantas rapidis flatibus incitus Pontus uersat harenas *C*.2,*M*.2.2
    Montis cacumen alti, Bibulas uitet harenas. *C*.2,*M*.4.8
    Quos Notus . . . Torret ardentes recoquens harenas. *C*.2,*M*.6.13
harenis. Non quidquid Tagus aureis harenis Donat *C*.3,*M*.10.7
harenis. Strauit Antaeum Libycis harenis, ...   *C*.4,*M*.7.25
harum. *Quo*.19; *Eut*.,*Prf*.12; *C*.1,*P*.1.18; 5,*P*.5.43
has. *Eut*.3.14; 8.38; *C*.1,*M*.1.5; 1,*P*.1.29; 1,*P*.3.6; 1,*P*.6.47; 3,*P*.4.29; 3,*P*.12.23; 4,*P*.4.117
haud. Haud aliter tristitiae nebulis dissolutis hausi caelum *C*.1,*P*.3.1
    Vnde, haud iniuria tuorum quidam familiarium quaesiuit: *C*.1,*P*.4.104
    sed ut arbitror haud multum tibi haec in memoriam reuocare laborauerim.   *C*.2,*P*.1.11
    Non illa miseros audit aut [audit; haud] curat fletus *coni*.*C*.2,*M*.1.5
    Humanum miseras haud ideo genus Cesset flere querellas. *C*.2,*M*.2.7
    quod quidem haud inmerito cadit.   *C*.2,*P*.5.84
    Haud sic magni conditor orbis; *C*.5,*M*.2.7
    sed haud quaquam ab ullo uestrum hactenus satis diligenter . . . expedita.   *C*.5,*P*.4.4
    Haud igitur iniuria diximus *C*.5,*P*.6.134
haurire. Sed tempus est haurire te aliquid ac degustare molle atque iucundum   *C*.2,*P*.1.19

hauserat. Quidquid praecipuis deae Matris fontibus hauserat, ...   *C*.3,*M*.12.23
hausi. Haud aliter tristitiae nebulis dissolutis hausi caelum *C*.1,*P*.3.1
haustibus. quod ad interiora transmissum ualidioribus haustibus uiam fecerit.   *C*.2,*P*.1.20
haustum. Accipe igitur haustum quo refectus firmior in ulteriora contendas.   *C*.4,*P*.6.209
Hebdomadas. Hebdomadas uero ego mihi ipse commentor *Quo*.8
Hebdomadibus. Postulas, ut ex Hebdomadibus nostris eius quaestionis
    obscuritatem. . . digeram *Quo*.1
hebet. Heu quam praecipiti mersa profundo Mens hebet *C*.1,*M*.2.2
hebetans. Terrenas habitans [hebetans] libido mentes, ... *coni.C*.3,*M*.10.3
hebetata. Pallet albentes hebetata uultus Flammis stella prementibus. . . .   *C*.2,*M*.3.3
hebetauit. Qua in re non ita sensus nostros maeror hebetauit *C*.1,*P*.4.99
    "Audieram," inquam, "sed memoriam maeror hebetauit." *C*.1,*P*.6.26
hebetes. Prona tamen facies hebetes ualet ingrauare sensus. *C*.5,*M*.5.9
Hecubam. repraesentabant, id est Hecubam uel Medeam uel Simonem uel
    Chremetem, ...   *Eut*.3.19
herba. Somnos dabat herba salubres, ...   *C*.2,*M*.5.10
herbam. nec uero idem aes in herbam nec quodlibet aliud corpus in quodlibet   *Eut*.6.29
herbas. cum herbas atque arbores intuearis primum. . . innasci locis, ...   *C*.3,*P*.11.54
herbipotens. Quos ut in uarios modos Vertit herbipotens manus, ...   *C*.4,*M*.3.9
herbis. Sed quid de herbis arboribusque,. . . consentiam. . . dubito." . . .   *C*.3,*P*.11.50
Hercule. Busiridem accipimus necare hospites solitum ab Hercule hospite
    fuisse mactatum. *C*.2,*P*.6.35
Herculem. Herculem duri celebrant labores. *C*.4,*M*.7.13
heredi. ille nuptiis felix orbus liberis alieno censum nutrit heredi. *C*.2,*P*.4.50
hereditatem. Cuius hereditatem cum deinceps Epicureum uulgus ac Stoicum
    ceterique. . . raptum ire molirentur *C*.1,*P*.3.21
heri. "Quando" uero eodem praedicatur modo, ut de homine heri uenit, . .   *Trin*.4.60
Hermus. Non quidquid Tagus aureis harenis Donat aut Hermus rutilante
    ripa *C*.3,*M*.10.8
Herodis. Descendit. . . stemma perductumque est usque ad Herodis tempora,   *Fid*.182
Hesperias. Vel cur Hesperias sidus in undas Casurum rutilo surgat ab ortu,   *C*.1,*M*.2.16
    Cadit Hesperias Phoebus in undas, ...   *C*.3,*M*.2.31
Hesperos. Et qui primae tempore noctis Agit algentes Hesperos ortus, . . .   *C*.1,*M*.5.11
    Vt quas duxerit Hesperos Phoebe noctibus imperet, ...   *C*.2,*M*.8.7
Hesperus. Agit algentes Hesperos [Hesperus] ortus, ... *uar.C*.1,*M*.5.11
    Vt quas duxerit Hesperos [Hesperus] Phoebe noctibus imperet, . . . *uar.C*.2,*M*.8.7
hesternum. Sed crastinum quidem nondum adprehendit, hesternum uero iam
    perdidit; *C*.5,*P*.6.16
hesternus. non quasi esse aliquid dicitur illud ipsum de quo hesternus dicitur
    aduentus, ...   *Trin*.4.62
heu. Flebilis heu maestos cogor inire modos. *C*.1,*M*.1.2
    Heu quam praecipiti mersa profundo Mens hebet *C*.1,*M*.2.1
    Cogitur, heu, stolidam cernere terram. *C*.1,*M*.2.27
    Heu primus quis fuit ille Auri qui pondera tecti. . . fodit? *C*.2,*M*.5.27
    Heu grauem sortem, quotiens iniquus *C*.2,*M*.6.16
    Heu, noctis prope terminos Orpheus Eurydicen. . . . Vidit, ...   *C*.3,*M*.12.49
hi. *Eut*.1.39; *uar*.5.84; 6,83; *C*.1,*P*.6.30; 2,*P*.1.29; 3,*P*.2.21; 3,*P*.2.23; 3,*P*.2.25; 3,*P*.2.55;
    C.3,*P*.2.58; 4,*P*.2.40
hians. Nam si haec hians semper atque aliquid poscens opibus expletur, . .   *C*.3,*P*.3.51
hiante. per quod, uelut hiante ualli robore, in animum. . . morbus inrepserit?   *C*.1,*P*.6.23
hiantium. Paulinum consularem uirum. . . ab ipsis hiantium faucibus traxi. .   *C*.1,*P*.4.51
hiatus. Sed quaesita uorans saeua rapacitas Altos pandit hiatus. . . . .   *C* 2,*M*.2.14
hibernum. Num frigus hibernum pecuniosorum membra non sentiunt? . .   *C*.3,*P*.3.47
hic. *Fid*.151; 154; *Eut*.2.45; *C*.1,*M*.2.6; 1,*P*.4.154; 2,*P*.4.61; 2,*P*.5.90; 2,*M*.6.8; 2,*P*.7.55;
    C.2,*M*.8.16; 2,*M*.8.22; 3,*M*.8.24; 2,*M*.8.26; 3,*M*.6.5; 3,*P*.12.15; 3,*P*.12.40; 4,*M*.3.13;
    C.4,*P*.6.92; 4,*P*.6.172; 4,*M*.6.44; 5,*P*.4.80
hic. *Trin*.,*Prf*.10; *Trin*.4.61; *Quo*.39; *Fid*.251; *Eut*.,*Prf*.17; *Eut*.7.16; *C*.3,*M*.10.5; 4,*M*.1.19;
    C.4,*M*.1.26; 4,*P*.5.1; 4,*M*.5.17; 4,*P*.6.124; 4,*P*.6.131; 5,*P*.6.94
hiemem. Hiemem defluus inrigat imber. *C*.4,*M*.6.29
Hierosolyma. peruentumque est ad eam ciuitatem quae nunc Hierosolyma
    uocatur. *Fid*.177
hii. *uar.Eut*.5.84
hinc. Ac de proposita quaestione hinc sumamus initium. *Trin*.,*Prf*.34
    uiamque indaginis hinc arbitror esse sumendam, ...   *Pat*.3
    Hinc intueor aliud in eis esse *Quo*.98
    Hinc factum est ut. . . corruptio *Fid*.104
    Hinc uolens deus per iustum. . . hominem *Fid*.129

"Respice," inquit, "an hinc quoque idem firmius approbetur, ...   *C.3,P.*10.68
Hinc ortus, hic sistam gradum.'. *C.4,M.*1.26
alterutro calle procedam nunc hinc nunc inde proposita confirmans. . .   *C.4,P.*2.10
Hinc enim libido uersat auidis corda uenenis, ...   *C.4,M.*2.6
Hinc flagellat ira mentem fluctus turbida tollens *C.4,M.*2.7
"Hinc igitur aliis de causis ea radice nitentibus, ...   *C.4,P.*4.128
quaeso uti quae hinc decernas,. . . edisseras." *C.4,P.*6.3
quod hinc facile perpendas licebit. *C.5,P.*4.46
his. *Trin.*1.20; *C.4,P.*4.109
his. *Trin.*2.55
his. *C.3,P.*10.93; 4,*P.*4.32; 4,*P.*6.113; 5,*P.*4.60; 5,*P.*4.61
his. *Trin.*1.27; *Pat.*27; *Quo.*14; *Fid.*89; 122; *Eut.*8.2; 8.61; *C.1,P.*1.51; 2,*P.*1.7; 2,*P.*7.77;
    *C.3,P.*3.32; 4,*P.*4.132
his. *Trin.*2.51; *Eut.*3.2; 3.8; *C.2,P.*4.78; 3,*P.*9.88; *uar.*4,*M.*6.25
his. *Trin.*2.13; 2.32; *Pat.*44; *Quo.*81; 140; *Fid.*8; 52; 133; *Eut.*2.47; 6.47; 6.81; 7.19; 8.82;
    *C.1,P.*1.42; 2,*P.*3.1; 2,*P.*5.93; 3,*P.*2.30; 3,*P.*8.19; 3,*P.*9.69; 3,*P.*9.71; 4,*P.*2.68;
    *C.4,P.*4.41; 4,*P.*4.79; 4,*P.*7.33; 5,*P.*1.54; 5,*P.*5.44
hisceres. quid profecto contra hisceres non haberes, ...   *C.2,P.*3.2
historiae. aut allegoricus, ut non illic possit historiae ordo consistere, . . .   *Fid.*92
historialis. ut aut historialis modus sit,qui nihil aliud nisi res gestas enuntiet,   *Fid.*90
historiam. ex utrisque compositus, ut et secundum historiam et secundum
    allegoriam manere uideatur. *Fid.*93
histriones. quoniam personis inductis histriones indiuiduos homines. . .re-
    praesentabant, ...   *Eut.*3.17
hoc. *Trin.*2.33(*bis*); 2.34(*bis*); 2.38; 2.40; 2.48; 3.31; 3.41; 4.37; *Pat.*38; *Quo.*51; 78; 136;
    *Quo.*154; 164; *Fid.*253; *Eut.*1.43; 2.46; 3.75; 4.5; 6.15; 6.17; *C.1,P.*3.39; 1,*P.*4.81;
    *C.2,P.*4.3; 2,*P.*4.8; 2,*P.*5.64; 2,*P.*7.4; 3,*P.*3.29; 3,*P.*4.32; 3,*P.*4.39; 3,*P.*6.11; 3,*P.*9.21;
    *C.3,P.*10.8; 3,*P.*10.91; 3,*M.*10.6; 4,*P.*2.58; 4,*P.*3.11; 4,*P.*4.39; 4,*P.*6.4; 4,*P.*6.115;
    *C.4,P.*6.193; 4,*P.*7.37; 5,*P.*1.30; 5,*P.*1.42; 5,*P.*3.73; 5,*P.*4.62; 5,*P.*6.47; 5,*P.*6.92;
    *C.5,P.*6.127; 5,*P.*6.132
hoc. *Trin.*2.12; 4.33; 4.35; 4.76; 6.23; *Pat.*36; 41; *Quo.*43; 78; 81; *Fid.*39; 113; *Eut.,Prf.*46;
    *Eut.,Prf.*49; *Eut.*4.29; 4.36; 6.84; *C.1,P.*4.161; 1,*P.*6.33; 2,*P.*7.25; 2,*M.*7.25; 2,*P.*8.19;
    *C.2,P.*8.23; 3,*P.*3.30; 3,*M.*7.1; 3,*P.*8.29; 3,*P.*9.26; 3,*P.*9.32; 3,*P.*9.37; 3,*P.*9.45;
    *C.3,P.*9.87; 3,*P.*10.67; 3,*P.*10.99; 3,*P.*10.103; 3,*M.*10.13; 3,*P.*12.24; 4,*P.*2.56;
    *C.4,P.*2.76; 4,*P.*3.18; 4,*P.*6.199; 5,*P.*4.23; 5,*P.*4.77; 5,*P.*6.88; 5,*P.*6.97; 5,*P.*6.149;
    *C.5,P.*6.153
hoc. *Trin.*4.28; *Pat.*17; 19; *Eut.*1.41; 1.57; 2.12; 4.96; 5.49; 6.27; 7.46; 8.55; 8.72; *C.2,P.*5.23;
    *C.3,P.*3.49; 3,*P.*5.13; 3,*P.*9.53; 3,*P.*10.31; 4,*P.*2.99; 4,*P.*3.47; 5,*P.*3.22; 5,*P.*4.30;
    *C.5,P.*6.33
hoc. *Trin.*2.38(*bis*); 4.34; *Quo.*95; *Fid.*186; *Eut.*1.55; 4.11; *C.1,P.*3.38; 1,*P.*4.150; 2,*P.*7.20;
    *C.3,P.*9.74; 3,*P.*10.92; 3,*P.*11.6; 3,*P.*11.53; 3,*P.*11.106; 3,*P.*11.118; 3,*P.*12.14;
    *C.4,P.*2.23; 4,*P.*2.78; 4,*P.*4.17; 4,*P.*6.107; 4,*P.*6.127; 5,*P.*1.27; 5,*P.*3.35; 5,*P.*6.78
hoci. "Hocine interrogas an esse me sciam rationale animal atque mortale? .   *C.1,P.*6.35
hocine. "Hocine interrogas an esse me sciam rationale animal atque mortale?   *C.1,P.*6.35
hodierna. in hodierna quoque uita non amplius uiuitis quam in illo mobili
    transitorioque momento. *C.5,P.*6.16
Homerus. Puro clarum lumine Phoebum Melliflui canit oris Homerus; . .   *C.5,M.*2.3
homine. Nam ubi uel de homine uel de deo praedicari potest, de homine ut in
    foro, ...   *Trin.*4.46
    ut de homine heri uenit, de deo semper est. *Trin.*4.60
    dicimus enim "uestitus currit" de homine, ...   *Trin.*4.79
    Ab ipso itaque primo homine procedens humanum genus *Fid.*118
    effusa diluuii inundatione excepto Noe iusto homine *Fid.*132
    ut in quolibet homine, cuius cum propria persona subsistat, ...   *Eut.*4.76
    Quod si nulla ex homine atque deo una persona coniuncta est, . . .   *Eut.*4.93
    Si non confitetur ex ea traxisse, dicat quo homine indutus aduenerit, .   *Eut.*5.51
    Quod si non eo homine Christus indutus est qui pro peccati poena sus-
    tinuerat mortem, ...   *Eut.*5.71
    At si noua ueraque non ex homine sumpta caro formata est, ...   *Eut.*5.85
    Ego quippe ne in homine quidem non stulte fieri puto *Eut.*5.87
    ut crederet non fuisse corpus Christi uere ex homine sed extra *Eut.*5.99
    et qui deus, homo, quoniam uestitus homine sit. *Eut.*7.65
    Aiunt enim: si ex homine sumptum est corpus, ...   *Eut.*8.6
    Quid uero, si corpus spectes, inbecillius homine reperire queas . . .   *C.2,P.*6.19
hominem. ipsum hominem uel deum iustos esse proponimus; *Trin.*4.39
    formauit ex terra hominem atque spiritu uitae animauit, ...   *Fid.*72
    Sed ille auctor inuidiae non ferens hominem illuc ascendere *Fid.*80

Hinc uolens deus per iustum potius hominem reparare genus humanum
ut humana salus...per hominem deum rursus repararetur *Fid.*130
   *Fid.*197

quorum unus hominem solum, alter deum solum putauit asserere . . .   *Fid.*211
ut assumptum hominem, ... secum dei filius caelesti habitationi sustolleret. *Fid.*226
neque enim easdem in deum atque hominem differentias conuenire. . .   *Eut.*1.62
Cur enim omnino duos audeat Christos uocare, unum hominem alium
deum? *Eut.*4.47
esse adsumptum hominem, ut ea sit adunatio facta cum deo, ut natura
humana non manserit. *Eut.*5.6
quoniam post primum hominem caro omnis humana ex humana carne
deducitur. *Eut.*5.58
Sed si quem dixerit hominem a quo *Eut.*5.59
eundem Christum hominem esse perfectum, eundem deum *Eut.*7.49
Nam si hominem intellegas, idem ... quoniam homo ex natura, deus
adsumptione. *Eut.*7.68
sin uero talem hominem adsumpsit qualis Adam fuit ante peccatum, .   *Eut.*8.18
ut talem adsumpserit hominem qualis Adam fuit, ...   *Eut.*8.22
ea ualentia est, ut mouere quidem loco hominem possint, ...   *C.*1,*P.*6.31
Sed hoc quoque respondeas uelim, hominemne te esse meministi?'' . .   *C.*1,*P.*6.33
cum ipsum saepe hominem uelox hora dissoluat? *C.*2,*P.*3.47
Nam cum quidam adortus esset hominem contumeliis, ...   *C.*2,*P.*7.67
Nam uti cadauer hominem mortuum dixeris, ...   *C.*4,*P.*2.107
uti cadauer...simpliciter uero hominem appellare non possis, . .   *C.*4,*P.*2.108
ut quem transformatum uitiis uideas hominem aestimare non possis. .   *C.*4,*P.*3.56
uenena potentius Detrahunt hominem sibi Dira quae penitus meant . .   *C.*4,*M.*3.36
Ipsum quoque hominem aliter sensus, aliter imaginatio, aliter ratio, aliter
intellegentia contuetur.   *C.*5,*P.*4.82
cum pariter ambulare in terra hominem et oriri in caelo solem uidetis, .   *C.*5,*P.*6.86
homines. Nam tres homines neque genere neque specie sed suis accidentibus
distant; *Trin.*1.25
Duo rursus in rebus sunt ut homines uel lapides; *Trin.*3.16
dualitas nihil, sed tantum dualitas qua duo homines uel duo lapides fiunt.   *Trin.*3.17
nec magis inter se homines bouesque disiuncti *Eut.*4.104
Homines quippe ac boues una animalis communitate iunguntur; . . .   *Eut.*4.106
Operis tanti pars non uilis Homines quatimur fortunae salo. *C.*1,*M.*5.45
si,...toti moriuntur homines, nulla est omnino gloria, ...   *C.*2,*P.*7.81
Atqui haec sunt quae adipisci homines uolunt *C.*3,*P.*2.72
Bonum est igitur quod tam diuersis studiis homines petunt; *C.*3,*P.*2.77
Quod si, ut Aristoteles ait, Lynceis oculis homines uterentur, ...   *C.*3,*P.*8.23
Nam quoniam beatitudinis adeptione fiunt homines beati, ...   *C.*3,*P.*10.84
"Omnes igitur homines boni pariter ac mali ... ad bonum peruenire
nituntur?'' *C.*4,*P.*2.33
Num igitur ea mentis integritate homines degunt, ...   *C.*4,*P.*6.105
si uti homines incerta iudicat quorum est incertus euentus? *C.*5,*P.*3.77
qui solus modus est quo cum deo colloqui homines posse uideantur . .   *C.*5,*P.*3.105
cum ne homines quidem necessaria faciant esse quae uideant? . . .   *C.*5,*P.*6.74
homines. qua credimus...resurrecturos homines ad examen futuri iudicii,   *Fid.*268
quae in comoediis tragoediisque eos quorum interest homines repraesentabant. *Eut.*3.9
quoniam personis inductis histriones indiuiduos homines ... repraesentabant, ...   *Eut.*3.17
idcirco ceteros quoque homines,...nuncupauerunt. *Eut.*3.21
nefarios homines qui bonorum omnium totiusque senatus sanguinem
petunt, ...   *C.*1,*P.*4.107
hominesque tantum diuinae exortes curae esse deplorasti. *C.*1,*P.*6.13
nequam homines atque nefarios potentes felicesque arbitraris. . . .   *C.*1,*P.*6.45
gemmarum...quas quidem mirari homines uehementer admiror. . . .   *C.*2,*P.*5.24
an per ea quibus se homines adepturos beatitudinem putant *C.*3,*P.*3.7
Ille homines etiam terris dedit ut sidera caelo, ...   *C.*3,*M.*6.4
Considera uero quanta sceleratos homines habeat impotentia. *C.*4,*P.*2.80
"Est igitur,'' inquit, "aliquis qui omnia posse homines putet?'' . . .   *C.*4,*P.*2.125
sed fuisse homines adhuc ipsa humani corporis reliqua species ostentat.   *C.*4,*P.*3.49
Sed cum ultra homines quemque prouehere sola probitas possit, . .   *C.*4,*P.*3.52
Auferetur igitur unicum illud inter homines deumque commercium .   *C.*5,*P.*3.101
simplex una, ueluti quod necesse est omnes homines esse mortales, . .   *C.*5,*P.*6.104

homini. Deo uero atque homini quid non erit diuersa ratione disiunctum, . *Eut.*4.109
Neque enim fas est homini cunctas diuinae operae machinas ... comprehendere *C.*4,*P.*6.197
hominibus. quae ostenderet hominibus corpus, quod cum uerum non esset, . *Eut.*5.83
ceteris animantibus sese ignorare naturae est; hominibus uitio uenit. . . *C.*2,*P.*5.89
uix angustissima inhabitandi hominibus area relinquetur. *C.*2,*P.*7.20
Etenim plus hominibus reor aduersam quam prosperam prodesse
fortunam. *C.*2,*P.*8.7
quo fit ut indignemur eas saepe nequissimis hominibus contigisse, . . . *C.*3,*P.*4.6
"Ambulandi," inquit, "motum secundum naturam esse hominibus num
negabis?" *C.*4,*P.*2.54
uel si prodesse hominibus mallet, in accusationis habitum uerteretur. . *C.*4,*P.*4.140
hominibus. nam et homo de singulis hominibus et animal de singulis
animalibus...dicuntur. *Eut.*2.42
Nonne in sanctis hominibus ac pietate conspicuis apertus diuinitatis actus
agnoscitur? *Eut.*4.87
est aliquando cum de hominibus illa,...bene mereatur, ... *C.*2,*P.*8.2
hominis. optime dictum uidetur, eruditi est hominis unumquodque . . . *Trin.*2.3
quae per primi hominis inoboedientiam deperierat *Fid.*196
atque hominis factus est idemque dei filius, ... *Fid.*205
at hominis dicimus esse personam, dicimus dei, dicimus angeli. *Eut.*2.36
animalis enim uel generalis hominis nulla persona est, sed uel Ciceronis *Eut.*2.50
Est igitur et hominis quidem essentia, id est οὐσία, ... *Eut.*3.79
una persona duasque naturas...hominis scilicet atque dei *Eut.*4.18
Quae est igitur facta hominis deique coniunctio? *Eut.*4.23
Si enim dei atque hominis diuersa substantia est *Eut.*4.55
Sed fortasse Iesum, id est personam hominis, idcirco Christum uocet, . *Eut.*4.79
Nulla quippe in hoc adunata persona est ex dei atque hominis copulatione *Eut.*4.97
quandoquidem manifestum est aliam naturam esse hominis aliam dei, . *Eut.*5.21
ostendat ex cuius hominis sit carne deriuatus, ... *Eut.*5.57
illud eueniet ex nullius hominis semine talem potuisse nasci *Eut.*5.73
aut noua quaedam uera...ad tempus hominis natura formata est? . . *Eut.*5.81
Si uerum hominis corpus non fuit, aperte arguitur mentita diuinitas, . *Eut.*5.81
cum ex Maria corpus hominis minime sumeretur *Eut.*7.98
si tale corpus hominis adsumpsit quale Adae ante peccatum fuit, . . . *Eut.*8.28
Quod si talem statum suscepit hominis qualis Adae post peccatum fuit, *Eut.*8.33
Vllamne igitur eius hominis potentiam putas, ... *C.*2,*P.*6.38
An ubi Romani nominis transire fama nequit, Romani hominis gloria
progredietur? *C.*2,*P.*7.37
ad quas unius fama hominis nequeat peruenire, ... *C.*3,*P.*6.15
infra hominis meritum detrudat improbitas. *C.*4,*P.*3.54
hominum. qui talibus hominum monstris non agnoscenda haec potius quam
proculcanda *Trin.,Prf.*15
Nam una ita communis est, ut omnium sit hominum, ... *Quo.*20
subiit admirari, quaenam haec indoctorum hominum esset audacia . . *Eut.,Prf.*39
Non est igitur per generationem Christi hominum saluata natura,—quod
credi nefas est. *Eut.*4.124
Sed haec aut ita hominum uisa est oculis, ... *Eut.*5.76
Contra quos respondendum est tres intellegi hominum posse status: . . *Eut.*8.41
Mors hominum felix quae se nec dulcibus annis Inserit *C.*1,*M.*1.13
oculis...ultra communem hominum ualentiam perspicacibus *C.*1,*P.*1.5
Nam quidem ad communem sese hominum mensuram cohibebat, . . *C.*1,*P.*1.9
ipsum etiam caelum penetrabat respicientiumque hominum frustrabatur
intuitum. *C.*1,*P.*1.12
hominumque mentes assuefaciunt morbo, non liberant. *C.*1,*P.*1.33
Omnia certo fine gubernans Hominum solos respuis actus *C.*1,*M.*5.26
Nos ad constantiam...alienam inexpleta hominum cupiditas alligabit? *C.*2,*P.*2.28
Crede fortunis hominum caducis, Bonis crede fugacibus. *C.*2,*M.*3.15
demonstrationibus scio mentes hominum nullo modo esse mortales . . *C.*2,*P.*4.93
Sed si quid est in hoc splendore praecipui, gemmarum est lux illa non
hominum, ... *C.*2,*P.*5.24
non modo fama hominum singulorum sed ne urbium quidem peruenire
queat. *C.*2,*P.*7.29
O felix hominum genus, ... *C.*2,*M.*8.28
Est enim mentibus hominum ueri boni naturaliter inserta cupiditas, . *C.*3,*P.*2.14
Sed ad hominum studia reuertor, quorum animus etsi caligante memoria *C.*3,*P.*2.51
Largasque dapes dulci studio Ludens hominum cura ministret, ... *C.*3,*M.*2.21

humanas. Humanas uero animas liberiores quidem esse necesse est *C*.5,*P*.2.16
humani. cui etiam humani generis conditionem atque originem uoluit innotescere, ...   *Fid*.87
   beata uirgo Maria. . .quae humani generis genuit conditorem. *Fid*.185
   nam et manducauit et bibit et humani corporis officio functus est. . . .   *Eut*.8.78
   Haec enim omnia illa beatissima humani generis fideliter credentium
      inmutatio deprecatur. *Eut*.8.92
   uel ipse ingenii error humani uel fortunae condicio . . . incerta submit-
      teret? *C*.1,*P*.4.125
   Atqui uiget incolumis illud pretiosissimum generis humani decus
      Symmachus *C*.2,*P*.4.16
   sed fuisse homines adhuc ipsa humani corporis reliqua species ostentat.   *C*.4,*P*.3.49
   uitiosos, tametsi humani corporis speciem seruent, ...   *C*.4,*P*.4.2
   ratio uero humani tantum generis est sicut intellegentia sola diuini. . .   *C*.5,*P*.5.17
   "Atqui si est diuini humanique praesentis digna collatio, ...   *C*.5,*P*.6.77
humanis. esset haec secunda mulier quae uitae causam humanis uisceribus
      apportaret. *Fid*.200
   Vllamne humanis rebus inesse constantiam reris, ...   *C*.2,*P*.3.46
   Est igitur humanis actibus ipsum bonum ueluti praemium commune
      propositum. *C*.4,*P*.3.10
   Quare nulla est humanis consiliis actionibusque libertas *C*.5,*P*.3.81
   cum ex prouidentia. . .ordo ducatur nihilque consiliis liceat humanis, .   *C*.5,*P*.3.96
humanitas. Nam quod ceterae formae subiectae accidentibus sunt ut
      humanitas, ...   *Trin*.2.45
   ipsa hoc suscipere uidetur humanitas. *Trin*.2.48
   Quod si ultra se humanitas nequiuit ascendere, ...   *Trin*.6.34
   si ita humanitas diuinitati coniuncta est, nihil horum ex utrisque con-
      fectum est *Eut*.4.28
   "Seruant," inquit, "proprias humanitas diuinitasque personas." *Eut*.4.69
   sequitur, ut personis manentibus nullo modo a diuinitate humanitas
      credatur adsumpta. *Eut*.4.101
   nec magis. . .disiuncti quam diuinitas in Christo humanitasque discreta
      est, si mansere personae. *Eut*.4.105
   aut enim diuinitas in humanitatem translata est aut humanitas in
      diuinitatem *Eut*.6.6
   nullo modo fieri potuit, ut humanitas conuerteretur in deum. *Eut*.6.76
   aut humanitas in diuinitatem aut utraque permixta sint, ...   *Eut*.6.107
   ut cum humanitas passa sit, deus tamen passus esse dicatur, ...   *Eut*.7.54
   deus tamen passus esse dicatur, non quo ipsa deitas humanitas facta sit,   *Eut*.7.55
   Cumque. . .aliud sit diuinitas quae suscepit, aliud quam suscepit huma-
      nitas, ...   *Eut*.7.67
humanitate. ut humanitate inmutabili substantia permanente diuinitas
      uerteretur *Eut*.6.10
humanitatem. aut enim diuinitas in humanitatem translata est *Eut*.6.5
   Sed si diuinitas in humanitatem translata est, ...   *Eut*.6.9
   ut aut diuinitas in humanitatem translata sit *Eut*.6.106
humanitati. dum enim materia subiecta humanitati suscipit quodlibet
      accidens, ...   *Trin*.2.47
humanitatis. Quando enim non fuit diuinitatis propria humanitatisque
      persona? *Eut*.4.70
   si in adsumptione humanitatis non est una ex coniunctione persona. . .   *Eut*.4.90
   sed, antequam sumeret, diuersam deitatis humanitatisque fuisse naturam;   *Eut*.5.40
   dei filius appellatur non substantia diuinitatis sed humanitatis, ...   *Eut*.7.58
   ne nimium uelut ab humanitatis usu recessisse uideamur?" *C*.4,*P*.7.16
humaniter. humaniter atque ut ita dicam carnaliter sentientes aduersa locuti
      sunt, ...   *Fid*.31
humano. ne humano corpore polluta uideatur dei fuisse natura. *Fid*.51
   Impletus est ergo mundus humano genere *Fid*.127
   nobis filium proprium uestitum humano corpore. . .concederet. *Fid*.147
   quod mortale corpus adsumpsit ut mortem a genere humano fugaret, .   *Eut*.8.64
humanorum. In his igitur ceterisque talibus humanorum actuum uotorumque
      uersatur intentio, ...   *C*.3,*P*.2.30
   Duo sunt quibus omnis humanorum actuum constat effectus, ...   *C*.4,*P*.2.12
   an ipsos quoque humanorum motus animorum fatalis catena constringit?"   *C*.5,*P*.2.4
humanorum. Anxia enim res est humanorum condicio bonorum *C*.2,*P*.4.44
   Deum rerum omnium principem bonum esse communis humanorum
      conceptio *C*.3,*P*.10.24

humanum. Ab ipso itaque primo homine procedens humanum genus . . . *Fid.*118
   Reparatur itaque humanum genus atque propriae naturae uitium, . . . *Fid.*138
   Et quoniam humanum genus naturae merito,. . .fuerat uulneratum . *Fid.*233
   Non est igitur saluatum genus humanum, ... *Eut.*4.112
   Si. . .a Maria non est sumptum corpus humanum sed a quolibet alio, . *Eut.*5.68
   ut humanum putaretur corpus quod *Eut.*5.77
   reuera non esset humanum, ... *Eut.*5.78
   ut secundum Eutychen quoque non sit saluatum genus humanum, . . *Eut.*5.95
   post resurrectionem uero talis exstitit ut ita illud corpus inmutaretur
     humanum, ... *Eut.*8.87
   Humanum miseras haud ideo genus Cesset flere querellas. *C.*2,*M.*2.7
   Ille genus humanum terrenis omnibus praestare uoluit; *C.*2,*P.*5.79
   ut de eo diuinum iudicium pariter et humanum consentiat, ... *C.*4,*P.*6.135
humanum. iustum potius hominem reparare genus humanum *Fid.*130
   Maluitque deus non iam diluuio punire genus humanum, ... *Fid.*145
   alter deum solum putauit asserere nec humanum corpus quod Christus
     induerat *Fid.*212
   qui corpus humanum ex Maria sumptum esse non credunt, ... *Eut.*8.2
   Quare necesse erit humanum genus,. . .disiunctum suo fonte fatiscere. *C.*5,*P.*3.110
humanus. ne rursus in infinitum humanus animus diuinam progeniem
     cogitaret, ... *Fid.*18
   quemadmodum generationem filii . . . non potest humanus animus
     aestimare. *Fid.*28
   Quod enim simplex est indiuisumque natura, id error humanus separat *C.*3,*P.*9.11
humi. His ille chorus increpitus deiecit humi maestior uultum *C.*1,*P.*1.42
humile. Mors spernit altam gloriam, Inuoluit humile pariter et celsum caput *C.*2,*M.*7.13
humilem. Humilemque uicti subleuat fallax uultum *C.*2,*M.*1.4
humiles. humiles preces in excelsa porrigite. *C.*5,*P.*6.173
humili. Humili domum memento Certus figere saxo. *C.*2,*M.*4.15
humilitas. Ad quam uero utilitatem facta probabitur tanta humilitas
     diuinitatis, ... *Eut.*5.90
humilitate. Danti supplicabis et qui praeire ceteros honore cupis, poscendi
     humilitate uilesces. *C.*3,*P.*8.8
humilitatis. inferior substantia per humilitatis bonum ad superna conscen-
     deret. *Fid.*78
   Si quidem iustae humilitatis pretio inaestimabilem uicem. . .promeremur, *C.*5,*P.*3.103
humum. meumque intuens uultum luctu grauem atque in humum maerore
     deiectum *C.*1,*P.*1.50
   ueluti si uicibus sordidam humum caelumque respicias, ... *C.*4,*P.*4.106
   ut si quis colendi agri causa fodiens humum defossi auri pondus in-
     ueniat. *C.*5,*P.*1.41
   Nam nisi cultor agri humum foderet, ... *C.*5,*P.*1.46
hunc. *Eut.*3.94; 4.95; 4.126; 7.10; 7.96; *C.*1,*P.*1.29; 1,*P.*1.38; 2,*P.*2.29; 2,*P.*4.47; 3,*P.*2.12;
   *C.*3,*P.*9.59; 3,*P.*10.43; 3,*P.*10.49; 3,*P.*12.11; 4,*M.*3.10; 4,*P.*6.94; 4,*P.*6.141; 5,*P.*1.52;
   5,*P.*3.17; 5,*P.*4.49; 5,*P.*6.32; 5,*P.*6.40
hunci. "Huncine," inquit, "mundum temerariis agi. . .casibus putas, . . . *C.*1,*P.*6.5
huncine. Tum illa: "Huncine," inquit, "mundum temerariis agi . . . casibus
     putas, ... *C.*1,*P.*6.5
Hydra. Hydra combusto periit ueneno, ... *C.*4,*M.*7.22
Hydrae. una dubitatione succisa innumerabiles aliae uelut Hydrae capita
     succrescant, ... *C.*4,*P.*6.9

I (*uocal.*)

ibi. ad montem qui uocatur Sinai, ibique uniuersorum conditor deus *Fid.*167
   Atque dum ibi dei populus moraretur, ... *Fid.*177
   ibique missi prophetae sunt et alii sancti uiri *Fid.*188
   ibi enim ueram quam promisimus statim uidebis." *C.*3,*P.*9.76
icta. Fugit et nimis tenaci Ferit icta corda morsu. *C.*3,*M.*7.6
ictibus. Adeo ut iam me post haec inparem fortunae ictibus esse non arbitrer. *C.*3,*P.*1.7
ictu. nisi indiscreto ictu fortunam felicia regna uertentem? *C.*2,*P.*2.39
   Quae sint, quae fuerint ueniantque Vno mentis cernit in ictu; . . . *C.*5,*M.*2.12
   sed illo uno ictu mentis formaliter, ut ita dicam, cuncta prospiciens. *C.*5,*P.*4.103
   sed uno ictu mutationes tuas manens praeuenit atque complectitur. . . *C.*5,*P.*6.154

id. *Trin.,Prf.*7; *Trin.*2.31(*bis*); 2.33(*bis*); 2.37; 2.39; 4.2; 4.37; 4.48; 4.85; 4.87; 4.88; 5.28;
*Trin.*5.38; 6.22; *Pat.*4; 16; *Quo.*28; 35; 43; 45; 69; 70; 93; 118; 133; 146; *Fid.*9; 70;
*Eut.*1.2; 1.51; 2.7; 3.19; 3.33; 3.47; 3.75; 3.77; 3.79; 3.80(*bis*); 3.81; 3.85; 3.89;
*Eut.*3.92; 3.93; 4.2; 4.78; 6.12; 6.14; 6.27; 6.102; 7.6; 7.47; 8.46; 8.70; *C.*1,*P.*4.63;
*C.*1,*P.*4.84; 1,*P.*5.4; 1,*P.*5.8; 2,*P.*4.12; 2,*P.*4.82; 2,*P.*5.58; 2,*P.*5.91; 2,*P.*7.12;
*C.*2,*P.*7.33; 3,*P.*2.5; 3,*P.*2.67; 3,*P.*9.7; 3,*P.*2.71; 3,*P.*9.90; 3,*P.*9.97; 3,*P.*10.10;
*C.*3,*P.*10.54; 3,*P.*10.56; 3,*P.*10.117; 3,*P.*10.121; 3,*P.*10.126; 3,*P.*10.131; 3,*P.*11.32;
*C.*3,*P.*11.105; 3,*P.*11.116; *coni.*3,*P.*11.121; 3,*P.*12.35; 4,*P.*2.71; 4,*P.*3.46; 4,*P.*4.7;
*C.*4,*P.*6.79; 4,*P.*7.3; 5,*P.*1.30; 5,*P.*2.7; 5,*P.*3.56; 5,*P.*3.62; 5,*P.*3.88; 5,*P.*4.117;
*C.*5,*P.*5.53; 5,*P.*5.55; 5,*P.*6.12; 5,*P.*6.28(*bis*); 5,*P.*6.53; 5,*P.*6.107
id. *Trin.*2.41; 5.36; 6.21; *Pat.*60; *Quo.*4; 13; 23; *Eut.,Prf.*42; 43; 51; *Eut.*3.42; 3.44; 5.43;
*Eut.*6.4; *C.*1,*P.*5.23; 1,*P.*6.12; 1,*P.*6.37; 2,*P.*4.7; 2,*P.*4.26; 2,*P.*5.96; 2,*P.*6.39;
*C.*3,*P.*2.42; 3,*P.*2.59; 3,*P.*3.12; 3,*P.*3.39; 3,*P.*4.35; 3,*P.*6.28; 3,*P.*9.11; 3,*P.*9.31;
*C.*3,*P.*9.62; 3,*P.*9.70; 3,*P.*10.26; 3,*P.*10.40; 3,*P.*10.48; 3,*P.*10.60; 3,*P.*10.73;
*C.*3,*P.*10.100; 3,*P.*10.118; 3,*P.*11.79; 3,*P.*11.109; 3,*P.*12.43; 3,*P.*12.81; 3,*P.*12.93;
*C.*4,*P.*1.30; *coni.*4,*P.*2.28; 4,*P.*2.32; 4,*P.*2.47; 4,*P.*2.144; 4,*P.*3.19; 4,*P.*4.5;
*C.*4,*P.*4.44; 4,*P.*4.63; 4,*P.*4.80; 4,*P.*6.79; 4,*P.*7.13; 5,*P.*1.13; 5,*P.*1.26; 5,*P.*1.36;
*C.*5,*P.*2.1; 5,*P.*3.19; 5,*P.*3.21; 5,*P.*3.52; 5,*P.*3.53; 5,*P.*3.60; 5,*P.*4.69; 5,*P.*5.24;
*C.*5,*P.*6.95; 5,*P.*6.96; 5,*P.*6.114; 5,*P.*6.143
idcirco. Idcirco stilum breuitate contraho *Trin.,Prf.*16
 nulla ex accidentibus multitudo atque idcirco nec numerus. *Trin.*2.58
 Non igitur si . . . tertio praedicatur deus, idcirco trina praedicatio
  numerum facit. *Trin.*3.30
 idcirco quod ea secundum se ipsum est praedicatio *Trin.*6.2
 Idcirco quoniam esse eorum a boni uoluntate defluxit, ... *Quo.*119
 Idcirco enim licet in eo quod sint bona sint, ... *Quo.*128
 idcirco ipsum esse bonum est nec est simile ei a quo est. *Quo.*133
 nisi illud ea quod uere bonum est produxisset, idcirco et esse eorum
  bonum est *Quo.*144
 Idcirco alia quidem iusta alia aliud omnia bona. *Quo.*173
 Idcirco uero adiunximus "quae cum sint," *Eut.*1.15
 Idcirco enim quia lignum est, . . . pondere et grauitate deducitur. . . *Eut.*1.48
 idcirco autem a sono, . . . necesse est uoluatur sonus. *Eut.*3.12
 idcirco ceteros quoque homines, . . . nuncupauerunt. *Eut.*3.20
 atque idcirco nos quoque eas substantias nuncupamus *Eut.*3.65
 uideretur idcirco de deo dici substantia, ... *Eut.*3.97
 Sed haec omnia idcirco sint dicta, ut differentiam *Eut.*4.1
 fortasse Iesum, . . . idcirco Christum uocet, quoniam *Eut.*4.79
 Atque idcirco si multum quidem fuerit aquae, ... *Eut.*6.36
 idcirco quoniam qualitas aquae multitudine sui corporis *Eut.*6.40
 idcirco paradisi fructibus indigentiam explebat. *Eut.*8.83
 Quod si idcirco te fortunatum esse non aestimas, ... *C.*2,*P.*3.41
 Idcirco nemo facile cum fortunae suae condicione concordat; *C.*2,*P.*4.52
 Neque enim idcirco sunt pretiosa quod in tuas uenere diuitias, . . . *C.*2,*P.*5.60
 Idcirco enim sufficientia petitur quoniam bonum esse iudicatur, . . . *C.*3,*P.*10.120
 idcirco potentia quoniam id quoque esse creditur bonum; *C.*3,*P.*10.121
 ea quae appetuntur pluribus idcirco uera perfectaque bona non esse . *C.*3,*P.*11.9
 cum omne praemium idcirco appetatur quoniam bonum esse creditur, . *C.*4,*P.*3.22
 Sed non idcirco quisque sedet quoniam uera est opinio, ... *C.*5,*P.*3.36
 Nam etiam si idcirco quoniam futura sunt, prouidentur, ... *C.*5,*P.*3.42
idem. nam mucro et ensis et ipse est et idem, ... *Trin.*3.46
 pater uero ac filius et spiritus sanctus idem equidem est, non uero ipse. *Trin.*3.47
 Rursus: "Idem alter qui alter?" Negatur. *Trin.*3.50
 Nam idem pater qui filius non est *Trin.*6.10
 nec idem uterque qui spiritus sanctus. *Trin.*6.11
 Idem tamen deus est pater et filius et spiritus sanctus, ... *Trin.*6.12
 idem iustus idem bonus idem magnus idem omnia quae secundum se
  poterunt praedicari. *Trin.*6.13
 Spiritus quoque non est idem qui pater ac filius. *Pat.*44
 quem filium eatenus confitetur, ut non sit idem qui pater est: *Fid.*17
 Idem duodecim patriarchas non reputante . . . produxerat. . . . *Fid.*152
 atque hominis factus est idemque dei filius, ... *Fid.*205
 sed quod idem omnibus uti praeesset ita etiam quasi *Eut.*3.99
 tamen unus idemque et homo sit perfectus et deus: *Eut.*7.61
 aliud quam suscepit humanitas, idem tamen deus atque homo est. . . *Eut.*7.67
 idem homo est atque deus, quoniam homo ex natura, deus adsumptione. *Eut.*7.69
 idem deus est atque homo, quoniam natura deus est, homo adsumptione. *Eut.*7.71

quoniam homo-deus unaque persona, quoniam idem homo atque deus. .   *Eut*.7.74
Et quoniam tu idem es cui persuasum atque insitum *C*.2,*P*.4.92
Principium, uector, dux, semita, terminus idem. *C*.3,*M*.9.28
"Sed idem," inquit, "facere malum nequit." *C*.4,*P*.2.123
naturarum omnium proditor deus idem ad bonum dirigens cuncta
    disponat,   *C*.4,*P*.6.200
idem. Nam ceteris quoque artibus idem quasi quidam finis est constitutus, . *Trin*.,*Prf*.25
Idemque in ceteris. At quantum haec difficilior *Trin*.,*Prf*.29
quotiens enim idem dicitur, totiens diuersum etiam praedicatur. . . *Trin*.1.17
Idem uero dicitur tribus modis: *Trin*.1.18
dicitur tribus modis: aut genere ut idem homo *Trin*.1.19
quod equus, quia his idem genus ut animal; *Trin*.1.20
uel specie ut idem Cato quod Cicero, quia eadem species ut homo; . . *Trin*.1.21
aliud est quod iustus est, sed idem est esse deo quod iusto. *Trin*.4.19
idem est enim esse deo quod magno. *Trin*.4.23
deus uero idem ipsum est quod est iustum. *Trin*.4.40
et idem ei quod est idem idem est; *Trin*.6.19
similis est relatio . . . ad spiritum sanctum ut eius quod est idem ad id quod
    est idem.   *Trin*.6.21
ad id quod est idem. *Trin*.6.22
Quod si quaeram, an filius substantia sit, idem dicitur. Spiritum quoque
    sanctum   *Pat*.8
idemque illis est esse quod boni esse; *Quo*.73
nam si haec singula idem essent quod ipsa substantia, ... *Quo*.103
idem esset grauitas quod color, ... *Quo*.104
non a bono ac bona essent ac non idem essent quod bona, ... *Quo*.109
Idem autem est in eo esse quod agere; *Quo*.166
idem igitur bonum esse quod iustum. *Quo*.167
Nobis uero non est idem esse quod agere; *Quo*.168
Non est igitur nobis idem bonis esse quod iustis, ... *Quo*.169
sed idem nobis est esse omnibus in eo quod sumus. *Quo*.170
Neque enim pensius subtiliusque intuenti idem uidebitur esse subsistentia
    quod substantia.   *Eut*.3.40
Idem est igitur οὐσίαν esse quod essentiam, idem οὐσίωσιν quod sub-
    sistentiam,   *Eut*.3.69
idem ὑπόστασιν quod substantiam, ... *Eut*.3.70
idem πρόσωπον quod personam. *Eut*.3.71
nec uero idem aes in herbam *Eut*.6.28
Nam cum unumquodque horum idem quod cetera sit, ... *C*.3,*P*.9.65
quae unum horum, quoniam idem cuncta sunt, ueraciter praestare potest *C*.3,*P*.9.84
"Respice," inquit, "an hinc quoque idem firmius approbetur, ... *C*.3,*P*.10.68
Atqui haec omnia idem esse monstrata sunt; minime igitur membra sunt. *C*.3,*P*.10.115
nisi uero unum atque idem omnia sint, ... *C*.3,*P*.11.15
"si duo sint quibus idem secundum naturam propositum sit *C*.4,*P*.2.45
idem. nec semper ad aliud sed aliquotiens ad idem. *Trin*.5.22
Sed num idem de patribus quoque merebamur? *C*.1,*P*.4.110
Postremo idem de tota concludere fortuna licet in qua *C*.2,*P*.6.67
idem de reuerentia, claritudine, iucunditate coniectare licet. *C*.3,*P*.10.122
"Sed deum ueramque beatitudinem unum atque idem esse monstra-
    uimus."   *C*.3,*P*.10.141
"Oportet igitur idem esse unum atque bonum simili ratione concedas; . *C*.3,*P*.11.24
naturalis officii potens eo qui idem nequeat ualentior *C*.4,*P*.2.61
per cupiditatem, . . . idem ipsum conantur adipisci. *C*.4,*P*.2.66
Sed beatitudinem esse idem ipsum bonum propter quod omnia geruntur *C*.4,*P*.3.8
quod idem exsistendi necessitate carere non nesciat. *C*.5,*P*.6.94
Respondebo namque idem futurum, cum ad diuinam notionem refertur,
    necessarium,   *C*.5,*P*.6.100
idem. ut idem scelesti, idem uiribus omnibus uideantur esse deserti. *C*.4,*P*.2.92
"Atqui idem possunt mala." "Vtinam quidem," inquam, "non possent." *C*.4,*P*.2.126
idemque cum supplicio carent, inest eis aliquid ulterius mali *C*.4,*P*.4.68
Quos serpens leo . . . Dente petunt, idem se tamen ense petunt. *C*.4,*M*.4.6
ideo. Atque ideo sunt numero plures, ... *Trin*.1.30
substantia sine materia forma est atque ideo unum *Trin*.2.30
atque ideo nusquam in loco esse dicitur, quoniam *Trin*.4.58
atque ideo sola singillatim proferuntur *Trin*.6.9
hoc ideo, quoniam qui ea ut essent effecit *Quo*.154
atque ideo in illa natura nec genitum *Fid*.23

sed ideo expertus in altero est, ...   *Fid.*110
Hoc autem ideo. . .electa est una gens *Fid.*186
Ideo autem ὑποστάσεις Graeci indiuiduas substantias uocauerunt, . . .   *Eut.*3.62
atque ideo,. . .duplicem credidit esse personam, ...   *Eut.*5.10
Humanum miseras haud ideo genus Cesset flere querellas.   *C.*2,*M.*2.7
Aiunt enim non ideo quid esse euenturum, quoniam id prouidentia. . .
    prospexerit, ...   *C.*5,*P.*3.18
non uero ideo quoniam prouidentur eueniunt, ...   *C.*5,*P.*3.43
arbitrari ideo deum futura quoniam sunt euentura prouidere, . . .   *C.*5,*P.*3.49
idonea. Quod si. . .opitulante gratia diuina idonea argumentorum adiumenta
    praestitimus, ...   *Trin.*6.32
idonee. Trium igitur idonee constituta est unitas. *Trin.*5.56
de utrisque quidem partibus idonee ut arbitror disputatum est. . . .   *Eut.*7.100
idoneum. quoniam humanum genus. . .fuerat uulneratum nec salutis suae erat
    idoneum, ...   *Fid.*236
ἱεροῦ. ᾽Ανδρὸς δὴ ἱεροῦ δέμας αἰθέρες ᾠκοδόμησαν. *C.*4,*P.*6.145
igitur. *Trin.,Prf.*12; *Trin.*1.9; 2.1; 2.16; 2.28; 2.37; 2.56; 3.4; 3.29; 3.51; 4.4; 4.104; 5.17;
    *Trin.*5.23; 5.56; 6.7; *Pat.*5; 11; 14; 21; 26; 44; 61; *Quo.*14; 53; 59; 65; 66; 67; 71(*bis*);
    *Quo.*74; 81; 82; 84; 92; 95; 106; 108; 127; 140; 156; 163; 167; 169; 171; *Fid.*163;
    *Eut.,Prf.*34; 36; *Eut.*1.1; 1.4; 1.10; 1.29; 1.58; 2.12; 3.69; 3.79; 4.23; 4.35; 4.42;
    *Eut.*4.112; 4.121; 4.124; 5.67; 5.75; 5.92; 6.15; 6.66; 6.71; 6.73; 7.25; 7.40; 7.46; 7.79;
    *Eut.*8.31; 8.61; 8.69; 8.72; *C.*1,*P.*4.26; 1,*P.*4.68; 1,*P.*4.76; 1,*P.*6.1; 1,*P.*6.35; 1,*P.*6.54;
    *C.*2,*P.*1.21; 2,*P.*1.26; 2,*P.*2.2; 2,*P.*2.16; 2,*P.*3.1; 2,*P.*3.37; 2,*P.*4.10;
    *C.*2,*P.*4.27; 2,*P.*4.69; 2,*P.*4.72; 2,*P.*4.76; 2,*P.*5.19; 2,*P.*5.100; 2,*P.*6.38; 2,*P.*7.14;
    *C.*2,*P.*7.20; 2,*P.*7.34; 2,*P.*7.42; 3,*P.*2.10; 3,*P.*2.30; 3,*P.*2.46; 3,*P.*2.63; 3,*P.*2.76;
    *C.*3,*P.*3.14; 3,*P.*3.22; 3,*P.*3.28; 3,*P.*3.37; 3,*P.*3.42; 3,*P.*4.47; 3,*M.*4.7; 3,*P.*5.13;
    *C.*3,*P.*5.17; 3,*P.*5.36; 3,*M.*6.6; 3,*P.*8.1; 3,*P.*8.26; 3,*P.*9.17; 3,*P.*9.22; 3,*P.*9.33;
    *C.*3,*P.*9.35; 3,*P.*9.45; 3,*P.*9.67; 3,*P.*9.71; 3,*P.*9.75; 3,*P.*9.91; 3,*P.*9.95; 3,*P.*10.1;
    *C.*3,*P.*10.37; 3,*P.*10.64; 3,*P.*10.74; 3,*P.*10.81; 3,*P.*10.89; 3,*P.*10.106; 3,*P.*10.115;
    *C.*3,*P.*10.124; 3,*P.*10.134; 3,*P.*10.142; 3,*P.*11.18; 3,*P.*11.24; 3,*P.*11.27; 3,*P.*11.42;
    *C.*3,*P.*11.108; 3,*P.*11.110; 3,*P.*12.32; 3,*P.*12.36; 3,*P.*12.39; 3,*P.*12.56; 3,*P.*12.61;
    ٭*C.*3,*P.*12.63; 3,*P.*12.79; 3,*P.*12.80; 4,*P.*2.3; 4,*P.*2.25; 4,*P.*2.33; 4,*P.*2.37; 4,*P.*2.39;
    *C.*4,*P.*2.57; 4,*P.*2.125; 4,*P.*2.128; 4,*P.*2.136; 4,*P.*2.137; 4,*P.*3.1; 4,*P.*3.9; 4,*P.*3.14;
    *C.*4,*P.*3.29; 4,*P.*3.36; 4,*P.*3.39; 4,*P.*3.47; 4,*P.*3.55; 4,*P.*4.53; 4,*P.*4.66; 4,*P.*4.71;
    *C.*4,*P.*4.109; 4,*P.*4.120; 4,*P.*4.122; 4,*P.*4.126; 4,*P.*4.128; 4,*P.*5.13; 4,*P.*6.51; 4,*P.*6.78;
    *C.*4,*P.*6.105; 4,*P.*6.110; 4,*P.*6.131; 4,*P.*6.175; 4,*P.*6.209; 4,*P.*7.1; 4,*P.*7.15; 4,*P.*7.17;
    *C.*4,*P.*7.20; 4,*P.*7.31; 5,*P.*1.32; 5,*P.*1.42; 5,*P.*1.48; 5,*P.*1.53; 5,*P.*2.8; 5,*P.*3.35;
    *C.*5,*P.*3.54; 5,*P.*3.66; 5,*P.*3.92; 5,*P.*3.97; 5,*P.*3.101; 5,*M.*3.25; 5,*P.*4.18; 5,*P.*4.23;
    *C.*5,*P.*4.30; 5,*P.*4.50; 5,*P.*4.53; 5,*P.*4.59; 5,*P.*4.116; 5,*P.*5.21; 5,*P.*5.25; 5,*P.*5.36;
    *C.*5,*P.*5.43; 5,*P.*5.46; 5,*P.*6.1; 5,*P.*6.6; 5,*P.*6.7; 5,*P.*6.9; 5,*P.*6.18; 5,*P.*6.25; 5,*P.*6.59;
    *C.*5,*P.*6.72; 5,*P.*6.89; 5,*P.*6.113; 5,*P.*6.117; 5,*P.*6.120; 5,*P.*6.125; 5,*P.*6.134; 5,*P.*6.147;
    *C.*5,*P.*6.172
ignaram. Itaque illam uideas uentosam, fluentem suique semper ignaram, . *C.*2,*P.*8.15
ignarus. quisque repertam Queat ignarus noscere formam? *C.*5,*M.*3.19
ignaua. Quocumque igitur a uobis deieci oculos, partim ignaua segnities . *Trin.,Prf.*12
ignaui. Vertere praui [ignaui] rabiem Neronis? coni.*C.*2,*M.*6.15
igne. quas lege benigna Ad te conuersas reduci facis igne reuerti. *C.*3,*M.*9.21
nec ullus fuerit modus, nisi quis eas uiuacissimo mentis igne coerceat. . *C.*4,*P.*6.10
Non sol rutilo concitus igne Gelidum Phoebes impedit axem *C.*4,*M.*6.6
Nequit oppressi luminis igne Rerum tenues noscere nexus. *C.*5,*M.*3.9
ignes. Nec ruptis quotiens uagus caminis Torquet fumificos Vesaeuus ignes *C.*1,*M.*4.8
ignibus. Sed saeuior ignibus Aetnae Feruens amor ardet habendi. *C.*2,*M.*5.25
igniculo. hoc quodcumque miramini triduanae febris igniculo posse dissolui! *C.*3,*P.*8.30
igniculum. quantum nostrae mentis igniculum lux diuina dignata est, . . .   *Trin.,Prf.*2
ignis. ut cum terra deorsum ignis sursum fertur, ...   *Trin.*2.9
quoniam corpus omne habet proprium motum, ut ignis sursum, terra
    deorsum. *Eut.*1.44
sicut ignis ubique terrarum numquam tamen calere desistit, ...   *C.*3,*P.*4.34
Arida conueniant liquidis, ne purior ignis Euolet *C.*3,*M.*9.11
ignis uero omnem refugit sectionem. *C.*3,*P.*11.85
Pendulus ignis surgat in altum *C.*4,*M.*6.23
ignis. Quique agili motu calet aetheris, Transcendit ignis uerticem, ... *C.*4,*M.*1.8
ignobile. ignobile censes esse an omni celebritate clarissimum? *C.*3,*P.*9.27
ignominiosus. Neque enim sapientum quisquam exul inops ignominiosusque
    esse malit, ...   *C.*4,*P.*5.5
ignorabas. An tu mores ignorabas meos? *C.*2,*P.*2.33

ignorabiles. Iacetis ergo prorsus ignorabiles Nec fama notos efficit. *C.2,M.7.21*
ignorantes. cum ab sciente geritur quod stupeant ignorantes. *C.4,P.6.125*
ignorantia. Eheu quae miseros tramite deuios Abducit ignorantia! *C.3,M.8.2*
ignorantiae. Si nescit, quaenam beata sors esse potest ignorantiae caecitate? *C.2,P.4.86*
    Sed quid eneruatius ignorantiae caecitate? *C.4,P.2.94*
ignorare. ceteris animantibus sese ignorare naturae est; hominibus uitio
    uenit.   *C.2,P.5.88*
    Sed in hoc patuit tibi quod ignorare te paulo ante dicebas." *C.3,P.11.119*
ignoras. An ignoras illam tuae ciuitatis antiquissimam legem, ... *C.1,P.5.15*
    Quoniam uero quis sit rerum finis ignoras, ... *C.1,P.6.45*
ignorat. Quam indigentiam fuisse in Christo nullus ignorat, ... *Eut.8.84*
    sed uelut ebrius domum quo tramite reuertatur ignorat. *C.3,P.2.54*
    tum imaginabilem sensibilemque esse rem nullus ignorat, ... *C.5,P.4.110*
ignorata. "si quid ordinis ignorata ratione temerarium confusumque creda-
    tur.   *C.4,P.5.23*
ignorata. non tamen antehac prorsus ignorata dixisti. *C.4,P.1.9*
ignorent. cum non modo saepe id quod proponatur ignorent, ... *Eut.,Prf.42*
ignores. "Et qui fieri potest, ut principio cognito quis sit rerum finis ignores? *C.1,P.6.30*
    Sed tu quamuis causam tantae dispositionis ignores, ... *C.4,P.5.25*
ignoret. inest enim singulis quod inexpertus ignoret, expertus exhorreat. . . *C.2,P.4.54*
ignoro. Quarum motus quid habeat iucunditatis, ignoro. *C.3,P.7.6*
ignotis. in ignotis partibus sui generis posteritatem transposuit *Fid.101*
ignotus. angustia rei familiaris inclusus esse mallet ignotus. *C.2,P.4.48*
ii. *coni.Eut.5.84*
ilico. ilico miserum exsulemque cognoui. *C.1,P.5.3*
    uanescunt ilico, cum ad eos uenerint qui dignitates eas esse non aesti-
    mant.   *C.3,P.4.37*
illa. *Quo.*101; *Fid.*243; 274; *Eut.*5.36; 5.56; 8.101; *C.1,P.1.*48; 1,*P.*3.10; 1,*P.*5.1; 1,*P.*6.5;
    *C.1,P.6.*37; 2,*M.1.*5; 2,*M.1.*7; 2,*P.*3.9; 2,*P.*3.35; 2,*P.*3.51; 2,*P.*4.38; 2,*P.*5.23;
    *C.2,P.6.*65; 2,*P.*7.4; 2,*P.*7.44; 2,*P.*8.2; 2,*P.*8.3; 2,*P.*8.8; 2,*P.*8.11(*bis*); 3,*P.*1.1;
    *C.3,P.1.*10; 3,*P.*1.21; 3,*P.*1.22; 3,*P.*9.95; 3,*P.*11.2; 3,*P.*11.116; 3,*P.*12.4; 3,*P.*12.8;
    *C.3,P.*12.27; 3,*P.*12.100; 4,*P.*1.20; 4,*P.*4.51; 4,*P.*4.95; 4,*P.*6.5; 4,*P.*6.32; 4,*P.*6.184;
    *C.5,P.*1.7; 5,*P.*1.17; 5,*P.*4.1; 5,*P.*4.37; 5,*P.*4.110; 5,*P.*6.141; 5,*P.*6.149
illa. *Fid.*23; 252
illa. *Trin.*4.101; 4.102; 4.104; *Eut.*6.86; 7.13; *C.3,P.*10.134
illa. *Eut.*8.92; *C.5,P.*5.32
illae. *Eut.*6.45; *C.2,P.6.*65; 3,*P.*7.3
illam. *Eut.*5.32; *C.1,P.*5.15; 2,*P.*3.50; 2,*P.*8.14; 3,*P.*1.19; 3,*P.*4.28; 4,*P.*2.140; 4,*P.*6.110;
    *C.5,P.*3.16; 5,*P.*4.12; 5,*P.*4.90; 5,*P.*6.108
illas. *C.3,P.*3.16
illatas, *u.* inlatas.
ille. *Trin.*5.23; 5.24; 5.26; *Fid.*79; *Eut.*7.34; 8.58; 8.70; *C.1,M.*1.22; 1,*P.*1.42; 1.*P.*2.3;
    *C.1,P.*4.80; 2,*P.*4.49(*bis*); 2,*P.*4.64; 2,*P.*5.78; 2,*M.*5.27; 2.*P.*6.29; 2,*P.*7.70; 2,*P.*7.72;
    *C.2,P.*7.75; 3,*M.*5.2; 3,*M.*6.3; 3,*M.*6.4; 3,*P.*9.68; 3,*M.*11.2; 3,*P.*12.78; 3,*P.*12.81;
    *C.4,M.*3.11; 4,*M.*3.15; 4,*P.*4.93; 4,*M.*7.4; 4,*M.*7.14; 5,*P.*1.52; 5,*P.*1.56; 5,*P.*2.27;
    *C.5,P.*3.80; 5.*P.*4.79; 5,*P.*6.42; 5,*P.*6.79
illi. *Eut.*8.9; *C.4,P.6.*71; 4,*P.*7.43; 5.*P.*3.109
illi. *Eut.*7.38; *C.5,P.*3.106
illi. *Quo.*78
illi. *Fid.*191; *Eut.*3.23; 3.27; 3.44; ?*coni.Eut.*3.66; *C.1,P.*3.45; 1,*P.*4.62; 1,*P.*4.149; 3,*P.*6.25;
    *C.4,P.*2.41; 4,*P.*4.20; 5,*P.*1.26
illic. Illic enim unitatum repetitio numerum facit. *Trin.*3.9
    illic enim accidens hic substantia significatur. *Quo.*39
    illic quoque indignum esse intellectum huiusmodi applicare; *Fid.*46
    quamuis illic distinctis ordinibus pulchra sint omnia, ... *Fid.*66
    ut non illic possit historiae ordo consistere, ... *Fid.*92
    Aegyptum uoluit habitare atque illic per annorum seriem *Fid.*156
    illic nulla naturarum potuit esse coniunctio, ... *Eut.*4.75
    Illic blanda sonantibus Chordis carmina temperans *C.3,M.*12.20
    Illic latentes pectora turbant. *C.4,M.*5.18
    Illic iusto foedere rerum Veterem seruant sidera pacem. *C.4,M.*6.4
    illic enim ratio uidebit quod in se non potest intueri, ... *C.5,P.*5.52
illis. *Trin.*3.31; *Eut.*4.107; *C.4,P.*4.25
illis. *Quo.*73; *Eut.*6.60; *C.4,P.6.*113
illis. *Eut.,Prf.*46
illis. *C.2,P.*4.35
illis. *Eut.*3.48; *C.3,P.*10.67

illius. *C.1,P.4.79*
illius. *Fid.*70; *C.2,P.3.27*; 5,*P.3.51*; 5,*P.5.51*; 5,*P.6.51*
illius. *C.2,P.1.6*; 3,*P.3.21*; 3,*P.9.102*; 4,*P.3.25*
illo. *Trin.*4.10; *Eut.*8.54; 8.99; *C.5,P.4.103*
illo. *Quo.*136; *C.5,P.3.73*; 5,*P.6.17*
illorum. *C.5,P.4.50*
illos. *Eut.*4.91; *C.1,P.4.69*; 3,*M.4.7*; 3,*P.12.70*
illuc. illuc perfecti operis laetitia remeabit unde uenit effectus. *Trin.*6.33
    Sed ille auctor inuidiae non ferens hominem illuc ascendere *Fid.*80
illud. *Trin.,Prf.*31; *Trin.*2.38; 4.30; 4.52; 4.62; 4.95; *Quo.*51; 134; 143; 149; *Eut.*2.9; 5.48;
    *Eut.*5.73; 6.89; 6.103; 7.24; 7.43; 8.87; 8.100; *C.*2,*P.4.15*; 2,*P.5.66*; 2,*P.5.93*; 2,*P.6.45*;
    C.3,P.4.22; 3,*P.8.25*; 3,*P.9.41*; 3,*P.10.14*; 3,*P.10.55*; 3,*P.12.5*; 4,*P.3.4*; 4,*P.6.56*;
    C.4,P.6.124; 4,*P.6.159*; 5,*P.3.101*; 5,*P.4.92*; 5,*P.6.19*; 5,*P.6.133*; 5,*P.6.158*
illud. *Trin.*3.54; *Fid.*49; *C.1,P.4.142*; 2,*M.4.9*; *coni.*2,*P.5.95*; 2,*P.6.50*; 3,*P.8.31*; 3,*P.9.66*;
    C.3,P.10.4; 3,*P.10.43*; 3,*P.11.93*; 4,*P.2.28*; 4,*P.2.48*; 4,*P.4.63*; 4,*P.4.114*; 4,*P.6.167*;
    C.5,P.3.27; 5,*P.4.44*; 5,*P.4.56*; 5,*P.5.23*; 5,*P.6.48*; 5,*P.6.88*; *uar.*5,*P.6.149*; 5,*P.6.154*
illum. *Eut.*8.49; *C.1,M.4.5*; 1,*P.6.59*; 3,*P.3.2*; 4,*P.6.76*; 5,*P.3.78*
illustrare, *u.* inlustrare.
ima. ut quia superior natura per superbiae malum ima petierat, ...   *Fid.*77
imaginabile. Quod enim sensibile uel imaginabile est, id uniuersum esse non
    posse; *C.5,P.5.24*
    et quod sensibile et quod imaginabile sit in uniuersitatis ratione conspicere,   *C.5,P.5.31*
imaginabilem. tum 'imaginabilem sensibilemque esse rem nullus ignorat, . .   *C.5,P.4.109*
imaginabilia. Ratio. . .nec imaginatione nec sensibus utens imaginabilia uel
    sensibilia comprehendit. *C.5,P.4.106*
imaginandi. nos quibus tam ratiocinandi quam imaginandi etiam sentiendique
    uis inest *C.5,P.5.37*
imaginaria. Imaginatio. . .conlustrat non sensibili sed imaginaria ratione
    iudicandi. *C.5,P.4.115*
imaginatio. Ipsum quoque hominem aliter sensus, aliter imaginatio, aliter
    ratio, aliter intellegentia contuetur. *C.5,P.4.83*
    imaginatio uero solam sine materia iudicat figuram. *C.5,P.4.85*
    Neque. . .uniuersales species imaginatio contuetur *C.5,P.4.96*
    Imaginatio. . .sensu tamen absente sensibilia quaeque conlustrat . . .   *C.5,P.4.112*
    imaginatio uero mobilibus beluis quibus iam inesse fugiendi appetendiue
    aliquis uidetur affectus, ...   *C.5,P.5.15*
    Quid igitur, si ratiocinationi sensus imaginatioque refragentur, . . .   *C.5,P.5.22*
imaginatione. Nos uero nulla imaginatione diduci sed simplici intellectu erigi   *Trin.*6.24
    nec ratione utens nec imaginatione nec sensibus, ...   *C.5,P.4.102*
    Ratio. . .nec imaginatione nec sensibus utens imaginabilia uel sensibilia
    comprehendit. *C.5,P.4.105*
    quod illa non imaginatione uel sensu sed in rationali conceptione
    considerat. *C.5,P.4.111*
imaginationem. sicut imaginationem sensumque rationi cedere oportere
    iudicauimus, ...   *C.5,P.5.48*
imaginationes. in diuinis intellectualiter uersari oportebit neque diduci ad
    imaginationes, ...   *Trin.*2.18
imaginationi. aut quoniam sibi notum sit plura sensibus et imaginationi esse
    subiecta, ...   *C.5,P.5.27*
imaginationis. Nam et rationis uniuersum et imaginationis figuram et
    materiale sensibile cognoscit *C.5,P.4.101*
imagine. o terrena animalia, tenui licet imagine uestrum tamen principium
    somniatis *C.3,P.3.1*
    Mundum mente gerens similique in imagine formans *C.3,M.9.8*
    mentemque profundam Circuit et simili conuertit imagine caelum. . . .   *C.3,M.9.17*
imaginem. dicat forsitan, "Illos quoque Christos uocari fateor, sed ad
    imaginem ueri Christi." *Eut.*4.92
    quae, quoniam manentis illius praesentiae quandam gestat imaginem, .   *C.5,P.6.52*
imagines. abutimur formas uocantes, dum imagines sint. *Trin.*2.54
imagines. Quarum speciem, ueluti fumosas imagines solet, caligo quaedam. . .
    obduxerat. *C.1,P.1.16*
    sed occupato ad imagines uisu ipsam illam non potest intueri." *C.3,P.1.19*
    "Haec igitur uel imagines ueri boni uel inperfecta quaedam bona dare
    mortalibus uidentur, ...   *C.3,P.9.92*
    Qui sensus et imagines E corporibus extimis Credant mentibus imprimi,   *C.5,M.4.3*
    Cassasque in speculi uicem Rerum reddit imagines, ...   *C.5,M.4.15*
    Introrsumque reconditis Formis miscet imagines. *C.5,M.4.40*

imago. quae uere forma neque imago est et quae esse ipsum est et ex qua esse
    est. *Trin.*2.20
    nec uero inesse materiae, neque enim esset forma sed imago. *Trin.*2.51
    ne nos praeter rei subiectae ueritatem cassa cogitationis imago decipiat. *C.*3,*P.*10.7
imbecillis, *etc.*, *u.* inb-.
imber. Hiemem defluus inrigat imber. *C.*4,*M.*6.29
imbre. Croesum . . . rogi flammis traditum misso caelitus imbre defensum? . *C.*2,*P.*2.36
imbribus. Nimbosisque polus stetit imbribus, ... *C.*1,*M.*3.4
imbriferos. ubi Notus Desinit imbriferos dare sonos. *C.*3,*M.*1.8
imbuit, *u.* inbuit.
imitatur. Hunc . . . statum infinitus ille temporalium rerum motus imitatur . *C.*5,*P.*6.42
imitetur. non quidem impleat propositum suum sed imitetur implentem, . . *C.*4,*P.*2.50
immemor. Quod si Platonis Musa personat uerum, Quod quisque discit
    immemor recordatur." *C.*3,*M.*11.16
    Quam nunc requiris immemor: *C.*4,*M.*1.24
immensum, *u.* inmensum.
immergitur. Foedis inmundisque libidinibus immergitur? Sordidae suis
    uoluptate detinetur. *C.*4,*P.*3.66
imminentem. perditissimum quemque nouis delationum fraudibus im-
    minentem, ... *C.*1,*P.*4.169
imminet. illis . . . imminet qui inter eos distantiam faciunt meritorum. *Trin.*3.32
imminutum, immitem, *u.* inm-.
immo. nihil ceteris amplius afferebam, immo uero aliquid etiam minus. . . *Eut.,Prf.*27
    "Immo omnium," inquam, "quae excogitari possunt, iudicat esse
    miserrimam." *C.*4,*P.*7.29
immobilem. rerum orbem mobilem rotat, dum se immobilem ipsa conseruat. *C.*3,*P.*12.107
    immobilem simplicemque gerendarum formam rerum esse prouidentiam, *C.*4,*P.*6.56
immobilibus. immobilibus animantibus cessit quales sunt conchae maris . . *C.*5,*P.*5.13
immobilis. quae cum ab immobilis prouidentiae proficiscatur exordiis, . . *C.*4,*P.*6.88
    Hunc enim uitae immobilis praesentarium statum infinitus ille tem-
    poralium rerum *C.*5,*P.*6.41
immobilitate. cumque eum . . . aequare non possit, ex immobilitate deficit in
    motum, ... *C.*5,*P.*6.43
immortalis, *u.* inmortalis.
immotis. Saepe tranquillo radiat sereno Immotis mare fluctibus, ... *C.*2,*M.*3.10
immutabilem, *u.* inmutabilem.
immutabiles, *u.* inmutabiles.
impediendi. Fatebimur? Sed impediendi delatoris opera cessauit. *C.*1,*P.*4.78
impediri. nihil impediri praescientia arbitrii libertatem putat. *C.*5,*P.*4.14
impedisse. Delatorem ne documenta deferret . . . impedisse criminamur. . . *C.*1,*P.*4.75
impedit. Non sol rutilo concitus igne Gelidum Phoebes impedit axem . . *C.*4,*M.*6.7
impellerent. non quo uoluntas peteret sed quo flatus impellerent, promoueres; *C.*2,*P.*1.56
imperabis. Num quidquam libero imperabis animo? *C.*2,*P.*6.24
imperante. imperante florenteque nequitia uirtus non solum praemiis caret, *C.*4,*P.*1.14
imperasse. ad Herodis tempora, qui primus ex gentilibus memoratis populis
    legitur imperasse. *Fid.*184
imperet. Vt quas duxerit Hesperos Phoebe noctibus imperet, ... *C.*2,*M.*8.8
    plures necesse est gentes relinqui quibus regum quisque non imperet. . *C.*3,*P.*5.11
imperfecti, imperfectum, *u.* inp-.
imperia. Sed quamuis late humana tendantur imperia, plures necesse est . . *C.*3,*P.*5.10
imperiis. coeperunt suspicioni esse Aegyptiacis imperiis *Fid.*158
imperio. non uti Atheniensium quondam multitudinis imperio regitur, . . *C.*1,*P.*5.11
imperiosae. nec dinoscere possem, quaenam haec esset mulier tam imperiosae
    auctoritatis, ... *C.*1,*P.*1.46
imperitans. Terras ac pelagus regens Et caelo imperitans amor. *C.*2,*M.*8.15
imperium. consulare imperium, . . . ob superbiam consulum uestri ueteres
    abolere cupiuerunt, ... *C.*2,*P.*6.6
impermixta. Sicut enim scientia ipsa impermixta est falsitati, ... *C.*5,*P.*3.61
impetrent. prius quoque quam impetrent ipsa supplicandi ratione *C.*5,*P.*3.106
impetum. Quotiens ego Conigastum . . . impetum facientem obuius excepi, . *C.*1,*P.*4.35
    Tu uero uoluentis rotae impetum retinere conaris? *C.*2,*P.*1.60
impia. Protrahit ingratas impia uita moras. *C.*1,*M.*1.20
impie. impie credit unam quoque esse naturam. *Eut.*5.19
impio. Si inflammare sacras aedes uoluisse, si sacerdotes impio iugulare gladio,
    . . . diceremur, ... *C.*1,*P.*4.127
impios. non ita . . . hebetauit ut impios scelerata contra uirtutem querar
    molitos, ... *C.*1,*P.*4.99

impleat. alio uero modo quam naturae conuenit non quidem impleat propositum suum *C.4,P.2.49*

impleatur. ut ex eis reparato angelico numero superna illa ciuitas impleatur, ubi rex est *Fid.274*

implentem. non quidem impleat propositum suum sed imitetur implentem, *C.4,P.2.50*

implere. infeliciores . . . quam si ea quae cupiunt implere non possint. . . . *C.4,P.4.11*

illud quod implere atque exprimere non potest, ... *C.5,P.6.48*

impletus. Impletus est ergo mundus humano genere *Fid.126*

implicabor. quoniam . . . ego in crastinum constitutis negotiis implicabor, . *Eut.,Prf.5*

implicatur. quod longius a prima mente discedit maioribus fati nexibus implicatur *C.4,P.6.75*

implicet. Mixtaque fortuitos implicet unda modos, ... *C.5,M.1.8*

implicitae. Quantis uero implicitae malis sint, breuissime monstrabo. *C.3,P.8.4*

implicitam. quaestionem pluribus aliis implicitam esse dixisti, ... *C.5,P.1.5*

implicitus. uerum etiam affectibus peccatorum erat implicitus, ... *Eut.8.9*

implorari. in minimis quoque rebus diuinum praesidium debeat implorari, . *C.3,P.9.101*

imponere. Itaque si digna rebus nomina uelimus imponere, ... *C.5,P.6.57*

importat, impotens, impotentia, impotentis, *u.* **inp-.**

impressas. Quam quae materiae modo Impressas patitur notas. *C.5,M.4.29*

imprimi. Qui sensus et imagines E corporibus extimis Credant mentibus imprimi, ... *C.5,M.4.5*

improbi. reddunt namque improbi parem dignitatibus uicem quas sua contagione commaculant *C.3,P.4.27*

"Habent igitur improbi, cum puniuntur, quidem boni aliquid adnexum . *C.4,P.4.66*

"Multo igitur infeliciores improbi sunt iniusta impunitate donati . . . *C.4,P.4.72*

"Infelices uero esse qui sint improbi multipliciter liquet." *C.4,P.4.119*

Ipsi quoque improbi, si eis aliqua rimula uirtutem relictam fas esset aspicere *C.4,P.4.141*

Nam ut probis atque improbis nullum foedus est, ita ipsi inter se improbi nequeunt conuenire. *C.4,P.6.180*

improbis. ne improbis flagitiosisque ciuibus urbium relicta gubernacula . . *C.1,P.4.23*

et collata improbis dignitas non modo non efficit dignos, ... *C.2,P.6.60*

Sicut . . . probis probitas ipsa fit praemium, ita improbis nequitia ipsa supplicium est. *C.4,P.3.37*

Nam illud quoque, quod improbis nunc tristia nunc optata proueniunt, *C.4,P.6.159*

quid de huiusmodi felicitate debeant iudicare quam famulari saepe improbis cernant. *C.4,P.6.167*

Nam ut probis atque improbis nullum foedus est, ita ipsi inter se improbi nequeunt conuenire. *C.4,P.6.180*

improbis. Inde cum inprobis graues inexorabilesque discordiae *C.1,P.4.31*

Nihil est enim quod mali causa ne ab ipsis quidem improbis fiat; *C.4,P.6.98*

improbis. Quos fallax ligat improbis catenis . . . libido *C.3,M.10.2*

improbissimum. Quae si in improbissimum quemque ceciderunt, ... *C.2,P.6.3*

quae ad improbissimum quemque uberiora perueniunt. *C.2,P.6.49*

improbitas. Neque enim probis animis proprium decus aliena decerpit improbitas. *C.4,P.3.17*

quod . . . nullius minuat potestas, nullius fuscet improbitas, deos fieri. . *C.4,P.3.31*

infra hominis meritum detrudat improbitas. *C.4,P.3.54*

miserandi sunt quorum mentes omni languore atrocior urget improbitas. *C.4,P.4.154*

uti bonis summa rerum regenda deferatur, ut exuberans retundatur improbitas. *C.4,P.6.147*

improbitate. in improbitate uero manentibus omnem pessimam esse fortunam." *C.4,P.7.36*

improbitatis. uideres numquam improbitatis suae carere suppliciis, ... *C.4,P.4.83*

improborum. quod nostris moribus instituti studiis improborum dissimillimi uidebantur. *C.1,P.3.36*

si ultro improborum contagione sordescunt, ... *C.3,P.4.48*

in ipsis proborum atque improborum meritis constituta. *C.4,P.5.2*

improbos. Nunc enim primum censes apud inprobos mores lacessitam . . . esse sapientiam? *C.1,P.3.16*

despectiores potius improbos dignitas facit. *C.3,P.4.25*

cum mala tantummodo possint, nihil posse improbos liquet." *C.4,P.2.120*

improbos uero exercere quidem quod libeat, ... *C.4,P.2.142*

Vide autem ex aduersa parte bonorum, quae improbos poena comitetur. *C.4,P.3.43*

"Feliciores," inquit, "esse improbos supplicia luentes *C.4,P.4.43*

alio quodam modo infeliciores esse improbos arbitror impunitos, . . . *C.4,P.4.48*

"Sed puniri improbos iustum, ... *C.4,P.4.61*

miseriores esse improbos iniusta impunitate dimissos quam iusta ultione punitos. *C.4,P.4.*87
ut quos probos improbosue censuerunt eos quoque uti existimant esse necesse sit? *C.4,P.6.*106
tum puniendi corrigendiue improbos causa deferatur, ... *C.4,P.7.*6
uidebitur iniquissimum . . . uel puniri improbos uel remunerari probos . *C.5,P.3.*89
improbum. "Omnem," inquit, "improbum num supplicio dignum negas?" . *C.4,P.4.*118
improbus. Sed quondam dabat improbus uerendis Patribus indecores curules. *C.3,M.4.*5
impune. Verum non impune; reddunt namque improbi parem dignitatibus uicem *C.3,P.4.*26
impunita. miseros quos infinitis calumniis inpunita barbarorum semper auaritia uexabat, ... *C.1,P.4.*38
impunita. uel esse omnino mala possint uel impunita praetereant; *C.4,P.1.*11
impunitas. cum supplicio carent, inest eis aliquid ulterius mali ipsa impunitas *C.4,P.4.*69
impunitate. flagitiosum quemque ad audendum quidem facinus impunitate, *C.1,P.4.*171
"Multo igitur infeliciores improbi sunt iniusta impunitate donati . . . *C.4,P.4.*72
miseriores esse improbos iniusta impunitate dimissos *C.4,P.4.*87
impunitatem. uel licentiam uel impunitatem scelerum putant esse felicem. . *C.4,P.4.*99
impuniti. ut . . . grauioribus suppliciis urgeantur, cum impuniti esse creduntur." *C.4,P.4.*90
impunitos. sed alio quodam modo infeliciores esse improbos arbitror impunitos, ... *C.4,P.4.*48
impunitos uero elabi iniquum esse manifestum est." *C.4,P.4.*62
quosque impunitos querebare, uideres numquam improbitatis suae carere suppliciis, ... *C.4,P.4.*82
imputare. quod tu," . . . "falsae opinionis supplicium luas, id rebus iure imputare non possis. *C.2,P.4.*8
in. *Trin.,Prf.*5; 29; 32; *Trin.*1.13; 2.6; 2.8; 2.13; 2.16(*bis*); 2.17; 2.23; 2.36; 2.40; 2.41; 2.52;
*Trin.*2.53; 2.55; 2.56; 3.2; 3.7; 3.10(*bis*); 3.14; 3.16; 3.18; 3.19; 3.20; 3.33; 3.47; 3.51;
*Trin.*4.5; 4.7(*bis*); 4.10; 4.26; 4.28(*bis*); 4.47; 4.49; 4.55(*bis*); 4.57; 4.58; 4.59; 4.69;
*Trin.*4.88; 4.90; 4.97; 5.11; 5.19; 5.20(*bis*); 5.30; 5.40; 5.46; 5.55; 6.4; 6.5; 6.20; 6.22;
*Pat.*13; 18; 27; 32; 33; 42(*ter*); 55; 56; *Quo.*3; 15; 26; 39; 63; 73; 76; 81; 82; 99; 106;
*Quo.*113; 121; 126; 127; 128; 129; 135; 137; 142; 147; 151; 156; 158; 162; 166; 170;
*Quo.*173; *Fid.*5; 18; 19; 21; 23; 48; 54; 101; 104; 106; 108; 110; 114; 119; 121; 133;
*Fid.*143; 148; 150; 153; 187; 188; 191; 193; 206; 222; 224(*bis*); 230; 231; 236; 246; 252;
*Fid.*256; 259; 269; 270; *Eut.,Prf.*2; 4; 6; 8; 11; 13; 18; 19; 42; 59; *Eut.*1.10; 1.31;
*Eut.*1.40; 1.55; 1.61; 1.62; 2.15; 2.18; 2.29; 2.47;(*bis*) 2.48; 2.49; 3.1; 3.2; 3.3(*bis*);
*Eut.*3.8; 3.15; 3.18(*bis*); 3.29; 3.33; 3.34; 3.37(*bis*); 3.83; 3.95; 4.9; 4.11; 4.12; 4.14;
*Eut.*4.25; 4.55; 4.72(*bis*); 4.75; 4.86; 4.90; 4.96; 4.97; 4.104; 4.108; 4.113; 4.117;
*Eut.*4.118(*bis*); 5.2; 5.3; 5.5; 5.11; 5.17; 5.22; 5.41; 5.64; 5.87; 5.100(*bis*); 5.102; 6.5;
*Eut.*6.6(*bis*); 6.9; 6.14; 6.16; 6.17; 6.19; 6.21; 6.22; 6.23; 6.25; 6.26; 6.28; 6.29(*bis*); 6.31;
*Eut.*6.39(*bis*); 6.42; 6.47; 6.50; 6.52; 6.53; 6.55; 6.60; 6.61; 6.62; 6.66; 6.68; 6.69; 6.71;
*Eut.*6.74; 6.75; 6.77; 6.78; 6.84; 6.91; 6.92; 6.95; 6.96; 6.97; 6.98; 6.101; 6.106; 6.107;
*Eut.*7.2; 7.8(*bis*); 7.14; 7.16; 7.17; 7.19; 7.22; 7.23; 7.24; 7.25; 7.27(*bis*); 7.29; 7.35;
*Eut.*7.39; 7.66; 7.72; 7.76; 7.81; 7.86; 7.90; 7.94; 7.102; 8.4; 8.11; 8.22; 8.26; 8.42;
*Eut.*8.43; 8.44; 8.45; 8.49; 8.52; 8.54; 8.55; 8.56; 8.57; 8.59; 8.65; 8.67; 8.72; 8.74;
*Eut.*8.79; 8.84; 8.86; 8.90; 8.91; 8.95; 8.98; *C.1,P.1.*18(*bis*); *uar.*1,*P.1.*19; 1,*P.1.*20;
*C.1,P.1.*37; 1,*P.1.*39; 1,*P.1.*46; 1,*P.1.*48; 1,*P.1.*50; 1,*M.2.*3; 1,*M.2.*5; 1,*M.2.*7;
*uar.C.1,M.2.*12; 1,*M.2.*16; 1,*P.2.*2; 1,*P.2.*4; 1,*P.2.*17; 1,*M.3.*6; 1,*P.3.*3; 1,*P.3.*6;
*C.1,P.3.*24; 1,*P.3.*27; 1,*P.3.*35; 1,*P.3.*37; 1,*P.3.*44; 1,*P.4.*7; 1,*P.4.*9; 1,*P.4.*11;
*C.1,P.4.*12; 1,*P.4.*27; 1,*P.4.*34; 1,*P.4.*53; 1,*P.4.*58; 1,*P.4.*61; 1,*P.4.*66; 1,*P.4.*92;
*C.1,P.4.*98; 1,*P.4.*114; 1,*P.4.*117; 1,*P.4.*124; 1,*P.4.*132; 1,*P.4.*144; 1,*P.5.*17; 1,*P.5.*23;
*C.1,P.5.*25; 1,*P.5.*36; 1,*P.5.*42; 1,*P.6.*16; 1,*P.6.*23; 2,*P.1.*10; 2,*P.1.*12; 2,*P.1.*26;
*C.2,P.1.*30; 2,*P.1.*47; 2,*P.2.*41; 2,*P.3.*12; 2,*P.3.*17; 2,*P.3.*23; 2,*P.3.*30; 2,*P.3.*32;
*C.2,P.3.*44; 2,*P.4.*4; 2,*P.4.*10; 2,*P.4.*25; 2,*P.4.*78; 2,*P.4.*96; 2,*P.5.*1; 2,*P.5.*4; 2,*P.5.*11;
*C.2,P.5.*12; 2,*P.5.*17; 2,*P.5.*22; 2,*P.5.*37; 2,*P.5.*52; 2,*P.5.*54; 2,*P.5.*60; 2,*P.5.*64;
*C.2,P.5.*71; 2,*P.5.*94; 2,*M.5.*24; 2,*P.6.*3; 2,*P.6.*11; 2,*P.6.*20; 2,*P.6.*22(*bis*); 2,*P.6.*29;
*C.2,P.6.*32; 2,*P.6.*36; 2,*P.6.*39(*bis*); 2,*P.6.*67; 2,*P.7.*8; 2,*P.7.*14; 2,*P.7.*20; *uar.*2,*P.7.*31;
*C.2,P.7.*41; 2,*P.7.*65; 3,*P.1.*24; 3,*P.2.*1; 3,*P.2.*20; 3,*P.2.*30; 3,*P.2.*35(*bis*);
*C.3,P.2.*62; 3,*P.2.*70; 3,*P.2.*77; 3,*P.2.*79; 3,*M.2.*31; 3,*P.3.*13; 3,*P.3.*41; 3,*P.4.*7;
*C.3,P.4.*12; 3,*P.4.*19; 3,*P.4.*22; 3,*P.4.*30; 3,*P.4.*50; 3,*P.5.*24; 3,*P.5.*34; 3,*P.6.*27;
*C.3,M.6.*1; 3,*P.7.*16; 3,*P.8.*31; 3,*M.8.*3; 3,*P.9.*15; 3,*P.9.*16; 3,*P.9.*69; 3,*P.9.*71;
*C.3,P.9.*76; 3,*P.9.*88; 3,*P.9.*99; 3,*P.9.*100; 3,*M.9.*8; 3,*M.9.*15; 3,*M.9.*16; 3,*M.9.*20;
*C.3,M.9.*24; 3,*P.10.*4; 3,*P.10.*5; 3,*P.10.*11; 3,*P.10.*12; 3,*P.10.*18; 3,*P.10.*28;
*C.3,P.10.*34; 3,*P.10.*37; 3,*P.10.*126; 3,*P.10.*143; 3,*M.10.*12; 3,*P.11.*12; 3,*P.11.*31(*bis*);
*C.3,P.11.*35; 3,*P.11.*43; 3,*P.11.*59; 3,*P.11.*63; 3,*P.11.*72; 3,*P.11.*84; 3,*P.11.*88;
*C.3,P.11.*89; 3,*P.11.*118; 3,*M.11.*3; 3,*M.11.*4; 3,*P.12.*14; 3,*P.12.*16; 3,*P.12.*30;

incerta. uel fortunae condicio cunctis mortalibus incerta submitteret? *C.*1,*P.*4.126
non iam erit futuri firma praescientia, sed opinio potius incerta, ... *C.*5,*P.*3.15
incerta. "nunc me indubitato cernere quae dudum incerta uidebantur." . *C.*3,*P.*11.104
incerta. Quonam modo deus haec incerta futura praenoscit? *C.*5,*P.*3.66
si uti homines incerta iudicat quorum est incertus euentus? *C.*5,*P.*3.77
incerti. Quod si apud illum rerum omnium certissimum fontem nihil incerti
esse potest, ... *C.*5,*P.*3.79
incerti. quod si quae incerti sunt exitus ea quasi certa prouidentur, ... *C.*5,*P.*4.68
incertus. si uti homines incerta iudicat quorum est incertus euentus? . . . *C.*5,*P.*3.78
incessere. Solebas enim praesentem quoque blandientemque uirilibus incessere uerbis *C.*2,*P.*1.14
incessui. quo nihil ulterius peruium iaceret incessui, ... *C.*4,*P.*2.88
incipe. Tu quoque falsa tuens bona prius Incipe colla iugo retrahere. . . . *C.*3,*M.*1.12
incipiens. beatitudine incipiens eam summum bonum esse dicebas *C.*3,*P.*12.87
incipit. At, omnium mortalium stolidissime, si manere incipit, fors esse
desistit. *C.*2,*P.*1.61
incitant. Et quam nunc socia fide Pulchris motibus incitant, Certent soluere
machinam. *C.*2,*M.*8.20
incitari. ad efficiendum uero praemiis incitari, ... *C.*1,*P.*4.172
incitata. Continuumque trahunt ui pectoris incitata sulcum, ... *C.*5,*M.*5.3
incitus. Si quantas rapidis flatibus incitus Pontus uersat harenas *C.*2,*M.*2.1
inclarescant. Atqui minus eorum patebit indignitas, si nullis honoribus
inclarescant. *C.*3,*P.*4.10
includam. uxor...ut omnes eius dotes breuiter includam, patri similis. . . *C.*2,*P.*4.20
includere. talis definitio dabitur quae res omnes quae sunt possit includere. . *Eut.*1.7
inclusa. sed summae potius scientiae nullis terminis inclusa simplicitas. . *C.*5,*P.*5.56
inclusus. angustia rei familiaris inclusus esse mallet ignotus. *C.*2,*P.*4.48
incola. Primus itaque homo ante peccatum cum sua coniuge incola paradisi
fuit. *Fid.*98
incolatur. quarta fere portio est,...quae nobis cognitis animantibus incolatur. *C.*2,*P.*7.16
incolentibus. Hic ipse locus quem tu exilium uocas, incolentibus patria est; *C.*2,*P.*4.62
incolumis. Atqui uiget incolumis illud pretiosissimum generis humani decus
Symmachus *C.*2,*P.*4.15
incolumis. Quos quidem regia potestas saepe incolumis saepe autem lapsa
prosternit. *C.*3,*P.*5.28
incolunt. Adde quod hoc ipsum breuis habitaculi saeptum plures incolunt
nationes *C.*2,*P.*7.25
incomitatum. Atqui Philosophiae fas non erat incomitatum relinquere iter
innocentis; *C.*1,*P.*3.13
incommutabilis. illud potius bonum esse credendum est quod illa incommutabilis bonitas...perscribit. *Eut.*8.101
incommutabilitate. De bonitate de incommutabilitate de iustitia de omnipotentia *Pat.*28
Hic uero ordo res...alioquin temere fluituras propria incommutabilitate
coerceat. *C.*4,*P.*6.93
inconditum. nec quicquam in eo esse caliginis inconditum confusumque
strepere *Eut.*,*Prf.*19
inconstans. Leuis atque inconstans studia permutat? Nihil auibus differt. . *C.*4,*P.*3.64
inconsummatis. Neque enim ab deminutis inconsummatisque natura rerum
coepit exordium, ... *C.*3,*P.*10.16
inconuulsa. Nam si ea quae paulo ante conclusa sunt inconuulsa seruantur, *C.*4,*P.*1.24
incorporalem. Non igitur fieri potest, ut corpus in incorporalem speciem
permutetur, ... *Eut.*6.66
incorporales. hos, quoniam incorporales sint, minime locis distare. *Trin.*5.48
incorporalia. "Quae incorporalia sunt, in loco non esse," et cetera; *Quo.*25
nec uero fieri potest, ut incorporalia in sese commixtione aliqua
permutentur. *Eut.*6.67
incorporalibus. Nulla autem est incorporalibus materia rebus; *Eut.*6.71
incorporalibus. in rebus incorporalibus distantias effici differentiis non locis. *Trin.*5.41
incorporalitas. quoniam neque incorporalitas transire ad corpus potest . . . *Eut.*6.79
incorporalitatem. neque rursus e conuerso corpus ad incorporalitatem, . . . *Eut.*6.80
incorporea. neque incorporea in eam quae corpus est mutari potest, ... *Eut.*6.22
incorporea. nec uero incorporea in se inuicem formas proprias mutant; . . . *Eut.*6.23
incorporea. Corpora uero in incorporea nulla ratione poterunt permutari, . *Eut.*6.53
incorporeae. permutetur. Omnis enim natura incorporeae substantiae . . . *Eut.*6.56
Sed anima et deus incorporeae substantiae recte creduntur; *Eut.*6.72

incorporeae. quoniam substantiae omnes aut corporeae sunt aut incorporeae, *Eut*.1.23
  Sed substantiarum aliae sunt corporeae, aliae incorporeae. *Eut*.2.19
  Nam cum substantiarum aliae sint corporeae, aliae incorporeae, . . . *Eut*.6.21
incorpoream. aliae incorporeae, neque corporea in incorpoream . . . mutari
  potest, ... *Eut*.6.21
incorporearum. Item incorporearum aliae sunt rationales, aliae minime, . *Eut*.2.22
incorporeis. aut de solis corporibus . . . aut de solis substantiis, id est corporeis
  atque incorporeis, ... *Eut*.1.2
incorporeis. Quod si naturae nomen relictis incorporeis substantiis ad
  corporales usque contrahitur, ... *Eut*.1.35
incorporeum. alia omnino materiae subiecto non egeat ut incorporeum. . . *Eut*.6.65
incorrupta. quo mundana machina stabilis atque incorrupta seruatur." *C*.3,*P*.12.42
  supernis diuinisque substantiis et perspicax iudicium et incorrupta
  uoluntas *C*.5,*P*.2.15
incredibile. Etenim quod incredibile cuiquam forte uideatur, ... *C*.4,*P*.4.9
increpitus. His ille chorus increpitus deiecit humi maestior uultum *C*.1,*P*.1.42
increpuisti. Increpuisti etiam uehementer iniusti factum senatus. *C*.1,*P*.5.32
increpuit. ut uirum fortem non decet indignari, quotiens increpuit bellicus
  tumultus; *C*.4,*P*.7.41
incubuerit. Qui si quando contra nos aciem struens ualentior incubuerit, . . *C*.1,*P*.3.44
incubuit. Sed quoniam plurimus tibi affectuum tumultus incubuit *C*.1,*P*.5.38
  nec tibi nimium ualida tempestas incubuit, quando tenaces haerent
  ancorae *C*.2,*P*.4.32
indaginis. uiamque indaginis hinc arbitror esse sumendam, ... *Pat*.3
inde. Inde cum inprobis graues inexorabilesque discordiae *C*.1,*P*.4.31
  alterutro calle procedam nunc hinc nunc inde proposita confirmans. . . *C*.4,*P*.2.11
indeclinabilem. si manens in diuina mente simplicitas indeclinabilem
  causarum ordinem promat. *C*.4,*P*.6.91
indecores. dabat improbus uerendis Patribus indecores curules. *C*.3,*M*.4.6
indefensi. muti atque indefensi . . . damnamur. *C*.1,*P*.4.131
indefessum. facies eius quod est nunc iugem indefessumque ac per hoc
  perpetuum cursum *Trin*.4.76
indeflexa. quando optanda omnia series indeflexa conectit? *C*.5,*P*.3.100
Indica. Etenim licet Indica longe Tellus tua iura tremescat *C*.3,*M*.5.5
  Ille tigris ut Indica Tecta mitis obambulat. *C*.4,*M*.3.15
indicium. quid est aliud fugax quam futurae quoddam calamitatis indicium? *C*.2,*P*.1.45
  indicium est erectae iam resistentisque naturae. *C*.4,*P*.2.72
indicta. Cum acerbae famis tempore grauis atque inexplicabilis indicta
  coemptio *C*.1,*P*.4.45
  Magna uobis est, si dissimulare non uultis, necessitas indicta probitatis, *C*.5,*P*.6.175
indidit. Ex his . . . tribus statibus Christus corporeae naturae singulas quodam
  modo indidit causas; *Eut*.8.63
indifferentia. Cuius coniunctionis ratio est indifferentia. *Trin*.1.10
  Non est igitur inter eos in re omni indifferentia; *Trin*.3.51
  seruata uero unitas in eo quod est indifferentia *Trin*.6.5
indigeat. An tu arbitraris quod nihilo indigeat egere potentia?" *C*.3,*P*.9.13
indigebit. ad mundum . . . "regendum nullis extrinsecus adminiculis indigebit; *C*.3,*P*.12.33
indigens. (subsistit enim nullo indigens), et ὑφίστασθαι; substat enim. . . *Eut*.3.90
indigent. nam neque ipsa indigent accidentibus ut sint; informata enim sunt *Eut*.3.53
indigentem. "Opes igitur nihilo indigentem sufficientemque sibi facere
  nequeunt *C*.3,*P*.3.28
indigentes. alieno potius praesidio faciunt indigentes. *C*.3,*P*.3.44
indigentia. Neque enim tanta indigentia in Adam fuisse credenda est . . . *Eut*.8.79
  et ipsa indigentia ante resurrectionem in eo fuit, ... *Eut*.8.85
  Quis autem modus est quo pellatur diuitiis indigentia? *C*.3,*P*.3.45
  hoc modo consolari quidem diuitiis indigentia potest, auferri penitus non
  potest. *C*.3,*P*.3.50
indigentiam. idcirco paradisi fructibus indigentiam explebat. *Eut*.8.83
  Quam indigentiam fuisse in Christo nullus ignorat, ... *Eut*.8.84
  Sed si, quod naturae satis est, replere indigentiam uelis, ... *C*.2,*P*.5.42
  Fugare credo indigentiam copia quaeritis. *C*.2,*P*.5.63
  Quare si opes nec submouere possunt indigentiam et ipsae suam faciunt, *C*.3,*P*.3.55
indigere. uerumque illud est permultis eos indigere qui permulta possideant *C*.2,*P*.5.67
  Quorum quidem alii summum bonum esse nihilo indigere credentes . . *C*.3,*P*.2.16
  Num enim uidentur errare hi qui nihilo indigere nituntur? *C*.3,*P*.2.55
  Considera uero, ne quod nihilo indigere, quod potentissimum, . . . esse
  concessum est, ... *C*.3,*P*.9.28

indiget. Subsistit enim quod ipsum accidentibus, ut possit esse, non indiget. *Eut.*3.46
indignari. ut uirum fortem non decet indignari, quotiens increpuit bellicus
    tumultus; *C.4,P.*7.41
indigne. Alios in cladem meritam praecipitauit indigne acta felicitas; . . . *C.4,P.*6.177
indignemur. quo fit ut indignemur eas saepe nequissimis hominibus con-
    tigisse, ... *C.3,P.*4.5
indigni. ut qui capere intellectu nequiuerint . . . uideantur indigni. Sane
    tantum a nobis quaeri *Trin.,Prf.*22
indignissima. Id uero hactenus egimus, ut quae indignissima tibi uidebatur
    malorum potestas *C.4,P.*4.80
indignitas. Atqui minus eorum patebit indignitas, si nullis honoribus in-
    clarescant. *C.3,P.*4.9
indignos. sed prodit potius et ostentat indignos. *C.2,P.*6.62
    quos ipsis honoribus iudicamus indignos. *C.3,P.*4.15
indignum. Indignum enim iudicant, si deus habere filium uideatur, . . . *Fid.*43
    illic quoque indignum esse intellectum huiusmodi applicare; *Fid.*46
    quod paulo ante posuisti indignum esse, ... *C.5,P.*6.159
indiscreta. sed omnium meritorum potius mixta atque indiscreta confusio. . *C.5,P.*3.93
indiscreta. boni pariter ac mali indiscreta intentione ad bonum peruenire
    nituntur?" *C.4,P.*2.33
indiscreto. nisi indiscreto ictu fortunam felicia regna uertentem? *C.2,P.*2.39
indissolubili. Vestes erant tenuissimis filis subtili artificio, indissolubili
    materia perfectae *C.1,P.*1.14
    Haec actus etiam fortunasque hominum indissolubili causarum conexione
    constringit, ... *C.4,P.*6.87
indissolubilis. indissolubilis nodus est, quaenam inter naturam personamque
    possit esse discretio; *Eut.*2.3
inditum. Quo fit ut non sit substantiale nomen hoc inditum; *Pat.*38
indiuidua. reperta personae est definitio: "naturae rationabilis indiuidua
    substantia." *Eut.*3.5
    persona uero rationabilis naturae indiuidua substantia. *Eut.*4.8
    est enim persona ut dictum est naturae rationabilis indiuidua substantia. *Eut.*4.21
indiuidua. Indiuidua uero non modo subsistunt uerum etiam substant, . . *Eut.*3.51
indiuiduam. signatius naturae rationabilis indiuiduam subsistentiam
    ὑποστάσεως nomine uocauerunt, ... *Eut.*3.24
    peritior Graecia sermonum ὑπόστασιν uocat indiuiduam subsistentiam. *Eut.*3.28
indiuiduas. ὑποστάσεις Graeci indiuiduas substantias uocauerunt, ... *Eut.*3.63
indiuiduis. in his omnibus nusquam in uniuersalibus persona . . . sed . . . in
    indiuiduis; *Eut.*2.49
    nec in uniuersalibus sed in indiuiduis constat, ... *Eut.*3.3
    essentiae . . . in solis uero indiuiduis et particularibus substant. . . . *Eut.*3.34
indiuiduitate. eximus . . . quanto a puncti media indiuiduitate discedit . . *C.4,P.*6.70
indiuiduorum. sed uel Ciceronis uel Platonis uel singulorum indiuiduorum
    personae singulae nuncupantur. *Eut.*2.51
indiuiduos. quoniam personis inductis histriones indiuiduos homines . . . *Eut.*3.17
indiuiduum. est πρόσωπον atque persona, quoniam est rationabile indiuiduum. *Eut.*3.87
indiuisa. Quod si personae diuisae sunt, substantia uero indiuisa sit, . . . *Pat.*59
indiuisum. Quod enim simplex est indiuisumque natura, ... *C.3,P.*9.11
indoctorum. quod esse quidem constat idque ex omnium doctorum in-
    doctorumque sententia barbararumque *Quo.*94
    Tuli aegerrime, fateor, compressusque indoctorum grege conticui . . . *Eut.,Prf.*31
    subiit admirari, quaenam haec indoctorum hominum esset audacia . . *Eut.,Prf.*39
indolui. Prouincialium fortunas . . . pessumdari non aliter quam qui patie-
    bantur indolui. *C.1,P.*4.43
induantur. ut quotiens abiecerint ueras falsis opinionibus induantur . . . *C.1,P.*6.58
indubitata. simul cum omne disputationis tuae latus indubitata fide constiterit, *C.5,P.*1.16
indubitato. "Confiteor," inquam, "nunc me indubitato cernere *C.3,P.*11.103
inductis. quoniam personis inductis histriones indiuiduos homines . . . re-
    praesentabant, ... *Eut.*3.17
induerat. putauit asserere nec humanum corpus quod Christus induerat . . *Fid.*212
    sed ad superbam gloriam falsum sibi philosophi nomen induerat, . . . *C.2,P.*7.70
induit. Quas sibi cum uelox mens induit, Terras perosa despicit, ... *C.4,M.*1.3
indulgentius. fauore prona indulgentius educaui, ... *C.2,P.*2.12
induruerunt. ut quae in tumorem perturbationibus influentibus induruerunt, *C.1,P.*5.42
Indus. Aut Indus calido propinquus orbi Candidis miscens uirides lapillos, . *C.3,M.*10.9

indutus. Si non confitetur ex ea traxisse, dicat quo homine indutus aduenerit, *Eut.*5.51
    Quod si non eo homine Christus indutus est qui pro peccati poena
    sustinuerat mortem, ... *Eut.*5.71
inefficaces. quae cum rectae sunt, inefficaces esse non possunt. *C.*5,*P.*6.171
inertes. Cur inertes Terga nudatis? *C.*4,*M.*7.33
inerti. Contenta fidelibus aruis Nec inerti perdita luxu, ... *C.*2,*M.*5.3
inerti. multum scilicet referre ratus nec inerti neglegentia praetereundum, . *Eut.,Prf.*15
inesse. Forma...non poterit esse subiectum nec uero inesse materiae, . . . *Trin.*2.50
    Et dolor aetatem iussit inesse suam. *C.*1,*M.*1.10
    an ullum credis ei regimen inesse rationis?" *C.*1,*P.*6.7
    Vllamne humanis rebus inesse constantiam reris, ... *C.*2,*P.*3.46
    quod nemo dubitat esse fortem, cui fortitudinem inesse conspexerit, . . *C.*2,*P.*6.51
    in qua...nihil natiuae bonitatis inesse manifestum est, ... *C.*2,*P.*6.68
    hoc...modo maiorem regibus inesse necesse est miseriae portionem. . *C.*3,*P.*5.14
    non nihil boni maliue inesse perpendo. *C.*4,*P.*5.4
    beluis quibus iam inesse fugiendi appetendiue aliquis uidetur affectus, *C.*5,*P.*5.16
inesset. si ipsis dignitatibus ac potestatibus inesset aliquid naturalis ac
    proprii boni, ... *C.*2,*P.*6.41
inest. inest enim singulis quod inexpertus ignoret, expertus exhorreat. . . . *C.*2,*P.*4.53
    Quibus si nihil inest appetendae pulchritudinis, ... *C.*2,*P.*5.55
    Inest enim dignitas propria uirtuti, ... *C.*3,*P.*4.18
    Quod si natura quidem inest, sed est ratione diuersum, ... *C.*3,*P.*10.51
    cum supplicio carent, inest eis aliquid ulterius mali ipsa impunitas . . *C.*4,*P.*4.69
    Quare quibus in ipsis inest ratio, inest etiam uolendi nolendique libertas. *C.*5,*P.*2.12
    In utroque igitur necessitas inest, in hoc quidem sedendi, ... *C.*5,*P.*3.35
    inest tamen communis in utraque necessitas. *C.*5,*P.*3.40
    speciemque ipsam quae singularibus inest uniuersali consideratione
    perpendit. *C.*5,*P.*4.88
    nos quibus tam ratiocinandi quam imaginandi etiam sentiendique uis inest *C.*5,*P.*5.38
ineuitabili. concurrere uero atque confluere causas facit ordo ille ineuitabili
    conexione procedens, ... *C.*5,*P.*1.56
ineuitabiliter. Nam si ineuitabiliter euentura censet...fallitur; *C.*5,*P.*3.67
inexhausta. si cum inexhausta aeternitate cogitetur, non parua sed plane
    nulla esse uideatur. *C.*2,*P.*7.61
inexhausti. mulier...colore uiuido atque inexhausti uigoris, ... *C.*1,*P.*1.6
inexorabile. Sed ne me inexorabile contra fortunam gerere bellum putes, . *C.*2,*P.*8.1
inexorabiles. Inde cum inprobis graues inexorabilesque discordiae *C.*1,*P.*4.31
inexpertus. inest enim singulis quod inexpertus ignoret, expertus exhorreat. *C.*2,*P.*4.54
inexpleta. Nos ad constantiam...alienam inexpleta hominum cupiditas
    alligabit? *C.*2,*P.*2.28
inexpletam. Atqui nec opes inexpletam restinguere auaritiam queunt . . . *C.*2,*P.*6.57
inexplicabilis. Cum acerbae famis tempore grauis atque inexplicabilis indicta
    coemptio *C.*1,*P.*4.44
inexpugnabiles. quidam suppliciis inexpugnabiles exemplum ceteris prae-
    tulerunt *C.*4,*P.*6.155
inextricabilem. inextricabilem labyrinthum rationibus texens, ... *C.*3,*P.*12.82
infecit. quos omnium malorum extrema nequitia...uehementer infecit? . . *C.*4,*P.*3.42
infecta. Palleant plenae cornua lunae Infecta metis noctis opacae *C.*4,*M.*5.8
infectus. quia multis infectus criminibus mundus iacebat in morte, ... *Fid.*187
infelices. "Infelices uero esse qui sint improbi multipliciter liquet." *C.*4,*P.*4.119
infelices. Quo fit ut existimatio bona prima omnium deserat infelices. . . . *C.*1,*P.*4.159
infelicior. nonne multo infelicior eo censendus est *C.*4,*P.*4.59
infeliciorem. licentiam...infelicioremque fore, si diuturnior, ... *C.*4,*P.*4.85
infeliciores. "Multo igitur infeliciores improbi sunt iniusta impunitate donati *C.*4,*P.*4.71
infeliciores. infeliciores esse necesse est malos, cum cupita perfecerint, . . . *C.*4,*P.*4.10
    alio quodam modo infeliciores esse improbos arbitror impunitos, . . *C.*4,*P.*4.48
    infeliciores eos esse qui faciant quam qui patiantur iniuriam." *C.*4,*P.*4.115
infelicissimam. licentiam...infelicioremque fore, si diuturnior, infelicissimam
    uero, si esset aeterna; *C.*4,*P.*4.85
infelicissimos. quos infelicissimos esse iudicarem, si non eorum malitiam
    saltem mors extrema finiret. *C.*4,*P.*4.27
infelicissimum. Nam in omni aduersitate fortunae infelicissimum est genus
    infortunii fuisse felicem." *C.*2,*P.*4.5
inferendum. "Si igitur cognitor," ait, "resideres, cui supplicium inferendum
    putares, ... *C.*4,*P.*4.123
inferentis. apparet inlatam cuilibet iniuriam non accipientis sed inferentis esse
    miseriam." *C.*4,*P.*4.131

inferior. inferior substantia per humilitatis bonum ad superna conscenderet.   *Fid.*77
    inferior uero ad superiorem nullo modo consurgit. *C.*5,*P.*4.94
    ne grauata pessum Inferior sidat mens corpore celsius leuato. *C.*5,*M.*5.15
inferiora. Nam ubi oculos a summae luce ueritatis ad inferiora et tenebrosa
    deiecerint, ...   *C.*5,*P.*2.22
inferiore. quibus ab inferiore ad superius elementum esset ascensus. *C.*1,*P.*1.21
inferiorem. nam superior comprehendendi uis amplectitur inferiorem, . . .   *C.*5,*P.*4.93
infernas. Inmites superos querens Infernas adiit domos. *C.*3,*M.*12.19
inferos. Quidquid praecipuum trahit Perdit, dum uidet inferos." *C.*3,*M.*12.58
inferre. ueluti geometrae solent demonstratis propositis aliquid inferre . . .   *C.*3,*P.*10.82
    etiam si praescientia futuris rebus eueniendi necessitatem non uideatur
    inferre. *C.*5,*P.*3.31
inferrent. humana quidem sed concessa et quae nullam poenam mortis
    inferrent. *Eut.*8.76
    pestem bonis ac perniciem ferrent [inferrent]. *uar.C.*1,*P.*4.25
inferri. quaestio quae ab his inferri potest qui corpus humanum ex Maria
    sumptum esse non credunt, ...   *Eut.*8.2
inficit. quos...nequitia non affecit [afficit] modo uerum etiam uehementer
    infecit [inficit]? *uar.C.*4,*P.*3.42
infima. rotam uolubili orbe uersamus, infima summis summa infimis mutare
    gaudemus. *C.*2,*P.*2.30
    uos dignitatem uestram infra infima quaeque detruditis. *C.*2,*P.*5.80
    Mors spernit altam gloriam,...Aequatque summis infima. *C.*2,*M.*7.14
    Nunc summis caput inserit, Nunc decedit in infima, ...   *C.*5,*M.*4.23
infimis. deo mente consimiles ab rebus infimis excellentis naturae ornamenta
    captatis *C.*2,*P.*5.76
    Hoc quidquid placet excitatque mentes, Infimis tellus aluit cauernis; . .   *C.*3,*M.*10.14
    quod porro ab rebus infimis constituta *C.*5,*P.*6.71
infimis. rotam uolubili orbe uersamus, infima summis summa infimis mutare
    gaudemus. *C.*2,*P.*2.30
infinita. Quod si aeternitatis infinita spatia pertractes, quid habes quod de
    nominis *C.*2,*P.*7.51
    Prouidentia namque cuncta pariter quamuis diuersa quamuis infinita
    complectitur; *C.*4,*P.*6.37
    infinitaque praeteriti ac futuri spatia complectens *C.*5,*P.*6.64
infinitae. Non enim totum simul infinitae licet uitae spatium comprehendit
    atque complectitur, ...   *C.*5,*P.*6.23
infinitam. infinitam liquet esse miseriam quam esse constat aeternam." . .   *C.*4,*P.*4.30
    ex simplicitate praesentiae decrescit in infinitam futuri ac praeteriti
    quantitatem; *C.*5,*P.*6.45
infinitate. uitaque eius cum temporis infinitate tendatur, ...   *C.*5,*P.*6.21
infinitatem. et infinitatem mobilis temporis habere praesentem. *C.*5,*P.*6.30
infiniti. "Et esset," inquit, "infiniti stuporis omnibusque horribilius monstris,   *C.*4,*P.*1.20
infiniti. infiniti uero atque finiti nulla umquam poterit esse collatio. *C.*2,*P.*7.59
infinitis. miseros quos infinitis calumniis inpunita barbarorum semper
    auaritia uexabat, ...   *C.*1,*P.*4.38
infinito. "Quanti," inquit, "aestimabis, si bonum ipsum quid sit agnoueris?"
    "Infinito," inquam, ...   *C.*3,*P.*11.4
infinitum. ne rursus in infinitum humanus animus diuinam progeniem
    cogitaret, ...   *Fid.*18
    ne rursus in infinitum diuina progenies tenderetur: *Fid.*21
    Quare ne in infinitum ratio prodeat, confitendum est *C.*3,*P.*10.34
    Quoniam uero manere non potuit, infinitum temporis iter arripuit . . .   *C.*5,*P.*6.54
infinitus. Hunc...statum infinitus ille temporalium rerum motus imitatur . .   *C.*5,*P.*6.41
infirma. uiscera terrae Non ualet aut pelagi radiorum Infirma perrumpere
    luce. *C.*5,*M.*2.6
infirmitas. non tua natura sed oculorum spectantium reddit infirmitas. . . .   *C.*3,*P.*8.28
    Vide enim quanta uitiosorum hominum pateat infirmitas *C.*4,*P.*2.76
    malorum uero minime dubitabilis apparet infirmitas *C.*4,*P.*2.140
infirmus. sed est animi uiribus infirmus; cui si quid eueniat aduersi, . . .   *C.*4,*P.*6.135
infitiabimur. Quid igitur o magistra censes? Infitiabimur crimen, ne tibi pudor
    simus? *C.*1,*P.*4.76
infitiari. nec infitiari possum prosperitatis meae uelocissimum cursum. . . .   *C.*2,*P.*4.2
inflammare. Si inflammare sacras aedes uoluisse, si sacerdotes impio iugulare
    gladio,...diceremur, ...   *C.*1,*P.*4.127
inflammata. commota paulisper ac toruis inflammata luminibus: "Quis,"
    inquit, ...   *C.*1,*P.*1.28

inflectens. Longosque in orbem cogat inflectens motus *C*.3,*M*.11.4
inflictum. in eo statu. . . quod post Adae praeuaricationem poenaliter inflictum
    est.   *Eut*.8.66
influat. Quis dedit ut pleno fertilis anno Autumnus grauidis influat uuis . .   *C*.1,*M*.2.21
influentibus. ut quae in tumorem perturbationibus influentibus induruerunt,   *C*.1,*P*.5.42
informans. "natura est unamquamque rem informans specifica differentia.".   *Eut*.1.58
informare. quae tibi causa notior est, eam prius designare uerbis atque in-
    formare conabor *C*.3,*P*.1.24
informat. Haec autem ut credantur uetus ac noua informat instructio. . . .   *Fid*.29
    Haec. . . doctrina et praesentem uitam bonis informat operibus *Fid*.248
informata. informata enim sunt iam propriis et specificis differentiis . . .   *Eut*.3.53
informationibus. priuatis uero constitutionibus et propriis informationibus
    unaquaeque. . . subsistit *Fid*.264
informatum. tantum quo sit illud aliis informatum rebus per hanc prae-
    dicationem ostenditur.   *Trin*.4.52
infortunata. bonis felicia, malis semper infortunata contingere *C*.4,*P*.1.29
infortunii. Nam in omni aduersitate fortunae infelicissimum est genus in-
    fortunii fuisse felicem."   *C*.2,*P*.4.6
infortunio. poterisne meliora quaeque retinens de infortunio iure causari? .   *C*.2,*P*.4.14
    Euripidis. . . qui carentem liberis infortunio dixit esse felicem. *C*.3,*P*.7.18
    triplici infortunio necesse est urgeantur quos uideas scelus uelle, posse,
      perficere."   *C*.4,*P*.4.15
    "sed uti hoc infortunio cito careant. . . uehementer exopto." *C*.4,*P*.4.17
    Etenim si de prauitatis infortunio uera conclusimus, ...   *C*.4,*P*.4.29
infortunium. Sed quem felicitas amicum fecit, infortunium faciet inimicum.   *C*.3,*P*.5.40
    cuius infortunium boni participatione releuatur?" *C*.4,*P*.4.60
infra. si. . . infra terminum spatiumque naturae persona subsistit, ...   *Eut*.2.5
    Si quid enim uel ultra uel infra quam oportuerit fiat, a uirtute disceditur.   *Eut*.7.77
    Quocirca si quattuor haec neque ultra neque infra esse possunt, ...   *Eut*.7.80
    infra uestram tamen excellentiam conlocatae *C*.2,*P*.5.29
    uos dignitatem uestram infra infima quaeque detruditis. *C*.2,*P*.5.80
    eadem tamen infra bestias redigatur, si se nosse desierit. *C*.2,*P*.5.87
    corpus et quod infra corpus est, fortunam loquor, ...   *C*.2,*P*.6.23
    infra hominis meritum detrudat improbitas. *C*.4,*P*.3.54
    Quidquid aut infra subsistit aut ultra progreditur, ...   *C*.4,*P*.7.50
infructuosis. Hae sunt enim quae infructuosis affectuum spinis . . . segetem
    necant *C*.1,*P*.1.32
infuderat. quod praeuaricationis primus auctor infuderat, amplecti non
    destitit.   *Fid*.140
infuderis. cuius satietatem si superfluis urgere uelis, aut iniucundum quod
    infuderis fiet aut noxium. *C*.2,*P*.5.46
ingemiscis. Quid igitur ingemiscis? Nulla tibi a nobis est allata uiolentia. .   *C*.2,*P*.2.16
ingemiscit. Symmachus socer. . . suarum securus tuis ingemiscit iniuriis. . .   *C*.2,*P*.4.18
ingenii. ut non aliquos ipse ingenii error humani uel fortunae condicio. . .
    incerta submitteret? *C*.1,*P*.4.125
    cum. . . tu regiae laudis orator ingenii gloriam facundiaeque meruisti, .   *C*.2,*P*.3.31
    ut in id aetatis pueris, uel paterni uel auiti specimen elucet ingenii? . .   *C*.2,*P*.4.27
ingenio. Viuit uxor ingenio modesta, pudicitia pudore praecellens *C*.2,*P*.4.19
    machinas uel ingenio comprehendere uel explicare sermone. *C*.4,*P*.6.198
ingenium. si grata intuitu species est, aut materiae naturam aut ingenium
    mirabor artificis. *C*.2,*P*.5.48
ingenuum. Qui serere ingenuum uolet agrum, ...   *C*.3,*M*.1.1
inglorius. pro maxima parte terrarum uideatur inglorius. *C*.3,*P*.6.17
ingratas. Protrahit ingratas impia uita moras. *C*.1,*M*.1.20
ingrauare. Prona tamen facies hebetes ualet ingrauare sensus. *C*.5,*M*.5.9
ingrediamur. Age igitur ingrediamur et unumquodque ut intellegi *Trin*.2.1
ingressus. Impletus est ergo mundus humano genere atque ingressus est homo
    uias suas *Fid*.127
ingruentium. poteritne illius memoria lucis quantalibet ingruentium malorum
    mole deleri, ...   *C*.2,*P*.3.27
inhabitandi. si . . . cogitatione subtraxeris, uix angustissima inhabitandi
    hominibus area relinquetur. *C*.2,*P*.7.19
inhabitare. At quisquis eam inhabitare uelle desierit, pariter desinit etiam
    mereri. *C*.1,*P*.5.19
inhaerens. fatum uero inhaerens rebus mobilibus dispositio *C*.4,*P*.6.34
inhorrescere. Ius est mari nunc. . . blandiri, nunc. . . inhorrescere. *C*.2,*P*.2.27
inhorruit. Cum saeuis aquilonibus Stridens campus inhorruit, ...   *C*.1,*M*.6.10

inimica. perniciosa domus sarcina et ipsi domino uehementer inimica; . . . *C.2,P.5.52*
    sicuti ea quae sunt inimica corrumpunt. *C.3,P.11.80*
inimicum. Sed quem felicitas amicum fecit, infortunium faciet inimicum. . . *C.3,P.5.41*
inimicus. ad nocendum quam familiaris inimicus? *C.3,P.5.42*
iniqua. Nam dum iniqua sibi a pessimis quidam perpeti uidentur, ... *C.4,P.6.186*
iniquae. nec iniquae leges solutis omni necessitate uoluntatibus praemia
    poenasque proponunt. *C.5,P.6.165*
iniqui. Latet obscuris condita uirtus Clara tenebris iustusque tulit Crimen
    iniqui. *C.1,M.5.36*
iniquior. Quae uero, inquies, potest ulla iniquior esse confusio, ... *C.4,P.6.102*
iniquis. Non facit quod optat ipse dominis pressus iniquis. *C.4,M.2.10*
iniquissimum. Idque omnium uidebitur iniquissimum quod nunc aequissimum
    iudicatur *C.5,P.3.88*
iniquitatis. ipsa impunitas quam iniquitatis merito malum esse confessus es." *C.4,P.4.70*
iniquum. impunitos uero elabi iniquum esse manifestum est." *C.4,P.4.62*
iniquus. Heu grauem sortem, quotiens iniquus Additur saeuo gladius
    ueneno!" *C.2,M.6.16*
inire. Flebilis heu maestos cogor inire modos. *C.1,M.1.2*
initium. Ac de proposita quaestione hinc sumamus initium. *Trin.,Prf.34*
    mundum hunc nec habuisse initium temporis nec habiturum esse defec-
    tum, ... *C.5,P.6.32*
iniucundum. cuius satietatem si superfluis urgere uelis, aut iniucundum quod
    infuderis fiet *C.2,P.5.45*
iniungere. "Statuamus iterum esse, sed nihil rebus necessitatis iniungere; . *C.5,P.4.26*
iniuria. quotiens Trigguillam. . .ab incepta, perpetrata iam prorsus iniuria
    deieci, ... *C.1,P.4.37*
    Vnde haud iniuria tuorum quidam familiarium quaesiuit: *C.1,P.4.104*
    numquamne animum tuum concepta ex qualibet iniuria confudit
    anxietas?" *C.3,P.3.17*
    Vnde non iniuria tragicus exclamat: *C.3,P.6.2*
    eiusdem rei praemium esse non iniuria uideri potest, ... *C.4,P.3.6*
    "nec iniuria dici uideo uitiosos,. . .in beluas. . .mutari; *C.4,P.4.1*
    cuncta sua potius facultate. . .utantur? Neque id iniuria; *C.5,P.4.118*
    Haud igitur iniuria diximus haec. . .necessaria, ... *C.5,P.6.134*
iniuriae. eaque mihi etsi ob iniuriae dolorem nuper oblita *C.4,P.1.8*
    "Miserior igitur tibi iniuriae inlator quam acceptor esse uideretur." . *C.4,P.4.126*
iniuriam. Numquam me ab iure ad iniuriam quisquam detraxit. *C.1,P.4.40*
    Quam tibi fecimus iniuriam? Quae tua tibi detraximus bona? . . . *C.2,P.2.4*
    Ascende si placet, sed ea lege ne utique . . . descendere iniuriam putes. *C.2,P.2.33*
    nec intellegitis quantam conditori uestro faciatis iniuriam. *C.2,P.5.78*
    infeliciores eos esse qui faciant quam qui patiantur iniuriam." . . . *C.4,P.4.116*
    cui supplicium inferendum putares, eine qui fecisset an qui pertulisset
    iniuriam?" *C.4,P.4.124*
    apparet inlatam cuilibet iniuriam non accipientis sed inferentis esse
    miseriam." *C.4,P.4.130*
iniurias. si quidem illatas iniurias leniter patienterque tolerasset, . . . *C.2,P.7.71*
iniuriis. Symmachus socer. . .suarum securus tuis ingemiscit iniuriis. . . *C.2,P.4.18*
iniurius. scribere legem . . . ei quam tu tibi dominam sponte legisti, nonne
    iniurius fueris *C.2,P.1.53*
iniusta. sanctaque calcant Iniusta uice colla nocentes. *C.1,M.5.33*
    "Multo igitur infeliciores improbi sunt iniusta impunitate donati . . . *C.4,P.4.72*
    miseriores esse improbos iniusta impunitate dimissos *C.4,P.4.87*
iniustae. praeceptor eius Socrates iniustae uictoriam mortis me adstante
    promeruit? *C.1,P.3.20*
    quaeque tam iniustae confusionis ratio uideatur ex te scire desidero. . *C.4,P.5.16*
iniustas. An distant quia dissidentque mores, Iniustas acies et fera bella
    mouent *C.4,M.4.8*
iniusti. Increpuisti etiam uehementer iniusti factum senatus. *C.1,P.5.32*
iniustum. contraque quod iniustum est malum." *C.4,P.4.65*
inlabuntur. Sentisne," inquit, "haec atque animo inlabuntur tuo, . . . *C.1,P.4.1*
inlacrimat. Alius prole laetatus filii filiaeue delictis maestus inlacrimat. . *C.2,P.4.52*
inlaesum. id tibi diuinitus inlaesum adhuc inuiolatumque seruatur, . . . *C.2,P.4.12*
inlata. eum inlata manu crucis supplicio peremerunt. *Fid.220*
inlatam. apparet inlatam cuilibet iniuriam non accipientis sed inferentis esse
    miseriam." *C.4,P.4.130*
inlatas. si quidem illatas iniurias leniter patienterque tolerasset, ... *C.2,P.7.71*
inlatio. Tum ego: "Mira quidem," inquam, "et concessu difficilis inlatio, . . *C.4,P.4.32*

inlatione. alioquin concessis praecedentibus nihil prorsus est quod de inlatione
    causetur. *C.4,P.*4.39
inlator. "Miserior igitur tibi iniuriae inlator quam acceptor esse uideretur."   *C.4,P.*4.126
inlatum. et illis hoc inlatum consequens esse perspicio." *C.3,P.*10.67
inlecebris. Talis erat cum blandiebatur, cum tibi falsae inlecebris felicita-
    tis alluderet. *C.2,P.*1.32
inlita. Huic licet inlita pocula melle. . . cura ministret, ...   *C.3,M.*2.19
inluminat. similesque auibus sunt quarum intuitum nox inluminat dies caecat.   *C.4,P.*4.97
inlusarum. lethargum patitur communem inlusarum mentium morbum. . .   *C.1,P.*2.12
inlusere. tot prophetarum scripturae populum inlusere credentem, ...   *Eut.*4.114
inluserit. Accipe in huiusmodi arrogantiae leuitate quam festiue aliquis
    inluserit. *C.2,P.*7.67
inlustrare. Atqui non fugare sed illustrare potius nequitiam solent; . . .   *C.3,P.*4.4
inlustrent. Inlustrent aciem magisque caecos In suas condunt animos tenebras.   *C.3,M.*10.11
inlusus. et adscribere mendacii notam summae diuinitati inlusus ipse
    uidebitur, ...   *Eut.*5.62
inluxerit. iam tibi ex hac minima scintillula uitalis calor inluxerit. *C.1,P.*6.55
inmani. Quos ferus uasto recubans in antro Mersit inmani Polyphemus aluo;   *C.4,M.*7.10
inmensi. Aeris inmensi superat globum, ...   *C.4,M.*1.5
inmensum. Terrenis quotiens flatibus aucta Crescit in inmensum noxia cura.   *C.1,M.*2.5
    Et quo caelum regis immensum Firma stabiles foedere terras." *C.1,M.*5.47
    quibus inmensum Legibus orbem prouida seruet *C.3,M.*2.2
inmerito. quod quidem haud inmerito cadit. *C.2,P.*5.84
inminutione. quod inperfectum esse dicitur, id inminutione perfecti inper-
    fectum esse perhibetur.   *C.3,P.*10.10
inminutum. et quoniam angelorum numerum, . . . imminutum noluit conditor
    permanere, ...   *Fid.*71
inmitem. Victor immitem posuisse fertur Pabulum saeuis dominum quadrigis.   *C.4,M.*7.20
inmites. Inmites superos querens Infernas adiit domos. *C.3,M.*12.18
inmixta. si multum . . . fuerit aquae, uini uero paululum, non dicuntur
    inmixta, ...   *Eut.*6.37
inmortalibus. Quod de caelo et de ceteris inmortalibus corporibus secundum
    philosophos dici potest, ...   *Trin.*4.67
inmortalis. quod exspectare longum immortalis praesertim animus putet: .   *C.4,P.*4.22
inmortalitas. intra unius gentis terminos praeclara illa famae inmortalitas
    coartabitur. *C.2,P.*7.44
inmortalitatem. Vos uero inmortalitatem uobis propagare uidemini, ...   *C.2,P.*7.49
inmundis. Foedis inmundisque libidinibus immergitur? *C.4,P.*3.65
inmutabile. quod passibile atque mutabile naturaliter exsisteret, id inmutabile
    permaneret, ...   *Eut.*6.12
    quod uero inmutabile atque inpassibile naturaliter creditur, ...   *Eut.*6.13
inmutabilem. causarum conexione . . . ipsas [ipsam] quoque immutabiles
    [immutabilem] esse *uar.C.4,P.*6.89
inmutabiles. ipsas quoque immutabiles esse necesse est. *C.4,P.*6.89
inmutabili. ut humanitate inmutabili substantia permanente diuinitas
    uerteretur *Eut.*6.10
inmutabilis. rationalium uero alia est inmutabilis atque inpassibilis per
    naturam ut deus, ...   *Eut.*2.24
inmutabilitas. substantia inmutabilitas uirtus sapientia *Pat.*66
inmutare. Sed sibi semper mentiens inprudentia rerum merita non potest
    inmutare *C.1,P.*4.82
inmutaretur. post resurrectionem uero talis exstitit ut ita illud corpus
    inmutaretur humanum, ...   *Eut.*8.87
inmutatio. Haec. . . omnia illa beatissima humani generis fideliter credentium
    inmutatio deprecatur.   *Eut.*8.93
innasci. herbas atque arbores. . . sibi conuenientibus innasci locis, ...   *C.3,P.*11.55
innocens. Praeterea penetral innocens domus, . . . coetus amicorum, . . . de-
    fendunt. *C.1,P.*4.146
innocentiae. Itane nihil fortunam puduit si minus accusatae innocentiae, at
    accusantium uilitatis? *C.1,P.*4.71
innocentiam. posse contra innocentiam, quae sceleratus quisque conceperit   *C.1,P.*4.102
    uniuersi innocentiam senatus quanta mei periculi securitate defenderim.   *C.1,P.*4.115
    Sed innocentiam nostram quis exceperit euentus uides; *C.1,P.*4.121
    desinet colere forsitan innocentiam per quam non potuit retinere
    fortunam. *C.4,P.*6.137
innocentis. Atqui Philosophiae fas non erat incomitatum relinquere iter
    innocentis; *C.1,P.*3.13

innotescere. humani generis conditionem atque originem uoluit innotescere,   *Fid*.88
innotuit. Quae sese adhuc uelat aliis, tota tibi prorsus innotuit. *C*.2,*P*.1.35
innumerabiles. ut una dubitatione succisa innumerabiles aliae uelut Hydrae
    capita succrescant, ...   *C*.4,*P*.6.8
innumeras. Opilionem uero atque Gaudentium cum ob innumeras multi-
    plicesque fraudes *C*.1,*P*.4.60
innumeri. Quos innumeri metuunt populi Summos gaudent subdere reges. .   *C*.1,*M*.5.40
innutritum. Hunc uero Eleaticis atque Academicis studiis innutritum? . . .   *C*.1,*P*.1.39
inoboedientiae. fecit etiam ipsum eiusque comparem, . . . inoboedientiae
    suppliciis subiacere, ...   *Fid*.83
    inoboedientiae delictis teneretur adstrictus? *Eut*.8.25
inoboedientiam. ut humana salus quae per primi hominis inoboedientiam
    deperierat *Fid*.196
inopem. nudum rebus omnibus inopemque suscepi, meis opibus foui *C*.2,*P*.2.10
inopes. si apud unum quanta est . . . congeratur, ceteros sui inopes fecerit. .   *C*.2,*P*.5.15
    O igitur angustas inopesque diuitias *C*.2,*P*.5.19
inopia. ut eum in scelera potius exacerbare possit rei familiaris inopia; . .   *C*.4,*P*.6.170
inopia. indicta coemptio profligatura inopia Campaniam prouinciam uide-
    retur, ...   *C*.1,*P*.4.45
inopiam. nos uero per inopiam significantium uocum *Eut*.3.25
inopina. Venit enim properata malis inopina senectus *C*.1,*M*.1.9
inopinabile. ne opinionem populi sequentes quiddam ualde inopinabile
    confecerimus." *C*.4,*P*.7.32
inopinabiles. Sed eam si placet inter eas quas inopinabiles paulo ante posuisti
    numeremus." "Qui?" inquit. *C*.4,*P*.7.11
inopinatum. casum esse inopinatum ex confluentibus causis in his quae ob
    aliquid geruntur euentum; *C*.5,*P*.1.54
inopinatus. quarum inprouisus inopinatusque concursus casum uidetur
    operatus. *C*.5,*P*.1.44
inops. Neque enim sapientum quisquam exul inops ignominiosusque esse
    malit, ...   *C*.4,*P*.5.5
inops. Neque enim uerborum inops Graecia est, ut Marcus Tullius alludit, .   *Eut*.3.58
    quam multos clarissimos . . . uiros scriptorum inops deleuit obliuio! . .   *C*.2,*P*.7.46
inparem. Adeo ut iam me post haec inparem fortunae ictibus esse non arbitrer.   *C*.3,*P*.1.6
inpassibile. quod uero inmutabile atque inpassibile naturaliter creditur, . .   *Eut*.6.13
inpassibilis. rationalium uero alia est inmutabilis atque inpassibilis per
    naturam ut deus, ...   *Eut*.2.25
    mutabilis atque passibilis, nisi inpassibilis gratia substantiae *Eut*.2.26
inpassibilitatis. nisi inpassibilis gratia substantiae ad inpassibilitatis firmi-
    tudinem permutetur *Eut*.2.27
inpatientem. et quod te nunc inpatientem nostri facit, fauore prona . . . educaui,   *C*.2,*P*.2.11
inpatientia. nonne iniurius fueris et inpatientia sortem exacerbes *C*.2,*P*.1.54
inpatientiae. Quis est ille tam felix qui cum dederit inpatientiae manus, .   *C*.2,*P*.4.65
inpendisse. Num te praeterit Paulum Persi . . . calamitatibus pias inpendisse
    lacrimas? *C*.2,*P*.2.38
inperfecta. Quod si, . . . est quaedam boni fragilis inperfecta felicitas, ...   *C*.3,*P*.10.20
inperfecta. uel imagines ueri boni uel inperfecta quaedam bona dare
    mortalibus uidentur, ...   *C*.3,*P*.9.92
inperfecti. Quoniam igitur quae sit imperfecti, . . . boni forma uidisti, . . .   *C*.3,*P*.10.1
inperfectum. quod inperfectum esse dicitur, id inminutione perfecti inper-
    fectum esse perhibetur. *C*.3,*P*.10.10
    id inminutione perfecti inperfectum esse perhibetur. *C*.3,*P*.10.11
    si in quolibet genere inperfectum quid esse uideatur, ...   *C*.3,*P*.10.12
    unde illud quod inperfectum perhibetur exstiterit ne fingi quidem potest.   *C*.3,*P*.10.14
inperfectum. et a uero atque perfecto ad falsum imperfectumque traducit. .   *C*.3,*P*.9.12
inportat. ita praescientia futurorum nihil his quae uentura sunt necessitatis
    importat.   *C*.5,*P*.4.62
inportet. nonne si qua parte defuerit, felicitatem minuat, miseriam inportet?   *C*.3,*P*.5.9
inportuna. quod est forsitan alicuius tam praeceps atque inportuna natura .   *C*.4,*P*.6.169
inposita. ut inposita nobilibus necessitudo uideatur ne a maiorum uirtute
    degeneret.   *C*.3,*P*.6.28
inpotens. Quod luctus dabat impotens, Quod luctum geminans amor, . . .   *C*.3,*M*.12.24
inpotentia. hac inpotentia subintrat quae miseros facit: *C*.3,*P*.5.13
    Considera uero quanta sceleratos homines habeat impotentia. *C*.4,*P*.2.81
inpotentis. Nec speres aliquid nec extimescas, Exarmaueris impotentis iram.   *C*.1,*M*.4.14
inprecer. Quid dignum stolidis mentibus inprecer? *C*.3,*M*.8.19
inprobis, inprobos, *u*. **imp-**.

inprouisus. quarum inprouisus inopinatusque concursus casum uidetur
    operatus. *C*.5,*P*.1.44
inprudentia. meos esse familiares inprudentia rata nonnullos eorum profanae
    multitudinis errore peruertit. *C*.1,*P*.3.29
    Sed sibi semper mentiens inprudentia rerum merita non potest inmutare   *C*.1,*P*.4.82
inpudentiae. qui inscientiae uitium praesumptionis atque inpudentiae nube
    conentur obducere, ... *Eut.*,*Prf*.41
inpugnare. permulta. . .quae hunc sensum inpugnare ualeant atque per-
    fringere, ... *Eut.*4.127
inpunita, *u.* impunita.
inquam. *Eut.*4.103; *C*.1,*P*.3.6; 1,*P*.4.113; 1,*P*.6.4; 1,*P*.6.8; 1,*P*.6.20; 1,*P*.6.26; 1,*P*.6.28;
    C.1,*P*.6.34; 2,*P*.3.5; 2,*P*.4.1; 2,*P*.4.21; 2,*P*.4.35; 2,*P*.7.1; 2,*P*.7.78; 3,*P*.1.3; 3,*P*.1.17;
    C.3,*P*.3.18; 3,*P*.3.21; 3,*P*.3.23; 3,*P*.3.24; 3,*P*.3.26; 3,*P*.3.28; 3,*P*.3.33; 3,*P*.3.37;
    C.3,*P*.3.39; 3,*P*.3.41; 3,*P*.9.4; 3,*P*.9.14; 3,*P*.9.17; 3,*P*.9.21; 3,*P*.9.32; 3,*P*.9.35;
    C.3,*P*.9.38; 3,*P*.9.45; 3,*P*.9.49; 3,*P*.9.67; 3,*P*.9.71; 3,*P*.9.73; 3,*P*.9.78; 3,*P*.9.88;
    C.3,*P*.9.90; 3,*P*.9.94; 3,*P*.9.98; 3,*P*.9.103; 3,*P*.10.22; 3,*P*.10.38; 3,*P*.10.42; 3,*P*.10.62;
    C.3,*P*.10.64; 3,*P*.10.66; 3,*P*.10.79; 3,*P*.10.91; 3,*P*.10.94; 3,*P*.10.100; 3,*P*.10.102;
    C.3,*P*.10.109; 3,*P*.10.118; 3,*P*.10.142; 3,*P*.11.1; 3,*P*.11.4; 3,*P*.11.17; 3,*P*.11.21;
    C.3,*P*.11.27; 3,*P*.11.41; 3,*P*.11.45; 3,*P*.11.103; 3,*P*.11.107; 3,*P*.11.112; 3,*P*.11.120;
    C.3,*P*.12.1; 3,*P*.12.7; 3,*P*.12.9; 3,*P*.12.13; 3,*P*.12.35; 3,*P*.12.37; 3,*P*.12.38; 3,*P*.12.43;
    C.3,*P*.12.47; 3,*P*.12.53; 3,*P*.12.57; 3,*P*.12.60; 3,*P*.12.62; 3,*P*.12.65; 3,*P*.12.74;
    C.3,*P*.12.76; 3,*P*.12.79; 3,*P*.12.80; 3,*P*.12.82; 4,*P*.1.5; 4,*P*.2.1; 4,*P*.2.20; 4,*P*.2.24;
    C.4,*P*.2.28; 4,*P*.2.31; 4,*P*.2.35; 4,*P*.2.43; 4,*P*.2.52; 4,*P*.2.54; 4,*P*.2.56; 4,*P*.2.60;
    C.4,*P*.2.67; 4,*P*.2.123; 4,*P*.2.127; 4,*P*.4.1; 4,*P*.4.17; 4,*P*.4.32; 4,*P*.4.42; 4,*P*.4.50;
    C.4,*P*.4.53; 4,*P*.4.56; 4,*P*.4.61; 4,*P*.4.75; 4,*P*.4.91; 4,*P*.4.117; 4,*P*.4.120; 4,*P*.4.122;
    C.4,*P*.4.125; 4,*P*.4.128; 4,*P*.5.1; 4,*P*.6.1; 4,*P*.6.20; 4,*P*.7.2; 4,*P*.7.4; 4,*P*.7.8; 4,*P*.7.17;
    C.4,*P*.7.19; 4,*P*.7.20; 4,*P*.7.24; 4,*P*.7.29; 4,*P*.7.32; 4,*P*.7.37; 5,*P*.1.3; 5,*P*.1.13;
    C.5,*P*.1.33; 5,*P*.1.37; 5,*P*.2.1; 5,*P*.3.1; 5,*P*.3.4; 5,*P*.5.6
inquies. Estne aliquid tibi te ipso pretiosius? Nihil inquies. *C*.2,*P*.4.75
    Num id mentior? 'Minime,' inquis [inquies]. *coni.C*.2,*P*.5.96
    Sed adest, inquies, opulentis quo famem satient, ... *C*.3,*P*.3.48
    'Sed possunt,' inquies, 'mali.' *C*.4,*P*.2.113
    Ferox atque inquies linguam litigiis exercet? Cani comparabis. *C*.4,*P*.3.58
    Quae uero, inquies, potest ulla iniquior esse confusio, ... *C*.4,*P*.6.102
    Sed praescientia, inquies, tametsi futuris eueniendi necessitas non est, . *C*.5,*P*.4.28
    'Sed si in mea,' inquies, 'potestate situm est mutare propositum, . . . *C*.5,*P*.6.139
    Quid igitur inquies? Ex meane dispositione scientia diuina mutabitur, . *C*.5,*P*.6.148
inquirebam. quae ex duabus naturis uel in duabus consisterent differentias
    inquirebam, ... *Eut.*,*Prf*.14
inquirendum. Sed quemadmodum bona sint, inquirendum est, utrumne par-
    ticipatione an substantia? *Quo.*60
inquirendum. In quo illud primum arbitror inquirendum, an aliquod . . . *C*.3,*P*.10.4
inquirentibus. Vestiganda sunt igitur haec inquirentibus hoc modo. *Eut.*2.12
inquis. Num id mentior? 'Minime,' inquis. *C*.2,*P*.5.96
    Sed hoc, inquis, ipsum dubitatur, an earum rerum *C*.5,*P*.4.62
inquisita. nedum ad inquisita respondere queam." *C*.1,*P*.6.21
inquit. *Eut.*4.69; *C*.1,*P*.1.29; 1,*P*.2.1; 1,*P*.2.11; 1,*P*.3.10; 1,*P*.4.1; 1,*P*.4.97; 1,*P*.4.105;
    C.1,*P*.5.3; 1,*P*.6.5; 1,*P*.6.12; 1,*P*.6.22; 1,*P*.6.39; 2,*P*.3.10; 2,*P*.4.6; 2,*P*.4.38; 2,*P*.7.74;
    C.2,*P*.7.75; 3,*P*.1.10; 3,*P*.1.18; 3,*P*.1.22; 3,*P*.3.23; 3,*P*.3.27; 3,*P*.3.37; 3,*P*.9.26;
    C.3,*P*.9.50; 3,*P*.9.75; 3,*P*.9.87; 3,*P*.9.99; 3,*P*.9.105; 3,*P*.10.23; 3,*P*.10.40; 3,*P*.10.64;
    C.3,*P*.10.68; 3,*P*.10.81; 3,*P*.10.95; 3,*P*.10.101; 3,*P*.10.103; 3,*P*.11.2; 3,*P*.11.6;
    C.3,*P*.11.8; 3,*P*.11.28; 3,*P*.11.31; 3,*P*.11.42; 3,*P*.11.105; 3,*P*.11.108; 3,*P*.11.117;
    C.3,*P*.11.120; 3,*P*.12.5; 3,*P*.12.11; 3,*P*.12.27; 3,*P*.12.33; 3,*P*.12.45; 3,*P*.12.48;
    C.3,*P*.12.63; 3,*P*.12.69; 3,*P*.12.75; 3,*P*.12.77; 3,*P*.12.80; 3,*P*.12.100; 4,*P*.1.20;
    C.4,*P*.2.3; 4,*P*.2.25; 4,*P*.2.45; 4,*P*.2.53; 4,*P*.2.71; 4,*P*.2.124; 4,*P*.2.125; 4,*P*.4.6;
    C.4,*P*.4.19; 4,*P*.4.34; 4,*P*.4.42; 4,*P*.4.51; 4,*P*.4.53; 4,*P*.4.77; 4,*P*.4.95; 4,*P*.4.118;
    C.4,*P*.5.23; 4,*P*.6.6; 4,*P*.7.3; 4,*P*.7.4; 4,*P*.7.12; 4,*P*.7.15; 4,*P*.7.39; 5,*P*.1.8; 5,*P*.1.17;
    C.5,*P*.1.18; 5,*P*.1.36; 5,*P*.2.5; 5,*P*.3.2; 5,*P*.4.1
inquiunt. "Pater," inquiunt, "deus filius deus spiritus sanctus deus." . . . *Trin.*1.8
    "Ipse est pater qui filius?" "Minime," inquiunt. *Trin.*3.49
inrationabiles. An quia inrationabiles substantiae non possunt habere per-
    sonam qua *Eut.*4.84
inrationabilibus. Quare autem de inrationabilibus animalibus Graecus ὑπό-
    στασιν non dicat, ... *Eut.*3.72
inrationales. sensibilium aliae rationales, aliae inrationales. *Eut.*2.22
inreflexo. Vltimus caelum labor inreflexo Sustulit collo *C*.4,*M*.7.29

inrepserit. per quod, uelut hiante ualli robore, in animum tuum perturbationum morbus inrepserit? *C.*1,*P.*6.24
inresoluto. Stringatque ligans inresoluto Singula nexu, ...   *C.*3,*M.*2.4
inridemus. At nos desuper inridemus uilissima rerum quaeque rapientes . .   *C.*1,*P.*3.46
inrigat. Hiemem defluus inrigat imber. *C.*4,*M.*6.29
inrogare. ut contumeliam uideatur diuinis tractatibus inrogare *Trin.*,*Prf.*14
inrubuit. Cum nemus flatu Zephyri tepentis Vernis inrubuit rosis, ...   *C.*2,*M.*3.6
insani. Vertere praui [insani] rabiem Neronis? *coni.C.*2,*M.*6.15
insania. duos uero esse dicere Christos nihil est aliud nisi praecipitatae
  mentis insania. *Eut.*4.46
insaniat. "aliquis qui omnia posse homines putet?" "Nisi quis insaniat,
  nemo." *C.*4,*P.*2.126
insanum. Spiret insanum nebulosus Auster: *C.*2,*M.*3.7
insanus. conticui metuens ne iure uiderer insanus, ...   *Eut.*,*Prf.*32
inscientiae. qui inscientiae uitium praesumptionis atque inpudentiae nube
  conentur obducere, ...   *Eut.*,*Prf.*40
  quasi non deterior fiat inscientiae causa, dum tegitur. *Eut.*,*Prf.*44
inscii. quae uos uerae dignitatis ac potestatis inscii caelo exaequatis? . .   *C.*2,*P.*6.2
inscitia. Error uos inscitiaque confundit. *C.*2,*P.*4.73
  Cur enim relicta uirtute uitia sectantur? Inscitiane bonorum? *C.*4,*P.*2.94
inscitiae. Cedat inscitiae nubilus error, Cessent profecto mira uideri." . .   *C.*4,*M.*5.21
  ubi oculos . . . deiecerint, mox inscitiae nube caligant, ...   *C.*5,*P.*2.23
inscitiam. "Memini," inquam, "me inscitiam meam fuisse confessum, . . .   *C.*3,*P.*12.9
insectabare. eamque de nostro adyto prolatis insectabare sententiis. . . .   *C.*2,*P.*1.15
inseparabili. Quae cum ita sint, de malorum quoque inseparabili poena
  dubitare sapiens nequeat. *C.*4,*P.*3.32
insequendi. multo magis non insequendi sed miserandi sunt quorum mentes   *C.*4,*P.*4.153
inserant. ut utentium mentibus uirtutes inserant uitia depellant? *C.*3,*P.*4.3
inseras. peto ut mei nominis hoc quoque inseras chartis; *Eut.*,*Prf.*49
inserit. Mors hominum felix quae se nec dulcibus annis Inserit et maestis
  saepe uocata uenit. *C.*1,*M.*1.14
  Nunc summis caput inserit, Nunc decedit in infima, ...   *C.*5,*M.*4.22
inserta. Est enim mentibus hominum ueri boni naturaliter inserta cupiditas,   *C.*3,*P.*2.14
inseruit. Tu mihi et qui te sapientium mentibus inseruit deus conscii . . .   *C.*1,*P.*4.29
inseruiente. seu tota inseruiente natura seu caelestibus siderum motibus . . .
  fatalis series texitur, ...   *C.*4,*P.*6.53
inseruirent. quos sibi conditor gratiae sequestraret eiusque placitis inseruirent;   *Fid.*123
insidentibus. cum eisdem in curia curules insidentibus . . . gloriam . . . meruisti,   *C.*2,*P.*3.30
insidiantis. nisi uoluntatem insidiantis fraudibus applicasset. *Eut.*8.69
insidiator. Insidiator occultus subripuisse fraudibus gaudet? Vulpeculis
  exaequetur. *C.*4,*P.*3.59
insidiis. Potentiamne desideras? Subiectorum insidiis obnoxius periculis
  subiacebis. *C.*3,*P.*8.9
insigne. Hic iam fit illud fatalis ordinis insigne miraculum, ...   *C.*4,*P.*6.124
insigne. prouidentia protulit insigne miraculum, ut malos mali bonos
  facerent. *C.*4,*P.*6.185
insignita. Statua . . . secundum formam qua in eo insignita est effigies . .   *Trin.*2.23
insigniti. inter utrasque litteras in scalarum modum gradus quidam insigniti
  uidebantur *C.*1,*P.*1.20
  uti ni . . . Rauenna urbe decederent, notas insigniti frontibus pellerentur.   *C.*1,*P.*4.65
insignitur. si in sentiendis, inquam, corporibus animus non passione insignitur, ...   *C.*5,*P.*5.6
insipiens. (nec tam erit insipiens quisquam, utqui utramque earum a ratione
  seiungat) *Eut.*4.18
insita. Atqui et tu insita nobis omnem rerum mortalium cupidinem . . . pellebas *C.*1,*P.*4.138
  uerum insita summi Forma boni liuore carens, ...   *C.*3,*M.*9.5
insiti. ego nondum penitus insiti maeroris oblitus *C.*4,*P.*1.3
insitis. Atque haec . . . insitis domesticisque probationibus explicabas." . . .   *C.*3,*P.*12.99
insitum. Itane autem nullum est proprium uobis atque insitum bonum . .   *C.*2,*P.*5.70
insitum. cui persuasum atque insitum permultis demonstrationibus scio . .   *C.*2,*P.*4.92
insitus. cum haec auribus insonare desierint, insitus animum maeror praegrauat." *C.*2,*P.*3.9
insolens. omnis aduersitatis insolens minimis quibusque prosternitur; . . .   *C.*2,*P.*4.56
insolentia. tum loquendi diuersitate tum commercii insolentia *C.*2,*P.*7.28
insolubilibus. quem uitiosae libidines insolubilibus adstrictum retinent
  catenis, ...   *C.*2,*P.*6.59

deus et materia integro perfectoque intellectu intellegi non possunt, . .   *Eut.*1.13
nec uero eius quae intellectu ac ratione deseritur *Eut.*2.33
intellectualiter. in mathematicis disciplinaliter, in diuinis intellectualiter
    uersari oportebit *Trin.*2.17
intellectum. illic quoque indignum esse intellectum huiusmodi applicare; . .   *Fid.*46
    Igitur uti est ad intellectum ratiocinatio, ad id quod est id quod gignitur,   *C.*4,*P.*6.79
intellectus. Quorum ut amplior fiat intellectus exempla subdenda sunt. . .   *Trin.*4.13
    Intellectus enim uniuersalium rerum ex particularibus sumptus est. . .   *Eut.*3.35
intellegam. attingere atque temptare, ut qui modus sit tuae curationis
    intellegam?" *C.*,1,*P.*6.3
intellegant. uerum in huiusmodi contentionibus ne id quidem quod ipsi
    loquantur intellegant, ...   *Eut.*,*Prf.*44
intellegas. Nam si hominem intellegas, idem . . . quoniam homo ex natura, deus
    adsumptione. *Eut.*7.68
    Si uero deum intellegas, idem . . . quoniam natura deus est, homo
    adsumptione. *Eut.*7.70
    "Atque ut intellegas quaenam sit huius potentiae uis, ...   *C.*4,*P.*2.121
intellegatur. quibus eiusdem religionis intellegatur auctoritas, ...   *Trin.*1.4
intellegendum. Sed quoniam te ad intellegendum promptissimum esse
    conspicio, ...   *C.*4,*P.*2.73
intellegens. ueluti si hanc proponas: . . . nullus id intellegens neget. *Quo.*23
intellegentia. Ipsum quoque hominem aliter sensus, aliter imaginatio, aliter
    ratio, aliter intellegentia contuetur. *C.*5,*P.*4.84
    sed intellegentia quasi desuper spectans concepta forma . . . diiudicat,   *C.*5,*P.*4.97
    ratio uero humani tantum generis est sicut intellegentia sola diuini. . .   *C.*5,*P.*5.18
intellegentia. Et cum haec ita intellegentia discernantur permisceanturque,
    tamen *Eut.*7.60
intellegentiae. Qui modus cum in ipsa diuinae intellegentiae puritate con-
    spicitur, prouidentia nominatur; *C.*4,*P.*6.27
    Intellegentiae uero celsior oculus exsistit; *C.*5,*P.*4.88
    Quare in illius summae intellegentiae cacumen, si possumus, erigamur; .   *C.*5,*P.*5.51
intellegentiam. Simile est quod humana ratio diuinam intellegentiam futura,
    . . . non putat intueri. *C.*5,*P.*5.40
intellegentibus. Haec autem pie intellegentibus et ueraci corde tenentibus
    satis abundeque relucent. *Fid.*95
intelleget. quisquis reminisci libidinum suarum uolet, intelleget. *C.*3,*P.*7.8
intellegi. ex eo quod raris id est uobis tantum conloquor, intellegi potest. . .   *Trin.*,*Prf.*8
    praeter alteritatem enim nec pluralitas quid sit intellegi potest. *Trin.*1.15
    Age igitur ingrediamur et unumquodque ut intellegi atque capi potest .   *Trin.*2.1
    quod uix intellegi potuit interpretatum est, ...   *Trin.*5.39
    et ut quidque intellegi potest ita aggredi etiam intellectu oportet. . . .   *Trin.*6.25
    intellegi non possunt, sed aliquo tamen modo . . . capiuntur. *Eut.*1.14
    nulla uero intellegi adsumptio potest, si manet aeque *Eut.*4.120
    Contra quos respondendum est tres intellegi hominum posse status: . .   *Eut.*8.40
intellegimus. Ex his igitur intellegimus patrem ac filium ac spiritum sanctum
    non de ipsa diuinitate substantialiter dici *Pat.*44
intellegis. 'Iam tandem,' inquit, 'intellegis me esse philosophum?' *C.*2,*P.*7.74
    Nondum forte quid loquar intellegis. *C.*2,*P.*8.5
intellegitis. nec intellegitis quantam conditori uestro faciatis iniuriam. . . .   *C.*2,*P.*5.77
intellegitur. ὑφίστασθαι uero substare intellegitur. *Eut.*3.57
    Postremo quod a qualibet re diuersum est, id non est illud a quo
    intellegitur esse diuersum. *C.*3,*P.*10.55
intellego. Intellego multiformes illius prodigii fucos *C.*2,*P.*1.6
    "Intellego," inquam, "quid inuestigandum proponas, ...   *C.*3,*P.*10.109
intellexeram. Tum ille nimium mordaciter: 'Intellexeram,' inquit, 'si
    tacuisses.' *C.*2,*P.*7.75
intemerata. manet intemerata mortalibus arbitrii libertas *C.*5,*P.*6.164
intemperans. Irae intemperans fremit? Leonis animum gestare credatur. . .   *C.*4,*P.*3.60
intemperantia. Sic quoque intemperantia fragiles qui obluctari uitio ne-
    queunt. *C.*4,*P.*2.96
intemperiem. cortex aduersum caeli intemperiem quasi mali patiens defensor
    opponitur? *C.*3,*P.*11.68
intempestiui. Intempestiui funduntur uertice cani *C.*1,*M.*1.11
intendebatur. aliudque quibusdam de causis quam quod intendebatur obtingit,
    casus uocatur. *C.*5,*P.*1.40
intendentes. aiunt . . . in duabus uero minime, hoc scilicet intendentes, . . .   *Eut.*6.84
intendit. Neque . . . uel qui agrum exercuit ut ea pecunia reperiretur intendit;   *C.*5,*P.*1.52

intenta. Tum uero totis in me intenta luminibus: *C.*1,*P.*2.2
intentio. quis sit rerum finis, quoue totius naturae tendat intentio?" *C.*1,*P.*6.25
   In. . .talibus humanorum actuum uotorumque uersatur intentio, . . . *C.*3,*P.*2.31
   Neque enim uile . . . quod adipisci omnium fere mortalium laborat
     intentio. *C.*3,*P.*2.62
   ad uerum bonum naturalis ducit intentio et ab eodem multiplex error
     abducit. *C.*3,*P.*3.5
   quarum omnis ad explendam corporalem lacunam festinat intentio. . . *C.*3,*P.*7.11
   ad quod eos naturalis ducit ac paene compellit intentio. *C.*4,*P.*2.78
intentione. sed de naturali intentione tractamus, ... *C.*3,*P.*11.87
   non ex animali motione sed ex naturali intentione procedit. *C.*3,*P.*11.97
   "Cum. . .omnia. . .ad bonum naturali intentione festinent, ... *C.*3,*P.*12.50
   boni pariter ac mali indiscreta intentione ad bonum peruenire nituntur?" *C.*4,*P.*2.34
   ex obuiis sibi et confluentibus causis, non ex gerentis intentione . . . *C.*5,*P.*1.49
intentionem. quod nullis extra cogentibus abiciant manendi intentionem . . *C.*3,*P.*11.48
   intentionem dicere adhuc aliquid parantis abrupi. *C.*4,*P.*1.3
   intentionem omnem uoluntatis humanae. . .ad beatitudinem festinare?" *C.*4,*P.*2.26
inter. *Trin.*3.32; 3.51; 4.70; *Eut.,Prf.*33; *Eut.*2.3; 4.5; 4.103; 6.46; 7.75; 8.60; *C.*1,*P.*1.19;
   *C.*1,*P.*4.26; 2,*P.*1.57; 2,*P.*6.16; 2,*P.*7.38; 2,*P.*7.42; 2,*P.*8.19; 3,*P.*3.16; 3,*P.*4.39;
   *C.*3,*P.*5.31; 3,*P.*6.17; 3,*P.*11.16; 4,*P.*2.132; 4,*P.*6.180; 4,*P.*7.11; 5,*P.*3.101
interdum. gignendi opus, quod natura semper appetit, interdum coercet
   uoluntas. *C.*3,*P.*11.95
interea. Sedet interea conditor altus *C.*4,*M.*6.34
intereant. et ne, dum manere possunt, intereant, elaborat. *C.*3,*P.*11.62
interempto. Fratre qui quondam ferus interempto *C.*2,*M.*6.3
intererat. indiuiduos homines quorum intererat in tragoedia uel in comoedia *Eut.*3.18
intererit. Nihil enim intererit, cur non sanctos quoque uiros eadem
   appellatione dignetur, ... *Eut.*4.88
interesse. nunc caeno nunc sideribus interesse uidearis. *C.*4,*P.*4.108
interest. tantumque inter nostrarum rerum praesens, quod est nunc, interest
   ac diuinarum, ... *Trin.*4.71
   sed interest, quod albedo accidit albo, qua sublata perit nimirum album. *Trin.*5.10
   quae in comoediis tragoediisque eos quorum interest homines reprae-
     sentabant. *Eut.*3.9
interim. Sed hoc interim ad eam dictum sit significationem *Trin.*3.41
   —si tamen interim diuinum illud semper tempus dici potest— *Trin.*4.95
   Hoc interim constet quod inter naturam personamque differre *Eut.*4.5
   de argumentorum copia tamen haec interim libasse sufficiat. *Eut.*4.128
   excitetque interim quiescentes intrinsecus formas, ... *C.*5,*P.*5.4
interiora. quod ad interiora transmissum ualidioribus haustibus uiam fecerit. *C.*2,*P.*1.20
interiore. Quid quod mollissimum quidque, . . . interiore semper sede reconditur, ... *C.*3,*P.*11.65
interire. poenalem multitudinem effusa diluuii inundatione. . .interire permisit. *Fid.*134
   sed interire atque dissolui pariter atque unum destiterit?" *C.*3,*P.*11.29
   cum. . .utriusque separatione dissoluitur, interire nec iam esse animal
     liquet. *C.*3,*P.*11.34
   patebit subsistere. . .dum unum est, cum uero unum esse desinit,
     interire." *C.*3,*P.*11.41
   ubi quantum earum natura queat cito exarescere atque interire non
     possint. *C.*3,*P.*11.56
interitum. —magnae non ad morbum modo uerum ad interitum quoque
   causae. *C.*1,*P.*6.49
   uenire ad interitum corruptionemque desideret?" *C.*3,*P.*11.44
   nihil inuenio quod. . .abiciant manendi intentionem et ad interitum
     sponte festinent. *C.*3,*P.*11.48
interitus. ut et corporum atque animarum corruptio et mortis proueniret
   interitus *Fid.*106
interius. ut degustata quidem mordeant, interius autem recepta dulcescant. *C.*3,*P.*1.14
   Atque ut me interius animaduertisse cognoscas, ... *C.*3,*P.*9.83
interminabilem. ad interminabilem diuturnitatem ne comparari quidem
   potest. *C.*2,*P.*7.57
   Aliud est enim per interminabilem duci uitam, quod mundo Plato tribuit, *C.*5,*P.*6.35
interminabilis. Aeternitas igitur est interminabilis uitae tota simul et
   perfecta possessio, ... *C.*5,*P.*6.10
interminabilis. Quod igitur interminabilis uitae plenitudinem totam pariter
   comprehendit ac possidet, ... *C.*5,*P.*6.25
   aliud interminabilis uitae totam pariter complexum esse praesentiam, *C.*5,*P.*6.36

internoscimus. Cuius praedicationis differentiam sic facilius internoscimus: *Trin*.4.84
interpretamur. quod uero illi ὑπόστασιν uel ὑφίστασθαι, id nos substantiam
    uel substare interpretamur. *Eut*.3.45
interpretaremur. cumque hunc errorem duplicem interpretaremur celare
    sententiam, ... *Eut*.7.96
interpretatione. in rebus quae a Graecis agitata Latina interpretatione
    translata sunt: *Eut*.3.30
interpretatum. quod uix intellegi potuit interpretatum est, ... *Trin*.5.39
interprete. a prudente uero rationis interprete suis unumquodque aptabitur
    argumentis. *Quo*.54
interrogabimus. De quibus illud disiunctum nascitur, quod interrogabimus
    hoc modo: *Eut*.5.48
interrogas. "Hocine interrogas an esse me sciam rationale animal atque
    mortale? *C*.1,*P*.6.36
interrogem. Si igitur interrogem, an qui dicitur pater substantia sit, . . . *Pat*.5
interrogo. Primum igitur te ipsum qui paulo ante diuitiis affluebas, interrogo: *C*.3,*P*.3.15
intextum. Harum in extrema margine ·Π· Graecum, in supremo uero ·Θ·,
    legebatur intextum. *C*.1,*P*.1.19
intima. Cum flagrantior intima Feruor pectoris ureret, ... *C*.3,*M*.12.14
    Qui tamen intima uiscera terrae Non ualet... perrumpere luce. *C*.5,*M*.2.4
intimam. num igitur poterit intueri illam intimam temperiem,...animorum? *C*.4,*P*.6.111
intimi. In se reuoluat intimi lucem uisus *C*.3,*M*.11.3
intimis. et ex intimis sumpta philosophiae disciplinis *Trin*.,*Prf*.17
intimus. qui est intimus ad simplicitatem medietatis accedit *C*.4,*P*.6.67
intolerabiles. quam intolerabiles dolores...solent referre corporibus! . . . *C*.3,*P*.7.4
intolerabili. dum intolerabili dolore confundat quos insperata reliquerit. . . *C*.2,*P*.1.8
intra. et quamuis nomen ipsum Christi uetus intra semet continuerit in-
    strumentum *Fid*.3
    uti ni intra praescriptum diem Rauenna urbe decederent, ... *C*.1,*P*.4.64
    quidquid intra fortunae aream geritur, ... *C*.2,*P*.1.50
    et intra commune omnibus regnum locatus proprio uiuere iure desideres. *C*.2,*P*.2.45
    Quid igitur o mortales extra petitis intra uos positam felicitatem? . . . *C*.2,*P*.4.72
    et intra unius gentis terminos praeclara illa famae inmortalitas
    coartabitur. *C*.2,*P*.7.43
    cunctaque intra se bona continens, ... *C*.3,*P*.2.8
    rationes...intra rei quam tractabamus ambitum collocatas *C*.3,*P*.12.109
intrasses. si uitae huius callem uacuus uiator intrasses,coram latrone cantares. *C*.2,*P*.5.102
intrepidum. Iunxitque intrepidum latus Saeuis cerua leonibus, ... *C*.3,*M*.12.10
intrinsecus. excitetque interim quiescentes intrinsecus formas, ... *C*.5,*P*.5.5
introduxerat. excepto Noe...cum suis liberis atque his quae secum in arcam
    introduxerat *Fid*.133
introeas. qua egrediaris introeas, nunc uero quo introieris egrediare, ... *C*.3,*P*.12.84
introieris. qua egrediaris introeas, nunc uero quo introieris egrediare, ... *C*.3,*P*.12.84
introire. atque in uniuersum mundum ad uitam praecipit introire, ... *Fid*.231
introitus. muscularum...uel morsus uel in secreta quaeque reptantium necat
    introitus? *C*.2,*P*.6.21
introrsum. Haeret profecto semen introrsum ueri *C*.3,*M*.11.11
    Introrsumque reconditis Formis miscet imagines. *C*.5,*M*.4.39
introspectis. nonne introspectis uisceribus ... corpus turpissimum uideretur? *C*.3,*P*.8.24
intueamur. Sed quae proposuimus intueamur. *C*.3,*P*.12.30
    intueamur nunc quantum fas est, quis sit diuinae substantiae status, . *C*.5,*P*.6.3
intuearis. cum herbas atque arbores intuearis primum...innasci locis, . . . *C*.3,*P*.11.54
intuemur. Plura etenim dum fiunt subiecta oculis intuemur, ... *C*.5,*P*.4.48
intuens. in extrema lectuli mei parte consedit meumque intuens uultum luctu
    grauem *C*.1,*P*.1.49
intuenti. Neque enim pensius subtiliusque intuenti idem uidebitur esse
    subsistentia quod substantia. *Eut*.3.40
intuentur. Dum enim non rerum ordinem, sed suos intuentur affectus, . . . *C*.4,*P*.4.99
intueor. Hinc intueor aliud in eis esse quod bona sunt, aliud quod sunt. . . *Quo*.99
intuere. si aliqua re forte diuersus es, diligentius intuere quae dicta sunt . . *Pat*.70
intueri. Adsederam ego ab eo quem maxime intueri cupiebam longius . . *Eut*.,*Prf*.22
    Neque enim quod ante oculos situm est, suffecerit intueri; *C*.2,*P*.1.46
    sed occupato ad imagines uisu ipsam illam non potest intueri." *C*.3,*P*.1.20
    "Tenui quidem ueluti rimula mihi uideor intueri, ... *C*.3,*P*.9.8
    num igitur poterit intueri illam intimam temperiem,...animorum? . . *C*.4,*P*.6.110
    nihil esse illud uniuersale dicentes quod sese intueri ratio putet? *C*.5,*P*.5.23

quod humana ratio diuinam intellegentiam futura, nisi ut ipsa cognoscit,
    non putat intueri. *C.5,P.5.41*
    illic enim ratio uidebit quod in se non potest intueri, ... *C.5,P.5.53*
intueris. quam si perspicaciter intueris, ordo est deinceps *C.3,P.9.2*
intuetur. Ille eminus manens totum simul iactis radiis intuetur; *C.5,P.4.80*
    quoniam et id te posse et an facias quoue conuertas praesens prouidentiae
    ueritas intuetur, ... *C.5,P.6.144*
intuitu. pulchrum uariis fulgere uestibus putas, quarum si grata intuitu
    species est, ... *C.2,P.5.47*
    unoque suae mentis intuitu tam necessarie quam non necessaria uentura
    dinoscit; *C.5,P.6.84*
intuitum. ipsum etiam caelum penetrabat respicientiumque hominum
    frustrabatur intuitum. *C.1,P.1.13*
    Itaque ubi in eam deduxi oculos intuitumque defixi, ... *C.1,P.3.4*
    falsis opinionibus. . .ex quibus orta perturbationum caligo uerum illum
    confundit intuitum, ... *C.1,P.6.59*
    Deflecte nunc in aduersum mentis intuitum; *C.3,P.9.76*
    similesque auibus sunt quarum intuitum nox inluminat dies caecat. . . *C.4,P.4.97*
    Quid si quis amisso penitus uisu ipsum etiam se habuisse obliuisceretur
    intuitum *C.4,P.4.111*
    Haec igitur ad intuitum relata diuinum necessaria fiant *C.5,P.6.117*
    sicuti praesentis oculi effugere non possis intuitum, ... *C.5,P.6.146*
intuitus. quantum humanae rationis intuitus ad diuinitatis ualet celsa con-
    scendere. *Trin.,Prf.23*
    ille ab aeterno cuncta prospiciens prouidentiae cernit intuitus *C.5,P.2.28*
    Num enim quae praesentia cernis, aliquam eis necessitatem tuus addit
    intuitus?'' *C.5,P.6.76*
    diuinus intuitus qualitatem rerum minime perturbat *C.5,P.6.89*
    Omne namque futurum diuinus praecurrit intuitus *C.5,P.6.151*
intumescit. aut tua in aestiuos fructus intumescit ubertas? *C.2,P.5.37*
intus. Iam uidebit intus artas dominos ferre catenas. *C.4,M.2.5*
    Intus est hominum uigor Arce conditus abdita. *C.4,M.3.33*
    Tum mentis uigor excitus Quas intus species tenet. . .applicat *C.5,M.4.36*
inundatione. poenalem multitudinem effusa diluuii inundatione excepto Noe
    . . .interire permisit. *Fid.132*
inusitatum. Nouum, credo, aliquid inusitatumque uidisti. *C.2,P.1.27*
inutiles. illi uero circa diripiendas inutiles sarcinulas occupantur. *C.1,P.3.45*
inutiliter. ne in homine quidem non stulte fieri puto quod inutiliter factum est. *Eut.5.88*
inuehens. Non omne . . . mente depulit lumen Obliuiosam corpus inuehens
    molem. *C.3,M.11.10*
inuehuntur. tum ipsos quibus inuehuntur emendant; *C.4,P.6.164*
inueni. Quare plenissime uel aegritudinis tuae rationem uel aditum re-
    conciliandae sospitatis inueni. *C.1,P.6.42*
inueniat. ut si quis colendi agri causa fodiens humum defossi auri pondus
    inueniat. *C.5,P.1.42*
    Quoue inueniat, quisque repertam Queat ignarus noscere formam? . . *C.5,M.3.18*
inuenio. nihil inuenio quod nullis extra cogentibus abiciant manendi in-
    tentionem *C.3,P.11.47*
inueniri. Quod si id in cunctis aliis rebus non potest inueniri, ... *Trin.6.23*
inuenisse. sed nimis e natura dictum est nescio quem filios inuenisse tortorem; *C.3,P.7.14*
inuenisti. quod pretiosissimum diuitiarum genus est amicos inuenisti. . . . *C.2,P.8,26*
inuenitur. potentia quae ne ad conseruationem quidem sui satis efficax
    inuenitur! *C.3,P.5.7*
inuenta. et ueritas inuenta quaerenti omnes nebulas Eutychiani reclusit
    erroris. *Eut.,Prf.37*
inuenti. curaui tam uestri cupidus iudicii quam nostri studiosus inuenti. . . *Trin.,Prf.5*
inuentum. nisi eo loci pecuniam suam depositor obruisset, aurum non esset
    inuentum. *C.5,P.1.47*
inuentus. nedum qui expediret inuentus est. *Eut.,Prf.21*
inuestigandum. "Intellego," inquam, "quid inuestigandum proponas, sed
    quid constituas audire desidero." *C.3,P.10.110*
inuestigatam. Inuestigatam diutissime quaestionem, quantum nostrae mentis *Trin.,Prf.1*
inuexere. quibus accedendo consentiendoque quam inuexere sibi adiuuant
    seruitutem *C.5,P.2.25*
inuicem. nec uero incorporea in se inuicem formas proprias mutant; *Eut.6.23*
    non poterunt igitur in se inuicem permutari. *Eut.6.72*
    cum ex utrisque constet in se inuicem qualitatum mutatione transfusis. *Eut.6.98*

uel si una uertatur in alteram uel si utraeque in se inuicem misceantur,   *Eut.*7.8
Etenim finitis ad se inuicem fuerit quaedam,...collatio. *C.*2,*P.*7.58
Quidquid nunc amat inuicem Bellum continuo geret *C.*2,*M.*8.17
Si haec omnia beatitudinis membra forent, a se quoque inuicem dis-
  creparent. *C.*3,*P.*10.113
uera...bona non esse quoniam a se inuicem discreparent *C.*3,*P.*11.10
Coniuncta uero naturarum ipsa diuersitas inuicem discors dissociaret .   *C.*3,*P.*12.18
Sed uisne rationes ipsas inuicem collidamus? *C.*3,*P.*12.72
Ea series...elementa in se inuicem temperat *C.*4,*P.*6.83
inuicta. arma quae nisi prior abiecisses, inuicta te firmitate tuerentur.   *C.*1,*P.*2.6
inuicta. cum sui speculatione diuina tum tuis rationibus inuicta patuerunt,   *C.*4,*P.*1.7
inuictam. exemplum ceteris praetulerunt inuictam malis esse uirtutem.   *C.*4,*P.*6.156
inuicto. quid si hoc...paene inuicto praeeuntis naturae desererentur auxilio?   *C.*4,*P.*2.79
inuictum. Fortunamque tuens utramque rectus Inuictum potuit tenere
  uultum, ...   *C.*1,*M.*4.4
inuidia. sarcinam quam mei nominis inuidia sustulisti, ...   *C.*1,*P.*3.11
inuidiae. Sed ille auctor inuidiae non ferens hominem illuc ascendere . .   *Fid.*79
inuiolabiliter. "Sed quaeso," inquit, "te uide quam id sancte atque inuiolabiliter probes *C.*3,*P.*10.41
inuiolatum. id tibi diuinitus inlaesum adhuc inuiolatumque seruatur,   *C.*2,*P.*4.12
inuisus. Inuisus tamen omnibus uigebat Luxuriae Nero saeuientis. . . .   *C.*3,*M.*4.3
inuitis. ut his a quibus possidetur inuitis nequeat auferri." *C.*3,*P.*3.32
inuito. cum eam cotidie ualentior aliquis eripiat inuito? *C.*3,*P.*3.34
inuocandum. "Inuocandum," inquam, "rerum omnium patrem, ...   *C.*3,*P.*9.103
inuoluit. Mors spernit altam gloriam, Inuoluit humile pariter et celsum
  caput *C.*2,*M.*7.13
ipsa. *Trin.*2.26; 2.45; 2.48; 4.22; 4.47; 5.30; 5.36; *Pat.*39; *Quo.*101; 103; *Eut.*7.55; 8.85;
  *C.*1,*P.*1.15; 1,*P.*4.10; 1,*P.*4.11; 1,*P.*4.112; *coni.*1,*P.*4.147; 2,*P.*2.44; 2,*P.*4.23;
  *C.*2,*P.*7.1; 3,*P.*1.12; 3,*P.*5.35; 3,*P.*10.85; 3,*P.*12.18; 3,*P.*12.104; 3,*P.*12.107; 4,*P.*1.9;
  *C.*4,*P.*3.37(*bis*); 4,*P.*3.49; 4,*P.*4.69; 4,*M.*4.3; 4,*P.*6.32; 4,*P.*7.44; 5,*M.*1.9; 5,*M.*1.12;
  *C.*5,*P.*3.61; 5,*P.*5.40; 5,*P.*6.138; 5,*P.*6.162
ipsa. *Trin.,Prf.*7; *Pat.*45; *Fid.*112; *Eut.*3.13; *C.*1,*P.*4.173; 2,*P.*1.30; *uar.*3,*P.*10.79;
  *C.*4,*P.*4.107; 4,*P.*5.3; 4,*P.*6.27; 5,*P.*3.107
ipsa. *Quo.*60; 62; 66; *Eut.*3.52; *C.*2,*P.*5.92; 2,*P.*7.47; 3,*P.*8.35; 3,*P.*12.67
ipsa. *Fid.*255; *Eut.*4.82; *C.*3,*P.*5.26; 4,*P.*6.49
ipsae. *Trin.*3.7; *Eut.*3.36; *C.*3,*P.*3.55
ipsam. *Trin.*2.19; 3.34; *Eut.*6.42; *C.*3,*P.*1.19; 3,*P.*9.48; 3,*P.*10.65; 3,*P.*10.77; 3,*P.*11.117;
  *C.*3,*P.*12.31; 3,*P.*12.92; 4,*P.*2.83; 4,*P.*4.67; *uar.*4,*P.*6.89; 5,*P.*4.87; 5,*P.*4.90;
  *C.*5,*P.*4.99
ipsarum. *C.*2,*P.*6.64; 3,*P.*10.100
ipsas. *C.*3,*P.*12.72; 4,*P.*4.117; 4,*P.*6.89
ipse. *Trin.*3.46; 3.47; 3.49; 4.37; 4.42; 4.57; 5.24; *Quo.*6; 8; 164; *Fid.*80; 102; 107; 108; 152;
  *Fid.*190; 217; 223; *Eut.,Prf.*29; *Eut.*3.88; 3.98; 4.53; 5.61; 5.62; 7.62; 8.89; *C.*1,*P.*1.1;
  *C.*1,*P.*4.125; 1,*P.*5.8; 1,*M.*6.18; 1,*P.*6.40; 2,*P.*4.61; 2,*P.*5.36; 2,*P.*6.33; 2,*P.*6.37;
  *C.*2,*P.*6.39; 2,*P.*7.30; 2,*P.*7.55; 3,*P.*2.58; 3,*P.*3.25; 3,*P.*5.23; 3,*M.*9.7; 3,*P.*12.24;
  *C.*4,*M.*2.10; 4,*P.*3.18; 4,*P.*4.103; 4,*P.*4.105; 4,*P.*6.14
ipsi. *C.*2,*P.*5.51; 5,*P.*4.3
ipsi. *Eut.,Prf.*43; *Eut.*4.99; *C.*1,*P.*4.135; 3,*P.*2.21; 3,*P.*5.19; 3,*P.*6.7; 3,*P.*10.82; 4,*P.*3.40;
  *C.*4,*P.*4.141; 4,*P.*6.180
ipsis. *C.*1,*M.*5.37
ipsis. *C.*2,*P.*6.40
ipsis. *Pat.*5; *C.*4,*P.*5.2; 4,*P.*6.98; 5,*P.*2.11; 4,*P.*6.181
ipsis. *C.*1,*P.*4.51; 3,*P.*4.14
ipsius. *Fid.*5
ipsius. *Fid.*68; *C.*2,*P.*2.1; 2,*P.*8.15; 4,*P.*6.116
ipsius. *C.*3,*P.*10.138
ipso. *Fid.*61; 117; 251; *uar.C.*1,*P.*4.147; 2,*P.*4.75; 3,*M.*11.8
ipso. *C.*1,*P.*4.150; 3,*P.*10.143; 4,*P.*1.25; 4,*P.*3.27; 5,*P.*6.47
ipsorum. *C.*1,*P.*4.91
ipsorum. *Quo.*71; *C.*5,*P.*4.73
ipsos. *C.*2,*P.*5.83; 3,*M.*8.9; 4,*P.*6.164; 5,*P.*2.3
ipsum. *Trin.*2.4; 2.20; 2.24; 3.35; 4.30; 4.32; 4.34; 4.41; 4.44; 4.62; 6.2; *Quo.*36; 48; 50; 51;
  *Quo.*64; 78; 123; 149; 150; *Eut.*1.17; 3.45; 4.30; 8.50; *C.*3,*P.*6.12; 3,*P.*10.135;
  *C.*3,*P.*11.3; 3,*P.*11.34; 4,*P.*3.10; 4,*P.*3.26; 4,*P.*4.7; 4,*P.*6.61; 5,*P.*4.63
ipsum. *Trin.*3.8; 4.38; *Fid.*75; 81; 194; *Eut.*4.81; *C.*2,*P.*3.47; 3,*P.*3.15; 3,*P.*12.88;
  *C.*4,*P.*4.111; 5,*P.*4.81; 5,*P.*4.82

ipsum. *Trin.*4.27; 4.35; 6.1; *Quo.*28; 31; 36; 72; 76; 79; 90; 108; 123; 124; 126; 131; 132; *Quo.*133; 139; 149; 150; *Fid.*2; *C.*1,*P.*1.11; 2,*P.*7.25; 3,*P.*11.109; 3,*P.*11.111; 3,*P.*12.37; *C.*3,*P.*12.93(*bis*); 4,*P.*2.30; 4,*P.*2.47; 4,*P.*2.66; 4,*P.*3.8; 4,*P.*3.45; 4,*P.*4.5; 5,*P.*3.52; *C.*5,*P.*3.53

ira. diuersumque te dolor, ira, maeror distrahunt, ...   *C.*1,*P.*5.39
     Hinc flagellat ira mentem fluctus turbida tollens *C.*4,*M.*2.7
irae. Irae intemperans fremit? Leonis animum gestare credatur. *C.*4,*P.*3.60
iram. Nec speres aliquid nec extimescas, Exarmaueris impotentis iram. . .   *C.*1,*M.*4.14
iras. Duces serenus aeuum Ridens aetheris iras. *C.*2,*M.*4.22
     Primusque lacer dente cruento Domitor rabidas imbuit iras. *C.*3,*M.*2.16
     Cacus Euandri satiauit iras *C.*4,*M.*7.26
iratis. quos non ab iratis sed a propitiis potius miserantibusque accusa-
     toribus *C.*4,*P.*4.135
ire. et propria luce relicta Tendit in externas ire tenebras, . . . ⸱ *C.*1,*M.*2.3
     caelo liber aperto Suetus in aetherios ire meatus *C.*1,*M.*2.7
     cum . . . pro sua quisque parte raptum ire molirentur *C.*1,*P.*3.23
     Opilionem uero atque Gaudentium cum . . . ire in exilium . . . decre-
     uisset *C.*1,*P.*4.61
     nos etiam . . . perditum ire uoluisse. *C.*1,*P.*4.109
     qui tempus ab aeuo Ire iubes stabilisque manens das cuncta moueri,   *C.*3,*M.*9.3
     Et quae motu concitat ire, Sistit retrahens *C.*4,*M.*6.38
ἱροῦ. Ἀνδρὸς δὴ ἱεροῦ δέμας αἰθέρες ᾠκοδόμησαν [δ' ἱροῦ σῶμ' αἴθηρ ἐξοικοδόμησεν].   *?uar.C.*4,*P.*6.145
is. *Trin.*4.25; *Eut.*5.96; 8.51; 8.53; *C.*2,*P.*7.81; 3,*P.*11.121
Isaac. Hic uocatus est Isaac atque ipse genuit Iacob. *Fid.*152
isdem. Isdem causis uere tepenti Spirat florifer annus odores, ...   *C.*4,*M.*6.25
ista. Hi semper eius mores sunt ista natura. *C.*2,*P.*1.29
     Ad haec quem caduca ista felicitas uehit *C.*2,*P.*4.84
     Humanae quippe naturae ista condicio est *C.*2,*P.*5.85
     Quae uero est ista uestra expetibilis . . . potentia? *C.*2,*P.*6.13
     Quae est igitur ista potentia quam pertimescunt habentes, ...   *C.*3,*P.*5.36
     "difficiliore . . . ambiguitate confundor." "Quaenam," inquit, "ista est?   *C.*5,*P.*3.2
ista. Igitur sublato ab his bono primo mente et cogitatione, ista licet essent
     bona, ...   *Quo.*141
     "Speciosa quidem ista sunt," inquam, ...   *C.*2,*P.*3.5
     "Ista quidem consequentia sunt eis quae paulo ante conclusa sunt. . .   *C.*4,*P.*4.73
     cui uocabula ista conueniant?" *C.*5,*P.*1.35
ista. At uulgus ista non respicit.   *C.*4,*P.*4.108
istae. istae formae uenerunt quae sunt in materia *Trin.*2.52
iste. qui uero iste sit, posterius quaeram. *Pat.*35
istius. qui sit tamen processionis istius modus *Fid.*25
ita. *Trin.*,*Prf.*20; *Trin.*2.4; 2.45; 3.25; 3.44; 4.30; 4.36; 4.42; 4.47; 4.49; 4.54(*bis*); 4.68; *Trin.*4.101; 5.6; 5.26; 5.46; 6.7; 6.26; *Pat.*24; *Quo.*20; *Fid.*12; 26; 31; 49; 63; 175; *Fid.*206; 251; *Eut.*,*Prf.*52; *Eut.*3.99; 4.24; 4.27; 4.42; 4.66; 4.74; 4.94; 5.5; 5.12; 5.76; *Eut.*5.93; 6.7; 6.59; 6.83; 6.85; 6.89; 7.5; 7.13; 7.44; 7.59; 8.87; 8.96; *C.*1,*P.*1.6; *C.*1,*P.*4.68; 1,*P.*4.70; 1,*P.*4.98; 1,*P.*4.124; 1,*P.*4.152; 1,*P.*6.12; 2,*P.*3.9; 2,*P.*5.70; *C.*2,*P.*6.11; 2,*P.*6.30; 2,*P.*6.44; 2,*P.*6.62; 2,*P.*7.60; 3,*P.*3.21; 3,*P.*3.36; 3,*P.*9.7; *C.*3,*P.*9.17; 3,*P.*9.32; 3,*P.*9.105; 3,*P.*10.23; 3,*P.*10.27; 3,*P.*10.45; 3,*P.*10.64; *C.*3,*P.*10.83; 3,*P.*10.87; 3,*P.*10.142; 3,*P.*11.21; 3,*P.*11.23; 3,*P.*11.110; 3,*P.*11.111; *C.*3,*P.*12.27; 3,*P.*12.32; 3,*P.*12.35; 3,*P.*12.53; 4,*P.*1.23; 4,*P.*2.35; 4,*P.*2.39; 4,*P.*2.89; *C.*4,*P.*2.104; 4,*P.*2.108; 4,*P.*2.123; 4,*P.*3.31; 4,*P.*3.37; 4,*P.*3.67; 4,*P.*4.21; 4,*P.*4.53; *C.*4,*P.*4.94; 4,*P.*4.120; 4,*P.*4.150; 4,*P.*6.1; 4,*P.*6.21; 4,*P.*6.48; 4,*P.*6.81; 4,*P.*6.90; *C.*4,*P.*6.134; 4,*P.*6.180; 4,*P.*7.18; 4,*P.*7.26; 4,*P.*7.39; 5,*P.*2.1; 5,*P.*3.39; 5,*P.*3.53; *C.*5,*P.*3.58; 5,*P.*3.61; 5,*P.*3.64; 5,*P.*3.70(*bis*); 5,*P.*4.10; 5,*P.*4.50; 5,*P.*4.61; 5,*P.*4.103; *C.*5,*P.*4.107; 5,*P.*5.41; 5,*P.*5.46; 5,*P.*6.79; 5,*P.*6.89; 5,*P.*6.131; 5,*P.*6.163
itaque. *Quo.*160; *Fid.*14; 97; 118; 138; 165; 180; 203; 215; 247; *Eut.*3.49; 5.16; *C.*1,*P.*3.3; *C.*1,*P.*3.37; 1,*P.*4.174; 1,*P.*5.20; 1,*P.*5.41; 2,*P.*3.8; 2,*P.*6.65; 2,*P.*8.13; 3,*P.*1.3; *C.*3,*P.*1.7; 3,*P.*3.26; 4,*P.*4.14; 4,*P.*6.138; 5,*P.*5.11; 5,*P.*6.57; 5,*P.*6.66
ite. Ite nunc fortes ubi celsa magni Ducit exempli uia! *C.*4,*M.*7.32
item. item qualitas et cetera quae uenire queunt. *Trin.*4.11
     Item cum dicitur "magnus uel maximus," *Trin.*4.20
     Item cum dico "currit" *Trin.*4.92
     sinister accedo, item ille fit dexter, non quod ita sit per se dexter . . .   *Trin.*5.26
     Item filius solus hoc recipit nomen *Pat.*41
     Item quod "per se principium motus" naturam esse *Eut.*1.45
     Item incorporearum aliae sunt rationales, aliae minime, ...   *Eut.*2.22
     potest item uini ab aquae qualitate aliquid pati. *Eut.*6.35
     Item qui homo est, dei filius appellatur non substantia diuinitatis . . .   *Eut.*7.56

Itemque qui homo, deus eo quod a deo fuerit adsumptus, ... *Eut.*7.64
Nam cum bonum malumque item poenae atque praemium *C.*4,*P.*3.33
iter. idque eo dicis esse faciendum,quod non sit omnibus notum iter huiusmodi
   scriptionum.   *Quo.*6
iter. Ne nostrum comites prosequerentur iter. *C.*1,*M.*1.6
Atqui Philosophiae fas non erat incomitatum relinquere iter innocentis; *C.*1,*P.*3.13
Aut comitetur iter gelidi senis Miles corusci sideris, ... *C.*4,*M.*1.11
uel a uitiis declinantes uirtutis iter arripiunt." *C.*4,*P.*7.23
ne deuiis fatigatus ad emetiendum rectum iter sufficere non possis." . . *C.*5,*P.*1.12
Alternumque legens iter Nunc summis caput inserit, ... *C.*5,*M.*4.21
Quoniam uero manere non potuit, infinitum temporis iter arripuit eoque *C.*5,*P.*6.54
iteratio. haec enim unitatum iteratio potius est non numeratio, ... *Trin.*3.24
iteratione. sed frequentis consilii iteratione ruminabam. *Eut.,Prf.*35
iterum. Solitas iterum mutet habenas Phoebi pallens Lucifer ortu.. . . . . *C.*1,*M.*5.12
Nam nisi rectos reuocans itus Flexos iterum cogat in orbes, ... *C.*4,*M.*6.41
Si coeant cursumque iterum reuocentur in unum, ... *C.*5,*M.*1.5
"Statuamus iterum esse, sed nihil rebus necessitatis iniungere; *C.*5,*P.*4.25
Ithacus. Fleuit amissos Ithacus sodales *C.*4,*M.*7.8
itinerum. ad quas tum difficultate itinerum tum loquendi diuersitate. . . . *C.*2,*P.*7.27
itus. Nam nisi rectos reuocans itus Flexos iterum cogat in orbes, ... *C.*4,*M.*6.40
Ixionium. Non Ixionium caput Velox praecipitat rota *C.*3,*M.*12.34

I (*cons.*)

iacebat. quia multis infectus criminibus mundus iacebat in morte, . . . *Fid.*187
iacent. Vbi nunc fidelis ossa Fabricii manent [iacent],. *coni.C.*2,*M.*7.15
iacere. iacere bonos nostri discriminis terrore prostratos, ... *C.*1,*P.*4.169
   Nonne adulescentulus δοιοὺς πίθους . . . in Iouis limine iacere didicisti? *C.*2,*P.*2.42
iaceret. quo nihil ulterius peruium iaceret incessui, ... *C.*4,*P.*2.88
iacet. iacet tribus diebus ac noctibus in sepulcro, ... *Fid.*221
   Nunc iacet effeto lumine mentis *C.*1,*M.*2.24
   uti currendi in stadio propter quam curritur iacet praemium corona. . . *C.*4,*P.*3.7
   Sed tantum patiens iacet Notis subdita corporum. *C.*5,*M.*4.12
iacetis. Iacetis ergo prorsus ignorabiles Nec fama notos efficit. *C.*2,*M.*7.21
Iacob. Hic uocatus est Isaac atque ipse genuit Iacob. *Fid.*152
   Iacob cum filiis ac domo sua transigendi causa Aegyptum uoluit habitare *Fid.*155
iactasse. Scis me haec et uera proferre et in nulla umquam mei laude iactasse. *C.*1,*P.*4.118
iactastis. Quid me felicem totiens iactastis amici? *C.*1,*M.*1.21
iactatione. Neque enim famae iactatione et inanibus uulgi clamoribus
   excitamur; *Trin.,Prf.*9
iactis. Ille eminus manens totum simul iactis radiis intuetur; *C.*5,*P.*4.80
iaculis. quoniam humanum genus . . . aeternae poenae iaculis fuerat
   uulneratum *Fid.*235
iam. *Trin.*4.99; *Quo.*33; *Fid.*5; 59; 144; 173; 193; 231; *Eut.*3.54; 4.99; *C.*1,*P.*4.37; 1,*P.*4.50;
   *C.*1,*M.*5.42; 1,*P.*6.39; 1,*P.*6.54; 2,*P.*2.8; 2,*M.*2.12; 2,*M.*2.15; 2,*M.*3.8; 2,*P.*4.25;
   *C.*2,*P.*4.30; 2,*P.*5.1; 2,*P.*5.3; 2,*P.*5.46; 2,*P.*7.70; 2,*P.*7.73; 2,*M.*7.26; 3,*P.*1.1; 3,*P.*1.6;
   *C.*3,*P.*2.37; 3,*P.*6.20; 3,*P.*8.13; 3,*P.*9.98; 3,*P.*11.34; 3,*P.*11.69; 3,*P.*11.80; 3,*P.*12.2;
   *C.*3,*P.*12.10; 3,*P.*12.45; 3,*M.*12.13; 3,*M.*12.33; 4,*M.*1.15; 4,*P.*2.72; 4,*M.*2.5; 4,*P.*3.38;
   *C.*4,*M.*3.21; 4,*M.*3.23; 4,*P.*6.124; 4,*P.*6.207; 4,*P.*7.1; 5,*P.*3.3; 5.*P.*3,14; 5,*P.*3.46;
   *C.*5,*P.*4.38; *C.*5,*P.*5.16; *C.*5,*P.*6.16; 5,*P.*6.25; 5,*P.*6.65
ianitor. Stupet tergeminus nouo Captus carmine ianitor, ... *C.*3,*M.*12.30
iecerint. quamquam...hoc omnium de natura rationum quasi quoddam
   iecerint fundamentum.   *C.*5,*P.*1.28
iecit. Quisquis composito serenus aeuo Fatum sub pedibus egit [?iecit]
   superbum . . . . *?coni.C.*1,*M.*4.2
iecur. Vultur dum satur est modis, Non traxit Tityi iecur. *C.*3,*M.*12.39
ieiunia. Facili quae sera solebat Ieiunia soluere glande. *C.*2,*M.*5.5
Iesu. uenerunt tandem ad fluuium qui uocatur Iordanis duce iam Iesu Naue
   filio   *Fid.*173
Iesu. Vel quid amplius in Iesu generatione contingit quam in cuiuslibet
   alterius, ... *Eut.*4.72
Iesum. Sed fortasse Iesum, id est personam hominis, idcirco Christum uocet, *Eut.*4.78
Iesus. Quodque nos ipse dominus Iesus Christus uotis docuit optare, . . . *Eut.*8.89
ioco. quorum lasciuia ac petulantia nihil a ioco risuque patitur esse seiunctum. *Quo.*10

iudicet. quis boni compotem praemii iudicet expertem? *C.4,P.3.23*
iudicetur. nihil spatii prorsus habere iudicetur. *C.2,P.7.14*
    ut quod apud alios laude apud alios supplicio dignum iudicetur. *C.2,P.7.40*
    consequens est ut foedum non extendisse iudicetur. *C.3,P.6.13*
iudicia. Atqui in hoc hominum iudicia depugnant, ... *C.4,P.6.107*
iudicia. At si ad hominum iudicia reuertar, ... *C.4,P.4.93*
    Nec rerum iudicia confundit *C.5,P.6.83*
iudicibus. ac se totos accusatoribus iudicibusque permitterent. *C.4,P.4.146*
iudicii. curaui tam uestri cupidus iudicii quam nostri studiosus inuenti. . . . *Trin.,Prf.4*
    Nunc uestri normam iudicii exspectat subtilitas quaestionis; *Trin.6.28*
    qua credimus. . .resurrecturos homines ad examen futuri iudicii,. *Fid.268*
    ex quo mihi aliqua eius darentur signa iudicii. *Eut.,Prf.26*
    obductisque iudicii regulis bonum a malo non sincera integritate
      discerneret,   *Eut.8.36*
iudicio. Quae ubi ad calcem ducta constiterint, . . . eius cuius soleo iudicio
    censenda transmittam. *Eut.,Prf.54*
    quoquo modo sit, tuo sapientiumque iudicio aestimandum relinquo. . . *C.1,P.4.85*
    de rerum uero cognitione firmiori potius perfectiorique iudicio esse
      credendum,   *C.5,P.5.36*
iudicio. quae nec iudicio prouenit nec umquam firma perdurat. *C.3,P.6.19*
iudicis. cum ante oculos agitis iudicis cuncta cernentis." *C.5,P.6.176*
iudicium. ita bene moratus ut de eo diuinum iudicium pariter et humanum
    consentiat,   *C.4,P.6.134*
    Nam supernis diuinisque substantiis et perspicax iudicium et incorrupta
      uoluntas   *C.5,P.2.15*
    nam cum omne iudicium iudicantis actus exsistat, ... *C.5,P.4.118*
    Deum igitur aeternum esse cunctorum ratione degentium commune
      iudicium est.   *C.5,P.6.7*
    Quoniam igitur omne iudicium secundum sui naturam quae sibi subiecta
      sunt comprehendit, ... *C.5,P.6.60*
iudicium. quos. . .ad iudicium ueluti aegros ad medicum duci oportebat, . . *C.4,P.4.137*
    quod ratione uti naturaliter potest id habet iudicium quo quidque dis-
      cernat; *C.5,P.2.8*
    aut igitur rationis uerum esse iudicium nec quidquam esse sensibile, . *C.5,P.5.26*
    ita diuinae iudicium mentis habere possemus, ... *C.5,P.5.47*
iudico. erit. . .opinio potius incerta, quod de deo credere nefas iudico. . . . *C.5,P.3.16*
iudicum. Pro his enim. . .miserationem iudicum excitare conantur, ... *C.4,P.4.134*
iugari. Vt quae carptim singula constent Eadem nolint mixta iugari? . . . *C.5,M.3.5*
iugem. facies eius quod est nunc iugem indefessumque ac per hoc perpetuum
    cursum   *Trin.4.76*
iugo. toleres oportet. . .cum semel iugo eius colla submiseris. *C.2,P.1.51*
iugo. Quid o superbi colla mortali iugo Frustra leuare gestiunt? *C.2,M.7.7*
    Incipe colla iugo retrahere. *C.3,M.1.12*
iugulare. si sacerdotes impio iugulare gladio,. . .diceremur, ... *C.1,P.4.128*
iugulum. miserumque tristis Foederat natae iugulum sacerdos. *C.4,M.7.7*
iugum. nec beatum regimen esse uideretur, si quidem detrectantium iugum
    foret,   *C.3,P.12.55*
iuncta. ut tantum locis iuncta sint et nihil in alterum ex alterius qualitate
    perueniat?   *Eut.4.25*
iunctos. Hic sancto populos quoque Iunctos foedere continet, ... *C.2,M.8.23*
iunctum. quod ita ex duabus iunctum est, ... *Eut.7.13*
    ut illa tamen ex quibus iunctum esse dicitur maneant *Eut.7.14*
iunctum. Non. . .secundum eam significationem ex utrisque naturis Christum
    iunctum esse *Eut.7.32*
iungant. Iungantque fidem frigora flammis, ... *C.4,M.6.22*
iungantur. natura respuit ut contraria quaeque iungantur. *C.2,P.6.44*
iungi. ex duabus naturis iungi sicut ex melle atque aqua, ... *Eut.7.6*
iungit. filius. . .nomen neque cum aliis iungit sicut in deo, sicut in ueritate, . *Pat.42*
iungitur. non est mel atque aqua in quibus illud quod ex utrisque iungitur
    constet. *Eut.7.24*
iunguntur. Homines quippe ac boues una animalis communitate iungun-
    tur;   *Eut.4.107*
iunxerit. Nisi quod fini iunxerit ortum Stabilemque sui fecerit orbem. . . . *C.3,M.2.37*
iunxit. Iunxitque intrepidum latus Saeuis cerua leonibus, ... *C.3,M.12.10*
iura. Hic fidis etiam sua Dictat iura sodalibus. *C.2,M.8.27*
    licet Indica longe Tellus tua iura tremescat *C.3,M.5.6*
    Si uis celsi iura tonantis Pura sollers cernere mente, ... *C.4,M.6.1*

K

L

laborauerim. sed ut arbitror haud multum tibi haec in memoriam reuocare
    laborauerim. *C*.2,*P*.1.12
labore. nec sarcinam. . .communicato tecum labore partirer? *C*.1,*P*.3.12
labores. Herculem duri celebrant labores. *C*.4,*M*.7.13
laboretur. an futurorum necessitas prouidentiae laboretur, ... *C*.5,*P*.3.27
laboris. habet contemptum felicitatis, non habet praemium laboris. . . . *C*.4,*P*.7.52
    .pretiumque rursus Vltimi caelum meruit laboris. *C*.4,*M*.7.31
laborum. Haec erit uobis requies laborum, ... *C*.3,*M*.10.4
labuntur. Num uero labuntur hi qui quod sit optimum, id etiam reuerentiae
    cultu dignissimum putent? *C*.3,*P*.2.58
labyrinthum. inextricabilem labyrinthum rationibus texens, ... *C*.3,*P*.12.83
lacer. Primusque lacer dente cruento Domitor rabidas imbuit iras. . . . *C*.3,*M*.2.15
lacerae. Ecce mihi lacerae dictant scribenda Camenae *C*.1,*M*.1.3
lacerantem. ut tandem aliquando stultitiam magna lacerantem sui pudeat." *C*.3,*P*.12.68
lacereris. nisi ultro tu mea potius offensione lacereris. *C*.1,*P*.4.154
lacessentes. "Accepisti," inquit, "in fabulis lacessentes caelum Gigantas; . *C*.3,*P*.12.69
lacessitam. Nunc enim primum censes apud inprobos mores lacessitam
    periculis esse sapientiam? *C*.1,*P*.3.16
lacrimabilem. querimoniamque lacrimabilem stili officio signarem, ... *C*.1,*P*.1.2
lacrimantem. "Cum te," inquit, "maestum lacrimantemque uidissem, . . . *C*.1,*P*.5.3
lacrimas. Num te praeterit Paulum Persi . . . calamitatibus pias inpendisse
    lacrimas? *C*.2,*P*.2.38
    Quare sicca iam lacrimas. *C*.2,*P*.4.30
lacrimis. At ego cuius acies lacrimis mersa caligaret *C*.1,*P*.1.44
    Quid fles, quid lacrimis manas? *C*.1,*P*.4.2
    uno felicitatem minui tuam uel ipsa concesserim, tui desiderio lacrimis
    ac dolore tabescit. *C*.2,*P*.4.23
    et uisu gelidum pererrans Ora non tinxit lacrimis, ... *C*.2,*M*.6.6
    Vltrices scelerum deae Iam maestae lacrimis madent. *C*.3,*M*.12.33
    caeco furibundus ore Gaudium maestis lacrimis rependit. *C*.4,*M*.7.12
lacte. "Tune ille es," ait, "qui nostro quondam lacte *C*.1,*P*.2.3
lacunam. quarum omnis ad explendam corporalem lacunam festinat intentio. *C*.3,*P*.7.11
laederentur. nihil quippe in eo nostrae operae laederentur. *C*.1,*P*.1.37
laesae. laesae quoque opinionis damna fleuisti. *C*.1,*P*.5.33
laeta. quoniam quae tunc laeta uidebantur abierunt, ... *C*.2,*P*.3.42
    laeta uero magnum bonis argumentum loquuntur, ... *C*.4,*P*.6.164
laetaretur. Quod si extrinsecus accepto laetaretur, ... *C*.4,*P*.3.18
laetatur. qui frequentia ciuium non depulsione laetetur [laetatur]; *uar.C*.1.*P*.5.13
laetatus. Alius prole laetatus filii filiaeue delictis maestus inlacrimat. . . . *C*.2,*P*.4.51
laeteris. quid est quod uel amissis doleas uel laeteris retentis? *C*.2,*P*.5.57
    si . . . infinita spatia pertractes, quid habes quod de nominis tui diu-
    turnitate laeteris? *C*.2,*P*.7.52
laetetur. qui frequentia ciuium non depulsione laetetur; *C*.1,*P*.5.13
laetissimum. nonne hoc etiam constat esse laetissimum?" *C*.3,*P*.9.38
laetitia. illuc perfecti operis laetitia remeabit unde uenit effectus. *Trin.*6.33
laetitia. Videre autem uideor nefarias sceleratorum officinas gaudio laetitia-
    que fluitantes, ... *C*.1,*P*.4.168
    Plurimi uero boni fructum gaudio laetitiaque metiuntur; *C*.3,*P*.2.25
laetitiae. plenum esse laetitiae, si quidem superiora manebunt. *C*.3,*P*.9.40
laetitiam. per haec sibi sufficientiam, reuerentiam, potentiam, celebritatem,
    laetitiam credunt esse uenturam. *C*.3,*P*.2.75
    uideo," . . . nec laetitiam uoluptatibus posse contingere." *C*.3,*P*.9.6
laetor. "Nimium, . . .o alumne laetor, ipsam enim. . .notam mente fixisti. . *C*.3,*P*.11.117
laetorum. Si numerum modumque laetorum tristiumue consideres, adhuc te
    felicem *C*.2,*P*.3.39
laetos. Sic quod praecipiti uia Certum deserit ordinem Laetos non habet
    exitus. *C*.1,*M*.6.22
laetum. perfecta felicitas quae sufficientem, potentem, reuerendum, celebrem
    laetumque perficiat. *C*.3,*P*.9.82
laeua. Poma cernenti rapuit draconi Aureo laeuam [laeua]grauior metallo, *uar.C*.4,*M*.7.18
laeuam. Poma cernenti rapuit draconi Aureo laeuam grauior metallo, . . . *C*.4,*M*.7.18
langueret. potuisse miserius est, sine quo uoluntatis miserae langueret
    effectus. *C*.4,*P*.4.14
languor. Nam si, uti corporum languor, ita uitiositas quidam est quasi morbus
    animorum, ... *C*.4,*P*.4.150
languore. quorum mentes omni languore atrocior urget improbitas. *C*.4,*P*.4.154
lapidem. neque enim potest aes in lapidem permutari *Eut.*6.28

lapides. Duo rursus in rebus sunt ut homines uel lapides; *Trin.*3.16
   sed tantum dualitas qua duo homines uel duo lapides fiunt. *Trin.*3.18
   quae dura sunt ut lapides, adhaerent tenacissime partibus suis . . . *C.*3,*P.*11.81
lapidibus. lapisque ac lignum de singulis lapidibus ac lignis dicuntur. . . . *Eut.*2.43
lapidis. (nullus enim lapidis ullam dicit esse personam) *Eut.*2.30
lapillis. Quamuis se Tyrio superbus ostro Comeret et niueis lapillis, . . . *C.*3,*M.*4.2
lapillos. Aut Indus calido propinquus orbi Candidis miscens uirides lapillos, *C.*3,*M.*10.10
lapis. Vniuersales sunt quae de singulis praedicantur ut homo, animal, lapis,
   lignum *Eut.*2.40
   lapisque ac lignum de singulis lapidibus ac lignis dicuntur. *Eut.*2.43
   Particularia...ut Cicero, Plato, lapis hic unde haec Achillis statua facta
   est, ... *Eut.*2.45
lapsa. Quos quidem regia potestas saepe incolumis saepe autem lapsa
   prosternit. *C.*3,*P.*5.28
lapsi. uagos terrae decliuia casus Gurgitis et lapsi defluus ordo regit. . . . *C.*5,*M.*1.10
lapsum. nec quicquam in se opis habentia, ut post lapsum posset adsurgere. *Eut.*8.58
laqueos. Non altis laqueos montibus abditis Vt pisce ditetis dapes *C.*3,*M.*8.5
larga. Tum qui larga negantibus Sulcis semina credidit, ... *C.*1,*M.*6.3
largas. Largasque dapes dulci studio Ludens hominum cura ministret, . . . *C.*3,*M.*2.20
largiendi. pretiosa pecunia cum translata in alios largiendi usu desinit
   possideri. *C.*2,*P.*5.13
largis. Largis cum potius muneribus fluens Sitis ardescit habendi? *C.*2,*M.*2.17
largitas. si quidem auaritia semper odiosos, claros largitas facit. *C.*2,*P.*5.10
largitione. in senectute sua repromissionis largitione habere filium meruerunt. *Fid.*151
   cum...multitudinis expectationem triumphali largitione satiasti? . . . *C.*2,*P.*3.34
largus. Largis [Largus] cum potius muneribus fluens Sitis ardescit habendi? *uar.C.*2.*M.*2.17
laribus. nutricem meam cuius ab adulescentia laribus obuersatus fueram
   Philosophiam. *C.*1,*P.*3.5
   quam certissimam tibi sedem nostris in laribus ipsa delegeras? *C.*1,*P.*4.11
laris. cumque hac Musica laris nostri uernacula nunc leuiores nunc grauiores
   modos succinat. *C.*2,*P.*1.23
lasciuia. quorum lasciuia ac petulantia nihil a ioco risuque patitur esse
   seiunctum. *Quo.*10
lassant. Commouet gentes publicus error Lassantque crebris pulsibus aera. *C.*4,*M.*5.12
lassorum. "O," inquam, "summum lassorum solamen animorum *C.*3,*P.*1.4
late. Quam uero late patet uester hic error *C.*2,*P.*5.90
   Late patentes aetheris cernat plagas *C.*2,*M.*7.3
   Sed quamuis late humana tendantur imperia, plures necesse est *C.*3,*P.*5.10
lateat. Sed quonam lateat quod cupiunt bonum, Nescire caeci sustinent, . . *C.*3,*M.*8.15
   An est aliquid, tametsi uulgus lateat, cui uocabula ista conueniant?" . *C.*5,*P.*1.35
latentes. Hic enim causas cernere promptum est, Illic latentes pectora
   turbant. *C.*4,*M.*5.18
latentis. Rimari solitus atque latentis Naturae uarias reddere causas, . . . *C.*1,*M.*2.22
latentium. "sed cum tui muneris sit latentium rerum causas euoluere . . . *C.*4,*P.*6.2
latere. eiusque comparem, quam de eius latere generandi causa formator
   produxerat, ... *Fid.*82
latere. Cuius rei seriem atque ueritatem, ne latere posteros queat, ... *C.*1,*P.*4.87
   Gemmasque latere uolentes Pretiosa pericula fodit? *C.*2,*M.*5.29
   id diuinam prouidentiam latere non posse *C.*5,*P.*3.21
latet. Sol latet ac nondum caelo uenientibus astris, ... *C.*1,*M.*3.5
   Latet obscuris condita uirtus Clara tenebris iustusque tulit *C.*1,*M.*5.34
Latina. in rebus quae a Graecis agitata Latina interpretatione translata sunt: *Eut.*3.30
Latini. quorum ... esset agnitio, et Latini personam et Graeci πρόσωπα
   nuncupauerunt. *Eut.*3.22
latitudinem. fit unum corpus quod mundi latitudinem occuparet, ... *Fid.*245
latos. Ne terris liceat uagis Latos tendere terminos, ... *C.*2,*M.*8.12
latrantem. ut tandem aliquando stultitiam magna lacerantem [latrantem] sui
   pudeat." *coni.C.*3,*P.*12.68
latrone. si uitae huius callem uacuus uiator intrasses, coram latrone cantares. *C.*2,*P.*5.102
latus. simul cum omne disputationis tuae latus indubitata fide constiterit, *C.*5,*P.*1.15
latus. Potentem censes qui satellite latus ambit, ... *C.*3,*P.*5.23
   Iunxitque intrepidum latus Saeuis cerua leonibus, ... *C.*3,*M.*12.10
laudantur. si quid ex appositis luceat, ipsa quidem quae sunt apposita
   laudantur; *C.*2,*P.*5.93
laude. Scis me haec et uera proferre et in nulla umquam mei laude iactasse. *C.*1,*P.*4.118
   ut quod apud alios laude apud alios supplicio dignum iudicetur. . . . *C.*2,*P.*7.39

leuis. Leuis atque inconstans studia permutat? Nihil auibus differt.   . . .   *C.*4,*P.*3.64
   Atque leuis recto stat corpore despicitque terras. *C.*5,*M.*5.11
leuitas. Cur enim flammas quidem sursum leuitas uehit, . . . `.` *C.*3,*P.*11.76
   Sunt quibus alarum leuitas uaga uerberetque uentos *C.*5,*M.*5.4
leuitate. Accipe in huiusmodi arrogantiae leuitate quam festiue aliquis
   inluserit. *C.*2,*P.*7.66
leuiter. nec ullus in tanto tumultu qui leuiter attingeret quaestionem, ...   *Eut.*,*Prf.*20
lex. Sed lex dona coerceat, Ne, dum Tartara liquerit, Fas sit lumina
   flectere.' . . . ./. *C.*3,*M.*12.44
   Quis legem det amantibus? Maior lex amor est sibi. *C.*3,*M.*12.48
   Vide autem quid aeterna lex sanciat. *C.*4,*P.*4.101
   cum praesertim carcer, nex [lex] ceteraque legalium tormenta poenarum *uar.C.*4,*P.*5.11
   Lex et sapiens arbiter aequi *C.*4,*M.*6.37
libasse. de argumentorum copia tamen haec interim libasse sufficiat.   . . . .   *Eut* 4.128
libeat. Vuis si libeat frui; *C.*1,*M.*6.13
   Nec uobis capreas si libeat sequi, Tyrrhena captatis uada. *C.*3,*M.*8.7
   improbos uero exercere quidem quod libeat, ...   *C.*4,*P.*2.142
libellos. Et dextera quidem eius libellos, sceptrum uero sinistra gestabat.   *C.*1,*P.*1.25
libens. Quamuis uota libens excipiat deus *C.*2,*M.*2.9
libenter. "Faciam," inquit illa, "tui causa libenter. *C.*3,*P.*1.22
liber. Hic quondam caelo liber aperto Suetus in aetherios ire meatus . . .   *C.*1,*M.*2.6
   quae nullus meruit liber ac uoluntarius motus animorum. *C.*5,*P.*3.87
libera. Sin uero bene sibi mens conscia terreno carcere resoluta caelum
   libera petit, ...   *C.*2,*P.*7.83
libera. quamuis te in uarias actiones libera uoluntate conuerteris. *C.*5,*P.*6.147
liberant. hominumque mentes assuefaciunt morbo, non liberant. *C.*1,*P.*1.34
liberat. Qui serere ingenuum uolet agrum, Liberat arua prius fruticibus, . .   *C.*3,*M.*1.2
liberet. et ut adueniat eius regnum et nos liberet a malo. *Eut.*8.91
liberi. uxor ac liberi quae iucunditatis gratia petuntur; *C.*3,*P.*2.33
liberiores. Humanas uero animas liberiores quidem esse necesse est *C.*5,*P.*2.16
liberis. excepto Noe...cum suis liberis atque his quae secum in arcam
   introduxerat *Fid.*133
   ille nuptiis felix orbus liberis alieno censum nutrit heredi. *C.*2,*P.*4.50
   Euripidis...qui carentem liberis infortunio dixit esse felicem. *C.*3,*P.*7.18
libero. Num quidquam libero imperabis animo? *C.*2,*P.*6.24
   "Atqui," inquam, "libero me fuisse animo quin aliquid semper angerer   *C.*3,*P.*3.18
libero. sed eorum quaedam de libero proficiscuntur arbitrio; *C.*5,*P.*6.122
liberorum. Honestissima quidem coniugis foret liberorumque iucunditas, . .   *C.*3,*P.*7.12
liberos. cum duos pariter consules consulem tuos domo prouehi...uidisti, . . .   *C.*2,*P.*3.28
   Quid dicam liberos consulares quorum iam, ut in id aetatis pueris, . .   *C.*2,*P.*4.25
liberos. Haec igitur etiam praecognita liberos habent euentus. *C.*5,*P.*4.59
libertas. et quod conscientiae libertas habet, ...   *C.*1,*P.*4.32
   Nam quae sperari reliqua libertas potest? *C.*1,*P.*4.94
   cuius agi frenis atque obtemperare iustitiae summa libertas est. *C.*1,*P.*5.14
   in hac haerentium sibi serie causarum estne ulla nostri arbitrii libertas   *C.*5,*P.*2.3
   "neque enim fuerit ulla rationalis natura quin eidem libertas adsit arbitrii.   *C.*5,*P.*2.6
   Quare quibus in ipsis inest ratio, inest etiam uolendi nolendique libertas.   *C.*5,*P.*2.12
   si ab aeterno...praenoscit, nulla erit arbitrii libertas; *C.*5,*P.*3.10
   Quare nulla est humanis consiliis actionibusque libertas *C.*5,*P.*3.82
   manebit ut opinor eadem uoluntatis integra atque absoluta libertas. . .   *C.*5,*P.*4.27
   manet intemerata mortalibus arbitrii libertas *C.*5,*P.*6.164
libertate. hominem...ratione composuit, arbitrii libertate decorauit *Fid.*73
   de cognitione ac praedestinatione diuina, de arbitrii libertate quaeri solet,   *C.*4,*P.*6.13
   et sunt quodam modo propria libertate captiuae. *C.*5,*P.*2.26
   Atqui deus ea futura quae ex arbitrii libertate proueniunt praesentia
   contuetur. *C.*5,*P.*6.116
   per se uero considerata ab absoluta naturae suae libertate non desinunt.   *C.*5,*P.*6.119
libertatem. Nam de compositis falso litteris quibus libertatem arguor
   sperasse Romanam *C.*1,*P.*4.89
   quod ad perimendam arbitrii libertatem solum satis est. *C.*5,*P.*3.46
   nihil impediri praescientia arbitrii libertatem putat. *C.*5,*P.*4.15
libertatis. consulare imperium, quod libertatis principium fuerat, ...   *C.*2,*P.*6.6
   repugnare uidetur praenoscere uniuersa deum et esse ullum libertatis
   arbitrium. *C.*5,*P.*3.5
liberum. Cum liberum quendam uirum suppliciis se tyrannus adacturum
   putaret, ...   *C.*2,*P.*6.26

liberum. ac tanto aliquid fato liberum est quanto...cardinem uicinius petit.   *C.4,P.6.75*
cum uero in sua natura perpenditur, liberum prorsus atque absolutum
uideri.   *C.5,P.6.102*
libet. Itaque libet exclamare: *C.1,P.4.174*
Nunc mihi retrahere manum libet. Habes gratiam   *C.2,P.2.14*
Praetereo, libet enim praeterire communia,   *C.2,P.3.22*
dum...contexo rationes." "Vt libet," inquam.   *C.4,P.6.20*
libidine. Nec uicta libidine colla Foedis submittat habenis.   *C.3,M.5.3*
libidines. quem uitiosae libidines insolubilibus adstrictum retinent catenis,   *C.2,P.6.59*
libidinibus. Foedis inmundisque libidinibus immergitur? Sordidae suis
uoluptate detinetur.   *C.4,P.3.65*
libidinum. Tristes...exitus, quisquis reminisci libidinum suarum uolet,
intelleget.   *C.3,P.7.8*
libido. Quos fallax ligat improbis catenis Terrenas habitans libido mentes, .   *C.3,M.10.3*
An sectanda nouerunt? Sed transuersos eos libido praecipitat.   *C.4,P.2.96*
Hinc enim libido uersat auidis corda uenenis,   *C.4,M.2.6*
libri. humani generis conditionem atque originem uoluit innotescere, sicut ab
eo libri prolati testantur.   *Fid.88*
libris. mentis sedem...in qua non libros sed id quod libris pretium facit, . .   *C.1,P.5.24*
librorum. id quod libris pretium facit, librorum quondam meorum sententias,   *C.1,P.5.24*
libros. mentis sedem...in qua non libros sed id quod libris pretium facit, .   *C.1,P.5.23*
libuit. Sed cum libuit uiribus uti,   *C.1,M.5.39*
Libycis. Strauit Antaeum Libycis harenis,   *C.4,M.7.25*
liceat. Ne terris liceat uagis Latos tendere terminos,   *C.2,M.8.11*
ne quid in regno prouidentiae liceat temeritati.   *C.4,P.6.195*
cum ex prouidentia...ordo ducatur nihilque consiliis liceat humanis, .   *C.5,P.3.96*
licebit. malos cunctis uiribus esse desertos agnoscas licebit,   *C.4,P.2.5*
quod hinc facile perpendas licebit.   *C.5,P.4.47*
licentiam. licentiam quam cito finiri precabaris nec longam esse disceres . .   *C.4,P.4.83*
uel licentiam uel impunitatem scelerum putant esse felicem.   *C.4,P.4.99*
licere. quorum atrox...mens bonorum pernicie saeuit, id ipsum eis licere
noluissem."   *C.4,P.4.5*
Sed tamen si id ipsum quod eis licere creditur auferatur,   *C.4,P.4.7*
licet. Si igitur eorum una deitas una substantia est, licet dei nomen de
diuinitate substantialiter praedicari.   *Pat.22*
Idcirco enim licet in eo quod sint bona sint,   *Quo.128*
ista licet essent bona, tamen in eo quod essent bona esse non possent, .   *Quo.141*
et nisi ab eo fluxissent, licet essent bona, tamen   *Quo.146*
ut Arrius qui licet deum dicat filium, minorem tamen   *Fid.32*
quos licet meritum naturae damnaret,   *Fid.123*
licet ea ex quibus coniungitur alterutra qualitate corrupta sint;   *Eut.6.93*
Licet caelo proferre lucidos dies eosdemque...condere.   *C.2,P.2.22*
Licet anno terrae uultum...redimire,   *C.2,P.2.23*
quam pluribus maximisque abundes mecum reputes licet.   *C.2,P.4.10*
quas nec habere totas pluribus licet   *C.2,P.5.20*
idem de tota concludere fortuna licet in qua   *C.2,P.6.67*
minimam, licet, habet tamen aliquam portionem.   *C.2,P.7.54*
Licet remotos fama per populos means Diffusa linguas explicet *C.2,M.7.9*
cum licet uariae dissidentesque sententiae   *C.3,P.2.78*
Huic licet inlita pocula melle...cura ministret,   *C.3,M.2.19*
tenui licet imagine...principium somniatis   *C.3,P.3.1*
beatitudinis finem licet minime perspicaci qualicumque tamen cogitatione prospicitis   *C.3,P.3.3*
unde Catullus licet...strumam tamen appellat.   *C.3,P.4.6*
Etenim licet Indica longe Tellus...tremescat   *C.3,M.5.5*
Ex quibus omnibus illud redigere in summam licet,   *C.3,P.8.32*
Similiter ratiocinari de honoribus, gloria, uoluptatibus licet.   *C.3,P.9.64*
"Addas," inquit, "hoc omnibus licet.   *C.3,P.10.103*
idem de reuerentia, claritudine, iucunditate coniectare licet.   *C.3,P.10.123*
"Securo...concludere licet dei quoque in ipso bono...sitam esse
substantiam.   *C.3,P.10.143*
"Cuncta igitur bonum petunt, quod quidem ita describas licet: *C.3,P.11.111*
sed quid afferas, licet iam prospiciam, planius tamen ex te audire
desidero."   *C.3,P.12.10*
"et id te paulo ante dicturam tenui licet suspicione prospexi."   *C.3,P.12.44*
Sed licet uariis malis Numen...ducem Peste soluerit   *C.4,M.3.17*
Membra quae ualeant licet,   *C.4,M.3.31*

id ipsum eis licere noluissem." "Nec licet," inquit, ... *C.*4,*P.*4.5
Quae licet diuersa sint, alterum tamen pendet ex altero. *C.*4,*P.*6.42
hoc licet in alium, tamen ordinem relabatur, ... *C.*4,*P.*6.193
Licet igitur definire casum esse inopinatum...euentum; *C.*5,*P.*1.53
licet eueniant, nihil tamen ut euenirent sui natura necessitatis habuisse; *C.*5,*P.*4.45
Quae uariis uideas licet omnia discrepare formis, ... *C.*5,*M.*5.8
licet illud,...nec coeperit umquam esse nec desinat *C.*5,*P.*6.19
Non enim totum simul infinitae licet uitae spatium comprehendit . . *C.*5,*P.*6.23
licuisset. si nobis ipsorum confessione delatorum,...uti licuisset. . . . *C.*1,*P.*4.93
ligans. Stringatque ligans inresoluto Singula nexu, ... *C.*3,*M.*2.4
ligas. Tu numeris elementa ligas ut frigora flammis *C.*3,*M.*9.10
ligat. illa mendacium specie bonorum mentes fruentium ligat, ... *C.*2,*P.*8.12
Hanc rerum seriem ligat Terras ac pelagus regens...amor. . . . *C.*2,*M.*8.13
Quos fallax ligat improbis catenis Terrenas habitans libido mentes, . *C.*3,*M.*10.2
ligneum. quoniam lectum quoque ligneum deorsum ferri necesse est, . . *Eut.*1.47
ligni. extra uero quadam ligni firmitate, ... *C.*3,*P.*11.67
lignis. lapisque ac lignum de singulis lapidibus ac lignis dicuntur. . . . *Eut.*2.43
ligno. sed, si ex omni quidem ligno escam sumeret, ... *Eut.*8.81
lignum. quia lignum est, quod est terra, pondere et grauitate deducitur. . *Eut.*1.49
Vniuersales...ut homo, animal, lapis, lignum ceteraque huiusmodi . . *Eut.*2.40
lapisque ac lignum de singulis lapidibus ac lignis dicuntur. . . . *Eut.*2.43
Particularia...ut...lignum hoc unde haec mensa composita est. . . . *Eut.*2.46
lignum. Cur autem per arcae lignum uoluerit iustos eripere, ... *Fid.*135
unde fit ut lignum naturaliter esse dicamus, lectum uero artificialiter. . *Eut.*1.52
limen. confessusque rubore uerecundiam limen tristis excessit. *C.*1,*P.*1.43
limine. Nonne adulescentulus δοιοὺς πίθους ... in Iouis limine iacere didicisti? *C.*2,*P.*2.41
limite. quamquam angusto limite temporis saepti tamen aliquid delibare
conabimur. *C.*4,*P.*6.16
limitibus. quid habeat...gloria tam angustis exiguisque limitibus artata? *C.*2,*P.*7.24
lingua. nationes lingua, moribus, totius uitae ratione distantes, ... *C.*2,*P.*7.26
linguam. linguam ille momordit atque abscidit et in os tyranni saeuientis
abiecit; *C.*2,*P.*6.29
Ferox atque inquies linguam litigiis exercet? *C.*4,*P.*3.58
linguas. Licet remotos fama per populos means Diffusa linguas explicet . . *C.*2,*M.*7.10
linquit. Nihil antiqua lege solutum Linquit propriae stationis opus. . . . *C.*1,*M.*5.24
liqueat. Nam ut hoc breui liqueat exemplo, ... *C.*5,*P.*4.77
liquebit. Quae diuersa esse facile liquebit, si quis utriusque uim mente
conspexerit. *C.*4,*P.*6.31
liquentia. Quae uero liquentia ut aer atque aqua, facile quidem diuidentibus
cedunt, ... *C.*3,*P.*11.82
liquere. contraque quod iniustum est malum." Liquere, respondi. *C.*4,*P.*4.65
liquerit. Ne, dum Tartara liquerit, Fas sit lumina flectere.' *C.*3,*M.*12.45
liquerunt. Tunc me discussa liquerunt nocte tenebrae *C.*1,*M.*3.1
liquet. Liquet igitur quam sit mortalium rerum misera beatitudo *C.*2,*P.*4.69
illud etiam liquet natura sui bona non esse quae se pessimis haerere
patiantur. *C.*2,*P.*6.46
Liquet igitur esse beatitudinem statum bonorum omnium congregatione
perfectum. *C.*3,*P.*2.10
quibus omnibus solam beatitudinem desiderari liquet. *C.*3,*P.*2.41
liquet eos propriam dignitatis pulchritudinem non habere. *C.*3,*P.*4.20
Etenim quae discrepant bona, non esse alterum quod sit alterum liquet; *C.*3,*P.*10.71
interire nec iam esse animal liquet. *C.*3,*P.*11.34
si bonum potens esse constiterit, liquet inbecillitas mali; *C.*4,*P.*2.7
cum mala tantummodo possint, nihil posse improbos liquet." *C.*4,*P.*2.120
liquet igitur malorum possibilitatem non esse potentiam. *C.*4,*P.*2.137
liquet solos quod desiderent facere posse sapientes, ... *C.*4,*P.*2.141
bonos omnes eo ipso quod boni sint fieri beatos liquet. *C.*4,*P.*3.28
infinitam liquet esse miseriam quam esse constat aeternam." *C.*4,*P.*4.30
malum." Liquere, respondi. [malum esse liquet." Respondi:] *uar.C.*4,*P.*4.65
"Infelices uero esse qui sint improbi multipliciter liquet." *C.*4,*P.*4.120
Quo semel recepto quantus occasus humanarum rerum consequatur
liquet. *C.*5,*P.*3.85
quod ex collatione temporalium clarius liquet. *C.*5,*P.*6.11
liquidis. Arida conueniant liquidis, ne purior ignis Euolet *C.*3,*M.*9.11
liquido. nihil horum...tuum esse bonum liquido monstratur. *C.*2,*P.*5.55
Non Bacchica munera norant Liquido confundere melle *C.*2,*M.*5.7
ñonne liquido falsa in eis beatitudinis species deprehenditur? *C.*3,*P.*3.13

Ex quo liquido apparet ipsius boni et beatitudinis unam...substantiam." *C.3,P.10.*138
Et liquido longi spatia aetheris enatet uolatu, ... *C.5,M.5.*5
lite. in huiusmodi igitur lite nos...nonne rationis potius causam probaremus? *C.5,P.5.*36
lites. humanum genus...multiplici numerositate succrescens erupit in lites, *Fid.*119
litigiis. Ferox atque inquies linguam litigiis exercet? *C.4,P.3.*58
litora. Nec non quae tenero pisce uel asperis Praestent echinis litora. *C.3,M.8.*14
litora. Nec mercibus undique lectis Noua litora uiderat hospes. *C.2,M.5.*15
litoris. Oneretque bacis colla rubri litoris *C.3,M.3.*3
litteras. Atque inter utrasque litteras in scalarum modum gradus quidam
    insigniti uidebantur *C.1,P.1.*20
Mos est aequore paginae,...Pressas figere litteras. *C.5,M.4.*9
litteris. quaestionem,...formatam rationibus litterisque mandatam offeren-
    dam uobis *Trin.,Prf.*3
mando litteris quae coram loquenda seruaueram. *Eut.,Prf.*5
litteris. Nam de compositis falso litteris...quid attinet dicere? *C.1,P.4.*89
Signat superstes fama tenuis pauculis Inane nomen litteris. *C.2,M.7.*18
litus. Nemo miratur flamina Cori Litus frementi tundere fluctu *C.4,M.5.*14
liuenti. Nunc te primum liuenti oculo praestrinxit. *C.2,P.3.*38
liuor. partim ignaua segnities partim callidus liuor occurrit, ut contumeliam *Trin.,Prf.*13
liuore. uerum insita summi Forma boni liuore carens, ... *C.3,M.9.*6
loca. Quorum summitatum atque contrariorum haec loca sunt: *Eut.8.*51
nisi quod haec singulis loca motionesque conueniunt? *C.3,P.11.*77
loca. quas si in alia quispiam loca transferre conetur, arescant. *C.3,P.11.*60
locata. Omnis enim uirtus in medio rerum decore locata consistit. *Eut.7.*77
locata. quaedam uero quae sub prouidentia locata sunt fati seriem superent. *C.4,P.6.*63
locatorum. ceterorumque extra locatorum ueluti cardo quidam...exsistit, . *C.4,P.6.*68
locatus. Vehementer admiror cur in tam salubri sententia locatus aegrotes. *C.1,P.6.*16
intra commune omnibus regnum locatus proprio uiuere iure desideres. . *C.2,P.2.*46
loci. Nihilne te ipsa loci facies mouet? *C.1,P.4.*10
Itaque non tam me loci huius quam tua facies mouet *C.1,P.5.*21
nisi eo loci pecuniam suam depositor obruisset, ... *C.5,P.1.*46
locis. ut tantum locis iuncta sint et nihil in alterum ex alterius qualitate
    perueniat? *Eut.4.*25
locis. in rebus incorporalibus distantias effici differentiis non locis. *Trin.5.*42
hos, quoniam incorporales sint, minime locis distare. *Trin.5.*49
herbas atque arbores...sibi conuenientibus innasci locis, ... *C.3,P.11.*55
motus locis, temporibus, efficientia, spatiis, qualitatibus explicarent, . *C.3,P.12.*22
fatum uero singula digerit in motum locis formis ac temporibus distributa, *C.4,P.6.*38
qui de prouidentiae fonte descendens cuncta suis locis temporibusque
    disponit. *C.5,P.1.*58
loco. quod ubique est ita dici uidetur non quod in omni sit loco *Trin.4.*55
(omnino enim in loco esse non potest) sed quod omnis ei locus adsit . . *Trin.4.*56
omnis ei locus adsit ad eum capiendum, cum ipse non suscipiatur in loco; *Trin.4.*57
atque ideo nusquam in loco esse dicitur, quoniam *Trin.4.*58
quoniam ubique est sed non in loco. *Trin.4.*59
"Quae incorporalia sunt, in loco non esse," et cetera; *Quo.*26
suo enim loco ponentur sicut ordo necessarius postularit. *Fid.*52
Abiecit clipeum locoque motus Nectit qua ualeat trahi catenam. . . . *C.1,M.4.*17
ea ualentia est, ut mouere quidem loco hominem possint, ... *C.1,P.6.*31
Aetate denique Marci Tullii, sicut ipse quodam loco significat, ... *C.2,P.7.*31
uirtus...in locum [in loco] facinorum supplicia luit. *uar.C.4,P.1.*16
"Nec licet," inquit, "uti conuenienti monstrabitur loco. *C.4,P.4.*6
Nam quietis mihi loco fuerit ea quibus maxime delector agnoscere, . . *C.5,P.1.*14
nisi eo loci [loco] pecuniam suam depositor obruisset, ... *uar.C.5,P.1.*46
nisi eo loci [nisi in eo loco] pecuniam suam depositor obruisset, . . *uar.C.5,P.1.*46
locorum. propriis informationibus unaquaeque uel pro locorum uarietate...
    subsistit *Fid.*264
adulta Parthis etiam ceterisque id locorum gentibus formidolosa. . . . *C.2,P.7.*33
locum. nullo modo possumus; duo enim corpora unum locum non obtinebunt,
    qui est accidens. *Trin.1.*29
et sub tuis oculis sacrilegio locum esse fas non erat. *C.1,P.4.*140
Dabimus dicendi locum." Tum ego: "Speciosa *C.2,P.3.*4
imperante florenteque nequitia uirtus...in locum facinorum supplicia
    luit. *C.4,P.1.*16
qui pedibus incedens ad eum locum usque peruenire potuisset, ... *C.4,P.2.*87
locus. tamen locus cunctis diuersus est quem unum fingere nullo modo
    possumus; *Trin.1.*28

Hanc quisquis poterit notare lucem, Candidos Phoebi radios negabit." . *C*.3,*M*.10.17

In se reuoluat intimi lucem uisus   *C*.3,*M*.11.3

"Nequeunt enim oculos tenebris assuetos ad lucem perspicuae ueritatis
attollere, ...   *C*.4,*P*.4.96

luci. illique inaccessae luci prius quoque quam impetrent...coniungi. . *C*.5,*P*.3.106

lucida. Vt nunc pleno lucida cornu...Condat stellas luna minores, . . . *C*.1,*M*.5.5

lucida. Nec lucida uellera Serum Tyrio miscere ueneno.   *C*.2,*M*.5.8

lucidos. Licet caelo proferre lucidos dies eosdemque...condere. *C*.2,*P*.2.22

lucidum. Felix qui potuit boni Fontem uisere lucidum, ... *C*.3,*M*.12.2

Lucifer. Solitas iterum mutet habenas Phoebi pallens Lucifer ortu. . . . *C*.1,*M*.5.13

Lucifer ut tenebras pepulerit Pulchra dies roseos agit equos. *C*.3,*M*.1.9

Vesper seras nuntiat umbras Reuehitque diem Lucifer almum. *C*.4,*M*.6.15

lucis. ut dimotis fallacium affectionum tenebris splendorem uerae lucis possis
agnoscere. *C*.1,*P*.6.62

poteritne illius memoria lucis quantalibet ingruentium malorum mole
deleri, ...   *C*.2,*P*.3.27

luctu. meumque intuens uultum luctu grauem atque in humum maerore
deiectum *C*.1,*P*.1.50

luctum. Quid est igitur o homo quod te in maestitiam luctumque deiecit? . *C*.2,*P*.1.27

Quod luctus dabat impotens, Quod luctum geminans amor, ... *C*.3,*M*.12.25

luctuosus. qui abesse aliquid...tam luctuosus atque anxius conqueraris. . . *C*.2,*P*.4.41

luctus. Quod luctus dabat impotens, ... *C*.3,*M*.12.24

ludens. Largasque dapes dulci studio Ludens hominum cura ministret, . . *C*.3,*M*.2.21

ludentem. Si perfidiam perhorrescis, sperne atque abice perniciosa ludentem. *C*.2,*P*.1.37

ludicra. Neque enim leuia aut ludicra praemia petunt, ... *C*.4,*P*.2.81

ludicri. ne utique cum ludicri mei ratio poscet, descendere iniuriam putes. . *C*.2,*P*.2.32

ludimus. Haec nostra uis est, hunc continuum ludum ludimus; *C*.2,*P*.2.29

Tum illa: "Minime," inquit, "ludimus *C*.3,*P*.12.100

ludis. "Ludisne," inquam, "me...labyrinthum rationibus texens, ... *C*.3,*P*.12.82

ludit. Sic illa ludit, sic suas probat uires *C*.2,*M*.1.7

ludum. Haec nostra uis est, hunc continuum ludum ludimus; *C*.2,*P*.2.29

luentes. "Feliciores," inquit, "esse improbos supplicia luentes *C*.4,*P*.4.43

luis. "Sed quod tu," inquit, "falsae opinionis supplicium luas [luis], . . . *uar.C*.2,*P*.4.7

luit. florenteque nequitia uirtus...in locum facinorum supplicia luit. . . . *C*.4,*P*.1.17

lumen. Nubibus atris Condita nullum Fundere possunt Sidera lumen. . . *C*.1,*M*.7.4

Non omne namque mente depulit lumen...corpus *C*.3,*M*.11.9

lumina. Cernebat rosei lumina solis, ... *C*.1,*M*.2.8

paulisper lumina eius mortalium rerum nube caligantia tergamus." . . *C*.1,*P*.2.15

Nunc obscuro pallida cornu Phoebo propior lumina perdat, ... *C*.1,*M*.5.9

Ne, dum Tartara liquerit, Fas sit lumina flectere.' *C*.3,*M*.12.46

Nam qui Tartareum in specus Victus lumina flexerit, ... *C*.3,*M*.12.56

lumine. Nunc iacet effeto lumine mentis *C*.1,*M*.2.24

Emicat ac subito uibratus lumine Phoebus *C*.1,*M*.3.9

Tu quoque si uis Lumine claro Cernere uerum, ... *C*.1,*M*.7.21

Puro clarum lumine Phoebum Melliflui canit oris Homerus; *C*.5,*M*.2.2

Quid igitur postulas ut necessaria fiant quae diuino lumine lustrentur, . *C*.5,*P*.6.73

luminibus. Luminibusque prior rediit uigor, ... *C*.1,*M*.3.2

luminibus. commota paulisper ac toruis inflammata luminibus: "Quis,"
inquit, ...   *C*.1,*P*.1.28

Tum uero totis in me intenta luminibus: *C*.1,*P*.2.2

luminis. "O," inquam, "ueri praeuia luminis quae usque adhuc tua fudit
oratio, ...   *C*.4,*P*.1.5

Dorsaque uelocis premat aetheris Compos uerendi luminis. *C*.4,*M*.1.18

Nequit oppressi luminis igne Rerum tenues noscere nexus. *C*.5,*M*.3.9

luna. Totis fratris obuia flammis Condat stellas luna minores, ... *C*.1,*M*.5.7

lunae. Visebat gelidae sidera lunae *C*.1,*M*.2.9

Ille dedit Phoebo radios dedit et cornua lunae, ... *C*.3,*M*.6.3

Palleant plenae cornua lunae *C*.4,*M*.5.7

lunam. sic caelum sidera lunam solemque miramur. *C*.2,*P*.5.34

lupi. Auaritia feruet alienarum opum...ereptor? Lupi similem dixeris. . . *C*.4,*P*.3.57

lupis. Hic lupis nuper additus, Flere dum parat, ululat. *C*.4,*M*.3.13

λύρας. atque animo inlabuntur tuo, an ὄνος λύρας? *C*.1,*P*.4.2

lustrare. Da fontem lustrare boni, da luce reperta *C*.3,*M*.9.23

lustrentur. Quid igitur postulas ut necessaria fiant quae diuino lumine
lustrentur, ...   *C*.5,*P*.6.73

lux. quantum nostrae mentis igniculum lux diuina dignata est, ... *Trin.,Prf.*2
  Sed si quid est in hoc splendore praecipui, gemmarum est lux illa non
  hominum, ... *C.*2,*P.*5.23
  Cum uel lux oculos ferit *C.*5,*M.*4.33
luxu. Contenta fidelibus aruis Nec inerti perdita luxu, ... *C.*2,*M.*5.3
luxuriae. Inuisus tamen omnibus uigebat Luxuriae Nero saeuientis. *C.*3,*M.*4.4
luxurient. quosdam remordet ne longa felicitate luxurient, ... *C.*4,*P.*6.149
Lydorum. Nesciebas Croesum regem Lydorum Cyro paulo ante formidabilem *C.*2,*P.*2.34
lymphante. sed errore tantum temere ac passim lymphante raptatur. . . . *C.*1,*P.*3.42
Lyncei. Quod si,. . .Lynceis [Lyncei] oculis homines uterentur, ... *coni.C.*3,*P.*8.23
Lynceis. Quod si, ut Aristoteles ait, Lynceis oculis homines uterentur, . . . *C.*3,*P.*8.23

M

machina. clauus atque gubernaculum quo mundana machina stabilis atque
  incorrupta seruatur." *C.*3,*P.*12.42
  quorum magna spes et excelsa facinorum machina repentino. . .de-
  struitur, ... *C.*4,*P.*4.24
machinam. Et quam nunc socia fide Pulchris motibus incitant, Certent soluere
  machinam. *C.*2,*M.*8.21
machinas. Quae omnia. . .ueluti quasdam machinas esse quis nesciat? . . *C.*3,*P.*11.73
  cunctas diuinae operae machinas uel ingenio comprehendere uel explicare
  sermone. *C.*4,*P.*6.198
mactatum. Busiridem accipimus . . . solitum ab Hercule hospite fuisse
  mactatum. *C.*2,*P.*6.35
madent. Vltrices scelerum deae Iam maestae lacrimis madent. *C.*3,*M.*12.33
maduit. Fratre qui quondam ferus interempto Matris effuso maduit cruore
  Corpus *C.*2,*M.*6.4
maeror. Qua in re non ita sensus nostros maeror hebetauit *C.*1,*P.*4.98
  diuersumque te dolor, ira, maeror distrahunt, ... *C.*1,*P.*5.39
  "Audieram," inquam, "sed memoriam maeror hebetauit." *C.*1,*P.*6.26
  cum haec auribus insonare desierint, insitus animum maeror praegrauat." *C.*2,*P.*3.9
  "Sed unde huic," inquam, "tali maeror ullus obrepat ne cogitare quidem
  possum; *C.*3,*P.*9.39
  Maeror aut captos fatigat aut spes lubrica torquet. *C.*4,*M.*2.8
maerore. meumque intuens uultum luctu grauem atque in humum maerore
  deiectum *C.*1,*P.*1.50
maerorem. cara tibi est fortuna praesens nec manendi fida et cum discesserit
  adlatura maerorem. *C.*2,*P.*1.43
maeroris. Nam quae nunc tibi est tanti causa maeroris, haec eadem tranquillitatis esse debuisset. *C.*2,*P.*1.38
  memoriam. . .dehinc cum maeroris mole pressus amisi." *C.*3,*P.*12.4
  ego nondum penitus insiti maeroris oblitus *C.*4,*P.*1.3
  Sed ea ipsa est uel maxima nostri causa maeroris, ... *C.*4,*P.*1.10
maesta. Siluas tantum maesta requirit, Siluas dulci uoce susurrat. . . . *C.*3,*M.*2.25
maesta. quoniam quae nunc creduntur maesta praetereunt. *C.*2,*P.*3.44
maestae. Vltrices scelerum deae Iam maestae lacrimis madent. *C.*3,*M.*12.33
maesti. Solantur maesti nunc mea fata senis. *C.*1,*M.*1.8
maestior. His ille chorus increpitus deiecit humi maestior uultum . . . *C.*1,*P.*1.42
maestis. Mors. . .quae se nec dulcibus annis Inserit et maestis saepe uocata
  uenit. *C.*1,*M.*1.14
maestis. caeco furibundus ore Gaudium maestis lacrimis rependit. *C.*4,*M.*7.12
maestitiam. Quid est igitur o homo quod te in maestitiam luctumque deiecit? *C.*2,*P.*1.26
maestos. Flebilis heu maestos cogor inire modos. *C.*1,*M.*1.2
maestum. "Cum te," inquit, "maestum lacrimantemque uidissem, ... *C.*1,*P.*5.3
maestus. Alius prole laetatus filii filiaeue delictis maestus inlacrimat. . . . *C.*2,*P.*4.51
mage. Dulcior est apium mage labor, Si malus ora prius sapor edat. . . . *C.*3,*M.*1.5
magis. prorsus inquam disiuncta sunt nec magis inter se homines bouesque *Eut.*4.103
  multo magis in se non permutabuntur quibus *Eut.*6.62
  qui. . .nihil apud aulicos quo magis essem tutior reseruaui. *C.*1,*P.*4.56
  Atqui haec effundendo magis quam coaceruando melius nitent, ... *C.*2,*P.*5.8
  cum pessimus quisque eoque alieni magis auidus *C.*2,*P.*5.98
  In quo illud est animaduertendum magis. *C.*3,*P.*4.22
  Nam si eo abiectior est quo magis a pluribus quisque contemnitur, . . *C.*3,*P.*4.23

Inlustrent aciem magisque caecos In suas condunt animos tenebras. . . *C.*3,*M.*10.11
uerum multo magis haec ipsa quibus uteris uerba delectant, ... *C.*3,*P.*12.66
cum magis admittentibus iustior miseratio debeatur; *C.*4,*P.*4.134
multo magis non insequendi sed miserandi sunt *C.*4,*P.*4.152
Haec est efficiens magis Longe causa potentior *C.*5,*M.*4.26
quanto magis ea . . . actum suae mentis expediunt? . . . . , *C.*5,*P.*5.8
magistra. in has exilii nostri solitudines o omnium magistra uirtutum . . .
    uenisti? *C.*1,*P.*3.7
    Quid igitur o magistra censes? Infitiabimur crimen, ... *C.*1,*P.*4.76
magistratibus. Num uis ea est magistratibus ut utentium mentibus uirtutes
    inserant *C.*3,*P.*4.2
magistratum. nullum me ad magistratum nisi commune bonorum omnium
    studium detulisse. *C.*1,*P.*4.29
    ut cum Decorato gerere magistratum putares, ... *C.*3,*P.*4.12
magistrum. metuantque trucem Soliti uerbera ferre magistrum, ... *C.*3,*M.*2.10
magna. Omnino enim magna regulae est ueritas *Trin.*5.40
    Et magna titulis fulgeat claris domus, ... *C.*2,*M.*7.11
    Atqui praetura magna olim potestas nunc inane nomen *C.*3,*P.*4.41
    quorum magna spes et excelsa facinorum machina repentino . . . destruitur, *C.*4,*P.*4.23
    Magna uobis est, si dissimulare non uultis, necessitas indicta probitatis, *C.*5,*P.*6.174
magna. eosque Pharao magna ponderum mole premi decreuerat *Fid.*158
    magna ex parte sceleratorum hominum poena releuetur. *C.*4,*P.*4.8
magna. ut tandem aliquando stultitiam magna lacerantem sui pudeat.'' *C.*3,*P.*12.68
    Tum ego: ''Papae,'' inquam, ''ut magna promittis! *C.*4,*P.*2.1
    ''Et magna quidem,'' inquit, ''quorum alia poenali acerbitate, ... *C.*4,*P.*4.77
magnae. —magnae non ad morbum modo uerum ad interitum quoque causae. *C.*1,*P.*6.48
magnas. Satisne in me magnas uideor exacceruasse discordias? *C.*1,*P.*4.54
magni. Ite nunc fortes ubi celsa magni Ducit exempli uia! *C.*4,*M.*7.32
    Haud sic magni conditor orbis; *C.*5,*M.*2.7
magnificum. Aut quid habeat amplum magnificumque gloria tam angustis . . .
    limitibus artata? *C.*2,*P.*7.23
magnitudine. sed non quo aliquo aliquid est uelut magnitudine magnum. *Trin.*4.96
magnitudinem. id est ut, si ad caelestis globi magnitudinem conferatur, . . *C.*2,*P.*7.13
magnitudinis. (quis enim dicat ullam albedinis uel nigredinis uel magnitudinis
    esse personam?) *Eut.*2.17
magnitudo. Robur enim magnitudoque uidetur praestare ualentiam, . . . *C.*3,*P.*2.38
magno. idem est enim esse deo quod magno. *Trin.*4.24
magno. Et quid si hoc tam magno ac paene inuicto . . . desererentur auxilio? *C.*4,*P.*2.78
magnum. sed non quo aliquo aliquid est uelut magnitudine magnum. . . *Trin.*4.97
    Quam enim magnum est quamque nouum, quam quod semel *Eut.*4.63
magnum. Nonne apud ueteres quoque ante nostri Platonis aetatem magnum
    saepe certamen *C.*1,*P.*3.18
    Magnumque suis demonstrat ostentum, ... *C.*2,*M.*1.8
    Plures enim magnum saepe nomen falsis uulgi opinionibus abstulerunt; *C.*3,*P.*6.5
    laeta uero magnum bonis argumentum loquuntur, ... *C.*4,*P.*6.165
magnus. Item cum dicitur ''magnus uel maximus,'' *Trin.*4.20
    ''Magnus'' etiam homo uel deus dicitur *Trin.*4.41
    uel deus dicitur atque ita quasi ipse sit homo magnus *Trin.*4.42
    uel deus magnus; sed homo tantum magnus, deus *Trin.*4.43
    sed homo tantum magnus, deus uero ipsum magnus exsistit. *Trin.*4.44
    qui magnus ad quantitatem qua est aliquid, ... *Trin.*4.87
    ad quantitatem qua est aliquid, id est magnus. *Trin.*4.88
    idem iustus idem bonus idem magnus idem omnia *Trin.*6.13
    si quis populi quondam curasset annonam, magnus habebatur, ... *C.*3,*P.*4.43
maiestatis. Delatorem ne documenta deferret quibus senatum maiestatis
    reum faceret *C.*1,*P.*4.75
    cum rex . . . maiestatis crimen in Albinum delatae . . . transferre moliretur, *C.*1,*P.*4.114
maior. quia concauitate ipsa maior necesse est uoluatur sonus. *Eut.*3.13
maior. Quis legem det amantibus? Maior lex amor est sibi. *C.*3,*M.*12.48
maiore. extimus uero maiore ambitu rotatus *C.*4,*P.*6.69
maiorem. hoc igitur modo maiorem regibus inesse necesse est miseriae
    portionem. *C.*3,*P.*5.14
maioribus. quod longius a prima mente discedit maioribus fati nexibus
    implicatur *C.*4,*P.*6.74
maiorum. Sed auctoritate tota constringitur, uniuersali traditione maiorum
    nihilominus tota, ... *Fid.*262
    ut inposita nobilibus necessitudo uideatur ne a maiorum uirtute degeneret. *C.*3,*P.*6.29

maius. At huic aliud maius adiungitur. *C*.4,*P*.1.13
mala. quaesiuit: 'Si quidem deus,' inquit, 'est, unde mala? *C*.1,*P*.4.105
 uel esse omnino mala possint uel impunita praetereant; *C*.4,*P*.1.11
 Possunt enim mala quae minime ualerent, ... *C*.4,*P*.2.115
 cum mala tantummodo possint, nihil posse improbos liquet." *C*.4,*P*.2.119
 "Atqui idem possunt mala." "Vtinam quidem," inquam, "non possent." *C*.4,*P*.2.127
 eosdem qui mala possunt minus posse manifestum est. *C*.4,*P*.2.130
 Sola est enim diuina uis cui mala quoque bona sint, ... *C*.4,*P*.6.190
mala. Iam tamen mala remiges Ore pocula traxerant, ... *C*.4,*M*.3.21
malam. et quidem crebro quorundam malam esse fortunam." *C*.4,*P*.7.14
 quae in praemium tribuitur bonis, num uulgus malam esse decernit?" . *C*.4,*P*.7.25
male. ut. . .qui uero male, miser post munus resurrectionis adesset. . . . *Fid*.252
 Dum leuibus male fida bonis fortuna faueret, ... *C*.1,*M*.1.17
 quod eos male meritos omnes existimant. *C*.4,*P*.6.162
 Haec nisi terrenus male desipis, admonet figura, ... *C*.5,*M*.5.12
maleficio. affines fuisse maleficio, quod tuis inbuti disciplinis, ... *C*.1,*P*.4.151
mali. cortex aduersum caeli intemperiem quasi mali patiens defensor opponitur? *C*.3,*P*.11.68
 Deum. . .regere disputabas. . .nec ullam mali esse naturam. *C*.3,*P*.12.97
 si bonum potens esse constiterit, liquet inbecillitas mali; *C*.4,*P*.2.8
 at si fragilitas clarescat mali, boni firmitas nota est. *C*.4,*P*.2.8
 eadem necesse est in mali poena contraria parte respondeant. *C*.4,*P*.3.35
 cum supplicio carent, inest eis aliquid ulterius mali ipsa impunitas . . *C*.4,*P*.4.69
 Sed in hac ipsa fortuna populari non nihil boni maliue inesse perpendo. *C*.4,*P*.5.4
 Nihil est enim quod mali causa ne ab ipsis quidem improbis fiat; . . . *C*.4,*P*.6.97
 Quo fit ut. . .nihil usquam mali esse perpendas. *C*.4,*P*.6.206
mali. boni pariter ac mali indiscreta intentione ad bonum peruenire
 nituntur?" *C*.4,*P*.2.33
 "Mali uero si adipiscerentur quod appetunt bonum, ... *C*.4,*P*.2.38
 mali esse non possent." "Ita est." *C*.4,*P*.2.39
 num dubium est bonos quidem potentes esse, qui uero mali sunt
 imbecillos?" *C*.4,*P*.2.42
 boni. . .naturali officio uirtutum petunt,mali uero uariam per cupiditatem, *C*.4,*P*.2.64
 Nam qui mali sunt eos malos esse non abnuo; *C*.4,*P*.2.104
 'Sed possunt,' inquies, 'mali.' *C*.4,*P*.2.113
 Quantumlibet igitur saeuiant mali, ... *C*.4,*P*.3.14
 quo fit ut mali desinant esse quod fuerant, ... *C*.4,*P*.3.48
 Cur. . .praemia uirtutum mali rapiant, uehementer admiror, ... *C*.4,*P*.5.15
 protulit insigne miraculum, ut malos mali bonos facerent. *C*.4,*P*.6.186
malim. sed ex te apertius cognoscere malim." *C*.3,*P*.9.9
malis. bonis felicia, malis semper infortunata contingere *C*.4,*P*.1.29
 "Sed summum bonum, quod aeque malis bonisque propositum, . . . *C*.4,*P*.2.63
 Dilige iure bonos et miseresce malis." *C*.4,*M*.4.12
 Qui cum saepe bonis iucunda, malis aspera contraque bonis dura tribuat, *C*.4,*P*.5.20
 Qui cum. . .bonis dura tribuat, malis optata concedat, ... *C*.4,*P*.5.20
 quam ut. . .malis etiam tum optata tum odiosa contingant? *C*.4,*P*.6.103
 ut exercitii bonis et malis esset causa supplicii. *C*.4,*P*.6.179
 Frustra enim bonis malisque praemia poenaeue proponuntur *C*.5,*P*.3.86
 bonis praemia malis supplicia dispensans. *C*.5,*P*.6.169
malis. At uero hic etiam nostris malis cumulus accedit, ... *C*.1,*P*.4.154
 Videsne quantum malis dedecus adiciant dignitates? *C*.3,*P*.4.8
malis. Venit enim properata malis inopina senectus *C*.1,*M*.1.9
 Quantis uero implicitae malis sint, breuissime monstrabo. *C*.3,*P*.8.4
 Sed licet uariis malis. . .Obsitum miserans ducem *C*.4,*M*.3.17
 exemplum ceteris praetulerunt inuictam malis esse uirtutem. *C*.4,*P*.6.156
malit. Neque enim sapientum quisquam exul inops ignominiosusque esse
 malit, ... *C*.4,*P*.5.6
malitia. homo. . .qui malitia propriae contumaciae despexerat conditorem. *Fid*.128
malitiam. Quare uersi in malitiam humanam quoque amisere naturam. . . *C*.4,*P*.3.51
 si non eorum malitiam saltem mors extrema finiret. *C*.4,*P*.4.28
malitis. enim situm manu qualem uobis fortunam formare malitis; . . . *C*.4,*P*.7.54
mallem. Mallem pudore, sed te, ut uideo, stupor oppressit." *C*.1,*P*.2.8
mallet. angustia rei familiaris inclusus esse mallet ignotus. *C*.2,*P*.4.48
 uel si prodesse hominibus mallet, in accusationis habitum uerteretur. . *C*.4,*P*.4.140
malo. ut. . .bonum a malo non sincera integritate discerneret, ... *Eut*.8.37
 et ut adueniat eius regnum et nos liberet a malo. *Eut*.8.92
 quisquis afficitur poena, malo se affectum esse non dubitat. *C*.4,*P*.3.39

manendi. Et cara tibi est fortuna praesens nec manendi fida et cum discesserit
adlatura maerorem. *C*.2,*P*.1.42

Quod si manendi abeundique scribere legem uelis ei *C*.2,*P*.1.52

Nam etsi rara est fortuitis manendi fides, ultimus tamen uitae dies . .   *C*.2,*P*.3.48

quod nullis extra cogentibus abiciant manendi intentionem *C*.3,*P*.11.48

Quae omnia non modo ad tempus manendi *C*.3,*P*.11.71

nam ne in animalibus quidem manendi amor ex animae uoluntatibus, . . .
uenit. *C*.3,*P*.11.90

Dedit enim prouidentia creatis a se rebus hanc . . . manendi causam .   *C*.3,*P*.11.99

manens. qui tempus ab aeuo Ire iubes stabilisque manens das cuncta moueri,   *C*.3,*M*.9.3

Hic portus placida manens quiete, ...   *C*.3,*M*.10.5

qui has mutationum uarietates manens ipse disponeret. *C*.3,*P*.12.24

si manens in diuina mente simplicitas indeclinabilem causarum ordinem
promat. *C*.4,*P*.6.90

Ille eminus manens totum simul iactis radiis intuetur; *C*.5,*P*.4.79

sed uno ictu mutationes tuas manens praeuenit atque complectitur. .   *C*.5,*P*.6.155

manent. quoniam ea quae in se transfusa sunt non manent *Eut*.6.96

in utrisque quidem, quia manent utraeque, ...   *Eut*.7.29

Vbi nunc fidelis ossa Fabricii manent, ...   *C*.2,*M*.7.15

Hoc quidquid est quo condita manent atque agitantur, . . . deum nomino."   *C*.3,*P*.12.25

manente. Igitur qui adsumi manente persona non potuit, ...   *Eut*.4.122

manentibus. in improbitate uero manentibus omnem pessimam esse fortunam."   *C*.4,*P*.7.36

manentibus. At si duabus personis manentibus ea coniunctio . . . facta est
naturarum, ...   *Eut*.4.31

Ita enim personis manentibus illic nulla naturarum potuit esse coniunctio,   *Eut*.4.74

ut personis manentibus nullo modo a diuinitate humanitas credatur
adsumpta. *Eut*.4.100

illis namque manentibus, utcumque se res habeant, enatabimus. . . .   *C*.2,*P*.4.36

manentis. ultimus tamen uitae dies mors quaedam fortunae est etiam
manentis. *C*.2,*P*.3.50

quae, quoniam manentis illius praesentiae quandam gestat imaginem, .   *C*.5,*P*.6.51

manentium. ex utrisque uero, quia utrarumque adunatione manentium una
persona fit Christi. *Eut*.7.30

manere. ut, si sine peccato manere uellet, ...   *Fid*.75

ut et secundum historiam et secundum allegoriam manere uideatur. .   *Fid*.94

per iustum potius hominem reparare genus humanum quam manere
proteruum, ...   *Fid*.131

Illi uero eosdem occidentes in suae nequitiae peruersitate manere
uoluerunt. *Fid*.192

Cum igitur utrasque manere naturas in Christo fides catholica confiteatur   *Eut*.7.25

ut non confiteatur in utrisque consistere, neque enim utrasque manere; .   *Eut*.7.36

una quidem significatione non manere substantias ex quibus *Eut*.7.42

si firmiter in dei praeceptis manere uoluisset, ...   *Eut*.8.45

is status qui praemium esset, si in praeceptis dei Adam manere uoluisset   *Eut*.8.52

et is qui poenae fuit, quoniam manere noluit; *Eut*.8.53

At, omnium mortalium stolidissime, si manere incipit, fors esse desistit.   *C*.2,*P*.1.61

Quod si manere apud quemque non potest quod transfertur in alterum,   *C*.2,*P*.5.10

"omne quod est tam diu manere atque subsistere quam diu sit unum, . . .   *C*.3,*P*.11.28

et ne, dum manere possunt, intereant, elaborat. *C*.3,*P*.11.61

ut quoad possunt naturaliter manere desiderent; *C*.3,*P*.11.99

si in bonorum efficientia manere potuissent. *C*.4,*P*.2.117

Quoniam uero manere non potuit, infinitum temporis iter arripuit . .   *C*.5,*P*.6.53

manet. nulla uero intellegi adsumptio potest, si manet aeque naturae personaeque discretio. *Eut*.4.120

ueluti cum mel aquae confunditur neutrum manet, ...   *Eut*.6.88

Cum sera uobis rapiet hoc etiam dies, Iam uos secunda mors manet. . .   *C*.2,*M*.7.26

Nec manet ulli traditus ordo Nisi quod fini iunxerit ortum *C*.3,*M*.2.36

Et nihil manet integrum Voce corpore perditis. *C*.4,*M*.3.25

scientia quoque eius . . . in suae manet simplicitate praesentiae . . .   *C*.5,*P*.6.64

Quae cum ita sint, manet intemerata mortalibus arbitrii libertas . . .   *C*.5,*P*.6.164

Manet etiam spectator desuper cunctorum praescius deus *C*.5,*P*.6.166

manibus. uti post eadem prodente cognoui, suis manibus ipsa texuerat. .   *C*.1,*P*.1.15

uestem quam meis texueram manibus, disciderunt *C*.1,*P*.3.25

Vincula gestent manibusque datas Captent escas *C*.3,*M*.2.8

aliusque cui hoc naturale pedum desit officium, manibus nitens ambulare
conetur, ...   *C*.4,*P*.2.58

Manichaei. Manichaei quoque qui duo principia sibi coaeterna et aduersa
  profitentur, ... *Fid.*41
manifesta. Et cuius umquam facinoris manifesta confessio *C.*1,*P.*4.123
manifeste. Sed esse Christum manifeste ac ueraciter confitemur; *Eut.*4.41
manifestum. unde rerum omnium manifestum constat exordium, ... *Pat.*4
  quae. . .singulariter praedicamus manifestum est substantialiter dici. . *Pat.*31
  ad aliquid dici manifestum est; nam et pater alicuius pater est . . *Pat.*49
  Nam illud quidem manifestum est personae subiectam esse naturam . . *Eut.*2.10
  neque in non uiuentibus corporibus personam posse dici manifestum est . *Eut.*2.30
  Si enim non est Christi una persona duasque naturas esse manifestum est, *Eut.*4.17
  Non autem prouenisse manifestum est, si eadem in *Eut.*4.117
  quandoquidem manifestum est aliam naturam esse hominis aliam dei, *Eut.*5.21
  Nunc illud est manifestum conuictam esse Eutychis sententiam *Eut.*6.103
  manifestum est quoniam ad beatitudinem percipiendam fortunae
    instabilitas adspirare non possit. *C.*2,*P.*4.82
  et cuicumque uelocitas adest manifestum est esse uelocem. *C.*2,*P.*6.52
  in qua. . .nihil natiuae bonitatis inesse manifestum est, ... *C.*2,*P.*6.69
  Sed quod perfectum non sit, id summum non esse manifestum est; . . *C.*3,*P.*10.74
  diuinitatis adeptione beatos fieri manifestum est: *C.*3,*P.*10.86
  eosdem qui mala possunt minus posse manifestum est, ... *C.*4,*P.*2.130
  impunitos uero elabi iniquum esse manifestum est." *C.*4,*P.*4.62
  illud certe manifestum est immobilem. . .gerendarum formam rerum
    esse prouidentiam, ... *C.*4,*P.*6.56
  quod diuinae mentis proprium esse manifestum est. *C.*5,*P.*6.38
mansere. quam diuinitas in Christo humanitasque discreta est, si mansere
  personae. *Eut.*4.105
manserit. ut ea sit adunatio facta cum deo, ut natura humana non manserit. . *Eut.*5.7
mansisse. si sub diuersitate naturae personarum quoque credatur mansisse
  discretio? *Eut.*4.111
manu. eum inlata manu crucis supplicio peremerunt. *Fid.*220
  Nec quaeras auida manu Vernos stringere palmites, ... *C.*1,*M.*6.11
  qui ut potens esse uideatur, in seruientium manu situm est? *C.*3,*P.*5.25
  Quod tantos iuuat excitare motus Et propria fatum sollicitare manu? . *C.*4,*M.*4.2
  In uestra enim situm manu qualem uobis fortunam formare malitis; . *C.*4,*P.*7.53
manum. admouit pectori meo leniter manum *C.*1,*P.*2.11
  Nunc mihi retrahere manum libet. Habes gratiam *C.*2,*P.*2.14
  Tantas fundat opes nec retrahat manum Pleno copia cornu, ... *C.*2,*M.*2.5
  sed nondum ad extremam manum uirtutum perfectione perductas . . . *C.*2,*P.*7.6
  O leuem nimium manum Nec potentia gramina, ... *C.*4,*M.*3.29
manus. Eandem tamen uestem uiolentorum quorundam sciderant manus . *C.*1,*P.*1.23
manus. Quis est ille tam felix qui cum dederit inpatientiae manus, ... *C.*2,*P.*4.65
  sed mox ipse uictorum catenis manus praebuit. *C.*2,*P.*6.37
  Quos ut in uarios modos Vertit herbipotens manus, ... *C.*4,*M.*3.9
Marci. Aetate denique Marci Tullii, sicut ipse quodam loco significat, . . *C.*2,*P.*7.30
Marco. "Vetus,". . .est de prouidentia querela Marcoque Tullio, . . . uehementer agitata *C.*5,*P.*4.2
Marcus. Neque enim uerborum inops Graecia est, ut Marcus Tullius alludit, *Eut.*3.58
mare. Saepe tranquillo radiat sereno Immotis mare fluctibus, ... *C.*2,*M.*3.10
mare. Si quis enim uinum fundat in mare, non mixtum est mari uinum sed in
  mare corruptum, ... *Eut.*6.39
  Si mare uoluens Turbidus Auster Misceat aestum, ... *C.*1,*M.*7.5
  Vt fluctus auidum mare Certo fine coerceat, ... *C.*2,*M.*8.9
margine. Harum in extrema margine ·II· Graecum, in supremo uero ·Θ·,
  legebatur intextum. *C.*1,*P.*1.18
mari. non mixtum est mari uinum sed in mare corruptum, ... *Eut.*6.39
  Ius est mari nunc . . . blandiri, nunc . . . inhorrescere. *C.*2,*P.*2.25
Mari. Tandem deus Aegyptii regis dominationem despiciens diuiso mari
  rubro, ... *Fid.*161
  Transmisso itaque ut dictum est mari rubro uenit per deserta eremi . . *Fid.*166
maria. Huic quartae, si quantum maria paludesque premunt. . .subtraxeris, *C.*2,*P.*7.17
Maria. Sub quo exstitit beata uirgo Maria quae de Dauidica stirpe prouenerat, *Fid.*184
Maria. humanam carnem non a Maria sumptam sed aliquo modo alio
  praeparatam, ... *Eut.*5.29
  ut corpus quidem a Maria sumpserit, sed, antequam sumeret, ... *Eut.*5.38
  aut. . .non adsumente de Maria corpus aut adsumente ab eadem carnem, *Eut.*5.45
  natus ex Maria Christus aut ab ea carnem humanam traxit aut minime. *Eut.*5.49
  Si igitur a Maria non est sumptum corpus humanum sed a quolibet alio, *Eut.*5.67

si corpus quod Christus excepit ex Maria non credatur adsumptum. . .   *Eut.*6.2
Si uero adsumptum est ex Maria neque permansit perfecta...natura, .   *Eut.*6.3
homo uero, quod ex Maria sit uirgine procreatus. *Eut.*7.63
cum ex Maria corpus hominis minime sumeretur *Eut.*7.98
aut ad sumptum quidem ex Maria per resurrectionem fieret adunatio, .   *Eut.*7.99
qui corpus humanum ex Maria sumptum esse non credunt, ...   *Eut.*8.2
Mariae. Nam si ex semine Abrahae atque Dauid et postremo Mariae non fuit
caro *Eut.*5.55
quod in adunatione ex Mariae utero gigni ac proferri uideretur. *Eut.*8.5
Mariam. Mariam uero uirginem appositam ex qua caro nasceretur quae ab ea
sumpta non esset, ...   *Eut.*5.30
hominem a quo generatio sumpta sit saluatoris praeter Mariam uirginem,   *Eut.*5.60
per Mariam tamen est procreatum quod fuerat praeuaricatione corruptum, ...   *Eut.*5.69
maris. Sic quondam sereni maris facie gaudemus; *C.*2,*P.*5.33
Nondum maris alta secabat...hospes. *C.*2,*M.*5.13
immobilibus animantibus cessit quales sunt conchae maris *C.*5,*P.*5.14
Maris. quemadmodum aquae maris rubri ita quoque Iordanis fluenta siccata
sunt;   *Fid.*175
Marmaricus. Ille Marmaricus leo Dente crescit et unguibus. *C.*4,*M.*3.11
masculae. cum coniugis pudore, cum masculae quoque prolis opportunitate   *C.*2,*P.*3.21
materia. Statua enim non secundum aes quod est materia, sed secundum
formam *Trin.*2.22
ipsumque aes non secundum terram quod est eius materia, sed dicitur
secundum aeris figuram.   *Trin.*2.25
sed eo quod materia ei subiecta est; *Trin.*2.46
dum enim materia subiecta humanitati suscipit quodlibet accidens, . .   *Trin.*2.47
deus et materia integro perfectoque intellectu intellegi non possunt, .   *Eut.*1.13
nisi et eadem sit materia rerum in se transeuntium *Eut.*6.30
nullum uero corpus est cui non sit materia subiecta. *Eut.*6.58
multo magis in se non permutabuntur quibus non modo communis
materia non est, ...   *Eut.*6.63
Quorum enim communis nulla materia est, ...   *Eut.*6.69
Nulla autem est incorporalibus materia rebus; *Eut.*6.71
quando quidem nulla his materia subiecta communis est *Eut.*6.81
Talis namque materia est ut una dubitatione succisa innumerabiles . .   *C.*4,*P.*6.8
utrique enim,...difficultas ipsa materia est. *C.*4,*P.*7.44
materia. considerat enim corporum formas cum materia, ...   *Trin.*2.7
formas corporum speculatur sine materia ac per hoc sine motu, ...   *Trin.*2.12
quae formae cum in materia sint, ab his separari non possunt), ...   *Trin.*2.13
(nam dei substantia et materia et motu caret), ...   *Trin.*2.15
Sed diuina substantia sine materia forma est atque ideo unum *Trin.*2.30
Forma uero quae est sine materia non poterit esse subiectum *Trin.*2.49
istae formae uenerunt quae sunt in materia et corpus efficiunt. . . .   *Trin.*2.52
Adsimulantur enim formis his quae non sunt in materia constitutae. . .   *Trin.*2.56
ut cum triangulum uel cetera a subiecta materia nullus actu separat, .   *Quo.*89
et facere et pati possunt communi atque eadem materia subiecta. . . .   *Eut.*6.49
quoniam nulla communi materia subiecta participant *Eut.*6.54
Vestes erant tenuissimis filis subtili artificio, indissolubili materia perfectae *C.*1,*P.*1.14
Sensus enim figuram in subiecta materia constitutam, ...   *C.*5,*P.*4.85
imaginatio uero solam sine materia iudicat figuram. *C.*5,*P.*4.86
materiae. tum ex ipsa materiae difficultate tum ex eo quod raris *Trin.,Prf.*7
Omnis enim natura incorporeae substantiae nullo materiae nititur
fundamento; *Eut.*6.57
sed cum alia res materiae fundamento nititur ut corpus, ...   *Eut.*6.63
alia omnino materiae subiecto non egeat ut incorporeum. *Eut.*6.64
si grata intuitu species est, aut materiae naturam aut ingenium mirabor
artificis. *C.*2,*P.*5.48
Quem non externae pepulerunt fingere causae Materiae fluitantis opus,   *C.*3,*M.*9.5
Quam quae materiae modo Impressas patitur notas. *C.*5,*M.*4.28
materiae. hic non potest aliam nisi materiae similem sperare sententiam. .   *Trin.,Prf.*11
habetque motum forma materiae coniuncta), ...   *Trin.*2.10
Forma...non poterit esse subiectum nec uero inesse materiae, ...   *Trin.*2.50
quae habent unius materiae commune subiectum, ...   *Eut.*6.25
materiale. Nam et rationis uniuersum et imaginationis figuram et materiale
sensibile cognoscit *C.*5,*P.*4.101

meam. potiusque ad memoriam meam speculata conseruo *Quo*.9
    respicio nutricem meam *C.1,P*.3.4
    meam scilicet criminationem uererer *C.1,P*.3.14
    ubi attentionem meam modesta taciturnitate collegit, . . . *C.2,P.I*.2
    "Memini," inquam, "me inscitiam meam fuisse confessum, . . *C.3,P.I*2.9
means. Licet remotos fama per populos means Diffusa linguas explicet . . *C.2,M*.7.9
meant. uenena. . .Dira quae penitus meant *C.4,M*.3.37
mearum. Sed quoniam rationum iam in te mearum fomenta descendunt, . *C.2,P*.5.1
meat. In semet reditura meat mentemque profundam Circuit . . . *C.3,M*.9.16
    Fors patitur frenos ipsaque lege meat." *C.5,M*.1.12
meatus. caelo liber aperto Suetus in aetherios ire meatus *C.1,M*.2.7
    Nec quae summo uertice mundi Flectit rapidos Vrsa meatus. *C.4,M*.6.9
Medeam. repraesentabant, id est Hecubam uel Medeam uel Simonem uel
    Chremetem, ... *Eut*.3.20
medentis. nulla erit culpa medentis, si nihil eorum quae fieri oportebat
    omiserit. *Trin.,Prf*.28
medetur. huius morbo prouidentia collatae pecuniae remedio medetur. . . *C.4,P*.6.171
media. Mediaque est haec inter duas haereses uia sicut uirtutes quoque
    medium tenent. *Eut*.7.74
media. extimus. . .quanto a puncti media indiuiduitate discedit *C.4,P*.6.70
mediae. "o alumne laetor, ipsam enim mediae ueritatis notam mente fixisti. *C.3,P.*11.118
mediam. Tu triplicis mediam naturae cuncta mouentem Conectens animam *C.3,M*.9.13
medicaminis. ad acrioris uim medicaminis recipiendum tactu blandiore
    mollescant. *C.1,P*.5.43
medicantis. et ad cognoscendam medicantis faciem mentem recepi. *C.1,P*.3.2
    Si operam medicantis exspectas, oportet uulnus detegas." . . *C.1,P*.4.5
medicator. Quis autem alius. . .quam rector ac medicator mentium deus? . *C.4,P*.6.121
medici. idque, uti medici sperare solent, indicium est erectae. . .naturae. . *C.4,P*.2.71
medicina. Neque enim medicina aegris semper affert salutem; *Trin.,Prf*.26
    Sic musica quidem musicos medicina medicos rhetorice rhetores facit. . *C.2,P*.6.54
medicina. sed tamen quae medicina penitus non egebat. *Eut*.8.20
medicinae. quoniam haec quoque te nosse quaedam medicinae tuae portio
    est, ... *C.4,P*.6.15
medicinae. Sed medicinae," inquit, "tempus est quam querelae." *C.1,P*.2.1
medicinalia. medicinalia quaedam tribuit sacramenta, ut agnosceret . . . *Fid*.236
medicos. Sic musica quidem musicos medicina medicos rhetorice rhetores
    facit. *C.2,P*.6.54
medicum. quos. . .ad iudicium ueluti aegros ad medicum duci oportebat, . *C.4,P*.4.137
medicus. At hoc medicus,. . .minime miratur. *C.4,P*.6.115
medietatem. post uero adiuuante deo, christianae medietatem fidei tem-
    perabo. *Eut.,Prf*.58
    Medietatem igitur uirtus tenet. *Eut*.7.78
medietatis. qui est intimus ad simplicitatem medietatis accedit *C.4,P*.6.67
medio. si quid uero illi se medio conectat et societ, in simplicitatem cogitur. *C.4,P*.6.72
medio. Omnis enim uirtus in medio rerum decore locata consistit. *Eut*.7.76
mediocres. Si uero sint mediocres sibique aequales uel paulo inaequales
    naturae *Eut*.6.43
mediocribus. illae miscentur et mediocribus inter se qualitatibus temperantur. *Eut*.6.45
    hanc paulisper lenibus mediocribusque fomentis attenuare temptabo, . *C.1,P*.6.60
meditabar. Meditabar igitur dehinc omnes animo quaestiones nec degluti-
    ebam quod acceperam, ... *Eut.,Prf*.33
medium. Mediaque est haec inter duas haereses uia sicut uirtutes quoque
    medium tenent. *Eut*.7.76
    uti est . . . ad punctum medium circulus, ita est fati series mobilis ad
    prouidentiae. . .simplicitatem. *C.4,P*.6.81
    Firmis medium uiribus occupate! *C.4,P*.7.50
medius. Ille uero medius status in quo praesentia quidem mortis uel peccati
    aberat, ... *Eut*.8.58
    Restat. . .tertius status id est medius, ille scilicet qui eo tempore fuit, . *Eut*.8.70
    cum in circo duorum medius consulum. . .multitudinis expectationem. . .
    satiasti? *C.2,P*.3.32
medulla. Quid quod mollissimum quidque, sicuti medulla est, ... *C.3,P.*11.65
medullas. ac per medullas robur corticemque diffundunt? *C.3,P.*11.64
μέγαν. οὐδὲν γεγῶσι βίοτον ὤγκωσας μέγαν. *C.3,P*.6.4
mei. non ita sum amator mei, ut ea quae semel effuderim *Eut*.8.96
    Scis me haec et uera proferre et in nulla umquam mei laude iactasse. *C.1,P*.4.118
    Quid si haec ipsa mei mutabilitas iusta tibi causa est sperandi meliora? *C.2,P*.2.44

mei. in extrema lectuli mei parte consedit meumque intuens uultum . . . *C.1,P.1.*49
    In quo Euripidis mei sententiam probo,   *C.3,P.7.*17
mei. peto ut mei nominis hoc quoque inseras chartis; *Eut.,Prf.*48
    nec sarcinam quam mei nominis inuidia sustulisti, ... *C.1,P.3.*11
    uniuersi innocentiam senatus quanta mei periculi securitate defenderim. *C.1,P.4.*116
    omnium quae mei iuris sunt affluentia *C.2,P.2.*12
    ceteraque talium mei sunt iuris. *C.2,P.2.*18
    ne utique cum ludicri mei ratio poscet,   *C.2,P.2.*32
meis. fletibusque meis uerba dictantes, ... *C.1,P.1.*27
meis. meisque eum Musis curandum sanandumque relinquite." *C.1,P.1.*40
    Instillabas enim auribus cogitationibusque cotidie meis *C.1,P.4.*142
meis. meis exemplaribus ita ut a te reuertitur transcribendum. *Eut.,Prf.*51
    illa uultu placido nihilque meis questibus mota: *C.1,P.5.*2
meis. uestem quam meis texueram manibus, ... *C.1,P.3.*25
    inopemque suscepi, meis opibus foui *C.2,P.2.*10
    sospes in patriam meo ductu,. . .meis etiam uehiculis reuertaris. *C.4,P.1.*37
mel. ueluti cum mel aquae confunditur neutrum manet, ... *Eut.*6.87
    Nam in priore modo non est mel atque aqua in quibus illud. . .constet. *Eut.*7.23
melior. Omnino enim nullius rei natura suo principio melior poterit exsistere, *C.3,P.10.*59
meliora. Quid si haec ipsa mei mutabilitas iusta tibi causa est sperandi
    meliora? *C.2,P.2.*45
    poterisne meliora quaeque retinens de infortunio iure causari? *C.2,P.4.*13
meliori. ut ea quae semel effuderim meliori sententiae anteferre contendam. *Eut.*8.97
melioribus. haec ratio est, quoniam nomen hoc melioribus applicatum est, . *Eut.*3.75
    Melioribus animum conformaueris, nihil opus est iudice praemium
    deferente; *C.4,P.4.*101
melius. quod ea melius uberiusque recognoscentis omnia uulgi ore cele-
    brentur.   *C.1,P.5.*30
    Atqui haec effundendo magis quam coaceruando melius nitent, ... *C.2,P.5.*9
melius. Nam cum nihil deo melius excogitari queat, ... *C.3,P.10.*25
    id quo melius nihil est bonum esse quis dubitet? *C.3,P.10.*26
mella. Apiumque par uolantum Vbi grata mella fudit, Fugit *C.3,M.7.*4
melle. quod ex melle atque aqua tertium fit constare ex utrisque dicitur, . . *Eut.*6.90
    ex duabus naturis iungi sicut ex melle atque aqua, ... *Eut.*7.6
    "oblitaque Rhetoricae ac Musicae melle dulcedinis; *C.2,P.3.*6
    Non Bacchica munera norant Liquido confundere melle *C.2,M.5.*7
    Huic licet inlita pocula melle. . .cura ministret, ... *C.3,M.2.*19
mellifui. Puro clarum lumine Phoebum Mellifui canit oris Homerus; . . . *C.5,M.2.*3
membra. ut necessario caput suum membra sequerentur. *Fid.*247
    Num frigus hibernum pecuniosorum membra non sentiunt? *C.3,P.3.*47
    Haecine omnia bonum. . .ueluti quaedam beatitudinis membra sunt . . *C.3,P.10.*108
    Si haec omnia beatitudinis membra forent, a se quoque inuicem dis-
    creparent. *C.3,P.10.*112
    Atqui haec omnia idem esse monstrata sunt; minime igitur membra sunt. *C.3,P.10.*116
    Membra quae ualeant licet, Corda uertere non ualent! *C.4,M.3.*31
membra. Conectens animam per consona membra resoluis. *C.3,M.9.*14
membris. Hic clausit membris animos celsa sede petitos. *C.3,M.6.*5
    Sed mens caecis obruta membris   *C.5,M.3.*8
membro. Alioquin ex uno membro beatitudo uidebitur esse coniuncta— . *C.3,P.10.*116
membrorum. Quid est enim carens animae motu atque compage [atque
    membrorum compage] *coni.C.2,P.5.*26
    Ipsum quoque corpus cum in una forma membrorum coniunctione
    permanet, ... *C.3,P.11.*35
    Nunc membrorum condita nube Non in totum est oblita sui *C.5,M.3.*22
memento. Humili domum memento Certus figere saxo. *C.2,M.4.*15
    Memento etenim corollarii illius *C.4,P.3.*25
meminere. Fremituque graui meminere sui; *C.3,M.2.*13
meminerim. hominemne te esse meministi?" "Quidni," inquam, "memi-
    nerim?" *C.1,P.6.*34
memini. "Memini," inquam, "me inscitiam meam fuisse confessum, . . . *C.3,P.12.*8
    "Atqui deus ipsum bonum esse monstratus est." "Memini," inquam. . *C.3,P.12.*38
    'Haec,' dices, 'memini, patria est mihi, ... *C.4,M.1.*25
    "Memini," inquam, "illud quoque esse demonstratum." *C.4,P.2.*28
meminimus. Ac si meminimus omnium in prioribus de deo sententiarum,   *Trin.*5.45
meminisse. Certe, uti meminisse te arbitror, consulare imperium, ... *C.2,P.6.*5
meministi. Meministi enim, cum in concilio legeretur epistola, ... *Eut.,Prf.*6
    Meministi, ut opinor, quoniam me dicturum quid facturumue *C.1,P.4.*111

meminsti, inquam, Veronae cum rex auidus exitii communis *C.1,P.4*.112
Sed dic mihi, meministine, quis sit rerum finis, ... *C.1,P.6*.24
Sed hoc quoque respondeas uelim, hominemne te esse meministi?" . . *C.1,P.6*.34
"Meministine. . ."superioribus rationibus esse collectum *C.4,P.2*.25
meminit. Sed quam retinens meminit summam Consulit alte uisa retractans, *C.5,M.3*.28
memorasti. De obiectorum tibi uel honestate uel falsitate cunctis nota
memorasti. *C.1,P.5*.28
memoratis. ad Herodis tempora, qui primus ex gentilibus memoratis populis
legit imperasse. *Fid.*183
memoria. quorum nec peruetusta nec incelebris memoria est, scire potuisti. *C.1,P.3*.34
poteritne illius memoria lucis quantalibet ingruentium malorum mole
deleri, ... *C.2,P.3*.27
memoria. quorum animus etsi caligante memoria tamen bonum suum repetit, *C.3,P.2*.52
memoriae. Cuius rei seriem atque ueritatem, . . . stilo etiam memoriaeque
mandaui. *C.1,P.4*.87
"Minime," inquam, "recordor, quoniam id memoriae fixum teneo." . *C.4,P.2*.32
memoriam. Hebdomadas uero ego mihi ipse commentor potiusque ad
memoriam meam speculata conseruo *Quo.*9
"Audieram," inquam, "sed memoriam maeror hebetauit." . . . *C.1,P.6*.26
sed ut arbitror haud multum tibi haec in memoriam reuocare laborauerim. *C.2,P.1*.12
primum quod memoriam corporea contagione, . . . amisi." . . . *C.3,P.12*.3
μέν. *Eut.*3.31; *C.2,P.2*.41
mendaci. Nil periuria, nil nocet ipsis Fraus mendaci compta colore. . . *C.1,M.5*.38
mendacii. et adscribere mendacii notam summae diuinitati inlusus ipse
uidebitur, ... *Eut.*5.62
mendacio. Ea namque causa est cur mendacio scientia careat, . . . *C.5,P.3*.63
mendacis. Hactenus mendacis formam felicitatis ostendisse suffecerit, . *C.3,P.9*.1
mendacium. nec mihi Socratico decreto fas esse arbitror uel occuluisse
ueritatem uel concessisse mendacium. *C.1,P.4*.84
mendacium. Illa fallit, haec instruit, illa mendacium specie bonorum mentes
fruentium ligat, ... *C.2,P.8*.12
mens. Heu quam praecipiti mersa profundo Mens hebet *C.1,M.2*.2
Nubila mens est Vinctaque frenis, Haec ubi regnant." *C.1,M.7*.29
Sin uero bene sibi mens conscia terreno carcere resoluta caelum libera
petit, ... *C.2,P.7*.83
Quas sibi cum uelox mens induit, Terras perosa despicit, ... *C.4,M.1*.3
Sola mens stabilis super Monstra quae patitur gemit. *C.4,M.3*.27
sed quorum atrox scelerataque mens bonorum pernicie saeuit, . . . *C.4,P.4*.4
quas diuina mens sine falsitatis errore. . . ad unum alligat. . . euentum. . *C.5,P.3*.82
Sed mens caecis obruta membris Nequit. . . noscere nexus. *C.5,M.3*.8
Sed mens si propriis uigens Nihil motibus explicat, ... *C.5,M.4*.10
ne grauata pessum Inferior sidat mens corpore celsius leuato. . . . *C.5,M.5*.15
mensa. Particularia. . . ut. . . lignum hoc unde haec mensa composita est. . *Eut.*2.46
mensuram. Nam nunc quidem ad communem sese hominum mensuram
cohibebat, ... *C.1,P.1*.9
mente. mente tamen segregans ipsum triangulum proprietatemque eius
praeter materiam speculatur. *Quo.*90
Igitur sublato ab his bono primo mente et cogitatione, ... *Quo.*141
uos autem deo mente consimiles ab rebus infimis *C.2,P.5*.76
Quicumque solam mente praecipiti petit Summumque credit gloriam, . *C.2,M.7*.1
pulchrum pulcherrimus ipse Mundum mente gerens similique in imagine
formans *C.3,M.9*.8
"o alumne laetor, ipsam enim mediae ueritatis notam mente fixisti. . *C.3,P.11*.118
Quisquis profunda mente uestigat uerum *C.3,M.11*.1
Non omne namque mente depulit lumen. . . corpus *C.3,M.11*.9
"Qui quidem," inquam, "mente consistat, nullus prorsus ambigat." . *C.3,P.12*.76
Quae diuersa esse facile liquebit, si quis utriusque uim mente conspexerit. *C.4,P.6*.31
Sicut enim artifex faciendae rei formam mente praecipiens mouet operis
effectum, ... *C.4,P.6*.45
quod longius a prima mente discedit maioribus fati nexibus implicatur . *C.4,P.6*.74
si manens in diuina mente simplicitas indeclinabilem causarum ordinem
promat. *C.4,P.6*.91
Si uis celsi iura tonantis Pura sollers cernere mente, ... *C.4,M.6*.2
mentem. et ad cognoscendam medicantis faciem mentem recepi. . . *C.1,P.3*.3
Num mentem firma sibi ratione cohaerentem de statu. . . amouebis? . . *C.2,P.6*.25
cum in eo mentem nequissimi scurrae delatorisque respiceres? . . . *C.3,P.4*.12
In semet reditura meat mentemque profundam Circuit *C.3,M.9*.16

Quicumque in superum diem Mentem ducere quaeritis. *C*.3,*M*.12.54
Hinc flagellat ira mentem fluctus turbida tollens *C*.4,*M*.2.7
Neque id nunc molior quod cuiuis ueniat in mentem, ...   *C*.4,*P*.4.45
An cum mentem cerneret altam, Pariter summam et singula norat? . .   *C*.5,*M*.3.20
mentes. hominumque mentes assuefaciunt morbo, non liberant. *C*.1,*P*.1.34
demonstrationibus scio mentes hominum nullo modo esse mortales . .   *C*.2,*P*.4.93
"Atqui hoc unum est quod praestantes quidem natura mentes. . .allicere
possit, ...   *C*.2,*P*.7.5
Illa fallit, haec instruit, illa mendacium specie bonorum mentes
fruentium ligat, ...   *C*.2,*P*.8.12
quod amicorum tibi fidelium mentes haec aspera, haec horribilis fortuna
detexit, ...   *C*.2,*P*.8.20
Terrenas habitans libido mentes, ...   *C*.3,*M*.10.3
Hoc quidquid placet excitatque mentes, Infimis tellus aluit cauernis;   *C*.3,*M*.10.13
miserandi sunt quorum mentes omni languore atrocior urget improbitas.   *C*.4,*P*.4.153
menti. Da pater augustam menti conscendere sedem, ...   *C*.3,*M*.9.22
Pennas etiam tuae menti quibus se in altum tollere possit adfigam, . .   *C*.4,*P*.1.35
sic diuinae sese menti humanam submittere rationem iustissimum
censeremus. *C*.5,*P*.5.49
mentiantur. "Quoniam igitur agnouisti quae uera illa sit, quae autem
beatitudinem mentiantur, ...   *C*.3,*P*.9.96
mentibus. notum est diuinarum scripturarum mentibus eruditis. *Fid*.136
Tu mihi et qui te sapientium mentibus inseruit deus conscii *C*.1,*P*.4.29
Est enim mentibus hominum ueri boni naturaliter inserta cupiditas, .   *C*.3,*P*.2.13
Quid dignum stolidis mentibus inprecer? *C*.3,*M*.8.19
Qui sensus et imagines E corporibus extimis Credant mentibus imprimi,   *C*.5,*M*.4.5
mentibus. ut utentium mentibus uirtutes inserant uitia depellant? *C*.3,*P*.4.3
mentiens. Sed sibi semper mentiens inprudentia rerum merita non potest
inmutare *C*.1,*P*.4.81
mentior. Num id mentior? 'Minime,' inquis. *C*.2,*P*.5.96
mentis. quantum nostrae mentis igniculum lux diuina dignata est, ...   *Trin*.,*Prf*.2
duos uero esse dicere Christos nihil est aliud nisi praecipitatae mentis
insania. *Eut*.4.46
his uersibus de nostrae mentis perturbatione conquesta est. *C*.1,*P*.1.51
Nunc iacet effeto lumine mentis *C*.1,*M*.2.24
nec bibliothecae potius. . .parietes quam tuae mentis sedem requiro, . .   *C*.1,*P*.5.23
uti nunc mentis es, nondum te ualidiora remedia contingunt. *C*.1,*P*.5.40
paterisne me pauculis rogationibus statum tuae mentis attingere . . .   *C*.1,*P*.6.2
eumque tuae mentis habitum uel exspectaui uel,. . .perfeci. *C*.3,*P*.1.11
uelut in augustam suae mentis sedem recepta sic coepit: *C*.3,*P*.2.2
Deflecte nunc in aduersum mentis intuitum; *C*.3,*P*.9.76
Nec nocentia corpori Mentis uulnere saeuiunt." *C*.4,*M*.3.39
nec ullus fuerit modus, nisi quis eas uiuacissimo mentis igne coerceat. .   *C*.4,*P*.6.10
causas, ordinem, formas ex diuinae mentis stabilitate sortitur. *C*.4,*P*.6.24
ut haec temporalis ordinis explicatio in diuinae mentis adunata pro-
spectum prouidentia sit, ...   *C*.4,*P*.6.40
Quod si supernae mentis haeserit firmitati, motu carens fati *C*.4,*P*.6.77
Num igitur ea mentis integritate homines degunt, ...   *C*.4,*P*.6.105
liberiores quidem esse necesse est cum se in mentis diuinae speculatione
conseruant, ...   *C*.5,*P*.2.17
Quae sint, quae fuerint ueniantque Vno mentis cernit in ictu; *C*.5,*M*.2.12
ipsam illam simplicem formam pura mentis acie contuetur. *C*.5,*P*.4.91
sed illo uno ictu mentis formaliter, ut ita dicam, cuncta prospiciens. . .   *C*.5,*P*.4.103
Tum mentis uigor excitus Quas intus species tenet. . .applicat *C*.5,*M*.4.35
passio corporis antecedat quae in se actum mentis prouocet *C*.5,*P*.5.4
in discernendo non obiecta extrinsecus sequuntur, sed actum suae mentis
expediunt? *C*.5,*P*.5.10
ita diuinae iudicium mentis habere possemus, ...   *C*.5,*P*.5.47
quod diuinae mentis proprium esse manifestum est. *C*.5,*P*.6.38
unoque suae mentis intuitu tam necessarie quam non necessarie uentura
dinoscit; *C*.5,*P*.6.84
mentita. Si uerum hominis corpus non fuit, aperte arguitur mentita diuinitas,   *Eut*.5.82
mentiti. ob ambitum dignitatis sacrilegio me conscientiam polluisse mentiti
sunt. *C*.1,*P*.4.138
mentitur. Illa enim semper specie felicitatis cum uidetur blanda, mentitur; .   *C*.2,*P*.8.10

mentium. lethargum patitur communem inlusarum mentium morbum. . . *C.1,P.2.13*
   et eam mentium constat esse naturam, ut quotiens abiecerint ueras . . *C.1,P.6.56*
   Quis autem alius. . . quam rector ac medicator mentium deus? *C.4,P.6.121*
meo. admouit pectori meo leniter manum *C.1,P.2.11*
meo. sospes in patriam meo ductu,. . . reuertaris. *C.4,P.1.37*
meorum. librorum quondam meorum sententias, collocaui. *C.1,P.5.24*
meos. oculosque meos. . . siccauit. *C.1,P.2.17*
   meos esse familiares inprudentia rata nonnullos eorum profanae
    multitudinis errore peruertit. *C.1,P.3.28*
   An tu mores ignorabas meos? *C.2,P.2.33*
mercibus. Nec mercibus undique lectis Noua litora uiderat hospes. . *C.2,M.5.14*
mereamur. quid nunc faciendum censes, ut illius summi boni sedem reperire
   mereamur?" *C.3,P.9.102*
mereantur. tametsi . . . trahunt, . . . admirationem uestram nullo modo
   merebantur [mereantur]. *coni.C.2,P.5.30*
mereatur. qui uallo eius ac munimine continetur, nullus metus est ne exul
   esse mereatur. *C.1,P.5.19*
   est aliquando cum de hominibus illa, fallax illa nihil, bene mereatur, . *C.2,P.8.3*
merebamur. Sed num idem de patribus quoque merebamur? *C.1,P.4.110*
merebantur. infra uestram tamen excellentiam conlocatae admirationem
   uestram nullo modo merebantur. *C.2,P.5.30*
mereri. At quisquis eam inhabitare uelle desierit, pariter desinit etiam mereri. *C.1,P.5.20*
meretriculas. "Quis," inquit, "has scenicas meretriculas ad hunc aegrum
   permisit accedere *C.1,P.1.29*
mergat. Cur legat tardus plaustra Bootes Mergatque seras aequore flammas, *C.4,M.5.4*
mergens. Eadem rapiens condit et aufert Obitu mergens orta supremo. . . *C.4,M.6.33*
mergi. Numquam . . . Cetera cernens sidera mergi Cupit oceano tingere
   flammas. *C.4,M.6.11*
merita. Sed sibi semper mentiens inprudentia rerum merita non potest
   inmutare *C.1,P.4.82*
   existimatio plurimorum non rerum merita sed fortunae spectat euentum *C.1,P.4.156*
meritam. Alios in cladem meritam praecipitauit indigne acta felicitas; . . . *C.4,P.6.177*
meritis. gratia uero, quae nullis meritis attributa est, ... *Fid.240*
   quia nec gratia diceretur si meritis tribueretur, ... *Fid.241*
   conquestusque non aequa meritis praemia pensari. *C.1,P.5.35*
   Vis aptam meritis uicem referre? *C.4,M.4.11*
meritis. qua credimus. . . recepturos pro meritis singulos *Fid.269*
   Et tu quidem de tuis in commune bonum meritis uera quidem,. . . dixisti. *C.1,P.5.26*
   Quae si etiam meritis conquisita sit, quid tamen sapientis *C.3,P.6.9*
   Videtur namque esse nobilitas quaedam de meritis ueniens laus parentum. *C.3,P.6.23*
   in ipsis proborum atque improborum meritis constituta. *C.4,P.5.3*
   et suis quaeque meritis praedestinata disponit. *C.5,P.2.29*
merito. Hominum solos respuis actus Merito rector cohibere modo. *C.1,M.5.27*
merito. Et quoniam humanum genus naturae merito,. . . fuerat uulneratum *Fid.233*
merito. ut diuinum merito rationis animal non aliter sibi splendere. . .
   uideatur? *C.2,P.5.73*
   ipsa impunitas quam iniquitatis merito malum esse confessus es." . . . *C.4,P.4.70*
meritorum. Arriani qui gradibus meritorum trinitatem uariantes distrahunt *Trin.1.12*
   Hoc enim illis. . . imminet qui inter eos distantiam faciunt meritorum. *Trin.3.32*
   gloriae scilicet cupido et optimorum in rem publicam fama meritorum; *C.2,P.7.8*
   sed omnium meritorum potius mixta atque indiscreta confusio. *C.5,P.3.93*
meritos. O meritos de simili crimine neminem posse conuinci! *C.1,P.4.133*
   quod eos male meritos omnes existimant. *C.4,P.6.162*
meritum. quos licet meritum naturae damnaret, futuri tamen sacramenti *Fid.124*
meritum. aliud sibi deberi per naturae meritum, aliud per gratiae donum, . *Fid.238*
   Cuius si naturam mores ac meritum reminiscare, ... *C.2,P.1.10*
   infra hominis meritum detrudat improbitas. *C.4,P.3.54*
μέρος. ἐν δὲ τοῖς ἀτόμοις καὶ κατὰ μέρος μόνοις ὑφίστανται, ... *Eut.3.32*
mersa. At ego cuius acies lacrimis mersa caligaret *C.1,P.1.44*
   Heu quam praecipiti mersa profundo Mens hebet *C.1,M.2.1*
mersas. ne purior ignis Euolet aut mersas deducant pondera terras. . . . *C.3,M.9.12*
merserat. Paene caput tristis merserat hora meum. *C.1,M.1.18*
mersit. Quos ferus uasto recubans in antro Mersit inmani Polyphemus aluo; *C.4,M.7.10*
mersus. Ni mersus alto uiueret fomes corde? *C.3,M.11.14*
meruerunt. Abraham,. . . eiusque uxor . . . in senectute sua repromissionis
   largitione habere filium meruerunt. *Fid.151*
   Quid igitur? Nostraene artes ita meruerunt? *C.1,P.4.68*

meruisse. quod dum miseris aliquod crimen affingitur, quae perferunt meru-
    isse creduntur. *C.*1,*P.*4.163
meruisti. cum . . . tu regiae laudis orator ingenii gloriam facundiaeque meruisti,   *C.*2,*P.*3.32
meruit. non ferens hominem illuc ascendere ubi ipse non meruit permanere,   *Fid.*80
    primusque mortem in Abel filio suo meruit experiri, ... *Fid.*106
    pretiumque rursus Vltimi caelum meruit laboris. *C.*4,*M.*7.31
    praemia poenaeue . . . quae nullus meruit liber ac uoluntarius motus
    animorum. *C.*5,*P.*3.87
metallo. Poma cernenti rapuit draconi Aureo laeuam grauior metallo, . . . *C.*4,*M.*7.18
metiantur. qui . . . necessitate non ambitus superfluitate metiantur. *C.*2,*P.*5.69
metis. Neque enim est aliquid in tam breuibus uitae metis ita serum *C.*4,*P.*4.21
    Palleant plenae cornua lunae Infecta metis noctis opacae *C.*4,*M.*5.8
metitur. rerum exitus prudentia metitur eademque in alterutro mutabilitas . *C.*2,*P.*1.47
    qui bonum suum non populari rumore,sed conscientiae ueritate metitur? *C.*3,*P.*6.11
metiuntur. Plurimi uero boni fructum gaudio laetitiaque metiuntur; *C.*3,*P.*2.25
metu. Quae sontes agitant metu Vltrices scelerum deae *C.*3,*M.*12.31
metuant. metuantque trucem Soliti uerbera ferre magistrum, ... *C.*3,*M.*2.9
metuat. Si scit, metuat necesse est, ne amittat quod amitti posse non dubitat; *C.*2,*P.*4.87
metuenda. Pauidus ac fugax non metuenda formidat? *C.*4,*P.*3.62
metuens. conticui metuens ne iure uiderer insanus, si *Eut.*,*Prf.*32
metuit. Potentem censes . . . qui quos terret ipse plus metuit, ... *C.*3,*P.*5.24
    Mutabit igitur mores ac dum fortunam metuit amittere, nequitiam
    derelinquit. *C.*4,*P.*6.175
metus. qui uallo eius . . . continetur, nullus metus est ne exul esse mereatur. . *C.*1,*P.*5.18
    tyrannus regni metus pendentis supra uerticem gladii terrore simulauit. *C.*3,*P.*5.16
metuunt. Quos innumeri metuunt populi Summos gaudent subdere reges. . *C.*1,*M.*5.40
    Alii plus aequo metuunt quod ferre possunt, ... *C.*4,*P.*6.151
meum. consedit meumque intuens uultum luctu grauem *C.*1,*P.*1.49
    Nunc stuporem meum deus rector exaggerat. *C.*4,*P.*5.18
meum. Paene caput tristis merserat hora meum. *C.*1,*M.*1.18
    An ego sola meum ius exercere prohibebor? *C.*2,*P.*2.21
meus. "Aristoteles meus id," inquit, "in Physicis . . . definiuit." *C.*5,*P.*1.36
    "Aristoteles meus id," inquit, "in ["Aristoteles id," inquit, "meus in]
    Physicis *uar.C.*5,*P.*1.36
mica. Dissice terrenae nebulas et pondera molis Atque tuo splendore mica! . *C.*3,*M.*9.26
micans. Vel quocumque micans nox pingitur, ... *C.*4,*M.*1.13
mihi. *Trin.*,*Prf.*5; 19; *Quo.*8; *Eut.*,*Prf.*26; 38; *C.*1,*M.*1.3; 1,*P.*1.3; 1,*P.*4.15; 1,*P.*4.28;
    *C.*1,*P.*4.55; 1,*P.*4.83; 1,*P.*4.152; 3,*P.*9.8; 3,*P.*11.4; 3,*P.*11.41;4,*P.*1.7; 4,*M.*1.25;
    *C.*5,*P.*1.14
mihi. *C.*1,*P.*6.18; 1,*P.*6.24; 2,*P.*2.13; 3,*P.*12.28; 4,*M.*1.1
miles. Aut comitetur iter gelidi senis Miles corusci sideris, ... *C.*4,*M.*1.12
milibus. Vnius etenim mora momenti, si decem milibus conferatur annis, . *C.*2,*P.*7.53
milibus. Nunc quingentis fere passuum milibus procul muti *C.*1,*P.*4.131
militum. inter aulicos potentem militum gladiis Antoninus obiecit. *C.*3,*P.*5.31
minae. Non illum rabies minaeque ponti . . . mouebit. *C.*1,*M.*4.5
minantem. Et fluctibus minantem Curat spernere pontum, ... *C.*2,*M.*4.5
minas. nec formidandas fortunae minas nec exoptandas facit esse blanditias. *C.*2,*P.*1.48
minima. si de fortunae tuae reliquiis pars eis minima contingat? *C.*2,*P.*4.61
minima. iam tibi ex hac minima scintillula uitalis calor inluxerit. *C.*1,*P.*6.55
minima. An hoc inter minima aestimandum putas quod amicorum *C.*2,*P.*8.19
minimam. minimam, licet, habet tamen aliquam portionem. *C.*2,*P.*7.54
minime. repetitio unitatum atque pluralitas minime facit *Trin.*3.11
    "Ipse est pater qui filius?" "Minime," inquiunt. *Trin.*3.49
    utrumne ita sit ut secundum se sit praedicatio an minime. *Trin.*5.7
    atque id quod est a me et ex me est minime uero ex sese. *Trin.*5.28
    hos, quoniam incorporales sint, minime locis distare. *Trin.*5.49
    quae utrum recte decursa sit an minime, ... *Trin.*6.29
    si a primo bono minime defluxissent. *Quo.*98
    esse tamen ipsum minime haberent bonum. *Quo.*108
    quoniam ex uoluntate dei fluxerunt ut essent, alba minime. *Quo.*153
    hoc ideo, quoniam qui ea ut essent effecit bonus quidem est, minime uero
    albus. *Quo.*155
    Corporearum uero aliae sunt uiuentes, aliae minime; *Eut.*2.20
    uiuentium aliae sunt sensibiles, aliae minime; *Eut.*2.21
    Item incorporearum aliae sunt rationales, aliae minime, ... *Eut.*2.23
    Particularia uero sunt quae de aliis minime praedicantur *Eut.*2.44
    aut ab ea carnem humanam traxit aut minime. *Eut.*5.50

ex duabus...Christum consistere, in duabus uero minime, ... *Eut.*6.84
cum ex Maria corpus hominis minime sumeretur *Eut.*7.98
Num id mentior? 'Minime,' inquis. *C.*2,*P.*5.96
Num uero labuntur hi qui ... reuerentiae cultu dignissimum putent?
    Minime. *C.*3,*P.*2.60
beatitudinis finem licet minime perspicaci qualicumque tamen cogi-
    tatione prospicitis *C.*3,*P.*3.3
"Qui uero eget aliquo, non est usquequaque sibi ipse sufficiens?"
    "Minime," inquam. *C.*3,*P.*3.26
num posses eum uel reuerentia...non dignum putare? Minime. . . *C.*3,*P.*4.18
An tu arbitraris quod nihilo indigeat egere potentia?" "Minime," inquam. *C.*3,*P.*9.14
nec ipsam quam minime affectat assequitur." *C.*3,*P.*9.48
Sed num in his eam reperiet,... "Minime," inquam. *C.*3,*P.*9.71
"Minime," inquam, "puto idque a te, nihil ut amplius desideretur,
    ostensum est." *C.*3,*P.*9.90
Atqui haec omnia idem esse monstrata sunt; minime igitur membra sunt. *C.*3,*P.*10.115
"Quae igitur cum discrepant minime bona sunt, ... *C.*3,*P.*11.19
boni participatione bonum esse concedis an minime?" *C.*3,*P.*11.23
"Consideranti," inquam, "mihi plura minime aliud uidetur." . . . *C.*3,*P.*11.42
"Mundum," inquit, "hunc deo regi paulo ante minime dubitandum
    putabas." *C.*3,*P.*12.12
Mundus hic...in unam formam minime conuenisset, nisi *C.*3,*P.*12.16
"Num igitur deus facere malum potest?" "Minime," inquam. . . . *C.*3,*P.*12.80
Tum illa: "Minime," inquit, "ludimus *C.*3,*P.*12.100
adipisci uelle quod minime adipiscatur, ... *C.*4,*P.*2.17
num etiam potuisse dubitabis?" "Minime." *C.*4,*P.*2.22
"Minime," inquam, "recordor, quoniam id memoriae fixum teneo." . . *C.*4,*P.*2.31
sed hi quidem adipiscantur, illi uero minime, ... *C.*4,*P.*2.41
illud officium minime administrare queat, ... *C.*4,*P.*2.48
"Ambulandi," ... "motum secundum naturam esse ... num negabis?"
    "Minime," inquam. *C.*4,*P.*2.54
An tu aliter existimas?" "Minime," inquam, ... *C.*4,*P.*2.67
Possunt enim mala quae minime ualerent, ... *C.*4,*P.*2.116
"Sed idem," inquit, "facere malum nequit." "Minime." *C.*4,*P.*2.124
malorum uero minime dubitabilis apparet infirmitas *C.*4,*P.*2.139
sed minime adipiscuntur, quoniam ad beatitudinem probra non ueniunt. *C.*4,*P.*2.145
"Omnem," inquit, "improbum num supplicio dignum negas?" "Minime." *C.*4,*P.*4.119
cum aegros corpore minime dignos odio...iudicemus, ... *C.*4,*P.*4.151
uobis hunc ordinem minime considerare ualentibus *C.*4,*P.*6.94
At hoc medicus,...minime miratur. *C.*4,*P.*6.117
ad necessitatem cogantur?" "Minime." *C.*5,*P.*4.25
ita fieri necessitas ulla compellit?" "Minime. *C.*5,*P.*4.51
putasque...si necessitas desit minime praesciri *C.*5,*P.*4.66
aliquam eis necessitatem tuus addit intuitus?" "Minime." *C.*5,*P.*6.77
diuinus intuitus qualitatem rerum minime perturbat *C.*5,*P.*6.90
sed haec condicio minime secum illam simplicem trahit. *C.*5,*P.*6.108
unum prius quoque quam fieret, necesse erat exsistere, alterum uero
    minime. *C.*5,*P.*6.131
illa quoque noscendi uices alternare uideatur? Minime. *C.*5,*P.*6.150
minimis. quando in minimis quoque rebus id appetitur quod habere fruique
    delectet? *C.*3,*P.*2.70
in minimis quoque rebus diuinum praesidium debeat implorari, . . *C.*3,*P.*9.100
minimis. omnis aduersitatis insolens minimis quibusque prosternitur; . . *C.*2,*P.*4.57
Paucis enim minimisque natura contenta est, ... *C.*2,*P.*5.44
minimo. eos indigere...contraque minimum [minimo] qui abundantiam...
    metiantur. *coni.C.*2,*P.*5.68
In hoc igitur minimo puncti quodam puncto circumsaepti *C.*2,*P.*7.20
minimum. contraque minimum qui...necessitate non ambitus superfluitate
    metiantur. *C.*2,*P.*5.68
"Scis," inquam, "ipsa minimum nobis ambitionem...dominatam. . . *C.*2,*P.*7.1
Taceo quod naturae minimum, quod auaritiae nihil satis est. . . . *C.*3,*P.*3.53
ministerio. Quorum Basilius olim regio ministerio depulsus *C.*1,*P.*4.58
ministrant. et accidentibus ut esse possint ministrant, dum sunt scilicet
    subiecta. *Eut.*3.55
ministrat. Vnus enim rerum pater est, unus cuncta ministrat. *C.*3,*M.*6.2
ministret. Huic licet inlita pocula melle...Ludens hominum cura ministret, *C.*3,*M.*2.21

minorem. ut Arrius qui licet deum dicat filium, minorem tamen patre
    multipliciter *Fid.*33
minores. Totis fratris obuia flammis Condat stellas luna minores, ... *C.*1,*M.*5.7
    Tu causis animas paribus uitasque minores Prouehis *C.*3,*M.*9.18
minuat. nonne si qua parte defuerit, felicitatem minuat, miseriam inportet? *C.*3,*P.*5.9
    praemium . . . quod nullus deterat dies, nullius minuat potestas, ... *C.*4,*P.*3.30
minuendum. sin uero uel minuendum aliquid uel addendum uel aliqua
    mutatione uariandum est, ... *Eut.,Prf.*50
minuere. Non . . . dici potest praedicationem relatiuam . . . uel addere uel
    minuere uel mutare. *Trin.*5.19
minui. quoque uno felicitatem minui tuam uel ipsa concesserim, ... *C.*2,*P.*4.22
minuit. Minuit enim quodam modo se probantis conscientiae secretum, . . *C.*1,*P.*4.118
minus. Multo minus uero credi potest, ut utraque in sese *Eut.*6.77
    minus moleste ferendum putarem; *C.*1,*P.*1.36
    Itane nihil fortunam puduit si minus accusatae innocentiae, ... *C.*1,*P.*4.70
    tamen quo minus cum uelit abeat retineri non possit. *C.*2,*P.*4.68
    illud uero his tectum atque uelatum in sua nihilo minus foeditate perdurat. *C.*2,*P.*5.94
    Atqui minus eorum patebit indignitas, si nullis honoribus inclarescant. *C.*3,*P.*4.9
    omnia namque perfecta minus integris priora esse claruerunt. *C.*3,*P.*10.33
    Sed quod dicam non minus ad contuendum patet." *C.*3,*P.*12.46
    Nam hoc quoque quod dicam non minus mirum uideatur, ... *C.*4,*P.*4.40
    Minus etenim mirarer, si misceri omnia fortuitis casibus crederem. . . *C.*4,*P.*5.17
    nihilo minus tamen suus modus ad bonum dirigens cuncta disponat. . *C.*4,*P.*6.96
    liberiores . . . minus uero cum dilabuntur ad corpora, ... *C.*5,*P.*2.18
    minusque etiam, cum terrenis artubus colligantur. *C.*5,*P.*2.19
    nihilo minus tamen ab deo uel uentura prouideri . . . necesse est . . . *C.*5,*P.*3.44
    Quaero enim, cur illam soluentium rationem minus efficacem putes, . . *C.*5,*P.*4.12
minus. nihil ceteris amplius afferebam, immo uero aliquid etiam minus. . . *Eut.,Prf.*28
    nihil ceteris sentiebam; minus uero quam ceteri ipse afferebam, . . . *Eut.,Prf.*29
    eosdem qui mala possunt minus posse manifestum est. *C.*4,*P.*2.130
minuunt. Eos enim differentia comitatur qui uel augent uel minuunt, . . . *Trin.*1.11
mira. Tum ego: "Mira quidem," inquam, "et concessu difficilis inlatio, . . *C.*4,*P.*4.31
mira. Cedat inscitiae nubilus error, Cessent profecto mira uideri." *C.*4,*M.*5.22
mira. quoniam per eam mira quaedam sit operata diuinitas. *Eut.*4.80
    elementa . . . per quae deus mira quaedam cotidianis motibus operatur? . *Eut.*4.83
mirabilem. an mirabilem quendam diuinae simplicitatis orbem complicas? . *C.*3,*P.*12.85
mirabili. nostri saluatoris mirabili manasse probatur aduentu. *Fid.*6
mirabor. si grata intuitu species est, aut materiae naturam aut ingenium
    mirabor artificis. *C.*2,*P.*5.49
miraculi. Nam catholicis et fidei ueritas et raritas miraculi constat. . . . *Eut.*4.62
miraculorum. Dat ergo formam discipulis suis baptizandi, . . . efficientiam
    quoque miraculorum *Fid.*230
miraculum. quoniam hoc me miraculum maxime perturbat, ... *C.*4,*P.*6.4
    Non enim dissimile est miraculum nescienti *C.*4,*P.*6.112
    Hic iam fit illud fatalis ordinis insigne miraculum, ... *C.*4,*P.*6.124
miraculum. prouidentia protulit insigne miraculum, ut malos mali bonos
    facerent. *C.*4,*P.*6.185
miramini. dum sciatis hoc quodcumque miramini . . . posse dissolui! . . *C.*3,*P.*8.30
miramur. sic caelum sidera lunam solemque miramur. *C.*2,*P.*5.34
mirandum. caelum non his potius est quam sua qua regitur ratione mirandum. *C.*3,*P.*8.20
mirantes. Mirantes oculos radiis ferit. *C.*1,*M.*3.10
mirantur. Quid tantum miseri saeuos tyrannos Mirantur sine uiribus furentes? *C.*1,*M.*4.12
mirarer. Minus etenim mirarer, si misceri omnia fortuitis casibus crederem. *C.*4,*P.*5.17
mirari. gemmarum . . . quas quidem mirari homines uehementer admiror. . *C.*2,*P.*5.24
    Respicite caeli spatium, . . . et aliquando desinite uilia mirari. *C.*3,*P.*8.19
miratur. Nemo miratur flamina Cori Litus frementi tundere fluctu . . . *C.*4,*M.*5.13
    At hoc medicus, . . . minime miratur. *C.*4,*P.*6.117
    ac de tristibus quidem nemo miratur, ... *C.*4,*P.*6.161
mirum. Mirum est quod dicere gestio, ... *C.*2,*P.*8.5
    Quod quidem cuipiam mirum forte uideatur, ... *C.*4,*P.*2.102
    Nam hoc quoque quod dicam non minus mirum uideatur, ... *C.*4,*P.*4.40
    "Nec mirum," inquit, "si quid . . . temerarium . . . credatur. *C.*4,*P.*5.23
misceantur. uel si utraeque in se inuicem misceantur, nullo modo tamen
    utraeque permaneant; *Eut.*7.9
misceat. Si mare uoluens Turbidus Auster Misceat aestum, ... *C.*1,*M.*7.7
miscens. Quamuis tonet ruinis Miscens aequora uentus, ... *C.*2,*M.*4.18
    Aut Indus calido propinquus orbi Candidis miscens uirides lapillos, . . *C.*3,*M.*10.10

miscentur. ut, cum uinum atque aqua miscentur, utraque *Eut.*6.32
    illae miscentur et mediocribus inter se qualitatibus temperantur. . . . *Eut.*6.45
miscere. Nec lucida uellera Serum Tyrio miscere ueneno. *C.*2,*M.*5.9
miscerentur. quomodo fieri potuerit ut duae naturae in unam substantiam
    miscerentur. *Eut.*7.103
misceri. Nec quas ipse coercuit Misceri patitur uices. *C.*1,*M.*6.19
    Minus etenim mirarer, si misceri omnia fortuitis casibus crederem. . . *C.*4,*P.*5.17
miscet. qua residens dea. . .Miscet hospitibus nouis Tacta carmine pocula. . *C.*4,*M.*3.6
    Introrsumque reconditis Formis miscet imagines. *C.*5,*M.*4.40
miscetur. nec contrariarum rerum miscetur effectibus *C.*2,*P.*6.56
miser. ut. . .qui uero male, miser post munus resurrectionis adesset. *Fid.*253
    praeter ea quibus miser est malum aliud fuerit adnexum, ... *C.*4,*P.*4.58
misera. Liquet igitur quam sit mortalium rerum misera beatitudo *C.*2,*P.*4.70
miserae. potuisse miserius est, sine quo uoluntatis miserae langueret effectus. *C.*4,*P.*4.13
miserandi. miserandi sunt quorum mentes omni languore atrocior urget
    improbitas. *C.*4.*P.*4.153
miserandum. Croesum. . .Cyro paulo ante formidabilem mox deinde mise-
    randum *C.*2,*P.*2.35
miserans. Tandem, 'Vincimur,' arbiter Vmbrarum miserans ait, ... *C.*3,*M.*12.41
    Obsitum miserans ducem Peste soluerit hospitis, ... *C.*4,*M.*3.19
miserantibus. non ab iratis sed a propitiis potius miserantibusque accusa-
    toribus *C.*4,*P.*4.136
miseras. O iam miseras respice terras Quisquis rerum foedera nectis. . . . *C.*1,*M.*5.42
    Humanum miseras haud ideo genus Cesset flere querellas. *C.*2,*M.*2.7
  • Miserasque fugare querelas Non posse potentia non est. *C.*3,*M.*5.9
miseratio. cum magis admittentibus iustior miseratio debeatur; *C.*4,*P.*4.135
miseratione. cum aegros corpore minime dignos odio sed potius miseratione
    iudicemus, ... *C.*4,*P.*4.152
miserationem. Pro his enim. . .miserationem iudicum excitare conantur, . . *C.*4,*P.*4.133
miseresce. Dilige iure bonos et miseresce malis." *C.*4,*M.*4.12
miseri. Quid tantum miseri saeuos tyrannos Mirantur sine uiribus furentes? *C.*1,*M.*4.11
    Quis. . .putet beatos Quos miseri tribuunt honores? *C.*3,*M.*4.8
    Quos miseri toruos populi timent Cernes tyrannos exules." *C.*4,*M.*1.29
miseria. Itaque cum sua singulis miseria sit, triplici infortunio *C.*4,*P.*4.14
    eo cuius pura ac solitaria sine cuiusquam boni admixtione miseria est?" *C.*4,*P.*4.56
    "quae sit uel felicitas uel miseria in ipsis proborum atque improborum
    meritis constituta. *C.*4,*P.*5.2
miseriae. hoc. . .modo maiorem regibus inesse necesse est miseriae . . . *C.*3,*P.*5.14
    quod quidem illis miseriae modum statuit. *C.*4,*P.*4.25
miseriae. "Si igitur," inquit, "miseriae cuiuspiam bonum aliquid addatur, . *C.*4,*P.*4.53
miseriam. humanum genus. . .commouit bella, occupauit terrenam miseriam *Fid.*120
    quin omne mortalium genus in miseriam mortis fine labatur. *C.*2,*P.*4.97
    nonne si qua parte defuerit, felicitatem minuat, miseriam inportet? . . *C.*3,*P.*5.9
    infinitam liquet esse miseriam quam esse constat aeternam." *C.*4,*P.*4.30
    apparet inlatam cuilibet iniuriam non accipientis sed inferentis esse
    miseriam." *C.*4,*P.*4.131
miserior. miserior sit necesse est diuturnior nequam; *C.*4,*P.*4.26
    "Miserior igitur tibi iniuriae inlator quam acceptor esse uideretur." . . *C.*4,*P.*4.126
miseriores. post haec miseriores esse improbos iniusta impunitate dimissos
    quam iusta ultione punitos. *C.*4,*P.*4.86
miseris. ultimam. . .sarcinam, quod dum miseris aliquod crimen affingitur, . *C.*1,*P.*4.162
    Sed miseris malorum altior sensus est. *C.*2,*P.*3.7
    Hoc patens unum miseris asylum. *C.*3,*M.*10.6
    nec in eo miseris contingit effectus quod solum. . .moliuntur; *C.*4,*P.*2.84
miserius. Nam si miserum est uoluisse praua, potuisse miserius est, ... *C.*4,*P.*4.13
misero. "Quid si eidem misero qui cunctis careat bonis, ... *C.*4,*P.*4.57
miseros. Eheu quam surda miseros auertitur aure *C.*1,*M.*1.15
    quotiens miseros quos infinitis calumniis inpunita barbarorum . . . aua-
    ritia uexabat,. . .protexi! *C.*1,*P.*4.38
    Non illa miseros audit aut curat fletus *C.*2,*M.*1.5
    quonam modo praesens facere beatos potest quae miseros transacta non
    efficit? *C.*2,*P.*4.100
    hac inpotentia subintrat quae miseros facit; *C.*3,*P.*5.13
    Eheu quae miseros tramite deuios Abducit ignorantia! *C.*3,*M.*8.1
    Nam si nequitia miseros facit, miserior sit necesse est diuturnior nequam; *C.*4,*P.*4.26
    "Bonos," inquit, "esse felices, malos uero miseros nonne concessimus?" *C.*4,*P.*4.52

mole. eosque Pharao magna ponderum mole premi decreuerat et grauibus
    oneribus affligebat.   *Fid.*159
    poteritne illius memoria lucis quantalibet ingruentium malorum mole
    deleri,   *C.*2,*P.*3.28
    Num enim elephantos mole, tauros robore superare poteritis,   *C.*3,*P.*8.16
    Et cum falsa graui mole parauerint,   *C.*3,*M.*8.21
    memoriam...dehinc cum maeroris mole pressus amisi."   *C.*3,*P.*12.4
    Huic ex alto cuncta tuenti Nulla terrae mole resistunt,   *C.*5,*M.*2.9
molem. Non omne ... mente depulit lumen Obliuiosam corpus inuehens
    molem.   *C.*3,*M.*11.10
    Nec niuis duram frigore molem Feruente Phoebi soluier aestu.   *C.*4,*M.*5.15
moles. dum ruituros moles ipsa trahit, neuter quod uoluit effecit.   *C.*3,*P.*5.35
moleste. si quem profanum,...blanditiae uestrae detraherent, minus moleste
    ferendum putarem;   *C.*1,*P.*1.36
    "ita uir sapiens moleste ferre non debet,   *C.*4,*P.*7.39
molestia. quem molestia pungit, quem uilitas abicit,   *C.*3,*P.*9.55
molestiis. beatitudinem nec doloribus molestiisque subiectam   *C.*3,*P.*2.69
molior. Neque id nunc molior quod cuiuis ueniat in mentem,   *C.*4,*P.*4.44
molirentur. cum...pro sua quisque parte raptum ire molirentur   *C.*1,*P.*3.23
moliretur. cum rex...crimen...ad cunctum senatus ordinem transferre
    moliretur,   *C.*1,*P.*4.115
molis. Dissice terrenae nebulas et pondera molis   *C.*3,*M.*9.25
molitos. ut impios scelerata contra uirtutem querar molitos,   *C.*1,*P.*4.100
molitur. Animumque doceat quidquid extra molitur Suis retrusum possidere
    thesauris.   *C.*3,*M.*11.5
molitus. nec ex sua substantia protulit, ne diuinus natura crederetur, neque
    aliunde molitus est,   *Fid.*59
moliuntur. nec in eo miseris contingit effectus quod solum dies noctesque
    moliuntur;   *C.*4,*P.*2.85
molle. Sed tempus est haurire te aliquid ac degustare molle atque iucundum   *C.*2,*P.*1.19
mollescant. ad acrioris uim medicaminis recipiendum tactu blandiore
    mollescant.   *C.*1,*P.*5.44
mollissimum. Quid quod mollissimum quidque, ... interiore semper sede
    reconditur,   *C.*3,*P.*11.65
momentaria. Age enim si iam caduca et momentaria fortunae dona non
    essent,   *C.*2,*P.*5.3
momenti. Vnius etenim mora momenti, si decem milibus conferatur annis,   *C.*2,*P.*7.52
    alligans se ad qualemcumque praesentiam huius exigui uolucrisque
    momenti,   *C.*5,*P.*6.51
momento. in hodierna quoque uita non amplius uiuitis quam in illo mobili
    transitorioque momento.   *C.*5,*P.*6.18
momordit. linguam ille momordit atque abscidit et in os tyranni   *C.*2,*P.*6.29
μόνοις. ἐν δὲ τοῖς ἀτόμοις καὶ κατὰ μέρος μόνοις ὑφίστανται,   *Eut.*3.32
monstra. Sola mens stabilis super Monstra quae patitur gemit.   *C.*4,*M.*3.28
monstrabitur. "Nec licet," inquit, "uti conuenienti monstrabitur loco.   *C.*4,*P.*4.6
monstrabo. Quantis uero implicitae malis sint, breuissime monstrabo.   *C.*3,*P.*8.4
monstrant. Quod aliae quidem quasi rem monstrant aliae uero quasi
    circumstantias   *Trin.*4.100
monstrante. quoniam uerae formam beatitudinis me dudum monstrante
    uidisti,   *C.*4,*P.*1.32
monstrare. in hoc proprietatem rerum monstrare cupientes,   *Eut.*1.56
    ordo est deinceps quae sit uera monstrare."   *C.*3,*P.*9.3
monstraremus. ut differentiam naturae atque personae id est οὐσίας atque
    ὑποστάσεως monstraremus.   *Eut.*4.3
monstrasti. "Atqui haec," inquam, "uel caeco perspicua est eamque tu paulo
    ante monstrasti,   *C.*3,*P.*9.79
monstrat. Nam si nomen naturae substantiam monstrat, cum naturam de-
    scripsimus   *Eut.*1.33
    sic suas probat uires Magnumque suis demonstrat [monstrat] ostentum, *uar.C.*2,*M.*1.8
monstrata. Atqui haec omnia idem esse monstrata sunt; minime igitur
    membra sunt.   *C.*3,*P.*10.115
monstratum. De forma enim eius superius monstratum est   *Trin.*4.24
    Quoniam igitur, uti paulo ante monstratum est, omne quod scitur   *C.*5,*P.*6.1
monstratur. nihil horum...tuum esse bonum liquido monstratur.   *C.*2,*P.*5.55
    in quo quanta sit naturae uis facile monstratur,   *C.*3,*P.*2.78
monstratus. "Atqui deus ipsum bonum esse monstratus est."   *C.*3,*P.*12.38

monstraueris. Et si cuiusquam mortalium proprium quid horum esse mon-
    straueris, ... *C*.2,*P*.2.7
monstrauimus. (unam uero personam unamque naturam esse non posse
    Eutyche proponente monstrauimus *Eut*.7.89
    Quod si, uti paulo ante monstrauimus, est quaedam boni fragilis inper-
        fecta felicitas, ... *C*.3,*P*.10.19
    "Sed deum ueramque beatitudinem unum atque idem esse monstra-
        uimus." *C*.3,*P*.10.142
    "Nonne," inquit, "monstrauimus ea quae appetuntur pluribus . . . uera
        . . . bona non esse *C*.3,*P*.11.8
    "Sed unum id ipsum monstrauimus esse quod bonum." *C*.3,*P*.11.109
    Hisne accedamus quos beluis similes esse monstrauimus? *C*.4,*P*.4.110
monstrem. ut . . . quaestionis obscuritatem . . . digeram et paulo euidentius
    monstrem; *Quo*.4
monstri. posse contra innocentiam, . . . inspectante deo, monstri simile est. . *C*.1,*P*.4.103
monstris. qui talibus hominum monstris non agnoscenda haec potius quam
    proculcanda proiecerit. *Trin*.,*Prf*.15
monstris. "Et esset," inquit, "infiniti stuporis omnibusque horribilius
    monstris, ... *C*.4,*P*.1.21
montem. uenit per deserta eremi ad montem qui uocatur Sinai, ... *Fid*.167
    nondum Caucasum montem Romanae rei publicae fama transcenderat, *C*.2,*P*.7.31
montibus. Quique uagatur Montibus altis Defluus amnis, ... *C*.1,*M*.7.15
    Non altis laqueos montibus abditis Vt pisce ditetis dapes *C*.3,*M*.8.5
    Nam aliae quidem campis aliae montibus oriuntur, ... *C*.3,*P*.11.57
montis. Montis cacumen alti, Bibulas uitet harenas. *C*.2,*M*.4.7
monuisti. hanc sapientibus capessendae rei publicae necessariam causam esse
    monuisti, ... *C*.1,*P*.4.23
mora. Vnius etenim mora momenti, si decem milibus conferatur annis, . . *C*.2,*P*.7.52
mora. Tu frondifluae frigore brumae Stringis lucem breuiore mora: . . . *C*.1,*M*.5.15
moraretur. dum ibi dei populus moraretur, post iudices et prophetas reges
    instituti leguntur, ... *Fid*.178
moras. Protrahit ingratas impia uita moras. *C*.1,*M*.1.20
moratus. Sed sit aliquis ita bene moratus ut de eo diuinum iudicium pariter
    et humanum consentiat, ... *C*.4,*P*.6.134
morbi. "Iam scio," inquit, "morbi tui aliam uel maximam causam; . . . *C*.1,*P*.6.39
    "Haec enim nondum morbi tui remedia *C*.2,*P*.3.10
morbis. adeo ut ne corporeis quidem morbis agitari sinat. *C*.4,*P*.6.143
morbo. hominumque mentes assuefaciunt morbo, non liberant. *C*.1,*P*.1.34
    huius morbo prouidentia collatae pecuniae remedio medetur. *C*.4,*P*.6.170
morbos. Quantos illae morbos, . . . solent referre corporibus! *C*.3,*P*.7.3
    ut culpae morbos supplicio resecarent. *C*.4,*P*.4.138
morbum. lethargum patitur communem inlusarum mentium morbum. . . . *C*.1,*P*.2.13
    —magnae non ad morbum modo uerum ad interitum quoque causae. . *C*.1,*P*.6.48
morbus. per quod, . . . in animum tuum perturbationum morbus inrepserit? *C*.1,*P*.6.24
    Nam si, uti corporum languor, ita uitiositas quidam est quasi morbus
    animorum, ... *C*.4,*P*.4.151
mordaciter. Tum ille nimium mordaciter: 'Intellexeram,' inquit, 'si tacuisses.' *C*.2,*P*.7.75
mordax. Nec cura mordax deseret superstitem, ... *C*.3,*M*.3.5
    quorum quam sit mordax quaecumque condicio, ... *C*.3,*P*.7.15
mordeant. Talia sunt quippe quae restant, ut degustata quidem mordeant, *C*.3,*P*.1.14
mordeatur. Fit enim ut aliquando necessariis egeat, ut anxietatibus mor-
    deatur *C*.3,*P*.9.64
more. non reputante deo in eorum numero quos more suo natura produxerat. *Fid*.154
    Et aestuantis more fertur Euripi, ... *C*.2,*M*.1.2
morem. Tum illa: "Morem," inquit, "geram tibi," *C*.5,*P*.1.17
moreretur. Quod si ipse primus moreretur, nesciret quodam modo . . . poenam
    suam, ... *Fid*.108
moreris. tu modo quem excitaueris ne moreris." *C*.4,*P*.2.3
mores. lege . . . quemadmodum et sacrificiorum ritus et populorum mores
    instruerentur. *Fid*.170
    At peruersi resident celso Mores solio *C*.1,*M*.5.32
    Verum hi perturbationum mores, ea ualentia est, ... *C*.1,*P*.6.30
    Hi semper eius mores sunt ista natura. *C*.2,*P*.1.29
    Quid quod diuersarum gentium mores inter se atque instituta discordant, *C*.2,*P*.7.38
    An distant quia dissidentque mores, ... *C*.4,*M*.4.7
mores. Nunc enim primum censes apud inprobos mores lacessitam . . . esse
    sapientiam? *C*.1,*P*.3.16

cum mores nostros totiusque uitae rationem...formares? C.1,P.4.16
Cuius si naturam mores ac meritum reminiscare, ... C.2,P.1.9
An tu mores ignorabas meos? C.2,P.2.33
Vtinam modo nostra redirent In mores tempora priscos! C.2,M.5.24
cum frontem detegit moresque profitetur. C.2,P.8.4
quare probos mores sua praemia non relinquunt. C.4,P.3.13
quod cuiuis ueniat in mentem, corrigi ultione prauos mores C.4,P.4.45
Mutabit igitur mores ac dum fortunam metuit amittere, ... C.4,P.6.175
mori. semper uiuere potuisset hisque non mori; Eut.8.82
moribus. Fortunae te regendum dedisti; dominae moribus oportet obtemperes. C.2,P.1.59
Nos ad constantiam nostris moribus alienam...cupiditas alligabit? . . C.2,P.2.27
moribus. nisi quod nostris moribus instituti studiis improborum dissimillimi
uidebantur. C.1,P.3.36
quod tuis inbuti disciplinis, tuis instituti moribus sumus. C.1,P.4.152
Si probas, utere moribus; ne quereris. C.2,P.1.35
Qui si uitiosi moribus sint, perniciosa domus sarcina C.2,P.5.50
nationes lingua, moribus, totius uitae ratione distantes, ... C.2,P.7.26
moriendo. Quid igitur referre putas, tune illam moriendo deseras an te illa
fugiendo? C.2,P.3.51
moriuntur. Nam si, quod nostrae rationes credi uetant, toti moriuntur
homines, ... C.2,P.7.80
mors. in quo, tametsi ab eo mors aberat Eut.8.42
in quo mors illum necessario subsecuta est Eut.8.49
in illo enim nec mors esset nec peccatum Eut.8.54
in hoc uero et mors et peccatum et delinquendi omnis affectio Eut.8.55
eo tempore ... cum nec mors aderat et adesse poterat delinquendi
uoluntas. Eut.8.71
Mors hominum felix quae se nec dulcibus annis Inserit C.1,M.1.13
ultimus tamen uitae dies mors quaedam fortunae est etiam manentis. . C.2,P.3.49
Mors spernit altam gloriam, ... C.2,M.7.12
Cum sera uobis rapiet hoc etiam dies, Iam uos secunda mors manet. . C.2,M.7.26
si non eorum malitiam saltem mors extrema finiret. C.4,P.4.28
morsu. Fugit et nimis tenaci Ferit icta corda morsu. C.3,M.7.6
morsus. quos saepe muscularum quoque uel morsus uel in secreta quaeque
reptantium necat introitus? C.2,P.6.20
morsus. potestas quae sollicitudinum morsus expellere,...nequit? C.3,P.5.18
mortale. nam quod mortale corpus adsumpsit ut mortem a genere humano
fugaret, ... Eut.8.63
"Hocine interrogas an esse me sciam rationale animal atque mortale? . C.1,P.6.37
mortales. Hunc, uti diximus, diuerso tramite mortales omnes conantur
adipisci. C.3,P.2.13
mortales. persuasum...scio mentes hominum nullo modo esse mortales . . C.2,P.4.94
Mortales igitur cunctos edit nobile germen. C.3,M.6.6
simplex una, ueluti quod necesse est omnes homines esse mortales, . . C.5,P.6.105
mortales. Quid igitur o mortales extra petitis intra uos positam felicitatem? C.2,P.4.72
mortali. Quid o superbi colla mortali iugo Frustra leuare gestiunt? . . . C.2,M.7.7
mortalibus. Cum igitur praecipua sit mortalibus uitae cura retinendae, . . C.2,P.4.27
uel imagines ueri boni uel inperfecta quaedam bona dare mortalibus
uidentur, ... C.3,P.9.93
manet intemerata mortalibus arbitrii libertas C.5,P.6.164
mortalibus. uel fortunae condicio cunctis mortalibus incerta submitteret? . C.1,P.4.126
mortalibus. "Essene aliquid in his mortalibus caducisque rebus putas . . . C.3,P.9.88
mortalis. non debuerit esse mortalis, quoniam Adam, si non peccasset, . . Eut.8.29
mortalis. Quod si putatis longius uitam trahi Mortalis aura nominis, . . . C.2,M.7.24
mortalium. At, omnium mortalium stolidissime, si manere incipit, fors esse
desistit. C.2,P.1.61
Et si cuiusquam mortalium proprium quid horum esse monstraueris, . . C.2,P.2.7
quin omne mortalium genus in miseriam mortis fine labatur. C.2,P.4.96
"Omnis mortalium cura quam multiplicium studiorum labor exercet, . C.3,P.2.3
Neque enim uile ... quod adipisci omnium fere mortalium laborat
intentio. C.3,P.2.62
mortalium. paulisper lumina eius mortalium rerum nube caligantia terga-
mus." C.1,P.2.15
omnem rerum mortalium cupidinem de nostri animi sede pellebas . . . C.1,P.4.139
Si quis rerum mortalium fructus ullum beatitudinis pondus habet, . . C.2,P.3.25
Liquet igitur quam sit mortalium rerum misera beatitudo C.2,P.4.70
O praeclara opum mortalium beatitudo quam cum adeptus fueris . . . C.2,P.5.103

Quae cum secta duos motum glomerauit in orbes, ... *C.3,M.*9.15
tam equitandi motum desiderat quam salutis effectum. *C.3,P.*10.133
"Ambulandi," inquit, "motum secundum naturam esse hominibus num
    negabis?" *C.4,P.*2.53
fatum uero singula digerit in motum locis formis ac temporibus dis-
    tributa, ... *C.4,P.*6.38
cumque eum . . . aequare non possit, ex immobilitate deficit in motum, . *C.5,P.*6.44
motus. Quarum motus quid habeat iucunditatis, ignoro. *C.3,P.*7.6
quae nullus meruit liber ac uoluntarius motus animorum. *C.5,P.*3.87
quod humanae ratiocinationis motus ad diuinae praescientiae simpli-
    citatem non potest admoueri, ... *C.5,P.*4.7
Hunc . . . statum infinitus ille temporalium rerum motus imitatur . . . *C.5,P.*6.42
motus. "natura est motus principium per se non per accidens." *Eut.*1.41
Quod "motus principium" dixi hoc est, quoniam corpus omne habet
    proprium motum, ... *Eut.*1.42
Item quod "per se principium motus" naturam esse proposui *Eut.*1.45
motus. Longosque in orbem cogat inflectens motus *C.3,M.*11.4
nec tam dispositos motus locis, temporibus, efficientia, spatiis, quali-
    tatibus explicarent, ... *C.3,P.*12.21
Quod tantos iuuat excitare motus *C.4,M.*4.1
an ipsos quoque humanorum motus animorum fatalis catena con-
    stringit?" *C.5,P.*2.4
Ad motus similes uocans Notis applicat exteris *C.5,M.*4.37
motus. Abiecit clipeum locoque motus Nectit qua ualeat trahi catenam. . . *C.1,M.*4.17
hic uero cohaerens orbi atque coniunctus circa ipsum motus ambitum . *C.5,P.*4.81
moueantur. "nullo existimauerim modo ut fortuita temeritate tam certa
    moueantur, ... *C.1,P.*6.9
mouebare. Nam de ceteris quin ratione regerentur, nihil mouebare. *C.1,P.*6.15
mouebit. Aut celsas soliti ferire turres Ardentis uia fulminis mouebit. . . . *C.1,M.*4.10
mouens. Ac uires animi mouens Viuo in corpore passio. *C.5,M.*4.31
mouens. diuinum uero "nunc" permanens neque mouens sese atque con-
    sistens aeternitatem facit; *Trin.*4.74
mouent. An distant quia dissidentque mores, Iniustas acies et fera bella
    mouent *C.4,M.*4.8
mouentem. Tu triplicis mediam naturae cuncta mouentem Conectens
    animam per consona membra resoluis. *C.3,M.*9.13
mouere. Quid enim furor hosticus ulla Vellet prior arma mouere, ... *C.2,M.*5.20
ea ualentia est, ut mouere quidem loco hominem possint, ... *C.1,P.*6.31
mouerentur. Frustra enim esset artis effectus, si omnia coacta mouerentur." *C.5,P.*4.52
mouereris. quanto mouereris cachinno! *C.2,P.*6.18
moueri. qui tempus ab aeuo Ire iubes stabilisque manens das cuncta moueri, *C.3,M.*9.3
moueris. si prius ea quibus moueris expendero. *C.5,P.*4.11
mouet. Nihilne te ipsa loci facies mouet? *C.1,P.*4.10
Itaque non tam me loci huius quam tua facies mouet *C.1,P.*5.21
Nam si te hoc inane nomen fortuitae felicitatis mouet, ... *C.2,P.*4.9
cum uero ad ea quae mouet atque disponit refertur, fatum a ueteribus
    appellatum est. *C.4,P.*6.29
Sicut enim artifex . . . mouet operis effectum, ... *C.4,P.*6.46
Ea series caelum ac sidera mouet, elementa in se inuicem temperat . . *C.4,P.*6.83
mouetur. et quidquid aliquo mouetur modo, . . . ex diuinae mentis stabilitate
    sortitur. *C.4,P.*6.23
mox. quam catholica fides a consortio sui mox reppulisse probatur. *Fid.*117
Mox resoluto Sordida caeno Visibus obstat. *C.1,M.*7.11
Croesum . . . Cyro paulo ante formidabilem mox deinde miserandum . . *C.2,P.*2.35
sed mox ipse uictorum catenis manus praebuit. *C.2,P.*6.37
Et mox abiunctis dissociantur aquis. *C.5,M.*1.4
mox inscitiae nube caligant, ... *C.5,P.*2.23
Moyse. suum transduxit exercitum auctore Moyse et Aaron. *Fid.*163
Moysen. deus . . . per Moysen data lege constituit, quemadmodum *Fid.*169
Moysi. Haec autem reuelante deo Moysi famulo suo comperta sunt, ... *Fid.*86
mucro. si de eodem dicam "gladius unus mucro unus ensis unus." *Trin.*3.22
uelut si ita dicamus "ensis mucro gladius," *Trin.*3.25
uelut "ensis atque mucro unus gladius," uelut "sol sol sol *Trin.*3.39
nam mucro et ensis et ipse est et idem, pater uero ac filius et spiritus
    sanctus *Trin.*3.45
mulcedo. cum me audiendi auidum stupentemque arrectis adhuc auribus
    carminis mulcedo defixerat. *C.3,P.*1.2

mulcerent. Nec qui cuncta subegerant Mulcerent dominum modi, ... *C*.3,*M*.12.17
mulier. et quia exstiterat mulier quae causam mortis prima uiro suaserat, . *Fid*.198
 esset haec secunda mulier quae uitae causam humanis uisceribus
 apportaret. *Fid*.199
 adstitisse mihi supra uerticem uisa est mulier reuerendi...uultus, . . . *C*.1,*P*.1.3
 nec dinoscere possem, quaenam haec esset mulier tam imperiosae
 auctoritatis, *C*.1,*P*.1.45
multa. Multa sunt quae cum separari actu non possunt, animo ... separantur; *Quo*.87
 Sed hunc quoque quam multa deficiant uides. *C*.3,*P*.9.59
multa. "Cum multa," inquit, "beatitudo continere uideatur, ... *C*.3,*P*.10.95
 multaque id genus quae sopitis querelis firma te soliditate corroborent. . *C*.4,*P*.1.30
multas. Et cum multis annis multas quoque gentes per uiam debellassent, . *Fid*.171
 multas etiam sibi naturales quoque subtrahit uoluptates, ... *C*.3,*P*.9.52
multi. De qua uelut arce religionis nostrae multi diuersa et humaniter...
 locuti sunt, *Fid*.30
 huic tam sanae...fidei exstiterant multi qui diuersa garrirent *Fid*.209
multi. Quamuis uota libens excipiat deus Multi prodigus auri *C*.2,*M*.2.10
multiformes. Intellego multiformes illius prodigii fucos *C*.2,*P*.1.6
multimodae. Aristoteles ceterique et eiusmodi et multimodae philosophiae
 sectatores *Eut*.1.38
multiplex. At hic ipse numerus annorum eiusque quamlibet multiplex . . . *C*.2,*P*.7.56
 et ab eodem multiplex error abducit. *C*.3,*P*.3.6
multiplicat. Ita igitur substantia continet unitatem, relatio multiplicat
 trinitatem; *Trin*.6.8
multiplicato. quanta est naturae diligentia, ut cuncta semine multiplicato
 propagentur! *C*.3,*P*.11.70
multiplicem. Haec in suae simplicitatis arce composita multiplicem rebus
 regendis modum statuit. *C*.4,*P*.6.26
multiplices. quam dissonae multiplicesque sententiae, piget reminisci. . . . *C*.1,*P*.4.160
multiplices. Opilionem uero atque Gaudentium cum ob innumeras multiplicesque fraudes *C*.1,*P*.4.61
 Hac itaque ratione multiplices cognitiones diuersis ac differentibus cessere
 substantiis. *C*.5,*P*.5.11
multiplici. humanum genus...multiplici numerositate succrescens erupit in
 lites, *Fid*.119
 si qui multiplici consulatu functus in barbaras nationes forte deuenerit, *C*.3,*P*.4.30
multipliciter. Arrius...filium, minorem tamen patre multipliciter et extra
 patris substantiam confitetur. *Fid*.33
 "Infelices uero esse qui sint improbi multipliciter liquet." *C*.4,*P*.4.120
 fato uero haec ipsa quae disposuit multipliciter ac temporaliter
 administrat. *C*.4,*P*.6.50
multiplicium. "Omnis mortalium cura quam multiplicium studiorum labor
 exercet, ... *C*.3,*P*.2.3
multis. Et cum multis annis multas quoque gentes per uiam debellassent, . *Fid*.171
multis. Quam multis amaritudinibus humanae felicitatis dulcedo respersa est! *C*.2,*P*.4.66
multis. Hoc autem ideo quia multis infectus criminibus mundus *Fid*.186
multitudine. quoniam qualitas aquae multitudine sui corporis nihil passa est *Eut*.6.40
 sed potius in se ipsam uini qualitatem propria multitudine commutauit. *Eut*.6.42
 sed pro multitudine gestorum tibi pauca dixisti. *C*.1,*P*.5.26
multitudinem. poenalem multitudinem effusa diluuii inundatione...interire
 permisit. *Fid*.131
multitudinis. meos esse familiares inprudentia rata nonnullos eorum profanae
 multitudinis errore peruertit. *C*.1,*P*.3.30
 non uti Atheniensium quondam multitudinis imperio regitur, ... *C*.1,*P*.5.11
 cum ... circumfusae multitudinis expectationem triumphali largitione
 satiasti? *C*.2,*P*.3.33
multitudo. nulla ex accidentibus multitudo atque idcirco nec numerus. . . *Trin*.2.58
 per annorum seriem multitudo concrescens coeperunt suspicioni . . . *Fid*.157
multiuocum. Non..."pater ac filius et spiritus sanctus" quasi multiuocum
 quiddam; *Trin*.3.45
multo. multo magis in se non permutabuntur quibus *Eut*.6.61
 Multo minus uero credi potest, ut utraque in sese *Eut*.6.77
 uerum multo magis haec ipsa quibus uteris uerba delectant, ... *C*.3,*P*.12.66
 nonne multo infelicior eo censendus est *C*.4,*P*.4.59
 "Multo igitur infeliciores improbi sunt iniusta impunitate donati . . . *C*.4,*P*.4.71
 multo magis non insequendi sed miserandi sunt *C*.4,*P*.4.152

multorum. Et uox quidem tota pariter multorum replet auditum; *C.2,P.*5.16
multos. Quam multos esse coniectas qui sese caelo proximos arbitrentur, . . *C.2,P.*4.59
Quod si multos scimus beatitudinis fructum non morte solum. . . quaesisse, *C.2,P.*4.97
Sed quam multos clarissimos suis temporibus uiros scriptorum inops
deleuit obliuio! *C.2,P.*7.45
multum. Atque idcirco si multum quidem fuerit aquae, uini uero paululum, *Eut.*6.36
multum. multum scilicet referre ratus nec inerti neglegentia praetereundum, *Eut.,Prf.*14
sed ut arbitror haud multum tibi haec in memoriam reuocare laborauerim. *C.2,P.*1.12
tibique ipsi res diu prorsus multumque quaesita, ... *C.*5,*P.*4.4
mundana. ueluti quidam clauus atque gubernaculum quo mundana machina
. . .seruatur.'' *C.*3,*P.*12.41
mundi. quod eius cultus per omnes paene mundi terminos emanauit, . . . *Trin.*1.5
ex aeterno, id est ante mundi constitutionem, ... *Fid.*9
Et quasi prima quaedam mundi aetas diluuio ultore transacta est. . . *Fid.*137
nobis filium proprium uestitum humano corpore mundi in fine concederet. *Fid.*148
resurgit a mortuis, sicut ante constitutionem mundi ipse cum patre
decreuerat, ... *Fid.*223
fit unum corpus quod mundi latitudinem occuparet, ... *Fid.*245
qua credimus affuturum finem mundi, omnia corruptibilia transitura, . *Fid.*267
tuae fomitem salutis ueram de mundi gubernatione sententiam, . . . *C.*1,*P.*6.52
Nec quae summo uertice mundi Flectit rapidos Vrsa meatus. *C.*4,*M.*6.8
mundo. auctoritas per quam salus mundo Christi generatione promittitur. . *Eut.*4.116
ut ex eorum semine toti mundo salus oriatur, ... *Eut.*5.65
Rara si constat sua forma mundo, Si tantas uariat uices, ... *C.2,M.*3.13
Aliud est enim per interminabilem duci uitam, quod mundo Plato tribuit, *C.*5,*P.*6.36
mundo. Huius igitur tam exiguae in mundo regionis quarta fere portio est, . *C.2,P.*7.14
licet illud, sicuti de mundo censuit Aristoteles, nec coeperit. . .esse nec
desinat *C.*5,*P.*6.19
mundum. sibi tantum conscia uoluntate sponte mundum uoluit fabricare . *Fid.*56
atque in uniuersum mundum ad uitam praecipit introire, ... *Fid.*230
Diffunditur ergo per mundum caelestis illa doctrina, ... *Fid.*243
''Huncine,'' inquit, ''mundum temerariis agi fortuitisque casibus putas, *C.*1,*P.*6.6
Sed dic mihi, quoniam deo mundum regi non ambigis, ... *C.*1,*P.*6.18
''O qui perpetua mundum ratione gubernas *C.*3,*M.*9.1
pulchrum pulcherrimus ipse Mundum mente gerens similique in imagine
formans *C.*3,*M.*9.8
''Mundum,'' inquit, ''hunc deo regi paulo ante minime dubitandum
putabas.'' *C.*3,*P.*12.11
''Et ad mundum. . .''regendum nullis extrinsecus adminiculis indigebit; *C.*3,*P.*12.32
tamen quoniam bonus mundum rector temperat, ... *C.*4,*P.*5.26
uisum Platoni mundum hunc nec habuisse initium temporis nec
habiturum esse defectum, ... *C.*5,*P.*6.32
hoc modo conditori conditum mundum fieri coaeternum putant. . . . *C.*5,*P.*6.34
Platonem sequentes deum quidem aeternum, mundum uero dicamus esse
perpetuum. *C.*5,*P.*6.58
mundus. Impletus est ergo mundus humano genere *Fid.*127
quia multis infectus criminibus mundus iacebat in morte, ... *Fid.*187
Quoniam uero quibus gubernaculis mundus regatur oblitus es, . . . *C.*1,*P.*6.47
Quod mundus stabili fide Concordes uariat uices, ... *C.2,M.*8.1
''Quibus,'' ait illa, ''gubernaculis mundus regatur.'' *C.*3,*P.*12.8
Mundus hic ex tam diuersis contrariisque partibus in unam formam
minime conuenisset, ... *C.*3,*P.*12.15
munera. Autumno potius sua Bacchus munera contulit. *C.*1,*M.*6.15
Non Bacchica munera norant Liquido confundere melle *C.2,M.*5.6
munere. remque omnium maximam dei munere quem dudum deprecabamur
exegimus. *C.*3,*P.*12.101
muneribus. Largis cum potius muneribus fluens Sitis ardescit habendi? . . *C.2,M.*2.17
Quod quidem de cunctis fortunae muneribus dignius existimari potest, . *C.2,P.*6.48
muneris. ''sed cum tui muneris sit latentium rerum causas euoluere *C.*4,*P.*6.1
munimine. Nam qui uallo eius ac munimine continetur, ... *C.*1,*P.*5.18
muniti. eoque uallo muniti quo grassanti stultitiae adspirare fas non sit. . . *C.*1,*P.*3.48
munus. Atqui si hoc naturale munus dignitatibus foret, ... *C.*3,*P.*4.32
munus. ut. . .qui uero male, miser post munus resurrectionis adesset. . . . *Fid.*253
Munus quod nulli umquam priuato commodauerat abstulisti. *C.2,P.*3.36
munusculum. neminem beatum fore nisi qui pariter deus esset quasi
munusculum dabas. *C.*3,*P.*12.91

mures. Nunc si inter mures uideres unum aliquem ius sibi ac potestatem prae
    ceteris uindicantem, ...   *C.2,P.6.16*
μυρίοισι. ᾿Ω δόξα δόξα μυρίοισι δὴ βροτῶν *C.3,P.6.3*
Musa. Quod si Platonis Musa personat uerum, Quod quisque discit immemor
    recordatur." *C.3,M.11.15*
Musae. In extremo Musae saeuientis, uti quae caelum terras quoque pax
    regeret, uota posuisti. *C.1,P.5.36*
Musas. Quae ubi poeticas Musas uidit nostro adsistentes toro *C.1,P.1.26*
muscularum. quos saepe muscularum quoque uel morsus uel in secreta
    quaeque reptantium necat introitus? *C.2,P.6.20*
Musica. cumque hac Musica laris nostri uernacula nunc leuiores nunc
    grauiores modos succinat. *C.2,P.1.23*
musica. Sic musica quidem musicos medicina medicos rhetorice rhetores facit.   *C.2,P.6.53*
Musicae. "oblitaque Rhetoricae ac Musicae melle dulcedinis; *C.2,P.3.6*
musici. Quod si te musici carminis oblectamenta delectant, ...   *C.4,P.6.17*
musicos. Sic musica quidem musicos medicina medicos rhetorice rhetores
    facit. *C.2,P.6.53*
Musis. meisque eum Musis curandum sanandumque relinquite." *C.1,P.1.40*
muta. animalium quae muta ac sine ratione uitam solis sensibus degunt) . .   *Eut.2.35*
mutabile. et quod passibile atque mutabile naturaliter exsisteret, id in-
    mutabile permaneret, ...   *Eut.6.12*
mutabilem. quod uero inmutabile . . . naturaliter creditur, id in rem mutabilem
    uerteretur. *Eut.6.14*
    Ad haec quem caduca ista felicitas uehit uel scit eam uel nescit esse
    mutabilem. *C.2,P.4.85*
mutabiles. Hic uero ordo res mutabiles et alioquin temere fluituras . . .
    coerceat. *C.4,P.6.92*
mutabilis. alia per creationem mutabilis atque passibilis, nisi inpassibilis . .   *Eut.2.26*
mutabilitas. eademque in alterutro mutabilitas nec formidandas fortunae
    minas nec exoptandas facit esse blanditias. *C.2,P.1.48*
    Quid si haec ipsa mei mutabilitas iusta tibi causa est sperandi meliora? .   *C.2,P.2.44*
mutabilitate. sine aliqua mutabilitate perdurans *Fid.55*
    Seruauit circa te propriam potius in ipsa sui mutabilitate constantiam.   *C.2,P.1.31*
    ut uelox et uernalium florum mutabilitate fugacior! *C.3,P.8.22*
mutabilium. cunctusque mutabilium naturarum progressus . . . ex diuinae
    mentis stabilitate sortitur. *C.4,P.6.22*
mutabit. Mutabit igitur mores ac dum fortunam metuit amittere, ...   *C.4,P.6.175*
mutabitur. Ex meane dispositione scientia diuina mutabitur, ...   *C.5,P.6.148*
mutant. nec uero incorporea in se inuicem formas proprias mutant; *Eut.6.24*
mutantur. At haec cum quis in diuinam uerterit praedicationem, cuncta
    mutantur *Trin.4.8*
mutare. Non . . . dici potest praedicationem relatiuam . . . uel minuere uel
    mutare. *Trin.5.19*
    nihil alternare uel mutare queunt nullamque omnino uariare essentiam.   *Trin.5.32*
    rotam . . . uersamus, infima summis summa infimis mutare gaudemus. .   *C.2,P.2.31*
    Quis est ille tam felix qui . . . statum suum mutare non optet? *C.2,P.4.65*
    'Sed si in mea,' inquies, 'potestate situm est mutare propositum, . . .   *C.5,P.6.140*
mutari. neque incorporea in eam quae corpus est mutari potest, ...   *Eut.6.22*
    sola enim mutari transformarique in se possunt quae *Eut.6.24*
    alter in quo mutari potuisset, si firmiter in dei praeceptis manere
    uoluisset, ...   *Eut.8.44*
    sicut Adae praeter praeuaricationis uinculum mutari potuisset. . . .   *Eut.8.88*
    uitiosos, . . . in beluas tamen animorum qualitate mutari; *C.4,P.4.3*
mutat. Quare haec diuina praenotio naturam rerum proprietatemque non-
    mutat *C.5,P.6.81*
mutata. Ea tantum animi tui sicuti tu tibi fingis mutata peruertit. *C.2,P.1.5*
mutatam. Tu fortunam putas erga te esse mutatam; erras. *C.2,P.1.29*
mutatio. omnis subita mutatio rerum non sine . . . fluctu contingit animorum;   *C.2,P.1.16*
mutatione. sin uero uel minuendum aliquid uel addendum uel aliqua mutatione
    uariandum est, ...   *Eut.,Prf.50*
    cum ex utrisque constet in se inuicem qualitatum mutatione transfusis.   *Eut.6.99*
    mentitur; haec semper uera est, cum se instabilem mutatione demonstrat.   *C.2,P.8.11*
    si mutatione temporum splendere desinunt, ...   *C.3,P.4.49*
mutationes. sed uno ictu mutationes tuas manens praeuenit atque com-
    plectitur. *C.5,P.6.154*

mutationum. nisi unus esset qui has mutationum uarietates manens ipse
disponeret. *C*.3,*P*.12.23
mutauerint. qui reges felicitatem calamitate mutauerint. *C*.3,*P*.5.5
mutauero. euacuabo prouidentiam, cum quae illa praenoscit forte mutauero.'   *C*.5,*P*.6.141
mutauit. Nunc quia fallacem mutauit nubila uultum, ...   *C*.1,*M*.1.19
mutentur. Cur haec igitur uersa uice mutentur . . . uehementer admiror, . .   *C*.4,*P*.5.13
mutet. Solitas iterum mutet habenas Phoebi pallens Lucifer ortu. *C*.1,*M*.5.12
muti. muti atque indefensi . . . damnamur. *C*.1,*P*.4.131
mutum. Cumque me non modo tacitum sed elinguem prorsus mutumque
uidisset, ...   *C*.1,*P*.2.10

N

nam. *Trin.,Prf*.24; *Trin*.1.25; 1.27; 2.2; 2.5; 2.15; 2.44; 2.53; 3.5; 3.45; 4.5; 4.10; 4.14;
    Trin.4.29; 4.45; 4.54; 4.88; 4.97; 6.10; 6.17; *Pat*.35; 38; 49; *Quo*.20; 63; 103; 165;
    Fid.49; *Eut.,Prf*.10; 28; *Eut*.1.5; 1.32; 2.9; 2.41; 3.42; 3.52; 4.44; 4.61; 5.8; 5.54;
    Eut.6.20; 6.101; 7.23; 7.34; 7.68; 8.63; 8.78; *C*.1,*P*.1.8; 1,*P*.4.89; 1,*P*.4.93; 1,*P*.4.101;
    C.1,*M*.5.28; 1,*P*.5.8; 1,*P*.5.17; 1,*P*.6.12; 1,*P*.6.14; 1,*P*.6.42; 2,*P*.1.37; 2,*P*.3.12;
    C.2,*P*.3.48; 2,*P*.4.4; 2,*P*.4.8; 2,*P*.4.78; 2,*P*.5.58; 2,*P*.5.81; 2,*P*.5.88; 2,*P*.5.92; *coni*.2,*P*.6.16;
    C.2,*P*.7.67; 2,*P*.7.79; 3,*P*.2.41; 3,*P*.2.68; 3,*P*.3.42; 3,*P*.3.51; 3,*P*.4.22; 3,*P*.5.25;
    C.3,*P*.6.7; 3,*P*.9.15; 3,*P*.9.64; 3,*P*.9.80; 3,*P*.10.25; 3,*P*.10.29; 3,*P*.10.47; 3,*P*.10.83;
    C.3,*P*.10.103; 3,*P*.11.57; 3,*P*.11.89; 3,*P*.11.91; 3,*P*.11.113; 3,*M*.11.13; 3,*P*.12.2;
    C.3,*M*.12.55; 4,*P*.1.14; 4,*P*.1.24; 4,*P*.2.6; 4,*P*.2.60; 4,*P*.2.67; 4,*P*.2.100; 4,*P*.2.104;
    C.4,*P*.2.107; 4,*P*.2.118; 4,*P*.3.33; 4,*P*.4.12; 4,*P*.4.26; 4,*P*.4.39; 4,*P*.4.114; 4,*P*.4.148;
    C.4,*P*.4.149; 4,*P*.6.32; 4,*P*.6.65; 4,*P*.6.126; 4,*P*.6.144; 4,*P*.6.159; 4,*P*.6.179;
    C.4,*P*.6.186; 4,*M*.6.40; 5,*P*.1.13; 5,*P*.1.24; 5,*P*.1.43; 5,*P*.1.45; 5,*P*.2.7; 5,*P*.2.14;
    C.5,*P*.2.22; 5,*P*.3.6; 5,*P*.3.13; 5,*P*.3.42; 5,*P*.3.67; 5,*M*.3.26; 5,*P*.4.56; 5,*P*.4.60;
    C.5,*P*.4.77; 5,*P*.4.92; 5,*P*.4.100; 5,*P*.4.118; 5,*P*.5.41; 5,*P*.6.12
namque. Trium namque rerum uel quotlibet tum genere tum specie *Trin*.1.16
   Omne namque esse ex forma est. *Trin*.2.21
   illis namque manentibus, . . . enatabimus. *C*.2,*P*.4.35
   Considera namque an per ea . . . ualeant peruenire. . . . . :   *C*.3,*P*.3.6
   reddunt namque improbi parem dignitatibus uicem *C*.3,*P*.4.26
   Videtur namque esse nobilitas quaedam de meritis ueniens laus parentum.   *C*.3,*P*.6.23
   Tu namque serenum, Tu requies tranquilla piis, ...   *C*.3,*M*.9.26
   omnia namque perfecta minus integris priora esse claruerunt. *C*.3,*P*.10.32
   eadem namque substantia est eorum quorum naturaliter non est diuersus
    effectus." *C*.3,*P*.11.25
   Omne namque animal tueri salutem laborat, ...   *C*.3,*P*.11.49
   Non omne namque mente depulit lumen . . . corpus *C*.3,*M*.11.9
   Omne namque quod sit unum esse ipsumque unum bonum esse . . .
    didicisti, ...   *C*.4,*P*.3.44
   Talis namque materia est ut una dubitatione succisa *C*.4,*P*.6.7
   Prouidentia namque cuncta . . . complectitur; *C*.4,*P*.6.36
   Ordo namque fatalis ex prouidentiae simplicitate procedit. *C*.4,*P*.6.43
   Ea namque causa est cur mendacio scientia careat, ...   *C*.5,*P*.3.63
   supergressa namque uniuersitatis ambitum . . . formam . . . contuetur. . .   *C*.5,*P*.4.90
   Namque alia extento sunt corpore pulueremque uerrunt *C*.5,*M*.5.2
   Respondebo namque idem futurum, . . . necessarium, ...   *C*.5,*P*.6.100
   Omne namque futurum diuinus praecurrit intuitus *C*.5,*P*.6.151
nascentia. eadem nascentia occidentiaque omnia per similes fetuum seminumque renouat progressus. *C*.4,*P*.6.84
nasceretur. uirginem appositam ex qua caro nasceretur quae ab ea sumpta
   non esset, ...   *Eut*.5.31
nasci. ipsum unigenitum suum deus per uirginem nasci constituit, ...   *Fid*.195
   ex nullius hominis semine talem potuisse nasci qui fuerit sine originalis
   poena peccati.   *Eut*.5.74
nascitur. De quibus illud disiunctum nascitur, quod interrogabimus   . . .   *Eut*.5.48
natae. miserumque tristis Foederat natae iugulum sacerdos. *C*.4,*M*.7.7
nationes. Adde quod hoc ipsum . . . saeptum plures incolunt nationes   . . .   *C*.2,*P*.7.26
nationes. si qui multiplici consulatu functus in barbaras nationes forte
   deuenerit, ...   *C*.3,*P*.4.31
   Sed hoc apud exteras nationes. *C*.3,*P*.4.39
natiuae. in qua . . . nihil natiuae bonitatis inesse manifestum est, ...   *C*.2,*P*.6.68

Si beatitudo est summum naturae bonum ratione degentis *C.2,P.*4.80
qui abundantiam suam naturae necessitate non ambitus superfluitate
    metiantur. *C.2,P.*5.68
ab rebus infimis excellentis naturae ornamenta captatis *C.2,P.*5.77
Humanae quippe naturae ista condicio est ut tum . . . excellat,   *C.2,P.*5.85
ceteris animantibus sese ignorare naturae est; hominibus uitio uenit. . .   *C.2,P.*5.89
in quo quanta sit naturae uis facile monstratur, ...   *C.3,P.*2.77
Tu triplicis mediam naturae cuncta mouentem Conectens animam   . .   *C.3,M.*9.13
Iam uero quanta est naturae diligentia, ...   *C.3,P.*11.69
in animalibus . . . manendi amor . . . ex naturae principiis uenit. *C.3,P.*11.91
Non tam uero certus naturae ordo procederet *C.3,P.*12.21
indicium est erectae iam resistentisque naturae. *C.4,P.*2.73
Et quid si hoc tam magno ac paene inuicto praeeuntis naturae desererentur
    auxilio? *C.4,P.*2.79
referri ad bonum uelut ad quoddam naturae suae cacumen *C.4,P.*2.133
deus . . . antiquior uideri debet . . . simplicis potius proprietate naturae. .   *C.5,P.*6.40
tametsi nullam naturae habeat necessitatem. *C.5,P.*6.114
per se uero considerata ab absoluta naturae suae libertate non desinunt.   *C.5,P.*6.119
naturae. aut si non aequatur persona naturae,   *Eut.*2.5
    nulla uero intellegi adsumptio potest, si manet aeque naturae personaeque
    discretio. *Eut.*4.121
Ex his . . . tribus statibus Christus corporeae naturae singulas . . . indidit
    ca*u*sas;   *Eut.*8.62
quod animatae rationabilique naturae pulchrum esse iure uideatur? . .   *C.2,P.*5.26
Sed si, quod naturae satis est, replere indigentiam uelis, ...   *C.2,P.*5.42
Taceo quod naturae minimum, quod auaritiae nihil satis est. *C.3,P.*3.53
alio uero modo quam naturae conuenit *C.4,P.*2.49
naturae. quoniamque naturae aliae sunt substantiae, aliae accidentes . . .   *Eut.*2.14
si discretis utrisque personis discretae etiam fuere naturae? *Eut.*4.74
Si uero sint mediocres sibique aequales uel paulo inaequales naturae . .   *Eut.*6.44
ut in Christo aut duae naturae sint duaeque personae ut Nestorius ait, .   *Eut.*7.81
aut duae naturae sed una persona ut catholica fides credit, ...   *Eut.*7.83
quomodo fieri potuerit ut duae naturae in unam substantiam miscerentur.   *Eut.*7.102
naturale. Atqui si hoc naturale munus dignitatibus foret, ...   *C.3,P.*4.32
alter uero naturale illud officium minime administrare queat, ...   *C.4,P.*2.47
aliusque cui hoc naturale pedum desit officium, ...   *C.4,P.*2.58
quod adipiscendi boni naturale officium non est, ...   *C.4,P.*2.65
naturale. "Eiusque rei pedum officium esse naturale num dubitas?" *C.4,P.*2.55
naturales. multas etiam sibi naturales quoque subtrahit uoluptates, ...   *C.3,P.*9.52
naturali. quae tamen diuinitati naturali unitate coniuncta est. *Eut.*7.59
sed de naturali intentione tractamus, ...   *C.3,P.*11.87
non ex animali motione sed ex naturali intentione procedit. *C.3,P.*11.97
"Cum . . . omnia . . . ad bonum naturali intentione festinent, ...   *C.3,P.*12.50
eorumque unus naturali officio id ipsum agat atque perficiat, ...   *C.4,P.*2.46
boni quidem naturali officio uirtutum petunt, ...   *C.4,P.*2.64
naturalibus. in naturalibus igitur rationabiliter, . . . uersari oportebit *Trin.*2.16
naturalis. Nam cum tres sint speculatiuae partes, *naturalis,* *Trin.*2.5
    ad uerum bonum naturalis ducit intentio et ab eodem multiplex error
    abducit. *C.3,P.*3.5
ad quod eos naturalis ducit ac paene compellit intentio. *C.4,P.*2.77
naturalis. ac potestatibus inesset aliquid naturalis ac proprii boni, ...   *C.2,P.*6.41
    quin naturalis officii potens eo qui idem nequeat ualentior sit, nullus
    ambigat." *C.4,P.*2.61
naturaliter. tale ipsum esse naturaliter ostenditur quale est illud hoc ipsum
    quod appetit. *Quo.*51
. praeuaricationis malum, quod in posteros naturaliter primus homo
    transfuderat, ...   *Fid.*114
unde fit ut lignum naturaliter esse dicamus, lectum uero artificialiter. .   *Eut.*1.52
quod . . . mutabile naturaliter exsisteret, id inmutabile permaneret, . .   *Eut.*6.12
quod uero inmutabile . . . naturaliter creditur, id in rem mutabilem
    uerteretur. *Eut.*6.14
quae communem materiam naturaliter habent *Eut.*6.60
Est enim mentibus hominum ueri boni naturaliter inserta cupiditas, . .   *C.3,P.*2.14
uel extrinsecus accepisse uel ita naturaliter habere praesumas, . . .   *C.3,P.*10.45
eadem namque substantia est eorum quorum naturaliter non est diuersus
    effectus." *C.3,P.*11.26
"Estne igitur," inquit, "quod in quantum naturaliter agat *C.3,P.*11.43

manendi causam ut quoad possunt naturaliter manere desiderent; . . .   *C.*3,*P.*11.99
cuncta quae sunt appetere naturaliter constantiam permanendi,   . . .   *C.*3,*P.*11.101
Nam quod ratione uti naturaliter potest id habet iudicium *C.*5,*P.*2.7
naturam. sacramenti...faciendo participes perditam uoluit reparare naturam.   *Fid.*126
Nam si de omnibus rebus naturam dici placet, talis definitio *Eut.*1.6
quoniam etiam ipsum nihil significat aliquid sed non naturam. *Eut.*1.17
Et si de omnibus quidem rebus naturam dici placet, haec sit naturae
    definitio *Eut.*1.20
cum naturam descripsimus substantiae quoque est assignata descriptio.   *Eut.*1.33
ut corporeae tantum substantiae naturam habere uideantur. *Eut.*1.37
definiemus eam, ut hi etiam qui naturam non nisi in corporibus esse
    posuerunt. *Eut.*1.40
Item quod "per se principium motus" naturam esse proposui *Eut.*1.45
diuersam esse naturam auri atque argenti in hoc proprietatem rerum
    monstrare cupientes, ...   *Eut.*1.55
quaenam inter naturam personamque possit esse discretio; *Eut.*2.4
Nam illud quidem manifestum est personae subiectam esse naturam . .   *Eut.*2.10
nec praeter naturam personam posse praedicari. *Eut.*2.11
Quoniam praeter naturam non potest esse persona *Eut.*2.13
rationalium uero alia est inmutabilis atque inpassibilis per naturam ut
    deus, ...   *Eut.*2.25
Hoc interim constet quod inter naturam personamque differre prae-
    diximus, ...   *Eut.*4.5
quoniam in Christo duplicem naturam esse censebat, ...   *Eut.*4.12
ut ne naturam quidem in eo duplicem oporteat confiteri; *Eut.*5.4
sicut Nestorius arbitratur non posse esse naturam duplicem quin persona
    fieret duplex, ...   *Eut.*5.9
cum in Christo naturam duplicem confiteretur, ...   *Eut.*5.11
Eutyches non putauit naturam duplicem esse sine duplicatione personae   *Eut.*5.13
Nestorius recte tenens duplicem in Christo esse naturam sacrilege con-
    fitetur *Eut.*5.17
Eutyches uero recte credens unam esse personam impie credit unam
    quoque esse naturam. *Eut.*5.20
quandoquidem manifestum est aliam naturam esse hominis aliam dei, .   *Eut.*5.21
sed, antequam sumeret, diuersam deitatis humanitatisque fuisse
    naturam; *Eut.*5.40
(unam uero personam unamque naturam esse non posse Eutyche
    proponente monstrauimus *Eut.*7.88
neque tamen tam amens...ut unam in eo naturam crederet sed geminas
    esse personas) *Eut.*7.90
integram quidem uidetur humanam adsumpsisse naturam, ...   *Eut.*8.20
et eam mentium constat esse naturam, ut quotiens abiecerint ueras . .   *C.*1,*P.*6.57
Cuius si naturam mores ac meritum reminiscare, ...   *C.*2,*P.*1.9
si grata intuitu species est, aut materiae naturam aut ingenium mirabor
    artificis. *C.*2,*P.*5.48
quae habent aliquam uolendi nolendique naturam, ...   *C.*3,*P.*11.46
"Nihil est igitur quod naturam seruans deo contraire conetur." *C.*3,*P.*12.56
Deum...regere disputabas...nec ullam mali esse naturam. *C.*3,*P.*12.97
nec rerum naturam nec consequentiam potest considerare rationum." .   *C.*4,*P.*2.43
"si duo sint quibus idem secundum naturam propositum sit *C.*4,*P.*2.46
"Ambulandi," inquit, "motum secundum naturam esse hominibus num
    negabis?" *C.*4,*P.*2.53
Est enim quod ordinem retinet seruatque naturam; *C.*4,*P.*2.111
Quare uersi in malitiam humanam quoque amisere naturam. *C.*4,*P.*3.51
haec enim nobis naturam pariter diuinam scientiamque patefacit. . . .   *C.*5,*P.*6.8
omne iudicium secundum sui naturam quae sibi subiecta sunt compre-
    hendit, ...   *C.*5,*P.*6.60
Quare haec diuina praenotio naturam rerum proprietatemque non mutat   *C.*5,*P.*6.80
exsistendo tamen naturam propriam non amittunt, ...   *C.*5,*P.*6.123
naturarum. si...ea coniunctio...facta est naturarum, unum ex duobus effici
    nihil potuit; *Eut.*4.33
Ita enim personis manentibus illic nulla naturarum potuit esse con-
    iunctio, ...   *Eut.*4.75
Coniuncta uero naturarum ipsa diuersitas inuicem discors dissociaret .   *C.*3,*P.*12.18
cunctusque mutabilium naturarum progressus ... ex diuinae mentis
    stabilitate sortitur. *C.*4,*P.*6.23
quod naturarum omnium proditor deus idem ad bonum dirigens . . .   *C.*4,*P.*6.200

nec. *Trin.*1.15; 2.50; 2.58; 3.4; 4.25; 4.33; 4.50; 5.21; 6.11; *Pat.*12; 13; 33; 54(*bis*);
    *Quo.*83; 113; 115; 118; 134; 173; *Fid.*13; 23; 24; 47; 57; 109; 121; 200; 212; 235; 241;
    *Eut.,Prf.*15; 18; 19; 34; *Eut.*2.10; 2.33; 3.3; 4.18; 4.37; 4.56; 4.64; 4.97; 4.103; 5.80;
    *Eut.*6.23; 6.26; 6.28; 6.29; 6.67; 6.69; 7.14; 7.18; 7.27; 7.51; 8.42; 8.54(*bis*); 8.55;
    *Eut.*8.57; 8.71; *C.*1,*M.*1.13; 1,*P.*1.45; 1,*P.*3.10; 1,*P.*3.31(*bis*); 1,*P.*3.32; 1,*P.*3.33;
    *C.*1,*P.*3.34; 1,*M.*4.7; 1,*M.*4.13(*bis*); 1,*P.*4.8; 1,*P.*4.77; 1,*P.*4.82; 1,*P.*4.143; 1,*P.*5.21;
    *C.*1,*M.*6.11; 1,*M.*6.18; 1,*P.*6.10; 1,*M.*7.28; 2,*P.*1.10; 2,*P.*1.11; 2,*P.*1.42; 2,*P.*1.43;
    *C.*2,*P.*1.48(*bis*); 2,*M.*2.5; 2,*P.*4.2; 2,*P.*4.31; 2,*P.*4.33(*bis*); 2,*P.*4.70; 2,*P.*4.71;
    *C.*2,*P.*4.76; 2,*P.*4.77; 2,*P.*4.80; 2,*M.*4.3; 2,*P.*5.20; 2,*P.*5.77; 2,*M.*5.3; 2,*M.*5.8;
    *C.*2,*M.*5.14; 2,*M.*5.22; 2,*P.*6.55; 2,*P.*6.57; 2,*P.*6.58; 2,*P.*6.65(*bis*); 2,*P.*6.66;
    *C.*2,*P.*6.69; 2,*M.*7.22; 3,*P.*2.57; 3,*P.*2.69; 3,*M.*2.36; 3,*P.*3.54; 3,*M.*3.5; *uar.*3,*P.*5.6;
    *C.*3,*P.*5.37; 3,*M.*5.3; 3,*P.*6.19(*bis*); 3,*P.*8.2; 3,*P.*8.32; 3,*P.*8.33; 3,*P.*8.34; 3,*P.*8.35;
    *C.*3,*M.*8.4; 3,*M.*8.7; 3,*M.*8.13; 3,*P.*9.4(*bis*); 3,*P.*9.5(*bis*); 3,*P.*9.6; 3,*P.*9.47; 3,*P.*9.48;
    *C.*3,*P.*10.39; 3,*P.*10.65; 3,*P.*10.79(*bis*); 3,*P.*10.80; 3,*P.*10.143; 3,*P.*11.17; 3,*P.*11.34;
    *C.*3,*P.*12.13; 3,*P.*12.21; 3,*P.*12.53; 3,*P.*12.96; 3,*P.*12.103; 3,*M.*12.12; 3,*M.*12.16;
    *C.*4,*P.*1.19(*bis*); 4,*P.*1.28(*bis*); 4,*P.*2.2; 4,*P.*2.20; 4,*P.*2.43; 4,*P.*2.44; 4,*P.*2.84;
    *C.*4,*M.*3.30; 4,*M.*3.38; 4,*P.*4.1; 4,*P.*4.5; 4,*P.*4.84; 4,*P.*4.124; 4,*P.*4.144; 4,*M.*4.4;
    *C.*4,*P.*5.22; 4,*M.*5.15; 4,*P.*6.9; 4,*M.*6.8; 5,*P.*3.92(*bis*); 5,*P.*3.98(*bis*); 5,*M.*3.27;
    *C.*5,*P.*4.102(*ter*); 5,*P.*4.105(*bis*); 5,*P.*5.26; 5,*P.*6.20(*bis*); 5,*P.*6.27; 5,*P.*6.32;
    *C.*5,*P.*6.33; 5,*P.*6.83; 5,*P.*6.153; 5,*P.*6.164; 5,*P.*6.170

necant. quae infructuosis affectuum spinis uberem fructibus rationis segetem
    necant *C.*1,*P.*1.33
necare. Busiridem accipimus necare hospites solitum *C.*2,*P.*6.34
necat. muscularum . . . uel morsus uel in secreta quaeque reptantium necat
    introitus? *C.*2,*P.*6.21
necem. si bonis omnibus necem struxisse diceremur, ... *C.*1,*P.*4.128
necessaria. Quid igitur postulas ut necessaria fiant quae diuino lumine
    lustrentur, ... *C.*5,*P.*6.73
    Haec igitur ad intuitum relata diuinum necessaria fiant *C.*5,*P.*6.117
    haec si ad diuinam notitiam referantur necessaria, ... *C.*5,*P.*6.135
necessaria. cum ne homines quidem necessaria faciant esse quae uideant? . *C.*5,*P.*6.74
    unoque suae mentis intuitu tam necessarie [necessaria] quam non neces-
    sarie [necessaria] uentura dinoscit; *uar.C.*5,*P.*6.84
    Quid igitur refert non esse necessaria, ... *C.*5,*P.*6.125
necessariae. uel collocationem propositionum non esse efficacem necessariae
    conclusionis ostendat; *C.*4,*P.*4.37
necessariam. hanc sapientibus capessendae rei publicae necessariam causam
    esse monuisti, ... *C.*1,*P.*4.23
necessarie. unoque suae mentis intuitu tam necessarie quam non necessarie
    uentura dinoscit; *C.*5,*P.*6.84
necessariis. ex conuenientibus necessariisque causis esse ducendam. *C.*5,*P.*4.40
necessariis. Fit enim ut aliquando necessariis egeat, ... *C.*3,*P.*9.60
necessario. cuius caput Christus ascendit in caelos, ut necessario caput suum
    membra sequerentur. *Fid.*246
    in quo mors illum necessario subsecuta est *Eut.*8.49
    signum tamen est necessario ea esse uentura. *C.*5,*P.*4.29
necessarios. etiam si praecognitio non fuisset, necessarios futurorum exitus
    esse constaret. *C.*5,*P.*4.31
    an earum rerum quae necessarios exitus non habent ulla possit esse
    praenotio. *C.*5,*P.*4.63
    Si qua certos ac necessarios habere non uideantur euentus, ... *C.*5,*P.*5.42
necessarium. "Atqui illud quoque per eadem necessarium est *C.*3,*P.*9.42
    plenam sufficientiam non habebit." "Id," inquam, "ita est necessarium." *C.*3,*P.*12.35
    sed ex his quae sumpta sunt aeque est necessarium." *C.*4,*P.*4.41
    quamuis eum tum cum graditur incedere necessarium sit. *C.*5,*P.*6.112
necessarium. quod episcopus scriptor epistolae tamquam ualde necessarium
    praeterire noluisset. *Eut.,Prf.*16
    decursis omnibus quae praemittere necessarium puto, ... *C.*4,*P.*1.34
    eoque modo necessarium hoc in contrariam relabi partem, ... *C.*5,*P.*3.22
    necessarium esse euentum praescitarum rerum, ... *C.*5,*P.*3.29
    et hoc uoluntarium illud esse necessarium iudicatis, ... *C.*5,*P.*6.88
    idem futurum, cum ad diuinam notionem refertur, necessarium, . . . *C.*5,*P.*6.101
necessarius. suo enim loco ponentur sicut ordo necessarius postularit. . . . *Fid.*53
    si quid ita futurum est ut eius certus ac necessarius non sit euentus, . *C.*5,*P.*3.59
necesse. Si igitur una in his substantia una est ueritas, necesse est ueritatem
    substantialiter praedicari. *Pat.*27
    necesse est quod uocabulum ex personis originem capit *Pat.*59

quoniam lectum quoque ligneum deorsum ferri necesse est, ...   *Eut.*1.47
quia concauitate ipsa maior necesse est uoluatur sonus.   *Eut.*3.13
Quod si ita est, unam quoque Christi...personam esse necesse est. . .   *Eut.*4.44
Si scit, metuat necesse est, ne amittat quod amitti posse non dubitat; .   *C.*2,*P.*4.87
pauperes necesse est faciant quos relinquunt. *C.*2,*P.*5.18
maneat necesse est quae possit expleri. *C.*3,*P.*3.52
plures necesse est gentes relinqui *C.*3,*P.*5.10
maiorem regibus inesse necesse est miseriae portionem. *C.*3,*P.*5.14
Nam qui falso praedicantur, suis ipsi necesse est laudibus erubescant. .   *C.*3,*P.*6.8
plures gentes esse necesse sit ad quas unius fama hominis nequeat . .   *C.*3,*P.*6.15
illi sint clari necesse est qui praedicantur. *C.*3,*P.*6.25
neque alias expertum te neque nunc anxium necesse est admonere. . .   *C.*3,*P.*7.16
in hac praesidio necesse est egeat alieno." *C.*3,*P.*9.16
quare plenum esse laetitiae,...necesse est confiteri." *C.*3,*P.*9.41
"Necesse est," inquam. "Hoc igitur quod est unum *C.*3,*P.*9.45
in eo perfectum quoque aliquid esse necesse sit. *C.*3,*P.*10.13
ueram igitur beatitudinem in summo deo sitam esse necesse est." . . .   *C.*3,*P.*10.38
"deum esse ipsam beatitudinem necesse est confiteri." *C.*3,*P.*10.65
quare ipsam necesse est summam esse beatitudinem quae sit summa
   diuinitas." *C.*3,*P.*10.77
ita diuinitatem adeptos deos fieri simili ratione necesse est. *C.*3,*P.*10.88
sponte conuertant?" "Ita," inquam, "necesse est; *C.*3,*P.*12.53
bonos quidem potentes, malos uero esse necesse est imbecillos." . . .   *C.*4,*P.*2.70
ita eum qui expetendorum finem...apprehendit, potentissimum necesse
   est iudices.   *C.*4,*P.*2.91
eadem necesse est in mali poena contraria parte respondeant. *C.*4,*P.*3.35
necesse est ut quos ab humana condicione deiecit, ...   *C.*4,*P.*3.53
infeliciores esse necesse est malos, cum cupita perfecerint, ...   *C.*4,*P.*4.10
triplici infortunio necesse est urgeantur quos uideas scelus uelle, posse,
   perficere." *C.*4,*P.*4.15
Nam si nequitia miseros facit, miserior sit necesse est diuturnior
   nequam; *C.*4,*P.*4.26
ipsas quoque immutabiles esse necesse est. *C.*4,*P.*6.89
ut quos probos improbosue censuerunt eos quoque uti existimant esse
   necesse sit? *C.*4,*P.*6.107
liberiores quidem necesse est *C.*5,*P.*2.17
euenire necesse est quod prouidentia futurum esse praeuiderit. *C.*5,*P.*3.7
opinionem quae eum sedere coniectat ueram esse necesse est; *C.*5,*P.*3.33
si de quopiam uera sit opinio quoniam sedet, eum sedere necesse est. .   *C.*5,*P.*3.34
uel prouisa necesse est euenire, ...   *C.*5,*P.*3.45
sicuti cum quid esse scio, id ipsum esse necesse est, ...   *C.*5,*P.*3.53
ita cum quid futurum noui, id ipsum futurum esse necesse est. *C.*5,*P.*3.54
quod se ita rem quamque habere necesse est *C.*5,*P.*3.64
Quare necesse erit humanum genus,...fatiscere. *C.*5,*P.*3.110
necesse est ut suam quisque operam non ex aliena sed ex propria potestate
   perficiat. *C.*5,*P.*4.119
idque necesse est et sui compos praesens sibi semper adsistere *C.*5,*P.*6.29
simplex una, ueluti quod necesse est omnes homines esse mortales, . .   *C.*5,*P.*6.104
altera condicionis, ut si aliquem ambulare scias, eum ambulare necesse est;   *C.*5,*P.*6.106
Eodem igitur modo, si quid prouidentia praesens uidet, id esse necesse est,   *C.*5,*P.*6.114
unum prius quoque quam fieret, necesse erat exsistere, ...   *C.*5,*P.*6.130
necesse. neque enim necesse esse contingere quae prouidentur, ...   *C.*5,*P.*3.23
sed necesse esse quae futura sunt prouideri—   *C.*5,*P.*3.24
necessitas. si talem statum suscepit...uidetur etiam Christo non defuisse
   necessitas, ...   *Eut.*8.35
an futurorum necessitas prouidentiae laboretur, ...   *C.*5,*P.*3.26
In utroque igitur necessitas inest, in hoc quidem sedendi, at uero in altero
   ueritatis. *C.*5,*P.*3.35
inest tamen communis in utraque necessitas. *C.*5,*P.*3.40
quos ad alterutrum non propria mittit uoluntas, sed futuri cogit certa
   necessitas. *C.*5,*P.*3.91
Sed praescientia, inquies, tametsi futuris eueniendi necessitas non est,   *C.*5,*P.*4.29
Num igitur quidquam illorum ita fieri necessitas ulla compellit?" . . .   *C.*5,*P.*4.51
putasque...si necessitas desit minime praesciri *C.*5,*P.*4.66
nulla enim necessitas cogit incedere uoluntate gradientem, ...   *C.*5,*P.*6.111
Magna uobis est, si dissimulare non uultis, necessitas indicta probitatis,   *C.*5,*P.*6.175

necessitate. Quam indigentiam fuisse in Christo nullus ignorat, sed potestate
    non necessitate; *Eut.*8.85
    in delationem nostri nominis alieni aeris necessitate compulsus est. . . .   *C.*1,*P.*4.59
    qui abundantiam suam naturae necessitate non ambitus superfluitate
      metiantur. *C.*2,*P.*5.69
    Quae si recepta futurorum necessitate nihil uirium habere credantur, .   *C.*5,*P.*3.108
    Quare demonstrandum prius est nihil non ex necessitate contingere, . .   *C.*5,*P.*4.34
    "Quae igitur cum fiunt carent exsistendi necessitate, ...   *C.*5,*P.*4.53
    eadem prius quam fiant sine necessitate futura sunt. *C.*5,*P.*4.54
    sunt quaedam euentura quorum exitus ab omni necessitate sit absolutus.   *C.*5,*P.*4.56
    nihil erit quod non ex necessitate proueniat. *C.*5,*P.*5.45
    quod idem exsistendi necessitate carere non nesciat. *C.*5,*P.*6.94
    quod autem non potest non euenire id ex necessitate contingere, . . .   *C.*5,*P.*6.97
    sed eorum hoc quidem de rerum necessitate descendit, ...   *C.*5,*P.*6.133
    nec iniquae leges solutis omni necessitate uoluntatibus praemia
      poenasque proponunt. *C.*5,*P.*6.165
necessitatem. motu carens fati quoque supergreditur necessitatem. *C.*4,*P.*6.78
    etiam si praescientia futuris rebus eueniendi necessitatem non uideatur
      inferre. *C.*5,*P.*3.30
    Si igitur praenotio nullam futuris rebus adicit necessitatem, ...   *C.*5,*P.*4.19
    quae ex arbitrio eueniunt ad necessitatem cogantur?" *C.*5,*P.*4.24
    Dissonare etenim uidentur putasque si praeuideantur consequi necessi-
      tatem,   *C.*5,*P.*4.66
    Num enim quae praesentia cernis, aliquam eis necessitatem tuus addit
      intuitus?"   *C.*5,*P.*6.76
    Hanc enim necessitatem non propria facit natura sed condicionis adiectio;   *C.*5,*P.*6.109
    tametsi nullam naturae habeat necessitatem. *C.*5,*P.*6.115
necessitates. Duae sunt etenim necessitates, simplex una, ...   *C.*5,*P.*6.103
necessitatis. malum omne de reipublicae suae terminis per fatalis seriem
    necessitatis eliminet. *C.*4,*P.*6.203
    quasi uero quae cuius rei causa sit praescientiane futurorum necessitatis   *C.*5,*P.*3.26
    quia praescientiam non esse futuris rebus causam necessitatis existimat,   *C.*5,*P.*4.14
    Num enim tu aliunde argumentum futurorum necessitatis trahis, . . .   *C.*5,*P.*4.16
    "Statuamus iterum esse, sed nihil rebus necessitatis iniungere; *C.*5,*P.*4.26
    ut praenotionem signum esse huius necessitatis appareat. *C.*5,*P.*4.36
    nihil tamen ut euenirent sui natura necessitatis habuisse; *C.*5,*P.*4.46
    ita praescientia futurorum nihil his quae uentura sunt necessitatis
      importat. *C.*5,*P.*4.62
    meque ad hoc nomen necessitatis adstringas, fatebor rem quidem
      solidissimae ueritatis   *C.*5,*P.*6.97
    cum . . . modis omnibus necessitatis instar eueniet? *C.*5,*P.*6.126
    si per se considerentur necessitatis esse nexibus absoluta; *C.*5,*P.*6.136
necessitudo. ut inposita nobilibus necessitudo uideatur ne a maiorum uirtute
    degeneret. *C.*3,*P.*6.29
nectis. O iam miseras respice terras Quisquis rerum foedera nectis. *C.*1,*M.*5.43
nectit. Abiecit clipeum locoque motus Nectit qua ualeat trahi catenam. . .   *C.*1,*M.*4.18
    Hic et coniugii sacrum Castis nectit amoribus, ...   *C.*2,*M.*8.25
    per quam prouidentia suis quaeque nectit ordinibus. *C.*4,*P.*6.35
nedum. nedum qui expediret inuentus est. *Eut.,Prf.*20
    nedum ad inquisita respondere queam." *C.*1,*P.*6.21
    quod in se expetendae pulchritudinis habeant, nedum aliis praestent? .   *C.*3,*P.*4.51
    nedum ordo de summi boni cardine proficiscens a suo quoquam deflectat
      exordio. *C.*4,*P.*6.100
nefarias. Videre autem uideor nefarias sceleratorum officinas gaudio
    laetitiaque fluitantes, ...   *C.*1,*P.*4.167
nefarios. nefarios homines qui bonorum omnium totiusque senatus san-
    guinem petunt,   *C.*1,*P.*4.107
    nequam homines atque nefarios potentes felicesque arbitraris. *C.*1,*P.*6.45
nefas. Ex quo fit ut omnia quae sunt deus sint, quod dictu nefas est. . . .   *Quo.*80
    —quod credi nefas est. *Eut.*4.125
    quod credi nefas est, ut humanitate inmutabili substantia permanente
      diuinitas uerteretur   *Eut.*6.10
    uti hoc nefas esset, effecerat. *C.*1,*P.*4.81
    —quod nefas est de eo cogitare quo nihil constat esse praestantius. . .   *C.*3,*P.*10.57
    quod non sentire modo nefas est, sed etiam uoce proferre. *C.*5,*P.*3.69

nesciebam. quam id longinquum esset exilium, nisi tua prodidisset oratio,
  nesciebam. *C.1,P.5.*5
nesciebas. Nesciebas Croesum regem Lydorum Cyro paulo ante formidabilem   *C.2,P.2.*34
nescientes. quod in somno spiritum ducimus nescientes; *C.3,P.11.*89
nescienti. miraculum nescienti cur sanis corporibus his quidem dulcia...
  conueniant, ...   *C.4,P.6.*113
nescio. Verum altius perscrutemur; nescio quid abesse coniecto. . . .   *C.1,P.6.*17
  sed nimis e natura dictum est nescio quem filios inuenisse tortorem; . .   *C.3,P.7.*13
nescire. Sed quonam lateat quod cupiunt bonum, Nescire caeci sustinent, .   *C.3,M.8.*16
  quin recorderis quod te dudum nescire confessus es." *C.3,P.12.*6
nesciret. Quod si ipse primus moreretur, nesciret quodam modo...poenam
  suam, ...   *Fid.*109
nescisses. 'Si ego,' inquit, 'scissem, tu nescisses.' *C.1,P.4.*97
nescit. Ad haec quem caduca ista felicitas uehit uel scit eam uel nescit esse
  mutabilem. *C.2,P.4.*85
  Si nescit, quaenam beata sors esse potest ignorantiae caecitate? *C.2,P.4.*86
  Si quis Arcturi sidera nescit Propinqua summo cardine labi, ...   *C.4,M.5.*1
  At si nescit, quid caeca petit? *C.5,M.3.*15
  nam neque nouit Nec penitus tamen omnia nescit, ...   *C.5,M.3.*27
nescita. Aut quis ualeat nescita sequi? *C.5,M.3.*17
nescitis. nisi ad populares auras inanesque rumores recte facere nescitis . .   *C.2,P.7.*64
nescius. Quis enim quidquam nescius optet *C.5,M.3.*16
Nestorii. prius extremi sibique contrarii Nestorii atque Eutychis summo-
  ueantur errores; *Eut.,Prf.*56
  Secundum Nestorii uero sententiam quid contingit noui? *Eut.4.*67
  Huius error ex eodem quo Nestorii fonte prolabitur. *Eut.5.*8
  sicut ab eodem Nestorii fonte Eutychis error principium sumpsit, . . .   *Eut.5.*92
Nestorium. Nihil igitur unum secundum Nestorium Christus est ac per hoc
  omnino nihil. *Eut.4.*35
  duasque personas in ea quae contra Nestorium dicta est responsione
  conuicerimus *Eut.7.*86
Nestorius. et praeter alios Nestorius et Eutyches repertores haereseos
  exstiterunt, ...   *Fid.*209
  tam catholici quam Nestorius secundum ultimam definitionem...
  constituunt; *Eut.1.*60
  Hanc in Christo Nestorius duplicem esse constituit...traductus errore,   *Eut.4.*9
  sicut Nestorius arbitratur non posse esse naturam duplicem quin
  persona fieret duplex, ...   *Eut.5.*9
  Itaque Nestorius recte tenens duplicem ... esse naturam sacrilege
  confitetur duas esse personas; *Eut.5.*16
  ut in Christo aut duae naturae sint duaeque personae ut Nestorius ait,   *Eut.7.*82
neuter. dum ruituros moles ipsa trahit, neuter quod uoluit effecit. *C.3,P.5.*35
neutra. ita temperatae sunt atque commixtae, ut neutra substantia propriam formam teneret. *Eut.6.*7
neutro. Igitur quisquis uera requirit, Neutro est habitu; *C.5,M.3.*26
neutrum. ueluti cum mel aquae confunditur neutrum manet, ...   *Eut.6.*88
  quare neutrum poterit esse perfectum, cum alterutri alterum deest. .   *C.3,P.10.*72
nex. carcer, nex ceterarque legalium tormenta poenarum *C.4,P.5.*11
nexa. "Assentior," inquam, "cuncta enim firmissimis nexa rationibus
  constant." *C.3,P.11.*1
nexas. dum nexas sibi ordine contexo rationes." *C.4,P.6.*19
nexibus. quod longius a prima mente discedit maioribus fati nexibus
  implicatur *C.4,P.6.*74
  si per se considerentur necessitatis esse nexibus absoluta; *C.5,P.6.*136
nexu. Stringatque ligans inresoluto Singula nexu, ...   *C.3,M.2.*5
nexuit. discors dissociaret...nisi unus esset qui quod nexuit contineret. . .   *C.3,P.12.*20
nexum. fatum uero...mobilem nexum atque ordinem temporalem. *C.4,P.6.*59
nexus. Nequit oppressi luminis igne Rerum tenues noscere nexus. *C.5,M.3.*10
ni. uti ni...Rauenna urbe decederent, ...   *C.1,P.4.*64
  Ni uitiis peiora fouens proprium deserat ortum. *C.3,M.6.*9
  Nam ni tale sit, rerum omnium princeps esse non poterit. *C.3,P.10.*29
  Ni mersus alto uiueret fomes corde? *C.3,M.11.*14
nigredinis. (quis enim dicat ullam albedinis uel nigredinis uel magnitudinis
  esse personam?) *Eut.2.*16
nihil. Nihil igitur secundum materiam esse dicitur *Trin.2.*28
  dualitas nihil, sed tantum dualitas qua duo homines *Trin.3.*17
  nihil enim aliud est nisi quod est, ac per hoc ipsum deus est. *Trin.4.*35

nihil erit quod non ex necessitate proueniat. . . . . $C.5,P.5.45$
nihilque est in tempore constitutum quod totum uitae suae spatium
   pariter possit amplecti. . . . . $C.5,P.6.13$
nihil. medentis, si nihil eorum quae fieri oportebat omiserit. . . . . $Trin.,Prf.28$
Catholicis uero nihil in differentia constituentibus . . . . $Trin.3.33$
nihil alternare uel mutare queunt . . . . $Trin.5.31$
nihilque aliud ut dictum est differunt nisi sola relatione, ... $Trin.5.34$
quorum lasciuia ac petulantia nihil a ioco risuque patitur esse seiunctum. . $Quo.10$
ipsum uero esse nihil aliud praeter se habet admixtum. . . . . $Quo.36$
nihil aliud cogitantes nisi carnaliter, ... $Fid.44$
ut aut historialis modus sit, qui nihil aliud nisi res gestas enuntiet, . . . $Fid.91$
ut natura nihil aliud nisi poenae summitteret, ... $Fid.239$
Atqui ego quidem nihil ceteris amplius afferebam, ... $Eut.,Prf.27$
Nam de re proposita aeque nihil ceteris sentiebam; . . . . $Eut.,Prf.29$
cum nihil simile, nihil habeant ex copulatione coniunctum? . . . . . . $Eut.4.50$
Nihil enim intererit, cur non sanctos quoque uiros eadem appellatione $Eut.4.88$
quoniam qualitas aquae. . .nihil passa est a qualitate uini, ... $Eut.6.41$
nihil quippe in eo nostrae operae laederentur. . . . . $C.1,P.1.37$
Nihilne te ipsa loci facies mouet? . . . . $C.1,P.4.9$
qui mihi amore iustitiae nihil apud aulicos quo magis essem tutior
   reseruaui. . . . . $C.1,P.4.55$
Itane uero fortunam puduit si minus accusatae innocentiae, ... $C.1,P.4.70$
Ita non est satis nihil mihi tuam profuisse reuerentiam, ... $C.1,P.4.152$
Nihil antiqua lege solutum Linquit propriae stationis opus. . . . . . . $C.1,M.5.23$
illa uultu placido nihilque meis questibus mota: . . . . $C.1,P.5.2$
Nam de ceteris quin ratione regerentur, nihil mouebare. . . . . $C.1,P.6.15$
Et illa: "Nihilne aliud te esse nouisti?" "Nihil." . . . . $C.1,P.6.38$
Nihil igitur pertimescas; . . . . $C.1,P.6.54$
Estne aliquid tibi te ipso pretiosius? Nihil inquies. . . . . $C.2,P.4.75$
nihil horum. . .tuum esse bonum liquido monstratur. . . . . $C.2,P.5.54$
nihil spatii prorsus habere iudicetur. . . . . $C.2,P.7.13$
fallax illa nihil, bene mereatur, tum scilicet cum se aperit, ... $C.2,P.8.3$
Id autem est bonum quo quis adepto nihil ulterius desiderare queat. . . $C.3,P.2.6$
cui nihil bonorum abesse uideatur, ... $C.3,P.3.10$
considerandum puto quod nihil habeat suapte natura pecunia . . . . $C.3,P.3.31$
quod nihil habet proprii decoris, ... $C.3,P.4.45$
ut claritudinem superioribus tribus nihil differre fateamur." . . . . . $C.3,P.9.34$
"Qui diuitias,". . ."petit penuriae fuga, de potentia nihil laborat, . . $C.3,P.9.51$
—quod nefas est de eo cogitare quo nihil constat esse praestantius. . $C.3,P.10.58$
"Nihil uideo cur dissentire quispiam possit." . . . . $C.3,P.10.140$
nihil habere quo inter expetenda numerentur?" . . . . $C.3,P.11.16$
nihil inuenio quod nullis extra cogentibus abiciant manendi intentionem $C.3,P.11.47$
Nam uel ad nihil unum cuncta referuntur . . . . $C.3,P.11.113$
cum id facere ille non possit, qui nihil non potest." . . . . $C.3,P.12.81$
Quae possibilitas eos euidentius nihil posse demonstrat. . . . . $C.4,P.2.118$
cum mala tantummodo possint, nihil posse improbos liquet." . . . . $C.4,P.2.120$
summo bono nihil potentius esse paulo ante definiuimus." . . . . . . $C.4,P.2.122$
inconstans studia permutat? Nihil auibus differt. . . . . $C.4,P.3.65$
nihil dici uerius puto. . . . . $C.4,P.4.92$
non nihil boni maliue inesse perpendo. . . . . $C.4,P.5.4$
Quo fit ut. . .nihil usquam mali esse perpendas. . . . . $C.4,P.6.206$
nihil omnino casum esse confirmo . . . . $C.5,P.1.20$
Nam nihil ex nihilo exsistere uera sententia est . . . . $C.5,P.1.24$
quae est haec praescientia quae nihil certum nihil stabile comprehendit? $C.5,P.3.72$
cum ex prouidentia rerum omnis ordo ducatur nihilque consiliis liceat
   humanis, ... $C.5,P.3.95$
Quae si recepta futurorum necessitate nihil uirium habere credantur, . $C.5,P.3.108$
nihil impediri praescientia arbitrii libertatem putat. . . . . $C.5,P.4.14$
"Statuamus iterum esse, sed nihil rebus necessitatis iniungere; . . . . $C.5,P.4.25$
Quare demonstrandum prius est nihil non ex necessitate contingere, . . $C.5,P.4.34$
nihil tamen ut euenirent sui natura necessitatis habuisse; . . . . $C.5,P.4.45$
Nam sicut scientia praesentium rerum nihil his quae fiunt, ... $C.5,P.4.60$
praescientia futurorum nihil his quae uentura sunt necessitatis importat. $C.5,P.4.61$
nihilque scientia comprehendi posse nisi certum; . . . . $C.5,P.4.67$
Sed mens si propriis uigens Nihil motibus explicat, ... $C.5,M.4.11$
nihil esse illud uniuersale dicentes quod sese intueri ratio putet? . . . $C.5,P.5.22$
rebus modum omnibus ipsa constituit, nihil uero posterioribus debet. . $C.5,P.6.163$

niueis. Quamuis se Tyrio superbus ostro Comeret et niueis lapillis, ...   *C*.3,*M*.4.2
niueis. Quae gemmis niueis unda feracior   *C*.3,*M*.8.11
niuis. Nec niuis duram frigore molem Feruente Phoebi soluier aestu. . . .   *C*.4,*M*.5.15
nixa. si . . . prouidentiam fatumue considerem, firmis uiribus nixa sententia.   *C*.4,*P*.7.10
     Quo fit ut hoc non sit opinio sed ueritate potius nixa cognitio, ...   *C*.5,*P*.6.92
nixus. Qui perpetuo nixus solio Rapido caelum turbine uersas *C*.1,*M*.5.2
nobile. Mortales igitur cunctos edit nobile germen.   *C*.3,*M*.6.6
nobilibus. ut inposita nobilibus necessitudo uideatur ne a maiorum uirtute
     degeneret.   *C*.3,*P*.6.28
nobilitas. hunc nobilitas notum facit, sed angustia rei familiaris inclusus . .   *C*.2,*P*.4.47
     In . . . talibus . . . uersatur intentio, ueluti nobilitas *C*.3,*P*.2.31
     Videtur namque esse nobilitas quaedam de meritis ueniens laus parentum.   *C*.3,*P*.6.23
nobilitate. Quod si quid est in nobilitate bonum, id esse arbitror solum, . .   *C*.3,*P*.6.27
nobilitatis. quam futtile nobilitatis nomen, quis non uideat? *C*.3,*P*.6.21
nobis. Nobis uero non est idem esse quod agere; non enim simplices sumus.   *Quo*.168
     Non est igitur nobis idem bonis esse quod iustis, ...   *Quo*.169
     sed idem nobis est esse omnibus in eo quod sumus. *Quo*.170
     ex qua nobis filium proprium . . . in fine concederet. *Fid*.147
     uti uulgo solitum uobis [nobis], ...   *uar.C*.1,*P*.1.35
     si nobis ipsorum confessione delatorum, . . . uti licuisset. *C*.1,*P*.4.91
     Atqui et tu insita nobis omnem rerum mortalium cupidinem . . . pellebas   *C*.1,*P*.4.139
     minimum nobis ambitionem mortalium rerum fuisse dominatam. . . .   *C*.2,*P*.7.1
     quae nobis cognitis animantibus incolatur. *C*.2,*P*.7.16
     haec enim nobis naturam pariter diuinam scientiamque patefacit. . . .   *C*.5,*P*.6.8
nobis. Sane tantum a nobis quaeri oportet *Trin.,Prf*.22
     Si enim nihil est ex nobis boni, ...   *Eut*.8.98
     Nulla tibi a nobis est allata uiolentia. *C*.2,*P*.2.17
noceat. Ego uero nego ullum esse bonum quod noceat habenti. *C*.2,*P*.5.95
nocendum. Quae uero pestis efficacior ad nocendum quam familiaris inimicus?   *C*.3,*P*.5.42
nocentes. sanctaque calcant Iniusta uice colla nocentes. *C*.1,*M*.5.33
nocentia. Nec nocentia corpori Mentis uulnere saeuiunt." *C*.4,*M*.3.38
nocet. Nil periuria, nil nocet ipsis Fraus mendaci compta colore. *C*.1,*M*.5.37
nocte. Tunc me discussa liquerunt nocte tenebrae *C*.1,*M*.3.1
noctem. Quod si terrarum placeat tibi Noctem relictam uisere, ...   *C*.4,*M*.1.28
noctes. quod solum dies noctesque moliuntur; *C*.4,*P*.2.85
nocti. Tu, cum feruida uenerit aestas, Agiles nocti diuidis horas. *C*.1,*M*.5.17
noctibus. Aut quot stelliferis edita noctibus Caelo sidera fulgent *C*.2,*M*.2.3
     Vt quas duxerit Hesperos Phoebe noctibus imperet, ...   *C*.2,*M*.8.8
noctibus. Occiditur ergo Christus, iacet tribus diebus ac noctibus in sepulcro,   *Fid*.222
     Licet caelo proferre lucidos dies eosdemque tenebrosis noctibus condere.   *C*.2,*P*.2.23
noctis. Et qui primae tempore noctis Agit algentes Hesperos ortus, ...   *C*.1,*M*.5.10
     Heu, noctis prope terminos Orpheus Eurydicen . . . Vidit, ...   *C*.3,*M*.12.49
     Palleant plenae cornua lunae Infecta metis noctis opacae *C*.4,*M*.5.8
nocuerunt. Atqui diuitiae possidentibus persaepe nocuerunt, ...   *C*.2,*P*.5.97
nodis. Laxant nodis colla solutis *C*.3,*M*.2.14
nodo. Hoc igitur expedito aequiuocationis atque ambiguitatis nodo *Eut*.7.47
nodum. rationem qua se quidam credunt hunc quaestionis nodum posse
     dissoluere. *C*.5,*P*.3.18
nodus. indissolubilis nodus est, quaenam inter naturam personamque possit
     esse discretio; *Eut*.2.3
Noe. effusa diluuii inundatione excepto Noe iusto homine cum suis liberis .   *Fid*.132
nolendi. quae habent aliquam uolendi nolendique naturam, ...   *C*.3,*P*.11.46
     Quare quibus in ipsis inest ratio, inest etiam uolendi nolendique libertas.   *C*.5,*P*.2.12
nolentes. cumque illi parere nolentes sacrarum sese aedium defensione
     tuerentur *C*.1,*P*.4.62
nolentibus. nisi quod uel ui uel fraude nolentibus pecuniae repetuntur
     ereptae?"   *C*.3,*P*.3.36
nolint. Vt quae carptim singula constent Eadem nolint mixta iugari? . . .   *C*.5,*M*.3.5
nollet. Aegyptus plagis uastata est, cum nollet dimittere populum. *Fid*.165
noluissem. quorum atrox . . . mens bonorum pernicie saeuit, id ipsum eis licere
     noluissem."   *C*.4,*P*.4.5
noluisses. "Nonne quia uel aberat quod abesse non uelles uel aderat quod
     adesse noluisses?" *C*.3,*P*.3.21
noluisset. quod episcopus scriptor epistolae . . . praeterire noluisset. *Eut.,Prf*.17

noluit. et quoniam angelorum numerum, ... imminutum noluit conditor
    permanere, ...   *Fid.*71
    et is qui poenae fuit, quoniam manere noluit; *Eut.*8.54
nomen. Quo fit ut non sit substantiale nomen hoc inditum; *Pat.*38
    Nam si nomen naturae substantiam monstrat, ...   *Eut.*1.32
    Quod si naturae nomen relictis incorporeis substantiis ad corporales usque
    contrahitur, ...   *Eut.*1.35
    Nomen enim personae uidetur aliunde traductum, ...   *Eut.*3.7
    haec ratio est, quoniam nomen hoc melioribus applicatum est, ...   *Eut.*3.74
    Nomen quippe ipsum unum quiddam significat singularitate uocabuli. .   *Eut.*4.30
    Si . . . diuersa substantia est unumque in utrisque Christi nomen . . .   *Eut.*4.56
    aequiuocum nomen est Christi et nulla potest definitione concludi. . .   *Eut.*4.58
    Quibus autem umquam scripturis nomen Christi geminatur? *Eut.*4.59
    Nam si te hoc inane nomen fortuitae felicitatis mouet, ...   *C.*2,*P.*4.8
    praetura . . . nunc inane nomen et senatorii census grauis sarcina; . . .   *C.*3,*P.*4.42
    quam futtile nobilitatis nomen, quis non uideat? *C.*3,*P.*6.21
nomen. licet dei nomen de diuinitate substantialiter praedicari. *Pat.*22
    Item filius solus hoc recipit nomen *Pat.*41
    quamuis nomen ipsum Christi uetus intra semet continuerit instrumentum   *Fid.*2
    non dicat, sicut nos de eisdem nomen substantiae praedicamus, ...   *Eut.*3.73
    ob eandem superbiam prius regium de ciuitate nomen abstulerant. . .   *C.*2,*P.*6.9
    huic in plurimos populos nomen proferre nullo modo conducat. *C.*2,*P.*7.41
    sed ad superbam gloriam falsum sibi philosophi nomen induerat, . . .   *C.*2,*P.*7.69
    Signat superstes fama tenuis pauculis Inane nomen litteris. *C.*2,*M.*7.18
    hi uel belli uel pacis artibus gloriosum nomen propagare festinant. . .   *C.*3,*P.*2.24
    Plures enim magnum saepe nomen falsis uulgi opinionibus abstulerunt;   *C.*3,*P.*6.5
    Quod si hoc ipsum propagasse nomen pulchrum uidetur, ...   *C.*3,*P.*6.12
    Nonnulli uenerandum saeculi nomen gloriosae pretio mortis emerunt: .   *C.*4,*P.*6.154
    meque ad hoc nomen necessitatis adstringas, fatebor rem quidem
    solidissimae ueritatis *C.*5,*P.*6.97
nomina. sufficientiae, potentiae, claritudinis, reuerentiae, iucunditatis nomina
    quidem esse diuersa, ...   *C.*3,*P.*9.43
    Itaque si digna rebus nomina uelimus imponere, ...   *C.*5,*P.*6.57
nominatur. Qui modus cum in ipsa diuinae intellegentiae puritate conspicitur,
    prouidentia nominatur; *C.*4,*P.*6.28
nomine. naturae rationabilis indiuiduam subsistentiam ὑποστάσεως nomine
    uocauerunt, ...   *Eut.*3.24
    Quo uero nomine unumquodque oporteat appellari, ...   *Eut.*4.3
    Cur simili nomine diuersissimis abutatur naturis, ...   *Eut.*4.51
    conuictam esse Eutychis sententiam eo nomine, quod cum tribus . .   *Eut.*6.104
    In hoc . . . de peruulganda fama, de proferendo nomine cogitatis? . . .   *C.*2,*P.*7.22
nomini. cui nomini si adicias "semper," facies eius quod est nunc *Trin.*4.75
nominibus. sed essentiam, subsistentiam, substantiam, personam totidem
    nominibus reddit, ...   *Eut.*3.60
nominibus. falsis compellare nominibus quae facile ipsarum rerum red-
    arguuntur effectu; *C.*2,*P.*6.64
nominis. quidam Pelagius non admittens proprii nominis haeresim dedicauit,   *Fid.*116
    peto ut mei nominis hoc quoque inseras chartis; *Eut.,Prf.*49
    sarcinam quam mei nominis inuidia sustulisti, ...   *C.*1,*P.*3.11
    in delationem nostri nominis alieni aeris necessitate compulsus est. . .   *C.*1,*P.*4.59
    Atqui in eo die deferentibus eisdem nominis nostri delatio suscepta est.   *C.*1,*P.*4.67
    An ubi Romani nominis transire fama nequit, ...   *C.*2,*P.*7.36
    Quod si aeternitatis infinita spatia pertractes, quid habes quod de
    nominis tui diuturnitate laeteris? *C.*2,*P.*7.51
    Pudebit aucti nominis. *C.*2,*M.*7.6
    Quod si putatis longius uitam trahi Mortalis aura nominis, ...   *C.*2,*M.*7.24
    uel qui potentiam seu pecuniae causa seu proferendi nominis appetunt.   *C.*3,*P.*2.29
nomino. Hoc quidquid est quo condita manent atque agitantur, usitato
    cunctis uocabulo deum nomino." *C.*3,*P.*12.26
non. *Trin.,Prf.*10; 15; *Trin.*1.9; 1.30; 2.8; 2.14; 2.22; 2.24; 2.26; 2.31; 2.34; 2.36; 2.37(*bis*);
    *Trin.*2.43; 2.45; 2.49; 2.55; 3.6; 3.8; 3.20; 3.24; 3.26; 3.27; 3.29; 3.42; 3.44; 3.47; 3.50;
    *Trin.*4.10(*bis*); 4.17; 4.32; 4.34; 4.47; 4.48; 4.54; 4.55; 4.56; 4.57; 4.59; 4.61; 4.68;
    *Trin.*4.91; 4.96; 4.98; 4.103; 4.107; 5.3; 5.8; 5.12; 5.15; 5.17; 5.19; 5.24; 5.26; 5.31;
    *Trin.*5.35; 5.37; 5.41; 5.43; 5.55; 6.11; 6.15; 6.23; *Pat.*10; 26; 34; 36; 37; 43; 45; 52;
    *Pat.*53; 60; 62; *Quo.*3; 5; 26(*bis*); 64; 66; 67; 75; 76; 80; 81; 82; 87; 106; 109(*bis*);
    *Quo.*114; 117; 129; 130; 131; 135; 138; 139; 140; 142; 143; 145; 147; 148; 151; 157(*bis*);
    *Quo.*160; 168(*bis*); 169; 171; *Fid.*16; 26; 27; 35; 42; 49; 50; 57; 79; 80; 92; 115; 140;

nonne iniurius fueris *C.2,P.*1.53
Nonne adulescentulus δοιοὺς πίθους . . .iacere didicisti? *C.2,P.*2.40
Nonne, o terrena animalia, consideratis *C.2,P.*6.14
nonne omne terrenum negotium spernat *C.2,P.*7.84
nonne liquido falsa in eis beatitudinis species deprehenditur? *C.3,P.*3.13
"Nonne quia uel aberat quod abesse non uelles *C.3,P.*3.19
nonne si qua parte defuerit, felicitatem minuat, ... *C.3,P.*5.8
nonne introspectis uisceribus illud. . .corpus turpissimum uideretur? . . *C.3,P.*8.24
nonne hoc etiam constat esse laetissimum?" *C.3,P.*9.37
"Nonne," inquit, "beatitudinem bonum esse censemus?" *C.3,P.*10.101
"Nonne," inquit, "monstrauimus ea quae appetuntur pluribus . . . *C.3,P.*11.8
nonne haec ut bona sint, unitatis fieri adeptione contingit?" . . . *C.3,P.*11.20
nonne quod suum est quaeque. . .desiderant? *C.3,P.*11.74
Nonne in beatitudine sufficientiam numerauimus *C.3,P.*12.30
"Bonos," inquit, "esse felices, malos uero miseros nonne concessimus?" *C.4,P.*4.52
nonne felicior est eo cuius pura. . .miseria est?" *C.4,P.*4.54
nonne multo infelicior eo censendus est *C.4,P.*4.59
"Nonne igitur bonum censes esse quod prodest?" "Ita est," inquam. *C.4,P.*7.17
nonne rationis potius causam probaremus? *C.5,P.*5.38
nonnulli. Nonnulli uenerandum saeculi nomen gloriosae pretio mortis
　　emerunt: *C.4,P.*6.154
nonnullos. meos esse familiares inprudentia rata nonnullos eorum profanae
　　multitudinis errore peruertit. *C.1,P.*3.29
νόῳ. Ἐξαύδα, μὴ κεῦθε νόῳ. *C.1,P.*4.4
norant. Non Bacchica munera norant Liquido confundere melle *C.2,M.*5.6
norat. An cum mentem cerneret altam, Pariter summam et singula norat? *C.5,M.*3.21
normam. Nunc uestri normam iudicii exspectat subtilitas quaestionis; . . . *Trin.*6.28
norunt. Ipsos quin etiam fluctibus abditos Norunt recessus aequoris, . . . *C.3,M.*8.10
nos. Sed nos hac definitione eam quam Graeci ὑπόστασιν dicunt terminauimus. *Eut.*3.5
nos uero per inopiam significantium uocum *Eut.*3.25
nos subsistentiam uel subsistere appellamus; *Eut.*3.43
id nos substantiam uel substare interpretamur. *Eut.*3.44
idcirco nos quoque eas substantias nuncupamus quasi subpositas, . . . *Eut.*3.65
possumus nos quoque nuncupare personas. *Eut.*3.68
non dicat, sicut nos de eisdem nomen substantiae praedicamus, . . . *Eut.*3.73
At nos desuper inridemus *C.1,P.*3.46
nos quoque fateamur fieri. . .felices. *C.3,P.*3.10
Neque nunc nos de uoluntariis animae cognoscentis motibus,. . .tractamus, *C.3,P.*11.86
ac non [at nos] illud demonstrare nitamur, ... *coni.C.5,P.*3.27
Quasi uero nos ea. . .non esse euentura credamus *C.5,P.*4.42
in huiusmodi igitur lite nos. . .nonne rationis potius causam probaremus? *C.5,P.*5.36
nos. an ex beati Augustini scriptis semina rationum aliquos in nos uenientia
　　fructus extulerint. *Trin.,Prf.*33
Nos uero nulla imaginatione diduci *Trin.*6.24
nulla in nos salus Christi generatione processit, ... *Eut.*4.113
Quodque nos ipse dominus Iesus Christus uotis docuit optare, . . . *Eut.*8.89
et ut adueniat eius regnum et nos liberet a malo. *Eut.*8.91
recordabitur facile, si quidem nos ante cognouerit. *C.1,P.*2.14
Qui si quando contra nos aciem struens ualentior incubuerit, ... *C.1,P.*3.43
fortunae in nos saeuientis asperitas? *C.1,P.*4.9
nos etiam quos propugnare bonis senatuique uiderant, ... *C.1,P.*4.108
ab omni nos huius criminis suspitione defendunt. *C.1,P.*4.148
Nos ad constantiam nostris moribus alienam. . .cupiditas alligabit? . . *C.2,P.*2.27
ne nos praeter rei subiectae ueritatem cassa cogitationis imago decipiat. *C.3,P.*10.6
noscendi. illa quoque noscendi uices alternare uideatur? *C.5,P.*6.150
noscere. Nequit oppressi luminis igne Rerum tenues noscere nexus. *C.5,M.*3.10
quisque repertam Queat ignarus noscere formam? *C.5,M.*3.19
nosco. "Vix," inquam, "rogationis tuae sententiam nosco, ... *C.1,P.*6.20
nosse. "morbi tui aliam uel maximam causam; quid ipse sis, nosse desisti. . . *C.1,P.*6.40
eadem tamen infra bestias redigatur, si se nosse desierit. *C.2,P.*5.87
quoniam haec quoque te nosse quaedam medicinae tuae portio est, . . *C.4,P.*6.15
Scitne quod appetit anxia nosse? *C.5,M.*3.13
noster. familiaris noster Lucanus admonuit. *C.4,P.*6.131
nosti. "Nostine. . .omne quod est tam diu manere atque subsistere quam diu
　　sit unum, ... *C.3,P.*11.27

nostra. Haec autem religio nostra, quae uocatur christiana *Fid.*7
    nostra quidem dux copias suas in arcem contrahit, ... *C.*1,*P.*3.44
    Haec nostra uis est, hunc continuum ludum ludimus; *C.*2,*P.*2.29
nostra. De nostra etiam criminatione doluisti, ... *C.*1,*P.*5.33
nostra. Vtinam modo nostra redirent In mores tempora priscos! *C.*2,*M.*5.23
    fit ut uitia quoque nostra ad bonorum omnium referantur auctorem. . . *C.*5,*P.*3.96
    si scientiae dei causam futura nostra praestare dicantur. *C.*5,*P.*6.160
nostra. resurrectura corpora nostra praeter corruptionem ad regna caelestia
        pollicetur, ... *Fid.*250
    cum nostra instituta non deserit *C.*2,*P.*1.23
    "cum uerba nostra tacitus. . . rapiebas, ... *C.*3,*P.*1.10
nostrae. quantum nostrae mentis igniculum lux diuina dignata est, ... *Trin.*,*Prf.*1
    De qua uelut arce religionis nostrae multi diuersa. . . locuti sunt, . . . *Fid.*30
    Et hoc est principale religionis nostrae, ut credat non solum *Fid.*254
    his uersibus de nostrae mentis perturbatione conquesta est. *C.*1,*P.*1.51
    Sed uti nostrae sententiae fides abundantior sit, ... *C.*4,*P.*2.9
nostrae. quamuis ita aeui plena foret ut nullo modo nostrae crederetur aetatis, *C.*1,*P.*1.7
    nihil quippe in eo nostrae operae laederentur. *C.*1,*P.*1.37
nostrae. Quid igitur? Nostraene artes ita meruerunt? *C.*1,*P.*4.68
    Nam si, quod nostrae rationes credi uetant, toti moriuntur *C.*2,*P.*7.80
nostram. Sed innocentiam nostram quis exceperit euentus uides; *C.*1,*P.*4.121
nostrarum. tantumque inter nostrarum rerum praesens, . . . interest ac
    diuinarum, ... *Trin.*4.70
nostri. tamen in orbem terrarum ab ipsius nostri saluatoris. . . aduentu. . . *Fid.*6
    ante nostri Platonis aetatem *C.*1,*P.*3.18
    In quibus quoniam quaedam nostri habitus uestigia uidebantur, . . . *C.*1,*P.*3.28
    Nam deteriora uelle nostri fuerit fortasse defectus, ... *C.*1,*P.*4.101
    omnem rerum mortalium cupidinem de nostri animi sede pellebas . . . *C.*1,*P.*4.139
    cumque hac Musica laris nostri uernacula. . . succinat. *C.*2,*P.*1.24
    Sed ea ipsa est uel maxima nostri causa maeroris, ... *C.*4,*P.*1.10
nostri. curaui tam uestri cupidus iudicii quam nostri studiosus inuenti. . . *Trin.*,*Prf.*5
    in has exilii nostri solitudines o omnium magistra uirtutum. . . uenisti? . *C.*1,*P.*3.7
    in delationem nostri nominis alieni aeris necessitate compulsus est. . . *C.*1,*P.*4.59
    Atqui in eo die deferentibus eisdem nominis nostri delatio suscepta est. *C.*1,*P.*4.67
    iacere bonos nostri discriminis terrore prostratos, ... *C.*1,*P.*4.170
    tamen a propositi nostri tramite paulisper auersa sunt, ... *C.*5,*P.*1.10
    in hac. . . serie causarum estne ulla nostri arbitrii libertas *C.*5,*P.*2.3
nostri. quod te nunc inpatientem nostri facit, fauore prona *C.*2,*P.*2.11
nostris. Nos ad constantiam nostris moribus alienam. . . cupiditas alligabit? *C.*2,*P.*2.27
nostris. At uero hic etiam nostris malis cumulus accedit, ... *C.*1,*P.*4.154
nostris. ut ex Hebdomadibus nostris eius quaestionis obscuritatem. . . digeram *Quo.*1
    Quos nihil aliud in cladem detraxit nisi quod nostris moribus instituti . *C.*1,*P.*3.35
    quam certissimam tibi sedem nostris in laribus ipsa delegeras? . . . *C.*1,*P.*4.11
nostris. nihil est quod in nostris sententiis amare debeamus. *Eut.*8.98
nostris. nostris educatus alimentis in uirilis animi robur euaseras? *C.*1,*P.*2.4
    Sed quantum ornamentis nostris decesserit, uides." *C.*2,*P.*4.37
nostro. Quae ubi poeticas Musas uidit nostro adsistentes toro *C.*1,*P.*1.26
    "Sed cum, ut in Timaeo Platoni," inquit, "nostro placet, ... *C.*3,*P.*9.99
nostro. "Tune ille es," ait, "qui nostro quondam lacte *C.*1,*P.*2.3
    eamque de nostro adyto prolatis insectabare sententiis. *C.*2,*P.*1.14
nostrorum. aeternitas cum nostrorum actuum futura qualitate concurrit . . *C.*5,*P.*6.168
nostros. cum mores nostros totiusque uitae rationem. . . formares? *C.*1,*P.*4.16
    Qua in re non ita sensus nostros maeror hebetauit *C.*1,*P.*4.98
nostrum. nostrum "nunc" quasi currens tempus facit et sempiternitatem, . *Trin.*4.72
nostrum. Ne nostrum comites prosequerentur iter. *C.*1,*M.*1.6
nota. at si fragilitas clarescat mali, boni firmitas nota est. *C.*4,*P.*2.9
    sed eo modo quo formam ipsam, quae nulli alii nota esse poterat,
        comprehendit. *C.*5,*P.*4.100
nota. ex sua substantia genitum et sibi nota ratione coaeternum, ... *Fid.*15
    De obiectorum tibi uel honestate uel falsitate cunctis nota memorasti. . *C.*1,*P.*5.28
nota. Sed quis nota scire laborat? *C.*5,*M.*3.14
notam. et adscribere mendacii notam summae diuinitati inlusus ipse
    uidebitur, ... *Eut.*5.62
    "o alumne laetor, ipsam enim mediae ueritatis notam mente fixisti. . *C.*3,*P.*11.118
notare. Hanc quisquis poterit notare lucem, Candidos Phoebi radios negabit." *C.*3,*M.*10.17
notas. uti ni . . . Rauenna urbe decederent, notas insigniti frontibus pel-
    lerentur. *C.*1,*P.*4.65

Sed cur tanto flagrat amore Veri tectas reperire notas? *C*.5,*M*.3.12
aequore paginae, Quae nullas habeat notas, ... *C*.5,*M*.4.8
Quam quae materiae modo Impressas patitur notas. *C*.5,*M*.4.29
notauit. Quosque pressurus foret altus orbis Saetiger spumis umeros notauit. *C*.4,*M*.7.28
notio. Quae cum uniuersalis notio sit, tum imaginabilem sensibilemque esse
 rem nullus ignorat, ... *C*.5,*P*.4.109
 Vnde haec sic animis uiget Cernens omnia notio? *C*.5,*M*.4.17
 quoniam eorum notio corporales figuras non possit excedere, ... *C*.5,*P*.5.34
notione. Haec enim scientiae uis praesentaria notione cuncta complectens . *C*.5,*P*.6.161
notionem. idem futurum, cum ad diuinam notionem refertur, necessarium, . *C*.5,*P*.6.101
notionis. necessaria fiant per condicionem diuinae notionis; *C*.5,*P*.6.118
notior. Sed quae tibi causa notior est, eam prius designare uerbis. . .conabor *C*.3,*P*.1.23
notis. Sed tantum patiens iacet Notis subdita corporum *C*.5,*M*.4.13
 Ad motus similes uocans Notis applicat exteris *C*.5,*M*.4.38
notitia. Quo fit ut ea notitia ceteris praestet *C*.5,*P*.5.19
notitiam. haec si ad diuinam notitiam referantur necessaria, ... *C*.5,*P*.6.135
notitiarum. non modo proprium sed ceterarum quoque notitiarum subiecta
 cognoscit. *C*.5,*P*.5.21
notos. Iacetis ergo prorsus ignorabiles Nec fama notos efficit. *C*.2,*M*.7.22
notum. idque eo dicis esse faciendum, quod non sit omnibus notum iter
 huiusmodi scriptionum. *Quo*.5
 notum est diuinarum scripturarum mentibus eruditis. *Fid*.135
 aut quoniam sibi notum sit plura sensibus et imaginationi esse subiecta, *C*.5,*P*.5.27
 quod enim quisque nouit, id esse aliter ac notum est nequit, ... *C*.5,*P*.6.107
notum. hunc nobilitas notum facit, sed angustia rei. . .inclusus esse mallet
 ignotus. *C*.2,*P*.4.47
Notus. Quos Notus sicco uiolentus aestu Torret *C*.2,*M*.6.12
 Gratius astra nitent ubi Notus Desinit imbriferos dare sonos. *C*.3,*M*.1.7
noua. Haec autem ut credantur uetus ac noua informat instructio. *Fid*.29
 aut noua quaedam uera nec poenae peccati subiacens originalis *Eut*.5.79
 At si noua ueraque non ex homine sumpta caro formata est, ... *Eut*.5.85
noua. Falce rubos filicemque resecat, Vt noua fruge grauis Ceres eat. . . . *C*.3,*M*.1.4
noua. Nec mercibus undique lectis Noua litora uiderat hospes. *C*.2,*M*.5.15
nouerunt. An sectanda nouerunt? Sed transuersos eos libido praecipitat. . *C*.4,*P*.2.95
noui. Quid uero noui per aduentum saluatoris effectum est? *Eut*.4.60
noui. Christianam fidem noui ac ueteris testamenti pandit auctoritas; . . . *Fid*.1
 Secundum Nestorii uero sententiam quid contingit noui? *Eut*.4.68
noui. "Noui," inquam, deumque esse respondi. *C*.1,*P*.6.28
 ita cum quid futurum noui, id ipsum futurum esse necesse est. *C*.5,*P*.3.53
nouimus. Nouimus quantas dederit ruinas Vrbe flammata *C*.2,*M*.6.1
 Sed quod decora nouimus uocabula, Num scire consumptos datur? . . *C*.2,*M*.7.19
nouis. perditissimum quemque nouis delationum fraudibus imminentem, . . *C*.1,*P*.4.169
nouis. Miscet hospitibus nouis Tacta carmine pocula. *C*.4,*M*.3.6
nouisti. Quod si nec Anaxagorae fugam nec Socratis uenenum. . .nouisti, *C*.1,*P*.3.33
 Et illa: "Nihilne aliud te esse nouisti?" "Nihil." *C*.1,*P*.6.38
nouit. quid unicuique conueniat agnoscit et quod conuenire nouit accommodat. *C*.4,*P*.6.123
 nam neque nouit Nec penitus tamen omnia nescit, ... *C*.5,*M*.3.26
 quod omnia quae quisque nouit ex ipsorum tantum ui . . . cognosci
 aestimat *C*.5,*P*.4.73
 quod enim quisque nouit, id esse aliter ac notum est nequit, ... *C*.5,*P*.6.107
nouitate Cuius dicti nouitate percussus harum coniunctionum *Eut*.,*Prf*.12
nouiter. nullo igitur talis sumpta est caro; unde fit ut nouiter uideatur esse
 formata. *Eut*.5.75
nouo. Stupet tergeminus nouo Captus carmine ianitor, ... *C*.3,*M*.12.29
nouorum. nouorum uerborum significationibus uelo, ... *Trin*.,*Prf*.18
nouum. quae res eos nec uetus facit recipere testamentum neque in integro
 nouum. *Fid*.48
 Quam enim magnum est quamque nouum, quam quod semel *Eut*.4.63
 meam scilicet criminationem uererer et quasi nouum aliquid acciderit,
 perhorrescerem? *C*.1,*P*.3.14
nouum. Nouum, credo, aliquid inusitatumque uidisti. *C*.2,*P*.1.27
nox. Desuper in terram nox funditur; *C*.1,*M*.3.6
 Vel quocumque micans nox pingitur, ... *C*.4,*M*.1.13
 similesque auibus sunt quarum intuitum nox inluminat dies caecat. . . *C*.4,*P*.4.97
 Huic ex alto cuncta tuenti. . .Non nox atris nubibus obstat. *C*.5,*M*.2.10
noxia. Terrenis quotiens flatibus aucta Crescit in inmensum noxia cura. . . *C*.1,*M*.2.5
 Premit insontes Debita sceleri noxia poena, ... *C*.1,*M*.5.30

noxiorum. noxiorum odio flagrantes ad uirtutis frugem rediere, ... *C.4,P.6.*187
noxium. aut iniucundum quod infuderis fiet aut noxium. *C.2,P.5.*46
nube. qui inscientiae uitium praesumptionis atque inpudentiae nube co-
    nentur obducere, ... *Eut.,Prf.*41
    paulisper lumina eius mortalium rerum nube caligantia tergamus." . . *C.*1,*P.2.*16
    ubi oculos...deiecerint, mox inscitiae nube caligant, ... *C.5,P.2.*23
    Nunc membrorum condita nube Non in totum est oblita sui *C.5,M.3.*22
nubes. Dudum quod atra texit erroris nubes Lucebit ipso perspicacius
    Phoebo. *C.3,M.*11.7
nubes. Aeris inmensi superat globum, Nubesque postergum uidet, . . . *C.4,M.*1.6
nubibus. Nubibus atris Condita nullum Fundere possunt Sidera lumen. . . *C.*1,*M.7.*1
    Huic ex alto cuncta tuenti...Non nox atris nubibus obstat. *C.5,M.2.*10
nubila. Nunc quia fallacem mutauit nubila uultum, ... *C.*1,*M.*1.19
    Nubila mens est Vinctaque frenis, Haec ubi regnant." *C.*1,*M.7.*29
nubila. cum praecipiti glomerantur sidera [nubila] Coro *coni.C.*1,*M.*3.3
nubilus. Cedat inscitiae nubilus error, Cessent profecto mira uideri." . . *C.4,M.5.*21
nudatis. Cur inertes Terga nudatis? Superata tellus Sidera donat." . . . *C.4,M.7.*34
nudum. Cum te matris utero natura produxit, nudum rebus omnibus
    inopemque suscepi, ... *C.2,P.2.*9
nulla. Neque enim medicina aegris semper affert salutem; sed nulla erit culpa
    medentis, ... *Trin.,Prf.*27
    Nulla igitur in eo diuersitas, nulla ex diuersitate pluralitas, ... *Trin.2.*56
    nulla ex diuersitate pluralitas, nulla ex accidentibus multitudo atque
    idcirco nec numerus. *Trin.2.*57
    Vbi uero nulla est differentia, nulla est omnino pluralitas, ... *Trin.3.*3
    Sed quoniam nulla relatio ad se ipsum referri potest, ... *Trin.6.*1
    (nulla est enim persona equi uel bouis *Eut.2.*34
    animalis enim uel generalis hominis nulla persona est, sed uel Ciceronis *Eut.2.*50
    illic nulla naturarum potuit esse coniunctio, ... *Eut.4.*75
    nulla est ei excellentissimae substantiae coniuncta diuinitas. *Eut.4.*77
    Quod si nulla ex homine atque deo una persona coniuncta est, ... *Eut.4.*93
    Nulla quippe in hoc adunata persona est *Eut.4.*95
    nulla uero intellegi adsumptio potest, si manet aeque *Eut.4.*120
    Quorum enim communis nulla materia est, ... *Eut.6.*69
    Nulla autem est incorporalibus materia rebus; *Eut.6.*70
    quidem nulla his materia subiecta communis est *Eut.6.*81
    Nulla tibi a nobis est allata uiolentia. *C.2,P.2.*16
    infiniti uero atque finiti nulla umquam poterit esse collatio. *C.2,P.7.*59
    si cum inexhausta aeternitate cogitetur, non parua sed plane nulla esse
    uideatur. *C.2,P.7.*62
    si,...toti moriuntur homines, nulla est omnino gloria, ... *C.2,P.7.*81
    nec portionem quae nulla est nec ipsam quam minime affectat assequitur." *C.3,P.9.*48
    "Feliciores,"...improbos supplicia luentes quam si eos nulla iustitia
    poena coerceat. *C.4,P.4.*43
    tametsi nulla ratio correctionis, nullus respectus habeatur exempli." . *C.4,P.4.*49
    Quae quam recte atque disposite...fiant, nulla dubitatio est. *C.4,P.6.*158
    si ab aeterno...praenoscit, nulla erit arbitrii libertas; *C.5,P.3.*10
    Quare nulla est humanis consiliis actionibusque libertas *C.5,P.3.*81
    An nulla est discordia ueris *C.5,M.*3.6
    An nulla est discordia [discordia nulla est] ueris *coni.C.5,M.*3.6
    Alioquin si haec nulla est, ne illa quidem eius rei signum poterit esse quae
    non est. *C.5,P.4.*36
    Harum igitur rerum nulla est praescientia, ... *C.5,P.5.*44
    nulla enim necessitas cogit incedere uoluntate gradientem, ... *C.5,P.6.*110
nulla. Nos uero nulla imaginatione diduci *Trin.6.*24
    aequiuocum nomen est Christi et nulla potest definitione concludi. . . *Eut.4.*58
    nulla in nos salus Christi generatione processit, ... *Eut.4.*113
    Hoc igitur fieri nulla ratione contingit. . . . . • . . *Eut.6.*15
    Corpora uero in incorporea nulla ratione poterunt permutari, . . . *Eut.6.*53
    quoniam nulla communi materia subiecta participant *Eut.6.*54
    quoniam Adam, si non peccasset, mortem nulla ratione sensisset. . . *Eut.8.*30
    Scis me haec et uera proferre et in nulla umquam mei laude iactasse. . *C.*1,*P.4.*117
    nullaque causarum conexione productum casum esse *C.5,P.1.*19
    Huic ex alto cuncta tuenti Nulla terrae mole resistunt, ... *C.5,M.2.*9
nulla. Sed quaeso," inquam, "te, nullane animarum supplicia *C.4,P.4.*75
nullam. nihil alternare uel mutare queunt nullamque omnino uariare essen-
    tiam. *Trin.5.*32

(nullus enim lapidis ullam dicit esse personam). *Eut*.2.30
una natura duaeque personae, cumque [personae, quod nullus hae-
   reticus adhuc attigit, cumque] *uar.Eut*.7.85
Quam indigentiam fuisse in Christo nullus ignorat, ...   *Eut*.8.84
Has saltem nullus potuit peruincere terror, ...   *C*.1,*M*.1.5
nullus metus est ne exul esse mereatur. *C*.1,*P*.5.18
Si primordia uestra Auctoremque deum spectes, nullus degener exstat,   *C*.3,*M*.6.8
"Qui quidem," inquam, "mente consistat, nullus prorsus ambigat." . .   *C*.3,*P*.12.76
quin naturalis officii potens. . .ualentior sit, nullus ambigat." *C*.4,*P*.2.62
Est igitur praemium bonorum quod nullus deterat dies, . . .deos fieri. . .   *C*.4,*P*.3.29
tametsi nulla ratio correctionis, nullus respectus habeatur exempli." . .   *C*.4,*P*.4.49
Quo fit ut apud sapientes nullus prorsus odio locus relinquatur. . . .   *C*.4,*P*.4.147
quae nullus meruit liber ac uoluntarius motus animorum. *C*.5,*P*.3.87
tum imaginabilem sensibilemque esse rem nullus ignorat, ...   *C*.5,*P*.4.110
num. *Eut*.4.24; *C*.1,*P*.4.110; 1,*P*.6.21; 2,*P*.2.36; 2,*P*.5.34; 2,*P*.5.35; 2,*P*.5.96; 2,*P*.6.24;
   C.2,*P*.6.25;2,*M*.6.14;2,*M*.7.20;3,*P*.2.54;3,*P*.2.58;3,*P*.2.63;3,*P*.3.45;3,*P*.3.46 (*bis*);
   C.3,*P*.4.2; 3,*P*.4.10; 3,*P*.4.16; 3,*P*.4.40; 3,*P*.8.15; 3,*P*.8.17; 3,*P*.9.69; 3,*P*.12.50;
   C.3,*P*.12.58; 3,*P*.12.79; 4,*P*.2.21; 4,*P*.2.29; 4,*P*.2.41; 4,*P*.2.54; 4,*P*.2.55; 4,*P*.4.113;
   C.4,*P*.4.118; 4,*P*.6.104; 4,*P*.6.110; 4,*P*.7.25; 4,*P*.7.28; 5,*P*.4.15; 5,*P*.4.23; 5,*P*.4.50;
   C.5,*P*.6.75
numen. licet. . .Numen Arcadis alitis Obsitum miserans ducem. . .soluerit . .   *C*.4,*M*.3.18
numerabiles. si aduertamus ad res numerabiles ac non ad ipsum numerum.   *Trin*.3.8
numerabilibus. In eo autem numero qui in rebus numerabilibus constat,   *Trin*.3.10
   Numerus enim duplex est, . . . alter uero qui in rebus numerabilibus
   constat. *Trin*.3.14
   et in rebus numerabilibus repetitio unitatum non facit modis omnibus
   pluralitatem. *Trin*.5.55
numerabilium. minime facit numerabilium rerum numerosam diuersitatem.   *Trin*.3.12
numerabitur. quonam modo in tuis opibus aliena probitas numerabitur? . .   *C*.2,*P*.5.53
numeramus. Numerus enim duplex est, unus quidem quo numeramus, . . .   *Trin*.3.13
   Ergo in numero quo numeramus repetitio unitatum facit pluralitatem;   *Trin*.3.19
numeranda. An in bonis non est numeranda potentia? Quid igitur? . . .   *C*.3,*P*.2.63
numerandam. quod omnem potentiam inter expetenda numerandam . . .   *C*.4,*P*.2.132
numeratio. haec enim unitatum iteratio potius est non numeratio, ...   *Trin*.3.24
   repetitio quaedam est eiusdem non numeratio diuersorum, ...   *Trin*.3.26
numeratur. non in fortuna sed in uirtute numeratur, ...   *C*.3,*P*.2.35
numerauimus. Nonne in beatitudine sufficientiam numerauimus deumque
   beatitudinem ipsam esse consensimus?" *C*.3,*P*.12.31
numeremus. Sed eam si placet inter eas quas inopinabiles paulo ante posuisti
   numeremus." "Qui?" inquit. *C*.4,*P*.7.12
numerentur. nihil habere quo inter expetenda numerentur?" *C*.3,*P*.11.16
numeri. tres unitates non faciunt pluralitatem numeri in eo quod ipsae sunt,   *Trin*.3.7
numeris. Compransam numeris uictor habebat. *C*.1,*M*.2.12
   Tu numeris elementa ligas ut frigora flammis *C*.3,*M*.9.10
numero. quotlibet tum genere tum specie tum numero diuersitas constat; .   *Trin*.1.17
   uel numero ut Tullius et Cicero, ...   *Trin*.1.22
   ut Tullius et Cicero, quia unus est numero. *Trin*.1.23
   Quare diuersum etiam uel genere uel specie uel numero dicitur. . . .   *Trin*.1.24
   Sed numero differentiam accidentium uarietas facit. *Trin*.1.24
   Atque ideo sunt numero plures, quoniam accidentibus plures fiunt. . .   *Trin*.1.30
   In eo autem numero qui in rebus numerabilibus *Trin*.3.10
   Ergo in numero quo numeramus repetitio unitatum facit pluralitatem; .   *Trin*.3.19
   in rerum uero numero non facit pluralitatem unitatum repetitio, ...   *Trin*.3.20
   pars in accidentium numero est. *Trin*.4.7
   non reputante deo in eorum numero quos more suo natura produxerat. .   *Fid*.154
   ut ex eis reparato angelico numero superna illa ciuitas impleatur, ...   *Fid*.274
numerosam. minime facit numerabilium rerum numerosam diuersitatem. .   *Trin*.3.12
   et qui numerosam annorum seriem permissus fuerat uiuere, ...   *Fid*.142
numerositas. facta quidem est trinitatis numerositas in eo quod est praedicatio relationis, ...   *Trin*.6.4
numerositate. humanum genus. . .multiplici numerositate succrescens erupit
   in lites, ...   *Fid*.119
numerosus. Quorum quidem tametsi est numerosus exercitus, ...   *C*.1,*P*.3.40
numerum. si aduertamus ad res numerabiles ac non ad ipsum numerum. .   *Trin*.3.9
   Illic enim unitatum repetitio numerum facit. *Trin*.3.9
   Non igitur si . . . tertio praedicatur deus, idcirco trina praedicatio
   numerum facit. *Trin*.3.31

non omnem unitatum repetitionem numerum pluralitatemque perficere.   *Trin*.3.43
et quoniam angelorum numerum, ... imminutum noluit conditor permanere, ...   *Fid*.70
sed unam eandemque personam numerum trinitatis explere, ...   *Eut*.7.53
an numerum modumque tuae felicitatis oblitus es? *C*.2,*P*.3.15
Si numerum modumque laetorum tristiumue considers, adhuc te felicem   *C*.2,*P*.3.39
numerus. Quocirca hoc uere unum in quo nullus numerus, ...   *Trin*.2.41
nulla ex accidentibus multitudo atque idcirco nec numerus. *Trin*.2.58
nulla est omnino pluralitas, quare nec numerus; igitur unitas tantum.   *Trin*.3.4
Numerus enim duplex est, unus quidem quo numeramus, ...   *Trin*.3.13
quare subintrat numerus quem ex subiectorum diuersitate *Trin*.3.52
At hic ipse numerus annorum eiusque quamlibet multiplex *C*.2,*P*.7.56
numinis. Deprehendisti caeci numinis ambiguos uultus. *C*.2,*P*.1.33
numquam. quod numquam antea natura ulla cognouerat, ...   *Fid*.161
ubi, in eo quod dei filius est, numquam defuisse cognoscitur, ...   *Fid*.225
Numquam me ab iure ad iniuriam quisquam detraxit. *C*.1,*P*.4.40
Nam id quidem de te numquam cuiquam fas fuisset. *C*.1,*P*.5.9
Numquam purpureum nemus Lecturus uiolas petas *C*.1,*M*.6.7
Numquam diues agit qui trepidus gemens Sese credit egentem.' *C*.2,*M*.2.19
et quae uel numquam tota proueniat uel numquam perpetua subsistat.   *C*.2,*P*.4.45
Numquam tua faciet esse fortuna quae a te natura rerum fecit aliena.   *C*.2,*P*.5.39
inesset aliquid naturalis ac proprii boni, numquam pessimis prouenirent.   *C*.2,*P*.6.42
Inter illas abundantissimas opes numquamne animum tuum...confudit
  anxietas?" *C*.3,*P*.3.16
sicut ignis ubique terrarum numquam tamen calere desistit, ...   *C*.3,*P*.4.34
numquam bonis praemia numquam sua sceleribus deesse supplicia. . .   *C*.4,*P*.3.3
uideres numquam improbitatis suae carere suppliciis, ...   *C*.4,*P*.4.82
Numquam occiduo lota profundo Cetera cernens sidera mergi Cupit . .   *C*.4,*M*.6.10
hoc ipso quod aliquo modo numquam esse desinit, ...   *C*.5,*P*.6.47
sed scientiam numquam deficientis instantiae rectius aestimabis;   . . .   *C*.5,*P*.6.68
nunc. inter nostrarum rerum praesens, quod est nunc, interest ac diuinarum,   *Trin*.4.71
Age nunc de relatiuis speculemur *Trin*.5.1
Nunc uestri normam iudicii exspectat subtilitas quaestionis; *Trin*.6.28
peruentumque est ad eam ciuitatem quae nunc Hierosolyma uocatur. . .   *Fid*.176
Sola ergo nunc est fidelium exspectatio qua credimus *Fid*.266
Nunc illud est manifestum conuictam esse Eutychis sententiam *Eut*.6.103
Nunc quaerendum est quomodo fieri potuerit *Eut*.7.101
Verumtamen est etiam nunc et alia quaestio *Eut*.8.1
Solantur maesti nunc mea fata senis. *C*.1,*M*.1.8
Nunc quia fallacem mutauit nubila uultum, ...   *C*.1,*M*.1.19
Nam nunc quidem ad communem...mensuram cohibebat, ...   *C*.1,*P*.1.8
nunc uero pulsare caelum summi uerticis cacumine uidebatur; *C*.1,*P*.1.10
Nunc iacet effeto lumine mentis *C*.1,*M*.2.24
Nunc enim primum censes apud inprobos mores lacessitam...sapi-
  entiam? *C*.1,*P*.3.15
Nunc quingentis fere passuum milibus procul muti *C*.1,*P*.4.130
Qui nunc populi rumores,...piget reminisci. *C*.1,*P*.4.159
Vt nunc pleno lucida cornu...Condat stellas luna *C*.1,*M*.5.5
Nunc obscuro pallida cornu Phoebo propior lumina perdat, ...   *C*.1,*M*.5.8
uti nunc mentis es, nondum te ualidiora remedia contingunt. *C*.1,*P*.5.40
nunc leuiores nunc grauiores modos succinat. *C*.2,*P*.1.24
Nam quae nunc tibi est tanti causa maeroris, ...   *C*.2,*P*.1.37
quod te nunc inpatientem nostri facit, ...   *C*.2,*P*.2.11
Nunc mihi retrahere manum libet. *C*.2,*P*.2.13
uultum nunc floribus frugibusque redimire, nunc nimbis...confundere. .   *C*.2,*P*.2.24
Ius est mari nunc strato aequore blandiri, ...   *C*.2,*P*.2.25
nunc procellis ac fluctibus inhorrescere. *C*.2,*P*.2.26
Nunc te primum liuenti oculo praestrinxit. *C*.2,*P*.3.38
quoniam quae nunc creduntur maesta praetereunt. *C*.2,*P*.3.44
An tu in hanc uitae scaenam nunc primum subitus hospesque uenisti?   *C*.2,*P*.3.45
cui suppetunt etiam nunc quae uita nemo dubitat esse cariora!   . . .   *C*.2,*P*.4.29
Tu igitur qui nunc contum gladiumque sollicitus pertimescis, ...   *C*.2,*P*.5.100
Nunc si inter mures uideres unum aliquem *C*.2,*P*.6.16
Vbi nunc fidelis ossa Fabricii manent, ...   *C*.2,*M*.7.15
Nunc et amissas opes querere; *C*.2,*P*.8.24
Quidquid nunc amat inuicem Bellum continuo geret *C*.2,*M*.8.17
Et quam nunc socia fide Pulchris motibus incitant, ...   *C*.2,*M*.8.19

O

ὤ, *u. infra sub fin.* **O.**

o. *C.*1,*P.*3.7; 1,*P.*4.76; 1,*P.*4.133; 1,*P.*4.149; 1,*M.*5.1; 1,*M.*5.42; 2,*P.*1.26; 2,*P.*4.1; 2,*P.*4.28;   *C.*2,*P.*4.72; 2,*P.*5.19; 2,*P.*5.102; 2,*P.*6.14; 2,*M.*7.7; 2,*M.*8.28; 3,*P.*1.3; 3,*P.*3.1;   *C.*3,*P.*5.5; 3,*P.*9.86; 3,*M.*9.1; 3,*P.*11.117; 4,*P.*1.5; 4,*M.*3.29

ob. Opilionem uero atque Gaudentium cum ob innumeras multiplicesque
    fraudes *C.*1,*P.*4.60
    ob studium propensius in senatum morti proscriptionique damnamur. . *C.*1,*P.*4.131
    ob ambitum dignitatis sacrilegio me conscientiam polluisse *C.*1,*P.*4.137
    existimatione foedatus ob beneficium supplicium tuli. *C.*1,*P.*4.165
    consulare imperium,. . .ob superbiam consulum uestri ueteres abolere
    cupiuerunt, ... *C.*2,*P.*6.7
    qui ob eandem superbiam prius regium. . .nomen abstulerant. *C.*2,*P.*6.8
    ut qui diuitias ob potentiam uoluptatesque desiderant *C.*3,*P.*2.28
    ob honores reuerentia dignos iudicare *C.*3,*P.*4.14
    atque ob id aliqua ex parte uideatur abiectius." *C.*3,*P.*9.31
    eaque mihi etsi ob iniuriae dolorem nuper oblita *C.*4,*P.*1.8
    inopinatum ex confluentibus causis in his quae ob aliquid geruntur
    euentum; *C.*5,*P.*1.55
obambulat. Ille tigris ut Indica Tecta mitis obambulat. *C.*4,*M.*3.16
obducere. qui inscientiae uitium praesumptionis atque inpudentiae nube
    conentur obducere, ... *Eut.,Prf.*41
obductis. obductisque iudicii regulis bonum a malo non sincera integritate
    discerneret, ... *Eut.*8.36
obduxerat. Quarum speciem,. . . caligo quaedam neglectae uetustatis ob-
    duxerat. *C.*1,*P.*1.17
obice. Saepe resistit Rupe soluti Obice saxi. *C.*1,*M.*7.19
obitu. Eadem rapiens condit et aufert Obitu mergens orta supremo. . . . *C.*4,*M.*6.33
obiacet. Ex quo fit quod huic obiacet, ut idem scelesti, ... *C.*4,*P.*2.91
obiecit. Papinianum. . .militum gladiis Antoninus obiecit. *C.*3,*P.*5.32
obiecta. miseros quos . . . barbarorum semper auaritia uexabat, obiecta
    periculis auctoritate protexi! *C.*1,*P.*4.39
obiecta. quanto magis ea . . . in discernendo non obiecta extrinsecus se-
    quuntur, ... *C.*5,*P.*5.9
obiectae. quamuis afficiant instrumenta sensuum forinsecus obiectae
    qualitates *C.*5,*P.*5.2
obiectorum. De obiectorum tibi uel honestate uel falsitate cunctis nota
    memorasti. *C.*1,*P.*5.27
oblectamenta. Quod si te musici carminis oblectamenta delectant, ... *C.*4,*P.*6.18
oblectant. "oblitaque Rhetoricae ac Musicae melle dulcedinis; tum tantum,
    cum audiuntur, oblectant. *C.*2,*P.*3.7
oblita. Nunc membrorum condita nube Non in totum est oblita sui *C.*5,*M.*3.23
oblita. eaque mihi etsi ob iniuriae dolorem nuper oblita *C.*4,*P.*1.8
oblita. "Speciosa quidem ista sunt," inquam, "oblitaque Rhetoricae ac
    Musicae melle dulcedinis; *C.*2,*P.*3.5
oblitas. Vt seruatis queat oblitas Addere partes." *C.*5,*M.*3.30
oblitus. Sui paulisper oblitus est; *C.*1,*P.*2.13
    Quoniam uero quibus gubernaculis mundus regatur oblitus es, ... *C.*1,*P.*6.47
    an numerum modumque tuae felicitatis oblitus es? *C.*2,*P.*3.15
    ego nondum penitus insiti maeroris oblitus *C.*4,*P.*1.3
obliuio. quam multos clarissimos. . .uiros scriptorum inops deleuit obliuio! . . *C.*2,*P.*7.46
obliuione. Nam quoniam tui obliuione confunderis, ... *C.*1,*P.*6.42
obliuiosam. Non omne. . .mente depulit lumen Obliuiosam corpus inuehens
    molem. *C.*3,*M.*11.10
obliuisceretur. Quid si quis amisso penitus uisu ipsum etiam se habuisse
    obliuisceretur intuitum *C.*4,*P.*4.111
obluctari. Sic quoque intemperantia fragiles qui obluctari uitio nequeunt. . *C.*4,*P.*2.97
obnoxius. Potentiamne desideras? Subiectorum insidiis obnoxius periculis
    subiacebis. *C.*3,*P.*8.9
obrepat. "Sed unde huic," inquam, "tali maeror ullus obrepat *C.*3,*P.*9.39
obruisset. nisi eo loci pecuniam suam depositor obruisset, ... *C.*5,*P.*1.47
obruit. Neque enim uel qui aurum obruit. . .intendit; *C.*5,*P.*1.50
    quo ille obruit hunc fodisse conuenit atque concurrit. *C.*5,*P.*1.52
obruta. Sed mens caecis obruta membris *C.*5,*M.*3.8
obscura. scripta. . .quae cum suis auctoribus premit longior atque obscura
    uetustas? *C.*2,*P.*7.48

obscuras. Splendor quo regitur uigetque caelum, Vitat obscuras animae
    ruinas. . . . . $C.3,M.10.16$
obscuris. Latet obscuris condita uirtus Clara tenebris . . . . $C.1,M.5.34$
obscuritas. quem molestia pungit, quem uilitas abicit, quem recondit
    obscuritas. . . . . $C.3,P.9.56$
obscuritatem. ut ex Hebdomadibus nostris eius quaestionis obscuritatem . . .
    digeram . . . . $Quo.2$
obscuritatibus. Prohinc tu ne sis obscuritatibus breuitatis aduersus, . . . $Quo.12$
obscuro. Nunc obscuro pallida cornu Phoebo propior lumina perdat, . . . $C.1,M.5.8$
obscuros. Quondam porticus attulit Obscuros nimium senes . . . . . . $C.5,M.4.2$
obscurum. "Quid uero," inquit, "obscurumne hoc atque ignobile censes esse $C.3,P.9.26$
obscurus. de potentia nihil laborat, uilis obscurusque esse mauult, ... $C.3,P.9.51$
obsecro. Tum ego: "Fac obsecro et quae illa uera sit, sine cunctatione
    demonstra." . . . . $C.3,P.1.20$
obsequentes. Haecine praemia referimus tibi obsequentes? . . . . . . $C.1,P.4.18$
obsistere. "Non est igitur aliquid quod summo huic bono uel uelit uel possit
    obsistere." . . . . $C.3,P.12.62$
obsitum. licet uariis malis . . . Obsitum miserans ducem . . . soluerit . . . . $C.4,M.3.19$
obstantia. ut eorum uisus obstantia penetraret, nonne introspectis . . $C.3,P.8.24$
obstat. Vitrea dudum Parque serenis Vnda diebus Mox resoluto Sordida
    caeno Visibus obstat. . . . . $C.1,M.7.13$
    Huic ex alto cuncta tuenti . . . Non nox atris nubibus obstat. . . . . . . $C.5,M.2.10$
obstipui. obstipui uisuque in terram defixo . . . . $C.1,P.1.46$
obstrictus. ut, cum morte teneretur obstrictus, tamen esset reus etiam
    uoluntate peccandi, ... $Eut.8.10$
obtegant. quod ponantur in facie atque ante oculos obtegant uultum: . . . $Eut.3.15$
obtemperantium. si quidem detrectantium iugum foret, non obtemperantium
    salus." . . . . $C.3,P.12.55$
obtemperare. cuius agi frenis atque obtemperare iustitiae summa libertas est. $C.1,P.5.14$
obtemperes. Fortunae te regendum dedisti; dominae moribus oportet
    obtemperes. . . . . $C.2,P.1.59$
obticuit. Post haec paulisper obticuit atque ubi attentionem meam . . . collegit, $C.2,P.1.1$
obtinebunt. duo enim corpora unum locum non obtinebunt, qui est accidens. $Trin.1.30$
obtinendi. huic obtinendi quod uoluerit defuisse ualentiam . . . . $C.4,P.2.18$
obtinere. ad caeli spatium puncti constat obtinere rationem, ... $C.2,P.7.12$
    Neque . . . praemia petunt, quae consequi atque obtinere non possunt, . $C.4,P.2.82$
obtingit. aliudque quibusdam de causis quam quod intendebatur obtingit,
    casus uocatur, ... $C.5,P.1.40$
obuersatus. nutricem meam cuius ab adulescentia laribus obuersatus fueram
    Philosophiam. . . . . $C.1,P.3.5$
obuia. Totis fratris obuia flammis Condat stellas luna minores, ... $C.1,M.5.6$
obuiis. ex obuiis sibi et confluentibus causis, non ex gerentis intentione . . $C.5,P.1.48$
obuius. Quotiens ego Conigastum . . . impetum facientem obuius excepi, . . $C.1,P.4.35$
occasus. Quo semel recepto quantus occasus humanarum rerum consequatur
    liquet. . . . . $C.5,P.3.84$
occidentes. Illi uero eosdem occidentes in suae nequitiae peruersitate manere
    uoluerunt. . . . . $Fid.191$
occidentia. eadem nascentia occidentiaque omnia per similes fetuum
    seminumque renouat progressus. . . . . $C.4,P.6.85$
occidit. Orpheus Eurydicen suam Vidit, perdidit, occidit. . . . . $C.3,M.12.51$
occiditur. Occiditur ergo Christus, iacet tribus diebus ac noctibus . . . . $Fid.221$
occiduo. Numquam occiduo lota profundo Cetera cernens sidera mergi . $C.4,M.6.10$
occultis. Insidiator occultus [occultis] subripuisse fraudibus gaudet? . . . *coni.*$C.4,P.3.59$
occultus. Insidiator occultus subripuisse fraudibus gaudet? . . . . . . $C.4,P.3.59$
occuluisse. nec mihi . . . fas esse . . . uel occuluisse ueritatem uel concessisse
    mendacium. . . . . $C.1,P.4.83$
occupantur. illi uero circa diripiendas inutiles sarcinulas occupantur. . . . $C.1,P.3.46$
occuparet. fit unum corpus quod mundi latitudinem occuparet, ... $Fid.245$
occupate. Firmis medium uiribus occupate! . . . . $C.4,P.7.50$
occupatione. quoniam et tu quominus uenires occupatione distractus es . $Eut.,Prf.3$
occupato. sed occupato ad imagines uisu ipsam illam non potest intueri." . $C.3,P.1.19$
occupauit. humanum genus . . . commouit bella, occupauit terrenam miseriam $Fid.120$
occurrit. partim ignaua segnities partim callidus liuor occurrit, ... $Trin.,Prf.13$
    non plures sed una occurrit esse substantia. . . . . $Pat.11$
oceano. Numquam . . . Cetera cernens sidera mergi Cupit oceano tingere
    flammas. . . . . $C.4,M.6.12$
ocius. "Carebunt," inquit, "ocius quam uel tu forsitan uelis . . . . . . $C.4,P.4.19$

oculi. sicuti praesentis oculi effugere non possis intuitum, ... *C*.5,*P*.6.145
oculis. Sed haec aut ita hominum uisa est oculis, ... *Eut*.5.77
    mulier reuerendi admodum uultus, oculis ardentibus *C*.1,*P*.1.4
    et sub tuis oculis sacrilegio locum esse fas non erat. *C*.1,*P*.4.140
    Quod si, ut Aristoteles ait, Lynceis oculis homines uterentur, ... *C*.3,*P*.8.23
    Plura etenim dum fiunt subiecta oculis intuemur, ... *C*.5,*P*.4.47
oculo. Nunc te primum liuenti oculo praestrinxit. *C*.2,*P*.3.39
oculorum. te pulchrum uideri non tua natura sed oculorum spectantium reddit
    infirmitas. *C*.3,*P*.8.27
oculos. Quocumque igitur a uobis deieci oculos, ... *Trin.,Prf*.12
    si quando ad ea conuertitis oculos, ... *Trin.,Prf*.20
    quod ponantur in facie atque ante oculos obtegant uultum: *Eut*.3.15
    Et flentes oculos claudere saeua negat. *C*.1,*M*.1.16
    Haec dixit oculosque meos fletibus undantes contracta in rugam ueste
    siccauit. *C*.1,*P*.2.16
    Mirantes oculos radiis ferit. *C*.1,*M*.3.10
    Itaque ubi in eam deduxi oculos intuitumque defixi, ... *C*.1,*P*.3.3
    Neque enim quod ante oculos situm est, suffecerit intueri; *C*.2,*P*.1.46
    An gemmarum fulgor oculos trahit? *C*.2,*P*.5.22
    ut ea perspecta cum in contrariam partem flexeris oculos, ... *C*.3,*P*.1.25
    Habes igitur ante oculos propositam fere formam felicitatis *C*.3,*P*.2.46
    "iam enim. . .uigilantius ad cernenda uera oculos deducis. *C*.3,*P*.12.46
    "Nequeunt enim oculos tenebris assuetos ad lucem perspicuae ueritatis
    attollere, ... *C*.4,*P*.4.95
    Nam ubi oculos a summae luce ueritatis ad inferiora. . .deiecerint, . . *C*.5,*P*.2.22
    Cum uel lux oculos ferit *C*.5,*M*.4.33
    cum ante oculos agitis iudicis cuncta cernentis." *C*.5,*P*.6.176
oculus. Intellegentiae uero celsior oculus exsistit; *C*.5,*P*.4.89
oderant. dum se eis dissimiles student esse quos oderant. *C*.4,*P*.6.189
oderit. Nam bonos quis nisi stultissimus oderit? *C*.4,*P*.4.149
odiis. Ne Albinum. . .poena corriperet, odiis me Cypriani delatoris opposui. *C*.1,*P*.4.53
odiis. Odiis neque fusus acerbis Cruor horrida tinxerat arua. *C*.2,*M*.5.17
odio. Quo fit ut apud sapientes nullus prorsus odio locus relinquatur. . . . *C*.4,*P*.4.147
odio. cum aegros corpore minime dignos odio sed potius miseratione
    iudicemus, ... *C*.4,*P*.4.152
    noxiorum odio flagrantes ad uirtutis frugem rediere, ... *C*.4,*P*.6.187
odiosa. quam ut. . .malis etiam tum optata tum odiosa contingant? . . . *C*.4,*P*.6.104
odiosos. si quidem auaritia semper odiosos, claros largitas facit. *C*.2,*P*.5.10
odisse. Malos uero odisse ratione caret. *C*.4,*P*.4.149
odores. Isdem causis uere tepenti Spirat florifer annus odores, ... *C*.4,*M*.6.26
offensio. pro tuendo iure spreta potentiorum semper offensio. *C*.1,*P*.4.33
offensione. nisi ultro tu mea potius offensione lacereris. *C*.1,*P*.4.153
offerendam. quaestionem, . . . formatam rationibus litterisque mandatam
    offerendam uobis *Trin.,Prf*.3
officii. quin naturalis officii potens eo qui idem nequeat ualentior sit,
    nullus ambigat." *C*.4,*P*.2.61
officiis. Signat tempora propriis Aptans officiis deus *C*.1,*M*.6.17
officinas. Videre autem uideor nefarias sceleratorum officinas gaudio
    laetitiaque fluitantes, ... *C*.1,*P*.4.167
officio. nam et manducauit et bibit et humani corporis officio functus est. . *Eut*.8.78
    Haec dum . . . reputarem querimoniamque lacrimabilem stili officio
    signarem, ... *C*.1,*P*.1.2
    ab officio suo quoquo gentium nullo modo cessarent, ... *C*.3,*P*.4.33
    eorumque unus naturali officio id ipsum agat atque perficiat, ... *C*.4,*P*.2.47
    boni quidem naturali officio uirtutum petunt, ... *C*.4,*P*.2.64
officium. quod adipiscendi boni naturale officium non est, ... *C*.4,*P*.2.66
    Sic enim clarius testatiusque sapientiae tractatur officium, ... *C*.4,*P*.5.9
officium. alter uero naturale illud officium minime administrare queat, . . . *C*.4,*P*.2.48
    "Eiusque rei pedum officium esse naturale num dubitas?" *C*.4,*P*.2.55
    aliusque cui hoc naturale pedum desit officium, ... *C*.4,*P*.2.58
ὄγκῳ. Πάντοθεν εὐκύκλου σφαίρης ἐναλίγκιον ὄγκῳ, ... *C*.3,*P*.12.106
οἰκοδόμησαν. Ἀνδρὸς δὴ ἱεροῦ δέμας αἰθέρες ᾠκοδόμησαν [οἰκοδόμησαν]. . . . *uar.C*.4,*P*.6.145
οἰκοδομοῦσι. Ἀνδρὸς δὴ ἱεροῦ δέμας αἰθέρες ᾠκοδόμησαν [Ἀνδρὸς ἱεροῦ σῶμα δυνάμεις
    οἰκοδομοῦσι]. *coni.C*.4,*P*.6.145
olim. Gloria felicis olim uiridisque iuuentae Solantur. . .nunc mea fata . . . *C*.1,*M*.1.7
    Quorum Basilius olim regio ministerio depulsus *C*.1,*P*.4.58

Resides olim redeunt animi *C*.3,*M*.2.12
Atqui praetura magna olim potestas nunc inane nomen *C*.3,*P*.4.41
quam putare quae olim acciderunt causam summae illius esse proui-
    dentiae? *C*.5,*P*.3.50
taliaque...spectat qualia in tempore olim futura prouenient. *C*.5,*P*.6.82
omiserit. nulla erit culpa medentis, si nihil eorum quae fieri oportebat
    omiserit. *Trin.*,*Prf*.28
omne. Omne namque esse ex forma est. *Trin.*2.21
Nam omne aequale aequali aequale est *Trin.*6.17
Omne quod est participat eo quod est esse ut sit; alio uero participat ut
    aliquid sit. *Quo.*41
Omne simplex esse suum et id quod est unum habet. *Quo.*45
quoniam corpus omne habet proprium motum, ut ignis sursum, . . . *Eut.*1.43
Omne enim corpus quod in generatione et corruptione subsistit *Eut.*6.49
sed non omne ab omni uel in omni uel facere aliquid uel pati potest. . *Eut.*6.51
quin omne mortalium genus in miseriam mortis fine labatur. *C*.2,*P*.4.96
Sed sequestrari nequit quin omne quod excellentissimum sit *C*.3,*P*.2.66
Omne hominum genus in terris simili surgit ab ortu. *C*.3,*M*.6.1
Omne enim quod inperfectum esse dicitur, id inminutione perfecti . . *C*.3,*P*.10.9
Omne namque animal tueri salutem laborat, ... *C*.3,*P*.11.49
Postremo cum omne praemium idcirco appetatur *C*.4,*P*.3.21
cui consequens est ut omne quod sit id etiam bonum esse uideatur. . . *C*.4,*P*.3.46
simul cum omne disputationis tuae latus indubitata fide constiterit, . . *C*.5,*P*.1.15
Omne etenim signum tantum quid ostendit, ... *C*.5,*P*.4.32
Omne enim quod cognoscitur non secundum sui uim...comprehenditur *C*.5,*P*.4.75
nam cum omne iudicium iudicantis actus exsistat, ... *C*.5,*P*.4.118
Quoniam...omne quod scitur non ex sua sed ex conprehendentium
    natura cognoscitur, ... *C*.5,*P*.6.2
Quoniam igitur omne iudicium secundum sui naturam quae sibi subiecta
    sunt comprehendit, ... *C*.5,*P*.6.60
sicuti omne quod sensibus patet, si ad rationem referas, uniuersale est, . *C*.5,*P*.6.137
omne. de relatiuis speculemur pro quibus omne quod dictum est sumpsimus
    ad disputationem; *Trin.*5.2
sententia doctorum omne quod est ad bonum tendere, omne autem tendit
    ad simile. *Quo.*58
ex aeterno, ... ante omne uidelicet quod temporis potest retinere
    uocabulum, ... *Fid.*10
Nam si omne cuiusque bonum eo cuius est constat esse pretiosius, . . *C*.2,*P*.5.81
nonne omne terrenum negotium spernat *C*.2,*P*.7.84
"Sed omne quod bonum est boni participatione bonum esse concedis an
    minime?" *C*.3,*P*.11.22
"omne quod est tam diu manere atque subsistere quam diu sit unum, . *C*.3,*P*.11.28
Non omne namque mente depulit lumen...corpus *C*.3,*M*.11.9
Omne namque quod sit unum esse ipsumque unum bonum esse paulo ante
    didicisti, ... *C*.4,*P*.3.44
bonum esse omne quod iustum est *C*.4,*P*.4.64
malum omne de reipublicae suae terminis...eliminet. *C*.4,*P*.6.202
Omne namque futurum diuinus praecurrit intuitus *C*.5,*P*.6.151
omnem. Omnem terrae ambitum, sicuti astrologicis demonstrationibus
    accepisti, ... *C*.2,*P*.7.10
"Omnem," inquit, "improbum num supplicio dignum negas?" *C*.4,*P*.4.117
omnem. qua ostenditur non omnem unitatum repetitionem numerum
    pluralitatemque perficere. *Trin.*3.42
Non enim omnis res in rem omnem uerti ac transmutari potest. *Eut.*6.19
omnem rerum mortalium cupidinem...pellebas *C*.1,*P*.4.139
ignis uero omnem refugit sectionem. *C*.3,*P*.11.85
intentionem omnem uoluntatis humanae...ad beatitudinem festinare?" *C*.4,*P*.2.26
quod omnem potentiam inter expetenda numerandam *C*.4,*P*.2.131
"Omnem," inquit, "bonam prorsus esse fortunam." *C*.4,*P*.7.2
omnem quaecumque sit bonam,...esse fortunam." *C*.4,*P*.7.35
in improbitate uero manentibus omnem pessimam esse fortunam." . . *C*.4,*P*.7.36
scientia quoque eius omnem temporis supergressa motionem *C*.5,*P*.6.63
omnes. Hic omnes apertam esse differentiam...strepere *Eut.*,*Prf*.17
omnes ita ueros Christos arbitrabimur ut hunc *Eut.*4.94
Hunc, uti diximus, diuerso tramite mortales omnes conantur adipisci. . *C*.3,*P*.2.13
Huc omnes pariter uenite capti *C*.3,*M*.10.1
Quid quod omnes uelut in terras ore demerso trahunt alimenta *C*.3,*P*.11.62

"Omnes igitur homines boni pariter ac mali ... ad bonum peruenire
   nituntur?" *C.4,P.2.33*
quod eos male meritos omnes existimant. *C.4,P.6.162*
omnes. quoniam substantiae omnes aut corporeae sunt aut incorporeae, . . *Eut.1.23*
omnes. quod eius cultus per omnes paene mundi terminos emanauit, . . . *Trin.1.5*
   Nondum est ad unum omnes exosa fortuna *C.2,P.4.31*
   bonos omnes eo ipso quod boni sint fieri beatos liquet. *C.4,P.3.27*
   simplex una, ueluti quod necesse est omnes homines esse mortales, . . *C.5,P.6.104*
omnes. Meditabar igitur dehinc omnes animo quaestiones *Eut.,Prf.34*
   ueritas inuenta quaerenti omnes nebulas...reclusit *Eut.,Prf.37*
   talis definitio dabitur quae res omnes quae sunt possit includere. . . *Eut.1.7*
   quoniam has omnes poenas Adam delicti praeuaricatione suscepit. . . *Eut.8.38*
   uxor...ut omnes eius dotes breuiter includam, patri similis. *C.2,P.4.20*
omni. non quod in omni sit loco (omnino enim in loco esse non potest). . . *Trin.4.55*
   quasi omni praeterito fuerit, omni quoquo modo sit praesenti est, . . *Trin.4.65*
   omni quoquo modo sit praesenti est, omni futuro erit. *Trin.4.66*
   sed, si ex omni quidem ligno escam sumeret, ... *Eut.8.81*
   Igitur si quod in omni fortunae tuae censu pretiosissimum possidebas, . *C.2,P.4.11*
omni. Non est igitur inter eos in re omni indifferentia; *Trin.3.51*
   ab omni nos huius criminis suspitione defendunt. *C.1,P.4.148*
   Nam in omni aduersitate fortunae infelicissimum est genus *C.2,P.4.5*
   ignobile censes esse an omni celebritate clarissimum? *C.3,P.9.27*
   ipsumque unum id ipsum esse bonum docebas quod ab omni rerum
      natura peteretur. *C.3,P.12.94*
   quorum mentes omni languore atrocior urget improbitas. *C.4,P.4.154*
   Proelium cum omni fortuna nimis acre conseritis, ... *C.4,P.7.48*
   quaedam euentura quorum exitus ab omni necessitate sit absolutus. . *C.5,P.4.56*
   nec iniquae leges solutis omni necessitate uoluntatibus praemia poenasque
      proponunt. *C.5,P.6.165*
omni. Omni composito aliud est esse, aliud ipsum est. *Quo.47*
omni. sed non omne ab omni uel in omni uel facere aliquid uel pati potest. . *Eut.6.52*
omnia. exterioribus datur omniaque haec quodam modo referuntur ad aliud. *Trin.4.82*
   idem iustus idem bonus idem magnus idem omnia quae secundum se
      poterunt praedicari. *Trin.6.13*
   Ex quo fit ut omnia quae sunt deus sint, quod dictu nefas est. *Quo.79*
   Bona igitur omnia sunt, non etiam iusta. *Quo.171*
   Idcirco alia quidem iusta alia aliud omnia bona. *Quo.174*
   quamuis illic distinctis ordinibus pulchra sint omnia, ... *Fid.67*
   haec enim omnia intellectu capi possunt. *Eut.1.11*
   "Pati" quidem ac "facere," ut omnia corporea atque corporeorum anima; *Eut.1.26*
   Sed haec omnia idcirco sint dicta, ut differentiam *Eut.4.1*
   nec haec omnia, sed ea quae in se et facere et pati possunt. *Eut.6.26*
   omniaque in perniciem prona nec quicquam in se opis habentia, . . . *Eut.8.56*
   quod cetera omnia iucunditatem animo uideantur afferre. *C.3,P.2.50*
   omnia namque perfecta minus integris priora esse claruerunt. *C.3,P.10.32*
   utrumne haec omnia unum ueluti corpus beatitudinis...coniungant . . *C.3,P.10.96*
   Haecine omnia bonum...ueluti quaedam beatitudinis membra sunt . *C.3,P.10.106*
   Si haec omnia beatitudinis membra forent, a se quoque inuicem
      discreparent. *C.3,P.10.112*
   Atqui haec omnia idem esse monstrata sunt; minime igitur membra sunt. *C.3,P.10.115*
   Cum igitur omnia boni gratia petantur, ... *C.3,P.10.134*
   nisi uero unum atque idem omnia sint, ... *C.3,P.11.16*
   "Omnia igitur," inquit, "unum desiderant." Consensi. *C.3,P.11.107*
   eademque omnia sicuti docui ad bonum...festinent, ... *C.3,P.12.49*
   beatitudinem esse idem ipsum bonum propter quod omnia geruntur . . *C.4,P.3.9*
   Quo fit ut omnia quae fato subsunt *C.4,P.6.60*
   tametsi uobis...confusa omnia perturbataque uideantur, ... *C.4,P.6.95*
   Frustra enim esset artis effectus, si omnia coacta mouerentur." *C.5,P.4.52*
omnia. Hoc igitur paulisper amoto ponamus omnia esse quae sunt bona . . *Quo.96*
   iustum uero speciale nec species descendit in omnia. *Quo.173*
   qua credimus affuturum finem mundi, omnia corruptibilia transitura, . *Fid.267*
   Quae omnia habuisse Christum dubium non est; *Eut.8.77*
   Haec enim omnia illa beatissima humani generis fideliter credentium
      inmutatio deprecatur. *Eut.8.92*
   Omnia certo fine gubernans Hominum solos respuis actus *C.1,M.5.25*
   quod ea melius uberiusque recognoscentis omnia uulgi ore celebrentur. . *C.1,P.5.31*

Ex quibus omnibus illud redigere in summam licet, ... *C.3,P.8.*31
"Et esset," inquit, "infiniti stuporis omnibusque horribilius monstris, . *C.4,P.1.*21
decursis omnibus quae praemittere necessarium puto, ... *C.4,P.1.*33
Ex quibus omnibus bonorum quidem potentia,. . .apparet *C.4,P.2.*138
seu aliquibus horum seu omnibus fatalis series texitur, ... *C.4,P.6.*55
omnino. Vbi uero nulla est differentia, nulla est omnino pluralitas, . . . *Trin.3.*3
Decem omnino praedicamenta traduntur *Trin.4.*1
Ad aliquid uero omnino non potest praedicari, ... *Trin.4.*9
(omnino enim in loco esse non potest) *Trin.4.*55
nihil alternare uel mutare queunt nullamque omnino uariare essentiam. *Trin.5.*32
Omnino enim magna regulae est ueritas *Trin.5.*40
indifferentia uel substantiae uel operationis uel omnino eius quae se-
cundum se dicitur praedicationis. *Trin.6.*6
Quod si nihil omnino aliud essent nisi bona *Quo.*111
Quae quoniam non sunt simplicia, nec esse omnino poterant, nisi . . *Quo.*118
Nam sicut illud omnino error eorum non recipit *Fid.*49
mundum uoluit fabricare eumque cum omnino non esset fecit ut esset, . *Fid.*57
omnino enim ex duabus personis nihil umquam fieri potest. *Eut.4.*34
Nihil igitur unum secundum Nestorium Christus est ac per hoc omnino
nihil. *Eut.4.*36
Quod enim non est unum, nec esse omnino potest; *Eut.4.*37
Cur enim omnino duos audeat Christos uocare, unum hominem alium
deum? *Eut.4.*47
Omnino enim disiuncta sunt quae aeque personis naturisque separantur, *Eut.4.*101
alia omnino materiae subiecto non egeat ut incorporeum. *Eut.6.*64
Et omnino habet animaduertendam dubitationem talis quaestio. . . . *Eut.8.*13
si,. . .toti moriuntur homines, nulla est omnino gloria, ... *C.2,P.7.*81
cum sic cuius ea esse dicitur non exstet omnino. *C.2,P.7.*82
Omnino enim nullius rei natura suo principio melior poterit exsistere, . *C.3,P.10.*58
quid de inanimatis omnino consentiam rebus prorsus dubito." *C.3,P.11.*51
uel esse omnino mala possint uel impunita praetereant; *C.4,P.1.*11
Sed hoc modo non solum potentes esse sed omnino esse desinunt. . *C.4,P.2.*99
Quaero enim an esse aliquid omnino. . .casum *C.5,P.1.*6
nihil omnino casum esse confirmo *C.5,P.1.*21
omnipotentia. Deus uero ueritas iustitia bonitas omnipotentia *Pat.*65
omnipotentia. De bonitate de incommutabilitate de iustitia de omnipotentia *Pat.*29
omnis. sed quod omnis ei locus adsit ad eum capiendum, ... *Trin.4.*56
si. . .homo uero omnis ex prima praeuaricatione non solum peccato . . *Eut.8.*7
Omnis igitur beatus deus, sed natura quidem unus; *C.3,P.10.*88
Duo sunt quibus omnis humanorum actuum constat effectus, ... *C.4,P.2.*12
cum ex prouidentia rerum omnis ordo ducatur *C.5,P.3.*95
omnis. sed haec omnis praedicatio exterioribus datur *Trin.4.*81
Omnis diuersitas discors, similitudo uero appetenda est; *Quo.*49
Omnis enim diuina auctoritas his modis constare uidetur, ... *Fid.*89
sed potius non esse significat; omnis uero natura est. *Eut.1.*19
Si enim omnis habet natura personam, indissolubilis nodus est, . . . *Eut.2.*2
substantiaque omnis natura est *Eut.3.*2
omnis ueteris testamenti spernatur auctoritas *Eut.4.*115
quoniam post primum hominem caro omnis humana ex humana carne
deducitur. *Eut.5.*58
Non enim omnis res in rem omnem uerti ac transmutari potest. . . . *Eut.6.*19
Omnis enim natura incorporeae substantiae *Eut.6.*56
Omnis enim uirtus in medio rerum decore locata consistit. *Eut.7.*76
in hoc uero et mors et peccatum et delinquendi omnis affectio . . . *Eut.8.*56
Verum omnis subita mutatio. . .contingit *C.2,P.1.*15
contraque beata sors omnis est aequanimitate tolerantis. *C.2,P.4.*63
"Omnis mortalium cura. . .diuerso quidem calle procedit, ... *C.3,P.2.*2
quarum omnis ad explendam corporalem lacunam festinat intentio. . *C.3,P.7.*10
Habet hoc uoluptas omnis, Stimulis agit fruentes *C.3,M.7.*1
Atqui omnis potentia expetenda est; *C.4,P.2.*136
"Cum omnis fortuna uel iucunda uel aspera tum remunerandi *C.4,P.7.*5
fortuna. . .omnis bona quam uel iustam constat esse uel utilem." . . . *C.4,P.7.*7
omnis enim quae uidetur aspera nisi aut exercet aut corrigit punit. . *C.4,P.7.*54
omnis. omnis aduersitatis insolens minimis quibusque prosternitur; *C.2,P.4.*56
omnium. Harum duplex modus est. Nam una ita communis est, ut omnium
sit hominum, ... *Quo.*20

opera. Quae tametsi conditoris opera suique distinctione postremae aliquid
pulchritudinis trahunt, ... *C.2,P.5.28*
opera. Fatebimur? Sed impediendi delatoris opera cessauit. *C.1,P.4.79*
Quo pacto defensorum opera uel tota frigeret, ... *C.4,P.4.139*
operae. Neque enim fas est homini cunctas diuinae operae machinas. . .com-
prehendere *C.4,P.6.197*
operae. nihil quippe in eo nostrae operae laederentur. *C.1,P.1.37*
operam. Si operam medicantis exspectas, oportet uulnus detegas." . . . *C.1,P.4.5*
paruam mihi restare operam puto ut felicitatis compos *C.3,P.12.28*
nec hos cruciatus esse ducerent defensorumque operam repudiarent . . *C.4,P.4.145*
ut suam quisque operam non ex aliena sed ex propria potestate perficiat. *C.5,P.4.119*
operante. non de operante principio, sed de materiali subiecto *C.5,P.1.27*
operata. quoniam per eam mira quaedam sit operata diuinitas. *Eut.4.80*
operationis. indifferentia uel substantiae uel operationis uel omnino eius quae
secundum *Trin.6.6*
operatur. elementa . . . per quae deus mira quaedam cotidianis motibus
operatur? *Eut.4.84*
operatus. Bella bis quinis operatus annis Vltor Atrides *C.4,M.7.1*
causas habet quarum inprouisus. . .concursus casum uidetur operatus. . *C.5,P.1.45*
operi. uerum operi suo conditorem praesidere deum scio *C.1,P.6.9*
operibus: Haec. . .doctrina et praesentem uitam bonis informat operibus . . *Fid.248*
operis. illuc perfecti operis laetitia remeabit unde uenit effectus. *Trin.6.33*
Operis tanti pars non uilis Homines quatimur fortunae salo. *C.1,M.5.44*
Quidni? Est enim pulcherrimi operis pulchra portio.. . . . . . ◆. . . *C.2,P.5.32*
Sicut enim artifex. . .mouet operis effectum, ... *C.4,P.6.46*
cunctas diuinae operae [diuini operis] machinas. . .comprehendere . *coni.C.4,P.6.197*
opes. Opes honores ceteraque talium mei sunt iuris. *C.2,P.2.17*
Atqui nec opes inexpletam restinguere auaritiam queunt *C.2,P.6.57*
"Opes igitur nihilo indigentem sufficientemque sibi facere nequeunt . . *C.3,P.3.28*
quae sufficientes sibi facere putabantur opes, alieno potius praesidio . . *C.3,P.3.43*
Quare si opes nec submouere possunt indigentiam et ipsae suam faciunt, *C.3,P.3.54*
Defunctumque leues non comitantur opes. *C.3,M.3.6*
Quid dignum stolidis mentibus inprecer? Opes honores ambiant; . . . *C.3,M.8.20*
opes. Paulinum consularem uirum cuius opes Palatinae canes iam spe. . .
deuorassent, ... *C.1,P.4.49*
Tantas fundat opes nec retrahat manum Pleno copia cornu, ... *C.2,M.2.5*
Nunc et amissas opes querere; *C.2,P.8.24*
formam felicitatis humanae—opes, honores, potentiam, gloriam, uoluptates. *C.3,P.2.47*
Inter illas abundantissimas opes numquamne animum tuum. . .confudit
anxietas?" *C.3,P.3.16*
Quamuis fluente diues auri gurgite Non expleturas cogat auarus opes . *C.3,M.2.2*
quorum Seneca opes etiam suas tradere Neroni. . .conatus est; *C.3,P.5.33*
Qui uero solum posse desiderat, profligat opes, despicit uoluptates . . . *C.3,P.9.57*
opibus. nudum rebus omnibus inopemque suscepi, meis opibus foui . . . *C.2,P.2.10*
sin uero probi, quonam modo in tuis opibus aliena probitas numerabitur? *C.2,P.5.52*
Nam haec per se a tuis quoque opibus sequestrata placuissent. *C.2,P.5.59*
"Tu itaque hanc insufficientiam plenus," inquit, "opibus sustinebas?" . *C.3,P.3.27*
Nam si haec hians semper atque aliquid poscens opibus expletur, . . . *C.3,P.3.52*
"Atqui uideo," inquam, "nec opibus sufficientiam . . . posse contingere." *C.3,P.9.4*
potius quam pollens opibus, honore reuerendus, ... *C.4,P.5.6*
Opilionem. Opilionem uero atque Gaudentium cum. . .ire in exilium . . .de-
creuisset *C.1,P.4.60*
opima. Ruraque centeno scindat opima boue, ... *C.3,M.3.4*
opinantibus. Catholicis . . . neque aliud esse quam est ipsum quod est
opinantibus *Trin.3.35*
opinio. id eis non propria uis sed hominum fallax adnectit opinio, ... *C.3,P.4.36*
non iam erit futuri firma praescientia, sed opinio potius incerta, ... *C.5,P.3.15*
si de quopiam uera sit opinio quoniam sedet, eum sedere necesse est. . *C.5,P.3.34*
Sed non idcirco quisque sedet quoniam uera est opinio, ... *C.5,P.3.37*
non modo scientia non est, sed est opinio fallax *C.5,P.3.57*
certa tamen uideat ac definita praenotio neque id sit opinio *C.5,P.5.55*
Quo fit ut hoc non sit opinio sed ueritate potius nixa cognitio, ... *C.5,P.6.92*
opinione. opinione utentium nunc splendorem accipit nunc amittit. . . . *C.3,P.4.46*
"O te alumne hac opinione felicem, si quidem hoc," inquit, "adieceris. . . ." *C.3,P.9.86*
Quid etiam diuina prouidentia humana opinione praestiterit, ... *C.5,P.3.76*

oriri. cum pariter ambulare in terra hominem et oriri in caelo solem uidetis, *C*.5,*P*.6.86
oris. cum Philosophia dignitate uultus et oris grauitate seruata *C*.4,*P*.1.1
 Puro clarum lumine Phoebum Melliflui canit oris Homerus; *C*.5,*M*.2.3
oris. sic astrigeris Bellum discors exulat oris. *C*.4,*M*.6.18
oriundo. Si enim cuius oriundus [oriundo] sis patriae reminiscare, ... *uar.C*.1,*P*.5.10
oriundus. Si enim cuius oriundus sis patriae reminiscare, ... *C*.1,*P*.5.10
oriuntur. Nam aliae quidem campis aliae montibus oriuntur, ... *C*.3,*P*.11.58
ornamenta. ab rebus infimis excellentis naturae ornamenta captatis . . . *C*.2,*P*.5.77
ornamentis. Sed quantum ornamentis nostris decesserit, uides." *C*.2,*P*.4.37
 uester hic error qui ornari posse aliquid ornamentis existimatis alienis? . *C*.2,*P*.5.91
ornari. uester hic error qui ornari posse aliquid ornamentis existimatis alienis? *C*.2,*P*.5.90
ornet. Quid ueris placidas temperet horas, Vt terram roseis floribus ornet, . *C*.1,*M*.2.19
 Et claris auidos ornet honoribus, ... *C*.2,*M*.2.11
Orpheus. Orpheus Eurydicen suam Vidit, perdidit, occidit. *C*.3,*M*.12.50
orsa. Tunc uelut ab alio orsa principio ita disseruit: *C*.4,*P*.6.21
 "Morem," inquit, "geram tibi," simulque sic orsa est: *C*.5,*P*.1.18
orta. ex quibus orta perturbationum caligo uerum illum confundit intuitum, *C*.1,*P*.6.58
orta. Eadem rapiens condit et aufert Obitu mergens orta supremo. . . . *C*.4,*M*.6.33
ortae. Inter eos uero apud quos ortae sunt, num perpetuo perdurant? . . *C*.3,*P*.4.40
ortu. Vel cur Hesperias sidus in undas Casurum rutilo surgat ab ortu, . . *C*.1,*M*.2.17
 Solitas iterum mutet habenas Phoebi pallens Lucifer ortu. *C*.1,*M*.5.13
 Quos uidet. . .Phoebus extremo ueniens ab ortu, ... *C*.2,*M*.6.10
 Omne hominum genus in terris simili surgit ab ortu. *C*.3,*M*.6.1
ortum. Nec manet ulli traditus ordo Nisi quod fini iunxerit ortum . . . *C*.3,*M*.2.37
 Ni uitiis peiora fouens proprium deserat ortum. *C*.3,*M*.6.9
 id de nihilo ortum esse uidebitur. *C*.5,*P*.1.30
ortus. Et qui primae tempore noctis Agit algentes Hesperos ortus, . . . *C*.1,*M*.5.11
 Hinc ortus, hic sistam gradum.' *C*.4,*M*.1.26
ortus. Sed secreto tramite rursus Currum solitos uertit ad ortus. *C*.3,*M*.2.33
 Cum nimis celeres explicet ortus, ... *C*.4,*M*.5.5
os. linguam ille momordit atque abscidit et in os tyranni saeuientis abiecit; *C*.2,*P*.6.30
ossa. Vbi nunc fidelis ossa Fabricii manent, ... *C*.2,*M*.7.15
ostendam. Ostendam breuiter tibi summae cardinem felicitatis. *C*.2,*P*.4.74
 uiam tibi quae te domum reuehat ostendam. *C*.4,*P*.1.35
ostendant. ut esse aliquid rem ostendant, ... *Trin.*4.102
ostendat. ostendat ex cuius hominis sit carne deriuatus, ... *Eut.*5.56
 uel collocationem propositionum non esse efficacem necessariae conclusionis ostendat; *C*.4,*P*.4.38
ostenderet. quae ostenderet hominibus corpus, quod cum uerum non esset, . *Eut.*5.83
ostendimus. referri ad bonum uelut ad quoddam naturae suae cacumen
 ostendimus. *C*.4,*P*.2.134
 Sed beatitudinem esse idem ipsum bonum propter quod omnia geruntur
 ostendimus. *C*.4,*P*.3.9
ostendisse. Hactenus mendacis formam felicitatis ostendisse suffecerit, . . *C*.3,*P*.9.1
ostendit. Omne etenim signum tantum quid sit ostendit, non uero efficit quod
 designat. *C*.5,*P*.4.33
ostenditur. demonstrationemque qua ostenditur non omnem unitatum
 repetitionem *Trin.*3.42
 tantum quo sit illud aliis informatum rebus per hanc praedicationem
 ostenditur. *Trin.*4.53
 tale ipsum esse naturaliter ostenditur quale est illud hoc ipsum quod
 appetit. *Quo.*51
ostensum. idque a te, nihil ut amplius desideretur, ostensum est." . . . *C*.3,*P*.9.91
ostentando. quotiens ostentando quis factum recipit famae pretium. . . . *C*.1,*P*.4.120
ostentat. non modo non efficit dignos, sed prodit potius et ostentat indignos. *C*.2,*P*.6.62
 cum reuerendos facere nequeat quos pluribus ostentat, ... *C*.3,*P*.4.25
 sed fuisse homines adhuc ipsa humani corporis reliqua species ostentat. *C*.4,*P*.3.50
ostentum. Magnumque suis demonstrat ostentum, si quis Visatur una
 stratus ac felix hora. *C*.2,*M*.1.8
ostro. Quamuis se Tyrio superbus ostro Comeret *C*.3,*M*.4.1
otia. Hanc igitur auctoritatem secutus quod a te inter secreta otia didiceram *C*.1,*P*.4.27
otium. opes. . .tradere Neroni seque in otium conferre conatus est; *C*.3,*P*.5.34
οὐδέν. οὐδὲν γεγῶσι βίοτον ὤγκωσας μέγαν. *C*.3, *P*.6.4
οὐσία. Est igitur et hominis quidem essentia, id est οὐσία, ... *Eut.*3.79
 οὐσία quidem atque essentia quoniam est, ... *Eut.*3.81
 Deus quoque et οὐσία est et essentia, ... *Eut.*3.87

P

πάντοθεν. Πάντοθεν εὐκύκλου σφαίρης ἐναλίγκιον ὄγκῳ, ... *C*.3,*P*.12.106

papae. Papae autem! Vehementer admiror cur in tam salubri sententia
locatus aegrotes. *C*.1,*P*.6.15
Tum ego: "Papae," inquam, "ut magna promittis! *C*.4,*P*.2.1

Papinianum. Papinianum diu inter aulicos potentem militum gladiis
Antoninus obiecit. *C*.3,*P*.5.30

par. Vitrea dudum Parque serenis Vnda diebus *C*.1,*M*.7.9
Apiumque par uolantum Vbi grata mella fudit, Fugit *C*.3,*M*.7.3

παρά. παρὰ τοῦ πρὸς τοὺς ὦπας τίθεσθαι. *Eut*.3.16

paradisi. eumque praefixa lege paradisi deliciis constituit, ... *Fid*.74
Primus itaque homo ante peccatum cum sua coniuge incola paradisi fuit. *Fid*.98
exul effectus, terram iussus excolere atque a paradisi sinu seclusus . . . *Fid*.100
occupauit terrenam miseriam quia felicitatem paradisi in primo patre
perdiderat. *Fid*.121
idcirco paradisi fructibus indigentiam explebat. *Eut*.8.83

parantis. intentionem dicere adhuc aliquid parantis abrupi. *C*.4,*P*.1.4

parat. Hic lupis nuper additus, Flere dum parat, ululat. *C*.4,*M*.3.14

παράθεσιν. Quem coniunctionis Graeci modum κατὰ παράθεσιν uocant. . . . *Eut*.4.27

parauerint. Et cum falsa graui mole parauerint, ... *C*.3,*M*.8.21

parauit. ne pecuniam quam parauit amittat. *C*.3,*P*.9.53

parcit. Parcit itaque sapiens dispensatio ei quem *C*.4,*P*.6.138

parem. reddunt namque improbi parem dignitatibus uicem *C*.3,*P*.4.27

parente. nec salutis suae erat idoneum, quod eam in parente perdiderat, . . *Fid*.236
Taceo quod desolatum parente summorum te uirorum cura suscepit . . *C*.2,*P*.3.16

parentum. Videtur namque esse nobilitas quaedam de meritis ueniens laus
parentum. *C*.3,*P*.6.24

parere. cumque illi parere nolentes sacrarum sese aedium defensione
tuerentur *C*.1,*P*.4.62
Deum . . . regere disputabas uolentiaque cuncta parere *C*.3,*P*.12.96

paribus. Tu causis animas paribus uitasque minores Prouehis *C*.3,*M*.9.18

parietes. nec bibliothecae potius comptos ebore ac uitro parietes *C*.1,*P*.5.22

pariter. At quisquis eam inhabitare uelle desierit, pariter desinit etiam mereri. *C*.1,*P*.5.20
cum duos pariter consules liberos tuos domo prouehi *C*.2,*P*.3.28
Et uox quidem tota pariter multorum replet auditum; *C*.2,*P*.5.15
Mors spernit altam gloriam, Inuoluit humile pariter et celsum caput . *C*.2,*M*.7.13
Huc omnes pariter uenite capti *C*.3,*M*.10.1
"Infinito," inquam, "si quidem mihi pariter deum quoque qui bonum est
continget agnoscere." *C*.3,*P*.11.4
sed interire atque dissolui pariter atque unum destiterit?" *C*.3,*P*.11.30
neminem beatum fore nisi qui pariter deus esset quasi munusculum dabas. *C*.3,*P*.12.91
boni pariter ac mali indiscreta intentione ad bonum peruenire nituntur?" *C*.4,*P*.2.33
Nam qui communem omnium quae sunt finem relinquunt, pariter quoque
esse desistunt. *C*.4,*P*.2.101
Prouidentia namque cuncta pariter quamuis diuersa quamuis infinita
complectitur; *C*.4,*P*.6.36
ut de eo diuinum iudicium pariter et humanum consentiat, ... *C*.4,*P*.6.134
An cum mentem cerneret altam, Pariter summam et singula norat? . *C*.5,*M*.3.21
haec enim nobis naturam pariter diuinam scientiamque patefacit. . . . *C*.5,*P*.6.8
quod totum uitae suae spatium pariter possit amplecti. *C*.5,*P*.6.14
Quod igitur interminabilis uitae plenitudinem totam pariter comprehendit
ac possidet, ... *C*.5,*P*.6.26
aliud interminabilis uitae totam pariter complexum esse praesentiam, . *C*.5,*P*.6.37
et cum totam pariter uitae suae plenitudinem nequeat possidere, . . . *C*.5,*P*.6.46
cum pariter ambulare in terra hominem et oriri in caelo solem uidetis, . *C*.5,*P*.6.85

Parmenides. Ea est enim diuinae forma substantiae . . . sicut de ea Parmenides ait: *C*.3,*P*.12.105

pars. nam pars eorum in reliquarum rerum praedicatione substantia est, . . *Trin*.4.5
pars in accidentium numero est. *Trin*.4.6
pars tamen quaedam plus appetens . . . de caelesti sede proiecta est; . . *Fid*.67
Operis tanti pars non uilis Homines quatimur fortunae salo. *C*.1,*M*.5.44
si de fortunae tuae reliquiis pars eis minima contingat? *C*.2,*P*.4.60

parta. Et claris auidos ornet honoribus, Nil iam parta uidentur, ... *C*.2,*M*.2.12

parte. Sed satis de ea parte dictum uidetur, si corpus quod Christus excepit *Eut*.6.1
in extrema lectuli mei parte consedit meumque intuens uultum *C*.1,*P*.1.49
ceterique pro sua quisque parte raptum ire molirentur *C*.1,*P*.3.23
Quid si uberius de bonorum parte sumpsisti? *C*.2,*P*.2.42

particularibus. essentiae…in solis uero indiuiduis et particularibus substant.   *Eut.*3.34
    Intellectus enim uniuersalium rerum ex particularibus sumptus est. . .   *Eut.*3.36
    in uniuersalibus quidem sint, in particularibus uero capiant substantiam,   *Eut.*3.37
particularis. aut traditio uniuersalis aut certe propria et particularis in-
    structio. *Fid.*261
particulariter. iure subsistentias particulariter substantes ὑποστάσεις appel-
    lauerunt.   *Eut.*3.38
particulas. uestem…quorundam sciderant manus et particulas quas quisque
    potuit abstulerant. *C.*1,*P.*1.23
partim. partim ignaua segnities partim callidus liuor occurrit, ...   *Trin.,Prf.*12
    partim ignaua segnities partim callidus liuor occurrit, ut contumeliam   .   *Trin.,Prf.*13
partirer. "te alumne desererem nec sarcinam…communicato tecum labore
    partirer? *C.*1,*P.*3.12
partium. quadam partium uarietate coniungant *C.*3,*P.*10.97
    Haec est enim partium natura ut unum corpus diuersa componant.   .   *C.*3,*P.*10.113
partum. semper signauerit affuturum quem credimus per partum uirginis iam
    uenisse,   *Fid.*4
parua. si cum inexhausta aeternitate cogitetur, non parua sed plane nulla
    esse uideatur. *C.*2,*P.*7.61
paruam. paruam mihi restare operam puto ut felicitatis compos *C.*3,*P.*12.28
passa. quoniam qualitas aquae…nihil passa est a qualitate uini, ...   *Eut.*6.41
    ut cum humanitas passa sit, deus tamen passus esse dicatur, ...   *Eut.*7.54
passibile. et quod passibile atque mutabile naturaliter exsisteret, id inmutabile
    permaneret,   *Eut.*6.11
passibilis. creationem mutabilis atque passibilis, nisi inpassibilis *Eut.*2.26
passim. sed errore tantum temere ac passim lymphante raptatur. *C.*1,*P.*3.42
passio. ac uires animi mouens Viuo in corpore passio. *C.*5,*M.*4.32
    animique agentis uigorem passio corporis antecedat *C.*5,*P.*5.3
passione. si homo qui periit generatione ac passione Christi saluatus non est,   *Eut.*5.91
    si in sentiendis, inquam, corporibus animus non passione insignitur,   . .   *C.*5,*P.*5.6
passionem. Nam situm passionemque requiri in deo non oportet, neque enim
    sunt. *Trin.*4.97
    utraque sunt talia quae actum sibi passionemque communicent.   . . .   *Eut.*6.33
    sed ex sua ui subiectam corpori iudicat passionem, ...   *C.*5,*P.*5.7
passionibus. ut et delictis subiceretur et passionibus confunderetur   . . .   *Eut.*8.36
passionis. quo tanta tragoedia generationis? Vbi ambitus passionis?   . . .   *Eut.*5.87
passus. deus tamen passus esse dicatur, non quo ipsa deitas humanitas facta
    sit, ...   *Eut.*7.55
passuum. Nunc quingentis fere passuum milibus procul muti *C.*1,*P.*4.131
pateat. Vide enim quanta uitiosorum hominum pateat infirmitas *C.*4,*P.*2.76
patebit. Atqui minus eorum patebit indignitas, si nullis honoribus in-
    clarescant.   *C.*3,*P.*4.9
    percurrenti cetera procul dubio patebit subsistere unumquodque,   . . .   *C.*3,*P.*11.39
patefacere. Quod ita demum patefacere atque expedire temptabo, ...   *C.*5,*P.*4.10
patefaceres. "Vellem," inquam, "id ipsarum rerum commemoratione
    patefaceres." *C.*3,*P.*10.100
patefaciam. "Atqui hoc uerissima," inquit, "ratione patefaciam, ...   *C.*3,*P.*11.6
patefacit. haec enim nobis naturam pariter diuinam scientiamque patefacit.   *C.*5,*P.*6.9
patefecerit. haec enim nobis naturam pariter diuinam scientiamque patefacit
    [patefecerit].   . . . . *?uar.C.*5,*P.*6.9
patefecit. haec enim nobis naturam pariter diuinam scientiamque patefacit
    [patefecit]. *uar.C.*5,*P.*6.9
patens. Hic portus placida manens quiete, Hoc patens unum miseris asylum.   *C.*3,*M.*10.6
patentes. Late patentes aetheris cernat plagas *C.*2,*M.*7.3
pater. "Pater," inquiunt, "deus filius deus spiritus sanctus deus." *Trin.*1.7
    Igitur pater filius spiritus sanctus unus non tres dii. *Trin.*1.9
    Nam quod tertio repetitur deus, cum pater ac filius et spiritus sanctus   .   *Trin.*3.5
    esse cum dicitur "deus pater deus filius deus spiritus sanctus *Trin.*3.37
    Non uero ita dicitur "pater ac filius et spiritus sanctus" quasi multiuocum
    quiddam;   *Trin.*3.44
    pater uero ac filius et spiritus sanctus idem equidem est, non uero ipse.   *Trin.*3.46
    "Ipse est pater qui filius?" "Minime," inquiunt. *Trin.*3.49
    Quocirca si pater ac filius ad aliquid dicuntur *Trin.*5.33
    Neque accessisse dici potest aliquid deo, ut pater fieret; *Trin.*5.43
    non enim coepit esse umquam pater   *Trin.*5.43
    Quoniam uero pater deus et filius deus et spiritus sanctus deus, ...   *Trin.*5.50
    Nam idem pater qui filius non est nec idem uterque qui spiritus sanctus.   *Trin.*6.10

Idem tamen deus est pater et filius et spiritus sanctus, idem iustus idem
   bonus *Trin.*6.12

Quaero an pater et filius ac spiritus sanctus de diuinitate substantialiter
   praedicentur *Pat.*1

Si igitur interrogem, an qui dicitur pater substantia sit, respondetur .   *Pat.*6

Hoc modo si dicimus: "Pater deus est, filius deus est, spiritus sanctus
   deus est," *Pat.*19

pater filius ac spiritus sanctus unus deus. *Pat.*21

Ita pater ueritas est, filius ueritas est, spiritus sanctus ueritas est; . . . *Pat.*24

pater filius et spiritus sanctus non tres ueritates sed una ueritas est. . *Pat.*25

Nam qui pater est, hoc uocabulum non transmittit ad filium neque ad
   spiritum sanctum. *Pat.*35

Spiritus quoque non est idem qui pater ac filius. *Pat.*44

ad aliquid dici manifestum est; nam et pater alicuius pater est   . . . *Pat.*49

alicuius pater est et filius alicuius filius est, spiritus alicuius *Pat.*50

non enim pater trinitas *Pat.*52

(qui enim pater est, filius ac spiritus sanctus non est) *Pat.*53

neque pater neque filius neque spiritus sanctus neque trinitas de deo
   substantialiter praedicetur, ...   *Pat.*63

coaeternum, quem filium eatenus confitetur, ut non sit idem qui pater est: *Fid.*17

dicentes...eundemque filium qui pater est *Fid.*37

Sabelliani...dicentes...spiritum sanctum eundem esse qui pater et
   filius est; *Fid.*38

Vnus enim rerum pater est, unus cuncta ministrat. *C.*3,*M.*6.2

pater. Da pater augustam menti conscendere sedem, ...   *C.*3,*M.*9.22

pateris. Primum igitur paterisne me...statum tuae mentis attingere . . *C.*1,*P.*6.1

paterna. quemadmodum generationem filii ex paterna substantia non potest
   humanus animus aestimare. *Fid.*27

paterni. ut in id aetatis pueris, uel paterni uel auiti specimen elucet ingenii? *C.*2,*P.*4.26

patet. Iamne patet quae sit differentia praedicationum? *Trin.*4.99

Quam uero late patet uester hic error *C.*2,*P.*5.90

Sed quod dicam non minus ad contuendum patet." "Quid?" inquam. . *C.*3,*P.*12.47

"Minime," inquam, "nam etiam quod est consequens patet. *C.*4,*P.*2.68

Similia de prouidentia futurisque rebus ratiocinari patet. *C.*5,*P.*3.42

omne quod sensibus patet, si ad rationem referas, uniuersale est, . . . *C.*5,*P.*6.137

pati. substantia, qualitas, quantitas, ad aliquid, ubi, quando, habere, situm
   esse, facere, pati. *Trin.*4.4

"natura est uel quod facere uel quod pati possit." *Eut.*1.25

"Pati" quidem ac "facere," ut omnia corporea atque corporeorum
   anima; *Eut.*1.26

nec haec omnia, sed ea quae in se et facere et pati possunt. . . . *Eut.*6.27

nisi et eadem sit materia rerum in se transeuntium et a se et facere et
   pati possint, ...   *Eut.*6.31

Potest enim aquae qualitas a uini qualitate aliquid pati; *Eut.*6.35

potest item uini ab aquae qualitate aliquid pati. *Eut.*6.35

Si uero sint mediocres sibique aequales...naturae quae a se facere et
   pati possunt, ...   *Eut.*6.45

quae a se,...et facere et pati possunt communi atque eadem materia
   subiecta.   *Eut.*6.48

sed non omne ab omni uel in omni uel facere aliquid uel pati potest. . . *Eut.*6.52

Qui...Rapido caelum turbine uersas Legemque pati sidera cogis, . . . *C.*1,*M.*5.4

patiantur. ancorae quae nec praesentis solamen nec futuri spem temporis
   abesse patiantur." *C.*2,*P.*4.34

bona non esse quae se pessimis haerere patiantur. *C.*2,*P.*6.47

infeliciores eos esse qui faciant quam qui patiantur iniuriam." . . . *C.*4,*P.*4.116

patiatur. ne cui non conuenit laborare patiatur. *C.*4,*P.*6.140

patiebantur. fortunas ... pessumdari non aliter quam qui patiebantur
   indolui.   *C.*1,*P.*4.43

patiendi. nisi illis adsit potestas in se et a se faciendi ac patiendi, . . . *Eut.*6.61

patiens. cortex aduersum caeli intemperiem quasi mali patiens defensor
   opponitur? *C.*3,*P.*11.68

patiens. Sed tantum patiens iacet Notis subdita corporum *C.*5,*M.*4.12

patienter. si quidem illatas iniurias leniter patienterque tolerasset, . . . *C.*2,*P.*7.71

patientiae. duris agitari ut uirtutes animi patientiae usu atque exercitatione
   confirment. *C.*4,*P.*6.150

patientiam. ille patientiam paulisper adsumpsit acceptaque contumelia uelut
   insultans: *C.*2,*P.*7.72

patitur. quorum lasciuia ac petulantia nihil a ioco risuque patitur esse
seiunctum. *Quo.*11
haec enim in corpore et a corpore et facit et patitur. *Eut.*1.28
lethargum patitur communem inlusarum mentium morbum. *C.*1,*P.*2.12
Nec quas ipse coercuit Misceri patitur uices. *C.*1,*M.*6.19
Sola mens stabilis super Monstra quae patitur gemit. *C.*4,*M.*3.28
Fors patitur frenos ipsaque lege meat." *C.*5,*M.*1.12
Quam quae materiae modo Impressas patitur notas. *C.*5,*M.*4.29
Quod igitur temporis patitur condicionem, licet illud, ...   *C.*5,*P.*6.18
patiuntur. infeliciores eos esse qui faciant [faciunt] quam qui patiantur
[patiuntur] iniuriam." *coni.C.*4,*P.*4.116
patrandi. Sed patrandi sceleris possibilitas referri ad bonum non potest; . .   *C.*4,*P.*2.134
uti hoc infortunio cito careant patrandi sceleris possibilitate deserti...
exopto." *C.*4,*P.*4.17
patre. Non igitur si de patre ac filio et spiritu sancto tertio praedicatur deus,   *Trin.*3.29
ita cogitemus processisse quidem ex deo patre filium deum *Trin.*5.47
sanctum uero spiritum...nec generantem sed a patre quoque pro-
cedentem uel filio; *Fid.*24
Arrius...filium, minorem tamen patre multipliciter et extra patris
substantiam confitetur. *Fid.*33
occupauit terrenam miseriam quia felicitatem paradisi in primo patre
perdiderat. *Fid.*121
sicut ante constitutionem mundi ipse cum patre decreuerat, ...   *Fid.*224
patrem. cum rursus colligo patrem filium spiritum sanctum, non plures sed
una occurrit esse substantia. *Pat.*10
patrem ac filium ac spiritum sanctum non de ipsa diuinitate substantiali-
ter dici *Pat.*45
exstitisse substantiam, ita ut deum dicat patrem, deum filium, deum
spiritum sanctum, ...   *Fid.*13
patrem itaque habere filium ex sua substantia genitum *Fid.*14
neque patrem aliquando fuisse filium, ...   *Fid.*17
neque filium in eadem natura qua patri coaeternus est aliquando fieri
patrem, ...   *Fid.*21
sanctum uero spiritum neque patrem esse neque filium *Fid.*22
Sabelliani...eundem dicentes patrem esse qui filius est *Fid.*36
"Inuocandum," inquam, "rerum omnium patrem, ... · *C.*3,*P.*9.103
"Ne hunc rerum omnium patrem illud summum bonum quo plenus esse
perhibetur *C.*3,*P.*10.43
Exuit patrem miserumque tristis Foederat natae iugulum sacerdos. . .   *C.*4,*M.*7.6
patri. neque filium in eadem natura qua patri coaeternus est aliquando fieri
patrem, ...   *Fid.*20
uxor...ut omnes eius dotes breuiter includam, patri similis. *C.*2,*P.*4.20
patria. Hic ipse locus quem tu exilium uocas, incolentibus patria est; *C.*2,*P.*4.62
'Haec,' dices, 'memini, patria est mihi, ...   *C.*4,*M.*1.25
patria. Sed tu quam procul a patria non quidem pulsus es sed aberrasti; .   *C.*1,*P.*5.6
patriae. Si enim cuius oriundus sis patriae reminiscare, ...   *C.*1,*P.*5.10
patriam. ut felicitatis compos patriam sospes reuisas. *C.*3,*P.*12.29
sospes in patriam meo ductu, mea semita, meis etiam uehiculis reuertaris.   *C.*4,*P.*1.37
"debitum promissionis absoluere uiamque tibi qua patriam reueharis
aperire. *C.*5,*P.*1.9
patriarchas. Idem...duodecim patriarchas non reputante deo...produxerat.   *Fid.*153
patribus. dabat improbus uerendis Patribus indecores curules. *C.*3,*M.*4.6
patribus. Sed num idem de patribus quoque merebamur? *C.*1,*P.*4.110
Vrbe flammata patribusque caesis *C.*2,*M.*6.2
patris. eo quod substantialis quidem ei est productio filii, relatiua uero
praedicatio patris. *Trin.*5.45
et similis est relatio in trinitate patris ad filium et utriusque ad spiritum
sanctum *Trin.*6.20
diuinam patris et filii ac spiritus sancti exstitisse substantiam, ...   *Fid.*11
Arrius...filium, minorem tamen patre multipliciter et extra patris
substantiam confitetur. *Fid.*34
deus quidem, quod ipse sit ex patris substantia genitus, ...   *Eut.*7.62
patrisfamilias. si,...in tanti uelut patrisfamilias dispositissima domo uilia
uasa colerentur, ...   *C.*4,*P.*1.22
patrum. domo prouehi sub frequentia patrum, sub plebis alacritate uidisti,   *C.*2,*P.*3.29
patuere. Tandem igitur patuere pulsanti animo fores *Eut.,Prf.*36

paululum. Atque idcirco si multum quidem fuerit aquae, uini uero paululum,   *Eut.*6.37
paululum. Tum defixo paululum uisu et uelut in augustam *C.*3,*P.*2.1
Paulum. Num te praeterit Paulum Persi regis a se capti calamitatibus pias
    inpendisse lacrimas? *C.*2,*P.*2.37
pauperes. Quod cum factum est, pauperes necesse est faciant quos relinquunt.   *C.*2,*P.*5.18
paupertate. et ad quemlibet sine ceterorum paupertate non ueniunt! . . .   *C.*2,*P.*5.21
pauet. At quisquis trepidus pauet uel optat,. . .Abiecit clipeum *C.*1,*M.*4.15
pauidus. Pauidus ac fugax non metuenda formidat? Ceruis similis habeatur.   *C.*4,*P.*3.62
pax. uti quae caelum terras quoque pax regeret, uota posuisti. *C.*1,*P.*5.37
peccandi. tamen esset reus etiam uoluntate peccandi, cur in Christo neque .   *Eut.*8.11
    cur in Christo neque peccatum fuit neque uoluntas ulla peccandi? . . .   *Eut.*8.12
    cum in Adam potuerit esse peccandi uoluntas atque affectio, ...   *Eut.*8.23
    In Christo uero ne uoluntas quidem ulla creditur fuisse peccandi, . . .   *Eut.*8.27
    poterat tamen in eo uoluntas esse peccandi: *Eut.*8.44
peccare. non modo non peccaret aut peccare uellet sed ne posset quidem aut
    peccare *Eut.*8.47
    sed ne posset quidem aut peccare aut uelle delinquere. *Eut.*8.47
peccaret. cur senserit mortem, si Adae corpus ante quam peccaret adsumpsit.   *Eut.*8.32
    tunc enim id addendum foret ut non modo non peccaret *Eut.*8.46
peccasset. quoniam Adam, si non peccasset, mortem nulla ratione sensisset.   *Eut.*8.30
peccati. utrumne eo qui deciderat praeuaricatione peccati an alio? *Eut.*5.53
    Quòd si non eo homine Christus indutus est qui pro peccati poena
      sustinuerat mortem, ...   *Eut.*5.72
    ex nullius hominis semine talem potuisse nasci qui fuerit sine originalis
      poena peccati. *Eut.*5.74
    aut noua quaedam uera nec poenae peccati subiacens originalis *Eut.*5.80
    eaque illi fuit poena peccati, ut,. . .esset reus etiam uoluntate peccandi,   *Eut.*8.9
    in quo mors illum necessario subsecuta est et peccatum ipsum uoluntasque
      peccati. *Eut.*8.50
    in illo enim nec mors esset nec peccatum nec uoluntas ulla peccati, . . .   *Eut.*8.55
    Ille uero medius status in quo praesentia quidem mortis uel peccati aberat,   *Eut.*8.59
    Quod uero non fuit in eo uoluntas ulla peccati, ...   *Eut.*8.67
peccato. ut, si sine peccato manere uellet, tam ipsum quam eius progeniem
    angelicis coetibus sociaret, ...   *Fid.*75
    ex prima praeuaricatione non solum peccato et morte tenebatur, . . .   *Eut.*8.7
peccatorum. uerum etiam affectibus peccatorum erat implicitus, ...   *Eut.*8.8
peccatum. cur in Christo neque peccatum fuit neque uoluntas ulla peccandi?   *Eut.*8.12
    in quo mors illum necessario subsecuta est et peccatum ipsum uoluntasque
      peccati. *Eut.*8.49
    in illo enim nec mors esset nec peccatum *Eut.*8.54
    in hoc uero et mors et peccatum et delinquendi omnis affectio *Eut.*8.56
peccatum. Primus itaque homo ante peccatum cum sua coniuge incola
    paradisi fuit. *Fid.*97
    sin uero talem hominem adsumpsit qualis Adam fuit ante peccatum, .   *Eut.*8.18
    si tale corpus hominis adsumpsit quale Adae ante peccatum fuit, . . .   *Eut.*8.28
    Quod si talem statum suscepit hominis qualis Adae post peccatum fuit, .   *Eut.*8.34
peccauerit. Cum igitur Christus non peccauerit, quaerendum est cur senserit
    mortem, ...   *Eut.*8.31
pectora. Illic latentes pectora turbant. *C.*4,*M.*5.18
pectori. admouit pectori meo leniter manum *C.*1,*P.*2.11
pectoribus. ubi uersa sequentum Pectoribus figit spicula pugna fugax, . .   *C.*5,*M.*1.2
pectoris. Cum flagrantior intima Feruor pectoris ureret,. *C.*3,*M.*12.15
    Continuumque trahunt ui pectoris incitata sulcum, ...   *C.*5,*M.*5.3
pecudes. nihil causae est quin pecudes quoque beatae esse dicantur *C.*3,*P.*7.10
pecudum. Item incorporearum aliae sunt rationales, aliae minime, ut
    pecudum uitae; *Eut.*2.24
pecunia. tunc est pretiosa pecunia cum translata in alios *C.*2,*P.*5.12
    Si enim uel pecuniae [pecunia] uel honores ceteraque tale quid afferunt   *uar.C.*3,*P.*3.9
    nihil habeat suapte natura pecunia ut his a quibus possidetur inuitis
      nequeat auferri." *C.*3,*P.*3.32
    Neque. . .uel qui agrum exercuit ut ea pecunia reperiretur intendit; . .   *C.*5,*P.*1.51
pecuniae. Quid earum potius, aurumne an uis congesta pecuniae? *C.*2,*P.*5.8
    uel qui potentiam seu pecuniae causa seu proferendi nominis appetunt.   *C.*3,*P.*2.29
    huius morbo prouidentia collatae pecuniae remedio medetur. *C.*4,*P.*6.171
pecuniae. Si enim uel pecuniae uel honores ceteraque tale quid afferunt .   *C.*3,*P.*3.9
    nisi quod uel ui uel fraude nolentibus pecuniae repetuntur ereptae?" .   *C.*3,*P.*3.36

pecuniam. "Egebit igitur," ... "extrinsecus petito praesidio quo suam
    pecuniam quisque tueatur?" *C*.3,*P*.3.38
    "Atqui non egeret eo, nisi possideret pecuniam quam posset amittere?"   *C*.3,*P*.3.40
    Quid enim? Pecuniamne congregare conaberis? *C*.3,*P*.8.5
    multas etiam sibi...subtrahit uoluptates, ne pecuniam quam parauit
    amittat. *C*.3,*P*.9.53
    nisi eo loci pecuniam suam depositor obruisset, ...   *C*.5,*P*.1.46
pecuniosorum. Num frigus hibernum pecuniosorum membra non sentiunt? .   *C*.3,*P*.3.47
pedibus. Quisquis composito serenus aeuo Fatum sub pedibus egit superbum   *C*.1,*M*.4.2
    Sparsas pedibus proterit escas, Siluas...requirit, ...   *C*.3,*M*.2.24
    uerum etiam sceleratorum pedibus subiecta calcatur *C*.4,*P*.1.16
    "Si quis igitur pedibus incedere ualens ambulet *C*.4,*P*.2.57
    Sicut enim eum qui pedibus incedens *C*.4,*P*.2.86
pedum. "Eiusque rei pedum officium esse naturale num dubitas?" . . .   *C*.4,*P*.2.55
    aliusque cui hoc naturale pedum desit officium, ...   *C*.4,*P*.2.58
peiora. Ni uitiis peiora fouens proprium deserat ortum. *C*.3,*M*.6.9
    Studium ad peiora deflexeris, extra ne quaesieris ultorem. *C*.4,*P*.4.104
pelagi. uiscera terrae Non ualet aut pelagi radiorum Infirma perrumpere luce.   *C*.5,*M*.2.5
Pelagius. praeuaricationis malum,...quidam Pelagius non admittens proprii
    nominis haeresim dedicauit, ...   *Fid*.115
pelago. Et uagas pelago rates Eurus appulit insulae, ...   *C*.4,*M*.3.2
pelagus. Hanc rerum seriem ligat Terras ac pelagus regens...amor. . . .   *C*.2,*M*.8.14
pellatur. Quis autem modus est quo pellatur diuitiis indigentia? *C*.3,*P*.3.45
pelle. Tu quoque si uis...Carpere callem, Gaudia pelle, ...   *C*.1,*M*.7.25
    Tu quoque si uis...Tramite recto Carpere callem,...Pelle timorem . .   *C*.1,*M*.7.26
pellebas. omnem rerum mortalium cupidinem de nostri animi sede pellebas .   *C*.1,*P*.4.140
pellere. Tamen atras pellere curas...Non posse potentia non est. *C*.3,*M*.5.8
pellerentur. uti ni...Rauenna urbe decederent, notas insigniti frontibus
    pellerentur. *C*.1,*P*.4.65
pendenda. An claritudo nihili pendenda est? *C*.3,*P*.2.66
pendentis. tyrannus regni metus pendentis supra uerticem gladii terrore
    simulauit. *C*.3,*P*.5.16
pendet. Quae licet diuersa sint, alterum tamen pendet ex altero. *C*.4,*P*.6.43
pendit. honoremque potentia carentem gloriam quoque nihili pendit. . . .   *C*.3,*P*.9.59
pendulum. Hae pendulum solutae Pondus ferre recusant. *C*.2,*M*.4.11
pendulus. Pendulus ignis surgat in altum *C*.4,*M*.6.23
penetrabat. ipsum etiam caelum penetrabat respicientiumque hominum
    frustrabatur intuitum. . . . . •. .   *C*.1,*P*.1.12
penetral. Praeterea penetral innocens domus, ... coetus amicorum, ... de-
    fendunt. *C*.1,*P*.4.146
penetraret. ut eorum uisus obstantia penetraret, nonne introspectis . . .   *C*.3,*P*.8.24
penetrent. quae in profundum sese penetrent, cum tempestiuum fuerit
    admouebo. *C*.2,*P*.3.13
penitus. sed tamen quae medicina penitus non egebat. *Eut*.8.20
    "Si penitus aegritudinis tuae causas habitumque cognoui, ...   *C*.2,*P*.1.3
    hoc modo consolari quidem diuitiis indigentia potest, auferri penitus non
    potest. *C*.3,*P*.3.50
    ego nondum penitus insiti maeroris oblitus *C*.4,*P*.1.3
    uenena...Dira quae penitus meant *C*.4,*M*.3.37
    Quid si quis amisso penitus uisu ipsum etiam se habuisse obliuisceretur
    intuitum *C*.4,*P*.4.110
    nam neque nouit Nec penitus tamen omnia nescit, ...   *C*.5,*M*.3.27
pennae. Sunt etenim pennae uolucres mihi *C*.4,*M*.1.1
pennas. Pennas etiam tuae menti quibus se in altum tollere possit adfigam,   *C*.4,*P*.1.35
pensare. Itaque si praesentiam pensare uelis qua cuncta dinoscit, ...   *C*.5,*P*.6.67
pensares. si aruis semina crederes, feraces inter se annos sterilesque pensares.   *C*.2,*P*.1.58
pensari. conquestusque non aequa meritis praemia pensari. *C*.1,*P*.5.36
pensius. Neque enim pensius subtiliusque intuenti idem uidebitur esse sub-
    sistentia quod substantia. *Eut*.3.40
penuriae. "Qui diuitias," inquit, "petit penuriae fuga, ...   *C*.3,*P*.9.50
peperit. Virgo...dei filium concepit, uirgo peperit, post eius editionem uirgo
    permansit; *Fid*.204
pepulerit. Lucifer ut tenebras pepulerit Pulchra dies roseos agit equos. . . .   *C*.3,*M*.1.9
pepulerunt. Quem non externae pepulerunt fingere causae *C*.3,*M*.9.4
pepulisti. ac si te pulsum existimari mauis, te potius ipse pepulisti. *C*.1,*P*.5.8

per. *Trin.*1.5; 2.12; 4.33; 4.35; 4.53; 4.76; 5.15; 5.16; 5.26; *Quo.*42; 62; 63; 66; 78; 81; *Fid.*4;
    *Fid.*38; 77; 78; 129; 134; 145; 156; 166; 169; 172; 181; 189; 195; 196; 197; 238(*bis*);
    *Fid.*243; 258; *Eut.*1.42(*bis*); 1.45; 1.46; 1.48; 1.54; 2.25(*bis*); 3.25; 4.29; 4.36; 4.60;
    *Eut.*4.79; 4.83; 4.115; 4.122; 4.124; 5.69; 7.99; *C.*1,*M.*2.11; 1,*P.*4.8; 1,*P.*6.22;
    *C.*2,*P.*5.58; 2,*M.*7.9; 3,*P.*2.74; 3,*P.*3.6; 3,*P.*4.29; 3,*P.*8.10; 3,*P.*9.41; 3,*M.*9.14;
    *C.*3,*P.*11.64; 3,*P.*12.36; 3,*P.*12.38;3,*P.*12.39; 4,*P.*2.65; 4,*P.*2.144; 4,*P.*6.34; 4,*P.*6.47 ;
    *C.*4,*P.*6.85; 4,*P.*6.137; 4,*P.*6.203; 5,*P.*2.8; 5,*P.*6.35; 5,*P.*6.118(*bis*); 5,*P.*6.136

percipiendam. ad beatitudinem percipiendam fortunae instabilitas adspirare
    non possit. *C.*2,*P.*4.83
perculsi. Quibus autem deferentibus perculsi sumus? *C.*1,*P.*4.57
percurrenti. Eoque modo percurrenti cetera procul dubio patebit subsistere
    unumquodque, ...   *C.*3,*P.*11.39
percussus. Cuius dicti nouitate percussus harum coniunctionum *Eut.,Prf.*12
perdat. Nunc obscuro pallida cornu Phoebo propior lumina perdat, ...   *C.*1,*M.*5.9
perdens. Summamque tenet singula perdens. *C.*5,*M.*3.24
perdiderat. occupauit terrenam miseriam quia felicitatem paradisi in primo
    patre perdiderat. *Fid.*121
    nec salutis suae erat idoneum, quod eam in parente perdiderat, ...   *Fid.*236
perdideris. non habes ius querelae tamquam prorsus tua perdideris. . . .   *C.*2,*P.*2.16
perdidisses. si tua forent quae amissa conquereris nullo modo perdidisses.   *C.*2,*P.*2.21
perdidit. Orpheus Eurydicen suam Vidit, perdidit, occidit. *C.*3,*M.*12.51
    Sed crastinum quidem nondum adprehendit, hesternum uero iam
    perdidit; *C.*5,*P.*6.16
perdit. Quidquid praecipuum trahit Perdit, dum uidet inferos." *C.*3,*M.*12.58
perdita. Contenta fidelibus aruis Nec inerti perdita luxu, ...   *C.*2,*M.*5.3
perditam. et longe postmodum proferendi faciendo participes perditam uoluit
    reparare naturam. *Fid.*126
perditis. Et nihil manet integrum Voce corpore perditis. *C.*4,*M.*3.26
perditissimum. Videre…perditissimum quemque nouis delationum fraudi-
    bus imminentem, ...   *C.*1,*P.*4.168
perditum. nos etiam quos propugnare bonis senatuique uiderant, perditum
    ire uoluisse. *C.*1,*P.*4.109
perditus. Et longa site perditus Spernit flumina Tantalus. *C.*3,*M.*12.36
perducere. uiae deuia quaedam sint nec perducere quemquam eo ualeant .   *C.*3,*P.*8.2
perductas. mentes…nondum ad extremam manum uirtutum perfectione
    perductas allicere possit, ...   *C.*2,*P.*7.7
perductum. Descendit…stemma perductumque est usque ad Herodis tempora,   *Fid.*182
perducturas. nec perducere quemquam eo ualeant ad quod se perducturas
    esse promittunt. *C.*3,*P.*8.3
perdurans. sine aliqua mutabilitate perdurans *Fid.*55
perdurant. Inter eos uero apud quos ortae sunt, num perpetuo perdurant? .   *C.*3,*P.*4.40
perdurat. quae nec apud aequanimos perpetua perdurat nec anxios tota
    delectat. *C.*2,*P.*4.71
    illud uero his tectum atque uelatum in sua nihilo minus foeditate perdurat.   *C.*2,*P.*5.94
    Quidni, quando eorum felicitas perpetuo perdurat? *C.*3,*P.*5.3
    quae nec iudicio prouenit nec umquam firma perdurat. *C.*3,*P.*6.20
peregi. Carmina qui quondam studio florente peregi, ...   *C.*1,*M.*1.1
peregrina. nec Zenonis tormenta quoniam sunt peregrina nouisti, ...   *C.*1,*P.*3.32
peremerunt. eum inlata manu crucis supplicio peremerunt. *Fid.*221
perennem. Quisquis uolet perennem Cautus ponere sedem *C.*2,*M.*4.1
pererrans. et uisu gelidum pererrans Ora non tinxit lacrimis, ...   *C.*2,*M.*6.5
perexigua. adeo perexigua sunt quae fortunatissimis beatitudinis summam
    detrahunt. *C.*2,*P.*4.57
perexile. Sic quoque perexile bonum est quod aequo animo feratur amissum.   *C.*2,*P.*4.90
perfecerint. infeliciores esse necesse est malos, cum cupita perfecerint, . .   *C.*4,*P.*4.11
perfeci. eumque tuae mentis habitum uel exspectaui uel, quod est uerius, ipsa
    perfeci. *C.*3,*P.*1.12
perfecta. si adunatio generatione perfecta est, ut corpus quidem a Maria
    sumpserit, ...   *Eut.*5.38
    Si uero adsumptum est ex Maria neque permansit perfecta humana
    diuinaque natura, ...   *Eut.*6.3
    Nam nisi fallor ea uera est et perfecta felicitas *C.*3,*P.*9.81
    Aeternitas igitur est interminabilis uitae tota simul et perfecta possessio,   *C.*5,*P.*6.10
perfecta. quae…nec omnium bonorum congregatione perfecta sunt, . . .   *C.*3,*P.*8.34
    omnia namque perfecta minus integris priora esse claruerunt. *C.*3,*P.*10.33
perfecta. ea quae appetuntur pluribus idcirco uera perfectaque bona non esse   *C.*3,*P.*11.9

perfectae. Vestes erant tenuissimis filis subtili artificio, indissolubili materia
    perfectae *C.1,P.*1.14
perfectam. esse aliquam solidam perfectamque non potest dubitari." . . . *C.3,P.*10.21
perfectas. fides catholica confiteatur perfectasque easdem persistere . . . *Eut.*7.26
    Perfectasque iubens perfectum absoluere partes. *C.3,M.*9.9
perfecte. quod solum quanta dignum sit admiratione profecto consideras
    [perfecte considera]. *coni.C.4,P.*1.13
perfecti. illuc perfecti operis laetitia remeabit unde uenit effectus. *Trin.*6.33
    Quoniam. . .quae sit imperfecti, quae etiam perfecti boni forma uidisti, *C.3,P.*10.2
    id inminutione perfecti inperfectum esse perhibetur. *C.3,P.*10.10
    summum deum summi perfectique boni esse plenissimum. *C.3,P.*10.35
perfectio. quonam haec felicitatis perfectio constituta sit. *C.3,P.*10.3
perfectione. nondum ad extremam manum uirtutum perfectione perductas . *C.2,P.*7.6
    Etenim perfectione sublata, unde illud quod inperfectum perhibetur . . *C.3,P.*10.14
perfectionem. nihilque sibi ad humanam perfectionem deesse arbitraretur, . *C.4,P.*4.112
perfectiori. de rerum uero cognitione firmiori potius perfectiorique iudicio
    . esse credendum, ... *C.5,P.*5.35
perfecto. deus et materia integro perfectoque intellectu intellegi non possunt, *Eut.*1.13
    et a uero atque perfecto ad falsum imperfectumque traducit. *C.3,P.*9.12
perfectum. quare neutrum poterit esse perfectum, cum alterutri alterum deest. *C.3,P.*10.72
    Sed quod perfectum non sit, id summum non esse manifestum est; . . *C.3,P.*10.73
perfectum. eundem Christum hominem esse perfectum, eundem deum . . *Eut.*7.49
    nec quaternitatem trinitati adstrui, dum homo additur supra perfectum
    deum, ... *Eut.*7.52
    Liquet igitur esse beatitudinem statum bonorum omnium congregatione
    perfectum. *C.3,P.*2.12
    uerum autem atque perfectum bonum conferre non possunt." *C.3,P.*9.93
    Perfectasque iubens perfectum absoluere partes. *C.3,M.*9.9
    in eo perfectum quoque aliquid esse necesse sit. *C.3,P.*10.13
    Ita uero bonum esse deum ratio demonstrat, ut perfectum quoque in eo
    bonum esse conuincat. *C.3,P.*10.28
    Erit enim eo praestantius aliquid perfectum possidens bonum, ... *C.3,P.*10.31
    Sed perfectum bonum ueram esse beatitudinem constituimus; *C.3,P.*10.36
perfectus. eundemque qui homo sit perfectus atque deus unum esse deum ac
    dei filium, ... *Eut.*7.50
    tamen unus idemque et homo sit perfectus et deus: *Eut.*7.61
perferunt. quod dum miseris aliquod crimen affingitur, quae perferunt
    meruisse creduntur. *C.1,P.*4.163
perficere. qua ostenditur non omnem unitatum repetitionem numerum
    pluralitatemque perficere. *Trin.*3.43
    Atqui non est aliud quod aeque perficere beatitudinem possit *C.3,P.*2.56
    triplici infortunio. . .urgeantur quos uideas scelus uelle, posse, perficere." *C.4,P.*4.16
perficiat. quae sufficientem, potentem, reuerendum, celebrem laetumque
    perficiat. *C.3,P.*9.82
    eorumque unus naturali officio id ipsum agat atque perficiat, ... *C.4,P.*2.47
    ut suam quisque operam non ex aliena sed ex propria potestate perficiat. *C.5,P.*4.120
perficiunt. nec ad beatitudinem quasi quidam calles ferunt nec beatos ipsa
    perficiunt. *C.3,P.*8.35
perfidam. Si perfidiam [perfidam] perhorrescis, sperne . . . perniciosa luden-
    tem. *uar.C.2,P.*1.36
perfidiam. Si perfidiam perhorrescis, sperne atque abice perniciosa ludentem. *C.2,P.*1.36
perfringere. permulta. . .quae hunc sensum inpugnare ualeant atque per-
    fringere, ... *Eut.*4.127
pergat. Elusus Cereris fide Quernas pergat ad arbores. *C.1,M.*6.6
perhibetur. id inminutione perfecti inperfectum esse perhibetur. *C.3,P.*10.11
    unde illud quod inperfectum perhibetur exstiterit ne fingi quidem potest. *C.3,P.*10.15
    "Ne hunc rerum omnium patrem illud summum bonum quo plenus esse
    perhibetur *C.3,P.*10.44
    id aeternum esse iure perhibetur, ... *C.5,P.*6.28
perhorrescerem. meam scilicet criminationem uererer et quasi nouum aliquid
    acciderit, perhorrescerem? *C.1,P.*3.15
perhorrescis. Si perfidiam perhorrescis, sperne atque abice perniciosa lu-
    dentem. *C.2,P.*1.36
perhorresco. Itaque remedia quae paulo acriora esse dicebas, non modo non
    perhorresco, ... *C.3,P.*1.8
pericli, *u.* **periculi.**
pericula. Gemmasque latere uolentes Pretiosa pericula fodit? *C.2,M.*5.30

periculi. "Nihil," inquit, "pericli est; lethargum patitur communem . . . *C.*1,*P.*2.12
 uniuersi innocentiam senatus quanta mei periculi securitate defenderim. *C.*1,*P.*4.116
periculis. miseros quos . . . barbarorum semper auaritia uexabat, obiecta
 periculis auctoritate protexi! *C.*1,*P.*4.39
 Potentiamne desideras? Subiectorum insidiis obnoxius periculis subiacebis. *C.*3,*P.*8.10
periculis. Nunc enim primum censes . . . lacessitam periculis esse sapientiam? *C.*1,*P.*3.16
 num tandem tot periculis adduci potuisti ut cum Decorato gerere
 magistratum putares, ... *C.*3,*P.*4.11
periculorum. Expertus sortis suae periculorum tyrannus *C.*3,*P.*5.15
periculosam. Fugiens periculosam Sortem sedis amoenae *C.*2,*M.*4.13
periit. si homo qui periit generatione ac passione Christi saluatus non est, . *Eut.*5.90
 Hydra combusto periit ueneno, ... *C.*4,*M.*7.22
perimendam. quod ad perimendam arbitrii libertatem solum satis est. . . . *C.*5,*P.*3.45
perire. ut credat non solum animas non perire, sed ipsa quoque corpora, . . *Fid.*255
 Alternisque uolunt perire telis? *C.*4,*M.*4.9
perit. sed interest, quod albedo accidit albo, qua sublata perit nimirum
 album. *Trin.*5.10
 At in domino, si seruum auferas,perit uocabulum quo dominus uocabatur; *Trin.*5.12
peritior. sed peritior Graecia sermonum ὑπόστασιν uocat indiuiduam subsistentiam. *Eut.*3.28
periuria. Nil periuria, nil nocet ipsis Fraus mendaci compta colore. *C.*1,*M.*5.37
permaneant. uel si utraeque in se inuicem misceantur, nullo modo tamen
 utraeque permaneant; *Eut.*7.9
 alio modo significans ita ex utrisque coniunctum, ut utraque permaneant. *Eut.*7.45
permanebit. hoc enim sublato ne esse quidem cuiquam permanebit." . . *C.*3,*P.*11.107
permanendi. uerum generatim quoque quasi in perpetuum permanendi . . *C.*3,*P.*11.72
 cuncta . . . appetere naturaliter constantiam permanendi, deuitare
 perniciem." *C.*3,*P.*11.102
permanendo. ut continuaret eundo uitam cuius plenitudinem complecti non
 ualuit permanendo. *C.*5,*P.*6.56
permanens. diuinum uero "nunc" permanens neque mouens sese *Trin.*4.73
permanens. potius quam . . . potentia ualidus, in sua permanens urbe florere. *C.*4,*P.*5.7
permanent. sed utraque permanent nec formam propriam derelinquunt. . . *Eut.*7.18
 "Vt in animalibus," inquit, "cum in unum coeunt ac permanent anima
 corpusque, ... *C.*3,*P.*11.32
permanente. sed eodem permanente eligere uiros per quorum seriem . . . *Fid.*145
 ut humanitate inmutabili substantia permanente diuinitas uerteretur . . *Eut.*6.10
permanere. et quoniam angelorum numerum, . . . imminutum noluit conditor
 permanere, ... *Fid.*71
 non ferens hominem illuc ascendere ubi ipse non meruit permanere, . . *Fid.*80
 "Quod autem," . . . "subsistere ac permanere petit,id unum esse desiderat; *C.*3,*P.*11.105
permaneret. et quod passibile atque mutabile naturaliter exsisteret, id
 inmutabile permaneret, ... *Eut.*6.12
permanet. Non enim poterit in utrisque constare,quando utrorumque natura
 non permanet. *Eut.*6.93
 Ipsum quoque corpus cum in una forma membrorum coniunctione
 permanet, ... *C.*3,*P.*11.36
permansit. Virgo . . . dei filium concepit, uirgo peperit, post eius editionem
 uirgo permansit; *Fid.*205
 Si uero adsumptum est ex Maria neque permansit perfecta humana
 diuinaque natura, ... *Eut.*6.3
permansuros. qua credimus . . . in perpetuum atque in aeternum debitis finibus
 permansuros; *Fid.*270
permeant. Quam uariis terras animalia permeant figuris! *C.*5,*M.*5.1
permisceantur. Et cum haec ita intellegentia discernantur permisceanturque,
 tamen *Eut.*7.60
permiserat. assumptum hominem, quem diabolus non permiserat ad superna
 conscendere, ... *Fid.*226
permiserint. Haec igitur talia sunt qualia subiecta permiserint; *Trin.*4.5
permisit. poenalem multitudinem effusa diluuii inundatione . . . interire
 permisit. *Fid.*134
 "Quis," inquit, "has scenicas meretriculas ad hunc aegrum permisit
 accedere *C.*1,*P.*1.30
permissis. Sic quae permissis fluitare uidetur habenis *C.*5,*M.*1.11
permissum. quibusdam permissum puniendi ius, ... *C.*4,*P.*6.178
permissus. et qui numerosam annorum seriem permissus fuerat uiuere, . . *Fid.*142

personat. Quod si Platonis Musa personat uerum, Quod quisque discit
    immemor recordatur." *C.3,M.*11.15
personis. necesse est quod uocabulum ex personis originem capit *Pat.*59
    Quoniam uero in tota quaestione...de personis dubitatur atque naturis, *Eut.,Prf.*60
    aliunde traductum, ex his scilicet personis quae in comoediis tragoediisque *Eut.*3.8
    Sed quoniam personis inductis histriones indiuiduos homines...reprae-
    sentabant, ... *Eut.*3.17
    At si duabus personis manentibus ea coniunctio...facta est naturarum, *Eut.*4.31
    omnino enim ex duabus personis nihil umquam fieri potest. *Eut.*4.34
    si discretis utrisque personis discretae etiam fuere naturae? *Eut.*4.73
    Ita enim personis manentibus illic nulla naturarum potuit esse coniunctio, *Eut.*4.74
    sequitur, ut personis manentibus nullo modo a diuinitate humanitas
    credatur adsumpta. *Eut.*4.100
    Omnino...disiuncta sunt quae aeque personis naturisque separantur, . *Eut.*4.102
perspecta. ut ea perspecta cum in contrariam partem flexeris oculos, . . . *C.3,P.*1.24
perspectum. quid in eis est quod...non perspectum consideratumque uilescat? *C.2,P.*5.5
perspexisse. Hoc tantum perspexisse sufficiat, quod *C.4,P.*6.199
perspicaci. beatitudinis finem licet minime perspicaci qualicumque tamen
    cogitatione prospicitis *C.3,P.*3.3
perspicacibus. oculis ardentibus et ultra communem hominum ualentiam
    perspicacibus *C.1,P.*1.5
perspicaciter. quam si perspicaciter intueris, ordo est deinceps *C.3,P.*9.2
perspicacius. quod atra texit erroris nubes Lucebit ipso perspicacius Phoebo. *C.3,M.*11.8
perspicax. Nam supernis diuinisque substantiis et perspicax iudicium . . . *C.5,P.*2.14
perspicio. et illis hoc inlatum consequens esse perspicio." *C.3,P.*10.67
perspicit. Quae uis singula perspicit Aut quae cognita diuidit? *C.5,M.*4.18
perspiciuntur. non...facere praedicationem quae perspicue ex alieno aduentu
    constare perspiciuntur. *Trin.*5.5
perspicua. "Atqui haec," inquam, "uel caeco perspicua est *C.3,P.*9.78
perspicuae. "Nequeunt enim oculos tenebris assuetos ad lucem perspicuae
    ueritatis attollere, ... *C.4,P.*4.96
perspicue. non...facere praedicationem quae perspicue ex alieno aduentu
    constare perspiciuntur. *Trin.*5.4
perspicuum. defuisse ualentiam dubitare non possis." "Perspicuum est,"
    inquam, ... *C.4,P.*2.19
    si,...malum nihil est, ... nihil posse improbos liquet." "Perspicuum
    est." *C.4,P.*2.120
    In quo perspicuum est numquam bonis praemia...deesse *C.4,P.*3.2
perstringam. ut pauca quae ratio ualet humana de diuina profunditate
    perstringam, ... *C.4,P.*6.127
perstrinxit. Nunc te primum liuenti oculo praestrinxit [perstrinxit]. . . . *coni.C.2,P.*3.39
persuadet. quod his annectendum esse ratio persuadet." "Quid?" inquam. . *C.3,P.*10.94
persuasum. cui persuasum atque insitum permultis demonstrationibus scio . *C.2,P.*4.92
pertimescas. Nihil igitur pertimescas; iam tibi ex hac minima scintillula
    uitalis calor inluxerit. *C.1,P.*6.54
pertimescis. Tu igitur qui nunc contum gladiumque sollicitus pertimescis, . *C.2,P.*5.101
pertimescit. et se cum fortuna sua comparans, forsitan pertimescit *C.4,P.*6.173
pertimescunt. Quae est igitur ista potentia quam pertimescunt habentes, . *C.3,P.*5.36
pertinere. quod uocabulum ex personis originem capit id ad substantiam
    non pertinere; *Pat.*60
pertinet. trinitas igitur non pertinet ad substantiam. *Pat.*62
pertractes. Quod si aeternitatis infinita spatia pertractes, quid habes quod
    de nominis *C.2,P.*7.51
pertulisset. cui supplicium inferendum putares, eine qui fecisset an qui
    pertulisset iniuriam?" *C.4,P.*4.124
perturbat. quoniam hoc me miraculum maxime perturbat, ... *C.4,P.*6.4
    diuinus intuitus qualitatem rerum minime perturbat *C.5,P.*6.90
perturbata. tametsi uobis...confusa omnia perturbataque uideantur, . . . *C.4,P.*6.95
perturbatione. his uersibus de nostrae mentis perturbatione conquesta est. . *C.1,P.*1.51
    ut perturbatione depulsa sospes in patriam meo ductu,...reuertaris. . *C.4,P.*1.36
perturbationibus. ut quae in tumorem perturbationibus influentibus induru-
    erunt, ... *C.1,P.*5.42
perturbationum. per quod, uelut hiante ualli robore, in animum tuum
    perturbationum morbus inrepserit? *C.1,P.*6.23
    Verum hi perturbationum mores, ea ualentia est, ... *C.1,P.*6.30
    ex quibus orta perturbationum caligo uerum illum confundit intuitum, . *C.1,P.*6.58
perturbere. Iam enim quibus perturbere coniecto." *C.5,P.*3.3

perutilia. etsi perutilia cognitu tamen a propositi nostri tramite ... auersa
  sunt, ...   *C*.5,*P*.1.10
peruagata. Erit igitur peruagata inter suos gloria quisque contentus *C*.2,*P*.7.42
perueniat. difficile dictu est ad quas usque naturas persona perueniat, . . .   *Eut*.2.7
  et nihil in alterum ex alterius qualitate perueniat? *Eut*.4.26
peruenire. non modo fama hominum singulorum sed ne urbium quidem
  peruenire queat. *C*.2,*P*.7.29
  "Omnis mortalium cura ... ad unum tamen beatitudinis finem nititur
  peruenire. *C*.3,*P*.2.5
  Considera namque an per ea...ad destinatum finem ualeant peruenire.   *C*.3,*P*.3.8
  ad quas unius fama hominis nequeat peruenire, ...   *C*.3,*P*.6.16
  boni pariter ac mali indiscreta intentione ad bonum peruenire nituntur?"   *C*.4,*P*.2.34
  uitiosorum hominum...qui ne ad hoc quidem peruenire queunt *C*.4,*P*.2.76
  qui pedibus incedens ad eum locum usque peruenire potuisset, ...   *C*.4,*P*.2.87
perueniunt. quae ad improbissimum quemque uberiora perueniunt. *C*.2,*P*.6.49
peruentum. peruentumque est ad eam ciuitatem quae nunc Hierosolyma
  uocatur. *Fid*.176
peruersa. rebus quidem rectus ordo est, opinioni uero tuae peruersa confusio.   *C*.4,*P*.6.133
peruersi. At peruersi resident celso Mores solio *C*.1,*M*.5.31
peruersitate. Illi uero eosdem occidentes in suae nequitiae peruersitate manere
  uoluerunt. *Fid*.192
peruertit. meos esse familiares inprudentia rata nonnullos eorum profanae
  multitudinis errore peruertit. *C*.1,*P*.3.30
  Ea tantum animi tui sicuti tu tibi fingis mutata peruertit. *C*.2,*P*.1.5
peruetusta. at Canios, at Senecas, at Soranos quorum nec peruetusta nec
  incelebris memoria est, ...   *C*.1,*P*.3.34
peruicaciae. per quorum admonitionem ipse certe populus a tumore peruicaciae reuocaretur. *Fid*.190
peruincere. Has saltem nullus potuit peruincere terror, ...   *C*.1,*M*.1.5
peruium. quo nihil ulterius peruium iaceret incessui, ...   *C*.4,*P*.2.88
peruulganda. In hoc...de peruulganda fama, de proferendo nomine cogitatis?   *C*.2,*P*.7.22
pessimam. in improbitate uero manentibus omnem pessimam esse
  fortunam." *C*.4,*P*.7.37
pessimis. quibus hoc maxime propositum est pessimis displicere. *C*.1,*P*.3.39
  inesset aliquid naturalis ac proprii boni, numquam pessimis prouenirent.   *C*.2,*P*.6.42
  illud etiam liquet natura sui bona non esse quae se pessimis haerere
  patiantur. *C*.2,*P*.6.47
pessimis. Nam dum iniqua sibi a pessimis quidam perpeti uidentur, ...   *C*.4,*P*.6.186
pessimos. Ita cum pessimos plerumque dignitatibus fungi dubium non sit, .   *C*.2,*P*.6.44
pessimus. cum pessimus quisque eoque alieni magis auidus *C*.2,*P*.5.97
pessum. ne grauata pessum Inferior sidat mens corpore celsius leuato. . . .   *C*.5,*M*.5.14
pessumdari. fortunas tum priuatis rapinis tum publicis uectigalibus pessumdari...indolui. *C*.1,*P*.4.42
peste. Obsitum miseras ducem Peste soluerit hospitis, ...   *C*.4,*M*.3.20
pestem. ne...relicta gubernacula pestem bonis ac perniciem ferrent. . . .   *C*.1,*P*.4.25
pestis. Quae uero pestis efficacior ad nocendum quam familiaris inimicus? .   *C*.3,*P*.5.41
petant. "Cum igitur utrique bonum petant, sed hi quidem adipiscantur, . .   *C*.4,*P*.2.40
petantur. Cum igitur omnia boni gratia petantur, ...   *C*.3,*P*.10.134
petas. Numquam purpureum nemus Lecturus uiolas petas *C*.1,*M*.6.8
  si,...replere indigentiam uelis, nihil est quod fortunae affluentiam petas.   *C*.2,*P*.5.43
  Gloriam petas? Sed per aspera quaeque distractus *C*.3,*P*.8.10
petebat. etiam id quod maxime petebat potens esse desistat. *C*.3,*P*.9.62
petere. nunc superest ut unde ueram hanc petere possis agnoscas." *C*.3,*P*.9.97
peteret. Si uentis uela committeres, non quo uoluntas peteret ... promoueres; *C*.2,*P*.1.56
peteretur. ipsumque unum id ipsum esse bonum docebas quod ab omni rerum
  natura peteretur. *C*.3,*P*.12.94
petierat. ut quia superior natura per superbiae malum ima petierat, ...   *Fid*.77
petis. Gloriam petas [petis]? Sed...securus esse desistis. *uar*.*C*.3,*P*.8.10
  Qui recto caelum uultu petis exserisque frontem, ...   *C*.5,*M*.5.13
petit. Sin uero bene sibi mens conscia terreno carcere resoluta caelum libera
  petit, ...   *C*.2,*P*.7.84
  Quicumque solam mente praecipiti petit Summumque credit gloriam, .   *C*.2,*M*.7.1
  Nam quod quisque prae ceteris petit, id summum esse iudicat bonum. .   *C*.3,*P*.2.42
  "Qui diuitias," inquit, "petit penuriae fuga, ...   *C*.3,*P*.9.50
  quisquis horum aliquid sine ceteris petit, ...   *C*.3,*P*.9.66

"Quod autem," ... "subsistere ac permanere petit, id unum esse desiderat; *C*.3,*P*.11.105
tanto aliquid fato liberum est quanto illum rerum cardinem uicinius petit. *C*.4,*P*.6.76
Quod uero quis optandum esse iudicat petit; *C*.5,*P*.2.10
At si nescit, quid caeca petit? *C*.5,*M*.3.15
petitas. Quod si rationes quoque non extra petitas...agitauimus, ... *C*.3,*P*.12.109
petitis. Quid igitur o mortales extra petitis intra uos positam felicitatem? . *C*.2,*P*.4.72
Si mortem petitis, propinquat ipsa Sponte sua *C*.4,*M*.4.3
non ex signis neque petitis extrinsecus argumentis *C*.5,*P*.4.39
petito. "Egebit igitur,"..."extrinsecus petito praesidio quo suam pecuniam quisque tueatur?" *C*.3,*P*.3.38
petitos. Hic clausit membris animos celsa sede petitos. *C*.3,*M*.6.5
petitur. Idcirco enim sufficientia petitur quoniam bonum esse iudicatur, . . *C*.3,*P*.10.120
eoque modo, cum beatitudo petitur, ab omnibus desiderari bonum?" . *C*.4,*P*.2.30
peto. Haec si se recte et ex fide habent, ut me instruas peto; *Pat*.69
peto ut mei nominis hoc quoque inseras chartis; *Eut.,Prf*.48
petulantia. quorum lasciuia ac petulantia nihil a ioco risuque patitur esse seiunctum. *Quo*.10
petunt. nefarios homines qui bonorum omnium totiusque senatus sanguinem petunt, ... *C*.1,*P*.4.108
quod ad praecipuos uiros, de his enim sermo est, qui uirtute gloriam petunt, ... *C*.2,*P*.7.78
Bonum est igitur quod tam diuersis studiis homines petunt; *C*.3,*P*.2.77
quod stelliferum trans abiit polum, Tellure demersi petunt.. . . . . *C*.3,*M*.8.18
"Cuncta igitur bonum petunt, quod quidem ita describas licet: *C*.3,*P*.11.110
boni quidem naturali officio uirtutum petunt, ... *C*.4,*P*.2.64
Neque enim leuia aut ludicra praemia petunt, ... *C*.4,*P*.2.82
Quos serpens leo tigris ursus aper Dente petunt, idem se tamen ense petunt. *C*.4,*M*.4.6
petuntur. uxor ac liberi quae iucunditatis gratia petuntur; *C*.3,*P*.2.34
Pharao. eosque Pharao magna ponderum mole premi decreuerat et grauibus oneribus affligebat. *Fid*.158
philosophi. sed ad superbam gloriam falsum sibi philosophi nomen induerat, *C*.2,*P*.7.69
Philosophia. Haec cum Philosophia...leniter suauiterque cecinisset, ... *C*.4,*P*.1.1
philosophiae. et ex intimis sumpta philosophiae disciplinis...uelo, ... *Trin.,Prf*.17
sicut Aristoteles ceterique et eiusmodi et multimodae philosophiae sectatores putant, ... *Eut*.1.38
Philosophiae. Atqui Philosophiae fas non erat incomitatum relinquere iter innocentis; *C*.1,*P*.3.12
Philosophiam. nutricem meam cuius ab adulescentia laribus obuersatus fueram Philosophiam. *C*.1,*P*.3.5
philosophos. Quod de caelo...secundum philosophos dici potest, at de deo non ita. *Trin*.4.68
philosophum. 'Iam tandem,' inquit, 'intellegis me esse philosophum?' . . . *C*.2,*P*.7.74
philosophus. adiecissetque iam se sciturum, an ille philosophus esset, . . . *C*.2,*P*.7.70
Phoebe. Vt quas duxerit Hesperos Phoebe noctibus imperet, ... *C*.2,*M*.8.8
Quaeque fulgenti texerat ore Confusa Phoebe detegat astra, ... *C*.4,*M*.5.10
Phoebes. Non sol rutilo concitus igne Gelidum Phoebes impedit axem . . *C*.4,*M*.6.7
Phoebi. Solitas iterum mutet habenas Phoebi pallens Lucifer ortu. *C*.1,*M*.5.13
Cum Phoebi radiis graue Cancri sidus inaestuat, ... *C*.1,*M*.6.1
Hanc quisquis poterit notare lucem, Candidos Phoebi radios negabit." . *C*.3,*M*.10.18
Nec niuis duram frigore molem Feruente Phoebi soluier aestu. *C*.4,*M*.5.16
Phoebo. Nunc obscuro pallida cornu Phoebo propior lumina perdat, . . . *C*.1,*M*.5.9
Ille dedit Phoebo radios dedit et cornua lunae, ... *C*.3,*M*.6.3
Donec in astriferas surgat domos Phoeboque coniungat uias *C*.4,*M*.1.10
Phoebo. quod atra texit erroris nubes Lucebit ipso perspicacius Phoebo. . *C*.3,*M*.11.8
Phoebum. Puro clarum lumine Phoebum Melliflui canit oris Homerus; . . *C*.5,*M*.2.2
Phoebus. Emicat ac subito uibratus lumine Phoebus Mirantes oculos radiis ferit. *C*.1,*M*.3.9
Cum polo Phoebus roseis quadrigis Lucem spargere coeperit, ... *C*.2,*M*.3.1
populos regebat Quos uidet condens radios sub undas Phoebus extremo ueniens ab ortu, ... *C*.2,*M*.6.10
Quod Phoebus roseum diem Curru prouehit aureo, ... *C*.2,*M*.8.5
Cadit Hesperias Phoebus in undas, ... *C*.3,*M*.2.31
Phrygiae. Vltor Atrides Phrygiae ruinis Fratris amissos thalamos piauit; . . *C*.4,*M*.7.2
Physicis. "Aristoteles meus id," inquit, "in Physicis et breui et ueri propinqua ratione definiuit." *C*.5,*P*.1.36

[Pi.] Harum in extrema margine ·II· Graecum, in supremo uero ·Θ·,
   legebatur intextum. *C*.1,*P*.1.18

pias. Num te praeterit Paulum Persi regis a se capti calamitatibus pias
   inpendisse lacrimas? *C*.2,*P*.2.38

piauit. Vltor Atrides Phrygiae ruinis Fratris amissos thalamos piauit; . . .   *C*.4,*M*.7.3

pie. Haec autem pie intellegentibus et ueraci corde tenentibus satis abundeque
   relucent. *Fid*.95

pietate. Nonne in sanctis hominibus ac pietate conspicuis apertus diuinitatis
   actus agnoscitur? *Eut*.4.87

piget. Qui nunc populi rumores,. . .piget reminisci. *C*.1,*P*.4.160
   "Promouimus,". . ."aliquantum, si te nondum totius tuae sortis piget. .   *C*.2,*P*.4.39

piis. Tu namque serenum, Tu requies tranquilla piis, ...   *C*.3,*M*.9.27

pingitur. Vel quocumque micans nox pingitur, ...   *C*.4,*M*.1.13

pinnae. Sunt etenim pennae [pinnae] uolucres mihi *uar.C*.4,*M*.1.1

pinnas. Pennas [Pinnas] etiam tuae menti. . .adfigam, ...   *uar.C*.4,*P*.1.35

pinus. Somnos dabat herba salubres, . . . Vmbras altissima pinus. *C*.2,*M*.5.12

pisce. Non altis laqueos montibus abditis Vt pisce ditetis dapes *C*.3,*M*.8.6
   Nec non quae tenero pisce uel asperis Praestent echinis litora. . . .   *C*.3,*M*.8.13

πίθους. Nonne adulescentulus δοιοὺς πίθους . . . in Iouis limine iacere didicisti?   *C*.2,*P*.2.40

placeat. Quod si terrarum placeat tibi Noctem relictam uisere, ...   *C*.4,*M*.1.27

placet. si de omnibus rebus naturam dici placet, ...   *Eut*.1.6
   Et si de omnibus quidem rebus naturam dici placet, ...   *Eut*.1.20
   Ascende si placet, sed ea lege ne. . .descendere iniuriam putes. *C*.2,*P*.2.31
   quid in eis aliud quam probitas utentium placet? *C*.2,*P*.6.11
   placet arguto Fidibus lentis promere cantu *C*.3,*M*.2.5
   "Sed cum, ut in Timaeo Platoni," inquit, "nostro placet, ...   *C*.3,*P*.9.100
   Hoc quidquid placet excitatque mentes, Infimis tellus aluit cauernis;   *C*.3,*M*.10.13
   Sed eam si placet inter eas quas inopinabiles paulo ante posuisti
   numeremus." *C*.4,*P*.7.11
   ne nimium uelut ab humanitatis usu recessisse uideamur?" "Vt placet,"
   inquam. *C*.4,*P*.7.17

placida. Haec erit uobis requies laborum, Hic portus placida manens quiete,   *C*.3,*M*.10.5

placidas. Quid ueris placidas temperet horas, ...   *C*.1,*M*.2.18

placido. illa uultu placido nihilque meis questibus mota: *C*.1,*P*.5.2

placidum. Nec uisum timuit lepus Iam cantu placidum canem, . . .   *C*.3,*M*.12.13

placitis. quos sibi conditor gratiae sequestraret eiusque placitis inseruirent; .   *Fid*.123

placitos. non prophetas neque alios sibi placitos sed ipsum unigenitum suum   *Fid*.194

placuisse. uictricem. . .causam dis, uictam uero Catoni placuisse *C*.4,*P*.6.130

placuissent. Nam haec per se a tuis quoque opibus sequestrata placuissent.   *C*.2,*P*.5.59

plagas. Late patentes aetheris cernat plagas Artumque terrarum situm. .   *C*.2,*M*.7.3

plagis. Postea igitur pro eorum egressione altis Aegyptus plagis uastata est,   *Fid*.164

plane. si cum inexhausta aeternitate cogitetur, non parua sed plane nulla esse
   uideatur. *C*.2,*P*.7.62

planius. sed quid afferas, licet iam prospiciam, planius tamen ex te audire
   desidero." *C*.3,*P*.12.10
   "Etsi coniecto," inquam, "quid uelis, planius tamen audire desidero."   *C*.4,*P*.2.52

Plato. Particularia. . .ut Cicero, Plato, lapis hic unde haec Achillis statua .   *Eut*.2.45
   Aliud est enim per interminabilem duci uitam, quod mundo Plato tribuit,   *C*.5,*P*.6.36

Platone. nihil est quod admirere, cum Platone sanciente didiceris *C*.3,*P*.12.111

Platonem. Platonem sequentes deum quidem aeternum, mundum uero
   dicamus esse perpetuum. *C*.5,*P*.6.58

Platoni. "Sed cum, ut in Timaeo Platoni," inquit, "nostro placet, ...   *C*.3,*P*.9.99
   Tum ego: "Platoni," inquam, "uehementer assentior, ...   *C*.3,*P*.12.1
   uisum Platoni mundum hunc nec habuisse initium temporis nec habiturum esse defectum, ...   *C*.5,*P*.6.32

Platonis. sed uel Ciceronis uel Platonis uel singulorum indiuiduorum personae
   singulae nuncupantur.   *Eut*.2.51
   Nonne apud ueteres quoque ante nostri Platonis aetatem magnum saepe
   certamen *C*.1,*P*.3.18
   Atqui tu hanc sententiam Platonis ore sanxisti: *C*.1,*P*.4.19
   Quod si Platonis Musa personat uerum, Quod quisque discit immemor
   recordatur." *C*.3,*M*.11.15
   ueramque illam Platonis esse sententiam *C*.4,*P*.2.140

plaustra. Cur legat tardus plaustra Bootes *C*.4,*M*.5.3

plebis. consules liberos tuos domo prouehi sub frequentia patrum, sub plebis
   alacritate uidisti, ...   *C*.2,*P*.3.29

plena. quamuis ita aeui plena foret ut nullo modo nostrae crederetur aetatis, *C.*1,*P.*1.7
Atqui plena est exemplorum uetustas, ... *C.*3,*P.*5.3
exemplorum. . . plena etiam praesens aetas, qui reges *C.*3,*P.*5.4
quarum appetentia quidem plena est anxietatis, ... *C.*3,*P.*7.2
plena. cum regna ipsa tantae inbecillitatis plena demonstrem? *C.*3,*P.*5.27
plenae. Palleant plenae cornua lunae *C.*4,*M.*5.7
plenam. hanc esse plenam beatitudinem sine ambiguitate cognosco." . . . *C.*3,*P.*9.85
alioquin si quo egeat, plenam sufficientiam non habebit." *C.*3,*P.*12.34
deum summum esse bonum plenamque beatitudinem disserebas; . . *C.*3,*P.*12.89
plenissime. Quare plenissime uel aegritudinis tuae rationem. . . inueni. . . . *C.*1,*P.*6.40
plenissimum. summum deum summi perfectique boni esse plenissimum. . . *C.*3,*P.*10.35
probes quod boni summi summum deum diximus esse plenissimum." . . *C.*3,*P.*10.42
plenitudinem. Quod igitur interminabilis uitae plenitudinem totam pariter
comprehendit ac possidet, ... *C.*5,*P.*6.26
et cum totam pariter uitae suae plenitudinem nequeat possidere, . . . *C.*5,*P.*6.46
ut continuaret eundo uitam cuius plenitudinem complecti non ualuit
permanendo. *C.*5,*P.*6.56
pleno. Quis dedit ut pleno fertilis anno Autumnus. . . influat *C.*1,*M.*2.20
pleno. Vt nunc pleno lucida cornu. . . Condat stellas luna minores, ... *C.*1,*M.*5.5
Tantas fundat opes nec retrahat manum Pleno copia cornu, ... *C.*2,*M.*2.6
plenum. plenum esse laetitiae, si quidem superiora manebunt, ... *C.*3,*P.*9.40
plenum. cumque alteri abesset alterum, plenum absolutumque bonum afferre
non posse? *C.*3,*P.*11.11
plenus. "Tu itaque hanc insufficientiam plenus," inquit, "opibus sustinebas?" *C.*3,*P.*3.27
"Ne hunc rerum omnium patrem illud summum bonum quo plenus esse
perhibetur *C.*3,*P.*10.44
plerumque. Ita cum pessimos plerumque dignitatibus fungi dubium non sit, *C.*2,*P.*6.45
aduersa plerumque ad uera bona reduces unco retrahit. *C.*2,*P.*8.18
plura. "Consideranti," inquam, "mihi plura minime aliud uidetur." *C.*3,*P.*11.42
Plura etenim dum fiunt subiecta oculis intuemur, ... *C.*5,*P.*4.47
aut quoniam sibi notum sit plura sensibus et imaginationi esse subiecta, *C.*5,*P.*5.27
pluralitas. praeter alteritatem enim nec pluralitas quid sit intellegi potest. . *Trin.*1.15
nulla ex diuersitate pluralitas, nulla ex accidentibus multitudo *Trin.*2.57
nulla est omnino pluralitas, quare nec numerus; igitur unitas tantum. . *Trin.*3.4
repetitio unitatum atque pluralitas minime facit *Trin.*3.11
quoniam is sit forma et unum uere nec ulla pluralitas. *Trin.*4.26
abest pluralitas; ubi abest pluralitas, adest unitas. *Trin.*5.53
pluralitate. trinitas . . . in personarum pluralitate consistit, unitas uero in
substantiae simplicitate. *Pat.*56
pluralitatem. Arriani qui . . . trinitatem uariantes distrahunt atque in
pluralitatem diducunt. *Trin.*1.13
tres unitates non faciunt pluralitatem numeri in eo quod ipsae sunt, . . *Trin.*3.7
Ergo in numero quo numeramus repetitio unitatum facit pluralitatem; *Trin.*3.20
in rerum uero numero non facit pluralitatem unitatum repetitio, . . . *Trin.*3.21
non omnem unitatum repetitionem numerum pluralitatemque perficere. *Trin.*3.43
et in rebus numerabilibus repetitio unitatum non facit modis omnibus
pluralitatem. *Trin.*5.56
pluralitatis. Principium enim pluralitatis alteritas est; *Trin.*1.14
plures. Christianae religionis reuerentiam plures usurpant, ... *Trin.*1.1
Atque ideo sunt numero plures, quoniam accidentibus plures fiunt. . . *Trin.*1.30
Plures enim magnum saepe nomen falsis uulgi opinionibus abstulerunt; *C.*3,*P.*6.5
ut malos, qui plures hominum sunt, eosdem non esse dicamus; *C.*4,*P.*2.103
plures. cum rursus colligo patrem filium spiritum sanctum, non plures sed una
occurrit esse substantia. *Pat.*10
Adde quod hoc ipsum breuis habitaculi saeptum plures incolunt nationes *C.*2,*P.*7.25
plures. nisi comminutae in plures transire non possunt. *C.*2,*P.*5.17
Regulus plures Poenorum bello captos in uincla coniecerat, ... *C.*2,*P.*6.36
plures. plures necesse est gentes relinqui *C.*3,*P.*5.10
Sed cum, uti paulo ante disserui, plures gentes esse necesse sit *C.*3,*P.*6.14
pluribus. diuitias quas nec habere totas pluribus licet *C.*2,*P.*5.20
cum reuerendos facere nequeat quos pluribus ostentat; *C.*3,*P.*4.25
pluribus. adeo, si situm sedentium recorderis, auersus pluribusque oppositis, *Eut.*,*Prf.*24
Nam si eo abiectior est quo magis a pluribus quisque contemnitur, . . *C.*3,*P.*4.23
ea quae appetuntur pluribus idcirco uera perfectaque bona non esse . . *C.*3,*P.*11.9
pluribus. quaestionem pluribus aliis implicitam esse dixisti, ... *C.*5,*P.*1.5

pollens. potius quam pollens opibus, honore reuerendus, ...	*C*.4,*P*.5.6
pollet. sed ea fides pollet maxime ac solitarie	*Trin*.1.2
pollicentur. quod haec quae nec praestare quae pollicentur bona possunt . .	*C*.3,*P*.8.33
Sed num in his eam reperiet, quae demonstrauimus id quod pollicentur non posse conferre?''	*C*.3,*P*.9.70
pollicetur. resurrectura corpora nostra praeter corruptionem ad regna caelestia pollicetur, ...	*Fid*.251
polluerat. nec adhuc ullo se delicto polluerat, poterat tamen in eo	*Eut*.8.43
polluisse. ob ambitum dignitatis sacrilegio me conscientiam polluisse mentiti sunt.	*C*.1,*P*.4.138
polluta. ne humano corpore polluta uideatur dei fuisse natura.	*Fid*.51
polo. Cum polo Phoebus roseis quadrigis Lucem spargere coeperit, ...	*C*.2,*M*.3.1
polum. Et quod stelliferum trans abiit polum, Tellure demersi petunt. . . .	*C*.3,*M*.8.17
Atque ubi iam exhausti fuerit satis, Polum relinquat extimum	*C*.4,*M*.1.16
polus. Nimbosisque polus stetit imbribus, ...	*C*.1,*M*.3.4
Polyphemus. Quos ferus uasto recubans in antro Mersit inmani Polyphemus aluo;	*C*.4,*M*.7.10
poma. Poma cernenti rapuit draconi	*C*.4,*M*.7.17
pomis. Remeat pomis grauis autumnus, ...	*C*.4,*M*.6.28
ponamus. Hoc igitur paulisper amoto ponamus omnia esse quae sunt bona .	*Quo*.96
ponantur. ab eo quod ponantur in facie atque ante oculos obtegant uultum:	*Eut*.3.15
ponatur. Ponatur enim una eademque substantia bona esse alba, grauis, rotunda.	*Quo*.100
pondera. ne purior ignis Euolet aut mersas deducant pondera terras. . . .	*C*.3,*M*.9.12
pondera. Heu primus quis fuit ille Auri qui pondera tecti...fodit?	*C*.2,*M*.5.28
Dissice terrenae nebulas et pondera molis	*C*.3,*M*.9.25
pondere. quia lignum est, quod est terra, pondere et grauitate deducitur. .	*Eut*.1.49
Decliuemque gerens pondere uultum	*C*.1,*M*.2.26
quam tu me uel sententiarum pondere uel canendi etiam iucunditate refouisti!	*C*.3,*P*.1.5
iam dudum et pondere quaestionis oneratum	*C*.4,*P*.6.207
Terraeque graues pondere sidant.	*C*.4,*M*.6.24
ponderis. quae quam sit exilis et totius uacua ponderis, sic considera. . . .	*C*.2,*P*.7.9
ponderum. eosque Pharao magna ponderum mole premi decreuerat	*Fid*.159
pondus. flammas ... sursum leuitas uehit, terras uero deorsum pondus deprimit, ...	*C*.3,*P*.11.76
pondus. Si quis rerum mortalium fructus ullum beatitudinis pondus habet,	*C*.2,*P*.3.26
Hae pendulum solutae Pondus ferre recusant.	*C*.2,*M*.4.12
ut si quis colendi agri causa fodiens humum defossi auri pondus inueniat.	*C*.5,*P*.1.41
ponendum. in eo statu ponendum est quod post Adae praeuaricationem... inflictum est.	*Eut*.8.65
ponentibus. Catholicis...ipsamque formam ut est esse ponentibus neque aliud	*Trin*.3.34
ponentur. suo enim loco ponentur sicut ordo necessarius postularit.	*Fid*.52
ponere. Visne igitur cum fortuna calculum ponere?	*C*.2,*P*.3.38
Quisquis uolet perennem Cautus ponere sedem	*C*.2,*M*.4.2
ponti. Quin etiam causas unde sonora Flamina sollicitent aequora ponti, . .	*C*.1,*M*.2.14
Non illum rabies minaeque ponti Versum funditus exagitantis aestum .	*C*.1,*M*.4.5
pontum. Et fluctibus minantem Curat spernere pontum, ...	*C*.2,*M*.4.6
pontus. Si quantas rapidis flatibus incitus Pontus uersat harenas	*C*.2,*M*.2.2
popularem. Inter haec uero popularem gratiam ne commemoratione...dignam puto, ...	*C*.3,*P*.6.18
populares. Quod quia populares facere nequeunt honores, ...	*C*.3,*P*.4.20
populares. Vos autem nisi ad populares auras inanesque rumores recte facere nescitis	*C*.2,*P*.7.63
populari. qui bonum suum non populari rumore,...metitur?	*C*.3,*P*.6.10
populari. Sed in hac ipsa fortuna populari non nihil boni maliue inesse perpendo.	*C*.4,*P*.5.3
popularis. ueluti nobilitas fauorque popularis quae uidentur quandam claritudinem comparare, ...	*C*.3,*P*.2.32
populi. Diffunditur...illa doctrina, adunantur populi, instituuntur ecclesiae,	*Fid*.244
Qui nunc populi rumores,...piget reminisci.	*C*.1,*P*.4.159
Quos innumeri metuunt populi Summos gaudent subdere reges.	*C*.1,*M*.5.40
Quos miseri toruos populi timent Cernes tyrannos exules.''	*C*.4,*M*.1.29
populi. si quis populi quondam curasset annonam, magnus habebatur, . . .	*C*.3,*P*.4.43
ne opinionem populi sequentes quiddam ualde inopinabile confecerimus.''	*C*.4,*P*.7.31

id quod pollicentur non posse conferre?" *C.3,P.9.70*
plenum absolutumque bonum afferre non posse? *C.3,P.11.12*
Quae possibilitas eos euidentius nihil posse demonstrat. . . . *C.4,P.2.118*
cum mala tantummodo possint, nihil posse improbos liquet." . . *C.4,P.2.120*
"Est igitur," inquit, "aliquis qui omnia posse homines putet?" . . . *C.4,P.2.125*
eosdem qui mala possunt minus posse manifestum est. . . . *C.4,P.2.130*
liquet solos quod desiderent facere posse sapientes, ... *C.4,P.2.141*
improbos...quod uero desiderent explere non posse. *C.4,P.2.143*
triplici infortunio...urgeantur quos uideas scelus uelle, posse, perficere." *C.4,P.4.16*
qua se quidam credunt hunc quaestionis nodum posse dissoluere. . . *C.5,P.3.18*
id diuinam prouidentiam latere non posse *C.5,P.3.22*
ut aeque uel fieri ea uel non fieri posse cognoscat, ... *C.5,P.3.71*
quo cum deo colloqui homines posse uideantur *C.5,P.3.105*
nihilque scientia comprehendi posse nisi certum; *C.5,P.4.67*
Quod enim sensibile uel imaginabile est, id uniuersum esse non posse; . *C.5,P.5.25*
illa uero ad uniuersitatis cognitionem adspirare non posse, . . . *C.5,P.5.33*
Hic si dicas quod euenturum deus uidet id non euenire non posse, . . *C.5,P.6.96*
Respondebo: propositum te quidem tuum posse deflectere, . . . *C.5,P.6.142*
sed quoniam et id te posse...praesens prouidentiae ueritas intuetur, . *C.5,P.6.143*
diuinam te praescientiam non posse uitare; *C.5,P.6.145*
possem. nec dinoscere possem, quaenam haec esset mulier . . . *C.1,P.1.45*
possemus. ita diuinae iudicium mentis habere possemus, . . . *C.5,P.5.47*
possent. quemadmodum bona esse possent, si a primo bono minime
    defluxissent. *Quo.98*
ipsum uero esse quod non haberent a bono, bonum habere non possent. *Quo.140*
ista licet essent bona, tamen in eo quod essent bona esse non possent, . *Quo.142*
tamen in eo quod sunt bona esse non possent, quoniam et praeter bonum
    "Mali uero si adipiscerentur quod appetunt bonum, mali esse non *Quo.148*
    possent." *C.4,P.2.39*
"Atqui idem possunt mala." "Vtinam quidem," inquam, "non possent." *C.4,P.2.128*
posses. num posses eum uel reuerentia...non dignum putare? . . *C.3,P.4.16*
possessio. Aeternitas igitur est interminabilis uitae tota simul et perfecta
    possessio, ... *C.5,P.6.10*
possessione. Quouis iudice de opum dignitatumque mecum possessione
    contende. *C.2,P.2.6*
non aliter sibi splendere nisi inanimatae supellectilis possessione uideatur? *C.2,P.5.74*
quam exigua, quam fragili possessione nituntur! *C.3,P.8.15*
eorum quidem qui uel sunt uel in possessione uel in prouectu...uirtutis, *C.4,P.7.34*
cum uitiis deditae rationis propriae possessione ceciderunt. . . . *C.5,P.2.21*
posset. Hoc autem nisi ab illo esset, bonum fortasse esse posset, . . *Quo.137*
sed bonum in eo quod est esse non posset. *Quo.138*
Nam si duae personae essent, unus esse non posset; *Eut.4.45*
sed ne posset quidem aut peccare aut uelle delinquere. *Eut.8.47*
nec quicquam...habentia, ut post lapsum posset adsurgere. . . . *Eut.8.58*
Nam quae sperari reliqua libertas potest? Atque utinam posset ulla! . *C.1,P.4.94*
cui si quid aforet summum esse non posset, ... *C.3,P.2.9*
quoniam relinqueretur extrinsecus quod posset optari. *C.3,P.2.10*
nisi possideret pecuniam quam posset amittere?" *C.3,P.3.40*
quoniam eorum notio corporales figuras non possit [posset] excedere, . *uar.C.5,P.5.34*
possibile. ne casum quidem huiusmodi esse possibile est *C.5,P.1.31*
si ineuitabiliter euentura censet quae etiam non euenire possibile est,
    fallitur; *C.5,P.3.68*
possibilitas. Quae possibilitas eos euidentius nihil posse demonstrat. . . *C.4,P.2.117*
Sed patrandi sceleris possibilitas referri ad bonum non potest; . . *C.4,P.2.134*
possibilitate. patrandi sceleris possibilitate deserti uehementer exopto." . *C.4,P.4.18*
possibilitatem. liquet igitur malorum possibilitatem non esse potentiam. . *C.4,P.2.137*
possideant. uerumque illud est permultis eos indigere qui permulta possideant *C.2,P.5.67*
possidebas. si quod in omni fortunae tuae censu pretiosissimum possidebas, *C.2,P.4.11*
possidebis. si tui compos fueris, possidebis quod nec tu amittere umquam
    uelis *C.2,P.4.76*
possidens. dicimus...de deo "cuncta possidens regit." *Trin.4.80*
possidens. Erit enim eo praestantius aliquid perfectum possidens bonum, . *C.3,P.10.31*
possidentibus. Atqui diuitiae possidentibus persaepe nocuerunt, . . . *C.2,P.5.97*
possidere. Animumque doceat quidquid extra molitur Suis retrusum
    possidere thesauris. *C.3,M.11.6*
et cum totam pariter uitae suae plenitudinem nequeat possidere, . . *C.5,P.6.47*

quod huiusmodi statum possit afferre?" *C*.3,*P*.9.89
in rerum natura possit exsistere, ... *C*.3,*P*.10.6
"Nihil uideo cur dissentire quispiam possit." *C*.3,*P*.10.140
"Non est igitur aliquid quod summo huic bono uel uelit uel possit
    obsistere." *C*.3,*P*.12.62
"Qui uero est," inquit, "omnium potens, nihil est quod ille non possit." *C*.3,*P*.12.78
"nihil est, cum id facere ille non possit, qui nihil non potest." *C*.3,*P*.12.81
Pennas. . . quibus se in altum tollere possit adfigam, ... *C*.4,*P*.1.36
"Cum igitur bonorum tantummodo potens possit omnia, ... *C*.4,*P*.2.129
Sed cum ultra homines quemque prouehere sola probitas possit, . . . *C*.4,*P*.3.53
cum in diuinam condicionem transire non possit, ... *C*.4,*P*.3.68
Sed concedamus ut aliquis possit bonos malosque discernere; *C*.4,*P*.6.109
quem deteriorem facere possit aduersitas, ... *C*.4,*P*.6.139
exacerbare possit rei familiaris inopia; *C*.4,*P*.6.170
an earum rerum. . . ulla possit esse praenotio. *C*.5,*P*.4.64
quoniam eorum notio corporales figuras non possit excedere, ... *C*.5,*P*.5.34
quod totum uitae suae spatium pariter possit amplecti. *C*.5,*P*.6.15
motus imitatur cumque eum effingere atque aequare non possit, . . . *C*.5,*P*.6.43
possum. nec infitiari possum prosperitatis meae uelocissimum cursum. . . . *C*.2,*P*.4.2
Sed delicias tuas ferre non possum *C*.2,*P*.4.40
"Non possum," inquam, "quin hoc uti est ita etiam celeberrimum esse
    confitear." *C*.3,*P*.9.32
ne cogitare quidem possum; *C*.3,*P*.9.39
quam iniquitatis merito malum esse confessus es." "Negare non possum." *C*.4,*P*.4.71
possumus. locus cunctis diuersus est quem unum fingere nullo modo
    possumus; *Trin*.1.29
qui sit tamen processionis istius modus ita non possumus euidenter dicere, *Fid*.26
cumque etiam πρόσωπα nuncupent easdem substantias, possumus nos
    quoque nuncupare personas. *Eut*.3.68
Tunc enim possumus dicere coronam gemmis auroque consistere; . . . *Eut*.7.20
Non enim possumus ob honores reuerentia dignos iudicare *C*.3,*P*.4.13
Quare in illius summae intellegentiae cacumen, si possumus, erigamur; . *C*.5,*P*.5.51
possunt. formas. . . quae a corporibus actu separari non possunt, . . . *Trin*.2.8
quae formae cum in materia sint, ab his separari non possunt), . . . *Trin*.2.14
forma enim est, formae uero subiectae esse non possunt. *Trin*.2.43
cuncta mutantur quae praedicari possunt. *Trin*.4.9
Multa sunt quae cum separari actu non possunt, animo. . . separantur; *Quo*.87
quae, cum sint, quoquo modo intellectu capi possunt." *Eut*.1.9
haec enim omnia intellectu capi possunt. *Eut*.1.12
intellegi non possunt, sed aliquo tamen modo. . . capiuntur. *Eut*.1.14
essentiae in uniuersalibus quidem esse possunt, ... *Eut*.3.34
non possunt habere personam qua Christi uocabulum excipere possint? *Eut*.4.85
sola enim mutari transformarique in se possunt quae *Eut*.6.25
nec haec omnia, sed ea quae in se et facere et pati possunt. *Eut*.6.27
naturae quae a se facere et pati possunt, ... *Eut*.6.45
quae a se, . . . et facere et pati possunt communi atque eadem materia
    subiecta. *Eut*.6.48
si quattuor haec neque ultra neque infra esse possunt, ... *Eut*.7.81
Nubibus atris Condita nullum Fundere possunt Sidera lumen. . . . *C*.1,*M*.7.3
diuitiae nisi comminutae in plures transire non possunt. *C*.2,*P*.5.17
Num enim diuites esurire nequeunt? Num sitire non possunt? . . . *C*.3,*P*.3.46
Quare si opes nec submouere possunt indigentiam et ipsae suam faciunt, *C*.3,*P*.3.55
Quae si beatos explicare possunt, ... *C*.3,*P*.7.9
quod haec quae nec praestare quae pollicentur bona possunt *C*.3,*P*.8.33
uerum autem atque perfectum bonum conferre non possunt." *C*.3,*P*.9.94
quod duo summa bona quae a se diuersa sint esse non possunt. . . . *C*.3,*P*.10.70
nullo modo igitur quae summa sunt bona ea possunt esse diuersa. . . *C*.3,*P*.10.75
et ne, dum manere possunt, intereant, elaborat. *C*.3,*P*.11.62
manendi causam ut quoad possunt naturaliter manere desiderent; . . *C*.3,*P*.11.99
Neque. . . praemia petunt, quae consequi atque obtinere non possunt, . *C*.4,*P*.2.82
'Sed possunt,' inquies, 'mali.' *C*.4,*P*.2.113
Possunt enim mala quae minime ualerent, ... *C*.4,*P*.2.115
"Atqui idem possunt mala." "Vtinam quidem," inquam, "non possent." *C*.4,*P*.2.127
eosdem qui mala possunt minus posse manifestum est. *C*.4,*P*.2.130
Si igitur sese ipsi aestimare uelint, possuntne sibi supplicii expertes uideri *C*.4,*P*.3.40
Alii plus aequo metuunt quod ferre possunt, ... *C*.4,*P*.6.152
alii plus aequo despiciunt quod ferre non possunt; *C*.4,*P*.6.153

"Immo omnium,"..."quae excogitari possunt, iudicat esse miserrimam." *C.4,P.7.30*
nisi quod ea quae praesciuntur non euenire non possunt? *C.5,P.4.18*
Quae dum fiunt, non fieri non possunt; *C.5,P.6.129*
quae cum rectae sunt, inefficaces esse non possunt. *C.5,P.6.172*
post. *Fid.*178; 179; 204; 217; 249; 253; *Eut.*5.23; 5.37; 5.47; 5.57; 7.95; 8.34; 8.48; 8.58;
    *Eut.*8.65; 8.86; *C.*2,*P.*1.1; 2,*P.*7.78; 3,*P.*1.6; 4,*P.*4.76; 4,*P.*4.86
post. *Eut.,Prf.*57; *C.*1,*P.*1.15; 3,*P.*1.3
postea. Postea igitur pro eorum egressione altis Aegyptus plagis uastata est,   *Fid.*163
postergum. Aeris inmensi superat globum, Nubesque postergum uidet, . . *C.4,M.1.6*
posterioribus. Haec enim scientiae uis...nihil uero posterioribus debet. . . *C.5,P.6.163*
posteritatem. in ignotis partibus sui generis posteritatem transposuit . . . *Fid.*101
posterius. qui uero iste sit, posterius quaeram. *Pat.*35
    Sed id qua ratione dicatur, paulo posterius explicabo. *Eut.6.102*
posteros. poenam quam ipse primus homo...exceperat generando transmisit
    in posteros. *Fid.*104
    malum, quod in posteros naturaliter primus homo transfuderat, . . . *Fid.*114
    Cuius rei seriem atque ueritatem, ne latere posteros queat, ... *C.1,P.4.87*
postmodum. sacramenti et longe postmodum proferendi faciendo participes   *Fid.*125
postquam. Postquam flebilibus modis Siluas currere mobiles, Amnes stare
    coegerat, ... *C.3,M.12.7*
postremae. Quae tametsi conditoris opera suique distinctione postremae
    aliquid pulchritudinis trahunt, ... *C.2,P.5.28*
postremo. Nam si ex semine Abrahae atque Dauid et postremo Mariae non
    fuit caro *Eut.5.55*
    Postremo aequo animo toleres oportet *C.2,P.1.49*
    Quae...postremae [postremo] aliquid pulchritudinis trahunt, . . . *uar.C.2,P.5.28*
    Postremo idem de tota concludere fortuna licet in qua *C.2,P.6.67*
    Postremo felix a uero bono deuios blanditiis trahit, ... *C.2,P.8.16*
    Postremo quod a qualibet re diuersum est, ... *C.3,P.10.54*
    Postremo cum omne praemium idcirco appetatur *C.4,P.3.21*
    Postremo si quid aliquis aliorsum atque sese res habet existimet, . . . *C.5,P.3.55*
postremus. Postremus aduersum fortunam dolor incanduit *C.1,P.5.34*
postularit. suo enim loco ponentur sicut ordo necessarius postularit. . . . *Fid.*53
postulas. Postulas, ut ex Hebdomadibus nostris eius quaestionis obscu-
    ritatem ... digeram *Quo.*1
    Quid igitur postulas ut necessaria fiant quae diuino lumine lustrentur, . *C.5,P.6.73*
postulatis. de alienis praemia sermunculis postulatis. *C.2,P.7.65*
postulet. Tu igitur an ius postulet, animaduerte. *C.2,P.2.2*
postulo. sin...aliquid...uariandum est, id quoque postulo remitti, ... *Eut.,Prf.*51
posuerunt. ut hi etiam qui naturam non nisi in corporibus esse posuerunt. . . *Eut.*1.40
posuisse. Victor immitem posuisse fertur Pabulum saeuis dominum quadrigis.   *C.4,M.7.20*
posuisti. In extremo Musae saeuientis, uti quae caelum terras quoque pax
    regeret, uota posuisti. *C.1,P.5.37*
    Sed eam si placet inter eas quas inopinabiles paulo ante posuisti
    numeremus." *C.4,P.7.12*
    Ex quo illud quoque resoluitur quod paulo ante posuisti *C.5,P.6.159*
potens. Potentem censes...qui ut potens esse uideatur, in seruientium manu
    situm est? *C.3,P.5.24*
    etiam id quod maxime petebat potens esse desistat. *C.3,P.9.62*
    "Qui uero est," inquit, "omnium potens, nihil est quod ille non possit." *C.3,P.12.78*
    naturalis officii potens eo qui idem nequeat ualentior *C.4,P.2.61*
    "Cum igitur bonorum tantummodo potens possit omnia, ... *C.4,P.2.128*
potens. Quantas rerum flectat habenas Natura potens, ... *C.3,M.2.2*
potens. si bonum potens esse constiterit, liquet inbecillitas mali; *C.4,P.2.7*
potentem. An uero regna regumque familiaritas efficere potentem ualet? . . *C.3,P.5.2*
    An tu potentem censes quem uideas uelle quod non possit efficere? . . . *C.3,P.5.21*
    Potentem censes qui satellite latus ambit, ... *C.3,P.5.22*
    Papinianum diu inter aulicos potentem militum gladiis Antoninus obiecit. *C.3,P.5.31*
    Qui se uolet esse potentem Animos domet ille feroces *C.3,M.5.1*
    quae sufficientem, potentem, reuerendum, celebrem laetumque perficiat. *C.3,P.9.81*
    "Deum," inquit, "esse omnium potentem nemo dubitauerit." *C.3,P.12.75*
potentes. non uero queant omnia potentes etiam malorum, ... *C.4,P.2.129*
potentes. nequam homines atque nefarios potentes felicesque arbitraris. . . *C.1,P.6.45*
    ipso...auctore cognosces semper quidem potentes esse bonos, ... *C.4,P.1.26*
    num dubium est bonos quidem potentes esse, ... *C.4,P.2.42*
    bonos quidem potentes, malos uero esse necesse est imbecillos." . . . *C.4,P.2.69*
    Sed hoc modo non solum potentes esse sed omnino esse desinunt. . . . *C.4,P.2.99*

potentia. Quae uero est ista uestra expetibilis ac praeclara potentia? . . . *C.*2,*P.*6.14
    nec illa potentia nec haec dignitas iure appellari potest. *C.*2,*P.*6.66
    An in bonis non est numeranda potentia? Quid igitur? *C.*3,*P.*2.63
    Quae est igitur ista potentia quam pertimescunt habentes, ... *C.*3,*P.*5.36
    pellere curas Miserasque fugare querelas Non posse potentia non est. . *C.*3,*M.*5.10
    Nam eadem sufficientia summa est, eadem summa potentia, ... *C.*3,*P.*10.104
    Haecine omnia bonum—sufficientia potentia ceteraque— *C.*3,*P.*10.107
    idcirco potentia quoniam id quoque esse creditur bonum; *C.*3,*P.*10.121
    ut quae sufficientia est, eadem sit potentia, reuerentia, claritas atque
       iucunditas,   *C.*3,*P.*11.14
    sed haec eorum potentia non a uiribus sed ab imbecillitate descendit. . *C.*4,*P.*2.114
    Atqui omnis potentia expetenda est; *C.*4,*P.*2.136
    Ex quibus omnibus bonorum quidem potentia,. . .apparet *C.*4,*P.*2.139
potentia. O praeclara potentia quae ne ad conseruationem quidem sui satis
    efficax inuenitur! *C.*3,*P.*5.6
potentia. Quid autem de dignitatibus potentiaque disseram *C.*2,*P.*6.1
    Sunt qui summum bonum in summa potentia esse constituant; . . . *C.*3,*P.*2.20
    An tu arbitraris quod nihilo indigeat egere potentia?” *C.*3,*P.*9.14
    “Qui diuitias,”. . .“petit penuriae fuga, de potentia nihil laborat, . . *C.*3,*P.*9.51
    honoremque potentia carentem gloriam quoque nihili pendit. . . . *C.*3,*P.*9.58
    potius quam. . .potentia ualidus, in sua permanens urbe florere. . . . *C.*4,*P.*5.7
potentia. O leuem nimium manum Nec potentia gramina, ... *C.*4,*M.*3.30
potentiae. reliquum uero uel potentiae causa uel delectationis assumitur. . . *C.*3,*P.*2.36
    “Igitur sufficientiae potentiaeque una est eademque natura.” *C.*3,*P.*9.18
    sufficientiae, potentiae, claritudinis, reuerentiae, iucunditatis nomina . *C.*3,*P.*9.42
    “Atque ut intellegas quaenam sit huius potentiae uis, ... *C.*4,*P.*2.122
potentiae. Atqui uterque potentiae suae renuntiare uoluerunt, ... *C.*3,*P.*5.32
    “Addamus igitur sufficientiae potentiaeque reuerentiam, ... *C.*3,*P.*9.23
potentiam. Vllamne igitur eius hominis potentiam putas, ... *C.*2,*P.*6.38
    ut qui diuitias ob potentiam uoluptatesque desiderant *C.*3,*P.*2.28
    uel qui potentiam seu pecuniae causa seu proferendi nominis appetunt. *C.*3,*P.*2.29
    formam felicitatis humanae — opes, honores, potentiam, gloriam,
       uoluptates. *C.*3,*P.*2.47
    per haec sibi sufficientiam, reuerentiam, potentiam, celebritatem,
       laetitiam credunt esse uenturam. *C.*3,*P.*2.75
    Potentiamne desideras? Subiectorum insidiis obnoxius periculis subiacebis. *C.*3,*P.*8.8
    “nec opibus sufficientiam nec regnis potentiam. . .posse contingere.” . *C.*3,*P.*9.4
    “bonis semper adesse potentiam, malos cunctis uiribus esse desertos . . *C.*4,*P.*2.4
    Huc accedit quod omnem potentiam inter expetenda numerandam . . *C.*4,*P.*2.131
    liquet igitur malorum possibilitatem non esse potentiam. *C.*4,*P.*2.138
potentior. Haec est efficiens magis Longe causa potentior *C.*5,*M.*4.27
potentiorum. pro tuendo iure spreta potentiorum semper offensio. *C.*1,*P.*4.33
potentis. scientis omnia, potentis omnia sed bona tantummodo uolentis dei *C.*4,*P.*1.18
potentissimum. aduersus eum quem iure beatitudinis potentissimum esse
    concessimus?” *C.*3,*P.*12.59
    Sicut enim eum. . .ambulandi potentissimum esse censeres, ... *C.*4,*P.*2.88
    ita eum qui expetendorum finem . . . apprehendit, potentissimum necesse
       est iudices. *C.*4,*P.*2.90
potentissimum. quod potentissimum, quod honore dignissimum esse con-
    cessum est, ... *C.*3,*P.*9.28
potentium. iure spreta potentiorum [potentium] semper offensio. *uar.C.*1,*P.*4.33
potentius. summo bono nihil potentius esse paulo ante definiuimus.” . . *C.*4,*P.*2.122
potentius. Haec uenena potentius Detrahunt hominem *C.*4,*M.*3.35
potentum. pro tuendo iure spreta potentiorum [potentum] semper offensio. *?uar.C.*1,*P.*4.33
poteram. ne si. . .cuperem, uultum nutumque eius aspicere poteram . . . *Eut.,Prf.*25
poterant. Quae quoniam non sunt simplicia, nec esse omnino poterant, nisi . *Quo.*118
poterat. nec adhuc ullo se delicto polluerat, poterat tamen in eo *Eut.*8.43
    cum nec mors aderat et adesse poterat delinquendi uoluntas. *Eut.*8.71
    poterat hoc uel alius quispiam uel ipse etiam qui contulisset auferre; . *C.*4,*P.*3.18
    sed eo modo quo formam ipsam, quae nulli alii nota esse poterat,
       comprehendit. *C.*5,*P.*4.100
poteris. “Quid igitur homo sit, poterisne proferre?” *C.*1,*P.*6.35
    poterisne meliora quaeque retinens de infortunio iure causari? *C.*2,*P.*4.13
poterit. Forma uero quae est sine materia non poterit esse subiectum . . *Trin.*2.49
    et fidem si poterit rationemque coniunge. *Pat.*71
    Huic quaestioni talis poterit adhiberi solutio. *Quo.*86
    si haec eius sententia non est, illa esse poterit dicentis *Eut.*5.36

Non enim poterit in utrisque constare, quando utrorumque natura non
   permanet. *Eut*.6.91
in utrisque uero huiusmodi constare non poterit, ...   *Eut*.6.95
Reliquit enim te quam non relicturam nemo umquam poterit esse securus.   *C*.2,*P*.1.40
poteritne illius memoria lucis quantalibet ingruentium malorum mole
   deleri, ...   *C*.2,*P*.3.26
infiniti uero atque finiti nulla umquam poterit esse collatio. *C*.2,*P*.7.59
Nam ni tale sit, rerum omnium princeps esse non poterit. *C*.3,*P*.10.30
nullius rei natura suo principio melior poterit exsistere, ...   *C*.3,*P*.10.59
quare neutrum poterit esse perfectum, cum alterutri alterum deest. .   *C*.3,*P*.10.72
Hanc quisquis poterit notare lucem, ...   *C*.3,*M*.10.17
num igitur poterit intueri illam intimam temperiem, ...   *C*.4,*P*.6.110
neque enim. . .quaelibet exsistere poterit uoluntas *C*.5,*P*.3.12
id euenturum esse praesciri qui poterit? *C*.5,*P*.3.60
Alioquin si haec nulla est, ne illa quidem eius rei signum poterit esse quae
   non est. *C*.5,*P*.4.37
poteritis. Num enim elephantos mole, tauros robore superare poteritis, . .   *C*.3,*P*.8.16
poterunt. idem omnia quae secundum se poterunt praedicari. *Trin*.6.14
Corpora uero in incorporea nulla ratione poterunt permutari, ...   *Eut*.6.53
Nulla autem est incorporalibus materia rebus; non poterunt igitur in se
   inuicem permutari. *Eut*.6.71
potest. ex eo quod raris id est uobis tantum conloquor, intellegi potest. . .   *Trin*.,*Prf*.8
hic non potest aliam nisi materiae similem sperare sententiam. *Trin*.,*Prf*.11
artibus. . .finis est constitutus, quousque potest uia rationis accedere. .   *Trin*.,*Prf*.26
praeter alteritatem enim nec pluralitas quid sit intellegi potest. *Trin*.1.15
unumquodque ut intellegi atque capi potest dispiciamus; *Trin*.2.2
Neque enim subiectum fieri potest; *Trin*.2.42
Potest enim unus tot uocabulis gladius agnosci; *Trin*.3.23
Ad aliquid uero omnino non potest praedicari, ...   *Trin*.4.10
Nam ubi uel de homine uel de deo praedicari potest, ...   *Trin*.4.46
(omnino enim in loco esse non potest) *Trin*.4.56
Quod de caelo. . .secundum philosophos dici potest, at de deo non ita. .   *Trin*.4.68
—si tamen interim diuinum illud semper tempus dici potest— *Trin*.4.95
Non igitur dici potest praedicationem relatiuam. . .uel addere *Trin*.5.17
sed, si dici potest, quo quidem modo *Trin*.5.38
Neque accessisse dici potest aliquid deo, ut pater fieret; *Trin*.5.42
Sed quoniam nulla relatio ad se ipsum referri potest, ...   *Trin*.6.2
Quod si id in cunctis aliis rebus non potest inueniri, ...   *Trin*.6.23
simplici intellectu erigi et ut quidque intellegi potest *Trin*.6.25
Vna igitur substantia trium nec separari ullo modo aut disiungi potest .   *Pat*.13
quicquid huiusmodi excogitari potest substantialiter *Pat*.67
Quod est participare aliquo potest, sed ipsum esse nullo modo aliquo
   participat. *Quo*.31
Id quod est habere aliquid praeterquam quod ipsum est potest; *Quo*.36
ex. . .doctorum. . .sententia barbararumque gentium religionibus cognosci potest. *Quo*.95
sed quoniam non potest esse ipsum esse rerum, ...   *Quo*.132
ante omne uidelicet quod temporis potest retinere uocabulum, ...   *Fid*.10
non potest humanus animus aestimare. *Fid*.28
—tanta dumtaxat, quanta a creatura ad creatorem fieri potest,— . . .   *Fid*.273
Natura igitur aut de solis corporibus dici potest *Eut*.1.1
Sed de persona maxime dubitari potest, ...   *Eut*.2.1
Quoniam praeter naturam non potest esse persona *Eut*.2.13
in his omnibus nusquam in uniuersalibus persona dici potest, ...   *Eut*.2.48
omnino enim ex duabus personis nihil umquam fieri potest. *Eut*.4.35
Quod enim non est unum, nec esse omnino potest; *Eut*.4.37
aequiuocum nomen est Christi et nulla potest definitione concludi. . .   *Eut*.4.58
nulla uero intellegi adsumptio potest, si manet aeque *Eut*.4.120
Hoc uero qui fieri potest, si diuinitas in generatione Christi *Eut*.6.17
Non enim omnis res in rem omnem uerti ac transmutari potest. *Eut*.6.20
neque incorporea in eam quae corpus est mutari potest, ...   *Eut*.6.23
neque enim potest aes in lapidem permutari *Eut*.6.28
in quodlibet aliud transfigurari potest, nisi et eadem sit materia *Eut*.6.30
Potest enim aquae qualitas a uini qualitate aliquid pati; *Eut*.6.34
potest item uini ab aquae qualitate aliquid pati. *Eut*.6.35
sed non omne ab omni uel in omni uel facere aliquid uel pati potest. .   *Eut*.6.52
Non igitur fieri potest, ut corpus in incorporalem speciem *Eut*.6.66

Atqui praetura magna olim potestas nunc inane nomen *C.3,P.4.41*
Quod si haec regnorum potestas beatitudinis auctor est, ... *C.3,P.5.7*
Qua uero parte beatos faciens desinit potestas, ... *C.3,P.5.12*
Quae est igitur haec potestas quae...aculeos uitare nequit? *C.3,P.5.17*
Quos quidem regia potestas saepe incolumis saepe autem lapsa prosternit. *C.3,P.5.27*
uoluntas scilicet ac potestas, quorum si alterutrum desit, ... *C.4,P.2.13*
at si potestas absit, uoluntas frustra sit. *C.4,P.2.16*
praemium...quod...nullius minuat potestas, nullius fuscet improbitas,
   deos fieri.. . . . . *C.4,P.3.30*
quae indignissima tibi uidebatur malorum potestas *C.4,P.4.81*
et efficax optatorum praesto est potestas. *C.5,P.2.16*
potestate. Quam indigentiam fuisse in Christo nullus ignorat, sed potestate
   non necessitate; *Eut.8.85*
uixisse securi, sed nequeunt; dehinc de potestate gloriantur. *C.3,P.5.20*
ut suam quisque operam non ex aliena sed ex propria potestate perficiat. *C.5,P.4.120*
hoc quidem de rerum necessitate descendit, illud uero de potestate
   facientium. *C.5,P.6.134*
'Sed si in mea,' inquies, 'potestate situm est mutare propositum, . . . *C.5,P.6.139*
potestatem. inter mures...unum aliquem ius sibi ac potestatem prae ceteris
   uindicantem, ... *C.2,P.6.17*
potestatibus. si ipsis dignitatibus ac potestatibus inesset aliquid naturalis ac
   proprii boni, ... *C.2,P.6.41*
potestatis. quae uos uerae dignitatis ac potestatis inscii caelo exaequatis? . *C.2,P.6.2*
potius. non agnoscenda haec potius quam proculcanda proiecerit. *Trin.,Prf.15*
potius ipsam inspicere formam quae uere forma neque imago est . . . *Trin.2.19*
haec enim unitatum iteratio potius est non numeratio, ... *Trin.3.24*
sed potius extrinsecus aliquid quodam modo affigant. *Trin.4.103*
Hebdomadas uero ego mihi ipse commentor potiusque ad memoriam
   meam speculata conseruo *Quo.8*
nec potius uiderentur, sed uideretur; *Quo.115*
per iustum potius hominem reparare genus humanum quam manere
   proteruum, ... *Fid.130*
Neque enim quod sit aliquid sed potius non esse significat; *Eut.1.18*
sed potius in se ipsam uini qualitatem propria multitudine commutauit. *Eut.6.42*
ac potius amphibolum et gemina significatione diuersa designans: . . *Eut.7.41*
illud potius bonum esse credendum est quod illa incommutabilis bonitas
   ...perscribit. *Eut.8.100*
Sed abite potius Sirenes usque in exitium dulces *C.1,P.1.39*
nisi ultro tu mea potius offensione lacereris. *C.1,P.4.153*
te potius ipse pepulisti. *C.1,P.5.8*
nec bibliothecae potius comptos ebore ac uitro parietes quam tuae mentis
   sedem requiro, ... *C.1,P.5.22*
Autumno potius sua Bacchus munera contulit. *C.1,M.6.14*
Seruauit circa te propriam potius in ipsa sui mutabilitate constantiam. *C.2,P.1.30*
Largis cum potius muneribus fluens Sitis ardescit habendi? *C.2,M.2.17*
Quid earum potius, aurumne an uis congesta pecuniae? *C.2,P.5.7*
sed prodit potius et ostentat indignos. *C.2,P.6.62*
alieno potius praesidio faciunt indigentes. *C.3,P.3.43*
Atqui non fugare sed illustrare potius nequitiam solent; *C.3,P.4.4*
despectiores potius improbos dignitas facit. *C.3,P.4.25*
caelum non his potius est quam sua qua regitur ratione mirandum. . *C.3,P.8.20*
non illa potius quam bonum ipsum desideratur ab omnibus. *C.3,P.10.135*
non ab iratis sed a propitiis potius miserantibusque accusatoribus . . . *C.4,P.4.136*
aegros corpore minime dignos odio sed potius miseratione *C.4,P.4.152*
potius quam pollens opibus, honore reuerendus, ... *C.4,P.5.6*
perniciosis potius ciuibus propter quos etiam constituta sunt debeantur. *C.4,P.5.12*
ut eum in scelera potius exacerbare possit...inopia; *C.4,P.6.169*
non iam erit...praescientia, sed opinio potius incerta, ... *C.5,P.3.15*
sed e contrario potius, quoniam quid futurum est, ... *C.5,P.3.20*
sed haec potius uera est quoniam quempiam sedere praecessit. . . . *C.5,P.3.38*
sed omnium meritorum potius mixta atque indiscreta confusio. . . . *C.5,P.3.93*
ac non illud potius arbitremur, ... *C.5,P.4.44*
sed secundum cognoscentium potius comprehenditur facultatem. . . . *C.5,P.4.76*
ut in cognoscendo cuncta sua potius facultate...utantur? *C.5,P.4.116*
de rerum uero cognitione firmiori potius perfectiorique iudicio esse
   credendum, ... *C.5,P.5.35*
nonne rationis potius causam probaremus? *C.5,P.5.38*

praeceptor. eodemque superstite praeceptor eius Socrates iniustae uictoriam
    mortis...promeruit? $C.1,P.3.20$
praeceptorem. Nero Senecam familiarem praeceptoremque suum $C.3,P.5.29$
praeceptum. At ubi aurem praebuit suasori et conditoris praeceptum neglexit
    attendere, ... $Fid.99$
praecessisse. aequum est uel falsum aliquid praecessisse demonstret . . . . $C.4,P.4.36$
praecessit. sed haec potius uera est quoniam quempiam sedere praecessit. . $C.5,P.3.38$
praecipiens. artifex faciendae rei formam mente praecipiens . . . . . . $C.4,P.6.45$
praecipit. atque in uniuersum mundum ad uitam praecipit introire, ... $Fid.231$
praecipitat. Non Ixionium caput Velox praecipitat rota . . . . . $C.3,M.12.35$
    An sectanda nouerunt? Sed transuersos eos libido praecipitat. . . . . $C.4,P.2.96$
praecipitatae. duos uero esse dicere Christos nihil est aliud nisi praecipita-
    tae mentis insania. . . . . $Eut.4.46$
praecipitauit. Alios in cladem meritam praecipitauit indigne acta felicitas; $C.4,P.6.177$
praecipitem. Quae iam praecipitem frena cupidinem Certo fine retentent, . . $C.2,M.2.15$
praecipiti. Vt, cum praecipiti glomerantur sidera Coro . . . . $C.1,M.3.3$
praecipiti. Sic quod praecipiti uia Certum deserit ordinem . . . . $C.1,M.6.20$
    Quicumque solam mente praecipiti petit Summumque credit gloriam, $C.2,M.7.1$
praecipiti. Heu quam praecipiti mersa profundo Mens hebet . . . . . . $C.1,M.2.1$
praecipua. Cum igitur praecipua sit mortalibus uitae cura retinendae, . . $C.2,P.4.27$
praecipui. Sed si quid est in hoc splendore praecipui, gemmarum est lux illa
    non hominum, ... $C.2,P.5.23$
praecipuis. Quidquid praecipuis deae Matris fontibus hauserat, . . . $C.3,M.12.22$
praecipuos. Quid autem est quod ad praecipuos uiros, . . . qui uirtute
    gloriam petunt. . . . . $C.2,P.7.76$
praecipuum. Quidquid praecipuum trahit Perdit, dum uidet inferos." . . . $C.3,M.12.57$
    Memento etenim corollarii illius quod paulo ante praecipuum dedi . . . $C.4,P.3.26$
praeclara. Quae uero est ista uestra expetibilis ac praeclara potentia? $C.2,P.6.14$
    et intra unius gentis terminos praeclara illa famae inmortalitas coarta-
    bitur. . . . . $C.2,P.7.44$
praeclara. O praeclara opum mortalium beatitudo . . . . $C.2,P.5.102$
    O praeclara potentia quae ne ad conseruationem quidem sui satis efficax
    inuenitur! . . . . $C.3,P.5.5$
praecognita. Haec igitur etiam praecognita liberos habent euentus. . . . . $C.5,P.4.59$
praecognitio. Hoc igitur modo, etiam si praecognitio non fuisset, ... $C.5,P.4.30$
praecurris. "Recte," inquit, "praecurris idque, uti medici sperare solent, . . $C.4,P.2.71$
praecurrit. Omne namque futurum diuinus praecurrit intuitus . . . . . $C.5,P.6.151$
praedae. meque reclamantem renitentemque uelut in partem praedae
    traherent, ... $C.1,P.3.24$
praedestinata. et suis quaeque meritis praedestinata disponit. . . . . . $C.5,P.2.29$
praedestinatione. de cognitione ac praedestinatione diuina, de arbitrii libertate
    quaeri solet, ... $C.4,P.6.12$
praedicabuntur. quaecumque hoc modo dicuntur, de singulis in unum collectis
    tribus singulariter praedicabuntur. . . . . $Pat.19$
praedicamenta. Decem omnino praedicamenta traduntur quae de rebus
    omnibus uniuersaliter praedicantur, ... $Trin.4.1$
    Sed haec praedicamenta talia sunt, ... $Trin.4.26$
praedicamentum. refert quidem ad praedicamentum quod est ubi, sed non
    quo aliquid est . . . . $Trin.4.91$
praedicamus. quae...singulariter praedicamus manifestum est substantialiter
    dici. . . . . $Pat.31$
    Graecus ὑπόστασιν non dicat, sicut nos de eisdem nomen substantiae
    praedicamus, ... $Eut.3.74$
praedicantur. Decem ... praedicamenta traduntur quae de rebus omnibus
    uniuersaliter praedicantur, ... $Trin.4.2$
    Reliqua uero neque de deo neque de ceteris praedicantur. . . . . . . $Trin.4.45$
    quasi circumstantias rei quodque illa quidem ita praedicantur, ... $Trin.4.101$
    Quaecumque...de diuina substantia praedicantur, ea tribus oportet esse
    communia; . . . . $Pat.15$
    Vniuersales sunt quae de singulis praedicantur ut homo, animal, lapis, $Eut.2.39$
    Particularia uero sunt quae de aliis minime praedicantur ut Cicero,
    Plato, ... $Eut.2.45$
    et in his constare dicimus ex quibus consistere praedicantur. . . . . . $Eut.7.20$
    Nam qui falso praedicantur, suis ipsi necesse est laudibus erubescant. . $C.3,P.6.7$
    illi sint clari necesse est qui praedicantur. . . . . $C.3,P.6.25$
praedicaretur. si enim substantialiter praedicaretur, ... $Pat.47$
    ut...non iam in una tantum gente sed orbi terrarum praedicaretur. . . $Fid.232$

praedicari. cuncta mutantur quae praedicari possunt. *Trin*.4.9
   Ad aliquid uero omnino non potest praedicari, ...   *Trin*.4.10
   Nam ubi uel de homine uel de deo praedicari potest, ...   *Trin*.4.46
   idem omnia quae secundum se poterunt praedicari. *Trin*.6.14
   licet dei nomen de diuinitate substantialiter praedicari. *Pat*.23
   Si igitur una in his substantia una est ueritas, necesse est ueritatem
     substantialiter praedicari.   *Pat*.28
   nec tamen in omnibus dici queunt, non substantialiter praedicari sed alio
     modo; *Pat*.34
   nec praeter naturam personam posse praedicari. *Eut*.2.11
praedicatio. Non igitur si. . .tertio praedicatur deus, idcirco trina praedicatio
   numerum facit. *Trin*.3.30
   sed haec omnis praedicatio exterioribus datur . . . . :   *Trin*.4.81
   cum uero de deo. . .secundum substantiam rei praedicatio nuncupatur.   *Trin*.4.108
   utrumne ita sit ut secundum se sit praedicatio an minime. *Trin*.5.7
   eo quod substantialis quidem ei est productio filii, relatiua uero prae-
     dicatio patris. *Trin*.5.45
   idcirco quod ea secundum se ipsum est praedicatio *Trin*.6.2
   facta quidem est trinitatis numerositas in eo quod est praedicatio
     relationis, ...   *Trin*.6.4
   ut praedicatio salutaris non iam in una tantum gente sed orbi terrarum
     praedicaretur. *Fid*.231
   Quo fit ut si quem famae praedicatio delectat, ...   *C*.2,*P*.7.40
   Quod si claritudinem praedicatio facit, ...   *C*.3,*P*.6.24
praedicatione. nam pars eorum in reliquarum rerum praedicatione substantia est, ...   *Trin*.4.6
praedicationem. At haec cum quis in diuinam uerterit praedicationem, cuncta
   mutantur *Trin*.4.8
   tantum quo sit illud aliis informatum rebus per hanc praedicationem
     ostenditur. *Trin*.4.53
   non uidentur secundum se facere praedicationem quae perspicue ex alieno
     aduentu *Trin*.5.4
   Non igitur dici potest praedicationem relatiuam . . . uel addere uel
     minuere uel mutare. *Trin*.5.17
   quae secundum rei alicuius in eo quod ipsa est proprietatem non faciunt
     praedicationem, ...   *Trin*.5.31
   Sane sciendum est non semper talem esse relatiuam praedicationem, . .   *Trin*.6.15
praedicationes. quae aliquid esse designant, secundum rem praedicationes
   uocentur. *Trin*.4.105
praedicationibus. Nam in ceteris praedicationibus nihil tale est. *Trin*.4.89
praedicationis. Cuius praedicationis differentiam sic facilius internoscimus: .   *Trin*.4.83
   indifferentia uel substantiae uel operationis uel omnino eius quae
     secundum se dicitur praedicationis. *Trin*.6.7
praedicationum. Iamne patet quae sit differentia praedicationum? *Trin*.4.99
praedicatur. quotiens enim idem dicitur, totiens diuersum etiam praedicatur.
   Idem *Trin*.1.18
   Non igitur si. . .tertio praedicatur deus, idcirco trina praedicatio . . .   *Trin*.3.30
   quem ad modum de deo unumquodque praedicatur, praemiserimus. . .   *Trin*.3.55
   ita dicitur quasi illud de quo praedicatur ipsum sit substantia, ...   *Trin*.4.30
   "iustus,". . .ita dicitur quasi ipse hoc sit de quo praedicatur, ...   *Trin*.4.37
   sed ita ut non quasi ipsa sit res id quod praedicatur de qua dicitur. . .   *Trin*.4.48
   "Quando" uero eodem praedicatur modo, ut de homine heri uenit, . .   *Trin*.4.60
   sed quid ei secundum tempus accesserit praedicatur. *Trin*.4.63
   nihilque aliud. . .differunt nisi sola relatione, relatio uero non praedicatur   *Trin*.5.35
   ad id de quo praedicatur quasi ipsa sit *Trin*.5.36
praedicauerim. non tres soles effecerim, sed de uno totiens praedicauerim. .   *Trin*.3.28
praedicauit. Quis non te felicissimum . . . cum masculae quoque prolis
   opportunitate praedicauit? *C*.2,*P*.3.22
praedicebant. sicut nec in eis, qui dei spiritu de uenturo Christo praedicebant,   *Eut*.4.98
praedicentur. Quaero an. . .substantialiter praedicentur an alio quolibet modo;   *Pat*.2
   idque signi erit quae sint quae de diuinitatis substantia praedicentur,   *Pat*.17
praedicetur. ut semper ad differens praedicetur, ut est seruus ad dominum;   *Trin*.6.16
   Quo fit, ut ne trinitas quidem substantialiter de deo praedicetur; . . .   *Pat*.52
   neque trinitas de deo substantialiter praedicetur, ...   *Pat*.64
praeditum. At si quem sapientia praeditum uideres, num posses eum uel
   reuerentia *C*.3,*P*.4.16
praeditus. uel ea qua est praeditus sapientia non dignum putare? *C*.3,*P*.4.17

praediximus. constet quod inter naturam personamque differre praediximus,   *Eut*.4.6
praeesset. sed quod idem omnibus uti praeesset ita etiam quasi principium
     subesset rebus, ...   *Eut*.3.99
praeeuntis. quid si hoc . . . paene inuicto praeeuntis naturae desererentur
     auxilio? *C*.4,*P*.2.79
praefectum. certamen aduersum praefectum praetorii communis commodi
     ratione suscepi, ...   *C*.1,*P*.4.46
praefectura. Atqui praetura [praefectura] magna olim potestas nunc inane
     nomen *uar*.*C*.3,*P*.4.41
praefectura. nunc ea praefectura quid abiectius? *C*.3,*P*.4.44
praefixa. eumque praefixa lege paradisi deliciis constituit, . . .   *Fid*.74
praegrauat. cum haec auribus insonare desierint, insitus animum maeror
     praegrauat.'' *C*.2,*P*.3.9
praeibitis. num tigres uelocitate praeibitis? *C*.3,*P*.8.17
praeire. et qui praeire ceteros honore cupis, poscendi humilitate uilesces. . .   *C*.3,*P*.8.7
praeiudicatae. Ne Albinum consularem uirum praeiudicatae accusationis
     poena corriperet, ...   *C*.1,*P*.4.52
praemia. quare probos mores sua praemia non relinquunt. *C*.4,*P*.3.13
     Frustra enim bonis malisque praemia poenaeue proponuntur *C*.5,*P*.3.86
praemia. Haecine praemia referimus tibi obsequentes? *C*.1,*P*.4.18
     conquestusque non aequa meritis praemia pensari. *C*.1,*P*.5.36
     Cum uulnera saeua uiderent Nec praemia sanguinis ulla? *C*.2,*M*.5.22
     de alienis praemia sermunculis postulatis. *C*.2,*P*.7.65
     Neque enim leuia aut ludicra praemia petunt, ...   *C*.4,*P*.2.81
     numquam bonis praemia numquam sua sceleribus deesse supplicia. . .   *C*.4,*P*.3.3
     Cur haec igitur uersa uice mutentur . . . praemia uirtutum mali rapiant,   *C*.4,*P*.5.14
     uoluntatibus praemia poenasque proponunt. *C*.5,*P*.6.166
     bonis praemia malis supplicia dispensans. *C*.5,*P*.6.169
praemii. quis boni compotem praemii iudicet expertem? *C*.4,*P*.3.23
     At cuius praemii? Omnium pulcherrimi maximique. *C*.4,*P*.3.24
praemiis. pro uerae uirtutis praemiis falsi sceleris poenas subimus. *C*.1,*P*.4.122
     ad efficiendum uero praemiis incitari, ...   *C*.1,*P*.4.172
     imperante florenteque nequitia uirtus non solum praemiis caret, . .   *C*.4,*P*.1.15
praemio. nec sine poena umquam esse uitia nec sine praemio uirtutes, . .   *C*.4,*P*.1.28
     tum suo praemio carebit, cum probus esse desierit. *C*.4,*P*.3.20
     quae in boni praemio uidemus accedere *C*.4,*P*.3.34
     et quos alii praemio alii supplicio dignos arbitrantur. *C*.4,*P*.6.108
praemiserimus. si prius illud, quem ad modum de deo unumquodque
     praedicatur, praemiserimus. *Trin*.3.55
praemisimus. Sufficiunt igitur quae praemisimus; *Quo*.53
praemissa. An illos accusatores iustos fecit praemissa damnatio? *C*.1,*P*.4.69
praemittere. decursis omnibus quae praemittere necessarium puto, . . .   *C*.4,*P*.1.33
praemium. solumque est praemium beatitudinis contemplatio conditoris . .   *Fid*.271
     is status qui praemium esset, si in praeceptis dei Adam manere uoluisset   *Eut*.8.52
     eiusdem rei praemium esse non iniuria uideri potest, ...   *C*.4,*P*.3.6
     uti currendi in stadio propter quam curritur iacet praemium corona. . .   *C*.4,*P*.3.7
     Est igitur humanis actibus ipsum bonum ueluti praemium commune
     propositum. *C*.4,*P*.3.10
     Postremo cum omne praemium idcirco appetatur *C*.4,*P*.3.22
     Est igitur praemium bonorum quod nullus deterat dies, . . . deos fieri. . .   *C*.4,*P*.3.29
     Sicut igitur probis probitas ipsa fit praemium, ...   *C*.4,*P*.3.37
praemium. Nam cum bonum malumque item poenae atque praemium . . .
     dissideant, ...   *C*.4,*P*.3.33
     Melioribus animum conformaueris, nihil opus est iudice praemium
     deferente; *C*.4,*P*.4.102
     "Quid uero iucunda, quae in praemium tribuitur bonis, num uulgus
     malam esse decernit?" *C*.4,*P*.7.25
     habet contemptum felicitatis, non habet praemium laboris. *C*.4,*P*.7.52
praenoscendi. nec alternat, ut aestimas, nunc hoc nunc illud praenoscendi
     uice, ...   *C*.5,*P*.6.154
praenoscere. repugnare uidetur praenoscere uniuersa deum et esse ullum
     libertatis arbitrium. *C*.5,*P*.3.5
praenoscit. si ab aeterno non facta hominum modo . . . praenoscit, nulla erit
     arbitrii libertas; *C*.5,*P*.3.10
     Quonam modo deus haec incerta futura praenoscit? *C*.5,*P*.3.67

Quasi uero nos ea quae prouidentia futura esse praenoscit non esse
 euentura credamus *C.*5,*P.*4.43
Fient igitur procul dubio cuncta quae futura deus esse praenoscit, . . . *C.*5,*P.*6.121
euacuabo prouidentiam, cum quae illa praenoscit forte mutauero.' . . *C.*5,*P.*6.141
praenotio. Si igitur praenotio nullam futuris rebus adicit necessitatem, . . *C.*5,*P.*4.18
 an earum rerum quae necessarios exitus non habent ulla possit esse
 praenotio. *C.*5,*P.*4.64
 certa tamen uideat ac definita praenotio *C.*5,*P.*5.55
 Quare haec diuina praenotio naturam rerum proprietatemque non mutat *C.*5,*P.*6.80
praenotionem. ut praenotionem signum esse huius necessitatis appareat. . . *C.*5,*P.*4.35
praeparatam. humanam carnem non a Maria sumptam sed aliquo modo alio
 praeparatam, ... *Eut.*5.30
praeparatum. corpus. . . ex Maria sumptum esse non credunt, sed alias fuisse
 sequestratum praeparatumque *Eut.*8.4
praepositum. quotiens Trigguillam regiae praepositum domus. . . deieci, . . *C.*1,*P.*4.36
praeposterum. Iam uero quam praeposterum est *C.*5,*P.*3.47
praeposui. praeposui terminos regulasque quibus cuncta quae sequuntur
 efficiam. *Quo.*16
praescientia. si. . . detorqueri ualent, non iam erit futuri firma praescientia, *C.*5,*P.*3.15
 quasi uero quae cuius rei causa sit praescientiane futurorum necessitatis *C.*5,*P.*3.25
 etiam si praescientia futuris rebus eueniendi necessitatem non uideatur
 inferre. *C.*5,*P.*3.30
 quae est haec praescientia quae nihil certum nihil stabile comprehendit? *C.*5,*P.*3.72
 Sed praescientia, inquies, tametsi futuris eueniendi necessitas non est, . *C.*5,*P.*4.28
 ita praescientia futurorum nihil his quae uentura sunt necessitatis
 importat. *C.*5,*P.*4.61
 Harum igitur rerum nulla est praescientia, ... *C.*5,*P.*5.44
praescientia. nihil impediri praescientia arbitrii libertatem putat. *C.*5,*P.*4.14
praescientiae. praeposterum est ut aeternae praescientiae temporalium rerum
 euentus causa esse dicatur! *C.*5,*P.*3.47
 quod humanae ratiocinationis motus ad diuinae praescientiae simplicitatem non potest admoueri, ... *C.*5,*P.*4.7
praescientiam. quia praescientiam non esse futuris rebus causam necessitatis
 existimat, ... *C.*5,*P.*4.13
 ut quid consequatur aduertas, statuamus nullam esse praescientiam. . *C.*5,*P.*4.23
 non esse praescientiam quasi futuri sed scientiam numquam deficientis
 instantiae rectius aestimabis; *C.*5,*P.*6.68
 quoniam. . . praesens prouidentiae ueritas intuetur, diuinam te praescientiam non posse uitare, ... *C.*5,*P.*6.145
praescierit. certus eorum est euentus quae futura firmiter ille praescierit. . *C.*5,*P.*3.81
praesciri. necessarius non sit euentus, id euenturum esse praesciri qui poterit? *C.*5,*P.*3.60
 putasque. . . si necessitas desit minime praesciri *C.*5,*P.*4.67
 Si qua certos ac necessarios habere non uideantur euentus, ea certo
 euentura praesciri nequeunt. *C.*5,*P.*5.43
praescitae. Sic fit igitur ut euentus praescitae rei nequeat euitari. *C.*5,*P.*3.55
praescitarum. necessarium esse euentum praescitarum rerum, ... *C.*5,*P.*3.29
praesciuntur. nisi quod ea quae praesciuntur non euenire non possunt? . . *C.*5,*P.*4.17
praescius. Manet etiam spectator desuper cunctorum praescius deus . . *C.*5,*P.*6.167
praescriptum. uti ni intra praescriptum diem Rauenna urbe decederent, . . *C.*1,*P.*4.64
praesens. quoniam me dicturum quid facturumue praesens semper ipsa
 dirigebas, ... *C.*1,*P.*4.112
praesens. Et cara tibi est fortuna praesens *C.*2,*P.*1.42
 quonam modo praesens facere beatos potest quae miseros transacta
 non efficit? *C.*2,*P.*4.99
 exemplorum. . . plena etiam praesens aetas, qui reges *C.*3,*P.*5.4
 sed quoniam et id te posse et an facias quoue conuertas praesens
 prouidentiae ueritas intuetur, ... *C.*5,*P.*6.144
 uisionisque eius praesens semper aeternitas cum nostrorum actuum
 futura qualitate concurrit *C.*5,*P.*6.168
praesens. tantumque inter nostrarum rerum praesens, . . . interest ac
 diuinarum, ... *Trin.*4.70
 Nam quidquid uiuit in tempore id praesens a praeteritis in futura procedit *C.*5,*P.*6.12
praesens. idque necesse est et sui compos praesens sibi semper adsistere . . *C.*5,*P.*6.29
 Eodem igitur modo, si quid prouidentia praesens uidet, id esse necesse est, *C.*5,*P.*6.113
praesenserit. nisi quam nescia falli prouidentia diuina praesenserit. *C.*5,*P.*3.13
praesentaria. Haec enim scientiae uis praesentaria notione cuncta complectens *C.*5,*P.*6.161
praesentarie. et quod simpliciter praesentarieque prospexerat, ... *C.*4,*P.*6.46

praesentarium. uitae immobilis praesentarium statum infinitus ille temporalium rerum motus imitatur *C*.5,*P*.6.41
praesentarius. est autem deo semper aeternus ac praesentarius status;   . .   *C*.5,*P*.6.62
praesentem. praesentem tamen sententia, confessum tamen conuictumue
    punisset. *C*.1,*P*.4.129
praesentem. Haec itaque doctrina et praesentem uitam bonis informat
    operibus *Fid*.248
    Solebas enim praesentem quoque blandientemque uirilibus incessere
    uerbis *C*.2,*P*.1.13
    et infinitatem mobilis temporis habere praesentem. *C*.5,*P*.6.30
praesenti. omni quoquo modo sit praesenti est, omni futuro erit. *Trin*.4.66
    uti uos uestro hoc temporario praesenti quaedam uidetis, ...   *C*.5,*P*.6.79
praesentia. medius status in quo praesentia quidem mortis uel peccati aberat,   *Eut*.8.59
praesentia. Num enim quae praesentia cernis, aliquam eis necessitatem tuus
    addit intuitus?" *C*.5,*P*.6.75
    taliaque apud se praesentia spectat qualia in tempore olim futura
    prouenient. *C*.5,*P*.6.81
    Atqui deus ea futura quae ex arbitrii libertate proueniunt praesentia
    contuetur. *C*.5,*P*.6.116
    Ita etiam quae praesentia deus habet, dubio procul exsistent, ...   *C*.5,*P*.6.131
praesentiae. ex simplicitate praesentiae decrescit in infinitam futuri ac
    praeteriti quantitatem; *C*.5,*P*.6.44
    quae, quoniam manentis illius praesentiae quandam gestat imaginem, .   *C*.5,*P*.6.51
    scientia quoque eius. . .in suae manet simplicitate praesentiae *C*.5,*P*.6.64
praesentiam. Amoueamus igitur primi boni praesentiam paulisper ex animo,   *Quo*.92
    "Ita est," inquam. "Illius igitur praesentiam huius absentiam de-
    siderabas?" *C*.3,*P*.3.22
    aliud interminabilis uitae totam pariter complexum esse praesentiam, .   *C*.5,*P*.6.37
    alligans se ad qualemcumque praesentiam huius exigui uolucrisque
    momenti, ...   *C*.5,*P*.6.50
    Itaque si praesentiam pensare uelis qua cuncta dinoscit, ...   *C*.5,*P*.6.66
    et ad praesentiam propriae cognitionis retorquet *C*.5,*P*.6.152
    Quam comprehendendi omnia uisendique praesentiam *C*.5,*P*.6.156
praesentis. Semper enim est, quoniam "semper" praesentis est in eo temporis   *Trin*.4.69
    ancorae quae nec praesentis solamen nec futuri spem temporis abesse
    patiantur." *C*.2,*P*.4.33
    "Atqui si est diuini humanique praesentis digna collatio, ...   *C*.5,*P*.6.77
    sicuti praesentis oculi effugere non possis intuitum, ...   *C*.5,*P*.6.145
praesentium. Nam sicut scientia praesentium rerum nihil his quae fiunt, . .   *C*.5,*P*.4.60
    rerum. . .apud se quidem praesentium, ad condicionem uero temporis
    futurarum. *C*.5,*P*.6.90
praesertim. cum praesertim, si humana caro sumpta est, non ab alio sumi
    potuerit *Eut*.5.65
    cum praesertim si tale corpus hominis adsumpsit *Eut*.8.27
    quod exspectare longum immortalis praesertim animus putet: *C*.4,*P*.4.22
    cum praesertim carcer, nex ceteraque. . .perniciosis potius ciuibus. . .
    debeantur. *C*.4,*P*.5.10
praesidere. uerum operi suo conditorem praesidere deum scio *C*.1,*P*.6.10
    Nonne, o terrena animalia, consideratis quibus qui praesidere uideamini?   *C*.2,*P*.6.15
praesidia. Nec conueniebat uilissimorum me spirituum praesidia captare   *C*.1,*P*.4.144
praesidio. An praesidio sunt amici quos non uirtus sed fortuna conciliat? . .   *C*.3,*P*.5.39
praesidio. "Egebit igitur," . . . "extrinsecus petito praesidio quo suam
    pecuniam quisque tueatur?" *C*.3,*P*.3.38
    alieno potius praesidio faciunt indigentes. *C*.3,*P*.3.43
    in hac praesidio necesse est egeat alieno." "Ita est," inquam. *C*.3,*P*.9.16
praesidium. in minimis quoque rebus diuinum praesidium debeat implorari,   *C*.3,*P*.9.100
praestantes. Et illa: "Atqui hoc unum est quod praestantes quidem natura
    mentes *C*.2,*P*.7.5
praestantia. et relicta conscientiae uirtutisque praestantia *C*.2,*P*.7.64
praestantius. quod omnibus rebus constat esse praestantius? *C*.3,*P*.2.65
    Erit enim eo praestantius aliquid perfectum possidens bonum, ...   *C*.3,*P*.10.30
    —quod nefas est de eo cogitare quo nihil constat esse praestantius. . .   *C*.3,*P*.10.58
praestantius. praestantius id quod dederit ab eo quod acceperit existimare
    possis. *C*.3,*P*.10.48
praestare. Ille genus humanum terrenis omnibus praestare uoluit; *C*.2,*P*.5.79
    Robur enim magnitudoque uidetur praestare ualentiam, ...   *C*.3,*P*.2.39
    quid est quod eas sufficientiam praestare credatis? *C*.3,*P*.3.56

praeuaricatione. utrumne eo qui deciderat praeuaricatione peccati an alio? .   *Eut.*5.52
   per Mariam tamen est procreatum quod fuerat praeuaricatione
   corruptum, ...   *Eut.*5.69
   si...homo uero omnis ex prima praeuaricatione non solum peccato et
   morte tenebatur, ...   *Eut.*8.7
   quoniam has omnes poenas Adam delicti praeuaricatione suscepit. . .   *Eut.*8.38
praeuaricationem. in eo statu ponendum est quod post Adae praeuaricationem
   poenaliter inflictum est.   *Eut.*8.66
praeuaricationis. poenam quam ipse primus homo praeuaricationis reus
   exceperat *Fid.*103
   Hoc autem praeuaricationis malum,...quidam Pelagius non admittens   *Fid.*113
   quod praeuaricationis primus auctor infuderat, amplecti non destitit. .   *Fid.*139
   sicut Adae praeter praeuaricationis uinculum mutari potuisset. .   *Eut.*8.88
praeuaricatore. naturae merito, quam ex primo praeuaricatore contraxerat,   *Fid.*234
praeuenit. sed uno ictu mutationes tuas manens praeuenit atque complectitur.   *C.*5,*P.*6.155
praeuia. "ueri praeuia luminis quae usque adhuc tua fudit oratio, ...   *C.*4,*P.*1.5
praeuideantur. Dissonare etenim uidentur putasque si praeuideantur consequi
   necessitatem, ...   *C.*5,*P.*4.65
praeuidentia. unde non praeuidentia sed prouidentia potius dicitur, . . .   *C.*5,*P* 6.70
praeuiderit. euenire necesse est quod prouidentia futurum esse praeuiderit.   *C.*5,*P.*3.8
praeuisa. ab deo uel uentura prouideri uel prouisa necesse est euenire [est
   euenire praeuisa], ... *coni.C.*5,*P.*3.45
praua. Nam si miserum est uoluisse praua. potuisse miserius est, ...   *C.*4,*P.*4.12
praui. Celsa num tandem ualuit potestas Vertere praui rabiem Neronis? . .   *C.*2,*M.*6.15
prauitas. quod est unum simplexque natura, prauitas humana dispertit . .   *C.*3,*P.*9.46
prauitatis. Etenim si de prauitatis infortunio uera conclusimus, ...   *C.*4,*P.*4.29
prauos. quod cuiuis ueniat in mentem, corrigi ultione prauos mores . . .   *C.*4,*P.*4.45
prauus. quos, ut uberrime demonstratum est, bonum quaerentes prauus error
   auertit, ...   *C.*4,*P.*6.99
precabaris. licentiam quam cito finiri precabaris nec longam esse disceres .   *C.*4,*P.*4.84
prece. Et dulci ueniam prece Vmbrarum dominos rogat. *C.*3,*M.*12.27
preces. Nec frustra sunt in deo positae spes precesque; *C.*5,*P.*6.171
preces. humiles preces in excelsa porrigite. *C.*5,*P.*6.173
precor. "Et haereant," inquam, "precor; illis namque manentibus, . . .   *C.*2,*P.*4.35
premat. Dorsaque uelocis premat aetheris Compos uerendi luminis. . . .   *C.*4,*M.*1.17
premant. Cur haec...mutentur scelerumque supplicia bonos premant, . . .   *C.*4,*P.*5.14
prementibus. Pallet albentes hebetata uultus Flammis stella prementibus. .   *C.*2,*M.*3.4
premi. eosque Pharao magna ponderum mole premi decreuerat et grauibus
   oneribus affligebat. *Fid.*159
premit. Premit insontes Debita sceleri noxia poena, ...   *C.*1,*M.*5.29
   scripta ... quae cum suis auctoribus premit longior atque obscura
   uetustas? *C.*2,*P.*7.48
premunt. Quos premunt septem gelidi triones, ...   *C.*2,*M.*6.11
   Huic quartae, si quantum maria paludesque premunt...subtraxeris, . .   *C.*2,*P.*7.18
pressas. Mos est aequore paginae,...Pressas figere litteras. *C.*5,*M.*4.9
pressisse. Haec pressisse solo uestigia gressibusque gaudent *C.*5,*M.*5.6
pressurus. Quosque pressurus foret altus orbis Saetiger spumis umeros
   notauit. *C.*4,*M.*7.27
pressus. Et pressus grauibus colla catenis *C.*1,*M.*2.25
   memoriam...dehinc cum maeroris mole pressus amisi." *C.*3,*P.*12.4
   Non facit quod optat ipse dominis pressus iniquis. *C.*4,*M.*2.10
pretio. et quod uitae pretio non segnis emeres, ...   *C.*2,*P.*4.16
   Nonnulli uenerandum saeculi nomen gloriosae pretio mortis emerunt: .   *C.*4,*P.*6.155
   Si quidem iustae humilitatis pretio inaestimabilem uicem...promeremur,   *C.*5,*P.*3.103
pretiosa. tunc est pretiosa pecunia cum translata in alios *C.*2,*P.*5.12
pretiosa. Neque enim idcirco sunt pretiosa quod in tuas uenere diuitias, . .   *C.*2,*P.*5.60
   sed quoniam pretiosa uidebantur, tuis ea diuitiis adnumerare maluisti. .   *C.*2,*P.*5.61
   si,...uilia uasa colerentur, pretiosa sordescerent. *C.*4,*P.*1.23
pretiosa. Gemmasque latere uolentes Pretiosa pericula fodit? *C.*2,*M.*5.30
pretiosae. adminiculis opus est ad tuendam pretiosae supellectilis uarietatem,   *C.*2,*P.*5.66
pretiosae. Diuitiaene uel uestra uel sui natura pretiosae sunt? *C.*2,*P.*5.6
pretiosam. An uero tu pretiosam aestimas abituram felicitatem? *C.*2,*P.*1.40
pretiosissimum. quod pretiosissimum propinquitatis genus est, prius carus
   quam proximus *C.*2,*P.*3.18
   uiget incolumis illud pretiosissimum generis humani decus Symmachus .   *C.*2,*P.*4.15
   quod pretiosissimum diuitiarum genus est amicos inuenisti. *C.*2,*P.*8.25

probitate. ut qui probitate deserta homo esse desierit,. . .uertatur in beluam.   *C.*4,*P.*3.67
probitatis. compensatione adipiscendae probitatis, nec hos cruciatus esse
    ducerent *C.*4,*P.*4.144
    Magna uobis est, si dissimulare non uultis, necessitas indicta probitatis,   *C.*5,*P.*6.175
probo. In quo Euripidis mei sententiam probo, ...   *C.*3,*P.*7.17
    Neque enim illam probo rationem *C.*5,*P.*3.16
proborum. "quae sit uel felicitas uel miseria in ipsis proborum atque impro-
    borum meritis constituta. *C.*4,*P.*5.2
probos. quare probos mores sua praemia non relinquunt. *C.*4,*P.*3.13
    ut quos probos improbosue censuerunt eos quoque uti existimant esse
    necesse sit? *C.*4,*P.*6.106
    uidebitur iniquissimum. . .uel puniri improbos uel remunerari probos   .   *C.*5,*P.*3.90
probra. sed minime adipiscuntur, quoniam ad beatitudinem probra non
    ueniunt. *C.*4,*P.*2.146
    Videsne igitur quanto in caeno probra uoluantur, ...   *C.*4,*P.*3.1
probris. Hic foedatam probris conscientiam exspectans *C.*4,*P.*6.172
probus. tum suo praemio carebit, cum probus esse desierit. *C.*4,*P.*3.21
procedam. alterutro calle procedam nunc hinc nunc inde proposita confir-
    mans. *C.*4,*P.*2.10
procedat. Quare ne in infinitum ratio prodeat [procedat], ...   *uar.C.*3,*P.*10.34
    Ita cum causa ueritatis ex altera parte procedat, ...   *C.*5,*P.*3.39
procedens. confluere causas facit ordo ille ineuitabili conexione procedens,   *C.*5,*P.*1.57
procedens. sed ab integris absolutisque procedens in haec extrema atque
    effeta dilabitur. *C.*3,*P.*10.18
procedens. Ab ipso itaque primo homine procedens humanum genus   . . .   *Fid.*118
procedentem. nec genitum nec generantem sed a patre quoque procedentem
    uel filio; *Fid.*24
procederet. Non tam uero certus naturae ordo procederet *C.*3,*P.*12.21
procedit. ut quia haec generatio duorum corporum commixtione procedit,   .   *Fid.*46
    Rhetoricae suadela dulcedinis quae tum tantum recto calle procedit, . .   *C.*2,*P.*1.22
    "Omnis mortalium cura. . .diuerso quidem calle procedit, ...   *C.*3,*P.*2.4
    haec sui caritas non ex animali motione sed ex naturali intentione procedit.   *C.*3,*P.*11.97
    Ordo namque fatalis ex prouidentiae simplicitate procedit. *C.*4,*P.*6.44
    Nam quidquid uiuit in tempore id praesens a praeteritis in futura procedit   *C.*5,*P.*6.13
procellas. Saepe feruentes Aquilo procellas Verso concitat aequore. *C.*2,*M.*3.11
procellis. si in hoc uitae salo circumflantibus agitemur procellis, ...   *C.*1,*P.*3.38
    nunc strato aequore blandiri, nunc procellis ac fluctibus inhorrescere.   .   *C.*2,*P.*2.26
processerint. "Atqui scis unde cuncta processerint?" *C.*1,*P.*6.27
processionis. qui sit tamen processionis istius modus ita non possumus
    euidenter dicere, ...   *Fid.*25
processisse. ita cogitemus processisse quidem ex deo patre filium deum   . .   *Trin.*5.47
processit. nulla in nos salus Christi generatione processit, ...   *Eut.*4.113
procreabatur. non ab alio sumi potuerit nisi unde etiam procreabatur. . . .   *Eut.*5.67
procreatum. per Mariam tamen est procreatum quod fuerat praeuaricatione
    corruptum, ...   *Eut.*5.69
procreatus. homo uero, quod ex Maria sit uirgine procreatus. *Eut.*7.63
procul. Nunc quingentis fere passuum milibus procul muti *C.*1,*P.*4.131
    Sed tu quam procul a patria non quidem pulsus es sed aberrasti;   . . .   *C.*1,*P.*5.6
    Terrarum quidem fructus animantium procul dubio debentur alimentis.   .   *C.*2,*P.*5.41
    Eoque modo percurrenti cetera procul dubio patebit *C.*3,*P.*11.39
    Fient igitur procul dubio cuncta quae futura deus esse praenoscit, . . .   *C.*5,*P.*6.120
    quae praesentia deus habet, dubio procul exsistent, ...   *C.*5,*P.*6.132
proculcanda. non agnoscenda haec potius quam proculcanda proiecerit.   . .   *Trin.,Prf.*16
prodeat. Quare ne in infinitum ratio prodeat, confitendum est *C.*3,*P.*10.34
prodente. uti post eadem prodente cognoui, suis manibus ipsa texuerat.   . .   *C.*1,*P.*1.15
proderet. ut aduersum se factae coniurationis conscios proderet, ...   *C.*2,*P.*6.29
prodesse. plus hominibus reor aduersam quam prosperam prodesse fortunam.   *C.*2,*P.*8.8
    uel si prodesse hominibus mallet, in accusationis habitum uerteretur.   .   *C.*4,*P.*4.139
prodest. "Nonne igitur bonum censes esse quod prodest?" "Ita est," in-
    quam. *C.*4,*P.*7.18
    "Quae uero aut exercet aut corrigit, prodest?" *C.*4,*P.*7.20
prodidisset. Sed quam id longinquum esset exilium, nisi tua prodidisset
    oratio, nesciebam. *C.*1,*P.*5.5
prodigii. Intellego multiformes illius prodigii fucos *C.*2,*P.*1.6
prodigus. Quamuis uota libens excipiat deus Multi prodigus auri *C.*2,*M.*2.10
prodit. collata improbis dignitas non modo non efficit dignos, sed prodit
    potius *C.*2,*P.*6.61

progredietur. An ubi Romani nominis transire fama nequit, Romani hominis
    gloria progredietur? *C*.2,*P*.7.37
progreditur. Quidquid aut infra subsistit aut ultra progreditur, habet con-
    temptum felicitatis, ... *C*.4,*P*.7.51
progressus. cunctusque mutabilium naturarum progressus . . . ex diuinae
    mentis stabilitate sortitur. *C*.4,*P*.6.23
progressus. eadem nascentia occidentiaque omnia per similes fetuum
    seminumque renouat progressus. *C*.4,*P*.6.86
prohibebor. An ego sola meum ius exercere prohibebor? *C*.2,*P*.2.22
prohibet. participatione uero nihil prohibet esse quam plurimos." *C*.3,*P*.10.90
prohinc. Prohinc tu ne sis obscuritatibus breuitatis aduersus, ... *Quo*.11
proiecerit. non agnoscenda haec potius quam proculcanda proiecerit. . . . *Trin*.,*Prf*.16
proiecta. pars . . . plus appetens . . . de caelesti sede proiecta est; *Fid*.69
prolabitur. Huius error ex eodem quo Nestorii fonte prolabitur. *Eut*.5.8
prolati. uoluit innotescere, sicut ab eo libri prolati testantur. *Fid*.89
prolatis. eamque de nostro adyto prolatis insectabare sententiis. *C*.2,*P*.1.15
prole. Alius prole laetatus filii filiaeue delictis maestus inlacrimat. *C*.2,*P*.4.51
prolis. cum coniugis pudore, cum masculae quoque prolis opportunitate . . *C*.2,*P*.3.22
prolixi. Ita fit ut quamlibet prolixi temporis fama, ... *C*.2,*P*.7.60
prolixitate. rationis prolixitate fatigatum aliquam carminis exspectare
    dulcedinem. *C*.4,*P*.6.208
promat. si manens in diuina mente simplicitas indeclinabilem causarum
    ordinem promat. *C*.4,*P*.6.92
promere. placet arguto Fidibus lentis promere cantu. *C*.3,*M*.2.6
promeremur. Si quidem iustae humilitatis pretio inaestimabilem uicem
    diuinae gratiae promeremur, ... *C*.5,*P*.3.104
promeruit. Nonne . . . praeceptor eius Socrates iniustae uictoriam mortis me
    adstante promeruit? *C*.1,*P*.3.21
promisimus. ibi enim ueram quam promisimus statim uidebis." *C*.3,*P*.9.77
promissionis. "Festino," inquit, "debitum promissionis absoluere uiamque
    tibi . . . aperire. *C*.5,*P*.1.8
promittens. ei quoque diuinitatem affuturam promittens, ... *Fid*.84
promittere. "Opes . . . nihilo indigentem sufficientemque sibi facere nequeunt
    et hoc erat quod promittere uidebantur. *C*.3,*P*.3.30
promittis. Tum ego: "Papae," inquam, "ut magna promittis! *C*.4,*P*.2.1
promittitur. spernatur auctoritas per quam salus mundo Christi generatione
    promittitur. *Eut*.4.116
    quando quod Abrahae atque Dauid promittitur in sanctis diuinationibus, *Eut*.5.63
promittunt. Quod si neque id ualent efficere quod promittunt *C*.3,*P*.3.12
    nec perducere quemquam eo ualeant ad quod se perducturas esse
    promittunt. *C*.3,*P*.8.3
promouereris. Si uentis uela committeres, . . . promoueres [promouereris]; *coni.C*.2,*P*.1.56
promoueres. non quo uoluntas peteret sed quo flatus impellerent, pro-
    moueres; *C*.2,*P*.1.56
promouimus. "Promouimus," inquit, "aliquantum, si te nondum totius tuae
    sortis piget. *C*.2,*P*.4.38
promptissima. "Atqui promptissima ratio est. *C*.3,*P*.9.10
promptissimum. quoniam te ad intellegendum promptissimum esse con-
    spicio, ... *C*.4,*P*.2.74
promptum. Iam uero corporis bona promptum est ut ad superiora referantur. *C*.3,*P*.2.37
    Hic enim causas cernere promptum est, ... *C*.4,*M*.5.17
prona. Prona tamen facies hebetes ualet ingrauare sensus. *C*.5,*M*.5.9
prona. quod te nunc inpatientem nostri facit, fauore prona indulgentius
    educaui, ... *C*.2,*P*.2.11
prona. omniaque in perniciem prona nec quicquam in se opis habentia, . . *Eut*.8.57
pronum. Validis quondam uiribus acta Pronum flectit uirga cacumen; . . . *C*.3,*M*.2.28
pronuntiat. Non . . . eam significationem . . . secundum quam Eutyches
    pronuntiat. *Eut*.7.34
    quam fides catholica pronuntiat geminam substantiam sed unam esse
    personam. *Eut*.7.92
pronuntiationis. uestrae statuet pronuntiationis auctoritas. *Trin*.6.30
pronuntiaueris. Quod si recte se habere pronuntiaueris, peto ut mei . . . *Eut*.,*Prf*.48
propagandae. utrique enim, huic quidem gloriae propagandae illi uero
    conformandae sapientiae, ... *C*.4,*P*.7.43
propagare. quam compressa gloria quam dilatare ac propagare laboratis? *C*.2,*P*.7.35
    Vos uero inmortalitatem uobis propagare uidemini, ... *C*.2,*P*.7.49
    hi uel belli uel pacis artibus gloriosum nomen propagare festinant. . . *C*.3,*P*.2.24

propagasse. Quod si hoc ipsum propagasse nomen pulchrum uidetur, . . .   *C.3,P.*6.12
propagentur. quanta est naturae diligentia, ut cuncta semine multiplicato
     propagentur! *C.3,P.*11.70
prope. Heu, noctis prope terminos *C.3,M.*12.49
propensius. ob studium propensius in senatum morti proscriptionique
     damnamur. *C.1,P.*4.132
properata. Venit enim properata malis inopina senectus *C.1,M.*1.9
prophetae. ibique missi prophetae sunt et alii sancti uiri *Fid.*189
prophetarum. tot prophetarum scripturae populum inlusere credentem, . .   *Eut.*4.114
prophetas. dum ibi dei populus moraretur, post iudices et prophetas reges
     instituti leguntur, ...   *Fid.*178
     in ultimis temporibus non prophetas neque alios sibi placitos sed ipsum
     unigenitum suum *Fid.*193
propinqua. "Aristoteles meus id," inquit, "in Physicis et breui et ueri
     propinqua ratione definiuit." *C.5,P.*1.37
propinqua. quae primae propinqua diuinitati stabiliter fixa fatalis ordinem
     mobilitatis excedunt. *C.4,P.*6.64
propinqua. Si quis Arcturi sidera nescit Propinqua summo cardine labi, . .   *C.4,M.*5.2
propinquat. Si mortem petitis, propinquat ipsa Sponte sua *C.4,M.*4.3
propinquitatis. quod pretiosissimum propinquitatis genus est, prius carus
     quam proximus *C.2,P.*3.18
propinquus. Aut Indus calido propinquus orbi Candidis miscens uirides
     lapillos, ...   *C.3,M.*10.9
propior. Nunc obscuro pallida cornu Phoebo propior lumina perdat, . . .   *C.1,M.*5.9
propitiis. non ab iratis sed a propitiis potius miserantibusque accusatoribus   *C.4,P.*4.136
propius. Tum illa propius accedens in extrema lectuli mei parte consedit . .   *C.1,P.*1.48
proponas. ueluti si hanc proponas: "Si duobus aequalibus aequalia auferas,   *Quo.*21
     "Intellego," inquam, "quid inuestigandum proponas, ...   *C.3,P.*10.110
proponatur. cum non modo saepe id quod proponatur ignorent, ...   *Eut.,Prf.*42
proponente. (unam uero personam unamque naturam esse non posse Eutyche
     proponente monstrauimus *Eut.*7.88
proponimus. ipsum hominem uel deum iustos esse proponimus; *Trin.*4.39
proponunt. nec iniquae leges solutis omni necessitate uoluntatibus praemia
     poenasque proponunt. *C.5,P.*6.166
proponuntur. Frustra enim bonis malisque praemia poenaeue proponuntur .   *C.5,P.*3.86
proposita. Ac de proposita quaestione hinc sumamus initium. *Trin.,Prf.*33
     Sed de proposita quaestione satis dictum est. *Trin.*6.27
     Nam de re proposita aeque nihil ceteris sentiebam; *Eut.,Prf.*28
proposita. alterutro calle procedam nunc hinc nunc inde proposita confirmans.   *C.4,P.*2.11
propositam. Habes igitur ante oculos propositam fere formam felicitatis . .   *C.3,P.*2.46
propositi. tamen a proposti nostri tramite paulisper auersa sunt, ...   *C.5,P.*1.10
propositionum. uel collocationem propositionum non esse efficacem necessariae
     conclusionis ostendat; *C.4,P.*4.36
propositis. "Nec propositis," inquam, "prioribus refragari queo *C.3,P.*10.66
     ueluti geometrae solent demonstratis propositis aliquid inferre *C.3,P.*10.82
propositum. quibus hoc maxime propositum est pessimis displicere. . . .   *C.1,P.*3.39
     "si duo sint quibus idem secundum naturam propositum sit *C.4,P.*2.46
     Est igitur humanis actibus ipsum bonum ueluti praemium commune
     propositum. *C.4,P.*3.11
propositum. alio uero modo quam naturae conuenit non quidem impleat
     propositum suum *C.4,P.*2.50
     "Sed summum bonum, quod aeque malis bonisque propositum, . . .   *C.4,P.*2.63
     'Sed si in mea,' inquies, 'potestate situm est mutare propositum, . . .   *C.5,P.*6.140
     Respondebo: propositum te quidem tuum posse deflectere, ...   *C.5,P.*6.142
proposui. quod "per se principium motus" naturam esse proposui *Eut.*1.46
     Hoc scilicet quod ea quae paulo ante proposui, ...   *C.5,P.*6.128
proposuimus. haec sit naturae definitio quam superius proposuimus. . . .   *Eut.*1.21
     Sed quae proposuimus intueamur. *C.3,P.*12.29
propria. aut traditio uniuersalis aut certe propria et particularis instructio. .   *Fid.*260
     Quando enim non fuit diuinitatis propria humanitatisque persona? . .   *Eut.*4.70
   •   ut in quolibet homine, cuius cum propria persona subsistat, ...   *Eut.*4.76
     Inest enim dignitas propria uirtuti, ...   *C.3,P.*4.18
     sed quoniam id eis non propria uis...adnectit *C.3,P.*4.35
     quos ad alterutrum non propria mittit uoluntas, ...   *C.5,P.*3.90
     Hanc enim necessitatem non propria facit natura sed condicionis adiectio;   *C.5,P.*6.109

pulsum. ac si te pulsum existimari mauis, te potius ipse pepulisti. *C.*1,*P.*5.7
pulsus. Et ego quidem bonis omnibus pulsus, ...   *C.*1,*P.*4.164
    Sed tu quam procul a patria non quidem pulsus es sed aberrasti; . . .   *C.*1,*P.*5.7
puluerem. Namque alia extento sunt corpore pulueremque uerrunt *C.*5,*M.*5.2
puncti. Omnem terrae ambitum,. . .ad caeli spatium puncti constat obtinere
    rationem,   *C.*2,*P.*7.11
    In hoc igitur minimo puncti quodam puncto circumsaepti *C.*2,*P.*7.21
    extimus. . .quanto a puncti media indiuiduitate discedit *C.*4,*P.*6.70
    ad aeternitatem tempus, ad punctum [ad puncti] medium circulus, . *coni.C.*4,*P.*6.80
puncto. In hoc igitur minimo puncti quodam puncto circumsaepti atque
    conclusi *C.*2,*P.*7.21
punctum. uti est. . .ad aeternitatem tempus, ad punctum medium circulus,   *C.*4,*P.*6.80
pungit. quem ualentia deserit, quem molestia pungit, ...   *C.*3,*P.*9.55
puniendi. quibusdam permissum puniendi ius, ...   *C.*4,*P.*6.178
    tum puniendi corrigendiue improbos causa deferatur, ...   *C.*4,*P.*7.6
punire. Maluitque deus non iam diluuio punire genus humanum, ...   *Fid.*144
puniri. "Sed puniri improbos iustum, ...   *C.*4,*P.*4.61
    uidebitur iniquissimum. . .uel puniri improbos uel remunerari probos .   *C.*5,*P.*3.89
punisset. praesentem tamen sententia, confessum tamen conuictumue
    punisset. *C.*1,*P.*4.130
punit. omnis enim quae uidetur aspera nisi aut exercet aut corrigit punit. .   *C.*4,*P.*7.55
puniti. infeliciores improbi sunt iniusta impunitate donati quam iusta ultione
    puniti." *C.*4,*P.*4.73
punitos. miseriores esse. . .iniusta impunitate dimissos quam iusta ultione·
    punitos. *C.*4,*P.*4.88
puniuntur. "Habent igitur improbi, cum puniuntur, quidem boni aliquid
    adnexum *C.*4,*P.*4.66
puniuerat. Creuitque contumacia quam dudum diluuii unda puniuerat . . .   *Fid.*141
puppes. Conuenient puppes et uulsi flumine trunci *C.*5,*M.*1.7
pura. eo cuius pura ac solitaria sine cuiusquam boni admixtione miseria est?"   *C.*4,*P.*4.55
pura. Si uis celsi iura tonantis Pura sollers cernere mente, ...   *C.*4,*M.*6.2
    ipsam illam simplicem formam pura mentis acie contuetur. *C.*5,*P.*4.91
pure. sed eosdem esse pure atque simpliciter nego. *C.*4,*P.*2.105
purgatoria. alia uero purgatoria clementia exerceri puto. *C.*4,*P.*4.78
purior. Arida conueniant liquidis, ne purior ignis Euolet *C.*3,*M.*9.11
puritate. Qui modus cum in ipsa diuinae intellegentiae puritate conspicitur,   *C.*4,*P.*6.28
puro. Puro clarum lumine Phoebum Melliflui canit oris Homerus; *C.*5,*M.*2.2
purpura. Purpura claros nitente saeptos tristibus armis *C.*4,*M.*2.2
purpurae. Vel quae rubentis purpurae. . .Praestent. . .litora. *C.*3,*M.*8.12
purpureum. Numquam purpureum nemus Lecturus uiolas petas *C.*1,*M.*6.7
putabantur. quae sufficientes sibi facere putabantur opes, alieno potius
    praesidio *C.*3,*P.*3.43
putabas. "Mundum," inquit, "hunc deo regi paulo ante minime dubitandum
    putabas." *C.*3,*P.*12.12
putabat. ita cruciatus, quos putabat tyrannus materiam crudelitatis, . . .   *C.*2,*P.*6.31
putabo. "nec umquam dubitandum putabo *C.*3,*P.*12.14
putant. sicut Aristoteles ceterique et eiusmodi et multimodae philosophiae
    sectatores putant, ...   *Eut.*1.39
    hi felicissimum putant uoluptate diffluere. *C.*3,*P.*2.26
    Num uero labuntur hi qui quod sit optimum, id etiam reuerentiae cultu
    dignissimum putent [putant]? *uar.C.*3,*P.*2.60
    an per ea quibus se homines adepturos beatitudinem putant *C.*3,*P.*3.7
    dum per ea quibus delectantur id bonum quod desiderant se adepturos
    putant; *C.*4,*P.*2.145
    uel licentiam uel impunitatem scelerum putant esse felicem. *C.*4,*P.*4.100
    hoc modo conditori conditum mundum fieri coaeternum putant. . . .   *C.*5,*P.*6.34
putare. uidetur putare et ante generationem fuisse humanam carnem . . .   *Eut.*5.28
    uel ea qua est praeditus sapientia non dignum putare? *C.*3,*P.*4.17
    quam putare quae olim acciderunt causam summae illius esse proui-
    dentiae? *C.*5,*P.*3.50
putarem. si quem profanum,. . .blanditiae uestrae detraherent, minus moleste
    ferendum putarem; *C.*1,*P.*1.37
putaremus. num uidentes eadem caecos putaremus? *C.*4,*P.*4.113
putares. ut cum Decorato gerere magistratum putares, ...   *C.*3,*P.*4.12
    "Si igitur cognitor," ait, "resideres, cui supplicium inferendum putares,   *C.*4,*P.*4.123
putaret. Cum liberum quendam uirum suppliciis se tyrannus adacturum
    putaret, ...   *C.*2,*P.*6.28

Q

quadam. quadam partium uarietate coniungant *C*.3,*P*.10.97
    extra uero quadam ligni firmitate, ...   *C*.3,*P*.11.66
quadrigis. Victor immitem posuisse fertur Pabulum saeuis dominum
    quadrigis. *C*.4,*M*.7.21
quadrigis. Cum polo Phoebus roseis quadrigis Lucem spargere coeperit, . .   *C*.2,*M*.3.1
    ut ea quae in quadrigis moderandis atque flectendis *C*.5,*P*.4.48
quae. *Trin*.1.2; 2.19; 2.20; 2.49; 4.15; 4.17; 4.22; 4.99; 5.14; 5.19; 6.3; 6.6; 6.29; *Quo*.2;
    Quo.24; *Fid*.7; 47; 65; 176; 184; 185; 196; 198; 199; 240; *Eut*.,*Prf*.1; *Eut*.1.7; 1.30;
    Eut.1.56; 2.33; 4.23; 4.65; *uar.Eut*.4.85; *Eut*.4.118; 5.24; 5.31; 5.32; 5.83; 6.22; 6.55;
    Eut.6.81; 7.38; 7.39; 7.58; 7.67; 7.86; 8.1; 8.16; 8.20; *C*.1,*M*.1.13; 1,*P*.1.11; 1,*P*.1.26;
    C.1,*P*.4.93; 1,*P*.5.37; 2,*P*.1.22; 2,*P*.1.34; 2,*P*.1.37; 2,*P*.4.44; 2,*P*.4.67; 2,*P*.4.70;
    C.2,*P*.4.100; 2,*M*.5.4; 2,*P*.6.13; 2,*P*.6.69; 2,*P*.7.8; 2,*P*.7.16; 2,*P*.7.84; 3,*P*.1.21;
    C.3,*P*.1.22; 3,*M*.2.17; 3,*P*.3.52; 3,*P*.5.6; 3,*P*.5.13; 3,*P*.5.17; 3,*P*.5.18(*bis*); 3,*P*.5.36;
    C.3,*P*.5.41; 3,*P*.6.8; 3,*P*.6.19; 3,*P*.6.22; 3,*M*.8.1; 3,*M*.8.11; 3,*M*.8.12; 3,*P*.9.3;
    C.3,*P*.9.47; 3,*P*.9.48; 3,*P*.9.81; 3,*P*.9.83; 3,*P*.9.95; 3,*M*.9.15; 3,*P*.10.1(*bis*);
    C.3,*P*.10.78; 3,*P*.11.14; 3,*P*.12.65; 3,*P*.12.83; 4,*P*.1.34; 4,*P*.2.27; 4,*P*.2.117; 4,*P*.3.43;
    C.4,*P*.4.68; 4,*P*.4.80; 4,*P*.5.1; 4,*P*.5.15; 4,*P*.6.33; 4,*P*.6.88; 4,*P*.6.102; 4,*M*.6.8;
    C.4,*M*.6.48; 4,*P*.7.19; 4,*P*.7.24; 4,*P*.7.27; 4,*P*.7.54; 5,*M*.1.11; 5,*P*.3.25; 5,*P*.3.32;
    C.5,*P*.3.71; 5,*P*.3.72; 5,*P*.4.8; 5,*P*.4.13; 5,*P*.4.37; 5,*P*.4.87; 5,*P*.4.99; 5,*P*.4.107;
    C.5,*P*.4.108; 5,*M*.4.8; 5,*M*.4.18; 5,*M*.4.19; 5,*M*.4.20; 5,*M*.4.28; 5,*P*.5.4; 5,*P*.5.19;
    C.5,*P*.5.28; 5,*P*.6.51
quae. *Trin*.2.13; 2.27; 2.51; 2.52; 2.53; 2.55; *uar.Trin*.4.101; *Quo*.12; *Eut*.,*Prf*.13; *Eut*.1.3;
    Eut.1.7; 1.9; 2.39; 3.8; 6.44; *C*.1,*P*.1.30; 1,*P*.1.32; 2,*P*.4.33; 2,*P*.6.4; 3,*P*.3.42;
    C.3,*P*.7.8; 3,*M*.12.31; 4,*M*.1.2; 5,*M*.2.11(*bis*); 5,*P*.6.171
quae. *Trin*.2.7; 2.8; 4.1; 4.9; 4.12; 4.34; 4.104; 4.105; 5.4; 5.30; 6.10; 6.14; *Pat*.16(*bis*);
    Pat.70; *Quo*.16; 22; 25; 56; 59; 73; 80; 87; 96; 117; 152; *Eut*.,*Prf*.53; *Eut*.1.16; 2.32;
    Eut.2.35; 2.41; 2.44; 3.30; 3.85; 4.39; 4.102; 4.126; 6.25; 6.26; 6.33; 6.48; 6.59; 6.96;
    Eut.8.74; 8.75; *C*.1,*P*.5.42; 2,*P*.2.12; 2,*M*.2.15; 2,*P*.3.12; 2,*P*.3.42; 2,*P*.3.43; 2,*P*.4.58;
    C.2,*P*.5.27; 2,*P*.5.92; 2,*P*.6.46; 2,*P*.6.48; 2,*P*.6.56; 2,*P*.6.64; 3,*P*.1.13; 3,*P*.2.32;
    C.3,*P*.2.33; 3,*P*.8.32(*bis*); 3,*M*.8.13; 3,*P*.9.71; 3,*P*.9.96; 3,*P*.10.69; 3,*P*.10.70;
    C.3,*P*.10.75; 3,*P*.10.127; 3,*P*.11.7; 3,*P*.11.8; 3,*P*.11.18; 3,*P*.11.46; 3,*P*.11.73;
    C.3,*P*.11.79; 3,*P*.11.80; 3,*P*.11.82; 3,*P*.11.101; 3,*P*.11.104; 4,*P*.1.24; 4,*P*.1.30;
    C.4,*P*.2.100; 4,*P*.2.116; 4,*P*.3.4; 4,*P*.3.31; 4,*M*.3.31; 4,*M*.3.37; 4,*P*.4.33; 4,*P*.4.41;
    C.4,*P*.4.74; 4,*M*.5.19; 4,*P*.6.14; 4,*P*.6.42; 4,*P*.6.60; 4,*P*.6.62; 4,*P*.6.64; 4,*P*.6.157;
    C.4,*P*.6.204; 4,*P*.7.29; 4,*P*.7.33; 5,*P*.1.55; 5,*P*.3.24(*bis*); 5,*P*.3.50; 5,*P*.3.107;
    C.5,*M*.3.4; 5,*P*.4.17; 5,*P*.4.24; 5,*P*.4.42; 5,*P*.4.53; 5,*P*.4.57; 5,*P*.4.60; 5,*P*.4.61;
    C.5,*P*.4.63; 5,*P*.4.68; 5,*P*.4.74; 5,*P*.4.98; 5,*P*.4.117; 5,*P*.5.8; 5,*P*.5.14; 5,*P*.5.54;
    C.5,*P*.6.60; 5,*P*.6.73; 5,*P*.6.115; 5,*P*.6.122; *coni*.5,*P*.6.124; 5,*P*.6.129; 5,*P*.6.163
quae. *Trin*.,*Prf*.28; *Pat*.30; 32; 43; *Quo*.26; 53; *Fid*.133; 255; *Eut*.,*Prf*.5; *Eut*.4.83; 8.77;
    Eut.8.94; 8.96; *C*.1,*P*.2.6; 1,*P*.4.100; 1,*P*.4.102; 1,*P*.4.157; 1,*P*.4.163; 1,*M*.5.21;
    C.1,*P*.6.4; 2,*P*.2.4; 2,*P*.2.8; 2,*P*.4.29; 2,*P*.5.39; 2,*P*.5.54; 2,*P*.6.2; 2,*P*.6.3;
    C.2,*P*.7.47; 3,*P*.1.8; 3,*P*.2.48; 3,*P*.2.72; 3,*P*.9.69; 3,*P*.10.82; 3,*P*.11.70; 3,*P*.12.29;
    C.4,*P*.1.5; 4,*P*.1.17; 4,*P*.1.33; 4,*P*.2.68; 4,*P*.2.82; 4,*P*.3.34; 4,*M*.3.28; 4,*P*.4.11;
    C.4,*M*.5.9; 4,*P*.6.3; 4,*P*.6.29; 4,*P*.6.30; 4,*P*.6.50; 4,*P*.6.58; 4,*P*.6.126; 4,*P*.6.183;
    C.4,*M*.6.38; 4,*P*.6.201; 4,*M*.6.42; 4,*P*.7.1; 5,*P*.2.27; 5,*P*.3.68; 5,*P*.3.80; 5,*P*.3.86;
    C.5,*P*.4.43; 5,*P*.4.48; 5,*P*.4.72; 5,*M*.5.8; 5,*P*.6.75(*bis*); 5,*P*.6.120; 5,*P*.6.127;
    C.5,*P*.6.131; 5,*P*.6.141
quaecumque. Quaecumque igitur de diuina substantia praedicantur, ...   *Pat*.14
    idque signi erit . . . quod quaecumque hoc modo dicuntur, ...   *Pat*.17
quaecumque. Et quaecumque uagos stella recursus Exercet uarios flexa per
    orbes, ...   *C*.1,*M*.2.10
    quorum quam sit mordax quaecumque condicio, ...   *C*.3,*P*.7.15
    omnem quaecumque sit bonam, in improbitate uero manentibus omnem
    pessimam esse fortunam." *C*.4,*P*.7.35
quaedam. repetitio quaedam est eiusdem non numeratio diuersorum, . . .   *Trin*.3.26
    potestas quaedam qua seruus coercetur. *Trin*.5.14
    pars tamen quaedam plus appetens quam *Fid*.67
    Et quasi prima quaedam mundi aetas diluuio ultore transacta est. . .   *Fid*.137
    aut noua quaedam uera nec poenae peccati subiacens originalis . . .   *Eut*.5.79
    Quarum speciem, . . . caligo quaedam neglectae uetustatis obduxerat. .   *C*.1,*P*.1.17
    ultimus tamen uitae dies mors quaedam fortunae est etiam manentis. .   *C*.2,*P*.3.49
    Etenim finitis ad se inuicem fuerit quaedam, . . . collatio. *C*.2,*P*.7.58
    Videtur namque esse nobilitas quaedam de meritis ueniens laus parentum.   *C*.3,*P*.6.23
    Quod si, . . . est quaedam boni fragilis inperfecta felicitas, ...   *C*.3,*P*.10.19
    Forsitan . . . pulchra quaedam ueritatis scintilla dissiliat." *C*.3,*P*.12.73
    quoniam haec quoque te nosse quaedam medicinae tuae portio est, . .   *C*.4,*P*.6.15

quaedam. In quibus quoniam quaedam nostri habitus uestigia uidebantur, . *C.1,P.*3.28
   adhuc contumacis aduersum curationem doloris fomenta quaedam sunt. *C.2,P.*3.12
   quin hae ad beatitudinem uiae deuia quaedam sint *C.3,P.*8.2
   ueluti quaedam beatitudinis membra sunt *C.3,P.*10.107
   quaedam uero quae sub prouidentia locata sunt fati seriem superent. . *C.4,P.*6.62
   Quare sunt quaedam euentura quorum exitus ab omni necessitate sit
     absolutus. *C.5,P.*4.55
   sed eorum quaedam de libero proficiscuntur arbitrio; *C.5,P.*6.121
quaedam. medicinalia quaedam tribuit sacramenta, ut agnosceret *Fid.*237
   quoniam per eam mira quaedam sit operata diuinitas. *Eut.*4.80
   elementa...per quae deus mira quaedam cotidianis motibus operatur? . *Eut.*4.83
   "In his igitur quae singula quaedam expetendorum praestare creduntur, *C.3,P.*9.72
   uel inperfecta quaedam bona dare mortalibus uidentur, ... *C.3,P.*9.92
   Aliis mixta quaedam pro animorum qualitate distribuit; *C.4,P.*6.148
   orationisque cursum ad alia quaedam tractanda atque expedienda
     uertebat. *C.5,P.*1.1
   uti uos uestro hoc temporario praesenti quaedam uidetis, ... *C.5,P.*6.79
quaelibet. neque enim uel factum aliud ullum uel quaelibet exsistere poterit
     uoluntas *C.5,P.*3.11
quaelibet. Faciunt enim quaelibet, dum per ea quibus delectantur . . . *C.4,P.*2.144
quaenam. Vnde mihi maxime subiit admirari, quaenam haec ... esset
     audacia *Eut.,Prf.*39
   Sed de persona maxime dubitari potest, quaenam ei definitio possit
     aptari. *Eut.*2.1
   quaenam inter naturam personamque possit esse discretio; *Eut.*2.3
   dubitari potest, quaenam caro haec *Eut.*8.15
   nec dinoscere possem, quaenam haec esset mulier *C.1,P.*1.45
   Si nescit, quaenam beata sors esse potest ignorantiae caecitate? . . . *C.2,P.*4.86
   "Atque ut intellegas quaenam sit huius potentiae uis, ... *C.4,P.*2.121
   "difficiliore rursus ambiguitate confundor." "Quaenam," inquit, "ista
     est? *C.5,P.*3.2
   Quaenam discors foedera rerum Causa resoluit? *C.5,M.*3.1
   ut quaenam etiam scientia eius sit, possimus agnoscere. *C.5,P.*6.4
quaeque. natura respuit ut contraria quaeque iungantur. *C.2,P.*6.44
   Repetunt proprios quaeque recursus Rediturque suo singula gaudent . . *C.3,M.*2.34
   nonne quod suum est quaeque...desiderant? *C.3,P.*11.74
quaeque. At nos desuper inridemus uilissima rerum quaeque rapientes . . *C.1,P.*3.47
   poterisne meliora quaeque retinens de infortunio iure causari? . . . *C.2,P.*4.13
   uos dignitatem uestram infra infima quaeque detruditis. *C.2,P.*5.80
   uel in secreta quaeque reptantium necat introitus? *C.2,P.*6.21
   Sed per aspera quaeque distractus securus esse desistis. *C.3,P.*8.11
   per quam prouidentia suis quaeque nectit ordinibus. *C.4,P.*6.35
   et suis quaeque meritis praedestinata disponit. *C.5,P.*2.28
   Imaginatio...sensibilia quaeque conlustrat *C.5,P.*4.114
quaeram. Quod si quaeram, an filius substantia sit, idem dicitur. . . . *Pat.*7
   qui uero iste sit, posterius quaeram. *Pat.*35
quaeras. Nec quaeras auida manu Vernos stringere palmites, ... *C.1,M.*6.11
quaeratis. ut in externis ac sepositis rebus bona uestra quaeratis? *C.2,P.*5.72
quaerendum. Nunc quaerendum est quomodo fieri potuerit ut duae naturae
   in unam substantiam miscerentur. *Eut.*7.101
   Cum igitur Christus non peccauerit,quaerendum est cur senserit mortem, *Eut.*8.31
quaerentes. quos, ut uberrime demonstratum est, bonum quaerentes prauus
     error auertit, ... *C.4,P.*6.99
quaerenti. et ueritas inuenta quaerenti omnes nebulas Eutychiani reclusit
     erroris. *Eut.,Prf.*37
quaeri. Sane tantum a nobis quaeri oportet *Trin.,Prf.*22
   de fati serie,...de arbitrii libertate quaeri solet, ... *C.4,P.*6.13
quaeris. At cuius criminis arguimur summam quaeris? *C.1,P.*4.72
quaeritis. Fugare credo indigentiam copia quaeritis. *C.2,P.*5.64
   Non aurum in uiridi quaeritis arbore *C.3,M.*8.3
   Quicumque in superum diem Mentem ducere quaeritis. *C.3,M.*12.54
quaeritur. quare sic quoque sola quaeritur beatitudo. *C.3,P.*10.137
quaero. Quaero an pater et filius ac spiritus sanctus de diuinitate substantialiter praedicentur *Pat.*1
   Quaero enim an esse aliquid omnino et quidnam esse casum arbitrere." *C.5,P.*1.6
   Quaero enim, cur illam soluentium rationem minus efficacem putes, . . *C.5,P.*4.11
quaesieris. Studium ad peiora deflexeris, extra ne quaesieris ultorem. . . . *C.4,P.*4.104

quaesisse. si multos scimus beatitudinis fructum...doloribus suppliciisque
   quaesisse, ... *C.2,P.*4.99
quaesita. tibique ipsi res diu prorsus multumque quaesita, ... *C.5,P.*4.4
quaesita. Sed quaesita uorans saeua rapacitas Altos pandit hiatus. *C.2,M.*2.13
quaesitu. "Ad rem me," inquit, "omnium quaesitu maximam uocas, ... *C.4,P.*6.6
quaesiuit. Vnde haud iniuria tuorum quidam familiarium quaesiuit: *C.1,P.*4.105
quaeso. "Sed quaeso," inquit, "te uide quam id sancte atque inuiolabiliter
   probes . . . . • *C.3,P.*10.40
   Sed quaeso," inquam, "te, nullane animarum supplicia...relinquis?" *C.4,P.*4.75
   quaeso uti quae hinc decernas,...edisseras." *C.4,P.*6.3
quaestio. quantum haec difficilior quaestio est, tam facilior esse debet ad
   ueniam. *Trin.,Prf.*30
   Quaestio uero huiusmodi est. Ea quae sunt bona sunt; *Quo.*56
   Qua in re soluta quaestio est. *Quo.*128
   alia quaestio quae ab his inferri potest qui corpus humanum ex Maria
   sumptum esse non credunt, ... *Eut.*8.1
   Et omnino habet animaduertendam dubitationem talis quaestio. . . . *Eut.*8.14
quaestione. Ac de proposita quaestione hinc sumamus initium. *Trin.,Prf.*34
   Sed de proposita quaestione satis dictum est. *Trin.*6.27
   ut de ea quae in conuentu mota est quaestione loqueremur. *Eut.,Prf.*2
   Quoniam uero in tota quaestione contrariarum sibimet αἱρέσεων . . . *Eut.,Prf.*59
quaestionem. Inuestigatam diutissime quaestionem, quantum nostrae mentis *Trin.,Prf.*34
   nec ullus in tanto tumultu qui leuiter attingeret quaestionem, ... *Eut.,Prf.*20
   sed quod tu dudum de prouidentia quaestionem pluribus aliis implicitam
   esse dixisti, ... *C.5,P.*1.5
quaestiones. Meditabar igitur dehinc omnes animo quaestiones *Eut.,Prf.*34
quaestioni. Huic quaestioni talis poterit adhiberi solutio. *Quo.*86
quaestionis. Nunc uestri normam iudicii exspectat subtilitas quaestionis; . *Trin.*6.28
   ut ex Hebdomadibus nostris eius quaestionis obscuritatem...digeram . *Quo.*1
   iam dudum et pondere quaestionis oneratum *C.4,P.*6.207
   qua se quidam credunt hunc quaestionis nodum posse dissoluere. . . . *C.5,P.*3.17
quale. tale ipsum esse naturaliter ostenditur quale est illud hoc ipsum quod
   appetit. *Quo.*51
quale. si tale corpus hominis adsumpsit quale Adae ante peccatum fuit, . . *Eut.*8.28
   huiusmodi bonum quale paulo ante definisti *C.3,P.*10.5
qualem. casum...huiusmodi...qualem paulo ante definiuimus." *C.5,P.*1.32
qualem. talis qualem esse diximus ultra substantiam; *Trin.*4.22
   ea coniunctio qualem superius diximus *Eut.*4.32
   In uestra enim situm manu qualem uobis fortunam formare malitis; . *C.4,P.*7.53
qualemcumque. alligans se ad qualemcumque praesentiam huius exigui
   uolucrisque momenti, ... *C.5,P.*6.50
quales. immobilibus animantibus cessit quales sunt conchae maris *C.5,P.*5.14
qualia. taliaque...spectat qualia in tempore olim futura prouenient. . . . *C.5,P.*6.82
qualia. Haec igitur talia sunt qualia subiecta permiserint; *Trin.*4.5
qualibet. concepta ex qualibet iniuria confudit anxietas?" *C.3,P.*3.17
   quod a qualibet re diuersum est, id non est illud a quo intellegitur esse
   diuersum. *C.3,P.*10.54
qualicumque. beatitudinis finem licet minime perspicaci qualicumque tamen
   cogitatione prospicitis *C.3,P.*3.3
qualis. sin uero talem hominem adsumpsit qualis Adam fuit ante peccatum, *Eut.*8.18
   ut talem adsumpserit hominem qualis Adam fuit, ... *Eut.*8.22
   si talem statum suscepit hominis qualis Adae post peccatum fuit, . . . *Eut.*8.34
qualitas. substantia, qualitas, quantitas, ad aliquid, ubi, quando, habere,
   situm esse, facere, pati. *Trin.*4.3
   item qualitas et cetera quae uenire queunt. *Trin.*4.11
   Rursus "iustus," quod est qualitas, ita dicitur *Trin.*4.36
   nec ulla in eis qualitas esset, nisi tantum bona essent, ... *Quo.*113
   Potest enim aquae qualitas a uini qualitate aliquid pati; *Eut.*6.34
   quoniam qualitas aquae multitudine sui corporis nihil passa est a
   qualitate uini, ... *Eut.*6.40
qualitate. et nihil in alterum ex alterius qualitate perueniat? *Eut.*4.26
   Potest enim aquae qualitas a uini qualitate aliquid pati; *Eut.*6.34
   potest item uini ab aquae qualitate aliquid pati. *Eut.*6.35
   non dicuntur inmixta, sed alterum alterius qualitate corrumpitur. . . . *Eut.*6.38
   quoniam qualitas aquae...nihil passa est a qualitate uini, ... *Eut.*6.41
   licet ea ex quibus coniungitur alterutra qualitate corrupta sint; *Eut.*6.94

tam conpositae felicitatis ut non aliqua ex parte cum status sui qualitate
   rixetur? *C.*2,*P.*4.43
uitiosos,. . .in beluas tamen animorum qualitate mutari; *C.*4,*P.*4.3
Aliis mixta quaedam pro animorum qualitate distribuit; *C.*4,*P.*6.148
aeternitas cum nostrorum actuum futura qualitate concurrit *C.*5,*P.*6.169
qualitatem. cum uero "iustus," qualitatem quidem sed non accidentem, . . *Trin.*4.16
   qui iustus est refertur ad qualitatem qua scilicet est aliquid, ... *Trin.*4.86
   sed potius in se ipsam uini qualitatem propria multitudine commutauit. *Eut.*6.42
   diuinus intuitus qualitatem rerum minime perturbat *C.*5,*P.*6.89
qualitates. quamuis afficiant instrumenta sensuum forinsecus obiectae
   qualitates *C.*5,*P.*5.2
qualitatibus. per se in eo quod ipsum est album non est. Et de ceteris
   qualitatibus eodem modo. *Quo.*64
   illae miscentur et mediocribus inter se qualitatibus temperantur. . . . *Eut.*6.46
   materia subiecta . . . quae susceptis qualitatibus in alterutram permutetur. *Eut.*6.55
   nulla his materia . . . quae alterutris substantiarum qualitatibus permutetur. *Eut.*6.82
   motus locis, temporibus, efficientia, spatiis, qualitatibus explicarent, . . *C.*3,*P.*12.22
qualitatum. cum ex utrisque constet in se inuicem qualitatum mutatione
   transfusis. *Eut.*6.98
quam. *Quo.*18; *Fid.*82; 85; 102; 107; 116; 141; 233; *Eut.*1.21; 1.54; 3.6; 3.27; 4.116; 5.89;
   *Eut.*7.33; 7.67; 7.78; 7.91; 8.83; *C.*1,*P.*3.11; 1,*P.*3.25; 1,*P.*4.11; 1,*P.*4.136; 2,*P.*1.39;
   *C.*2,*P.*1.52; 2,*P.*1.54; 2,*P.*2.4; 2,*P.*5.103; 2,*P.*7.35; 2,*P.*7.66; 2,*M.*8.19; 3,*P.*1.18;
   *C.*3,*P.*2.3; 3,*P.*3.40; 3,*P.*4.18; 3,*P.*5.36; 3,*P.*5.37; 3,*P.*9.2; 3,*P.*9.30; 3,*P.*9.48;
   *C.*3,*P.*9.53; 3,*P.*9.77; 3,*P.*11.92; 3,*P.*12.88; 3,*P.*12.109; 4,*M.*1.24; 4,*P.*3.7; 4,*P.*4.30;
   *C.*4,*P.*4.70; 4,*P.*4.84; 4,*P.*6.35; 4,*P.*6.137; 4,*P.*6.166; 4,*P.*7.9; 5,*P.*2.25; 5,*P.*3.12;
   *C.*5,*M.*3.28; 5,*P.*5.44; 5,*P.*6.155
quam. *Trin.,Prf.*5; *Pat.*30; *Quo.*7; *Fid.*75; *Eut.*1.60; 4.62; 4.63(*bis*); *C.*1,*M.*1.15; 1,*M.*2.1;
   *C.*1,*P.*4.160; 1,*P.*5.4; 1,*P.*5.6; 1,*P.*5.21; 2,*P.*4.9; 2,*P.*4.59; 2,*P.*4.66; 2,*P.*4.69;
   *C.*2,*P.*5.89; 2,*P.*7.9; 2,*P.*7.34(*bis*); 2,*P.*7.45; 3,*P.*1.4; 3,*P.*2.57; 3,*P.*6.1(*bis*); 3,*P.*6.20;
   *C.*3,*P.*6.21; 3,*P.*7.4; 3,*P.*7.14; 3,*P.*8.14; 3,*P.*8.15; 3,*P.*8.28; 3,*P.*9.59; 3,*P.*10.40;
   *C.*3,*P.*10.133; 3,*P.*11.29; 3,*P.*12.65; 4,*P.*6.157; 4,*P.*7.7; 5,*P.*3.46; 5,*P.*5.37; 5,*M.*5.1;
   *C.*5,*P.*6.84
quam. *Trin.,Prf.*15; *Trin.*3.35; 3.36; *Quo.*9; *Fid.*67; 131; *Eut.,Prf.*29; *Eut.*4.72; 4.104;
   *C.*1,*P.*2.1; 1,*P.*4.43; 1,*P.*5.22; 2,*P.*1.45; 2,*P.*5.9; 2,*P.*6.11; 2,*P.*8.8; 3,*P.*5.42; 3,*P.*8.20;
   *C.*3,*P.*10.90; 3,*P.*10.135; 4,*P.*2.49; 4,*P.*4.11; 4,*P.*4.19; 4,*P.*4.43; 4,*P.*4.72; 4,*P.*4.87;
   *C.*4,*P.*4.116; 4,*P.*4.127; 4,*P.*5.6; 4,*P.*6.103; 4,*P.*6.118; 4,*P.*6.119; 4,*P.*6.120; 5,*P.*1.39;
   *C.*5,*P.*3.13; 5,*P.*3.50; *coni.*5,*P.*3.56; 5,*P.*4.117; 5,*M.*4.28; 5,*P.*6.17
quam. *Eut.*8.32; *C.*2,*P.*3.19; 5,*P.*3.106; 5,*P.*4.54; 5,*P.*4.58; 5,*P.*6.124; 5,*P.*6.130
quamlibet. At hic ipse numerus annorum eiusque quamlibet multiplex . . . *C.*2,*P.*7.56
   Ita fit ut quamlibet prolixi temporis fama, ... *C.*2,*P.*7.60
quamquam. Sed quamquam permulta sint quae hunc sensum inpugnare . . *Eut.*4.126
   Quamquam quid ipsa scripta proficiant, ... *C.*2,*P.*7.46
   quamquam angusto limite temporis saepti tamen *C.*4,*P.*6.16
   quamquam id illi non de operante principio,. . .iecerint *C.*5,*P.*1.26
   quamquam simul utrumque conspectum tamen discernitis *C.*5,*P.*6.86
quamque. quod se ita rem quamque habere necesse est *C.*5,*P.*3.64
quamuis. et quamuis nomen ipsum Christi uetus intra semet continuerit
   instrumentum *Fid.*2
   quamuis illic distinctis ordinibus pulchra sint omnia, ... *Fid.*66
   inexhausti uigoris, quamuis ita aeui plena foret *C.*1,*P.*1.6
   Quamuis uota libens excipiat deus *C.*2,*M.*2.9
   Quamuis tonet ruinis Miscens aequora uentus, ... *C.*2,*M.*4.17
   Quamuis Poeni pulchra leones Vincula gestent *C.*3,*M.*2.7
   Quamuis fluente diues auri gurgite. . .cogat auarus opes *C.*3,*M.*3.1
   Quamuis se Tyrio superbus ostro Comeret *C.*3,*M.*4.1
   Sed quamuis late humana tendantur imperia,. *C.*3,*P.*5.9
   Sed tu quamuis causam tantae dispositionis ignores, ... *C.*4,*P.*5.24
   Prouidentia namque cuncta pariter quamuis diuersa *C.*4,*P.*6.36
   quamuis infinita complectitur; *C.*4,*P.*6.37
   quamuis afficiant instrumenta sensuum forinsecus obiectae qualitates . *C.*5,*P.*5.1
   quamuis eum tum cum graditur incedere necessarium sit. *C.*5,*P.*6.112
   quae quamuis eueniant, exsistendo tamen naturam propriam non
   amittunt, ... *C.*5,*P.*6.122
   quamuis te in uarias actiones libera uoluntate conuerteris. *C.*5,*P.*6.146

Huic quartae, si quantum maria paludesque premunt. . .subtraxeris, . .   *C*.2,*P*.7.17
quantumque siti uasta regio distenditur cogitatione subtraxeris, ...   *C*.2,*P*.7.18
quam tu me [quantum me]. . .refouisti! *uar*.*C*.3,*P*.1.4
quam tu me [quantum tu me]. . .refouisti! *coni*.*C*.3,*P*.1.4
Videsne quantum malis dedecus adiciant dignitates? *C*.3,*P*.4.8
"Estne . . . quod in quantum naturaliter agat relicta subsistendi
   appetentia *C*.3,*P*.11.43
innasci locis, ubi quantum earum natura queat *C*.3,*P*.11.55
Num igitur quantum ad hoc attinet, ...   *C*.5,*P*.4.23
intueamur nunc quantum fas est, quis sit diuinae substantiae status, .   *C*.5,*P*.6.3
quantumlibet. numerus annorum eiusque quamlibet [quantumlibet] multiplex ad interminabilem diuturnitatem *coni*.*C*.2,*P*.7.56
Quantumlibet igitur saeuiant mali, ...   *C*.4,*P*.3.14
quantus. Quo semel recepto quantus occasus humanarum rerum consequatur
   liquet. *C*.5,*P*.3.84
quaquam. sed haud quaquam ab ullo uestrum hactenus satis diligenter. . .
   expedita. *C*.5,*P*.4.4
quare. Quare diuersum etiam uel genere uel specie uel numero dicitur. . . .   *Trin*.1.23
nulla est omnino pluralitas, quare nec numerus; *Trin*.3.4
quare subintrat numerus *Trin*.3.51
Quare quae secundum rei alicuius in eo quod ipsa *Trin*.5.30
Quare autem de inrationabilibus animalibus Graecus ὑπόστασιν non
   dicat, ...   *Eut*.3.71
Quare plenissime uel aegritudinis tuae rationem. . .inueni. *C*.1,*P*.6.40
Quare sicca iam lacrimas.   *C*.2,*P*.4.30
quare continuus timor non sinit esse felicem. *C*.2,*P*.4.88
quare beatum esse iudicat statum quem prae ceteris quisque desiderat.   *C*.3,*P*.2.44
Quare si opes nec submouere possunt indigentiam et ipsae suam faciunt,   *C*.3,*P*.3.54
Quare splendidum te, si tuam non habes, aliena claritudo non efficit. .   *C*.3,*P*.6.26
quare plenum esse laetitiae,. . .necesse est confiteri." *C*.3,*P*.9.39
Quare ne in infinitum ratio prodeat, confitendum est *C*.3,*P*.10.33
Quare. . .id summum bonum non est *C*.3,*P*.10.55
quare quod omnium principium sit, id etiam *C*.3,*P*.10.60
quare neutrum poterit esse perfectum, cum alterutri alterum deest. . .   *C*.3,*P*.10.72
quare ipsam necesse est summam esse beatitudinem quae sit summa
   diuinitas." *C*.3,*P*.10.77
quare sic quoque sola quaeritur beatitudo. *C*.3,*P*.10.137
quare nihil est quod ullo modo queas dubitare *C*.3,*P*.11.100
quare probos mores sua praemia non relinquunt. *C*.4,*P*.3.13
Quare uersi in malitiam humanam quoque amisere naturam. *C*.4,*P*.3.50
"Quare," inquit, "ita uir sapiens moleste ferre non debet, ...   *C*.4,*P*.7.38
Quare quibus in ipsis inest ratio, inest etiam uolendi. . .libertas. . . .   *C*.5,*P*.2.11
Quare si ab aeterno. . .praenoscit, nulla erit arbitrii libertas; *C*.5,*P*.3.8
Quare si quid ita futurum est ut eius certus. . .non sit euentus, . . .   *C*.5,*P*.3.58
Quare nulla est humanis consiliis actionibusque libertas *C*.5,*P*.3.81
Quare necesse erit humanum genus,. . .fatiscere. *C*.5,*P*.3.110
Quare demonstrandum prius est nihil non ex necessitate contingere, . .   *C*.5,*P*.4.33
Quare sunt quaedam euentura quorum exitus ab omni necessitate sit
   absolutus. *C*.5,*P*.4.55
Quare in illius summae intellegentiae cacumen, si possumus, erigamur;   *C*.5,*P*.5.50
Quare haec diuina praenotio naturam rerum proprietatemque non mutat   *C*.5,*P*.6.80
quarta. Huius igitur tam exiguae in mundo regionis quarta fere portio est, .   *C*.2,*P*.7.15
quartae. Huic quartae, si quantum maria paludesque premunt . . . subtraxeris, ...   *C*.2,*P*.7.17
quarum. *C*.1,*P*.1.16; 1,*P*.4.91; 2,*P*.5.47; 3,*P*.7.2; 3,*P*.7.6; 3,*P*.7.10; 4,*P*.4.97; 5,*P*.1.44
quas. *Eut*.2.7; 2.8(*bis*); 3.66; *C*.1,*P*.1.14; 1,*P*.1.23; 1,*M*.5.19; 1,*M*.6.18; 2,*P*.5.20; 2,*P*.5.24;
   ?*uar*.*C*.2,*P*.6.2; *C*.2,*P*.7.27; 2,*M*.8.7; 3,*P*.4.27; 3,*P*.6.15; 3,*M*.9.20; 3,*P*.11.59;
   C.4,*M*.1.3; 4,*P*.7.11; 5,*P*.3.82; 5,*M*.4.36
quasdam. quasi in perpetuum permanendi ueluti quasdam machinas esse   *C*.3,*P*.11.72
quasi. artibus idem quasi quidam finis est constitutus, ...   *Trin*.,*Prf*.25
Non uero ita dicitur "pater ac filius et spiritus sanctus" quasi multi-
   uocum quiddam; *Trin*.3.45
ita dicitur quasi illud de quo praedicatur *Trin*.4.30
"iustus,". . .ita dicitur quasi ipse hoc sit de quo praedicatur, ...   *Trin*.4.37
dicitur atque ita quasi ipse sit homo magnus uel deus magnus; . . .   *Trin*.4.42
de homine ut in foro, de deo ut ubique, sed ita ut non quasi ipsa sit res   *Trin*.4.47
esse albus uel longus nec quasi circumfusus et determinatus *Trin*.4.50

C.3,*M*.2.13; 3,*M*.2.15; 3,*M*.2.20; 3,*M*.2.35; 3,*M*.2.38; 3,*P*.3.2; 3,*P*.3.4; 3,*P*.3.9;
C.3,*P*.3.13; 3,*P*.3.29; 3,*P*.3.49; 3,*M*.3.3; 3,*M*.3.4; 3,*M*.3.6; 3,*P*.4.1; 3,*P*.4.13; 3,*P*.5.1;
C.3,*P*.5.29; 3,*P*.5.34; 3,*M*.5.9; 3,*M*.6.8; 3,*P*.7.12; 3,*M*.7.3; 3,*P*.8.13; 3,*P*.9.11;
C.3,*P*.9.12; 3,*P*.9.18(*bis*); 3,*P*.9.23; 3,*P*.9.46; 3,*P*.9.51; 3,*P*.9.58; 3,*P*.9.61; 3,*P*.9.79;
C.3,*P*.9.82; 3,*P*.9.88; 3,*P*.9.90; 3,*M*.9.2; 3,*M*.9.3; 3,*M*.9.8; 3,*M*.9.9; 3,*M*.9.16;
C.3,*M*.9.18; 3,*M*.9.20; 3,*P*.10.8; 3,*P*.10.16; 3,*P*.10.17; 3,*P*.10.21; 3,*P*.10.22;
C.3,*P*.10.35; 3,*P*.10.46; 3,*P*.10.107; 3,*P*.10.127; 3,*P*.10.141; 3,*M*.10.11; 3,*M*.10.13;
C.3,*M*.10.15; 3,*P*.11.9; 3,*P*.11.10; 3,*P*.11.11; 3,*P*.11.32; 3,*P*.11.37; 3,*P*.11.38;
C.3,*P*.11.44; 3,*P*.11.46; 3,*P*.11.50; 3,*P*.11.51; 3,*P*.11.64; 3,*P*.11.77; 3,*P*.11.93;
C.3,*M*.11.2; 3,*M*.11.4; 3,*M*.11.5; 3,*P*.12.14; 3,*P*.12.16; 3,*P*.12.31; 3,*P*.12.49;
C.3,*P*.12.51; 3,*P*.12.52; 3,*P*.12.64; 3,*P*.12.89; 3,*P*.12.93; 3,*P*.12.96; 3,*P*.12.99;
C.3,*P*.12.100; 3,*M*.12.10; 4,*P*.1.2; 4,*P*.1.7; 4,*P*.1.14; 4,*P*.1.21; 4,*P*.1.30; 4,*M*.1.6;
C.4,*M*.1.7; 4,*M*.1.10; 4,*M*.1.17; 4,*M*.1.20; 4,*P*.2.6; 4,*P*.2.30; 4,*P*.2.46; 4,*P*.2.55;
C.4,*P*.2.57; 4,*P*.2.63; 4,*P*.2.71; 4,*P*.2.73; 4,*P*.2.83; 4,*P*.2.85; 4,*P*.2.98; 4,*P*.2.111;
C.4,*P*.2.132; 4,*P*.2.140; 4,*P*.3.25; 4,*P*.3.33; 4,*P*.3.45; 4,*P*.3.65; 4,*P*.4.4; 4,*P*.4.65;
C.4,*P*.4.68; 4,*P*.4.82; 4,*P*.4.85; 4,*P*.4.96; 4,*P*.4.106; 4,*P*.4.112; 4,*P*.4.133; 4,*P*.4.136;
C.4,*P*.4.142; 4,*P*.4.145; 4,*P*.4.146; 4,*M* 4.7; 4,*M*.4.9; 4,*P*.5.5; 4,*P*.5.8; 4,*P*.5.11;
C.4,*P*.5.14; 4,*P*.5.15; 4,*P*.5.20; 4,*P*.5.24; 4,*M*.5.4; 4,*M*.5.9; 4,*M*.5.12; 4,*M*.5.20;
C.4,*P*.6.2; 4,*P*.6.22; 4,*P*.6.47; 4,*P*.6.49; 4,*P*.6.57; 4,*P*.6.68; 4,*P*.6.73; 4,*P*.6.85(*bis*);
C.4,*P*.6.86; 4,*P*.6.95; 4,*P*.6.110; 4,*P*.6.117; *uar*.4,*P*.6.135; 4,*P*.6.141; 4,*P*.6.183;
C.4,*P*.6.201; 4,*M*.6.15; 4,*M*.6.22; 4,*M*.6.24; 4,*M*.6.35; 4,*M*.6.45; 4,*M*.7.6; 4,*M*.7.27;
C.4,*M*.7.30; 5,*P*.1.1; 5,*P*.1.3; 5,*P*.1.8; 5,*P*.1.11; 5,*P*.1.18; 5,*P*.1.19; 5,*P*.1.39;
C.5,*P*.1.44; 5,*P*.1.58; 5,*M*.1.5; 5,*M*.1.8; 5,*M*.1.12; 5,*P*.2.1; 5,*P*.2.12; 5,*P*.2.14;
C.5,*P*.2.19; 5,*P*.2.25; 5,*M*.2.11; 5,*P*.3.10; 5,*P*.3.22; 5,*P*.3.41; 5,*P*.3.82; 5,*P*.3.86;
C.5,*P*.3.88; 5,*P*.3.94; 5,*P*.3.96; 5,*P*.3.101; 5,*P*.3.106; 5,*M*.3.7; 5,*M*.3.24; 5,*P*.4.2;
C.5,*P*.4.3; 5,*P*.4.4; 5,*P*.4.40; 5,*P*.4.65; 5,*P*.4.67; 5,*P*.4.87; 5,*P*.4.110; 5,*P*.4.113;
C.5,*M*.4.14; 5,*M*.4.21; 5,*M*.4.39; 5,*P*.5.3; 5,*P*.5.4; 5,*P*.5.14; 5,*P*.5.22; 5,*P*.5.35;
C.5,*P*.5.48; 5,*M*.5.2; 5,*M*.5.3; 5,*M*.5.4; 5,*M*.5.6; 5,*M*.5.11; 5,*M*.5.13;
C.5,*P*.6.9; 5,*P*.6.13; 5,*P*.6.18; 5,*P*.6.21; 5,*P*.6.28; 5,*P*.6.42; 5,*P*.6.50; 5,*P*.6.54;
C.5,*P*.6.64; 5,*P*.6.77; 5,*P*.6.81(*bis*); 5,*P*.6.83; 5,*P*.6.97; 5,*P*.6.156; 5,*P*.6.166;
C.5,*P*.6.167; 5,*P*.6.171

queam. nedum ad inquisita respondere queam." *C*.1,*P*.6.21
queant. non uero queant omnia potentes etiam malorum, ... *C*.4,*P*.2.129
 Quia non aliter durare queant, ... *C*.4,*M*.6.46
queas. Quid uero, si corpus spectes, inbecillius homine reperire queas . . . *C*.2,*P*.6.19
 quare nihil est quod ullo modo queas dubitare *C*.3,*P*.11.100
queat. Cuius rei seriem atque ueritatem, ne latere posteros queat, ... *C*.1,*P*.4.87
 quid in eis est quod aut uestrum umquam fieri queat *C*.2,*P*.5.5
 non modo fama hominum singulorum sed ne urbium quidem peruenire
  queat. *C*.2,*P*.7.30
 Id autem est bonum quo quis adepto nihil ulterius desiderare queat. . . *C*.3,*P*.2.7
 Nam cum nihil deo melius excogitari queat, ... *C*.3,*P*.10.26
 "Accipio," inquam, "nec est quod contradici ullo modo queat." *C*.3,*P*.10.39
 ubi quantum earum natura queat cito exarescere *C*.3,*P*.11.56
 quorum si alterutrum desit, nihil est quod explicari queat. *C*.4,*P*.2.14
 illud officium minime administrare queat, ... *C*.4,*P*.2.48
 quod uel casus uel fortuitum iure appellari queat? *C*.5,*P*.1.34
 quisque repertam Queat ignarus noscere formam?. *C*.5,*M*.3.19
 Vt seruatis queat oblitas Addere partes." *C*.5,*M*.3.30
 quae si ullo modo cogitari queat, ... *C*.5,*P*.4.9
quem. *Trin*.1.28; 3.52; *Fid*.4; 16; 226; *Eut*.,*Prf*.22; *Eut*.4.119; 8.17; *C*.1,*P*.4.144; 2,*P*.4.61;
 C.2,*P*.6.59; 3,*P*.2.45; 3,*P*.5.21; 3,*P*.9.54; 3,*P*.9.55(*bis*); 3,*P*.9.56; 3,*M*.9.4; 3,*P*.12.40;
 C.3,*P*.12.59; 3,*P*.12.101; 4,*P*.2.2; 4,*P*.2.20; 4,*P*.3.55; 4,*P*.6.69; 4,*P*.6.127; 4,*P*.6.138
quem. *Trin*.3.54; 4.49; *Eut*.5.54
quem. *Eut*.4.26
quem. *Eut*.5.59; *C*.1,*P*.1.35; 2,*P* 7 40; 3,*P*.4.15; 3,*P*.7.14; 4,*P*.2.17
quem. *C*.2,*P*.4.84; 3,*P*.5.40; 3,*P*.6.16; 5,*M*.2.13
quemadmodum. quem ad modum de deo unumquodque praedicatur, . . . *Trin*.3.54
 Non enim ita homo dicitur esse in foro quem ad modum esse albus . . *Trin*.4.49
 Sed quemadmodum bona sint, inquirendum est, utrumne participatione
  an substantia? *Quo*.60
 atque ea consideremus quemadmodum bona esse *Quo*.97
 quemadmodum generationem filii ex paterna substantia non potest . . *Fid*.26
 lege constituit, quemadmodum et sacrificiorum ritus et populorum mores
  instruerentur. *Fid*.167
 quemadmodum aquae maris rubri ita…Iordanis fluenta siccata sunt; *Fid*.174
 Restat ut, quemadmodum catholica fides dicat,…doceamus. *Eut*.7.1

Nam dum iniqua sibi a pessimis quidam perpeti uidentur, ...   *C.4,P.*6.187
ratioñem qua se quidam credunt hunc quaestionis nodum posse dissoluere. *C.5,P.*3.17
Vnde non recte quidam, qui cum audiunt uisum Platoni *C.5,P.*6.31
quiddam. Non . . . "pater ac filius et spiritus sanctus" quasi multiuocum
quiddam; *Trin.*3.45
Neque enim uile quiddam contemnendumque est quod adipisci omnium   *C.3,P.*2.61
quae quod sensibile sit ac singulare quasi quiddam uniuersale consideret.   *C.5,P.*5.29
quiddam. Nomen ˙quippe ipsum unum quiddam significat singularitate
uocabuli. *Eut.*4.30
alterum alterius copulatione corruptum quiddam tertium fecit, ...   *Eut.*6.89
At quibus optimum quiddam claritas uidetur, ...   *C.3,P.*2.22
ne opinionem populi sequentes quiddam ualde inopinabile confecerimus."   *C.4,P.*7.31
quidem. *Trin.*3.13; 4.14; 4.16; 4.21; 4.27; 4.65; 4.90; 4.94; 4.100; *uar.Trin.*4.101; *Trin.*5.38;
*Trin.*5.44; 5.47; 6.3; *Pat.*51; 55; *Quo.*93; 107; 155; 165; 172; 174; *Eut.,Prf.*1; 24; 27;
*Eut.,Prf.*43; *Eut.*1.20; 1.26; 2.9; 3.33; 3.37; 3.60; 3.79; 3.82; 3.93; 5.5; 5.38; 5.46;
*Eut.*5.88; 6.36; 6.46; 6.59; 6.81; 6.83; 6.89; 7.5; 7.29; 7.42; 7.62; 7.85; 7.94; 7.99;
*Eut.*7.100; 8.19; 8.26; 8.41; 8.47; 8.59; 8.75; 8.81; *C.*1,*P.*1.8; 1,*P.*1.24; 1,*P.*2.14;
*C.*1,*P.*3.40; 1,*P.*3.44; 1,*P.*4.80; 1,*P.*4.105; 1,*P.*4.164; 1,*P.*4.171; 1,*P.*5.6; 1,*P.*5.8;
*C.*1,*P.*5.25; 1,*P.*5.26; 1,*P.*5.29; 1,*P.*6.31; 2,*P.*3.5; 2,*P.*5.9; 2,*P.*5.15; 2,*P.*5.24;
*C.*2,*P.*5.40; 2,*P.*5.75; 2,*P.*5.84; 2,*P.*5.92; 2,*P.*6.47; 2,*P.*6.53; 2,*P.*7.5; 2,*P.*7.29;
*C.*2,*P.*7.57; 2,*P.*7.71; 3,*P.*1.13; 3,*P.*2.4; 3,*P.*2.7; 3,*P.*2.15; 3,*P.*2.34; 3,*P.*2.48;
*C.*3,*P.*3.50; 3,*P.*5.6; 3,*P.*5.27; 3,*P.*6.19; 3,*P.*7.2; 3,*P.*7.12; 3,*P.*8.19; 3,*P.*9.8;
*C.*3,*P.*9.15; 3,*P.*9.22; 3,*P.*9.24; 3,*P.*9.39; 3,*P.*9.40; 3,*P.*9.43; 3,*P.*9.54; 3,*P.*9.66;
*C.*3,*P.*9.68; 3,*P.*9.87; 3,*P.*9.98; 3,*P.*10.15; 3,*P.*10.51; 3,*P.*10.89; 3,*P.*10.102;
*C.*3,*P.*10.118; 3,*P.*11.4; 3,*P.*11.57; 3,*P.*11.75; 3,*P.*11.83; 3,*P.*11.90; 3,*P.*11.106;
*C.*3,*P.*11.110; 3,*P.*11.111; 3,*P.*12.5; 3,*P.*12.13; 3,*P.*12.32; 3,*P.*12.39; 3,*P.*12.54;
*C.*3,*P.*12.76; 3,*P.*12.83; 4,*P.*1.26; 4,*P.*2.5; 4,*P.*2.15; 4,*P.*2.40; 4,*P.*2.41; 4,*P.*2.49;
*C.*4,*P.*2.56; 4,*P.*2.63; 4,*P.*2.69; 4,*P.*2.76; 4,*P.*2.102; 4,*P.*2.109; 4,*P.*2.113; 4,*P.*2.127;
*C.*4,*P.*2.138; 4,*P.*2.142; 4,*P.*4.25; 4,*P.*4.31; 4,*P.*4.63; 4,*P.*4.67; 4,*P.*4.73; 4,*P.*4.77;
*C.*4,*P.*4.114; 4,*P.*6.48; 4,*P.*6.98; 4,*P.*6.113; 4,*P.*6.129; 4,*P.*6.132; 4,*P.*6.143;
*C.*4,*P.*6.161; 4,*P.*6.163; 4,*P.*7.8; 4,*P.*7.13; 4,*P.*7.34; 4,*P.*7.42; 5,*P.*1.3; 5,*P.*1.18;
*C.*5,*P.*1.31; 5,*P.*1.42; 5,*P.*2.17; 5,*P.*3.35; 5,*P.*3.103; 5,*P.*4.37; 5,*P.*4.56; 5,*P.*5.31;
*C.*5,*P.*6.15; 5,*P.*6.58; 5,*P.*6.74; 5,*P.*6.90; 5,*P.*6.98; 5,*P.*6.133; 5,*P.*6.142
quidnam. quidnam deinceps esset actura, exspectare tacitus coepi. *C.*1,*P.*1.47
felicem, si quidem hoc," inquit, "adieceris. . . ." "Quidnam?" inquam.   *C.*3,*P.*9.87
"Quidnam?" inquam. "Feliciores," inquit, "esse improbos supplicia
luentes *C.*4,*P.*4.42
quid haec omnia quae diximus consequatur?" "Quidnam?" inquam.   *C.*4,*P.*7.2
Quaero enim an esse aliquid omnino et quidnam esse casum arbitrere."   *C.*5,*P.*1.7
quidni. hominemne te esse meministi?" "Quidni," inquam, "meminerim?" .   *C.*1,*P.*6.34
An uos agrorum pulchritudo delectat? Quidni? Est enim   *C.*2,*P.*5.32
hanc insufficientiam plenus," inquit, "opibus sustinebas?" "Quidni?"
inquam. *C.*3,*P.*3.28
"Quidni fateare, cum eam cotidie ualentior aliquis eripiat inuito? . . .   *C.*3,*P.*3.33
Quidni, quando eorum felicitas perpetuo perdurat? *C.*3,*P.*5.2
infelicior eo . . . cuius infortunium boni participatione releuatur?"
"Quidni?" inquam. *C.*4,*P.*4.61
Quidni, cum a semet ipsis discerpentibus conscientiam uitiis quisque
dissentiat *C.*4,*P.*6.181
"Fateor," inquam. "Bona igitur?" "Quidni?" *C.*4,*P.*7.21
quidquam. nec quicquam in eo esse caliginis inconditum . . . strepere *Eut.,Prf.*18
"num tandem proficiet quidquam aduersus eum *C.*3,*P.*12.58
cui uix exhausti quicquam satis sit. *C.*4,*P.*6.7
Nec uitia igitur nec uirtutes quidquam fuerint, ...   *C.*5,*P.*3.92
cui neque futuri quidquam absit nec praeteriti fluxerit, ...   *C.*5,*P.*6.27
quidquam. quidquam rei de qua dicitur secundum se uel addere *Trin.*5.18
omniaque in perniciem prona nec quicquam in se opis habentia, ...   *Eut.*8.57
Num quidquam libero imperabis animo? *C.*2,*P.*6.24
Quis enim quidquam nescius optet *C.*5,*M.*3.16
Num igitur quidquam illorum ita fieri necessitas ulla compellit?" . . .   *C.*5,*P.*4.50
aut igitur rationis uerum esse iudicium nec quidquam esse sensibile, . .   *C.*5,*P.*5.26
quidque. simplici intellectu erigi et ut quidque intellegi potest *Trin.*6.25
Quid quod mollissimum quidque, sicuti medulla est, ...   *C.*3,*P.*11.65
id habet iudicium quo quidque discernat; *C.*5,*P.*2.8

quidquid. uirtus sapientia et quicquid huiusmodi excogitari potest substantialiter *Pat.*67
     quidquid in ea tenetur, aut auctoritas est scripturarum *Fid.*259
     aequo animo toleres oportet quidquid intra fortunae aream geritur, . . *C.*2,*P.*1.50
     quidquid usquam auri gemmarumque est se solum qui habeat dignissimum putat. *C.*2,*P.*5.98
     Quidquid nunc amat inuicem Bellum continuo geret *C.*2,*M.*8.17
     Hoc quidquid placet excitatque mentes, ... *C.*3,*M.*10.13
     Animumque doceat quidquid. extra molitur Suis retrusum possidere thesauris. *C.*3,*M.*11.5
     Hoc quidquid est...usitato cunctis uocabulo deum nomino." *C.*3,*P.*12.24
     Hoc igitur modo quidquid a bono deficit esse desistit; *C.*4,*P.*3.47
     et quidquid aliquo mouetur modo, ... *C.*4,*P.*6.23
     Haec temperies alit ac profert Quidquid uitam spirat in orbe. *C.*4,*M.*6.31
     Quidquid aut infra subsistit aut ultra progreditur, ... *C.*4,*P.*7.50
     Nam quidquid uiuit in tempore id praesens a praeteritis in futura procedit *C.*5,*P.*6.12
quidquid. Non quidquid Tagus aureis harenis Donat *C.*3,*M.*10.7
     Quidquid praecipuis deae Matris fontibus hauserat, ... *C.*3,*M.*12.22
     Quidquid praecipuum trahit Perdit, dum uidet inferos." . . . . : . *C.*3,*M.*12.57
     Hic igitur quidquid citra spem uideas geri, ... *C.*4,*P.*6.131
     Quidquid dicam, aut erit aut non. *C.*5,*P.*3.75
quiescentes. excitetque interim quiescentes intrinsecus formas, ... *C.*5,*P.*5.5
quiete. Hic portus placida manens quiete, ... *C.*3,*M.*10.5
quieti. Tu conditus quieti Felix robore ualli *C.*2,*M.*4.19
quietis. Num mentem...cohaerentem de statu propriae quietis amouebis? . *C.*2,*P.*6.26
     Nam quietis mihi loco fuerit ea quibus maxime delector agnoscere, . *C.*5,*P.*1.14
quin. Quin etiam causas unde sonora Flamina sollicitent aequora ponti, . . *C.*1,*M.*2.13
     Ipsos quin etiam fluctibus abditos Norunt recessus aequoris, ... *C.*3,*M.*8.9
quin. Quod si ipsum esse in eis bonum est, non est dubium quin substantialia cum sint bona, ... *Quo.*76
     Nam de ceteris quin ratione regerentur, nihil mouebare. *C.*1,*P.*6.14
     quin omne mortalium genus in miseriam mortis fine labatur. *C.*2,*P.*4.96
     sequestrari nequit quin omne quod excellentissimum sit id etiam uideatur *C.*3,*P.*2.66
     "libero me fuisse animo quin aliquid semper angerer *C.*3,*P.*3.18
     nihil causae est quin pecudes quoque beatae esse dicantur *C.*3,*P.*7.9
     quin hae ad beatitudinem uiae deuia quaedam sint *C.*3,*P.*8.1
     "quin hoc uti est ita etiam celeberrimum esse confitear." *C.*3,*P.*9.32
     quin exsistat sitque hoc ueluti quidam omnium fons bonorum negari nequit. *C.*3,*P.*10.8
     quin recorderis quod te dudum nescire confessus es." *C.*3,*P.*12.6
     num dubitari potest quin uoluntaria regantur *C.*3,*P.*12.51
     Nec dubito quin possis efficere; *C.*4,*P.*2.2
     nam quin naturalis officii potens...ualentior sit, nullus ambigat." . . *C.*4,*P.*2.60
     "Nec ambigo," inquam, "quin perpesso satisfacerem dolore facientis." . *C.*4,*P.*4.125
quin. non posse esse...duplicem quin persona fieret duplex, ... *Eut.*5.10
     quin id sit quod firma ueraque fides catholica continet; *Eut.*7.47
     manifestum est quoniam [quin] ad beatitudinem percipiendam fortunae instabilitas adspirare non possit. *uar.C.*2,*P.*4.82
     quin eidem libertas adsit arbitrii. *C.*5,*P.*2.6
quingentis. Nunc quingentis fere passuum milibus procul muti *C.*1,*P.*4.130
quinis. Bella bis quinis operatus annis Vltor Atrides *C.*4,*M.*7.1
quippe. Nomen quippe ipsum unum quiddam significat singularitate uocabuli. . . . . *Eut.*4.30 .
     Nulla quippe in hoc adunata persona est *Eut.*4.96
     Homines quippe ac boues una animalis communitate iunguntur; . . . *Eut.*4.106
     Eundem quippe saluum fecit quem creditur adsumpsisse; *Eut.*4.119
     Transeundum quippe est ad Eutychen *Eut.*5.1
     ita quippe esse adsumptum hominem, ut ea sit adunatio facta cum deo, *Eut.*5.5
     quippe quod nulli originali subiaceret poenae, ... *Eut.*5.78
     Ego quippe ne in homine quidem non stulte fieri puto *Eut.*5.87
     Eum quippe saluauit quem etiam adsumpsit; *Eut.*8.16
     nihil quippe in eo nostrae operae laederentur. *C.*1,*P.*1.37
     Pluribus quippe adminiculis opus est ad tuendam *C.*2,*P.*5.65
     Humanae quippe naturae ista condicio est *C.*2,*P.*5.85
     Talia sunt quippe quae restant, ut degustata quidem mordeant, . . . *C.*3,*P.*1.13
quique. cum a semet ipsis discerpentibus conscientiam uitiis quisque dissentiat [quique dissentiant] faciantque *coni.C.*4,*P.*6.182

quo. *Trin.*5.38; *Fid.*184; *Eut.*5.51; *C.*3,*P.*2.54
quo. *Trin.*4.52; *Pat.*37; 51; 62; *Quo.*79; *Eut.*4.3; 7.55; *C.*1,*P.*4.56; 1,*P.*4.158; 2,*P.*4.22;
    *C.*2,*P.*4.68; 2,*P.*7.3; 2,*P.*7.40; 3,*P.*4.5; 3,*P.*4.22; 3,*P.*4.23; 3,*P.*6.6; 3,*P.*7.17;
    *C.*3,*P.*10.4; 3,*P.*10.11; 3,*P.*10.22; 3,*P.*10.129; 3,*P.*10.138; *uar.*3,*P.*12.84;
    *C.*3,*P.*12.84; 3,*P.*12.90; 4,*P.*1.32; 4,*P.*2.17; 4,*P.*2.91; 4,*P.*3.2; 4,*P.*3.48; 4,*P.*4.13;
    *C.*4,*P.*4.147; 4,*P.*6.60; 4,*P.*6.94; 4,*P.*6.184; 4,*P.*6.204; 4,*P.*6.209; 4,*P.*7.44; 5,*P.*2.8;
    *C.*5,*P.*3.84; 5,*P.*3.94; 5,*P.*3.109; 5,*P.*4.92; 5,*P.*5.19; 5,*P.*6.92; 5,*P.*6.158
quo. *Trin.*2.40; 3.15; 4.27; 4.30; 4.37; 4.62; 4.91; 4.96; 5.12; 5.36; *Quo.*134; *C.*1,*M.*5.47;
    *C.*2,*P.*3.3; 3,*P.*2.6; 3,*P.*2.77; 3,*P.*3.38; 3,*P.*3.48(*bis*); 3,*P.*10.26; 3,*P.*10.44;
    *C.*3,*P.*10.55; 3,*P.*11.16; 3,*P.*11.93; 3,*P.*12.25; 3,*P.*12.41; 4,*P.*4.138
quo. *Eut.*5.86; *C.*1,*P.*6.25; 2,*P.*1.55; 2,*P.*1.56; 5,*P.*1.52; 5,*P.*6.143
quo. *C.*2,*P.*6.21; 5,*M.*3.18
quo. *C.*3,*P.*12.34
quoad. manendi causam ut quoad possunt naturaliter manere desiderent; . *C.*3,*P.*11.99
quocirca. Quocirca hoc uere unum in quo nullus numerus, ... *Trin.*2.40
    Quocirca si pater ac filius ad aliquid dicuntur *Trin.*5.33
    Quocirca si persona in solis substantiis est *Eut.*3.1
    Quocirca cum ipsae subsistentiae in uniuersalibus *Eut.*3.36
    Quocirca εἶναι atque οὐσιῶσθαι esse atque subsistere,. . .intellegitur. . . *Eut.*3.56
    Quocirca si quattuor haec neque ultra neque infra esse possunt, ... *Eut.*7.80
quocumque. Quocumque igitur a uobis deieci oculos, ... *Trin.,Prf.*12
    aut de omnibus rebus quae quocumque modo esse dicuntur. *Eut.*1.3
    Vel quocumque micans nox pingitur, ... *C.*4,*M.*1.13
quod. *Trin.,Prf.*7; *Trin.*1.20; 1.21; 2.22; 2.25; 2.31; 2.37(*bis*); 2.39; 2.42; 2.45; 3.7; 3.35;
    *Trin.*4.19; 4.23; 4.27; 4.33; 4.35; 4.36; 4.41; 4.48; 4.71(*bis*); 4.75; 4.77; 4.80 4.91;
    *Trin.*5.2; 5.19; 5.20; 5.28; 5.30; 5.39; 6.4; 6.5; 6.19; 6.21; 6.22; *Pat.*59; *Quo.*3; 28;
    *Quo.*29; 31; 35(*bis*); 39; 41(*bis*); 43(*bis*); 45; 50; 58; 63(*bis*); 69; 70(*bis*); 73; 74; 80;
    *Quo.*82; 99; 103; 104(*bis*); 105; 116; 118; 122; 125(*bis*); 126; 129; 135; 137; 142; 144;
    *Quo.*146; 147; 151; 156; 158; 159; 162; 167(*bis*); 170; 171; *Fid.*10; 61; 224; 242; 245;
    *Eut.,Prf.*42; *Eut.*1.18; 1.25(*bis*); 1.49; 3.41; 3.45; 3.47; 3.69; 3.70(*bis*); 3.71; 3.75;
    *Eut.*3.77; 4.36; 4.63; 5.63; 5.69; 5.77; 5.83; 5.88; 5.101; 6.11; 6.13; 6.50; 6.58; 6.85;
    *Eut.*6.89; 6.104; 7.24; 7.43; 7.47; 7.64; 8.4; 8.65; *C.*1,*P.*2.15; 1,*P.*4.92; 1,*P.*5.24;
    *C.*1,*M.*6.20; 2,*P.*1.20; 2,*P.*1.26; 2,*P.*1.46; 2,*P.*2.11; 2,*P.*3.18; 2,*P.*4.4; 2,*P.*4.81;
    *C.*2,*P.*4.82; 2,*P.*4.91; 2,*P.*5.4; 2,*P.*5.11; 2,*P.*5.17; 2,*P.*5.26; 2,*P.*5.42; *uar.*2,*P.*5.81;
    *C.*2,*P.*5.84; 2,*P.*5.95; 2,*P.*6.4; 2,*P.*6.6; 2,*P.*6.10; 2,*P.*6.23; 2,*P.*6.32; 2,*P.*6.33;
    *C.*2,*P.*6.47; 2,*P.*6.55; 2,*P.*7.5; 2,*P.*7.39; 2,*P.*7.76; 2,*P.*7.78; 2,*P.*8.25; 3,*P.*1.12;
    *C.*3,*P.*2.7; 3,*P.*2.10; 3,*P.*2.17; 3,*P.*2.34; 3,*P.*2.56; 3,*P.*2.59; 3,*P.*2.64; 3,*P.*2.67;
    *C.*3,*M.*2.37; 3,*P.*4.45; 3,*P.*8.19; 3,*P.*9.10; 3,*P.*9.15; 3,*P.*9.19; 3,*P.*9.35; 3,*P.*9.36(*bis*);
    *C.*3,*P.*9.45; 3,*P.*9.65; 3,*P.*9.89; 3,*P.*10.9; 3,*P.*10.14; 3,*P.*10.31; 3,*P.*10.39; 3,*P.*10.48;
    *C.*3,*P.*10.49; 3,*P.*10.54; 3,*P.*10.56; 3,*P.*10.57; 3,*P.*10.60; 3,*P.*10.71; 3,*P.*10.73;
    *C.*3,*P.*10.98; 3,*P.*10.117; 3,*P.*10.118; 3,*P.*10.125; 3,*P.*11.22; 3,*P.*11.28; 3,*P.*11.38;
    *C.*3,*P.*11.43; 3,*P.*11.61; 3,*P.*11.74; 3,*P.*11.104; 3,*P.*11.111; 3,*P.*11.121; 3,*M.*11.12;
    *C.*3,*P.*12.56; 3,*P.*12.61; 3,*P.*12.64; 3,*P.*12.94; 4,*P.*2.14; 4,*P.*2.65; 4,*P.*2.68;
    *C.*4,*P.*2.91; 4,*P.*2.102; 4,*P.*2.110; 4,*P.*2.111; 4,*P.*2.112; 4,*P.*2.142; 4,*P.*3.44; 4,*P.*3.46;
    *C.*4,*P.*3.49; 4,*P.*4.7; 4,*P.*4.9; 4,*P.*4.25; 4,*P.*4.44; 4,*P.*4.64; 4,*P.*4.65; 4,*P.*5.22;
    *C.*4,*P.*6.73; 4,*P.*6.79(*bis*); 4,*P.*6.97; 4,*P.*6.192; 4,*P.*7.18; 5,*P.*1.33; 5,*P.*1.40; 5,*P.*1.48;
    *C.*5,*P.*2.7; 5,*P.*3.45; 5,*P.*3.62; 5,*P.*3.88; 5,*P.*4.74; 5,*P.*4.75; 5,*P.*5.24; 5,*P.*5.29;
    *C.*5,*P.*5.31(*bis*); 5,*P.*5.45; 5,*P.*6.2; 5,*P.*6.14; 5,*P.*6.18; 5,*P.*6.25; 5,*P.*6.96; 5,*P.*6.137
quod. *Trin.*4.67; *Quo.*51; 93; 105; 139; 168; *Fid.*60; 114; 139; 161; 212; 217; *Eut.,Prf.*15;
    *Eut.,Prf.*35; 43; *Eut.*1.42; 1.45; 3.15; 3.42; 3.43; 4.5; 4.98; 4.125; 5.24; 5.48; 6.1;
    *Eut.*6.9; 7.48; *uar.Eut.*7.85; *Eut.*8.98; 8.101; *C.*1,*P.*4.32; 1,*P.*6.22; 2,*P.*3.36; 2,*P.*4.10;
    *C.*2,*P.*4.16; 2,*P.*4.53; 2,*P.*4.76; 2,*P.*4.88; 2,*P.*5.46; 2,*P.*6.39; 2,*P.*7.80; 2,*P.*8.6;
    *C.*3,*P.*2.42; 3,*P.*2.61; 3,*P.*2.71; 3,*P.*2.76; 3,*P.*3.12; 3,*P.*3.20; 3,*P.*3.21; 3,*P.*3.24;
    *C.*3,*P.*3.29; 3,*P.*4.20; 3,*P.*4.50; 3,*P.*5.22; 3,*P.*5.35; 3,*P.*8.3; 3,*M.*8.15; 3,*M.*8.17;
    *C.*3,*P.*9.62; 3,*P.*9.66; 3,*P.*9.70; 3,*P.*10.93; 3,*P.*10.136; 3,*P.*11.87; 3,*P.*11.95;
    *C.*3,*P.*11.109; 3,*P.*11.110; 3,*P.*11.115; 3,*P.*11.119; 3,*P.*11.122; 3,*M.*11.7; 3,*M.*11.16;
    *C.*3,*P.*12.6; 3,*P.*12.20; 3,*P.*12.46; 3,*P.*12.78; 3,*M.*12.24; 3,*M.*12.25; 4,*P.*1.12;
    *C.*4,*P.*2.15; 4,*P.*2.17; 4,*P.*2.18; 4,*P.*2.21; 4,*P.*2.22; 4,*P.*2.23; 4,*P.*2.37; 4,*P.*2.38;
    *C.*4,*P.*2.77; 4,*P.*2.84; 4,*P.*2.141; 4,*P.*2.142; 4,*P.*2.145; 4,*M.*2.10; 4,*P.*3.5; 4,*P.*3.9;
    *C.*4,*P.*3.25; 4,*P.*3.29; 4,*P.*4.22; 4,*P.*4.40; 4,*P.*4.114; 4,*P.*6.12; 4,*P.*6.125;
    *C.*4,*P.*6.152(*bis*); 5,*P.*1.4; 5,*M.*1.6; 5,*P.*2.9; 5,*P.*2.10; 5,*P.*3.7; 5,*P.*3.15; 5,*P.*3.68;
    *C.*5,*M.*3.13; 5,*P.*4.10; 5,*P.*4.19; 5,*P.*4.33; 5,*P.*4.46; 5,*P.*5.23; 5,*P.*5.52; 5,*P.*6.35;
    *C.*5,*P.*6.37; 5,*P.*6.48; 5,*P.*6.93; 5,*P.*6.95; 5,*P.*6.106
quod. *Trin.*1.5; 2.44; 2.46; 3.5; 4.18; 4.19; 4.40; 4.54; 4.55; 4.56; 4.64; 4.100; 4.101; 5.10;
    *Trin.*5.24(*bis*); 5.26; 5.27; 5.44; 6.2; *Pat.*17; *Quo.*5; 13; 99; 110; *uar.Fid.*120; *Fid.*201;
    *Fid.*236; *Eut.*3.98; 3.99; 4.10; 5.78; 7.13; 7.56; 7.62; 7.63; 8.63; 8.66; 8.89; *C.*1,*P.*3.35;
    *C.*1,*P.*3.37; 1,*M.*4.16; 1,*P.*4.26; 1,*P.*4.151; 1,*P.*4.155; 1,*P.*4.162; 1,*P.*5.30; 1,*P.*6.50;

C.1,*P*.6.52;   2,*P*.3.16;   2,*P*.3.43;   2,*P*.4.6;   2,*P*.4.54;   *coni*.2,*P*.4.82;   2,*P*.5.43;
C.2,*P*.5.56; 2,*P*.5.60; 2,*P*.6.50; 2,*P*.7.24; 2,*P*.7.37; 2,*P*.7.51; 2,*M*.7.19; 2,*P*.8.19;
C.2,*M*.8.1;   2,*M*.8.3;   2,*M*.8.5;   3,*P*.1.15;   3,*P*.2.50;   3,*P*.2.74;   3,*P*.3.31;   3,*P*.3.35;
C.3,*P*.3.53(*bis*); 3,*P*.3.56; 3,*P*.8.32; 3,*P*.9.13; 3,*P*.9.28(*bis*);   3,*P*.9.29;   3,*P*.10.41;
C.3,*P*.10.69; 3,*P*.11.47; 3,*P*.11.53; 3,*P*.11.62; 3,*P*.11.65; 3,*P*.11.77; 3,*P*.11.78;
C.3,*P*.11.88;   3,*P*.11.100;   3,*P*.12.3;   3,*P*.12.110;   4,*P*.1.10;   4,*P*.2.131;   4,*P*.3.27;
C.4,*P*.4.39; 4,*P*.4.129; 4,*M*.4.1; 4,*P*.6.159; 4,*P*.6.162; 4,*P*.6.168; 4,*P*.6.199; 4,*P*.7.45;
C.5,*P*.3.64; 5,*P*.4.6; 5,*P*.4.17; 5,*P*.4.20; 5,*P*.4.57; 5,*P*.4.72; 5,*P*.4.110; 5,*P*.5.39;
C.5,*P*.6.11; 5,*P*.6.47; 5,*P*.6.70; 5,*P*.6.104; 5,*P*.6.127; 5,*P*.6.159

quod. *Trin*.6.22; 6.30; 6.34; *Pat*.7; 58; *Quo*.75; 111; *Fid*.108; *Eut*.,*Prf*.48; *Eut*.1.34; 3.11;
    Eut.4.42; 4.93; 5.42; 5.71; 6.75; 8.33; 8.99; *C*.1,*P*.3.31; 2,*P*.1.43; 2,*P*.1.51; 2,*P*.3.41;
    C.2,*P*.4.97; 2,*P*.5.10; 2,*P*.5.57; 2,*P*.7.50; 2,*M*.7.23; 3,*P*.3.12; 3,*P*.5.7; 3,*P*.6.11;
    C.3,*P*.6.24;   3,*P*.6.27;   3,*P*.8.22;   3,*P*.10.19;   3,*P*.10.51;   3,*M*.11.15;   3,*P*.12.57;
    C.3,*P*.12.108; 4,*M*.1.27; 4,*P*.3.17; 4,*P*.6.17; 4,*P*.6.76; 5,*P*.1.30; 5,*P*.3.78; 5,*P*.4.68;
    C.5,*P*.5.1

quodam. omniaque haec quodam modo referuntur ad aliud. *Trin*.4.82
    sed potius extrinsecus aliquid quodam modo affigant. *Trin*.4.103
    sed per seruorum quodam modo extrinsecus accessum. *Trin*.5.16
    non de ipsa diuinitate substantialiter dici sed alio quodam modo; . . .   *Pat*.46
    Quod si ipse primus moreretur, nesciret quodam modo *Fid*.109
    corporeae naturae singulas quodam modo indidit causas; *Eut*.8.63
    Minuit enim quodam modo se probantis conscientiae secretum, ...   *C*.1,*P*.4.118
    non sine quodam quasi fluctu contingit animorum; *C*.2,*P*.1.16
    In hoc igitur minimo puncti quodam puncto circumsaepti *C*.2,*P*.7.21
    Aetate. . . Marci Tullii, sicut ipse quodam loco significat, ... *C*.2,*P*.7.31
    sed alio quodam modo infeliciores esse improbos arbitror impunitos, . .   *C*.4,*P*.4.47
    cum. . . quodam modo beatitudo transfunditur, ...   *C*.4,*P*.5.10
    et sunt quodam modo propria libertate captiuae. *C*.5,*P*.2.26
quodammodo. In hoc igitur minimo puncti quodam puncto [quodammodo
    puncto] circumsaepti . . . .   *?uar*.*C*.2,*P*.7.21
quodcumque. esse enim atque unum conuertitur et quodcumque unum est est.   *Eut*.4.38
quodcumque. dum sciatis hoc quodcumque miramini. . . posse dissolui! . . . *C*.3,*P*.8.29
quoddam. id quod aliis accidentibus subiectum quoddam, ...   *Eut*.3.47
    quid est aliud fugax quam futurae quoddam calamitatis indicium? . .   *C*.2,*P*.1.45
quoddam. referri ad bonum uelut ad quoddam naturae suae cacumen . .   *C*.4,*P*.2.133
    hoc omnium de natura rationum quasi quoddam iecerint fundamentum.   *C*.5,*P*.1.28
    quae quod sensibile sit ac singulare quasi quiddam [quoddam] uniuer-
    sale consideret. *coni*.*C*.5,*P*.5.29
quodlibet. nec quodlibet aliud corpus in quodlibet aliud transfigurari potest,   *Eut*.6.29
quodlibet. dum enim materia subiecta humanitati suscipit quodlibet accidens,   *Trin*.2.47
    nec quodlibet aliud corpus in quodlibet aliud transfigurari potest, . . . *Eut*.6.29
quodque. Quid quod mollissimum quidque [quodque], sicuti medulla est, *uar*.*C*.3,*P*.11.65
quolibet. substantialiter praedicentur an alio quolibet modo; *Pat*.2
    ut in quolibet homine, cuius cum propria persona subsistat, ...   *Eut*.4.76
    Si igitur a Maria non est sumptum corpus humanum sed a quolibet alio, *Eut*.5.68
    id autem est ut ex quolibet modo confusis, ...   *Eut*.7.7
quolibet. id quod est participat eo quod est esse ut sit; est uero ut participet
    alio quolibet. *Quo*.44
    si in quolibet genere inperfectum quid esse uideatur, ...   *C*.3,*P*.10.12
quominus. quoniam et tu quominus uenires occupatione distractus es . . . *Eut*.,*Prf*.3
quomodo. quomodo fieri potuerit ut duae naturae in unam substantiam
    miscerentur.   *Eut*.7.102
    Quomodo autem fieri potest, ut talem *Eut*.8.21
quonam. quonam modo praesens facere beatos potest *C*.2,*P*.4.99
    quonam modo in tuis opibus aliena probitas numerabitur? *C*.2,*P*.5.52
    nec ipsam quam minime affectat assequitur." "Quonam," inquam,
    "modo?" *C*.3,*P*.9.49
    quam id sancte. . . probes. . . "Quonam," inquam, "modo?" *C*.3,*P*.10.42
    sed interire. . . pariter atque unum destiterit?" "Quonam modo?" . . . *C*.3,*P*.11.30
    "Aristoteles meus id,". . . definiuit." "Quonam," inquam, "modo?" . .   *C*.5,*P*.1.37
    Quonam modo deus haec incerta futura praenoscit? *C*.5,*P*.3.66
    id autem est, quonam modo etiam quae certos exitus non habent, . . . *C*.5,*P*.5.53
quonam. quanto ardore flagrares, si quonam te ducere aggrediamur agno-
    sceres!" *C*.3,*P*.1.16
    "Quonam?" inquam. *C*.3,*P*.1.17
    Sed quonam lateat quod cupiunt bonum, ...   *C*.3,*M*.8.15
    quonam haec felicitatis perfectio constituta sit. *C*.3,*P*.10.3

quondam. Carmina qui quondam studio florente peregi, ... *C*.1,*M*.1.1
   Gloria felicis olim [quondam] uiridisque iuuentae Solantur *coni.C*.1,*M*.1.7
   Hic quondam caelo liber aperto Suetus in aetherios ire meatus *C*.1,*M*.2.6
   "Tune ille es," ait, "qui nostro quondam lacte *C*.1,*P*.2.3
   non uti Atheniensium quondam multitudinis imperio regitur, . . . , . . *C*.1,*P*.5.11
   id quod libris pretium facit, librorum quondam meorum sententias, . . *C*.1,*P*.5.24
   Sic quondam sereni maris facie gaudemus; *C*.2,*P*.5.33
   Fratre qui quondam ferus interempto *C*.2,*M*.6.3
   Validis quondam uiribus acta Pronum flectit uirga cacumen; *C*.3,*M*.2.27
   si quis populi quondam curasset annonam, magnus habebatur, ... *C*.3,*P*.4.43
   Sed quondam dabat improbus uerendis Patribus *C*.3,*M*.4.5
   Quondam funera coniugis Vates Threicius gemens *C*.3,*M*.12.5
   Quondam porticus attulit Obscuros nimium senes *C*.5,*M*.4.1
   Vt quondam celeri stilo Mos est aequore paginae, ... *C*.5,*M*.4.6
quoniam. *Trin.*1.31; 4.25; 4.32; 4.58; 4.69; 5.5; 5.14; 5.48; 5.49; 6.1; *Quo.*75; 117; 119;
   *Quo.*121; 122; 130; 131; 143; 148; 152; 154; 164; *Fid.*69; 201; 233; *Eut.,Prf.*3; 55;
   *Eut.,Prf.*58; *Eut.*1.13; 1.16; 1.22; 1.43; 1.46; 2.13; 2.14; 3.17; 3.63; 3.74; 3.82; 3.83;
   *Eut.*3.84; 3.86; 4.6; 4.12; 4.79; 5.57; 5.91; 5.95; 5.100; 6.40; 6.54; 6.78; 6.85; 6.96;
   *Eut.*7.65; 7.69; 7.71; 7.73; 7.74; 8.29; 8.38; 8.53; *C*.1,*P*.3.27; 1,*P*.3.32; 1,*P*.3.41;
   C.1,*P*.4.111; 1,*P*.5.38; 1,*P*.6.18; 1,*P*.6.42; 1,*P*.6.44; 1,*P*.6.46; 1,*P*.6.55; 2,*P*.3.42;
   C.2,*P*.3.43; 2,*P*.4.81; *coni.*2,*P*.4.82; 2,*P*.4.91; 2,*P*.5.1; 2,*P*.5.61; 2,*P*.7.53;
   C.3,*P*.2.9; 3,*P*.4.35; 3,*P*.9.84; 3,*P*.9.95; 3,*P*.10.1; 3,*P*.10.84; 3,*P*.10.120; 3,*P*.10.121;
   C.3,*P*.11.10; 4,*P*.1.31; 4,*P*.2.32; 4,*P*.2.73; 4,*P*.2.146; 4,*P*.3.19; 4,*P*.3.22; 4,*P*.5.25;
   C.4,*P*.6.4; 4,*P*.6.14; 5,*P*.3.19; 5,*P*.3.20; 5,*P*.3.34; 5,*P*.3.37; 5,*P*.3.38; 5,*P*.3.42;
   C.5,*P*.3.43; 5,*P*.3.49; 5,*P*.5.27; 5,*P*.5.33; 5,*P*.6.1; 5,*P*.6.51; 5,*P*.6.53; 5,*P*.6.59;
   C.5,*P*.6.143
quopiam. si de quopiam uera sit opinio quoniam sedet, eum sedere necesse est. *C*.5,*P*.3.33
quoquam. a suo quoquam deflectat exordio. *C*.4,*P*.6.101
quoque. *Trin.,Prf.*24; *Trin.*2.26; 4.61; 5.9; *Pat.*8; 39; 43; *Quo.*123; *Fid.*24; 34; 41; 46; 84;
   *Fid.*152; 171; 175; 229; 255; *Eut.,Prf.*49; 51; *Eut.*1.30; 1.32; 1.34; 1.47; 3.14; 3.21;
   *Eut.*3.65; 3.68; 3.87; 4.13; 4.43; 4.49; 4.82; 4.89; 4.91; 4.99; 4.111; 5.12; 5.19; 5.95;
   *Eut.*7.75; *C*.1,*P*.3.8; 1,*P*.3.17; 1,*P*.4.110; 1,*P*.5.33; 1,*P*.5.37; 1,*P*.6.33; 1,*P*.6.49;
   C.1,*M*.7.20; 2,*P*.1.13; *uar.*2,*P*.1.13; 2,*P*.1.17; 2,*P*.3.21; 2,*P*.4.90; 2,*P*.5.59;
   C.2,*M*.5.11; 2,*P*.6.20; 2,*M*.8.22; 3,*P*.1.18; 3,*M*.1.11; 3,*P*.2.70; 3,*P*.3.1; 3,*P*.3.10;
   C.3,*P*.3.30; 3,*P*.4.10; 3,*P*.7.10; 3,*P*.9.41; 3,*P*.9.52; 3,*P*.9.58; 3,*P*.9.59; 3,*P*.9.100;
   C.3,*P*.10.13; 3,*P*.10.28; 3,*P*.10.68; 3,*P*.10.83; 3,*P*.10.93; 3,*P*.10.105; 3,*P*.10.113;
   C.3,*P*.10.122; 3,*P*.10.137; 3,*P*.10.143; 3,*P*.11.5; 3,*P*.11.35; 3,*P*.11.53; 3,*P*.11.71;
   C.3,*P*.12.70; 3,*P*.12.88; 3,*P*.12.95; 3,*P*.12.108; 4,*P*.2.28; 4,*P*.2.96; 4,*P*.2.101;
   C.4,*P*.3.32; 4,*P*.3.51; 4,*P*.4.40; 4,*P*.4.46; 4,*P*.4.141; 4,*P*.6.15; 4,*P*.6.61; 4,*P*.6.78;
   C.4,*P*.6.89; 4,*P*.6.106; 4,*P*.6.144; 4,*P*.6.159; 4,*P*.6.190; 4,*P*.7.26; 5,*P*.2.4; 5,*P*.3.96;
   C.5,*P*.3.106; 5,*P*.4.82; 5,*P*.4.87; 5,*P*.4.104; 5,*P*.4.112; 5,*P*.5.20; 5,*M*.5.14; 5,*P*.6.17;
   C.5,*P*.6.62; 5,*P*.6.130; 5,*P*.6.150; 5,*P*.6.158
quoquo. omni quoquo modo sit praesenti est, omni futuro erit. *Trin.*4.66
   quoniam non quoquo modo sint res ipsum esse earum bonum est, . . . *Quo.*130
   Illud enim quoquo modo sit bonum est in eo quod est; *Quo.*134
   quae, cum sint, quoquo modo intellectu capi possunt." *Eut.*1.9
   Additum uero est "quoquo modo," *Eut.*1.12
   Verum id quoquo modo sit, tuo sapientiumque iudicio *C*.1,*P*.4.85
   quoquo modo sese habeat ordo causarum, ... *C*.5,*P*.3.28
quoquo. ab officio suo quoquo gentium nullo modo cessarent, ... *C*.3,*P*.4.33
quorum. *Quo.*10; *Fid.*146; 179; 189; 210; 218; *Eut.*3.9; 3.18; 3.21; *C*.1,*P*.3.33; 2,*P*.4.25;
   C.3,*P*.2.52; 3,*P*.5.33; 3,*P*.7.14; 4,*P*.4.4; 4,*P*.4.153
quorum. *Trin.*4.12; *C*.3,*P*.11.26; 4,*P*.2.13; 4,*P*.4.77; 5,*P*.3.77; 5,*P*.4.55
quorum. *Fid.*148; *C*.1,*P*.4.57; 3,*P*.2.15; 4,*P*.6.162
quorum. *Quo.*68; *Eut.*6.69; 8.50; *C*.1,*P*.3.40; 4,*P*.2.5; 4,*P*.4.23
quorundam. Eandem tamen uestem uiolentorum quorundam sciderant
   manus *C*.1,*P*.1.23
   et quidem crebro quorundam malam esse fortunam." *C*.4,*P*.7.14
quos. *Fid.*122; 123; 154; *C*.1,*P*.4.38; 1,*P*.4.108; 1,*M*.5.40; 2,*P*.1.7; 2,*P*.1.8; 2,*M*.1.6;
   C.2,*P*.5.18; 2,*P*.6.19; 2,*P*.6.30; 2,*M*.6.9; 2,*M*.6.11; 2,*M*.6.12; 3,*P*.4.14; 3,*P*.4.24;
   C.3,*P*.4.40; 3,*M*.4.8; 3,*P*.5.23; 3,*P*.5.39; 3,*M*.10.2; 4,*M*.1.29; 4,*M*.2.1; 4,*P*.3.41;
   C.4,*M*.3.8; 4,*P*.4.15; 4,*P*.4.109; 4,*P*.4.135; 4,*P*.5.12; 4,*P*.6.98; 4,*P*.6.189; 4,*M*.7.9;
   C.4,*M*.7.27; 5,*P*.3.90
quos. *C*.4,*P*.3.53; 4,*P*.4.82; 4,*M*.4.5; 4,*P*.6.105; 4,*P*.6.108
quos. *Eut.*8.40; *C*.1,*P*.3.35; 3,*P*.5.27; 4,*P*.4.27; 5,*M*.1.9
quosdam. quosdam remordet ne longa felicitate luxurient, ... *C*.4,*P*.6.149
quot. Aut quot stelliferis edita noctibus Caelo sidera fulgent *C*.2,*M*.2.3

quotiens. quid mihi sit animi quotiens stilo cogitata commendo, ... *Trin.,Prf.*6
    quotiens enim idem dicitur, totiens diuersum etiam praedicatur. . . . *Trin.*I.17
    Terrenis quotiens flatibus aucta Crescit in inmensum noxia cura. . . . *C.*I,*M.*2.4
    Nec ruptis quotiens uagus caminis Torquet fumificos Vesaeuus ignes . *C.*I,*M.*4.7
    Quotiens ego Conigastum...obuius excepi, ... *C.*I,*P.*4.34
    quotiens Trigguillam regiae praepositum domus...deieci, ... *C.*I,*P.*4.35
    quotiens miseros quos infinitis calumniis inpunita barbarorum...auaritia
      uexabat,...protexi! *C.*I,*P.*4.37
    quotiens ostentando quis factum recipit famae pretium. *C.*I,*P.*4.119
    ut quotiens abiecerint ueras falsis opinionibus induantur *C.*I,*P.*6.57
    Heu grauem sortem, quotiens iniquus Additur saeuo gladius ueneno!" . *C.*2,*M.*6.16
    quotiens in fortunae certamen adducitur, ... *C.*4,*P.*7.40
    ut uirum fortem non decet indignari, quotiens increpuit bellicus
      tumultus; *C.*4,*P.*7.41
    "Quotiens," ait, "aliquid cuiuspiam rei gratia geritur *C.*5,*P.*1.38
quotlibet. Trium namque rerum uel quotlibet tum genere tum specie . . . *Trin.*I.16
quousque. artibus ... finis est constitutus, quousque potest uia rationis
    accedere. *Trin.,Prf.*25
quouis. Quouis iudice de opum dignitatumque mecum possessione contende. *C.*2,*P.*2.5

R

rabidas. Primusque lacer dente cruento Domitor rabidas imbuit iras. . . . *C.*3,*M.*2.16
rabie. Ore toruo comminantes rabie cordis anhelos, ... *C.*4,*M.*2.3
rabiem. Celsa num tandem ualuit potestas Vertere praui rabiem Neronis? . *C.*2,*M.*6.15
rabies. Non illum rabies minaeque ponti...mouebit. *C.*I,*M.*4.5
radiaret. ita ut in eo et diuinae naturae radiaret splendor . . . . . . •. . *Fid.*206
radiat. Saepe tranquillo radiat sereno Immotis mare fluctibus, ... *C.*2,*M.*3.9
radice. "Hinc igitur aliis de causis ea radice nitentibus, ... *C.*4,*P.*4.128
radicibus. in terras ore demerso trahunt alimenta radicibus *C.*3,*P.*11.63
radiis. ac subito uibratus lumine Phoebus Mirantes oculos radiis ferit. . . *C.*I,*M.*3.10
    Cum Phoebi radiis graue Cancri sidus inaestuat, ... *C.*I,*M.*6.1
    Ille eminus manens totum simul iactis radiis intuetur; *C.*5,*P.*4.80
radio. cum mihi siderum uias radio describeres, ... *C.*I,*P.*4.15
radiorum. uiscera terrae Non ualet aut pelagi radiorum Infirma perrumpere
    luce. *C.*5,*M.*2.5
radios. Quos uidet condens radios sub undas Phoebus extremo ueniens ab ortu, *C.*2,*M.*6.9
    Ille dedit Phoebo radios dedit et cornua lunae, ... *C.*3,*M.*6.3
    Hanc quisquis poterit notare lucem, Candidos Phoebi radios negabit." *C.*3,*M.*10.18
ramis. Quae canit altis garrula ramis Ales caueae clauditur antro; *C.*3,*M.*2.17
rapacitas. Sed quaesita uorans saeua rapacitas Altos pandit hiatus. . . . *C.*2,*M.*2.13
raperis. Quid inanibus gaudiis raperis? *C.*2,*P.*5.38
rapiant. Cur...praemia uirtutum mali rapiant, uehementer admiror, . . . *C.*4,*P.*5.15
rapidis. Si quantas rapidis flatibus incitus Pontus uersat harenas *C.*2,*M.*2.1
rapido. Qui perpetuo nixus solio Rapido caelum turbine uersas *C.*I,*M.*5.3
rapidos. Rapidos rector comprime fluctus *C.*I,*M.*5.46
    Nec quae summo uertice mundi Flectit rapidos Vrsa meatus. *C.*4,*M.*6.9
rapidus. Formae uero nitor ut rapidus est, ut uelox *C.*3,*P.*8.21
rapiebas. "Sensi," inquit, "cum uerba nostra tacitus attentusque rapiebas, . *C.*3,*P.*1.11
rapiens. Eadem rapiens condit et aufert Obitu mergens orta supremo. . . . *C.*4,*M.*6.32
rapientes. At nos desuper inridemus uilissima rerum quaeque rapientes . . *C.*I,*P.*3.47
rapiet. Cum sera uobis rapiet hoc etiam dies, Iam uos secunda mors manet. *C.*2,*M.*7.25
rapinis. fortunas tum priuatis rapinis tum publicis uectigalibus pessumdari *C.*I,*P.*4.41
raptatur. sed errore tantum temere ac passim lymphante raptatur. *C.*I,*P.*3.43
raptum. ceterique pro sua quisque parte raptum ire molirentur *C.*I,*P.*3.23
rapuit. Poma cernenti rapuit draconi *C.*4,*M.*7.17
rara. Nam etsi rara est fortuitis manendi fides, ultimus tamen uitae dies . *C.*2,*P.*3.48
    Rara si constat sua forma mundo, Si tantas uariat uices, ... *C.*2,*M.*3.13
    Cuncta quae rara prouehit aetas *C.*4,*M.*5.19
raris. tum ex ipsa materiae difficultate tum ex eo quod raris id est uobis tantum
    conloquor, ... *Trin.,Prf.*7
raritas. Nam catholicis et fidei ueritas et raritas miraculi constat. *Eut.*4.62
rata. meos esse familiares inprudentia rata nonnullos eorum profanae
    multitudinis errore peruertit. . . . . •. . *C.*I,*P.*3.29
rates. Et uagas pelago rates Eurus appulit insulae, ... *C.*4,*M.*3.2

recordatur. Quod quisque discit immemor recordatur.". *C*.3,*M*.11.16
recorderis. Adsederam ego ab eo...longius atque adeo, si situm sedentium
    recorderis, ... *Eut.,Prf.*23
    ne illud quidem longius aberit quin recorderis quod te dudum nescire
    confessus es." *C*.3,*P*.12.6
recordor. "Minime," inquam, "recordor, quoniam id memoriae fixum teneo." *C*.4,*P*.2.32
recta. Tum ego: "Recta quidem," inquam, "exhortatio *C*.5,*P*.1.2
recta. Nam cur rogati sponte recta censetis, ... *C*.3,*M*.11.13
rectae. quae cum rectae sunt, inefficaces esse non possunt. *C*.5,*P*.6.171
rectas. ad rectas spes animum subleuate, ... *C*.5,*P*.6.173
recte. recte repetitio de eodem quam enumeratio diuersi uidetur *Trin.*3.35
    quae utrum recte decursa sit an minime, ... *Trin.*6.29
    Haec si se recte et ex fide habent, ut me instruas peto; *Pat.*68
    quod bonum tale est ut recte dicatur in eo quod est esse bonum. . . . *Quo.*126
    Quod si recte se habere pronuntiaueris, peto ut mei *Eut.,Prf.*48
    Itaque Nestorius recte tenens duplicem...esse naturam *Eut.*5.16
    Eutyches uero recte credens unam esse personam impie credit *Eut.*5.18
    Sed anima et deus incorporeae substantiae recte creduntur; *Eut.*6.73
    recte tu quidem strictim attingendum putasti, ... *C*.1,*P*.5.29
    Vos autem nisi ad populares auras inanesque rumores recte facere nescitis *C*.2,*P*.7.63
    An tu arbitraris quod nihilo indigeat egere potentia?" "Minime," inquam.
    "Recte tu quidem. *C*.3,*P*.9.14
    "Recte," inquit, ac simul ita modulata est. *C*.3,*P*.9.105
    "Recte," inquit, "praecurris idque, uti medici sperare solent, ... *C*.4,*P*.2.71
    nimium conuenire cognosco." "Recte," inquit, "aestimas. *C*.4,*P*.4.34
    quoniam bonus mundum rector temperat, recte fieri cuncta ne dubites. *C*.4,*P*.5.26
    Quae quam recte atque disposite...fiant, nulla dubitatio est. *C*.4,*P*.6.157
    Vnde non recte quidam, qui cum audiunt uisum Platoni *C*.5,*P*.6.31
rectissime. summum esse bonum uerissima ratione concluserim." "Rec-
    tissime," inquam. *C*.3,*P*.10.62
rectius. sed scientiam numquam deficientis instantiae rectius aestimabis; . *C*.5,*P*.6.69
recto. Tu quoque si uis...Tramite recto Carpere callem, ... *C*.1,*M*.7.23
    quae tum tantum recto calle procedit, ... *C*.2,*P*.1.22
    Hanc si curuans dextra remisit, Recto spectat uertice caelum. . . . *C*.3,*M*.2.30
    Qui recto caelum uultu petis exserisque frontem, ... *C*.5,*M*.5.13
recto. Atque leuis recto stat corpore despicitque terras. *C*.5,*M*.5.11
rector. Hominum solos respuis actus Merito rector cohibere modo. *C*.1,*M*.5.27
    Rapidos rector comprime fluctus *C*.1,*M*.5.46
    quod, cum rerum bonus rector exsistat, ... *C*.4,*P*.1.10
    Nunc stuporem meum deus rector exaggerat. *C*.4,*P*.5.19
    quoniam bonus mundum rector temperat, recte fieri cuncta ne dubites. *C*.4,*P*.5.26
    Quis autem alius...quam rector ac medicator mentium deus? *C*.4,*P*.6.121
rectore. has fortunarum uices aestimas sine rectore fluitare *C*.1,*P*.6.48
    et uno ueluti uertice destituta sine rectore fluitabunt, ... *C*.3,*P*.11.114
rectores. uel earum rectores studere sapientiae contigisset. *C*.1,*P*.4.21
rectori. ueluti conuenientia contemperataque rectori sponte conuertant?" *C*.3,*P*.12.52
rectos. Nam nisi rectos reuocans itus Flexos iterum cogat in orbes, ... *C*.4,*M*.6.40
rectum. ad rectum supplicii terrore deduci, ... *C*.4,*P*.4.46
    ne deuiis fatigatus ad emetiendum rectum iter sufficere non possis." . *C*.5,*P*.1.12
rectus. Fortunamque tuens utramque rectus Inuictum potuit tenere uultum, *C*.1,*M*.4.3
    quidquid citra spem uideas geri, rebus quidem rectus ordo est, ... *C*.4,*P*.6.132
recubans. Quos ferus uasto recubans in antro Mersit inmani Polyphemus
    aluo; *C*.4,*M*.7.9
recurrat. Vel quocumque micans nox pingitur, Recurrat astri circulum . . *C*.4,*M*.1.14
recursus. Et quaecumque uagos stella recursus Exercet uarios flexa per orbes, *C*.1,*M*.2.10
    Repetunt proprios quaeque recursus Redituque suo singula gaudent . *C*.3,*M*.2.34
recusant. Hae pendulum solutae Pondus ferre recusant. *C*.2,*M*.4.12
redarguit. Tum sese referens sibi Veris falsa redarguit? *C*.5,*M*.4.25
redarguuntur. quae facile ipsarum rerum redarguuntur effectu; *C*.2,*P*.6.64
reddere. Rimari solitus atque latentis Naturae uarias reddere causas, . . *C*.1,*M*.2.23
reddit. sed essentiam, subsistentiam, substantiam, personam totidem
    nominibus reddit, ... *Eut.*3.60
    te pulchrum uideri...oculorum spectantium reddit infirmitas. *C*.3,*P*.8.28
    Cassasque in speculi uicem Rerum reddit imagines, ... *C*.5,*M*.4.15
reddita. Qua in re substantiae quoque est reddita definitio. *Eut.*1.32
reddunt. Sed dignitates honorabilem reuerendumque cui prouenerint reddunt. *C*.3,*P*.4.2
    reddunt namque improbi parem dignitatibus uicem *C*.3,*P*.4.26

regendi. Haec in...arce composita multiplicem rebus regendis [multiplicem
    regendi] modum statuit. *coni.C.4,P.6.26*
regendis. Haec in suae simplicitatis arce composita multiplicem rebus
    regendis modum statuit. *C.4,P.6.26*
    in...arce composita multiplicem rebus regendis [multiplicem regendis]
    modum statuit. *uar.C.4,P.6.26*
regendum. Fortunae te regendum dedisti; dominae moribus oportet ob-
    temperes. *C.2,P.1.58*
    ad mundum..."regendum nullis extrinsecus adminiculis indigebit; . . *C.3,P.12.33*
regens. Hanc rerum seriem ligat Terras ac pelagus regens...amor. *C.2,M.8.14*
    Rerumque regens flectit habenas *C.4,M.6.35*
regentium. cum in contingentes populos regentium...beatitudo transfunditur, *C.4,P.5.9*
regere. Deum...bonitatis gubernaculis uniuersitatem regere disputabas . . *C.3,P.12.96*
regerent. beatas fore res publicas, si eas uel studiosi sapientiae regerent . . *C.1,P.4.20*
regerentur. Nam de ceteris quin ratione regerentur, nihil mouebare. . . . *C.1,P.6.14*
regeret. In extremo Musae saeuientis, uti quae caelum terras quoque pax
    regeret, uota posuisti. *C.1,P.5.37*
reges. dum ibi dei populus moraretur, post iudices et prophetas reges instituti
    leguntur, ... *Fid.178*
    Quos innumeri metuunt populi Summos gaudent subdere reges. *C.1,M.5.41*
    Dudum tremendos saeua proterit reges *C.2,M.1.3*
    qui reges felicitatem calamitate mutauerint. *C.3,P.5.4*
    Quos uides sedere celsos solii culmine reges *C.4,M.2.1*
regi. cumque...aedium defensione tuerentur compertumque id regi foret,
    edixit: *C.1,P.4.63*
regi. Sed dic mihi, quoniam deo mundum regi non ambigis, ... *C.1,P.6.18*
    "Mundum," inquit, "hunc deo regi paulo ante minime dubitandum
    putabas." *C.3,P.12.12*
regia. cum...ire in exilium regia censura decreuisset *C.1,P.4.61*
    Quos quidem regia potestas saepe incolumis saepe autem lapsa pro-
    sternit. *C.3,P.5.27*
regiae. quotiens Trigguillam regiae praepositum domus...deieci, ... *C.1,P.4.36*
    cum...tu regiae laudis orator ingenii gloriam facundiaeque meruisti, *C.2,P.3.31*
regibus. hoc igitur modo maiorem regibus inesse necesse est miseriae
    portionem. *C.3,P.5.14*
regimen. nec beatum regimen esse uideretur, si quidem detrectantium iugum
    foret, ... *C.3,P.12.54*
regimen. an ullum credis ei regimen inesse rationis?" *C.1,P.6.7*
regio. Quorum Basilius olim regio ministerio depulsus *C.1,P.4.58*
    quantumque siti uasta regio distenditur *C.2,P.7.18*
regionis. Huius igitur tam exiguae in mundo regionis quarta fere portio est, *C.2,P.7.15*
regis. Tandem deus Aegyptii regis dominationem despiciens diuiso mari
    rubro, ... *Fid.160*
    Num te praeterit Paulum Persi regis a se capti calamitatibus pias
    inpendisse lacrimas? *C.2,P.2.37*
regis. Et quo caelum regis immensum Firma stabiles foedere terras." . . . *C.1,M.5.47*
regit. dicimus...de deo "cuncta possidens regit." *Trin.4.80*
    cum dico "currit" uel "regit" uel "nunc est" uel "semper est," . . . *Trin.4.93*
    si quidem per se regit omnia quem bonum esse consensimus *C.3,P.12.39*
    summum,"..."bonum quod regit cuncta fortiter suauiterque disponit." *C.3,P.12.64*
    Et uolucrem currum stabilis regit Rerum coruscus arbiter. *C.4,M.1.21*
    uagos terrae decliuia casus Gurgitis et lapsi defluus ordo regit. . . *C.5,M.1.10*
regitur. unaquaeque...uel prout cuique bene uisum est subsistit et regitur. *Fid.265*
    spernendus tamen est, quoniam nullo duce regitur, ... *C.1,P.3.41*
    non uti Atheniensium quondam multitudinis imperio regitur, ... *C.1,P.5.11*
    O felix...Si uestros animos amor Quo caelum regitur regat." *C.2,M.8.30*
    caelum non his potius est quam sua qua regitur ratione mirandum. . . *C.3,P.8.20*
    Splendor quo regitur uigetque caelum, ... *C.3,M.10.15*
regium. Descendit itaque ab eo per singulas successiones regium stemma . *Fid.181*
    ob eandem superbiam prius regium de ciuitate nomen abstulerant. . . *C.2,P.6.9*
regna. resurrectura corpora nostra praeter corruptionem ad regna caelestia
    pollicetur, ... *Fid.250*
    nisi indiscreto ictu fortunam felicia regna uertentem? *C.2,P.2.39*
    eaque de causa diuitias, dignitates, regna, gloriam uoluptatesque
    desiderant *C.3,P.2.73*
    An uero regna regumque familiaritas efficere potentem ualet? *C.3,P.5.1*
    cum regna ipsa tantae inbecillitatis plena demonstrem? *C.3,P.5.26*

regnant. Nubila mens est Vinctaque frenis, Haec ubi regnant." *C.*1,*M.*7.31
regnantibus. hi uel regnare ipsi uolunt uel regnantibus adhaerere conantur. *C.*3,*P.*2.21
regnare. hi uel regnare ipsi uolunt uel regnantibus adhaerere conantur. . . *C.*3,*P.*2.21
regni. tyrannus regni metus pendentis supra uerticem gladii terrore
  simulauit. *C.*3,*P.*5.16
regnis. "nec opibus sufficientiam nec regnis potentiam . . . posse contingere." *C.*3,*P.*9.4
regno. Quae fieri in regno scientis . . . dei nemo satis potest . . . admirari . . . *C.*4,*P.*1.17
  ipso de cuius nunc regno loquimur *C.*4,*P.*1.25
  ne quid in regno prouidentiae liceat temeritati. *C.*4,*P.*6.194
regnorum. Quod si haec regnorum potestas beatitudinis auctor est, ... *C.*3,*P.*5.7
regnum. et ut adueniat eius regnum et nos liberet a malo. *Eut.*8.91
regnum. et intra commune omnibus regnum locatus proprio uiuere iure
  desideres. *C.*2,*P.*2.46
regulae. magna regulae est ueritas in rebus incorporalibus distantias effici
  differentiis non locis. *Trin.*5.40
regularum. ea fides . . . quae cum propter uniuersalium praecepta regularum,
  quibus *Trin.*1.3
regulas. praeposui terminos regulasque quibus cuncta quae sequuntur
  efficiam. *Quo.*16
regulis. obductisque iudicii regulis bonum a malo non sincera integritate
  discerneret, ... : *Eut.*8.36
Regulus. Regulus plures Poenorum bello captos in uincla coniecerat, . . . *C.*2,*P.*6.36
regum. An uero regna regumque familiaritas efficere potentem ualet? . . . *C.*3,*P.*5.1
  plures necesse est gentes relinqui quibus regum quisque non imperet. . *C.*3,*P.*5.11
  Nam quid ego de regum familiaribus disseram, ... *C.*3,*P.*5.25
  Hic regum sceptrum dominus tenet *C.*4,*M.*1.19
reguntur. Ita enim res optime reguntur, si manens in diuina mente simplicitas *C.*4,*P.*6.90
rei. quasi circumstantias rei quodque illa quidem ita praedicantur, . . . *Trin.*4.101
  cum uero de deo . . . secundum substantiam rei praedicatio nuncupatur. *Trin.*4.108
  Quare quae secundum rei alicuius in eo quod ipsa *Trin.*5.30
  Cuius rei seriem atque ueritatem, ne latere posteros queat, ... *C.*1,*P.*4.86
  angustia rei familiaris inclusus esse mallet ignotus. *C.*2,*P.*4.48
  Agit enim cuiusque rei natura quod proprium est *C.*2,*P.*6.55
  uilissimae fragilissimaeque rei corporis seruum? *C.*3,*P.*8.13
  et dum rei quae partibus caret partem conatur adipisci, ... *C.*3,*P.*9.47
  ne nos praeter rei subiectae ueritatem *C.*3,*P.*10.6
  Omnino enim nullius rei natura suo principio melior poterit exsistere, . *C.*3,*P.*10.59
  "Cuius discretionem rei sic accipe. *C.*3,*P.*10.111
  rationes . . . intra rei quam tractabamus ambitum collocatas *C.*3,*P.*12.109
  "Eiusque rei pedum officium esse naturale num dubitas?" *C.*4,*P.*2.55
  eiusdem rei praemium esse non iniuria uideri potest, ... *C.*4,*P.*3.5
  artifex faciendae rei formam mente praecipiens *C.*4,*P.*6.45
  ut eum in scelera potius exacerbare possit rei familiaris inopia; . . . *C.*4,*P.*6.170
  et praeter subiectae rei significationem inanem prorsus uocem . . . *C.*5,*P.*1.21
  "Quotiens," ait, "aliquid cuiuspiam rei gratia geritur *C.*5,*P.*1.38
  —quasi uero quae cuius rei causa sit *C.*5,*P.*3.25
  Sic fit igitur ut euentus praescitae rei nequeat euitari. *C.*5,*P.*3.55
  Alioquin si haec nulla est, ne illa quidem eius rei signum poterit esse quae
  non est. *C.*5,*P.*4.37
rei. quidquam rei de qua dicitur secundum se uel addere *Trin.*5.18
reipublicae. hanc sapientibus capessendae rei publicae necessariam causam
  esse monuisti, ... *C.*1,*P.*4.22
  nondum Caucasum montem Romanae rei publicae fama transcenderat, *C.*2,*P.*7.32
  malum omne de reipublicae suae terminis per fatalis seriem necessitatis
  eliminet. *C.*4,*P.*6.203
relabatur. hoc licet in alium, tamen ordinem relabatur, ... *C.*4,*P.*6.194
relabi. eoque modo necessarium hoc in contrariam relabi partem, ... *C.*5,*P.*3.23
relabitur. ita ad eundem finem relabitur, ut secundum Eutychen . . . *Eut.*5.94
relabuntur. sed cito in ea rursus a quibus sunt abscisa relabuntur, ... *C.*3,*P.*11.84
relapsa. "Dubitari," inquam, "nequit." "In contrarium igitur relapsa res est; *C.*3,*P.*3.42
relata. Haec igitur ad intuitum relata diuinum necessaria fiant *C.*5,*P.*6.117
relatio. nihilque aliud . . . differunt nisi sola relatione, relatio uero non
  praedicatur *Trin.*5.35
  Sed quoniam nulla relatio ad se ipsum referri potest, ... *Trin.*6.1
  Ita igitur substantia continet unitatem, relatio multiplicat trinitatem; . *Trin.*6.8
  et similis est relatio in trinitate patris ad filium et utriusque ad spiritum
  sanctum *Trin.*6.20

reliquit. Reliquit enim te quam non relicturam nemo umquam poterit esse
    securus. *C.2,P.1.39*
    discedens suos abstulit, tuos reliquit? *C.2,P.8.23*
reliquum. reliquum uero uel potentiae causa uel delectationis assumitur. . *C.3,P.2.36*
reliquus. coercente in ordinem cuncta deo locus esse ullus temeritati reliquus
    potest?. *C.5,P.1.24*
relucent. abundeque relucent. Sed ad ordinem redeamus. *Fid.96*
rem. Quod aliae quidem quasi rem monstrant *Trin.4.100*
    ut esse aliquid rem ostendant, ... *Trin.4.102*
    quae aliquid esse designant, secundum rem praedicationes uocentur. . *Trin.4.105*
    Quae cum de rebus subiectis dicuntur, uocantur accidentia secundum
    rem; *Trin.4.107*
    et secundum rem de qua dicitur, ... *Trin.5.37*
    "natura est unamquamque rem informans specifica differentia." . . . *Eut.1.58*
    quod. . .inpassibile naturaliter creditur, id in rem mutabilem uerteretur. *Eut.6.14*
    Non enim omnis res in rem omnem uerti ac transmutari potest. *Eut.6.19*
    gloriae scilicet cupido et optimorum in rem publicam fama meritorum; . *C.2,P.7.8*
    remque omnium maximam dei munere quem dudum deprecabamur
    exegimus. *C.3,P.12.100*
    "Ad rem me," inquit, "omnium quaesitu maximam uocas, ... *C.4,P.6.5*
    quod se ita rem quamque habere necesse est *C.5,P.3.64*
    tum imaginabilem sensibilemque esse rem nullus ignorat, ... *C.5,P.4.110*
    meque ad hoc nomen necessitatis adstringas, fatebor rem quidem
    solidissimae ueritatis *C.5,P.6.98*
remeabit. illuc perfecti operis laetitia remeabit unde uenit effectus. . . . *Trin.6.33*
remeat. Remeat pomis grauis autumnus, ... *C.4,M.6.28*
remedia. uti nunc mentis es, nondum te ualidiora remedia contingunt. . . *C.1,P.5.40*
    "Haec enim nondum morbi tui remedia *C.2,P.3.10*
remedia. Itaque remedia quae paulo acriora esse dicebas, non modo non
    perhorresco, ... *C.3,P.1.7*
remediis. quae dolores eius non modo nullis remediis fouerent, ... *C.1,P.1.31*
remediis. Sed quoniam firmioribus remediis nondum tempus est *C.1,P.6.56*
remedio. huius morbo prouidentia collatae pecuniae remedio medetur. . . *C.4,P.6.171*
remiges. Iam tamen mala remiges Ore pocula traxerant, ... *C.4,M.3.21*
reminiscare. Si enim cuius oriundus sis patriae reminiscare, ... *C.1,P.5.10*
    Cuius si naturam mores ac meritum reminiscare, ... *C.2,P.1.10*
reminisci. Qui nunc populi rumores,. . .piget reminisci. *C.1,P.4.161*
    quin aliquid semper angerer reminisci non queo." *C.3,P.3.19*
    Tristes. . .exitus, quisquis reminisci libidinum suarum uolet, intelleget. *C.3,P.7.7*
remiserit. Hic si frena remiserit, ... *C.2,M.8.16*
remisit. Hanc si curuans dextra remisit, Recto spectat uertice caelum. . . *C.3,M.2.29*
remitti. sin. . .aliquid. . .uariandum est, id quoque postulo remitti, ... *Eut.,Prf.51*
remoratur. propinquat ipsa Sponte sua uolucres nec remoratur equos. . . *C.4,M.4.4*
remordet. quosdam remordet ne longa felicitate luxurient, ... *C.4,P.6.149*
remotos. Licet remotos fama per populos means *C.2,M.7.9*
remunerandi. "Cum omnis fortuna uel iucunda uel aspera tum remunerandi
    exercendiue bonos. . .causa deferatur, ... *C.4,P.7.5*
remunerari. uidebitur iniquissimum. . .uel puniri improbos uel remunerari
    probos *C.5,P.3.90*
renitentem. meque reclamantem renitentemque uelut in partem praedae
    traherent, ... *C.1,P.3.24*
renouat. eadem nascentia occidentiaque omnia per similes fetuum semi-
    numque renouat progressus. *C.4,P.6.86*
renuntiare. Atqui uterque potentiae suae renuntiare uoluerunt, ... *C.3,P.5.32*
reor. Etenim plus hominibus reor aduersam quam prosperam prodesse
    fortunam. *C.2,P.8.7*
    nunc demonstrandum reor quonam haec felicitatis perfectio constituta sit. *C.3,P.10.3*
reparare. sacramenti. . . faciendo participes perditam uoluit reparare
    naturam. *Fid.126*
    Hinc uolens deus per iustum potius hominem reparare genus humanum *Fid.130*
repararetur. ut humana salus. . .per hominem deum rursus repararetur . . *Fid.197*
reparari. corpora,. . .in statum pristinum futura de beatitudine reparari. . *Fid.257*
reparato. ut ex eis reparato angelico numero superna illa ciuitas impleatur, . *Fid.273*
reparatur. Reparatur itaque humanum genus atque propriae naturae uitium, *Fid.138*
repellitur. superius dicto repellitur argumento. *Eut.5.70*
rependit. caeco furibundus ore Gaudium maestis lacrimis rependit. *C.4,M.7.12*

resistunt. adhaerent tenacissime partibus suis et ne facile dissoluantur
  resistunt. *C.3,P.11.82*
  Huic ex alto cuncta tuenti Nulla terrae mole resistunt, ... *C.5,M.2.9*
resoluta. Sin uero bene sibi mens conscia terreno carcere resoluta caelum
  libera petit, ... *C.2,P.7.83*
resoluto. Mox resoluto Sordida caeno Visibus obstat. *C.1,M.7.11*
resolutum. quod ad hos de fama post resolutum morte suprema corpus
  attineat? *C.2,P.7.79*
resoluerat. corpora, quae mortis aduentus resoluerat, in statum pristinum . *Fid.256*
resoluis. Conectens animam per consona membra resoluis. *C.3,M.9.14*
resoluit. Quaenam discors foedera rerum Causa resoluit? *C.5,M.3.2*
resoluitur. Ex quo illud quoque resoluitur quod paulo ante posuisti indignum
  esse, ... *C.5,P.6.158*
resoluunt. Tigris et Euphrates uno se fonte resoluunt *C.5,M.1.3*
respectus. tametsi nulla ratio correctionis, nullus respectus habeatur
  exempli." *C.4,P.4.49*
respersa. Quam multis amaritudinibus humanae felicitatis dulcedo respersa
  est! *C.2,P.4.67*
respexerit. Qui cum ex alta . . . specula respexit [respexerit], ... *uar.C.4,P.6.122*
respexit. Qui cum ex alta prouidentiae specula respexit, ... *C.4,P.6.122*
respice. O iam miseras respice terras Quisquis rerum foedera nectis. *C.1,M.5.42*
  "Respice," inquit, "an hinc quoque idem firmius approbetur, ... *C.3,P.10.68*
respiceres. cum in eo mentem nequissimi scurrae delatorisque respiceres? . *C.3,P.4.13*
respicias. "Si priora," inquit, "concessa respicias, ... *C.3,P.12.5*
  ueluti si uicibus sordidam humum caelumque respicias, ... *C.4,P.4.106*
  si ad rationem referas, uniuersale est, si ad se ipsa respicias, singulare. *C.5,P.6.138*
respicientium. ipsum etiam caelum penetrabat respicientiumque hominum
  frustrabatur intuitum. *C.1,P.1.12*
respicio. ubi in eam deduxi oculos intuitumque defixi, respicio nutricem
  meam *C.1,P.3.4*
respicit. Nam bonum esse essentiam, iustum uero esse actum respicit. . . *Quo.166*
  Vos haec fabula respicit Quicumque in superum diem Mentem ducere
  quaeritis. *C.3,M.12.52*
  At uulgus ista non respicit. *C.4,P.4.108*
  Qui cum ex alta prouidentiae specula respexit [respicit], ... *uar.C.4,P.6.122*
  Quem, quia respicit omnia solus, Verum possis dicere solem." *C.5,M.2.13*
  Ratio quoque cum quid uniuersale respicit, ... *C.5,P.4.105*
respicite. Respicite caeli spatium, firmitudinem, celeritatem *C.3,P.8.17*
resplendeat. Videsne . . . qua probitas luce resplendeat? *C.4,P.3.2*
respondeant. eadem necesse est in mali poena contraria parte respondeant. . *C.4,P.3.36*
respondeas. Sed hoc quoque respondeas uelim, hominemne te esse meministi?" *C.1,P.6.33*
respondeat. Ad haec, si ratio contra respondeat *C.5,P.5.30*
respondebo. Respondebo namque idem futurum, cum ad diuinam notionem
  refertur, necessarium, ... *C.5,P.6.100*
  Respondebo: propositum te quidem tuum posse deflectere, ... *C.5,P.6.141*
respondendum. Contra quos respondendum est tres intellegi hominum posse
  status: *Eut.8.40*
respondere. nedum ad inquisita respondere queam." *C.1,P.6.21*
respondetur. Si igitur interrogem, . . . respondetur esse substantia. *Pat.6*
respondi. "Noui," inquam, deumque esse respondi. *C.1,P.6.28*
  contraque quod iniustum est malum." Liquere, respondi. *C.4,P.4.66*
respondissem. Respondissem Canii uerbo, qui cum a Gaio Caesare . . . *C.1,P.4.94*
responsione. in ea quae contra Nestorium dicta est responsione conuicerimus *Eut.7.87*
responsurum. "Tu uero arbitratu," inquam, "tuo quae uoles ut responsurum
  rogato." *C.1,P.6.4*
respuis. Omnia certo fine gubernans Hominum solos respuis actus . . . *C.1,M.5.26*
respuit. natura respuit ut contraria quaeque iungantur. *C.2,P.6.43*
restant. Talia sunt quippe quae restant, ut degustata quidem mordeant, . . *C.3,P.1.13*
restare. paruam mihi restare operam puto ut felicitatis compos *C.3,P.12.28*
restat. Restat ut, quemadmodum catholica fides dicat, . . . doceamus. *Eut.7.1*
  restat ut ea sit uera quam fides catholica pronuntiat . . . : . . . *Eut.7.91*
  Restat igitur tertius status id est medius, ... *Eut.8.69*
  "dubium non est, sed id quod restat exspecto." *C.3,P.10.119*
restinguere. Atqui nec opes inexpletam restinguere auaritiam queunt . . . *C.2,P.6.58*
resurgeret. usque dum resurgeret quidem, duas fuisse naturas, ... *Eut.5.46*

371

reuerentia. Non enim possumus ob honores reuerentia dignos iudicare . . .   *C*.3,*P*.4.14
    num posses eum uel reuerentia...non dignum putare? *C*.3,*P*.4.16
    idem de reuerentia, claritudine, iucunditate coniectare licet. . . .   *C*.3,*P*.10.122
reuerentiae. Num uero labuntur hi qui quod sit optimum, id etiam reuerentiae
    cultu dignissimum putent? *C*.3,*P*.2.59
    sufficientiae, potentiae, claritudinis, reuerentiae, iucunditatis nomina
    quidem esse diuersa, ...   *C*.3,*P*.9.43
reuerentiam. Christianae religionis reuerentiam plures usurpant,   *Trin*.1.1
    Ita non est satis nihil mihi tuam profuisse reuerentiam, ...   *C*.1,*P*.4.153
    per haec sibi sufficientiam, reuerentiam, potentiam, celebritatem, laeti-
    tiam credunt esse uenturam. *C*.3,*P*.2.74
    reuerentiam per has umbratiles dignitates non posse contingere, . . .   *C*.3,*P*.4.28
    nec reuerentiam dignitatibus nec celebritatem gloria...posse contingere."   *C*.3,*P*.9.5
    "Addamus igitur sufficientiae potentiaeque reuerentiam, ...   *C*.3,*P*.9.23
reuertar. At si ad hominum iudicia reuertar, ...   *C*.4,*P*.4.93
reuertaris. ut ... sospes in patriam meo ductu, mea semita, meis etiam
    uehiculis reuertaris. *C*.4,*P*.1.38
reuertatur. sed uelut ebrius domum quo tramite reuertatur ignorat. . . .   *C*.3,*P*.2.54
reuerti. quas lege benigna Ad te conuersas reduci facis igne reuerti. *C*.3,*M*.9.21
reuertitur. meis exemplaribus ita ut a te reuertitur transcribendum. *Eut*.,*Prf*.52
reuertor. Sed ad hominum studia reuertor, quorum animus etsi caligante
    memoria *C*.3,*P*.2.52
reuisas. ut felicitatis compos patriam sospes reuisas. *C*.3,*P*.12.29
reuocans. Nam nisi rectos reuocans itus Flexos iterum cogat in orbes, . . .   *C*.4,*M*.6.40
reuocare. sed ut arbitror haud multum tibi haec in memoriam reuocare
    laborauerim. *C*.2,*P*.1.12
reuocaretur. per quorum admonitionem ipse certe populus a tumore per-
    uicaciae reuocaretur. *Fid*.191
reuocat. et ad praesentiam propriae cognitionis retorquet ac reuocat . . .   *C*.5,*P*.6.153
reuocentur. Si coeant cursumque iterum reuocentur in unum, ...   *C*.5,*M*.1.5
reuoluat. In se reuoluat intimi lucem uisus *C*.3,*M*.11.3
rex. illa ciuitas...ubi rex est uirginis filius *Fid*.274
    Veronae cum rex auidus exitii communis ... crimen ... transferre
    moliretur, ...   *C*.1,*P*.4.113
    Rex et dominus fons et origo Lex et sapiens arbiter aequi *C*.4,*M*.6.36
rhetores. Sic musica quidem musicos medicina medicos rhetorice rhetores
    facit. *C*.2,*P*.6.54
Rhetoricae. Adsit igitur Rhetoricae suadela dulcedinis quae tum tantum recto
    calle procedit, ...   *C*.2,*P*.1.21
    "Speciosa quidem ista sunt," inquam, "oblitaque Rhetoricae ac Musicae
    melle dulcedinis; *C*.2,*P*.3.5
rhetorice. Sic musica quidem musicos medicina medicos rhetorice rhetores
    facit. *C*.2,*P*.6.54
ridens. Duces serenus aeuum Ridens aetheris iras. *C*.2,*M*.4.22
ridet. Vltroque gemitus dura quos fecit ridet. *C*.2,*M*.1.6
ridiculo. Aut quid hoc refert uaticinio illo ridiculo Tiresiae? *C*.5,*P*.3.74
rigant. Et ueris elegi fletibus ora rigant. *C*.1,*M*.1.4
rigidus. Vbi nunc fidelis ossa Fabricii manent, Quid Brutus aut rigidus
    Cato? *C*.2,*M*.7.16
rimarer. talisque uultus erat, cum tecum naturae secreta rimarer, ...   *C*.1,*P*.4.15
rimari. ut pleno fertilis anno Autumnus grauidis influat uuis Rimari solitus   *C*.1,*M*.2.22
rimula. "Tenui quidem ueluti rimula mihi uideor intueri, ...   *C*.3,*P*.9.8
    Ipsi quoque improbi, si eis aliqua rimula uirtutem relictam fas esset
    aspicere *C*.4,*P*.4.141
ripa. Non quidquid Tagus aureis harenis Donat aut Hermus rutilante ripa .   *C*.3,*M*.10.8
ripis. Fronte turpatus Achelous amnis Ora demersit pudibunda ripis. . . .   *C*.4,*M*.7.24
risu. quorum lasciuia ac petulantia nihil a ioco risuque patitur esse seiunctum.   *Quo*.11
rite. quo praetermisso nullum rite fundatur exordium." *C*.3,*P*.9.104
ritus. lege ... quemadmodum et sacrificiorum ritus et populorum mores
    instruerentur. *Fid*.170
rixetur. ut non aliqua ex parte cum status sui qualitate rixetur? *C*.2,*P*.4.43
robore. per quod, uelut hiante ualli robore, in animum...morbus inrepserit?   *C*.1,*P*.6.23
    Tu conditus quieti Felix robore ualli *C*.2,*M*.4.20
    Num enim elephantos mole, tauros robore superare poteritis, ...   *C*.3,*P*.8.16

robur. nostris educatus alimentis in uirilis animi robur euaseras? *C*.1,*P*.2.5
　　Robur enim magnitudoque uidetur praestare ualentiam, ... *C*.3,*P*.2.38
　　Quid quod omnes. . .per medullas robur corticemque diffundunt? . . . *C*.3,*P*.11.64
rogat. Et dulci ueniam prece Vmbrarum dominos rogat. *C*.3,*M*.12.28
rogati. Nam cur rogati sponte recta censetis, ... *C*.3,*M*.11.13
rogationibus. paterisne me pauculis rogationibus statum tuae mentis
　　attingere *C*.1,*P*.6.1
rogationis. "Vix," inquam, "rogationis tuae sententiam nosco, ... *C*.1,*P*.6.20
rogato. "Tu uero arbitratu," inquam, "tuo quae uoles ut responsurum
　　rogato." *C*.1,*P*.6.5
rogi. Croesum. . .miserandum rogi flammis traditum misso caelitus imbre
　　defensum? *C*.2,*P*.2.35
Romanae. nondum Caucasum montem Romanae rei publicae fama tran-
　　scenderat, ... *C*.2,*P*.7.32
Romanam. de compositis falso litteris quibus libertatem arguor sperasse
　　Romanam *C*.1,*P*.4.90
Romani. An ubi Romani nominis transire fama nequit, Romani hominis
　　gloria progredietur? *C*.2,*P*.7.36
rosei. Cernebat rosei lumina solis, ... *C*.1,*M*.2.8
roseis. Vt terram roseis floribus ornet, ... *C*.1,*M*.2.19
　　Cum polo Phoebus roseis quadrigis Lucem spargere coeperit, ... *C*.2,*M*.3.1
　　Quos fallax ligat improbis [ligat fallax roseis] catenis *coni.C*.3,*M*.10.2
roseos. Lucifer ut tenebras pepulerit Pulchra dies roseos agit equos. . . *C*.3,*M*.1.10
roseum. Quod Phoebus roseum diem Curru prouehit aureo, ... *C*.2,*M*.8.5
rosis. Cum nemus flatu Zephyri tepentis Vernis inrubuit rosis, ... *C*.2,*M*.3.6
rota. Non Ixionium caput Velox praecipitat rota *C*.3,*M*.12.35
rotae. Tu uero uoluentis rotae impetum retinere conaris? *C*.2,*P*.1.60
rotam. rotam uolubili orbe uersamus, infima summis summa infimis mutare
　　gaudemus. *C*.2,*P*.2.29
rotat. rerum orbem mobilem rotat, dum se immobilem ipsa conseruat. . . . *C*.3,*P*.12.107
rotatus. extimus uero maiore ambitu rotatus *C*.4,*P*.6.70
rotunda. Ponatur enim una eademque substantia bona esse alba, grauis,
　　rotunda. *Quo*.101
rotunditas. Tunc aliud esset ipsa illa substantia, aliud eius rotunditas, . . . *Quo*.102
rotunditatem. eandem corporis rotunditatem aliter uisus aliter tactus
　　agnoscit. *C*.5,*P*.4.78
　　circa ipsum motus ambitum rotunditatem partibus comprehendit. . . . *C*.5,*P*.4.81
rubentis. Vel quae rubentis purpurae. . .Praestent. . .litora. *C*.3,*M*.8.12
rubore. confessusque rubore uerecundiam limen tristis excessit. *C*.1,*P*.1.43
rubos. Qui serere. . .uolet agrum,. . .Falce rubos filicemque resecat, ... *C*.3,*M*.1.3
Rubri. quemadmodum aquae maris rubri ita quoque Iordanis fluenta siccata
　　sunt; *Fid*.175
rubri. Oneretque bacis colla rubri litoris *C*.3,*M*.3.3
Rubro. Tandem deus Aegyptii regis dominationem despiciens diuiso mari
　　rubro, ... *Fid*.161
　　Transmisso itaque ut dictum est mari rubro uenit per deserta eremi *Fid*.166
rugam. oculosque meos fletibus undantes contracta in rugam ueste siccauit. *C*.1,*P*.2.17
ruinas. Nouimus quantas dederit ruinas Vrbe flammata patribusque caesis . *C*.2,*P*.6.1
　　Splendor. . .Vitat obscuras animae ruinas. *C*.3,*M*.10.16
ruinis. Quamuis tonet ruinis Miscens aequora uentus, ... *C*.2,*M*.4.17
　　Vltor Atrides Phrygiae ruinis Fratris amissos thalamos piauit; *C*.4,*M*.7.2
ruituros. dum ruituros moles ipsa trahit, neuter quod uoluit effecit. *C*.3,*P*.5.35
ruminabam. nec deglutiebam quod acceperam, sed frequentis consilii itera-
　　tione ruminabam. *Eut.,Prf*.36
rumore. qui bonum suum non populari rumore,. . .metitur? *C*.3,*P*.6.10
rumores. Qui nunc populi rumores,. . .piget reminisci. *C*.1,*P*.4.159
rumores. Vos autem nisi ad populares auras inanesque rumores recte facere
　　nescitis *C*.2,*P*.7.63
rupe. Saepe resistit Rupe soluti Obice saxi. *C*.1,*M*.7.18
rupis. Rupis Achaemeniae scopulis ubi uersa sequentum *C*.5,*M*.1.1
ruptis. Nec ruptis quotiens uagus caminis Torquet fumificos Vesaeuus ignes *C*.1,*M*.4.7
rura. Ruraque centeno scindat opima boue, ... *C*.3,*M*.3.4
rursus. Duo rursus in rebus sunt ut homines uel lapides; *Trin*.3.16
　　Rursus: "Idem alter qui alter?" Negatur. *Trin*.3.50
　　Rursus "iustus," quod est qualitas, ita dicitur *Trin*.4.36
　　Rursus habere uel facere eodem modo; *Trin*.4.78
　　Rursus de eo nihil quod est esse de utrisque dictum est, ... *Trin*.4.80

S

Fit autem saepe, uti bonis summa rerum regenda deferatur, ... *C.4,P*.6.146

quid de huiusmodi felicitate debeant iudicare quam famulari saepe improbis cernant.   *C.4,P*.6.167

faciantque saepe, quae cum gesserint non fuisse gerenda decernant? . . *C.4,P*.6.183

Ex quo saepe summa illa prouidentia protulit insigne miraculum, . . . *C.4,P*.6.184

saepti. quamquam angusto limite temporis saepti tamen aliquid delibare conabimur. *C.4,P*.6.16

saeptos. Purpura claros nitente saeptos tristibus armis *C.4,M*.2.2

saeptum. Adde quod hoc ipsum breuis habitaculi saeptum plures incolunt nationes *C.2,P*.7.25

saetiger. Quosque pressurus foret altus orbis Saetiger spumis umeros notauit. *C.4,M*.7.28

saeua. Et flentes oculos claudere saeua negat. *C.1,M*.1.16

Dudum tremendos saeua proterit reges *C.2,M*.1.3

Sed quaesita uorans saeua rapacitas Altos pandit hiatus. *C.2,M*.2.13

saeua. Tunc classica saeua tacebant, ... *C.2,M*.5.16

saeua. Cum uulnera saeua uiderent *C.2,M*.5.21

saeuiant. Quantumlibet igitur saeuiant mali, ... *C.4,P*.3.14

saeuientis. nec per se satis eminet fortunae in nos saeuientis asperitas? . . *C.1,P*.4.9

In extremo Musae saeuientis, uti quae caelum terras quoque pax regeret, uota posuisti. *C.1,P*.5.36

linguam ille...in os tyranni saeuientis abiecit; *C.2,P*.6.30

Inuisus tamen omnibus uigebat Luxuriae Nero saeuientis. *C.3,M*.4.4

saeuior. Sed saeuior ignibus Aetnae Feruens amor ardet habendi. *C.2,M*.5.25

saeuis. Cum saeuis aquilonibus Stridens campus inhorruit, ... *C.1,M*.6.9

Iunxitque intrepidum latus Saeuis cerua leonibus, ... *C.3,M*.12.11

saeuis. Victor immitem posuisse fertur Pabulum saeuis dominum quadrigis. *C.4,M*.7.21

saeuit. quorum atrox scelerataque mens bonorum pernicie saeuit, id ipsum eis licere noluissem." *C.4,P*.4.5

saeuitiae. Non est iusta satis saeuitiae ratio. *C.4,M*.4.10

saeuiunt. Nec nocentia corpori Mentis uulnere saeuiunt." *C.4,M*.3.39

saeuo. quotiens iniquus Additur saeuo gladius ueneno!" *C.2,M*.6.17

saeuo. Abstulit saeuo spolium leoni *C.4,M*.7.15

saeuos. Quid tantum miseri saeuos tyrannos Mirantur sine uiribus furentes? *C.1,M*.4.11

sagittis. Fixit et certis uolucres sagittis, ... *C.4,M*.7.16

sale. Homines quatimur fortunae salo [sale]. *coni.C.1,M*.5.45

saliens. Si tamen arto saliens texto Nemorum gratas uiderit umbras, . . . *C.3,M*.2.22

salo. nihil est quod admirere, si in hoc uitae salo circumflantibus agitemur procellis, ... *C.1,P*.3.38

Operis tanti pars non uilis Homines quatimur fortunae salo. *C.1,M*.5.45

saltem. Has saltem nullus potuit peruincere terror, ... *C.1,M*.1.5

si non eorum malitiam saltem mors extrema finiret. *C.4,P*.4.28

quis ille est cui haec non credenda modo sed saltem audienda uideantur?" *C.4,P*.4.94

salubres. Somnos dabat herba salubres, ... *C.2,M*.5.10

salubri. Vehementer admiror cur in tam salubri sententia locatus aegrotes. . *C.1,P*.6.16

salubritas. uidetur praestare...uelocitas celebritatem, salubritas uoluptatem; *C.3,P*.2.40

salus. ut humana salus...per hominem deum rursus repararetur *Fid.*195

nulla in nos salus Christi generatione processit, ... *Eut.*4.113

spernatur auctoritas per quam salus mundo Christi generatione pro-mittitur. *Eut.*4.116

ut ex eorum semine toti mundo salus oriatur, ... *Eut.*5.65

si quidem detrectantium iugum foret, non obtemperantium salus." . . *C.3,P*.12.55

Quid uero aliud animorum salus uidetur esse quam probitas? *C.4,P*.6.118

salutaria. Dat ergo formam discipulis suis baptizandi, docendi salutaria, efficientiam quoque *Fid.*229

salutaris. ut praedicatio salutaris non iam in una tantum gente *Fid.*231

salutem. Neque enim medicina aegris semper affert salutem; sed nulla erit culpa *Trin.,Prf.*27

An optasse illius ordinis salutem nefas uocabo? *C.1,P*.4.79

Omne namque animal tueri salutem laborat, ... *C.3,P*.11.49

salutis. quoniam humanum genus...iaculis fuerat uulneratum nec salutis suae erat idoneum, ... *Fid.*235

gratia uero,...totum quod est salutis afferret. *Fid.*242

maximum tuae fomitem salutis ueram de mundi gubernatione senten-tiam, ... *C.1,P*.6.51

ueluti si salutis causa quispiam uelit equitare, ... *C.3,P*.10.132

non tam equitandi motum desiderat quam salutis effectum. *C.3,P*.10.133

saluari. iure non uidebitur per Christi generationem potuisse saluari. . . . *Eut.*4.123

(qui enim pater est, filius ac spiritus sanctus non est) *Pat.*53
nec trinitas filius nec trinitas spiritus sanctus secundum eundem modum,   *Pat.*54
neque pater neque filius neque spiritus sanctus neque trinitas de deo
    substantialiter praedicetur, ...   *Pat.*63
socer etiam sanctus et aeque ac tu ipsa reuerendus *C.*1,*P.*4.147
Est alius cunctis uirtutibus absolutus sanctusque ac deo proximus; . . .   *C.*4,*P.*6.141
sane. Sane tantum a nobis quaeri oportet *Trin.*,*Prf.*22
  Sane sciendum est non semper talem esse relatiuam praedicationem, . .   *Trin.*6.14
sanguinem. nefarios homines qui bonorum omnium totiusque senatus
    sanguinem petunt, ...   *C.*1,*P.*4.108
sanguinis. Cum uulnera saeua uiderent Nec praemia sanguinis ulla? *C.*2,*M.*5.22
sanguis. Huic census exuberat, sed est pudori degener sanguis; *C.*2,*P.*4.47
sanis. nescienti cur sanis corporibus his quidem dulcia illis uero amara
    conueniant, ...   *C.*4,*P.*6.113
sanitatis. qui sanitatis ipsius atque aegritudinis modum temperamentumque
    dinoscit, ...   *C.*4,*P.*6.116
sanus. ne iure uideret insanus, si sanus inter furiosos haberi contenderem. .   *Eut.*,*Prf.*33
sanxisti. Atqui tu hanc sententiam Platonis ore sanxisti: *C.*1,*P.*4.19
sapiens. ita cruciatus, quos putabat tyrannus materiam crudelitatis, uir
    sapiens fecit esse uirtutis. *C.*2,*P.*6.31
  Quae cum ita sint, de malorum quoque inseparabili poena dubitare
    sapiens nequeat. *C.*4,*P.*3.32
  Lex et sapiens arbiter aequi *C.*4,*M.*6.37
  "Quare," inquit, "ita uir sapiens moleste ferre non debet, ...   *C.*4,*P.*7.39
sapiens. Parcit itaque sapiens dispensatio ei quem deteriorem facere possit
    aduersitas, ...   *C.*4,*P.*6.138
sapientes. sed uti iustitiae adeptione iusti, sapientiae sapientes fiunt, . . .   *C.*3,*P.*10.87
sapientes. liquet solos quod desiderent facere posse sapientes, ...   *C.*4,*P.*2.141
  Quo fit ut apud sapientes nullus prorsus odio locus relinquatur. *C.*4,*P.*4.147
sapienti. sapienti tamen corona non decidet, non arescet. *C.*4,*P.*3.15
sapientia. substantia inmutabilitas uirtus sapientia *Pat.*66
sapientia. Symmachus socer...uir totus ex sapientia uirtutibusque factus .   *C.*2,*P.*4.17
  At si quem sapientia praeditum uideres, ...   *C.*3,*P.*4.15
  uel ea qua est praeditus sapientia non dignum putare? *C.*3,*P.*4.17
sapientiae. beatas fore res publicas, si eas uel studiosi sapientiae regerent uel   *C.*1,*P.*4.20
  uel earum rectores studere sapientiae contigisset. *C.*1,*P.*4.21
  sed uti iustitiae adeptione iusti, sapientiae sapientes fiunt, ...   *C.*3,*P.*10.87
  Sic enim clarius testatiusque sapientiae tractatur officium, ...   *C.*4,*P.*5.8
  illi uero conformandae sapientiae, difficultas ipsa materia est. *C.*4,*P.*7.43
sapientiam. Nunc enim primum censes...lacessitam periculis esse sapien-
    tiam? *C.*1,*P.*3.17
sapientibus. hanc sapientibus capessendae rei publicae ... causam esse
    monuisti, ...   *C.*1,*P.*4.22
sapientis. si...meritis conquisita sit, quid tamen sapientis adiecerit consci-
    entiae *C.*3,*P.*6.9
sapientium. Tu mihi et qui te sapientium mentibus inseruit deus conscii . .   *C.*1,*P.*4.28
  quoquo modo sit, tuo sapientiumque iudicio aestimandum relinquo. . .   *C.*1,*P.*4.85
sapientum. Neque enim sapientum quisquam exul inops ignominiosusque
    esse malit, ...   *C.*4,*P.*5.5
sapor. Dulcior est apium mage labor, Si malus ora prius sapor edat. . . .   *C.*3,*M.*1.6
sarcina. Qui si uitiosi moribus sint, perniciosa domus sarcina *C.*2,*P.*5.51
  inane nomen et senatorii census grauis sarcina; *C.*3,*P.*4.42
sarcinam. nec sarcinam quam mei nominis inuidia sustulisti,...partirer? . .   *C.*1,*P.*3.11
  Hoc tantum dixerim ultimam esse aduersae fortunae sarcinam, ...   *C.*1,*P.*4.162
sarcinulas. illi uero circa diripiendas inutiles sarcinulas occupantur. . . .   *C.*1,*P.*3.46
satellite. Potentem censes qui satellite latus ambit, ...   *C.*3,*P.*5.23
satiasti. cum...multitudinis expectationem triumphali largitione satiasti? .   *C.*2,*P.*3.34
satiauit. Cacus Euandri satiauit iras *C.*4,*M.*7.26
satient. Sed adest, inquies, opulentis quo famem satient, ...   *C.*3,*P.*3.48
satietas. appetentia...plena est anxietatis, satietas uero poenitentiae? . . .   *C.*3,*P.*7.3
satietatem. cuius satietatem si superfluis urgere uelis, aut iniucundum . .   *C.*2,*P.*5.45
satis. Sed de proposita quaestione satis dictum est. *Trin.*6.27
  Haec autem pie intellegentibus et ueraci corde tenentibus satis abundeque
    relucent. *Fid.*95
  Sed satis de ea parte dictum uidetur, si corpus quod Christus excepit .   *Eut.*6.1
  nec per se satis eminet fortunae in nos saeuientis asperitas? *C.*1,*P.*4.8
  Satisne in me magnas uideor exaceruasse discordias? *C.*1,*P.*4.53

Ita non est satis nihil mihi tuam profuisse reuerentiam, ... *C*.1,*P*.4.152
Sed si, quod naturae satis est, replere indigentiam uelis, ... *C*.2,*P*.5.42
Taceo quod naturae minimum, quod auaritiae nihil satis est. *C*.3,*P*.3.54
quae ne ad conseruationem quidem sui satis efficax *C*.3,*P*.5.6
nemo satis potest nec admirari nec conqueri." *C*.4,*P*.1.19
Atque ubi iam exhausti fuerit satis, ... *C*.4,*M*.1.15
Non est iusta satis saeuitiae ratio. *C*.4,*M*.4.10
cui uix exhausti quicquam satis sit. *C*.4,*P*.6.7
quod ad perimendam arbitrii libertatem solum satis est. *C*.5,*P*.3.46
sed haud quaquam ab ullo uestrum hactenus satis diligenter ac firmiter
    expedita. *C*.5,*P*.4.5
satisfacerem. "Nec ambigo," inquam, "quin perpesso satisfacerem dolore
    facientis." *C*.4,*P*.4.125
sator. Terrarum caelique sator qui tempus ab aeuo Ire iubes *C*.3,*M*.9.2
satur. Vultur dum satur est modis, Non traxit Tityi iecur. *C*.3,*M*.12.38
Saulem. quorum post Saulem primatum Dauid de tribu Iuda legitur adeptus
    fuisse. *Fid*.179
saxi. Saepe resistit Rupe soluti Obice saxi. *C*.1,*M*.7.19
saxis. alias ferunt paludes, aliae saxis haerent, ... *C*.3,*P*.11.58
    quaeque alia saxis haerentia nutriuntur, ... *C*.5,*P*.5.15
saxo. Humili domum memento Certus figere saxo. *C*.2,*M*.4.16
scaenam. An tu in hanc uitae scaenam nunc primum subitus hospesque
    uenisti? *C*.2,*P*.3.45
scalarum. inter utrasque litteras in scalarum modum gradus quidam in-
    signiti uidebantur *C*.1,*P*.1.20
scelera. tam. . .inportuna natura ut eum in scelera potius exacerbare possit
    rei familiaris inopia; *C*.4,*P*.6.169
scelerata. ut impios scelerata contra uirtutem querar molitos, ... *C*.1,*P*.4.99
    sed quorum atrox scelerataque mens bonorum pernicie saeuit, ... *C*.4,*P*.4.4
sceleratius. Quoque nihil sceleratius excogitari potest, ... *C*.5,*P*.3.94
sceleratorum. Videre autem uideor nefarias sceleratorum officinas gaudio
    laetitiaque fluitantes, ... *C*.1,*P*.4.167
    uerum etiam sceleratorum pedibus subiecta calcatur *C*.4,*P*.1.16
    magna ex parte sceleratorum hominum poena releuetur. *C*.4,*P*.4.8
sceleratos. Considera uero quanta sceleratos homines habeat impotentia. . *C*.4,*P*.2.80
sceleratus. posse contra innocentiam, quae sceleratus quisque conceperit . *C*.1,*P*.4.102
sceleri. Premit insontes Debita sceleri noxia poena, ... *C*.1,*M*.5.30
sceleribus. De sceleribus fraudibusque delatorum recte. . .putasti, . . . *C*.1,*P*.5.29
    est numquam bonis praemia numquam sua sceleribus deesse supplicia. *C*.4,*P*.3.3
    Quorum quidem supplicia tum ceteros ab sceleribus deterrent, . . . *C*.4,*P*.6.163
sceleris. pro uerae uirtutis praemiis falsi sceleris poenas subimus. . . . *C*.1,*P*.4.122
    dignitatem. . .quam uti alicuius sceleris admixtione fuscarent, . . . *C*.1,*P*.4.136
    Sed patrandi sceleris possibilitas referri ad bonum non potest; . . . *C*.4,*P*.2.134
    patrandi sceleris possibilitate deserti uehementer exopto." *C*.4,*P*.4.18
scelerum. Vltrices scelerum deae Iam maestae lacrimis madent. *C*.3,*M*.12.32
    uel licentiam uel impunitatem scelerum putant esse felicem. *C*.4,*P*.4.100
    Cur haec. . .mutentur scelerumque supplicia bonos premant, ... *C*.4,*P*.5.14
scelesti. ut idem scelesti, idem uiribus omnibus uideantur esse deserti. . . *C*.4,*P*.2.92
scelus. triplici infortunio . . . urgeantur quos uideas scelus uelle, posse,
    perficere." *C*.4,*P*.4.16
scenicas. "Quis," inquit, "has scenicas meretriculas ad hunc aegrum permisit
    accedere *C*.1,*P*.1.29
sceptro. Hic tamen sceptro populos regebat *C*.2,*M*.6.8
sceptrum. Et dextera quidem eius libellos, sceptrum uero sinistra gestabat. *C*.1,*P*.1.25
    Hic regum sceptrum dominus tenet *C*.4,*M*.1.19
sciam. "Hocine interrogas an esse me sciam rationale animal atque mortale? *C*.1,*P*.6.36
scias. altera condicionis, ut si aliquem ambulare scias, eum ambulare necesse
    est; *C*.5,*P*.6.106
sciatis. dum sciatis hoc quodcumque miramini. . .posse dissolui! *C*.3,*P*.8.29
sciderant. Eandem tamen uestem uiolentorum quorundam sciderant manus *C*.1,*P*.1.23
sciendum. Sane sciendum est non semper talem esse relatiuam praedicati-
    onem, ... *Trin*.6.14
sciente. cum ab sciente geritur quod stupeant ignorantes. *C*.4,*P*.6.125
scientes. An scientes uolentesque bonum deserunt, ad uitia deflectunt? . . *C*.4,*P*.2.97
scienti. de hoc quem tu . . . aequi seruantissimum putas omnia scienti
    prouidentiae diuersum uidetur; *C*.4,*P*.6.128

scientia. non modo scientia non est, sed est opinio fallax *C*.5,*P*.3.57
   Sicut enim scientia ipsa impermixta est falsitati, ...   *C*.5,*P*.3.61
   Ea namque causa est cur mendacio scientia careat, ...   *C*.5,*P*.3.63
   se ita. . .habere necesse est uti eam sese habere scientia comprehendit. .   *C*.5,*P*.3.65
   Nam sicut scientia praesentium rerum nihil. . .necessitatis importat. . .   *C*.5,*P*.4.60
   ut quaenam etiam scientia eius sit, possimus agnoscere. *C*.5,*P*.6.5
   scientia quoque eius omnem temporis supergressa motionem. . .manet .   *C*.5,*P*.6.62
   Ex meane dispositione scientia diuina mutabitur, ...   *C*.5,*P*.6.148
scientia. In qua. . .de humanarum diuinarumque rerum scientia disserebas?   *C*.1,*P*.4.13
   nihilque scientia comprehendi posse nisi certum; *C*.5,*P*.4.67
scientiae. minus uero quam ceteri ipse afferebam, falsae scilicet scientiae
     praesumptionem. *Eut.*,*Prf*.30
   sed est opinio fallax ab scientiae ueritate longe diuersa. *C*.5,*P*.3.58
   opinionis id esse caliginem non scientiae ueritatem. *C*.5,*P*.4.70
   Aliter enim ac sese res habeat arbitrari ab integritate scientiae credis esse
     diuersum. *C*.5,*P*.4.71
   neque id sit opinio sed summae potius scientiae nullis terminis inclusa
     simplicitas. *C*.5,*P*.5.56
   cum propter diuinae scientiae condicionem modis omnibus necessitatis
     instar eueniet? *C*.5,*P*.6.126
   indignum esse, si scientiae dei causam futura nostra praestare dicantur.   *C*.5,*P*.6.160
   Haec enim scientiae uis praesentaria notione cuncta complectens . .   *C*.5,*P*.6.161
scientiam. haec enim nobis naturam pariter diuinam scientiamque patefacit.   *C*.5,*P*.6.9
   sed scientiam numquam deficientis instantiae rectius aestimabis; . . .   *C*.5,*P*.6.68
scientis. Quae fieri in regno scientis omnia, . . . dei nemo satis potest . . . ad-
     mirari *C*.4,*P*.1.17
scilicet. refertur ad qualitatem qua scilicet est aliquid, id est iustus, ...   *Trin*.4.87
   multum scilicet referre ratus *Eut*.,*Prf*.14
   minus. . .afferebam, falsae scilicet scientiae praesumptionem. *Eut*.,*Prf*.30
   ex his scilicet personis quae in comoediis tragoediisque *Eut*.3.8
   ut esse possint ministrant, dum sunt scilicet subiecta. *Eut*.3.55
   Nestorius. . .constituit eo scilicet traductus errore, ...   *Eut*.4.10
   una persona duasque naturas. . .hominis scilicet atque dei *Eut*.4.18
   in duabus uero minime, hoc scilicet intendentes, ...   *Eut*.6.84
   tertius status id est medius, ille scilicet qui eo tempore fuit, ...   *Eut*.8.70
   meam scilicet criminationem uererer *C*.1,*P*.3.14
   gloriae scilicet cupido et optimorum in rem publicam fama meritorum;   *C*.2,*P*.7.7
   fallax illa nihil, bene mereatur, tum scilicet cum se aperit, ...   *C*.2,*P*.8.3
   uoluntas scilicet ac potestas, ...   *C*.4,*P*.2.13
   boni aliquid adnexum poenam ipsam scilicet *C*.4,*P*.4.67
   commercium sperandi scilicet ac deprecandi. *C*.5,*P*.3.102
   Hoc scilicet quod ea quae paulo ante proposui, ...   *C*.5,*P*.6.127
scimus. Quod si multos scimus beatitudinis fructum non morte solum. . .
     quaesisse, ...   *C*.2,*P*.4.97
scindat. Ruraque centeno scindat opima boue, ...   *C*.3,*M*.3.4
scintilla. Forsitan ex huiusmodi conflictatione pulchra quaedam ueritatis
     scintilla dissiliat.'' *C*.3,*P*.12.73
scintillula. iam tibi ex hac minima scintillula uitalis calor inluxerit. *C*.1,*P*.6.55
scio. uerum operi suo conditorem praesidere deum scio *C*.1,*P*.6.10
   an esse me sciam rationale animal atque mortale? Scio et id me esse
     confiteor.'' *C*.1,*P*.6.37
   "Iam scio," inquit, "morbi tui aliam uel maximam causam; *C*.1,*P*.6.39
   tu idem es cui persuasum atque insitum permultis demonstrationibus scio   *C*.2,*P*.4.93
   Ad haec sicuti cum quid esse scio, id ipsum esse necesse est, ...   *C*.5,*P*.3.52
scire. quorum nec peruetusta nec incelebris memoria est, scire potuisti. . .   *C*.1,*P*.3.34
   Sed quod decora nouimus uocabula, Num scire consumptos datur?   *C*.2,*M*.7.20
   quaeque tam iniustae confusionis ratio uideatur ex te scire desidero. .   *C*.4,*P*.5.16
   Sed quis nota scire laborat? *C*.5,*M*.3.14
scis. Scis me haec et uera proferre et in nulla umquam mei laude iactasse. .   *C*.1,*P*.4.117
   "Atqui scis unde cuncta processerint?" *C*.1,*P*.6.27
   Tum ego: "Scis," inquam, "ipsa minimum nobis ambitionem. . .domi-
     natam. *C*.2,*P*.7.1
scissem. 'Si ego,' inquit, 'scissem, tu nescisses.' *C*.1,*P*.4.97
scit. Ad haec quem caduca ista felicitas uehit uel scit eam uel nescit esse
     mutabilem. *C*.2,*P*.4.85
   Si scit, metuat necesse est, ne amittat quod amitti posse non dubitat;   *C*.2,*P*.4.87
   Scitne quod appetit anxia nosse? *C*.5,*M*.3.13

Nihil igitur secundum materiam esse dicitur *Trin*.2.28
dicitur sed secundum propriam formam. *Trin*.2.29
proprietate aliqua qua designari secundum se possit, ...   *Trin*.4.51
sed quid ei secundum tempus accesserit praedicatur. *Trin*.4.63
Quod de caelo...secundum philosophos dici potest, at de deo non ita.   *Trin*.4.68
quae aliquid esse designant, secundum rem praedicationes uocentur. . .   *Trin*.4.105
Quae cum de rebus subiectis dicuntur, uocantur accidentia secundum rem;   *Trin*.4.106
cum uero de deo...secundum substantiam rei praedicatio nuncupatur.   *Trin*.4.108
maxime enim haec non uidentur secundum se facere praedicationem . .   *Trin*.5.3
utrumne ita sit ut secundum se sit praedicatio an minime. *Trin*.5.7
quidquam rei de qua dicitur secundum se uel addere *Trin*.5.18
Quare quae secundum rei alicuius in eo quod ipsa *Trin*.5.30
ad id de quo praedicatur quasi ipsa sit et secundum rem de qua dicitur,   *Trin*.5.36
idcirco quod ea secundum se ipsum est praedicatio *Trin*.6.2
substantiae uel operationis uel omnino eius quae secundum se dicitur
   praedicationis. *Trin*.6.6
idem omnia quae secundum se poterunt praedicari. *Trin*.6.14
nec trinitas filius nec trinitas spiritus sanctus secundum eundem modum,   *Pat*.55
Secundum hanc igitur rationem cuncta oportet esse iusta, ...   *Quo*.162
ut et secundum historiam *Fid*.93
et secundum allegoriam manere uideatur. *Fid*.94
Creuit itaque secundum carnem Christus, baptizatus est, ...   *Fid*.215
tam catholici quam Nestorius secundum ultimam definitionem...con-
   stituunt; *Eut*.1.60
tametsi non descriptione naturae secundum id quod ὑφίστασθαι . . .   *Eut*.3.76
Et quidem secundum hunc modum dixere unam trinitatis essentiam, .   *Eut*.3.93
Nihil igitur unum secundum Nestorium Christus est *Eut*.4.35
Secundum Nestorii uero sententiam quid contingit noui? *Eut*.4.67
est enim illis secundum genus communis substantia *Eut*.4.107
ut secundum Eutychen quoque non sit saluatum genus humanum, .   *Eut*.5.94
secundum hunc modum Eutyches ait ex utrisque *Eut*.7.10
Non autem secundum eam significationem *Eut*.7.31
secundum quam Eutyches pronuntiat. *Eut*.7.33
"si duo sint quibus idem secundum naturam propositum sit *C*.4,*P*.2.45
"Ambulandi," inquit, "motum secundum naturam esse hominibus num
   negabis?" *C*.4,*P*.2.53
Omne enim quod cognoscitur non secundum sui uim...comprehenditur   *C*.5,*P*.4.75
secundum cognoscentium potius comprehenditur facultatem. *C*.5,*P*.4.76
omne iudicium secundum sui naturam *C*.5,*P*.6.60
secundum. secundum uero bonum, quoniam ex eo fluxit cuius ipsum esse
   bonum est, ipsum quoque bonum est. *Quo*.122
secure. "Securo [Secure] igitur concludere licet *coni*.*C*.3,*P*.10.143
securi. desuper inridemus uilissima rerum quaeque rapientes securi totius
   furiosi tumultus *C*.1,*P*.3.47
   Atqui uellent ipsi uixisse securi, sed nequeunt; *C*.3,*P*.5.20
securitate. uniuersi innocentiam senatus quanta mei periculi securitate
   defenderim.   *C*.1,*P*.4.116
insontes autem non modo securitate, uerum ipsa etiam defensione
   priuatos. *C*.1,*P*.4.173
securo. "Securo igitur concludere licet dei quoque in ipso bono...sitam esse
   substantiam.   *C*.3,*P*.10.142
securus. Reliquit enim te quam non relicturam nemo umquam poterit esse
   securus. *C*.2,*P*.1.40
Symmachus socer...suarum securus tuis ingemiscit iniuriis. . . .   *C*.2,*P*.4.18
O praeclara...beatitudo quam cum adeptus fueris securus esse desistis!   *C*.2,*P*.5.104
Gloriam petas? Sed per aspera quaeque distractus securus esse desistis.   *C*.3,*P*.8.11
secutus. Hanc igitur auctoritatem secutus quod a te inter secreta otia
   didiceram *C*.1,*P*.4.26
sed. *Trin*.,*Prf*.10; *uar*.*Trin*.,*Prf*.22; *Trin*.,*Prf*.27; *Trin*.1.2; 1.24; 1.26; 2.18; 2.22; 2.25;
   Trin.2.27; 2.29(*bis*); 2.34; 2.38; 2.46; 2.50; 3.17; 3.28; 3.41; 4.11;4.15; 4.17(*ter*);
   Trin.4.19; 4.21; 4.26; 4.31; 4.39; 4.43; 4.47; 4.52; 4.56; 4.59; 4.63; 4.81; 4.91; 4.96;
   Trin.4.103; 5.9; 5.12; 5.13; 5.16; 5.20; 5.21; 5.24; 5.27; 5.38; 6.1; 6.24; 6.27; *Pat*.9;
   Pat.11; 13; 26; 34; 46; 55; 64; *Quo*.27; 31; 60; 67; 68; 72; 83; 110; 114; 115; 124; 131;
   Quo.137; 170; *Fid*.14; 24; 35; 52; 62; 79; 96; 110; 145; 194; 207; 213; 232; 255; 261;
   Eut.,*Prf*.2; 35; 46; 54; *Eut*.1.14; 1.17; 1.18; 1.47; 1.51; 2.1; 2.5; 2.18; 2.47; 2.48;
   Eut.2.50; 3.3; 3.5; 3.16; 3.27; 3.59; 3.92; 3.99; 4.1; 4.27; 4.40; 4.78; 4.91; 4.92; 4.126;
   Eut.5.27; 5.29; 5.39; 5.43; 5.59; 5.68; 5.76; 5.99; 6.1; 6.8; 6.15; 6.26; 6.37; 6.39; 6.42;

*Eut.*6.47; 6.51; 6.63; 6.72; 6.88; 6.102; 7.17; 7.53; 7.56; 7.58; 7.83; 7.90; 7.92;
*Eut.*8.3; 8.20; 8.47; 8.75; 8.81; 8.84; *C.*1,*P.*1.39; 1,*P.*2.1; 1,*P.*2.8; 1,*P.*2.10; 1,*P.*3.42;
*C.*1,*P.*4.54; 1,*P.*4.78; 1,*P.*4.81; 1,*P.*4.100; 1,*P.*4.106; 1,*P.*4.110; 1,*P.*4.120; 1,*P.*4.149;
*C.*1,*P.*4.156; 1,*M.*5.39; 1,*P.*5.4; 1,*P.*5.6; 1,*P.*5.7; 1,*P.*5.11; 1,*P.*5.23; 1,*P.*5.26;
*C.*1,*P.*5.38; 1,*P.*6.18; 1,*P.*6.24; 1,*P.*6.26; 1,*P.*6.33; 1,*P.*6.49; 1,*P.*6.53; 1,*P.*6.55;
*C.*2,*P.*1.11; 2,*P.*1.18; 2,*P.*1.56; 2,*P.*2.31; 2,*M.*2.13; 2,*P.*3.7; 2,*P.*3.11;
*C.*2,*P.*4.3; 2,*P.*4.6; 2,*P.*4.37; 2,*P.*4.39; 2,*P.*4.46; 2,*P.*4.47; 2,*P.*5.1; 2,*P.*5.22; 2,*P.*5.42;
*C.*2,*P.*5.61; 2,*M.*5.25; 2,*P.*6.12; 2,*P.*6.37; *uar.*2,*P.*6.56; 2,*P.*6.61; 2,*M.*6.6;
*C.*2,*P.*7.2; 2,*P.*7.5; 2,*P.*7.29; 2,*P.*7.45; 2,*P.*7.62; 2,*P.*7.68; 2,*M.*7.19; 2,*P.*8.1; 3,*P.*1.9;
*C.*3,*P.*1.14; 3,*P.*1.19; 3,*P.*1.22; 3,*P.*2.4; 3,*P.*2.15; 3,*P.*2.35; 3,*P.*2.43; 3,*P.*2.51;
*C.*3,*P.*2.53; 3,*P.*2.58; 3,*P.*2.66; 3,*M.*2.32; 3,*P.*3.48; 3,*P.*3.49; 3,*P.*4.1; 3,*P.*4.4;
*C.*3,*P.*4.35; 3,*P.*4.36; 3,*P.*4.39; 3,*M.*4.5; 3,*P.*5.9; 3,*P.*5.20; 3,*P.*5.34; 3,*P.*5.39;
*C.*3,*P.*5.40; 3,*P.*6.11; 3,*P.*6.14; 3,*P.*7.13; 3,*P.*8.6; 3,*P.*8.10; 3,*P.*8.12; 3,*P.*8.27;
*C.*3,*M.*8.15; 3,*P.*9.9; 3,*P.*9.38; 3,*P.*9.53; 3,*P.*9.59; 3,*P.*9.69; 3,*P.*9.99;
*C.*3,*P.*10.7; 3,*P.*10.17; 3,*P.*10.36; 3,*P.*10.39; 3,*P.*10.49; 3,*P.*10.51; 3,*P.*10.62;
*C.*3,*P.*10.73; 3,*P.*10.86; 3,*P.*10.89; 3,*P.*10.110; 3,*P.*10.118; 3,*P.*10.136; 3,*P.*10.140;
*C.*3,*P.*11.22; 3,*P.*11.29; 3,*P.*11.50; 3,*P.*11.60; 3,*P.*11.84; 3,*P.*11.86; 3,*P.*11.97;
*C.*3,*P.*11.108; 3,*P.*11.118; 3,*P.*12.9; 3,*P.*12.29; 3,*P.*12.46; 3,*P.*12.70; 3,*P.*12.71;
*C.*3,*P.*12.98; 3,*P.*12.104; 3,*P.*12.109; 3,*M.*12.44; 4,*P.*1.9; 4,*P.*1.18; 4,*P.*1.23; 4,*P.*2.9;
*C.*4,*P.*2.35; 4,*P.*2.40; 4,*P.*2.50; 4,*P.*2.62; 4,*P.*2.73; 4,*P.*2.83; 4,*P.*2.94; 4,*P.*2.95;
*C.*4,*P.*2.99(*bis*); 4,*P.*2.104; 4,*P.*2.105; 4,*P.*2.109; 4,*P.*2.113; 4,*P.*2.114; 4,*P.*2.115;
*C.*4,*P.*2.123; 4,*P.*2.134; 4,*P.*2.145; 4,*P.*3.8; 4,*P.*3.19; 4,*P.*3.28; 4,*P.*3.49; 4,*P.*3.51;
*C.*4,*M.*3.17; 4,*P.*4.4; 4,*P.*4.6; 4,*P.*4.17; 4,*P.*4.32; 4,*P.*4.34; 4,*P.*4.40; 4,*P.*4.47;
*C.*4,*P.*4.61; 4,*P.*4.63; 4,*P.*4.75; 4,*P.*4.79; 4,*P.*4.94; 4,*P.*4.98; 4,*P.*4.131; 4,*P.*4.135;
*C.*4,*P.*4.152; 4,*P.*4.153; 4,*P.*5.3; 4,*P.*5.24; 4,*P.*6.1; 4,*P.*6.14; 4,*P.*6.109; 4,*P.*6.133;
*C.*4,*P.*6.135; 4,*P.*6.206; 4,*P.*7.11; 4,*P.*7.21; 4,*M.*7.11; 5,*P.*1.4; 5,*P.*1.27; 5,*P.*1.52;
*C.*5,*P.*2.2; 5,*P.*2.13; 5,*P.*3.9; 5,*P.*3.15; 5,*P.*3.20; 5,*P.*3.24; 5,*P.*3.36; 5,*P.*3.37;
*C.*5,*P.*3.57; 5,*P.*3.69; 5,*P.*3.91; 5,*P.*3.92; 5,*M.*3.8; 5,*M.*3.11; 5,*M.*3.14; 5,*M.*3.28;
*C.*5,*P.*4.4; 5,*P.*4.25; 5,*P.*4.28; 5,*P.*4.40; 5,*P.*4.41; 5,*P.*4.62; 5,*P.*4.76; 5,*P.*4.97;
*C.*5,*P.*4.99; 5,*P.*4.103; 5,*P.*4.111; 5,*P.*4.115; 5,*P.*4.120; 5,*M.*4.10; 5,*M.*4.12; 5,*P.*5.7;
*C.*5,*P.*5.10; 5,*P.*5.20; 5,*P.*5.55; 5,*P.*6.2; 5,*P.*6.15; 5,*P.*6.24; 5,*P.*6.40; 5,*P.*6.68;
*C.*5,*P.*6.70; 5,*P.*6.92; 5,*P.*6.99; 5,*P.*6.108; 5,*P.*6.110; 5,*P.*6.121; 5,*P.*6.132; 5,*P.*6.139;
*C.*5,*P.*6.142; 5,*P.*6.154; 5,*P.*6.157

sede. pars...plus appetens...de caelesti sede proiecta est;   *Fid.*69
omnem rerum mortalium cupidinem de nostri animi sede pellebas   *C.*1,*P.*4.140
Hic clausit membris animos celsa sede petitos.   *C.*3,*M.*6.5
Quid quod mollissimum quidque,...interiore semper sede reconditur, *C.*3,*P.*11.66
sedeat. si quispiam sedeat, opinionem quae eum sedere coniectat ueram esse
necesse est;   *C.*5,*P.*3.31
sedem. Haecine est bibliotheca, quam certissimam tibi sedem nostris in laribus
ipsa delegeras?   *C.*1,*P.*4.11
ius exulare non esse quisquis in ea sedem fundare maluerit?   *C.*1,*P.*5.17
nec bibliothecae potius...parietes quam tuae mentis sedem requiro, *C.*1,*P.*5.23
Quisquis uolet perennem Cautus ponere sedem   *C.*2,*M.*4.2
uelut in augustam suae mentis sedem recepta sic coepit: *C.*3,*P.*2.2
ut illius summi boni sedem reperire mereamur?"   *C.*3,*P.*9.102
Da pater augustam menti conscendere sedem,   *C.*3,*M.*9.22
sedendi. In utroque igitur necessitas inest, in hoc quidem sedendi, *C.*5,*P.*3.36
sedentem. unde Catullus licet in curuli Nonium sedentem strumam tamen
appellat.   *C.*3,*P.*4.7
sedentium. Adsederam ego ab eo...longius atque adeo, si situm sedentium
recorderis,   *Eut.,Prf.*23
sedere. Quos uides sedere celsos solii culmine reges   *C.*4,*M.*2.1
si quispiam sedeat, opinionem quae eum sedere coniectat ueram esse
necesse est;   *C.*5,*P.*3.32
si de quopiam uera sit opinio quoniam sedet, eum sedere necesse est. *C.*5,*P.*3.34
sed haec potius uera est quoniam quempiam sedere praecessit.   *C.*5,*P.*3.38
sedet. Sedet interea conditor altus   *C.*4,*M.*6.34
si de quopiam uera sit opinio quoniam sedet, eum sedere necesse est. *C.*5,*P.*3.34
Sed non idcirco quisque sedet quoniam uera est opinio,   *C.*5,*P.*3.37
sedis. Fugiens periculosam Sortem sedis amoenae   *C.*2,*M.*4.14
segetem. quae infructuosis affectuum spinis uberem fructibus rationis
segetem necant   *C.*1,*P.*1.33
segetes. Quaeque Arcturus semina uidit Sirius altas urat segetes. *C.*1,*M.*5.22
segnis. quod uitae pretio non segnis emeres,   *C.*2,*P.*4.17
Segnis ac stupidus torpit? Asinum uiuit.   *C.*4,*P.*3.63

segnities. partim ignaua segnities partim callidus liuor occurrit, ut con-
    tumeliam *Trin.,Prf.*13
segreganda. haec primitus definienda sunt et propriis differentiis segreganda.   *Eut.,Prf.*61
segregans. mente tamen segregans ipsum triangulum proprietatemque eius
    praeter materiam speculatur. *Quo.*90
segregari. quas naturas conueniat habere personam, quas a personae uocabulo
    segregari. *Eut.*2.9
segregatae. at si distributae segregataeque partes corporis distraxerint
    unitatem, ... *C.*3,*P.*11.37
seiunctum. quorum lasciuia ac petulantia nihil a ioco risuque patitur esse
    [seiunctum]. *coni.Quo.*11
seiungat. (nec tam erit insipiens quisquam, utqui utramque earum a ratione
    seiungat) *Eut.*4.19
semel. Sed quoniam semel res a conlocutione transfertur ad stilum,   . . . *Eut.,Prf.*55
    Quam enim magnum est quamque nouum, quam quod semel *Eut.*4.63
    non ita sum amator mei, ut ea quae semel effuderim *Eut.*8.96
    toleres oportet . . . cum semel iugo eius colla submiseris. *C.*2,*P.*1.51
    Quo semel recepto quantus occasus humanarum rerum consequatur liquet. *C.*5,*P.*3.84
semen. Haeret profecto semen introrsum ueri Quod excitatur uentilante
    doctrina. *C.*3,*M.*11.11
semet. uetus intra semet continuerit instrumentum *Fid.*3
    In semet reditura meat mentemque profundam Circuit *C.*3,*M.*9.16
    cum a semet ipsis discerpentibus conscientiam uitiis quisque dissentiat *C.*4,*P.*6.181
semina. an ex beati Augustini scriptis semina rationum aliquos . . . fructus
    extulerint. *Trin.,Prf.*32
    Quod pugnantia semina Foedus perpetuum tenent, ... *C.*2,*M.*8.3
semina. Quaeque Arcturus semina uidit Sirius altas urat segetes. *C.*1,*M.*5.21
    Tum qui larga negantibus Sulcis semina credidit, ... *C.*1,*M.*6.4
    si aruis semina crederes, feraces inter se annos sterilesque pensares. . . *C.*2,*P.*1.57
semine. Si eo de cuius semine ductus est homo, quem uestita diuinitas est? . *Eut.*5.53
    Nam si ex semine Abrahae atque Dauid et postremo Mariae non fuit caro *Eut.*5.55
    in sanctis diuinationibus, ut ex eorum semine toti mundo salus oriatur, *Eut.*5.64
    illud eueniet ex nullius hominis semine talem potuisse nasci *Eut.*5.73
    quanta est naturae diligentia, ut cuncta semine multiplicato propagentur! *C.*3,*P.*11.70
    Pulchra qua residens dea Solis edita semine *C.*4,*M.*3.5
seminum. nascentia occidentiaque omnia per similes fetuum seminumque
    renouat progressus. *C.*4,*P.*6.85
semita. Principium, uector, dux, semita, terminus idem. *C.*3,*M.*9.28
semita. sospes in patriam meo ductu, mea semita, meis etiam uehiculis
    reuertaris. *C.*4,*P.*1.37
semper. Neque enim medicina aegris semper affert salutem; *Trin.,Prf.*27
    ut de homine heri uenit, de deo semper est. *Trin.*4.61
    Quod uero de deo dicitur "semper est," unum quidem significat, . . . *Trin.*4.64
    Semper enim est, quoniam "semper" praesentis est in eo temporis . . *Trin.*4.69
    cui nomini si adicias "semper," facies eius quod est nunc *Trin.*4.75
    cum dico . . . "regit" uel "nunc est" uel "semper est," refertur *Trin.*4.93
    —si tamen interim diuinum illud semper tempus dici potest— *Trin.*4.95
    nec semper ad aliud sed aliquotiens ad idem. *Trin.*5.21
    Sane sciendum est non semper talem esse relatiuam praedicationem, . *Trin.*6.15
    ut semper ad differens praedicetur, ... *Trin.*6.16
    uetus . . . instrumentum eumque semper signauerit affuturum *Fid.*4
    semper uiuere potuisset hisque non mori; *Eut.*8.82
    pro tuendo iure spreta potentiorum semper offensio. *C.*1,*P.*4.33
    miseros quos . . . inpunita barbarorum semper auaritia uexabat, . . . *C.*1,*P.*4.39
    Sed sibi semper mentiens inprudentia rerum merita non potest inmutare *C.*1,*P.*4.81
    me dicturum quid facturumue praesens semper ipsa dirigebas, ... *C.*1,*P.*4.112
    Hi semper eius mores sunt ista natura. . . . . ·. *C.*2,*P.*1.29
    si quidem auaritia semper odiosos, claros largitas facit. *C.*2,*P.*5.10
    quae nec se bonis semper adiungit *C.*2,*P.*6.69
    Illa enim semper specie felicitatis cum uidetur blanda, mentitur; . . . *C.*2,*P.*8.9
    haec semper uera est, cum se instabilem mutatione demonstrat. . . . *C.*2,*P.*8.10
    Itaque illam uideas uentosam, fluentem suique semper ignaram, . . . *C.*2,*P.*8.14
    quin aliquid semper angerer reminisci non queo." *C.*3,*P.*3.19
    Nam si haec hians semper atque aliquid poscens opibus expletur, . . . *C.*3,*P.*3.51
    Quid quod mollissimum quidque, . . . interiore semper sede reconditur, . *C.*3,*P.*11.66
    gignendi opus, quod natura semper appetit, interdum coercet uoluntas. *C.*3,*P.*11.95
    ipso . . . auctore cognosces semper quidem potentes esse bonos, ... *C.*4,*P.*1.26

malos uero abiectos semper atque inbecillos *C*.4,*P*.1.27
malis semper infortunata contingere *C*.4,*P*.1.29
"bonis semper adesse potentiam, malos cunctis uiribus esse desertos . . *C*.4,*P*.2.4
Semper uicibus temporis aequis Vesper seras nuntiat umbras *C*.4,*M*.6.13
An nulla est discordia ueris Semperque sibi certa cohaerent? *C*.5,*M*.3.7
idque necesse est et sui compos praesens sibi semper adsistere *C*.5,*P*.6.29
est autem deo semper aeternus ac praesentarius status; *C*.5,*P*.6.61
uisionisque eius praesens semper aeternitas...concurrit *C*.5,*P*.6.168
sempiternitas. iugem indefessumque ac per hoc perpetuum cursum quod est
sempiternitas. *Trin*.4.77
sempiternitatem. nostrum "nunc" quasi currens tempus facit et sempiternitatem, ... *Trin*.4.72
sempiternum. ubi rex est uirginis filius eritque gaudium sempiternum, . . *Fid*.275
senatorii. praetura...nunc inane nomen et senatorii census grauis sarcina; *C*.3,*P*.4.42
senatui. nos etiam quos propugnare bonis senatuique uiderant, perditum ire
uoluisse. *C*.1,*P*.4.109
senatum. Senatum dicimur saluum esse uoluisse. Modum desideras? . . . *C*.1,*P*.4.72
Delatorem ne documenta deferret quibus senatum maiestatis reum faceret *C*.1,*P*.4.74
ob studium propensius in senatum morti proscriptionique damnamur. . *C*.1,*P*.4.132
senatus. nefarios homines qui bonorum omnium totiusque senatus sanguinem
petunt, ... *C*.1,*P*.4.108
crimen in Albinum delatae ad cunctum senatus ordinem transferre
moliretur, ... *C*.1,*P*.4.115
uniuersi innocentiam senatus quanta mei periculi securitate defenderim. *C*.1,*P*.4.116
Increpuisti etiam uehementer iniusti factum senatus. *C*.1,*P*.5.32
Seneca. quorum Seneca opes etiam suas tradere Neroni...conatus est; . . *C*.3,*P*.5.33
Senecam. Nero Senecam familiarem praeceptoremque suum *C*.3,*P*.5.29
Senecas. at Canios, at Senecas, at Soranos...scire potuisti. *C*.1,*P*.3.33
senectus. Venit enim properata malis inopina senectus *C*.1,*M*.1.9
senectute. Abraham,...eiusque uxor decrepita, in senectute sua...habere
filium meruerunt. *Fid*.150
senes. Quondam porticus attulit Obscuros nimium senes *C*.5,*M*.4.2
senibus. Praetereo,...sumptas in adulescentia negatas senibus dignitates; . *C*.2,*P*.3.24
senis. Solantur maesti nunc mea fata senis. *C*.1,*M*.1.8
Aut comitetur iter gelidi senis Miles corusci sideris, ... *C*.4,*M*.1.11
senserit. quaerendum est cur senserit mortem, si Adae corpus ante quam
peccaret adsumpsit. *Eut*.8.32
sensi. Tum illa: "Sensi," inquit, "cum uerba nostra tacitus *C*.3,*P*.1.10
sensibile. Quod enim sensibile uel imaginabile est, id uniuersum esse non
posse; *C*.5,*P*.5.24
quae quod sensibile sit ac singulare quasi quiddam uniuersale consideret. *C*.5,*P*.5.29
et quod sensibile et quod imaginabile sit in uniuersitatis ratione conspicere, *C*.5,*P*.5.31
sensibile. Nam et rationis uniuersum et imaginationis figuram et materiale
sensibile cognoscit *C*.5,*P*.4.101
aut igitur rationis uerum esse iudicium nec quidquam esse sensibile, . . *C*.5,*P*.5.26
sensibilem. tum imaginabilem sensibilemque esse rem nullus ignorat, . . *C*.5,*P*.4.109
sensibiles. uiuentium aliae sunt sensibiles, aliae minime; *Eut*.2.21
sensibili. Imaginatio . . . conlustrat non sensibili sed imaginaria ratione
iudicandi. *C*.5,*P*.4.115
sensibilia. Ratio...nec imaginatione nec sensibus utens imaginabilia uel
sensibilia comprehendit. *C*.5,*P*.4.106
Imaginatio...sensu tamen absente sensibilia quaeque conlustrat . . . *C*.5,*P*.4.114
sensibilium. sensibilium aliae rationales, aliae inrationales. *Eut*.2.21
sensibus. aut quoniam sibi notum sit plura sensibus et imaginationi esse
subiecta, ... *C*.5,*P*.5.27
omne quod sensibus patet, si ad rationem referas, uniuersale est, . . . *C*.5,*P*.6.137
sensibus. animalium quae muta ac sine ratione uitam solis sensibus degunt) *Eut*.2.36
nec ratione utens nec imaginatione nec sensibus, ... *C*.5,*P*.4.103
Ratio...nec imaginatione nec sensibus utens imaginabilia uel sensibilia
comprehendit. *C*.5,*P*.4.105
Imaginatio quoque tametsi ex sensibus uisendi formandique figuras
sumpsit exordium, ... *C*.5,*P*.4.112
sensisset. quoniam Adam, si non peccasset, mortem nulla ratione sensisset. *Eut*.8.30
sensu. neque rursus eorum uiuentium quae sensu carent *Eut*.2.32
quod illa non imaginatione uel sensu sed in rationali conceptione
considerat. *C*.5,*P*.4.111
Imaginatio...sensu tamen absente sensibilia quaeque conlustrat . . . *C*.5,*P*.4.113

sentis. Sentisne," inquit, "haec atque animo inlabuntur tuo, ...   *C.*1,*P.*4.1
sentiunt. Num frigus hibernum pecuniosorum membra non sentiunt? . . .   *C.*3,*P.*3.47
separabilis. *theologica*, sine motu abstracta atque separabilis *Trin.*2.15
separantur. Multa sunt quae cum separari actu non possunt, animo tamen et
   cogitatione separantur; *Quo.*88
   disiuncta sunt quae aeque personis naturisque separantur, ...   *Eut.*4.102
separari. formas . . . quae a corporibus actu separari non possunt, ...   *Trin.*2.8
   quae formae cum in materia sint, ab his separari non possunt) *Trin.*2.14
   Vna igitur substantia trium nec separari ullo modo aut disiungi potest .   *Pat.*12
   Multa sunt quae cum separari actu non possunt, animo . . . separantur; .   *Quo.*87
   Atqui hoc a bonis non potest separari *C.*4,*P.*3.12
separat. ut cum triangulum uel cetera a subiecta materia nullus actu separat,   *Quo.*90
   Quod enim simplex est indiuisumque natura, id error humanus separat .   *C.*3,*P.*9.11
separatam. carnem . . . diuisam atque a diuinitatis substantia separatam;   *Eut.*5.33
separatim. atque ideo sola singillatim proferuntur atque separatim quae
   relationis sunt. *Trin.*6.10
   Vnde apparet ea quae cum in singulis separatim dici conuenit *Pat.*33
separatione. cum uero haec unitas utriusque separatione dissoluitur, . . .   *C.*3,*P.*11.33
separemus. nam uel si animo cuncta ab his accidentia separemus, ...   *Trin.*1.27
sepositis. ut in externis ac sepositis rebus bona uestra quaeratis? *C.*2,*P.*5.71
septem. Quos premunt septem gelidi triones, ...   *C.*2,*M.*6.11
sepulcro. iacet tribus diebus ac noctibus in sepulcro, ...   *Fid.*222
sequentes. ne opinionem populi sequentes quiddam ualde inopinabile
   confecerimus." *C.*4,*P.*7.31
   Platonem sequentes deum quidem aeternum, mundum uero dicamus esse
   perpetuum. *C.*5,*P.*6.58
sequentibus. nihil de sequentibus ambigatur." *C.*5,*P.*1.16
sequentum. ubi uersa sequentum Pectoribus figit spicula pugna fugax, . .   *C.*5,*M.*1.1
sequerentur. ut necessario caput suum membra sequerentur. *Fid.*247
sequestraret. quos sibi conditor gratiae sequestraret eiusque placitis
   inseruirent; *Fid.*123
sequestrari. Sed sequestrari nequit quin omne quod excellentissimum sit id
   etiam uideatur esse clarissimum. *C.*3,*P.*2.66
sequestrata. Nam haec per se a tuis quoque opibus sequestrata placuissent.   *C.*2,*P.*5.59
sequestratum. qui corpus humanum ex Maria sumptum esse non credunt, sed
   alias fuisse sequestratum *Eut.*8.3
sequi. Nec uobis capreas si libeat sequi, Tyrrhena captatis uada. *C.*3,*M.*8.7
   Aut quis ualeat nescita sequi? *C.*5,*M.*3.17
sequitur. sequitur ut duae uideantur esse personae; *Eut.*4.20
   Iam uero sequitur, ut personis manentibus *Eut.*4.99
sequuntur. praeposui terminos regulasque quibus cuncta quae sequuntur
   efficiam. *Quo.*17
   in discernendo non obiecta extrinsecus sequuntur, sed actum suae mentis
   expediunt? *C.*5,*P.*5.10
sera. Facili quae sera solebat Ieiunia soluere glande. *C.*2,*M.*5.4
   Cum sera uobis rapiet hoc etiam dies, Iam uos secunda mors manet. . .   *C.*2,*M.*7.25
seras. Mergatque seras aequore flammas, ...   *C.*4,*M.*5.4
   Semper uicibus temporis aequis Vesper seras nuntiat umbras *C.*4,*M.*6.14
sereni. Sic quondam sereni maris facie gaudemus; *C.*2,*P.*5.33
serenis. Vitrea dudum Parque serenis Vnda diebus *C.*1,*M.*7.9
sereno. Saepe tranquillo radiat sereno Immotis mare fluctibus, ...   *C.*2,*M.*3.9
serenum. Tu namque serenum, Tu requies tranquilla piis, ...   *C.*3,*M.*9.26
serenus. Quisquis composito serenus aeuo Fatum sub pedibus egit superbum   *C.*1,*M.*4.1
   Duces serenus aeuum Ridens aetheris iras. *C.*2,*M.*4.21
serere. Qui serere ingenuum uolet agrum, Liberat arua prius fruticibus, . .   *C.*3,*M.*1.1
serie. de fati serie, de repentinis casibus, . . . quaeri solet, ...   *C.*4,*P.*6.12
   Sed in hac haerentium sibi serie causarum *C.*5,*P.*2.2
seriem. et qui numerosam annorum seriem permissus fuerat uiuere, . . .   *Fid.*142
   eligere uiros per quorum seriem aliqua generatio commearet, ...   *Fid.*146
   Aegyptum uoluit habitare atque illic per annorum seriem multitudo
   concrescens *Fid.*157
   Cuius rei seriem atque ueritatem, . . . stilo etiam memoriaeque mandaui.   *C.*1,*P.*4.86
   Hanc rerum seriem ligat Terras ac pelagus regens . . . amor. *C.*2,*M.*8.13
   quaedam uero quae sub prouidentia locata sunt fati seriem superent. .   *C.*4,*P.*6.63
   malum omne de reipublicae suae terminis per fatalis seriem necessitatis
   eliminet. *C.*4,*P.*6.203

series. seu aliquibus horum seu omnibus fatalis series texitur, ... *C.4,P.6.56*
    ita est fati series mobilis ad prouidentiae stabilem simplicitatem. . . . *C.4,P.6.81*
    Ea series caelum ac sidera mouet, ... *C.4,P.6.82*
    quando optanda omnia series indeflexa conectit? *C.5,P.3.100*
seris. et leuibus sublimes curribus aptans In caelum terramque seris . . . *C.3,M.9.20*
sermo. quod ad praecipuos uiros, de his enim sermo est, ... *C.2,P.7.77*
    "Quia id hominum sermo communis usurpat *C.4,P.7.13*
sermone. machinas uel ingenio comprehendere uel explicare sermone. . . *C.4,P.6.199*
sermones. cognatos de quibus loquuntur rebus oportere esse sermones. . . *C.3,P.12.112*
sermonibus. "Visne igitur," inquit, "paulisper uulgi sermonibus accedamus, *C.4,P.7.15*
sermonum. peritior Graecia sermonum ὑπόστασιν uocat indiuiduam sub-
    sistentiam. *Eut.3.28*
sermunculis. de alienis praemia sermunculis postulatis. *C.2,P.7.65*
serpens. Quos serpens leo tigris ursus aper Dente petunt, ... *C.4,M.4.5*
Serum. Nec lucida uellera Serum Tyrio miscere ueneno. *C.2,M.5.8*
serum. Neque enim est aliquid in tam breuibus uitae metis ita serum . . *C.4,P.4.21*
seruans. "Nihil est igitur quod naturam seruans deo contraire conetur." . *C.3,P.12.56*
seruant. "Seruant," inquit, "proprias humanitas diuinitasque personas." . *Eut.4.68*
    Illic iusto foedere rerum Veterem seruant sidera pacem. *C.4,M.6.5*
seruantissimum. de hoc quem tu iustissimum et aequi seruantissimum putas *C.4,P.6.128*
seruantur. Nam si ea quae paulo ante conclusa sunt inconuulsa seruantur, . *C.4,P.1.25*
seruat. Viuit inquam tibique tantum uitae huius exosa spiritum seruat . . *C.2,P.4.22*
    Est enim quod ordinem retinet seruatque naturam; *C.4,P.2.111*
seruata. seruata uero unitas in eo quod est indifferentia *Trin.6.5*
seruata. cum Philosophia dignitate uultus et oris grauitate seruata *C.4,P.1.2*
seruatis. Vt seruatis queat oblitas Addere partes." *C.5,M.3.30*
seruator. Quis autem alius uel seruator bonorum uel malorum depulsor quam
    rector ac medicator mentium deus? *C.4,P.6.120*
seruatur. id tibi diuinitus inlaesum adhuc inuiolatumque seruatur, ... *C.2,P.4.13*
    quo mundana machina stabilis atque incorrupta seruatur." *C.3,P.12.42*
seruaueram. mando litteris quae coram loquenda seruaueram. *Eut.,Prf.6*
seruauit. Seruauit circa te propriam potius in ipsa sui mutabilitate con-
    stantiam. *C.2,P.1.30*
seruent. uitiosos, tametsi humani corporis speciem seruent, ... *C.4,P.4.3*
seruet. quibus inmensum Legibus orbem prouida seruet *C.3,M.2.3*
seruiat. Et seruiat ultima Thyle, ... *C.3,M.5.7*
seruientium. Potentem censes...qui ut potens esse uideatur, in seruientium
    manu situm est? *C.3,P.5.24*
seruitus. Extrema uero est seruitus, cum uitiis deditae *C.5,P.2.20*
seruitutem. quibus accedendo consentiendoque quam inuexere sibi adiuuant
    seruitutem *C.5,P.2.25*
seruo. Quae quoniam sublato deperit seruo, constat non eam per se domino
    accidere *Trin.5.15*
seruorum. sed per seruorum quodam modo extrinsecus accessum. *Trin.5.16*
seruum. Atqui si auferas seruum, abstuleris et dominum; *Trin.5.8*
    At in domino, si seruum auferas, perit uocabulum quo dominus
    uocabatur; *Trin.5.11*
    Sed quis non spernat atque abiciat uilissimae fragilissimaeque rei
    corporis seruum? *C.3,P.8.13*
seruus. quoniam dominus ac seruus relatiua sunt, uideamus utrumne . . . *Trin.5.6*
    sed non accidit seruus domino ut albedo albo, sed potestas quaedam qua
    seruus coercetur. *Trin.5.13*
    sed non accidit seruus domino ut albedo albo, sed potestas quaedam
    qua seruus coercetur. *Trin.5.14*
    ut semper ad differens praedicetur, ut est seruus ad dominum; *Trin.6.17*
sese. neque mouens sese atque consistens aeternitatem facit; *Trin.4.74*
    ut incorporalia in sese commixtione aliqua permutentur. *Eut.6.68*
    minus...credi potest, ut utraque in sese confunderentur, ... *Eut.6.78*
    Nam nunc quidem ad communem sese hominum mensuram cohibebat, . *C.1,P.1.9*
    cumque illi parere nolentes sacrarum sese aedium defensione tuerentur *C.1,P.4.62*
    Quae sese adhuc uelat aliis, tota tibi prorsus innotuit. *C.2,P.1.34*
    Numquam diues agit qui trepidus gemens Sese credit egentem.' . . . *C.2,M.2.20*
    quae in profundum sese penetrent, ... *C.2,P.3.13*
    qui sese caelo proximos arbitrentur, ... *C.2,P.4.59*
    Nam ceteris animantibus sese ignorare naturae est; *C.2,P.5.88*
    Gaudetis enim res sese aliter habentes *C.2,P.6.63*
    mirum forte uideatur,...sed ita sese res habet. *C.4,P.2.104*

sit. *Trin.,Prf.*6; *Trin.*1.15; 3.41; 4.15; 4.17; 4.22; 4.25; 4.31; 4.37; 4.42; 4.48; 4.52; 4.55;
    *Trin.*4.66; 4.99; 5.6; 5.7; 5.24; 5.26; 5.36; 6.29; *Pat.*6; 8; 35; 37; 59; *Quo.*5; 20;
    *Quo.*42(*bis*); 43; 117; 135; 150; *Fid.*17; 25; 90; *Eut.*1.18; 1.20; 4.4; 4.80; 5.6; 5.57;
    *Eut.*5.60; 5.95; 6.30; 6.58; 6.59; 6.106; 7.38; 7.48; 7.50; 7.54; 7.56; 7.61; 7.62; 7.63;
    *Eut.*7.66(*bis*); 7.91; 8.16; *C.*1,*P.*3.49; 1,*M.*4.16; 1,*P.*4.85; 1,*P.*6.3; 1,*P.*6.25; 1,*P.*6.29;
    *C.*1,*P.*6.35; 1,*P.*6.44; 2,*P.*4.27; 2,*P.*4.69; 2,*P.*4.94; 2,*P.*6.45; 2,*P.*7.9; 2,*P.*7.34;
    *C.*3,*P.*1.21; 3,*P.*2.18; 3,*P.*2.59; 3,*P.*2.67; 3,*P.*2.77; 3,*P.*6.9; 3,*P.*6.15; 3,*P.*6.20;
    *C.*3,*P.*7.14; 3,*P.*9.3; 3,*P.*9.7; 3,*P.*9.16; 3,*P.*9.19; 3,*P.*9.36; 3,*P.*9.65; 3,*P.*9.95;
    *C.*3,*P.*10.1; 3,*P.*10.3; 3,*P.*10.8; 3,*P.*10.13; 3,*P.*10.29; 3,*P.*10.60; 3,*P.*10.71; 3,*P.*10.73;
    *C.*3,*P.*10.78; 3,*P.*10.97; 3,*P.*11.3; 3,*P.*11.14; 3,*P.*11.29; 3,*M.*12.46; 4,*P.*1.12; 4,*P.*1.33;
    *C.*4,*P.*2.10; 4,*P.*2.16; 4,*P.*2.46; 4,*P.*2.62; 4,*P.*2.121; 4,*P.*3.27; 4,*P.*3.44; 4,*P.*3.46;
    *C.*4,*P.*4.15; 4,*P.*4.26; 4,*P.*5.1; 4,*P.*6.1; 4,*P.*6.7; 4,*P.*6.40; 4,*P.*6.107; 4,*P.*6.133;
    *C.*4,*P.*6.174; 4,*P.*7.27; 4,*P.*7.36; 5,*P.*3.25; 5,*P.*3.34; 5,*P.*3.59; 5,*P.*4.32; 5,*P.*4.56;
    *C.*5,*P.*4.109; 5,*P.*5.27; 5,*P.*5.29; 5,*P.*5.31; 5,*P.*5.55; 5,*P.*6.4; 5,*P.*6.5; 5,*P.*6.7;
    *C.*5,*P.*6.92; 5,*P.*6.113

sita. quoniam uerae formam beatitudinis...quo etiam sita sit agnouisti, . . *C.*4,*P.*1.33
sitam. ueram igitur beatitudinem in summo deo sitam esse necesse est." . . *C.*3,*P.*10.38
    concludere licet dei quoque in ipso bono...sitam esse substantiam. . . *C.*3,*P.*10.144
    quam in summo deo sitam loquebare. *C.*3,*P.*12.88
site. Et longa site perditus Spernit flumina Tantalus. *C.*3,*M.*12.36
siti. quantumque siti uasta regio distenditur cogitatione subtraxeris, . . *C.*2,*P.*7.18
    Et longa site [siti] perditus Spernit flumina Tantalus. *uar.C.*3,*M.*12.36
sitim. Sed adest, inquies, opulentis quo famem satient, quo sitim frigusque
    depellant. *C.*3,*P.*3.49
sitire. Num enim diuites esurire nequeunt? Num sitire non possunt? . . . *C.*3,*P.*3.46
sitis. Largis cum potius muneribus fluens Sitis ardescit habendi? . . . *C.*2,*M.*2.18.
situm. Neque enim quod ante oculos situm est, suffecerit intueri; *C.*2,*P.*1.46
    qui ut potens esse uideatur, in seruientium manu situm est? . . . *C.*3,*P.*5.25
    esse etiam quod in sua natura situm est derelinquit. *C.*4,*P.*2.112
    In uestra enim situm manu qualem uobis fortunam formare malitis; . . *C.*4,*P.*7.53
    'Sed si in mea,' inquies, 'potestate situm est mutare propositum, . . . *C.*5,*P.*6.139
situm. substantia, qualitas, quantitas, ad aliquid, ubi, quando, habere, situm
    esse, facere, pati. *Trin.*4.4
    Nam situm passionemque requiri in deo non oportet, neque enim sunt. *Trin.*4.97
    Adsederam ego ab eo...longius atque adeo, si situm sedentium recorderis, *Eut.,Prf.*23
    Late patentes aetheris cernat plagas Artumque terrarum situm. . . . *C.*2,*M.*7.4
siue. "Et pulchrum,"..."hoc atque pretiosum, siue *C.*3,*P.*10.91
    porisma siue corollarium uocari mauis." *C.*3,*P.*10.92
    Siue igitur famulantibus quibusdam...spiritibus fatum exercetur . . *C.*4,*P.*6.51
sobriam. uideas . . . hanc sobriam succinctamque et ipsius aduersitatis
    exercitatione prudentem. *C.*2,*P.*8.15
socer. coetus amicorum, socer etiam sanctus et aeque ac tu ipsa reuerendus
    ...defendunt. *C.*1,*P.*4.147
    uiget incolumis...humani decus Symmachus socer *C.*2,*P.*4.16
socerorum. Quis non te felicissimum cum tanto splendore socerorum, . . . *C.*2,*P.*3.20
socia. Et quam nunc socia fide Pulchris motibus incitant, ... *C.*2,*M.*8.19
sociaret. tam ipsum quam eius progeniem angelicis coetibus sociaret, . . . *Fid.*76
sociari. Neque enim sibi solent aduersa sociari; natura respuit *C.*2,*P.*6.43
societ. si quid uero illi se medio conectat et societ, in simplicitatem cogitur . *C.*4,*P.*6.72
Socrates. eodemque superstite praeceptor eius Socrates iniustae uictoriam
    mortis me adstante promeruit? *C.*1,*P.*3.20
Socratico. nec mihi Socratico decreto fas esse arbitror uel occuluisse ueritatem *C.*1,*P.*4.83
Socratis. Quod si nec Anaxagorae fugam nec Socratis uenenum...nouisti, . *C.*1,*P.*3.31
sodales. Fleuit amissos Ithacus sodales *C.*4,*M.*7.8
sodalibus. Hic fidis etiam sua Dictat iura sodalibus. *C.*2,*M.*8.27
sodalium. haec tibi certos sodalium uultus ambiguosque secreuit, ... *C.*2,*P.*8.21
sol. uelut si dicam "sol sol sol," non tres soles effecerim, ... *Trin.*3.27
    uelut "sol sol sol unus sol." *Trin.*3.39
    uelut "sol sol sol unus sol." *Trin.*3.40
    Sol latet ac nondum caelo uenientibus astris, ... *C.*1,*M.*3.5
    Non sol rutilo concitus igne Gelidum Phoebes impedit axem *C.*4,*M.*6.6
    ea quae paulo ante proposui, sol oriens et gradiens homo *C.*5,*P.*6.128
sola. Sola ergo nunc est fidelium exspectatio qua credimus *Fid.*266
    An ego sola meum ius exercere prohibebor? *C.*2,*P.*2.21
    quare sic quoque sola quaeritur beatitudo. *C.*3,*P.*10.137
    Sed cum ultra homines quemque prouehere sola probitas possit, . . . *C.*4,*P.*3.52

Sola mens stabilis super Monstra quae patitur gemit. *C.*4,*M.*3.27
Sola est enim diuina uis cui mala quoque bona sint, ...   *C.*4,*P.*6.189
ratio uero humani tantum generis est sicut intellegentia sola diuini. . .   *C.*5,*P.*5.18
sola. nihilque aliud. . .differunt nisi sola relatione, ...   *Trin.*5.35
sola. atque ideo sola singillatim proferuntur atque separatim quae relationis
   sunt. *Trin.*6.9
   sola enim mutari transformarique in se possunt quae *Eut.*6.24
sola. Quae quidem sola considerans Epicurus *C.*3,*P.*2.48
solam. Quicumque solam mente praecipiti petit Summumque credit gloriam,   *C.*2,*M.*7.1
   quibus omnibus solam beatitudinem desiderari liquet. *C.*3,*P.*2.41
   imaginatio uero solam sine materia iudicat figuram. *C.*5,*P.*4.85
solamen. "O," inquam, "summum lassorum solamen animorum *C.*3,*P.*1.4
solamen. ancorae quae nec praesentis solamen nec futuri spem temporis
   abesse patiantur." *C.*2,*P.*4.33
solantur. Gloria felicis olim uiridisque iuuentae Solantur maesti nunc mea
   fata senis. *C.*1,*M.*1.8
solatur. Gloria. . . iuuentae Solantur [Solatur] maesti nunc mea fata senis.   *uar.C.*1,*M.*1.8
solebas. Solebas enim praesentem quoque blandientemque uirilibus incessere
   uerbis *C.*2,*P.*1.13
solebat. Facili quae sera solebat Ieiunia soluere glande. *C.*2,*M.*5.4
solem. sic caelum sidera lunam solemque miramur. *C.*2,*P.*5.34
   Quem, quia respicit omnia solus, Verum possis dicere solem." . . .   *C.*5,*M.*2.14
   cum pariter ambulare in terra hominem et oriri in caelo solem uidetis, .   *C.*5,*P.*6.86
solent. Neque enim sibi solent aduersa sociari; natura respuit *C.*2,*P.*6.43
   Atqui non fugare sed illustrare potius nequitiam solent; *C.*3,*P.*4.5
   quasi quendam fructum nequitiae fruentium solent referre corporibus! .   *C.*3,*P.*7.5
   ueluti geometrae solent demonstratis propositis aliquid inferre *C.*3,*P.*10.81
   idque, uti medici sperare solent, indicium est *C.*4,*P.*2.72
soleo. Quae ubi ad calcem ducta constiterint,. . .eius cuius soleo iudicio
   censenda transmittam. *Eut.,Prf.*54
soles. uelut si dicam "sol sol sol," non tres soles effecerim, ...   *Trin.*3.27
solet. Vt igitur in mathematica fieri solet ceterisque etiam disciplinis, . . .   *Quo.*15
   Quarum speciem, ueluti fumosas imagines solet, ...   *C.*1,*P.*1.17
   de fati serie,. . .de arbitrii libertate quaeri solet, ...   *C.*4,*P.*6.13
   uelut in corporibus dici solet, ...   *C.*4,*P.*6.111
solidam. esse aliquam solidam perfectamque non potest dubitari." . . .   *C.*3,*P.*10.20
solidissimae. meque ad hoc nomen necessitatis adstringas, fatebor rem quidem
   solidissimae ueritatis *C.*5,*P.*6.98
soliditate. quae sopitis querelis firma te soliditate corroborent. *C.*4,*P.*1.31
solii. Quos uides sedere celsos solii culmine reges *C.*4,*M.*2.1
solio. Qui perpetuo nixus solio Rapido caelum turbine uersas *C.*1,*M.*5.2
   At peruersi resident celso Mores solio *C.*1,*M.*5.32
solis. Cernebat rosei lumina solis, ...   *C.*1,*M.*2.8
   Pulchra qua residens dea Solis edita semine *C.*4,*M.*3.5
solis. quod cum his solis qui digni sunt conloquuntur. *Quo.*14
   animalium quae muta. . .uitam solis sensibus degunt) *Eut.*2.36
solis. aut de solis substantiis, ...   *Eut.*1.2
   Sin uero de solis substantiis natura dicitur, ...   *Eut.*1.22
   Quocirca si persona in solis substantiis est *Eut.*3.1
   essentiae. . .in solis uero indiuiduis et particularibus substant. . . .   *Eut.*3.34
solis. Natura igitur aut de solis corporibus dici potest *Eut.*1.1
solitaria. eo cuius pura ac solitaria sine cuiusquam boni admixtione miseria
   est?" *C.*4,*P.*4.55
solitarie. sed ea fides pollet maxime ac solitarie *Trin.*1.2
solitas. Solitas iterum mutet habenas Phoebi pallens Lucifer ortu. . . .   *C.*1,*M.*5.12
soliti. Aut celsas soliti ferire turres Ardentis uia fulminis mouebit. . . .   *C.*1,*M.*4.9
soliti. metuantque trucem Soliti uerbera ferre magistrum, ...   *C.*3,*M.*2.10
solitos. Sed secreto tramite rursus Currum solitos uertit ad ortus. . . .   *C.*3,*M.*2.33
solitudines. in has exilii nostri solitudines o omnium magistra uirtutum. . .
   uenisti? *C.*1,*P.*3.7
solitum. At si quem profanum, uti uulgo solitum uobis, blanditiae uestrae
   detraherent, ...   *C.*1,*P.*1.35
   Busiridem accipimus necare hospites solitum ab Hercule hospite fuisse
   mactatum. *C.*2,*P.*6.35
solitus. ut pleno fertilis anno Autumnus grauidis influat uuis Rimari solitus
   atque latentis *C.*1,*M.*2.22
sollers. Si uis celsi iura tonantis Pura sollers cernere mente, ...   *C.*4,*M.*6.2

spernere. Et fluctibus minantem Curat spernere pontum, ... *C.2,M.4.6*
spernet. nonne omne terrenum negotium spernat [spernet] quae se...gaudet
   exemptam? *uar.C.2,P.7.84*
spernit. nonne omne terrenum negotium spernat [spernit] *uar.C.2,P.7.84*
   Et magna titulis fulgeat claris domus, Mors spernit altam gloriam, . . *C.2,M.7.12*
   Et longa site perditus Spernit flumina Tantalus. *C.3,M.12.37*
spes. Maeror aut captos fatigat aut spes lubrica torquet. *C.4,M.2.8*
   quorum magna spes et excelsa facinorum machina repentino...destruitur, *C.4,P.4.23*
spes. Nec frustra sunt in deo positae spes precesque; *C.5,P.6.171*
spes. ad rectas spes animum subleuate, ... *C.5,P.6.173*
σφαίρης. Πάντοθεν εὐκύκλου σφαίρης ἐναλίγκιον ὄγκῳ, ... *C.3,P.12.106*
spicula. ubi uersa sequentum Pectoribus figit spicula pugna fugax, *C.5,M.1.2*
spinis. quae infructuosis affectuum spinis uberem fructionis rationis segetem
   necant *C.1,P.1.33*
   Iam spinis abeat decus. *C.2,M.3.8*
spirat. Isdem causis uere tepenti Spirat florifer annus odores, ... *C.4,M.6.26*
   Haec temperies alit ac profert Quidquid uitam spirat in orbe. *C.4,M.6.31*
spiret. Spiret insanum nebulosus Auster: *C.2,M.3.7*
spiritibus. Siue...famulantibus quibusdam prouidentiae diuinis spiritibus
   fatum exercetur *C.4,P.6.52*
spiritu. Non igitur si de patre ac filio et spiritu sancto tertio praedicatur deus, *Trin.3.29*
   formauit ex terra hominem atque spiritu uitae animauit, ... *Fid.72*
   Virgo itaque de spiritu sancto incarnatum dei filium concepit, ... *Fid.203*
   sicut nec in eis, qui dei spiritu de uenturo Christo praedicebant, . . *Eut.4.97*
spiritum. et ex utrisque spiritum sanctum; *Trin.5.48*
   similis est relatio...utriusque ad spiritum sanctum *Trin.6.21*
   Spiritum quoque sanctum substantiam esse nemo dubitauerit. *Pat.8*
   cum rursus colligo patrem filium spiritum sanctum, non plures sed una
      occurrit esse substantia. *Pat.10*
   Nam qui pater est, hoc uocabulum non transmittit ad filium neque ad
      spiritum sanctum. *Pat.37*
   patrem ac filium ac spiritum sanctum non de ipsa diuinitate substantialiter
      dici *Pat.45*
   ita ut deum dicat patrem, deum filium, deum spiritum sanctum, . . . *Fid.13*
   sanctum uero spiritum neque patrem esse neque filium *Fid.22*
   Sabelliani...dicentes...spiritum sanctum eundem esse qui pater et filius
      est; *Fid.37*
   Viuit inquam tibique tantum uitae huius exosa spiritum seruat . . . *C.2,P.4.22*
   quod in somno spiritum ducimus nescientes; *C.3,P.11.89*
spiritus. "Pater," inquiunt, "deus filius deus spiritus sanctus deus." . *Trin.1.8*
   Igitur pater filius spiritus sanctus unus non tres dii. *Trin.1.9*
   cum pater ac filius et spiritus sanctus nuncupatur, ... *Trin.3.6*
   esse cum dicitur "deus pater deus filius deus spiritus sanctus *Trin.3.37*
   Non uero ita dicitur "pater ac filius et spiritus sanctus" quasi multiuocum
      quiddam; *Trin.3.44*
   pater uero ac filius et spiritus sanctus idem equidem est, non uero ipse. *Trin.3.46*
   Quoniam uero pater deus et filius deus et spiritus sanctus deus, . . . *Trin.5.50*
   Nam idem pater qui filius non est nec idem uterque qui spiritus sanctus. *Trin.6.11*
   Idem tamen deus est pater et filius et spiritus sanctus, idem iustus idem
      bonus *Trin.6.12*
   Quaero an pater et filius ac spiritus sanctus de diuinitate substantialiter
      praedicentur *Pat.1*
   Hoc modo si dicimus: "Pater deus est, filius deus est, spiritus sanctus deus
      est," *Pat.20*
   pater filius ac spiritus sanctus unus deus. *Pat.21*
   Ita pater ueritas est, filius ueritas est, spiritus sanctus ueritas est; . . *Pat.24*
   pater filius et spiritus sanctus non tres ueritates sed una ueritas est.. . *Pat.25*
   Spiritus quoque non est idem qui pater ac filius. *Pat.43*
   nam et pater alicuius pater est et filius alicuius filius est, spiritus . . . *Pat.50*
   alicuius spiritus. *Pat.51*
   (qui enim pater est, filius ac spiritus sanctus non est) *Pat.53*
   nec trinitas filius nec trinitas spiritus sanctus secundum eundem modum, *Pat.54*
   neque pater neque filius neque spiritus sanctus neque trinitas de deo
      substantialiter praedicetur, ... *Pat.63*
   Quis uoluat stabilem spiritus orbem *C.1,M.2.15*
   Vt quas Boreae spiritus aufert Reuehat mites Zephyrus frondes . . . *C.1,M.5.19*
spiritus. diuinam patris et filii ac spiritus sancti exstitisse substantiam, . . *Fid.11*

spirituum. Nec conueniebat uilissimorum me spirituum praesidia captare .   *C*.1,*P*.4.143
splendere. non aliter sibi splendere nisi inanimatae supellectilis possessione
    uideatur? *C*.2,*P*.5.74
    si mutatione temporum splendere desinunt, ...   *C*.3,*P*.4.49
splendidum. Quare splendidum te, si tuam non habes, aliena claritudo non
    efficit. *C*.3,*P*.6.26
splendor. ita ut in eo et diuinae naturae radiaret splendor et humanae
    fragilitatis appareret assumptio. *Fid*.206
    Splendor quo regitur uigetque caelum, Vitat obscuras animae ruinas. .   *C*.3,*M*.10.15
splendore. omnium quae mei iuris sunt affluentia et splendore circumdedi. .   *C*.2,*P*.2.13
    Quis non te felicissimum cum tanto splendore socerorum, ...   *C*.2,*P*.3.20
    Sed si quid est in hoc splendore praecipui, gemmarum est lux illa non
    hominum, ...   *C*.2,*P*.5.23
    Num audes alicuius talium splendore gloriari? *C*.2,*P*.5.35
    Dissice terrenae nebulas et pondera molis Atque tuo splendore mica! .   *C*.3,*M*.9.26
splendorem. ut dimotis fallacium affectionum tenebris splendorem uerae lucis
    possis agnoscere. *C*.1,*P*.6.62
    opinione utentium nunc splendorem accipit nunc amittit. *C*.3,*P*.4.46
spolium. Abstulit saeuo spolium leoni *C*.4,*M*.7.15
sponte. Quod si sententiae fidei fundamentis sponte firmissimae opitulante .   *Trin*.6.31
    sibi tantum conscia uoluntate sponte mundum uoluit fabricare *Fid*.56
    scribere legem uelis ei quam tu tibi dominam sponte legisti, ...   *C*.2,*P*.1.53
    si...monstrueris, ego iam tua fuisse quae repetis, sponte concedam.   *C*.2,*P*.2.8
    nihil inuenio quod,..abiciant manendi intentionem et ad interitum
    sponte festinent. *C*.3,*P*.11.48
    Nam cur rogati sponte recta censetis, ...   *C*.3,*M*.11.13
    ueluti conuenientia contemperataque rectori sponte conuertant?" . . .   *C*.3,*P*.12.52
    propinquat ipsa Sponte sua uolucres nec remoratur equos. *C*.4,*M*.4.4
spreta. pro tuendo iure spreta potentiorum semper offensio. *C*.1,*P*.4.33
spumis. Saetiger spumis umeros notauit. *C*.4,*M*.7.28
stabile. quae est haec praescientia quae nihil certum nihil stabile com-
    prehendit? . . . . : .   *C*.5,*P*.3.72
stabilem. Quis uoluat stabilem spiritus orbem *C*.1,*M*.2.15
    Nec manet...ordo Nisi quod fini iunxerit ortum Stabilemque sui fecerit
    orbem. *C*.3,*M*.2.38
stabilem. ita est fati series mobilis ad prouidentiae stabilem simplicitatem. .   *C*.4,*P*.6.82
stabiles. Et quo caelum regis immensum Firma stabiles foedere terras." . .   *C*.1,*M*.5.48
stabili. Qui cecidit, stabili non erat ille gradu. *C*.1,*M*.1.22
stabili. Quod mundus stabili fide Concordes uariat uices, ...   *C*.2,*M*.8.1
stabilis. Quod non sit stabilis suique iuris, Abiecit clipeum *C*.1,*M*.4.16
    Stabilisque nec sonori Sterni flatibus Euri *C*.2,*M*.4.3
    qui tempus ab aeuo Ire iubes stabilisque manens das cuncta moueri, . .   *C*.3,*M*.9.3
    Et uolucrem currum stabilis regit *C*.4,*M*.1.21
    Quae nunc stabilis continet ordo Dissaepta suo fonte fatiscant. . . .   *C*.4,*M*.6.42
stabilis. gubernaculum quo mundana machina stabilis atque incorrupta
    seruatur." *C*.3,*P*.12.42
    Sola mens stabilis super Monstra qu⸳e patitur gemit. *C*.4,*M*.3.27
stabilitate. causas, ordinem, formas ex diuinae mentis stabilitate sortitur. .   *C*.4,*P*.6.25
stabiliter. ita deus prouidentia quidem singulariter stabiliterque facienda
    disponit, ...   *C*.4,*P*.6.49
    quae primae propinqua diuinitati stabiliter fixa fatalis ordinem mobili-
    tatis excedunt. *C*.4,*P*.6.64
stadio. uti currendi in stadio propter quam curritur iacet praemium corona. .   *C*.4,*P*.3.7
stare. Postquam flebilibus modis...Amnes stare coegerat, ...   *C*.3,*M*.12.9
stat. sub illis enim stat, dum subiectum est accidentibus. *Eut*.3.48
    Atque leuis recto stat corpore despicitque terras. *C*.5,*M*.5.11
statibus. Ex his igitur tribus statibus Christus corporeae naturae singulas...
    indidit causas; *Eut*.8.62
statim. ibi enim ueram quam promisimus statim uidebis." *C*.3,*P*.9.77
stationis. Nihil antiqua lege solutum Linquit propriae stationis opus. . . .   *C*.1,*M*.5.24
statu. in eo statu ponendum est quod post Adae praeuaricationem *Eut*.8.65
    ex eo sumptum est statu qui esse potuisset, nisi uoluntatem insidiantis
    fraudibus applicasset. *Eut*.8.68
    Num mentem...cohaerentem de statu propriae quietis amouebis? . .   *C*.2,*P*.6.26
statua. Statua enim non secundum aes quod est materia, sed secundum
    formam *Trin*.2.21
    Particularia...ut...lapis hic unde haec Achillis statua facta est, . . .   *Eut*.2.46

statuamus. ut quid consequatur aduertas, statuamus nullam esse praescientiam. *C.*5,*P.*4.22
"Statuamus iterum esse, sed nihil rebus necessitatis iniungere; *C.*5,*P.*4.25
statuet. uestrae statuet pronuntiationis auctoritas. *Trin.*6.30
statuit. quod quidem illis miseriae modum statuit. *C.*4,*P.*4.25
multiplicem rebus regendis modum statuit. *C.*4,*P.*6.26
Quis tanta deus Veris statuit bella duobus, ... *C.*5,*M.*3.3
statum. corpora,. . .in statum pristinum futura de beatitudine reparari. . . *Fid.*256
Quod si talem statum suscepit hominis qualis Adae post peccatum fuit,
inter utrumque statum est conlocatus. *Eut.*8.33
  . . . . *Eut.*8.61
pauculis rogationibus statum tuae mentis attingere atque temptare, . . *C.*1,*P.*6.2
Ea tantum animi tui [statum animi] *uar.C.*2,*P.*1.5
Ea tantum animi tui [tantum animi tui statum]. . .mutata peruertit. *uar.C.*2,*P.*1.5
Quis est ille tam felix qui. . .statum suum mutare non optet? *C.*2,*P.*4.65
Liquet igitur esse beatitudinem statum bonorum omnium congregatione
perfectum. *C.*3,*P.*2.11
quare beatum esse iudicat statum quem prae ceteris quisque desiderat. *C.*3,*P.*2.44
quod huiusmodi statum possit afferre?" *C.*3,*P.*9.89
uitae immobilis praesentarium statum infinitus ille temporalium rerum
motus imitatur *C.*5,*P.*6.41
statura. mulier reuerendi admodum uultus,. . .statura discretionis ambiguae. *C.*1,*P.*1.8
status. Tertius status est post delictum *Eut.*8.48
is status qui praemium esset, si in praeceptis dei Adam manere uoluisset *Eut.*8.51
Ille uero medius status in quo praesentia quidem mortis uel peccati
aberat, ... *Eut.*8.59
Restat igitur tertius status id est medius, ille scilicet qui eo tempore fuit, *Eut.*8.70
ut non aliqua ex parte cum status sui qualitate rixetur? *C.*2,*P.*4.43
quam copiosus bonorum omnium status *C.*3,*P.*2.57
intueamur nunc quantum fas est, quis sit diuinae substantiae status, . *C.*5,*P.*6.4
est autem deo semper aeternus ac praesentarius status; *C.*5,*P.*6.62
status. Contra quos respondendum est tres intellegi hominum posse status: *Eut.*8.41
stella. Et quaecumque uagos stella recursus Exercet uarios flexa per orbes, *C.*1,*M.*2.10
Pallet albentes hebetata uultus Flammis stella prementibus. *C.*2,*M.*3.4
stellas. Totis fratris obuia flammis Condat stellas luna minores, ... *C.*1,*M.*5.7
stelliferi. O stelliferi conditor orbis *C.*1,*M.*5.1
stelliferis. Aut quot stelliferis edita noctibus Caelo sidera fulgent . . . *C.*2,*M.*2.3
stelliferum. Et quod stelliferum trans abiit polum, Tellure demersi petunt. *C.*3,*M.*8.17
stemma. Descendit itaque ab eo per singulas successiones regium stemma . *Fid.*181
steriles. aliarum fecundae sunt steriles harenae, ... *C.*3,*P.*11.59
steriles. si aruis semina crederes, feraces inter se annos sterilesque pensares. *C.*2,*P.*1.57
sterni. Stabilisque nec sonori Sterni flatibus Euri *C.*2,*M.*4.4
stet. Age enim stet quisquam. *Trin.*5.22
stetit. Nimbosisque polus stetit imbribus, ... *C.*1,*M.*3.4
stili. Haec dum . . . reputarem querimoniamque lacrimabilem stili officio
signarem, ... *C.*1,*P.*1.2
stilo. Qua in re quid mihi sit animi quotiens stilo cogitata commendo, . . *Trin.,Prf.*6
Cuius rei seriem atque ueritatem, . . . stilo etiam memoriaeque mandaui. *C.*1,*P.*4.87
stilo. Vt quondam celeri stilo Mos est. . .Pressas figere litteras. *C.*5,*M.*4.6
stilum. Idcirco stilum breuitate contraho *Trin.,Prf.*16
Sed quoniam semel res a conlocutione transfertur ad stilum, ... *Eut.,Prf.*55
stimulis. Habet hoc uoluptas omnis, Stimulis agit fruentes *C.*3,*M.*7.2
stirpe. Sub quo exstitit beata uirgo Maria quae de Dauidica stirpe prouenerat, *Fid.*185
Stoicum. hereditatem cum deinceps Epicureum uulgus ac Stoicum ceterique
. . .raptum ire molirentur *C.*1,*P.*3.22
stolidam. Cogitur, heu, stolidam cernere terram. *C.*1,*M.*2.27
stolidis. Quid dignum stolidis mentibus inprecer? *C.*3,*M.*8.19
stolidissime. At, omnium mortalium stolidissime, si manere incipit, fors esse *C.*2,*P.*1.61
strages. quae flammis Aetnae eructuantibus, quod diluuium tantas strages
dederint? *C.*2,*P.*6.5
strato. Ius est mari nunc strato aequore blandiri, ... *C.*2,*P.*2.26
stratus. Visatur una stratus ac felix hora. *C.*2,*M.*1.9
strauit. Strauit Antaeum Libycis harenis, ... *C.*4,*M.*7.25
strepere. nec quicquam in eo esse caliginis inconditum confusumque strepere *Eut.,Prf.*19
strepitis. Quid genus et proauos strepitis? *C.*3,*M.*6.7
strepitu. Quid autem tanto fortunae strepitu desideratis? *C.*2,*P.*5.63
strictim. recte tu quidem strictim attingendum putasti, ... *C.*1,*P.*5.30
stridens. Cum saeuis aquilonibus Stridens campus inhorruit, ... *C.*1,*M.*6.10

substantialia. modum quo substantiae in eo quod sint bonae sint, cum non
  sint substantialia bona, ...   *Quo.*3
  substantialia igitur bona sunt, quoniam non participant bonitatem. . . .   *Quo.*74
  Quod si ipsum esse in eis bonum est, non est dubium quin substantialia
  cum sint bona, ...   *Quo.*77
  Non sunt igitur substantialia bona ac per hoc non in his est esse bonum;   *Quo.*81
substantialibus. ne uel accidentibus uel substantialibus differentiis in subiecto
  positis distent. *Trin.*3.2
substantialis. eo quod substantialis quidem ei est productio filii, ...   *Trin.*5.44
substantialiter. Quaero an . . . substantialiter praedicentur an alio quolibet
  modo; *Pat.*2
  licet dei nomen de diuinitate substantialiter praedicari. *Pat.*23
  Si igitur una in his substantia una est ueritas, necesse est ueritatem
  substantialiter praedicari. *Pat.*28
  quae . . . singulariter praedicamus manifestum est substantialiter dici. .   *Pat.*31
  nec tamen in omnibus dici queunt, non substantialiter praedicari sed alio
  modo; *Pat.*34
  non de ipsa diuinitate substantialiter dici sed alio quodam modo; . . .   *Pat.*46
  si enim substantialiter praedicaretur, et de singulis et de omnibus
  singulariter diceretur. *Pat.*47
  Quo fit, ut ne trinitas quidem substantialiter de deo praedicetur; . . .   *Pat.*51
  neque trinitas de deo substantialiter praedicetur, ...   *Pat.*64
  uirtus sapientia et quicquid huiusmodi excogitari potest substantialiter
  de diuinitate dicuntur. *Pat.*67
substantiam. nam substantia in illo non est uere substantia sed ultra
  substantiam; *Trin.*4.11
  Nam cum dicimus "deus," substantiam quidem significare uidemur, . .   *Trin.*4.14
  significare uidemur, sed eam quae sit ultra substantiam; *Trin.*4.15
  sed non accidentem, sed eam quae sit substantia sed ultra substantiam.   *Trin.*4 18
  talis qualem esse diximus ultra substantiam; *Trin.*4.23
  qui homo est uel deus refertur ad substantiam qua est aliquid, ...   *Trin.*4.85
  cum uero de deo . . . secundum substantiam rei praedicatio nuncupatur.   *Trin.*4..08
  Spiritum quoque sanctum substantiam esse nemo dubitauerit. *Pat.*9
  necesse est quod uocabulum ex personis originem capit id ad substantiam
  non pertinere; *Pat.*60
  at trinitatem personarum diuersitas fecit, trinitas igitur non pertinet ad
  substantiam. *Pat.*62
  diuinam patris et filii ac spiritus sancti exstitisse substantiam, ...   *Fid.*12
  Arrius . . . filium, minorem tamen patre multipliciter et extra patris
  substantiam confitetur. *Fid.*34
  Nam si nomen naturae substantiam monstrat, cum naturam descripsimus   *Eut.*1.33
  in uniuersalibus quidem sint, in particularibus uero capiant substantiam,   *Eut.*3.38
  quod uero illi ὑπόστασιν uel ὑφίστασθαι, id nos substantiam uel substare
  interpretamur. *Eut.*3.44
  sed essentiam, subsistentiam, substantiam, personam totidem nominibus
  reddit, ...   *Eut.*3.59
  subsistentiam uero οὐσίωσιν, substantiam ὑπόστασιν, ...   *Eut.*3.61
  idem ὑπόστασιν quod substantiam, idem πρόσωπον quod personam.   *Eut.*3.71
  utrisque . . . Christis non possit unam definitionis adhibere substantiam?   *Eut.*4.54
  sumptam uero unam factam atque in diuinitatis cessisse substantiam.   *Eut.*5.41
  quam fides catholica pronuntiat geminam substantiam sed unam esse
  personam. *Eut.*7.92
  quomodo fieri potuerit ut duae naturae in unam substantiam miscerentur.   *Eut.*7.103
  nomina . . . diuersa, nullo modo uero discrepare substantiam."   *C.*3,*P.*9.44
  quasi habentis dei habitaeque beatitudinis diuersam cogites esse substantiam. *C.*3,*P.*10.47
  an sit eorum aliquid quod beatitudinis substantiam compleat, ...   *C.*3,*P.*10.98
  ipsius boni et beatitudinis unam atque eandem esse substantiam." . .   *C.*3,*P.*10.139
  dei quoque in ipso bono nec usquam alio sitam esse substantiam. . . .   *C.*3,*P.*10.144
  ipsam boni formam dei ac beatitudinis loquebaris esse substantiam . .   *C.*3,*P.*12.93
substantiarum. Sed substantiarum aliae sunt corporeae, aliae incorporeae. .   *Eut.*2.19
  Rursus substantiarum aliae sunt uniuersales, aliae particulares. *Eut.*2.37
  nec diuersarum coniunctio substantiarum unam creditur fecisse personam,   *Eut.*4.57
  Nam cum substantiarum aliae sint corporeae, aliae incorporeae, . . .   *Eut.*6.20
  nulla his materia . . . quae alterutris substantiarum qualitatibus permutetur. *Eut.*6.82

suscipere. ipsa hoc suscipere uidetur humanitas. *Trin.2.48*
suscipiat. ut neque in externa dilabatur nec in se externum aliquid ipsa
    suscipiat, ...   *C.3,P.12.104*
suscipiatur. omnis ei locus adsit ad eum capiendum, cum ipse non suscipiatur
    in loco; *Trin.4.57*
suscipit. non ita accidentia suscipit eo quod ipsa est, ...   *Trin.2.45*
    dum enim materia subiecta humanitati suscipit quodlibet accidens, . .   *Trin.2.47*
suspicio. coeperunt suspicio . . . Aegyptiacis imperiis *uar.Fid.*157
suspicione. coeperunt esse suspicione Aegyptiacis imperiis *uar.Fid.*157
    ab omni nos huius criminis suspitione defendunt. *C.1,P.4.*148
    "et id te paulo ante dicturam tenui licet suspicione prospexi." *C.3,P.12.44*
suspiciones. coeperunt suspiciones . . . Aegyptiacis imperiis *uar.Fid.*157
suspicioni. multitudo concrescens coeperunt suspicioni esse Aegyptiacis
    imperiis *Fid.*157
suspitione, *u.* suspicione.
sustinebas. "Tu itaque hanc insufficientiam plenus," inquit, "opibus susti-
    nebas?" *C.3,P.3.27*
sustinent. quonam lateat quod cupiunt bonum, Nescire caeci sustinent, . .   *C.3,M.8.16*
sustinere. Quid autem est quod in alium facere quisquam possit, quod susti-
    nere ab alio ipse non possit? *C.2,P.6.33*
sustinet. dum poenam mortis sustinet, ipsa exspectatione fortius torqueretur.   *Fid.*112
sustinuerat. Quod si non eo homine Christus indutus est qui pro peccati poena
    sustinuerat mortem, ...   *Eut.5.72*
sustinui. Anxie te quidem diuque sustinui, ut de ea quae *Eut.,Prf.*1
sustolleret. assumptum hominem, . . . secum dei filius caelesti habitationi
    sustolleret. *Fid.*228
sustulisti. sarcinam quam mei nominis inuidia sustulisti, ...   *C.1,P.3.11*
sustulit. Vltimus caelum labor inreflexo Sustulit collo *C.4,M.7.30*
susurrat. Siluas tantum maesta requirit, Siluas dulci uoce susurrat. *C.3,M.2.26*
suum. *C.3,P.11.74*
suum. *Fid.*162; 194; *C.2,P.4.*65; 3,*P.5.29*
suum. *Trin.2.32*; *Quo.45*; *Fid.*247; *C.3,P.2.53*; 3,*P.6.10*; 4,*P.2.50*
suus. *C.4,P.6.96*
Symmachus. socer etiam sanctus [socer etiam Symmachus sanctus] . .   *?coni.C.1,P.4.*147
    uiget incolumis . . . humani decus Symmachus socer *C.2,P.4.16*

T

tabescis. fortunae prioris affectu desiderioque tabescis. *C.2,P.1.4*
tabescit. tui desiderio lacrimis ac dolore tabescit. *C.2,P.4.24*
tacebant. Tunc classica saeua tacebant, ...   *C.2,M.5.16*
taceo. Taceo quod desolatum parente summorum te uirorum cura suscepit .   *C.2,P.3.16*
    Taceo quod naturae minimum, quod auaritiae nihil satis est. *C.3,P.3.53*
taces. Agnoscisne me? Quid taces? Pudore an stupore siluisti? *C.1,P.2.7*
tacita. materiam gerendis rebus optauimus quo ne uirtus tacita consenes-
    ceret." *C.2,P.7.4*
tacitum. Cumque me non modo tacitum sed elinguem . . . uidisset, ...   *C.1,P.2.9*
taciturnitate. paulisper obticuit atque ubi attentionem meam modesta taci-
    turnitate collegit, ...   *C.2,P.1.2*
tacitus. Haec dum mecum tacitus ipse reputarem *C.1,P.1.1*
    quidnam deinceps esset actura, exspectare tacitus coepi. *C.1,P.1.48*
    "Sensi," inquit, "cum uerba nostra tacitus attentusque rapiebas, . . .   *C.3,P.1.10*
tacta. Miscet hospitibus nouis Tacta carmine pocula. *C.4,M.3.7*
tactu. ad acrioris uim medicaminis recipiendum tactu blandiore mollescant.   *C.1,P.5.44*
tactus. rotunditatem aliter uisus aliter tactus agnoscit. *C.5,P.4.79*
tacuisses. Tum ille nimium mordaciter: 'Intellexeram,' inquit, 'si tacuisses.'   *C.2,P.7.76*
Taenara. Quod luctus dabat impotens, . . . Deflet Taenara commouens . . .   *C.3,M.12.26*
Tagus. Non quidquid Tagus aureis harenis Donat *C.3,M.10.7*
tale. Nam in ceteris praedicationibus nihil tale est. *Trin.4.89*
    ex eo fluxit quod est primum bonum et quod bonum tale est *Quo.125*
    quod "per se principium motus" . . . et non "per accidens," tale est, . .   *Eut.1.46*
    Nam ni tale sit, rerum omnium princeps esse non poterit. *C.3,P.10.29*
    nondum tamen tale est ut aeternum esse iure credatur. *C.5,P.6.22*
    Si enim uel pecuniae uel honores ceteraque tale quid afferunt *C.3,P.3.9*

intellegi non possunt, sed aliquo tamen modo *Eut.*1.14
ut aceruus, chorus, unum tamen sunt. *Eut.*4.40
de argumentorum copia tamen haec interim libasse sufficiat. *Eut.*4.128
Vt tamen eius dementiam perscrutemur, ...   *Eut.*5.25
per Mariam tamen est procreatum quod fuerat praeuaricatione corruptum, ...   *Eut.*5.69
si tamen huius erroris fuit ut crederet non . . . . • . . .   *Eut.*5.98
nullo modo tamen utraeque permaneant; *Eut.*7.9
ut illa tamen ex quibus iunctum esse dicitur maneant *Eut.*7.13
ut cum humanitas passa sit, deus tamen passus esse dicatur, ...   *Eut.*7.54
quae tamen diuinitati naturali unitate coniuncta est. *Eut.*7.58
tamen unus idemque et homo sit perfectus et deus: *Eut.*7.60
idem tamen deus atque homo est. *Eut.*7.68
neque tamen tam amens quisquam huc usque exstitit, ...   *Eut.*7.89
tamen esset reus etiam uoluntate peccandi, ...   *Eut.*8.10
sed tamen quae medicina penitus non egebat. *Eut.*8.20
poterat tamen in eo uoluntas esse peccandi: *Eut.*8.43
Eandem tamen uestem uiolentorum quorundam sciderant manus . . .   *C.*1,*P.*1.22
spernendus tamen est, quoniam nullo duce regitur, ...   *C.*1,*P.*3.41
praesentem tamen sententia, ...   *C.*1,*P.*4.129
confessum tamen conuictumue punisset. *C.*1,*P.*4.130
Tamen ne animo contabescas *C.*2,*P.*2.45
ultimus tamen uitae dies mors quaedam fortunae est etiam manentis.   *C.*2,*P.*3.49
tamen quo minus cum uelit abeat retineri non possit. *C.*2,*P.*4.68
infra uestram tamen excellentiam *C.*2,*P.*5.29
eadem tamen infra bestias redigatur, si se nosse desierit. *C.*2,*P.*5.87
Hic tamen sceptro populos regebat *C.*2,*M.*6.8
minimam, licet, habet tamen aliquam portionem. *C.*2,*P.*7.55
ad unum tamen beatitudinis finem nititur peruenire. *C.*3,*P.*2.5
animus. . .tamen bonum suum repetit, ...   *C.*3,*P.*2.53
tamen in diligendo boni fine consentiunt. *C.*3,*P.*2.79
Si tamen arto saliens texto. . .uideret umbras, ...   *C.*3,*M.*2.22
tenui licet imagine uestrum tamen principium somniatis *C.*3,*P.*3.2
minime perspicaci qualicumque tamen cogitatione *C.*3,*P.*3.4
unde Catullus licet in curuli Nonium sedentem strumam tamen appellat.   *C.*3,*P.*4.7
sicut ignis ubique terrarum numquam tamen calere desistit, ...   *C.*3,*P.*4.35
Inuisus tamen omnibus uigebat Luxuriae Nero saeuientis. *C.*3,*M.*4.3
Tamen atras pellere curas. . .Non posse potentia non est. *C.*3,*M.*5.8
quid tamen sapientis adiecerit conscientiae *C.*3,*P.*6.9
Contraque etiam quae natura bona non sunt, tamen si esse uideantur, .   *C.*3,*P.*10.127
planius tamen ex te audire desidero." *C.*3,*P.*12.10
non tamen antehac prorsus ignorata dixisti. *C.*4,*P.*1.8
planius tamen audire desidero." *C.*4,*P.*2.52
sapienti tamen corona non decidet, non arescet. *C.*4,*P.*3.15
Iam tamen mala remiges Ore pocula traxerant, ...   *C.*4,*M.*3.21
in beluas tamen animorum qualitate mutari; *C.*4,*P.*4.3
Sed tamen si id ipsum quod eis licere creditur auferatur, ...   *C.*4,*P.*4.7
idem se tamen ense petunt. *C.*4,*M.*4.6
tamen. . .recte fieri cuncta ne dubites. *C.*4,*P.*5.25
quamquam angusto limite temporis saepti tamen aliquid delibare
   conabimur. *C.*4,*P.*6.16
Quae licet diuersa sint, alterum tamen pendet ex altero. *C.*4,*P.*6.43
nihilo minus tamen suus modus ad bonum dirigens cuncta disponat. . .   *C.*4,*P.*6.96
hoc licet in alium, tamen ordinem relabatur, ...   *C.*4,*P.*6.193
Sed tamen caeco furibundus ore Gaudium maestis lacrimis rependit.   *C.*4,*M.*7.11
etsi perutilia cognitu tamen a propositi nostri tramite. . .auersa sunt, .   *C.*5,*P.*1.10
Quos tamen. . .ordo regit. *C.*5,*M.*1.9
Quae tamen ille ab aeterno cuncta prospiciens prouidentiae cernit
   intuitus *C.*5,*P.*2.27
Qui tamen intima uiscera terrae Non ualet. . .perrumpere *C.*5,*M.*2.4
inest tamen communis in utraque necessitas. *C.*5,*P.*3.40
nihilo minus tamen ab deo uel uentura prouideri. . .necesse est . . .   *C.*5,*P.*3.44
Nec penitus tamen omnia nescit, ...   *C.*5,*M.*3.27
signum tamen est necessario ea esse uentura. *C.*5,*P.*4.29
nihil tamen ut euenirent sui natura necessitatis habuisse; *C.*5,*P.*4.45
sensu tamen absente sensibilia quaeque conlustrat *C.*5,*P.*4.114
Praecedit tamen excitans . : : : : *C.*5,*M.*4.30

tellure. Et quod stelliferum trans abiit polum, Tellure demersi petunt.   . .   *C*.3,*M*.8.18
tellus. licet Indica longe Tellus tua iura tremescat *C*.3,*M*.5.6
   Hoc quidquid placet excitatque mentes, Infimis tellus aluit cauernis;   *C*.3,*M*.10.14
   Cur inertes Terga nudatis? Superata tellus Sidera donat." *C*.4,*M*.7.34
temerariis. "Huncine," inquit, "mundum temerariis agi fortuitisque casibus
   putas, ...   *C*.1,*P*.6.6
temerario. euentum temerario motu nullaque causarum conexione productum casum esse *C*.5,*P*.1.19
temerarium. "si quid ordinis ignorata ratione temerarium confusumque
   credatur. *C*.4,*P*.5.24
temere. sed errore tantum temere ac passim lymphante raptatur. *C*.1,*P*.3.42
   es...alioquin temere fluituras propria incommutabilitate coerceat. .   *C*.4,*P*.6.93
temeritate. Nonne ... magnum saepe certamen cum stultitiae temeritate
   certauimus *C*.1,*P*.3.19
   "nullo existimauerim modo ut fortuita temeritate tam certa moueantur,   *C*.1,*P*.6.9
temeritati. quod eam non casuum temeritati sed diuinae rationi subditam
   credis. *C*.1,*P*.6.53
   ne quid in regno prouidentiae liceat temeritati. *C*.4,*P*.6.195
   Quis enim coercente in ordinem cuncta deo locus esse ullus temeritati
   reliquus potest? *C*.5,*P*.1.24
temperabo. post uero adiuuante deo, christianae medietatem fidei temperabo.   *Eut.*,*Prf*.58
temperamentum. qui sanitatis ipsius atque aegritudinis modum temperamentumque dinoscit, ...   *C*.4,*P*.6.116
temperans. Illic blanda sonantibus Chordis carmina temperans *C*.3,*M*.12.21
temperantur. illae miscentur et mediocribus inter se qualitatibus temperantur. *Eut.*6.46
temperat. Tua uis uarium temperat annum *C*.1,*M*.5.18
   Hic regum sceptrum dominus tenet Orbisque habenas temperat *C*.4,*M*.1.20
   quoniam bonus mundum rector temperat, recte fieri cuncta ne dubites.   *C*.4,*P*.5.26
   Ea series caelum ac sidera mouet, elementa in se inuicem temperat . .   *C*.4,*P*.6.83
   Haec concordia temperat aequis Elementa modis, ...   *C*.4,*M*.6.19
temperatae. ita temperatae sunt atque commixtae, ut neutra substantia
   propriam formam teneret. *Eut.*6.7
temperet. Quid ueris placidas temperet horas, ...   *C*.1,*M*.2.18
temperiem. num igitur poterit intueri illam intimam temperiem, ... animorum? *C*.4,*P*.6.111
temperies. Haec temperies alit ac profert Quidquid uitam spirat in orbe. .   *C*.4,*M*.6.30
tempestas. nec tibi nimium ualida tempestas incubuit, quando tenaces
   haerent ancorae *C*.2,*P*.4.32
tempestiuum. quae in profundum sese penetrent, cum tempestiuum fuerit
   admouebo. *C*.2,*P*.3.13
tempora. Vtinam modo nostra redirent In mores tempora priscos! *C*.2,*M*.5.24
tempora. Descendit...stemma perductumque est usque ad Herodis tempora,   *Fid.*182
   Signat tempora propriis Aptans officiis deus *C*.1,*M*.6.16
temporalem. fatum uero...mobilem nexum atque ordinem temporalem. . .   *C*.4,*P*.6.60
temporales. quod simpliciter praesentarieque prospexerat, per temporales
   ordines ducit, ...   *C*.4,*P*.6.47
temporalis. ut haec temporalis ordinis explicatio *C*.4,*P*.6.39
temporaliter. fato uero haec ipsa quae disposuit multipliciter ac temporaliter
   administrat. *C*.4,*P*.6.50
temporalium. ut aeternae praescientiae temporalium rerum euentus causa
   esse dicatur! *C*.5,*P*.3.47
   Hunc...statum infinitus ille temporalium rerum motus imitatur . . .   *C*.5,*P*.6.42
temporalium. quod ex collatione temporalium clarius liquet. *C*.5,*P*.6.11
temporario. uti uos uestro hoc temporario praesenti quaedam uidetis, . .   *C*.5,*P*.6.78
tempore. adunatio haec aut tempore generationis facta est aut tempore
   resurrectionis. *Eut.*5.26
   Sed si tempore generationis facta est, ...   *Eut.*5.27
   tertius status id est medius, ille scilicet qui eo tempore fuit, ...   *Eut.*8.70
   Cum acerbae famis tempore grauis atque inexplicabilis indicta coemptio   *C*.1,*P*.4.44
   Et qui primae tempore noctis Agit algentes Hesperos ortus, ...   *C*.1,*M*.5.10
   Nam quidquid uiuit in tempore id praesens a praeteritis in futura
   procedit *C*.5,*P*.6.12
   nihilque est in tempore constitutum quod totum uitae suae spatium
   pariter possit amplecti. *C*.5,*P*.6.13
   taliaque...spectat qualia in tempore olim futura prouenient. *C*.5,*P*.6.82

temporibus. Atque iam in ultimis temporibus non prophetas...sed ipsum
    unigenitum suum *Fid.*193
    Sed quam multos clarissimos suis temporibus uiros *C.*2,*P.*7.45
    motus locis, temporibus, efficientia, spatiis, qualitatibus explicarent, .   *C.*3,*P.*12.22
    fatum uero singula digerit in motum locis formis ac temporibus distributa,   *C.*4,*P.*6.38
    eadem uero adunatio digesta atque explicata temporibus fatum uocetur.   *C.*4,*P.*6.41
    qui de prouidentiae fonte descendens cuncta suis locis temporibusque
    disponit. *C.*5,*P.*1.58
temporis. "semper" praesentis est in eo temporis tantumque inter nostrarum
    rerum praesens, ...   *Trin.*4.70
    ex aeterno, ... ante omne uidelicet quod temporis potest retinere
    uocabulum, ...   *Fid.*10
    ancorae quae nec praesentis solamen nec futuri spem temporis abesse
    patiantur." *C.*2,*P.*4.33
    inmortalitatem uobis propagare uidemini, cum futuri famam temporis
    cogitatis. *C.*2,*P.*7.50
    Ita fit ut quamlibet prolixi temporis fama, ...   *C.*2,*P.*7.60
    quamquam angusto limite temporis saepti tamen aliquid delibare cona-
    bimur. *C.*4,*P.*6.16
    Semper uicibus temporis aequis Vesper seras nuntiat umbras *C.*4,*M.*6.13
    Quod igitur temporis patitur condicionem, licet illud, ...   *C.*5,*P.*6.18
    uitaque eius cum temporis infinitate tendatur, ...   *C.*5,*P.*6.21
    et infinitatem mobilis temporis habere praesentem. *C.*5,*P.*6.30
    mundum hunc nec habuisse initium temporis nec habiturum esse
    defectum. *C.*5,*P.*6.33
    Neque deus...antiquior uideri debet temporis quantitate *C.*5,*P.*6.39
    Quoniam uero manere non potuit, infinitum temporis iter arripuit . . .   *C.*5,*P.*6.54
    scientia quoque eius omnem temporis supergressa motionem *C.*5,*P.*6.63
    rerum...apud se quidem praesentium, ad condicionem uero temporis
    futurarum. *C.*5,*P.*6.91
temporum. si mutatione temporum splendere desinunt, ...   *C.*3,*P.*4.49
temptabo. hanc paulisper lenibus mediocribusque fomentis attenuare
    temptabo, ...   *C.*1,*P.*6.61
    Quod ita demum patefacere atque expedire temptabo, ...   *C.*5,*P.*4.10
temptare. eruditi est hominis unumquodque ut ipsum est ita de eo fidem
    capere temptare. *Trin.*2.4
    paterisne me...statum tuae mentis attingere atque temptare, . . .   *C.*1,*P.*6.2
temptatione. auctor inuidiae ... temptatione adhibita fecit etiam ipsum
    eiusque comparem, ...   *Fid.*81
tempus. —si tamen interim diuinum illud semper tempus dici potest— . .   *Trin.*4.95
    Sed medicinae," inquit, "tempus est quam querelae." *C.*1,*P.*2.1
    Sed quoniam firmioribus remediis nondum tempus est *C.*1,*P.*6.56
    Sed tempus est haurire te aliquid ac degustare molle atque iucundum .   *C.*2,*P.*1.18
tempus. sed quid ei secundum tempus accesserit praedicatur. *Trin.*4.63
    nostrum "nunc" quasi currens tempus facit et sempiternitatem, . .   *Trin.*4.72
    refertur quidem uel ad facere uel ad tempus— *Trin.*4.94
    aut noua quaedam uera...ad tempus hominis natura formata est? . .   *Eut.*5.80
    Terrarum caelique sator qui tempus ab aeuo Ire iubes *C.*3,*M.*9.2
    Quae omnia non modo ad tempus manendi *C.*3,*P.*11.71
    uti est...ad id quod est id quod gignitur, ad aeternitatem tempus, .   *C.*4,*P.*6.80
tenaces. nec tibi nimium ualida tempestas incubuit, quando tenaces haerent
    ancorae *C.*2,*P.*4.32
tenaci. Fugit et nimis tenaci Ferit icta corda morsu. *C.*3,*M.*7.5
tenacissime. quae dura sunt ut lapides, adhaerent tenacissime partibus suis   *C.*3,*P.*11.81
tendantur. Sed quamuis late humana tendantur imperia, plures necesse est   *C.*3,*P.*5.10
tendat. quis sit rerum finis, quoue totius naturae tendat intentio?" *C.*1,*P.*6.25
tendatur. uitaque eius cum temporis infinitate tendatur, ...   *C.*5,*P.*6.21
tendere. sententia doctorum omne quod est ad bonum tendere, omne autem
    tendit ad simile. *Quo.*58
    Ne terris liceat uagis Latos tendere terminos, ...   *C.*2,*M.*8.12
tenderent. Sed nec participant bonitatem; nullo enim modo ad bonum
    tenderent. *Quo.*84
tenderetur. ne rursus in infinitum diuina progenies tenderetur: *Fid.*22
tendit. communis sententia doctorum...omne autem tendit ad simile. . .   *Quo.*59
    et propria luce relicta Tendit in externas ire tenebras, ...   *C.*1,*M.*2.3
tendunt. Quae igitur ad bonum tendunt bona ipsa sunt. *Quo.*59
    ipsa per se nullo modo bona sunt: non igitur ad bonum tendunt. . . .   *Quo.*67

tenebatur. homo uero omnis...non solum peccato et morte tenebatur, . . . *Eut*.8.8
tenebrae. Tunc me discussa liquerunt nocte tenebrae *C*.1,*M*.3.1
tenebras. et propria luce relicta Tendit in externas ire tenebras, ... *C*.1,*M*.2.3
    Lucifer ut tenebras pepulerit Pulchra dies roseos agit equos. *C*.3,*M*.1.9
    Inlustrent aciem magisque caecos In suas condunt animos tenebras. . . *C*.3,*M*.10.12
tenebris. "Nequeunt enim oculos tenebris assuetos ad lucem perspicuae
    ueritatis attollere, ... *C*.4,*P*.4.95
tenebris. Latet obscuris condita uirtus Clara tenebris *C*.1,*M*.5.35
    ut dimotis...tenebris splendorem uerae lucis possis agnoscere. *C*.1,*P*.6.62
tenebrosa. ubi oculos...ad inferiora et tenebrosa deiecerint, mox inscitiae
    nube caligant, ... *C*.5,*P*.2.23
tenebrosis. Licet caelo proferre lucidos dies eosdemque tenebrosis noctibus
    condere. *C*.2,*P*.2.23
tenens. Itaque Nestorius recte tenens duplicem...esse naturam *Eut*.5.16
tenent. Mediaque est haec inter duas haereses uia sicut uirtutes quoque
    medium tenent. *Eut*.7.76
    Quod pugnantia semina Foedus perpetuum tenent, ... *C*.2,*M*.8.4
tenentibus. Haec autem pie intellegentibus et ueraci corde tenentibus satis
    abundeque relucent. *Fid*.95
teneo. "Minime," inquam, "recordor, quoniam id memoriae fixum teneo." . *C*.4,*P*.2.32
tenere. Fortunamque tuens utramque rectus Inuictum potuit tenere uultum, *C*.1,*M*.4.4
teneret. ita temperatae sunt atque commixtae, ut neutra substantia pro-
    priam formam teneret. *Eut*.6.8
teneretur. ut, cum morte teneretur obstrictus, tamen esset reus *Eut*.8.10
    unde factum est ut...inoboedientiae delictis teneretur adstrictus? . . *Eut*.8.25
teneri. Repetuntque boni fine teneri, ... *C*.4,*M*.6.45
tenero. Nec non quae tenero pisce uel asperis Praestent echinis litora. . . . *C*.3,*M*.8.13
tenet. tenet enim communis sententia doctorum omne quod est ad bonum
    tendere, ... *Quo*.57
    Non...secundum eam significationem...fides catholica tenet, secundum
    quam Eutyches *Eut*.7.33
    Medietatem igitur uirtus tenet. *Eut*.7.79
    Hic regum sceptrum dominus tenet *C*.4,*M*.1.19
    Summamque tenet singula perdens. *C*.5,*M*.3.24
    Tum mentis uigor excitus Quas intus species tenet...applicat . . . *C*.5,*M*.4.36
tenetur. quidquid in ea tenetur, aut auctoritas est scripturarum *Fid*.259
tenues. Nequit oppressi luminis igne Rerum tenues noscere nexus. *C*.5,*M*.3.10
tenui. o terrena animalia, tenui licet imagine uestrum...principium som-
    niatis *C*.3,*P*.3.1
    "Tenui quidem ueluti rimula mihi uideor intueri, ... *C*.3,*P*.9.8
    "et id te paulo ante dicturam tenui licet suspicione prospexi." *C*.3,*P*.12.44
tenuis. Signat superstes fama tenuis pauculis Inane nomen litteris. *C*.2,*M*.7.17
tenuissimis. Vestes erant tenuissimis filis subtili artificio, ... *C*.1,*P*.1.13
tepenti. Isdem causis uere tepenti Spirat florifer annus odores, ... *C*.4,*M*.6.25
tepentis. Cum nemus flatu Zephyri tepentis Vernis inrubuit rosis. *C*.2,*M*.3.5
terga. Cur inertes Terga nudatis? Superata tellus Sidera donat." *C*.4,*M*.7.34
tergamus. paulisper lumina eius mortalium rerum nube caligantia tergamus." *C*.1,*P*.2.16
tergeminus. Stupet tergeminus nouo Captus carmine ianitor, ... *C*.3,*M*.12.29
terminauimus. Sed nos hac definitione eam quam Graeci ὑπόστασιν dicunt
    terminauimus. *Eut*.3.6
terminis. malum omne de reipublicae suae terminis per fatalis seriem
    necessitatis eliminet. *C*.4,*P*.6.203
    sed summae potius scientiae nullis terminis inclusa simplicitas. . . . *C*.5,*P*.5.56
terminos. quod...per omnes paene mundi terminos emanauit, catholica uel
    uniuersalis uocatur. *Trin*.1.6
    praeposui terminos regulasque quibus cuncta quae sequuntur efficiam. . *Quo*.16
    intra unius gentis terminos praeclara illa famae inmortalitas coartabitur. *C*.2,*P*.7.44
    Ne terris liceat uagis Latos tendere terminos, ... *C*.2,*M*.8.12
    Heu, noctis prope terminos Orpheus Eurydicen...Vidit, ... *C*.3,*M*.12.49
terminum. si...infra terminum spatiumque naturae persona subsistit, . . . *Eut*.2.5
terminus. Principium, uector, dux, semita, terminus idem. *C*.3,*M*.9.28
terra. quae corpora in motu sunt ut cum terra deorsum ignis sursum fertur, *Trin*.2.9
    Terra quoque ipsa non secundum ἄποιον ὕλην dicitur, ... *Trin*.2.26
    quoniam corpus omne habet proprium motum, ut ignis sursum, terra
    deorsum. *Eut*.1.44
    quia lignum est, quod est terra, pondere et grauitate deducitur. . . . *Eut*.1.49
    Non enim quia lectus est, deorsum cadit, sed quia terra est, ... *Eut*.1.51

terra. formauit ex terra hominem atque spiritu uitae animauit, ...   *Fid.*72
 ut fiat uoluntas eius sicut in caelo et in terra *Eut.*8.91
 cum pariter ambulare in terra hominem et oriri in caelo solem uidetis, .   *C.*5,*P.*6.86
terrae. ut. . .dignas caelo naturas efficeret ac terrae terrena componeret. . .   *Fid.*64
 Licet anno terrae uultum nunc floribus frugibusque redimire, ...   *C.*2,*P.*2.23
 Omnem terrae ambitum, sicuti astrologicis demonstrationibus accepisti,   *C.*2,*P.*7.10
 Felix qui potuit grauis Terrae soluere uincula.   *C.*3,*M.*12.4
 Quos tamen ipsa uagos terrae decliuia casus Gurgitis et lapsi defluus ordo
  regit. *C.*5,*M.*1.9
 Qui tamen intima uiscera terrae Non ualet. . .perrumpere luce. *C.*5,*M.*2.4
 Huic ex alto cuncta tuenti Nulla terrae mole resistunt, ...   *C.*5,*M.*2.9
terrae. sed quia terra est, id est quia terrae contigit, ut lectus esset; *Eut.*1.51
terrae. Terraeque graues pondere sidant. *C.*4,*M.*6.24
terram. animalis dicitur, ipsumque aes non secundum terram quod est eius
  materia, ...   *Trin.*2.24
 sed uerbo produxit caelos, terram creauit, ...   *Fid.*62
 exul effectus, terram iussus excolere atque a paradisi sinu *Fid.*100
 obstipui uisuque in terram defixo *C.*1,*P.*1.46
 Quid ueris placidas temperet horas, Vt terram roseis floribus ornet, . .   *C.*1,*M.*2.19
 Cogitur, heu, stolidam cernere terram. *C.*1,*M.*2.27
 Desuper in terram nox funditur; *C.*1,*M.*3.6
 In caelum terramque seris quas lege benigna *C.*3,*M.*9.20
terrarum. tamen in orbem terrarum ab ipsius nostri saluatoris mirabili
  manasse probatur aduentu. *Fid.*5
 ut. . .non iam in una tantum gente sed orbi terrarum praedicaretur. . .   *Fid.*232
 Terrarum quidem fructus animantium procul dubio debentur alimentis.   *C.*2,*P.*5.40
 Late patentes aetheris cernat plagas Artumque terrarum situm. . . .   *C.*2,*M.*7.4
 sicut ignis ubique terrarum numquam tamen calere desistit, ...   *C.*3,*P.*4.34
 pro maxima parte terrarum uideatur inglorius. *C.*3,*P.*6.17
 Terrarum caelique sator qui tempus ab aeuo Ire iubes *C.*3,*M.*9.2
 Quod si terrarum placeat tibi Noctem relictam uisere, ...   *C.*4,*M.*1.27
terras. O iam miseras respice terras Quisquis rerum foedera nectis. *C.*1,*M.*5.42
 Et quo caelum regis immensum Firma stabiles foedere terras." *C.*1,*M.*5.48
 uti quae caelum terras quoque pax regeret, uota posuisti. *C.*1,*P.*5.37
 Hanc rerum seriem ligat Terras ac pelagus regens. . .amor. *C.*2,*M.*8.14
 ne purior ignis Euolet aut mersas deducant pondera terras. *C.*3,*M.*9.12
 quod omnes uelut in terras ore demerso trahunt alimenta radicibus . .   *C.*3,*P.*11.63
 Cur. . .flammas. . .sursum leuitas uehit, terras uero deorsum pondus
  deprimit, ...   *C.*3,*P.*11.76
 Quas sibi cum uelox mens induit, Terras perosa despicit, ...   *C.*4,*M.*1.4
 Quam uariis terras animalia permeant figuris! *C.*5,*M.*5.1
 Atque leuis recto stat corpore despicitque terras. *C.*5,*M.*5.11
terrena. ita ut caelesti habitatione dignas caelo naturas efficeret ac terrae
  terrena componeret. *Fid.*64
terrena. Nonne, o terrena animalia, consideratis quibus qui praesidere
  uideamini? *C.*2,*P.*6.14
 Vos quoque, o terrena animalia, tenui licet imagine *C.*3,*P.*3.1
terrenae. Dissice terrenae nebulas et pondera molis *C.*3,*M.*9.25
terrenam. humanum genus. . .commouit bella, occupauit terrenam miseriam   *Fid.*120
terrenas. Terrenas habitans libido mentes, ...   *C.*3,*M.*10.3
terrenis. Ille genus humanum terrenis omnibus praestare uoluit; *C.*2,*P.*5.79
terrenis. Terrenis quotiens flatibus aucta Crescit in inmensum noxia cura. .   *C.*1,*M.*2.4
 minusque etiam, cum terrenis artubus colligantur. *C.*5,*P.*2.19
terrenis. quae se caelo fruens terrenis gaudet exemptam? *C.*2,*P.*7.85
terreno. Sin uero bene sibi mens conscia terreno carcere resoluta caelum
  libera petit, ...   *C.*2,*P.*7.83
terrenum. nonne omne terrenum negotium spernat quae se caelo fruens .   *C.*2,*P.*7.84
terrenus. ut cum homo terrenus constet ex anima corporeque, ...   *Trin.*2.35
 Haec nisi terrenus male desipis, admonet figura, ...   *C.*5,*M.*5.12
terret. qui satellite latus ambit, qui quos terret ipse plus metuit, ...   *C.*3,*P.*5.23
terris. Ille homines etiam terris dedit ut sidera caelo, ...   *C.*3,*M.*6.4
terris. Ne terris liceat uagis Latos tendere terminos, ...   *C.*2,*M.*8.11
 Omne hominum genus in terris simili surgit ab ortu. *C.*3,*M.*6.1
 Quo fit ut quae in terris abundare creduntur, ...   *C.*4,*P.*6.204
terror. Has saltem nullus potuit peruincere terror, ...   *C.*1,*M.*1.5

terrore. iacere bonos nostri discriminis terrore prostratos, ... *C.1,P*.4.170
    tyrannus regni metus pendentis supra uerticem gladii terrore simulauit. *C.3,P*.5.17
    ad rectum supplicii terrore deduci, ... *C.4,P*.4.46
tertio. Nam quod tertio repetitur deus, cum pater ac filius et spiritus sanctus
    nuncupatur, ... *Trin*.3.5
    Non igitur si . . . tertio praedicatur deus, idcirco trina praedicatio . . . *Trin*.3.30
tertium. quod ex melle atque aqua tertium fit constare ex utrisque dicitur, . *Eut*.6.90
tertium. alterum alterius copulatione corruptum quiddam tertium fecit, . . *Eut*.6.89
tertius. Tertius status est post delictum *Eut*.8.48
    Restat igitur tertius status id est medius,ille scilicet qui eo tempore fuit, *Eut*.8.69
testamenti. Christianam fidem noui ac ueteris testamenti pandit auctoritas; *Fid*.1
    omnis ueteris testamenti spernatur auctoritas *Eut*.4.115
testamentum. quae res eos nec uetus facit recipere testamentum neque in
    integro nouum. *Fid*.48
testantur. humani generis conditionem atque originem uoluit innotescere,
    sicut ab eo libri prolati testantur. *Fid*.89
testatius. Sic enim clarius testatiusque sapientiae tractatur officium, . . . *C.4,P*.5.8
testis. Tuus uero testis ipse sum quam haec uiuaciter fueris ante complexus. *Quo*.6
texens. inextricabilem labyrinthum rationibus texens, ... *C.3,P*.12.83
texerat. Quaeque fulgenti texerat ore Confusa Phoebe detegat astra, . . . *C.4,M*.5.9
texit. Dudum quod atra texit erroris nubes Lucebit ipso perspicacius Phoebo. *C.3,M*.11.7
texitur. seu aliquibus horum seu omnibus fatalis series texitur, ... *C.4,P*.6.56
texto. Si tamen arto saliens texto Nemorum gratas uiderit umbras, ... *C.3,M*.2.22
texueram. uestem quam meis texueram manibus, disciderunt *C.1,P*.3.25
texuerat. uti post eadem prodente cognoui, suis manibus ipsa texuerat. . . *C.1,P*.1.16
Θ. Harum in extrema margine ·Π· Graecum, in supremo uero ·Θ·, legebatur
    intextum. *C.1,P*.1.19
thalamos. Vltor Atrides Phrygiae ruinis Fratris amissos thalamos piauit;. . *C.4,M*.7.3
θεῷ. Instillabas enim auribus. . . cotidie meis Pythagoricum illud ἕπου θεῷ. *coni.C.1,P*.4.143
θεοῖς. Instillabas . . . Pythagoricum illud ἕπου θεῷ [θεοῖς]. *coni.C.1,P*.4.143
theologica. *theologica*, sine motu abstracta atque separabilis *Trin*.2.14
θεόν. Instillabas enim auribus . . . meis Pythagoricum illud ἕπου θεῷ [ἕπου θεόν]. *uar.C.1,P*.4.143
Ἀργαλέον δέ με ταῦτα θεὸν ὡς πάντ' ἀγορεύειν. . *C.4,P*.6.196
thesauris. Animumque doceat quidquid extra molitur Suis retrusum pos-
    sidere thesauris. *C.3,M*.11.6
[Theta]. Harum in extrema margine ·Π· Graecum, in supremo uero ·Θ·,
    legebatur intextum. *C.1,P*.1.19
Threicio. si Threicio Boreas emissus ab antro Verberet *C.1,M*.3.7
Threicius. Quondam funera coniugis Vates Threicius gemens *C.3,M*.12.6
Thule. Et seruiat ultima Thyle [Thule], ... *coni.C.3,M*.5.7
Thyle. Et seruiat ultima Thyle, ... *C.3,M*.5.7
tibi. *C.1,P*.4.11; 1,*P*.4.18; 1,*P*.4.77
tibi. *C.1,P*.5.27(*bis*); 1,*P*.5.38; 1,*P*.6.54; 2,*P*.1.5; 2,*P*.1.12; 2,*P*.1.32; 2,*P*.1.34; 2,*P*.1.37;
    C.2,*P*.1.41; 2,*P*.1.53; 2,*P*.2.4(*bis*); 2,*P*.2.16; 2,*P*.2.44; 2,*P*.4.12; 2,*P*.4.21; 2,*P*.4.31;
    C.2,*P*.4.74; 2,*P*.4.75; 2,*P*.8.20; 2,*P*.8.21; 2,*P*.8.23; 3,*P*.1.23; 3,*P*.10.83; 3,*P*.11.119;
    C. 4,*P*.1.34; 4,*M*.1.27; 4,*P*.4.80; 4,*P*.4.126; 5,*P*.1.8; 5,*P*.1.18; 5,*P*.4.3
tigres. num tigres uelocitate praeibitis? *C.3,P*.8.17
tigris. Ille tigris ut Indica Tecta mitis obambulat. *C.4,M*.3.15
    Quos serpens leo tigris ursus aper Dente petunt, ... *C.4,M*.4.5
Tigris. Tigris et Euphrates uno se fonte resoluunt *C.5,M*.1.3
Timaeo. "Sed cum, ut in Timaeo Platoni," inquit, "nostro placet, ... *C.3,P*.9.99
timent. Quos miseri toruos populi timent Cernes tyrannos exules." *C.4,M*.1.29
timor. quare continuus timor non sinit esse felicem. *C.2,P*.4.89
timorem. Tu quoque si uis . . . Carpere callem, Gaudia pelle, Pelle timorem . *C.1,M*.7.26
timuit. Nec uisum timuit lepus Iam cantu placidum canem, ... *C.3,M*.12.12
tingere. Numquam . . . Cetera cernens sidera mergi Cupit oceano tingere
    flammas. *C.4,M*.6.12
tinxerat. Odiis neque fusus acerbis Cruor horrida tinxerat arua. *C.2,M*.5.18
tinxerit. Si cruor horrida tinxerit ora, Resides olim redeunt animi *C.3,M*.2.11
tinxit. et uisu gelidum pererrans Ora non tinxit lacrimis, ... *C.2,M*.6.6
Tiresiae. Aut quid hoc refert uaticinio illo ridiculo Tiresiae? *C.5,P*.3.74
τίθεσθαι. ante oculos obtegant uultum: παρὰ τοῦ πρὸς τοὺς ὦπας τίθεσθαι· . . *Eut*.3.16
titulis. Et magna titulis fulgeat claris domus, ... *C.2,M*.7.11
Tityi. Vultur dum satur est modis, Non traxit Tityi iecur. *C.3,M*.12.39
τοῖς. *Eut*.3.31; 3.32
tolerantis. contraque beata sors omnis est aequanimitate tolerantis. *C.2,P*.4.64

tolerasset. si quidem illatas iniurias leniter patienterque tolerasset, ... *C*.2,*P*.7.72
toleres. Postremo aequo animo toleres oportet *C*.2,*P*.1.50
tollens. Hinc flagellat ira mentem fluctus turbida tollens *C*.4,*M*.2.7
tollere. Pennas etiam tuae menti quibus se in altum tollere possit adfigam, . *C*.4,*P*.1.36
τόν. *C*.2,*P*.2.40; 2,*P*.2.41
tonantis. Si uis celsi iura tonantis Pura sollers cernere mente, ... *C*.4,*M*.6.1
tonet. Quamuis tonet ruinis Miscens aequora uentus, ... *C*.2,*M*.4.17
tormenta. carcer, nex ceteraque legalium tormenta poenarum *C*.4,*P*.5.11
tormenta. nec Zenonis tormenta quoniam sunt peregrina nouisti, ... *C*.1,*P*.3.32
toro. Quae ubi poeticas Musas uidit nostro adsistentes toro *C*.1,*P*.1.27
torpit. Segnis ac stupidus torpit? Asinum uiuit. *C*.4,*P*.3.63
torqueretur. dum poenam mortis sustinet, ipsa exspectatione fortius
    torqueretur.   *Fid*.113
torquet. Nec ruptis quotiens uagus caminis Torquet fumificos Vesaeuus ignes *C*.1,*M*.4.8
    Maeror aut captos fatigat aut spes lubrica torquet. *C*.4,*M*.2.8
torret. Quos Notus sicco uiolentus aestu Torret ardentes recoquens harenas. *C*.2,*M*.6.13
torrida. Cruor horrida [torrida] tinxerat arua. *coni*.*C*.2,*M*.5.18
tortorem. sed nimis e natura dictum est nescio quem filios inuenisse tortorem; *C*.3,*P*.7.14
toruis. commota paulisper ac toruis inflammata luminibus: "Quis," inquit, . *C*.1,*P*.1.28
toruo. Ore toruo comminantes rabie cordis anhelos, ... *C*.4,*M*.2.3
toruos. Quos miseri toruos populi timent Cernes tyrannos exules." *C*.4,*M*.1.29
tot. Potest enim unus tot uocabulis gladius agnosci; *Trin*.3.23
    Cum igitur tot modis uel dicatur uel definiatur natura, ... *Eut*.1.58
    tot prophetarum scripturae populum inlusere credentem, ... *Eut*.4.113
    Tu quoque num tandem tot periculis adduci potuisti *C*.3,*P*.4.10
    Ergo cum caput tot unum cernas ferre tyrannos, ... *C*.4,*M*.2.9
tota. Quae tota non in eo quod est esse consistit, ... *Trin*.5.19
    constringitur, uniuersali traditione maiorum nihilominus tota, ... *Fid*.263
    Quae sese adhuc uelat aliis, tota tibi prorsus innotuit. *C*.2,*P*.1.34
    Quid si a te non tota discessi? *C*.2,*P*.2.43
    et quae uel numquam tota proueniat uel numquam perpetua subsistat. . *C*.2,*P*.4.45
    quae nec apud aequanimos perpetua perdurat nec anxios tota delectat. *C*.2,*P*.4.71
    Et uox quidem tota pariter multorum replet auditum; *C*.2,*P*.5.15
    Quo pacto defensorum opera uel tota frigeret, ... *C*.4,*P*.4.139
    Aeternitas igitur est interminabilis uitae tota simul et perfecta posses-
        sio, ... *C*.5,*P*.6.10
tota. Sed auctoritate tota constringitur, ... *Fid*.261
    Quoniam uero in tota quaestione contrariarum sibimet αἱρέσεων *Eut*.,*Prf*.59
    Postremo idem de tota concludere fortuna licet in qua *C*.2,*P*.6.67
    seu tota inseruiente natura seu caelestibus siderum motibus *C*.4,*P*.6.53
totam. abreptisque ab ea panniculis totam me sibi cessisse credentes abiere. *C*.1,*P*.3.26
    Quod igitur interminabilis uitae plenitudinem totam pariter comprehendit
        ac possidet, ... *C*.5,*P*.6.26
    aliud interminabilis uitae totam pariter complexum esse praesentiam, . *C*.5,*P*.6.36
    et cum totam pariter uitae suae plenitudinem nequeat possidere, . . . *C*.5,*P*.6.46
totas. diuitias quas nec habere totas pluribus licet *C*.2,*P*.5.20
toti. ut ex eorum semine toti mundo salus oriatur, ... *Eut*.5.64
toti. Nam si, quod nostrae rationes credi uetant, toti moriuntur homines, . *C*.2,*P*.7.80
totidem. totidem nominibus reddit, essentiam quidem οὐσίαν, ... *Eut*.3.60
totiens. quotiens enim idem dicitur, totiens diuersum etiam praedicatur. . . *Trin*.1.18
    non tres soles effecerim, sed de uno totiens praedicauerim. *Trin*.3.28
    Quid me felicem totiens iactastis amici? *C*.1,*M*.1.21
totis. Totis fratris obuia flammis Condat stellas luna minores, ... *C*.1,*M*.5.6
    Illud proteruus Auster Totis uiribus urget, ... *C*.2,*M*.4.10
totis. Tum uero totis in me intenta luminibus: *C*.1,*P*.2.2
totius. qui bonorum omnium totiusque senatus sanguinem petunt, ... *C*.1,*P*.4.107
    desuper inridemus uilissima rerum quaeque rapientes securi totius furiosi
        tumultus *C*.1,*P*.3.47
totius. cum mores nostros totiusque uitae rationem...formares? *C*.1,*P*.4.16
    quis sit rerum finis, quoue totius naturae tendat intentio?" *C*.1,*P*.6.25
    "Promouimus," inquit, "aliquantum, si te nondum totius tuae sortis
        piget. *C*.2,*P*.4.39
    nationes lingua, moribus, totius uitae ratione distantes, ... *C*.2,*P*.7.26
totius. quae quam sit exilis et totius uacua ponderis, sic considera. . . . *C*.2,*P*.7.9
totos. ac se totos accusatoribus iudicibusque permitterent. *C*.4,*P*.4.146

totum. ex ipsorum tantum ui...cognosci aestimat quae sciuntur; quod totum
    contra est. *C*.5,*P*.4.74
totum. conuellere autem sibique totum exstirpare non possint. *C*.1,*P*.6.32
    Sed sospitatis auctori grates, quod te nondum totum natura destituit. .   *C*.1,*P*.6.50
totum. gratia uero,...totum quod est salutis afferret. *Fid*.242
    Nunc membrorum condita nube Non in totum est oblita sui *C*.5,*M*.3.23
    Ille eminus manens totum simul iactis radiis intuetur; *C*.5,*P*.4.79
    quod totum uitae suae spatium pariter possit amplecti. *C*.5,*P*.6.14
    Non enim totum simul infinitae licet uitae spatium comprehendit . . .   *C*.5,*P*.6.23
totus. Symmachus socer...uir totus ex sapientia uirtutibusque factus . . .   *C*.2,*P*.4.17
τοῦ. *Eut*.3.16
τοὺς. *Eut*.3.16
tractabamus. rationes...intra rei quam tractabamus ambitum collocatas .   *C*.3,*P*.12.109
tractamus. sed de naturali intentione tractamus, ...   *C*.3,*P*.11.87
tractanda. orationisque cursum ad alia quaedam tractanda atque expedi-
    enda uertebat. *C*.5,*P*.1.1
tractatibus. ut contumeliam uideatur diuinis tractatibus inrogare *Trin*.,*Prf*.14
tractatur. Sic enim clarius testatiusque sapientiae tractatur officium, . .   *C*.4,*P*.5.8
tradere. quorum Seneca opes etiam suas tradere Neroni...conatus est; . .   *C*.3,*P*.5.33
traditio. aut auctoritas...scripturarum aut traditio uniuersalis aut certe
    propria et particularis instructio. *Fid*.260
traditione. constringitur, uniuersali traditione maiorum nihilominus tota, .   *Fid*.262
traditor. elegit duodecim discipulos, quorum unus traditor eius fuit. . . .   *Fid*.218
traditum. Nesciebas Croesum...rogi flammis traditum misso caelitus imbre
    defensum? *C*.2,*P*.2.36
traditus. Nec manet ulli traditus ordo Nisi quod fini iunxerit ortum *C*.3,*M*.2.36
traducit. id error humanus separat et a uero atque perfecto ad falsum
    imperfectumque traducit. *C*.3,*P*.9.13
traductum. Nomen enim personae uidetur aliunde traductum, ...   *Eut*.3.7
traductus. Nestorius...eo scilicet traductus errore, quod putauerit *Eut*.4.10
traduntur. Decem omnino praedicamenta traduntur *Trin*.4.1
tragicus. Vnde non iniuria tragicus exclamat: *C*.3,*P*.6.2
tragoedia. At si noua ueraque non ex homine sumpta caro formata est, quo
    tanta tragoedia generationis? *Eut*.5.86
tragoedia. indiuiduos homines quorum intererat in tragoedia uel in comoedia   *Eut*.3.18
tragoediarum. Quid tragoediarum clamor aliud deflet nisi indiscreto ictu
    fortunam felicia regna uertentem? *C*.2,*P*.2.38
tragoediis. Nomen...aliunde traductum, ex his scilicet personis quae in
    comoediis tragoediisque *Eut*.3.8
trahente. sed ex altero altero fidem trahente insitis...probationibus *C*.3,*P*.12.98
traherent. cum...reclamantem renitentemque uelut in partem praedae
    traherent, ...   *C*.1,*P*.3.25
trahi. Nectit qua ualeat trahi catenam. *C*.1,*M*.4.18
    Quod si putatis longius uitam trahi Mortalis aura nominis, ...   *C*.2,*M*.7.23
trahis. Num enim tu aliunde argumentum futurorum necessitatis trahis, .   *C*.5,*P*.4.16
trahit. An gemmarum fulgor oculos trahit? *C*.2,*P*.5.22
    Postremo felix a uero bono deuios blanditiis trahit, ...   *C*.2,*P*.8.17
    dum ruituros moles ipsa trahit, neuter quod uoluit effecit. *C*.3,*P*.5.35
    Quidquid praecipuum trahit Perdit, dum uidet inferos." *C*.3,*M*.12.57
    Confluat alterni quod trahit unda uadi; *C*.5,*M*.1.6
    sed haec condicio minime secum illam simplicem trahit. *C*.5,*P*.6.109
trahunt. Quae tametsi...postremae aliquid pulchritudinis trahunt, ...   *C*.2,*P*.5.29
    uelut in terras ore demerso trahunt alimenta radicibus *C*.3,*P*.11.63
    Continuumque trahunt ui pectoris incitata sulcum, ...   *C*.5,*M*.5.3
tramite. Tu quoque si uis...Tramite recto Carpere callem, ...   *C*.1,*M*.7.23
    Hunc, uti diximus, diuerso tramite mortales omnes conantur adipisci. .   *C*.3,*P*.2.12
    sed uelut ebrius domum quo tramite reuertatur ignorat. *C*.3,*P*.2.54
    Sed secreto tramite rursus Currum solitos uertit ad ortus. *C*.3,*M*.2.32
    Eheu quae miseros tramite deuios Abducit ignorantia! *C*.3,*M*.8.1
    tamen a proposoti nostri tramite paulisper auersa sunt, ...   *C*.5,*P*.1.10
tranquilla. Tu namque serenum, Tu requies tranquilla piis, ...   *C*.3,*M*.9.27
tranquillitate. sic factum est ut tu quoque paulisper a tua tranquillitate
    descisceres. *C*.2,*P*.1.18
tranquillitatis. Nam quae nunc tibi est tanti causa maeroris, haec eadem
    tranquillitatis esse debuisset. *C*.2,*P*.1.38
tranquillo. Saepe tranquillo radiat sereno Immotis mare fluctibus, ...   *C*.2,*M*.3.9

trans. Et quod stelliferum trans abiit polum, ... *C.3,M.8.17*

transacta. Et quasi prima quaedam mundi aetas diluuio ultore transacta est. *Fid.*137
quonam modo praesens facere beatos potest quae miseros transacta non
efficit? *C.2,P.4.*100

transacta. sed futura nondum transacta iam non habet. *C.5,P.6.25*

transcenderat. nondum Caucasum montem Romanae rei publicae fama
transcenderat, ... *C.2,P.7.32*

transcendit. Quique agili motu calet aetheris, Transcendit ignis uerticem, . *C.4,M.1.8*
Ratio uero hanc quoque transcendit *C.5,P.4.87*

transcribendum. meis exemplaribus ita ut a te reuertitur transcribendum. . *Eut.,Prf.52*

transduxit. suum transduxit exercitum auctore Moyse et Aaron. *Fid.*162

transeant. cumque ne ea quidem quae communem materiam naturaliter
habent in se transeant, ... *Eut.6.60*

transeo. Sed ab illis ad te transeo, cui hoc quantulumcumque *Eut.,Prf.46*

transeundum. Transeundum quippe est ad Eutychen *Eut.5.1*

transeuntium. nisi et eadem sit materia rerum in se transeuntium et a se et
facere et pati possint, ... *Eut.6.31*

transferre. quod a te ... didiceram transferre in actum publicae administrationis optaui. *C.1,P.4.27*
cum rex...crimen...ad cunctum senatus ordinem transferre moliretur, *C.1,P.4.115*
· quas si in alia quispiam loca transferre conetur, arescant. . . . *C.3,P.11.60*

transfertur. Sed quoniam semel res a conlocutione transfertur ad stilum, . . *Eut.,Prf.55*
Quod si manere apud quemque non potest quod transfertur in alterum, *C.2,P.5.11*

transfigurari. in quodlibet aliud transfigurari potest, nisi et eadem sit materia *Eut.6.30*

transformari. sola enim mutari transformarique in se possunt quae *Eut.6.24*

transformat. Ea series ... elementa in se inuicem temperat et alterna
commutatione transformat; *C.4,P.6.84*

transformatum. ut quem transformatum uitiis uideas hominem aestimare non
possis. *C.4,P.3.55*

transfuderat. praeuaricationis malum, quod in posteros naturaliter primus
homo transfuderat, ... *Fid.*115

transfundit. dignitas ... quam protinus in eos quibus fuerit adiuncta
transfundit. *C.3,P.4.19*

transfunditur. cum in contingentes populos regentium quodam modo
beatitudo transfunditur, ... *C.4,P.5.10*

transfusa. quoniam ea quae in se transfusa sunt non manent *Eut.6.96*

transfusis. ex utrisque ... in se inuicem qualitatum mutatione transfusis. *Eut.6.99*

transigendi. Iacob cum filiis ac domo sua transigendi causa Aegyptum uoluit
habitare *Fid.*155

transigimus. sicuti est quod acceptas escas sine cogitatione transigimus, . . *C.3,P.11.88*

transire. quoniam neque incorporalitas transire ad corpus potest . . . *Eut.6.79*
diuitiae nisi comminutae in plures transire non possunt. *C.2,P.5.17*
An ubi Romani nominis transire fama nequit, ... *C.2,P.7.36*
cum in diuinam condicionem transire non possit, ... *C.4,P.3.68*

transitorio. in hodierna quoque uita non amplius uiuitis quam in illo mobili
transitorioque momento. *C.5,P.6.18*

transitum. ad eorum transitum quemadmodum aquae maris rubri ita quoque
Iordanis fluenta *Fid.*174

transitura. qua credimus affuturum finem mundi, omnia corruptibilia
transitura, ... *Fid.267*

translata. aut enim diuinitas in humanitatem translata est *Eut.6.5*
Sed si diuinitas in humanitatem translata est, ... *Eut.6.9*
ut aut diuinitas in humanitatem translata sit *Eut.6.106*
pretiosa pecunia cum translata in alios largiendi usu desinit possideri. . *C.2,P.5.12*

translata. quae a Graecis agitata Latina interpretatione translata sunt: . *Eut.3.31*

translaticiam. per inopiam significantium uocum translaticiam retinuimus
nuncupationem, ... *Eut.3.26*

translatum. Hic neque aurum in gemmas translatum est *Eut.7.16*

transmisit. poenam quam ipse primus homo praeuaricationis reus exceperat
generando transmisit in posteros. *Fid.*104

transmisso. Transmisso itaque ut dictum est mari rubro uenit per deserta . *Fid.*165

transmissum. quod ad interiora transmissum ualidioribus haustibus uiam
fecerit. *C.2,P.1.20*

transmittam. tum demum eius cuius soleo iudicio censenda transmittam. . *Eut.,Prf.54*

transmittere. Vel uirides campos transmittere uel subire siluas. *C.5,M.5.7*

transmittit. Nam qui pater est, hoc uocabulum non transmittit ad filium
neque ad spiritum sanctum. *Pat.36*

transmitto. cui hoc quantulumcumque est examinandum prius perpen-
    dendumque transmitto. *Eut.,Prf.*47
transmutari. Non enim omnis res in rem omnem uerti ac transmutari potest.   *Eut.*6.19
    perfectasque easdem persistere nec alteram in alteram transmutari, . . *Eut.*7.27
transposuit. in ignotis partibus sui generis posteritatem transposuit . .   *Fid.*102
transuersos. An sectanda nouerunt? Sed transuersos eos libido praecipitat. . *C.*4,*P.*2.95
traxerant. Iam tamen mala remiges Ore pocula traxerant, ... *C.*4,*M.*3.22
traxi. Paulinum consularem uirum . . . ab ipsis hiantium faucibus traxi. . *C.*1,*P.*4.51
traxisse. Si non confitetur ex ea traxisse, dicat quo homine indutus aduenerit, *Eut.*5.51
    Traxisse autem hanc sententiam uidetur, ... *Eut.*5.97
traxit. aut ab ea carnem humanam traxit aut minime. *Eut.*5.50
    Vultur dum satur est modis, Non traxit Tityi iecur. *C.*3,*M.*12.39
    Cerberum traxit triplici catena. *C.*4,*M.*7.19
tremendos. Dudum tremendos saeua proterit reges *C.*2,*M.*1.3
tremescat. licet Indica longe Tellus tua iura tremescat *C.*3,*M.*5.6
tremit. Et tremit effeto corpore laxa cutis. *C.*1,*M.*1.12
trepidus. At quisquis trepidus pauet uel optat, Quod non sit stabilis suique
    iuris, ... *C.*1,*M.*4.15
    Numquam diues agit qui trepidus gemens Sese credit egentem.' . . . *C.*2,*M.*2.19
tres. Igitur pater filius spiritus sanctus unus non tres dii. *Trin.*1.9
    Nam tres homines neque genere neque specie sed suis accidentibus distant; *Trin.*1.25
tres. Nam cum tres sint speculatiuae partes, *naturalis*, ... *Trin.*2.5
    pater filius et spiritus sanctus non tres ueritates sed una ueritas est. . . *Pat.*26
    unam esse οὐσίαν uel οὐσίωσιν, . . . sed tres ὑποστάσεις, id est tres sub-
      stantias. *Eut.*3.92
    sed tres ὑποστάσεις, id est tres substantias. *Eut.*3.93
tres. uelut si dicam "sol sol sol," non tres soles effecerim, ... *Trin.*3.27
    ut deum dicat patrem, deum filium, deum spiritum sanctum, nec tamen
    tres deos sed unum: *Fid.*14
    Contra quos respondendum est tres intellegi hominum posse status: . . *Eut.*8.40
tres. tres unitates non faciunt pluralitatem numeri in eo quod ipsae sunt, . *Trin.*3.6
    Sabelliani quoque non tres exsistentes personas sed unam ausi sunt
    affirmare, ... *Fid.*35
    unam trinitatis essentiam, tres substantias tresque personas. *Eut.*3.95
    Nisi enim tres in deo substantias ecclesiasticus loquendi usus excluderet, *Eut.*3.95
tria. "Addamus . . . sufficientiae potentiaeque reuerentiam, ut haec tria unum
    esse iudicemus." *C.*3,*P.*9.23
triangulum. ut cum triangulum uel cetera a subiecta materia nullus actu
    separat, ... *Quo.*89
    mente tamen segregans ipsum triangulum proprietatemque eius praeter
    materiam speculatur. *Quo.*90
tribu. Dauid de tribu Iuda legitur adeptus fuisse. *Fid.*180
tribuat. Qui cum . . . malis aspera contraque bonis dura tribuat, ... *C.*4,*P.*5.20
tribuerat. pars . . . plus appetens quam ei natura atque ipsius auctor naturae
    tribuerat *Fid.*68
tribueretur. quia nec gratia diceretur si meritis tribueretur, ... *Fid.*241
tribuit. medicinalia quaedam tribuit sacramenta, ut agnosceret *Fid.*237
    Aliud est enim per interminabilem duci uitam, quod mundo Plato tribuit, *C.*5,*P.*6.36
tribuitur. "Quid uero iucunda, quae in praemium tribuitur bonis, ... *C.*4,*P.*7.25
tribus. Quaecumque . . . de diuina substantia praedicantur, ea tribus oportet
    esse communia; *Pat.*15
tribus. Idem uero dicitur tribus modis: aut genere ut idem homo *Trin.*1.19
    Haec ergo ecclesia catholica per orbem diffusa tribus modis probatur
    exsistere: *Fid.*258
    Cum igitur tribus modis natura dici possit, ... *Eut.*1.4
    tribus modis sine dubio definienda est. *Eut.*1.5
    neque permansit perfecta humana diuinaque natura, id tribus effici potuit
    modis: *Eut.*6.4
    quod cum tribus modis fieri possit, ut ex duabus naturis una subsistat, . *Eut.*6.104
    Ex his igitur tribus statibus Christus corporeae naturae singulas . . .
    indidit causas; *Eut.*8.62
tribus. Occiditur ergo Christus, iacet tribus diebus ac noctibus in sepulcro, *Fid.*222
tribus. quaecumque hoc modo dicuntur, de singulis in unum collectis tribus
    singulariter praedicabuntur. *Pat.*18
    "Consequens igitur est ut claritudinem superioribus tribus nihil differre
    fateamur." *C.*3,*P.*9.34

tui. Nam quoniam tui obliuione confunderis, ... *C.*1,*P.*6.42
    tui desiderio lacrimis ac dolore tabescit. *C.*2,*P.*4.23
    Igitur si tui compos fueris, ... *C.*2,*P.*4.76
    "Faciam," inquit illa, "tui causa libenter. *C.*3,*P.*1.22
tuis. sed quoniam pretiosa uidebantur, tuis ea diuitiis adnumerare maluisti. *C.*2,*P.*5.61
tuis. et sub tuis oculis sacrilegio locum esse fas non erat. *C.*1,*P.*4.140
    Quid externa bona pro tuis amplexaris? *C.*2,*P.*5.38
tuis. quod tuis inbuti disciplinis, tuis instituti moribus sumus. *C.*1,*P.*4.151
    Symmachus socer...suarum securus tuis ingemiscit iniuriis. *C.*2,*P.*4.18
    quonam modo in tuis opibus aliena probitas numerabitur? *C.*2,*P.*5.52
    Nam haec per se a tuis quoque opibus sequestrata placuissent. . . . *C.*2,*P.*5.58
    tum tuis rationibus inuicta patuerunt, ... *C.*4,*P.*1.7
tuis. Et tu quidem de tuis in commune bonum meritis uera...dixisti. . . . *C.*1,*P.*5.25
    nihil horum quae tu in tuis conputas bonis *C.*2,*P.*5.54
tuli. Tuli aegerrime, fateor, compressusque indoctorum grege *Eut.*,*Prf.*31
    dignitatibus exutus, existimatione foedatus ob beneficium supplicium tuli. *C.*1,*P.*4.166
tulit. iustusque tulit Crimen iniqui. *C.*1,*M.*5.35
Tullii. Aetate denique Marci Tullii, sicut ipse quodam loco significat, . . . *C.*2,*P.*7.30
Tullio. "Vetus," ... est de prouidentia querela Marcoque Tullio, ... uehe-
    menter agitata *C.*5,*P.*4.2
Tullius. uel numero ut Tullius et Cicero, quia unus est numero. *Trin.*1.22
    Neque enim uerborum inops Graecia est, ut Marcus Tullius alludit, . . *Eut.*3.58
tum. *Trin.*,*Prf.*6; 7; *Trin.*1.4; 1.16(*bis*); 1.17; *Quo.*13; *Eut.*,*Prf.*53; *Eut.*4.15; 5.84; *C.*1,*P.*1.48;
    *C.*1,*P.*2.2; 1,*P.*4.7; 1,*P.*4.41; 1,*P.*4.42; 1,*M.*6.3; 1,*P.*6.5; 2,*P.*1.22; 2,*P.*3.4; 2,*P.*3.6;
    *C.*2,*P.*4.1; 2,*P.*5.85; 2,*P.*7.1; 2,*P.*7.27(*bis*); 2,*P.*7.28; 2,*P.*7.75; 2,*P.*8.3; 3,*P.*1.10;
    *C.*3,*P.*1.20; 3,*P.*2.1; 3,*M.*8.22; 3,*P.*11.2; 3,*P.*11.12; 3,*P.*12.1; 3,*P.*12.4; 3,*P.*12.27;
    *C.*3,*P.*12.65; 3,*P.*12.100; 4,*P.*1.2; 4,*P.*1.7; 4,*P.*1.20; 4,*P.*2.1; 4,*P.*3.20; 4,*P.*4.1;
    *C.*4,*P.*4.31; 4,*P.*4.73; 4,*P.*4.89; 4,*P.*4.91; 4,*P.*6.5; 4,*P.*6.103(*bis*); 4,*P.*6.104(*bis*);
    *C.*4,*P.*6.163; 4,*P.*6.164; 4,*P.*7.5; 4,*P.*7.6; 5,*P.*1.2; 5,*P.*1.7; 5,*P.*1.17; 5,*P.*3.1; 5,*P.*4.1;
    *C.*5,*P.*4.109; 5,*M.*4.24; 5,*M.*4.35; 5,*P.*6.112
tumore. per quorum admonitionem ipse certe populus a tumore peruicaciae
    reuocaretur. *Fid.*190
tumorem. ut quae in tumorem perturbationibus influentibus induruerunt, . *C.*1,*P.*5.42
tumultu. nec ullus in tanto tumultu qui leuiter attingeret quaestionem, . . *Eut.*,*Prf.*20
tumultus. At nos desuper inridemus...securi totius furiosi tumultus . . . *C.*1,*P.*3.48
tumultus. Sed quoniam plurimus tibi affectuum tumultus incubuit *C.*1,*P.*5.38
    ut uirum fortem non decet indignari, quotiens increpuit bellicus tumul-
    tus; *C.*4,*P.*7.42
tunc. Tunc aliud esset ipsa illa substantia, ... *Quo.*101
    Aliud igitur tunc in eis esset esse, aliud aliquid esse, ... *Quo.*106
    ac tunc bona quidem essent, ... *Quo.*107
    tunc non res sed rerum uideretur esse principium *Quo.*114
    Ipsum igitur eorum esse bonum est; tunc enim in eo. *Quo.*127
    Tunc enim participaret forsitan bono; *Quo.*138
    Tunc enim possumus dicere coronam gemmis auroque consistere; . . *Eut.*7.20
    tunc enim id addendum foret ut non modo non peccaret *Eut.*8.45
    Tunc me discussa liquerunt nocte tenebrae *C.*1,*M.*3.1
    quoniam quae tunc laeta uidebantur abierunt, ... *C.*2,*P.*3.42
    tunc est pretiosa pecunia cum translata in alios *C.*2,*P.*5.12
    Tunc classica saeua tacebant, ... *C.*2,*M.*5.16
    et erat tunc adulta Parthis etiam...formidolosa. *C.*2,*P.*7.32
    Tunc uelut ab alio orsa principio ita disseruit: *C.*4,*P.*6.21
tundere. Nemo miratur flamina Cori Litus frementi tundere fluctu *C.*4,*M.*5.14
tuo. tuo sapientiumque iudicio aestimandum relinquo. *C.*1,*P.*4.85
    "Tu uero arbitratu," inquam, "tuo quae uoles ut responsurum rogato." *C.*1,*P.*6.4
tuo. Sentisne," inquit, "haec atque animo inlabuntur tuo, ... *C.*1,*P.*4.2
    Atque tuo splendore mica! *C.*3,*M.*9.26
    Forsitan...quaedam ueritatis scintilla dissiliat." "Tuo," inquam, "arbi-
    tratu." *C.*3,*P.*12.74
tuorum. Vnde haud iniuria tuorum quidam familiarium quaesiuit: *C.*1,*P.*4.104
tuos. cum duos pariter consules liberos tuos *C.*2,*P.*3.28
    discedens suos abstulit, tuos reliquit? *C.*2,*P.*8.22
turbant. Hic enim causas cernere promptum est, Illic latentes pectora tur-
    bant. *C.*4,*M.*5.18
turbantur. perniciosis turbantur affectibus quibus accedendo *C.*5,*P.*2.24
turbida. Hinc flagellat ira mentem fluctus turbida tollens *C.*4,*M.*2.7
turbidus. Si mare uoluens Turbidus Auster Misceat aestum, ... *C.*1,*M.*7.6

V *(uocal.)*

Haec ubi continuato dolore delatraui, illa uultu placido *C.1,P.5.*1
ubi attentionem meam modesta taciturnitate collegit, ... *C.2,P.1.*1
ubi Notus Desinit imbriferos dare sonos. *C.3,M.1.*7
Apiumque par uolantum Vbi grata mella fudit, Fugit *C.3,M.7.*4
Atque ubi iam exhausti fuerit satis, ... *C.4,M.1.*15
ubi oculos . . . ad inferiora et tenebrosa deiecerint, ... *C.5,P.2.*22
ubique. ubi . . . praedicari potest, de homine ut in foro, de deo ut ubique, . . *Trin.*4.47
nam quod ubique est ita dici uidetur non quod in omni sit loco . . *Trin.*4.54
nusquam in loco esse dicitur, quoniam ubique est sed non in loco. . . . *Trin.*4.59
Qui enim dicit esse aliquem in foro uel ubique, refert quidem *Trin.*4.90
At eadem si apud unum quanta est ubique gentium congeratur, ... *C.2,P.5.*14
sicut ignis ubique terrarum numquam tamen calere desistit, ... *C.3,P.4.*34
ulcere. Nec nocentia corpori Mentis uulnere [ulcere] saeuiunt." . . . . *?coni.C.4,M.3.*39
ὕλην. Terra quoque ipsa non secundum ἄποιον ὕλην dicitur, ... *Trin.*2.26
ulla. quoniam is sit forma et unum uere nec ulla pluralitas. *Trin.*4.25
nec ulla in eis qualitas esset, nisi tantum bona essent, ... *Quo.*113
quod numquam antea natura ulla cognouerat, ... *Fid.*162
(neque enim ulla persona est arboris) *Eut.*2.32
neque peccatum fuit neque uoluntas ulla peccandi? *Eut.*8.12
In Christo uero ne uoluntas quidem ulla creditur fuisse peccandi, . . . *Eut.*8.26
in illo . . . nec peccatum nec uoluntas ulla peccati, ... *Eut.*8.55
Quod uero non fuit in eo uoluntas ulla peccati, ... *Eut.*8.67
Atque utinam posset ulla! *C.1,P.4.*94
Quae uero, inquies, potest ulla iniquior esse confusio, ... *C.4,P.6.*102
in hac . . . serie causarum estne ulla nostri arbitrii libertas *C.5,P.2.*3
"neque enim fuerit ulla rationalis natura quin eidem libertas adsit
arbitrii. *C.5,P.2.*6
Igitur nec sperandi aliquid nec deprecandi ulla ratio est. *C.5,P.3.*98
Num igitur quidquam illorum ita fieri necessitas ulla compellit?" . . *C.5,P.4.*51
an earum rerum quae necessarios exitus non habent ulla possit esse
praenotio. *C.5,P.4.*64
ulla. Nam si quid est quod in ulla re inbecillioris ualentiae sit, ... *C.3,P.9.*15
ulla. Quid enim furor hosticus ulla Vellet prior arma mouere, ... *C.2,M.5.*19
Nec praemia sanguinis ulla? *C.2,M.5.*22
ullam. (quis enim dicat ullam albedinis uel nigredinis . . . esse personam?) . . *Eut.*2.16
(nullus enim lapidis ullam dicit esse personam) *Eut.*2.30
Vllamne humanis rebus inesse constantiam reris, ... *C.2,P.3.*46
Vllamne igitur eius hominis potentiam putas, ... *C.2,P.6.*38
Deum . . . regere disputabas . . . nec ullam mali esse naturam. *C.3,P.12.*97
ulli. Nec manet ulli traditus ordo Nisi quod *C.3,M.2.*36
ullo. nec separari ullo modo aut disiungi potest *Pat.*12
Igitur si ullo modo essent, ... *Quo.*108
nec ullo alio saeculo possit euenire, ut eius qui solus est deus *Eut.*4.64
nec est summum bonum quod eripi ullo modo potest, ... *C.2,P.4.*81
"Accipio," inquam, "nec est quod contradici ullo modo queat." . . . *C.3,P.10.*39
"Demonstratum," inquam, "nec dubitari ullo modo potest." *C.3,P.11.*18
quare nihil est quod ullo modo queas dubitare *C.3,P.11.*100
"Perspicuum est," inquam, "nec ullo modo negari potest." *C.4,P.2.*20
neque falli ullo modo potest, ... *C.5,P.3.*7
ab ullo uestrum hactenus satis diligenter ac firmiter expedita. *C.5,P.4.*5
quae si ullo modo cogitari queat, nihil prorsus relinquetur ambigui. . . *C.5,P.4.*8
ullo. nec adhuc ullo se delicto polluerat, ... *Eut.*8.43
ullum. neque enim uel factum aliud ullum uel quaelibet exsistere poterit
uoluntas *C.5,P.3.*11
ullum. an ullum credis ei regimen inesse rationis?" *C.1,P.6.*7
Si quis rerum mortalium fructus ullum beatitudinis pondus habet, . . *C.2,P.3.*26
Ego uero nego ullum esse bonum quod noceat habenti. *C.2,P.5.*95
Quod enim neque re neque similitudine ullum in se retinet bonum, . . *C.3,P.10.*125
praenoscere uniuersa deum et esse ullum libertatis arbitrium. . . . *C.5,P.3.*5
ullus. nec ullus in tanto tumultu qui leuiter attingeret quaestionem, . . . *Eut.Prf.*19
"Sed unde huic," inquam, "tali maeror ullus obrepat *C.3,P.9.*39
nec ullus fuerit modus, nisi quis eas uiuacissimo mentis igne coerceat. . *C.4,P.6.*9
locus esse ullus temeritati reliquus potest? *C.5,P.1.*24
ulteriora. Accipe igitur haustum quo refectus firmior in ulteriora contendas. *C.4,P.6.*210
ulterius. quo nihil ulterius peruium iaceret incessui, ... *C.4,P.2.*88
cum supplicio carent, inest eis aliquid ulterius mali ipsa impunitas . . *C.4,P.4.*69
ulterius. Id autem est bonum quo quis adepto nihil ulterius desiderare queat. *C.3,P.2.*6

ultima. Et seruiat ultima Thyle, ...   *C*.3,*M*.5.7
ultimam. tam catholici quam Nestorius secundum ultimam definitionem. . .
    constituunt; *Eut*.1.60
    Hoc tantum dixerim ultimam esse aduersae fortunae sarcinam, ...   *C*.1,*P*.4.161
ultimi. pretiumque rursus Vltimi caelum meruit laboris. *C*.4,*M*.7.31
ultimis. Atque iam in ultimis temporibus non prophetas . . . sed ipsum
    unigenitum suum *Fid*.193
ultimus. ultimus tamen uitae dies mors quaedam fortunae est etiam manentis.   *C*.2,*P*.3.48
    ultimus autem cortex aduersum caeli intemperiem. . . opponitur? . . .   *C*.3,*P*.11.67
    Vltimus caelum labor inreflexo Sustulit collo *C*.4,*M*.7.29
ultione. quod cuiuis ueniat in mentem, corrigi ultione prauos mores . . .   *C*.4,*P*.4.45
    "Multo igitur infeliciores improbi sunt iniusta impunitate donati quam
    iusta ultione puniti." *C*.4,*P*.4.73
    miseriores esse. . . iniusta impunitate dimissos quam iusta ultione punitos.   *C*.4,*P*.4.88
ultor. Vltor Atrides Phrygiae ruinis Fratris amissos thalamos piauit; . . .   *C*.4,*M*.7.2
ultore. Et quasi prima quaedam mundi aetas diluuio ultore transacta est. .   *Fid*.137
ultorem. Studium ad peiora deflexeris, extra ne quaesieris ultorem. *C*.4,*P*.4.104
ultra. nam substantia in illo non est uere substantia sed ultra substantiam;   *Trin*.4.11
    substantiam quidem significare uidemur, sed eam quae sit ultra sub-
    stantiam; *Trin*.4.15
    sed non accidentem, sed eam quae sit substantia sed ultra substantiam.   *Trin*.4.18
    talis qualem esse diximus ultra substantiam; *Trin*.4.23
    Quod si ultra se humanitas nequiuit ascendere, ...   *Trin*.6.34
    oculis ardentibus et ultra communem hominum ualentiam perspicacibus   *C*.1,*P*.1.4
    Sed cum ultra homines quemque prouehere sola probitas possit, . . .   *C*.4,*P*.3.52
ultra. expedito. . . nodo nihil est ultra quod possit opponi, ...   *Eut*.7.47
    Si quid enim uel ultra uel infra quam oportuerit fiat, a uirtute disceditur.   *Eut*.7.77
    Quocirca si quattuor haec neque ultra neque infra esse possunt, ...   *Eut*.7.80
    qui expetendorum finem quo nihil ultra est apprehendit, ...   *C*.4,*P*.2.90
    Quidquid aut infra subsistit aut ultra progreditur, ...   *C*.4,*P*.7.51
ultra. neque enim bonus ultra iure uocabitur qui careat bono; . . . . . ┊   *C*.4,*P*.3.12
ultrices. Vltrices scelerum deae Iam maestae lacrimis madent. *C*.3,*M*.12.32
ultro. nisi ultro tu mea potius offensione lacereris. *C*.1,*P*.4.153
    Vltroque gemitus dura quos fecit ridet. *C*.2,*M*.1.6
    nec contrariarum rerum miscetur effectibus et ultro quae sunt auersa
    depellit.   *C*.2,*P*.6.56
    si ultro improborum contagione sordescunt, ...   *C*.3,*P*.4.48
ululat. Hic lupis nuper additus, Flere dum parat, ululat. *C*.4,*M*.3.14
umbrabiles. reuerentiam per has umbratiles [umbrabiles] dignitates non
    posse contingere, ...   *uar.C*.3,*P*.4.29
umbrarum. Et dulci ueniam prece Vmbrarum dominos rogat. *C*.3,*M*.12.28
    Tandem, 'Vincimur,' arbiter Vmbrarum miserans ait, ...   *C*.3,*M*.12.41
umbras. Somnos dabat herba salubres,. . . Vmbras altissima pinus. . . .   *C*.2,*M*.5.12
    Si tamen arto saliens texto Nemorum gratas uiderit umbras, ...   *C*.3,*M*.2.23
    Semper uicibus temporis aequis Vesper seras nuntiat umbras *C*.4,*M*.6.14
umbratiles. reuerentiam per has umbratiles dignitates non posse contingere,   *C*.3,*P*.4.29
umeros. Saetiger spumis umeros notauit. *C*.4,*M*.7.28
umida. ut pugnantia Vicibus cedant umida siccis *C*.4,*M*.6.21
umquam. non enim coepit esse umquam pater *Trin*.5.43
    omnino enim ex duabus personis nihil umquam fieri potest. *Eut*.4.34
    Quibus autem umquam scripturis nomen Christi geminatur? *Eut*.4.59
    At uolui nec umquam uelle desistam. *C*.1,*P*.4.77
    et in nulla umquam mei laude iactasse. *C*.1,*P*.4.118
    Et cuius umquam facinoris manifesta confessio *C*.1,*P*.4.123
    nec umquam fuerit dies qui me ab hac sententiae ueritate depellat." . .   *C*.1,*P*.6.10
    Reliquit enim te quam non relicturam nemo umquam poterit esse
    securus. *C*.2,*P*.1.39
    Munus quod nulli umquam priuato commodauerat abstulisti. *C*.2,*P*.3.36
    possidebis quod nec tu amittere umquam uelis *C*.2,*P*.4.77
    quid in eis est quod aut uestrum umquam fieri queat *C*.2,*P*.5.4
    Num quidquam libero [quidquam umquam libero] imperabis animo?   *coni.C*.2,*P*.6.24
    infiniti uero atque finiti nulla umquam poterit esse collatio. *C*.2,*P*.7.59
    quae nec iudicio prouenit nec umquam firma perdurat. *C*.3,*P*.6.20
    "nec umquam dubitandum putabo *C*.3,*P*.12.13
    nec sine poena umquam esse uitia nec sine praemio uirtutes, ...   *C*.4,*P*.1.28
    uera sententia est cui nemo umquam ueterum refragatus est, ...   *C*.5,*P*.1.25
    nec coeperit umquam esse nec desinat *C*.5,*P*.6.20

unitatum. Illic enim unitatum repetitio numerum facit. *Trin.*3.9
   repetitio unitatum atque pluralitas minime facit   *Trin.*3.11
   Ergo in numero quo numeramus repetitio unitatum facit pluralitatem;   *Trin.*3.19
   in rerum uero numero non facit pluralitatem unitatum repetitio, . . .   *Trin.*3.21
   haec enim unitatum iteratio potius est non numeratio, ...   *Trin.*3.24
   qua ostenditur non omnem unitatum repetitionem numerum pluralitatemque perficere. *Trin.*3.42
   et in rebus numerabilibus repetitio unitatum non facit modis omnibus
   pluralitatem. *Trin.*5.55
unius. ad quas unius fama hominis nequeat peruenire, ...   *C.*3,*P.*6.15
unius. quae habent unius materiae commune subiectum, ...   *Eut.*6.25
   intra unius gentis terminos praeclara illa famae inmortalitas coartabitur.   *C.*2,*P.*7.43
unius. Vnius etenim mora momenti, si decem milibus conferatur annis, . .   *C.*2,*P.*7.52
uniuersa. aut si quid est ad quod uniuersa festinent, ...   *C.*3,*P.*11.115
uniuersa. repugnare uidetur praenoscere uniuersa deum et esse ullum
   libertatis arbitrium. *C.*5,*P.*3.5
uniuersale. sicuti omne quod sensibus patet, si ad rationem referas, uniuersale est, ...   *C.*5,*P.*6.138
uniuersale. Ratio quoque cum quid uniuersale respicit, ...   *C.*5,*P.*4.105
   Haec est enim quae conceptionis suae uniuersale ita definiuit: *C.*5,*P.*4.107
   nihil esse illud uniuersale dicentes quod sese intueri ratio putet? . . .   *C.*5,*P.*5.23
   quae quod sensibile sit ac singulare quasi quiddam uniuersale consideret.   *C.*5,*P.*5.29
uniuersales. Rursus substantiarum aliae sunt uniuersales, aliae particulares.   *Eut.*2.38
   Vniuersales sunt quae de singulis praedicantur ut homo, animal, lapis,   *Eut.*2.39
uniuersales. Neque. . . uniuersales species imaginatio contuetur *C.*5,*P.*4.96
uniuersali. constringitur, uniuersali traditione maiorum nihilominus tota, .   *Fid.*262
   speciemque ipsam quae singularibus inest uniuersali consideratione
   perpendit. *C.*5,*P.*4.88
uniuersalibus. in his omnibus nusquam in uniuersalibus persona dici potest,
   sed in singularibus *Eut.*2.48
   nec in uniuersalibus sed in indiuiduis constat, ...   *Eut.*3.3
   id est: essentiae in uniuersalibus quidem esse possunt, in . . . particularibus
   substant. *Eut.*3.33
   Quocirca cum ipsae subsistentiae in uniuersalibus quidem sint, . . .   *Eut.*3.37
uniuersalis. per omnes paene mundi terminos emanauit, catholica uel uniuersalis uocatur. *Trin.*1.6
   aut auctoritas. . . scripturarum aut traditio uniuersalis aut certe propria
   et particularis instructio.   *Fid.*260
   Quae cum uniuersalis notio sit, tum imaginabilem sensibilemque esse rem
   nullus ignorat, ...   *C.*5,*P.*4.109
uniuersalitatis. communis substantia eademque in uniuersalitatis collectione
   natura. *Eut.*4.108
uniuersaliter. praedicamenta. . . quae de rebus omnibus uniuersaliter praedicantur. *Trin.*4.2
   De caelestibus autem naturis, quae uniuersaliter uocatur angelica, . .   *Fid.*65
uniuersalium. ea fides . . . quae cum propter uniuersalium praecepta regularum, ...   *Trin.*1.3
   Intellectus enim uniuersalium rerum ex particularibus sumptus est. . .   *Eut.*3.35
uniuersi. uniuersi innocentiam senatus quanta mei periculi securitate
   defenderim. *C.*1,*P.*4.115
uniuersitatem. Deum quoque bonitatis gubernaculis uniuersitatem regere
   disputabas *C.*3,*P.*12.95
uniuersitatis. supergressa namque uniuersitatis ambitum ipsam illam simplicem formam . . . contuetur. *C.*5,*P.*4.90
   et quod sensibile et quod imaginabile sit in uniuersitatis ratione conspicere,   *C.*5,*P.*5.32
   illa uero ad uniuersitatis cognitionem adspirare non posse, . . .   *C.*5,*P.*5.32
uniuersorum. ibique uniuersorum conditor deus uolens . . . populos erudire .   *Fid.*167
uniuersum. atque in uniuersum mundum ad uitam praecipit introire, . .   *Fid.*230
uniuersum. Nam et rationis uniuersum et imaginationis figuram et materiale
   sensibile cognoscit *C.*5,*P.*4.101
   Quod enim sensibile uel imaginabile est, id uniuersum esse non posse;   *C.*5,*P.*5.25
uno. et uno ueluti uertice destituta sine rectore fluitabunt, ...   *C.*3,*P.*11.114
   Tigris et Euphrates uno se fonte resoluunt *C.*5,*M.*1.3
   Quae sint, quae fuerint ueniantque Vno mentis cernit in ictu; . . .   *C.*5,*M.*2.12
   sed illo uno ictu mentis formaliter, ut ita dicam, cuncta prospiciens. .   *C.*5,*P.*4.103
   unoque suae mentis intuitu . . . uentura dinoscit; *C.*5,*P.*6.83
   sed uno ictu mutationes tuas manens praeuenit atque complectitur. . .   *C.*5,*P.*6.154

uno. non tres soles effecerim, sed de uno totiens praedicauerim. *Trin.*3.28
    quoque uno felicitatem minui tuam uel ipsa concesserim, ... *C.*2,*P.*4.22
    Alioquin ex uno membro beatitudo uidebitur esse coniuncta— *C.*3,*P.*10.116
unum. Sed diuina substantia sine materia forma est atque ideo unum et est
    id quod est. *Trin.*2.30
    Quocirca hoc uere unum in quo nullus numerus, ... *Trin.*2.40
    Etenim unum res est; unitas, quo unum dicimus. *Trin.*3.15
    quoniam is sit forma et unum uere nec ulla pluralitas. *Trin.*4.25
    Omne simplex esse suum et id quod est unum habet. *Quo.*46
    unum enim solumque est huiusmodi, quod tantum bonum aliudque
    nihil sit. *Quo.*116
    fit unum corpus quod mundi latitudinem occuparet, ... *Fid.*245
    si. . .ea coniunctio. . .facta est naturarum, unum ex duobus effici nihil
    potuit; *Eut.*4.33
    Nihil igitur unum secundum Nestorium Christus est ac per hoc omnino
    nihil. *Eut.*4.35
    Quod enim non est unum, nec esse omnino potest; *Eut.*4.37
    esse enim atque unum conuertitur et quodcumque unum est est. . . . *Eut.*4.38
    Etiam ea quae ex pluribus coniunguntur ut aceruus, chorus, unum tamen
    sunt. *Eut.*4.40
    Si enim dei atque hominis diuersa substantia est unumque in utrisque
    Christi nomen ; *Eut.*4.55
    ita unum fieri potest, ut illa ex quibus dicitur constare *Eut.*6.86
    unum quidem, cum ita dicimus aliquid ex duabus naturis iungi *Eut.*7.5
    Et illa: "Atqui hoc unum est quod praestantes *C.*2,*P.*7.4
    "Addamus. . .sufficientiae potentiaeque reuerentiam, ut haec tria unum
    esse iudicemus." *C.*3,*P.*9.23
    "Hoc igitur quod est unum simplexque natura, ... *C.*3,*P.*9.45
    quae unum horum, quoniam idem cuncta sunt,. . .praestare potest . . *C.*3,*P.*9.83
    Hic portus placida manens quiete, Hoc patens unum miseris asylum. . *C.*3,*M.*10.6
    nisi uero unum atque idem omnia sint, ... *C.*3,*P.*11.15
    "omne quod est tam diu manere atque subsistere quam diu sit unum, *C.*3,*P.*11.29
    sed interire atque dissolui pariter atque unum destiterit?" . . . *C.*3,*P.*11.30
    percurrenti cetera. . .patebit subsistere unumquodque, dum unum est, . *C.*3,*P.*11.40
    "Quod autem," . . . "subsistere ac permanere petit, id unum esse de-
    siderat; *C.*3,*P.*11.105
    Omne namque quod sit unum esse ipsumque unum bonum esse paulo ante
    didicisti, ... *C.*4,*P.*3.44
    Omne namque quod sit unum esse ipsumque unum bonum esse paulo ante
    didicisti, ... *C.*4,*P.*3.45
    unum prius quoque quam fieret, necesse erat exsistere, ... *C.*5,*P.*6.130
unum. tamen locus cunctis diuersus est quem unum fingere nullo modo
    possumus; *Trin.*1.28
    duo enim corpora unum locum non obtinebunt, qui est accidens. . . . *Trin.*1.29
    nec tamen tres deos sed unum: *Fid.*14
    unum igitur esse dicimus Christum. *Eut.*4.41
    Cur enim omnino duos audeat Christos uocare, unum hominem alium
    deum? *Eut.*4.47
    eundemque qui homo sit perfectus atque deus unum esse deum ac dei
    filium, ... *Eut.*7.50
    tres intellegi hominum posse status: unum quidem Adae ante delictum *Eut.*8.41
    Nunc si inter mures uideres unum aliquem *C.*2,*P.*6.16
    Si coeant cursumque iterum reuocentur in unum, ... *C.*5,*M.*1.5
    quas diuina mens. . .cuncta prospiciens ad unum alligat et constringit
    euentum. *C.*5,*P.*3.83
unum. Etenim unum res est; unitas, quo unum dicimus. *Trin.*3.15
    Quod uero de deo dicitur "semper est," unum quidem significat, . . . *Trin.*4.64
    nec uelut partibus in unum coniuncta est, ... *Pat.*13
    quaecumque hoc modo dicuntur, de singulis in unum collectis tribus
    singulariter praedicabuntur. *Pat.*18
    Nomen quippe ipsum unum quiddam significat singularitate uocabuli. . *Eut.*4.30
    Nondum est ad unum omnes exosa fortuna *C.*2,*P.*4.31
    At eadem si apud unum quanta est ubique gentium congeratur, . . . *C.*2,*P.*5.14
    "Omnis mortalium cura . . . ad unum tamen beatitudinis finem nititur
    peruenire. *C.*3,*P.*2.4
    utrumne haec omnia unum ueluti corpus beatitudinis. . .coniungant . . *C.*3,*P.*10.96
    Haec est enim partium natura ut unum corpus diuersa componant. . . *C.*3,*P.*10.114

ut. *Trin.,Prf.*13; 18; *Trin.*4.12; 4.26; 4.47; 4.102(*bis*); 5.6; 5.42; 6.16; *Pat.*37; 51; 62; 69;
    *Quo.*1; 20; 42(*bis*); 43; 44; 79; 126; 153; 154; 156; 158; *Fid.*12; 16; 28; 31; 45; 57; 63;
    *Fid.*74; 76; 90; 92; 93; 104; 107; 110; 195; 206; 216; 225; 231; 237; 239; 246; 251;
    *Fid.*254; 273; *Eut.,Prf.*1; 48; 52; *Eut.*1; 36; 1.51; 1.52; 2.18; 3.46; 3.48; 3.53; 3.55;
    *Eut.*3.75; 4.1; 4.19; 4.20; 4.25; 4.64; 4.100; 5.3; 5.4; 5.6; 5.7; 5.15; 5.24; 5.34; 5.38;
    *Eut.*5.64; 5.75; 5.77; 5.94; 5.98; 6.7; 6.10; 6.32; 6.66; 6.67; 6.76; 6.78; 6.86; 6.105;
    *Eut.*6.106; 7.1; 7.7; 7.13; 7.35; 7.45; 7.54; 7.81; 7.90; 7.91; 7.97; 7.102; 8.10; 8.21;
    *Eut.*8.24; 8.35; 8.46; 8.58; 8.64; 8.72; 8.73(*bis*); 8.80; 8.87; 8.90; 8.91; 8.96;
    *C.*1,*P.*1.7; 1,*M.*2.19; 1,*M.*2.20; 1,*P.*2.15; 1,*P.*3.8; ?*uar.*1,*P.*4.64; 1,*P.*4.99; 1,*P.*4.124;
    *C.*1,*P.*4.145; 1,*P.*4.158; 1,*M.*5.5; 1,*P.*5.41; 1,*P.*6.3; 1,*P.*6.4; 1,*P.*6.8; 1,*P.*6.29;
    *C.*1,*P.*6.31; 1,*P.*6.57; 1,*P.*6.61; 2,*P.*1.17; 2,*M.*3.18; 2,*P.*4.20; 2,*P.*4.42; 2,*P.*4.78;
    *C.*2,*P.*5.71; 2,*P.*5.73; 2,*P.*5.85; 2,*P.*6.12; 2,*P.*6.28; 2,*P.*6.43; 2,*P.*7.12; *uar.*2,*P.*7.23;
    *C.*2,*P.*7.38; 2,*P.*7.40; 2,*P.*7.60; 2,*M.*8.7; 2,*M.*8.9; 3,*P.*1.6; 3,*P.*1.13; 3,*P.*1.24;
    *C.*3,*M.*1.4; 3,*P.*2.17; 3,*P.*2.38; 3,*P.*3.32; 3,*P.*4.3; 3,*P.*4.5; 3,*P.*4.11; 3,*P.*4.28;
    *C.*3,*P.*5.24; 3,*P.*6.13; 3,*P.*6.16; 3,*P.*6.28; 3,*P.*8.24; 3,*M.*8.6; 3,*P.*9.23; 3,*P.*9.33;
    *C.*3,*P.*9.60(*bis*); 3,*P.*9.82; 3,*P.*9.90; 3,*P.*9.97; 3,*P.*9.101; 3,*M.*9.10; 3,*P.*10.11;
    *C.*3,*P.*10.28; 3,*P.*10.114; *uar.*3,*P.*10.129; 3,*P.*11.14; 3,*P.*11.20; 3,*P.*11.69;
    *C.*3,*P.*11.99; 3,*P.*12.28; 3,*P.*12.67; 3,*P.*12.103; 4,*P.*1.36; 4,*P.*2.17; 4,*P.*2.92;
    *C.*4,*P.*2.121; 4,*P.*3.46; 4,*P.*3.48; 4,*P.*3.53; 4,*P.*3.55; 4,*P.*3.67; 4,*P.*4.80; 4,*P.*4.89;
    *C.*4,*P.*4.138; 4,*P.*4.147; 4,*P.*6.8; 4,*P.*6.39; 4,*P.*6.60; 4,*P.*6.94; 4,*P.*6.103; 4,*P.*6.105;
    *C.*4,*P.*6.109; 4,*P.*6.126; 4,*P.*6.134; 4,*P.*6.143; 4,*P.*6.147; 4,*P.*6.150; 4,*P.*6.169;
    *C.*4,*P.*6.178; 4,*P.*6.185; 4,*P.*6.192; 4,*P.*6.204; 4,*M.*6.20; 5,*P.*1.51; 5,*P.*3.47; 5,*P.*3.54;
    *C.*5,*P.*3.59; 5,*P.*3.70; 5,*P.*3.96; 5,*M.*3.4; 5,*P.*4.21; 5,*P.*4.35; 5,*P.*4.41;
    *C.*5,*P.*4.45; 5,*P.*4.77; 5,*P.*4.103; 5,*P.*4.116; 5,*P.*4.119; 5,*P.*5.19; 5,*P.*6.4; 5,*P.*6.22;
    *C.*5,*P.*6.53; 5,*P.*6.55; 5,*P.*6.73; 5,*P.*6.92; 5,*P.*6.149

utantur. ut in cognoscendo cuncta sua potius facultate quam eorum quae
    cognoscuntur utantur? *C.*5,*P.*4.117
utar. Atque, uti Graeca utar oratione in rebus quae a Graecis agitata . . .   *Eut.*3.29
utcumque. illis namque manentibus, utcumque se res habeant, enatabimus.   *C.*2,*P.*4.36
utemur. Itaque lenioribus paulisper utemur, ...   *C.*1,*P.*5.41
utendo. cum eis competenter utendo alicuius boni elicit effectum. *C.*4,*P.*6.191
utendum. quoniam . . . fomenta descendunt, paulo ualidioribus utendum puto.   *C.*2,*P.*5.2
utens. nec ratione utens nec imaginatione nec sensibus, ...   *C.*5,*P.*4.102
    Ratio . . . nec imaginatione nec sensibus utens imaginabilia uel sensibilia
    comprehendit. *C.*5,*P.*4.106
utentium. quid in eis aliud quam probitas utentium placet? *C.*2,*P.*6.11
    ut utentium mentibus uirtutes inserant uitia depellant? *C.*3,*P.*4.3
    opinione utentium nunc splendorem accipit nunc amittit. *C.*3,*P.*4.46
utere. Si probas, utere moribus; ne queraris. *C.*2,*P.*1.35
uterentur. Quod si, ut Aristoteles ait, Lynceis oculis homines uterentur, . .   *C.*3,*P.*8.23
uteris. uerum multo magis haec ipsa quibus uteris uerba delectant, . . .   *C.*3,*P.*12.67
utero. quod in adunatione ex Mariae utero gigni ac proferri uideretur. . . .   *Eut.*8.5
    Cum te matris utero natura produxit, nudum rebus *C.*2,*P.*2.9
uterque. Nam idem pater qui filius non est nec idem uterque qui spiritus
    sanctus. *Trin.*6.11
    Atqui uterque potentiae suae renuntiare uoluerunt, ...   *C.*3,*P.*5.32
uti. si nobis ipsorum confessione delatorum, . . . uti licuisset. *C.*1,*P.*4.93
    Sed cum libuit uiribus uti, ...   *C.*1,*M.*5.39
    Nam quod ratione uti naturaliter potest id habet iudicium *C.*5,*P.*2.7
uti. *C.*1,*P.*1.15; 1,*P.*1.35; 1,*P.*5.10; 1,*P.*5.40; 2,*P.*6.5; 3,*P.*2.12; 3,*P.*6.14; 3,*P.*9.32;
    *uar.C.*3,*P.*9.99; 3,*P.*10.19; 3,*P.*10.86; 3,*P.*12.70; 4,*P.*1.21; 4,*P.*2.71; 4,*P.*2.107;
    *C.*4,*P.*2.118; 4,*P.*3.6; 4,*P.*4.6; 4,*P.*4.150; 4,*P.*6.78; 4,*P.*6.106; 4,*P.*7.26; 5,*P.*1.52;
    *C.*5,*P.*2.1; 5,*P.*3.65; 5,*P.*3.70; 5,*P.*3.77; 5,*P.*3.111; 5,*P.*5.46; 5,*P.*6.1; 5,*P.*6.78
uti. *Eut.*3.29; 3.99; *C.*1,*P.*4.64; 1,*P.*4.80; 1,*P.*4.136; 1,*P.*5.36; *uar.*2,*P.*2.32; 3,*P.*10.129;
    *C.*4,*P.*2.9; 4,*P.*4.17; 4,*P.*6.3; 4,*P.*6 146
utilem. fortuna . . . omnis bona quam uel iustam constat esse uel utilem." .   *C.*4,*P.*7.8
utilitatem. Ad quam uero utilitatem facta probabitur tanta humilitas diui-
    nitatis, ...   *Eut.*5.89
utinam. Nam quae sperari reliqua libertas potest? Atque utinam posset ulla!   *C.*1,*P* 4.94
    Vtinam modo nostra redirent In mores tempora priscos! *C.*2,*M.*5.23
    "Atqui idem possunt mala." "Vtinam quidem," inquam, "non pos-
    sent." *C.*4,*P.*2.127
utique. sed ea lege ne utique [uti] cum ludicri mei ratio poscet, ...   *coni.C.*2,*P.*2.32
utqui. (nec tam erit insipiens quisquam, utqui utramque earum a ratione
    seiungat) *Eut.*4.19

utroque. Ille utroque circumfluus uitam caelibem deflet; C.2,P.4.49

In utroque igitur necessitas inest, in hoc quidem sedendi, ...   C.5,P.3.35

utrorumque. Non enim poterit in utrisque constare, quando utrorumque

natura non permanet. Eut.6.92

utrum. quae utrum recte decursa sit an minime,   Trin.6.29

utrum. utrumne ita sit ut secundum se sit praedicatio an minime. Trin.5.6

Sed quemadmodum bona sint, inquirendum est, utrumne participatione

an substantia? Quo.61

utrumne haec omnia unum ueluti corpus beatitudinis C.3,P.10.96

quo homine indutus aduenerit, utrumne eo qui deciderat praeuaricatione   Eut.5.52

utrumque. inter utrumque statum est conlocatus. Eut.8.61

utrumque. quoniam utrumque spatium definitum est, minimam, licet, . .   C.2,P.7.54

utrumque. Catholici uero utrumque rationabiliter confitentur, ...   Eut.6.100

quamquam simul utrumque conspectum tamen discernitis C.5,P.6.87

uuis. Quis dedit ut pleno fertilis anno Autumnus grauidis influat uuis . .   C.1,M.2.21

Vuis si libeat frui; C.1,M.6.13

uxor. Abraham, qui cum esset aetate confectus eiusque uxor decrepita, . .   Fid.150

Viuit uxor ingenio modesta, pudicitia pudore praecellens C.2,P.4.19

uxor ac liberi quae iucunditatis gratia petuntur; C.3,P.2.33

V (cons.)

uacua. quae quam sit exilis et totius uacua ponderis, sic considera. C.2,P.7.9

uacuus. si uitae huius callem uacuus uiator intrasses, coram latrone cantares.   C.2,P.5.101

uada. Nec uobis capreas si libeat sequi, Tyrrhena captatis uada. C.3,M.8.8

uadi. Confluat alterni quod trahit unda uadi; C.5,M.1.6

uaga. Sunt quibus alarum leuitas uaga uerberetque uentos C.5,M.5.4

uaga. Et quae motu concitat ire, Sistit retrahens ac uaga firmat. C.4,M.6.39

uagas. Et uagas pelago rates Eurus appulit insulae, ...   C.4,M.3.2

uagatur. Quique uagatur Montibus altis Defluus amnis, ...   C.1,M.7.14

uagis. Ne terris liceat uagis Latos tendere terminos, ...   C.2,M.8.11

uagos. Et quaecumque uagos stella recursus Exercet uarios flexa per orbes,   C.1,M.2.10

Quos tamen ipsa uagos terrae decliuia casus Gurgitis et lapsi defluus ordo

regit. C.5,M.1.9

uagus. Nec ruptis quotiens uagus caminis Torquet fumificos Vesaeuus ignes   C.1,M.4.7

ualde. quod episcopus scriptor epistolae tamquam ualde necessarium . .   Eut.,Prf.16

ne opinionem populi sequentes quiddam ualde inopinabile confecerimus."   C.4,P.7.31

ualeant. aliis accidentibus subiectum quoddam, ut esse ualeant, ...   Eut.3.48

permulta. . .quae hunc sensum inpugnare ualeant atque perfringere, . .   Eut.4.127

Considera namque an per ea. . .ad destinatum finem ualeant peruenire.   C.3,P.3.8

nec perducere quemquam eo ualeant ad quod se perducturas esse pro-

mittunt. C.3,P.8.3

Membra quae ualeant licet, Corda uertere non ualent! C.4,M.3.31

ualeat. Nectit qua ualeat trahi catenam. C.1,M.4.18

ne id in se alter ualeat efficere non possit? C.2,P.6.40

Aut quis ualeat nescita sequi? C.5,M.3.17

ualens. "Si quis igitur pedibus incedere ualens ambulet C.4,P.2.57

ualent. Quod si neque id ualent efficere quod promittunt bonisque pluribus

carent, ...   C.3,P.3.12

Membra quae ualeant licet, Corda uertere non ualent! C.4,M.3.32

Nam si aliorsum quam prouisae sunt detorqueri ualent, ...   C.5,P.3.14

ualentia. ea ualentia est, ut mouere quidem loco hominem possint, ...   C.1,P.6.30

Sed hoc modo ne sufficientia quidem contingit ei quem ualentia deserit,   C.3,P.9.55

ualentiae. Nam si quid est quod in ulla re inbecillioris ualentiae sit, ...   C.3,P.9.16

ualentiam. oculis. . .ultra communem hominum ualentiam perspicacibus . .   C.1,P.1.5

Robur enim magnitudoque uidetur praestare ualentiam, ...   C.3,P.2.39

huic obtinendi quod uoluerit defuisse ualentiam dubitare non possis." .   C.4,P.2.19

ualentibus. uobis hunc ordinem minime considerare ualentibus C.4,P.6.95

ualentior. Qui si quando contra nos aciem struens ualentior incubuerit, . .   C.1,P.3.44

cum eam cotidie ualentior aliquis eripiat inuito? C.3,P.3.34

quis horum iure ualentior existimari potest?" C.4,P.2.59

naturalis officii potens eo qui idem nequeat ualentior C.4,P.2.61

ualentiorem. quemnam horum ualentiorem esse decernis?" C.4,P.2.51

ualentis. Breuem replere non ualentis ambitum Pudebit aucti nominis. . .   C.2,M.7.5

ualerent. Possunt enim mala quae minime ualerent, ...   *C*.4,*P*.2.116
ualeret. "Prorsus," inquam, "nihil ualeret." *C*.3,*P*.12.60
ualet. quantum humanae rationis intuitus ad diuinitatis ualet celsa con-
    scendere. *Trin.*,*Prf*.24
    An uero regna regumque familiaritas efficere potentem ualet?   . . .   *C*.3,*P*.5.2
    Nam ut pauca quae ratio ualet humana de diuina profunditate per-
      stringam, ...   *C*.4,*P*.6.126
    uiscera terrae Non ualet aut pelagi radiorum Infirma perrumpere luce. .   *C*.5,*M*.2.5
    Neque enim sensus aliquid extra materiam ualet *C*.5,*P*.4.95
    Prona tamen facies hebetes ualet ingrauare sensus.   *C*.5,*M*.5.9
ualida. Nondum est ad unum omnes exosa fortuna nec tibi nimium ualida
    tempestas incubuit,   *C*.2,*P*.4.31
ualidiora. uti nunc mentis es, nondum te ualidiora remedia contingunt.   *C*.1,*P*.5.40
ualidioribus. quod ad interiora transmissum ualidioribus haustibus uiam
    fecerit. *C*.2,*P*.1.20
    quoniam . . . fomenta descendunt, paulo ualidioribus utendum puto.   . .   *C*.2,*P*.5.2
ualidis. Validis quondam uiribus acta Pronum flectit uirga cacumen;   . .   *C*.3,*M*.2.27
ualidis. Nam ne illud quidem adquiescent quod aeque ualidis rationum nititur
    firmamentis: *C*.4,*P*.4.114
ualidus. "Quod uero quisque potest, in eo ualidus, . . . esse censendus est."   .   *C*.4,*P*.2.23
    potius quam . . . potentia ualidus, in sua permanens urbe florere.   . .   *C*.4,*P*.5.7
ualli. per quod, uelut hiante ualli robore, in animum . . . morbus inrepserit?   *C*.1,*P*.6.23
    Tu conditus quieti Felix robore ualli *C*.2,*M*.4.20
uallo. eoque uallo muniti quo grassanti stultitiae adspirare fas non sit.   . .   *C*.1,*P*.3.48
    Nam qui uallo eius munimine continetur,   *C*.1,*P*.5.17
ualuit. Celsa num tandem ualuit potestas Vertere praui rabiem Neronis?   .   *C*.2,*M*.6.14
    ut continuaret eundo uitam cuius plenitudinem complecti non ualuit
    permanendo. *C*.5,*P*.6.56
uanescunt. uanescunt ilico, cum ad eos uenerint qui dignitates eas esse non
    aestimant. *C*.3,*P*.4.36
uani. Detrahat si quis superbis uani tegmina cultus, ...   *C*.4,*M*.2.4
uaria. seu daemonum uaria sollertia . . . fatalis series texitur, ...   *C*.4,*P*.6.54
uariae. cum licet uariae dissidentesque sententiae *C*.3,*P*.2.78
uariam. boni . . . naturali officio uirtutum petunt, mali uero uariam per
    cupiditatem, ...   *C*.4,*P*.2.64
uariandum. sin uero uel minuendum aliquid uel addendum uel aliqua
    mutatione uariandum est, ...   *Eut.*,*Prf*.51
uariantes. ut Arriani qui gradibus meritorum trinitatem uariantes distrahunt   *Trin.*1.12
uariare. nullamque omnino uariare essentiam. Quocirca si pater ac filius   .   *Trin.*5.33
uarias. Rimari solitus atque latentis Naturae uarias reddere causas, ...   *C*.1,*M*.2.23
    quamuis te in uarias actiones libera uoluntate conuerteris. *C*.5,*P*.6.146
uariat. Rara si constat sua forma mundo, Si tantas uariat uices, ...   *C*.2,*M*.3.14
    Quod mundus stabili fide Concordes uariat uices, ...   *C*.2,*M*.8.2
uarietas. Sed numero differentiam accidentium uarietas facit. *Trin.*1.25
uarietate. propriis informationibus unaquaeque uel pro locorum uarietate . . .
    subsistit *Fid.*264
    quadam partium uarietate coniungant *C*.3,*P*.10.97
uarietatem. ad tuendam pretiosae supellectilis uarietatem, ...   *C*.2,*P*.5.66
uarietates. qui has mutationum uarietates manens ipse disponeret. *C*.3,*P*.12.24
uariis. Iam uero pulchrum uariis fulgere uestibus putas, ...   *C*.2,*P*.5.47
    Quam uariis terras animalia permeant figuris!   *C*.5,*M*.5.1
    Quae uariis uideas licet omnia discrepare formis,   *C*.5,*M*.5.8
uariis. Sed licet uariis malis . . . Obsitum miserans ducem *C*.4,*M*.3.17
uarios. Et quaecumque uagos stella recursus Exercet uarios flexa per orbes,   *C*.1,*M*.2.11
    Quos ut in uarios modos Vertit herbipotens manus, ...   *C*.4,*M*.3.8
uarium. Tua uis uarium temperat annum *C*.1,*M*.5.18
uasa. si, . . . in tanti uelut patrisfamilias dispositissima domo uilia uasa
    colerentur, ...   *C*.4,*P*.1.23
uasta. quantumque siti uasta regio distenditur *C*.2,*P*.7.18
uastata. Postea igitur pro eorum egressione altis Aegyptus plagis uastata est,   *Fid.*164
uasto. Quos ferus uasto recubans in antro Mersit inmani Polyphemus aluo;   *C*.4,*M*.7.9
uates. Quondam funera coniugis Vates Threicius gemens *C*.3,*M*.12.6
uaticinio. Aut quid hoc refert uaticinio illo ridiculo Tiresiae? *C*.5,*P*.3.73
-ue. *Eut.*3.51; *C*.1,*P*.4.112; 1,*P*.4.130; 1,*P*.6.25; 2,*P*.3.40; 2,*P*.4.51; 4,*P*.5.4; 4,*P*.6.106;
    C.4,*P*.7.6(*bis*); 4,*P*.7.10; 5,*P*.2.9; 5,*P*.3.86; 5,*M*.3.18; *coni.*5,*M*.3.18; 5,*P*.5.17;
    C.5,*P*.6.143

uectigalibus. fortunas tum priuatis rapinis tum publicis uectigalibus pessum-
    dari *C.1,P.*4.42
uector. Tu requies tranquilla piis, te cernere finis, Principium, uector, dux,
    semita, terminus idem. *C.3,M.*9.28
uehementer. sed quae sperauerint effecisse uehementer admiror. *C.1,P.*4.100
    Increpuisti etiam uehementer iniusti factum senatus. *C.1,P.*5.32
    Vehementer admiror cur in tam salubri sententia locatus aegrotes. . .   *C.1,P.*6.15
    gemmarum . . . quas quidem mirari homines uehementer admiror. . . .   *C.2,P.*5.24
    si uitiosi . . . sint, perniciosa domus sarcina et ipsi domino uehementer
    inimica; *C.2,P.*5.51
    sed audiendi auidus uehementer efflagito." *C.3,P.*1.9
    "Id quidem," inquam, "iam dudum uehementer exspecto." *C.3,P.*9.98
    Tum ego: "Platoni," inquam, "uehementer assentior, ...   *C.3,P.*12.1
    stabilis atque incorrupta seruatur." "Vehementer assentior," . . .   *C.3,P.*12.42
    non affecit modo uerum etiam uehementer infecit? *C.4,P.*3.42
    uti hoc infortunio cito careant . . . uehementer exopto." *C.4,P.*4.18
    Cur . . . praemia uirtutum mali rapiant, uehementer admiror, ...   *C.4,P.*5.15
    Marcoque Tullio, cum diuinationem distribuit, uehementer agitata . .   *C.5,P.*4.3
uehementius. Sed hoc est quod recolentem uehementius coquit. *C.2,P.*4.4
uehiculis. ut perturbatione depulsa sospes in patriam . . . meis etiam
    uehiculis reuertaris. *C.4,P.*1.38
uehit. Ad haec quem caduca ista felicitas uehit uel scit eam uel nescit esse
    mutabilem. *C.2,P.*4.85
    Cur enim flammas quidem sursum leuitas uehit, terras uero deorsum
    pondus deprimit, ...   *C.3,P.*11.76
uel. *Trin.*1.6; 1.11(*bis*); 1.16; 1.20; 1.22; 1.23(*bis*); 1.24; 1.27; 2.34; 2.36(*bis*); 3.1; 3.2;
    *Trin.*3.16; 3.18; 3.21; 4.20; 4.29; 4.31; 4.38; 4.39; 4.42; 4.43; 4.45; 4.46; 4.50; 4.78;
    *Trin.*4.84; 4.86; 4.90; 4.92; 4.93(*bis*); 4.94(*bis*); 5.18; 5.19(*bis*); 5.32; 6.5; 6.6(*bis*);
    *Quo.*89; *Fid.*25; 264; 265; *Eut.,Prf.*13; 49; 50(*bis*); *Eut.*1.25(*bis*); 1.59(*bis*); 2.16;
    *Eut.*2.17; 2.34; 2.41(*bis*); 2.49; 2.50; 2.51(*bis*); 3.18; 3.19; 3.20(*bis*); 3.42; 3.43; 3.44;
    *Eut.*3.45; 3.49; 3.78; 3.91; 3.92; 3.101; 4.48; 4.71; 5.35; 6.44; 6.52(*ter*); 7.7; 7.8;
    *Eut.*7.77(*bis*); 8.59; *C.1,M.*2.16; 1,*M.*4.15; 1,*P.*4.20(*bis*); 1,*P.*4.83; 1,*P.*4.84;
    *C.1,P.*4.125(*bis*); 1,*P.*5.27; 1,*P.*5.28; 1,*P.*6.39; 1,*P.*6.41(*bis*); 2,*P.*4.23; 2,*P.*4.26(*bis*);
    *C.2,P.*4.44; 2,*P.*4.45; 2,*P.*4.85(*bis*); 2,*P.*4.89; 2,*P.*5.6(*bis*); 2,*P.*5.56; 2,*P.*5.57;
    *C.2,P.*6.20(*bis*); 3,*P.*1.5(*bis*); 3,*P.*1.12(*bis*); 3,*P.*2.21(*bis*); 3,*P.*2.23(*bis*); 3,*P.*2.28;
    *C.3,P.*2.36(*bis*); 3,*P.*3.9(*bis*); 3,*P.*3.20(*bis*); 3,*P.*3.35(*bis*); 3,*P.*4.16; 3,*P.*4.17;
    *C.3,M.*8.12; 3,*M.*8.13; 3,*P.*9.78; 3,*P.*9.91; 3,*P.*9.92; 3,*P.*10.44; 3,*P.*10.45; 3,*P.*11.98;
    *C.3,P.*11.113; 3,*P.*12.61; 3,*P.*12.62; 4,*P.*1.9; 4,*P.*1.11(*bis*); 4,*M.*1.13; 4,*P.*3.18(*bis*);
    *C.4,P.*4.19; 4,*P.*4.20; 4,*P.*4.35; 4,*P.*4.36; 4,*P.*4.99(*bis*); 4,*P.*4.139(*bis*); 4,*P.*5.1;
    *C.4,P.*5.2; 4,*P.*6.120(*bis*); 4,*P.*6.198(*bis*); 4,*P.*7.5(*bis*); 4,*P.*7.7; 4,*P.*7.8; 4,*P.*7.21;
    *C.4,P.*7.22; 4,*P.*7.34(*ter*); 4,*P.*7.35; 5,*P.*1.33(*bis*); 5,*P.*1.50; 5,*P.*1.51; 5,*P.*3.11(*bis*);
    *C.5,P.*3.44; 5,*P.*3.45; 5,*P.*3.71(*bis*); 5,*P.*3.89(*bis*); 5,*P.*3.99(*bis*); 5,*P.*4.95; 5,*P.*4.96;
    *C.5,P.*4.106; 5,*P.*4.111; 5,*M.*4.33; 5,*M.*4.34; 5,*P.*5.24; 5,*M.*5.7(*bis*)
uela. Si uentis uela committeres, . . . quo flatus impellerent, promoueres; . .   *C.2,P.*1.55
    Vela Neritii ducis . . . Eurus appulit insulae, ...   *C.4,M.*3.1
    Ille dum Graiae dare uela classi Optat *C.4,M.*7.4
uelat. Quae sese adhuc uelat aliis, tota tibi prorsus innotuit. *C.2,P.*1.34
uelatas. latentium rerum causas euoluere uelatasque caligine explicare
    rationes, ...   *C.4,P.*6.2
uelatum. illud uero his tectum atque uelatum in sua nihilo minus foeditate
    perdurat. *C.2,P.*5.94
uelim. Sed hoc quoque respondeas uelim, hominemne te esse meministi?" .   *C.1,P.*6.33
    ut cum ego nunc hoc nunc aliud uelim, ...   *C.5,P.*6.149
uelimus. Itaque si digna rebus nomina uelimus imponere, ...   *C.5,P.*6.57
uelint. Si igitur sese ipsi aestimare uelint, ...   *C.4,P.*3.40
uelis. Quod si manendi abeundique scribere legem uelis ei *C.2,P.*1.52
    Verumtamen ne te existimari miserum uelis, ...   *C.2,P.*3.14
    possidebis quod nec tu amittere umquam uelis nec fortuna possit auferre.   *C.2,P.*4.77
    Sed si, quod naturae satis est, replere indigentiam uelis, ...   *C.2,P.*5.43
    cuius satietatem si superfluis urgere uelis, ...   *C.2,P.*5.45
    ista potentia . . . quam nec cum habere uelis tutus sis *C.3,P.*5.37
    Dignitatibus fulgere uelis? Danti supplicabis *C.3,P.*8.7
    "Etsi coniecto," inquam, "quid uelis, planius tamen audire desidero." .   *C.4,P.*2.52
    "Carebunt," inquit, "ocius quam uel tu forsitan uelis *C.4,P.*4.19
    Itaque si praesentiam pensare uelis qua cuncta dinoscit, ...   *C.5,P.*6.67

uelit. tamen quo minus cum uelit abeat retineri non possit. *C*.2,*P*.4.68

"Si qui cuncta simul cupiat adipisci, summam quidem illè beatitudinis
uelit. *C*.3,*P*.9.69

ueluti si salutis causa quispiam uelit equitare, ... *C*.3,*P*.10.132

"Non est igitur aliquid quod summo huic bono uel uelit uel possit
obsistere." *C*.3,*P*.12.62

uelle. sed ne posset quidem aut peccare aut uelle delinquere. *Eut*.8.48

At uolui nec umquam uelle desistam. *C*.1,*P*.4.78

Nam deteriora uelle nostri fuerit fortasse defectus, ... *C*.1,*P*.4.101

At quisquis eam inhabitare uelle desierit, pariter desinit etiam mereri. . *C*.1,*P*.5.19

potentem censes quem uideas uelle quod non possit efficere? . . . *C*.3,*P*.5.22

si quem uideas adipisci uelle quod minime adipiscatur, ... *C*.4,*P*.2.17

triplici infortunio...urgeantur quos uideas scelus uelle, posse,perficere." *C*.4,*P*.4.16

uellem. Vellem autem pauca tecum fortunae ipsius uerbis agitare. . . *C*.2,*P*.2.1

"Vellem," inquam, "id ipsarum rerum commemoratione patefaceres." . *C*.3,*P*.10.99

"Vellem," inquam, "has ipsas audire rationes." *C*.4,*P*.4.116

uellent. Atqui uellent ipsi uixisse securi, sed nequeunt; *C*.3,*P*.5.19

uellera. Nec lucida uellera Serum Tyrio miscere ueneno. *C*.2,*M*.5.8

uelles. "Nonne quia uel aberat quod abesse non uelles uel aderat quod adesse
noluisses?" *C*.3,*P*.3.20
                                    Fid.75

uellet. si sine peccato manere uellet, ...

ut non modo non peccaret aut peccare uellet sed ne posset quidem aut
peccare *Eut*.8.47

Quid enim furor hosticus ulla Vellet prior arma mouere, ... *C*.2,*M*.5.20

uelo. sumpta...nouorum uerborum significationibus uelo, ... *Trin*.,*Prf*.18

uelocem. et cuicumque uelocitas adest manifestum est esse uelocem. . *C*.2,*P*.6.53

uelocis. Dorsaque uelocis premat aetheris Compos uerendi luminis. . *C*.4,*M*.1.17

uelocissimum. nec infitiari possum prosperitatis meae uelocissimum cursum. *C*.2,*P*.4.3

uelocitas. et cuicumque uelocitas adest manifestum est esse uelocem. . . *C*.2,*P*.6.52

uidetur praestare...pulchritudo atque uelocitas celebritatem, ... *C*.3,*P*.2.40

uelocitate. num tigres uelocitate praeibitis? *C*.3,*P*.8.17

uelox. Formae uero nitor ut rapidus est, ut uelox *C*.3,*P*.8.21

uelox. cum ipsum saepe hominem uelox hora dissoluat? *C*.2,*P*.3.47

Non Ixionium caput Velox praecipitat rota *C*.3,*M*.12.35

Quas sibi cum uelox mens induit, Terras perosa despicit, ... *C*.4,*M*.1.3

uelut. uelut si ita dicamus "ensis mucro gladius," *Trin*.3.25

uelut si dicam "sol sol sol," non tres soles effecerim, ... *Trin*.3.27

atque haec trinitas unus deus," uelut "ensis atque mucro unus gladius," *Trin*.3.38

uelut "sol sol sol unus sol." *Trin*.3.39

sed non quo aliquid est uelut iustitia iustus. *Trin*.4.92

sed non quo aliquo aliquid est uelut magnitudine magnum. *Trin*.4.96

non...uelut albus ac longus, sed quod me accedente fit dexter . *Trin*.5.27
                                    Pat.13

nec uelut partibus in unum coniuncta est, ... *Fid*.30

De qua uelut arce religionis nostrae multi diuersa *C*.1,*P*.3.24

meque reclamantem renitentemque uelut in partem praedae traherent, *C*.1,*P*.6.22

per quod, uelut hiante ualli robore, ... *C*.2,*P*.2.14

Habes gratiam uelut usus alienis, ...

ille patientiam paulisper adsumpsit acceptaque contumelia uelut
insultans: *C*.2,*P*.7.73

et uelut in augustam suae mentis sedem recepta *C*.3,*P*.2.1

sed uelut ebrius domum quo tramite reuertatur ignorat. *C*.3,*P*.2.53

Quid quod omnes uelut in terras ore demerso trahunt alimenta . . . *C*.3,*P*.11.62

in tanti uelut patrisfamilias dispositissima domo *C*.4,*P*.1.22

referri ad bonum uelut ad quoddam naturae suae cacumen *C*.4,*P*.2.133

innumerabiles aliae uelut Hydrae capita succrescant, ... *C*.4,*P*.6.9

Tunc uelut ab alio principio ita disseruit: *C*.4,*P*.6.21

temperiem, uelut in corporibus dici solet, animorum? *C*.4,*P*.6.111

ne nimium uelut ab humanitatis usu recessisse uideamur?" *C*.4,*P*.7.16
                                    Quo.21

ueluti. ueluti si hanc proponas: *Eut*.6.87

ueluti cum mel aquae confunditur neutrum manet, ... *C*.1,*P*.1.16

Quarum speciem, ueluti fumosas imagines solet, caligo...obduxerat.. . *C*.3,*P*.2.31

In...talibus...uersatur intentio, ueluti nobilitas fauorque popularis . . *C*.3,*P*.9.8

"Tenui quidem ueluti rimula mihi uideor intueri, ... *C*.3,*P*.10.8

sitque hoc ueluti quidam omnium fons bonorum *C*.3,*P*.10.81

ueluti geometrae solent demonstratis propositis aliquid inferre . . . *C*.3,*P*.10.83

ita ego quoque tibi ueluti corollarium dabo. *C*.3,*P*.10.96

utrumne haec omnia unum ueluti corpus beatitudinis . . . .

ut deus ut ueritas ut iustitia ut ipsa quoque substantia, de ceteris
diceretur. *Pat.*39
Deus uero ueritas iustitia bonitas omnipotentia *Pat.*65
et ueritas inuenta quaerenti omnes nebulas Eutychiani reclusit erroris. . *Eut.,Prf.*37
Nam catholicis et fidei ueritas et raritas miraculi constat. *Eut.*4.62
quoniam et id te posse. . .praesens prouidentiae ueritas intuetur, . . *C.*5,*P.*6.144
ueritate. filius. . .nomen neque cum aliis iungt sicut in deo, sicut in ueritate, *Pat.*42
nec umquam fuerit dies qui me ab hac sententiae ueritate depellat." . . *C.*I,*P.*6.11
qui bonum suum non populari rumore, sed conscientiae ueritate metitur? *C.*3,*P.*6.11
sed est opinio fallax ab scientiae ueritate longe diuersa. *C.*5,*P.*3.58
Quo fit ut hoc non sit opinio sed ueritate potius nixa cognitio, . . . *C.*5,*P.*6.92
ueritatem. Si igitur una in his substantia una est ueritas, necesse est
ueritatem substantialiter praedicari. *Pat.*27
uel occuluisse ueritatem uel concessisse mendacium. *C.*I,*P.*4.84
Cuius rei seriem atque ueritatem,. . .stilo etiam memoriaeque mandaui. *C.*I,*P.*4.86
ne nos praeter rei subiectae ueritatem cassa cogitationis imago decipiat. *C.*3,*P.*10.7
opinionis id esse caliginem non scientiae ueritatem. *C.*5,*P.*4.70
ueritates. pater filius et spiritus sanctus non tres ueritates sed una ueritas est. *Pat.*26
ueritatis. "o alumne laetor, ipsam enim mediae ueritatis notam mente fixisti. *C.*3,*P.*11.118
Forsitan ex huiusmodi conflictatione pulchra quaedam ueritatis scintilla
dissiliat." *C.*3,*P.*12.73
"Nequeunt enim oculos tenebris assuetos ad lucem perspicuae ueritatis
attollere, ... *C.*4,*P.*4.96
Nam ubi oculos a summae luce ueritatis ad inferiora. . .deiecerint, . . *C.*5,*P.*2.22
necessitas inest, in hoc quidem sedendi, at uero in altero ueritatis. . . . *C.*5,*P.*3.36
Ita cum causa ueritatis ex altera parte procedat, ... *C.*5,*P.*3.39
meque ad hoc nomen necessitatis adstringas, fatebor rem quidem
solidissimae ueritatis *C.*5,*P.*6.99
uerius. eumque tuae mentis habitum uel exspectaui uel, quod est uerius,
ipsa perfeci. *C.*3,*P.*1.12
uerius. "Fateor," inquam, "et hoc nihil dici uerius potest." *C.*3,*P.*9.74
"Nihil," inquam, "nec reapse uerius nec ratiocinatione firmius *C.*3,*P.*10.79
desideretur ab omnibus." "Nihil," inquam, "uerius excogitari potest. . *C.*3,*P.*11.112
"Cum tuas," inquam, "rationes considero, nihil dici uerius puto. . . . *C.*4,*P.*4.92
uernacula. cumque hac Musica laris nostri uernacula nunc leuiores nunc
grauiores modos succinat. *C.*2,*P.*1.24
uernalium. ut uelox et uernalium florum mutabilitate fugacior! *C.*3,*P.*8.22
uernis. Cum nemus flatu Zephyri tepentis Vernis inrubuit rosis, ... *C.*2,*M.*3.6
An uernis floribus ipse distingueris *C.*2,*P.*5.36
uernos. Nec quaeras auida manu Vernos stringere palmites, ... *C.*I,*M.*6.12
uernula. Musica laris nostri uernacula [uernula]. . .modos succinat. . . *coni.C.*2,*P.*1.24
uero. Postremo felix a uero bono deuios blanditiis trahit, ... *C.*2,*P.*8.17
et a uero atque perfecto ad falsum imperfectumque traducit. . . . *C.*3,*P.*9.12
uero. *Trin.,Prf.*20; *Trin.*1.19; 2.37; 2.43; 2.49; 2.50; 3.1; 3.3; 3.14; 3.20; 3.33; 3.44; 3.46;
*Trin.*3.47; 4.9; 4.16; 4.28; 4.34; 4.40; 4.44(*bis*); 4.54; 4.59; 4.64; 4.73; 4.100; 4.102;
*Trin.*4.107; 5.29; 5.35; 5.45; 5.49; 5.51; 5.52; 6.5; 6.24; *Pat.*35; 48; 56; 58; 65; *Quo.*6;
*Quo.*8; 23; 29; 36; 42; 44; 49; 54; 56; 69; 122; 139; 155; 157; 161; 165; 168; 173;
*Fid.*22; 191; 218; 240; 252; 263; *Eut.,Prf.*9; 28; 29; 49; 57; 59; *Eut.*1.12; 1.16; 1.19;
*Eut.*1.21; 1.29; 1.53; 2.20; 2.24; 2.33; 2.44; 3.10; 3.23; 3.25; 3.34; 3.38; 3.44; 3.51;
*Eut.*3.57; 3.61; 3.82; 3.84; 4.3; 4.8; 4.45; 4.60; 4.68; 4.71; 4.81(*bis*); 4.99; 4.109;
*Eut.*4.120; 5.18; 5.23; 5.30; 5.32; 5.40; 5.89; 6.3; 6.13; 6.17; 6.23; 6.27; 6.28; 6.36;
*Eut.*6.43; 6.53; 6.58; 6.67; 6.77; 6.84; 6.91; 6.95; 6.100; 7.12; 7.30; 7.37; 7.63; 7.70;
*Eut.*7.87; 7.93; 7.95; 8.6; 8.17; 8.26; 8.55; 8.58; 8.60; 8.67; 8.86; *C.*I,*P.*1.10; I,*P.*1.19;
*C.*I,*P.*1.25; I,*P.*1.38; I,*P.*2.2; I,*P.*3.45; I,*P.*4.60; *coni.*I,*P.*4.102; I,*P.*4.106;
*C.*I,*P.*4.149; I,*P.*4.154; I,*P.*4.172; I,*P.*6.4; I,*P.*6.44; I,*P.*6.46; 2,*P.*1.40; 2,*P.*1.59;
*C.*2,*P.*5.16; 2,*P.*5.46; 2,*P.*5.49; 2,*P.*5.52; *coni.*2,*P.*5.89; 2,*P.*5.89; 2,*P.*5.93;
*C.*2,*P.*5.95; 2,*P.*6.13; 2,*P.*6.18; 2,*P.*6.21; 2,*P.*7.48; 2,*P.*7.59; 2,*P.*7.82; 3,*P.*2.17;
*C.*3,*P.*2.24; 3,*P.*2.34; 3,*P.*2.36; 3,*P.*2.37; 3,*P.*2.58; 3,*P.*3.23; 3,*P.*3.25; 3,*P.*4.39;
*C.*3,*P.*5.1; 3,*P.*5.12; 3,*P.*5.41; 3,*P.*6.1; 3,*P.*6.18; 3,*P.*6.20; 3,*P.*7.3; 3,*P.*7.7; 3,*P.*8.4;
*C.*3,*P.*8.14; 3,*P.*8.21; 3,*P.*9.19; 3,*P.*9.26; 3,*P.*9.28; 3,*P.*9.44; 3,*P.*9.56; 3,*P.*10.22;
*C.*3,*P.*10.27; 3,*P.*10.85; 3,*P.*10.90; 3,*P.*10.99; 3,*P.*10.119; 3,*P.*10.130; 3,*P.*11.15;
*C.*3,*P.*11.19; 3,*P.*11.33; 3,*P.*11.40; 3,*P.*11.50; 3,*P.*11.66; 3,*P.*11.69; 3,*P.*11.76;
*C.*3,*P.*11.80; 3,*P.*11.82; 3,*P.*11.85; 3,*P.*12.18; 3,*P.*12.20; 3,*P.*12.77; 3,*P.*12.84;
*C.*4,*P.*1.27; 4,*P.*2.21; 4,*P.*2.22; 4,*P.*2.23; 4,*P.*2.38; 4,*P.*2.41; 4,*P.*2.42; 4,*P.*2.47;
*C.*4,*P.*2.48; 4,*P.*2.64; 4,*P.*2.69; 4,*P.*2.80; 4,*P.*2.108; 4,*P.*2.111; 4,*P.*2.129; 4,*P.*2.139;
*C.*4,*P.*2.142; 4,*P.*2.143; 4,*P.*3.38; 4,*P.*4.52; 4,*P.*4.62; 4,*P.*4.78; 4,*P.*4.80; 4,*P.*4.86;
*C.*4,*P.*4.119; 4,*P.*4.149; 4,*P.*6.29; 4,*P* 6.34; 4,*P.*6.37; 4,*P.*6.41; 4,*P.*6.49; 4,*P.*6.58;

uideatur. ut contumeliam uideatur diuinis tractatibus inrogare *Trin.,Prf.*14
   Indignum enim iudicant, si deus habere filium uideatur, ... *Fid.*44
   ne humano corpore polluta uideatur dei fuisse natura. *Fid.*51
   ut et secundum historiam et secundum allegoriam manere uideatur. . . *Fid.*94
   Nec uile uideatur quod dei filius ex uirgine natus est, ... *Fid.*201
   unde fit ut nouiter uideatur esse formata. *Eut.*5.76
   Sed humana forsitan natura in deitatem uideatur esse conuersa. . . . *Eut.*6.16
   ac non sunt utraque in quibus constare uideatur, ... *Eut.*6.97
   quaenam caro haec quae adsumpta sit esse uideatur. *Eut.*8.16
   Quae si etiam fruenti iucunda esse uideatur, ... *C.*2,*P.*4.68
   pulchrum esse iure uideatur? *C.*2,*P.*5.27
   ut . . . non aliter sibi splendere nisi inanimatae supellectilis possessione
     uideatur? *C.*2,*P.*5.75
   non parua sed plane nulla esse uideatur. *C.*2,*P.*7.62
   quin omne quod excellentissimum sit id etiam uideatur esse clarissi-
     mum. *C.*3,*P.*2.67
   cui nihil bonorum abesse uideatur, ... *C.*3,*P.*3.10
   qui ut potens esse uideatur, in seruientium manu situm est? *C.*3,*P.*5.24
   pro maxima parte terrarum uideatur inglorius. *C.*3,*P.*6.17
   ut inposita nobilibus necessitudo uideatur ne a maiorum uirtute
     degeneret. *C.*3,*P.*6.29
   ob id aliqua ex parte uideatur abiectius.” *C.*3,*P.*9.31
   si in quolibet genere inperfectum quid esse uideatur, ... *C.*3,*P.*10.12
   quod hoc prius atque antiquius esse uideatur; *C.*3,*P.*10.32
   “Cum multa,” inquit, “beatitudo continere uideatur, ... *C.*3,*P.*10.95
   Quod quidem cuipiam mirum forte uideatur, ... *C.*4,*P.*2.102
   cui consequens est ut omne quod sit id etiam bonum esse uideatur. . . *C.*4,*P.*3.47
   Etenim quod incredibile cuiquam forte uideatur, ... *C.*4,*P.*4.10
   Nam hoc quoque quod dicam non minus mirum uideatur, ... *C.*4,*P.*4.40
   quaeque tam iniustae confusionis ratio uideatur ex te scire desidero. . . *C.*4,*P.*5.16
   quid est quod a fortuitis casibus differre uideatur?” *C.*4,*P.*5.22
   etiam si praescientia futuris rebus eueniendi necessitatem non uideatur
     inferre. *C.*5,*P.*3.31
   illa quoque noscendi uices alternare uideatur? *C.*5,*P.*6.150
uidebantur. inter utrasque litteras in scalarum modum gradus quidam
   insigniti uidebantur *C.*1,*P.*1.21
   In quibus quoniam quaedam nostri habitus uestigia uidebantur, . . . *C.*1,*P.*3.28
   quod nostris moribus instituti studiis improborum dissimillimi uide-
     bantur. *C.*1,*P.*3.37
   quoniam quae tunc laeta uidebantur abierunt, ... *C.*2,*P.*3.42
   sed quoniam pretiosa uidebantur, tuis ea diuitiis adnumerare maluisti. . *C.*2,*P.*5.61
   sufficientemque sibi facere nequeunt et hoc erat quod promittere
     uidebantur. *C.*3,*P.*3.30
   “nunc me indubitato cernere quae dudum incerta uidebantur.” . . . *C.*3,*P.*11.104
uidebaris. Quanti hoc integer, ut uidebaris tibi fortunatus, emisses! *C.*2,*P.*8.23
uidebatur. nunc uero pulsare caelum summi uerticis cacumine uidebatur; . *C.*1,*P.*1.11
   quae indignissima tibi uidebatur malorum potestas *C.*4,*P.*4.81
uidebimur. atque hoc ipso uidebimur affines fuisse maleficio, ... *C.*1,*P.*4.150
uidebis. ibi enim ueram quam promisimus statim uidebis.” *C.*3,*P.*9.77
uidebit. Iam uidebit intus artas dominos ferre catenas. *C.*4,*M.*2.5
   illic enim ratio uidebit quod in se non potest intueri, ... *C.*5,*P.*5.52
uidebitur. apertissime a sono dicta uidebitur; *Eut.*3.12
   Neque enim pensius subtiliusque intuenti idem uidebitur esse subsis-
     tentia quod substantia. *Eut.*3.40
   iure non uidebitur per Christi generationem potuisse saluari. *Eut.*4.122
   et adscribere mendacii notam summae diuinitati inlusus ipse uidebitur, . *Eut.*5.62
   Alioquin ex uno membro beatitudo uidebitur esse coniuncta— . . . *C.*3,*P.*10.117
   id de nihilo ortum esse uidebitur. *C.*5,*P.*1.30
   Idque omnium uidebitur iniquissimum quod nunc *C.*5,*P.*3.88
uidelicet. ex aeterno, . . . ante omne uidelicet quod temporis potest retinere
   uocabulum, ... *Fid.*10
uidemini. Vos uero inmortalitatem uobis propagare uidemini, ... *C.*2,*P.*7.49
uidemur. substantiam quidem significare uidemur, sed eam quae sit ultra
   substantiam; *Trin.*4.15
   quantitatem quidem significare uidemur, ... *Trin.*4.21
uidemus. et uidemus personam in accidentibus non posse constitui *Eut.*2.15
   quae in boni praemio uidemus accedere *C.*4,*P.*3.35

uilescat. aut uestrum umquam fieri queat aut non perspectum consideratumque uilescat? *C.2,P.5.6*

uilesces. Danti supplicabis et qui praeire ceteros honore cupis, poscendi humilitate uilesces. *C.3,P.8.8*

uilescunt. si gentium aestimatione uilescunt, quid est quod in se *C.3,P.4.50*

uilia. si, . . . in tanti uelut patrisfamilias dispositissima domo uilia uasa colerentur, ... *C.4,P.1.22*

uilia. Respicite caeli spatium, . . . et aliquando desinite uilia mirari. *C.3,P.8.19*

uilis. "Qui diuitias," . . . "petit penuriae fuga, . . . uilis obscurusque esse mauult, *C.3,P.9.51*

uilis. Operis tanti pars non uilis Homines quatimur fortunae salo. . . . *C.1,M.5.44*

uilissima. At nos desuper inridemus uilissima rerum quaeque rapientes . . *C.1,P.3.47*

cum uilissima rerum uestra bona esse iudicatis, ... *C.2,P.5.82*

uilissimae. Sed quis non spernat atque abiciat uilissimae fragilissimaeque rei corporis seruum? *C.3,P.8.13*

uilissimorum. Nec conueniebat uilissimorum me spirituum praesidia captare *C.1,P.4.143*

uilitas. Itane nihil fortunam puduit si minus accusatae innocentiae, at accusantium uilitatis [uilitas]? *uar.C.1,P.4.71*

ei quem ualentia deserit, quem molestia pungit, quem uilitas abicit, . . *C.3,P.9.55*

uilitatis. Itane nihil fortunam puduit si minus accusatae innocentiae, at accusantium uilitatis? . . . . *?uar.C.1,P.4.71*

uim. ad acrioris uim medicaminis recipiendum tactu blandiore mollescant. . *C.1,P.5.43*

Quae diuersa esse facile liquebit, si quis utriusque uim mente conspexerit. *C.4,P.6.31*

Omne enim quod cognoscitur non secundum sui uim . . . comprehenditur *C.5,P.4.75*

uincimur. Tandem, 'Vincimur,' arbiter Vmbrarum miserans ait, ... *C.3,M.12.40*

uincla, *u.* uincula.

uincta. Nubila mens est Vinctaque frenis, Haec ubi regnant." *C.1,M.7.30*

uincula. Regulus plures Poenorum bello captos in uincla coniecerat, . . . *C.2,P.6.36*

Quamuis Poeni pulchra leones Vincula gestent *C.3,M.2.8*

Felix qui potuit grauis Terrae soluere uincula. *C.3,M.12.4*

uinculum. sicut Adae praeter praeuaricationis uinculum mutari potuisset. . *Eut.8.88*

uindicantem. si inter mures uideres unum aliquem ius sibi ac potestatem prae ceteris uindicantem, ... *C.2,P.6.17*

uini. Potest enim aquae qualitas a uini qualitate aliquid pati; *Eut.6.34*

potest item uini ab aquae qualitate aliquid pati. *Eut.6.35*

Atque idcirco si multum quidem fuerit aquae, uini uero paululum, . . *Eut.6.36*

quoniam qualitas aquae . . . nihil passa est a qualitate uini, ... *Eut.6.41*

sed potius in se ipsam uini qualitatem propria multitudine commutauit. *Eut.6.42*

uinum. ut, cum uinum atque aqua miscentur, utraque *Eut.6.32*

non mixtum est mari uinum sed in mare corruptum, ... *Eut.6.39*

uinum. Si quis enim uinum fundat in mare, ... *Eut.6.38*

uiolas. Numquam purpureum nemus Lecturus uiolas petas *C.1,M.6.8*

uiolentia. Nulla tibi a nobis est allata uiolentia. *C.2,P.2.17*

uiolentorum. Eandem tamen uestem uiolentorum quorundam sciderant manus *C.1,P.1.22*

uiolentus. Quos Notus sicco uiolentus aestu Torret *C.2,M.6.12*

Auaritia feruet alienarum opum uiolentus ereptor? *C.4,P.3.57*

uir. Symmachus socer . . . uir totus ex sapientia uirtutibusque factus . . *C.2,P.4.17*

ita cruciatus, . . . uir sapiens fecit esse uirtutis. *C.2,P.6.31*

"Quare," inquit, "ita uir sapiens moleste ferre non debet, ... *C.4,P.7.39*

uires. in qua re bonorum uires eminent. *C.4,P.2.85*

uires. Tum ego collecto in uires animo: *C.1,P.4.7*

si . . . confessione delatorum, quod in omnibus negotiis maximas uires habet, uti licuisset. *C.1,P.4.93*

Sic illa ludit, sic suas probat uires *C.2,M.1.7*

Ac uires animi mouens Viuo in corpore passio. *C.5,M.4.31*

uirga. Validis quondam uiribus acta Pronum flectit uirga cacumen; *C.3,M.2.28*

uirgine. ita ex uirgine generationem filii non uult admittere, ... *Fid.50*

Nec uile uideatur quod dei filius ex uirgine natus est, ... *Fid.201*

omnes ita ueros Christos arbitrabimur ut hunc qui ex uirgine genitus creditur. *Eut.4.95*

cum ex uirgine natus est, adunatum esse deo, ut una uideretur facta esse natura. *Eut.5.34*

homo uero, quod ex Maria sit uirgine procreatus. *Eut.7.63*

uirginem. ipsum unigenitum suum deus per uirginem nasci constituit, . . *Fid.195*

Mariam uero uirginem appositam ex qua caro nasceretur quae ab ea sumpta non esset, ... *Eut.5.30*

hominem a quo generatio sumpta sit saluatoris praeter Mariam uirginem, *Eut.5.61*

uirginis. semper signauerit affuturum quem credimus per partum uirginis iam
uenisse, ... *Fid.*5
    ubi rex est uirginis filius eritque gaudium sempiternum, ... *Fid.*275
uirgo. Sub quo exstitit beata uirgo Maria quae de Dauidica stirpe prouenerat, ... *Fid.*184
    Virgo itaque de spiritu sancto incarnatum dei filium concepit, ... *Fid.*203
    uirgo peperit, post eius editionem uirgo permansit; *Fid.*204
uiri. Tu eiusdem uiri ore hanc sapientibus capessendae rei publicae. . . causam *C.*1,*P.*4.22
uiri. ibique missi prophetae sunt et alii sancti uiri *Fid.*189
uiribus. Quid tantum miseri saeuos tyrannos Mirantur sine uiribus furentes? *C.*1,*M.*4.12
    Sed cum libuit uiribus uti, ... *C.*1,*M.*5.39
    Illud proteruus Auster Totis uiribus urget, ... *C.*2,*M.*4.10
    Quid igitur? Num imbecillum ac sine uiribus aestimandum est, ... *C.*3,*P.*2.64
    Validis quondam uiribus acta Pronum flectit uirga cacumen; *C.*3,*M.*2.27
    quod suis cuncta uiribus possit, ... *C.*3,*P.*9.36
    "bonis semper adesse potentiam, malos cunctis uiribus esse desertos . . *C.*4,*P.*2.4
    ut idem scelesti, idem uiribus omnibus uideantur esse deserti. *C.*4,*P.*2.92
    sed haec eorum potentia non a uiribus sed ab imbecillitate descendit. . *C.*4,*P.*2.114
    sed est animi uiribus i nfirmus; *C.*4,*P.*6.135
    si. . . prouidentiam fatumue considerem, firmis uiribus nixa sententia. . *C.*4,*P.*7.10
    uirtus uocatur quod suis uiribus nitens non superetur aduersis. *C.*4,*P.*7.45
    Firmis medium uiribus occupate! *C.*4,*P.*7.50
uirides. Aut Indus calido propinquus orbi Candidis miscens uirides lapillos, *C.*3,*M.*10.10
    Vel uirides campos transmittere uel subire siluas. *C.*5,*M.*5.7
uiridi. Non aurum in uiridi quaeritis arbore *C.*3,*M.*8.3
uiridis. Gloria felicis olim uiridisque iuuentae Solantur. . . mea fata . . . *C.*1,*M.*1.7
uirilibus. Solebas enim praesentem quoque blandientemque uirilibus incessere
uerbis *C.*2,*P.*1.14
uirilis. nostris educatus alimentis in uirilis animi robur euaseras? *C.*1,*P.*2.4
uirium. Quae si recepta futurorum necessitate nihil uirium habere credantur, *C.*5,*P.*3.108
uiro. quia exstiterat mulier quae causam mortis prima uiro suaserat, . . . *Fid.*198
    'Donamus comitem uiro Emptam carmine coniugem. *C.*3,*M.*12.42
uirorum. Taceo quod desolatum parente summorum te uirorum cura suscepit *C.*2,*P.*3.17
uiros. sed eodem permanente eligere uiros per quorum seriem *Fid.*145
    cur non sanctos quoque uiros eadem appellatione dignetur, ... *Eut.*4.89
    Sed quam multos clarissimos suis temporibus uiros scriptorum inops
deleuit obliuio! *C.*2,*P.*7.45
    Quid autem est quod ad praecipuos uiros,. . . qui uirtute gloriam petunt, *C.*2,*P.*7.77
uirtus. substantia inmutabilitas uirtus sapientia *Pat.*66
    Omnis enim uirtus in medio rerum decore locata consistit. *Eut.*7.76
    Medietatem igitur uirtus tenet. *Eut.*7.79
    Latet obscuris condita uirtus Clara te nebris *C.*1,*M.*5.34
    Sed materiam gerendis rebus optau imus quo ne uirtus tacita conse-
nesceret." *C.*2,*P.*7.3
    An praesidio sunt amici quos non uirtus sed fortuna conciliat?. *C.*3,*P.*5.39
    imperante florenteque nequitia uirtus non solum praemiis caret, . . . *C.*4,*P.*1.15
    Ex quo etiam uirtus uocatur quod suis uiribus nitens non superetur
aduersis. *C.*4,*P.*7.44
uirtute. Si quid enim uel ultra uel infra quam oportuerit fiat, a uirtute
disceditur. *Eut.*7.78
    ut non uirtutibus ex dignitate sed ex uirtute dignitatibus honor accedat. *C.*2,*P.*6.12
    Quid autem est quod ad praecipuos uiros,. . . qui uirtute gloriam petunt, *C.*2,*P.*7.77
    non in fortuna sed in uirtute numeratur, ... *C.*3,*P.*2.35
    ut inposita nobilibus necessitudo uideatur ne a maiorum uirtute
degeneret. *C.*3,*P.*6.29
    Cur enim relicta uirtute uitia sectantur? *C.*4,*P.*2.93
    seu angelica uirtute seu daemonum uaria sollertia. . . fatalis series texitur, *C.*4,*P.*6.54
    "Sed haec eorum est qui uel in uirtute positi contra aspera bellum gerunt, *C.*4,*P.*7.21
uirtutem. ut impios scelerata contra uirtutem querar molitos, ... *C.*1,*P.*4.99
    Ipsi quoque improbi, si eis aliqua rimula uirtutem relictam fas esset
aspicere *C.*4,*P.*4.141
    exemplum ceteris praetulerunt inuictam malis esse uirtutem. *C.*4,*P.*6.157
uirtutes. Mediaque est haec inter duas haereses uia sicut uirtutes quoque
medium tenent. *Eut.*7.75
    Nec uitia igitur nec uirtutes quidquam fuerint, ... *C.*5,*P.*3.92

uisitur. cum in una forma membrorum coniunctione permanet, humana
uisitur species; *C.3,P.11.36*
uisu. obstipui uisuque in terram defixo *C.1,P.1.46*
et uisu gelidum pererrans Ora non tinxit lacrimis, ... *C.2,M.6.5*
animus, sed occupato ad imagines uisu uisus ipsam illam non potest intueri." *C.3,P.1.19*
Tum defixo paululum uisu et uelut in augustam *C.3,P.2.1*
Quid si quis amisso penitus uisu ipsum etiam se habuisse obliuisceretur
intuitum *C.4,P.4.111*
uisum. unaquaeque . . . uel prout cuique bene uisum est subsistit et regitur. . *Fid.265*
uisum. Nec uisum timuit lepus Iam cantu placidum canem, . . . *C.3,M.12.12*
cum audiunt uisum Platoni mundum hunc nec habuisse initium temporis *C.5,P.6.32*
uisus. ut eorum uisus obstantia penetraret, nonne introspectis . . *C.3,P.8.24*
rotunditatem aliter uisus aliter tactus agnoscit. *C.5,P.4.78*
uisus. In se reuoluat intimi lucem uisus *C.3,M.11.3*
uisus. da luce reperta In te conspicuos animi defigere uisus. . . *C.3,M.9.24*
uita. Protrahit ingratas impia uita moras. *C.1,M.1.20*
uitaque eius cum temporis infinitate tendatur, ... *C.5,P.6.21*
uita. cui suppetunt etiam nunc quae uita nemo dubitat esse cariora! . *C.2,P.4.29*
in hodierna quoque uita non amplius uiuitis quam in illo mobili transitorioque momento. *C.5,P.6.17*
uitae. formauit ex terra hominem atque spiritu uitae animauit, . . *Fid.72*
esset haec secunda mulier quae uitae causam humanis uisceribus
apportaret. *Fid.199*
Itaque nihil est quod admirere, si in hoc uitae salo . . . agitemur procellis, *C.1,P.3.38*
cum mores nostros totiusque uitae rationem ad caelestis ordinis exempla
formares? *C.1,P.4.16*
An tu in hanc uitae scaenam nunc primum subitus hospesque uenisti? . *C.2,P.3.45*
ultimus tamen uitae dies mors quaedam fortunae est etiam manentis. . *C.2,P.3.49*
et quod uitae pretio non segnis emeres, ... *C.2,P.4.16*
Viuit inquam tibique tantum uitae huius exosa spiritum seruat . . *C.2,P.4.21*
Cum igitur praecipua sit mortalibus uitae cura retinendae, . . . *C.2,P.4.27*
si uitae huius callem uacuus uiator intrasses, coram latrone cantares. *C.2,P.5.101*
nationes lingua, moribus, totius uitae ratione distantes, . . . *C.2,P.7.26*
Neque enim est aliquid in tam breuibus uitae metis ita serum . . *C.4,P.4.21*
Aeternitas igitur est interminabilis uitae tota simul et perfecta possessio, *C.5,P.6.10*
quod totum uitae suae spatium pariter possit amplecti. *C.5,P.6.14*
Non enim totum simul infinitae licet uitae spatium comprehendit atque
complectitur, ... *C.5,P.6.23*
Quod igitur interminabilis uitae plenitudinem totam pariter comprehendit ac possidet, ... *C.5,P.6.26*
aliud interminabilis uitae totam pariter complexum esse praesentiam, . *C.5,P.6.36*
Hunc enim uitae immobilis praesentarium statum infinitus ille temporalium rerum *C.5,P.6.41*
et cum totam pariter uitae suae plenitudinem nequeat possidere, . *C.5,P.6.46*
uitae. incorporearum aliae sunt rationales, aliae minime, ut pecudum uitae; *Eut.2.24*
uitalis. iam tibi ex hac minima scintillula uitalis calor inluxerit. . . *C.1,P.6.55*
uitam. atque in uniuersum mundum ad uitam praecipit introire, . *Fid.230*
Haec itaque doctrina et praesentem uitam bonis informat operibus . *Fid.248*
animalium quae muta ac sine ratione uitam solis sensibus degunt) . . *Eut.2.36*
Ille utroque circumfluus uitam caelibem deflet; *C.2,P.4.49*
Quod si putatis longius uitam trahi Mortalis aura nominis, . . . *C.2,M.7.23*
Voluptariam uitam degas? Sed quis non spernat . . . seruum? . . *C.3,P.8.12*
Haec temperies alit ac profert Quidquid uitam spirat in orbe. . . *C.4,M.6.31*
Aliud est enim per interminabilem duci uitam, quod mundo Plato tribuit, *C.5,P.6.35*
ut continuaret eundo uitam cuius plenitudinem complecti non ualuit
permanendo. *C.5,P.6.55*
uitare. Quae est . . . haec potestas quae . . . formidinum aculeos uitare nequit? *C.3,P.5.19*
ista potentia quam . . . cum deponere cupias uitare non possis? . . *C.3,P.5.38*
diuinam te praescientiam non posse uitare, ... *C.5,P.6.145*
uitas. Tu causis animas paribus uitasque minores Prouehis . . . *C.3,M.9.18*
uitat. Splendor quo regitur uigetque caelum, Vitat obscuras animae ruinas. *C.3,M.10.16*
uite. Nec uite gemmas carpitis, ... *C.3,M.8.4*
uitet. Montis cacumen alti, Bibulas uitet harenas. *C.2,M.4.8*
uitia. Cur enim relicta uirtute uitia sectantur? *C.4,P.2.93*
Quid aegritudo quam uitia? *C.4,P.6.119*
Nec uitia igitur nec uirtutes quidquam fuerint, ... *C.5,P.3.92*
fit ut uitia quoque nostra ad bonorum omnium referantur auctorem. *C.5,P.3.96*

uitia. ut utentium mentibus uirtutes inserant uitia depellant? *C.3,P.4.3*
  nec sine poena umquam esse uitia nec sine praemio uirtutes, ... *C.4,P.1.28*
  An scientes uolentesque bonum deserunt, ad uitia deflectunt? *C.4,P.2.98*
  Auersamini igitur uitia, colite uirtutes, ... *C.5,P.6.172*
uitiis. cum uitiis deditae rationis propriae possssieone ceciderunt. *C.5,P.2.20*
uitiis. Ni uitiis peiora fouens proprium deserat ortum. *C.3,M.6.9*
  ut quem transformatum uitiis uideas hominem aestimare non possis. . *C.4,P.3.55*
  cum a semet ipsis discerpentibus conscientiam uitiis quisque dissentiat *C.4,P.6.182*
  uel a uitiis declinantes uirtutis iter arripiunt." *C.4,P.7.22*
uitio. ceteris animantibus sese ignorare naturae est; hominibus uitio uenit. . *C.2,P.5.89*
  Sic quoque intemperantia fragiles qui obluctari uitio nequeunt. . . . *C.4,P.2.97*
uitiorum. uitiorumque sordes poenarum cruciatibus se deposituros uiderent *C.4,P.4.142*
uitiosae. quem uitiosae libidines insolubilibus adstrictum retinent catenis, . *C.2,P.6.59*
uitiosi. Qui si uitiosi moribus sint, perniciosa domus sarcina *C.2,P.5.50*
uitiositas. uti corporum languor, ita uitiositas quidam est quasi morbus
  animorum, ... *C.4,P.4.150*
uitiosorum. Vide enim quanta uitiosorum hominum pateat infirmitas . . . *C.4,P.2.75*
uitiosos. ita uitiosos malos quidem esse concesserim, ... *C.4,P.2.109*
  "nec iniuria dici uideo uitiosos, . . . in beluas . . . mutari; *C.4,P.4.2*
uitium. Reparatur itaque humanum genus atque propriae naturae uitium, . *Fid.139*
  qui inscientiae uitium praesumptionis atque inpudentiae nube conentur
  obducere, ... *Eut.,Prf.40*
uitrea. Vitrea dudum Parque serenis Vnda diebus *C.1,M.7.8*
uitro. nec bibliothecae potius comptos ebore ac uitro parietes *C.1,P.5.22*
uiuacissimo. nec ullus fuerit modus, nisi quis eas uiuacissimo mentis igne
  coerceat. *C.4,P.6.10*
uiuaciter. Tuus uero testis ipse sum quam haec uiuaciter fueris ante complexus. *Quo.7*
uiuentes. Corporearum uero aliae sunt uiuentes, aliae minime; *Eut.2.20*
uiuentibus. neque in non uiuentibus corporibus personam posse dici *Eut.2.29*
uiuentium. uiuentium aliae sunt sensibiles, aliae minime; *Eut.2.21*
uiuentium. neque rursus eorum uiuentium quae sensu carent *Eut.2.31*
uiuere. et qui numerosam annorum seriem permissus fuerat uiuere, ... *Fid.142*
  Neque . . . tanta indigentia in Adam . . . ut nisi manducasset uiuere non
  potuisset, ... *Eut.8.80*
  semper uiuere potuisset hisque non mori; *Eut.8.82*
  intra commune omnibus regnum locatus proprio uiuere iure desideres. . *C.2,P.2.46*
uiueret. Ni mersus alto uiueret fomes corde? *C.3,M.11.14*
uiuido. mulier . . . colore uiuido atque inexhausti uigoris, ... *C.1,P.1.6*
uiuit. Viuit uxor ingenio modesta, . . . patri similis. *C.2,P.4.18*
  Viuit inquam tibique tantum uitae huius exosa spiritum seruat *C.2,P.4.21*
  Segnis ac stupidus torpit? Asinum uiuit. *C.4,P.3.64*
  Nam quidquid uiuit in tempore id praesens a praeteritis in futura procedit *C.5,P.6.12*
uiuitis. in hodierna quoque uita non amplius uiuitis quam in illo mobili
  transitorioque momento. *C.5,P.6.17*
uiuo. Ac uires animi mouens Viuo in corpore passio. *C.5,M.4.32*
uix. quod uix intellegi potuit interpretatum est, ... *Trin.5.39*
  "Vix," inquam, "rogationis tuae sententiam nosco, ... *C.1,P.6.20*
  uix angustissima inhabitandi hominibus area relinquetur. *C.2,P.7.19*
  eoque sententiam uerbis explicare uix queo. *C.2,P.8.7*
  cui uix exhausti quicquam satis sit. *C.4,P.6.7*
  sed cui uix aliquis nisi diuini speculator accesserit. *C.5,P.6.99*
uixerit. pollicetur, ita ut qui hic bene ipso donante uixerit, ... *Fid.251*
uixisse. Atqui uellent ipsi uixisse securi, sed nequeunt; *C.3,P.5.20*
uobis. quaestionem, . . . formatam rationibus litterisque mandatam offerendam
  uobis *Trin.,Prf.3*
  ut haec mihi tantum uobisque, si quando ad ea conuertitis *Trin.,Prf.19*
  Vobis tamen etiam illud inspiciendum est, an ex *Trin.,Prf.31*
  At si quem profanum, uti uulgo solitum uobis, ... *C.1,P.1.35*
  Fugare credo indigentiam copia quaeritis. Atqui hoc uobis in contrarium
  cedit. *C.2,P.5.64*
  Itane autem nullum est proprium uobis atque insitum bonum . . . *C.2,P.5.70*
  Vos uero inmortalitatem uobis propagare uidemini, ... *C.2,P.7.49*
  Nec uobis capreas si libeat sequi, ... *C.3,M.8.7*
  Haec erit uobis requies laborum, ... *C.3,M.10.4*
  Quo fit ut tametsi uobis hunc ordinem minime considerare ualentibus *C.4,P.6.94*
  In uestra enim situm manu qualem uobis fortunam formare malitis; . . *C.4,P.7.53*
  Magna uobis est, . . . necessitas indicta probitatis, ... *C.5,P.6.174*

uobis. ex eo quod raris id est uobis tantum conloquor, intellegi potest. . . . *Trin.,Prf.*8
   Quocumque igitur a uobis deieci oculos, ... *Trin.,Prf.*12
   Cum sera uobis rapiet hoc etiam dies, ... *C.*2,*M.*7.25
uocabatur. At in domino, si seruum auferas, perit uocabulum quo dominus
   uocabatur; *Trin.*5.12
uocabitur. neque enim bonus ultra iure uocabitur qui careat bono; . . . *C.*4,*P.*3.12
uocabo. An optasse illius ordinis salutem nefas uocabo? *C.*1,*P.*4.80
uocabula. An est aliquid, tametsi uulgus lateat, cui uocabula ista conueniant?" *C.*5,*P.*1.35
uocabula. Sed quod decora nouimus uocabula, Num scire consumptos datur? *C.*2,*M.*7.19
uocabuli. Nomen quippe ipsum unum quiddam significat singularitate
   uocabuli. *Eut.*4.31
uocabulis. Potest enim unus tot uocabulis gladius agnosci; *Trin.*3.23
   at certe ὑποστάσεως uel substantiae uocabulis discerneretur. *Eut.*3.78
uocabulo. id est quas naturas conueniat habere personam, quas a personae
   uocabulo segregari. *Eut.*2.9
   non . . . appellare uocabulo per quae deus mira quaedam cotidianis
   motibus operatur? *Eut.*4.83
   Hoc quidquid est . . . usitato cunctis uocabulo deum nomino." . . . *C.*3,*P.*12.26
uocabulorum. Sabelliani . . . per hoc unam dicunt esse personam sub uocabulorum diuersitate signatam. *Fid.*39
uocabulum. At in domino, si seruum auferas, perit uocabulum quo dominus
   uocabatur; *Trin.*5.12
   quod uocabulum ex personis originem capit id ad substantiam non
   pertinere; *Pat.*59
uocabulum. Nam qui pater est, hoc uocabulum non transmittit ad filium
   neque ad spiritum sanctum. *Pat.*36
   ante omne uidelicet quod temporis potest retinere uocabulum, . . . *Fid.*11
   non possunt habere personam qua Christi uocabulum excipere possint? *Eut.*4.86
uocans. Ad motus similes uocans Notis applicat exteris *C.*5,*M.*4.37
uocant. Graeci quoque has personas πρόσωπα uocant ab eo *Eut.*3.14
   Quem coniunctionis Graeci modum κατὰ παράθεσιν uocant. *Eut.*4.27
   demonstratis propositis aliquid inferre quae porismata ipsi uocant, . . *C.*3,*P.*10.82
uocantes. ceteras quae in corporibus sunt abutimur formas uocantes, dum
   imagines sint. *Trin.*2.54
   eam quam illi ὑπόστασιν dicunt personam uocantes; *Eut.*3.27
uocantur. Quae cum de rebus subiectis dicuntur, uocantur accidentia
   secundum rem; *Trin.*4.106
uocare. Cur enim omnino duos audeat Christos uocare, unum hominem alium
   deum? *Eut.*4.47
uocari. dicat forsitan, "Illos quoque Christos uocari fateor, sed ad imaginem
   ueri Christi." *Eut.*4.92
   siue porisma siue corollarium uocari mauis." *C.*3,*P.*10.92
uocas. Hic ipse locus quem tu exilium uocas, incolentibus patria est; . . *C.*2,*P.*4.62
   "Ad rem me," inquit, "omnium quaesitu maximam uocas, ... *C.*4,*P.*6.6
uocat. peritior Graecia sermonum ὑπόστασιν uocat indiuiduam subsistentiam. *Eut.*3.28
   Vel cur eum qui deus est Christum uocat, ... *Eut.*4.49
uocata. Mors . . . quae se nec dulcibus annis Inserit et maestis saepe uocata
   uenit. *C.*1,*M.*1.14
uocatur. eius cultus . . . catholica uel uniuersalis uocatur. *Trin.*1.6
   Haec autem religio nostra, quae uocatur christiana atque catholica, . . *Fid.*7
   De caelestibus autem naturis, quae uniuersaliter uocatur angelica, . . *Fid.*65
   uenit per deserta eremi ad montem qui uocatur Sinai, ... *Fid.*167
   uenerunt tandem ad fluuium qui uocatur Iordanis *Fid.*173
   peruentumque est ad eam ciuitatem quae nunc Hierosolyma uocatur. . *Fid.*177
   "cum in unum coeunt ac permanent anima corpusque,id animal uocatur; *C.*3,*P.*11.32
   Ex quo etiam uirtus uocatur quod suis uiribus nitens non superetur
   aduersis. *C.*4,*P.*7.44
   aliudque quibusdam de causis quam quod intendebatur obtingit, casus
   uocatur, ... *C.*5,*P.*1.40
uocatus. Hic uocatus est Isaac atque ipse genuit Iacob. *Fid.*151
uocauerunt. naturae rationabilis indiuiduam subsistentiam ὑποστάσεως nomine
   uocauerunt, ... *Eut.*3.25
   ὑποστάσεις Graeci indiuiduas substantias uocauerunt, ... *Eut.*3.63
uoce. Siluas tantum maesta requirit, Siluas dulci uoce susurrat. *C.*3,*M.*2.26
   Et nihil manet integrum Voce corpore perditis. *C.*4,*M.*3.26
   quod non sentire modo nefas est, sed etiam uoce proferre. *C.*5,*P.*3.69

uocem. praeter subiectae rei significationem inanem prorsus uocem esse
decerno. *C.5,P.1.22*
uocentur. quae aliquid esse designant, secundum rem praedicationes uocentur. *Trin.4.105*
uocet. fortasse Iesum,...idcirco Christum uocet, quoniam *Eut.4.79*
 Deum uero ipsum Christi appellatione cur uocet? *Eut.4.81*
uocetur. eadem uero adunatio digesta atque explicata temporibus fatum
uocetur. *C.4,P.6.42*
uocum. per inopiam significantium uocum translaticiam retinuimus nuncupationem, ... *Eut.3.26*
uolantum. Apiumque par uolantum...Fugit *C.3,M.7.3*
uolatu. Et liquido longi spatia aetheris enatet uolatu, ... *C.5,M.5.5*
uolendi. quae habent aliquam uolendi nolendique naturam, ... *C.3,P.11.46*
 Quare quibus in ipsis inest ratio, inest etiam uolendi nolendique libertas. *C.5,P.2.12*
uolens. Hinc uolens deus per iustum potius hominem reparare genus
humanum *Fid.129*
 deus uolens sacramenti futuri gratia populos erudire *Fid.168*
uolentes. An scientes uolentesque bonum deserunt, ad uitia deflectunt? . . *C.4,P.2.98*
uolentes. Gemmasque latere uolentes Pretiosa pericula fodit? *C.2,M.5.29*
uolentia. Deum...regere disputabas uolentiaque cuncta parere *C.3,P.12.96*
uolentis. potentis omnia sed bona tantummodo uolentis dei *C.4,P.1.18*
uoles. "Tu uero arbitratu," inquam, "tuo quae uoles ut responsurum rogato." *C.1,P.6.4*
uolet. Quisquis uolet perennem Cautus ponere sedem *C.2,M.4.1*
 Qui serere ingenuum uolet agrum, Liberat arua prius fruticibus, . . . *C.3,M.1.1*
 Qui se uolet esse potentem Animos domet ille feroces *C.3,M.5.1*
 quisquis reminisci libidinum suarum uolet, intelleget. *C.3,P.7.8*
uolubili. rotam uolubili orbe uersamus, infima summis summa infimis mutare
gaudemus. *C.2,P.2.30*
uolucrem. Et uolucrem currum stabilis regit *C.4,M.1.21*
uolucres. Sunt etenim pennae uolucres mihi *C.4,M.1.1*
uolucres. propinquat ipsa Sponte sua uolucres nec remoratur equos. . . *C.4,M.4.4*
uolucres. Fixit et certis uolucres sagittis, ... *C.4,M.7.16*
uolucris. alligans se ad qualemcumque praesentiam huius exigui uolucrisque
momenti, ... *C.5,P.6.50*
uoluerit. Cur autem per arcae lignum uoluerit iustos eripere, ... *Fid.135*
 huic obtinendi quod uoluerit defuisse ualentiam *C.4,P.2.18*
 "Quem uero effecisse quod uoluerit uideas, ... *C.4,P.2.21*
uoluerunt. Illi uero eosdem occidentes in suae nequitiae peruersitate manere
uoluerunt. *Fid.192*
 Atqui uterque potentiae suae renuntiare uoluerunt, ... *C.3,P.5.33*
uolui. Infitiabimur crimen, ne tibi pudor simus? At uolui nec umquam uelle
desistam. *C.1,P.4.77*
uoluisse. Senatum dicimur saluum esse uoluisse. Modum desideras? . . *C.1,P.4.73*
 nos etiam quos propugnare bonis senatuique uiderant, perditum ire
uoluisse. *C.1,P.4.109*
 Si inflammare sacras aedes uoluisse,...diceremur, ... *C.1,P.4.127*
 Nam si miserum est uoluisse praua, potuisse miserius est, ... *C.4,P.4.12*
uoluisset. nec esse omnino poterant, nisi ea id quod solum bonum est esse
uoluisset. *Quo.119*
 si firmiter in dei praeceptis manere uoluisset, ... *Eut.8.45*
 is status qui praemium esset, si in praeceptis dei Adam manere uoluisset *Eut.8.53*
uoluit. Itaque quia uoluit esse ea alba qui erat non albus, sunt alba tantum; *Quo.160*
 quia uero uoluit ea esse bona qui erat bonus, sunt bona in eo quod sunt. *Quo.161*
 oportet esse iusta, quoniam ipse iustus est qui ea esse uoluit? Ne hoc
quidem. *Quo.164*
 sibi tantum conscia uoluntate sponte mundum uoluit fabricare *Fid.56*
 cui etiam humani generis conditionem atque originem uoluit innotescere, *Fid.88*
 longe postmodum proferendi faciendo participes perditam uoluit reparare
naturam. *Fid.126*
 Hic ergo Iacob...Aegyptum uoluit habitare *Fid.156*
 Ille genus humanum terrenis omnibus praestare uoluit; *C.2,P.5.79*
 dum ruituros moles ipsa trahit, neuter quod uoluit effecit. *C.3,P.5.35*
uolumus. "Addamus, si quidem uera uolumus confiteri." *C.3,P.9.24*
uolunt. hi uel regnare ipsi uolunt uel regnantibus adhaerere conantur. . . . *C.3,P.2.21*
 Atqui haec sunt quae adipisci homines uolunt *C.3,P.2.72*
 Alternisque uolunt perire telis? *C.4,M.4.9*
uoluntaria. num dubitari potest quin uoluntaria regantur *C.3,P.12.51*

uoluntarie. num dubitari potest quin uoluntaria [uoluntarie] regantur . *uar.C.3,P.*12.51
 nulla enim necessitas cogit incedere uoluntate [uoluntarie] gradi-
 entem, ... *coni.C.*5,*P.*6.111

uoluntarii. quid est quod uoluntarii exitus rerum ad certum cogantur
 euentum?   *C.*5,*P.*4.20

uoluntariis. Neque nunc nos de uoluntariis animae cognoscentis motibus,...
 tractamus,   *C.*3,*P.*11.86

uoluntarium. et hoc uoluntarium illud esse necessarium iudicatis, . . . *C.*5,*P.*6.88

uoluntarius. praemia poenaeue...quae nullus meruit liber ac uoluntarius
 motus animorum. . .   *C.*5̣,*P.*3.87

uoluntas. cur in Christo neque peccatum fuit neque uoluntas ulla peccandi? *Eut.*8.12
 cum in Adam potuerit esse peccandi uoluntas atque affectio,   *Eut.*8.23
 In Christo uero ne uoluntas quidem ulla creditur fuisse peccandi, . . *Eut.*8.26
 poterat tamen in eo uoluntas esse peccandi: *Eut.*8.44
 in quo mors illum necessario subsecuta est et peccatum ipsum uolun-
 tasque peccati. *Eut.*8.50
 in illo enim nec mors esset nec peccatum nec uoluntas ulla peccati, . . *Eut.*8.55
 Quod uero non fuit in eo uoluntas ulla peccati,   *Eut.*8.67
 eo tempore ... cum nec mors aderat et adesse poterat delinquendi
 uoluntas.   *Eut.*8.72
 uotis docuit optare, ut fiat uoluntas eius sicut in caelo et in terra . *Eut.*8.90
 Si uentis uela committeres, non quo uoluntas peteret...promoueres; *C.*2,*P.*1.55
 saepe mortem...quam natura reformidat uoluntas amplectitur, . . . *C.*3,*P.*11.93
 illud...gignendi opus,...interdum coercet uoluntas. *C.*3,*P.*11.96
 uoluntas scilicet ac potestas, quorum si alterutrum desit,   *C.*4,*P.*2.13
 at si potestas absit, uoluntas frustra sit. *C.*4,*P.*2.16
 Nam supernis diuinisque substantiis et perspicax iudicium et incorrupta
 uoluntas *C.*5,*P.*2.15
 neque enim uel factum aliud ullum uel quaelibet exsistere poterit
 uoluntas *C.*5,*P.*3.12
 quos ad alterutrum non propria mittit uoluntas, sed futuri cogit certa
 necessitas.   *C.*5,*P.*3.91

uoluntate. Idcirco quoniam esse eorum a boni uoluntate defluxit, bona esse
 dicuntur. *Quo.*120
 quoniam ex uoluntate dei fluxerunt ut essent, alba minime. . . . *Quo.*152
 neque enim ex albi uoluntate defluxerunt. *Quo.*159
 sibi tantum conscia uoluntate sponte mundum uoluit fabricare . . . *Fid.*56
 tamen esset reus etiam uoluntate peccandi, cur in Christo neque . *Eut.*8.11
 Deficiente...uoluntate ne aggreditur quidem quisque quod non uult; . *C.*4,*P.*2.15
 nulla enim necessitas cogit incedere uoluntate gradientem, ... *C.*5,*P.*6.111
 quamuis te in uarias actiones libera uoluntate conuerteris. *C.*5,*P.*6.147

uoluntatem. Voluntatem igitur boni comitatum est ut essent bona in eo quod
 sunt;   *Quo.*155
 uoluntatem uero non albi non est comitata talis eius *Quo.*157
 ne iam exstitisse aliquid quod eius uoluntatem exsistentia propriae
 naturae iuuaret *Fid.*60
 sumptum est statu qui esse potuisset, nisi uoluntatem insidiantis
 fraudibus applicasset.   *Eut.*8.68

uoluntates. si ab aeterno non facta hominum modo sed etiam consilia
 uoluntatesque praenoscit, ... *C.*5,*P.*3.9

uoluntatibus. nec iniquae leges solutis omni necessitate uoluntatibus praemia
 poenasque proponunt. *C.*5,*P.*6.165

uoluntatibus. ne in animalibus quidem manendi amor ex animae uoluntatibus,
 ...uenit.   *C.*3,*P.*11.90

uoluntatis. intentionem omnem uoluntatis humanae ... ad beatitudinem
 festinare?"   *C.*4,*P.*2.26
 potuisse miserius est, sine quo uoluntatis miserae langueret effectus. . . *C.*4,*P.*4.13
 manebit ut opinor eadem uoluntatis integra atque absoluta libertas. . . *C.*5,*P.*4.27

uoluptariam. Voluptariam uitam degas? Sed quis non spernat...seruum? . *C.*3,*P.*8.11

uoluptas. Habet hoc uoluptas omnis, Stimulis agit fruentes . . . *C.*3,*M.*7.1
 reuerentia quoque, claritas ac uoluptas beatitudo esse iudicatur. . . *C.*3,*P.*10.105

uoluptate. hi felicissimum putant uoluptate diffluere. *C.*3,*P.*2.26
 Foedis inmundisque libidinibus immergitur? Sordidae suis uoluptate
 detinetur. *C.*4,*P.*3.66
 Neque enim...diffluere deliciis et emarcescere uoluptate uenistis. . . . *C.*4,*P.*7.47

uulneratum. quoniam humanum genus ... aeternae poenae iaculis fuerat
uulneratum *Fid.*235
uulnere. Nec nocentia corpori Mentis uulnere saeuiunt." *C.*4,*M.*3.39
uulnus. Si operam medicantis exspectas, oportet uulnus detegas." *C.*1,*P.*4.5
uulpeculis. Insidiator occultus subripuisse fraudibus gaudet? Vulpeculis
exaequetur. *C.*4,*P.*3.60
uulsi. Conuenient puppes et uulsi flumine trunci *C.*5,*M.*1.7
uult. ex uirgine generationem filii non uult admittere, ... *Fid.*50
Quae sententia non aperte quod uult eloquitur. *Eut.*5.24
Deficiente ... uoluntate ne aggreditur quidem quisque quod non uult; . *C.*4,*P.*2.16
uultis. Sed aestimate quam uultis nimio corporis bona, ... *C.*3,*P.*8.29
Magna uobis est, si dissimulare non uultis, necessitas indicta probitatis, *C.*5,*P.*6.175
uultu. illa uultu placido nihilque meis questibus mota: *C.*1,*P.*5.1
Qui recto caelum uultu petis exserisque frontem, ... *C.*5,*M.*5.13
uultum. ne si aegerrime ... cuperem, uultum nutumque eius aspicere poteram *Eut.,Prf.*25
ante oculos obtegant uultum: παρὰ τοῦ πρὸς τοὺς ὦπας τίθεσθαι. *Eut.*3.16
Nunc quia fallacem mutauit nubila uultum, ... *C.*1,*M.*1.19
His ille chorus increpitus deiecit humi maestior uultum *C.*1,*P.*1.43
in extrema lectuli mei parte consedit meumque intuens uultum luctu
grauem *C.*1,*P.*1.49
Decliuemque gerens pondere uultum *C.*1,*M.*2.26
Fortunamque tuens utramque rectus Inuictum potuit tenere uultum, . *C.*1,*M.*4.4
Humilemque uicti subleuat fallax uultum *C.*2,*M.*1.4
Licet anno terrae uultum nunc floribus frugibusque redimire, ... *C.*2,*P.*2.24
uultur. Vultur dum satur est modis, Non traxit Tityi iecur. *C.*3,*M.*12.38
uultus. Talis habitus talisque uultus erat, cum tecum naturae secreta rimarer, *C.*1,*P.*4.14
uultus. mulier reuerendi admodum uultus, oculis ardentibus *C.*1,*P.*1.4
cum Philosophia dignitate uultus et oris grauitate seruata *C.*4,*P.*1.1
uultus. Deprehendisti caeci numinis ambiguos uultus. *C.*2,*P.*1.34
Pallet albentes hebetata uultus Flammis stella prementibus. *C.*2,*M.*3.3
haec tibi certos sodalium uultus ambiguosque secreuit, ... *C.*2,*P.*8.21

Z

Zenonis. nec Zenonis tormenta quoniam sunt peregrina nouisti, ... *C.*1,*P.*3.32
Zephyri. Cum nemus flatu Zephyri tepentis Vernis inrubuit rosis, ... *C.*2,*M.*3.5
Zephyrus. Vt quas Boreae spiritus aufert Reuehat mites Zephyrus frondes . *C.*1,*M.*5.20